U0716948

中研院歷史語言研究所集刊論文類編

歷史編・魏晋隋唐五代卷

四

中華書局

唐代盛時與西南鄰國之疆界

嚴 耕 望

此篇所謂國疆，專就唐代正州領域而言。唐代盛時與西南諸鄰國之分界較爲明顯，前人諸圖差誤已不大，此篇據實證，具體言之，期能更見正確。

按唐代最西北正縣爲輪臺(今廸化、烏魯木齊之北)，縣西二百八十里清海軍（約今達連湖 E85°30′·N44°25′）蓋爲唐疆之極邊。由此東南至天山縣（約今托克遜或稍東）西南七十里，以隘谷（今蘇巴什山溝）與屬國焉耆分界。又東南，以荒過山爲界，在西州（今吐魯番東約 E89°38′·N42°50′）南三百五十里。又東南經白龍堆、玉門、陽關之西至沙州西南，折東走，沙州南三百里南口烽（今當金山口）、瓜州南二百五十里大雪山（今山）、肅州南二百里祁連山北麓（主峯北五十里）、甘州南二百餘里祁連山爲唐之國界；其南先爲吐谷渾境，後爲吐蕃國境。自西州南界至甘州南界，爲高山阻隔，界線最爲穩定，大體亦今甘肅、青海省界，而稍有出入。

甘州之南，國界走於黃河槽型地帶，地勢平易，唐蕃互相進退。唐最盛時，據青海湖，於湖心龍珠島置神威軍爲極邊。又東南以大積石山脈與邛崍山脈北段爲界。唐置疊州（約 E103°·N34° 地區)、松州（今松潘)、潘州（約今興中縣）、洪州（在索磨川）爲邊州。又南奉州（今雜谷腦稍西）南八十里、維州（今理縣）南一百六十里、灌口鎭西南百里（大面山)、蜀州（今崇慶）西八十里，皆接吐蕃界，即邛崍山脈之脊背也。又西南以靈關 (E102° 50′·N30°17′)、野城 (約今懋功) 間山脈爲界。又南，以大渡河爲界。又南唐境止於曲羅 (約今瀘寧)、昆明縣（今鹽源）之西，置昆明軍。其西皆吐蕃境。

又南，唐境西抵洱海，東南斜趨，略循哀牢山脈至交州（今河內）、愛州、驩州（今宜安）西境，國界蓋在 E105° 稍西之山脊，其西皆南詔境。

又南，驩州與文單國（扶南國，今永珍）分界約在 E104° 地帶。驩州西南，折東，循橫山至海濱，約 N18°，與環王國（林邑國，今洞海 E106°35′·N17°27′）接境，爲唐代南疆之極邊。

1989年2月9日

唐代盛時，最西直接領轄之疆域至天山南北。山北庭州（今孚遠縣 E89°5′·N44°北二十里護堡子北之破城）西境置輪臺縣，在州西四百二十里，約在今廸化（烏魯木齊 E87°35′·N43°45′）稍北阜康、乾德地區。縣西二百八十里，置清海軍；蓋今達連湖（E85°30′·N44°25′）唐有清海之名，爲唐代西疆之極邊。[1] 山南西州（今魯克沁西北、阿斯塔拉之南，E89°36′-40′·N42°50′）西境置天山縣，在州西一百五十里，以西阻天山受名，約在今托克遜（E88°35′・N42°48′）或其東二十里之大墩子（E88°45′・N42°50′）。縣西南七十里入隘谷，爲通焉耆國之孔道，約在天山山脈向東南分出最大支脈今名庫魯克山脈（Kuluk Tagh）中之蘇巴什山溝（E88°30′・N42°30′）、阿海泉山口（E88°30′・N42°25′），兩崖壁立，人行其間，如一線天，爲古代車師焉耆間之天然關隘。[2] 唐之國界，蓋由清海軍之西，南跨天山，循今庫魯克山脈東南至此隘谷，爲唐代正州之西界也。

由此循山而東，有荒過山在西州南三百五十里，約今庫魯克山脈中，蓋即州之南界，過山至吐蕃千餘里。[3]

由荒過山東南至沙州（今燉煌縣）西壽昌縣西境玉門關、陽關之西。縣在州西南一百五十里，玉門關在縣西北一百一十八里，陽關在縣西六十里。關西白龍堆蓋即州界；其西入屬國境。[4]

由沙州之西折東南至沙州南三百里或三百五十里南口烽，爲唐與吐谷渾界，蓋亦唐與吐蕃國界。南口即今當金山口（約 N39°20′・E94°15′-25′），地當阿爾金山脈、祁連山脈連接處，西東兩峯海拔三八〇一公尺、四三〇二公尺，爲天然境界，今日猶爲甘肅、青海兩省分界嶺。[5] 又東，國界在瓜州（約今瑣陽城，E96°15′・N40°15′）南約二百三四十里，與吐谷渾接境，亦唐與吐蕃國境，度其界約在 N39° 線大雪山脈中。《元和志》云，瓜州治所晉昌縣南一百六十里大雪山者，則就山脈北峯今圖海拔五四八

1 《唐代交通圖考》卷二・篇十四・頁 602-605。

2 《圖考》卷二・篇十二・頁 454, 464。阿海泉殆即《慈恩傳》卷二之阿父師泉，見《圖考》頁 469。

3 《通典》一七四西州，「南至三百五十里荒過山，千餘里至吐蕃。」《寰宇記》一五六西州，「南三百六十里至荒過山，又千餘里至吐蕃。」《通典》「至」當乙在「里」下。《元和志》四〇西州，「南至樓蘭國一千二百里，並沙磧難行。」此蓋唐以前記錄，但可知唐代西州南行，越山脈渡沙磧經羅布泊地區至吐蕃境。

4 《元和志》四〇沙州，壽昌縣東至州一百五里。玉門故關在縣西北一百一十八里，謂之北道。陽關在縣西六里，以居玉門關之南，故曰陽關，謂之南道。《寰宇記》一五三沙州，縣在州西南一百五十里，陽關在縣西六十里，餘並同。《記》方位爲正，里距蓋亦當從《記》。《寰宇記》又引皇甫謐《郡國記》，「敦煌正西關外有白龍堆。」蓋即沙州西面境界也。

5 《通典》一七四，沙州「南至故南口烽二百五十里，烽以南吐谷渾界。」《寰宇記》作三百五十里。《元和志》四〇沙州〈八到條〉，「東至瓜州三百里，西至石城鎮一千五百里，西至吐蕃界三百里，北至伊州七百里。」疑「西至吐蕃界」當作「南至」。檢今諸圖，唐沙州南界在當金山口無疑。此道南通吐谷渾、吐蕃境，詳《圖考》卷二・篇十三〈河湟青海地區軍政交通網〉・頁 559。

三公尺之大雪山（E96°28′·N39°30′）而言，國界則在其南九十里山脈中也，蓋亦與今甘青省界略相當。[6] 又東，國界在肅州（今酒泉縣）南二百里。又云雪嶺在州南二百五十里，即今海拔五五四七公尺之祁連山峯（E98°40′·N39°10′）。疑今酒泉縣南之甘青省界由 E98°15′·N39°25′ 東南行又以祁連山峯爲界者，即唐蕃國界也。[7] 又東至甘州（今張掖縣）南境，以州西南二百里、州南二百三十里之祁連山、大雪山爲界。此段山脈主峯（E100°17′·N38°18′）海拔四八一六公尺，亦今甘肅、青海省界也。[8]

---

6 《通典》一七四瓜州，不書南至。《元和志》四〇瓜州，「南至大雪山二百四十里。」又治所晉昌縣「雪山在縣南一百六十里，積雪夏不消，東南九十里，南連吐谷渾界。」《寰宇記》一五三瓜州，「南至大雪山二百三十里。」觀此諸條，《元和志》晉昌縣條書之最明豁，即縣南一百六十里有雪山積雪不消。山東南九十里，則唐與吐谷渾國界。又云南至大雪山二百四十里、二百三十里者，即指國界而言。按縣南一百六十里之雪山卽今圖 E96°28′·N39°30′ 之雪山，海拔五四八三公尺。(此據《中共圖集》；ONC 作一六八二一呎，合五一二八公尺。)此爲雪山山脈之北峯，其南山脈幅度甚廣，據 ONC，東南山峯多有高出北峯者，國界蓋在山脈中，約在 N39° 線上。觀《民國地圖集》，殆卽今甘青省界耳。至於瓜州城地望，舊說在今布隆吉城，勞向新說，以爲當在今瑣陽城。余前撰《圖考》第二卷·篇十二·涼州西通安西驛道，從勞向新說，但不能全摒布隆吉舊說（頁 436）。今觀《元和志》晉昌縣條，瓜州只在雪山北一百六十里，其在今瑣陽城應無可疑。

7 《通典》一七四，肅州「南至吐蕃界二百里。」《寰宇記》一五三肅州，同，又云「南至雪嶺二百五十里。」《元和志》四〇，肅州「南至吐蕃雪嶺二千五百里。」千百顯爲百十之譌，而雪嶺似屬吐蕃。檢 ONC-G-8，酒泉縣之南，西有海拔五二三公尺（E98°15′·N39°10′）高峯、東有海拔五五三五公尺（E98°40′·N39°10′）高峯，方位里距皆與唐宋志書所記略相當。檢《民國地圖集》、《中共地圖集》，東峯卽祁連山峯，唐宋志書之雪嶺當指此而言，《中共圖集》海拔五五四七公尺，與 ONC 小異。據上引志書史料，唐蕃國界似在今圖祁連山峯（E98°40′·N39°10′）之北五十里。然檢《民國地圖集》，甘青省界在酒泉之南最向北凸出，約在 E98°20′·N39°25′ 處，卽上文西峯之北。省界由此點向東南斜行，至祁連山峯，以峯爲界，卽山峯不專屬青海省境也。疑此段省界卽中古以來之南北分界線，亦卽唐蕃國界線。古地書略嫌含混，易滋誤會耳。

8 《通典》一七四，甘州「南至雪山以南吐谷渾分界，二百三十里。」《寰宇記》一五三，甘州「東〔南〕至大雪山以南吐谷渾分界三〔二？〕百三十里。」《元和志》四〇甘州「南至大雪山二百三十里。」是南至大雪山二百三十里，蓋卽吐谷渾分界線。又治所張掖縣，「雪山在縣南一百里，多材木箭竿。」「祁連山在縣西南二百里，張掖、酒泉二界上。」下述山中美水茂草，冬溫夏涼，宜畜牧事甚詳。又云「刪丹縣西至州一百二十里，大斗枝〔拔〕谷在縣南二百里。」則此段祁連山在今張掖縣西南二百里，而在大斗拔谷之西北地區。所謂大雪山界，約在祁連山、大斗拔谷之間地段。大斗拔谷卽今扁都口（E101°·N38°），詳《圖考》卷二·篇十三河湟青海地區軍鎭交通網、頁 517、520。參稽《民國地圖集》、《中共地圖集》。此段大雪山、祁連山當就今扁都口西北之南古城、黃藏寺地段山脈而言。《中共圖集》，城寺間有高山（約 N38°20′·E100°10′-40′）爲甘肅、青海省界，山南置祁連縣。ONC-G-8，此段山脈主峯（E100°17′·N38°18′）海拔四八一六公尺。疑卽唐宋志書所指之大雪山、祁連山也。是其時國界與今省界亦略同。

自甘州以西，歷肅瓜至沙州，爲兩漢以來之河西走廊，南限祁連山脈，去州常在三百里之譜，諸峯聯珠，海拔常達三四千公尺至五千公尺以上，爲南北天然防線，故唐代前期，唐與吐蕃並盛，國疆時有出入，惟此段國界維持穩定，且與今甘肅青海省界亦幾全相當。

自甘州之南，唐蕃境界折而南至河湟青海湖地區。此區以西，固有祁連山脈之阻；此區以南，亦有岷嶺邛崍山脈及其西之縱貫山脈爲屏障；惟此河湟青海地區，黃河自西而東，橫貫全境，形成槽型地帶，爲東西交通要道，亦爲東西政權必爭之地。漢代已經營河湟，置西海郡（青海湖北岸）、西平郡（湟水流域）。北周武帝復有經營。隋煬帝征吐谷渾，置河源、西海兩郡，西海郡治吐谷渾故都伏俟城，即今青海湖西岸鐵卜卡古城（約 N37°・N99°40′-50′），河源郡治赤水城，在九曲黃河之外，約今興海縣（E100°・N36° 之南）地區。故河湟青海湖及九曲河西，全入隋境。[9] 唐代前期，吐蕃強盛，滅吐谷渾，與唐接境，時起爭端。唐廷經營河湟清海，以鄯州（今樂都縣）爲軍政中心，先後置鄯州都督、隴右節度使，即故西平也。其與吐蕃之疆界：黃河以南，唐土西盡九曲（今貴德、共和以西黃河大弓出處），與吐蕃「以河爲界」。睿宗景雲中，吐蕃賂鄯州都督楊矩，獲九曲之地，爲金城公主湯沐邑，遂伸其境於黃河之東，置獨山九曲兩軍。[10] 黃河以北，國界在鄯州西境至青海湖東岸，但不能詳。開元二十二年，協議「立碑於赤嶺，以分唐與吐蕃之境。」赤嶺者，始見於唐開國前恰一百年之宋雲行紀，爲通西域南道之口，亦唐與吐蕃互市場，地在鄯州西南三百二十餘里，即青海湖東南角，今哈拉庫圖（N36°25′・E101°10′-25′）西二十五里之日月

9　《隋書》〈地理志〉上，「西海郡，置在古伏俟城，即吐谷渾國都。有西王母石窟、青海、鹽池。」「河源郡，置在赤水城。有曼頭山；積石山，河所出；有七烏海。」按伏俟城在青海湖西岸，即今鐵卜卡古城（約 N37°・E99°40′-50′），赤水城在九曲黃河之外，約今興海縣（E100°・N36° 之南）地區。詳《圖考》卷二，篇十三，頁 552-558。則隋代盛時國疆外拓至青海湖西、黃河九曲之西，大積石山之北境。

10　《舊》一九六上〈吐蕃傳〉：「睿宗即位，……時楊矩爲鄯州都督，吐蕃遣使厚遺之，因請河西九曲之地，以爲金城公主湯沐之所，矩遂奏與之。吐蕃既得九曲，其地肥良，堪頓兵畜牧，……自是復叛。」盧懷愼〈請毀河橋奏〉（《全唐文》二七五）云：「頃者，吐蕃以河爲界。神龍年中，降公主，吐蕃遂過河築城，置獨山九曲兩軍，去積石三百里。」按九曲即漢大榆谷、小榆谷肥沃之地，約今貴德共和以西黃河向西凸出處，詳《圖考》卷二、篇十三、頁 543-545。積石軍在古澆河城，今貴德縣（E101°30′・N36°），詳同上頁 539、540。

山（海拔三八〇〇公尺）隘道。但旋即廢毀。[11]天寶後期，極力經營河湟青海地區，拔石堡城（今哈拉庫圖），取龍珠島（青海湖心），增置軍城至二十餘，分佈於湟水上游、黃河內外，西極九曲及青海湖心龍珠島，島上置神威軍，是爲此一地區唐疆之極邊。[12]

黃河東流經大積石山（高峯多達四千五百公尺以上，一名阿尼瑪卿山）之南，至山脈尾閭，向西北作一百五十度大折曲，流於山脈之北，至九曲地區。此西北流向河段之北爲西頃山脈，與河平行。唐代初年，「從河首大積石山已東，並爲中國之境。」[13]其後吐蕃強盛，唐蕃國界，可能已稍內縮，蓋由九曲地區走向東南，略循西頃山脈而東，至松潘高原草地。[14]高原東有岷嶺山脈，走向東南；南有邛崍山脈，走向正南；高原邛崍海拔多達三千五百公尺至五千公尺以上，爲天然國界。唐代初期，於今松潘高原置州甚多，而以松州疊州爲軍政中心。[15]松州在今松潘。疊州在其西北，南枕羌水（白江，今白龍江），西至黃河二百八十里，約在今包座河流入白龍江口（約E103°•N34° 地區，今有迭部縣）。[16]疊州之南，松州西北，武后時有潘州，置通軌軍於松潘等州，屯兵萬人，以禦吐蕃。潘州在松州西北三四百里或稍遠，約在黃河支

11 詳《圖考》卷二、篇十三、頁 532–533。

12 詳《圖考》卷二、篇十三，參看圖八〈唐代長安西通隴右河西道、河湟青海地區交通網合圖〉。石堡城見頁 529–531。龍珠島，見頁 552、558。

13 《唐會要》九八黨項羌目：「貞觀三年，南會州都督鄭元璹遣招諭，其長細封步賴舉部內附，……列其地爲軌州，拜步賴爲刺史。其後諸部相次內附，列其地爲崌奉巖遠四州，各拜首領爲刺史。五年，詔遣使開其河曲爲六十州，內附者三十四萬口。有羌酋拓拔赤詞者……屢抗官軍，後……率衆與諸首領歸款，列其地爲懿嵯麟可等三十二州，以松州爲都督府，羈縻存撫之。拜赤詞爲西戎州都督。……自是從河首大磧石山已東，並爲中國之境。」

14 上引《會要》黨項羌目續云：「後吐蕃強盛，拓拔氏漸爲所逼，……始移部落于慶州……故地陷于吐蕃。」是國疆內縮。然玄宗時代，河曲以東置軍尙甚多，惟大抵在北境，接近黃河，去西頃山脈較遠。（參詳《圖考》第二卷、篇十三，及圖八。）則此時殆以西頃山爲境矣。

15 松疊兩州皆置都督府，詳拙作〈括地志序略都督府管州考〉（《唐史研究叢稿》）。

16 《元和志》三九疊州，「今州城在獨山上，西臨絕澗，南枕羌水。」「西至黃河上黨項岸〔界？〕二百八十里。」（《寰宇記》一五五，岸作序州，疑誤，岸亦當作界。）今地詳《圖考》卷四、篇二十五〈岷山雪嶺地區松茂等州交通網〉，頁 953–954。檢中共圖集，此處置迭部縣，在白龍江北岸，仍存疊音。

流墨溪河流域今興中縣地(E102°50′・N33°25′),[17] 則其時唐蕃蓋以墨溪河(黑河)或其西之邛崍山脈北段爲界。惟《通典》云,疊州西北七十里,西九十里,西南七十里,南三十里,皆至吐蕃界,[18] 似其西境墨溪河流域之松潘草原,皆吐蕃牧地。或開元天寶時代,疊州之西,唐疆已稍內縮。《通典》等又云,松州北一百九十里,西北五十里,皆至吐蕃界,[19] 則此地段唐疆內縮更逾百里以上。

邛崍山脈又南,有梭磨河(somo)自北而南,流於山脈中,至馬塘(E102°55′・N31°55′)折西流與諸源相會,爲大渡河。梭磨河,唐名索磨川;大渡河,唐名弱水。唐初於索磨川置洪州,在恭州西北三百七十里,約在今中壤口(E102°35′・N32°30′)地區,後陷吐蕃。天寶八載,鮮于仲通復故地,「改洪州爲保寧都護府,塹弱水,爲蕃漢之界。」索磨川西,山脈高聳達五千餘公尺,蓋即國界;自此以南則以弱水爲界歟?[20] 或者此弱水即指索磨川而言,洪州、保寧都護府置於川之東岸歟?《通典》云,恭

17 潘州:唐代書志無潘州之名。然陳子昂〈上蜀川軍事狀〉(《全唐文》二一一)云:

「臣伏見劍南諸州,緣通軌軍屯在松、潘等州,千里運糧,百姓困弊。……臣伏惟松、潘諸軍,自屯鎮已來,於今相繼百十餘年(蓋自周隋在此屯兵數之),竟未聞盜賊大侵,而有尺寸之效。……聞松、潘等州屯軍數不逾萬……。伏以……松、潘屯兵未可廢散……。」

按此狀上於武后時,屢言「松、潘等州。」又〈上益國事狀〉(同上)亦云「松、潘諸軍」「松、潘軍糧」。則唐代前期,至少武后之世曾置潘州。蓋安史亂前,開元天寶時代,地已陷屬吐蕃,故《六典》、《通典》皆已無此州名。至北宋,復置潘州,且有上中下之別,下潘州在明代松潘衛北一百里,中潘州去衛二百五十里,上潘州去衛殆四百里以上。松潘衛即拼合松、潘兩州名之,治松州,即今松潘縣也。檢《民國地圖集》、四川兩圖,松潘西北航空距離約一百二三十里處有興中縣(E102°50′・N33°25′)有「古潘州」之名,中共圖集有達札寺,在墨溪河流域小盆地中,殆即唐之潘州,北宋之上潘州,宋之邊疆例較唐爲內縮,未見外伸也。說詳《圖考》同上篇、頁 969-971。

18 見《通典》一七六疊州合川郡。《寰宇記》一五五錄《通典》,而有奪譌。

19 《通典》一七六松州,「北至吐蕃九十里」,「西北到吐蕃界五十里。」《寰宇記》八一松州,云「北至吐蕃界一百九十里」,「西北至吐蕃界五十五里。」檢《元和志》三二松州,嘉誠縣在郭下,「寧遠鎮在縣北一百里。」是州北百里仍屬州境,《通典》當譌。又此處諸州書例,皆云至「吐蕃界」,《通典》此條無界字,似亦有問題,蓋奪「界一百」三字歟?

20 顏眞卿〈鮮于仲通碑〉(《全唐文》三四三)云:

「郭公(虛己)將圖弱水西之〔山?〕八國,奏公入覲……拜劍南行軍司馬。既略三河,收其八國,長驅至故洪州,與哥舒翰隴右官軍相遇於橫嶺。……郭公云亡……拜公爲劍南節度副大使。……討吐蕃摩彌城,拔之,改洪州爲保寧都護府,塹弱水爲蕃漢之界,收戶數十萬,闢土千餘里。」

據《唐會要》七三姚州都督府目及《新志》劍南道,保寧都護府以天寶八載,於索磨川置,領牂柯、吐蕃。據《册府》一七〇〈帝王部〉〈來遠目〉,索磨與白狗國相近,在奉州(維州之西)之西。又《寰宇記》八〇〈恭州目〉,「北至故洪州三百七十里。」則索磨

州「北接吐蕃」，又云「北至吐蕃白崖鎮七十里。」白崖約在黑水上游 E103°15′·N32°30′ 地區。[21] 蓋其後吐蕃東侵所據，唐疆已內縮三四百里。

又南至奉州雲山郡（約今雜谷腦 E103°20′·N31°27′）西境。州西一百三十里天寶軍（約今邱地 E103°5′·N31°30′）之西，正爲邛崍山脈之脊，爲此段唐疆之極邊。[22] 由奉州西南折而東，州南八十里與吐蕃野城接境。[23] 又東維州之南一百六十里，亦與吐蕃接境。州西南六十二里有白狗嶺（今有尖光山），蓋白狗羌地，嶺南蓋卽吐蕃也。[24]

(續)川、洪州、保寧都護府必在今四川西北、雜谷河、黑水河上游之西北地區。檢今圖，其處適有梭磨河（somo），爲大渡河上游之東源，由 E102°25′·N32°50′ 地區東南流至馬塘（E102°55′·N31°55′），折西流與大渡河其他諸源相會。唐籍索磨川卽此水無疑。則唐之洪州、保寧都護府卽置在今梭磨河中游一帶約中壤口地段無疑。參詳《圖考》第四卷、篇二五、頁 991、992。

惟此處所當補明者：〈鮮于碑〉「弱水西之八國」。按此種句法，當時文體殊極少見。又弱水通常指大渡河而言，然此八國絕不得在大渡河之西。本碑下文云，旣收其八國，長驅至故洪州。則八國應在洪州東南。按唐籍常見「西山八國」之語，如楊譚〈兵部奏劍南破西山賊露布〉（《全唐文》三七七）云，「吐蕃舉國興兵，資其叛逆，頃者西山戰士及八國子弟，因其窘逼，遂欲憑淩。」此爲較早見之史例。據《舊唐書》一四〇〈韋臯傳〉，「招撫西山羌：女（國）、訶陵、白狗、逋租、弱水、南水等八國酋長。加統押近界諸蠻及西山八國、雲南安撫使。自後歷任劍南節度皆加「統押西山八國」，此西山八國大抵皆在今大渡河以東之山區，疑碑「西之」爲「西山」之譌。詳〈唐五代時期之成都〉（《香港中文大學中國文化研究所學報》第十二卷）第二節劍南節度使加押西山八國條。

21 《通典》一七六〈恭州目〉。按《寰宇記》八〇作「北至土〔吐〕蕃白山〔崖〕鎮七十五里。」是略同。又《元和志》三二，恭州目不記；而柘州蓬山郡目云，「其城四面險阻，易於固守。有安戎江蓬婆水，在州南三十里。」郭下柘縣，「柏嶺在縣北八十里，嶺北三十里至白崖驛，與吐蕃接界。」按安戎江卽黑水（今名同），蓬婆水卽今圖之雅爾隆河，則柘州在今兩水合流點（E103°15′·N32°10′）之北不過三十里，恭州又在柘州之西北三四十里。是兩處所記白崖、吐蕃界實相吻合。度白崖鎮驛亦只在兩水之會之北百十里耳。其經緯度可略測也。柘恭地望詳《圖考》第四卷、篇二五，頁 976–979, 992–994。

22 《通典》一七六奉州雲山郡，「南接吐蕃」。領縣一，定廉。「東至維川郡（維川）風流嶺四十里，南至吐蕃野城八十里，西至天寶軍一百三十里。」《寰宇記》八〇保州雲山郡，略同；惟作風流鎮。按風流嶺鎮在維州西約一百二十里，約今雜谷腦（E103°20′·N31°27′）地，則天寶軍當在猛董溝流域，約今邱地（E103°5′·N31°30′）地區。詳《圖考》第四卷、篇二五，頁 989–991。其西東經 103° 線正爲邛崍山脈之脊。

23 見注①引《通典》。《寰宇記》，同。按吐蕃野城，在此西南頗遠，詳下文。蓋奉州南八十里卽野城轄境。檢今圖，雜谷腦南數十里有天成山，海拔二八二九公尺，蓋卽以此山爲境耳。

24 《通典》一七六維州維川郡，「東南到吐蕃界一百六十里，西南到白狗嶺六十二里。」《寰宇記》七八，同。按維州在今理縣（E103°25′·N31°32′），檢今圖，東南實當爲正南，今汶川縣岷江西岸，其地有尖光山，海拔二八七九公尺，白狗嶺蓋爲此山區之一嶺。《元和志》三二維州，「武德七年，以白狗羌首領內附，於姜維城置維州以統之。」《寰宇記》七八維州略同。疑此嶺殆卽白狗羌之故地。

國界又取岷江西岸山線而南，至灌口鎮（今灌縣）西境。青城山在灌口西南五十里，青城縣（灌口西南四十里）西北三十二里。山西南諸山連接有大面、高臺、天倉、傍便諸名。大面山卽青城後山，傍便山在灌口西南一百三十里（約今圖神仙洞E103°23′·N30°50′ 之西地區），「豁谷深邃，夏積冰雪」，與大面山並「當吐蕃之界」。[25] 大中七年吳行魯西巡至石門獠澤，在大面山之北，一名老人村，東北去灌口約百里，蓋卽唐疆之極邊，且有道入吐蕃境也。[26] 至於《通典》云，蜀州（今崇慶縣）「西至青山八十里，吐蕃界，不通。」殆卽就傍便山之東麓而言耳？[27] 檢覶今圖，石門、大面山、傍便山之西正卽邛崍山脈之脊背羊子嶺(103°·N30°50′)，貝母山 (E102°

25　據《元和志》三一彭州目、蜀州目，及《寰宇記》七三永康軍目，灌口鎮在導江縣西二十六里，宋置永康軍。鎮西南四十里有青城縣，縣西北三十二里有青城山，道經云第五洞天。《寰宇記》又云，「傍便山在縣西，高下與青城山相連接，當吐蕃之界，豁谷深邃，夏積冰雪，此山所謂隔夷夏也。」其〈四至條〉又云，「西南至青城縣大面山後水爲界」，蓋亦謂與吐蕃爲界也；又《輿地紀勝》一五一永康軍景物目有天倉山、天倉洞、高臺山、大面山、傍便山。《方輿勝覽》五五永康軍有天倉、高臺、大面諸山。《勝覽》云，青城山「前號青城，後曰大面山，其實一耳。」按灌口鎮，宋置永康軍，卽今灌縣治。檢《紀要》六六四川〈名山條〉，青城山在灌縣西南五十里，高臺山在縣西南七十里，又西南十里曰天倉山，又西南爲便傍山（當作傍便山）在縣西南一百三十里。又《紀勝》天倉洞條，「唐咸通中，河東薛逢爲綿州刺史……遣人訪焉。入洞十許里，仙迹宛然，隔溪見山川居第，然不敢渡而止。」檢今圖，灌縣西南有神仙洞（E103°23′·N30°50′），海拔二二九九公尺，疑卽唐宋天倉山洞也。傍便山又在其西南，蓋亦崇慶之西境。至於大面山，卽青城山之後山也。則此一線之唐蕃國界，卽在此諸名山之後，深入山區，卽邛崍山脈之脊背耳。

26　《輿地紀勝》一五一永康軍〈碑記目〉，〈獠澤水石記〉「在石門崖壁，鐫吳行魯大中七年奉使巡邊行見〈獠澤水石記〉。」又〈景物目〉，獠澤「《圖經》云，在青城縣北一百三十里。或曰，諸葛亮遷羣獠於青城山下，號爲獠澤，或云老澤。昔人避難，家其中，皆享年壽，如秦人桃源之類，世世壽考，故云老澤。又名老人村。東坡云，蜀青城山老人村，有五世孫者。道極險遠，生不識鹽醯，而溪中枸杞根如龍蛇，飲其水故壽。近歲道稍通，漸能致五味，而壽亦益衰，見《漁隱崇話》。」《方輿勝覽》五五永康軍，「老人村在大面山之北」，餘略同。又《蜀中廣記》六灌縣條引《志》云，「獠澤關在縣西南百里，乃董仆胡通華捷徑。」按《紀勝》〈風俗形勝目〉引嘉定二年知軍虞剛簡上封事云，「本軍……青城一帶山後不五七十里卽是夷界，唐吐蕃入寇，自此塗出。」當卽指此塗而言，不自元明董仆胡也。是石門、獠澤、老人村在青城縣北（實西北）一百三十里，青城山後大面山之北，東北至灌口約百里，此殆唐疆之極邊。參詳《圖考》第四卷、篇二五、頁996-997。

27　《通典》文見卷一七六〈蜀州目〉。此據《影宋刊本》，《殿本》作青城山。按《寰宇記》亦有此條，作青山。蓋《殿本通典》因青城山有盛名，而誤增城字耳。就方位里距論之，此青山當在傍便山之正東近地。

55′·N30°40′)，唐蕃國界亦因自然地形而分也。

又南至邛（今邛崍縣）、雅（今雅安縣）西境。《通典》以下皆記雅州盧山縣(今縣）西北六十里有靈關（今關 E102°50′·N30°17′)，一名盧關，峽口如門，闊三丈，長二百步，極險峻。由此西北約四百里至吐蕃之野城（約今懋功縣地區），與偏松城（蓋在野城之東），度國界當在今加薩山（E102°27′·N30°40′，海拔四〇八五公尺）地區。蓋唐蕃界由今貝母山折而西經天尖山（海拔三一九〇公尺）至靈關、野城之間也。[28]《通典》諸書云，邛州「西至夷（羌夷）界一百三十里，以山爲界，以西無郡縣相接，亦無道路。」蓋靈關之外，羈縻諸夷，仍屬唐境也。[29]

境界線蓋又循今夾金山脈，西南至大渡河（弱水），以河爲境。河西有吐蕃之松城（約今康定縣）；河東有和川鎭（約今天全縣），則唐所守。[30]又循河而南至黎州（今漢源縣、舊清溪縣 E102°35′·N29°35′，或其南漢源場）西境。州西置飛越縣（約今宜東鎭 E102°27′·N29°38′)。又西置廓清鎭，東至州一百八十里，西臨大渡河，爲此段唐疆之極邊。[31]

又南至巂州（今西昌縣）西境。州北臺登縣（今冕寧東）之直西一百五十里有曲

28 《通典》一七六、《元和志》三二雅州盧山縣皆記靈關。《寰宇記》七七，盧山縣在州西北七十里，靈關鎭在縣北八十二里，四面險峻，控帶蕃蠻，一夫守之，可以禦百。「通蠻貊之鄉，入白狼〔狗〕夷之界。」「靈關路在縣界，去蕃界八日程。從界去吐蕃野城三日程。」又《通典》，雅州「西北到吐蕃野城界五百七十里。」《寰宇記》云雅州「西北至吐蕃野城縣界五百七十六里，西北至吐蕃偏松城九日程，約五百里。」約計里距，野城當在今懋功縣地。又據《新書》〈韋臯傳〉偏松城蓋較野城爲東。並詳《圖考》第四卷、篇三三、頁 1261、1262。此條所見三山，皆據《民國地圖集》·〈四川地形圖〉。

29 《通典》云云，見卷一七六邛州目。又云「西北到夷界一百二十里，以山爲界，險阻，更無郡縣。」《寰宇記》七五邛州目並有此兩條，惟「西」作「西南」，又「夷界」皆作「羌夷界」。又《元和志》三一邛州，亦作「西至羌夷一百三十里。」皆不云吐蕃。檢今圖，邛崍縣西北，西南一百二三十里，固尙不到上考之山脊也。按《寰宇記》七五邛州〈風俗目〉，「此郡與夷獠相雜，愈於諸郡。」又七七雅州管和川夏陽等羈州四十六。其中和川路三十七州，夏陽路九州，又有吐蕃投降部落。夏陽路卽靈關路，《舊志》四，雅州盧山縣有關，「俗呼爲盧關，關外卽生獠也。」是卽與邛州接境諸夷也。

30 《寰宇記》七七雅州嚴道縣，「和川路在縣西界，去吐蕃大渡河（《紀勝》引有界字）五日程，從大渡河西郭（？）至吐蕃松城四日程。羌蠻混雜，連山接野，鳥路沿空，不知里數。」和川、松城之今地，參詳《圖考》第四卷、篇三三、和川路條，頁 1264–1266。余據《民國地圖集》·〈四川省地形圖〉，擬定唐蕃國界當在夾金山脈。檢《中共圖集》58〈四川省圖〉，雅安地區與甘孜藏族自治區正以此山脈爲界，蓋所從來久矣。

31 《圖考》第四卷、篇三三、黎州西道條、頁 1267、1268。今漢源縣，《中共圖集》南移至富林 (E102°36′·N29°18′)。

羅磨些部落，當瀘水(今雅礱江)縈廻三曲處，約今瀘寧縣(E101°50′・N28。30′)地。其西蓋入吐蕃境。[32] 又南，國界當在昆明縣(今鹽源縣 E101°35′・N27°35′)西境。昆明俗稱鹽井，置昆明軍，管兵五千二百人。又南(蓋西南)，置寧遠軍(蓋今寧蒗縣境東)，管兵五百人。蓋鹽產國防兩重，故比境置軍也。[33]

國界蓋由昆明、寧遠西境循今綿綿山脈(光茅山海拔四六七九公尺)而南至瀘水(今金沙江)。瀘南今爲雲南省境，兩漢時代大半已入版圖。蜀晉南朝僅能控有東北一隅，以寧州(今曲靖縣舊南寧縣)爲經營中心。[34] 唐代初年，環瀘水之南至滇池南北皆在版圖，置郎(南寧州，今曲靖縣)、曲(今昭通縣)、協(北接戎州，南接曲州)、昆(今昆明市)、盤(北接郎州，南接交州)、黎(北接昆州)、匡(治勃弄縣，蓋姚州之西)，髳(東北至瀘水，西南接姚州)、尹(北接髳州)、曾(西接匡州)、鉤(東北接昆州)、靡(南接姚州)、褒(南接姚州)、宗(北接姚州)、微(東接靡州)、姚(今姚安縣)凡十六州，皆著錄於《括地志》。[35] 其後創羈縻州之制，此諸州蓋多退爲羈縻州，故《六典》、《通典》僅錄姚州，《元和志》僅錄姚協曲三州。[36] 惟《舊唐志》、《寰宇記》著錄此十六州之方位及去京師之里距較詳，可據以略定唐疆之所至。

大抵唐疆有今雲南省東北半部，而以姚、昆、郎(南寧)三州爲西中東三個軍政中心。[37] 姚州都督府「爲瀘南之巨屏」，所統境域最保留之推估當西抵洱海，即西南

32 《蠻書》一〈雲南界內途程〉:「臺登城直西有西望川，行一百五十里入曲羅。瀘水從北來，至曲羅，縈迴三曲，每曲中皆有磨些部落。……瀘水從曲羅南經劍山之西，又南至會同川。」此瀘水卽今雅礱江無疑，曲羅正卽今瀘寧地帶。

33 兩軍皆見《通典》一七二、《元和志》三一。詳《圖考》第四卷、篇三三、昆明縣條，頁1270、1271。

34 《圖考》第四卷、篇三二〈漢唐川滇東道〉、頁 1233–35。

35 《括地志》〈序略〉列貞觀十四年三百六十州之名，此十六州已在其中，(惟「黎」字蓋譌爲「州」字。)故知唐初已入版圖，且爲正州也。諸州詳情看下注㊳引《舊志》與《寰宇記》;並參看拙作〈括地志都督府管州考〉(《唐史研究叢稿》)。

36 《唐六典》三戶部、《通典》一七六、《元和志》三二。

37 《元和志》三二姚州，武德四年，「置姚州，爲瀘南之巨屏。」《舊志》四姚州，武德四年置，「管三十二州。」又《新》二二二上〈南蠻傳〉上，天寶中，南詔叛，「取姚州及小夷州凡三十二」蓋卽所管者。昆州濱臨滇池，爲莊蹻故都，自古爲軍政扼要地。唐利其鹽井，築安寧城，所謂「置府東爨，通路安南」也。後爲南詔所據，爲重鎭，有別都之目。詳《圖考》篇三二、頁 1239–45。郎州卽南寧州，自蜀漢以來，爲經營南中之基地。《舊志》郎州條，唐初曾置都督府，管十六州，卽前列十六州也，具知唐初仍以此爲瀘南軍政控扼之中心也。

國疆之所至。由此而東南，繞今楚雄之南、馬龍河（紅河、元江之上游）上游，又沿流而東南，皆與南詔爲界也。[38] 當唐最盛時，此界外南詔之地亦在羈縻之列，其他羈

38 《舊唐志》四、《寰宇記》七九戎州目後列十六州如次：

協州　北接戎州，去京師四〇〇〇里。

曲州　北接協州，去京師四三三〇里。

郎州（南寧州）　北接曲州，去京師五六七〇里。

昆州　北接嶲州，去京師五三七〇里。晉寧縣有滇池，周三百里。

盤州　北接郎州，南接交州，去京師五〇三〇里。盤水縣卽舊興古郡。

黎州　析南寧州（郎州）置。北接昆州。（不記去京師里數。）有梁水縣、絳縣。

匡州　（不記方位），去京師五一六五里。有勃弄縣；匡川縣「縣界有永昌故城」。《新志》云「本南雲州」，「漢永昌郡地。」

髳州　南接姚州，去京師四八五〇里。青蛉縣舊屬越嶲郡。

尹州　北接髳州，有馬邑、天池、鹽泉、甘泉（《記》作百泉）、涌泉五縣。

曾州　西接匡州，去京師五一四五里。

鉤州　北接昆州，（《新志》七下，作「東北接昆州。」）去京師五六五〇里。

靡州　南接姚州，去京師四九四五里。

褒州　南接姚州，去京師四九七〇里。（《新志》云「本弄棟地」。）

宗州　北接姚州，去京師五〇一〇里。

微州　東接靡州（《新志》作北接）去京師四九七〇里。

姚州　去京師四九〇〇里（《記》作四〇三〇里）。

觀此十六州記錄，除戎協曲郎自北而南一線排列外，顯可分爲東西兩個州羣。西羣以姚州爲中心，有褒髳尹靡微曾匡宗八州圍繞之；東羣以郎昆爲基線，有盤黎鉤三州分佈於其南，再南卽接交州。姚州爲唐代前期「瀘南之巨屏」，在今姚安縣，詳《圖考》第四卷、篇三一〈川滇西道〉，頁 1205、06。郎州卽南寧州，爲蜀漢庲降都督及建寧郡所治，東晉以下亦爲經營南中之中心根據地，在今曲靖縣(舊南寧)，詳《圖考》同卷，篇三二〈川滇東道〉，頁1233–35。交州卽今越南河內境。又昆州「有滇池，周三百里。」卽今昆明地無疑。此四州地望旣可確知，可據以略定姚州四周、昆郎以南諸州之地望。茲參考前人舊說擬測如下：

髳靡褒皆在姚州之北。按褒州似在今大姚縣稍東，《圖考》篇三一〈川滇西道〉有陽褒館，在姚州北（東北）七十里。髳州所領蜻蛉縣，舊屬越嶲郡。又《華陽國志》三〈蜀志〉，越嶲郡「三逢縣，一曰小會無，……通寧州，渡瀘得蜻蛉縣。」三逢舊說在今會理縣，渡瀘而南卽至蜻蛉，當去瀘水不遠，是當在姚州之北而偏東。靡州當在髳州之西，故去京師亦較遠，是當在姚州之西北也。微州則在靡州之西不遠處。尹州在髳州之南，或當在姚州之東。匡州云有永昌故城，據一般里距言，當只在姚州西不應太遠，此必非漢永昌城故地，無疑。《新志》云漢永昌郡地，或較近之。舊說匡州在今祥雲縣南，南詔置雲南州（唐州本名南雲）。今雲南驛地，蓋略近之。所領有勃弄縣，勃弄川固在洱海東南白崖地也。曾州西接匡州，則在姚州之西也。宗州在姚州之南蓋百餘里，舊說在今鎭南縣，略可信。以上八州圍繞姚州，半徑殆不過二三百里，此爲西面州羣也。

縻州當亦不少，然地望不詳，姑不深論。

今馬龍河（禮社江）、元江卽酈《注》之勞水、僕水，[39] 沿流南岸，哀牢山脈自西北走向東南，三千公尺以上之高峯連珠疊起，[40] 爲天然之國界。勞僕水東之葉榆水（今盤龍江）爲自漢以來之滇越水陸道交通幹線，[41] 唐世沿途置晉寧驛（今縣）、中川縣（今縣）、絳縣、通海縣（今縣）、曲江、南陽、沙隻等館、龍武、祿索、湯泉等羈縻州，至古勇步（今文山縣境），又沿流經甘棠、奇富、多利、忠誠、登州等羈縻州，至峯州都督府，又一百三十里至安南都護府。[42] 此道全線固屬唐境；勞僕水上之步頭（今蠻耗或其西北）東南「船行沿江（卽僕水今紅河）三十五日出南蠻（南詔）」，[43] 蓋本亦唐境。

峯州（約今盤龍江、元江合流處，E105°25′・N21°20′）統羈縻一十八州，幅員甚大，度其西境當今元江西 海拔三千公尺以上哀牢山脈之脊（E104°20′ 線），蓋卽唐疆所届。[44]

（續） 至於東面州羣，盤州北接郎州，南接交州，舊興古郡地。按興古郡在今南盤江上游，曲靖縣之南，後蓋遷貴州省西境，是在唐郎州之東。唐盤州卽以盤江受名，固當在興古郡舊地，今宗師、瀘西（廣西）、彌勒一帶，故云南接交州也。（參看《圖考》第四卷、附篇七〈水經注葉榆水下游卽今盤龍江辨〉頁 1317–1319）。鈎州、黎州皆在昆州之南，然黎州係析南寧州（郎州）所置，是當在昆州東南，所領梁水縣，固亦在今昆明東南也。（參《圖考》同卷、頁 1318 地圖。）則鈎州當在其西，《新志》云東北接昆州，最爲正確。舊說鈎州在今建水縣似太遠，似當於晉寧西南，江川之西求之。

以上爲唐代前期瀘水以南十六州之地，雖時或退爲羈縻州，（《新志》惟姚州爲正州，餘十五皆爲羈縻州。）然至少可知爲最重要最穩定者，其餘羈縻州尙有七十有餘，（州名參看《寰宇記》七九卷末；《新志》七列戎姚兩州所管九十二羈縻州名稱甚詳。），就中傍州、覽州，舊說在今楚雄縣境，則在上述東西兩州羣之間。據此言之，唐代前期盛時，瀘南國疆最保留之推估當如綱文所述。

39 參看楊氏《水經注圖》南十五卷、西九，南十六卷、西九，南十七卷、西八，及《水經注疏》三三〈江水注〉，兼參《圖考》第四卷、附篇七〈水經注葉榆水下游卽今盤龍江辨〉、頁1318、1319。

40 《民國地圖集》・〈雲南地形圖〉，ONC–J–11。

41 《圖考》第四卷、篇三五〈漢晉時代滇越道〉，篇三六〈唐代滇越道〉。

42 同上篇三六〈唐代滇越道〉。

43 《蠻書》六〈雲南城鎭篇〉，「通海城南十四日程至步頭，從步頭船行沿江三十五日出南蠻。」步頭地望詳《圖考》第四卷、篇三六〈唐代滇越道〉。

44 《元和志》三八峯州，東南至安南府一百三十里，北至羈縻南平州二百里。《寰宇記》一七〇峯州，東南至安南府陸路一百三十里，西北沿西道江至古勇步約八十里。（數字有脫譌。）又交州同，惟譌「峯」爲「岑」。《元和志》又云，州境東西九十七里，南北六十里。本州幅員雖不大，但「兼管羈縻州二十八」。《新志》七下亦云峯州都督府管「蜀爨蠻州十八，（二十八、十八可能有一譌。）貞元七年領州名逸。」則統攝範圍實甚廣。元江西哀牢山脈脊高三千公尺以上，及經度皆見 ONC–J–11。

國疆又南至愛州西境。愛州在今清化（E105°47′·N19°47′）之西約百里，蓋壽春(Tho Xuan, E105°30′·N19°55′)、沛上 (Bai Thuong, E105°23′·N19°53′) 地區。[45]州西北行一百九十里至生獠界，蓋今朱江（梁江）上游，約桑頭 (Sam Teu, E104°38′·N20°) 地區，州西北陸路三百里至生獠柵，蓋今馬江上游，約 E104°30′·N20°30′地區，疑皆羈縻區也。[46] 愛州東西距二百八十二里，度其西界當在 E105° 稍西，正約桑頭一線。此線山脈自北徂南，高峯多達海拔一千五百公尺以上，蓋亦自然疆界也。[47] 若此西生獠，亦在羈縻州之列，則唐疆更在其西安南山脈之脊背矣。

又南至演州、驩州西境。演州在今演州城（Phu Dien Chan)，無異說；但西疆無考。[48] 驩州約在今宜安（Vinh, E105°40′·N18°38′）或稍西稍南地區。[49] 常統若干

45 愛州，《紀要》一一二清化府，卽唐愛州。今中西學人皆承此說，已成定論。然《元和志》三八愛州「東至海州一百四十里。」考證云衍「州」字。按《寰宇記》一七一，愛州「東至海陸路一百四十里。」則《元和志》《考證》是也。此爲愛州地望最早且比較具體之兩條史料，方向里距又同，不當置之不理。且《元和志》云，「西北至安南都護府五百里，水路七百里。」《考證》疑「西北」宜作「東北」。檢《寰宇記》〈愛州目〉，正作「東北至交州五百里，水路七百里。」知「東北」爲正。又《舊志》四，愛州在交州西。則就陸路而言，愛州當在交州之西南。今淸化在河內之正南，與上引兩書所記，州在海西一百四十里之記載，不相契合。今淸化城東距海不過三四十里，明非唐愛州城所在。故可推測唐之愛州雖在今淸化府境，但在城西約百里。檢今地圖，當在壽春、沛上地區。沛上今猶當南北交通要地。

46 《元和志》，愛州「西至小獠界水行一百九十里」，「西北至小獠柵三百里。」按《寰宇記》作「西至生獠界，水路一百九十里。」，「北至生獠界陸路三百里。」作生獠是也。參之 ONC-J-11 及《世界地圖集》·〈越南寮國柬埔寨圖〉·〈越南北部與寮國圖〉，由愛州向西水路上行必卽今之朱江（梁江），以水程計之，生獠界約當在 E105° 之西，則當於桑頭地區求之。西北陸路三百里者，以方向難準繩，故亦難定其地，但要在 N20° 以北，今馬河上游地耳。兩河上游已入深山，四境山峯多達一千五百公尺以上，爲盧賓高原之東緣。

47 《元和志》，愛州東西二百八十二里，是東西幅度甚寬，參之上揭三圖，最保留之估計，西疆至少應抵 E105° 稍西地帶，卽今桑頭一線。

48 《元和志》三八演州，「北至愛州二百五十里，南至驩州一百五十里，東至大海六里。」《寰宇記》一七一，同。又《元和志》記演州、愛州去上都、東都里距之差，亦皆爲二百五十里。故演州北距愛州、南距驩州之距離比例至爲確定，又東近大海，檢之今圖正卽在今演州 (Phu Dien Chan, E105°35′·N18°58′) 無疑。但西疆所至無考。

49 《方輿紀要》一一二安南乂安府，驩州城在府西南。按乂安卽今宜安(Vinh, E105°40′·N18°40′) 此殆爲自古相傳之通說。近代西方學人說驩州者甚多。馮譯馬司培羅 (G. Maspero)《占婆史》，亦謂在今乂安、河靜。其他尙有淸化、德壽、河靜諸說。黃盛璋已爲論證確認在宜安是也。詳其所著〈文單國——老撾歷史地理新探〉（《歷史研究》1962 年 5 期）及〈賈耽路程驩州通文單國道地理與對音〉(《歷史地理》第五輯)。按驩州之在今宜安，

羈縻州。[50] 州西北至靈跋江四百七十里，約今越寮國界（E104°·N19°15′-40′）地段，疑今國界卽唐疆所至。[51] 又州西至羈縻暑州二百四十里，約在 E104°40′·N18°30′ 地區。國界當在其西。[52]

又驩州爲南通林邑國（環王國），西南通文單國（扶南國、陸眞臘）之交通樞紐。[53] 自州「西南三日行，度霧溫〔濕〕嶺（約今歌女峽 Keo Neua, E105°10′·N18°23′），又二日行至棠州日落縣，又經羅倫江（蓋今南通河、嘉定河 Nam Cading）及古朗洞之石密山，三日行至棠州文陽縣，又經䕼䕼澗，四日行至文單國之算臺縣，又三日行至文單外城，又一日行至內城，（今萬象，卽寮國首都永珍 Vien Tiane,

（續）已無可疑，惟具體準確位置，則甚難論定。黃氏第二文認爲當在宜安之南不遠，藍江北岸，邊水縣（宜安南極近處）附近。但引 H. 馬伯樂之南壇（南棠）說及越南人陶維英之藍城山說。按南壇約今《世界地圖集》·〈越南北部與寮國圖〉之永州（義禮 Nghi, E105°30′·N18°42′）亦在藍江北岸；藍城山，據黃文，在南壇東南、宜安西南之興元縣，卽在宜安稍西南也。宜安稍西，卽與中國舊說爲近。按《元和志》三八，驩州東至海一百里。《通典》一八四，驩州東南到海百五十里；《寰宇記》一七一，同，惟作「南」蓋小譌。是州城在海岸之西約百里，似在宜安稍西爲正。惟此類問題甚難論定，亦不必強定，但期將來考古發現耳。

50　《舊志》四，驩州，「貞觀初改爲驩州，以舊驩州爲演州。二年，置驩州都督府，領驩演明智林源景海八州。十二年廢明源海三州。」《寰宇記》一七一，同。是驩府所管除驩州外，尙有智演林景四州。此五州皆見於《括地志》〈敍〉。《元和志》三八云，驩州「兼管羈縻州六。」蓋亦時有增省也。

51　《通典》一八四，驩州，「西北到靈跋江四百七十里。」《舊志》四，同。《寰宇記》一七一，亦同，惟作靈趹江，字形有異耳。地書特記到此江，蓋卽邊境地段；縱已越唐境，但當不遠。其地雖不可考，但就方位論之，此路總當略循今藍江上行，今正有汽車道自宜安西北循藍江上行至巴托洛米山口（E104°5′·N19°28′ 有農赫鎭 Nong Het）入寮國境（E104°·N19°25′）。再西卽達鎭寧高原（骨疊平原），諸峯海拔達二千公尺至二千七八百公尺，爲中南半島之屋脊，寮越中部諸河流多發源於此。以宜安西南至永珍，唐程七百五十里（詳下引《寰宇記》等）比例言之，鎭寧高原之東緣，東南至宜安正約五百華里之譜。疑靈跋江卽發源於此高原諸河流之一，唐疆蓋至高原之東緣地帶，頗疑今日越寮此段國界（E104°·N19°15′-40′）卽承唐疆之舊歟？

52　《寰宇記》一七一驩州，「西至羈縻暑州二百四十里。」國疆當在其西，可參注㊿及下驩州西南疆定之。

53　《新志》七下錄賈躭通四夷七道及《寰宇記》一七一，皆云驩州有西南通文單國、東南通環王國兩道。詳下文。而《元和志》三八演州目云，「其州西控海，當中國往林邑（卽環王）、扶南（卽文單）之大路也。」似演州爲兩道之會，與賈《記》、《寰宇記》不同。但據《元和志》同條上文，唐初演州本名驩州，殆因此將驩州之交通形勢誤錄入演州目歟？

E102°37′•N17°57′）一曰陸眞臘。」棠州一作裳州，羈縻州之一也。則唐與文單國界必在文陽縣與算臺縣四日程之間，約計其地當在 E104° 左右，今嘉定河（Nam Cading）與湄公河合流地區。[54]

54 自「西南三日行」至「陸眞臘」一節，乃《新唐志》七下錄賈耽通四夷七道之文。是由驩州西南五日行至棠州之日落縣，又三日行至棠州文陽縣，又四日行至文單國之算臺縣，則由驩州西南十日上下，始出唐境。又行六日上下卽達文單國城。去驩州共約十六日程。《寰宇記》一七一，驩州「西南至羈縻棠州三百里。」又云驩州「西南至文單國十五日程，約七百五十里。」無疑爲同一道。且知棠州一作裳州，爲羈縻州之一。據此，是日行平均約五十里，十日行卽約五百里。《通典》一八四，驩州「西南到當郡界四百里」《舊志》四，同。亦卽就驩州都督府所統（包括羈縻州）邊境所至而言耳。州界卽國界。

文單國卽陸眞臘，又見《舊唐》一九七〈南蠻〉〈眞臘傳〉，「自神龍以後，眞臘分爲二：半以南近海，多陂澤處，謂之水眞臘；半以北多山阜，謂之陸眞臘，亦謂之文單國。」《寰宇記》一七七〈眞臘國傳〉，同。其地望，伯希和《交廣印度兩道考》上〈陸道考〉云，「巴司將（Bastian）曾疑其爲萬象（Vieng Chan）之異譯。……余以爲似應求文單於蘭滄江之下流。」按伯氏所持理由殊爲薄弱。近人黃盛璋上揭兩文考證，以爲文單國確在今萬象，卽寮國首都永珍（Vien Tiane, E102°37′•N17°57′），並就賈耽所記此道沿途地名，略推定其今地。今按文單國城卽今永珍，應可爲定論。

賈《記》此道地名多個，最具關鍵性者爲霧溫嶺。黃文據《越史通鑑綱目》，「溫」當作「濕」。其第一文以爲其地卽今日宜安西南通寮國汽車道上之嬌女嶺，在香山之西。第二文引越南史家所述舊說，在嬌女嶺南之霧光山，卽今香溪（在香山之南）之西。爲尊重越人舊說，不堅持己見；但申言，嬌女嶺路較寬，形勢亦較便捷。今檢 ONC–J–11 及《世界地圖集》第一册〈越寮柬三國圖〉、〈越北與寮國圖〉，今宜安西南有汽車道循一小河上行，經香山、大新至歌女峽（Keo Neua, E105°10′•N18°23′），峽爲越寮國界，渡峽西南經那比（Nape），又循小河下行至樂壽（Lak Sao, E104°58′•N18°10′），接入嘉定河（Nam Cading）流域。此道之南，另一汽車道循另一小河上行經香溪西至府關（Phu Quan），其西亦越寮國界山嶺（E105°15′•N18°15′），尙未通車，但嶺西另有未完成汽車道，循一小河向西南下行，再折北，亦至樂壽。歌女峽必卽黃文之嬌女嶺；其南未通車之山嶺，蓋卽霧光山也。黃文論南北兩山隘，嬌女較寬廣，且通路較直較捷。觀 ONC 圖，此處山脈海拔亦較低，故就交通條件言，嬌女顯較優良。按山以霧爲名甚爲常見，何況霧濕、霧光，亦不相同。千年以後之今名未必爲唐名之舊，固不必泥信越人舊說也，故霧濕嶺卽今嬌女嶺（歌女峽）之可能性仍極大。

黃文於此道之其他地名亦略有擬測。《中國歷史地圖集》•〈唐嶺南道西部圖〉，據以入圖，羅倫江卽今湄公河支流南通河，（ONC–J–10 作 Nam Kading，《世界地圖集》•〈越北寮國圖〉作嘉定河。）。棠州文陽縣繪於南通河流入湄公河口（E104°•N18°20′）之東，而繪唐與文單國界於 E103°30′ 處，可信爲相當合理之推測。唐疆縱不西踰 E104° 線甚遠，至少當在此經度之左右，可無疑也。

驩州東南沿海行百餘里有福祿州(約今河靜 Ha Tinh),又名唐林州,爲唐疆最南之正州,蓋曾統於驩州都督府。[55] 其西又有羅伏、林、景等羈縻州,後省景州,置金鄰州。其林州、羅伏州並在府南一百五十里,及景州、金鄰州亦皆統隸於驩府。[56] 福祿州及羅伏州、林州之南與林邑國(環王國)接界。林邑國都城,唐測北極高十七度四分(十分爲度),在今洞海 (Dong Hoi, E106°35′・N17°27′),去驩州十日程,約五百里。[57]《元和志》云,驩州南至林邑國界一百九十里,蓋就驩府所統全境(包

55　《通典》一八四,驩州,「東至福祿郡界一百里。」《寰宇記》一七一,驩州「東沿海至福祿州一百二里。」是驩州東南沿海行一百餘里至福祿州界,則其州北界約在今河靜 (Ha Tinh, E105°55′・N18°20′) 地。又《舊志》四,福祿州「龍朔三年,智州刺史謝德成招慰生獠昆明北樓七千餘落,總章二年置福祿州以處之。天寶元年改爲福祿郡,至德二載爲唐林州,乾元元年復爲福祿州。」《寰宇記》一七一、《新志》七上,皆同。是此州頗大。又按《新志》,羈縻州皆綜錄於卷七下羈縻州目,福祿州不在其列,是此州終唐世爲正州,亦唐疆最南之正州矣。疑初置此州,當亦在驩州都督府統督之列。

56　《通典》一八四,驩州「南至羅伏郡界一百五十里。」檢《新志》七下,安南都護府所管羈縻州有羅伏州,卽此羅伏郡,蓋驩州後廢都督府,倂屬安南都護府耳。又《新志》七上,驩州目,「初以隋林邑郡置林州,比景郡置匕州。又更名匕州曰南景州。貞觀二年,綏懷林邑(國),乃僑治驩州之南境,領比景、朱吾二縣。……八年第名景州。九年置林州,亦寄治驩州之南境,領林邑(略)三縣。」十三年,省景州。是林州本治林邑,景州本治比景,皆在林邑國境。貞觀二年,爲綏懷林邑國,並北遷僑置於驩州南境也。《舊志》四,驩州「南至林州一百五十里。」是林州與羅伏州皆在驩州之南一百五十里,景州蓋亦略相當,皆在福祿州之西也。貞觀十三年,雖省治比景之景州。但《舊》五〈高宗紀〉下,儀鳳元年九月「癸丑,於北京置金鄰州。」按北京卽太原府,此條必有譌。拙作〈舊唐書本紀拾誤〉(《唐史研究叢稿》)已據《新書》〈地志〉七下〈羈縻州目〉,安南都護府領有金鄰州「儀鳳元年置」事,斷此「北京」必「比景」之譌。今檢《通典》一八八邊防四,邊斗等四國,「扶南度金鄰大灣,南行三千里,有此四國,其農作與金鄰同。」是金鄰在文單國之南,蓋因招慰羈縻而於南疆比景僑置此州也。比景卽舊景州治所,則景州雖省,此時復於故地置州曰金鄰州,仍在驩州南境也。由此可見,林州、羅伏州及前置林州後置爲金鄰州,皆爲羈縻州,在驩州南境。其林州、羅伏州皆在驩州南一百五十里,正居福祿州之西也。

57　《新地志》七下,錄賈躭通四夷七道云,「一路自驩州東二日行,至唐林州安遠縣,南行經古羅江,二日行至環王國之檀洞江。又四日至朱崖,又經單補鎭,二日至環王國城,故漢日南郡地也。」按《寰宇記》一七一,驩州「東南至環王國十日程約五百里。」卽就此道而言,並指出約略里距。環王國卽林邑國,在驩州東南約五百里,則當於 N18° 以南,N17°30′ 之北求之。

考《舊書》三五《天文志》錄開元十二年實測若干州縣及林邑國之日影,計算出其北極高度,共有九個數據,玆列錄如下表,並就已知今地之所在者查出其在今圖上北緯度數,對

(續)照列之。(參考《會要》四二〈測景目〉,不詳校。)

唐代地名	唐測北極高度數(每度10分,每分合今6分)	今地	北緯度數
蔚州橫野軍	40度(注A)	蔚縣	N39°50′
滑州白馬縣	35度3分	滑縣	N35°30′
汴州浚儀縣	34度8分	開封	N34°50′
河南府陽城縣	34度4分	登封	約N34°30′
許州扶溝縣	34度3分	扶溝	約N34° 稍北
蔡州上蔡縣武津館	33度8〔5〕分(注B)	上蔡	約N33°20′
朗州武陵縣	29度5〔2〕分(注C)	常德	N29° 稍北
安南都護府	20度4分(注D)	河內	N21° 稍北
林邑國	17度4分	?	?

(注A)《舊志》前文作四十度,《新志》同。而《舊志》後文又作三十度。按〈本注〉云「差陽城五度二分」,知「四十」爲正。

(注B)《舊志》前後均作三十三度八分,《新志》同。但《舊志》〈本注〉云「差陽城九分」,則「八」爲「五」之譌。

(注C)《舊志》後文作「二十九度五分」,前文作「二十九度半」,是相同。但〈本注〉云「差陽城五度二分」,則「五分」當作「二分」。

(注D)《舊志》前文作二十度四分,後文作二十六度六分。《新志》有前一數據,亦爲二十度四分。按《舊志》云,安南「差陽城十四度三分」,則「二十六度」之「六」爲衍文。

綜觀此古今對照表,可知古地測得之北極高度與今地緯度絕相符合,差異極小,則古地北極高度實卽其地之北緯度數也。唐在林邑國境測量其北極高,小地名雖不詳,然其地北極高17度4分,卽約當在今圖 N17°24′ 線上。檢 ONC-J-11 及《世界地圖集》、〈越北與寮國圖〉,此緯度左近有大城曰洞海 (Dong Hoi, E106°35′·N17°27′),蓋卽唐開元測影地。前引賈《記》與《寰宇記》,驩州東南至環王國都城十日程,約五百里。據今圖計之,自宜安東南至洞海正約五百華里之譜,然則測影地在今洞海地區,亦卽唐代林邑國後名環王國之都城所在。千餘年前之林邑國都,今能據《天文志》正確指出,實一大快事!

〔此段林邑國都論證文字寫成後,檢讀馮譯伯希和《交廣印度兩道考》,其林邑古都問題條引艾莫涅 Aymonier,林邑國九八二年前之都城在 Dong-hoi (馮譯爲東海)。艾說係據宋君榮 Ganbil 神甫引《新唐書》〈天文志〉一行之測影紀錄而推算者。惟伯氏認爲「占人(占婆人卽謂林邑人)位其國都於極北邊界「虎口」之中,其事未免可疑。至於一行所測,乃中國境內僑置之林邑郡,卽《舊地志》所謂「乃於驩州南僑置林邑郡以羈縻之,非正林邑國也。」據此是前人早有據開元十二年測影紀錄以說林邑國都,余孤陋,未先讀識。惟艾說不詳,故伯氏仍有駁論。余此段論證較詳悉,或有助於讀者之瞭解,故仍存之,但特此標明,不敢掠美。至於伯氏所提意見,全出臆想,毫無實據。所云《新書》《天文志〉之林邑爲羈縻林邑郡者,按《新書》〈天文志〉所記測影本之《舊書》〈天文志〉,《舊志》與《唐會要》明作林邑國,《新志》省「國」字耳。況據前引賈躭《記》與《寰宇記》,自驩州東南十日行約五百里至環王國城,明指環王國都城,正是今 Dong-hoi 地區。天文地理契合如此,幾爲鐵證,何復可疑,故知伯氏駁議,絕不足採!〕

括羈縻州)而言。又據賈耽與《寰宇記》，驩州東南經唐林州至林邑國界，少則一百五十里，多則二百里。則驩府與林邑國接境處當約在兩地之正中間。檢今圖，N18°線上有橫山山脈；即《晉書》〈林邑傳〉，范文據日南，「求以日南北部橫山爲界」之橫山也。其高峯銀山(E106°35′•N17°58′)海拔一〇二二公尺，爲今越南海岸線上第一高峯，實南北之天然界限，故山之東麓海濱有安南門之名。此驩府南界，亦卽唐代南疆之極邊也。[58]

1988年5月29日草成，6月18日端午節增訂，7月28日復訂

58 林邑國都旣明，可進而論唐與林邑國界所在。上文所引賈耽《記》，自驩州東(南)二日行至唐林州安遠縣，又南行經古羅江二日行至環王國之檀洞江。則驩州東南至林邑界當約三日行，不到四日，約一百五十里以上，不到二百里之譜。又《元和志》云，驩州「南至林邑國界一百九十里。」則驩州南至林邑國界，一般不超過二百里，正當在N18°線地帶。檢ONC-J-11及《世界地圖集》•〈越寮柬埔塞圖〉，N18°線上，海岸線持向東突入海中，最尖出處，峯名永山(Vinh Son, E106°30′•N17°57′)，緊臨海岸。自此以西，山脈東西橫列於N18°及稍南地帶，最高峯今名銀山(E106°23′•N17°58′)，海拔一〇二二公尺，爲南北數百里海岸線第一高山。《晉書》九七〈林邑國傳〉，「永和三年，(范)文……攻陷日南(約唐之林邑國地)，……鏟平西捲縣，遂據日南，告交州刺史朱蕃，求以日南北部橫山爲界。」伯希和《交廣印度兩道考》卷上，謂此銀山又名橫山，卽《晉書》林邑王范文所求以爲國界者。其言蓋是。此山脈西接南北縱貫之安南山脈。安南山脈在此地段，聯珠高峯多在二〇〇〇公尺以上，有至二二八六公尺者，故此東西橫列之山脈，爲南北天然界限。檢今圖，越南河靜縣與廣平縣正以此山脈爲分界線，蓋亦唐與林邑國之國界也。《中國歷史地圖集》•〈唐代嶺南道西部圖〉，卽繪唐代南疆於N18°線上，甚爲正確；惟不知僅據唐代志書驩州南至羅伏郡界、林邑國界之里距約略繪之，抑別有詳證也。

李淵崛起之分析

—論隋末「李氏當王」與三李—

毛　漢　光

《大唐創業起居注》、《資治通鑑》載隋末有「李氏當王」的〈桃李歌〉謠，《唐書》亦有「姓符圖讖」之說，甚至隋煬帝亦已聽聞。一則流行的符讖式歌謠，必須與當時的現象相符，才能廣爲流傳，本文先從關隴集團內人物之演變入手分析：按八大柱國十二大將軍經西魏、北周至隋末煬帝時，僅柱國李虎、于謹、李弼，大將軍李遠、楊忠等家仍保有盛貴門閥，楊氏乃隋之宗室，姑且不論，于氏乃胡族，在漢人日漸抬頭後，已不太可能在關隴集團中獲主導地位，所以至隋末大業年間，關隴集團中李弼、李虎、李遠之族顯得十分重要，隋末敗象已呈，繼任者必是關隴集團中三李之後裔，故「李氏當王」之歌謠得以徧傳。李遠家族在煬帝時首遭殺害，李弼之後李密一度在中原一帶建立洛口政權，但未能進取關隴核心地區，卒致敗亡。李淵曾任弘化留守、岐州刺史，此皆曾是關隴集團北族部人六僑州之地，使李淵在關隴集團中有機會廣結人物，此乃李淵自太原起義、受阻於蒲坂，而敢行險自龍門渡河入關中，而關中亦紛紛歸順之原因。李淵入關後很快重建府兵體制，解決軍士來源、訓練及補給問題。在渭北白渠之下七縣安置太原從義之師，這一帶是西魏以來統治者聚集之地，至此李淵又完成關隴集團之各項組合，繼隋之後而王天下。

一、楔語——隋末「李氏當王」之讖語

《大唐創業起居注》卷中，大業十三年（617）秋七月：

初，李密與楊玄感同逆，感誅，而密亡命投東郡賊帥翟讓，讓知密是蒲山公之子，頗讀《漢書》，納而禮之，推爲謀主。密以百姓飢敝，說來據洛口倉，屯守武牢之險，密自復舊封爲魏公號，翟讓爲司徒公。讓所部兵並齊濟間漁獵之手，善用長槍革騎，龍廐細馬所向江都者，多爲讓所掇，故其兵銳於他賊。加以密是逃刑之人，同守衝要，隋主以李氏當王，又有〈桃李〉之歌，謂密姓應於符讖，故不敢西顧，尤加憚之。

《隋書》卷七十〈李密傳〉、《舊唐書》卷五十三〈李密傳〉、《新唐書》卷八十四〈李密傳〉等都未載〈桃李歌〉之事,唯《舊唐書》〈李密傳〉密作書以移郡縣的檄文之中云:「我魏公聰明神武,齊聖廣淵,總七德而在躬,包九功而挺出。周太保、魏公之孫,上柱國、蒲山公之子。家傳盛德,武王承季歷之基;地啟元勳,世祖嗣元皇之業。篤生白水,日角之相便彰;載誕丹陵,大寶之文斯著。加以姓符圖緯,名協歌謠,六合所以歸心,三靈所以改卜。」所謂「名協歌謠」應指桃李之歌而言。

〈桃李歌〉的內容,今得二則,其一經親李密者之解說,時李密因楊玄感敗後,潛逃於東都一帶,而煬帝在江都,《資治通鑑》卷一百八十三〈隋紀〉七煬帝大業十二年(616):

> (李)玄英言:「比來民間謠歌。有〈桃李章〉曰:『桃李子,皇后繞揚州,宛轉花園裏。勿浪語,誰道許!』『桃李子』謂逃亡者李氏之子也;皇與后,皆君也;『宛轉花園裏』謂天子在揚州無還日,將轉於溝壑也;『莫浪語,誰道許』者,密也。」[1]

其二經親李淵者之解說,時李淵鎮太原,謀起兵南下之前夕。《大唐創業起居注》卷上,大業十二年(616)六月:

> 又有〈桃李子歌〉,曰:「桃李子,莫浪語,黃鵠繞山飛,宛轉花園裏。」案李爲國姓,桃當作陶,若言陶唐也,配李而言,故云桃。花園宛轉屬旌幡[2]。汾晉老幼謳歌在耳,忽覩靈驗,不勝懽躍。帝(李淵)每顧旗幡笑而言曰:

1 內容相似的記載有《隋書》卷二十二〈五行志〉上:「大業中,童謠曰:『桃李子,鴻鵠遶陽山,宛轉花林裏。莫浪語,誰道許。』其後李密坐楊玄感之逆,爲吏所拘,在路逃叛。潛結羣盜,自陽城山而來,襲破洛口倉,後復屯兵苑內。莫浪語,密也。宇文化及自號許國,尋亦破滅。誰道許者,蓋驚疑之辭也。」又《舊唐書》卷三十七〈五行志〉:「隋末有謠云:『桃李子,洪水繞楊山。』煬帝疑李氏有受命之符,故誅李金才。後李密據洛口倉以應其讖。」

2 《大唐創業起居注》卷上,頁7上,大業十三年六月乙卯,「康鞘利將至,軍司以兵起甲子之日,又符讖尙白,請建武王所執白旗以示突厥。帝曰:『誅紂之旗,牧野臨時所仗,未入西效(郊),無容預執,宜兼以絳雜半續之。』諸軍旆旛類皆放此,營壁城壘,幟旗四合,赤白相映若花園。」

「花園可爾，不知黃鵠如何，吾當一舉千里，以符冥讖。」自爾已後，義兵日有千餘集焉。

除此以外，又有〈慧化尼歌〉之傳述，《大唐創業起居注》卷下，義寧二年 (618)：

詞曰：「東海十八子，八井喚三軍，手持雙白雀[3]，頭上戴紫雲。」

雖然今人有將「東海十八子」釋指李密[4]，但《起居注》中卻認爲這段詞是指李淵[5]。

同書同卷裴寂等二千人上疏勸進曰：「……白雀呈祥，丹書授曆，名合天淵，姓符桃李……至八井深水之圖讖，唐唐李樹之謠歌，固以備在人謠，無得而稱者也。」

以上歌謠，無非是陳述李氏當王之意。

二、讖語之背景——八柱國十二大將軍後裔之興衰

符讖式歌謠常被爭奪天下者用以爲工具或藉口[6]，本文撰述的主旨並不在此。本文乃自歌謠探討當時政治社會之背景。一項流行的符讖式歌謠，必須與當時人所感覺到的現象相符合，才能廣爲流傳。故隋末李氏當王的歌謠，可從關隴集團內人物之盛衰演變而得其端倪。關隴集團之頂尖人物，首推西魏時之八大柱國，所謂「今之稱門閥者，咸推八柱國家」，即：李虎、元欣、李弼、獨孤信、趙貴、于謹、侯莫陳崇及宇文泰[7]。元欣「從容禁闈而已」[8]，元氏在西魏時雖屬宗室，但已無實權。宇文泰在

3 唐人有白衣天子出之讖謠，如敦煌寫卷p. 2594、p. 2864《白雀歌》中所述，見唐長孺〈白衣天子試釋〉。又白雀亦屬應讖的祥鳥，參見氣賀澤保規〈《大唐創業起居注》の性格について〉二、創業注にすける「白」の問題，p. 64-70。又莊申兄提供王重民〈金山國墜事零拾〉《北平圖書館刊》9-6，亦提及白衣天子與白雀歌。

4 參見王夢鷗〈虬髯客與唐之創業傳說〉p. 12-13。

5 《大唐創業起居注》卷上頁 8，大業十三年六月癸巳：「其平旦，有僧俗姓李氏，獲白雀獻之。至日未時，又有白雀來止帝牙前樹上，左右復捕獲焉。明旦，有紫雲見于天，當帝所坐處，移時不去，旣而欲散變爲五色，皆若龍獸之象，如此三朝，百姓咸見，文武謁賀。」又同書卷中、頁 8，大業十三年八月庚寅：「是日曉，鼓山西北有大浮雲，色或紫或赤，似華蓋樓闕之形，須臾有暴風，吹來向營，而臨帝所居帳上。」

6 參見王夢鷗〈虬髯客與唐之創業傳說〉p. 5-8，李季平〈溫大雅與《大唐創業起居注》〉p. 33，有一小段陳述李淵利用謠讖。

7 參見《周書》卷十六卷末。又《資治通鑑》卷一百六十三〈梁紀〉十九，簡文帝大寶元年 (550 年) 次序稍有不同，參見拙文〈西魏府兵史論〉。

8 《周書》卷十六卷末語。

西魏時「總百揆，督中外軍」(同上注)，是總攬全權者，其後建立北周王朝，是其鼎盛時期，至楊隋代周，宇文氏與元氏一樣失去大權。趙貴、獨孤信當宇文泰卒後，北周建國之初，便遭殺害，「初，貴與獨孤信等皆與太祖等夷，及孝閔帝卽位，晉公護攝政，貴自以元勳佐命，每懷怏怏，有不平之色，乃與信謀殺護。及期，貴欲發，信止之。尋爲開府宇文盛所告，被誅」(同上注，〈趙貴傳〉)，而「趙貴誅後，信以同謀坐免。居無幾，晉公護又欲殺之，以其名望素重，不欲顯其罪，逼令自盡於家」(同上注，〈獨孤信傳〉)，而侯莫陳崇至北周保定三年時「(宇文)護遣使將兵就崇宅，逼令自殺」(同上注，〈侯莫陳崇傳〉)。趙貴、獨孤信、侯莫陳崇在諸柱國之中，與宇文泰、宇文護距離較遠[9]，在北周時已先後遭到整肅。李虎在西魏末期先宇文泰而卒，李弼與于謹則是宇文泰及其後北周宇文氏的主要盟友[10]，所以李虎、李弼、于謹三柱國的勢力並未遭到嚴重打擊。如果再加入十二大將軍考慮之，其中元贊、元育、元廓三人與元欣相似，並無實權；而宇文導、宇文貴後裔在隋朝無聞；楊忠之子楊堅建立隋朝；王雄子謙因反楊堅而被誅[11]，達奚武二子震、惎，震隨周高祖平齊有功，但惎「大象末，爲益州刺史，與王謙據蜀起兵，尋敗，被誅。」[12]，而隋朝時達奚長儒並非武之子孫[13]；賀蘭祥，「隋文帝與祥有舊，開皇初，追贈上柱國」[14]，而祥子孫在《隋書》中並無人物；豆盧寧之子勣、通，勣子毓，《隋書》有傳[15]，但在大業時皆已亡故；侯莫陳順乃崇之兄，北周初卒，子孫未見於正史；侯莫陳崇雖被宇文護逼殺，其子穎《隋書》有傳，「煬帝卽位，穎兄梁國公芮坐事徙邊，朝廷恐穎不自安，徵歸京師(原職大將軍、桂州總管十七州諸軍事)，復拜南海太守，後四歲，卒官」[16]。從以上分析，西魏時八柱國大將軍，十二大將軍由於圈內競爭之故，很多家族遭受整肅，這種集團內之爭，與對待外敵不同，雖可以使失敗家族勢力

9　參見拙文〈西魏府兵史論〉第五章第一節。

10　參見拙文〈西魏府兵史論〉第二章一及第五章第一節。

11　《周書》卷二十一〈王謙傳〉。

12　《周書》卷十九〈達奚武傳〉。

13　《隋書》卷五十三〈達奚長儒傳〉。

14　《周書》卷二十〈賀蘭祥傳〉。

15　《隋書》卷三十九〈豆盧勣傳〉。

16　《隋書》卷五十五〈侯莫陳穎傳〉。

造成很大損失，但由於在同一集團內之長期婚宦關係，極少對失敗者誅其全族，所以失敗者子孫在關隴集團主政朝代中，仍然存在著，祇是已無法和當初盛貴門閥相比擬了。至隋煬帝大業年間，八柱國、十二大將軍家族仍然未受重大打擊或仍保有盛貴門閥者，僅李弼、李虎、于謹、李遠、楊忠等家。楊氏乃隋之皇室，姑且不論；于謹子義，義子宣道、宣敏[17]，謹子寔[18]，寔子仲文[19]、顗，謹子翼[20]，翼子璽[21]等正史皆有傳，隋末唐初有宣道之子志寧[22]，于謹子孫一直在關隴集團中維持貴盛，但自楊堅取得該集團之主導地位，漢人勢力漸次抬頭，恢復漢姓[23]是其指標，于謹或上述其他胡族柱國、大將軍之後裔在關隴集團中再獲主導地位的可能性日微。所以至隋末大業年間，關隴集團中李弼、李虎、李遠之後裔，顯得十分重要。

當隋朝大業年間，亂象已呈，隋王朝命運未卜，由於關隴集團仍是當時政治社會的主導者，在此集團之中最有可能承繼隋王朝者，在八柱國、十二大將軍之中，以李弼、李虎、李遠三家後裔最有可能，這種現象，生活在當時的人似乎皆應感覺到。此三家皆姓十八子李，所以才有李氏當王之符讖式歌謠，而這種歌謠亦相應於三李貴盛而得以流傳當時朝野。隋煬帝也聽到了，所以他對於李氏頗爲猜忌。

三、李渾之强盛與遭遇

李遠、李賢、李穆三兄弟自宇文泰入關、以及西魏建國之初，便是關隴集團中別樹一格之勢力[24]，他們是宇文泰的堅強盟友。北周孝閔時，李遠子植參與誅殺權臣宇文護，未成，帝被廢[25]，李遠、李植被殺[26]，宇文護似乎不願此事件擴大[27]，因此李

17 《隋書》卷三十九〈于義傳〉。

18 《周書》卷十五〈于謹傳附子寔傳〉。

19 《隋書》卷六十〈于仲文傳〉。

20 《周書》卷三十〈于翼傳〉。

21 《隋書》卷六十〈于仲文傳附璽傳〉。

22 《舊唐書》卷七十八〈于志寧傳〉、《新唐書》卷一百四略同。

23 《隋書》卷一〈高祖〉上：「周大定元年（581）春二月壬子，令日已前賜姓，皆復其舊。」時楊堅受隋國王爵，加九錫。

24 參見拙文〈西魏府兵史論〉。

25 《周書》卷三〈孝閔帝〉元年九月。

26 《周書》卷二十五〈李賢傳附弟遠傳〉。

27 《周書》卷三十〈于翼傳附李穆傳〉：「及遠子植謀害晉公護，植誅死，穆亦坐除名。時植

賢與李穆等並未受到波及。李賢卒於北周「天和四年，時年六十八。高祖親臨，哀動左右。」[28]。當北周之末「高祖（楊堅）作相，尉迥之作亂也，遣使招穆。穆鎖其使，上其書。穆子士榮，以穆所居天下精兵處（并州總管），陰勸穆反，穆深拒之，乃奉十三環金帶於高祖，蓋天子之服也。穆尋以天命有在，密表勸進，高祖既受禪，……俄而穆來朝，高祖降坐禮之，拜太師，贊拜不名，眞食成安縣三千戶。於是穆子孫雖在襁褓，悉拜儀同，其一門執象笏者百餘人。穆之貴盛，當時無比。」[29]楊堅與尉遲迥之鬥爭，是其一生最艱難的政爭，李穆之倒向楊堅，是隋朝立國之重要因素，故《隋書》立傳將〈李穆傳〉列爲列傳第二，僅次於〈后妃傳〉，李穆卒於開皇六年。李穆子孫貴盛及李氏當王的讖語，促使其家族慘遭橫禍，《隋書》卷三十七〈李穆傳附子渾傳〉：

> 渾既紹父業，日增豪侈，後房曳羅綺者以百數。二歲之後，不以俸物與（宇文）述，述大恚之，因醉，𨓜謂其友人于象賢曰：「我竟爲金才（渾字）所賣，死且不忘！」渾亦知其言，由是結隙。後帝討遼東，有方士安伽陀，自言曉圖讖，謂帝曰：「當有李氏應爲天子。」勸盡誅海內凡姓李者。[30]述知之，因誣構渾於帝曰：「伽陀之言，信有徵矣。臣與金才夙親，聞其情趣大異。常日數共李敏、善衡等，日夜屛語，或終夕不寐。渾大臣也，家代隆盛，身捉禁兵，不宜如此。願陛下察之。」帝曰：「公言是矣，可覓其事。」述乃遣武賁郎將裴仁基表告渾反，即日發宿衞千餘人付述，掩渾等家，遣左丞元文都、御史大夫裴蘊雜治之。案問數日，不得其反狀，以實奏聞。帝不納，更遣述窮治之。述入獄中，召出敏妻宇文氏謂之曰：「夫人，帝甥也，何患無賢夫！李敏、金才，名當妖讖，國家殺之，無可救也。夫人當自求全，若相用語，身當

(續)弟基任浙州刺史，例合從坐。穆頻詣護，請以子惇、怡等代基死，辭理酸切，聞者莫不動容。護矜之，遂特免基死。

28 《周書》卷二十五〈李賢傳〉。

29 《隋書》卷三十七〈李穆傳〉。

30 《通鑑》卷一百八十二〈隋紀〉六，煬帝大業十一年（615），在勸盡誅海內凡姓李者之後有「渾從子將作監敏，小名洪兒，帝疑其名應讖，當面告之，冀其引決。敏大懼」之語。又李弘（或洪）之說，另有來源，見唐長孺〈史籍與道經中所見的李弘〉。

不坐。」敏妻曰：「不知所出，惟尊長教之。」述曰：「可言李家謀反，金才嘗告敏云：『汝應圖籙，當爲天子。今主上好兵，勞擾百姓，此亦天亡隋時也，正當共汝取之。若復渡遼，吾與汝必爲大將，每軍二萬餘兵，固以五萬人矣。又發諸房子姪，內外親婭，並募從征。吾家子弟，決爲主帥，分領兵馬，散在諸軍，伺候間隙，首尾相應。吾與汝前發，襲取御營，子弟響起，各殺軍將，一日之間，天下足定矣。』」述口自傳授，令敏妻寫表，封云上密。述持入奏之，曰：「已得金才反狀，並有敏妻密表。」帝覽之泣曰：「吾宗社幾傾，賴親家公而獲全耳。」於是誅渾、敏等宗族三十二人，自餘無少長，皆徙嶺外。

四、李密之興起與覆亡

李弼「以功名終，（周明帝）元年（557）十月薨於位，年六十四。世宗即日舉哀……尋追封魏國公，配食太祖廟庭。……次子耀（應作輝），尙太祖女義安長公主，遂以爲嗣……從太祖西巡，率公卿子弟，別爲一軍……天和六年（571），進位柱國。」[31] 長子耀「朝廷以弼功重，乃封邢國公，位至開府。子寬，大象末（580），上大將軍、蒲山郡公。輝弟衍，大象末，大將軍、眞鄉郡公。衍弟綸，最知名……位至司會中大夫、開府儀同三司，封河陽郡公。……子長雅嗣。綸弟晏，建德中（572-577），開府儀同三司，大將軍、趙郡公……子璟……襲其爵。……弼弟爛……（有軍功）進爵汝南郡公，出爲總管延綏丹三州諸軍事、延州刺史……爛無子，以弼子椿嗣……大象末，開府儀同三司、大將軍、右宮伯，改封河東郡公。」（同上注）弼子衍「（隋）拜安州總管……衍弟子長雅，尙高祖女襄國公主，襲父綸爵，爲河陽郡公，開皇初（581），拜將軍、散騎常侍，歷內史侍郎、河州刺史，檢校秦州總管」[32] 李密「父寬，隋上柱國、蒲山公，皆知名當代。」[33] 楊玄感「遂傾心結納，嘗私密曰

31 《周書》卷十五〈李弼傳〉；耀、輝考證參見同卷校勘記〈十一〉。

32 《隋書》卷五十四〈李衍傳〉。

33 《舊唐書》卷五十三〈李密傳〉。

『上多忌，隋曆且不長，中原有一日警，公與我孰後先？』密曰：『決兩陣之勝，噫嗚咄嗟，足以讋敵，我不如公，擥天下英雄馭之，使遠近歸屬，公不如我。』」[34]「大業九年，煬帝伐高麗，使玄感於黎陽監運。時天下騷動，玄感將謀舉兵，潛遣人入關迎密，以爲謀主」[35]，楊玄感拉攏李密絕非僅是謀主而已，事實上其後李密勸楊玄感先定關中，並未被接受[36]，楊此舉可能是爲了拉攏關隴集團中李弼這一系統的人物。楊玄感失敗以後，李密逃亡，「時又有外黃王當仁、洛陽王伯當、韋城周文舉、雍丘李公逸等擁眾爲盜。李密自雍州亡命，往來諸帥間，說以取天下之策，始皆不信，久之，稍以爲然，相謂曰：『斯人公卿子弟，志氣若是，今人人皆云楊氏將滅，李氏將興。吾聞王者不死，斯人再三獲濟，豈非其人乎？』由是漸敬密、密察諸帥唯翟讓最強，乃因王伯當以見讓……會有李玄英者，自東都逃來，經歷諸城，求訪李密，云「斯人當代隋家」，人問其故，玄英言：『比來民間謠歌有〈桃李章〉曰：(見前引文)……讓見密爲豪傑所歸，欲從其計，猶豫未決。」[37]翟讓無大志[38]，得興洛倉後，翟「讓於是推密爲主，號爲魏公。」[39]顯然是遙襲李弼之謚號。李密軍盛之時，圍攻東都，柴孝和說密「令（裴）仁基守迴洛，翟讓守洛口，明公親簡精銳，西襲長安，百姓孰不郊迎？」[40]按楊玄感起兵之時，李密曾勸玄感，乘煬帝親征高麗，上策長驅入薊，直扼其喉；中策西入長安；下策先入東都。及玄感敗亡、李密擁兵，時煬帝在揚州，爭占長安成爲上策，李密不應不知，李密回柴孝和說：「君之所圖，僕亦思之久矣！誠乃上策，但昏主尚存，從兵猶眾，我之所部，並是山東人，既見未下洛陽，何肯相隨西入？諸將出於羣盜，留之各競雄雌。若然者，殆將敗矣！」[41]而洛陽久攻不下，

34　《新唐書》卷八十四〈李密傳〉。

35　《舊唐書》卷五十三〈李密傳〉，《新唐書》卷八十四〈李密傳〉同。

36　《舊唐書》卷五十三〈李密傳〉，《新唐書》卷八十四〈李密傳〉同。

37　《通鑑》卷一百八十三〈隋紀〉七，煬帝大業十二年 (616)。

38　《舊唐書》卷五十三〈李密傳〉：李密說讓直掩興洛倉，讓曰：「僕起隴畝之間，望不至此，必如所圖，請君先發，僕領諸軍便爲後殿。得倉之日，當別議之。」《新唐書》卷八十四〈李密傳〉略同。

39　《舊唐書》卷五十三〈李密傳〉語。《新唐書》卷八十四〈李密傳〉同。

40　《舊唐書》卷五十三〈李密傳〉語。《新唐書》卷八十四〈李密傳〉同。

41　《舊唐書》卷五十三〈李密傳〉語。《新唐書》卷八十四〈李密傳〉略同。

李密亦未能占領關中。時李淵起兵太原，直指長安。隋在河東（蒲坂）亦設有重兵，由大將屈突通守之，李淵亦不能下，乃決定自龍門入關中，而李淵所領兵眾，大都出自太原附近。[42]

李淵與李密同樣是關隴集團一份子，同樣知道先得關中之好處，[43]而李密自東而西，阻於東都；李淵自北而下，阻於蒲阪；如果跳越而取關中，又同樣冒著有進無退的危險，然則爲何李淵直撲關中而李密不作此圖？除李密自云其兵眾皆山東人外，洛口政權中，士族與地方勢力無法協調[44]、李密與翟讓戰利品分配不均而內訌[45]、李世民指「李密顧戀倉粟」[46]等因素都有關係，但最大的原因乃是李淵與李密對奪取關中的成敗估計，這與二人關中地區的經營策略有關。

五、李淵與關隴河東地區之關係

李淵，《新唐書》謂：「隋文帝獨孤皇后，高祖（李淵）之從母也，以故（隋）文帝與高祖相愛……事隋譙、隴二州刺史。大業中，歷岐州刺史，榮陽樓煩二郡太守，召爲殿內少監、衞尉少卿。」《大唐創業起居注》則謂「初帝（淵）自衞尉卿轉右驍衞將軍」[47]按「衞尉寺統公車、武庫、守宮等署。」[48]《唐六典》陳述其職掌較詳，「衞尉卿之職，掌邦國器械文物之政令，總武庫、武器、守宮三署之官屬，少卿爲之貳。凡天下兵器入京師者皆籍其名數而藏之。凡大祭祀、大朝會則供其羽儀、節鉞、金鼓、帷帟、茵席之屬。其應供宿衞者，每歲二時閱之，其有損弊者，則移于少府監及金吾修之。」[49]殿內監卽殿中監[50]，少監爲之貳，「掌乘輿服御之政令」（同

42 參見《大唐創業起居注》卷上，頁 1-7。

43 《大唐創業起居注》卷上：「六月九日西河逡定……是日，卽定入關之策。」

44 黃惠賢〈李密洛口政權興衰述評〉。

45 布目潮渢〈隋末の叛亂期における李密の動向〉p. 28。

46 《通鑑》一百八十四〈隋紀〉八，恭帝義寧元年（617）：「李世民曰：『……（宋）老生輕躁，一戰可擒。李密顧戀倉粟，未遑遠略。……』

47 《大唐創業起居注》卷上卷首語。

48 《隋書》卷二十八〈百官〉下。

49 《唐六典》卷十六〈衞尉宗正寺〉。

50 《唐六典》卷十一〈殿中省〉殿中省監條：隋改爲殿內局監。

上注)殿內少監與衞尉少卿之職皆與宮廷有密切關係,李淵擔任此職正應上了外戚身分及其與隋文帝之友愛關係,同時也有機會在關隴集團核心人物間發展人際關係[51]。《大唐創業起居注》載李淵「自衞尉卿轉右驍衞將軍,奉詔爲太原道安撫大使」。任衞尉卿一職,不見於兩《唐書》,按隋制衞尉卿爲正三品,驍衞將軍爲從三品,似不太可能自正三品轉從三品,恐係衞尉少卿之誤。驍衞將軍之職甚爲重要,布目潮渢認爲李淵以右驍衞將軍駐屯太原[52],甚是。隋府兵之最高層有十二衞,左右驍衞爲其二,「左右驍衞大將軍各一人,正三品。將軍各二人從三品(隋煬帝置,皇朝因之)。左右驍衞大將軍之職掌如左右衞……親府之翊衞,外府之豹騎番上者,則分配之……分兵以守諸門,則知左廂諸門之內事、右廂諸門之外事,若在皇城四面宮城之內外,則與左右衞分知助舖之職。」[53],隋制不詳,唐制「左右衞皆領六十府,諸衞領五十至四十。」[54]「左右衞各領府六十,餘衞領府自五十下至四十七。」[55]。京兆府軍府最多,諸衞在京兆府皆有軍府,右驍衞亦不例外。

「煬帝征遼東,遣高祖(李淵)督運糧於懷遠鎮、楊玄感反,……以高祖爲弘化留守以禦玄感,詔關右諸郡兵皆受高祖節度。」[56]按楊玄感起兵黎陽,周旋於東都附近,北不及河陽,最西未下弘農宮[57],其勢力未及潼關、河東。而弘化郡據《隋書》卷二十九〈地理上〉載:

> 弘化郡(西魏置朔州,後周廢,開皇十六年,置慶州),統縣七,戶五萬二千四百七十三。合水、馬嶺、華池(仁壽初置、又西魏置蔚州,後周廢。)、歸德(西魏置恆州,後周廢,有雕水。)、洛源、弘化、弘德。

---

51 《舊唐書》卷六十三〈宇文士及傳〉:「雍州長安人。隋右衞大將軍述子,化及弟也……初,高祖爲殿內少監,時士及爲奉御,深自結託……(唐朝建立後)高祖笑謂裴寂曰:此人與我言天下事,至今已六七年矣!公輩皆在其後。」《新唐書》卷一百〈宇文化及傳〉略同。

52 參見布目潮渢〈李淵集團の構造〉p. 10。

53 《唐六典》卷二十四〈左右驍衞〉。

54 《新唐書》卷五十〈兵志〉。

55 《鄴侯家傳》《玉海》卷一百三十八。

56 《新唐書》卷一〈高祖〉,《舊唐書》卷一〈高祖〉:「及楊玄感反,詔高祖馳驛鎮弘化郡,兼知關右諸軍事。」

57 參見《隋書》卷七十〈楊玄感傳〉。

在軍事上爲楊玄感無法直接威脅到之地，然而爲何謂「以高祖爲弘化留守以禦玄感」？緣因「(煬)帝以元弘嗣、斛斯政[58]之親也，留守弘化郡（胡三省注引《隋書》〈元弘嗣傳〉云：屯兵安定。）[59]遣衞尉少卿李淵馳往執之，因代爲留守」[60]弘化留守不僅「握強兵」[61]，弘化郡其地對關隴集團人物也有特殊意義。北魏末葉破六韓拔陵起於沃野鎮，沒有多久，六鎮紛紛淪陷，六鎮以及北疆軍士南下，在長城以南建立很多個恆燕雲朔蔚顯六僑州[62]，西魏宇文氏控制區內僅有一組六僑州，在「大統中僑置于寧州西北地郡、趙興郡、豳州新平郡內」[63]詳細的地點是：恆州在北地郡三水，燕州在北地郡襄樂，雲州在北地郡彭原，朔州在弘化郡，蔚州在北地郡彭原，顯州在北地郡羅川[64]。在西魏時恆州不久又北遷至歸德，在洛水、泥水源；蔚州亦稍北遷於華池，在華池水之源；朔州原在六僑州最北處，似在原地。而歸德、華池、弘化在隋代屬弘化郡，在朔方郡、鹽水郡之南，北地郡之北。六僑州是安置北疆軍士南遷者，同時又是北魏末葉禁旅的主要來源[65]，西魏北周統治階層，無論是宇文泰親信、賀拔勝集團、侯莫陳悅集團餘部、魏帝禁衞軍、賀拔岳餘部[66]，絕大部份出身北疆，尤以恆州爲多。北魏立國，於雲代地區「天興中置司州，治代都平城，太和中改。」[67]所謂太和中改，卽太和中遷都洛陽，以洛陽地區爲司州，而原地改爲恆州之意。所以恆州應是北疆人物薈聚之地，這些人物也是北朝東西政權中的統治階層，西魏時，有段永

58 《隋書》卷七十〈斛斯政傳〉：「楊玄感兄弟俱與之交。……玄感之反也，政與通謀。」

59 《隋書》卷七十四〈元弘嗣傳〉：「及玄感作亂，逼東都，弘嗣屯兵安定。或告之謀應玄感者，代王侑遣使執之。」

60 《通鑑》卷一百八十二〈隋紀〉六，煬帝大業九年（613）秋七月。

61 《通鑑》卷一百八十二〈隋紀〉六，煬帝大業九年（613）秋七月：「李密曰：『弘化留守元弘嗣握強兵在隴右……』」。

62 在河北地區有定州六州、冀州六州、滄州六州、英雄城六州等。在山西省境內者加幷肆汾三州而稱爲九州。

63 王仲犖〈東西魏北齊北周僑置六州考略〉p. 27-29。

64 參見《隋書》卷二十九〈地理〉上。

65 《魏書》卷一百六上〈地形志上〉：前自恒州已下十州（卽恆州、朔州、雲州、蔚州、顯州、廓州、武州、西夏州、寧州、靈州），永安已後，禁旅所出。

66 參見拙文〈西魏府兵史論〉第二章宇文泰政權中的軍事集團。其軍事集團有六，除上述五個以外，還有魏帝追隨部隊，這可能是山東人物。

67 《魏書》卷一百六上〈地形志上〉恒州條。

者，「(西)魏廢帝元年，授恆州刺史。于時朝貴多其部人，謁永之日，冠蓋盈路，當時榮之。」[68]，此處恆州爲僑州。又按隋朝楊氏、唐朝李氏皆出身武川[69]，這一帶人物很可能屬於僑州朔州[70]。在隋朝時，弘化郡境內包有西魏時僑州恆州、朔州、蔚州等。西魏六僑州至北周時遷至岐州一帶，即盩厔置恆州、武功置燕州、郿城置雲州、武都置朔州、陳倉置顯州[71]，蔚州不詳。這些僑州在北周末有所廢置，至建德三年全部廢除[72]。北魏末期流入關隴地區的北疆人物之宗族家屬，初居豳州、寧州以及稍北之歸德一帶，在北周時將六僑州遷至岐州一帶，北周末又取消州號，徙州可能遷走一部份人或表示空間之擴大，廢州祇是行政歸屬之改變，無論是遷州、廢州，這兩個地區是西魏北周隋唐統治階層宗族家屬之最大集中地。隋末楊玄感起兵黎陽，煬帝派李淵爲弘化留守以禦玄感，按楊玄感與李淵同是關隴集團中重要人物，一爲皇族暨功臣子[73]，一爲國戚，以淵守弘化，正欲借重李淵以穩住關隴人物之宗族家屬。

擔任北疆宗族家屬居住地之職者，亦有助於提高其在集團中的地位。隋文帝楊堅之父楊忠在西魏邙山戰後，曾任「都督朔燕顯蔚四州諸軍事、朔州刺史」[74]。

李淵在隋末任弘化郡留守，稍早於「大業中，歷岐州刺史」[75]，李淵經歷關隴人物宗族家屬兩大居住地的首長，在弘化郡留守任內又受「詔關右諸郡兵皆受高祖節

68 《周書》卷三十六〈段永傳〉。

69 參見《隋書》卷一〈高祖〉，《舊唐書》卷一〈高祖上〉。

70 北疆何鎮屬於何州並不明確，已知平城一帶屬恒州，「蔚州(永安中改懷荒、禦夷二鎮置)。」「東燕州(太和中分恒州東部置燕州)。」「朔州(本漢五原郡，延和二年置爲鎮，後改爲懷朔，孝昌中改爲州)。」「雲州(舊置朔州)」，顯州不詳，以上見《魏書》卷一百六上〈地形志上〉。按雲中盛樂舊置朔州，後別置朔州於懷朔鎮，而改雲中盛樂之朔州爲雲州，朔州略西遷以後，似乎雲、恒、燕三州居故都雲中盛樂平城一帶，而朔州領有懷朔，武川等地。

71 參見王仲犖〈東西魏北齊北周僑置六州考略〉p. 28–29。

72 同上注 p. 29。

73 《新唐書》卷七十一下〈宰相世系表〉一下：「楊素屬越公房，故並非近支。」《隋書》卷七十〈楊玄感傳〉：「司徒素之子也。」周書卷四十八〈楊素傳〉：「弘農華陰人也。……及高祖(楊堅)爲丞相，素深自結納，高祖甚器之。」又欠端實〈隋代の弘農楊氏をめぐつて〉有楊氏世系分析。及布目潮渢〈楊玄感の叛亂〉p. 12–21。四、楊玄感の家系とその父楊素。

74 《周書》卷十九〈楊忠傳〉。

75 《新唐書》卷一〈高祖〉語。《舊唐書》卷一〈高祖〉有岐州刺史之任，但未載何時。

度」，《通鑑》謂「關右十三郡兵皆受徵發（胡三省注：十三郡，天水、隴西、金城、枹罕、臨洮、漢陽、靈武、朔方、平涼、弘化、延安、雕陰、上郡也。）」[76] 稍早又曾任殿內、衞尉之職，給予李淵「歷試中外，素樹恩德，及是結納豪傑，眾多款附。」[77] 的機會。

「（大業）十一年，（李淵）拜山西河東慰撫大使，擊龍門賊毋端兒……又擊絳州賊柴保昌，降其眾數萬人。」[78]《大唐創業起居注》更詳細地載：「奉詔爲太原道安撫大使，郡文武治能不稱職者，並委帝黜陟選補焉，河東已來兵馬仍令帝徵發，討捕所部盜賊。」[79] 大業十一年「十二月庚寅，詔民部尚書樊子蓋發關中兵數萬擊絳賊敬盤陀等。子蓋不分臧否，自汾水之北，村塢盡焚之，賊有降者皆阬之，百姓怨憤，益相聚爲盜。詔李淵代之。有降者，淵引置左右，由是賊眾多降，前後數萬人，餘黨散入他郡。」[80]

其長子李建成「大業末，高祖捕賊汾、晉，建成攜家屬寄於河東。」[81] 事實上是：「時皇太子在河東……仍命皇太子於河東潛結英俊。秦王於晉陽密招豪友。太子及王俱稟聖略，傾財振施，卑身下士，逮乎鬻繒博徒監門廝養，一技可稱，一藝可取，與之抗禮，未嘗云倦，故得士庶之心，無不至者。」[82]

六、李淵之進取河東關隴

李淵聲望日隆，煬帝爲何命其長居太原重鎮[83]？因爲大業十一年北境發生一件大事，促使煬帝作此安排。《大唐創業起居注》卷上：

隋大業十二[84]，煬帝之幸樓煩時也。帝（李淵）以太原黎庶，陶唐舊民，奉使

76 《通鑑》卷一百八十二〈隋紀〉六，煬帝大業九年（613）。

77 《新唐書》卷一〈高祖〉語。

78 《新唐書》卷一〈高祖〉語，《舊唐書》卷一〈高祖〉未載擊絳州賊柴保昌事。

79 《大唐創業起居注》卷上，頁1上。

80 《通鑑》卷一百八十二〈隋紀〉六，煬帝大業十一年（615）。

81 《舊唐書》卷六十四〈隱太子建成傳〉語。《新唐書》卷七十九〈隱太子建成傳〉略同。

82 《大唐創業起居注》卷上，頁3上。

83 太原乃重鎮，參見臧榮〈隋末山陝形勢和李淵太原起兵〉p. 41-42。

84 岑仲勉考證爲十一年，見《通鑑隋唐紀比事質疑》p. 19-20。

安撫，不踰本封。因私喜此行，以爲天授，所經之處，示以寬仁，賢智歸心，有如影響。煬帝自樓煩還至雁門，爲突厥始畢所圍，事甚平城之急，賴太原兵馬及帝所徵兵聲勢繼進，故得解圍，僅而獲免，遂向東都，仍幸江都宮。以帝地居外戚，赴難應機。乃詔帝率太原部兵馬，與馬邑郡守王仁恭北備邊朔。

利用李淵的才幹抵住突厥，在霍邑及蒲坂設重兵防李淵南下，李淵如有異謀，則有防禦的時間與空間[85]。在鎮守太原時，如果李淵不盡心抗虜，則要受到嚴厲處罰。如《大唐創業起居注》卷上，大業十三年：

突厥知帝（李淵）已還太原，（王）仁恭獨留無援，數侵馬邑，帝遣副留守高君雅將兵與仁恭并力拒之，仁恭等違帝指，縱遂爲突厥所敗。旣而隋主遠聞，以帝與仁恭不時捕虜，縱爲邊患，遂遣司直馳驛繫帝，而斬仁恭。帝自以姓名著於圖籙，太原王者所在，慮被猜忌，因而禍及，頗有所晦，時皇太子在河東，獨有秦王侍側耳，謂王曰：「隋將盡，吾家繼膺符命，不早起兵者，顧爾兄弟未集耳，今遭羑里之厄，爾昆季須會盟津之師，不得同受孥戮，家破身亡，爲英雄所笑。」王泣而啟帝曰：「芒碭山澤，是處容人，請同漢祖，以觀時變。」帝曰：「今遇時來，逢玆錮縶，雖覩機變，何能爲也。然天命有在，吾應會昌，未必不以此相啟，今吾勵謹，當敬天之誡，以卜興亡，自天祐吾，彼焉能害，天必亡我，何所逃刑。」爾後數日，果有詔使馳驛而至，釋帝而免仁恭，各依舊檢校所部。煬帝之幸江都也，所在路絕，兵馬討捕，來往不通信使，行人無能自達，惟有使自江都至於太原，不逢劫掠，依程而至，眾咸異焉。

煬帝爲何改變處罰辦法，已不可知，或許鞭長莫及，或許是李淵甚爲「勵謹」，這種性格稍早時曾有一例，「時煬帝多所猜忌，人懷疑懼。會有詔徵高祖詣行在所，遇疾未謁。時甥王氏在後宮，帝問曰：『汝舅何遲？』王氏以疾對，帝曰：『可得死否？』高祖聞之益懼，因縱酒沈湎，納賄以混其迹焉。」[86]，這與李密「志氣雄遠」[87]不同。

---

85 《大唐創業起居注》卷上，頁7下：「太原遼山縣令高斌廉拒不從命，仍遣使間行往江都奏帝主兵。煬帝惡李氏據有太原，聞而甚懼，乃敕東都西京嚴爲備禦。」

86 《舊唐書》卷一〈高祖〉大業時。

87 《隋書》卷三十五〈李密傳〉。

李淵由於長子建成未集，初獲徵召令時，李淵準備赴召，自己做周文王，期勉二子爲周武王，而李世民則主張學劉邦遁入山林水澤故事，因赦令及時抵達太原而作罷。煬帝對諸李犯忌，所以當李淵試圖起兵之時，在猶豫之間，大理司直夏侯詳說淵：「……主上猜忍，尤忌諸李，金才（李渾字）旣死，公不思變道，必爲之次矣！」淵心許之。及留守晉陽，鷹揚府司馬太原許世緒亦謂：「公姓在圖籙，名應歌謠，握五郡之兵（胡三省注：五郡，謂太原、雁門、馬邑、樓煩、西河），當四戰之地，舉事則帝業可成，端居則亡不旋踵，唯公圖之。」[88]

從上述李淵在關中、河東、山西等地區之經歷，再對照著李淵自太原起兵而據有關中的過程，可以發現其間密切關聯。在太原至關中的道路上，第一個據點是西河，其守者「不時送款」[89]，李淵派建成、世民取之，竟不費一兵一卒。秋七月壬寅「遣通議大夫張綸等率師經略稽胡、離石、龍泉、文成等諸郡……張綸等下離石郡，其太守楊子崇爲亂兵所害，崇即後主從弟也。」[90]，至霍邑「其守將宋老生率精兵二萬拒守」[91]，宋老生無傳，李淵稱：「老生出自寒微，勇而無智，討捕小盜，頗有聲名，今來居此，必當大豪賞勞。」（同上注頁6下），李淵誘破霍邑，斬宋老生於城下，「其有關中人欲還者，即授五品散官，放還。內外咸悅，咸思報效」[92]「自是以後，未歸附者無問鄉村堡塢賢愚貴賤，咸遣書招慰之，無有不至。」[93]。丙戌入臨汾，辛卯當日登絳郡，就「食于正平縣令李安遠之宅，通守陳叔達已下面縛請罪，並捨而不問，待之如初。」[94] 癸巳至于龍門縣，丙申至汾陰，「汾陽（陰之誤）薛大鼎說淵：請勿攻河東，自龍門直濟河，據永豐倉，傳檄遠近，關中可坐取也。淵將從之。諸將請先攻河東，乃以大鼎爲大將軍府察非掾」[95]「（河東縣戶曹任瓌說淵曰）：『關中

88 《通鑑》卷一百八十三〈隋紀〉七，恭帝義寧元年（617）。

89 《大唐創業起居注》卷上，頁7下。

90 《大唐創業起居注》卷中，頁3下。

91 《大唐創業起居注》卷中，頁3下。《通鑑》卷一百八十四〈隋紀〉八，謂老生兵三萬。

92 《大唐創業起居注》卷中，頁8上。又《通鑑》卷一百八十四〈隋紀〉八，胡三省注：「旣順其歸志，又以動關中士民之心。」

93 《大唐創業起居注》卷中，頁8上。

94 《大唐創業起居注》卷中，頁8下。

95 《通鑑》卷一百八十四〈隋紀〉八。按《新唐書》卷七十三下〈宰相世系表〉第十三下河東薛氏條，大鼎屬漢上五門薛氏大房，該房除在汾陰一帶有雄厚地方勢力以外，在黃河西岸馮翊夏陽一帶亦有勢力，見拙文〈晉隋之際河東地區與河東大族〉，又大鼎祖善，北周京兆尹博平公。

所在蜂起，惟待義兵，仗大順，從眾欲，何憂不濟。瓌在馮翊積年，人情諳練，頗爲一介之使，銜命入關，同州已東，必當款伏。於梁山船濟，直指韓城，進逼郃陽，分取朝邑。且蕭造文吏，本無武略，仰懼威靈，理當自下；孫華諸城，未有適從，必當相率而至。然後鼓行整眾，入據永豐，雖未得京城，關中固已定矣！』[96]「壬寅，孫華率其腹心輕騎數十至自郃陽……謂華曰：『卿能渡河遠來相見，吾當貴卿，不減鄧仲華也。關中卿輩不少，名並劣卿。卿今率先從我，羣雄當相繼而至。』於是拜華左光祿大夫封武鄉縣公，加馮翊郡守。從其來者仍委華以次授官頒賜各有差，仍命華先濟爲西道主人。華大悅而去，仍命左右統軍王長諧、劉弘基并左領軍大都督府長史陳演壽等率師次華而度，據河西岸以待大兵」[97]，孫華之歸附甚爲重要，華與李淵的關係是由於盧士叡，「士叡客韓城。隋亂，結納英豪。高祖與之舊，及兵興，率數百人上謁汾陰，又使兄子諭降劇賊孫華。」[98]李淵曾派其長子建成活動，及謀太原起兵，「仍遣使往蒲州催追皇太子等。六月己卯太子與齊王至自河東，帝懽甚。」[99]，此處蒲州應包括蒲坂城。但李淵意圖已露，煬帝即「遣左武候大將軍屈突通將遼東兵及驍果等數萬餘人據河東。」[100]，李淵實際上不能攻下蒲坂，而屈突通亦守城不出，屈突通兩《唐書》有傳，並有墓誌銘[101]，是隋文帝擢拔並信任之大將，通爲絕李淵大軍自蒲津橋渡，而自斷橋[102]，「景辰，馮翊太守蕭造率官屬舉郡歸義，相繼有華陰縣令李孝常據永豐倉遣子弟妹夫竇軌等送款，仍便應接河西關上兵馬，又京兆、萬年、醴泉諸縣皆遣使至。帝曰：『吾未濟者正須此耳！今既事辦，可以濟乎！』乃命所司以少牢祀河。庚申率諸軍以次而渡。甲子，會于朝邑長春宮，三秦士庶衣冠子弟郡縣長吏豪族弟兄老幼相攜來者如市。帝皆引見親勞問，仍節級授官，教曰：『義旗濟河，

96 《舊唐書》卷五十九〈任瓌傳〉。《新唐書》卷九十，《通鑑》卷一百八十四略同。

97 《大唐創業起居注》卷中，頁9上。

98 《新唐書》卷一百九十一〈王行敏傳附盧士叡傳〉。

99 《大唐創業起居注》卷上，頁6下。

100 《大唐創業起居注》卷中，頁3下～4上。

101 《舊唐書》卷五十九〈屈突通傳〉、《新唐書》卷八十六〈屈突通傳〉，〈屈突通誌〉見《唐代墓誌銘彙編附考》第一冊，第十六片。

102 《大唐創業起居注》卷中，頁9下：「仍徹斷蒲津橋」。按蒲津橋是黃河這一帶唯一浮橋，見陸敬嚴〈蒲津大浮橋考〉，李祖桓〈黃河古橋述略〉。

關中響應，轅門輻輳，赴者如歸，五陵豪傑，三輔冠蓋，公卿將相之餘，俠少良家之子弟，從吾投刺，咸畏後時，扼腕連鑣，爭求立效，縻之好爵，以永今朝。』於是秦人大悅，更相語曰：『眞吾主也，來何晚哉！』咸願前驅以死自效。」[103] 於是屯兵永豐倉、潼關，又定涇陽、雲陽、武功、盩厔、鄠諸縣。「先是，帝從弟趙興公神通起兵鄠縣，有眾數千，聞義旗渡河，遣使迎帝。又賊帥李仲文遣兄仲威送款，仲文則魏公密之從父也。以密反於滎陽，緣坐亡命，招集無賴抄掇鄠縣之間，眾將四五千。盩厔賊帥何潘兒、向善志等亦各率眾數千歸附。宜君賊帥劉旻又率其黨數千人降帝。……旬日間，京兆諸賊四面而至，相繼歸義，罔有所遺。……乙亥，敦煌公至盩厔，所過諸縣及諸賊界，莫不風馳草靡，裹糧卷甲，唯命是從。……」[104] 及李淵入長安，拜丞相，「（義寧元年多十一月）乙丑，楡林、靈武、五原、平涼、安定諸郡，並擧城降，並遣使詣義軍請命。……十二月……初（唐）弼遣使詣帝歸款投狀扶風郡，而爲薛擧所圍，帝遣援兵往扶風，未至，弼黨在郡城外爲擧所圍，弼遂被郡守竇璡所殺，俄而璡及河池郡守蕭瑀相繼歸京師。」[105] 李淵在河東地區，唯在霍邑與蒲坂受到頑強抵抗，誠所謂「太原以來，所過未嘗經宿，長驅四塞，罕有不克之城」[106]，尤其在關中地區，更爲順利，除了長城以外，「兵起晉陽，遠定秦雍，百餘日間，廓淸帝宅，神武之速此謂若飛。」[107] 長安城乃「京城留守代王及尚書衞文昇、將軍陰世師、京兆丞骨儀等」[108] 拒守。李淵自起兵以來，甚少誅戮，尤其在關中地區，蓋因李淵代楊氏，乃是關隴集團內部領導權之轉移，若無特殊仇恨，不行殺戮，如長安城破之後，誅殺陰世師、骨儀等，是因爲「先是隋主以梟滅作逆，掘其墳隴而洿其室，

103 《大唐創業起居注》卷中，頁10下。

104 《大唐創業起居注》卷中，頁10下～11下。

105 《大唐創業起居注》卷下，頁1上～1下。

106 《大唐創業起居注》卷中，頁12下。

107 《大唐創業起居注》卷中，頁13下。又《汪籛隋唐史論稿》p. 217「籛案：李唐皇室之先世，出自宇文泰所創建之關隴胡漢集團，其政治性之號召，對於關中確能具極強之力量。蓋其家自其祖李虎以來，久居三輔，代襲簪裘，賞宅賜田，基址不堅，涇渭豪強，多有其同族婚媾之人；京畿軍士，亦恐尙有其祖父所領舊部後裔，故河東之旗旣擧，而關西之援斯應。其利涉大川，連定京邑，實職此之由。高祖所言，雖爲衿誇其家世而發，然細繹其語，知亦含有其家世與連據關中之解釋，此則頗有合於當時實況者也。」

108 《大唐創業起居注》卷中，頁11上。

陰世師、骨儀等遂以爲恆准，乃令京兆郡訪帝之五廟塋域所在，並發掘焉。帝以此憾之，言必流涕。戊午，收陰世師、骨儀、崔毗伽、李仁政等，並命隴西公(建成)斬於朱雀街道。」[109]，挖掘他人祖墓，其仇不共戴天故也。

七、李淵與府兵

李淵入關獲得永豐倉後，說：「『千里遠來，急於此耳，此旣入手，餘復何論，食之與兵，今時且足，信出于己，行之已久，諸將俱謹備手，無爲他慮。』未下馬，仍(乃)開倉大振飢民。」[110]稍早李密於大業十三年春得興洛倉[111]，不久又據廻洛倉[112]，又不久，河北羣賊帥歸密，共襲占黎陽倉[113]。時隋末天下六大名倉[114]，李密占其三，李淵有其一，而李密所據之興洛倉(即洛口倉)是最大者[115]，李密擁有糧倉，就食者眾，使其軍隊發展很快，但亦因上述三倉地居四戰之地，成爲大家爭奪的焦點[116]，李密爲了護倉而無力作更遠的開拓，所以李世民說他：「李密戀于倉米，未遑遠略。」[117]。二李起兵之初期，均得糧倉之利，而李密之倉米實多過李淵。但起兵以後的發展，則有賴於軍士與糧食之源源不斷，才能穩住旣得，繼續開拓，在這方面李淵與李密就有差異了。這個差異的最大因素便是府兵。

按府兵乃是當時關隴集團最大的支持力。煬帝帶走上番衞士甚多，關中、河東一帶可能由驍衞戍守，屈突通是最高階左驍衞大將軍[118]「鎭長守，義兵起，代王遣通

109 《大唐創業起居注》卷中，頁12下～13上。

110 《大唐創業起居注》卷中，頁11上。

111 《隋書》卷七十〈李密傳〉，《舊唐書》卷五十三〈李密傳〉，《新唐書》卷八十四〈李密傳〉載，大業十三年二月。

112 《隋書》卷七十〈李密傳〉，《舊唐書》卷五十三〈李密傳〉，《新唐書》卷八十四〈李密傳〉載，大業十三年四月。

113 《隋書》卷七十〈李密傳〉，《舊唐書》卷五十三〈李密傳〉，《新唐書》卷八十四〈李密傳〉載。

114 王伊同〈隋黎陽、河陽、常平、廣通、興洛、回洛六倉考〉。按常平倉即太原倉、廣通倉即永豐倉、興洛倉卽洛口倉。

115 參見鄒逸麟〈從含嘉倉的發掘談隋唐時期的漕運和糧食〉p. 60，又含嘉倉的發掘，更證明當時糧倉規模之大，參見〈洛陽含嘉倉的試掘〉，及礪波護〈隋唐時代の太倉と含嘉倉〉。

116 胡如雷〈關於隋末農民起義的若干問題〉p. 86。

117 《大唐創業起居注》卷中，頁6上。

118 屈突通在大業中爲左驍衞大將軍，爲關內討捕大使，見《舊唐書》卷五十九〈屈突通傳〉及《新唐書》卷八十九〈屈突通傳〉。

進屯河東」（同上注），李淵稍前亦曾以驍衞將軍鎮太原，在長安城內則仍有左翊衞將軍陰世師與代王留守京師[119]，所以李淵在起兵過程中以蒲阪城的阻力最大[120]。由於李淵出身於驍衞，他對於府兵體系非常瞭解，《新唐書》卷五十〈兵志〉載：

> 武德初，始置軍府，以驃騎、車騎兩將軍府領之。析關中爲十二道，曰：萬年道……，皆置府。三年，更以萬年道爲參旗軍，長安道爲鼓旗軍，富平道爲玄戈軍，醴泉道爲井鉞軍，同州道爲羽林軍，華州道爲騎官軍，寧州道爲折威軍，岐州道爲平道軍，豳州道爲招搖軍，西麟州道爲苑遊軍，涇州道爲天紀軍，宜州道爲天節軍；軍置將、副各一人，以督耕戰，以車騎府統之。……

唐長孺引《唐大詔令集》卷一百七〈置十二軍詔〉，謂置十二軍在武德二年七月[121]，是則唐朝成立之初，卽已建立府兵之軍府體系，武德二年更立十二軍，唐長孺評曰：「及神堯（李淵）銳意於舊制之恢復，於是重舉舊章，十二將軍之職旣云以督畊戰，而其下乃復置坊主。夫戶口農業之職本屬州縣，開皇十年詔已是耕田籍帳，一與民同，而今乃於軍府之中復有檢察戶口，勸課農桑之坊主，則此十二軍者正西魏北周十二大將軍之遺意也。」[122]，按西魏北周府兵初創時，柱國、大將軍所轄軍府是有軍區的[123]，其後漸漸中央集權，先後有宇文護「中外府」之設立[124]，至隋開皇中十二府衞府之形成[125]，「隋禁衞總于十二府，其軍人總名侍官，從北周武帝以來，就朝向這方面發展，使軍權集中于皇朝、集中于皇帝。」[126]，但是對於軍府中未番上衞士之「督耕戰」，軍區較能有實效，且可應付外敵不時之侵[127]，所以唐氏「此十二軍者，

119 《隋書》卷三十九〈陰壽傳附子世師傳〉。

120 《隋書》卷七十一〈堯君素傳〉：「後從驍衞大將軍屈突通拒義兵於河東，……屈突通外出被擒後，堯君素至武德元年十二月才破亡，參見《通鑑》卷一百八十六〈唐紀〉二，高祖武德元年（618）十二月。

121 唐長孺《唐書兵志箋正》p. 5。

122 唐長孺《唐書兵志箋正》p. 8-9。

123 參見拙文〈西魏府兵史論〉第四章六柱國，十二大將軍之統屬及其轄區。

124 參見谷霽光《府兵制度考釋》p. 71-72。

125 參見谷霽光《府兵制度考釋》p. 107-110。

126 參見谷霽光《府兵制度考釋》p. 110。

127 《新唐書》卷五十〈兵志〉：「武德三年（二年之誤）……（設十二軍見前引文）……六年，以天下既定，遂廢十二軍……居歲餘，十二軍復而軍置將軍一人，軍有坊，置主人，以

正西魏北周十二大將軍之遺意也。」其言甚是。

元從李淵起兵者，大都是關隴、河東之人，熟悉於府兵制度，有些甚至曾任職府兵，像長孫順德「仕隋右勳衞，避遼東之役，逃匿於太原」[128]，劉弘基「以父蔭爲右勳侍，大業末，嘗從煬帝征遼東……事解亡命……因至太原。」[129]，而唐初十二軍之中，「右驍衞將軍劉弘基爲井鉞將軍（醴泉道井鉞軍），左驍衞大將軍長孫順德爲奇（應作騎）官將軍（華州道騎官軍）」[130]。

李淵很迅速地重建關隴地區府兵體制，有助於解決軍士來源、軍隊組織訓練、以及糧食問題等。而李密所統軍士乃所謂「山東豪傑」，其戰鬥力甚強（見本文卷首引文），陳寅恪先生認爲：「當時中國武力集團最重要者，爲關隴六鎭及山東豪傑兩系統。」[131]，李密起兵之初期亦無糧食問題，但呼嘯則羣起，一敗則散亡，竟無法像李淵在關隴地區迅速建立具有社會、經濟、軍事基礎的體制，所以他也像其他山東地區的領袖一樣，驟起驟落。

李淵在重建府兵體制之時，如何安置其元從軍士是很重要的工作。《玉海》卷一百三十八引〈鄴侯家傳〉：

> 國初太原從義之師，願留宿衞、爲心膂不歸者六萬。[132] 於渭北白渠之下、七縣絕戶膏腴之地、分給義師家爲永業，於縣下置太原田，以居其父兄子弟。於龍首監置營以處，並爲臣高祖（李仲感）起第監內，謂之元從禁軍。義寧元年，初下京城，爲右驍衞將軍主之。……

《大唐創業起居注》卷中九月景子：

> 景子，大軍西引，歷下邽，過櫟陽路左，所有煬帝行宮園苑、及宮人等並罷

(續)檢察戶口，勸課農桑。」《通典》卷二十八〈武官將軍總敍〉：「（武德）五年省，七年以突厥寇掠，復置十二軍。」又《册府元龜》卷九百九十：「初帝以天下大定，將偃武事，遂置十二軍，大赦文德。至是突厥頻爲寇掠，帝志在滅之，復置十二軍……簡練士馬，將圖大舉焉。」

128 《舊唐書》卷五十八〈長孫順德傳〉、《新唐書》卷卷一百五〈長孫順德傳〉略同。

129 《舊唐書》卷五十八〈劉弘基傳〉、《新唐書》卷九十〈劉弘基傳〉略同。

130 《册府元龜》卷九百九十〈外臣部〉備禦三。

131 陳寅恪〈論隋末唐初所謂「山東豪傑」〉《陳寅恪先生文集（一）》p. 226。

132 《新唐書》卷五十〈兵志〉：「其願留宿衞者三萬人。」

之。……並放還親屬。

《水經注疏》卷十九渭水下：

渭水又東，得白渠口……（據〈溝洫志〉以首起谷口，與尾入櫟陽，相對爲文。……）……又東，逕櫟陽城北……。（頁74）又東，注金氏陂（《三輔決錄》云：金氏本下邽人，今陂久廢，卽渠西廢陂是也。唐武德二年引白渠入陂，復曰：金氏陂。……）又東南注于渭。故《漢書》〈溝洫志〉曰：白渠首起谷口，尾入櫟楊是也，今無水（注：自渭水又東逕下邽縣故城南。……戴云：考下邽故城在今渭南縣東北。……）

所以李淵在渭北白渠之下七縣之地，相當於渭北下邽、櫟陽一帶，下邽、櫟陽一帶卽煬帝行宮園苑之所在。據馬長壽先生研究前秦至隋初之關中碑銘，謂：「最體現北族在關中的集中聚居者，卽近年在渭南縣渭河北岸所發現的北周武成二年九月：《合方邑子百數十人造像記》是也。此碑在渭北下邽鎮的正南二十餘里、信義鎮的正西二里之泰莊村。……下封（卽邽）屬於同州延壽郡，地當沙苑之西偏，正是宇文泰與高歡的鏖戰所在。許多北方鮮卑和雜胡聚居於此……。」[133] 西魏自大統元年（公元535年）以來，宇文泰率領其士兵初居灞上，繼居渭南。自沙苑之役發生，宇文泰的軍隊便長期屯居華州。其閱軍地點，或在華陰（大統五年），或在櫟陽（九年），或在白水（十年、十一年）……宇文泰及其同姓將士的家族多居其間，是可以理解的。[134] 宇文泰之軍士卽關隴集團，煬帝自下邽至櫟陽一帶設立行宮，恐怕侵犯了若干同集團者的利益。

李淵占領關中以後，將「渭北白渠之下七縣絕戶膏腴之地分給義師家爲永業」，此膏腴之地亦可能仍有豪族。如于志寧家族，自北周至隋有于謹、于寔、于仲文等封爲延壽郡公[135]，西魏北周延壽郡轄夏封（卽下邽）、蓮勺[136]，「于謹墓在（三原）縣

133 馬長壽《碑銘所見前秦至隋初的關中部族》四、〈北朝後期鮮卑雜胡入關後的聚居和散居〉，p. 55–56。

134 同上注引文，p. 67。

135 《周書》卷十五〈于謹傳〉、《隋書》卷六十〈于仲文傳〉。

136 王仲犖《北周地理志》卷一〈關中〉p. 54–55。

北十八里」[137]。下邽在白渠入渭處；三原在櫟陽略北，白渠之中游[138]。兩《唐書》皆謂「京兆高陵人」[139]，高陵爲櫟陽之鄰縣。今有一則墓誌銘資料證明高陵縣是「渭北白渠之下七縣之一」。[140]，而于志寧「時山東羣盜起，乃棄官歸鄉里。高祖入關，率羣從於長春宮迎接，高祖以其有名於時，甚加禮遇，授銀青光祿大夫。太宗爲渭北道行軍元帥，召補記室」。[141] 按隋末除三李以外，八大柱國、十二大將軍後裔之中還有于氏家族維持強盛，至此亦投入以李淵爲首的關隴集團之中。

結　論

隋之末葉，關隴集團正值壯年時期[142]，當此天下大亂之際，誰能再度凝結這個集團，占有關隴核心地區，讓府兵體制正常運作，就能安定局勢。在關隴集團內，隋末三個盛貴的李氏家族之中，李淵最後成功地完成上述各項組合，因而繼隋之後而王天下。

參 考 書 目

《魏書》《周書》《隋書》《北史》《舊唐書》《新唐書》，鼎文書局出版，民 64 年。

中央研究院歷史語言研究所拓片。

王伊同〈隋黎陽、河陽、常平、廣通、興洛、回洛六倉考〉，《王伊同論文集》，藝文印書館，民 77 年。

王仲犖〈東西魏北齊北周僑置六州考略〉，《文史》第五輯，1978, 12。

王仲犖《北周地理志》，中華書局，1980。

137 《元和郡縣圖志》卷一〈關內道〉一、三原縣。

138 《長安志》卷十七〈櫟陽縣〉：「中白渠東西長三十里（注：四渠下流並入櫟陽縣界）。」

139 《舊唐書》卷七十八〈于志寧傳〉、《新唐書》卷一百四〈于志寧傳〉。

140 中央研究院歷史語言研究所拓片登記號第 16989, 23909 號〈朱仁表誌〉：「君諱仁表，字弘感，其先南陽人，因官徙于太原，後從唐高祖定都長安，遂家于高陵縣人也，……父君卿，唐元從上騎都尉。」

141 《舊唐書》卷七十八〈于志寧傳〉、《新唐書》卷一百四〈于志寧傳〉。

142 該集團凝成於西魏初年（532），依陳寅恪先生說武周時（690–704）已有變化。按，安史之亂（756）以後，隨著唐朝衰微而關隴集團亦日益衰微。與關隴集團最有關的府兵制度，在西魏末年（550）體制整個完成，至唐玄宗天寶八載（749），停上下魚書。

王欽若等編纂《册府元龜》。

王夢鷗〈虬髯客與唐之創業傳說〉刊於《幼獅學誌》15-2。

牛致功〈關于《大唐創業起居注》中的幾個問題〉，《唐史研究會論文集》，1982。

毛漢光《唐代墓誌銘彙編附考》，中央研究院歷史語言研究所專刊之 81。

毛漢光〈北朝東西政權之河東爭奪戰〉，《臺灣大學文史哲學報》35，民 76 年。

毛漢光〈晉隋之際河東地區與河東大族〉，中央研究院第二屆漢學會議。

毛漢光〈西魏府兵史論〉，中央研究院歷史語言研究所集刊 58。

司馬光撰、胡三省注、楊家駱主編《新校資治通鑑注》，中國學術名著第五輯。

宋敏求《長安志》，畢沅新校正本。

岑仲勉《通鑑隋唐紀比事質疑》，九思出版社，民 67 年。

李吉甫《元和郡縣圖志》。

李季平〈溫大雅與《大唐創業起居注》〉，《文史哲》1984-2。

李祖桓〈黃河古橋述略〉，《文史》20, 1983。

李樹桐《唐史考辨》，臺灣中華書局，民 54 年。

李　繁《鄴侯家傳》，《玉海》卷一百三十八。

谷霽光《府兵制度考釋》，上海人民出版社，1962。

河南省博物館、洛陽市博物館〈洛陽含嘉倉的試掘〉，《文物》1972-3。

胡如雷〈關于隋末農民起義的若干問題〉，《文史》11, 1981。

唐長孺《唐書兵志箋正》，科學出版社，1957。

唐長孺〈白衣天子試釋〉，《燕京學報》35。

唐長孺〈史籍與道經中所見李弘〉，《魏晉南北朝史論拾遺》1982。

唐長孺、吳宗國、梁太濟、宋家鈺、席康元編《汪籛隋唐史論稿》，中國社會科學出版社，1981。

馬長壽《碑銘所見前秦至隋初的關中部族》，中華書局，1985。

陸敬嚴〈蒲津大浮橋考〉，《自然科學史研究》4-1, 1985。

陳寅恪〈論隋末唐初所謂「山東豪傑」〉，《陳寅恪先生文集》，金明館叢稿初編。

黃惠賢〈李密洛口政權興衰述評〉，《江漢論壇》1985-6。

溫大雅《大唐創業起居注》，山右叢書初編，山西省文獻委員會編。

鄒速麟〈從含嘉倉的發掘談隋唐時期的漕運和糧食〉，《文物》1974-2。

臧嶸〈隋末山陝形勢和李淵太原起兵〉，《中國歷史博物館館刊》1985-7。

嚴耕望《唐代交通圖考》第一册，中央研究院歷史語言研究所專刊之 83，民 74 年。

酈道元注、楊守敬纂疏、熊會貞參疏《水經注疏》。

欠端實〈隋代の弘農楊氏をめぐつて〉，《中國正史の基礎的研究》，1984。

布目潮渢〈楊玄感の叛亂〉，《立命館文學》236, 1965。

布目潮渢〈隋末の叛亂期における李密の動向〉，《史學雜誌》74-10, 1965。

布目潮渢〈李淵集團の構造〉，《立命館文學》243, 1965。

布目潮渢〈唐朝創業期の一考察〉，《東洋史研究》25-1, 1966。

谷川道雄〈武川鎮軍閥の形成〉，《名古屋大學東洋史研究報告 8》1982, 12。

氣賀澤保規〈《大唐創業起居注》の性格について〉，《鷹陵史學》8, 1982，佛教大學歷史研究所。

礪波護〈隋唐時代の太倉と含嘉倉〉，《東方學報》52, 1980。

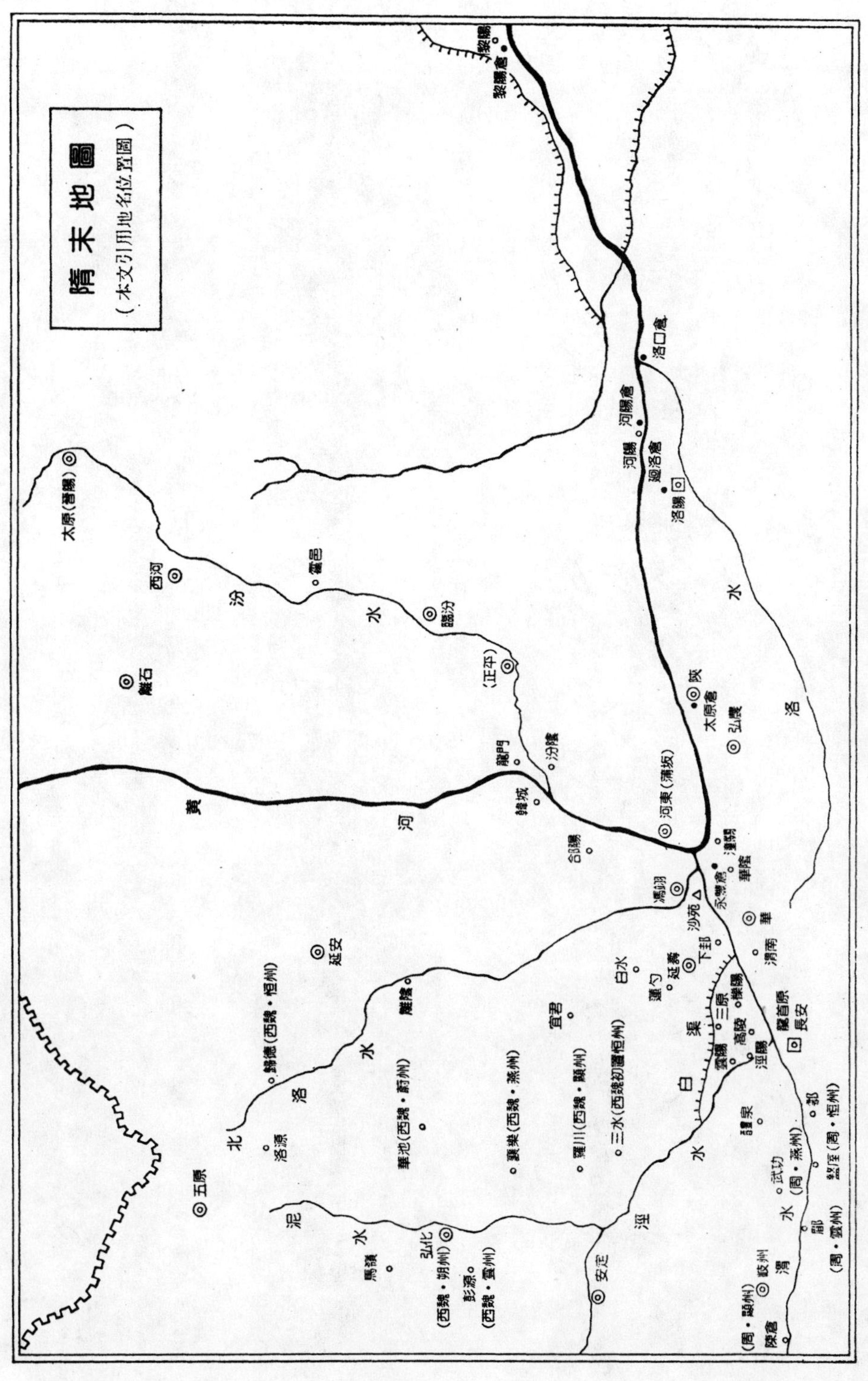

出自第五十九册第四分(一九八八年)

關隴集團婚姻圈之研究
－以王室婚姻關係爲中心－

毛　漢　光

本文自281個例子中得知：西魏北周時北族與王室通婚之實例皆比漢姓與王室通婚者爲多，宇文氏對漢大族間關係的維繫方法是賜姓；隋朝與唐高祖太宗時期，漢姓與王室通婚實例皆比北族爲多，漢姓已成主體；高宗武后中宗睿宗玄宗時，北族之比例已不重要。西魏、北周、隋、唐時，前後王室間不但有婚姻關係，且有若干介質性婚姻家族，緩和了朝代改變的緊張關係，也顯示關隴集團有超越朝代改變而存在的現象。而自高宗至玄宗與王室通婚者，武氏有8、楊氏有11、韋氏有12，故陳寅恪先生論李武韋楊主宰百年世局，獲得實證。唯河東裴氏有8、薛氏有9、柳氏有3、同州王氏有3例，可見關隴集團已鞏固地擁有河東人物。玄宗時期姻婭屬京兆、同州、河東一帶者，占83%，如擴及秦州、太原、洛陽，則占90%，故其時王室婚姻圈集中在三京之內。北周隋唐王室與山東崔盧李鄭王五大士族的婚姻實例，除博陵崔氏第二房因早年入關而有婚姻關係外，其例甚少。

第一節　緒　　論

中國中古時期，婚、宦是瞭解當時政治社會的兩大指標，透過婚姻關係的研究，可以瞭解當時社會上人群結合之實情，與以血緣爲單位的家族如何以婚姻方式擴大其社會關係，所以本文研究內容並非婚姻習俗等之研究，而是社會關係之探討，旨在研究關隴集團婚姻圈之演變。關隴集團是隋唐政權之核心集團，故對其間人物婚姻圈之研究可洞悉當時婚宦兩大因素之結合情形。前輩學者如陳寅恪先生對於唐朝建國前後婚姻情形略有陳述，見其《唐代政治史述論稿》上編、〈統治階級之氏族及其升降〉，及另文〈記唐代之李武韋楊婚姻集團〉；其他中外學者亦有重視當時婚姻關係者，然多半僅在行文間提及，並未對西魏北周隋唐以還之統治集團作全面檢討。本人前曾撰寫〈中古大族著房婚姻之研究——北魏高祖至唐中宗神龍年間五姓著房之婚姻關係

〉一文，凡八萬言，繪出元魏、高齊、宇文周、楊隋、李唐初期與五姓之婚姻關係，以及五姓七族著房間之婚姻圈，深深體味，如果以此法擴大研究各階層各類人之婚姻圈，則對瞭解中古政治社會將可更深入一層。

本文除正史之本紀、列傳及《新唐書・宰相世系表》、典籍以外，還利用元魏以來之墓誌銘中婚姻關係資料，緣因本人近八年來從事唐代墓誌集釋工作，而墓誌銘中婚姻關係正是墓誌重要內容之一，以之與正史及其他典籍配合，將使研究更形具體，故墓誌是本文資料之基石。

關隴集團人物自武川時期始，經西魏、北周、隋、唐前半期以至安史亂後，該集團藉著婚姻而漸漸使其自身成長壯大，這種婚姻關係正是內凝力的座標。而跨越血緣團體的成長，復可解釋關隴集團中西魏、北周、隋、唐政權的性質，若從這個方向發展，尚可撰成若干個題目。本文之副題為——以王室婚姻關係為中心，其原因之一是王室婚姻的記載資料較多；其二是以王室作為當時關隴集團之核心，定位比較明顯。

本文分為西魏北周、隋朝、唐高祖太宗、唐高宗武后中宗睿宗、唐玄宗等五個時期。西魏北周為關隴集團創立時期，宇文氏雖是主要核心，但元氏婚姻圈、元氏與宇文氏婚姻關係亦需予細論；此外還附論擬似血緣關係之賜姓宇文等，以增加對關隴集團凝結之瞭解；隋朝則以楊氏為中心；唐朝以李氏為中心。本文還包括各個時期之王室與外邦之和親關係。分期是為了研究方便，在討論時是跨越時期的，除了上下期比較以外，將高宗至玄宗合併觀察，又可與前輩陳寅恪先生「李武韋楊」之說放在同一時空作比較分析。若從西魏至唐玄宗作全程觀察，則又可明瞭關隴集團婚姻關係變化之軌跡。

關隴集團之凝成，官宦與聯婚是兩個大綱。所謂官宦主要是府兵體系，關於這一方面，先輩學者多有論及，拙文〈西魏府兵史論〉除了綜合先輩說法以外，對於府兵軍府之轄區、柱國及大將軍之統屬等，亦提出新的看法，本文再補充於下：

在西魏時期，宇文泰政權中有宇文泰親信、賀拔勝集團、侯莫陳悅餘部、魏帝禁軍、魏帝追隨部隊、賀拔岳餘部等勢力集團[1]。宇文泰雖然承襲賀拔岳的集團勢力

1　參見拙文〈西魏府兵史論〉《中研院史語所集刊》58-3，p.527－549。

，但其後不斷吸收關中各路人馬，實際上的力量已超過原賀拔岳集團，迨魏帝西遷，更是百川歸流，故西魏時期，宇文泰在關中的勢力遠比北魏末任何曾派遣至關中的力量為大。其力量所以能夠達到如此強大，歸因於宇文泰善於協調、安撫關中原有的地方勢力，並安排每一股進入關中的部隊，使原本複雜的人群，結合成一個團體；使許多出身不同人物間的衝突減少，而向心力增加。例如侯莫陳悅餘部的原來領袖侯莫陳悅，在關中是僅次於賀拔岳之人物，「魏孝武初，加開府儀同三司、都督隴右諸軍事，仍加秦州刺史。」[2]在秦隴一帶很有勢力，其軍力亦強。侯莫陳悅誘殺賀拔岳後，岳之部將推宇文泰為領袖，討伐侯莫陳悅，悅之大將李弼、豆盧寧等降泰，悅雖然敗亡，其軍士死傷不多，且大部份皆歸降於泰，泰亦寬容處置，其後李弼成為八大柱國大將軍之一，而豆盧寧成為十二大將軍之一，在八大柱國大將軍之中，李弼還是宇文泰之忠實支持者[3]。雄踞荊州的賀拔勝，乃賀拔岳之兄，在高歡強大的軍事壓力之下，棄守荊州而南奔蕭梁，未三年又潛至關中，而勝之部將獨孤信，後受命為八柱國大將軍之一，楊忠為十二大將軍之一，且獨孤信在西魏後半期是隴右之霸；楊忠則深受宇文泰之信任，屢屢領兵出征；至於賀拔勝本人則位居太師，地位崇高。對於西入關中的魏帝及其近親宗室，安排元欣為柱國大將軍，元廓、元贊、元育為大將軍。魏帝追隨部隊中，王思政在侯景西降時拜大將軍銜，念賢亦任大將軍；唯王思政在河南一帶敗陷東魏；念賢雖任秦州刺史，大統六年已卒；王思政與念賢雖較其他大將軍略顯疏遠，但仍甚受重視。另一位魏帝追隨部將侯莫陳順官居十二大將軍之一。賀拔岳之餘部趙貴、李虎、侯莫陳崇為柱國大將軍，達奚武、王雄為大將軍。原居固原一帶的李遠及其兄李賢、李穆是一股強大的地方勢力，李遠亦為十二大將軍之一，加上宇文泰親信于謹為柱國大將軍，姪宇文導、甥賀蘭祥、宗族宇文貴為大將軍，宇文泰將各個勢力編織在一起，其具體的組織則為府兵制度。這是宇文泰結合政治社會勢力的官宦大網。

這個制度之初期有鮮卑部落制之遺意：將人群結合在一層層軍事而又兼具經濟、社會作用的制度上，但並不是純粹的部落制聯盟，而是經過改良的制度，其改良之最

2 《周書》卷十四〈賀拔勝傳・附侯莫陳悅傳〉。
3 參見拙文〈西魏府兵史論〉 p.595分析。

大特點是顧及功績及資歷，這已有官僚制度的考慮。宇文泰重視功績與資歷，在府兵體制之內與外皆有實證，如在西魏大統十六年所公布的八大柱國大將軍及十二大將軍名單中，皆是西魏期間資歷、功績很高的人物。縱觀西魏時期，比這些柱國大將軍及大將軍還要資歷深者，尚有賀拔勝，他是賀拔岳之兄。自大統三年起賀拔勝官拜太師，宇文泰為大丞相，是同一級品位，歷四年、五年、六年、七年、八年、九年，至十年五月卒，[4]賀拔勝雖然甚少領兵出戰，似乎實權不重，但其政治地位甚高，而其部將獨孤信、楊忠等實掌兵權。念賢也是很資深者，「賢於諸公皆為父黨，自太祖以下，咸拜敬之。」[5]他在大統初為秦州刺史，三年為河州刺史，五年又除都督秦渭原涇四州諸軍事、秦州刺史，卒於州，未及至大統十六年府兵完成時刻。又王思政也是一位資深將領，他的主要領軍地區在河南，大統十三年為大將軍、河南大行台、河南諸軍事，唯旋為高氏主力攻破而被俘。[6]王思政似未領府兵，[7]但其兵權地位甚高。

又如大統十六年公布柱國、大將軍之後，柱國李虎於次年卒，[8]達奚武經略漢川，「自劍以北悉平。明年，武振旅還京師。朝議初欲以武為柱國，武謂人曰：『我作柱國，不應在元子孝前。』固辭不受。」[9]顯然柱國之任命，兼顧功績與資歷，這兩種輕重如何，史書中已無法明確分辨。但最重要的一點是，李虎死後，繼任柱國者並非李虎之家屬或部屬，乃是另一位資歷、功績高者，這與部落制由本部落中人物升任有很大差異，這一點也可以看出府兵制度在形式上擬似鮮卑部落制，實際上已具官僚制度的設計。

本文則是研究關隴集團之婚姻圈。

第二節　西魏北周時期－元氏、宇文氏婚姻圈

一、元氏婚姻圈

4 參見萬斯同〈西魏將相大臣年表〉。
5 《周書》卷十四〈念賢傳〉。
6 參見《周書》卷十八〈王思政傳〉。
7 參見拙文〈西魏府兵史論〉p.541-544。
8 參見陳寅恪《隋唐制度淵源略論稿》六〈兵制〉p.95考證文。
9 《周書》卷十九〈達奚武傳〉。

甲、元氏與宇文氏之婚姻關係

在西魏時期，名義上雖然以元氏為帝，實際掌權者卻是宇文泰。在西魏的元氏除了承襲北魏法統，而具有若干號召力以外，也還有一些實際力量。例如擁有追隨魏帝入關的禁衛軍，及東方追隨入關之部隊，所以在宇文泰吸納、調整其勢力時，大魏這塊招牌仍需保留，元氏仍然在長安為帝，而宇文泰則大部份時間在同州（馮翊），西魏自文帝大統元年（公元535年)至恭帝三年（公元556年)凡二十二年，終宇文泰有生之年，並未改變這種關係，直至宇文泰卒，其子宇文覺才以禪位方式建立周朝，比起高歡而論，宇文氏與元氏的關係，可說相當良好。《北史》卷十九〈孝文六王〉論曰：

魏自西遷之後，權移周室。而周文（宇文泰）天縱寬仁，性罕猜忌，元氏戚屬，並見保全，內外任使，布於列職。孝閔踐祚，無替前緒，明、武纘業，亦遵先志。雖天厭魏德，鼎命已遷，枝葉榮茂，足以愈於前代矣！

而北齊文宣帝高洋卻大誅元氏，《北齊書》卷四〈文宣本紀〉天保十年（公元559年）：

五月癸未，誅始平公元世、東平公元景式等二十五家，特進元韶等十九家並令禁止。

同書卷二十八〈元韶傳〉：

遂以（天保十年）五月誅元世哲、景式等二十五家，餘十九家並禁止之。韶幽於京畿地牢，絶食，啗衣袖而死。及七月，大誅元氏，自昭成已下並無遺焉。或父祖為王，或身常貴顯，或兄弟強壯，皆斬東市。其嬰兒投於空中，承之以矟。前後死者凡七百二十一人，悉投屍漳水，剖魚多得爪甲，都下為之久不食魚。

宇文氏與元氏在西魏北周時婚姻關係如下：

《周書》卷一〈文帝紀上〉（同書卷九〈文帝元皇后傳〉略同）：

①（永熙三年）七月……。初，魏帝在洛陽，許以馮翊長公主配太祖，未及結納，而帝西遷。至是，詔太祖尚之，拜駙馬都尉。

《周書》卷九〈皇后・孝閔帝元皇后傳〉：

②魏文帝第五女。初封晉安公主。

《北史》卷五十八〈周室諸王・宋獻公震〉：

③(周文帝子)大統十六年，封武邑公，尚魏文帝女。其年薨。

《周書》卷九〈皇后・宣帝元皇后傳〉：

④洛陽人也。開府晟之第二女。

《周書》卷二十七〈宇文測傳〉：

⑤太祖之族子也。……尚(魏)宣武女陽平公主。

《隋書》卷五十〈元孝矩傳〉：

洛陽人也。祖修義，父子均，並為魏尚書僕射。孝矩西魏時襲爵始平縣公，……

⑥周太祖為兄子晉公護娶孝矩妹為妻。

《北史》卷十三〈后妃上・廢帝皇后宇文氏傳〉：

⑦廢帝皇后宇文氏，周文帝女也。……廢帝之為太子，納為妃。及即位，立為皇后。

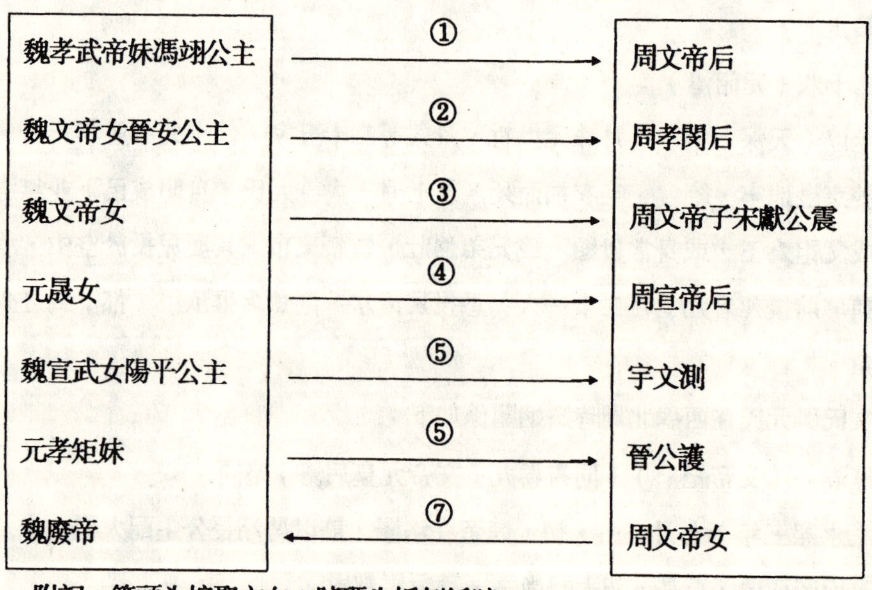

附記：箭頭為嫁娶方向；號碼為婚例編號。

元氏與宇文氏之婚姻關係可稱為密切。

乙、元氏與其他家族之婚姻關係

除與宇文氏通婚以外，元氏與其他家族之婚姻關係如下：

《北史》卷十三〈后妃上·孝武皇后高氏傳〉：

⑧齊神武長女也。帝見立，乃納為后。及帝西幸關中，降為彭城王韶妃。

《北史》卷十三〈后妃上·文帝文皇后乙弗氏傳〉：

河南洛陽人也。其先世為吐谷渾渠帥，居青海，號青海王。涼州平，后之高祖莫叓擁部落入附，拜定州刺史，封西平公。自莫瓌後，三世尚公主，女乃多為王妃，甚見貴重。父瑗，儀同三司、兗州刺史。母淮陽長公主，孝文之第四女⑨也。……文帝納為妃。及帝即位，以大統元年冊為皇后。

《北史》卷十三〈后妃上·文帝悼皇后郁久閭氏傳〉：

蠕蠕主阿那瓌之長女也。……大統初，蠕蠕屢犯北邊，文帝乃與約，通好結婚⑩，……四年正月，至京師，立為皇后。

《北史》卷十三〈后妃上·恭帝皇后若干氏傳〉：

⑪司空長樂正公惠之女也。有容色，恭帝納之為妃。及即位，立為皇后。

《周書》卷三十九〈杜杲傳〉：

京兆杜陵人也。祖建，魏輔國將軍，贈豫州刺史。父皎，儀同三司、武都郡守⑫。……（族父瓚）尚孝武妹新豐公主。

〈周大將軍司馬裔神道碑〉《庾子山集》卷十三，頁497－514。（《周書》卷三十六〈司馬裔傳〉略同）：

河內溫人也。……曾祖楚之，晉太傅、錄尚書、揚州牧，會稽文孝王（北史列傳，父榮期，晉益州刺史，此云會稽文孝王即榮期也。）之次子，元顯之幼弟也。……公（楚之）乃收合餘燼，泣血登陴，臨武牢之關，據成皐之坂，擁衆萬家，歸於魏室。魏明元皇帝，遥授平南大將軍、荆州刺史。襲封瑯邪郡王，尚河內公主。……祖金龍，封瑯邪鎮西大將軍、儀同三司、吏部尚書，贈司空，謚康王。父悅，鎮南將軍、豫州刺史、漁陽莊侯。……（公）出身司徒府參軍，除中堅將軍、員外散騎常侍。值魏室多難，所在烽起，孟津以北，無復封畿，嵩山以南，即為鋒鏑。公建議脩武，立柵溫城，函谷西封，河橋北斷。長亭籍馬，並入武城；百里祖車，咸輸溫縣。太祖文帝締構關都，……大統七年，蒙授平東將軍、北徐州刺史。十年，河內故義四千餘家，願立忠誠，須公衣錦，乃授使持節、領河內太守，加前將軍。……十三年（《周書》、《北史》並作十五年），太祖召山東諸立義之將能率衆入關者，有加重賞。公率先而至，領戶千室，即以為封，固辭不受。……魏前元年，……授大都督，加散騎常侍。……（天保）七年正月十日薨，春秋六十有五。詔贈使持節、大將軍、懷

⑬邵汾晉四州諸軍事、懷州刺史。夫人襄城公主，魏獻帝之曾孫趙穆王之季女。……建德元年八月十二日，合葬於武功三時原。……（公）在朝四十一年，身經一百餘戰。凡任四郡，歷八州。……世子侃……。

《周書》卷二十〈王盟傳〉：

⑭（盟子勵，勵子弼）尚魏安樂公主。

《西魏書》卷十二〈諸王列傳〉：

⑮公主，（原注：封號未聞）（魏）文帝女，下嫁白土縣公辛威。

《舊唐書》卷一百八十三〈外戚·竇德明傳〉：

⑯太穆順聖皇后兄之孫。祖照，尚後魏文帝女義陽公主，封鉅鹿公。

〈周安昌公（元偉）夫人鄭氏墓誌銘〉《庾子山集》卷十六，頁671－674：

⑰夫人諱某，滎陽陽武人也。……祖瓊，太常、恭侯。父穆，司空、貞公。……（夫人）天和十八年五月二十日，薨於成都，春秋三十有六。……即以其年十一月十六日歸葬於咸陽之白起原。

《隋書》卷三十八〈鄭譯傳〉：

滎陽開封人也。祖瓊，魏太常。父道邕，周司空。……譯從祖開府文寬，尚魏

⑱平陽公主，則周太祖元后之妹也。

《西魏書》卷十二〈諸王列傳・公主〉：

⑲襄樂公主，（魏）文帝女，下嫁漢安縣公韋世康（著者謝啟昆按：世康，孝寬兄夐之子。《周書・韋孝寬傳》作世康尚魏文帝女。《隋書・韋世康傳》作尚周文帝女。《北史・孝寬傳》從《周書・世康傳》、從《隋書》，兩傳歧異，考《周書》〈李基〉〈李暉〉〈于翼〉三傳，皆稱尚太祖女，不稱文帝，則世康為尚魏文帝女無疑，《隋書》譌魏為周耳。）

〈周驃騎大將軍開府侯莫陳道生墓誌銘〉《庾子山集》卷十五，頁607－611：

⑳朔州武川人也。本系陰山，出自國族。……父少興，武川鎮將。……大統九年……病，死於轘門，春秋五十一。贈持節、都督、朔州刺史。……夫人拓跋氏，……同葬於京兆某縣……。

〈後魏驃騎將軍荆州刺史賀拔夫人元氏墓誌銘〉《庾子山集》卷十六，頁681－683：

㉑夫人諱安，字大羅，河南洛陽人也。祖某，京兆康王。父昭，驃騎大將軍、開府儀同三司、錄尚書、司州牧、汝陽郡王。……大統五年，封樂安公主。歸於賀拔氏，時年十三。……以周天和四年二月二十六日薨於長安萬年里，春秋五十有二。……即以其年三月二十日歸葬於咸陽之石安原。

《周書》卷二十八〈陸騰傳〉：

㉒代人也。高祖俟，魏征西大將軍、東平王。……（騰）尚（魏）安平主，……。

〈周驃騎大將軍開府儀同三司冠軍伯柴烈李夫人墓誌銘〉《庾子山集》卷十六，頁689－692：

㉓夫人諱某，隴西狄道人也。……父宜，使持節、大將軍、南北二華州刺史、順陽郡公，魏武皇帝之長舅也。……（夫人）年十有一，出適驃騎大將軍、開府儀同柴烈。……以今建德四年三月日薨於館舍，春秋四十九。即以其年八月日葬於長安之洪瀆原。

《周書》卷二十一〈尉遲迥傳〉：

㉔其先，魏之別種，號尉遲部，因而姓焉。父俟兜，……尚太祖姊昌樂大長公主

，……（迥）尚魏文帝女金明公主，……。

〈周儀同松滋公拓跋競夫人尉遲氏墓誌銘〉《庾子山集》卷十六，頁686－689：

夫人諱某，河南洛陽人也。祖某。父太師、柱國公（夫人疑即尉遲迥女）。…

㉕…（夫人）年十有二，出適儀同拓跋競。……母，金明公主，魏文帝長女。…

…（夫人）建德三年五月七日亡，春秋三十。……即以其年十一月十五日葬於京兆之北陵原。

《隋書》卷四十一〈蘇威傳〉：

㉖京兆武功人也。父綽，……（威）大冢宰宇文護見而禮之，以其女新興主妻焉。……有從父妹者，適河南元雄。

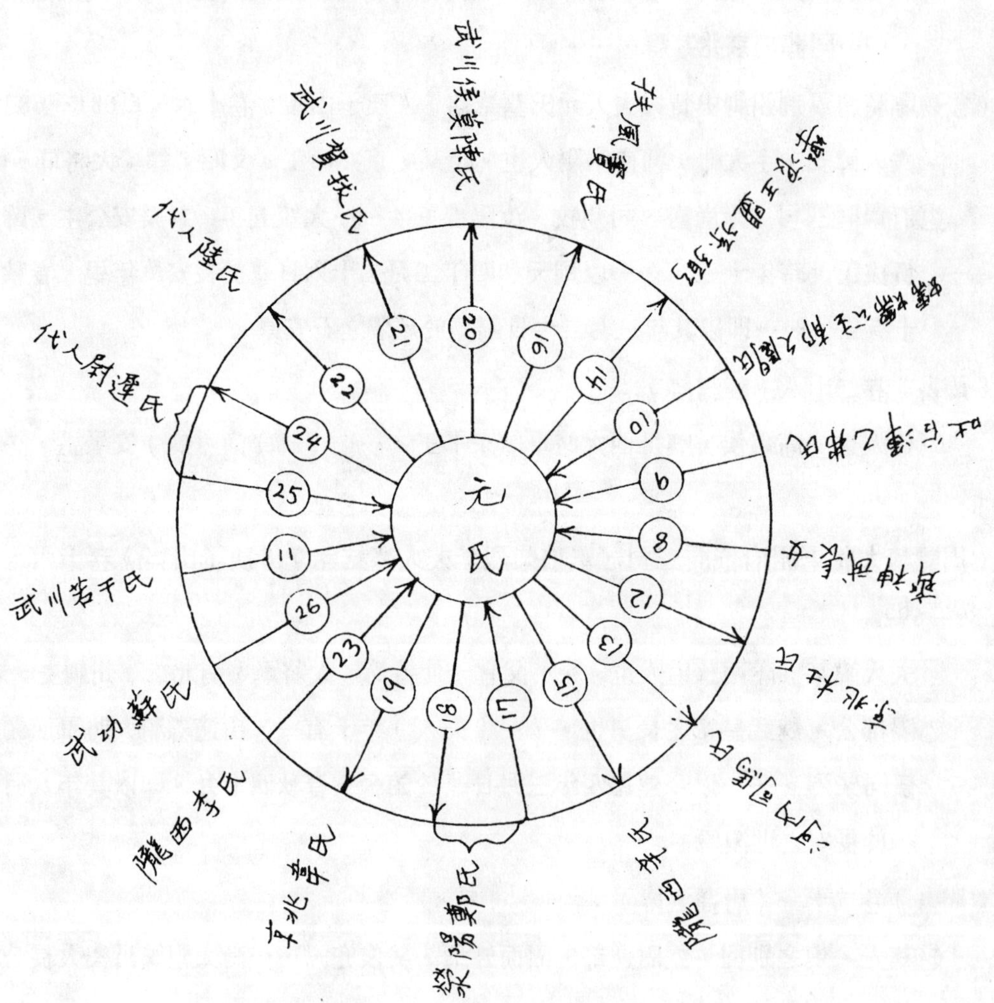

魏孝武皇后為高歡長女，在孝武帝入關後即告廢除。魏文帝乙弗后係帝與吐谷渾渠帥聯婚，文帝郁久閭后乃帝與蠕蠕聯婚，恭帝若干后乃若干惠之女，若干惠「代郡武川人也。其先與魏氏俱起，以國為姓。」[10]若干惠是大統三年東征十二將之一，惜於大統十三年卒，未及登大將軍或柱國之位。

杜瓚屬京兆大族；司馬裔屬河內大族，其曾祖楚之，是南朝北奔名將，北魏封為琅琊王，「及魏孝武西遷，裔時在鄴，潛歸鄉里，志在立功。大統三年，大軍復弘農，乃於溫城起義，遣使送款。……及大軍東征，裔率所部從戰河橋，又別攻懷縣，獲其將吳輔叔。自此頻與東魏交戰，每有克獲。六年，授河內郡守。尋加持節、平東將軍、北徐州刺史。八年，率其義衆入朝。太祖嘉之，特蒙賞勞。頃之，河內有四千餘家歸附，竝裔之鄉舊，乃授前將軍、太中大夫，領河內郡守，令安集流民。」[11]

辛威「隴西人也。祖大汗，魏渭州刺史。父生，河州四面大都督。」[12]是隴西大族；元偉夫人鄭氏屬滎陽大族；韋世康則屬京兆大族；竇照，〈世系表〉載為竇毅之子；侯莫陳道生屬武川鎮將系；賀拔勝是當時極有權勢之北族將領；陸騰乃代人，屬元魏政權中八族之一；而魏武帝長舅李宜，為隴西李氏，唯不知屬於何房何支；樂浪王弼家族、代人尉遲家族與元氏之婚姻關係，下文另論。

從以上元氏婚姻圈觀察，西魏元氏與胡漢大族保有密切關係，故元氏仍然有一部份影響力，又從元氏與宇文氏頻繁的婚姻關係中觀察，西魏時期雖然宇文氏權力日昇，元氏漸漸被取代，但這些趨勢是漸進地、和緩地發展，使元氏以及與元氏有密切關係者能夠和平地融合進宇文泰集團之中。

丙、元氏與宇文氏間介質性的婚姻家族

在西魏北周時期的關隴集團中，有一項很特殊的現象，即除宇文氏與元氏之間有密切的婚姻關係之外，在元氏與宇文氏之間還有許多介質性的婚姻家族，例如：王弼之祖王盟，「明德皇后之兄也。其先樂浪人。六世祖波，前燕太宰。祖珍，魏黃門侍郎，贈并州刺史、樂浪公。父羆（非《周書》卷十八之京兆霸城王羆），伏波將軍，以良家子鎮武川，因家焉。」[13]按《周書》卷一〈文帝紀上〉：「太祖（宇文泰），

10 《周書》卷十七〈若干惠傳〉。
11 《周書》卷三十六〈司馬裔傳〉。
12 《周書》卷二十七〈辛威傳〉。
13 《周書》卷二十〈王盟傳〉。

德皇帝之少子也。母曰王氏，……」故宇文泰為王盟之甥，王盟族屬不詳，其家屬與宇文氏、元氏皆有通婚，王盟是宇文泰之舅，而「盟姿度弘雅，仁而汎愛。雖位居師傅，禮冠群后，而謙恭自處，未嘗以勢位驕人。魏文帝甚尊重之。及有疾，數幸其第，親問所欲。其見禮如此。」（同上注）王氏家屬是宇文氏與元氏皆信任之人，所以盟子懋（即弼之叔）官拜「左衛將軍、領軍將軍。懋性溫和，小心敬慎。宿衛宮禁，十有餘年，勤恪當官，未嘗有過。魏文帝甚嘉之。」[14]左衛將軍、領軍將軍是京師禁衛軍首領，長駐在長安，在關中西魏朝廷之中，這個職位非常重要，且需為魏帝與宇文泰皆信任之人。王盟家族與兩者皆有婚姻關係，故長期擔任此職。又如：元氏與尉遲氏之聯婚，「尉遲迥字薄居羅，代人也。其先，魏之別種，號尉遲部，因而姓焉。父俟兜，……尚太祖姊昌樂大長公主，生迥及綱。……（迥）尚魏文帝女金明公主。」[15]尉遲部是北族中很重要的一部，當北魏末西魏之時，同時與元魏皇室及宇文泰家聯婚，因此是元氏與宇文氏之橋樑，尉遲迥在沙苑之戰以後「累遷尚書左僕射，兼領軍將軍。」（同上注）弟尉遲綱亦曾任「領軍將軍」「中領軍」[16]，尉遲家族與王盟家族的情形類似，與元氏、宇文氏聯婚，為二氏雙方信任之人。

此外還有晉蕩公護叔母賀拔氏（見例42）、賀拔勝夫人樂安公主元氏，按宇文護與賀拔勝皆出於武川，宇文護叔母極可能與賀拔勝同族。若干惠家族，其子鳳尚太祖

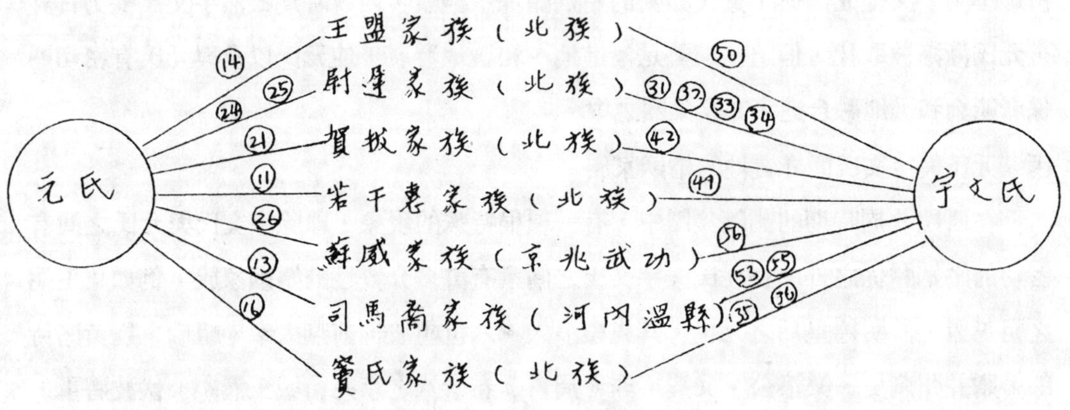

14 《周書》卷二十〈王盟傳・附子懋傳〉。
15 《周書》卷二十一〈尉遲迥傳〉。
16 《周書》卷二十〈尉遲綱傳〉。

女，其女又為魏恭帝后。蘇威娶晉公護女新興公主，威從父妹適河南元雄。司馬裔妻元氏，司馬消難女為魏靜帝后。竇毅尚太祖第五女襄陽公主，魏文帝女下嫁鉅鹿郡公竇照，宇文招妻竇熾女。楊忠家族亦與元氏、宇文氏通婚，然事在隋朝，下文另論。以上介質性的婚姻家族，除蘇氏為關中武功大族、司馬氏為河內大族外，他如王盟家族、尉遲家族、賀拔家族、若干惠家族、竇氏家族等，皆北族重要部落領袖。這些介質性的婚姻家族，使元氏與宇文氏之衝突不致於過度極端化，另一方面也顯示關中朝廷之中，漸漸地凝結在一個集團之中，而宇文氏之取代元氏是集團內權力的轉移，並非仇敵間之勝負，所以當政權轉移之時，並未見有如高齊屠殺東魏元氏之現象。

二、宇文氏婚姻圈

透過婚姻關係，可將不同的社會勢力凝結在婚姻圈中，故姻親關係是血緣關係的擴大，而婚姻圈所產生的力量將數倍於一族一姓，今從史書及碑誌中獲得西魏北周時期，宇文氏之婚姻關係四十餘個，如下：

甲、宇文氏與突厥可汗之婚姻關係

《周書》卷九〈皇后・武帝阿史那皇后傳〉：

㉗突厥木扞可汗俟斤之女。

《周書》卷五十〈異域下・突厥〉：

㉘大象元年，他鉢（可汗）復請和親，帝冊趙王招女為千金公主以嫁之。

與外族通婚主要對象是突厥，突厥是當時北方草原強國，對峙的周齊皆競與相交，《周書》卷五十〈異域下・突厥〉，（同書卷九〈皇后・武帝阿史那皇后〉略同）：

> 時與齊人交爭，戎車歲動，故每連結之，以為外援。初（西）魏恭帝世，（突厥主木扞可汗）俟斤許進女於太祖，契未定而太祖崩。尋而俟斤又以他女許高祖，未及結納，齊人亦遣求婚，俟斤貪其幣厚，將悔之。至是，詔遣涼州刺史楊荐、武伯王慶等往結之。慶等至，諭以信義。俟斤遂絶齊使而定婚焉。仍請舉國東伐。語在荐等傳。

這次聯婚成功，促使周與突厥聯軍攻齊，保定三年、四年二次自北境與突厥會師東伐，其統帥為楊忠，予北齊重擊[17]。俟斤卒後，弟他鉢可汗立，採取周、齊雙邊外交，

17 《周書》卷十九〈楊忠傳〉。

故周齊皆以重幣賂之，周並以千金公主妻之。《周書》同卷載：

> 俟斤死，弟他鉢可汗立。自俟斤以來，其國富彊，有凌轢中夏志。朝廷既與和親，歲給繒絮錦綵十萬段。突厥在京師者，又待以優禮，衣錦食肉者，常以千數。齊人懼其寇掠，亦傾府藏以給之。他鉢彌復驕傲，乃至率其徒屬曰：「但使我在南兩箇兒孝順，何憂無物邪。」……及齊滅，……大象元年，他鉢復請和親。帝冊趙王招女為千金公主以嫁之，並遣執紹義送闕。

這是歷代和親政策之再版。

乙、宇文氏與其他北族之婚姻關係（本文北族係指關隴政權中北疆胡族）《周書》卷十六〈獨孤信傳〉（同書卷九略同）：

> 雲中人，……信母費連氏……。
>
> ㉙、㉚信長女，周明敬后；第四女，元貞皇后；……。

《周書》卷二十〈尉遲綱傳〉：

> ㉛、㉜迥、綱與母昌樂大長公主……（綱子）敬，尚世宗女河南公主。

《周書》卷九〈皇后·宣帝尉遲皇后傳〉：

> ㉝、㉞蜀國公迥之孫女。……初適杞國公亮子西陽公溫，……。

《周書》卷三十〈竇熾附兄子毅傳〉：

> ㉟扶風平陵人也。……遂為部落大人。……（毅）尚太祖第五女襄陽公主。

〈周趙國夫人紇豆陵氏墓誌銘〉《庾子山集》卷十六，頁665－671：

> ㊱夫人諱含生，本姓竇，扶風平陵人。……祖略，少保、建昌郡公。父織（《周書》作熾），柱國大將軍、大宗伯、鄧國公。……（夫人）天和五年四月二十二日，薨於成都之錦城，春秋二十。……七年二月日，歸葬於長安之洪瀆原。

《周書》卷二十〈賀蘭祥傳〉：

> ㊲其先與魏俱起，有紇伏者，為賀蘭莫何弗，因以為氏。……尚太祖姊建安長公主。
>
> ㊳（子）師，尚世宗女。

《周書》卷二十〈閻慶傳〉：

㊴河南河陰人也。……晉公護母，慶之姑也。……（高祖）詔慶第十二子毗尚帝

㊵女清都公主。

《周書》卷十一〈晉蕩公護〉：

㊶、㊷、㊸護母閻姬……汝（護）楊氏姑及汝叔母紇干、汝嫂劉……汝叔母賀拔

……。

《隋書》卷六十〈于仲文傳〉（《周書》卷十三〈于謹傳〉略同）：

㊹（顗），周大冢宰宇文護見而器之，妻以季女。

《隋書》卷三十九〈豆盧勣傳〉：

昌黎徒河人也。本姓慕容，燕北地王精之後也。……祖萇，魏柔玄鎮大將。父

㊺寧，柱國、太保。……齊王憲納勣妹為妃，……。

〈周冠軍公夫人烏石蘭氏墓誌銘〉《庾子山集》卷十六，頁676－678：

夫人諱某，樂陵人也，晉司徒樂陵公苞後，……祖行，代郡尹。父，魏司空、

㊻蘭陵郡公。……夫人年十七，歸於宇文氏。……以保定五年四月遘疾薨，時年

四十有四。即以其年某月日歸葬於京兆之某原。

《周書》卷九〈皇后・文宣叱奴皇后傳〉：

㊼代人也。太祖為丞相，納后為姬，生高祖。

《周書》卷十二〈齊煬王憲傳〉：

㊽憲所生母達步干氏，茹茹人也。

《周書》卷二十〈叱列伏龜傳〉：

㊾代郡西部人也。世為部落大人。……（太祖）以邵惠公女妻之。

《周書》卷十七〈若干惠傳〉：

代郡武川人也。其先與魏氏俱起，以國為姓。……子鳳……襲父爵長樂郡公，

㊿尚太祖女。

《周書》卷二十〈王盟傳〉：

51王盟字子仵，明德皇后之兄也。其先樂浪人。

《周書》卷十七〈劉亮傳〉：

中山人也，……祖祐連，魏蔚州刺史。父持眞，鎭遠將軍、領民酋長。……子⑫昶，尚太祖女西河長公主。

《隋書》卷八十〈列女・劉昶女傳〉：

⑬劉昶女者，河南長孫氏之婦也。昶在周，尚公主，官至柱國、彭國公，……與高祖有舊。

宇文氏又與許多北疆大族聯婚，例如上述尉遲氏，除尉遲迥、綱之父俟兜娶宇文泰姊昌樂大長公主之外，尉遲迥之孫女先嫁西陽公溫，再嫁宣帝。又聯婚竇氏，按竇氏「為部落大人。後魏南徙，子孫因家於代，賜姓紇豆陵氏。累世仕魏，皆至大官。」[18]又聯婚賀蘭氏，賀蘭氏「其先與魏俱起，……其後有以良家子鎭武川者，遂家焉。」[19]所以也是武川集團之一。又與閻氏聯婚，〈閻慶傳〉載：「河南河陰人也。曾祖善，仕魏，歷龍驤將軍、雲州鎭將，因家于雲州之盛樂郡。祖提，使持節、車騎大將軍、燉煌鎭都大將。父進，有謀略，勇冠當時。正光中，拜龍驤將軍。……以功拜盛樂郡守。[20]宇文護叔母紇干氏，族屬不詳，應屬北族。又與于氏聯婚，于謹孫顗在北周時，大冢宰宇文護以女妻之。于謹為八大柱國大將軍之一，其曾祖、祖、父在北魏時皆歷任將軍、郡守，又與豆盧氏聯婚，豆盧勣本慕容王室之後，其父寧是府兵成立時十二大將軍之一。又聯婚烏石蘭，其族屬不詳，但其父、祖乃北魏時高官。又聯婚叱奴氏，代人；達步干氏，茹茹人；其父祖官職不詳。又與戰將叱列伏龜、若干惠、劉亮（子昶）聯婚，皆北族部落大人、領民酋長。

宇文氏與其聯婚者除元氏以外，在已知的胡姓之中，似乎皆屬部落大人、領民酋長，或父祖在北魏居於中央高官、地方郡守者。總計二十六例。

丙、宇文氏與漢姓之婚姻關係

《周書》卷二十一〈司馬消難傳〉（同書卷九〈靜帝司馬皇后傳〉略同）：

河內溫人。父子如，為齊神武佐命，位至尚書令。……（消難舉州來附。……⑭納女為靜帝后。……其妻高氏，齊神武之女。

18 《周書》卷三十〈竇熾傳〉。
19 《周書》卷二十〈賀蘭祥傳〉。
20 《周書》卷二十〈閻慶傳〉。

《周書》卷九〈皇后·宣帝楊皇后傳〉：

⑤隋文帝長女。……后母獨孤氏……。

《隋書》卷四十四〈滕穆王瓚傳〉：

⑥高祖母弟也。周世，以太祖軍功封竟陵郡公，尚武帝妹順陽公主。

〈大隋前納言開府儀同三司光祿大夫房公蘇威妻夫人宇文氏墓誌〉《漢魏南北朝墓誌集釋》圖版五一五，大業十二年：

夫人以大業十二年七月三十日薨于東都時邕里私第，其年十月十三日於東都城東北九里閑居鄉權殯。子夔，字栢尼，前鴻臚少卿。（趙萬里釋：考《周書·⑦蘇綽傳》「子威娶晉公護女新興公主。」《隋書·蘇威傳》「大冢宰宇文護見而禮之，以其女新興公主妻焉。」）

〈周車騎大將軍贈小司空宇文顯和墓誌銘〉《庾子山集》卷十五，頁611－616：

上黨武鄉人也。……祖求南，衛將軍、冀州刺史。父金殿，鎭遠將軍、兗州刺史。……（公）授使持節、車騎大將軍、儀同三司，加散騎常侍。以魏後元年⑧疾甚，亡於同州，春秋五十七。……夫人高氏，渤海人也。……世子神舉兄弟，……。

〈周譙國公夫人步陸氏墓誌銘〉《庾子山集》卷十六，頁661－665：

⑨夫人諱某字某，本姓陸，吳郡人也。……高祖載，為劉義眞長史，留鎭關中，既没赫連，因即仕魏。……祖政，驃騎大將軍、儀同三司、恆州刺史。父通，柱國大將軍、大司馬、文安公。……（夫人）年十有四，娉於譙國。（周明帝武成元年，封皇弟儉為譙國公。）……建德元年七月九日，薨於成都私第，春秋二十有一。即以其年十一月二十二日歸葬長安之北原。

《周書》卷二十八〈史寧傳〉：

⑩建康表氏人也。曾祖豫，仕沮渠氏為臨松令。……（子雄）尚太祖女永富公主。

〈馬夫人墓誌序并銘〉《漢魏南北朝墓誌集釋》圖版四七九，大業十年：

夫人姓馬，名稱心，字合意，雍州扶風人也。……迺祖迺父，並官前周，……

㉑滕王帝子帝弟，連星連日。(趙萬里釋：周滕王逌，乃文帝之子，明帝、武帝之弟。)

《周書》卷九〈皇后・武帝李皇后傳〉：

㉒楚人也。于謹平江陵，后家被籍没。至長安，太祖以后賜高祖，……。

《周書》卷九〈皇后・宣帝陳皇后傳〉：

㉓自云潁川人也，大將軍山提第八女也。……后父山提本高氏之隸。仕齊，官至特進、……。

《周書》卷九〈皇后・宣帝朱皇后傳〉：

㉔吳人也。其家坐事，没入東宮。

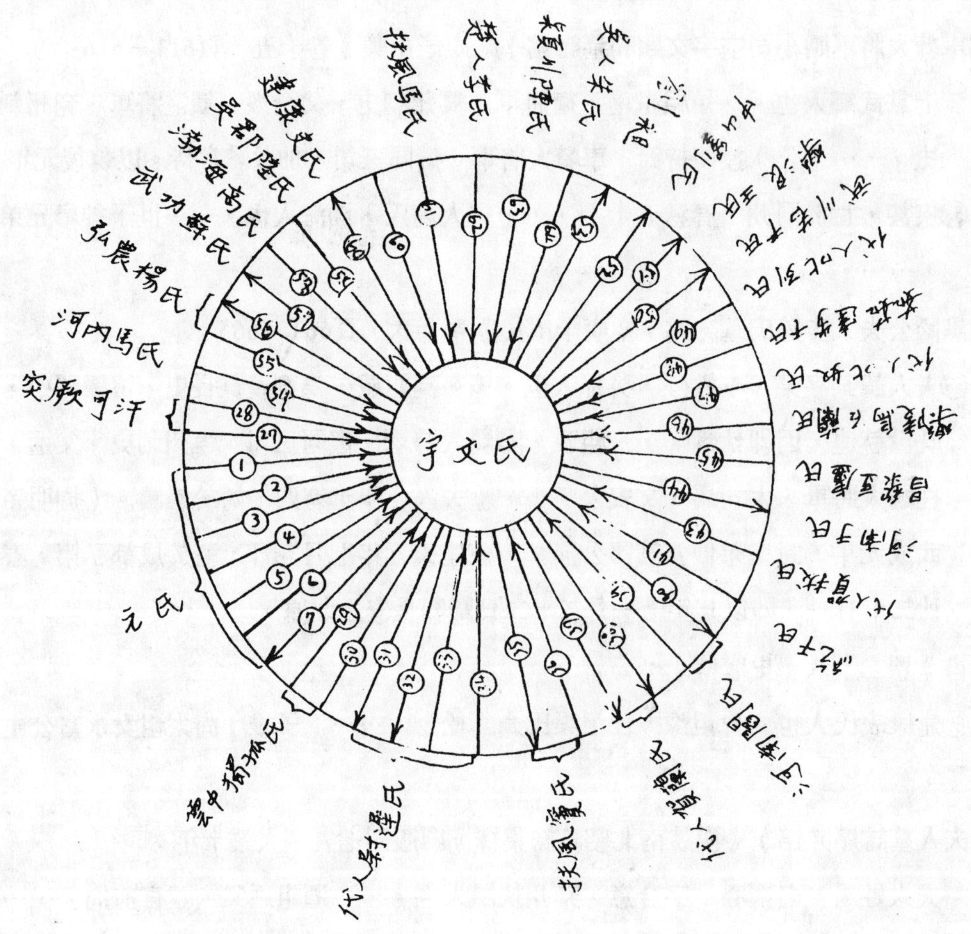

宇文氏與漢姓聯婚有：司馬消難女嫁予周靜帝，「司馬消難字道融，河內溫人。父子如，為齊神武佐命，位至尚書令。……（消難）出為北豫州刺史。……密令所親裴藻間行入關，請舉州來附。……授大將軍……。」[21]又聯婚弘農楊忠女。又聯婚武功蘇威。此皆當時大士族。宇文泰族弟宇文顯和，娶渤海高氏，高氏屬大族，但房支不詳。又聯婚吳郡陸氏，按吳郡陸載隨劉裕攻伐關中，劉裕回朝，陸載與劉裕子義眞陷於赫連氏，吳郡此支遂滯留北朝[22]，仕於元魏。又聯婚史寧子雄，按史寧是建康人，但自曾祖起仕於隴西、代北一帶，史寧追隨賀拔勝、獨孤信、楊忠等，其後大部份時間隨獨孤信駐於隴西一帶，是西魏、北周一員戰將[23]。又聯婚扶風馬氏，誌銘稱「迺祖迺父，並官前周」，似應屬宦族。

周武帝李后、宣帝陳后、宣帝朱后三人係於亡國後選入宮者，是特殊例子。

從以上分析發現，宇文氏聯婚的重點是突厥君主、元氏及北族，在三十九例中占二十八例，這些聯婚對象絕大多數是擁有軍事力量、政治社會地位者，所以聯婚顯然是宇文氏鞏固其政權之重要手段。但是宇文氏與漢姓的聯婚僅八例，雖然此八例亦包括若干郡姓，但與大部份當時漢人大士族皆未見聯婚的例子。山東地區的崔、盧、李、鄭、王等大士族未見聯婚，或可以當時大部份山東地區不屬宇文氏管轄範圍的理由解釋，但關、隴、河東地區的漢人大士族，亦大部份未見與宇文氏聯婚，就必須進一步研究了。

丁、擬似血緣關係——賜姓「宇文」

除了以聯婚方式結成姻親關係以外，宇文氏又有賜姓辦法，其賜姓「宇文」者如下：

郡望	姓氏	大統十六年時官職	資料出處
河東	薛端	車騎大將軍、儀同三司，代為河東著姓。	《周書》卷35

21 《周書》卷二十一〈司馬消難傳〉。
22 參見拙文〈隋唐政權中的吳郡陸氏〉《國史釋論》民76，p.62-64。
23 參見《周書》卷二十八〈史寧傳〉。

河東	薛善	車騎大將軍、儀同三司－驃騎大將軍、開府儀同三司。祖瑚，魏河東郡守。父和，南青州刺史。	《周書》卷35
河東	柳敏	大都督－儀同三司。父懿，魏車騎大將軍、儀同三司、汾州刺史。	《周書》卷32
河東	柳慶	大都督。祖緝，宋安郡守。父僧習，魏北潁川太守。	《周書》卷22
京兆	韋孝寬	驃騎大將軍、開府儀同三司。世爲三輔著姓。祖直善，魏馮翊、扶風二郡守。父旭，武威郡守。	《周書》卷31
京兆	韋瑱	車騎大將軍、儀同三司。世爲三輔著姓。祖千雄，略陽郡守。父英，代郡守。	《周書》卷39
燉煌	令狐整	驃騎大將軍、開府儀同三司。世爲西土冠冕。曾祖嗣、祖詔安，並官至郡守。父虬，燉煌郡守。	《周書》卷36
秦州上邽	姜碁	祖正，魏南秦州刺史。父景，賜姓宇文氏，武康洮汶四刺史。	《唐代墓誌銘彙編附考》三二〈姜碁誌〉、及〈唐姜遐碑〉
臨洮	劉雄	車騎大將軍、儀同三司－驃騎大將軍、開府儀同三司。	《周書》卷29
隴西	王傑	車騎大將軍、儀同三司－驃騎大將軍、開府儀同三司。高祖	《同書》卷29

		萬國，魏燕州刺史。父巢，榆中鎮將。	
隴西	李和	車騎大將軍、儀同三司－驃騎大將軍、開府儀同三司。父僧養，以累世雄豪，善於統御，爲夏州酋長。	《周書》卷29
魏郡	申徽	驃騎大將軍、開府儀同三司。祖隆道，宋北兗州刺史。父明仁，郡功曹，早卒。	《周書》卷32
北海	唐瑾	驃騎大將軍、開府儀同三司。祖倫，青州刺史。父永，東雍州刺史。	《周書》卷32 又《西魏書》卷17
天水	趙昶	車騎大將軍、儀同三司。祖泓，廣武令。父琛，上洛郡守。	《周書》卷33
京兆藍田	王悅	車騎大將軍、儀同三司。少有氣幹，爲州里所稱。	《周書》卷33
滎陽	鄭孝穆	車騎大將軍、儀同三司。祖敬叔，魏潁川、濮陽郡守。父瓊，范陽郡守。	《周書》卷35
博陵	崔謙	車騎大將軍、儀同三司。祖辯，魏平遠將軍、武邑郡守。父楷，殷州刺史。	《周書》卷35
博陸	崔猷	車騎大將軍、儀同三司。祖挺，魏光州刺史。父孝芬，兼吏部尚書。	《周書》卷35
博陵	崔說	車騎大將軍、儀同三司－驃騎大將軍、開府儀同三司。祖辯，魏平遠將軍、武邑郡守。父	《周書》卷35

		楷，殷州刺史。	
弘農 華陰	劉志	大都督。高祖隆，宋宗室首望，馮翊郡守。祖善，魏北雍州刺史。父瓌，汝南郡守。	《周書》卷36
梁郡	李彥	大都督。祖先之，魏淮南郡守。父靜，南青州刺史。	《周書》卷37
濟北	張軌	大都督。父崇，高平令。	《周書》卷37
頓丘 臨黃	李昶	車騎大將軍、儀同三司。祖彪，魏御史中尉。伯志，南荊州刺史。	《周書》卷38
河南 東垣	韓雄	車騎大將軍、儀同三司－驃騎大將軍、開府儀同三司。祖景，魏赭陽郡守。	《周書》卷43
代郡	叱羅協	大都督。	《周書》卷11

河東薛氏、河東柳氏、京兆韋氏是關中重要郡姓。滎陽鄭氏是山東大族，鄭孝穆「及魏孝武西遷，從入關。」（本傳）崔猷、崔謙、崔說三人皆屬山東大族，博陵崔氏之第二房挺支及第二房楷支在東西魏分裂時入關發展[24]，崔猷乃挺之孫，崔謙（又稱士謙〔[25]〕）、崔說乃楷之子。其他大多是地方豪強，或父祖高官者。以上賜姓宇文者大都是漢人，似乎祇有叱羅協是胡人，這是一個很特殊的例子，按叱羅協「魏恭帝三年，太祖徵協入朝，論蜀中事，乃賜姓宇文氏，……（保定二年）協既受（宇文）護重委，冀得婚連帝室，乃求復舊姓叱羅氏。護爲奏請，高祖許之。」[26]所以宇文氏對於大部份漢族有勢力之人物，採取賜姓「宇文氏」的辦法，既然姓宇文氏，便不可與宇文氏通婚，這或許是宇文泰結合漢姓的另一辦法。從資料所示，這些漢人在大統十六年府兵制度完成時，其官銜爲第三級的驃騎大將軍、開府儀同三司，第四級的車騎

24 參見拙文〈中古山東大族著房之研究〉《中研院史語所集刊》54－3 p.23，p.27表。

25 參見《周書》卷三十五，校勘記〈三〉。

26 《周書》卷十一〈晉蕩公護傳・附叱羅協傳〉。叱羅協是否達到婚連帝室，不詳。故上述宇文氏婚姻圈中未列入。

大將軍、儀同三司，第五級的大都督。

漢人亦有改成其他胡姓者[27]，這種情形下就可與宇文氏通婚，如上述弘農楊忠，改姓普六如氏[28]，楊忠長女為周宣帝后。京兆武功蘇氏，改姓賀蘭氏[29]，尚宇文護女新興公主。吳郡陸通，改姓步陸孤氏[30]，其女嫁周明帝皇弟儉。渤海高氏女嫁宇文顯和，此處渤海高氏女不知屬何房支，但渤海高賓改姓獨孤氏[31]。然宇文氏與漢人改成其他胡姓者通婚例子仍不多。

漢人改姓為宇文氏者，在西魏北周政權中有羈縻作用，也是一項崇典，如果更有功績，或深受重視，有封其女為公主者，「（崔）猷深為晉公護所重，護乃養猷第三女為己女，封富平公主。」[32]。

另有一個奇特例子，李遠、李賢、李穆兄弟是宇文政權在關中涇水地區的重要支持者，與宇文氏關係密切，《周書》載：「高祖及齊王憲之在襁褓也，以避忌，不利居宮中。太祖令於賢家處之，六載乃還宮。因賜賢妻吳姓宇文氏，養為姪女，賜與甚厚。及高祖西巡，幸賢第，……。」[33]李遠原為大將軍銜，李賢為驃騎大將軍、開府儀同三司，李穆被封為申國公，其子姪門生賞賜及授官者甚多，以賜李賢妻吳氏為宇文氏，養為姪女的方式，與李賢家聯婚。李賢，《周書》卷二十五本傳載：「其先隴西成紀人也。曾祖富，……祖斌，襲領父兵，鎭於高平，因家焉。」其族屬不詳，乍看之下，與李唐皇室「隴西成紀」有點相似，但《北史》卷五十九〈李賢傳〉信息較多，「自云隴西成紀人，漢騎都尉陵之後也。陵没匈奴，子孫因居北狄。後隨魏南遷，復歸汧、隴。曾祖富，……。」1983年寧夏回族自治區博物館和固原縣文物工作站聯合發掘李賢夫婦墓，獲得李賢墓誌銘及賢妻吳輝墓誌銘，眞象才大白於世。按李賢墓誌銘載：[34]

27 參見Albert Dien"The Bestowal of Surnames Under the Western Wei-Northem Chou-A case of Counter-Acculturation "T'oung Pao, Vol, LXIII.
28 《周書》卷十九〈楊忠傳〉。
29 《周書》卷二十三〈蘇椿傳〉。
30 《周書》卷三十二〈陸通傳〉。
31 《周書》卷三十七〈高賓傳〉。
32 《周書》卷三十五〈崔猷傳〉。
33 《周書》卷二十五〈李賢傳〉。
34 《文物》1985－11〈寧夏固原北周李賢夫婦墓發掘簡報〉。

公諱賢，字賢和，原州平高人。本姓李，漢將陵之後也。十世祖俟地歸聰明仁智，有則哲之，監知魏聖帝齊廣淵，奄有天下，乃率諸國定扶戴之議，鑿石開路，南越陰山，竭手爪之功，成股肱之任，建國拓拔，因以為氏。

因此李賢家屬應為鮮卑拓拔氏，據李賢妻吳輝墓誌銘載：(同上注)

㉟郡君諱輝，高平人，祖興宗，父洪願，其先渤海徙焉。世家豪贍，……。

吳輝卒於西魏大統十三年，北周天和四年與李賢合葬時，吳輝的銜頭為「長城郡君吳氏」。

李賢是鮮卑拓拔氏，所以李賢兄弟未見賜姓宇文或其他胡姓，亦未見李賢家族與宇文氏通婚之例，宇文氏與李賢家族的關係是大量高官厚祿，並賜賢妻吳輝為宇文氏，且養為宇文泰姪女，兩者間之關係也非常密切。

第三節 隋朝時期－楊氏婚姻圈

自楊堅掌權，建立隋朝，其婚姻關係如下：

《隋書》卷四十七〈柳機傳〉：

㊱(機從子)謇之……(開皇)會吐谷渾來降，朝廷以宗女光化公主妻之，……。

㊲俄而突厥啟民可汗求結和親，復令謇之送義成公主於突厥。

《隋書》卷五十一〈長孫覽傳〉：

㊳(開皇)十七年，(突厥)染干遣五百騎隨(長孫)晟來逆女，以宗女封安義公主以妻之。……(十九年)安義公主死，持節送義城公主，復以妻之。

《隋書》卷四十一〈蘇威傳〉：

㊴(煬帝時)高昌王麴伯雅來朝，朝廷妻以公主。

《隋書》卷五十〈元孝矩傳〉：

㊵高祖重其門地，娶其女為房陵王妃(太子勇妃)。

《隋書》卷八十〈列女・華陽王楷妃傳〉：

㊶華陽王楷妃者，河南元氏之女也。父巖，……仁壽中，為黃門侍郎，……。

《隋書》卷五十〈宇文慶傳〉：

洛陽人也。祖金殿，魏征南大將軍，仕歷五州刺史、安吉侯。父顯和，夏州刺史。……子靜禮，……尚高祖女廣平公主，……。⑫

《隋書》卷六十一〈宇文述傳〉（《隋書》卷八十五〈宇文化及傳〉、《隋書》卷八十〈列女・南陽公主傳〉同）：

代郡武川人也。本姓破野頭，役屬鮮卑俟豆歸，後從其主為宇文氏。父盛，周上柱國。……晉王與述情好益密，命述子士及尚南陽公主，……。⑬

《周書》卷十六〈獨孤信傳〉（《隋書》卷三十六〈后妃・文獻獨孤皇后傳〉同）：

⑭第七女，隋文獻后。

《隋書》卷七十九〈外戚・獨孤羅傳〉：

雲中人也。父信，……信入關之後，復娶二妻，郭氏生子六人，……崔氏生獻皇后。……獨孤陁……陁妻楊素之異母妹，……。⑮

《隋書》卷三十九〈竇榮定傳〉：

扶風平陵人也。父善，周太僕。季父熾，開皇初，為太傅。……其妻則高祖姊安成長公主也。⑯

《舊唐書》卷六十一〈竇威傳・附抗傳〉（《新唐書》卷九十五同）：

⑰（威從父兄子抗）母，隋文帝萬安公主（《新唐書》作安成公主）。

《隋書》卷五十一〈長孫覽傳〉：

洛陽人也。祖稚，魏太師、……父紹遠，周小宗伯、……。又為（隋）蜀王秀納覽女為妃。⑱

《隋書》卷三十九〈豆盧勣傳〉：

⑲（隋）漢王諒納勣女為妃……。

⑳（勣兄通）尚高祖妹昌樂長公主，……。

〈唐豆盧仁業碑〉

（祖）通，隨使持節洪夏二州總管、徐沂定相恆五州刺史、左武候大將軍、駙馬都尉、南陳郡開國公。

《隋書》卷四十四〈蔡王智積傳〉:

⑧1高祖弟整之子也。……太妃尉氏,……。

《隋書》卷四十六〈韋師傳〉:

⑧2京兆杜陵人也。父瑱,周驃騎大將軍。……長寧王儼納其女為妃。除汴州刺史,……。

《隋書》卷四十七〈韋世康傳〉(《隋書》卷五十九〈煬三子傳〉略同):

⑧3仁壽中,高祖為豫章王暕納沖女為妃,……。

⑧4壽……仁壽中,高祖為晉王昭納其女為妃(壽,父孝寬)。

《隋書》卷八十〈列女・襄城王恪妃傳〉:

⑧5襄城王恪妃者,河東柳氏女也。父旦,循州刺史。

《隋書》卷七十八〈藝術・韋鼎傳〉(《隋書》卷四十七〈柳機傳〉同):

⑧6時蘭陵公主寡,上為之求夫,選親衛柳述……。

《隋書》卷五十四〈李衍傳〉:

⑧7遼東襄平人也。父弼,周太師。……衍弟子長雅,尚高祖女襄國公主,……。

《隋書》卷五十〈李禮成傳〉:

隴西狄道人也。涼王暠之六世孫。祖延實,魏司徒。父彧,侍中。……姑之子

⑧8蘭陵太守滎陽鄭顥隨魏武帝入關。……禮成妻竇氏早歿,……遂聘高祖妹為繼室,……。

《隋書》卷四十〈王誼傳〉(《隋書》卷八十〈列女傳〉同):

⑧9河南洛陽人也。父顯,周鳳州刺史。……高祖以誼前代舊臣,……以第五女妻其子奉孝(尚蘭陵公主),……。

《隋書》卷七十四〈崔弘度傳〉:

⑨0博陵安平人也。祖楷,魏司空。父說,周敷州刺史。……弘度妹先適(尉遲)

⑨1迥子為妻,……(開皇初)納其妹為秦孝王妃。復以其弟弘昇女為河南王妃。

《隋書》卷七十六〈崔儦傳〉:

清河武城人也。祖休,魏青州刺史。父仲文,齊高陽太守。世為著姓。……越

⑨²國公楊素時方貴倖，重儦門地，為子玄縱娶其女為妻。聘禮甚厚。親迎之始，公卿滿座，素令騎迎儦，儦故敝其衣冠，騎驢而至。素推令上座，儦有輕素之色，禮甚倨，言又不遜。素忿然拂衣而起，竟罷座。後數日，儦方來謝，素待之如初。

《隋書》卷四十一〈高熲傳〉：

自云渤海蓨人也。父賓，背齊歸周，大司馬獨孤信引為僚佐，賜姓獨孤氏。…

⑨³…其夫人賀拔氏……以其子表仁取太子勇女，……。

《新唐書》卷一百〈封倫傳〉：

⑨⁴（楊素）以從妹妻之。

《周書》卷四十八〈蕭詧傳〉（《隋書》卷七十九〈蕭巋傳〉、《隋書》卷三十六〈后妃傳〉同）：

⑨⁵隋文帝備禮納巋女為晉王妃。

《隋書》卷三十六〈后妃・宣華夫人陳氏傳〉：

⑨⁶陳宣帝之女也。

《隋書》卷六十一〈宇文述傳〉：

⑨⁷雲定興者，附會於述。初，定興女為皇太子勇昭訓，……。

另有《隋書》卷三十六〈后妃・容華夫人蔡氏傳〉：「丹陽人也，陳滅之後，以選入宮。……」其父、祖及家族不詳。

在上述三十二個婚姻關係實例之中，除與吐谷渾、突厥、高昌國聯婚外，楊氏與胡姓聯婚者計有：元氏二例、宇文氏二例、獨孤氏二例、竇氏二例、豆盧氏二例、長孫氏一例、尉氏一例，凡七族十二例。楊氏與漢姓聯婚者計有：京兆韋氏三例、河東柳氏二例、遼東李氏一例、隴西李氏一例、洛陽王氏一例、博陵崔氏二例、渤海高氏一例、渤海封氏一例、蘭陵蕭氏一例、潁川陳氏一例；可能是滎陽鄭氏者一例，另有雲定興女一例，而丹陽蔡氏，陳朝亡國選入宮，不詳；凡十二家，十六例。按西魏北周時期，宇文氏之婚姻關係為：與北族聯婚計十七家三十例，與漢姓通婚者計十一家，十二例。故宇文氏之婚姻關係以北族為主，而隋朝楊氏之婚姻關係已以漢姓為主。

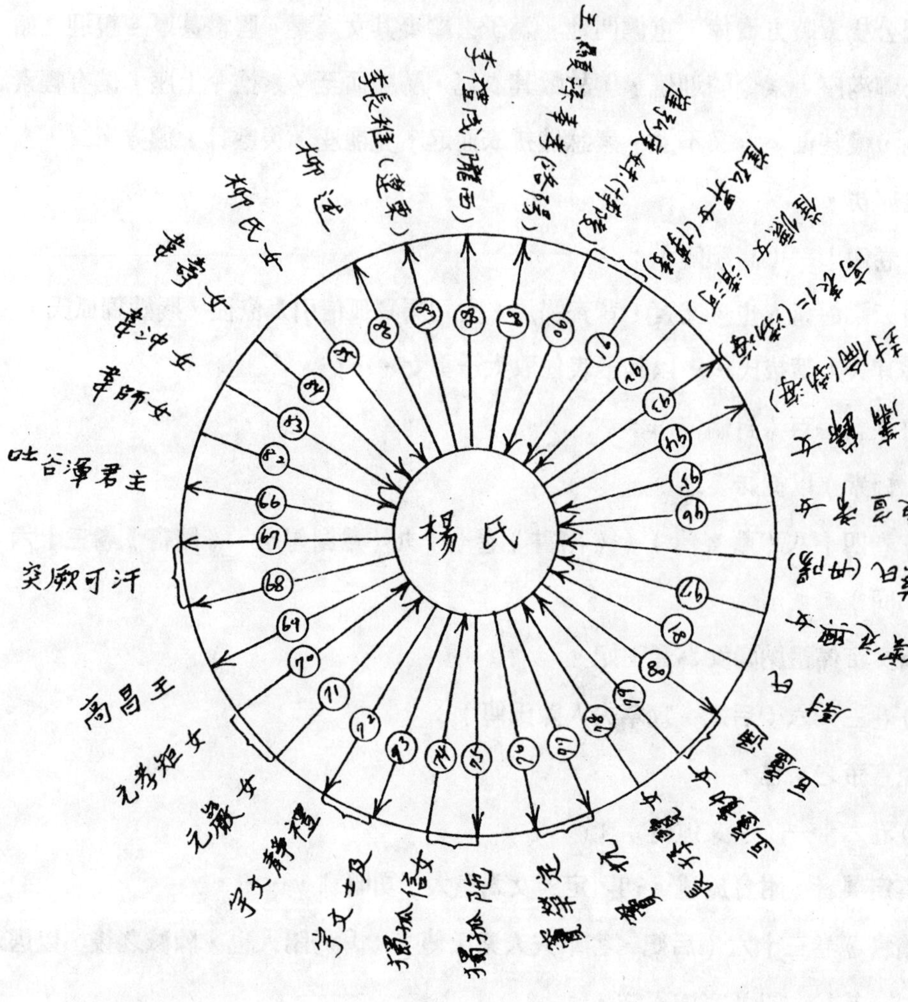

楊氏與胡族通婚之實例中，有元氏與宇文氏各二例，這顯示自西魏、北周、隋楊以來，政權雖有遞嬗，前朝宗室雖有衰微，但勢力並非完全消失，通婚關係表明這是一個集團之內部競爭。

宇文氏與楊氏之間的介質性婚姻家族如下：

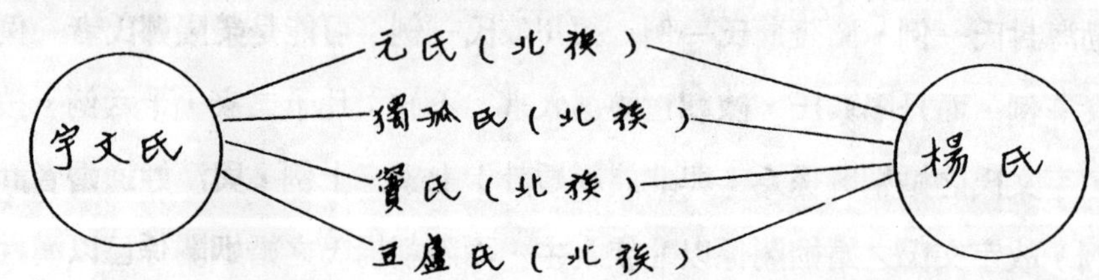

按元氏與宇文氏之間的介質性婚姻家族有：王盟家族（北族）、尉遲氏家族（北族）、賀拔氏家族（北族）、若干惠家族（北族）、蘇威家族（京兆武功）、司馬裔家族（河內溫人）、竇氏家族（北族）等七族，除竇氏家族以外，其他已非宇文氏與楊氏間的介質性婚姻家族，竇氏其後又是隋楊氏與唐朝李氏之介質性家族，在關隴集團之中，是自西魏至唐初一個非常有趣的家族，後文另論。元氏之成為介質性家族，意味著關隴集團之承襲關係，另外獨孤氏乃柱國大將軍獨孤信之裔，豆盧氏乃大將軍豆盧寧之後裔，而楊忠在西魏十六年時亦屬十二大將軍之一。

魏周之際的變革與周隋之際的變革間，其介質性婚姻家族自七減至四，祇有一氏相同；這四個家族又皆屬北族，這或許顯示，楊氏雖然與北族維持某些婚姻圈，但其數量不多，再比較楊氏與北族、楊氏與漢姓之婚姻例子為：七族十二例比十二族十六例，可知楊氏已漸漸增多與漢姓通婚的婚姻關係。

隋朝統一中國後，楊氏婚姻範圍要比西魏北周小朝廷為廣，首先要拉攏後梁蕭氏，按後梁乃昭明太子蕭統之後裔，因不得繼統大位，而在荆湘一帶建立政權，這個政權受建康梁朝之壓迫，力量又單薄，自始就依附西魏北周政權。而後梁與楊隋之淵源，可能始於蕭 詧（昭明太子統第三子，後梁宣帝）受梁元帝攻擊時，宇文泰派楊忠解救；而隋文帝楊堅納蕭巋（詧 第三子：後梁明帝）女為晉王妃，對兩氏關係發展之影響尤大，蕭氏在南朝頗有影響力，尤以昭明太子之子孫在南方之影響力更大[35]，而後梁蕭氏又是最與關隴集團合作者，所以隋楊並不與建康梁朝蕭氏子孫結合，而與江陵後梁子孫結合，恰巧為晉王妃的蕭巋女，因晉王楊廣即帝位而成為蕭后，因為蕭后之故，「（蕭）琮之宗族，緦麻以上，並隨才擢用，於是諸蕭昆弟布列朝廷。」[36]蕭氏融入關隴集團，其婚姻關係如下：[37]

南朝陳朝滅亡後，陳宣帝之女被選入宮為嬪，其後封為宣華夫人。北齊亡於北周建德六年（公元577年），隋建國於公元582年，未見楊氏娶北齊皇室女，但隋朝重用渤海

35 參見拙文〈隋唐政權中的蘭陵蕭氏〉《勞貞一先生八秩榮慶論文集》民75，p.290－292。
36 《隋書》卷七十九〈外戚列傳．蕭巋傳．附子琮傳〉。
37 拙文〈隋唐政權中的蘭陵蕭氏〉p.193。

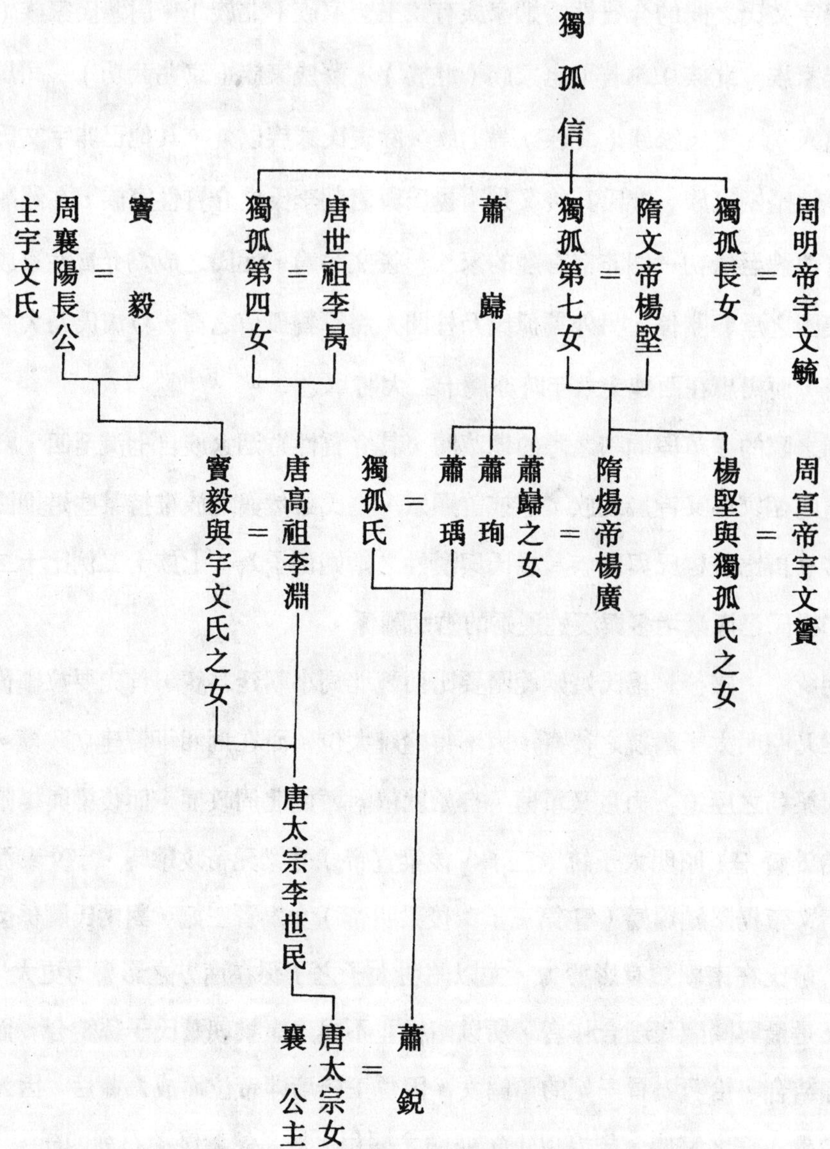

高熲，[38]楊堅又以「其子表仁取太子勇女」，按高熲，「父賓，北齊歸周，大司馬獨孤信引以為僚佐，賜姓獨孤氏。及信被誅，妻子徙蜀。文獻皇后以賓父之故吏，每往來其家。賓後官至鄀州刺史，及熲貴，贈禮部尚書、渤海公。」（同上注），高熲之

38 《隋書》卷四十一〈高熲傳〉，曾任尚書左僕射兼納言。

父在北齊與北周對抗時降北周，融入關隴集團，他具有山東大族身份，又因楊家文獻皇后即獨孤信女之關係，與楊家聯婚，再獲重用。

與高熲例相似者是隋初博陵崔弘度妹嫁為秦孝王妃，及崔弘昇女為河南王妃事。崔弘度、弘昇屬博陵第二房楷支，楷子孫當東西魏分裂時已悉數奔入西魏，這一支已加入關隴集團。[39]楊素妹所嫁之封倫，乃渤海蓨人封氏，見《舊唐書》卷六十三、《新唐書》卷一百本傳，及《新唐書》卷七十一下〈宰相世系表〉一下封氏條。另《隋書》卷四十八〈楊素傳〉載：「其妻鄭氏」，按滎陽鄭氏亦有在北魏末西入關中者，如鄭孝穆（見《周書》卷三十五）、鄭偉（見《周書》卷三十六）等，然楊素妻鄭氏之郡望、房支不詳。又楊素子玄縱娶清河崔氏——清河大房著支崔儦之女，是當時大事，但資料所示，崔儦並不很樂意這門聯婚。

李禮成是隴西姑臧第六房李沖之曾孫，自幼與「姑之子蘭陵太守滎陽鄭顥隨魏武帝入關」「禮成妻竇氏」，後「聘高祖妹為繼室」。按李氏為隴西郡望者大部份皆在山東，李禮成卻在西魏初即已入關，融入關隴集團；竇氏不詳，極可能是扶風竇氏之同族。

楊氏又與遼東李長雅通婚，長雅乃西魏時柱國李弼之孫。

楊氏又與洛陽王奉孝通婚，奉孝乃周王顯之孫，亦屬關隴集團。

綜上所述，楊氏之婚姻圈已擴大至南方的後梁皇室，又擴充至渤海高氏、博陵崔氏、洛陽王氏，這三族雖然地望在關東，但早年即已入關，渤海封氏、鄭氏亦可能如此，但資料不全。此外，楊氏又與隴西李氏在關中者聯婚。

楊氏又與京兆韋氏，即韋孝寬家族聯婚，而韋孝寬是西魏北周政治上的重要人物。楊氏又與河東柳氏聯婚，河東柳氏在東西魏分裂時傾向於關中政權。[40]

楊氏又與柱國李弼家族、大將軍李遠家族聯婚。

與西魏北周宇文氏比較，隋楊的婚姻圈較為擴大，其方向在增加與漢姓聯婚，而婚姻圈之地望亦隨之擴大。其原因之一可能是隋朝為統一的政權，需顧及全國各地，其原因之二是楊氏畢竟是漢人，楊堅執政之後，令「諸改姓者，悉宜復舊。」[41]增加

39 參見拙文〈中古山東大族著房之研究〉p.26－28及拙文〈中古大族著房婚姻之研究〉p.648。
40 參見拙文〈北朝東西政權之河東爭奪戰〉民76。
41 《周書》卷八〈靜帝紀〉大象二年十二月；《隋書》卷一〈高祖紀上〉大定元年春二月壬子，「今日已前賜姓，皆復其舊。」時間相差二個月。

與漢姓聯婚是很自然之事。

但是，楊氏擴大與漢姓聯婚，亦有其限制，從以上例子觀察，在南朝僑姓「王、謝、袁、蕭」，吳姓「朱、張、顧、陸」中，楊氏僅與蘭陵蕭氏通婚，而且限於昭明太子蕭統後裔之後梁蕭氏，未見與建康梁朝蕭氏通婚。山東郡姓「崔、盧、李、鄭、王」諸姓有七望，即清河崔氏、博陵崔氏、范陽盧氏、趙郡李氏、隴西李氏、滎陽鄭氏、太原王氏，或云五姓七望十家四十四子，[42]除清河崔氏有一特例外，范陽盧氏、趙郡李氏、太原王氏均未見與楊氏通婚之例，博陵崔氏六房，僅與第二房楷支有婚姻關係，這還是因為東西魏分裂之初，該支即已西入關中；隴西李氏亦僅姑臧第六房沖之裔李禮成一支西入關，而與楊氏聯婚，滎陽鄭氏資料不詳。在山東大族之中，除清河崔氏特例、博陵崔氏第二房小部分，及隴西李氏姑臧第六房小部分，絶大部分未見有聯婚之例，而這些小部份聯婚者，皆因早在西魏時即已加入關隴集團。楊隋政權統一全國後，亦未能與山東郡望結合。渤海高氏在山東郡姓中僅次於五大姓，唯一的通婚例子，亦已於西魏時入關。由以上所述可以看出關隴集團在隋代的範圍。

如以隋楊皇室婚姻為指標，關隴集團中北族比例較西魏北周時下降，但仍保持相當的比重，可見關隴集團內部之演變是漸次進行的。不過此時還有一個現象，那就是自西魏北周以迄楊隋，氐羌大姓似乎没有打入關隴集團的核心，從婚姻圈角度而言，有一段記載可以印證，《北史》卷九十三〈梁帝蕭詧傳附琮傳〉載：

> 素時為尚書令，見琮嫁從父妹於鉗耳氏，謂曰：「公帝王之族，何乃適妹鉗耳氏？」琮曰：「前已嫁於侯莫陳氏，此復何疑？」素曰：「鉗耳，羌也；侯莫陳，虜也。何得相比？」琮曰：「以羌異虜，未之前聞。」素慚而止。

第四節　唐高祖太宗時期－李氏婚姻圈

李唐武德貞觀年間之婚姻關係如下：

《唐代墓誌銘彙編附考》八〇四〈阿史那忠誌〉(《舊唐書》卷一百九〈阿史那蘇尼失傳附子忠傳〉、《新唐書》卷一百一十同)：

42 參見拙文〈中古山東大族著房之研究〉。

⑱公誘執頡利可汗而以歸國，蒙加寵命，……尋降穠華，婚定襄縣主，……夫人渤海李氏，隋戶部尚書雄之孫，齊王友珉之女。母京兆韋氏，鄖國公孝寬之孫，陳州刺史圓成之女。夫人又紀王慎之同母姊也。椒庭藉寵，□封定襄縣主。〔《考古》1977-2〈唐阿史那忠墓誌發掘簡報〉：韋皇后第一次嫁給齊王友珉，生定襄縣主，後又嫁給太宗，生紀王慎與臨川公主。定襄縣主非太宗親女，故在太宗諸公主傳中也未列名。〕

《舊唐書》卷一百九〈阿史那社尒傳〉（《新唐書》卷一百一十同）：

⑲突厥處羅可汗子也。……（貞觀時內屬）……尚衡陽長公主，授駙馬都尉。

《舊唐書》卷一百九〈契苾何力傳〉（《新唐書》卷一百一十同）：

其先鐵勒別部之酋長也。父葛，隋大業中繼為莫賀咄特勤，…

⑳…貞觀六年，隨其母率衆千餘家詣沙州，奉表內附，……尚臨洮縣主。

《舊唐書》卷一百九十八〈西戎・吐谷渾傳〉：

(101)（貞觀）十四年，太宗以弘化公主妻之，……。

《舊唐書》卷一百九十六上〈吐蕃上〉：

(102)貞觀十五年，太宗以文成公主妻之，……。

《舊唐書》卷六十四〈高祖二十二子・韓王元嘉傳〉：

(103)母宇文昭儀，隋左武衛大將軍述之女也。

《舊唐書》卷六十三〈宇文士及傳〉：

宇文士及，雍州長安人。隋右衛大將軍述子，……（唐高祖）時士及妹為昭儀

(104)有寵，……從太宗平宋金剛，以功復封新城縣公，妻以壽光縣主，……。

《舊唐書》卷五十一〈后妃上・高祖太穆皇后竇氏傳〉（《新唐書》卷七十六〈后妃上〉同）：

京兆始平人，隋定州總管、神武公毅之女也。后母，周武帝姊襄陽長公主。…

(105)…時武帝納突厥女為后，……。

《舊唐書》卷六十一〈竇威傳〉（《新唐書》卷九十五同）：

(106)（威兄子軌，軌）子奉節嗣，尚高祖永嘉公主，……。

《舊唐書》卷六十一〈竇威傳附璡傳〉(《新唐書》卷九十五同):

⑩璡字之推,抗季弟也。……(太宗)會納其女為酆王妃,……。

《舊唐書》卷六十一〈竇威傳附抗傳〉(《新唐書》卷九十五同):

抗字道生,太穆皇后之從兄也,……母,隋文帝萬安公主。……(子靜,靜子⑩)逵尚太宗女遂安公主,襲爵信都男。

《舊唐書》卷六十一〈竇威傳附誕傳〉(《新唐書》卷九十五同):

⑩誕,抗第三子也。……尚高祖女襄陽公主。

《新唐書》卷七十一下〈宰相世系表〉一下,扶風竇氏三祖(岳、善、熾):

⑩熾(周太保)-恭-軌-奉節(駙馬都尉)

⑩善(西魏刺史)-榮定-抗(相唐高祖)┬靜-逵(駙馬都尉)

⑩ └誕(駙馬都尉)

〈唐姜遐碑〉:

⑩夫人竇氏,駙馬都尉涼州都督(竇懷哲,岳之裔)之女,母蘭陵公主。

《舊唐書》卷五十一〈后妃上·太宗文德順聖皇后長孫氏傳〉(《新唐書》卷七十六〈后妃上〉同):

⑪隋右驍衛將軍晟之女也。晟妻,隋揚州刺史高敬德女,……后舅高士廉媵張氏,……后所生長樂公主。(《新唐書》:河南洛陽人。其先魏拓拔氏,後為宗室長,因號長孫。高祖稚,大丞相、馮翊王。曾祖裕,平原公。……兄无忌。)

《舊唐書》卷一百八十三〈外戚·長孫敞傳〉:

⑫敞從父弟操,周大司徒、薛國公覽之子也。……(貞觀)二十三年,以子詮尚太宗女新城公主。

《新唐書》卷七十二上〈宰相世系表〉二上,洛陽長孫氏:

⑫紹遠(西魏大司空)-覽(周大司徒)-操(金部郎中)-詮(尚衣奉御、駙馬都尉)

⑬兕-晟-無忌(相太宗、高宗)-沖(祕書監、駙馬都尉)

《新唐書》卷八十三〈諸帝公主傳〉:

⑭高祖十九女：高密公主，下嫁長孫孝政，……。

⑮太宗二十一女：新興公主，下嫁長孫曦。

《舊唐書》卷九十〈豆盧欽望傳〉（《新唐書》卷一百一十四同）：

京兆萬年人也。曾祖通，隋相州刺史、南陳郡公。祖寬，即隋文帝之甥也。…

⑯…（高祖）仍詔其子懷讓尚萬春公主。

《新唐書》卷八十三〈諸帝公主傳〉：

⑱太宗二十一女：安康公主，下嫁獨孤諶。

《新唐書》卷八十三〈諸帝公主傳〉：

⑱高祖十九女：房陵公主，始封永嘉。……又嫁賀蘭僧伽。

《舊唐書》卷七十六〈太宗諸子・吳王恪傳〉：

⑲恪母，隋煬帝女也。

《新唐書》卷八十三〈諸帝公主傳〉：

⑳高祖十九女：安平公主，下嫁楊思敬。

《新唐書》卷七十一下〈宰相世系表〉一下，弘農楊氏・觀王房：

⑳紹－士雄－續－思敬（禮部尚書、駙馬都尉）

《舊唐書》卷六十二〈楊恭仁傳〉（《新唐書》卷一百同）：

弘農華陰人，隋司空、觀王雄之長子也。……恭仁少弟師道，隋末自洛陽歸國

㉑，授上儀同，為備身左右。尋尚桂陽公主，超拜吏部等郎，累轉太常卿，封安

㉒德郡公。……子豫之，尚巢剌王女壽春縣主。

《舊唐書》卷七十七〈韋挺傳〉（《新唐書》卷九十八同）：

㉓雍州萬年人，隋民部尚書沖子也。……太宗以挺女為齊王祐妃。

《舊唐書》卷七十六〈太宗諸子傳〉：

㉔韋妃生紀王慎。

《舊唐書》卷六十六〈杜如晦傳〉（《新唐書》卷九十六同）：

京兆杜陵人也。曾祖皎，周贈開府儀同大將軍、遂州刺史。祖徽，周河內太守

。祖果（據《新唐書・宰相世系表》，祖字疑當作從祖），周溫州刺史，……

⑫父吒，隋昌州長史。……(子)荷以功臣子尚城陽公主，賜爵襄陽郡公，……。

《新唐書》卷七十二上〈宰相世系表〉二上，杜氏：

⑫吒(隋昌州司馬)－如晦(相太宗)－荷(駙馬都尉、襄陽公)

《舊唐書》卷八十八〈蘇瓌傳附幹傳〉：

(瓌)京兆武功人，隋尚書右僕射威曾孫也。……幹，瓌從父兄也。父勗，武

⑫德中為秦王府文學館學士。貞觀中，尚南康公主，拜駙馬都尉，……。

《新唐書》卷八十三〈諸帝公主傳〉：

⑫高祖十九女：高密公主，……又嫁段綸。綸，隋兵部尚書文振子，……。〔查《隋書》卷六十〈段文振傳〉：北海期原人也。祖壽，魏滄州刺史。父威，周洮、河、甘、渭四州刺史。漢光按：段威族屬不詳，但係關隴集團人物。〕

《唐代墓誌銘彙編附考》一二四〈文安縣主誌〉：

⑫主……父巢剌王訪。……降姻於工部尚書、駙馬都尉紀公之世子段儼。……陪葬于昭陵，……。

《舊唐書》卷六十九〈薛萬徹傳〉：

雍州咸陵人，自燉煌徙焉，隋左禦衛大將軍世雄子也。……(貞觀)十八年，

⑫授左衛將軍，尚丹陽公主，拜駙馬都尉。

《唐代墓誌銘彙編附考》九八五〈薛震誌〉：

公諱震，字元超，河東汾陰人也。高祖聃，魏給事黃門侍郎、……曾祖孝通，中書、黃門二侍郎、……祖道衡，齊中書、黃門二侍郎，隋吏部、內史二侍郎、……父收，上開府兼陜東道大行臺金部郎中、……公(唐代)尚和靜公主，

⑬……公之姑河東夫人，神堯之婕妤也，……五十四拜守中書侍郎，尋同中書門下三品，此後獨知國政者五年，……陪葬于乾陵，……。

《新唐書》卷七十一上〈宰相世系表〉一上，河東裴氏西眷：

⑬融(周司木大夫)－孝瑜－寂(相唐高祖)－律師(駙馬都尉、河東公)

《新唐書》卷七十一上〈宰相世系表〉一上，河東裴氏東眷：

⑫澄－尼（周御正大夫）－之爽－希惇－思進－巽（國子祭酒、駙馬都尉、魏國公）

《舊唐書》卷五十八〈柴紹傳〉（《新唐書》卷九十同）：

晉州臨汾人也。祖烈，周驃騎大將軍，歷遂、梁二州刺史，封冠軍縣公。父慎⑬隋太子右內率，封鉅鹿郡公。……高祖微時，妻之以女，即平陽公主也。

《舊唐書》卷五十八〈柴紹傳附平陽公主傳〉：

⑭（柴）令武尚巴陵公主。

《舊唐書》卷七十〈王珪傳〉（《新唐書》卷九十八同）：

太原祁人也。在魏為烏丸氏，曾祖神念，自魏奔梁，復姓王氏。祖僧辯，梁太尉、尚書令。父顗，北齊樂陵太守。……高祖入關，丞相府司錄李綱薦珪貞諒⑮有器識，引為世子府諮議參軍。……珪子敬直尚南平公主。（按《新唐書》本傳未言烏丸氏。〈宰相世系表〉二中，烏丸王氏條載：霸長子殷，後漢中山太守，食邑祁縣。四世孫寔，三子：允、隗、懋。懋，後漢侍中、幽州刺史。六世孫光，後魏并州刺史。生冏，度支尚書、護烏丸校尉、廣陽侯，因號「烏丸王氏」。生神念。北齊亡，徙家萬年。漢光按：王神念族屬說法不一，但無論如何，不屬魏末北族類。）

《新唐書》卷七十六〈后妃上·高宗廢后王氏傳〉：

⑯并州祁人，魏尚書左僕射思政之孫。從祖母同安長公主以后淑婉，白太宗以為晉王妃。

《舊唐書》卷六十一〈溫大雅傳〉（《新唐書》卷九十一同）：

⑰太原祁人也。父君悠，北齊文林館學士，隋泗州司馬。……（子）挺，尚高祖女千金公主，……。

《新唐書》卷七十二中〈宰相世系表〉二中，太原溫氏：

⑰彥博（相唐太宗）－挺（延州刺史、駙馬都尉）

《舊唐書》卷五十八〈唐儉傳〉（《新唐書》卷八十九同）：

⑱（太宗）又特令其子善識尚豫章公主。

《新唐書》卷七十四下〈宰相世系表〉四下，唐氏(涼州→晉昌)

⑬邕(北齊)－鑒(隋太守)－儉(唐禮部尚書)－善識(駙馬都尉)

《新唐書》卷九十九〈戴胄傳〉(《舊唐書》卷七十〈戴胄傳〉同)：

⑭相州安陽人。……(太宗)聘其女為道王妃。

《舊唐書》卷五十八〈劉政會傳〉(《新唐書》卷九十同)：

⑬滑州胙城人也。祖環雋，北齊中書侍郎。……子玄意襲爵，改封，國公，尚南平公主，授駙馬都尉。

《新唐書》卷七十一上〈宰相世系表〉一上，河南劉氏：

本出匈奴之族。……其後又居遼東襄平，徙河南。羅辰五世孫環雋，字仲賢，北齊中書侍郎、秀容懿公。弟仕雋。

⑭仕雋－坦(隋大理卿、昌國縣伯)－政會(邢襄公)－玄意(汝州刺史、駙馬都尉)

《舊唐書》卷七十七〈劉德威傳〉(《新唐書》卷一百六同)：

徐州彭城人也。父子將，隋毗陵郡通守。……從擒建德，平世充，皆有功，轉

⑭刑部侍郎，加散騎常侍，妻以平壽縣主。

《唐代墓誌銘彙編附考》八一六〈李劉氏誌〉：

妃諱，字諱，彭城彭城人也。……曾祖軫，齊諫議大夫、高平太守。祖子將，齊散騎常侍、和州刺史，隋毗陵郡通守。……考德威，皇朝太僕、大理卿、同晉等六州刺史、左驍衛大將軍、刑部尚書，尚平壽縣主、彭壽縣公……。詔使

⑭太常卿韋挺冊拜虢王妃。……(李鳳，李淵第十五子，《唐代墓誌銘彙編附考》八一五〈李鳳誌〉)合窆於獻陵……。

《舊唐書》卷六十三〈封倫傳〉(《新唐書》卷一百同)：

⑭觀州蓨人。北齊太子太保隆之孫。父子繡，隋通州刺史。……子言道，尚高祖女淮南長公主，……。

《新唐書》卷七十一下〈宰相世系表〉，渤海封氏：

⑭隆之(北齊右僕射)－子繡(隋刺史)－倫(相高祖、太宗)－言道(刺史·

駙馬都尉）

《舊唐書》卷六十五〈高士廉傳〉（《新唐書》卷九十五〈高儉傳〉、《全唐文》卷二百一十五〈唐故循州司馬申國公高君墓誌〉同）：

渤海蓨人。曾祖飛雀，後魏贈太尉。祖嶽，北齊侍中、左僕射、太尉、清河王。父勵，字敬德，北齊樂安王、尚書左僕射、隋洮州刺史。……子履行，……

⑭(貞觀中）尚太宗女東陽公主，拜駙馬都尉。

《新唐書》卷七十一下〈宰相世系表〉一下，渤海高氏：

岳（北齊太保、清河昭武王）－勱（隋刺史、樂安侯）－士廉（相唐太宗）－

⑭文敏（字履行，戶部尚書、駙馬都尉）

《舊唐書》卷六十六〈房玄齡傳〉（《新唐書》卷九十六同）：

齊州臨淄人。曾祖翼，後魏鎭遠將軍、宋安郡守、襲壯武伯。祖熊，字子，釋

⑮褐州主簿。父彥謙，好學，通涉五經，隋涇陽令，……（貞觀十五年，女為韓

⑯）王妃，男遺愛尚高陽公主。〔《隋書》卷六十六〈房彥謙傳〉：本清河人也。七世祖諶，仕燕太尉掾，隨慕容氏遷于齊，子孫因家焉。世為著姓。……齊主東奔，以彥謙為齊州治中。〕

《舊唐書》卷六十八〈程知節傳〉（《新唐書》卷九十同）：

⑰濟州東阿人也。……（子）處亮，以功臣子尚太宗女清河長公主，授駙馬都尉、左衛中郎將。

《舊唐書》卷六十三〈蕭瑀傳〉（《新唐書》卷一百一同）：

⑱高祖梁武帝。曾祖昭明太子。祖詧，後梁宣帝。父巋，明帝。……子銳嗣，尚太宗女襄城公主，……。

《新唐書》卷七十一下〈宰相世系表〉一下，蘭陵蕭氏，統子孫後梁房：

⑲詧－巋－瑀（相唐高祖）－銳（駙馬都尉、太常卿）

《舊唐書》卷五十一〈后妃上・中宗和思皇后趙氏傳〉（《新唐書》卷七十六同）：

⑲京兆長安人。祖綽，武德中以戰功至右領軍衛將軍。父瓌，尚高祖女常樂公主，……。

《舊唐書》卷五十一〈后妃上・太宗賢妃徐氏傳〉(《新唐書》卷七十六同):

⑮右散騎常侍堅之姑也。〔《舊唐書》卷一百二〈徐堅傳〉:西臺舍人齊聃子也。《舊唐書》卷一百九十上〈文苑上・徐齊聃傳〉:湖州長城人也。(父)以女為才人,……。《新唐書》卷一百九十九〈儒學中・徐齊聃傳〉:湖州長城人,世客馮翊。梁慈源侯整四世孫。……齊聃姑為太宗充容,仲為高宗婕妤,……。〕

《唐代墓誌銘彙編附考》九四五〈周李孟姜誌〉:

公主諱　,字孟姜,高祖神堯皇帝之孫,太宗文武聖皇帝之女,今上之第十一

⑮姊,母曰韋貴妃。……元舅長孫無忌……。封臨川郡公主,……駙馬周道務,……。

《新唐書》卷七十四下〈宰相世系表〉四下,永安周氏:

⑮靈超(梁刺史)－法尚(隋尚書)－紹範－道務(左驍衛、駙馬都尉)

《唐代墓誌銘彙編附考》一〇七六〈崔思古誌〉:

君諱思古,字官奴,博陵人也。因官雍州,家焉。祖唐芮州刺史、散騎常待奕

⑮之孫;唐海州刺史、陽信縣大方之嫡子。母曰隆山縣主。

《舊唐書》卷一百一十五〈崔器傳〉,(《新唐書》卷二百九同):

⑮深州安平人也。曾祖恭禮,……貞觀中,拜駙馬都尉,尚神堯館陶公主。〔《新唐書》作眞定公主〕

《新唐書》卷七十二下〈宰相世系表〉二下,博陵崔氏,第二房崔氏:

⑮楷－士謙－曠－礭－恭禮(駙馬都尉、博陵郡男)

突厥在隋唐之際頗為強大。李唐統一中國以後,對付北疆強敵,除以武力之外,也運用分化等方法,阿史那忠「以擒頡利(可汗)功,拜左屯衛將軍,妻以宗女定襄縣主。」[43]阿史那社尒由於突厥內爭,及薛延陁、迴紇等諸部叛變,於貞觀「九年,率衆內屬,拜左騎衛大將軍。歲餘,令尚衡陽長公主,授駙馬都尉。」[44]鐵勒別部的契苾何力,於貞觀六年率衆降唐,置於甘、涼二州一帶,唐朝用以抵抗薛延陁,敕尚

43 《舊唐書》卷一百九〈阿史那社尒・附忠傳〉。
44 《舊唐書》卷一百九〈阿史那社尒傳〉。

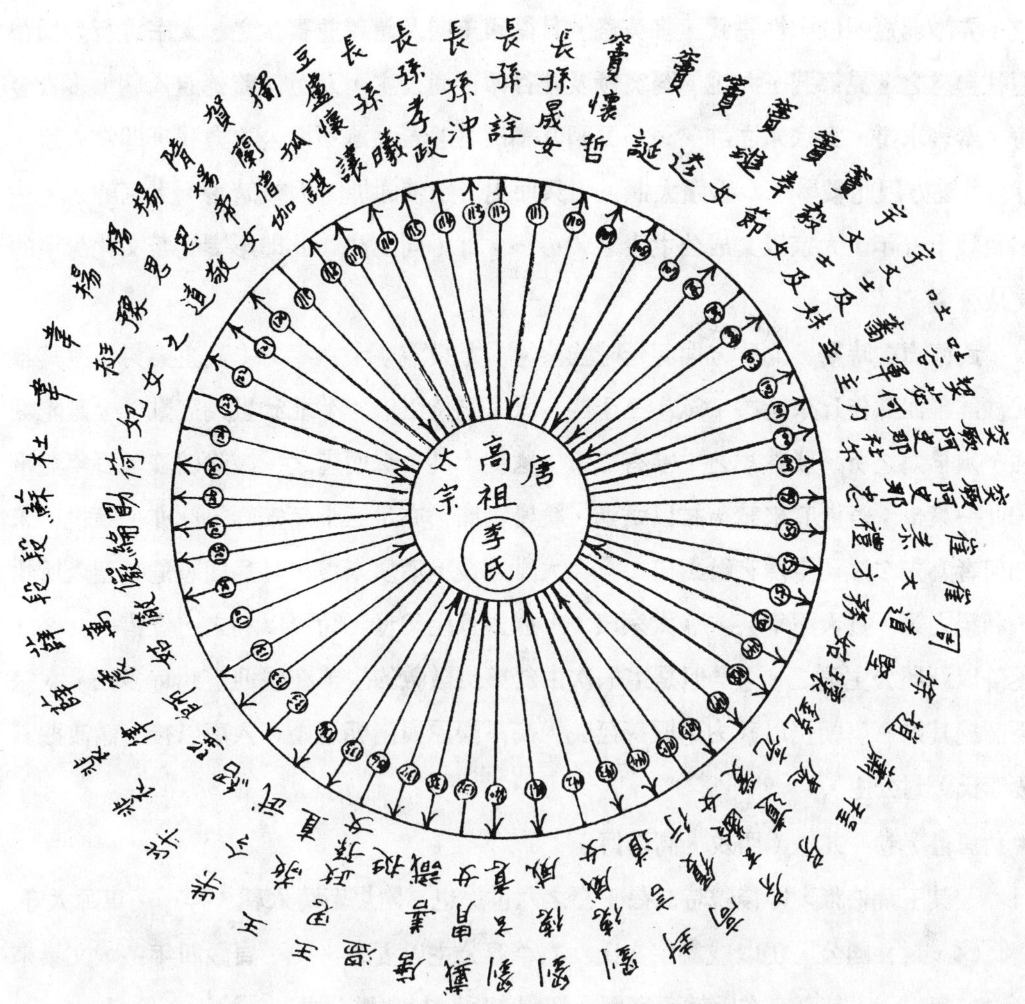

臨洮縣主。[45]西戎吐谷渾「太宗即位，伏允（王）遣其洛陽公來朝，使未返，大掠鄯州而去，太宗遣使責讓之，徵伏允入朝，稱疾不至。仍為其子尊王求婚，於是責其親迎以羈縻之，尊王又稱疾不肯入朝，有詔停婚。」[46]其後吐谷渾內亂，「諾曷鉢既幼，大臣爭權，國中大亂。太宗遣兵援之，封為河源郡王，仍授烏地也拔勒豆可汗，遣淮陽王道明持節冊拜，賜以鼓纛。諾曷鉢因入朝請婚。十四年，太宗以弘化公主妻之，資送甚厚。」（同上注）吐蕃是當時強國，「貞觀八年，其贊普棄宗弄讚始遣使朝

45 《舊唐書》卷一百九〈契苾何力傳〉。
46 《舊唐書》卷一百九十八〈西戎·吐谷渾傳〉。

貢。弄讚弱冠嗣位，性驍武，多英略，其鄰國羊同及諸羌並賓伏之。太宗遣行人馮德遐往撫慰之。見德遐，大悅。聞突厥及吐谷渾皆尚公主，乃遣使隨德遐入朝，多賫金寶，奉表求婚，太宗未之許。……又謂其屬曰：『若大國不嫁公主與我，即當入寇。』」[47]雙方因此戰爭，「弄讚大懼，引兵而退，遣使謝罪，因復請婚，太宗許之。……貞觀十五年，太宗以文成公主妻之，……。」（同上注）此即影響吐蕃文化深遠的文成公主。

武德貞觀時期，北狄方面薛延陀強盛。「（貞觀）十六年，（其主夷男）遣其叔父沙鉢羅泥熟俟斤來請婚，獻馬三千匹。太宗謂侍臣曰：『北狄世為寇亂，今延陀崛強，須早為之所。朕熟思之，唯有二策：選徒十萬，擊而虜之，滅除凶醜，百年無事，此一策也；若遂其來請，結以婚姻，緩轡羈縻，亦足三十年安靜，此亦一策也。未知何者為先？』司空房玄齡對曰：『今大亂之後，瘡痍未復，且兵凶戰危，聖人所慎，和親之策，實天下幸甚。』太宗曰：『朕為蒼生父母，苟可以利之，豈惜一女？』遂許以新興公主妻之。」[48]但是這一次由於夷男徵斂的牛羊在親迎靈州時多死，太宗下詔絶其婚，唐朝仍以武力平服薛延陀。高昌國原與隋朝通婚，入唐以後，請改賜其妻李氏，封公主。

《舊唐書》卷一九八〈西戎・高昌傳〉：

其王麴伯雅，即後魏時高昌王嘉之六世孫也。隋煬帝時入朝，拜……車師太守⑭、封弁國公，仍以戚屬宇文氏女為華容公主以妻之。……貞觀四年冬，文泰來朝，……其妻宇文氏請預宗親，詔賜李氏，封常樂公主，……。

李唐武德貞觀時期，除上述與外邦君主通婚以外，上列諸例李氏皇室與北族通婚有六族十四例，而與漢姓通婚則有二十五族，三十五例，如以宇文氏、楊氏、李氏三個皇室對胡漢家族通婚作一比較，如下：

	通婚家族		通婚實例	
	北族	漢姓	北族	漢姓
宇文氏（西魏北周時期）	17	11	30	12
楊　氏（隋朝）	7	12	13	16
李　氏（唐武德貞觀時期）	6	25	16	35

47 《舊唐書》卷一百九十六上〈吐蕃上〉。
48 《舊唐書》卷一百九十九下〈北狄・鐵勒〉。

宇文氏與胡族通婚例子甚多，隋朝楊氏則與漢族通婚為多，李唐武德貞觀時期，李氏皇室絶大多數與漢族通婚，其比例已甚為懸殊。

從前後朝皇室間婚姻關係觀察，如下：

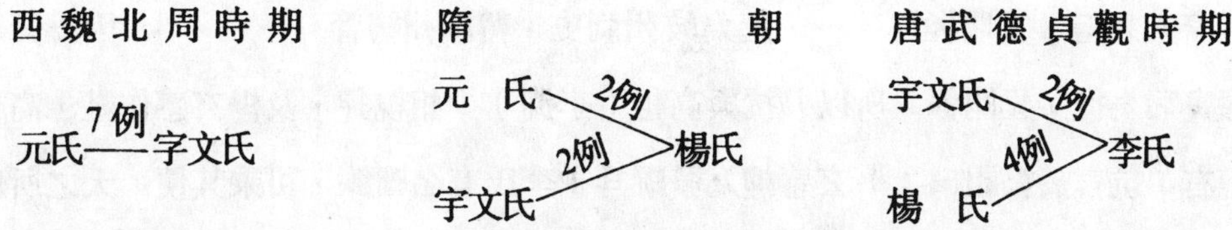

改朝換代對於前朝皇室必定有影響，繼續通婚的現象表示與前朝皇室仍有關係，這是同一集團內部權力競爭的現象。李氏在武德貞觀期間與宇文氏、楊氏通婚，但未見與元氏通婚，所以關隴集團內部家族是有興衰的跡象，這種興衰是緩慢的，有的家族漸漸退出權力核心，有的家族也慢慢進入權力核心，由於關隴集團內部興衰的步伐慢於朝代改變，（如由西魏而北周，由北周而楊隋，由楊隋而李唐）所以給人們一個印象：這個集團是超越朝代遞嬗而存在的。

胡族本來是西魏府兵成立時的主力，宇文泰所建立的關隴集團當亦以胡族為核心份子，及至李唐武德貞觀時期，李唐皇室與北族通婚者有六族，而與漢族通婚者有二十五族，顯然已產生巨大演變。但是，這六族在李唐武德貞觀時期所產生的影響仍非常巨大，其中尤以竇氏、長孫氏為最。其中五族實際上又是隋唐之際的重要介質性婚姻家族。

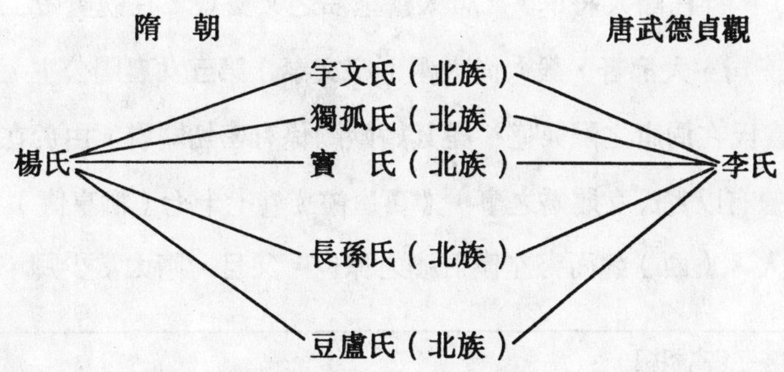

周隋之際有名的獨孤氏介質家族仍在此表內，按獨孤信之長女嫁予宇文氏為皇后、七女嫁予楊氏為皇后、四女嫁予李虎之子、李淵之父李昺「（隋）文帝獨孤皇后，即高

祖(李淵)從母也,由是特見親愛,……。」[49]隋唐之際,則以竇氏為最重要的介質性家族,李淵太穆竇后,后母乃周武帝姊襄陽長公主;竇抗為太穆竇后之從兄,母為隋文帝萬安公主。所以「抗在隋以帝甥甚見崇寵。……隋文帝幸其第,命抗及公主酣宴,如家人之禮,賞賜極厚。……起為岐州刺史,轉幽州總管,……。」[50]因為與李淵太穆竇后為從父兄關係,所以「抗與高祖(李淵)少相親狎,及楊玄感作亂,高祖統兵隴右,抗言於高祖曰:『玄感抑為發蹤耳!李氏有名圖籙,可乘其便,天之所啟也。』高祖曰:『無為禍始,何言之妄也!』大業末,抗於靈武巡長城以伺盜賊,及聞高祖定京城,抗對衆而忭曰:『此吾家妹壻也,豁達有大度,眞撥亂之主矣。』因歸長安。高祖見之大悅,……(武德時)抗群從內三品七人,四品、五品十餘人,尚主三人,妃數人,冠冕之盛,當朝無比。」(同上注)當武德之初,太穆竇后另一位從父兄威拜內史令,「高祖甚親重之,或引入卧內,常為膝席。又嘗謂曰『昔周朝有八柱國之貴,吾與公家咸登此職。今我已為天子,公為內史令,本同末異,乃不平矣。』威謝曰:『臣家昔在漢朝,再為外戚,至於後魏,三處外家,陛下龍興,復出皇后。臣又階緣戚里,位忝鳳池,自惟叨濫,曉夕兢懼。』高祖笑曰:『比見關東人與崔、盧為婚,猶自矜伐,公代為帝戚,不亦貴乎!』」[51]按西魏大統十六年(公元550年)發布柱國、大將軍時,李虎為八柱國之一,竇熾為驃騎大將軍、開府儀同三司,在大統十七年及廢帝元年時(公元551-552年)升為大將軍,北周明帝武成二年(公元559年),拜柱國大將軍。[52]唐太穆皇后之父竇毅,在魏廢帝二年時才授車騎大將軍、儀同三司、大都督,毅「尚太祖(宇文泰)第五女襄陽公主,特為朝廷所委信。」[53]所以竇氏在周唐之際興盛,與其婚姻關係有密切關聯。由於在李唐政權中竇氏甚為高貴,曾有以竇氏女賜婚之事,《舊唐書》卷七十七〈柳亨傳〉:

蒲州解人,(西)魏尚書左僕射慶之孫也。父旦,隋太常少卿、新城縣公。亨

49 《舊唐書》卷一〈高祖紀〉。
50 《舊唐書》卷六十一〈竇威傳·附抗傳〉。
51 《舊唐書》卷六十一〈竇威傳〉。
52 《周書》卷三十〈竇熾傳〉。
53 《周書》卷三十〈竇熾傳·附毅傳〉。

，隋末歷熊耳、王屋二縣長，陷於李密。密敗歸國，累授駕部郎中。亨容貌魁⑮偉，高祖甚愛重之，特以殿中監竇誕之女妻焉，即帝之外孫也。

長孫氏在隋朝時，隋文帝為蜀王秀納長孫覽女為妃，唐初唐太宗妻長孫晟女，是為文德順聖皇后，長孫覽、長孫晟皆北魏末葉長孫稚之後裔，是非常盛貴的一支。[54]唐初復由於唐太宗之故，后兄長孫無忌長期當政，影響甚大。[55]

竇氏與長孫氏因為是高祖、太宗之后，在武德貞觀時期，是非常盛貴的，宇文氏、豆盧氏雖也與皇室通婚，但遠不及竇氏與長孫氏。無論如何，這幾個關隴集團之中的北族，代表著宇文泰以來北族的最後光芒，這一片光芒在漢姓大量抬頭的潮流之中，似乎是回光返照，及至高宗武后以降，北族在皇室婚姻圈中幾乎已經微不足道了。（見下節分析）

李唐武德貞觀時期與漢姓通婚計得實例二十五家族，三十六例如下：弘農楊氏四例、京兆韋氏二例、京兆杜氏一例、京兆趙氏一例、武功蘇氏一例、燉煌薛氏一例、河東薛氏一例、河東裴氏二例、晉州柴氏二例、太原烏丸王氏一例、太原王氏一例、太原溫氏一例、太原唐氏一例、相州戴氏一例、滑州劉氏一例、彭城劉氏二例、渤海封氏一例、北海段氏二例（？）、渤海高氏一例、齊州（原清河人）房氏二例、濟州程氏一例、蘭陵蕭氏一例、湖州（客居馮翊）徐氏一例，永安周氏一例，另有博陵崔氏二例。

從整體觀察，漢姓大量地增加，而漢姓之中除關隴地區以外，李唐婚姻圈之擴大趨勢是朝向河東、太原、河北、河南東部、山東、江蘇北部地區發展的。後梁蕭氏及北齊高氏後裔仍見與李氏通婚。河東地區之歸屬關中政權[56]及河東三大族倒向[57]關隴集團，源於西魏初宇文泰與高歡玉壁之戰之後。自李淵龍興太原以後，晉州太原一帶相當多人士參與李唐政權的締造。[58]至此，關隴勢力籠罩範圍包括太行山以西地帶。唐太宗婚姻圈又擴及山東地區，最有名的例子是高士廉家族，高士廉是北齊皇室後裔

54 參見《周書》卷五十一〈長孫覽傳〉史臣曰。
55 參見《舊唐書》卷六十五〈長孫無忌傳〉，《新唐書》卷一百五同。
56 參見拙文〈晉隋之際河東地區與河東大族〉《中央研究院第二屆國際漢學會議論文集》，民78年。
57 參見拙文〈北朝東西政權之河東爭奪戰〉《台大文史哲學報》35，民76。
58 參見拙文〈李淵崛起之分析〉《中研院史語所集刊》59。

，《舊唐書》卷六十五〈高士廉傳〉：

⑯士廉妹先適隋右驍衛將軍長孫晟，生子無忌及女。晟卒，士廉迎妹及甥於家，恩情甚重。見太宗潛龍時非常人，因以晟女妻焉，即文德皇后也。

這三家的婚姻關係為：

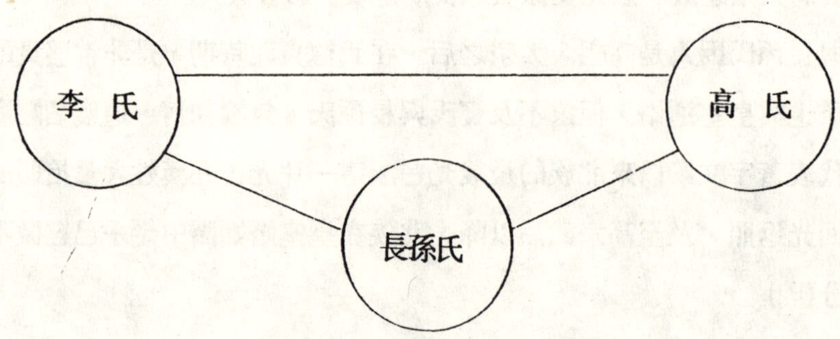

除了上述河北、山東諸例以外，還有一則魏徵例子。《舊唐書》卷七十一〈魏徵傳〉(《新唐書》卷九十七同)：

鉅鹿曲城人也。父長賢，北齊屯留令。……徵卒後，(杜)正倫以罪黜，君集犯逆伏誅，太宗始疑徵阿黨。徵又自錄前後諫諍言辭往復以示史官起居郎褚遂
⑰良，太宗知之，愈不悅。先許以衡山公主降其長子叔玉，於是手詔停婚，顧其家漸衰矣。

事雖未成，但其不成之原因，則是魏徵個人因素。

武德貞觀期間，李氏婚姻圈雖然擴及太原、河北、山東等地區，但皆屬次級大族或次級大族以下之家族，其中以渤海高氏、封氏、彭城劉氏、清河房氏、太原溫氏等郡望較高，而太原王思政之後裔一例，亦不屬太原王氏之著支，所以李唐武德貞觀期間的婚姻圈仍未擴及山東之崔、盧、李、鄭、王等大士族。其例外為崔大方、崔恭禮尚主，按《新唐書》卷七十二下〈宰相世系表〉二下，博陵崔氏第二房楷支，楷曾孫為大方，海州刺史，與〈誌〉同，崔楷支當東西魏分裂時已入關加入關隴集團，上節已有陳述。

另有高祖妃：萬貴妃、尹德妃、莫嬪、孫嬪、崔嬪、楊嬪、小楊嬪、郭婕好、劉婕好、楊美人、張美人、張寶林、柳寶林、王才人、魯才人、張氏等(《舊唐書》卷

六十四〈高祖二十二子傳〉），身份不詳。太宗妃：陰妃（尚直長陰弘智姊妹）、燕妃、韋妃、楊妃、楊氏、王氏等（《舊唐書》卷七十六〈太宗諸子傳〉）身份亦不詳。

《新唐書》卷八十三〈諸帝公主〉中有若干公主下嫁資料，其尚主者之郡望、家族不可查，茲臚列於下，作為參考。

《新唐書》卷八十三〈諸帝公主傳〉：

⑮⑧世祖一女：同安公主，高祖同母娟也。下嫁隋州刺史王裕。……裕，隋司徒柬之子，……。〔查《新唐書》卷七十二中〈宰相世系表〉二中，太原王氏、大房王氏：遵業－松年－柬。柬未載官名，亦未錄子孫名，王裕不知是否此房？〕

《新唐書》卷八十三〈諸帝公主傳〉：

⑮⑨・⑯⓪太宗二十一女：晉安公主，下嫁韋思安，又嫁楊仁輅。〔漢光按：韋思安、楊仁輅，〈宰相世系表〉皆無。〕

《新唐書》卷八十三〈諸帝公主傳〉：

⑯①太宗二十一女：城陽公主，……又嫁薛瓘。〔漢光按：〈宰相世系表〉無。〕

《新唐書》卷八十三〈諸帝公主傳〉：

⑯②高祖十九女：館陶公主，下嫁崔宣慶。〔漢光按：〈宰相世系表〉無。〕

《新唐書》卷八十三〈諸帝公主傳〉：

⑯③高祖十九女：安定公主，始封千金。……又嫁鄭敬玄。〔漢光按：〈宰相世系表〉無。〕

《新唐書》卷八十三〈諸帝公主傳〉：

⑯④太宗二十一女：遂安公主，下嫁竇逵。逵死，又嫁王大禮。〔漢光按：〈宰相世系表〉無。〕

《新唐書》卷八十三〈諸帝公主傳〉：

⑯⑤太宗二十一女：襄城公主，……更嫁姜簡。

《新唐書》卷八十三〈諸帝公主傳〉：

⑯太宗二十一女：普安公主，下嫁史仁表。

《新唐書》卷八十三〈諸帝公主傳〉：

⑯高祖十九女：長廣公主，始封桂陽。下嫁趙慈景。慈景，隴西人，……。

《新唐書》卷八十三〈諸帝公主傳〉：

⑯高祖十九女：長沙公主，下嫁馮少師。

《新唐書》卷八十三〈諸帝公主傳〉：

⑯高祖十九女：廬陵公主，下嫁喬師望，為同州刺史。

《新唐書》卷八十三〈諸帝公主傳〉：

⑰高祖十九女。……九江公主，下嫁執失思力。〔漢光按，《舊唐書》卷一百九十四上〈突厥上〉載執失思力為突厥頡利可汗腹心。〕

第五節　唐高、武、中、睿時期—李氏婚姻圈

《舊唐書》卷一百九十六上〈吐蕃上〉：

⑰中宗以所養雍王守禮女為金城公主許嫁之。

《舊唐書》卷五十一〈后妃上・睿宗昭成順聖皇后竇氏傳〉(《新唐書》卷七十六〈后妃上〉同)：

⑰將作大匠抗曾孫也。祖誕，大理卿、莘國公；父孝諶，潤州刺史，……。

《舊唐書》卷六〈則天皇后本紀〉(《新唐書》卷四〈則天皇后本紀〉同)：

⑰則天皇后武氏諱曌，并州文水人也。父士彠，隋大業末為鷹揚府隊正。高祖行軍於汾、晉，每休止其家。義旗初起，從平京城。

《舊唐書》卷八十六〈高宗中宗諸子・懿德太子重潤傳〉：

⑰其妹永泰郡主、婿魏王武延基……。

《舊唐書》卷一百八十三〈外戚・武承嗣傳〉：

⑰子延基襲爵，……尋與其妻永泰郡主…。

時武崇訓為安樂公主壻，……及崇訓死，(武)延秀得幸，遂尚公主。……崇訓，三思第二子也。……長安中，尚安樂郡主。攸暨，則天伯父士讓孫也。…

⑰…尚太平公主，授駙馬都尉。

《新唐書》卷七十四上〈宰相世系表〉四上，太原武氏：

⑮士彠┬元慶－三思－崇訓（高陽王、駙馬都尉）
⑯　　└元爽┬承嗣－延秀（駙馬都尉、恆公）
⑱　　　　└承業－延暉（駙馬都尉、陳公）

《舊唐書》卷五十一〈后妃上・玄宗貞順皇后武氏傳〉（《新唐書》卷七十六〈后妃上〉同）：

⑰則天從父兄子恆安王攸止女也。……生母楊氏，……同母弟忠。

《舊唐書》卷六十二〈楊恭仁傳〉：

⑱從姪女為巢刺王妃，……。

《新唐書》卷七十一下〈宰相世系表〉一下，弘農楊氏・觀王房：

⑱定－紹－士雄┬恭仁（相高祖）－思訓－嘉本－愼交（駙馬都尉、祕書監）
⑱　　　　　　└縯——————思敬（禮部尚書、駙馬都尉）

《舊唐書》卷六十二〈楊恭仁傳〉（《新唐書》卷一百同）：

楊恭仁本名綸，弘農華陰人，隋司空、觀王雄之長子也。……弟子思敬尚安平
⑱公主，……（恭仁曾孫）睿交，……尚中宗女長寧公主。〔《新唐書：思訓孫昚交，尚長寧公主。漢光按：睿交與昚交應為一人。〕

《舊唐書》卷一百九十六上〈吐蕃上〉：

⑱中宗宴之（尚贊吐）於苑內毬場，命駙馬楊愼交與吐蕃使打毬，……。

《唐會要》卷六〈公主門〉略：

⑱中宗女長寧降楊愼交，後降蘇彥伯。〔漢光按：愼交、睿交、昚交應為一人。〕

《舊唐書》卷五十二〈后妃下・玄宗元獻皇后楊氏傳〉：

⑱弘農華陰人。曾祖士達，隋納言，天授中，以則天母族，追封士達為鄭王，……。

《新唐書》卷七十四上〈宰相世系表〉四上，京兆韋氏・東眷・道珍支：

⑱源胄－澄┬慶嗣－正矩（殿中監、駙馬都尉）
（周儀同）│
⑱　　　　└慶植－項－鏞（太子少保、駙馬都尉）

《舊唐書》卷七十七〈韋挺傳〉（《新唐書》卷九十九同）：

雍州萬年人，隋民部尚書沖子也。……子待價，……永徽中，江夏王道宗得罪⑱，待價即道宗之壻也。

《舊唐書》卷一百八十三〈外戚・韋溫傳〉：

⑱中宗韋庶人從父兄也。……以女為皇太子妃，擢拜豫州刺史。中宗嗣位，妃為后。……后妹夫陸頌為國子祭酒，……。

《舊唐書》卷五十一〈后妃上・中宗韋庶人傳〉（《新唐書》卷七十六〈后妃上〉同）：

⑱京兆萬年人也。祖弘表，貞觀中為曹王府典軍。

《舊唐書》卷六十四〈高祖二十二子・虢王鳳傳〉：

⑱神龍初，封鳳嫡孫邕為嗣虢王。邕取韋庶人妹為妻，由是中宗時特承寵異，……。

《舊唐書》卷五十一〈后妃上・中宗和思皇后趙氏傳〉（《新唐書》卷七十六〈后妃上〉同）：

⑲京兆長安人。祖綽，武德中以戰功至右領軍衛將軍。父瓌，尚高祖女常樂公主，歷遷左千牛將軍。中宗為英王時，納后為妃。

《唐會要》卷六〈公主門〉略：

⑲中宗女長寧降楊愼交，後降蘇彥伯。

《新唐書》卷七十四上〈宰相世系表〉四上蘇氏

……至漢代郡太守建，徙扶風平陵，……。

⑲振－世長－良嗣（相高宗）－踐峻－彥伯（駙馬都尉）

《舊唐書》卷八十六〈高宗中宗諸子・孝敬皇帝弘傳〉：

⑲納右衛將軍裴居道女為妃。〔《新唐書》卷七十一上〈宰相世系表〉一上，東

眷裴氏。〕

《新唐書》卷七十一上〈宰相世系表〉一上，河東裴氏東眷：

⑲³·⑲⁴尼————之爽－希惇－思進－巽————齊丘
（周御正大夫）　（國子祭酒、駙馬都尉）　（祕書監、駙馬都尉）

《唐代墓誌銘彙編附考》九八五〈薛震誌〉：

公諱震，字元超，河東汾陰人也。……祖道衡，齊中書、黃門二侍郎，隋吏部、內史二侍郎、……。父收，上開府兼陝東道大行臺金部郎中、……。（公）⑲⁵尚和靜縣主。

《舊唐書》卷七十三〈薛收傳〉：

蒲州汾陰人，隋內史侍郎道衡子也。……（收子元超，元超從子稷）俄又令其⑲⁶（稷）子伯陽尚仙源公主。

《新唐書》卷七十三下〈宰相世系表〉三下，河東薛氏·西祖

⑲⁵瑚－○——○——道衡——○——○——○——稷————伯陽
（相中、睿宗）（左千牛將軍、駙馬都尉）

《新唐書》卷七十三下〈宰相世系表〉三下，河東薛氏·西祖

⑲⁷·⑲⁸瑚－○－○－○－○－┬懷昱——瓘————紹
（光祿卿、駙馬都尉）（左散騎常侍、駙馬都尉）
⑲⁹└懷晏——瑊——儆
（鄧州刺史、駙馬都尉）

《舊唐書》卷一百八十三〈外戚·太平公主傳〉：

⑲⁸永隆年降駙馬薛紹。

《舊唐書》卷五十一〈后妃上·高宗廢后王氏傳〉（《新唐書》卷七十六〈后妃上〉同）：

并州祁人也。父仁祐，貞觀中羅山令。同安長公主即后之從祖母也。……母柳⑳⁰氏……后舅中書令柳奭（《新唐書》：魏尚書左僕射思政之孫）……。

《舊唐書》卷六十四〈高祖二十二子・江王元祥傳〉：

⑳中興初，元祥子鉅鹿郡公晃子欽嗣江王。景龍四年，……娶王仁皎女，……。〔《舊唐書》卷五十一〈后妃上・玄宗廢后王氏傳〉：王仁皎，同州下邽人。〕

《舊唐書》卷一百八十七上〈忠義上・王同皎傳〉（《新唐書》卷一百九十一同）：

相州安陽人，陳侍中、駙馬都尉寬之曾孫。其先自琅邪仕江左，陳州，徙家河

㉒北。同皎，長安中尚皇太子女定安郡主，……。

《新唐書》卷七十二中〈宰相世系表〉二中，瑯琊王氏：

猛（陳刺史）－續（吏部郎中）－德本（西臺舍人）－撝（右將軍）－承慶（

㉓駙馬都尉）

《新唐書》卷九十一〈溫大雅傳〉：

㉔并州祁人。……彥博（大雅弟）曾孫曦，尚涼國長公主。

《新唐書》卷七十二中〈宰相世系表〉二中，太原溫氏：

㉔彥博－振－翁歸－續－曦〔漢光按：曦應為彥博玄孫，與上條不同。〕（太僕卿、駙馬都尉）

《舊唐書》卷五十八〈唐儉傳・附從心傳〉（《新唐書》卷八十九同）：

㉕儉孫從心，神龍中，以子晙娶太平公主，官至殿中監。（并州晉陽人）

《舊唐書》卷五十一〈后妃上・中宗上官昭容傳〉（《新唐書》卷七十六〈后妃上〉同）：

㉖西臺侍郎儀之孫也。父庭芝（《新唐書》：母鄭，太常少卿休遠之姊。），……。〔《舊唐書》卷八十〈上官儀傳〉：本陝州陝人也。父弘，隋江都宮副監，因家于江都。〕

《舊唐書》卷五十一〈后妃上・睿宗肅明順聖皇后劉氏傳〉（《新唐書》卷七十六〈后妃上〉同）：

㉗刑部尚書德威之孫也。父延景，陝州刺史，……。

《舊唐宗》卷五十一〈后妃上・太宗賢妃徐氏傳〉（《新唐書》卷七十六〈后妃上〉

同）：

⑳⑧名惠，右散騎常侍堅之姑也。……其父孝德……。〔《新唐書》：湖州長城人。……女弟為高宗婕妤，……。〕

《唐代墓誌銘彙編附考》一〇六一〈高琁誌〉：

君諱某，字某，渤海蓚人也。……曾祖勵，字敬德，北齊朔州大行臺僕射，……周授開府，隋授楊楚洮三州刺史，……祖宗儉，字士廉，……父愍，……申

⑳⑨國公，尚東陽長公主、駙馬都尉。……夫人京兆韋氏，銀青光祿大夫、太子詹事、武陽侯琨之第某女也。……合葬於少陵原，……。

《唐代墓誌銘彙編附考》一〇七六〈崔思古誌〉：

君諱思古，字官奴，博陵人也。因官雍州，家焉。……唐海州刺史、陽信縣大

⑳⑩方之嫡子。……母曰隆山縣主。公……唐益州都督、蜀王愔。……奏娉長女寶安縣主。

《唐會要》卷六〈公主門〉略：

⑳⑪中宗女定安降王同皎，後降韋濯，三降崔銑。

又有高宗、睿宗等妃、後宮，王子妃等，僅存姓氏，身份不詳，如下：

高宗妃：後宮劉氏、鄭氏、楊氏、蕭淑妃等〔見《舊唐書》卷八十六〈高宗中宗諸子〉〕，身份不詳。

睿宗妃：宮人柳氏、崔孺人、王德妃、睿宗長子讓皇帝憲元妃。〔見《舊唐書》卷九十五〈睿宗諸子傳〉〕同書〈惠文太子範傳〉載有駙馬都尉薛履謙，身份皆不詳。

唐高宗、武后、中宗、睿宗時期，與外邦通婚祇有金城公主嫁吐蕃贊普一例，而且這一例乃是太宗以文成公主嫁吐蕃政策之延續，吐蕃強盛，與唐之關係時戰時和。永隆元年，文成公主卒，至中宗時，贊普之祖母為其孫請婚，中宗以所養雍王守禮女為金城公主許嫁之。景龍三年十一月迎娶。吐蕃與唐朝之關係雖然並沒有因為和親而全面解決，但對於和緩雙方關係頗有益處，尤其二次公主和蕃，對漢人文化輸入吐蕃甚有貢獻。在金城公主嫁吐蕃贊普時，「請河西九曲之地以為金城公主湯沐之所，（楊）矩遂奏與之，吐蕃既得九曲，其地肥良，堪頓兵畜牧，又與唐境接近，自是復叛

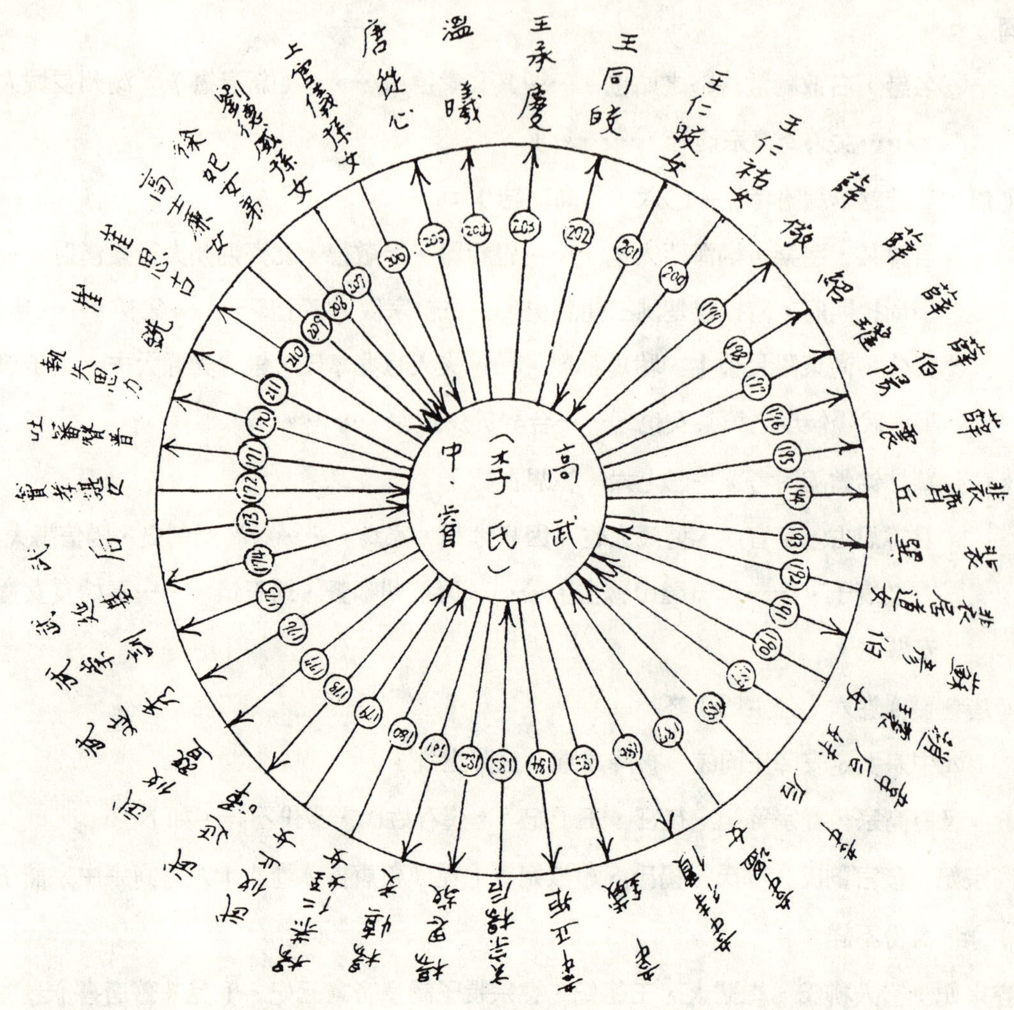

，始率兵入寇。」[59]時在睿宗。及玄宗末安史亂起，駐守在九曲附近之神策軍調駐陝州一帶，西疆蒙害甚巨。高宗武后時，和親之例甚少，似乎對這種政策不甚熱衷。

北族在高宗、武后、中宗、睿宗時期，與李氏通婚僅一族一例，而同一時期，李氏與漢姓通婚有十八族、三十九例，其比例已極為懸殊，也可以說自西魏北周宇文氏等建立的關隴集團，原本以北族為主體，至此，漢姓已居絶對優勢之主體地位。

在漢姓之中，與李氏皇室通婚者武氏七例、楊氏四例、韋氏六例、裴氏三例、薛氏五例等家族較多；武氏因武則天之故，武則天當政時，希望牢固地結合李、武兩家

59 《舊唐書》卷一百九十六上〈吐蕃上〉。

，增加李武婚姻圈，在政治上則希望李武兩家共掌朝政。

《新唐書》卷一百〈楊恭仁傳·附執柔傳〉(《舊唐書》卷六十二同)：

> 武后母，即恭仁叔父達之女。及臨朝，武承嗣、攸寧相繼用事。后曰：「要欲我家及外氏常一人為宰相。」乃以執柔同中書門下三品。

弘農楊氏本係關隴集團中之名族，又是隋朝宗室之後，在武則天時期，復由於武后母即(弘農楊氏觀王房)楊達之女而更為興盛。《舊唐書》卷六十二〈楊恭仁傳〉：

> 始恭仁父雄在隋，以同姓寵貴；自武德之後，恭仁兄弟名位尤盛；則天時，又以外戚崇寵。一家之內，駙馬三人，王妃五人，贈皇后一人，三品已上官二十餘人，遂為盛族。

韋氏本京兆盛族，韋孝寬在西魏北周時是重要人物，當西魏大統十六年府兵制度成立時，韋孝寬在府兵體系中的地位僅次於八柱國、十二大將軍，在關隴漢族中地位甚高，復由於韋后之故，京兆韋氏在這段時期更為興盛。最值得注意的是河東裴氏與河東薛氏，這兩個河東漢人大族，與李唐通婚的情形比以前更為增加，這指示著關隴集團已穩定地發展至河東地區。高宗廢后王仁祐女，太原祁人；溫曦尚涼國長公主，并州祁人；唐晙娶太平公主女，并州晉陽人。李氏婚姻圈繼續唐初之發展，達到太原一帶。此外又與瑯琊王同皎、王承慶通婚；王同皎「相州安陽人，陳侍中、駙馬都尉寬之曾孫。其先自瑯琊仕江左，陳亡，徙家河北。」這是王導之後裔，南朝最大著房瑯琊王氏馬蕃巷房。王承慶據《新唐書·宰相世系表》載，原瑯琊王氏王正之後裔，屬烏衣巷房王氏，王同皎於「神龍二年，同皎以武三思專權任勢，謀為逆亂，乃招集壯士，期以則天靈駕發引，去殺三思，同謀人撫州司倉冉祖雍，具以其計密告三思。三思乃遣校書郎李悛上言：『同皎潛謀殺三思後，將擁兵詣闕，廢黜皇后。』帝然之，遂斬同皎于都亭驛前，籍沒其家，臨刑神色不變，天下莫不冤之。睿宗即位，令復其官爵。」[60]王同皎頗忠於唐室，但其家族亦因政變失敗而受損失。

這一時期，李氏之婚姻圈又包括陝州上官儀之孫女上官昭容，而彭城劉德威女、

60 《舊唐書》卷一百八十七上〈忠義上·王同皎傳〉。

渤海高士廉孫、湖州(世客馮翊)徐妃女弟等家族與李氏聯婚，皆是上期唐初聯婚之延續；博陵崔思古尚寶安縣主，亦是上期乃母爲隆山縣主之延續，該支爲博陵崔氏第二房楷支，東西魏分裂時已入關中。

有一個特殊例子，爲《唐會要》所載：「定安(公主)降王同皎，後降韋濯、三降崔銑。」王同皎爲江左瑯琊王氏後裔；韋濯爲京兆韋氏，乃外戚韋温之從祖弟；崔銑之身分，可查《新唐書》卷七十二下〈博陵崔氏・崔氏大房〉：

伯謙——淵——綜——行功——晃——銑(駙馬都尉、太僕卿)

按伯謙弟仲讓入關爲西魏鴻臚少卿，伯謙則仕北齊。《舊唐書》卷一百九十上〈崔行功傳〉：「恆州井陘人，北齊鉅鹿太守伯讓(案《新・表》作謙)曾孫也，自博陵徙家焉。行功少好學，中書侍郎唐儉愛其才，以女妻之。」此支遷至恆州井陘，地近太原。唐儉乃并州晉陽人，父鑒參與李淵起兵。唐太宗時，「又特令其子善識尚豫章公主。」[61]崔行功妻乃唐儉女，唐儉又尚豫章公主，可能在這種情況下，與李唐皇室拉近。崔銑尚定安公主的時間應在神龍二年(公元706年)之後，因爲定安公主初嫁王同皎，王同皎於神龍二年劫殺武三思不果，被殺。[62]再嫁韋濯，不知何時，但三嫁崔銑之時間，一定在神龍二年以後，約略在玄宗殺韋濯之後，[63]時在神龍二年，崔銑尚主，或許在景雲時期。

《新唐書》卷八十三〈諸帝公主傳〉中有若干公主下嫁資料，其尚主者之郡望、家族不可查，茲臚列於下，作爲參考。

《新唐書》卷八十三〈諸帝公主傳〉：

㉑②睿宗十一女：代國公主，……下嫁鄭萬鈞。〔漢光按：〈宰相世系表〉無。〕

《新唐書》卷八十三〈諸帝公主傳〉：

㉑③睿宗十一女：鄎國公主，……始封荆山。……又嫁鄭孝義。〔漢光按：〈宰相世系表〉無。〕

61 《舊唐書》卷五十八〈唐儉傳〉。
62 《舊唐書》卷一百八十七上〈忠義上・王同皎傳〉。
63 《舊唐書》卷一百八十三〈外戚・韋温傳〉：「(韋)后令(韋)温總知內外兵馬，守援宮掖。又引從子播、族弟璿、弟捷、濯等，分掌屯營及左右羽林軍。臨淄王(即後之玄宗)討韋氏，温等皆坐斬，宗族無少長，皆死。」時在神龍四年(公元708年)(據《舊唐書》卷五十一〈后妃上・中宗韋庶人〉)。

《新唐書》卷八十三〈諸帝公主傳〉：

㉑④睿宗十一女：壽昌公主，下嫁崔眞。〔漢光按：〈宰相世系表〉無。〕

《新唐書》卷八十三〈諸帝公主傳〉：

㉑⑤高宗三女：高安公主，……始封宣城。下嫁穎州刺史王勖。〔漢光按：〈宰相世系表〉無。〕

《新唐書》卷八十三〈諸帝公主傳〉：

㉑⑥高宗三女：義陽公主，……下嫁權毅。

第六節　玄宗時期－李氏婚姻圈

《舊唐書》卷一百九十九下〈北狄・奚國〉：

㉑⑦（開元五年）大輔入朝，詔封從外甥女辛氏為固安公主以妻之，……。

㉑⑧（開元十年）仍以固安公主為妻（魯蘇）。……復以成安公主之女韋氏為東光公主以妻之。

《舊唐書》卷一百九十九下〈北狄・契丹〉：

㉑⑨明年（開元四年），失活入朝，封宗室外甥女楊氏為永樂公主以妻之。……十
㉒⓪年，鬱于入朝請婚。上又封從妹夫率更令慕容嘉賓女為燕郡公主以妻之，……
㉒①（十三年）又封皇從外甥女陳氏為東華公主以妻之（吐于）。

《舊唐書》卷一百九十四下〈突厥下・蘇祿〉：

㉒②蘇祿者，突騎施別種也。……（開元三年）上乃立史懷道女為金河公主以妻之。

《舊唐書》卷一百四十四〈尉遲勝傳〉：

本于闐王珪之長子，少嗣位。天寶中來朝，獻名馬、美玉，玄宗嘉之，妻以宗
㉒③室女，授右威衛將軍、毗沙府都督還國。

《舊唐書》卷一百八十三〈外戚・竇德明傳附孝諶傳〉：

㉒④（孝諶子希瓘，後改名希瑊，瑊子鍔）尚玄宗女永昌長公主，……。

《新唐書》卷七十一下〈宰相世系表〉一下，扶風竇氏・三祖（岳、善、熾）：

㉔善……誕┬孝諶——希——鍔(駙馬都尉、祕書監)

㉕　　　　└孝禮——璉——繹(駙馬都尉、衛尉卿)

《新唐書》卷七十六〈后妃上・玄宗貴妃楊氏傳〉:

㉖建平、信成二公主以與妃家忤,至追內封物,駙馬都尉獨孤明失官。

《新唐書》卷七十五下〈宰相世系表〉五下,河南獨孤氏:

㉖永業(周大司寇)——子佳(隋刺史)——義順(唐刺史)——元康——○——○——明(駙馬都尉)

《新唐書》卷八十三〈諸帝公主傳〉:

㉗玄宗二十九女:衛國公主,始封建平。下嫁豆盧寧,……。

《舊唐書》卷一百七〈玄宗諸子・涼王璿傳〉:

㉘母武賢儀,則天時高平王重規女也,開元中入宮中,號為「小武妃」。

《新唐書》卷八十三〈諸帝公主傳〉:

㉙玄宗二十九女:咸宜公主,……下嫁楊洄,……。〔查《新唐書》卷七十一下〈宰相世系表〉一下,弘農楊氏・觀王房:紹——士雄——恭仁——思訓——嘉本——慎交——洄(駙馬都尉、衛尉卿)〕

《新唐書》卷八十三〈諸帝公主傳〉:

㉚玄宗二十九女:衛國公主,始封建平。……又嫁楊説。〔查《新唐書》卷七十一下〈宰相世系表〉一下,弘農楊氏・觀王房:紹——士雄——恭仁——思訓——嘉本——洄——悅(駙馬都尉)〕

《舊唐書》卷五十一〈后妃上・玄宗楊貴妃傳〉(《新唐書》卷七十六〈后妃上〉同):

㉛高祖令本,金州刺史。父玄琰,蜀州司戶。

㉜再從兄(錡),……尚武惠妃女太華公主,……。

㉝・㉞・㉟(楊)國忠二男朏(尚萬春公主)、暄(尚延和郡主),妃弟鑑(尚承榮郡主)皆尚公主,楊氏一門尚二公主、二郡主。

《新唐書》卷七十一下〈宰相世系表〉一下,弘農楊氏:

㉝珍……汪（隋通守）－令本┬諒－珣－國忠（相玄宗）－朏（鴻臚卿、駙馬都尉）
㉜ └志謙－玄珪－錡（太僕卿、駙馬都尉）

《新唐書》卷七十六〈后妃上·玄宗貴妃楊氏傳〉：

㊱更為壽王聘韋昭訓女，……。

《舊唐書》卷九十二〈韋安石傳〉（《新唐書》卷一二二同）：

㊲（子斌），開元十七年，司徒薛王業為女平恩縣主求婚，以斌才地奏配焉。

《舊唐書》卷一百五〈韋堅傳〉（《新唐書》卷一百三十四同）：

㊳·㊴京兆萬年人。……堅姊為贈惠宣太子妃，……堅妹又為皇太子妃，中外榮盛，……。

《舊唐書》卷一百八十三〈外戚·韋溫傳〉（《新唐書》卷二百六同）：

㊵（溫弟湑）子捷，尚成安公主，……。

㊶溫從祖弟濯，尚定安公主，皆拜駙馬都尉。〔《舊唐書》卷一百五〈王鉷傳〉：「定安公主男韋會」〕

《新唐書》卷七十四上〈宰相世系表〉四上·兆韋氏·駙馬房：

㊵議－仁（隋刺史）┬弘慶－玄希－濯（太僕卿、駙馬都尉）
└弘表－玄儼┬溫（相中宗、殤帝）
㊶ └湑－捷（祕書少監、駙馬都尉）

《新唐書》卷九十一〈姜　傳·附慶初傳〉：

㊷（天寶）十載，尚新平公主。新平故歸裴玪，玪卒，乃降慶初。

《新唐書》卷七十一上〈宰相世系表〉一上，河東裴氏·東眷：

㊸景漢——文度－大方－居士┬虛己（光祿卿、駙馬都尉）
（周車騎大將軍）
㊹ ├璆－徽（殿中丞、駙馬都尉）
㊷ └玲（太僕卿、駙馬都尉）
〔漢光按：玲疑即玪之誤。〕

㊺尼———之爽－希惇－思進－巽－齊閔－潁（衛尉卿、駙馬都尉）
（周御正大夫）

《舊唐書》卷五十一〈后妃上·玄宗楊貴妃傳〉（《新唐書》卷七十六〈后妃上〉同）：

(243)虢國男裴徽尚肅宗女延光公主，女嫁讓帝男。

《舊唐書》卷一百七〈玄宗諸子・延王玢傳〉：

(244)玢母即尚書右丞柳範孫也。〔《舊唐書》卷七十七〈柳亨傳〉：「亨，蒲州解人，魏尚書左僕射慶之孫也。……亨族子範，……。」〕

《舊唐書》卷五十一〈后妃上・玄宗楊貴妃傳〉（《新唐書》卷七十六〈后妃上〉同）：

(245)・(249)秦國夫人婿柳澄先死，男鈞尚長清縣主，澄弟潭尚肅宗女和政公主。

《舊唐書》卷七十三〈薛收傳〉（《新唐書》卷九十八同）：

蒲州汾陰人，……（道衡子收，收子元超，元超從子稷，稷子伯陽）伯陽子談(250)，開元十六年，尚常山公主，……。

《新唐書》卷七十三下〈宰相世系表〉三下，河東薛氏・西祖：

(250)道衡┬○－○－○－○－稷－伯陽－談（駙馬都尉）
(251)　　　└收－振－○－○－康（殿中監、駙馬都尉）
　　　　　　（相高宗）

(252)德元－○－○－儆－鏽（光祿卿、駙馬都尉）

(253)馥－○——德儒－○－○－○－○－蒼（光祿卿、駙馬都尉）
（周刺史）（隋）

《舊唐書》卷一百六〈李林甫傳〉（《新唐書》卷二百二十三上同）：

(254)會皇太子良娣杜氏父有鄰與子婿柳勣不叶，……。〔《舊唐書》卷一百一十二〈李巨傳〉：「皇太子杜良娣之妹婿柳勣陷詔獄。」〕

《舊唐書》卷五十一〈后妃上・玄宗廢后王氏傳〉（《新唐書》卷七十六〈后妃上〉同）：

(255)同州下邽人，梁冀州刺史神念之後。……父仁皎……。

《舊唐書》卷一百八十三〈外戚・王仁皎傳〉：

(256)玄宗王庶人父也。……（子）守一與玄宗有舊，及上登極，以清陽公主妻之。

《新唐書》卷九十一〈姜謩傳・附慶初傳〉：

，秦上邽人。隋大業末，為晉陽長。高祖在太原，謩前識之，……（子）慶

㉗初生方晬，帝許尚主，……（天寶）十載，尚新平公主。

《舊唐書》卷九十七〈張說傳〉（《新唐書》卷一百二十五同）：

㉘其先范陽人，代居河東，近又徙家河南之洛陽。……次子垍尚寧親公主，……。

《新唐書》卷七十二下〈宰相世系表〉二下，洛陽張氏：

㉘弋（周學士）－洛－　－說（相睿宗、玄宗）－垍（太常卿、駙馬都尉）

《新唐書》卷七十二中〈宰相世系表〉二中，太原溫氏：

㉙彥博－〇－〇－〇－曦－西華（祕書監、駙馬都尉）（相太宗）

《新唐書》卷七十四上〈宰相世系表〉四上，京兆蘇氏：

㉖良嗣（相高宗）－〇－〇－震（駙馬都尉）

《新唐書》卷一百〈閻立德傳〉：

㉖京兆萬年人。……曾孫用之。……天寶中，女為義王玼妃。

《舊唐書》卷九十九〈蕭嵩傳〉：

㉖貞觀初左僕射、宋國公瑀之曾姪孫。……子衡，尚新昌公主，……。

《新唐書》卷七十一下〈宰相世系表〉一下，蘭陵蕭氏、統子孫後梁房：

㉖嵩（相玄宗）－衡（太僕卿、駙馬都尉）

《新唐書》卷七十五上〈宰相世系表〉五上，洛陽源氏：

㉖師民（隋刑部侍郎）－直心－乾曜（相玄宗）－清（駙馬都尉）

《新唐書》卷八十三〈諸帝公主傳〉：

㉖玄宗二十九女：咸宜公主，……又嫁崔嵩。〔查《新唐書》卷七十二下〈宰相世系表〉二下，博陵崔氏・第二房崔氏：

楷－說－弘壽－萬壽－文宣－〇－〇－嵩（駙馬都尉）〕

《新唐書》卷八十三〈諸帝公主傳〉：

㉖玄宗二十九女：晉國公主，始封高都。下嫁崔惠童。〔查《新唐書》卷七十二下〈宰相世系表〉二下，清河崔氏・清河大房：儦－世濟－元獎－庭玉－惠童（駙馬都尉）〕

還有一些婚姻關係資料，無法判別其身份，但不至於影響已知資料之分析，如下

《舊唐書》卷五十一〈后妃上・玄宗楊貴妃傳〉(《新唐書》卷七十六同)：

㉖(廣平公主)駙馬程昌裔……。〔漢光按：《新唐書》卷八十三〈諸帝公主傳〉作廣寧公主，《唐會要》同。〕

《舊唐書》卷一百五〈王鉷傳〉：

㉗太原祁人也。祖方翼，夏州都督，為時名將，……(韋會)同產兄王繇尚永穆公主，……。

《舊唐書》卷一百七〈玄宗諸子・奉天皇帝琮傳〉：

妃竇氏……。

《舊唐書》卷一百七〈玄宗諸子・廢太子瑛傳〉：

㉘瑛母趙麗妃，本伎人，有才貌，善歌舞，玄宗在潞州得幸。及景雲升儲之後，其父元禮、兄常奴擢為京職，……。

《舊唐書》卷一百七〈玄宗諸子・永王璘傳〉：

㉙母曰郭順義，劍南節度尚書虛己之妹。

《新唐書》卷一百二十六〈盧懷慎傳〉(《舊唐書》卷九十八〈盧懷慎傳〉無)：

㉚薛王舅王仙童……。

《舊唐書》卷一百一十二〈李巨傳〉(《新唐書》無)：

㉛巨母扶餘氏(或為百濟國姓)……。

玄宗妃：劉華妃、錢妃、皇甫德儀、劉才人、柳婕妤、鍾美人、盧美人、閻才人、王美人、陳美人、鄭才人等〔見《舊唐書》卷一百七〈玄宗諸子傳〉〕，身份皆不詳。

在安史之亂以前的玄宗時期與高宗武后時期，同樣是唐代國力強盛時期，但是高宗武后時期對外和親例子不多，而玄宗和親之例稍多，顯然這兩個時期的和親政策並不相同。然而，由於玄宗時期國力強盛，因此唐朝的對外姿態較高，和親常常出於外族之主動，或是唐朝安撫之策，所以唐朝常以異姓女子封為公主下嫁之，如以外甥女辛氏為固安公主、成安主女韋氏為東光公主下嫁奚國；以外甥女楊氏為永樂公主、妹

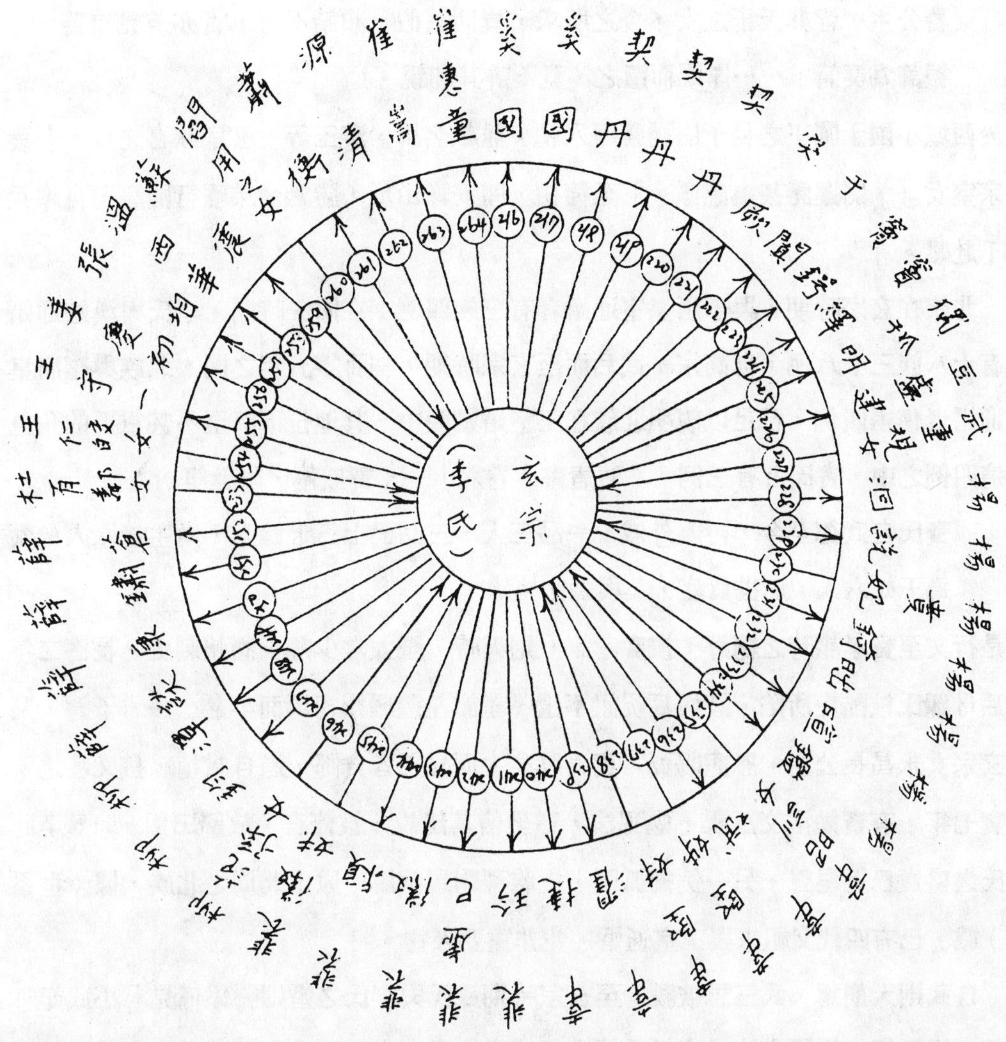

夫慕容嘉賓女為燕郡公主、外甥女陳氏為東華公主等下嫁契丹；以史懷道女為金河公主妻突厥別種蘇祿，突厥毗伽可汗自負頗強，屢請尚公主而不可得，以為羞見諸蕃。《舊唐書》卷一百九十四上〈突厥上・毗伽可汗傳〉：

> 可汗以開元四年即位，本蕃號為小殺。……（開元十三年）謂（袁）振曰：「吐蕃狗種，唐國與之為婚；奚及契丹舊是突厥之奴，亦尚唐家公主；突厥前後請結和親，獨不蒙許，何也？」袁振曰：「可汗既與皇帝為子，父子豈合為婚姻？」小殺等曰：「兩蕃亦蒙賜姓，猶得尚主，但依此例，有何不可？且聞入

蕃公主，皆非天子之女，今之所求，豈問眞假，頻請不得，實亦羞見諸蕃。」

振許為奏請，……厚賜而遣之，竟不許其和親。

至於西域小國于闐王之長子尉遲勝因入朝，並獻名馬、美玉等，玄宗歡喜之餘，「妻以宗室女」，尉遲勝甚為感激，「至德初，聞安祿山反，勝乃命弟曜行國事，自率兵五千赴難。」[64]

北族在玄宗時期，與李唐皇室通婚者有三族四例；在同一時間，李氏與漢姓通婚者有十八族三十八例，自高宗、武后而至玄宗時期，一百零五年之間，北族與李唐皇室通婚者僅得四例，已足以說明北族在王室婚姻圈中，其地位下降至不甚重要的角色，這四例之中，竇氏占有三例。《舊唐書》卷六十一〈竇威傳・附誕傳〉：

竇氏自武德至今，再為外戚，一品三人，三品已上三十餘人，尚主者八人，女為王妃六人，唐世貴盛，莫與為比。

這是行文至竇孝諶時之總評，按竇孝諶「則天時，歷太常少卿、潤州刺史。長壽二年，后母龐氏被酷吏所陷，誣與后呪詛不道，孝諶左遷羅州司馬而卒。…… 子鍔，又尚玄宗女永昌長公主，恩寵賜賚，實為厚矣。而兄弟皆貪鄙，過自封植，瑰又甚之。天寶七年，有竇勉潛交巫祝，勉犯法，瑰坐信其詭說，被停官，放歸田園。」[65]至此竇氏之盛貴已近尾聲。另一例獨孤明，史載拜駙馬都尉，原出北周之北族，據〈世系表〉載，已有四代父祖未與王室通婚，並非重要人物。

自武則天崩駕，武三思被殺，至玄宗時期武氏與李氏之婚姻關係僅見「小武妃」一例。楊貴妃、楊國忠這一支楊氏據《新唐書》卷七十一下〈宰相世系表〉載，楊國忠之六世祖順已徙居河中永樂，故《新・舊唐書》楊國忠、楊貴妃傳皆謂蒲州永樂，他們與弘農楊氏雖然都稱是楊震之子孫，但分房分支甚早，其關係亦較疏。在玄宗時期，因為楊貴妃之關係，這一支楊氏與李氏通婚有五例，弘農觀王房楊氏有二例。韋氏與李氏通婚之例維持上期六例。

如果合併高、武、中、睿及玄宗計算，在漢姓之中與李氏皇室通婚者，武氏八例、韋氏十二例、楊氏十一例。

64 《舊唐書》卷一百四十四〈尉遲勝傳〉。
65 《舊唐書》卷一百八十三〈外戚・竇德明傳・附孝湛傳〉。

故陳寅恪先生說：「自高宗之初年至玄宗之末世，歷百年有餘，實際上之最高統治者遞嬗輪轉，分歧混合，固有先後成敗之不同，若一詳察其內容，則要可視為一牢固之複合團體，李、武為其核心，韋、楊助之黏合，宰制百年之世局，幾佔唐史前期最大半時間，其政治社會變遷得失莫不與此集團有重要關係。」[66]是非常有眼光的論點，本文的數據可完全襯托出陳先生論點的正確。除此三姓而外，還可以作進一步的觀察：同州王氏（三例）、河東裴氏（八例）、薛氏（九例）、柳氏（三例）等與李唐皇室亦屢有通婚，因此高宗至玄宗時期，以漢姓為主的關隴集團，雖以李、武、韋、楊為最核心的人物，同時也擴充到同州及河東地區，其中擴充到河東地區，在隋及唐初已有跡象，至高宗以降則更為明顯與具體。不僅如此，太原王氏之王仁祐，雖然可能不是五姓之太原王氏，其籍貫仍屬太原地區；再如溫氏、唐氏、武氏等，其郡望亦皆為太原。

在此值得強調的是武氏，按武氏乃并州文水人。當李淵在太原起兵時，武則天父士彠參與起義，攀龍附鳳，以致興盛。武士彠尋喪妻，由於李淵之安排，與關隴集團中重要家族弘農楊氏觀王房結親，《冊府元龜》卷八百五十三〈總錄部·姻女子〉：

> 唐武士彠武德中簡較右廂宿衛，既喪妻，高祖謂士彠曰：「朕自為卿更擇嘉偶。」隨曰：「有納言楊達英才冠絕，奕葉親賢，今有女，志行賢明，可以輔德。」遂令桂陽公主與楊家作婚，主降勑結親，庶事官給。

李唐皇室與觀王房楊氏通婚[67]，觀王房楊氏又與太原武氏通婚，武氏自李淵起兵，在唐初政權中以先宦後婚方式納入關隴集團，殆無可疑，待武則天入宮，先為太宗才人，繼為高宗妃后，李、楊、武之婚嫁關係更為清楚。高宗廢后王氏，也是并州（祁）人，「父仁祐，貞觀中羅山令。同安長公主即后之從祖母也。……母柳氏（后舅柳奭）……。」[68]也應屬關隴集團人物，由以上婚姻關係可以說明關隴集團已漸擴充至太原。若以高宗王氏、武后與關隴集團關係之親疏作一比較，武后絕不疏於王后，故王后與武后之爭，可能屬關隴集團內權力之爭。

66 陳寅恪〈記唐代之李武韋楊婚姻集團〉首段語。
67 《舊唐書》卷六十二〈楊恭仁傳〉：「恭仁弟師道尚桂陽公主。」
68 《舊唐書》卷五十一〈后妃上·高宗廢后王氏〉。

在唐高祖、太宗及高、武、中、睿時期，未見河東柳氏與李唐王室通婚，至玄宗時期出現三例。在高、武、中、睿開始與李氏通婚之同州王仁皎家族，在玄宗時有二例。玄宗時期又有范陽張氏而世居河東者一例、太原溫氏一例、秦州姜氏一例、京兆蘇氏一例、京兆閻氏一例。崔嵩屬西魏時入關之博陵第二房楷支。崔惠童是清河大房崔儦之玄孫，是特例。

後梁蕭氏一直與唐王室維持良好之婚姻關係[69]，玄宗時期亦維持一例。河南洛陽源氏亦有一例，源氏先世與鮮卑拓拔氏同源，但該支似乎不屬西魏北周關隴集團之北族。

如以郡望而論，玄宗時期與李唐王室通婚之四十二例中（內北族四人，漢姓三十七人，洛陽胡裔一人），其籍貫屬於京兆、同州、河東一帶者為三十五人，亦即83％集中在這個小月牙地帶。如果擴及秦州、太原、洛陽，則四十二個婚姻關係之中，有三十八個屬於三京之內，占90％。

《新唐書》卷八十三〈諸帝公主傳〉中有若干公主下嫁資料，其尚主者之郡望、家族不可查，茲臚列於下，作為參考。

《新唐書》卷八十三〈諸帝公主傳〉：

㉗②玄宗二十九女：齊國公主，始封興信，徙封寧親。……末嫁楊敷。〔漢光按：〈宰相世系表〉無。〕

《新唐書》卷八十三〈諸帝公主傳〉：

㉗③玄宗二十九女：宋國公主，始封平昌。……又嫁楊徽。〔漢光按：〈宰相世系表〉無。〕

《新唐書》卷八十三〈諸帝公主傳〉：

㉗④玄宗二十九女：樂城公主，下嫁薛履謙，……。〔漢光按：〈宰相世系表〉無。〕

《新唐書》卷八十三〈諸帝公主傳〉：

㉗⑤玄宗二十九女：永穆公主，下嫁王繇。〔漢光按：〈宰相世系表〉無。〕

69 參見拙文〈隋唐政權中的蘭陵蕭氏〉。

《新唐書》卷八十三〈諸帝公主傳〉：

㉗⑥玄宗二十九女：壽光公主，下嫁郭液。〔漢光按：〈宰相世系表〉無。〕

《新唐書》卷八十三〈諸帝公主傳〉：

㉗⑦玄宗二十九女：臨晉公主，……下嫁郭潛曜。〔漢光按：〈宰相世系表〉無。〕

《新唐書》卷八十三〈諸帝公主傳〉：

㉗⑧玄宗二十九女：壽安公主，……下嫁蘇發。〔漢光按：〈宰相世系表〉無。〕

《新唐書》卷八十三〈諸帝公主傳〉：

㉗⑨玄宗二十九女：廣寧公主，……又嫁蘇克貞。〔漢光按：〈宰相世系表〉無。〕

《新唐書》卷八十三〈諸帝公主傳〉：

㉘⑩玄宗二十九女：常芬公主，下嫁張去奢。〔漢光按：〈宰相世系表〉無。〕

《唐會要》卷六〈公主〉：

㉘①元宗三十女：壽春，降吳澄江。

《舊唐書》卷五十二〈后妃下〉：

㉘①肅宗章敬皇后吳氏，……后兄……澄，太子賓客，濮陽縣公。〔漢光按：據《新、舊唐書人名索引》引岑仲勉考證，“江”字衍，吳澄江即吳澄。按《元和姓纂》，澄，濮陽鄄城人，先祖自濮陽過江居丹陽，歷仕江左，隋帝一統，始降仕隋唐。〕

第七節 結 論

一、宇文泰結合當時政治社會上的力量而成為關隴集團，最主要的方法是婚宦二途：宦是指府兵制度，這個制度之初期有部落制之遺意，將人群結合在一層軍事又兼具經濟、社會作用的制度上，但並不是部落制聯盟，而是一種經過改良的制度，其改良之最大特點是顧及功績及資歷，所以已步入官僚制度的設計中。

當西魏之際，部落、家族等社會團體仍然非常重要，宇文泰在這方面便以聯婚方式結合之，從婚姻關係之實例觀摩，宇文氏聯婚者，絶大多數為北族之重要部落，或北族之重要戰將。稱北族而不稱胡族，因為關隴集團雖然地居關隴，王室未見與氐羌通婚。補充婚姻圈不足又有擬似血緣的賜姓。按宇文氏與漢姓通婚例子較少，宇文氏與漢人大族或漢人將領的維繫關係是採取賜姓宇文之法。

二、關隴集團與外邦之婚姻關係，依各朝強弱及各外邦之強弱而有種種變數。一般而論，西魏北周時期，關中小朝廷在當時並非最強者，對外邦和親成為減輕國際壓力，甚或聯盟對抗敵對勢力的重要政策，元氏、宇文氏與突厥之和親，功效是正面的，突厥且曾與北周聯軍自北境伐齊，成為北周滅北齊的因素之一。楊隋與李唐初期，關隴政權稍能以平等的地位與突厥、吐蕃和親，雖然不能獲得全面和平，但在和戰之際，雙方關係緩和不少。高宗、武后、中宗、睿宗與玄宗時期，唐國勢凌駕各國，各國以與李唐結親為榮，但高、武似乎不熱衷於和親，故公主和蕃例少。玄宗時期則常封國戚大臣之女為公主以嫁外邦，而獲得不少向心力。

三、各期王室與北族、漢姓通婚情形如下：

	通婚家族		通婚實例	
	北族	漢姓	北族	漢姓
宇文氏(西魏、北周，公元535－581)	17	11	30	12
楊　氏(隨，公元581－618)	7	12	13	16
李　氏(唐高祖、太宗，公元618－649)	6	25	16	36
李　氏(唐高、武、中、睿，公元650－711)	1	18	1	39
李　氏(唐玄宗，公元712－755)	3	18	4	38

自宇文泰建立關隴集團，歷隋朝、唐初武德貞觀，以迄唐高宗武后玄宗，其間人物屢有遞嬗，若從各朝王室婚姻關係觀察，北族已漸漸退出核心。上述五個時期實際上是三大段落，西魏北周是關隴集團第一個段落，北族與王室通婚之家族與實例皆比漢姓為多。隋朝與唐高祖太宗時期為第二段落，漢姓與王室通婚之家族與實例皆比北族為多，宇文氏所建立的關隴集團，原本以北族為主體，至此漢姓已成主體。第一段落與第二段落之比數約略成反比；在第二段落北族與王室婚姻

關係雖然下降，但由於隋及唐初之獨孤氏、竇氏、長孫氏等家族屢居於皇后之位，影響力仍然很大。唐高宗、武后、中宗、睿宗及玄宗為第三段落，北族已成甚不重要的比例，在有限的幾個北族與王室之婚姻實例之中，又非重要地位，亦無重大影響。從婚姻關係而言，至此漢姓在關隴集團的核心地位已居絕對優勢。這種現象或許可在官宦比例上獲得同步的解釋，當另文檢討。

四、西魏北周時期元氏與宇文氏之通婚、隋朝時元氏、宇文氏與楊氏之通婚及唐武德貞觀時期宇文氏、楊氏與李氏之通婚；又魏周之際，元氏與宇文氏之間有王（盟）氏、尉遲氏、賀拔氏、若干（惠）氏、蘇（威）氏、司馬（裔）氏、竇氏等為介質性家族；周隋之際，宇文氏與楊氏之間有元氏、獨孤氏、竇氏、豆盧氏等為介質性家族；隋唐之際，楊氏與李氏之間有宇文氏、獨孤氏、竇氏、長孫氏、豆盧氏等為介質性家族。以上兩種現象，一則表示前後朝仍維持婚姻關係，二則表示前後朝居於婚姻圈之環扣中；這種現象顯示西魏至唐之改朝換代是圈內競爭，同時，介質性家族愈多，更替之際的關係愈緩和，所以關隴集團內部家族興衰是緩慢的，由於關隴集團內部興衰的步伐慢於朝代改變（如由西魏而北周、由北周而隋楊、由隋楊而李唐），所以給人們的印象是：這個集團是超越朝代改變而存在的。

五、在北族每期遞減、漢姓遞增的趨勢之下，漢姓的族群及郡望成為婚姻關係之重點。

與西魏北周宇文氏比較，隋楊的婚姻圈較為擴大，這可能是因為隋朝為全國性朝代，比西魏北周小朝廷為廣為大，其擴大方向在增加與漢姓通婚，而婚姻圈之地望亦隨之擴大。但是亦有其極限，在南朝僑姓「王謝袁蕭」，吳姓「朱張顧陸」中，楊氏僅與蘭陵蕭氏通婚，而且限於昭明太子蕭統後裔之後梁蕭氏。山東郡姓「崔盧李鄭王」五姓七望十家四十四子，實例與博陵崔氏第二房有婚姻關係，這還是因為東西魏分裂之初，該支已西入關中。清河崔儦女下嫁楊素子是一個特例，因為崔儦對這門婚事極為勉強。其他關東地區次級大族如渤海高氏、封氏、遼東李氏、洛陽王氏、蘭陵蕭氏、丹陽蔡氏、潁川陳氏等各一例。李唐武德貞觀時期王室婚姻關係仍以漢姓為主，李氏婚姻圈之郡望，自關中、河東擴及太原，但太原地區之婚姻家族皆屬次級大士族或次族大士族以下之家族，與隋朝一樣，並未擴及山東五大姓。但在山東地區亦有少數婚例，如相州戴氏、滑州劉氏、彭城劉氏（二例）、渤海高氏、封氏、齊州房氏（二例）、洛州程氏、蘭陵蕭氏、湖州徐氏、永安周氏及博陵崔氏第二房（二例），每族率多一例。自高宗以迄玄宗，婚例較隋朝及唐高祖太宗時期較為集中在若干家族之中，在漢姓之中，與李氏皇室通婚者，武氏有八例、楊氏十一例、韋氏十二例，故陳寅恪先生說自高宗至玄宗，李武韋楊家族宰制百年世局，在此獲得實例證實，唯進一步觀察，與李氏皇氏通婚次多的是河東裴氏八例、河東薛氏九例、河東柳氏三例、同州王氏三例，因此關隴集團已鞏固地擁有河東人物，自唐初李淵起兵太原以來，實例中也證實，李唐婚姻圈也擴及太原地區。若將高、武、中、睿與玄宗分為二期觀察，高、武、中、睿時期除上述重要大族外，關隴地區還有京兆杜氏、趙氏、閻氏、扶風蘇氏、秦州姜氏、同州王氏；太原地區有王氏（似乎不屬五姓王氏）、溫氏、唐氏，另有陝州上官氏、彭城劉氏、湖州徐氏、渤海高氏等各一例，博陵崔氏第二房也有一例，而清河崔氏崔銳為特例，資料不詳。及至玄宗時期，如以郡望論，在四十二例之中，其屬於京兆、同州、河東一帶者為三十五人，亦即83%集中在這小區內，如果擴及秦州、太原、洛陽，則三十八例，占90%。所以玄宗時期王室婚姻關係不但集中若干家族，更集中在三京之內。

六、自北周武帝建德六年（公元577年）滅北齊，關隴集團擁有山東地區，至唐玄宗天寶十四載（公元755年），這一百七十九年之間，北周、隋、唐皇室與山東崔、盧、李、鄭、王五大士族的婚姻實例，除博陵崔氏第二房楷支、挺支當東西魏分裂時已入關、融入關隴集團以外，特例甚少。在另一方面，山東五大姓又自成婚姻圈。[70]在關隴集團日漸擴充至漢姓之趨勢下，一百餘年來尚未能與這一個社會勢力通婚，於是引起以政治力干涉山東五大姓間互婚之事。第一次禁婚令頒布

70 拙文〈中古大族著房婚姻之研究－北魏高祖至唐中宗神龍年間五姓著之婚姻關係〉《中研院史語所集刊》56－4，民74。

於高宗顯慶四年（公元659年），[71]第二次又重申舊詔，在神龍年間（公元705-707年），第二次禁婚令見《文苑英華》卷九百〈唐贈太子太師崔公神道碑〉（《全唐文》卷三百一十八同）：

神龍中（705-7）申明舊詔，著之甲令：以五姓婚媾，冠冕天下，物惡大盛，禁相為姻。隴西李寶之六子、太原王瓊之四子、榮陽鄭溫之三子、范陽盧子遷之四子、盧輔之六子、公（清河崔景晊）之八代祖元孫之二子、博陵崔懿之八子、趙郡李楷之四子，士望四十四人之後，同降明詔，斯可謂美宗族人物而表冠冕矣！……惟肅宗以趙國錫崔公（圓），今上（代宗）以少師贈先公（景晊），……又轉尚書又僕射。四年（大曆四年，769）某月日龜筮叶吉奉少師滎陽夫人（鄭氏）之喪，合祔於東京河南邙山之某原，禮也。世傳清白，子孝臣忠，山東士大夫以五姓婚姻為第一，朝廷衣冠以尚書端揆為貴士，惟公兼之。……

碑文撰者是李華，立碑時間是代宗大曆四年（公元769年）。按禁婚之事由於李義府為子求婚不得而奏請，時在高宗顯慶四年，但事情之發生，自有其長期之心結及歷史背景。

71 見《資治通鑑》卷二百〈唐紀〉十六，顯慶四年冬十月壬戌詔。

參考書目

王玉清等　〈唐阿史那忠基發掘簡報〉《考古》1977－2。

王　溥　《唐會要》世界書局，民49年。

王欽若　《冊府元龜》中華書局，民61年。

王壽南　〈唐代公主之婚姻〉《歷史與中國社會變遷研討會論文集》，民70年。

王壽南　〈唐代的和親政策〉《政治論文集》。

牛致功　〈文德皇后與唐太宗政權〉《史學月刊》1984－6。

毛漢光　〈中古大族著房婚姻之研究－北魏高祖至唐中宗神龍年間五姓著房之婚姻關係〉《中研院史語所集刊》56－4，民74年。

毛漢光　〈中古山東大族著房之研究－唐代禁婚家與姓族譜〉《中研院史語所集刊》54－3，民72年。

毛漢光　〈北朝東西政權之河東爭奪戰〉刊於《台大文史哲學報》第35期，民76年。

毛漢光　〈西魏府兵史論〉《中研院史語所集刊》58－3，民76年。

毛漢光　〈李淵崛起之分析〉《中研院史語所集刊》59，民78年。

毛漢光　《唐代墓誌銘彙編附考》中研院史語所專刊之81。

毛漢光　〈隋唐政權中的蘭陵蕭氏〉刊於《勞貞一先生八秩榮慶論文集》台灣商務印書館，民75年。

毛漢光　〈隋唐政權中的吳郡陸氏〉刊於《國史釋論》陶希聖先生九秩榮慶祝壽論文集，民76年。

毛漢光　〈晉隋之際河東地區與河東大族〉《中央研究院第二屆國際漢學會議論文集》，民78年。

令狐德棻　《周書》鼎文書局點校本，民65年再版。

司馬光　《資治通鑑》藝文印書館，民44年。

李延壽　《北史》鼎文書局點校本，民65年再版。

李百藥　《北齊書》鼎文書局點校本　民65年再版。

孫遲　〈唐豆盧仁業碑〉《考古與文物》1981－1。

孫遲　〈唐姜遐碑〉《考古與文物》1980－1。

陳寅恪　〈記唐代之李武韋楊婚姻集團〉《歷史研究》1954－1。

陳寅恪　《唐代政治史述論稿》中研院史語所專刊之20。

陳寅恪　《隋唐制度淵源略論稿》中研院史語所專刊之22。

庾信　《庾子山集》商務印書館影印四部叢刊本。

萬斯同　〈西魏將相大臣年表〉《二十五史補編》開明書局，民26年。

趙萬里　《漢魏南北朝墓誌集釋》鼎文書局，民61年。

劉昫　《舊唐書》鼎文書局點校本，民65再版。

歐陽脩、宋祁　《新唐書》鼎文書局點校本，民65年再版。

謝啟昆　《西魏書》世界書局，民51年。

韓兆民　〈寧夏固原北周李賢夫婦墓發掘簡報〉《文物》1985－11

魏徵　《隋書》鼎文書局點校本，民65年再版。

大川富士夫〈西魏における宇文泰の漢化政策について〉《立正大學文學部論叢》7,1957。

欠端實　〈隋代の弘農楊氏をめぐって〉《中國正史の基礎的研究》1984。

山崎宏　〈隋の文帝の文獻皇后獨孤伽羅〉《立正史學》1970。

日野開三郎〈唐代和蕃公主の眞假制と資裝費〉《隋唐帝國と東アジア世界》1979。

布目潮渢　〈隋の大義公主について〉《隋唐帝國と東アジア世界》1979。

布目潮渢　〈李淵集團の構造〉《立命館文學》243號，1965。

矢野主稅　〈裴氏研究〉《長崎大學社會科學論叢》14,1965。

北村高　〈尉遲氏の中國入居について〉《東洋史苑》11,1977。

谷川道雄〈武川鎭軍閥の形成〉《名古屋大學東洋史研究報告》8,1982。

竹田龍兒　〈門閥としての弘農楊氏についの一考察〉《史學》31,1958。

松島才次郎〈竇氏の家系〉《信州大學教育學部紀要》24,1970。

濱口重國　〈西魏栫における虜姓再行の事情〉《東洋學報》25-3，1938-39。

Albert Dien "The Bestowal of Surnames Under the Western Wei-Northern Chou－A case of Counter－Acculturation" T'oung Pao, Vol, LXIII.

出自第六十一册第一分(一九九〇年三月)

中古都城坊制初探

劉 淑 芬

本文主要探討的是中古都城內大規模整齊棋盤式城坊規劃的起源，及其產生的背景。就這種規劃的起源而言，學者都認爲係肇始於曹魏的鄴都北城；不過，迄今尚沒有足夠的文獻資料和考古發現的證據，可以證明此說。本文透過文獻資料討論，提出中古都城的城坊規劃源於北魏的首都平城，其後北魏新都洛陽、北齊鄴都南城，隋唐長安城都沿襲此一規劃。關於中古城坊制初創的背景，則和五胡十六國以降華北各政權徙民政策有關，北魏曾多次遷徙大量被征服的人口至平城，使得平城居民的種族、身份都很複雜，爲了便於控制、管理這些徙民，於是有大規模城坊的規劃，並且制定出一套城坊的管理辦法。

中古都城坊制的規劃設計，可能出自鮮卑人的構思，歷來史家都太過強調漢人在中古都城營建上所扮演的角色，而忽略了其中也有非漢人的參與。平城的城坊規劃係由何人負責，並無文獻可考；然而，我們確知北魏孝文帝於公元四九三年，命司空穆亮、尚書李沖、將作大匠董爵營建洛陽，其中穆亮就是鮮卑人。特別值得注意的是，四九四年，北魏正式遷都洛陽，當時洛陽並未築有城坊，在此七年之後，五〇一年由於北魏宗室廣陽王元嘉建議在「京四面」築坊，才修築洛陽的城坊。由此可見，在中古都城城坊的規劃營建方面，鮮卑人是有所新創與貢獻的。

一、前 言

在城郭之內設計大規模整齊棋盤式封閉的居住單元，是中古都城規劃最顯著的特色之一，如衆所熟知，隋唐的長安和洛陽便是最好的例子。（附圖一、二）迄今學界討論這種規劃，都認爲曹魏所築的鄴都北城爲其肇始。[1]不過，無論就文獻資料而言，或就考古發掘所知，都無法證明鄴都北城已有大規模齊整城坊的規劃。[2]本文主要

1 奈良縣立橿原考古學研究所附屬博物館：《中國の都城遺迹》（一九八三），頁三四，秋山日出雄提出「曹魏、後趙鄴都北城平面復原圖」之後，中國學者多接受其說，如賀業鉅，〈關於我國古代城市規劃體系之形成及其傳統發展的若干問題〉，《建築歷史與理論》，三、四輯，頁66。俞偉超，〈中國古代都城規劃的發展階段性〉，《文物》，一九八五年第二期，頁四四－四五。

2 附圖A、B是迄今已公布的鄴城考古報告的復原圖，其中沒有任何有關鄴城有齊整的城坊規劃之任何線索。又從文獻記載中，也沒有關於曹魏鄴城有齊整規劃城坊的確切記載。當然，在曹魏鄴城建春門和金明門這一條東西軸線以南是住宅區，這一點是有文獻可稽的，不過，這些住宅區是否有如同圖C的想像復原圖那樣整齊方正的規劃的城坊，則無法確定。況且，鄴城遺址受漳水的破壞，要找尋鄴城坊牆的遺跡，似乎是很困難的事。如僅根據幾條大路的遺跡，很難斷定鄴城有如後來北魏洛陽，隋唐長安洛陽那樣爲數衆多，齊整的城坊。又，假設鄴城幾條大路即是其城坊的邊界，則其城坊面積顯然較北魏、隋唐都城城坊面積大了許多，也就是說，兩者不可等同視之。

以文獻資料，證明北魏平城是最早出現大規模城坊規劃的城市，並且嘗試探討它出現的緣由。

二、北魏平城的城坊規劃

文獻上所見，最早在城郭內大規模地規劃、修築城坊的都城是北魏的平城。在此之前，漢代的長安、洛陽城內宮室所佔的比例很高，能夠規劃爲住宅區的面積便很少，因此多數的住宅區係在城外。[3]曹魏鄴城的面積因約僅有漢長安城的四分之一，除去宮城、銅雀園的佔地外，可規劃爲住宅區的土地便很有限了，所以也無法出現大規模的城坊規劃。

北魏有兩個平城，一名平城，一名新平城（又稱南平城或小平城）。這兩個平城都有大規模的城坊規劃。《魏書》上雖然有上述兩個平城的記載，但由於下列三個原因，史家和考古學者一直沒注意到其間的區分，而將之視爲同一個城。第一，北魏以平城爲都城的時期裡（西元三九八至四九三），兩個平城同時使用，加以《魏書》的記載也多含混，因此如不細辨，就很難分得清楚。第二，北魏以後，平城未再做爲任何王朝的都城，它的沿革便不再受到重視，至明朝修《大明一統志》時，就已經弄不清楚平城外郭爲何時修築的。[4]第三，迄今考古發掘只限於平城（今山西大同市）附近的陵墓和貴族墳墓，[5]似乎只認定大同市是北魏平城所在，而未曾注意桑乾河以南另有一新平城。

北魏在建設平城的同一年，也開始修築新平城。《魏書》卷一，〈序紀〉記載早在北魏遷都平城之前，就已經開始修建這兩個平城，紀元三一四年（晉愍帝建興元年）穆帝猗盧：

> 城盛樂以爲北都，修故平城以爲南都。帝登平城西山，觀望地勢，乃更南百里，於㶟水之陽黃瓜堆築新平城，晉人謂之小平城，使長子六脩鎮之，統領南部。

3　王仲殊，《漢代考古學概說》（北京，中華書局，一九八四），頁九及二一。

4　清，黎仲輔纂輯、楊霖等編，《大同縣志》（道光十年刊本），卷七，〈古蹟〉，頁四：「平城外郭，明一統志：『城東五里，本漢平城縣，其外郭乃西魏所築，在無憂坡上。』按北魏紀：『太宗泰常八年，築平城外郭，周三十二里。』舊志云西魏所築者，謬。」

5　宿白，〈盛樂、平城一帶的拓跋鮮卑—北魏遺迹，鮮卑遺迹輯錄之二〉，《文物》，一九七七年第十一期。

故平城即指秦漢雲中故城，約今山西省大同市，[6]也就是今日大家所認定的北魏平城舊址。新平城故城在今大同市之南桑乾河南岸，約今日山陰東南，（附圖三）位於桑乾河（古稱㶟水）和夏屋山之間，正符合《魏書》，卷二〈太祖紀〉上關於新平城的記載：

（天興六年，四〇三）九月，行幸南平城，規度灅南，面夏屋山，背黃瓜堆，將建新邑。

南平城即今新平城，清人吳輔宏重修的《大同府志》對此考訂甚詳：

南平城，即新平城，魏書……今灅水經山陰縣北，又北有黃花岡，即黃瓜堆，縣南大山即古夏屋山，是山陰爲南平城地無疑矣。[7]

夏屋山，……南平城爲今山陰縣地，灅水即濕水，爲今桑乾河，在山陰北則縣南大山，當即古之夏屋山矣。[8]

雖然兩個平城都有大規模城坊的規劃，但新平城的規劃興築城坊比平城爲早，《魏書》卷二，〈太祖紀〉：

（天賜三年，四〇六）六月，發八部五百里內男丁築灅南宮，門闕高十餘丈；引溝穿池，廣苑囿；規立外城，方二十里，分置市里，經塗洞達。三十日罷。

至於平城城坊的規劃興築則略晚於此。《南齊書》卷五十七，〈魏虜傳〉：

什翼珪始都平城，猶逐水草，無城郭，木末始土著居處。佛狸破梁州、黃龍，徙其居民，大築郭邑。截平城西爲宮城，……其郭城繞宮城南，悉築爲坊，坊開巷。坊大者容四、五百家，小者六、七十家。每南坊搜檢，以備奸巧。城西南去白登山七里，於山邊別立父祖廟。

「城西南去白登山七里」，可知此處敘述的是平城（參見附圖三）。文中說「其郭城繞宮城南，悉築爲坊，坊開巷」，按《魏書》卷三，〈太宗紀〉：「（泰常七年，四二二，九月）辛亥，築平城外郭，周回三十二里。」又據《水經注》卷十三，〈㶟水

6 《大同縣志》，卷四，疆域，頁十三—十四：「小白登山，……蓋漢與北魏之平城，雖均今日府治，其地界稍有差別，故水經注既引服、如二氏之說，又云今平城東十七里有臺，即白登臺，臺南對罡阜，即白登山也。……道元以北魏人記魏京邑，親履其地，其言必不妄，是北魏平城東十七里，即漢平城。」

7 清，吳輔宏重修，王飛藻纂，文光更訂：《大同府志》（乾隆四十七年重校刊四十一年本），卷六，古蹟，頁八—九。

8 同前書，卷四，山川，頁六—七。

）：「如渾水又南，分爲二水，一水西出，南屈入北苑中，歷諸池沼。又南逕虎圈東，……又逕平城西郭內，魏太（泰）常七月所城也。」可知泰常七年方築平城外郭，也應在此時才築坊。因此，《水經注》有一則記載說平城內有一座白樓，係建於明元帝神瑞三年（四一六），後來在樓上置大鼓，作爲城裡城坊門晨開暮閉的信號：

魏神瑞三年（四一六），又建白樓，樓甚高竦，加觀榭于其上，表裏飾以石粉，皜曜建素，赭白綺分，故世謂之白樓也。後置大鼓于其上，晨昏伐以千椎，爲城里諸門啟閉之候，謂之「戒晨鼓」也。[9]

平城大規模地規築城坊是一項新創。雖然有學者認爲平城外城的規劃是以中原都邑爲藍本，尤以鄴城爲其模擬的對象，[10]但細讀《魏書》的記載，便知北魏平城仿照漢人都城主要是在宮室制度方面。《魏書》卷二十三，〈莫含附莫題傳〉：

後太祖欲廣宮室，規度平城四方數十里，將模鄴、洛、長安之制，運材數百萬根。以題機巧，徵令監之。召入，與論興造之宜。

宿白引這段資料證明平城的外城規劃仿鄴城。[11]其實文中說「欲廣宮室」及「運材數百萬根」，顯然是爲建宮室之用。我們可用另一則資料來說明道武帝的激[illegible]鄴城宮室，《魏書》〈太祖紀〉：

（天興元年正月）帝至鄴，巡登臺榭，遍覽宮城，將有定都之意。乃置行臺，以龍驤將軍日南公和跋爲尚書，與左丞賈彝率郎吏及兵五千人鎮鄴。

雖然道武帝在「巡登臺榭，遍覽宮城」之後，意欲以鄴城爲都城；不過基於早先穆帝以平城爲南都，以及實際上的考慮，仍在此年七月遷都平城，開始興建宮室，先後修建了天華殿、中天殿、雲母堂、金華堂。[12]從《南齊書》〈魏虜傳〉對於這些宮室描述，可知其甚爲簡陋，如「僞太子宮在城東，亦開四門，瓦屋，四角起樓。妃妾皆住土屋。」又說「宮門稍覆以屋，猶不知爲重樓。」由此可見，一則北魏初離帳落生活，還沒學會漢人建築房舍宮室的技術；二則北魏還沒建立一套宮室制度。因此可以理解道武帝巡登鄴城臺榭，遍覽宮城，欲以之爲都城，其實是看中鄴城的宮室制度。漢人都城宮室制度是遊牧文化中沒有的成分，所以北魏孝文帝在遷都洛陽之前，也派遣

9 酈道元注，楊守敬、熊會貞疏，段仲熙點校，陳橋驛復校，《水經注疏》（江蘇古籍出版社，一九八九），卷十三，〈㶟水〉，總頁一一四四～一一四五。
10 同註五。
11 同前註。
12 《魏書》，卷二，〈太祖紀〉。

使臣至南齊觀察建康的宮殿形式。

> (永明九年，三九一)遣使李道固、蔣少游報使。少游有機巧，密令觀京師宮殿楷式。……少游，安樂人。虜宮室制度，皆從其出。[13]

由上可知，北魏平城模擬曹魏鄴城者，主要是在宮室制度方面。同時，如引〈莫題傳〉證明平城模擬鄴城的外城規劃，在時間上亦不切合。因爲平城圍外郭築坊是在明帝泰常七年(四二二)，而非在道武帝之世(三八六～四〇九)。

〈南齊書・魏虜傳〉對平城城坊有很簡短而清楚的描述：「其郭城南繞宮城南，悉築爲坊，坊開巷。坊大者容四、五百家，小者六、七十家。每南坊搜檢，以備奸巧。」此處說的「南坊」，指的是宮城南面諸坊。又「坊開巷」，則顯示坊內的規劃和隋唐長安、洛陽的坊類似。[14]又從「坊大者容四、五百家，小者六、七十家」看來，則平城的坊至少有兩種不同的規格。

三、北魏洛陽的城坊規劃

繼平城之後，在郭城內規劃整齊城坊的設計，陸續爲北魏新都洛陽、北齊營建的鄴都南城所取則。至隋朝興建大興、東都洛陽，也都採取整齊的城坊規劃。

雖然北魏孝文帝於太和十七年(四九三)下令修建洛陽，次年，正式遷都於洛陽，但此時洛陽並未築有城坊，洛陽築坊是距此七年以後的事。宣武帝景明二年(五〇一)，因採納廣陽王元嘉的建議，才修建洛陽城坊。(見附圖四、五)。關於洛陽修築城坊的兩則記載，在參與築坊工役的人夫數目，以及坊的數目方面，都小有出入。《魏書》卷八〈世宗紀〉「(景明二年)九月丁酉，發畿內夫五萬人築京師三百二十三坊，四旬而罷。」而《北史》卷四，〈魏本紀〉：「(景明二年)九月丁酉，發畿內夫五萬五千人築京師三百二十坊，四旬罷。」就築坊民夫人數而言，兩者相差了五千人，不論何者方爲正確數目，洛陽築坊是一件大工程，是毫無疑問的。

關於洛陽城坊的數目，有三種不同的記載：前述《魏書・世宗紀》作三百二十三坊，〈北史・魏本紀〉及《魏書》卷十八〈明元六王傳・廣陽王〉都記三百二十坊，

13 《南齊書》，卷五十七，〈魏虜傳〉。
14 日野開三郎，《唐代邸店の研究》(撰者印行，一九六八)，頁二六七一二七六。宿白，〈隋唐長安城和洛陽城〉，《考古》，一九七八年第六期，頁四〇九－四一〇。

《洛陽伽藍記》卷五作二百二十坊，至於何者才是正確的數目？學者考訂，也沒有一致的看法。勞貞一認爲洛陽當有二百二十五個城坊，[15]范祥雍則以三百二十坊爲正確，[16]何炳棣認爲洛陽有二百二十個坊。[17]以上諸位先生都認爲只有一個數目字是正確的，其他兩個數字是傳抄之誤。近年來，有學者認爲這三個數字各有所指，如賀業鉅、孟凡人都認爲三百二十或三百二十三，原是指洛陽郭內面積依照整齊劃分可規劃的坊數，而二百二十這個數字則是扣除宮城、宗廟、園苑、官署等公共建築之後，實際上所興築的城坊數。[18]

本文認爲洛陽城坊數三百二十或三百二十三，是指在洛陽城郭之內及郭外地區所建的坊數，二百二十則是僅指在郭內興築的坊數。〈魏書・廣陽王傳〉裡說他「表請於京四面築坊三百二十，各周一千二百步」，這裡說的「京四面」是指洛陽以及近郭地區。這個看法是有它的根據的，因爲早在遷都洛都之前，北魏就曾在都城平城附近的王畿和「三部」廣大的區域，實施整齊的區劃，以便利管理。《魏書》卷三十三，〈公孫表附公孫邃傳〉：

> 後高祖與文明太后引見王公以下，高祖曰：「比年方割畿內及京城三部，於百姓頗有益否？」邃對曰：「先者人民離散，主司猥多，至於督察，實難齊整。自方割以來，衆賦易辦，實有大益。」太后曰：「諸人多言無益，卿言可謂識治機矣。」

上文所說「畿內及京城三部」，指的是平城及其附近的王畿地帶，以及北魏建國之初的勢力範圍。因文明太后卒於孝文帝太和十四年（四九〇），故此時北魏的都城尚在平城，「京城」係指平城而言。至於「畿內」的範圍，據《魏書》卷一一〇，〈食貨志〉所記：「天興初，制定京邑，東至代郡，西及善無，南極陰館，北盡參合，爲畿內之田。」而所謂的「三部」，則是指北魏初期的勢力範圍，《魏書》卷一，〈序記〉：「昭皇帝諱祿官立，始祖之子也。分國爲三部：帝自以一部居東，在上谷北，濡

15　勞榦，〈北魏洛陽城圖的復原〉，《中央研究院歷史語言研究所集刊》，第二十本上冊。

16　范祥雍，《洛陽伽藍記校注》（上海，古籍出版社，一九五八），附編三，〈圖說〉。

17　何炳棣，〈北魏洛陽城郭規劃〉，《慶祝李濟先生七十歲論文集上冊》（台北，清華學報社，一九六五）。

18　賀業鉅，〈北魏洛都規劃分析－兼論中期封建社會城市規劃制度〉，收入氏著：《中國古代城市規劃史論叢》（北京，中國建築工藝出版社，一九八六），頁一七七。
孟凡人，〈北魏洛陽外郭形制初探〉，《中國歷史博物館館刊》，一九八二年，總第四期，頁四四。

源之西，東接宇文部；以文帝之長子桓皇帝諱猗㐌統一部，居代郡之參合陂北；以桓帝之弟穆皇帝諱猗盧統一部，居定襄之盛樂故城。」〈魏書·公孫邃傳〉的記載說明了北魏孝文帝爲了便利管理上述地區，將這些地區劃分爲整齊的小區域，所以叫做「方割」。這些方割的地區除了平城、新平城的城郭內規劃築坊之外，其餘的地區大約僅有作爲區劃的界線而已。

方割京城似可視爲日後北魏洛陽規築方三百步，周長爲一千二百步的方形城坊的前身。前文提及新平城、平城築有城坊，但從文獻資料看來，無法得知其城坊是否作整齊的方形規劃？孝文帝遷都洛陽之後，迄宣武帝景明二年，廣陽王元嘉才表請在「京四面築坊」，「各周一千二百步」，這個建議是孝文帝「方割畿內及京城三部」的管理辦法更進一步地強化控制。元嘉原先建議築三百二十坊，這是指「京四面」地區一包括洛陽郭內及郭外地區計劃興築的坊數。然而，據楊衒之《洛陽伽藍記》的記載，則說洛陽只有二百二十坊，這該如何解釋呢？我們的判斷是：楊衒之曾在洛陽爲官，[19]以當代人記錄當代事，自然最爲可信，他記洛陽有二百二十坊，指的當是郭內實際上所築的坊數。《洛陽伽籃記》序文裡說「京師表裡凡有一千餘寺」，同書卷五：「京師東西二十里，南北十五里，……廟社宮室府曹以外，方三百步爲一里，……合有二百二十里。寺有一千三百六十七所。……北芒山上有馮王寺、齊獻武王寺，……如此之寺，既郭外，不在數限，亦詳載之。」由此可知，洛陽郭內有一千三百六十七所寺院，有二百二十個坊。至於〈魏書·世宗紀〉上說景明二年，徵發畿內夫五萬五千人築京師三百二十三坊這個數字，可能包括郭外所築的坊。[20]

北魏洛陽的營建雖然始於孝文帝，但一直要到宣武帝在郭內築坊時，洛陽的都城建設才算完工。東魏孝靜帝曾說：「高祖定鼎河洛，爲永永之基，經營制度，至世宗乃畢。」[21]

東魏、北齊的都城鄴城也築有城坊，不過其城坊可能只限於東魏拓築的鄴都南城。（附圖六）東魏孝靜帝天平元年（五三四），遷都於鄴，並且委任高隆之在曹魏鄴城之南拓築南城。《北史》卷五十四，〈高隆之傳〉：「又領營構大將，以十萬夫徹

19 范祥雍，《洛陽伽藍記校注》，附編一，〈楊衒之傳略〉，頁三五六－三五七。
20 《資治通鑑》（台北，明倫出版社，一九七二），卷一四四，齊紀十，和帝中興元年，採取三百二十三坊之說。
21 《北齊書》，卷二，〈神武紀下〉。

洛陽宮殿，運於鄴，構營之制，皆委隆之。增築南城，周二十五里。」北齊時，祖珽住在鄴城的義井坊，[22]這個坊大概是在鄴都南城。從北齊的墓誌銘也可知道鄴城的一些坊名。[23]而從《北史》卷四十三，〈李崇附李諧傳〉，可知鄴城城坊內的規劃情形：

（李諧子）庶妻，元羅女也。庶亡後，……積五年，元氏更適趙起。嘗夢庶謂己曰：「我薄福，託劉氏爲女，明旦當出，彼家甚貧，恐不能見養。夫妻舊恩，故來相見告，君宜乞取我。劉家在七帝坊十字街南，東入窮巷是也。」

坊內有十字街，和唐代長安、洛陽城坊的規劃相近。[24]由此可知隋唐長安、洛陽城坊的規劃乃是由北魏平城、洛陽、鄴南城一系列發展而來的。

另外，北齊的晉陽也築有城坊，公元五七六年，北周武帝圍攻北齊晉陽城，齊人初獲勝：「時齊人既勝，入坊飲酒，盡醉臥，（安德王）延宗不能復整。」[25]我們還知道晉陽有個坊叫做上黨坊。

雖然在都城內規劃興建大規模整齊封閉的城坊，是北朝以來都城建設的新發展，不過，以舊日的都城爲都城而未經規劃整建者，就沒有這樣的城坊，如西魏初年的長安。《北史》卷六十二，〈王羆傳〉記載西魏文帝大統六年（五四〇）：

時蠕蠕度河南寇，候騎已至豳州。朝廷慮其深入，乃徵發士馬，屯守京城，塹諸街巷，以備侵軼。右僕射周惠達召羆議之。羆不應命，臥而不起，謂其使曰：「若蠕蠕至渭北者，王羆率鄉里自破之，不煩國家兵。何爲天子城中，遂作如此驚動！由周家小兒恇怯致此。」

由於坊牆具有阻擋兵馬的功能，一個個城坊彷彿是大城內的許多小城。西魏時長安城並不是因爲經歷戰火而殘毀，從史書上可知當時的長安城有宮城、小城、大城三重城

22　同前書，卷三十九，〈祖珽傳〉。

23　如北齊〈是連夫人邢阿光墓誌〉：「以皇建元年十月六日遘疾卒於鄴城西，宣平行（鄉）上臺坊中之宅。」錄於趙萬里，《漢魏南北朝墓誌集釋》（考古學專刊乙種第二號，北京，科學出版社，一九五六），冊四，圖版三二六之二，葉二〇八。河南省博物館，〈河南安陽北齊范粹墓發掘簡報〉，《文物》，一九七二年第一期，頁五〇，載〈范粹墓誌〉：「武平六年四月廿日，薨於鄴都之天宮坊。」

安陽縣文教局，〈河南安陽縣清理一座北齊墓〉，《考古》，一九七三年第二期，頁九一，圖二，載〈北齊文宣帝妃顏氏墓誌〉：「武平七年，歲在庚申，時年卌七，八月廿六日薨於鄴城萕西坊。」

24　同註一四。

25　《北齊書》，卷十一，〈文襄六王傳〉。

26　同前書，卷一，〈神武紀上〉：「後上黨人居晉陽者，號上黨坊，神武實居之。」

郭，[27]而未築有城坊。如果長安城內築有許多城坊，遇到蠕蠕來侵，就不需要考慮「塹諸街巷」了；而正因爲長安城並無這樣的規劃，一時有警，遂想在城內街巷挖掘壕溝，以收阻擋之效。

隋末，江都已經築有城坊，大業十四年（六一八）隋煬帝在江都，宇文化及作亂，裴矩猶不知情：「矩晨起將朝，至坊門，遇逆黨數人，…」[28]。隋末，因隋煬帝把江都的地位提升到和京師相同的地位，[29]又在此修築江都宮，是否在此時也對江都作了一番規劃，則不得而知。隋唐時期，不僅西京長安、東都洛陽有大規模整齊的城坊規劃，乃至於州、府、縣城也有坊的規劃。州、府城有大小之分，平面多作方形，每邊正中開城門，內設十字街，大的州府有十六個坊，一般的州府有四個坊，小州、府和縣城約是一個坊的面積（半公里見方）。[30]

四、中古城坊制出現的背景及其作用

關於大規模規劃整齊城坊出現的原因，學者曾就北魏洛陽城坊的規劃提出解釋。[31]不過，中古大規模城坊的規劃興築始於北魏平城，因此，要探討它出現的原因，首先應就平城的情形而論。

就平城的規築城坊而言，其目的是爲了要控制、管理城坊內的居民，而其創始的背景則和遊牧民族的徙民政策有關。遊牧民族的徙民政策一方面是遊牧生活的餘習，另一方面則是魏晉北朝各政權競逐的情勢下策略之運用。

遊牧生活逐水草而居，平常遷徙時即攜帶其所有的人口、畜產同行；作戰時以騎兵爲主，帶有濃厚的掠奪性質，倘若獲勝，便盡擄敵方的人口與財產，攜之以歸。即使作戰失利，也經常不忘劫掠其撤軍路途上的聚落和人民。而打勝仗時，或因曾遭頑

27 《周書》，卷二，〈文帝紀下〉：「（大統四年八月）大軍之東伐也，關中留守兵少，而前後所虜東魏士卒，皆散在民間，乃謀爲亂。……於是沙苑所俘軍人趙青雀、雍州民于伏德等遂反。青雀據長安子城，……長安大城民皆相率拒青雀，每日接戰。」
28 《隋書》，卷六十七，〈裴矩傳〉。
29 同前書，卷三，〈煬帝紀〉：「（大業六年）六月，制江都太守秩同京尹。」並見拙文：〈隋煬帝的南方政策〉，《史原》，第八期，頁八八。
30 殷偉璋，〈中國考古學會舉行第五次年會討論中國古代都市問題〉，《考古》，一九八五年第六期，頁五七三。
31 見註五，及郭黎安，〈魏晉南北朝都城形制的幾個問題〉，《江海學刊》，一九八五年第一期，頁七〇。

強的抵抗，爲了報復起見；或是無法把敵方的人民、兵卒盡數遷移，爲了避免這些人力爲其他政權所用，他們常採取屠城或坑卒殘酷的手法。因此這個時期中坑卒、屠城的事件層出不窮，由於此和本文的討論沒有很大的關係，僅舉數例如下：

（劉）曜遣劉岳攻石生于洛陽，……（石）季龍執劉岳及其將王騰等八十餘人，并氐羌三千餘人，送于襄國，坑士卒一萬六千。[32]

（石勒）又遣（石）季龍統中外步騎四萬討曹嶷。……曹嶷降，送于襄國。勒害之，坑其衆三萬。[33]

（赫連勃勃）又攻姚興將姚逵于杏城，二旬，克之，執逵及其將姚大用、姚安和、姚利僕、尹敵等，坑戰士二萬人。[34]

（苻）堅大怒，復遣領軍楊定率左右精騎二千五百擊（慕容）沖，大敗之，俘掠鮮卑萬餘而還。堅怒，悉坑之。[35]

（道武帝登國八年）八月，帝南征薛干部，屠其城。[36]

（太武帝延和三年七月壬午）命諸軍討山胡白龍于西河。九月戊子，克之，斬白龍及其將帥，屠其城。[37]

從五胡十六國時期到南北朝對立時期，坑卒、屠城是很普遍的，一直到北朝末期，仍然有這種情形。

（北齊後主武平二年，五七一）六月，（段韶）徙圍定陽，其城主開府儀同楊範固守不下。韶登山望城勢，乃縱兵急政之。七月，屠其外城，大斬獲首級。[38]

至於徙民政策作爲政策的運用，是五胡十六國的君主每征服一地，就將其降服的人民遷至首都，以便就近監視，同時又派自己的族人至各地鎮守。如苻堅就是一個最明顯的例子，苻融還因此而提出勸諫：

陛下寵育鮮卑、羌、羯，布諸畿甸，舊人族類，斥徙遐方。……監國以弱卒數萬留守京師，鮮卑、羌、羯攢聚如林，……[39]

---

32 《晉書》，卷一〇三，〈劉曜載記〉。
33 同前書，卷一〇五，〈石勒載記下〉。
34 同前書，卷一三〇，〈赫連勃勃載記〉。
35 同前書，卷一一四，〈苻堅載記下〉。
36 《北史》，卷一，〈魏本紀一〉。
37 《魏書》，卷四，〈世祖紀上〉。
38 《北齊書》，卷十六，〈段韶傳〉。
39 同註三五。

又遊牧民族大多本非城居，及其進入中原並且建立政權後，必須建立都城作爲其政治中心；而因爲其族人分鎮各地，所以留駐在都城的人數就不足以塡滿這個城市，同時，他們也需要遷徙一些被征服的人民至都城，供其驅使。如石季龍滅石生後，苻洪便說服他「宜徙關中豪傑及羌戎內實京師」。[40]而北魏道武帝更曾一次遷徙近五十萬的人口至平城，《魏書》卷二，〈太祖紀〉：

（天興元年正月）辛酉，車駕發自中山，至于望都堯山。徙山東六州民吏及徒何、高麗雜夷三十六萬，百工伎巧十餘萬口，以充京師。

徙民的另一個目的，是爲了要控制被征服的人民。上文中提到天興元年遷徙至平城各種不同背景的人民中，徒何人原先散居各處，因管理不易，所以才將之遷往平城。《魏書》卷三十〈娥清傳〉：「先是，徒何民散居三州，頗爲民害。詔清徙之平城。」又另一個例子是北魏於西元四六六至四六九年間，趁劉宋內部皇位繼承戰爭，進兵青齊，佔有此地。獻文帝皇興三年（四六九）「徙青、齊人於京師」，在平城附近設立了平齊郡安置部分的青齊人士，主要是爲了便於監視，唐長孺認爲這些平齊民在一定的程度上也帶有俘虜的性質。[41]

徙民的結果是使得都城裡的居民，從種族到身份都很複雜，而成爲計劃城坊制創始的原因。以平城而言，從第三世紀開始，平城及其附近桑乾河上游的居民有烏桓、匈奴、鮮卑和漢人。四世紀時，拓跋鮮卑進入此一地區，並且取得此地的支配權。由於徙民政策的結果，四世紀末到五世紀中期，此地庫莫奚、高車諸部、蠕蠕、漢人、匈奴、屠各、西域各種人急遽地增加。[42]種族如此複雜，而鮮卑可能不是居於絕對多數的地位，因此五世紀初北魏規劃平城時，就在城郭內興築大量封閉性的城坊。

北魏平城規劃大規模的城坊，其目的是爲了便利控制和管理。坊有監禁、控制之作用。北魏宗室北海王元詳爲高肇所誣告，說他與茹皓謀反，宣武帝大怒，下令：「可免爲庶人，別營坊館，如法禁衛，限以終身」。後來「遂別營坊館於洛陽縣東北隅」。[43]據《洛陽伽藍記》卷二裡說洛陽縣署在城外郭內的綏民里。[44]這個坊館當是築

40 《晉書》，卷一一二，〈苻洪載記〉。
41 唐長孺，〈北魏的青齊土民〉，收入氏著：《魏晉南北朝史論拾遺》（北京，中華書局，一九八三），頁一〇八。
42 前田正名：《平城の歷史地理學研究》（東京，風間書坊，一九七九），頁六八－一〇八。
43 《魏書》，卷二十一上，〈獻文六王傳，北海王〉。《北史》，卷十九，〈獻文六王傳〉。
44 《洛陽伽藍記校注》，頁八八：「建陽里東有綏民里，里內有洛陽縣，臨渠水。縣門外有洛陽令楊機清德碑。」頁八一－八二：「出建春《南》門外一里餘至東石橋南北而行，……橋北大道西有建陽里，大道東有綏民里。」

在綏民里的東北角，四周另築有牆，所以稱「坊館」。由上可知，坊有監禁、監視的意味。北魏時另有在城外築較大規模的坊，作爲降人特定的住宅區，以利於管理、監視。孝文帝初年，魏宗室拓跋禎爲南豫州刺史時：「淮南之人相率投附者三千餘家，置之城東汝水之側，名曰歸義坊。」此歸義坊可能是有柵欄或牆環築的一個住宅區。而值得注意的是，孝文帝遷都洛陽後，洛陽也有這樣大規模安置歸順、降服之民的住宅區。《洛陽伽藍記》卷三，提及洛陽城南西域諸國歸化者的特定住宅區慕義里內有一萬多家：

> 永橋以南，圜丘以北，伊、洛之間，夾御道有四夷館。道東有四館，一名金陵，二名燕然，三名扶桑，四名崦嵫。道西有四里：一曰歸正，二曰歸德，三曰慕化，四曰慕義。……西夷來附者處崦嵫館，賜宅慕義里。自葱嶺已西，至於大秦，百國千城，莫不歡附，商胡販客，日奔塞下，所謂盡天地之區已。樂中國土風，因而宅者，不可勝數，是以附化之民，萬有餘家。

容納萬餘家西域諸國人的慕義里，以及安置南朝降服者三千餘家的歸正里，[45]其範圍當然不會只限於「方二百步爲一里」的一方之地，而是包含數個或數十個「方三百步」的區域。就如同洛陽城西的壽丘里就包括了三十個坊的範圍，《洛陽伽藍記》卷四，〈城西〉：

> 自退酤以西，張方溝以東，南臨洛水，北達芒山，其間東西二里，南北十五里，並名爲壽丘里，皇宗所居也，民間號爲王子坊。

對於安置大量歸順降服者的坊有嚴密的管制，不許任意遷往他坊居住。《洛陽伽藍記》卷三：

> 吳人投國者處金陵館，三年已後，賜宅歸正里。景明初，僞齊建安王蕭寶寅來降，封會稽公，爲築宅於歸正里。後進爵爲齊王，尚南陽長公主。寶寅恥與夷人同列，令公主啟世宗，求入城內。世宗從之，賜宅於永安里。

北魏的城坊規劃首先出現在平城，爲了便利管理，北魏道武帝天賜三年築新平城的郭城及規劃城坊時，就以不同身分、職業分別城坊內的住民。《魏書》卷六十，〈韓麒麟附韓顯宗傳〉載顯宗上孝文帝書：

> 仰惟太祖道武皇帝創基撥亂，日不暇給，然猶分別士庶，不令雜居，伎作屠沽

45 同前書，卷二，頁一一七。又，按《元河南志》作三十餘家。

，各有攸處。

由於道武帝在天興元年時曾遷徙近五十萬人至平城，其中有百工伎巧十餘萬口，這裡說的「伎作屠沽，各有攸處」，可能即是爲了方便管理這些百工技巧的設計的。另外，同年遷到平城的山東六州「民吏」及徒河、高麗雜夷三十六萬，也是其「分別士庶，不令雜居」規劃的背景。後來孝文帝遷都洛陽時，也曾採納韓顯宗的建議，仿照平城分別士庶的城坊規劃[46]；不過後來由於執行得不夠嚴格，各坊士庶也混雜了。甄琛就把「諸坊混雜」列爲洛陽治安不良的原因之一。《魏書》卷六十八，〈甄琛傳〉載他上孝文帝書：

今遷都已來，天下轉廣，四遠赴會，事過代都，五方雜沓，難可備簡，寇盜公行，劫害不絶，此由諸坊混雜，釐比不精，主司闇弱，不堪檢察故也。

僅是城坊的規劃和不同身分階級、職業的人分區居住，還不一定能夠保證有良好的治安，因此至太武帝時更加強平城城坊的管理，包括精選管理城坊的官員，更派吏士輔助這些官員巡查管理。或許由於被遷徙至平城的人從種族到背景都很不同，而且其中很多是被鮮卑族征服的人，即使已就其階級、職業分坊安置，平城的治安仍然不好，才有太武帝時加強城坊管理的措施。甄琛表中對此的敍述是：

是以國家居代，患多竊盜，世祖太武皇帝親自發憤，廣置主司、里宰，皆以下代令長及五等散男有經略者乃得爲之。又多置吏士，爲其羽翼，崇而重之，始得禁止。

北魏洛陽承襲了平城城坊的設計及其管理，而更加嚴整，洛陽城內每一個城坊的管理，據《洛陽伽藍記》卷五云：「廟社宮室府曹以外，方三百步爲一里，里開四門，門置里正二人，吏四人，門士八人。」則每一里有八里正，十六個吏，三十二個門士，合計每一里有五十六人管理里坊內居民的出入，並維持治安。而每一坊的戶數，多者有千戶，中者有七、八百戶，小的只有五百戶。[47]又據楊衒之說，洛陽共有二百二十個坊，因此洛陽城光是管理城坊的人員就有一萬二千三百二十人。事實上，《洛陽伽藍記》這段記載「門置里正二人」中，「門」字可能是衍字。[48]對於城坊管理人

46　同前書，卷六十，〈韓麒麟附韓顯宗傳〉。

47　《魏書》卷六十八〈甄琛傳〉：「京邑諸坊，大者或千戶、五百戶。」同書，卷十八，〈臨淮王傳·元孝友傳〉：「京邑諸坊，或七八百家，唯一里正、二史，……」。

48　此爲嚴歸田師的意見，未刊。

員，元孝友曾在一封奏疏中提到「京邑諸坊，或七、八百家，唯置一里正、二史」。[49]可知每坊的管理人員當是里正一至二人，吏二至四人。甄琛曾建議宣武帝全以武人擔任里正之職，但未被宣武帝採納；不過，宣武帝接受了他另一個建議：「以羽林爲遊軍，於諸坊巷司察盜賊。」[50]則除了管理城坊的官員之外，又以禁衛軍來糾察城坊內的盜賊，對城坊的控制又更加嚴密了。《魏書》記載一個在城坊內搜檢盜賊的事件：

> 始（崔）光韶在都，同里人王蔓於夜遇盜，害其二子。孝莊詔黃門高道穆令加檢捕，一坊之內，家別搜索。至光韶宅，綾絹錢布，匱篋充積。[51]

在此事件中，崔光韶並非尋常百姓，而在挨戶搜檢盜賊時，亦不能免，連倉儲都被翻檢，可見其搜查之徹底。

城坊制透過對坊內居民有效地控制和巡查，對治安的維護發揮很大的效用，我們可以從北宋城坊制崩壞後的一個例子來看：沈括曾建議在邊郡城內築坊，恢復城坊制，以確保邊地的治安，《續資治通鑑長編》卷二百六十一：

> （熙寧八年三月癸巳朔）上批：近沈括建議邊郡城中置坊，設垣爲門，以備姦伏，契勘熙河岷州新創，民居未多，宜易施行，可先劄與經略司，仰相度畫圖聞奏。

由此可知，規劃城坊，築垣設門之事，在一個新建的城中，比較容易付諸實施，這也就是爲什麼城坊制首先出現在北魏新規劃的平城、洛陽的原因之一。而岷州實施城坊制的情形及其效果如何呢？據《續資治通鑑長編》卷二百六十七的敘述如下：

> （熙寧八年八月癸巳）定州路安撫司上相度到，……時契丹略漢境，民不安於鄙，傅城自歸，而夷夏莫能辨，守者無敢納。賴敵退，鄙之人幾肉於契丹。（沈）括爲講坊市法，嚴爲防禁，使民各以鄉閭族黨相任，分坊以處之，謹啟閉之節，坊有籍，居有類，出入有禁，邊人爲之安。

在一個新規劃的城市中大規模地興築齊整的城坊，可能來自遊牧民族的構思。平城築城坊係何人的主意，史無明文，況且平城的城坊似乎大小不一；但我們確知洛陽規築方三百步整齊的城坊，係出自北魏宗室廣陽王元嘉的建議。前引〈魏書・公孫邃

49　《魏書》，卷十八，〈太武五王傳，臨淮王〉。
50　同前書，卷六十八，〈甄琛傳〉。
51　同前書，卷六十六，〈崔亮附崔光韶傳〉。

傳〉說明：魏孝文帝初年的「方割」平城王畿及「三部」地區，是洛陽齊整城坊規劃之前身。方割王畿，以便於管理，似乎是孝文帝和文明太后的主意，因此，當他們兩人就實施方割的效果詢問臣下，大臣們都說對百姓沒什麼好處，唯獨公孫邃說：「自方割以來，衆賦易辦，實大有益。」恰恰符合孝文帝、太后的心意，太后遂稱讚他爲「識治機」。另外，元魏宗室任城王澄也曾爲後來洛陽郛內佛寺遽增、毀坊牆開門、破壞城坊制一事而憂心忡忡，上奏請維護城坊制坊牆之完整，《魏書》卷一一四，〈釋老志〉載任城王澄奏：

> 如臣愚意，都城之中，雖有標榜，營造粗功，事可改立者，請依先制。在於郛外，任擇所便。其地若買得，券證分明者，聽其轉之。若官地盜作，即令還官。若靈像既成，不可移撤，請依今敕，如舊不禁，悉令坊內行止，不聽毀坊開門，以妨里內通巷。若被旨者，不在斷限。郛內准此商量。

雖然有人也許會辯稱：負責營建北魏洛陽者大都是漢人，但值得注意的是這些漢人大臣、乃至於工匠，主要負責規劃營建是宮室制度。《魏書》卷七，〈高祖紀下〉：「（太和十七年）冬十月戊寅朔，幸金鏞城。詔徵司空穆亮與尚書李沖、將作大匠董爵經始洛京。」從姓氏上看，董爵大概是漢人；穆亮在《魏書》中有傳，是鮮卑人。李沖出身隴西李氏家族，是漢人。此三人中營建洛陽的事蹟，只有《魏書》卷五十三〈李沖傳〉對於他營建洛陽的貢獻有簡短的記載：「沖機敏有巧思，北京明堂、圓丘、太廟，及洛都初基，安處郊兆，新起堂寢，皆資於沖。」由此可清楚地看出，由於李沖明習漢文化的典章制度，所以對於宮室制度、宗廟祭祀都沒有經驗的北魏帝室，就把平城、洛陽的宮室和禮制建築委託他規劃。自來史家都太過強調漢人在營建北魏都城中所扮演的角色[52]，而忽略了其中也有鮮卑人穆亮的參與；況且北魏洛陽築城坊並不在孝文帝之世，而是在宣武帝之時，採納廣陽王元嘉的建議才築城坊的。

繼平城之後，有大模城坊規劃的城市是北魏的洛陽，有兩位學者認爲這一規劃的

52 拙文：〈六朝建康與北魏洛陽之比較〉，《國立台灣大學建築與城鄉研究學報》，第二卷第一期，頁一八六，也認爲北魏洛陽的規劃全受南朝建康的影響。時隔八年，重新檢討之餘，覺得這個看法必須修正，陳寅恪早年對北魏洛陽規劃的看法仍然是很正確的。他在〈隋唐制度淵源略論稿〉中，指出〈南齊書．魏虜傳〉說蔣少游出使南齊，觀建康宮殿格式，後來「虜宮室制度皆從此出」的說法，是言過其實。他認爲蔣少游所摹擬的只限於宮殿本身，至於北魏洛陽新都之全體計劃中尚有平城、河西二因子。見《陳寅恪先生文集》（台北，里仁出版社，一九八二），冊一，頁六四。

主要原因之一，是爲了安置大批自他處遷徙而來的人民和軍隊。宿白認爲：洛陽興建衆多規整里坊，目的在於便於控制坊內的居民；他同時也認爲另一主要的原因，是爲了安置、管理大批自平城遷洛的羽林虎賁，他們在組織上還有相當一部分保留著舊日部落性質的軍事編制。[53]這個說法多少暗示洛陽城坊規劃受到鮮卑組織的影響。郭黎安則有不同的意見，他認爲無論就內容、形式及管理而言，北魏洛陽的城坊都是爲了適應封建化的需要而產生的。[54]以上兩位學者雖然有各自的看法，不過他們都沒有深論這個問題。本文認爲北魏洛陽出現大規模城坊的規劃，是沿襲了其規築平城城坊的經驗，其目的不只是如宿白所說爲了安置自平城遷洛的羽林虎賁，也還包括了原先在平城的鮮卑、漢人的百官及其家屬，以及爲了充實京師而被遷徙至洛陽的商賈、百工伎巧和平民。從《洛陽伽藍記》中的記載，可知洛陽有分別安置這些人的城坊，如城西佔有三十個城坊的壽丘里，又名王子坊，就是北魏皇室宗親的住宅區。[55]洛陽大市附近的通商、達貨、調音、樂律、退酤、治觴、慈孝、奉終、準財、金肆十里，是工商業者集中居住的區域，其中通商、達貨二里特別是商賈的住宅區，調音、樂律二里是樂人的住宅區，退酤、治觴二里是製酒專業區，慈孝、奉終是喪葬業者的集中地。[56]

爲了安置大量遷徙至都城的人民和軍隊，以及爲了加強控制都城內的居民，是中古城市出現大規模城坊規劃的主要原因，北魏平城如此，洛陽亦然。迄於隋唐的長安、洛陽也有大規模城坊的規劃，即是延續著此一城市規劃的路線而來的。張永祿認爲隋唐長安城規模宏偉，與隋初準備利用都城控制大量人口，以及準備遷徙江南亡國的貴族以實京師的需要有關。[57]這個看法固然不錯，但是追究城裡大規模城坊規劃的源頭，仍然要溯自北魏的平城。

六、餘　論

53　同註五。
54　郭黎安，〈魏晉南北朝都城形制的幾個問題〉。
55　《洛陽伽藍記校注》，卷四：「自退酤里以西，張方溝以東，南臨洛水，北達芒山，其間東西二里，南北十五里，並名爲壽丘里，皇宗所居也，民間號爲王子坊。」又據卷五城北，記洛陽「廟社宮室府曹以外，方三百步爲一里」，則皇宗所居的壽丘里佔有三十個城坊的地區，所以說「並」名爲壽丘里。
56　《洛陽伽藍記校注》，卷四，城西，頁二〇二－二〇五。
57　張永祿，《唐都長安》（西安，西北大學出版社，一九八七），頁二一。

另外，值得提出來一談的是：自北魏迄於唐，城內有一部分的坊係屬於軍坊。[58]前面提到宿白認爲北魏洛陽規劃衆多城坊的原因之一，是爲了安置自平城遷洛的羽林虎賁。無疑的，任何一個政權的都城中，必然有爲數不少的軍隊，以捍衛都城。因此城坊制出現後，都城內一部分的城坊勢必要劃給這些軍隊，作爲駐紮之所，北魏洛陽如此，唐代都城長安亦然。宋敏求《長安志》卷十，休祥坊條注：

> 大和二年，休祥坊百姓三百接宰相訴：「當坊右龍武城地，賜百姓，經四十餘年不納稅，今被擗仗使田全操並卻徵索。」[59]

古龍武城地，係指休祥坊，原爲軍人駐紮之坊，所駐的軍隊是禁軍中的右龍武軍。《文獻通考》記載，唐玄宗開元二十六年（七三八），析羽林軍爲左、右龍武軍，掌左右萬騎營。據唐文宗大和二年（八二八）休祥坊百姓的說辭，此地原是右龍武軍駐紮地，在此四十餘年前賜給百姓作爲民居，則是在唐德宗時賜給百姓。從這段記載，可知至少自唐玄宗至德宗時，此地一直是右龍武軍的軍坊。那麼百姓何以說此地是右龍武「城」地呢？這又和北周以來軍人城居的傳統有關。谷霽光《府兵制度考釋》中指出：自西魏、北周以來，軍人城居是最主要和最經常的形式。[60]北周武帝並且曾特別築武功、郿、斜谷、留谷、武都、津坑諸城，以安置軍人。同時，城坊制下坊有坊牆，城坊類似城中的小城，以之稱爲「城」，也是很自然的事。

---

58 谷霽光，〈城民與世兵〉，收入氏著：《府兵制度考釋》（上海，人民出版社，一九六一）附編三，頁二九四：「原來有手工業作坊、商店和居民的較大城市，情況便不同。軍人集中居住於某些坊，作坊、商店和居民住宅則較集中于另外一些坊，同類或相近的行業和有關居民，又往往集中在一個坊。軍人坊居也是很自然的，魏末的『六坊之衆』，則指坊居洛陽的羽林、虎賁，……」。

59 見張敏同校正、畢沅新校正，乾隆甲辰校刊靈巖山館藏板《長安志》，收入《經訓堂叢書》第十九～二十二冊，卷十，頁五。光緒十七年，思賢講舍曾重刊此本。收於《景印文淵閣四庫全書》第五百八十七冊的《長安志》（台北，商務書局），頁一四五的記載與此幾乎雷同，唯「擗仗使」作「儀仗使」。清，徐松《唐兩京城坊考》（台北世界書局依道光二十八年靈石楊氏刊本）卷四，頁十八，休祥坊條下亦錄宋敏求《長安志》這則記載，只不過將「龍武城地」，改爲「龍武軍地」。本文認爲，當依畢氏校刊《長安志》，作「龍武城地」，方爲正確。

60 《府兵制度考釋》，頁五一。

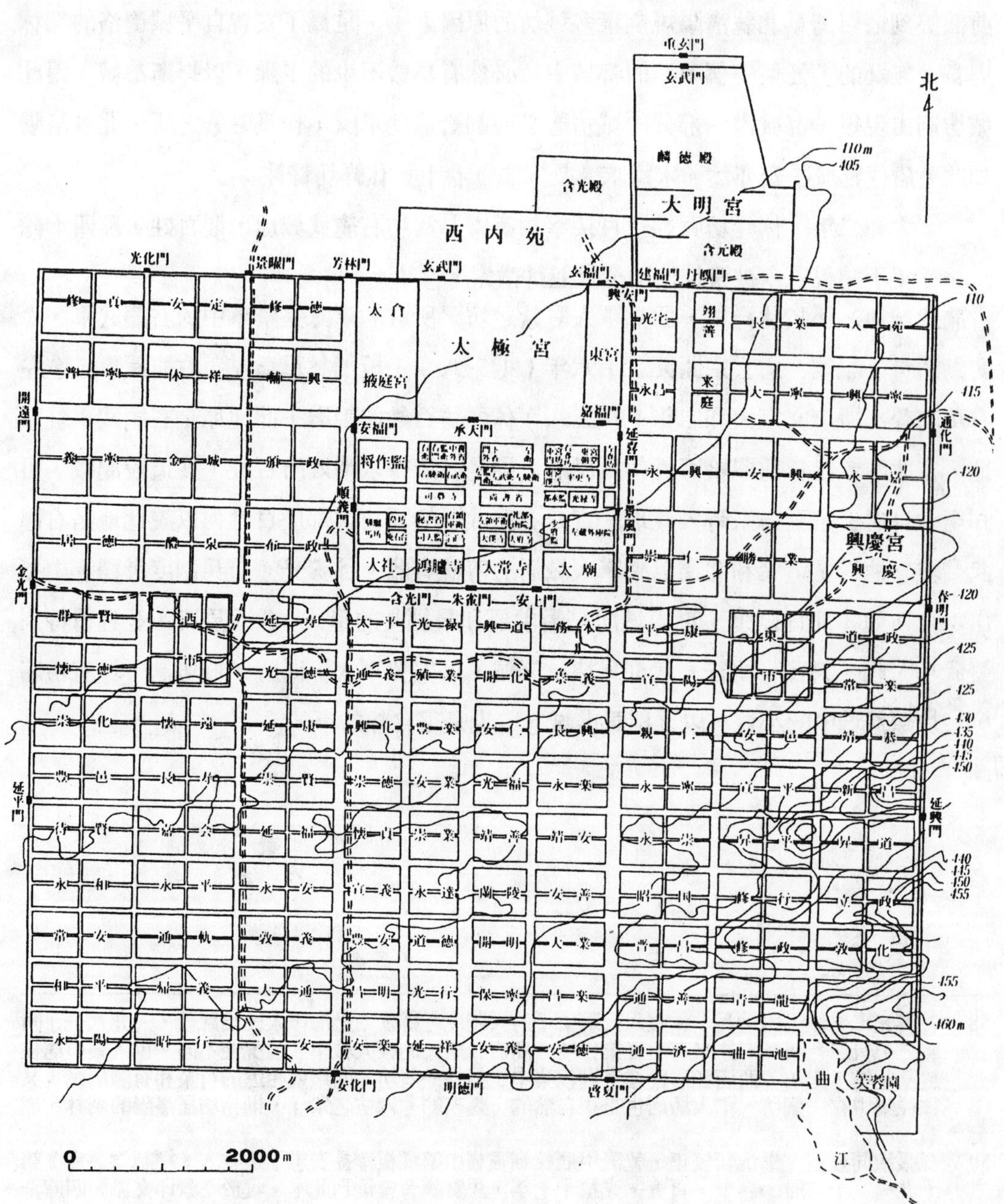

圖一：隋大興、唐長安城布局復原圖（宿白，〈隋唐長安城和洛陽城〉《考古》，1978年第6期）

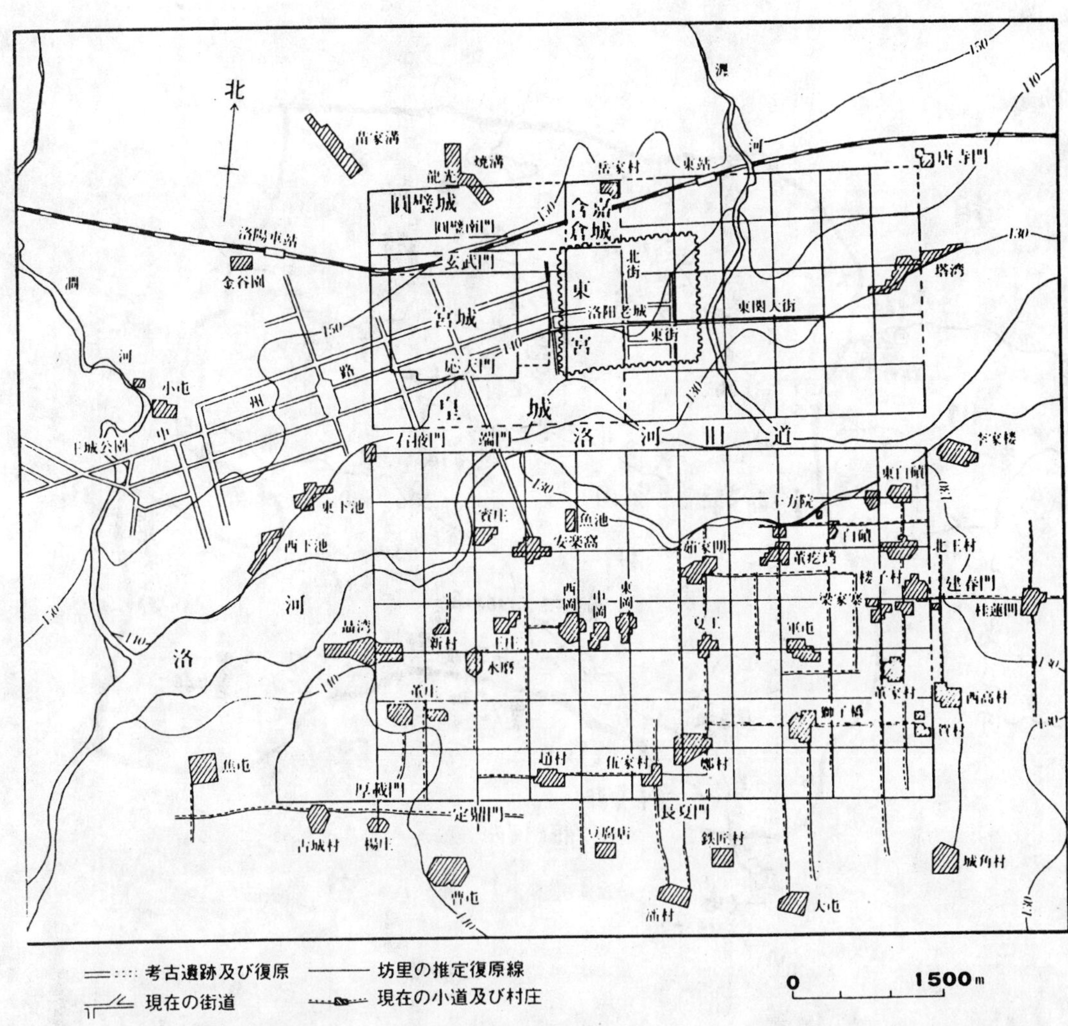

圖二：隋唐洛陽城的復原（岡崎敬《中國の考古學・隋唐篇》，京都，同朋舍1987，

按：此圖本於宿白，〈隋唐長安城和洛陽城〉之附圖。）

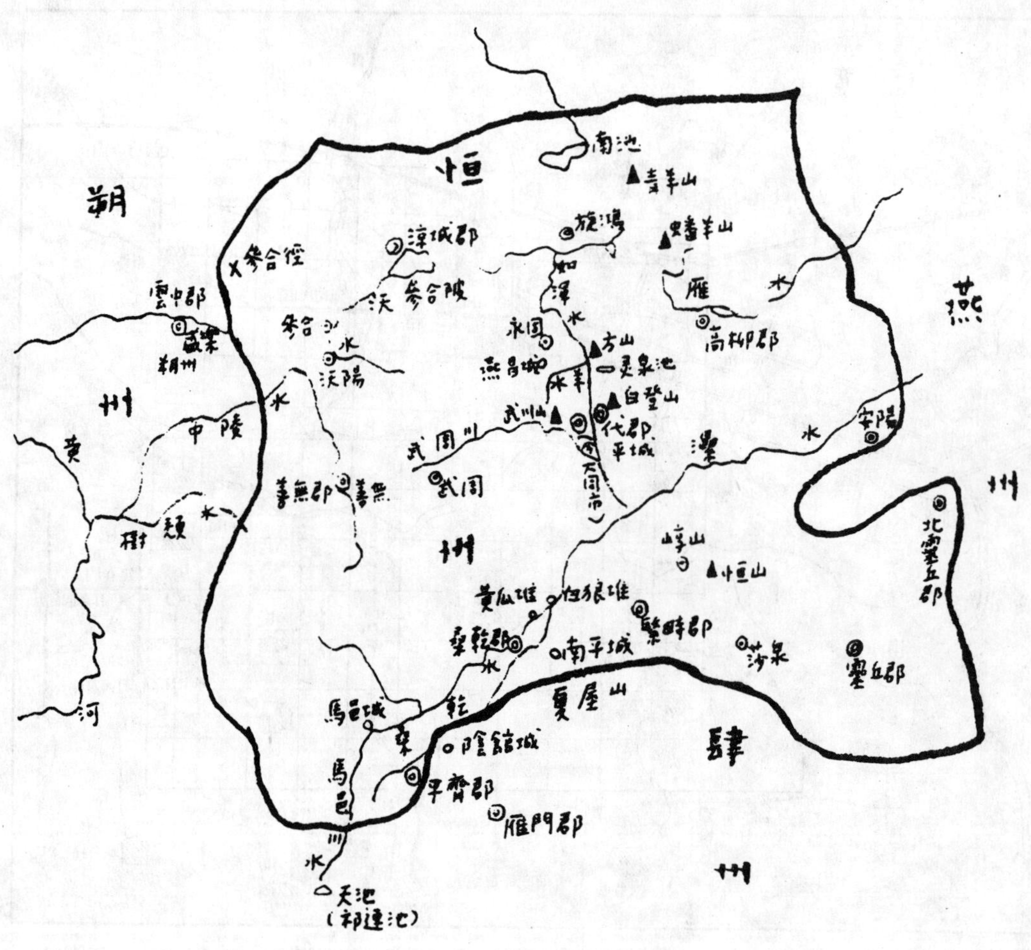

附圖三：平城時期王畿及其附近一帶：（根據①嚴耕望：《唐代交通圖考》第五卷，附編八，〈北魏參合陂地望辨〉，參合陂在漢參合故城。圖十八，（唐代河東太行區交通圖北幅）。②譚其驤：《中國歷史地圖集》第四冊，頁五十二，〈并、肆、恒、朔等州〉。

圖四：北魏洛陽城平面圖（引自王仲殊：〈中國古代都城概說〉，《考古》1982年第5期）

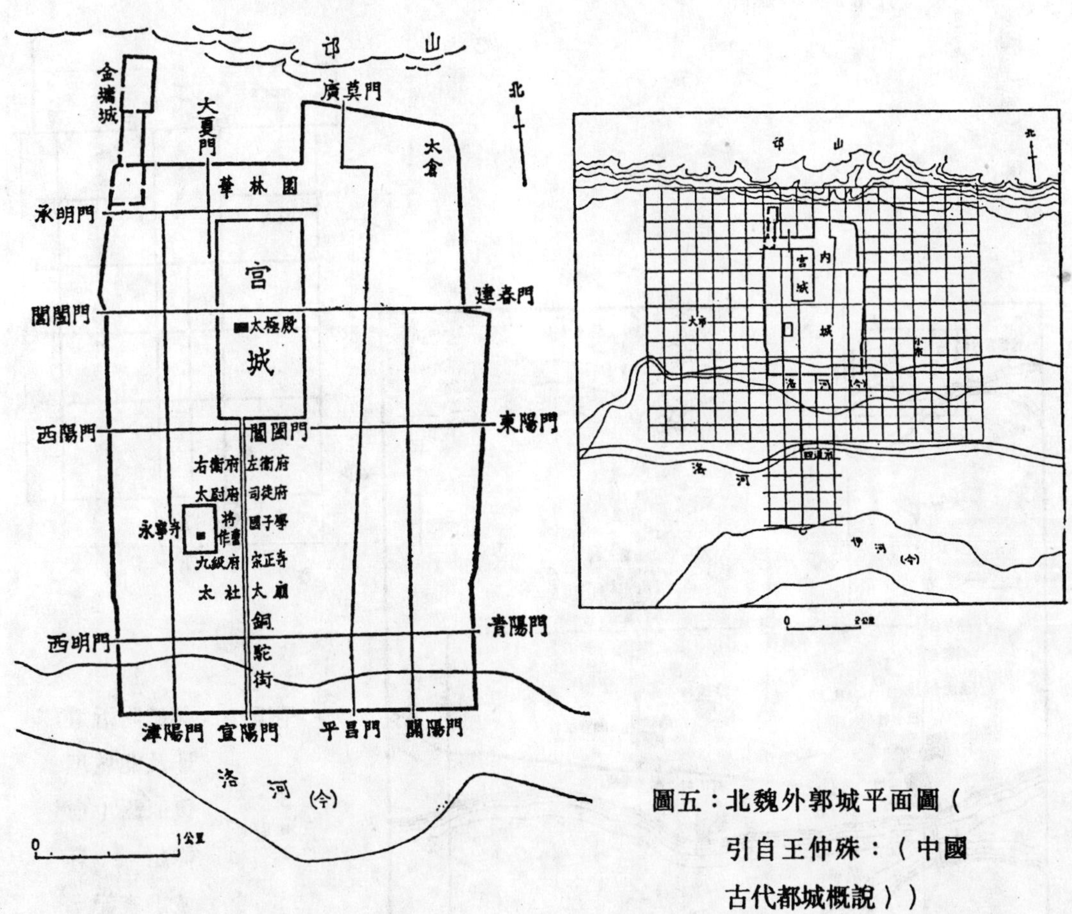

圖五：北魏外郭城平面圖（引自王仲殊：〈中國古代都城概說〉）

圖六：東魏、北齊鄴都南城（村田治郎：〈鄴都考略〉，《建築學研究》，89號，1983）

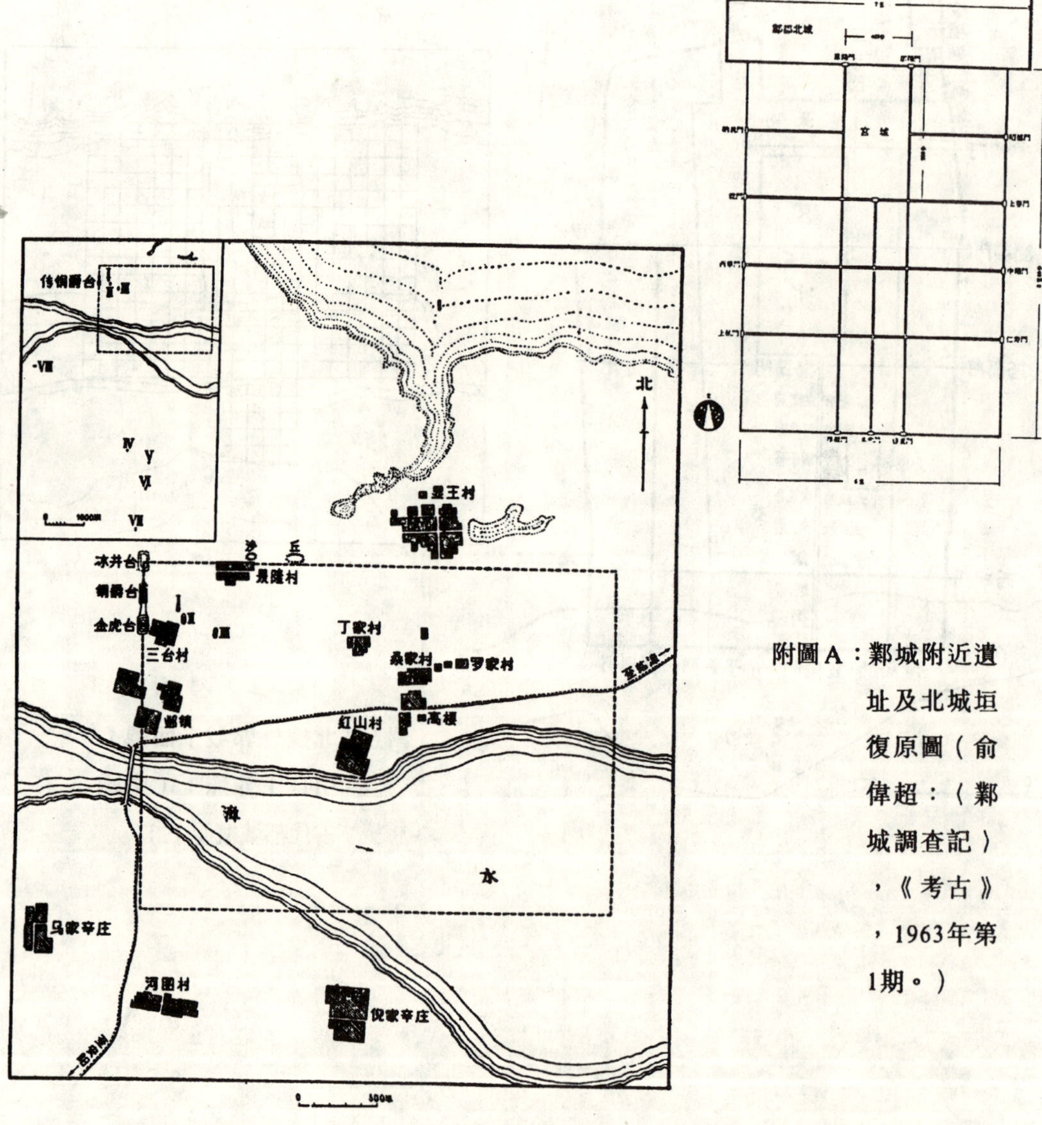

附圖A：鄴城附近遺址及北城垣復原圖（俞偉超：〈鄴城調查記〉，《考古》，1963年第1期。）

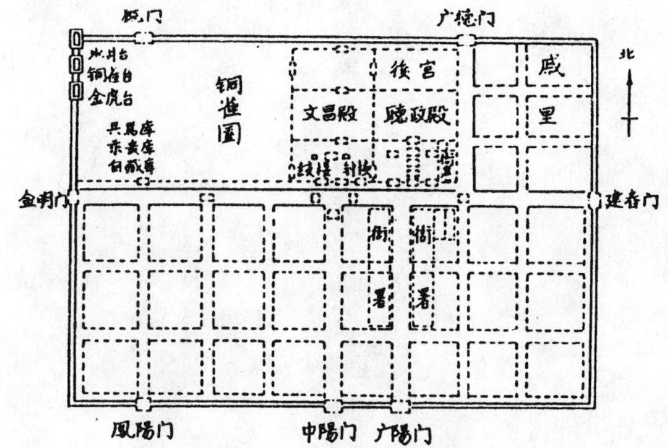

圖C：曹魏鄴城想像復原圖（秋山日出雄，奈良縣立橿原考古學研究所附屬博物館：《中國の都城遺迹》，1983。）

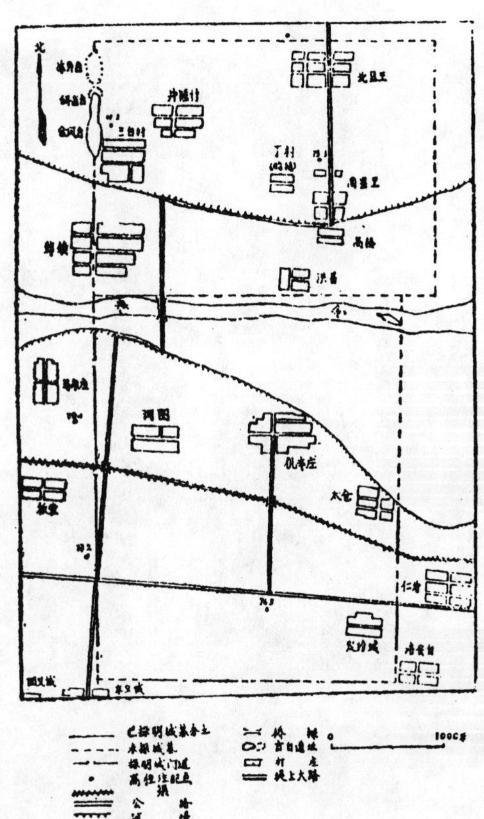

附圖B：鄴南城鑽探初測鄴北城復原圖（河北省臨漳縣文物保管所，〈鄴城考古調查和鑽探簡報〉，《中原文物》，1983年第4期。）

出自第六十一册第二分(一九九〇年六月)

代人集團的形成與發展
——拓跋魏的國家基礎

康　樂

紀元四世紀初，連綿十餘年的八王之亂嚴重削弱了晉王朝的國力，隨著永嘉之亂的爆發，長城內外的少數民族大大地活躍起來，相繼在黄河流域建立起政權。其中，拓跋族所建立的北魏王朝，由於最後統一了黄河流域（A.D. 439），享祚最久（A.D. 398-534），而且又經歷了孝文帝(471-499)轟轟烈烈的遷都與漢化運動，最爲史學界所矚目。

以一少數民族入據中原，拓跋統治者倒底是以什麼辦法來鞏固其支配，尤其是我們曉得拓跋族原先只是鮮卑民族的一個分支，基本人口並不多，他們之所以能建立國家乃至一統北方，有相當的程度是依賴異族人的支持。那麼，他們又是如何來凝聚這些不同的人群，並使之成爲政權的基礎。這個問題無疑是北魏史的研究裡極具關鍵性的一環，它的解答對於我們了解一個游牧政權如何轉化爲定居的國家，這樣一個更具普遍意義的問題而言，或許也可以提供若干線索。

「國家」的構成要素，一般而言有下列幾項：土地、人民與政府。其中土地又可包括經濟資源在內。不過，本文所討論的「國家基礎」基本上仍以「政府」爲主，至於「土地」與「人民」兩項，雖偶有涉及，並非本文研究重點。

此外，本文在附錄中提供了五份資料以供參考，分別是「代人集團表」（附外戚、客與寵倖），「領民酋長表」，「公主婚姻表」，「將相大臣年表」與「地方長官表」，各表所根據資料、製作方式以及一些考證上的問題，則請參考各表後之「注釋」。「地方長官表」中，各州分別有一比率表，正文裡的「地方長官總比率表」即根據這些「比率表」而來。

一、「代」的範圍

要分析拓跋王朝的國家基礎，我們必須先了解拓跋政權疆域的演變。根據《魏書》所云，拓跋族大約是在西元三世紀初遷徙到「匈奴故地」，也就是今日漠南一帶（綏遠、察哈爾南部及山西北部）。西元258年，拓跋部落長力微，也就是後來被拓跋族人尊爲始祖的神元皇帝，決定遷到定襄的盛樂（綏遠和林格爾），此後一直到拓跋珪建立國家爲止，盛樂一直是拓跋族人最重要的基地，就算在拓跋珪建國定都平城之後，盛樂也還是皇陵（稱爲金陵）的所在地。我們曉得，三、四世紀時候的拓跋族基本上還是個游牧民族，因此，嚴格說來並沒有固定的疆域可言。不過，他們還是有一個大致上固定的游牧區，也可以說是「勢力範圍」，比較清楚的記載可見之於三世紀末拓跋部落聯盟分裂爲三部時，《魏書》的記載：

〔拓跋祿官〕自以一部居東，在上谷（察哈爾懷來）北，濡源（察哈爾赤城附近）之西，東接宇文部；……〔拓跋〕猗㐌統一部，居代郡之參合陂（山西陽高北）北；……〔拓跋〕猗盧統一部，居定襄之盛樂故城。（1，頁5-6）

大致說來，也就是上面所說的「匈奴故地」的範圍，只不過這時拓跋猗盧繼續向西北發展，控制了五原（綏遠歸綏附近）、朔方（綏遠固陽）一帶，勢力已經及於陰山山脈以北。到了西元304年，居住在山西的匈奴人劉淵起兵叛晉，晉在當地的刺史劉琨急於尋找外援以對抗劉淵，恰好這時拓跋祿官與猗㐌兩位部落長都已先後死去，拓跋猗盧統一三部，成爲漠南最強大的力量，於是西元306年，劉琨即以晉王朝的名義封猗盧爲代公，並割讓句注山（山西雁門關）以北五縣的土地給他，猗盧移了十萬戶的人口以實之，拓跋族的勢力遂深入山西北部（《魏書》，1，頁7）。三年後（309），猗盧修平城（山西大同）以爲南都，盛樂則成爲北都，拓跋族勢力所及的範圍南起句注山，北抵陰山山脈及大漠南緣大寧（張家口）一帶，東至赤城，西至朔方，地盤已算不小。西元338年，拓跋什翼犍繼任君長之職，拓跋部落聯盟在其領導下，勢力達於極盛，甚至越過黃河及於陝北。什翼犍一度曾想定都於灅源川（山西雁門關北），終因南方局勢未定，遂聽從太后的意見，仍以盛樂爲都（《魏書》，1，頁12）。可見拓跋族的勢力雖然已經包有山西北部，然而一直到此時爲止，盛樂一帶還是他們的主要基地，西元376年，苻秦伐什翼犍，兵鋒所指也是這個地區。

什翼犍的部落聯盟爲苻秦所瓦解後，苻堅指派獨孤部酋劉庫仁與鐵弗部酋劉衛辰分領部民，以黃河爲界，劉庫仁居於山西北部，劉衛辰則據有陝北（當時稱爲「河西」）[1]。西元386年，什翼犍的嫡孫拓跋珪在舊部擁戴下，回到定襄的盛樂故地，展開復國運動。此後數年，他東征西討，逐步併吞了獨孤部、賀蘭部，大致恢復了當年拓跋聯盟極盛時的地盤；西元391年，他越過黃河，澈底擊潰了宿仇鐵弗部，據有陝北部份地區，並築河南宮於其地。然而，盛樂一帶還是他的根本基地，西元394年，東

1 國史上稱「河西」者，一般皆指以涼州爲中心的所謂「河西四郡」，不過，在北魏時，則「河西」有時亦指陝北及綏遠南部（伊克昭盟）。詳見康樂，〈北魏的「河西」〉，《大陸雜誌》，84：2（1992）。

平公拓跋儀奉命屯田，屯田地點從五原至稒陽塞，皆在盛樂附近，而395年慕容燕討伐拓跋，兵鋒也是直指此區。（《魏書》,2，頁26）396年，拓跋珪乘著慕容燕君主慕容垂死亡的機會，大舉興兵南下，兩年內澈底擊潰了慕容燕的抵抗，拓地直抵黃河北岸，而據有河北、山西一帶。這次的勝利，對拓跋族人的發展史而言，是最具關鍵性的一個轉捩點：第一、澈底解決了南方的威脅，使得平城適合作爲新都；我們曉得，雖然拓跋族早在四世紀初即已取得平城及其以南的土地，然而除了拓跋猗盧比較注意經營平城及其以南的地區外，其他拓跋君主大抵皆將平城作爲一個軍事據點，主要根據地還是放在盛樂一帶。這是因爲當時南方尚有大敵虎視眈眈（例如早期的石趙、苻秦及後來的慕容燕），以平城爲都，可守的天險只有句注山，一旦失守，平城立刻告警，盛樂一帶較爲偏遠，離陰山也較近，一旦有事，可以避至山北。西元376年，苻秦軍隊北上，拓跋人節節敗退，什翼犍「乃率國人避於陰山之北」（《魏書》,1，頁16）。拓跋珪在重建部落聯盟時，有一次獨孤部來襲，他也是「北踰陰山，幸賀蘭部，阻山爲固」（《魏書》，2，頁21）。然而等到拓跋珪控制了山西、河北全境後，盛樂作爲政治中心就未免太偏遠了些；再說這時柔然已崛起於漠北，成爲此後拓跋政權的北方大患，盛樂孤懸塞外，一旦柔然入襲，反而没有迴旋應變的空間[2]；相形之下，平城在此時不論是對內或對外，反倒是個比較理想的都城。必須一提的是，拓跋珪在平定河北後，雖一度曾想以鄴（河南臨漳）爲都，終因距離根本過遠，還是打消了此一念頭[3]。其次，對燕戰爭的空前勝利，不但給拓跋人帶來無以數計的物資與

2　柔然雖起於拓跋人建國以前，然而尚未構成大患，等到拓跋珪開始建國時，柔然也出現一位雄才大略的領袖郁久閭社崙，「北徙弱洛水，始立軍法，千人爲軍，軍置將一人，百人爲幢，幢置帥一人；先登者賜以虜獲，退懦者以石擊首殺之，或臨時捶撻。……號爲強盛，……於是自號丘豆伐可汗。『丘豆伐』猶魏言駕馭開張也，『可汗』猶魏言皇帝也。……太祖（拓跋珪）謂尚書崔玄伯曰：『……今社崙學中國，立法置戰陳，卒成邊害』」（《魏書》，103，頁2290-91）。西元402年，拓跋珪出兵伐姚秦，柔然乘機入侵，「入參合陂，南至豺山及善無北澤」（頁2291）。此後頻頻犯塞，西元424年，柔然趁著太武帝初即位的機會，「入雲中，殺掠吏民，攻陷盛樂宮」（《魏書》，4：1，頁69）。西元439年，太武帝西征北涼，事先還派遣大將嵇敬等人率軍兩萬屯漠南以備柔然，然而柔然還是大舉入塞，「至七介山，京邑大駭，爭奔中城」（頁2294）。此後太武帝連年北伐，柔然勢力大受打擊，邊患才稍微舒緩，即使如此，北魏除了沿邊置鎮外，每年「秋冬，遣軍三道並出，以備北寇，至春中乃班師」（《魏書》，41，頁922），可見柔然爲患之烈。

平城偏居塞內，都還不免遭到威脅，孤懸塞外的盛樂曾二度被攻陷自然是可以理解的事了。實際上，平城在作爲首都的一百年間，除了上述兩次因柔然入侵而告警外，基本上没有受到過任何威脅。因此，純就軍事而言，實爲一理想的都城所在。

3　拓跋珪平定河北後，「至鄴，巡登台榭，遍覽宮城，將有定都之意」（《魏書》，2，頁31）。

勞動力，也給拓跋珪帶來無與倫比的威望，這使得他有能力在定都平城的同時，強制原先部落聯盟的成員「離散諸部，分土定居」，拓跋民族就此正式跨入「國家」的階段。

西元398年，拓跋珪定都平城，並將周圍約三萬平方公里的地區劃爲「王畿」，「王畿」的範圍東起代郡（河北蔚縣），西至善無（山西右玉），北包參合（山西陽高），南抵陰館（山西代縣北），差不多涵蓋了今天整個的桑乾盆地，亦即當年拓跋聯盟活動領域的南區，在中國歷史上習稱爲「代」[4]。

拉鐵摩爾（O. Lattimore）在其《中國的邊疆》（Inner Asian Frontiers of China）一書裡曾經指出，沿著中國長城線的南北存在著一條寬約數百公里的「邊地」(marginal land)，包括有今天的熱河高原南部、桑乾盆地、河套、隴西高原及河西走廊（頁423）。之所以稱爲「邊地」，是因爲越過此區再往北即進入純粹草原游牧地帶，往南則是漢族經營數千年農業發達的黃河中下游河谷。因此，這條帶狀的「邊地」可說是一個宜農宜牧的過渡地帶。位於此區中段的「代」（桑乾盆地）自然也有這些特色。《太平寰宇記》卷49〈雲州雲中縣〉條引《冀州圖》云：「自晉陽（山西太原）以北，地勢漸寒，平城、馬邑、淩源二丈，雲中、五原積冰四、五十尺，唾出口成冰，牛凍角折而畜牧滋繁」。爾朱氏的封地秀容川已偏在王畿南端[5]，然而「牛羊駝馬，色別爲群，谷量而已」（《魏書》，74，頁1644），可見此地在當時畜牧業發達之情況。農業方面，由於此一地區水源尚稱充沛，只要有足夠勞動力的投入，農業發展還是大有可爲的。拓跋珪在征服河北、山西後，爲了要充分供應王畿糧食所需，

4　有關王畿的範圍及今地名，見唐長孺，〈拓跋國家〉，頁222。王畿的範圍還有另一說法，此即東至上谷軍都關（河北居庸關），西至黃河，南至中山隘門塞（山西靈丘），北至五原（綏遠五原，，即拓跋人故都所在）。（詳見《元和郡縣圖志》，14，〈雲州〉）。除了南境外，北東西皆擴大甚多。將故都包含在「王畿」之內，似乎有點道理，只是範圍未免太大了些。馬長壽認爲這是王畿之外的「郊甸」（馬長壽，《烏桓與鮮卑》，頁266-7），這當然也有可能，只是《魏書》中並無有關「郊甸」的任何資料。有關「王畿」的分析，可參看嚴耕望，《地方制度》，頁421-423。

5　秀容川的今地爲何，有兩種說法，一般認爲是山西朔縣西北，然而周一良則認爲應當在山西忻縣北（周一良，〈北朝的民族問題與民族政策〉，頁158-9）。本文採忻縣之說。不過，忻縣之說有點小疑問，前面曾提到王畿南至山西代縣勾注山一帶，而忻縣又在代縣之南，那麼爾朱氏的封地顯然就不在畿內了。可是根據《魏書》所云：「太祖（道武帝）初以南秀容川原沃衍，欲令居之，（爾朱）羽健曰：『臣家世奉國，給侍左右。北秀容既在剗內，差近京師，豈以沃堉更遷遠地』。太祖許之」（74，頁1643）。南秀容今地爲何，不得而知，「剗內」一詞據周一良考證，即「關內」之意，換言之，即「畿內」，這與上面所言顯然互相矛盾。不知當時「王畿」的南境是否一直延伸到代縣以南忻縣北，而將爾朱氏的封地包括進去？

即從河北移入了數十萬的農業勞動力。大量人力、物力的投入，使得桑乾盆地的農業生產達到前所未有的成就，在太武帝時，即有人形容農作收成時「秋穀懸黃，麻菽布野，豬鹿竊食，鳥雁侵費」（《魏書》，28，頁692）。如果我們把此地自然環境的變遷估計在內，恐怕也可能是後無來者了[6]。一直到六世紀初，當王畿昔日的繁華已隨孝文帝之遷都而去時，酈道元在遊歷此地都還留下如此的記載：「東湖西浦，淵漳相接，水至清淺，晨梟夕鷹，泛濫其上，黛甲素鱗，潛躍其下」（《水經注》，13，頁3）；「弱柳蔭街，絲楊被浦，公私引裂，用周園溉，長塘曲池，所在布濩」（《水經注》，13，頁6），一幅江南水鄉風光。

二、代人集團

在進一步討論拓跋王朝的國家基礎之前，我們有必要先簡單回溯一下拓跋人原有的部落形態，特別是所謂的「國人」團體。

有關拓跋人自大興安嶺北段遷徙至呼倫池，最後到達河套陰山一帶的過程，相關的考古發掘與討論甚多，此處即不贅述[7]。值得一提的是，在他們離開呼倫池往南遷移前（約西元二世紀中葉），當時的氏族長拓跋鄰決定「七分國人，使諸兄弟攝領之」（《魏書》，113，頁3005）。這是《魏書》提到「國人」一詞的最早例子，而且也是內容最明確的一次：即紇骨氏、普氏、拔拔氏、達奚氏、伊婁氏、丘敦氏、俟氏，以及拓跋氏的八個部落。「七分國人」之後，拓跋鄰又另外編組了兩族，乙旃氏與車焜氏，而與前八族合稱爲「十姓」，這就是「帝室十姓」—有時也稱爲「十族」—的由來，也是拓跋人離開呼倫池往南遷徙的基本核心部落。「國人」原先只有八族，到此時當然就成爲十族了。

---

6 長城邊疆—特別是漠南一段—沙漠南移（或原地起沙）的現象，已有許多學者探討過。詳見候仁之，《歷史地理學的理論與實踐》，頁33-40。有許多地區在唐代，甚至到明代，還是農墾地或牧草地，今日則已成爲一片黄沙。例如位於陝西省橫山縣西無定河北岸的赫連夏（407-428）首都統萬城，在建都時還是「臨廣澤而帶清流」的水草地（《元和郡縣圖志》，4，〈夏州〉），北魏滅夏，以此地爲牧場，到了唐初，又成爲農墾區（《舊唐書》，58，頁2281；陝西文管會，〈統萬城城址勘測記〉，頁231），然而今日已成一片黄沙。

7 有關拓跋人早期歷史的考古發掘，可參閱，宿白，〈東北內蒙古地區的鮮卑遺跡〉，《文物》5（1977）；〈盛樂平城一帶的拓跋鮮卑—北魏遺跡〉，《文物》11（1977）。米文平，〈鮮卑石室的發現與初步研究〉，《文物》2（1981）。康樂，〈鮮卑石室的發現〉，《歷史月刊》，5，（1988）。

有關拓跋鄰爲何要再加上兩族以湊成「十姓」的緣故，筆者已另文討論[8]。不過，拓跋鄰此一行動，倒是突顯出拓跋人的一個特色，此即他們的民族界線是相當寬鬆的。在「七分國人」時，根據姚薇元的考證，紇骨氏根本就是高車人，另外加上的兩族中，乙旃氏也是高車人，換言之，拓跋人的「國人」觀念從一開始就不是那麼拘泥於自然血緣的因素，而毋寧是以人爲認定的方式爲主。當然，爲了凝聚彼此的向心力，他們也得設法塑造出一種「擬血緣關係」以爲依據，例如「十族」編成後，根據《魏書》所云：「與帝室爲十姓，百世不通婚」。換言之，成爲「國人」即被歸入同一類屬，而與其他部落或民族有別。這種構成原則，與後來的「代人集團」頗有異曲同工之妙。

因此，雖然中古史料屢見的「國人」一詞，與「舊人」及「種人」一樣，在當時應有確切的指涉對象[9]，唯因史料不足，早期拓跋國人集團的內容實在極難確定，《魏書》中有關「國人」的記載，除了上述一條還可明確指出其內涵外，其他幾乎都相當模糊。就算上述的「七分國人」，在加上乙旃與車焜兩族後，「國人」的範圍顯然就擴大了。不過，即使如此，我們至少還可說：當時所謂的「國人」即指「帝室十姓」；然而，以後的「國人」連這樣的認定都不可能。例如西元四世紀初，拓跋紇那與翳槐叔姪爭位，先是紇那得勝（追封爲煬帝），329年，賀蘭部及諸部大人立翳槐爲君（烈帝），逐紇那於宇文部。335年，翳槐殺賀蘭部帥藹頭，《魏書》說：「國人復貳」(1，頁11)，於是紇那自宇文部歸來復位。到了337年，石虎又助翳槐，「國人六千餘落叛煬帝」（1，頁11），紇那出奔慕容部。上述例子，兩見「國人」，卻皆無詳細內涵，我們可以推測，「帝室十姓」應當還是其中主要構成分子，然而除了「

8　〈魏書「帝之十族子弟七人」試釋〉，《食貨》，16：7，8。

9　例如苻堅滅前燕，取得關東之地後，分遣氐人十五萬戶出鎮之，而將鮮卑等人移入關中，其弟苻融提到此事時即說：「陛下寵育鮮卑、羌、羯、布諸畿甸，舊人族類，斥徙遐方」。（《晉書》，114，頁2913）。趙整歌詞亦有「遠徙種人留鮮卑」之句（同上，頁2928）。此處「舊人」與「種人」皆明指氐人。西元316年，拓跋猗盧爲其子六脩所殺，「國內大亂，新舊猜嫌，迭相誅戮。（衛）雄、（姬）澹（按皆漢人入拓跋者）……言於衆曰：『聞諸舊人忌新人悍戰，欲盡殺之，我等不早爲計，恐無種矣』」（《魏書》，23，頁602－3）。根據唐長孺考訂，所謂「舊人」即指拓跋本部人及聯盟部落的部民，而「新人」則指漢人及烏丸（非聯盟部落者），《魏書·官氏志》則稱之爲「諸方雜人」（唐長孺，〈拓跋國家〉，頁198－201）。「國人」除了上引拓跋鄰「七分國人」外，尚有一條亦可確定其所指涉者。《北齊書·神武紀上》：「神武（高歡）乃詐爲書，言爾朱兆將以六鎮人配契胡爲部曲，衆皆愁怨。又爲并州符，徵兵討步落稽，發萬人……神武親送之郊……乃喻之曰：「與爾俱失鄉客，義同一家，不意在上乃爾徵召，直向西已當死，後軍期又當死，配國人又當死，奈何！」（頁6－7）此處「國人」即指爾朱氏的契胡人。有關契胡（或羯胡）參見唐長孺，〈魏晉雜胡考〉，頁414－427。

十姓」外呢？拓跋人從力微組織部落聯盟(258)至此已將百年，儘管其間盛衰無常，勢力比起當年呼倫池時期應當是要強大多了，「國人」理應也有相對的擴大，然而，除了上述簡單的「國人」一詞外，其他我們皆茫然無所知。

《魏書》記載中與「國人」並列的還有賀蘭部、宇文部、獨孤部、鐵弗部、白部等等，他們與拓跋氏有婚姻、臣屬或甚至世仇的關係，然而我們也無法確定他們是否「國人」。其中的鐵弗部，一直到西元391年被拓跋珪澈底殲滅爲止，與拓跋氏大半時間皆爲世仇，然而，根據姚薇元的考證，鐵弗與拓跋實爲同音之異譯，換言之，他們本來是同族人。此一說法如果可信，那麼，鐵弗部（至少在與拓跋氏反目前）應該也是國人了[10]。再如護佛候部與乙弗部，拓跋珪曾說他們是「世修職守」（《魏書》，2，頁30），類似而各有職守的的部落想必不少，只是我們也無法確定他們是否國人。類此的問題尚多，然而由於史料不足，我們幾乎完全不能置一詞。

西元376年，什翼犍領導的部落聯盟在苻秦軍隊的攻擊下迅即崩潰，除了一小部份人被擄到長安外，其餘的部落由獨孤部與鐵弗部分領，拓跋宗室他、南部大人長孫嵩（拔拔氏）帶著什翼犍的嫡孫拓跋珪及其母親賀后，率領一小群舊民依附於獨孤部，以帝室十姓爲核心長期凝聚起來的「國人集團」至此冰消瓦解，想來這也是日後魏收在撰述《魏書》時已無法究明早期的「國人」詳細內容爲何的主要緣故。

不管怎麼說，等到西元398年拓跋珪建立王朝、定都平城後，爲了鞏固此一核心地區的安全、充裕物資的供應以及加強對新征服地區（河北、山西）的控制，拓跋珪採取了下列一些措施：㈠下令「離散諸部，分土定居，不聽遷徙，其君長大人皆同編戶」（《魏書》，83：1，頁1812）。解散後的部落民當然也有從事農牧業的，不過他們的主要任務還是在提供國家的武力基礎。這支武力除了一部份出鎮新領地外，其他大部份即屯駐京城，成爲捍衛王畿的中央常備軍——這是任何一個定居國家皆需要的。至於他們的「君長大人」則轉任政府的文武官員。

㈡將新征服區（特別是河北）的重要士族遷徙到平城。一方面既可借重他們知識以建立國家制度及治理漢地，另一方面則可將他們作爲人質，以防止他們鄉里的反抗。此一政策在拓跋珪以後仍持續進行，例如關中於426年、涼州於439年、青齊（今山

10　姚薇元，《北朝胡姓考》，頁6。唐長孺則考證鐵弗部在當時通常被視爲「烏丸」，換言之，即在「血統上與所領部落上都有混雜之嫌」（〈魏晉雜胡考〉，頁430）。

東)於469年,在征服後都有大批地方官吏、士族被迫遷往平城(太武帝之後亦有被分發至北鎮屯戍者)。除此之外,政府也不時將新的地方領袖徵召到中央來,例如西元431年太武帝拓跋燾的徵士詔,範圍即普及全國,同時被召的有數百人之多(《魏書》,4:1,頁79)。

㈢在建國時期曾立下汗馬功勞,然而與拓跋族關係較疏的部落,則仍維持其部落組織,安置於固定的采邑(原先多半在王畿附近)[11],並給予其部落長「領民酋長」的頭銜。

除了上述幾項外,當然還有其他的措施,例如拓跋珪在平定河北之後,即修「直道」越過恆山通抵平城,以加強對此地的控制;此外,又從河北遷徙了數十萬人口到平城,以供應王畿所需的工業、農業勞動力。由於這些措施與拓跋王朝統治階級的構成並無直接的關係,我們此處姑且置而不論。

拓跋珪(及其後繼者)採取的這些措施,是拓跋統治集團形成的直接因素:「離散諸部,分土定居」的措施,導致「代人集團」的出現;徵募中原士族任職中央及地方的政策,使得中原士族在拓跋政壇上分配到一個角色;領民酋長制的實施則使得帝國境內散佈著許多大小不等的「封建領主」。這幾個集團即構成拓跋帝國境內除王室之外最主要的統治階級,下面我們就來分析這幾個集團在北魏史上所扮演的角色。必須說明的是,雖然代人集團中除了具有統治身分的貴族外,還有大量被統治的原有部落民,就像漢人除了任官的士族外,也有大量的平民,領民酋長也都統治著一些部落民一樣,不過,我們此處討論仍以具有統治身分者為主,至於各團體屬於被統治者的下層階層,則只有在必要時才會涉及。

㈠代人集團的形成及其重要性

代人集團的出現在拓跋發展史上可說是劃時代性的一件大事。沒有這個團體,常備軍不可能組成,拓跋政權大概就會像早先的匈奴一樣,始終只是個游牧聯盟,而無

11 拓跋珪原先封爾朱氏於南秀容,爾朱羽健以南秀容在王畿之外,而決定仍居原地(北秀容),參見註釋五所引。不過,由此一記載可知拓跋珪分封時,並沒有執意一定要將這些人封在「畿內」。〈北魏劉玉墓志〉云:「弘農胡城人也,遠祖司徒寬之苗,……大魏開建託(拓)定恆代,以曾祖初萬頭大族之胄,宜履名宦,從駕之衆理須督率。依地置官爲何渾地汗」。(《漢魏南北朝墓誌集釋》,6)弘農胡城據周一良考訂,可能在今天河南閿鄉縣東(〈領民酋長與六州都督〉,頁178)。若然,則初萬頭的封地要遠在王畿之外了。當然,拓跋珪初建國時,所能控制的地區相當有限(河北、山西、漠南中段),而且爲了易於徵調領民酋長的軍隊,領民酋長的封地集中在王畿附近是相當可以理解的事。等到太武帝開疆拓土之後,領民酋長分佈的領域就要分散多了。

法形成一個有固定都城及領土的「國家」。

在北朝史料中，「代人」一詞可說是個慣見的辭彙，西元401年，拓跋珪下令尚書三十六曹，每曹置代人令史一人(《魏書》，113，頁2973)，已充分顯示出「代人」身分之特殊性、及其在拓跋政權所扮演的角色。以《魏書》爲例，除開<皇后>、<宗室>、<外戚>等等標題性的傳記外，列名傳中而明言爲「代人」或其後裔的家族就占了總數的四分之一強，與其他的地域團體相較，比例算是最高的了，如果再加上列傳中的拓跋宗室子弟—他們當然都是「代人」—那比例更要提高許多。一直到北魏覆亡後，「代人」在北方政治軍事史上仍有其重要地位，《北齊書》與《周書》中都有相當的篇幅是屬於他們的(《北齊書》卷十五、十九、廿、廿五、廿六、廿八、四一；《周書》卷十四、十五、十六、十七、十九、廿、廿一、廿五、廿六、廿七、廿八、廿九、卅、四十)。細查列名《魏書》的這些代人，除了少數是原居當地的漢人—如燕鳳、許謙等—外，其他幾乎原先皆爲游牧部落，要等到拓跋珪於西元398年定都平城，解散部落後才定居於此地。這點只要略查本文所附的「代人集團表」即可得知。

列名《魏書》列傳中的這些代人，當然只是整個代人集團的一小部份—雖然是比較重要的一部份。其他還有那些部落，史無明言，照《魏書·官氏志》所言：「太祖(拓跋珪)散諸部落，始同爲編戶」(頁3014)，似乎就是指在此段文句之前所列出的、包括「內入諸姓」與「四方諸部」在內的一一八個部落[12]。「帝室十姓」與「勳臣八姓」—代人集團的領導核心—都已在這一一八個部落內，原先拓跋的「國人」想來應該占了相當大的比率。

不過，我們也不能就此認爲，《魏書》所列的這些部落就是代人集團的全部，雖然他們的確占了絕大多數，因爲還有一些在《魏書》中明言爲「代人」者，如赤小豆氏、吐萬氏、出身荆州蠻族的樊氏，都不見於<官氏志>之記載，這在本文所附之「代人集團表」內皆已註明。反過來說，《魏書》所列的這一一八個部落，也不一定就都是「代人」—或者，至少說，不一定全部落(氏族)皆爲「代人」。例如蓋樓氏爲居住在陝西中部的盧水胡，而拓跋政權一直要到太武帝時才控制了此地，即使有一些

12 《魏書》云「內入諸姓」是在神元(拓跋力微)時歸附的，可是史料所能確切證明的大多是在道武帝時歸附的。當然，我們也別忘了，在道武建國前，拓跋人基本上並沒有保存多少史料，倒底有多少部落自然也不是兩、三百年後的魏收所能弄清的。

人移居平城，盧水胡基本上仍活躍於原居地。西元445年利用其氏族力量發動大規模叛亂的蓋吳，就是住在此地的盧水胡。有些部落，例如破六韓氏(又稱步大汗，<官氏志>誤爲出大汗)，固然有一些族人定居平城，但保持部落組織的似乎更多，魏末起兵的破六韓常、破六韓拔陵就都是領民酋長。再說，雖然他們大多數的確是在建國時期或之前即已歸附拓跋政權，卻也有一些，如綦連氏，則要到五世紀前半——即太武帝時期——方才歸附[13]。

原來住在平城及王畿(即所謂「雲代」)地區自然是代人的一個共通特徵，他們之所以被稱爲「代人」，主要當然也是由於此一緣故。從這個角度來看，代人集團顯然可視爲一個地域性的集團。不過，若僅以所居地作爲界定的標準，那麼，住在此一地區的還有許多征服各地時強迫移徙來的各族人民(包括漢族)、以及大大小小的領民酋長，如果這些人都計入的話，範圍未免太廣，而「代人集團」一詞也就不免要失卻其政治、軍事等各層面的特殊意涵了。因此，除了籍貫之外，這些人的政治軍事關係——換言之，他們在拓跋王朝軍事政治上所扮演的角色——無疑是更具關鍵的一個屬性。

這也就是筆者在前面所說的，代人集團的成員除了出身籍貫爲「代人」外，在軍事上，他們構成拓跋王朝的常備武力(駐守中央或分鎮各地)，在政治上，他們的貴族則擔任政府(中央或地方)的文武官員。就此而言，同居於平城王畿的北方漢人(包括士族與平民)並非「代人集團」的成員，因爲第一、雲代地區不是他們唯一的「家鄉」(詳下文)；第二、中原士族雖亦有在中央或地方爲官者，然而不管是比率或重要性皆無法與代人相提並論，更重要的是，他們——不管士族還是平民——幾乎完全被排除於軍事性職務之外。領民酋長及其部落民雖然也有不少是居住在雲代地區的，然而他們與代人仍有極大的差異，第一、領民酋長除了偶爾擔任采邑所在地的地方長官外，極少出任中央官職，因此，在政治上的影響力並不大。第二、也是更要緊的，他們的部落組織從未解散，因此，雖然他們的部落軍在拓跋的國家武力中扮演了一定的角色，卻從來不是常備武力，就國家形成的角度而言，這一點差異是相當關鍵性的。此外，領民酋長與代人的差異也可以從一個小現象——雖然不是那麼重要——反映出來。此即絕大多數的代人集團成員在孝文帝之後皆已改爲漢姓，領民酋長則幾乎清一色仍維持胡姓，這點只要細查本文所附的「領民酋長表」即可得知。

13　綦連氏原居祁連山一帶，439年太武帝滅北涼，綦連氏才在那時內徙至平城。見姚薇元，《北朝胡姓考》，頁209-212。

從這個角度來看，有些家族，雖然不見於<官氏志>，籍貫亦不見得是「代人」，甚至還有出身俘虜、降將乃至罪犯者，由於他們與拓跋君主有特殊之關係，例如外戚、宦官、寵倖、或者「賓客」，在當時特殊的政治環境下，他們經常能以君主之「私人代表」的身分，在軍事與政治上享有相當的權力與地位，因此，在本文中，這些家族即以君主「附庸」的身分列入代人集團。有關這些人物，我們稍後會再談到。

綜合以上所述，我們似乎可以給「代人集團」如下一個簡單的界定：這個集團形成於四世紀末的平城及鄰近地區，至五世紀初仍陸續有所擴充；其成員絕大多數爲北亞游牧民族，然而也包括少數的漢人及其他少數民族，而且就算在其主體的北亞游牧民族間，成份亦很複雜，根據姚薇元的考訂，至少包含有鮮卑、匈奴、柔然、烏桓、高車等族；然而不管他們原先來自那個民族、屬於那個部落，自拓跋珪定都平城後，他們即以「代人」之身分活躍於中國北方的政治軍事舞台上。雲代地區是他們唯一的「家鄉」，這是他們與同居於平城王畿的北方漢人(包括士族與平民)不同的地方；放棄部落組織而爲「編戶」，則是他們與領民酋長及其部落民之間最大的差異。

這一個團體在北魏政治史上扮演的角色如何？這是本文的主旨。《魏書》列傳中代人的事蹟，具體說明了他們在北魏重要的政治軍事地位。大小戰役，不管是北伐柔然、南征南朝或東征西討其他諸國，將帥幾乎清一色由拓跋諸王或代人貴族出任。西元425年與429年，太武帝兩度親征柔然，前後各軍統帥爲長孫翰、長孫道生、娥清、奚斤、安原等人，除了安原爲「賓客」(安同)之後外，其他皆爲代人。明元帝時與劉宋交戰於河南一帶，統帥奚斤、叔孫建皆爲代人。西元439年，太武帝西征北涼，率軍留守平城以備柔然的有嵇敬、拓跋崇二人，隨他出征的各軍統帥分別是拓跋健、劉潔、拓跋素、拓跋丕、杜超、穆羆、源賀等人，其中劉潔、源賀是「賓客」身分、杜超是外戚(太武之舅)，其他亦皆爲代人、外戚、賓客由於身分特殊，不管是在出征或鎭守等軍事活動方面，經常還可占有一席之位，領民酋長就只能扮演輔助性角色，而中原士族幾乎根本與此絕緣。

在政壇上，他們的地位更是舉足輕重，北魏一朝的幾次皇位繼承問題、乃至宮廷政變，幾乎都是由王室與代人貴族主導主演，其他集團成員毫無置喙餘地。西元408年，拓跋珪爲其子清河王紹所殺，協助明元帝即位的有車路頭、王洛兒、安同等人，皆爲代人或賓客之後。西元452年，宦官宗愛殺太武帝控制朝政，稍後掌握禁兵的源賀、陸麗、長孫渴侯與劉尼發動政變，擁立文成帝(太武之孫)登基，他們也都是代人或賓客的身分。西元465年，文成帝死，車騎大將軍乙渾趁獻文帝年幼(十二歲)，掌握朝政，「爲丞相，位居諸王上，事無大小，皆決於渾」(《魏書》，6，頁126)，他也是代人(乙弗氏)。次年，文明太后誅殺乙渾，奪取政權，協助她的人應當不少，有史料可徵的則僅有拓跋丕一人，他是宗室子弟(《魏書》，14，頁357)。西元471年，獻文帝想把帝位傳給他的叔父拓跋子推，結果元老重臣一致反對，迫使他傳位給孝文帝(《魏書》，6，頁131；19：2,頁461～2；40，頁904；41，頁921；48，頁1086；94，頁2016)。獻文帝爲何要捨子傳叔，其間另有緣故，筆者在＜文明太后＞一文中已稍做解釋，此處即不贅述。不過，反對他的元老重臣中，出身渤海士族的高允雖以三朝元老的身分，得以備諮詢，眞正促使獻文帝放棄原意的可能還是當時手握漠南重兵的源賀，擁有實力的宗室諸王與代人貴族如拓跋雲、拓跋丕與陸馛等人的力諫吧。文明太后曾一度想廢掉孝文帝，讓她打消這個念頭的三個人裡，李沖是她的寵倖，拓跋丕、穆泰則爲宗室及代人貴族的代表人物(《魏書》，7：2，頁186)。西元493年，孝文帝以南伐的名義爲掩飾而遷都洛陽，翌年他北返平城，召開御前會議討論遷都事宜時，群臣紛表反對，發言盈庭，然而皆爲代人貴族如拓跋丕、穆羆、于果等人(《魏書》，14，頁359)。我們曉得，孝文帝遷都之舉當然是得到許多漢人大臣的支持與籌畫，例如李沖、崔光、劉芳、郭祚等人，然而這並不表示所有的漢臣皆支持遷都之舉，高閭就曾上疏反對過，只是在御前會議上我們卻看不到任何一個公開發言的。明乎此，我們自然也不難理解爲何兩年後(496)的穆泰、陸叡之亂，幾乎全由拓跋宗室與代人貴族包辦的緣由。

遷都之後，由於孝文帝銳意漢化，中原士族在政壇的分量有顯著提昇，儘管如此，宣武帝與孝明帝兩朝的宮廷政爭，也還是以宗室及代人貴族爲主體，例如501年宣武帝謀奪諸王(咸陽王禧、彭城王勰、北海王詳，皆宣武叔父)之權，負責幫他籌畫執行的于烈，爲勳臣八姓之一(《魏書》，31，頁739～740)。孝明帝即位時才六歲，一直到西元528年死時也不過十九歲，儘管在位十餘年，卻是個十足的「虛君」，宮廷鬥爭雖然頻仍，卻也始終只是他的母親靈太后與其他權臣之間的問題。涉及這些鬥爭的幾個關鍵性人物如元義、元懌、元雍(宗室)、奚康生(代人)、劉騰(宦官)等人，都還是代人集團的成員。這主要是因爲宮廷鬥爭中，禁軍的掌握與否，實爲決勝的關鍵，而中原士族的政治地位儘管已有所提昇，卻仍沒有可能出任此時節制禁軍的領軍將軍一職[14]，在講究實力的宮廷鬥爭中當然就只能做壁上觀了。

以上所述當然都只是北魏政治史上較具關鍵性的一些轉捩點，拓跋宗室與代人貴族壟斷了這些事件的演出自然也是可以理解的。那麼，在承平時期情況又是如何呢？一般而言，由於治理漢人社會的實際需要，中原士族在拓跋王朝的決策階層間偶爾也能占有一席之地，然而其比例是遠遠無法與代人集團的成員相提並論的，例如西元422年，明元帝令太子拓跋燾(太武帝)攝政，指定輔佐他的六個人中，除了崔浩出身中原士族外，其他五個人長孫嵩、奚斤、安同、穆觀、丘堆皆爲代人(《魏書》，35，頁813)。太武帝在444年，也曾令太子監國，輔佐大臣除崔浩外，其他三人爲穆壽、古弼與張黎，也都是代人(《魏書》，4：2，頁97)。然而中原士族憑其學識與能力，至少偶爾還能躋身於決策階層(儘管還是備詢性質)，領民酋長則連這樣的機會都沒有。在北魏統治華北的一百餘年間，根據筆者的統計(詳見下表)，代人集團的成員平均佔有88％的中央文武要職以及80％的地方首長之職。如果我們以孝文帝遷都洛陽前後爲一斷限，則在此之前的比率分別是中央93％，地方86％，可說是囊括了當時絕大部份的政治職位[15]。相形之下，中原士族所佔的比率分別是：總平均中央10％，地方14％；490年以前則爲中央5.4％，地方6.5％，領民酋長在地方性的職位上還偶有所獲，至於中央要職的機會則幾乎是零，爾朱榮是第一個列名將相年表的領民酋長，不過那已是在魏末六鎮亂起，中央控馭無力，他已成爲當時最強大的軍閥以後的事了。

14 北魏負責宮廷禁衛軍的職位前後似乎並不一致，早期殿中尚書似乎握有較大權力，不過到宣武帝以後，逐漸轉移到領軍將軍手中。于烈傳中就明言「領軍但知典掌宿衛」(《魏書》，31，頁739)。這也是爲何靈太后要圖謀元叉時，必須要先誘他辭去領軍一職的緣故(《魏書》，16，頁406)。宣武至孝明時，擔任領軍一職者有：于烈、于勁、元繼、元忠、元叉、元淵等人，皆爲宗室及代人貴族(萬斯同，＜魏將相大臣年表＞，《二十五史補編》第四冊)。

15 此處統計數字所根據的資料主要是，萬斯同，〈魏將相大臣年表〉，嚴耕望，〈北魏尚書制度考〉，以及吳廷燮，〈元魏方鎮年表〉。有關萬表及吳表的一些問題，詳見本文附錄「將相大臣年表」與「地方長官表」的註釋。此處想說明的一點是，在北魏時期，職位高低與權力大小並不一定成正比，例如太師、太傅、太保品位雖高，權力卻不如太尉、司徒與司空。在傳統政治時期，權力常是取決於個人，而非職位，這個人可以是元老重臣，也可以是君主心腹，這可以說是極爲普遍的現象。此外，在任的長短當然也與權力的大小有關。就此而言，本文在統計時，沒有將上述兩個變數考慮在內，無疑是個缺陷。但是，那樣做的話，一則太過煩瑣，再者也不易精確，譬如任期的資料就極不易掌握，「將相大臣年表」中的任期基本上根據萬斯同的資料，可是萬表中這部份工作是相當粗疏（實際上也無法精確）。不過，統計數字的應用基本上也只在顯示一個大致的趨勢，就此而言，這些圖表無疑尚有若干參攷價值。特別是兩份參攷資料來源不同(一爲中央，一爲地方)，雖皆殘缺不全，所統計出來的比率卻有令人驚異的重疊性，不管是各團體的平均比率，或者是不同時期裡，各團體的比率昇降。例如490年前後的官職比率，代人貴族在中央由33.5％降至12.5％，在地方則由37.5％降至17.5％，降幅皆在20％左右；而同時期中原士族則由(中央) 的5.4％昇至21.2％，以及(地方) 由6.5 ％昇至21％，昇幅皆在15％左右。

將相大臣比率表(一)

時間	總數	身份	人數	比率
396～527	262	代人	230	87.7%
		中原士族	27	10.3%
		其他	4	1.5%
		領酋	1	0.3%
396～490	182	代人	169	92.8%
		中原士族	10	5.4%
		其他	3	1.6%
		領酋	0	0%
490～527	80	代人	61	76.2%
		中原士族	17	21.2%
		其他	1	1.2%
		領酋	1	1.2%

將相大臣比率圖

總比率(396－527)

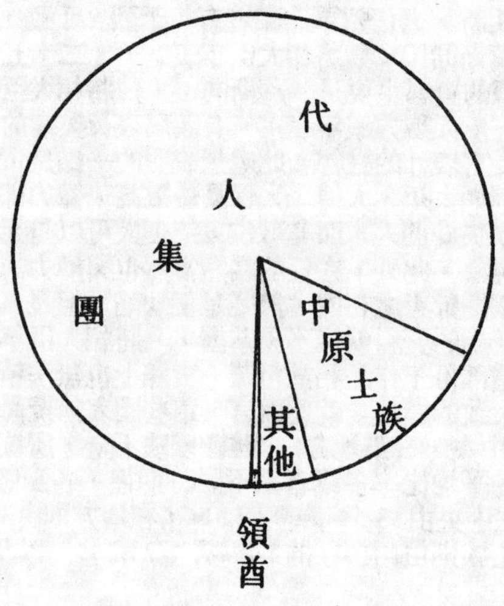

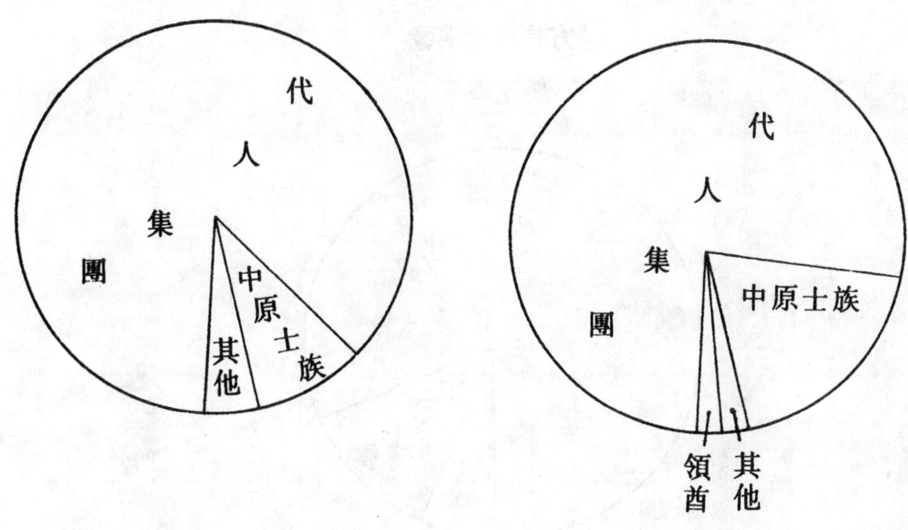

地　方　長　官　比　率　表(一)

時　間	總　數	身　　　　　　份	人　數	比　率
至 527	396	代　　　　　　人	317	80%
		中　　原　　士　　族	54	14%
		其　　　　　　他	24	6%
		領　　　　　　酋	1	0.2%
490 前	200	代　　　　　　人	172	86%
		中　　原　　士　　族	13	6.5%
		其　　　　　　他	15	7.5%
		領　　　　　　酋	0	0%
490 ~ 527	196	代　　　　　　人	145	74%
		中　　原　　士　　族	41	21%
		其　　　　　　他	9	5%
		領　　　　　　酋	1	1%

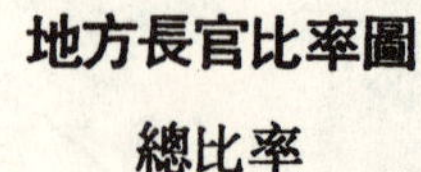

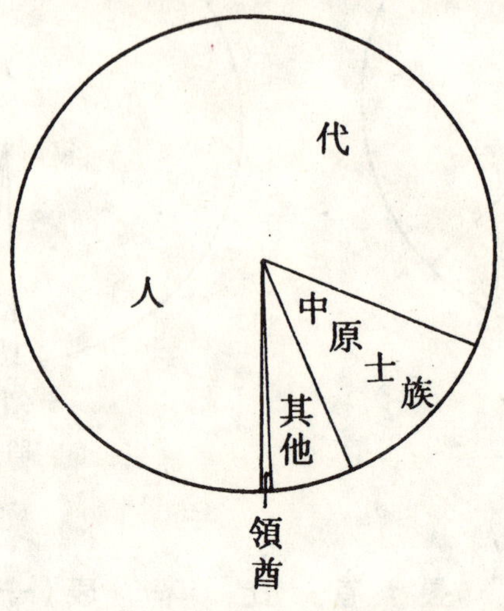

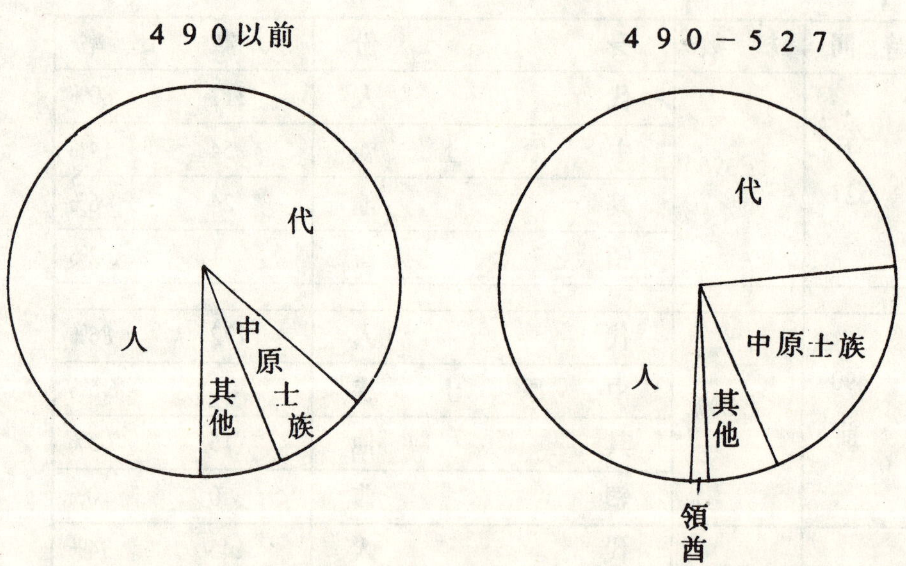

代人集團在拓跋王朝的特殊地位，亦可見之於他們與王室的婚姻關係。北魏一代，史料可查的尚公主人數總計有58人(詳見附表)，其中出身代人貴族者有21人，出身外戚、賓客等君主附庸的有26人，外邦和親者有2人，不詳者2人，而出身領民酋長的僅有爾朱榮1人，中原士族尚公主的雖有6人，卻都集中在文明太后、孝文之世。換言之，出身代人集團的成員占了79％。

再就拓跋歷代君主的后妃而言，若以《魏書・皇后列傳》爲準，自道武帝至孝明帝共有皇后17人，其中出身代人貴族者3人，外邦公主和親者者2人(多半在早期)，出身罪孥者(没入宮中)有4人，賓客之家者2人，外戚3人，不詳者3人。不詳之3人固然有可能是漢人，但没有一個是來自中原士族之家[16]。孝文帝時鋭意漢化，下詔：王國舍人應取八族及清修之門(《魏書》，21，頁534)。並爲其六個弟弟聘大族之女爲妃，其中除了河南王幹娶代人穆氏之女外，其他五人皆娶於中原士族之家。然而，他自己迎娶的中原士族之女(共5人)都只不過是「充後宮」而已[17]。他爲太子恂聘外戚馮誕之女爲后，「以女幼，待年長，先爲聘彭城劉長文、滎陽鄭懿女爲左右孺子」。彭城劉氏、滎陽鄭氏都可算是中原士族，其女也不過是「備後宮」，可見拓跋皇后一職還是有其特定的婚姻對象的。後來的北齊文宣帝曾想立趙郡李氏爲后，卻遭到大臣的極力反對，理由是：漢婦人不可爲天下母(《北齊書》，9，頁125)。證諸拓跋一朝的皇后出身，此一觀念似乎可說是其來有自了。

不管是發動政變者、掌握朝政者、與王室互通婚姻者，列名《魏書》傳上的這些人當然只是整個代人集團中屬於領導階層的一小部份，然而他們之所以能擁有如此優勢的地位，除了本身(或祖先)曾爲拓跋王朝的建立立下汗馬功勞外，原先隸屬於他們的部落民 — 代人集團的基層 — 無疑也發揮了決定性的影響力。正如前面所述，這些人在部落解散後，或留守平城，或出鎮四方，仍爲帝國武力最重要的支柱。這一點一直到孝文帝以後仍有相當的眞確性 — 至少對拓跋王室而言，確是如此。孝文帝在遷都洛陽的同時，曾大量遷徙平城居民南下，以充實他的新都，其中當然也包括大量的代人。西元495年，他下令「遷洛之民，死葬河南，不得還北」，於是「代人南遷者，悉爲河南洛陽人」。接著在次年，「以代遷之士皆爲羽林、虎賁」(《魏書》，7：2，頁178)。換言之，就是將遷到洛陽的代人都編入禁衛軍。我們曉得，孝文帝遷都、漢化等政策，固然帶有削弱代人貴族舊勢力的企圖，然而他也曉得中下階層的代人

16　不詳三人爲明元后杜氏(魏郡鄴人)，獻文后李氏(中山安喜人)以及宣武后胡氏(安定臨涇人)，這三人是否漢人，殊難斷言，不過其中無一人是出身中原士族的。

17　孝文帝納范陽盧氏、清河崔氏、博陵崔氏、滎陽鄭氏及太原王氏等五大中原士族之女，不過都只是「爲嬪」(逯耀東，《從平城到洛陽》，頁198)。按北魏後宮制度一直要到孝文時才漸有定制，皇后之下有「左右昭儀，位視大司馬，三夫人視三公，三嬪視三卿，六嬪視六卿，世婦視中大夫，御女視元士」(《魏書》，13，頁321)。我們不曉得上述中原士族之女「爲嬪」，是那一級的「嬪」，不過品位只能算中等。

究竟還是政權的基礎，因此才有上述的措施。魏末天下大亂，爾朱榮乘時而起，擁立孝莊帝，進而掌握朝政。西元529年，孝莊帝再也無法忍受爾朱榮的跋扈，遂密謀招其入宮中誅殺之。然而爾朱榮雖死，他的武力卻仍完整無缺，數日後即在其妻北鄉郡長公主與其從弟爾朱世隆的統率下進攻洛陽。這時的北魏政府在連年戰亂之餘，中央軍幾已損失殆盡，孝莊帝在無可奈何的情況下，只好下詔「諸舊代人赴華林園，帝將親簡敘」(《魏書》，10，頁266)。換言之，定居洛陽及其近郊的代人，還是拓跋王室在最後關頭所能求援的主要對象[18]。

這些代人與當初部落貴族之間的聯繫，雖然不可能如當年部落時期那麼密切，但也不是拓跋珪一紙「離散諸部」的命令，就會消失無蹤的。西元408年，拓跋珪爲其子清河王紹所殺，京師大亂，肥如侯賀泥即「舉烽於安陽城北，賀蘭部人皆往赴之」(《魏書》，83：1，頁1813)，「其餘舊部亦率子弟招集族人，往往相聚」(《魏書》，16，頁390)。帝國的武力既然以代人爲主體，整個國家又是建立在武力征服的基礎上，用兵選將時，除了王室外，當年的部落貴族及其後裔自然是得優先考慮的。而在像拓跋魏這樣的一個征服王朝裡，政權又是與軍權牢不可分，這是爲何代人集團能長期據有中央與地方軍政要職的主要緣故。

然而拓跋珪「離散諸部，分土定居」的政策，終究還是逐漸地將原先各自分離的血緣團體（部落）成功地轉化爲一個統一的地緣團體（代人）。換言之，原先部落血緣的歸屬感已漸次爲地域的認同感所取代，部落軍既已融合成中央軍，領軍的將領只要的確出自代人集團的貴族即可，至於來自那個部落倒也不太能計較了，這就給了拓跋統治者一個稍有彈性的空間。因此，就整體言之，代人集團的貴族在北魏的大半時期裡，固然始終掌握有優勢的政治、軍事權力，然而，個別家族的興衰浮沉還是有的。「帝室十姓」在建國前本是拓跋政權最核心的柱石，建國後，除了長孫氏、叔孫氏仍能長期掌握軍政大權外[19]，其他七姓（拓跋氏除外）已不那麼顯赫，亥氏則根本就

18 南遷的代人主要居住在洛陽及其近郊所謂「四中郎將府」的轄區內(參見唐長孺，<魏周府兵制度辨疑>，頁257～6有關「四中郎將府」的敘述)。他們之中大部份大概皆有軍事義務，經魏末連年戰亂，損失想必也甚爲慘重，不過應當還有一些代人存在的，否則孝莊帝的求援詔就沒有必要了。此外，本文「代人集團表」中有韓雄、陳忻兩人，皆居住在洛陽附近，於孝武帝時(532～534)起兵。根據他們傳中所述，很有可能是代人破六韓氏與侯莫陳氏的後裔。

19 例如長孫氏即擁有三個王爵(北平王，上黨王與平陽王)，列名將相年表者八人，陪葬金陵(皇陵)者五人。

没没無聞。「勳臣八姓」多半崛起於建國時期，其中賀氏（賀蘭部）爲拓跋珪外家，劉氏（獨孤部）原爲拓跋部落聯盟中最強大部落之一，兩氏雖同被尊爲「八姓」之一，卻遠不如同爲「八姓」的穆（丘目陵）、陸（步六孤）、于（萬忸于）三姓來得顯赫[20]。主要原因是穆氏在穆觀時極受明元帝賞識。陸氏在陸麗時助文成帝登基，而于氏在于烈時有功於孝文帝，後來又幫助宣武帝削奪諸王權力，姪女又爲宣武后，這就使得他們的家族有更好的發展機會。這裡就涉及拓跋君主如何鞏固並擴張君權的關鍵問題了。

㈡拓跋君權的擴張—北魏的「客」

我們曉得，由於上述的一些因素，拓跋君主在建立國家後，不得不讓代人集團的貴族分享政治、軍事的權力；儘管如此，王朝建立後，接續而來的就是君權的擴張，爲了強化權力，拓跋統治者採取了兩項策略：第一、大量拔擢宗室出任要職。這一點倒是跟中國傳統的家產制政權大異其趣。一般而言，漢族王朝的君主要擴展君權時，首要目標當然是鏟除功臣元老，其次則爲同姓宗室。異姓元老功高震主，必須鏟除自不待言；同姓宗室萬一羽翼豐滿，也很可能取君主之位而代之，其危險性亦不可輕忽。漢初百年的政治鬥爭史大致沿此路線進行，與北魏約略同時的南朝蕭齊更是大肆屠戮宗室、置典籤以監督出鎮的諸王[21]。然而，拓跋君主卻不可能如此做，正如上述重用代人集團貴族的緣故，在傳統政治習俗及現實國家基礎的考慮下，只有出身宗室的人才可能對代人集團產生號召力。

第二，任用外戚、宦官、寵倖、客等君主的「附庸」。外戚、宦官、寵倖的出任要職，在中國歷史上並非罕見，只不過從正統儒家政治理論看來，這些都屬於「亂政」的現象。相形之下，這些人物的任用在北魏政壇上可說是個正常的現象，趙翼在《廿二史劄記》中還特列一節討論北魏宦官出任地方官的情況。這一方面當然是由於北魏初入中原，尚少受到正統儒家思想的束縛，一方面也由於當時揉合了游牧部落習俗的特殊政治結構，這一點近代學者已有申論，此處即不贅言[22]。客雖然也同爲君主附庸，然而他們身分特殊，在北魏政治史上有其獨特意義，因此有必要另行申論。

20　例如穆氏擁有一個王爵，列名將相年表者九人，尚公主者十二人，曾任殿中尚書者五人。
21　詳見趙翼，《廿二史劄記》，〈齊明帝殺高武子孫〉，〈齊制典籤之權太重〉諸條。
22　參見鄭欽仁，〈北魏中侍中稿〉，《食貨》，2：6（1972）；〈北魏中給事（中）稿〉，《食貨》，3：1（1973）。

客(client)的存在，就人類歷史社會而言，實爲一普遍現象，而且也不僅只限於首領才有，只不過，首領通常可能會有較多的客。他們的身分相當模糊，而且依各個社會性質亦各有不同；不過，一般而言，他們皆來自此一社會（或部落）以外，然而，在成爲客以後，他們即被視爲其「主人」的「家人」。

拓跋人在建立國家以前，想來已有客的存在。例如居於代的漢人許謙，莫含、燕鳳、張衮等人，來自遼東的安同（西域胡），以及劉潔的祖先，都是在建國前即已服務於拓跋政權。國家建立後，君主的客也就制度化起來，根據《魏書》各傳所載，拓跋王朝當時大致是根据歸附者的身分（王室、貴族），歸附的方式（自願或被迫）等等標準，分別予以「上客」（有時亦用「第一客」）、「次客」、「下客」等的待遇。例如西元466年，北魏大舉攻掠劉宋青齊（今山東）一帶，宋將房法壽歸降，爲「上客」，其從弟房崇吉曾抵抗，等到母妻爲北魏所擄之後才歸降，爲「次客」，崔道固及休賓則抵抗至力竭始降，爲「下客」（《魏書》，43，頁970）。「上客」，賜「田宅、奴婢、馬牛羊」（《魏書》，58，頁1289），「次客」、「下客」當然要差一些，不過，待遇也並非就一成不變，有時依身分，重要性可以有很大差異。〈房法壽傳〉中就說：「法壽供給，亞於安都等」，那是因爲房法壽只不過是地方豪強，而且是在北魏兵鋒威脅下歸順的，薛安都出身河東蜀薛，爲劉宋重要將領，且主動以當時淮水流域重鎭彭城來降（466），使得北魏得以順利取得青齊等地，故到平城後「大見禮重，子姪群從並處上客，皆封侯，至於門生無不收敘焉」（《魏書》，61，頁1354）。客也並不只限南人，〈宇文福傳〉中就說他：「其先南單于之遠屬，世爲擁部大人。祖活撥，仕慕容垂，太祖之平慕容寶，活撥入國，爲第一客」(《魏書》，44，頁1000)。閭大肥則是以柔然宗室(郁久閭氏)的身分入魏。

北魏一朝「客」的數目倒底有多少，這恐怕是個難以解答的問題。這些人在拓跋政權的角色如何，則是此處想要探索的重點。根據史料分析，我們可以觀察到下述幾個現象：第一、客或其子孫尚公主的比率相當高。在上述拓跋公主婚姻表中，以客之身分尚公主者總計有17人，占了總人數的29％，領先外戚的9人，而僅次於代人貴族的21人。其次，客經常被賦予軍事職務，包括率軍出征及鎭守。從拓跋珪開始，出身西域胡的安同、出身柔然王室的閭大肥即經常列名出征將帥的名單中。太武時來歸的源賀，也成爲此後北魏的名將，長期被賦予駐守漠南重兵的統帥權。出身後燕王室的慕容白曜在西元467年率軍出征青齊(今山東、蘇北一帶，當時爲劉宋領土)，三年之內連下十餘城，取得淮水以北的廣大土地(《魏書》，50，頁1117～1122)，軍功之盛，在北魏將領中可說是無出其右者。南方將領入魏者，例如毛脩之，刁雍也都受到特殊待遇。毛脩之在太武帝時輾轉歸順北魏，除了立有軍功外，由於擅長烹飪，甚受太武寵信，「進太官尚書，……常在太官，主進御膳」(《魏書》，43，頁960)，他的兒子在文成帝時還曾一度出任負責禁衛的殿中尚書一職。刁雍出身南方世族，劉裕崛起之後奔北魏，太武帝時出任薄骨律鎮將，前後在鎮十二年(444－455)，算是相當受信任的。身分最特殊的司馬楚之，原爲東晉王室，西元419年起兵反抗劉裕不成，亡命北魏。封琅玡王，尚河內公主，拜侍中、鎮西大將軍、雲中鎮大將，在鎮廿餘年，西元464年卒時，還得到「陪葬金陵」的殊榮。子司馬金龍襲父爵，仍爲雲中鎮大將。雲中鎮在今綏遠和林格爾北，爲拓跋故都、皇陵所在，而司馬一家，父死子繼，兄死弟繼(司馬金龍於484年卒，其弟司馬躍又爲雲中鎮將)，前後長達五十餘年，幾乎已可說是世襲。這樣的待遇，不但一般中原士族難以想望，連拓跋宗室，代人貴族都極少能望其項背。孝文以後銳意南進，出身南朝王室的劉昶、蕭寶夤，貴族的王肅，也都被賦予南伐的軍事重任。一直到魏末大亂，蕭寶夤也還被賦予平定關中亂事的統帥權。

客之所以能有較多尚公主的機會，主要還是由於他們有許多出身王室(東晉司馬氏，劉宋的劉氏，蕭齊蕭氏以及柔然的郁久閭氏等等)，或者貴族(王肅爲王導之後)，算得上門當戶對。只是這些在南朝原爲死敵的家族，亡命北魏之後反而成爲姻親，也可說是歷史的弔詭性了。客之所以能經常擔任軍事性職務，我們當然不能否認他們之中確有深具軍事長才，如慕容白曜者；但更重要的是，由於這些人都是君主的「客」，換言之，也就是君主的「家人」，在拓跋君主擴張君權的需要下，他們經常以君主之「私人代表」的身分出任軍職一事似乎也就不難理解了。也就因爲具有此一特殊身分，他們才能得到如此的寵信，並且能爲拓跋宗室及代人貴族所接受[23]。

儘管如此，客在拓跋王朝的處境也並非就都那麼一帆風順。慕容燕宗室在拓跋珪平定河北後，大量移居平城，結果是「天賜末(拓跋珪年號)，頗忌而誅之」，「死者三百餘人」(《魏書》，2，頁44；50，頁1123)。迫使倖免者紛紛改姓爲豆盧或慕輿(

23 康樂，〈北魏的司馬金龍墓〉，《歷史月刊》，13，(1989)。

《胡姓考》,頁97,131)。慕容白曜由於在文成帝仍爲太子時,曾經服侍過他,故甚得文成帝的寵信,到了獻文帝初期還能與乙渾共掌朝政,並率軍出征青齊。青齊的順利平定爲他帶來巨大的聲望,卻也同時埋下殺身之禍,次年(470)他即以謀反的罪名被誅殺。遭此命運的其實也不只慕容一氏,舉凡爲魏所滅的北方諸國王室,例如赫連氏(赫連夏)、沮渠氏(北涼),下場都差不多。南來的「客」處境似乎稍好些,不過也並不盡然如此,同樣出身東晉王室的司馬國璠、司馬道賜等人,就因企圖逃離北魏而被處死。究其實,客、外戚、宦官與寵倖這些被視爲君主「附庸」的人物有一個共通的特點,此即他們的權力來源是純然依附於君主個人的,這種關係固然使得他們可以輕易地握有軍政大權,卻也極易在失寵或君主易位的情況下完全喪失。這是他們與代人貴族、宗室及領民酋長等具有某種程度實質或自主力量的人物大相逕庭之處。

利用這兩個方式來拓展君權的成效究竟如何?這個問題殊不易作答,因爲碰到雄才大略的君主如開國君主道武帝或統一華北的君主太武帝,挾著鉅大軍事勝利的威望,君權可能會高張到前所未有(甚至是後無來者)的地步。不過,如果宗室及君主附庸所占官職的比例可視爲君權消長的一個指標的話,那麼,北魏的君權確實是在持續擴大中。試以中央文武要職爲例,道武帝及明元帝兩朝(396-423),代人貴族占有38%的重要職位,宗室及附庸則占了51%,太武帝一朝(423-452),代人貴族38%,宗室及附庸則58%,超出比率已開始擴大;獻文、文成及孝文前期(452-490),宗室及附庸大幅提昇到63%,代人貴族則降至29%;遷都洛陽之後的幾朝,代人貴族的勢力更是急遽衰退,降至12.5%,連中原士族都不如(21%),而宗室及其附庸則仍維持在64%的高佔有率。地方長官方面,490年以前,代人貴族占有37.5%,王室附庸則爲48.5%,490至527年,代人貴族的占有率降了二十個百分點,爲17%,王室附庸則昇至57%。(詳見下表)這裡實際上也暴露出孝文帝變法改革的一個用心,亦即逐漸以宗室、附庸及中原士族來削弱代人貴族的勢力。明乎此,則我們自然不難理解代人貴族對孝文帝遷都及漢化政策的抗拒,因爲這不只牽涉到文化、宗教慣習的因素,也關係到實際利益的得失。

> 初,高祖(孝文帝)將議革變舊風,大臣並有難色。又每引劉芳、郭祚(按:皆中原士族)等密與規謨,共論時政,而國戚遂謂疏己,怏怏有不平之色。乃令(陸)凱私喻之曰:「至尊但欲廣知前事,直當問其古式耳,終無親彼而相

疏也」。國戚舊人意乃稍解。(《魏書》,28,頁906)

國戚舊人,顯然是以代人貴族爲主體,這也是爲何孝文帝只有透過陸凱去慰諭才有效—陸凱出身勳臣八姓,算是這些貴族的領導人物。

安撫歸安撫,他的漢化政策如果再繼續推動下去,會遭遇到什麼激烈的後果,孝文自然是心裡有數的。這點只要看他假南伐之名遷都時的一些措施即可瞭然:出兵前先派遣元羽(孝文之弟)到六鎮徵召騎兵,然後留元丕與元羽在平城鎮守,自領大軍由山西下洛陽,另外派遣元幹(孝文之弟)與盧淵(漢士族)率領一軍出關中。換言之,除了將大部分軍隊帶走外,所有重要職位包括軍事指揮官皆由自己弟弟擔任,他在防備些什麼自然是不言而喻了[24]。

24 《魏書·獻文六王傳》提到孝文帝要出發時,特別「詔羽從至雁門,乃令羽歸。望其稱效,故賜如意以表心」(21:1,頁546)。這是因爲元丕爲宗室元老,以位望而言,孝文不得不將平城留守一職交給他,然而元丕又是強烈反對孝文漢化政策的人物(他的兒子後來參加穆泰的叛變),因此只好再派元羽同爲留守,以節制元丕的權限。他要元羽陪同至雁門,《魏書》所說的理由「高祖友愛諸弟,不忍早分」,顯然只是飾詞,眞正目的應當是要告知遷都計劃,面授應變機宜。故傳中接著說:「遷京之後,北蕃人夷多有未悟,羽鎭撫代京,內外肅然」。

將相大臣比率表(二)

時間	總數	身分	人數	比率
396~527	262	代人貴族	71	27.0%
		王室附庸	159	60.6%
		中原士族	27	10.3%
		其他	4	1.5%
		領酋	1	0.3%
396~423	37	代人貴族	14	37.8%
		王室附庸	19	51.3%
		中原士族	4	10.8%
		其他	0	0%
		領酋	0	0%
423~452	58	代人貴族	22	37.9%
		王室附庸	34	58.6%
		中原士族	0	0%
		其他	2	3.4%
		領酋	0	0%
452~490	87	代人貴族	25	28.7%
		王室附庸	55	63.2%
		中原士族	6	6.8%
		其他	1	1.1%
		領酋	0	0%
490~527	80	代人貴族	10	12.5%
		王室附庸	51	63.7%
		中原士族	17	21.2%
		其他	1	1.2%
		領酋	1	1.2%

將相大臣比率圖

總比率（396－527）

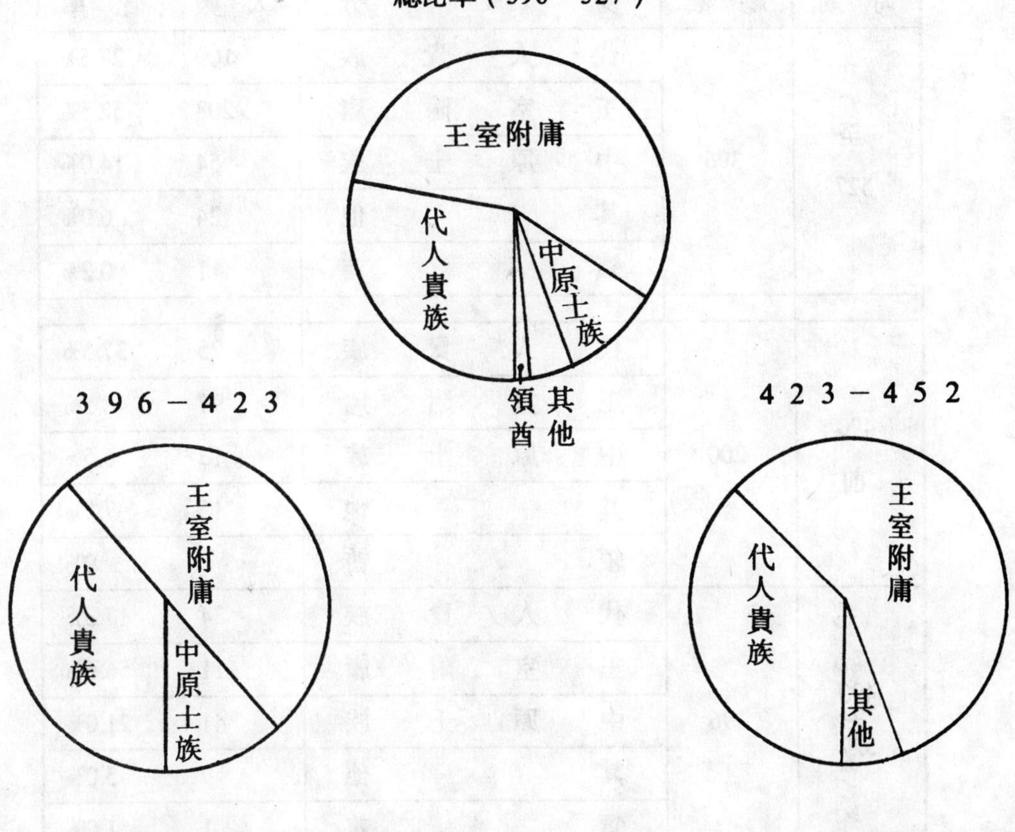

490－527

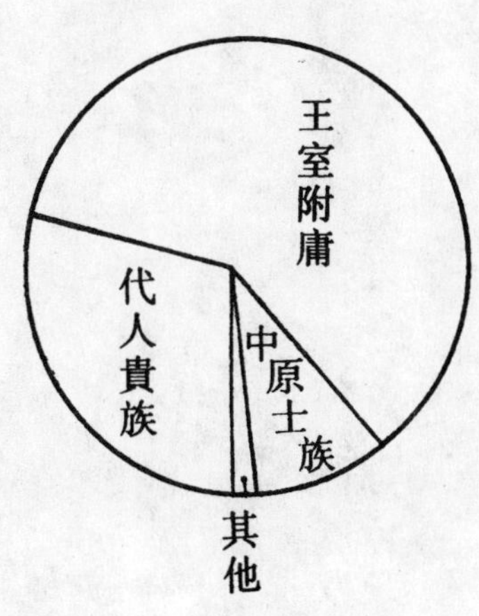

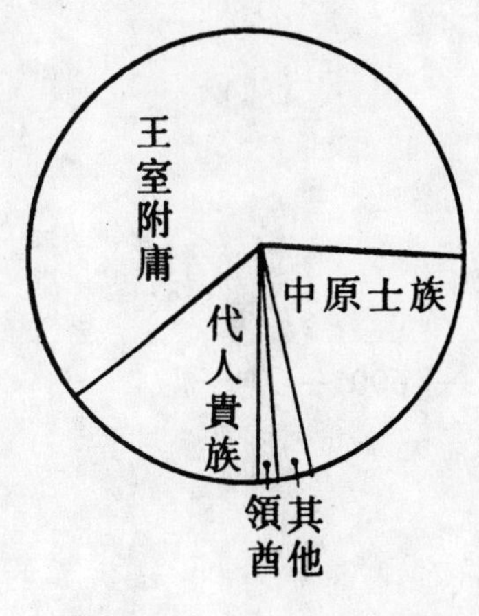

地方長官比率表(二)

時間	總數	身分	人數	比率
至 527	396	代人貴族	109	27.5%
		王室附庸	208	52.5%
		中原士族	54	14.0%
		其他	24	6.0%
		領酋	1	0.2%
490 前	200	代人貴族	75	37.5%
		王室附庸	97	48.5%
		中原士族	13	6.5%
		其他	15	7.5%
		領酋	0	0%
490 ～ 527	196	代人貴族	34	17.3%
		王室附庸	111	56.6%
		中原士族	41	21.0%
		其他	9	5.0%
		領酋	1	1.0%

地方長官比率圖

總比率

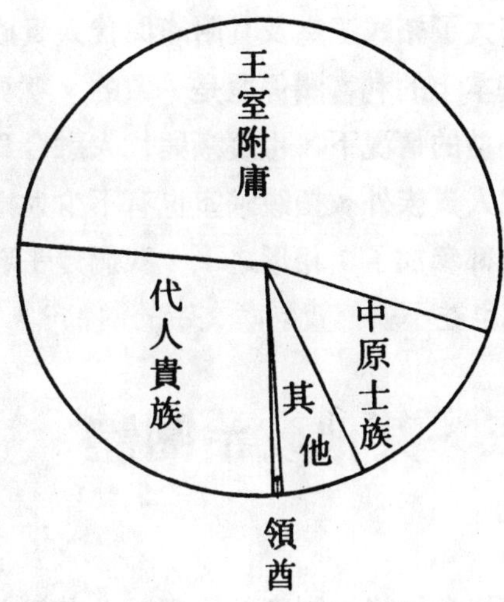

4 9 0以前

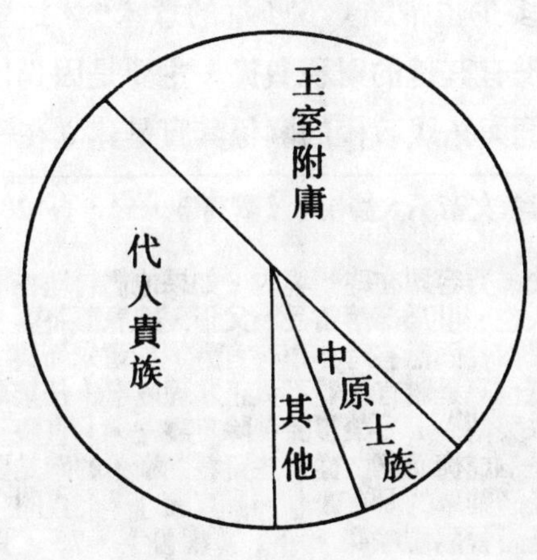

4 9 0－5 2 7

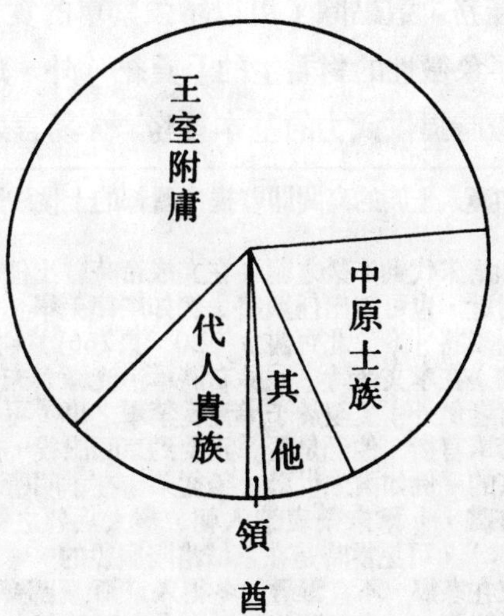

遷都之舉在他小心防範下，總算安然達成，然而兩年後（496年），以穆泰、陸叡爲首的代人貴族即在北方舉兵，根据《魏書》所言，除了于氏一族外，幾乎所有重要的代人家族皆有人參加（27，頁663；31，頁783）。

只是，我們也不要過份誇大了拓跋王室及其附庸與代人貴族之間的衝突，究其實，他們倒底都是「代人」，基本上的利害關係還是一致的。就算是外來的「客」，在長期通婚及分享政治、經濟利益的情況下，也逐漸與代人融合爲一體。穆泰與陸叡領導發動的叛亂，參與者除了代人貴族外，拓跋宗室也有不少人捲入，連司馬楚之的孫子（司馬金龍之子）司馬徽亮都參加了；相形之下，我們幾乎看不到有任何領民酋長及中原士族的介入，儘管他們也並不就都贊同孝文帝的遷都[25]。

三、其他政治團體

(一)領民酋長

領民酋長在北魏史上是個相當獨特的制度；他們極少出任中央官職，偶而出任地方官職，大致上也只限於自己采邑所在地，不過他們的子弟則多半有到中央充當君主宿衛的義務，這點除了可以增強禁軍的實力外，多少也帶點「質子」的意味[26]。這些部落除了象徵性的對君主的「貢納」外，似乎並沒有其他的財稅負擔，主要是因爲他們負有戰時提供武力的基本義務[27]。易言之，他們與拓跋政權的關係其實是建立在一

25 例如漢人士族的高閭即曾提出遷都的十個缺點，惹得孝文帝不太愉快（《魏書》，54，頁1206）。

26 例如爾朱代勤（榮之祖）在文成帝時曾出任肆州刺史，秀容即在肆州境內。如果他們封地在軍鎮附近，也可能出任鎮將，例如斛律羌舉，「太安人也。世爲部落酋長，父僅，魏龍驤將軍，武川鎮將」（《北齊書》，20，頁266）。這些領民酋長固然有時亦帶有官爵，如爾朱新興（榮父）在孝文帝時，「除右將軍，光祿大夫」，大抵也只是贈官，並不眞正掌理政事（任禁軍長官者例外）。至於子弟充當禁軍之事，可見〈爾朱榮傳〉，「榮襲爵，除直寢」，「直寢」爲禁軍官銜。他們是否眞正要到京師服役，還是只是個虛銜而已？從一些資料判斷，的確是要入京的。例如爾朱世隆（榮從弟）在孝明帝晚年擔任過禁軍的「直齋」、「直寢」、「直閣」等官職，「爾朱榮表請入朝，靈太后惡之，令世隆詣晉陽慰喻榮。」（《魏書》，75，頁1668），可見當時是在京城洛陽服役的。《北史・厙狄干傳》則明言：「授將軍，宿衛於內。以家在寒鄉，不宜毒暑，冬得入京師,夏歸鄉里」（頁1956）。「質子」的作用亦可見之於〈爾朱世隆傳〉，世隆既詣晉陽，「榮因欲留之。世隆曰：『朝廷疑兄，故令世隆來，今若遂住，便有內備，非計之善者』。榮乃遣之。榮舉兵南出，世隆遂遁走，會榮於上党」（頁1668）。爾朱世隆之所以堅持回到洛陽，正是爲了要繼續發揮「質子」的功效。

27 有關這些部落的「貢納」，我們所知不多。〈爾朱榮傳〉說他的父親：「朝廷每有征討，輒獻私馬，兼備資糧，助裨軍用」（頁1644）。這當然是一種貢納，不過卻又不像是個制度化的義務，因爲接下來又說「高祖（孝文帝）嘉之，除右將軍、光祿大夫」，如果是種固定的義務。皇帝似乎也沒有必要特別獎賞此一舉動。率軍從征之事亦可見於〈爾朱榮傳〉, 西元523年，柔然入侵，中央派遣李崇北伐，「詔假榮節，冠軍將軍、別將，隸都督李崇北征。榮率其新部四千人追擊」（頁1645）。

種（與君主）私人性的封建隸屬關係基礎上，因此，嚴格說來，並不受一般官僚機構的節制。北魏一朝究竟有多少領民酋長，史無明言，其中有許多大概是建國時期分封的，然而隨著北魏的開疆拓土（特別是太武帝時期），被征服或歸附的部落愈來愈多，例如西元429年，太武帝征柔然，回程時即俘虜了高車「數十萬落」。這些游牧民族大抵皆仍維持部落聚居與游牧生活，他們的部落長雖不見得一定帶有「領民酋長」的頭銜，他們與拓跋政權的關係大體上則仍沿襲「領民酋長制」的模式，例如居住在陝北綏遠南境一帶的「西部敕勒（高車）」即長期負有提供禁軍（殿中武士）兵源的義務（或「權利」？）[28]。領民酋長制的實行似乎也不僅限於游牧民族，如果我們不斤斤計較「部落」的首長是否一定帶有「領民酋長」此一頭銜的話，那麼河東、關中等較多少數民族聚居的地區，顯然也有不少類似領民酋長制、自主性甚強的部落或團體存在[29]。例如文明太后時權傾一時的宦官王遇，本姓鉗耳，照《魏書》所云：「馮翊李潤鎮羌也。與雷党，不蒙俱爲羌中強族。……自晉世已來恆爲渠長」（94，頁2023）。《北史・毛遐傳》云：「毛遐，北地三原人也，世爲酋帥」（49，頁1808）。而立於魏末關中的〈焦延昌造象碑〉中也提到焦延昌的祖父是「第一領民酋長」[30]。有的少數民族雖立州縣，列爲編戶，然而基本上仍在其原有首長的統轄下，例如居住在陝、豫邊界的巴人泉企：

> 世雄商洛，曾祖景言，魏建節將軍，假宜陽郡守，世襲本縣令，封丹水候。父安志，……領本縣令。企九歲喪父……年十二，鄉人皇平、陳合等三百餘人詣州請企爲縣令。州爲申上，時吏部尚書郭祚以企年少，未堪宰民，請別選遣，

---

28 例如《魏書・景穆十二王傳》中即提到孝文帝時，「殿中尚書胡莫寒簡西部敕勒豪富兼丁者爲殿中武士，而大納財貨，簡選不平。衆怒，殺莫寒及高平假鎮將奚陵，於是諸部敕勒悉叛。」（19：1，頁450）。我們不曉得這些敕勒人是因爲被選中、還是沒選上而「怒」。不過，看起來從西部敕勒選殿中武士似乎已相當制度化了。〈孝文弔比干碑〉碑陰有「直閣武衛中臣高車部人斛律慮」，斛律爲西部敕勒貴姓。〈宇文福傳〉也提到「高車羽林五百騎」（44，頁1001）。可見敕勒人在北魏禁軍中的角色相當重要。其實，以異族人充當禁軍並非拓跋君主獨特的「創舉」。羅馬自凱撒開始即有任用異族人爲侍衛的傳統，凱撒用西班牙人，奧古斯都開始帝制後，日耳曼人在禁軍中的比重也逐漸增加（詳見Suetonius, The Lives of the Caesars, Book I, LXXXVI; Book II, XLIX; Book VI, XXXIV ; Book VII，XII。有關史料爲邢義田兄所提供，謹此致謝）。拜占庭皇帝則有俄羅斯人及盎格魯－撒克遜人所組成的衛隊（A. A. Vasiliev, History of the Byzantine Empire, p.484 ）。利用異族人充任部份禁軍，除了他們善戰外，主要因素之一是他們是外地人，較不可能與本族的權臣或貴族結合，而對君主產生直接威脅。這一點倒是與拓跋君主之喜歡任用「客」擔任要職頗有異曲同工之妙。

29 詳見馬長壽，《碑銘所見前秦至隋初的關中部族》。

30 見王昶編，《金石萃編》卷32。

終此一限，令企代之。魏宣武帝詔曰：「企向成立，且爲本鄉所樂，何爲捨此世襲，更求一限。」遂依所請。尋以母憂去職，縣中父老復表請殷勤，詔許之，起復本任。(《周書》，44，頁785)

形式上雖然還要報請中央核可，實際上卻已儼然是個小自治領。類似的例子想必還甚多，只是史料有闕，無法一一列舉[31]。這些團體在拓跋政權的地位，當然是無法與建國時期所分封的、正式帶有「領民酋長」頭銜的游牧部落，如爾朱氏、厙狄氏等相比擬，權利與義務關係想來也不一樣(例如泉氏雖可世襲縣令，然而既已劃爲郡縣，他們原有的「部民」可能就得負擔正常的賦役)，不過基本上有一點卻是共通的，那就是它們都擁有某種程度的自治權。其實這也不是北魏獨創的新制度，早在十六國時期，立國於關中的苻秦、姚秦也是採取「編戶」與「部落」並行的方式來統治的[32]。對於多種民族雜居的地區·這倒不失爲一個簡易可行的辦法，何況苻秦、姚秦、拓跋魏這些政權原本就是以部落立國的，「編戶齊民」對他們而言，毋寧還是個陌生而新鮮的觀念。

領民酋長在北魏政治、軍事史上固然有其重要性，特別是像爾朱氏、厙狄氏這些早年協助拓跋珪開國的部落，應該一直是北魏武力中重要支柱之一，聚居河套、陝北的高車部落也始終是禁軍主要來源。然而，要將領民酋長視爲一個「團體」似乎不太容易，因爲第一，他們的種類極複雜，就算同屬游牧民族，也有高車、匈奴、羯胡等等族別，如果再加上關中、陝晉豫邊界一帶的巴、氐、羌等，那就更龐雜了；其次，他們世代皆居於分封的「采邑」，極少出任中央官職(頂多短期到中央充當禁軍)，偶爾出任地方官，也只限於采邑附近，換言之，領民酋長彼此之間是相當疏離的[33]。

31 巴人的來源，陳寅恪已有考證。河東的蜀薛，據陳寅恪考證，亦爲少數民族，俱見於〈魏書司馬叡傳江東民族條釋證及推論〉。河東薛氏在北魏政壇的角色相當特殊，從出身來看，根據陳寅恪的考證，他們應當是原居四川的少數民族，魏晉時移徙河東汾陰，逐漸成爲當地豪強。明元帝時薛辯附魏，在北魏與赫連夏的戰爭中立有軍功，故其子孫常出任當地長官。(《魏書》，42，頁941～2)。就此而言，河東蜀薛在北魏的地位似乎有點類似領民酋長。不過，他們與中央關係之密切似乎又要超過一般的領民酋長，例如薛謹(薛辯子)在太武帝時徵入京師，任內都坐大官，其子薛初古拔在獻文帝時尚公主。除了中央與原居地的官吏外，他們也常奉派出任其他地方長官，例如薛初古拔即擔任過南豫州刺史，其子薛胤也出任過懸瓠鎮將、河北太守等職(俱見《魏書》傳中)，到了孝文帝時此族還列入郡姓(算是「中原士族」，雖然不是沒有爭議。參見陳寅恪前引文)，可以說是北魏較特殊的一個個案。

32 見馬長壽，《關中部族》，頁17-18；36-38。

33 有些領民酋長當然是有來往的，例如爾朱氏與高車叱列氏即有密切的婚姻關係(唐長孺，黃惠賢，〈試論魏末北鎮鎮民暴動的性質〉，頁112)。不過，類似的例子並不多。

將他們視爲一個同質性的「團體」似乎有點牽強。領民酋長在北魏軍事史上固然有其重要性，北魏統治者對開國時期有功的一些酋長亦相當尊重與禮遇，然而，領民酋長的影響力，長期而言，還是局限在軍事上以及地方上，他們眞正在北魏政壇上扮演重要角色則要等到六鎭之亂以後。

㈡中原士族

移居平城的中原士族則形成北魏政壇上的另一股勢力。原初拓跋珪定都平城時，他理想中的「代人」範圍顯然要比後來出現的代人集團大得多，因爲除了離散諸部，使其定居王畿外，他從河北一帶遷來的數十萬中原士族、工匠、農人及其他民族也都被迫世代永久定居於王畿，《魏書》〈王慧龍傳〉（卷38）、張讜傳（卷61）與趙琰傳（卷86）都提到：「時禁制甚嚴，不聽越關葬於舊兆」。這個政策一直持續到孝文帝遷都前不久才稍微鬆弛[34]。換言之，原先拓跋統治者是希望他們從四方遷來的移民能長於斯、老於斯、葬於斯，也就是一成爲「代人」。政策的理想雖然如此，也有些中原士族由於實際的需要（建立典章制度、治理農業社會），或因個人才能（「智如崔浩」[35]而得君主賞識，對朝政也有相當的影響力，然而他們的身分，說得好聽點算是客卿，坦白說來則終究還是被征服者。幫拓跋珪制定典章制度的崔宏（崔浩之父）是在拓跋珪征服河北時「執送於軍門」的(《魏書》，24，頁620)；西元413年，明元帝下詔「分遣使者巡求俊逸，其豪門強族爲州閭所推者，及有文武才幹、臨疑能決，或有先賢世胄、德行清美、學養義博、可爲人師者，各令詣京師」（《魏書》，3，頁52），換言之，即徵調地方士族。結果是「民多戀本，而長吏逼遣。於是輕薄少年，因相扇動，所在聚結。……守宰討之不能禁」（《魏書》，24，頁622），只好不了了之。西元431年，太武帝頒布著名的徵士詔，詔中雖說「盡敕州郡以禮發遣」，結果是「州郡多逼遣之」，社會不安，逼得太武帝在次年下詔：「諸召人皆當以禮申諭，任其進退，何逼遣之有也）（《魏書》，4：1，頁79-81）。《魏書．宋隱傳》的一段記載，生動地刻劃出當時拓跋統治者急如星火逼遣這些士族的情狀，以及這些士族無可奈何的心態：宋隱原爲河北一帶士族，初仕於慕容燕，拓跋珪平定河北，

34 《魏書．張彝傳》提到彝母喪，「送葬自平城達家（清河郡），千里徒步，不乘車馬。」（64，頁1428），可見已准許歸葬。不過當時已在孝文遷都前不久。同樣的，孝文帝遷都洛陽後，詔「遷洛之民，死葬河南，不得還北」。《魏書》接著說：「於是代人南遷者，悉爲河南洛陽人」（7：2，頁178 ）。

35 太武時稱頌崔浩語（《魏書》，25，頁646）。

徵他入京師，儘管他「固辭以病」，州郡仍「切以期會」，無奈之下他只好「棄妻子，間行避焉，後匿於長樂之經縣，數年而卒」，臨死前特別告誡他的子弟：

> 苟能入順父兄，出悌鄉党，仕郡幸而至功曹史，以忠清奉之，則足矣，不勞遠詣台閣。恐汝不能富貴，而徒延門戶之累耳。若忘吾言，是爲無若父也，使鬼而有知，吾不歸食矣。（《魏書》，33，頁773-4）

沈痛的遺言道盡了被征服者的辛酸與無依，也預告了數十年後（450）崔浩的滅門之禍。儘管如此，宋隱的第三個兒子終究還是在431年被徵調到平城。

對於被逼遣到平城來的這些中原士族而言，平城是不可能成爲他們的「家鄉」的，張讜、張彝、趙琰等傳中皆提到禁令稍弛後，這些士人費盡心血設法將父母遺骸歸葬鄉里的故事。這種心理，拓跋統治者自然是清楚的，而這些中原士族在北魏政壇上所能扮演的角色——至少在孝文帝遷都以前——也就相當有限了。根據統計，這一段時期中原士族只占了5.4％的中央要職，以及6.5％的地方長官之職。而且，雖然崔宏、崔浩父子，以及高允等人曾經出任過諸如尚書令、司徒、中書令等高位，究其實亦不過爲君主之顧問參謀，擁有實權或較具關鍵性的職位，例如各鎭都大將、太尉、大司馬、南部尚書（掌管南方州郡）、殿中尚書（掌禁軍）等等，是極少會交給他們的[36]。

四、結　論

團體的存在可說是人類社會一個極普遍的現象，實際上，如果没有「有組織的團體」，人類也許根本就無文明、歷史可言，甚至可能連生存都要成問題。團體形成的因素及其凝聚所依循的法則當然是很複雜的，不過，在傳統歷史時期，血緣與地緣無疑是最根本、也是最常見的兩種凝聚方式。

西元五、六世紀時，中國北方出現了一個新的人群組合，在超過兩個世紀以上的一段期間裡，這群人縱横於黃河流域，支配了整個北方的政治、軍事力量，一直到唐

36　漢人士族當然也出任過鎭都大將或殿中尚書之類的職位，例如李順（趙郡）在太武帝時曾出任過長安鎭都大將，他的兒子李敷也曾在文成帝時出任南部尚書。許宗之（彥之子）亦曾出任殿中尚書，只是例子甚少。另外參見嚴耕望有關北魏鎭將用人的分析。《地方制度》，頁787-8。

代中葉柳芳論氏族時，還將出身自這個團體的貴族與關中、關東、江南等地的貴族列爲中古時期五大並駕齊驅的門閥團體[37]，這就是「代人」。

正如他早年祖先拓跋鄰於呼倫池畔以擬血緣的方式塑造出我們所知拓跋人最早的國人集團—「帝室十姓」，北魏的開國君主拓跋珪也在立都平城的同時，將許多血緣、民族各自有異的部落、人群轉化成一個單一的地緣性團體—「代人集團」。以此團體爲基礎，拓跋的統治者繼續鯨吞蠶食，終於在太武帝手中（439年）結束了自五胡亂華以來擾嚷的局面，成爲黃河流域唯一的支配力量，而代人集團自也順理成章地成爲此後數百年間中國北方最重要的一個團體，儘管他們的人數始終並不多。

在整個歷史發展過程中，代人集團並不是就一成不變的。太武帝大肆開疆拓土的同時（420-440），爲了鞏固核心的安全及鎭撫新領地，開始在北疆大量設置軍鎭，著名的「六鎭」，即出現於此時，鎭守的士兵除了徵發新征服地區的強宗豪族子弟外，也有相當的比率是來自代人集團的成員，這些人此後即成爲定居於各軍鎭的「鎭人」，這是代人集團最早的一個大變動。到了西元494年，孝文帝遷都洛陽，隨之而去的還有大量留居於平城王畿的人民，大部份的「代人」就此轉變爲「洛陽人」，這是代人集團第二個大變化。此後北魏政局日下，六鎭亂起，然後是爾朱榮的崛起，以及他在西元528年的「河陰大屠殺」。河陰大屠殺中死亡的百官人數歷來衆說紛耘，從一千餘名到三千名的記載都有，不管怎麼說，遷居到洛陽的代人貴族大概泰半皆死於此難，這是代人貴族最慘重的一次打擊。然而，代人集團並不就此消聲匿跡，殘餘的貴族、南遷代人[38]與已經轉變成鎭人的代人又集結成武川與懷朔兩大集團、而形成後來北周、北齊對峙的局面。以後的隋唐帝國，如衆所知，也是在這個基礎上發展起來的。

除了代人集團外，帝國內部還散佈著許多大小不等的「半自治領」，這就是領民

37 柳芳論曰：「過江則爲僑姓，王、謝、袁、蕭爲大；東南則爲吳姓，朱、張、顧、陸爲大；山東則爲郡姓，王、崔、盧、李、鄭爲大；關中亦號郡姓，韋、裴、柳、薛、楊、杜首之；代北則爲虜姓，元、長孫、宇文、于、陸、源、竇首之」（《新唐書》，199，頁5677-8）。

38 南遷的代人（一般稱爲「代遷戶」）貴族知名於北周、隋、唐者有長孫氏以及其他人。至於一般的代人，由於姓氏已改，往往不容易與漢人區分，「河南洛陽人」的籍貫有時可當作一個線索，洛陽周圍置有四中郎將府，是首都衛戍部隊駐防地，而衛戍部隊又大半爲代人充任（《魏書》，7：2，頁180：「太和二十年，以代遷之士皆爲羽林、虎賁」），因此，洛陽附近想來也有不少「代遷戶」。北周史上有韓雄、陳忻二人，一爲河南東垣人（今河南新安縣東），一爲河南宜陽人，皆在四中郎將府範圍內，而且傳中說兩人「驍勇、工騎射」（《周書》，43），有可能是破六韓氏及侯莫陳氏的後裔。

酋長制(或其變型)。領民酋長制可說是帝國政府一種相當獨特、也具有濃厚妥協意味的統治方式。這些領民酋長(或各半自治領的領主)雖各具相當實力,然而他們倒底是分散而互不統屬的,因此除了爾朱榮因緣際會,曾經短時期取得支配全局的力量外,基本上他們只能依附於某個較強大的集團(早期爲代人集團,以後則爲武川或懷朔集團),影響力是無法與代人集團相提並論的。

黄河流域的漢人是被征服者,做爲他們領導階層的士族自也擺脫不了這樣的身分。儘管爲了治理漢地,拓跋帝國需要這些士族的服務,他們的地位基本上仍是附屬性的。就算從孝文帝開始,拓跋統治階層鋭意漢化,大量拔擢中原士族、獎勵通婚的情況下,中原士族所扮演的角色仍偏重在文書咨詢等方面,實際的軍政大權,就如呂思勉所言,仍然是掌握在代人、宗室或代表君主的私人附庸手上[39]。魏末大亂給予這些士族自組武力的一個良機,渤海高氏、趙郡李氏、關中韋氏、蘇氏等等,都在這種情況下成爲武裝領主[40],然而他們的實力究竟還是過於單薄,因此,也只能像領民酋長一樣,依附於較強大的集團。

「代人集團」的出現無疑是中國中古史上極具關鍵性的一件大事,它代表了一個「有組織團體」在歷史上的形成及發展的過程。從上述的分析中,我們看到拓跋珪如何以人爲塑成的方式,巧妙地將衆多血緣各異的團體凝聚爲一個單一的地域性團體,從而開創了北魏的盛世。就此而言,日後宇文泰的塑造「關隴集團」——重要將領及其所屬軍隊普遍賜予胡姓(建立擬血緣關係),籍貫皆改爲關隴地區(建立地緣關係)——究其實,也不過是師法當年拓跋珪的故智罷了。

39 呂思勉,《兩晉南北朝史》,頁520–522。
40 高氏、李氏可見《北齊書》卷21、22;韋氏、蘇氏可見《周書》卷23,39。

書目

一、基本史料

王昶編　《金石萃編》，（藝文印書館，石刻史料叢書甲編）

令狐德棻《周書》，點校本。

司馬光　《資治通鑑》，點校本。

李百藥　《北齊書》，點校本。

李延壽　《北史》，點校本。

李吉甫　《元和郡縣圖志》，(商務，國學基本叢書)。

沈　約　《宋書》，點校本。

蕭子顯　《南齊書》，點校本。

歐陽修　《新唐書》，點校本。

魏　收　《魏書》，點校本。

魏　徵　《隋書》，點校本。

二、引用資料(中、日文)

嚴耕望　《石刻史料叢書》，(台北，藝文)。

毛漢光　〈北魏東魏北齊之核心集團與核心區〉，《史語所集刊》，57：2，(1986)。

吳廷燮　〈元魏方鎮年表〉，《二十五史補編》。

呂思勉　《兩晉南北朝史》，(上海，1948)。

周一良　〈北朝的民族問題與民族政策〉，《魏晉南北朝史論集》，(北京，1963)。

周一良　〈領民酋長與六州都督〉，同前書。

青山定雄《中國歷代地名要覽》，(台北，1973)。

侯仁之　《歷史地理學的理論與實踐》，(上海，1979)。

陝西文管會〈統萬城城址勘測記〉，《考古》，1981：3。

姚薇元　《北朝胡姓考》，(北京，1962)。

馬長壽　《烏桓與鮮卑》,(北京,1962)。

馬長壽　《碑銘所見前秦至隋初的關中部族》,(北京,1985)。

唐長孺　〈拓跋國家的建立及其封建化〉,《魏晉南北朝史論叢》,(北京,1955)。

唐長孺　〈魏晉雜胡考〉,同前書。

唐長孺、黃惠賢

〈試論魏末北鎮鎮民暴動的性質〉,《歷史研究》,1964:1。

陳寅恪　〈魏書司馬叡傳江東民族條釋證及推論〉,《陳寅恪先生論文集》,(台北,1977)。

逯耀東　《從平城到洛陽》,(台北,1979)。

康　樂　〈北魏的「河西」〉,《大陸雜誌》,84:2(1992)。

康　樂　〈北魏的司馬金龍墓〉,《歷史月刊》,13,(1989)。

康　樂　〈北魏文明太后及其時代〉,《食貨》,15:11/12;16:1/2,(1986)。

康　樂　〈魏書「帝之十族子弟七人」試釋〉,《食貨》,16:7,8(1987)。

康　樂　〈鮮卑石室的發現〉,《歷史月刊》,5,(1988)。

萬斯同　〈魏將相大臣年表〉,《二十五史補編》。

趙　翼　《廿二史劄記》。

鄭欽仁　〈北魏中侍中稿〉,《食貨》2:6,(1972)。

鄭欽仁　〈北魏中給事(中)稿〉,《食貨》3:1,(1973)。

嚴耕望　《中國地方行政制度史——魏晉南北朝行政制度》,(台北,1963)。〈北魏軍鎮〉一文亦見此書。

嚴耕望　〈北魏尚書制度考〉,《史語所集刊》,18,(1948)。

三、參考資料(西文)

Lattimore, Owen, *Inner Asian Frontiers of China.* (Boston, 1940).

Suetonius, *The Lives of the Caesars* (Loeb Classical Liberary).

Vasiliev, A. A., *History of the Byzantine Empire* (Univ. of Wisconsin Press, 1952).

北魏王畿圖

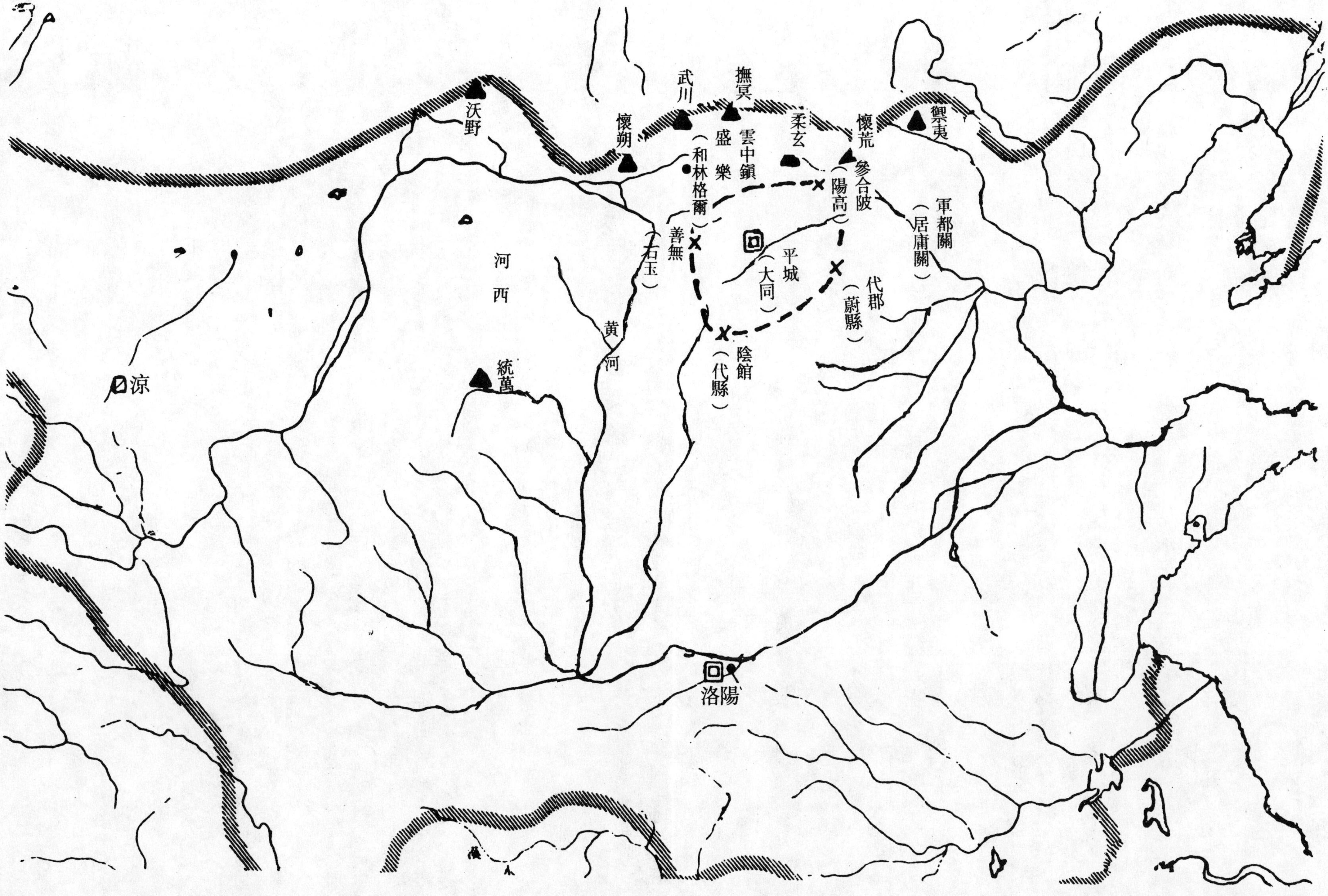

沃野
懷朔
武川
撫冥
柔玄
懷荒
禦夷
雲中鎮
盛樂（和林格爾）
參合陂（陽高）
軍都關（居庸關）
善無（右玉）
平城（大同）
代郡（蔚縣）
陰館（代縣）
河西
黃河
統萬
涼
洛陽

表一：代人集團（附：外戚、客與寵倖）*

* 本表主要根據《魏書》、《北齊書》、《周書》、《隋書》、《北朝胡姓考》及部份碑銘資料編製。此外，表中族姓前加※者，即爲未見之於《魏書·官氏志》之記載者；個人姓名前加※者，即爲列名於〈魏將相大臣年表者〉。

姓氏	籍慣	附魏時間	重要人物簡歷
紇骨（周）	代	建國前	胡泥，孝文帝時宿衛禁中，永城侯。
普（周）	代	建國前	周幾，父千，有功於道武時，封順陽侯。坐事死。幾善騎射，明元時爲殿中侍御史，掌禁兵，封交趾侯。
普（周）	代	建國前	周觀，明元時爲北鎮軍將，太武時以軍功爲都副將，鎮雲中，進爵金城公，轉高平鎮將，入爲內都大官。
普（周）	代	建國前	周忸，文成即位，進爵樂陵王，南部尚書，太尉，尋賜死。
普（周）	河南洛陽	建國前	周搖，少剛果有武藝，仕西魏至開府儀同三司。
拔拔（長孫）	代	建國前	※長孫嵩，父仁爲什翼犍南部大人。嵩，助道武建國，明元時爲「八公」之一，定策立太武。位至太尉，北平王。※長孫頹（嵩子），曾任侍中。
拔拔（長孫）	代	建國前	※長孫道生（長孫嵩從子），道武時內侍，助太武平赫連夏，司空，上黨王。※長孫觀（道生孫），孝文時爲殿中尚書，侍中。※長孫稚（道生曾孫），宣武、孝明時爲主要軍事統帥、司徒，司空、尚書令，封馮翊王，後隨孝武入關奔宇文泰。長孫紹遠（稚子），隨入關，爲西魏名臣。長孫覽（稚孫），爲北周及隋重臣。

拔拔（長孫）	代	建國前	※長孫肥，助道武建國，封藍田侯。長孫亦干（肥弟），從道武平中原，任廣平太守。※長孫翰（肥子），善騎射，擁立明元有功。後爲都督北部諸軍事，率衆鎭北境，拒柔然，太武時還京師，封平陽王。
拔拔（長孫）	河南洛陽	建國前	長孫儉，傳云長孫嵩玄孫，起家員外散騎侍郎。初從爾朱天光破隴右，後隨宇文泰。
拔拔（長孫）	代	建國前	※長孫渴侯，太武末年爲殿中尚書，掌禁軍，故得以擁立文成帝。文成立出任尚書令，尋賜死，其後無聞。
達奚（奚）	代	建國前	※奚斤，助道武建國，典禁兵。明元時爲「八公」之一。太武臨朝，爲左輔、司空，封宜城王。
達奚（奚）	代	建國前	奚牧，助道武建國，拜并州刺史，任城公。
達奚（奚）	代	建國前	奚眷，道武時有軍功，太武時出鎭虎牢、長安。
達奚（奚）	河南洛陽	建國前	※奚康生（生於 468），其先代人，世爲部落大人。祖直，柔玄鎭將，入爲鎭北大將軍，內外三都大官，賜爵長進侯。父普憐，不仕而卒。康生性驍勇，太和十一年（487）從柔玄鎭將擊柔然，有功，爲宗子隊主，後隨孝文南征有功，爲魏末名將。
達奚	代	建國前	達奚武（生於 504）祖眷，懷荒鎭將，父長，汧城鎭將。武少好騎射，爲賀拔岳所知。岳征關右，引爲別將。及岳死，武與趙貴擁立宇文泰。

達溪	河南洛陽	建國前	達奚寔（生於513），字什伏代，少有幹局，起家給事中，孝武時鎮弘農，隨孝武入關。
達溪	代	建國前	達奚長儒，父慶，（西魏）驃騎大將軍，儀同三司。長儒十五襲爵樂安公，西魏大統中，起家奉車都尉，爲宇文泰親信。
伊婁（伊）	代	建國前	※伊馛，善射多力，太武時爲殿中尚書，典宿衛。爵河南公，拜司空。
伊婁	代	建國前	伊婁穆，父靈，善騎射，爲宇文泰所知。穆字奴干，爲宇文泰親信。伊婁謙（穆弟），爲北周、隋大臣。
乙旃（叔孫）	代	建國前	※叔孫建，助道武建國，與安同等十三人參軍國大事，平原鎮大將，封丹陽王。※叔孫俊（建子），助明元即位。※叔孫鄰（建子），曾任尚書令，涼州鎮大將。(1)
車焜（車）	代	建國前	車路頭，明元爲太子時，隨侍左右，後助明元登基，封宣城公。
丘敦（丘）	代	建國前	※丘堆，明元即位時，拾遺左右。太武監國，堆與太尉穆觀等爲右弼。後爲太武所殺。
俟亥（亥）	代	建國前	不詳

1. 乙旃氏除了叔孫建一支外，尚有叔孫普洛（道武）、叔孫拔（太武）、叔孫候頭（孝文）、乙旃候莫干（叔孫候，孝文）、乙旃括（孝文）、乙旃免（孝文）、乙旃阿各仁（孝文）、乙旃應仁（孝文）、叔孫頭（宣武）、乙干貴（魏末）等人。

丘目陵（穆）	代	建國時期[2]	※穆崇，助道武建國，太尉，封宜都公。※穆顗（崇子），太武時爲殿中將軍，殿中尚書，征西大將軍。※穆觀（崇次子），尚公主，明元時爲太尉。太武監國時爲右弼。※穆壽（觀子），尚公主，太武時爲侍中、中書監、南部尚書。※穆泰（崇玄孫），尚公主，賜爵馮翊侯、殿中尚書，諫止文明太后廢孝文帝，獲賜鐵劵，後因不滿孝文遷都措施，與陸叡謀反，被誅。※穆平國（壽子），尚公主，拜侍中、中書監。※穆羆（壽孫），尚公主，孝文時爲侍中、中書監，穆泰之反，羆與通，削封爲民。※穆亮（羆弟），獻文時尚公主，侍中、征南大將軍。孝文時爲殿中尚書。仇池鎭將。侍中、尚書左僕射，司州大中正。遷司空，錄尚書事。※穆紹（亮子），尚公主，宣武時爲中書令，殿中尚書。爾朱榮掌權，爲尚書令。
丘目陵（穆）	代	建國時期	穆醜善，穆崇宗人，道武時率部歸附。爲天部大人。[3]

2 《魏書》27〈穆崇傳〉云：「其先世效節於神元、恆穆之時。」（頁661）然而《魏書》卷一找不到任何有關其先世的記錄，崇傳中又云：「機捷便辟，少以盜竊爲事。」似乎也不像有部落長或世家大族的身分。照崇傳所載看來，他是隻身追隨道武帝的，故列其歸附於建國時期，亦即386－398年間。其宗人穆醜善倒是個部落長，不過傳中所記，歸附亦在道武初起時，丘目陵氏可能早在拓跋珪以前即曾加入拓跋聯盟，然而，如前所述，什翼犍敗亡後，這些部落又告離散，或獨立、或歸附其他部落，到了拓跋珪建國時期才又一一投入其麾下，丘目陵氏可爲一個典型例子。同理，獨孤氏與賀蘭氏早在拓跋珪建國前即爲拓跋聯盟的重要成員，賀蘭氏且爲拓跋珪母親的氏族。然而什翼犍的聯盟瓦解後，這些部落皆各自獨立，拓跋珪依附於獨孤部時，其實是過著寄人籬下的生涯，除了帝室十姓的成員外，並無其他部落歸其領導。這其實也是北亞草原游牧聯盟的常態，所謂樹倒猢猻散，拓跋珪後來雖在賀蘭部及一些舊屬支持下，展開復國運動，然而賀蘭部還是保持相當獨立的。拓跋珪主要是靠著（燕）慕容垂的援助，才征服獨孤部與賀蘭部。因此，不管在拓跋珪建國前，這些部落與拓跋聯盟的關係如何，拓跋珪崛起後，還是要重新征服、收降這些部落，因此以建國時期做爲一個起點，是比較符合事實的。

3 丘目陵氏除上述兩支外，〈孝文弔比干碑〉尚有丘目陵純、丘目陵惠兩人。

步六孤（陸）	代	建國時期	陸突，其先世領部落，道武時率部歸附，從征伐，有戰功，爲離石鎮將，後爲上党太守、關內侯。※陸俟（突子），太武征赫連昌時，詔俟督諸軍鎮大磧。後歷任虎牢、安定、懷荒、長安等鎮大將。※陸馛（俟長子），襲爵，曾諫止獻文帝禪位於元子推，助孝文登基。※陸麗（俟子），太武時爲南部尚書，協助文成帝登基，大受重用，封平原王，其父陸俟亦因此封東平王。※陸定國（麗長子），獻文時爲侍中、殿中尚書、司空，延興五年（475），坐事免官爵爲兵。太和初復位。※陸叡（麗子），襲爵，沉雅好學，娶博陵崔鑒女，曾數度領軍北征，後除尚書令，都督恆、肆、朔三州軍事，不滿孝文南遷，遂與穆泰謀反，誅。其子希道坐父事徙邊，後得還，爲刺史。陸騰（俟玄孫），其父旭，好《老》、《易》，著有《五星要訣》及《兩儀眞圖》，孝莊帝時歸隱，騰後入西魏，有功，爲柱國、大司空。陸雋（俟族子），獻文初爲侍御長，以謀誅乙渾，拜侍中、吏部尚書、尚書令。
步六孤（陸）	代	建國時期	陸眞，父洛侯，秦州刺史。眞少善騎射，有軍功，歷任長安等鎮將，賜爵河南公。
獨孤（劉）[4]	代	建國時期	※劉尼，祖敦，有功於道武，爲方面大人。尼於太武末掌禁兵，與陸麗等人扶立文成帝，任司徒，東平王。

4　獨孤氏早在建國前即爲拓跋聯盟的重要成員。拓跋氏之世仇劉虎、劉衛辰，乃至後來的赫連勃勃皆此族人。見姚薇元，1962，頁46～47。

獨孤（劉）	秀容陽曲	建國時期	劉貴，少居懷朔，與高歡友善，魏末天下大亂，初隨爾朱榮，後隨高歡。
劉	普樂（博肯律鎮）	建國時期	劉豐，果毅絶人，魏末破六韓拔陵之亂，以守城功除普樂太守，後追隨高歡。
獨孤	中山	建國時期	獨孤永業，便弓馬，高歡擢爲定州六州都督，宿衛晉陽，爲北齊名將。[5]
獨孤（劉）	代	建國時期	劉世清，祖拔，魏燕州刺史，父巍，金紫光祿大夫。世清於武平末（570~575）爲侍中、開府儀同三司，通四夷語，爲當時第一。
賀蘭（賀）	代	建國時期	賀悦，訥從父弟，助道武建國，北新公。
賀蘭（賀）	代	建國時期	賀狄干，家本小族，助道武建國，後爲道武所殺。
賀蘭（賀）	武川	建國時期	賀蘭祥，賀訥裔孫（《胡姓考》，頁33），其先以良家子出鎮武川，遂家焉。祥母爲宇文泰姊，故隨宇文泰起兵。[6]
賀樓（樓）	代	建國時期	※樓伏連，世爲酋帥，隨道武建國定中原。廣陵王，太武時出鎮統萬。※樓毅（伏連兄曾孫），孝文時爲殿中尚書、尚書右僕射、侍中。
賀樓（樓）	代	建國時期	賀婁子幹，本代人也，隨魏氏南遷，世居關右。少以饒武知名。[7]

5　〈孝文弔比干碑〉有獨孤遙，此外尚有獨孤熊（北周）、獨孤枝（北齊）。

6　賀蘭氏除上述幾支外，見於史籍者尚有賀蘭豹子（北齊）、賀蘭願德（北周）、賀蘭隆（北周）、賀蘭謨（北周）。

7　賀婁氏除上述兩支外，尚有樓勃（太武）、樓龍兒（孝文）、賀婁烏蘭（東魏）等人。

万忸于（于）	代	建國時期	于栗磾，世首部落，助道武定中原，新安公，虎牢鎮大將。※于洛拔（栗磾子），文成時爲侍中，殿中尚書、尚書令。※于烈（洛拔子），立功於孝文時（穆泰之反，「代鄉舊族，同惡者多，唯烈一宗，無所染預」）。助宣武帝奪諸王權。其姪女爲宣武后。※于勁（洛拔子），女爲宣武后，景明三年爲領軍將軍。※于忠（烈子），宣武時甚受寵信，並爲恆州大中正。孝明初爲主要權臣（靈太后臨朝前）。
万忸于（于）	代	建國時期	于簡，明元時出使馮跋不屈，被囚二十四年始還。
万忸于（于）	代	建國時期	于提，孝文時出使高車不屈，三年始還。
万忸于（于）	代	建國時期	于洛侯，孝文時爲秦州刺史，用刑酷濫，誅。
万忸于（于）	河南洛陽	建國時期	于謹，曾祖婆爲魏懷荒鎮將，祖安定爲高平鎮都將，父提爲隴西郡守。謹後從宇文泰，有功於北周。爲六柱國大將軍之一。[8]
尉遲（尉）[9]	代	建國時期	尉古眞，從道武平中原建國。※尉眷（古眞姪），明元、太武、文成時名將，拜侍中、太尉、漁陽王。

8 《北史·于謹傳》以于謹爲于栗磾後人，此處據〈校勘記〉將其列爲另一支。

9 根據《魏書》26〈尉古眞傳〉中所載判斷，尉古眞並非率領部落歸附的，然而在北朝史上，還有許多尉（或尉遲）姓，而非尉古眞一系者，活躍於政治舞台上，他們究竟來自何處？按，《魏書》2〈太祖紀〉云：「天興六年（403）春正月，朔方尉遲部別帥率萬餘家內屬，入居雲中。」（頁41）北朝史上尉遲（或尉）姓者，可能有不少來自此部落。

尉遲（尉）		建國時期	※尉元，父目斤，世爲豪宗，勇略聞於當時，明元時立軍功，爲中山太守。元爲獻文、孝文時名將，尚書令、淮陽王。
尉遲（尉）	代	建國時期	尉撥，父那，濮陽太守。撥爲太武、文成時名將，安城侯。
尉遲（尉）	太安狄那(懷朔鎮)	建國時期	尉長命，父顯，魏代郡太守。長命助高歡起兵。(10)
尉遲（尉）	代	建國時期	尉遲迥，尉遲綱，宇文泰外甥，爲北周名臣。
尉遲（尉）	善無（遷懷朔鎮）	建國時期	尉景，孝昌中，北鎮反，景與高歡入杜洛周中，仍共歸爾朱榮。妻爲高歡姊。
尉遲（尉）	河南洛陽	建國時期	尉瑾，父慶賓，魏肆州刺史（即爲爾朱榮攻執之尉慶賓）。瑾少敏悟，好學慕善，遷直後，後與司馬子如（高歡舊知）爲姻親，故得顯貴。
尉遲（尉）	武川鎮	建國時期	尉遲眞檀，與賀拔勝父子，宇文肱（泰父），輿珍等人襲殺破六韓拔陵部下衛可孤。
紇奚（嵇）(11)	代	建國時期	嵇根，世爲紇奚部帥，道武皇始初（396～397）率部歸魏，尚什翼犍女。※嵇拔（根子），尚華陰公主，位尚書令。※嵇敬（拔子），爲大司馬、大將軍。(12)

10 《北齊書》卷19另有「代人尉標」，實即尉長命，見姚薇元，《胡姓考》，頁192。

11 《魏書》2〈太祖紀〉云：「登國五年（390）行幸意辛山，……討賀蘭、紇突鄰、紇奚諸部落，大破之。……十一月，紇奚部大人庫寒舉部內屬」（頁23），此爲紇奚氏入魏之始。

12 《魏書》34〈萬安國傳〉將嵇誤作奚，見姚薇元考證，《胡姓考》，頁222～3。紇奚氏除嵇根一支外，尚有紇奚斤、紇奚舍樂、紇奚永安，皆北齊時人。此族在北魏初尚公主，出任要職，似甚顯赫，而且也列爲「勳臣八姓」之一，不知何以事蹟甚少。紇奚斤等人亦是附見於他人傳中。又若照姚薇元所考，嵇根即《魏書》卷2中皇始二年聚衆反的紇奚部帥叱奴根，問題是，叱奴根起事不成即被消滅，何以其子仍能出任要職？

是連（連）		不詳	是連子暢（北齊）
僕蘭（僕）		不詳	不詳
若干（苟）	代	建國時期	※苟頹，曾祖烏提，助道武建國，賜吳寧子。頹，文明太后時爲殿中尚書，遷司空公，進爵河東王。※苟孤（頹從叔），助明元登基，爲鎮軍大將軍，并州刺史。
若干	武川鎮	建國時期	若干惠，父樹利周從廣陽王元淵征葛榮，陣亡。若干惠從爾朱榮，最後追隨宇文泰。(13)
拔列蘭（梁）(14)	安定(遷武川)	建國時期	梁禦，因官北邊，遂家武川，高祖俟力提，從道武征伐，爲定陽侯。禦少好學，善騎射。隨爾朱天光入關，最後從宇文泰。
拔列蘭（梁）	代	建國時期	梁椿，祖屈朱，魏昌平鎮將，父提，內三郎。椿初以統軍隨爾朱榮，後隨宇文泰。
撥略（蘇）		不詳	拔略昶（魏末）
若口引（寇）		不詳	寇提（太武）
叱羅（羅）	代	建國時期	※羅結，其先世領落，爲國附臣。助道武建國，賜爵屈蛇侯。河內鎮將。※羅斤（結子），太武時爲帶方公，長安鎮都大將，柔玄鎮都大將。陪葬金陵。

13 若干氏除了上述兩支外，尚有若干侯莫仁（孝文）、若干寶（北周）。

14 據姚薇元考訂，此族本出自安定郡（甘肅涇川），其後一部份人附魏遷北邊，爲代人或武川人，其他則仍留居甘陝一帶，爲當地豪族，北朝時期所見梁氏，大抵皆出自此族。

15 叱羅吐蓋見於〈孝文弔比干碑〉，官職是「直閣武衛中臣」。根據年代推算，恐怕即爲羅結之從玄孫，見《魏書》44〈羅結傳〉，頁989。

吐羅	代(懷朔鎮)	建國時期	吐羅協，少寒微，恆州刺史(懷朔鎮將)楊鈞擢爲從事。魏末客於冀州，隨葛榮再隨爾朱榮。後隨宇文泰。除恆州大中正。
是賁(封)	代	建國時期	封敕文，父豆，道武時領衆三萬征幽州，拜幽州刺史。敕文，太武時爲天水公，鎮上邽。
阿鹿桓(鹿)	濟陰	太武[16]	鹿生，父壽興，沮渠牧犍庫部郎，生爲濟南太守，有治績，後爲郯城鎮將。正始中(504～507)卒，年七十四。鹿悆(生子)，好兵書、陰陽、釋氏之學，太師、彭城王勰召爲館客。普泰中(531)爲右光祿大夫，度支尚書，河北五州和糴大使。
烏丸(王)[17]	廣寧(朔州)	建國前	王建，祖姑爲平文后，什翼犍母。建少尚公主。道武建國功臣，眞定公，陪葬金陵。王度(建孫)，太武時爲殿中尚書，後出鎮長安。
烏丸(王)	武川鎮	建國前	王德，善騎射，初從爾朱榮，後隨宇文泰，爲北周名將。(初德喪父，家貧無以葬，乃賣子〔慶〕並一女以營葬事。)

16 《魏書》88〈鹿生傳〉云：「父壽興，沮渠牧犍庫部郎」(頁1901)。可見本居涼州一帶，到了太武帝平涼州(439)，才移到平城的。

17 根據姚薇元考訂，北朝時期，王姓胡人主要來自烏丸，拓王(高麗)以及鉗耳(羌)三氏，其他匈奴、羯、契丹，回紇諸族亦有以王爲氏者(《胡姓考》，頁276)。王當然更是漢人大姓。本表基本上以居住在邊疆地區的王氏爲主，而不詳究其究竟爲漢人或其他胡族，由於太原王氏及京兆王氏皆爲中原漢族著姓，胡人(或漢人)姓王者亦常喜冒稱來自此兩地，此處依據姚薇元的考訂爲準，因此王洛兒雖稱京兆人，實則有胡人嫌疑。此外，北朝時期王姓出自太原祁縣者甚多，其中王軌、王神念諸人，姚薇元皆訂爲出自烏丸(頁257，註4)。然而王慶、王思政亦皆出身太原祁縣，不知是否亦爲胡族。要之，太原祁縣在今山西祁縣，在當時算是拓跋魏的核心區，漢胡混雜，想清楚劃分實爲不易，不過，既然居地極爲接近拓跋帝國的核心區，列入「代人」集團應當是沒問題的。此外，烏丸一族主要部份固然皆改爲王氏，不過，似乎也有改爲桓氏者，《魏書》4：1〈世祖紀〉記太武帝攻赫連夏時，有執金吾桓貸，後來克統萬，又以常山王素與桓貸鎮之(頁72～3)，桓貸可能爲烏丸之後。

烏丸（王）	太原祁縣	建國前	王軌，世爲州郡冠族，累葉仕魏，賜姓烏丸氏，父光，少雄武，每從（宇文泰）征討有功，位至驃騎大將軍，開府儀同三司。軌亦爲北周名臣。
烏丸（王）	太原祁縣	建國前	王慶，父因，魏靈州刺史，慶少有才略，從宇文泰征伐有功。
烏丸（王）	代	建國前	王康德，從高歡起兵。
烏丸（王）	靈丘（恆州）	建國前	王峻，明悟有幹略。爲高歡相府墨曹參軍，累遷恆州大中正，爵北平縣男，營州刺史。
烏丸（桓）	代	不詳	桓貸，太武帝時爲執金吾。
※拓王（王）	京兆	建國時期	※王洛兒，善騎射，明元帝爲太子時，給事帳下，後助明元登基。封新息公。
拓王（王）	太原	建國時期	王雄，字胡布頭，少有謀略，初從賀拔岳入關，後隨宇文泰，賜姓可頻（叱）氏。
拓王（王）	武川鎮	建國時期	王盟，宇文泰舅，其先樂浪人，六世祖波，前燕太宰。祖珍，魏黃門侍郎。父羆，伏波將軍，以良家子鎮武川，因家焉。王盟於六鎮亂起入河北，後入關，爲北周名將。
拓王（王）	武川鎮	建國時期	王勇，便弓馬，魏末從軍，後隨宇文泰，爲北周名將，賜姓庫汗氏。
薄奚（薄）		建國時期[18]	不詳

18　據姚薇元考訂，薄奚乃河北境內烏丸之一支，若然，則建國時期已入魏。

他駱拔（駱）		不詳	不詳
普陋如（茹）		不詳	不詳
賀葛（葛）		不詳	不詳
阿伏干（阿）		不詳	不詳
可地延（延）		不詳	延普（明元）
素和（和）	代	建國時期	和跋，世領部落，爲國附臣，道武時爲外朝大人，參軍國大謀，從平中原。鎮鄴。歸（跋子），爵高陽侯，後以罪徙配涼州爲民，蓋吳之亂，復拜將軍往討之。還，拜雍城鎮都大將，高陽侯。
素和（和）	代	建國時期	※和其奴，善射御，賜爵東陽子，文成時，遷尚書，平昌公。
素和（和）	代	建國時期	※和匹，太武末（451）任侍中。太武死。與蘭延等謀立文成，爲宗愛所殺（452）。
胡引，侯伏侯(侯)[19]	神武尖山(懷朔鎮)	建國時期	侯淵，六鎮亂，隨杜洛周南寇，後與妻兄念賢歸爾朱榮。最後歸高歡，又叛之，死。

19 姚薇元認爲胡引氏即護佛侯部。《魏書》2〈太祖紀〉云：「登國元年五月，護佛侯部帥侯辰、乙弗部帥代題叛走。諸將追之，帝曰：侯辰等世修職役，……」（頁20）。可見護佛侯部（即胡引氏）爲拓跋聯盟舊部。

胡引，侯伏侯(侯)	上谷（高平）[20]	建國時期	侯植，高祖恕，魏北地郡守，子孫因家於北地之三水。遂爲州郡冠族。植，武藝絕倫，正光中（520～524），起家奉朝請。後隨孝武入關，爲西魏、北周名將。
胡引，侯伏侯(侯)	懷朔鎮	建國時期	侯景，右足短，弓馬非其長，所在唯智謀。魏末六鎮亂，事爾朱榮，後從高歡，歡死，叛歸梁。
吐谷渾		不詳	不詳
賀若	代	不詳	賀若統，父伏連，魏雲州刺史。統初隨葛榮，後入爾朱榮，高歡。最後叛歸宇文泰。子賀若敦，爲西魏、北周名將。
谷渾（渾）		不詳	不詳
匹婁（婁）	代	獻文[21]	婁提，獻文時爲內三郎，獻文崩，提自盡，幾至於死。
匹婁（婁）	代	獻文	婁寶，代爲酋帥，祖大拔，鉅鹿子。寶，好讀書，孝明時爲朔州刺史。從隨孝武入關。

20 根據《周書·侯植傳》的校勘（46），三水在北魏時期並不屬於北地，而是屬於涇州新平郡（頁 513）。根據《魏書·地形志》，其地當今天甘肅固原縣，也就是北魏高平鎮所在地，高平鎮置於太武帝太延二年（436），侯植祖先很可能是在那時遷到高平鎮的。

21 《魏書》6〈顯祖紀〉：「皇興四年（470），……長孫觀軍至曼頭山，大破（吐谷渾）拾寅，……渠帥匹婁拔累等率所領降附」。（頁 130）婁氏一族史傳有名的，皆在獻文之後，故匹婁拔累之降當爲此氏入魏之始。

匹婁（婁）	代（懷朔鎮）	獻文	婁昭，祖提[22]，家僮數千，牛馬以谷量，太武時（據《胡姓考》，疑爲太和之誤），以功封眞定侯。父內干，有武力，昭爲高歡妻弟。從高歡起兵。
俟力伐（鮑）		不詳	不詳
豆盧，吐伏盧(盧)[23]	昌黎徒何[24]	建國時期	豆盧寧，高祖勝，皇始初歸魏，父長，柔玄鎮將。初隨爾朱氏，後隨宇文泰。[25]
牒云（云）[26]	武威	不詳	牒舍（疑爲云）樂，少從爾朱榮爲軍主，統軍。後隨高歡。
是云（是）		不詳	是云寶（魏末）

22　姚薇元於《胡姓考》中認爲此一婁提即爲獻文時自盡未死之婁提，按兩人年代固然相近，然而也不見得就爲同一人，《魏書》成於北齊，婁昭則爲北齊國戚，若昭果然爲《魏書》之婁提後人，魏收不當一無所知。以事理判斷，分爲兩人恐較確。

23　根據姚薇元考訂，吐伏盧即豆盧氏，此氏本姓慕容，爲慕容燕皇室之後，道武帝末年誅除慕容氏，部份之慕容氏即改爲此姓（也有仍用慕容者，如慕容白曜），這當然不能否定原本即有豆盧一氏，不過此一時期以豆盧爲姓者，凡有較詳盡之資料，一律皆明言爲慕容之後。庾信替豆盧寧寫的墓誌就直接用慕容寧（《庾子山集》，14）。

在此一表格中，凡是歸附的諸國王室之後，原則上皆列爲「客、寵倖」之類，因此，盧魯元、盧醜皆列於彼。然而正如筆者於本文中所言，時間一久，「客」的身分會日益模糊，而逐漸與團體中其他成員無甚區別，豆盧寧崛起已在魏末，列入「代人集團」應當是妥切的。

24　豆盧寧傳中說他「昌黎徒何人」，舉的當然是舊望（盧魯元，盧醜亦如此），不過，入魏之後，他們這一支究竟居於何地，似乎還可找到一點蛛絲馬跡。傳上說他在西魏孝武帝大統元年（535）「遷顯州刺史，顯州大中正」（頁309）。我們曉得，中正一職照理應當是由當地望族出任的，西魏北周時期，中正官雖已不再有以前「甄選人品」的權力，習慣上也還是以當地人士來出任。因此，弄清楚顯州的地理位置，就可以推測豆盧寧的原居地。北魏的顯州在今天山西孝義縣，不過，豆盧寧擔任的是西魏的顯州大中正，而西魏的顯州又是在今天甘肅的正寧縣，倒底何者爲是？根據當時情況判斷，由於山西控制在東魏手中，甘肅正寧縣的顯州顯然是西魏僑置的，而豆盧寧傳上說他跟隨爾朱天光入關，可見原先是追隨爾朱氏起兵的，爾朱氏的根據地在秀容，離山西孝義縣的顯州較近，因此，豆盧寧是比較可能來自此地的。

25　除豆盧寧之外，見之於史籍的尚有豆盧紹、豆盧光、豆盧狼，皆爲北周人。

26　北朝史料罕見以「云」爲姓者，此族可能自始即未改姓。

叱李、叱伏列(李)[27]	雁門(山西代縣)	建國時期	李栗，父祖於什翼犍時入國。栗爲道武元從功臣二十一人中。助道武平中山，後爲道武所誅。
叱李、叱伏列(李)	高平鎮	建國時期	李賢，自云隴西成紀人，漢李陵之後，陵没匈奴，子孫因居北狄。曾祖富，太武時以子都督討兩山屠各，殁於陣。祖斌，襲領父兵，鎮於高平，因家焉。賢於魏末率鄉人起兵，助爾朱天光，後隨宇文泰。李遠(賢弟)，亦隨宇文泰，爲十二大將軍之一，賜姓拓跋氏。
叱李、叱伏列(李)	隴西狄道(朔方)	建國時期	李和，其先隴西狄道人，後徙居朔方，父僧養，以累世雄豪，善於統御，爲夏州酋長。和少敢勇，初爲賀拔岳帳內都督、後從宇文泰，賜姓宇文氏。
副呂(副)		不詳	不詳
如羅(如)		不詳	不詳
破落那(那)		不詳[28]	不詳

27 根據姚薇元考證，叱利即叱李、泣伏利、叱列、叱伏列之異譯，後改姓爲李，本高車人(《胡姓考》，頁 297~300)。若然，則此氏附魏可以遠溯至建國時期，例如道武開國功臣中有李栗，姚薇元疑即爲此氏。此外，《叱伏列龜傳》中亦云：「世爲部落大人，魏初入附，遂世爲第一領民酋長」(《周書》20，頁 341)。

28 姚薇元根據《魏書》1〈序記〉所云：「昭成(什翼犍)建國二年，……東自濊貊，西及破洛那，莫不款附」(頁12)，斷定破洛那氏附魏極早。(《胡姓考》，頁 105)。問題是，當時什翼犍的勢力只能控制雲中、盛樂、平城一帶，連世仇劉虎部落都控制不了，遑論遠在西域的破落那了。魏收此語，也不過是個飾詞而已。且破落那國即使有人歸附北魏，數量大概也不多，此族人在整個北朝歷史根本上就没没無聞。

乞伏（扶）[29]	隴西	太武	并州刺史乞伏成龍（文成帝）[30]。
吐奚（古）	代	不詳	※古弼，好讀書，又善騎射，明元時典西部，太武時，賜爵建興公，鎮長安。恭宗監國，徵爲東宫四輔，與宜都王穆壽並參政事。太武卒，吳王余立，以弼爲司徒，文成即位誅之。
庾	代	建國前	※庾業延，其父及兄和辰，世典畜牧。助道武建國，後爲道武所誅。
渴單，紇單（單）		建國時期[31]	單烏干（道武），紇單步胡提（魏末）
賀拔[32]（何）	神武尖山（懷朔），徙武川鎮	不詳	賀拔勝，祖爾逗，選充北防，遂家於武川鎮（今察哈爾武川縣），獻文時賜爵龍城男，爲本鎮軍主。勝便弓馬，六鎮亂起，與兄允，弟岳隨其父度拔轉戰北方。後隨爾朱榮、高歡，最後投奔宇文泰。
賀拔（何）	善無	不詳	賀拔仁，從高歡起兵[33]。

29 乞伏本西秦國姓，西秦於431年滅於赫連夏，魏太武帝克夏，乞伏一氏遂入魏。此族入魏後，見於史傳者，除了地方官外，尚有一些是領民酋長（乞伏慧一族），似乎尚有部份族人是保持部落組織的。

30 除乞佛成龍外，魏末尚有乞扶莫于、乞步落，東魏有乞伏銳，北齊有乞伏保達。

31 《魏書》15〈窟咄傳〉云：「劉顯之敗，遣弟亢泥等迎窟咄，……太祖左右于桓等謀應之，同謀人單烏干以告。」（頁385）姚薇元疑此單烏干爲紇單部人，若然，則此氏早在建國時期已入魏。

32 《魏書》80〈賀拔勝傳〉云：「祖爾逗，選充北防，家於武川，……顯祖（獻文），賜爵龍城男，爲本鎮軍主。」（頁1780）賀拔氏何時入魏，不得而知，姚薇元認爲他們是高車人，而道武與太武時皆分別自漠北擄掠了大批高車人，因此，他們有可能在這兩個時期入魏。不過，不管他們何時入魏，此族人眞正出現在史傳上，或者說與魏政權有較密切關係，則要到賀拔爾逗選充北防（即鎮人）。傳中說獻文時，賜爾逗龍城男，故定其爲獻文時人，不過，爾逗充鎮人的時間當然是有可能在獻文之前的。此族人原先可能大半皆爲鎮人，不過，也非全部。見於〈孝文弔比干碑〉的賀拔舍，官銜是「符節令」，想來是任職朝中的。此族人似乎未曾南遷洛陽，因爲找不到改用漢姓「何」的例子。

33 此外的賀拔氏尚有賀拔舍（孝文），賀拔文興（孝明），賀拔彌俄突（魏末），賀拔伏恩（魏末）。

侯幾（幾）		不詳	侯幾長貴（魏末）
賀兒（兒）		不詳	※兒烏干，文成帝時曾任司空。
出連（畢）		不詳	不詳
叱呂引，俟呂鄰（呂）(34)	代	建國前	呂洛拔，曾祖渴侯，什翼犍時率戶五千歸國。洛拔，文成時爲平原鎭將，成武侯。呂文祖（洛拔子），獻文時龍牧曹奏事中散，以牧產不滋，徙武川鎭。
莫那婁（莫）	代	建國時期	莫題，道武時典禁兵，高邑公，道武末處死。
莫那婁（莫）	太安狄那（懷朔鎭）	建國時期	莫多婁貸文，驍果，從高歡起兵。
奚斗盧（索盧）		不詳	不詳
莫蘆（蘆）		不詳	不詳
破六韓，步六汗（韓）	安定安武（今甘肅鎭原）	明元	※韓茂，父耆，明元時自赫連勃勃來降，拜常山太守，居常山之九門（河北正定）。茂善騎射，太武時，以軍功爲殿中尚書，安定公。文成時，爲尚書令。

34　據《魏書》103〈高車傳〉附：「又有俟呂隣部，衆萬餘口，常依險畜牧。登國中（386～395），其大人叱伐爲寇於苦水河。八年夏，太祖大破之，并擒其別帥焉古延等。」（頁231）侯呂鄰即俟呂鄰。依傳中所述，則俟呂鄰部居處當在今天甘肅固原縣附近（《胡姓考》，頁121～2）。這一帶在北魏時期爲所謂「西部勑勒（高車）」的居地，而西部勑勒又長時期爲北魏禁軍的來源（《魏書》19:1，頁450），俟呂鄰部屬柔然還是高車，當然還有疑問（參見《胡姓考》，頁120；《蕃姓錄》，頁60），不過，俟呂阿倪的官職「直閣武衛」，正是禁軍（所謂「殿中武士」）的職位，疑當時仍有不少俟呂鄰人留居原地，恐怕也還維持部落組織，至於是否屬於「領民酋長」的集團，資料不足，無法斷言。

破六韓，步六汗（韓）	太安狄那(懷朔鎮)	明元	韓軌，隨高歡起兵。
破六韓，步六汗（韓）	武川鎮	明元	韓果，善騎射，初隨賀拔岳，後從宇文泰。爲北周名將。
破六韓，步六汗（韓）	廣寧石門(懷朔鎮)	明元	韓賢，壯健有武用，初隨葛榮，榮破，徙至并州，從爾朱榮，後隨高歡。
破六韓，步六汗（韓）	河南東垣（今河南新安東）	明元	韓雄，祖景，孝文時爲赭陽郡守。雄少敢勇魁岸，膂力絶人，工騎射。孝武西遷，雄與其屬六十餘人於洛西舉兵，數日間，衆至千人。歸宇文泰。
莫輿（輿）[35]	武川	建國時期	輿珍，與賀拔勝父子，宇文肱（宇文泰父），念賢等人襲殺破六韓拔陵部下衛可孤。
没路眞（路）		不詳	不詳
扈地干（扈）		不詳	不詳
紇干（干）		不詳	紇汗煞興（魏末），紇干廣略（北周）。
俟伏斤（伏）		不詳	伏樹（太武），伏阿奴（孝文）。
是樓（高）	代	建國時期	高保寧，武平末（北齊末年）爲營州刺史，鎮黄龍。

35 根據姚薇元考證，慕輿氏本爲慕容燕貴族，因此，應當是在道武克慕容燕時入魏的。不過，由於道武末年曾大肆誅殺慕容氏，以致有一部份慕容氏皆改姓慕輿，因此，要分辨那些是原先的慕輿，那些是慕容改的，甚爲困難。慕輿氏除了前列魏末武川豪傑的輿珍（《周書》14，頁216）外，太武帝時曾任侍中，左僕射等官的李蓋，其原配亦爲此族人。（《魏書》83，頁1824）。

高[36]	善無（恆州）	建國時期	高市貴，少有武用，六鎮亂起，隨爾朱榮，遷秀容大都督，第一領民酋長。後隨高歡。
沓盧（沓）	晉壽	不詳	沓龍超，少爲鄉里所重，永熙中（532～534），梁入寇益州，被擒，不屈而死。
蓋樓（蓋）[37]	杏城鎮	太武	不詳
嗢石蘭（石）		不詳	石猛
奇斤（奇）		不詳	不詳
解枇（解）		道武[38]	不詳
須卜（卜）		建國時期[39]	卜田（太武）
丘林（林）		不詳	不詳
爾綿（綿）		太武[40]	不詳

36 姚薇元認爲北魏時期，胡人高姓者除鮮卑、高麗外，尚有一支來自秀容地區的匈奴（《胡姓考》，頁 280～81）。高市貴（見《北齊書》19）傳雖云善無人（恆州，即代），然而他一開始即隨爾朱榮（亦秀容人），後又封爲秀容大都督，可能是出身秀容匈奴高氏。

37 蓋樓乃盧水胡一支，盧水胡當時聚居在今日陜西中部，以杏城鎮爲主要根據地，而北魏要到太武帝擊敗赫連夏後（427），才控制了陜西全境，故列其入魏於太武時。北魏見於史傳之杏城鎮將，如安固、尉撥、郝温（見《魏書》卷30、45）大抵皆在太武時或其後，亦可旁證北魏控制此處不應早於太武。蓋樓氏歸附北魏後，大部份成員似乎仍留在杏城鎮一帶，西元445年發動大規模叛亂的蓋吳，也是自此處起兵的，這些人當然很難説是「代人」。雖然如此，〈官氏志〉列此姓於「內入諸姓」，而且我們也很難否認有部份蓋樓氏移入平城（甚至早在太武取得杏城鎮以前）的可能性，故此處仍列於「代人集團」。

38 《魏書》卷2及103云：天興四年（401），高車解批莫弗幡豆建率其部三十餘落內附。此當爲解批氏入北魏之始。

39 須卜爲匈奴貴族，《魏書》4：1〈世祖紀〉云：「神䴥元年，并州胡酋卜田謀反伏誅。」（頁74）可見并州匈奴有此族，并州於建國時期即已入北魏掌握，故列此族入魏於建國時期。上述秀容匈奴高氏亦同。

40 《魏書》4：2〈世祖紀〉：「太平眞君十年二月，蠕蠕渠帥爾綿他拔等率其部落千餘家來降。」（頁 103）殆爲此族入魏之始。

宿六斤（宿）[41]		不詳	宿石，曾祖赫連文陳爲夏開國君主赫連勃勃弟，道武天興二年（399）歸附。祖若豆根，明元時賜姓宿六斤。石於文成時尚公主，封太山公，曾任北征中道都大將。
大莫干（部）		不詳	不詳
素黎（黎）		不詳	不詳
壹斗眷（明）		不詳	不詳
叱門（門）		不詳	不詳
慾邗（邗）		不詳	不詳
吐難（山）	河南洛陽	不詳	山偉，祖強，工騎射，獻文時爲內行長。偉，涉獵文史，孝明時爲侍御史，國子助教，諫議大夫。愛尚文史。[42]
屋引（房）	河南洛陽	不詳	房謨，其先代人，魏末爲昌平、代郡太守。六鎮亂起，率所部奔中山。後從高歡。[43]

41 有關此氏的問題較複雜，第一、姚薇元認爲宿六斤氏即宿勤氏，不過他唯一的證據是「勤」與「斤」發音極近（《胡姓考》，頁155），因此，是否有可能爲兩個不同的氏族。其次，明元帝賜赫連若豆根爲「宿六斤氏」時，倒底宿六斤是否爲一舊有氏族，還是一全新姓氏（如「豆盧氏」的例子）。魏末夏州有「賊帥宿勤明達」，不過我們也很難確定他是否爲宿石的後裔，還是來自原有的宿勤（或宿六斤）氏。

42 孝文時有直閣武衛中臣吐難萇命。

43 文成帝時有房杖。

乙弗（乙）[44]	代	太武	乙瓌，其先世爲吐谷渾渠帥，太武時，瓌父遣瓌入貢，因留平城，善弓馬，數從征伐，尚上谷公主，定州刺史，西平王。※乙乾歸（瓌子），尚恭宗女安樂公主。秦州刺史。乙瑗（瓌曾孫），尚孝文女淮陽公主。乙弗氏（瑗女），爲西魏文帝后。
乙弗（乙）	代	建國時期	※乙渾，文成死，乙渾爲丞相，位居諸王上，事無大小，皆決於渾，次年爲文明太后所誅。
乙弗	代	建國時期	乙弗朗，其先東部人，世爲部落大人，與魏徙代。少有俠氣，善騎射。魏末，北邊擾亂，避地并、肆。從爾朱榮，後隸賀拔岳，入關。後隨宇文泰。
乙弗	武川鎮	建國時期	乙弗庫根，與賀拔勝父子、宇文肱（泰父）、輿珍等人起兵襲殺破六韓拔陵部下衛可孤。[45]
樹洛干（樹）		不詳	不詳
茂眷（茂）		不詳	不詳
宥連（雲）		道武[46]	不詳

44 根據姚薇元考訂，此族原爲青海一帶吐谷渾部落，乙瓌於太武帝時才入魏。然而道武帝時已有「乙弗部帥代題」，可見早在建國前即有附屬拓跋聯盟者。而且乙弗朗傳中也說他祖先爲「東部人，世爲部落大人，與魏徙代」。可見雖同爲乙弗氏，卻有不少分支。

45 乙弗氏除上述幾支外，尚有乙弗繪（魏末），乙弗貴（魏末），乙弗醜（魏末），乙弗鳳（北周），乙弗寔（北周），乙弗亞（北周），乙弗虔（北周）。

46 《魏書》卷 2及29云：天興二年（399），破宥連部，徙其別部諸落於塞南。此爲宥連氏入魏之始。

宇文	河南洛陽	建國時期	宇文福，其先南單于之遠屬，世爲擁部大人。祖活撥，仕慕容垂，道武平慕容寶，活撥入國，爲第一客。宇文福少驍果，太和初，拜羽林郎將，遷洛後，負責牧場，隨孝文南征。宣武時，爲都官尚書，瞀州大中正。孝明時，都督懷朔、沃野、武川三鎮諸軍事，懷朔鎮將。
宇文	武川鎮	建國時期	宇文泰，五世祖陵仕慕容燕，道武平慕容寶，陵降魏，徙代，隨例徙武川。魏末，六鎮亂，肱(宇文泰之父)起兵，後卒於軍，泰初隨鮮于修禮、葛榮、爾朱榮，再從賀拔岳，入關，岳死，遂領其衆。
宇文	昌黎大棘(夏州)(統萬鎮)	建國時期	宇文貴，其先徙居夏州。貴少從師受學，輟書歎曰：男兒當提劍汗馬以取公侯，何能如先生爲博士也！正光末，破六汗拔陵圍夏州，刺史源子雍固守，以貴爲統軍。後隨爾朱榮，元顥之役，率鄉兵從爾朱榮焚河橋。從孝武西遷，與宇文泰爲遠親，甚受親用。後爲十二大將軍之一。
宇文	河南洛陽	建國時期	宇文測，宇文泰之族子，高祖中山，曾祖豆頹，祖騏驎，父永，位並顯達。測性沉密，少篤學，尚宣武女陽平公主。從孝武西遷，甚得宇文泰信任。
宇文	武川鎮	建國時期	宇文虬，少從軍有戰功，初從獨孤信，後隨信入關，爲北周名將。
宇文	代	建國時期	宇文盛，曾祖伊與敦、祖長壽，父文孤，並爲沃野鎮軍主。盛初爲宇文泰帳內。

宇文	代	建國時期	宇文顯和，宇文泰之族子。曾祖晉陵，祖求男，仕魏，並顯達。父金殿，魏兗州刺史，安吉縣侯。顯侯頗涉經史，善騎射，與孝武帝甚相知，從孝武入關。
宇文	河南洛陽	建國時期	宇文忠之，其先南單于之遠屬，世據東部，後入居代都，祖阿生，安南將軍，巴西公。父侃，卒於治書侍御史。忠之涉獵文史，頗有書札。參修國史。
慕容[47]	代	建國時期	慕容紹宗，慕容燕之後，曾祖騰歸魏，遂居於代。祖郁岐州刺史，父遠恆州刺史。爾朱榮爲紹宗從舅子，魏末北鎮亂，紹宗從爾朱榮起兵。爾朱氏敗，從高歡，爲北齊功臣。[48]

47　慕容氏在北魏聲名最顯赫者無疑是慕容白曜，不過在此處將慕容白曜列入「客」一欄，其理由參見註23及本文相關之處。至於慕容紹宗雖同爲慕容之後，入魏時間已久，故列入「代人」。

48　從史料中看不出慕容紹宗與列爲「客」的慕容契是否同屬一支。不過這兩家有一點極類似之處：此即他們與北方邊區的關係相當密切。慕容紹宗的祖父曾任岐州刺史，岐州在今天陝西鳳翔，原爲雍城鎮（太和十一年改州），算是北鎮地區。他的父親出任恆州刺史，恆州在今山西大同，即原先魏都平城所在地，當然是北鎮地區。慕容紹宗一家本來就爲北鎮人士（觀其與爾朱氏關係可知），這也許無甚奇怪。問題是慕容契，孝文遷都時，他曾經幫忙經營新都，出任過太中大夫、光祿少卿，應該是已定居在洛陽了。然而，從宣武帝開始，他連續出任「都督沃野、薄骨律二鎮諸軍事，沃野鎮將，都督禦夷、懷荒二鎮諸軍事，平城鎮將，都督朔州、沃野、懷朔、武州三鎮三道諸軍事，朔州刺史」，一直到他516年死爲止，十餘年間一直在北鎮地區活動，他的兒子昇，也擔任過沃野鎮將，傳上說：「甚得邊民情」。連他的弟弟慕容暉也出任過新平郡太守，新平在今陝西邠縣一帶，也算是北鎮地區。當然，我們知道自從孝文帝於493年遷都洛陽後，北鎮地區已成爲一個名實相符的「邊區」，地位遠不如前，然而出任鎮將者多半還是出身原先拓跋政權核心集團的家族，例如于氏、源氏等族。慕容氏原本就非核心集團人物，也找不到他們對北鎮地區特別熟悉或有特殊關係的資料，不知爲何會頻頻出任當地軍政職位？有一個可能是執政者並不希望他們出任中原地區（即慕容燕故地）的官職，而且也正因爲他們與北鎮地區無特殊地緣關係，反而容易控制。由於資料限制，這個問題一時尚無法圓滿解決。此外，《北齊書》卷20另有慕容儼，不過從本傳看來實難確定他倒底是何方人士，本傳說他是「清都成安人」，問題是《魏書》地形志沒有清都一郡，他的父親叱頭，名字雖然是有胡化嫌疑，但卻出任南頓太守，南頓在今河南南郡的商水縣，再從他的經歷來看，「正光中，魏河間王元琛率衆救壽春，辟儼左廂軍主」（《北齊書》20，頁279），極有可能是成長在中原地區的，因此，不列入本表。

紇豆陵（竇）[49]	頓丘衛國	建國時期	竇瑾，自云漢司空融之後。少以文學知名，太武時，參與軍國之謀，屢有軍功，拜使持節、散騎常侍、都督秦、雍二州諸軍事，長安鎮將、毗陵公，在鎮八年。徵爲殿中、都官尚書。文成時以誹謗伏誅。[50]
紇豆陵（竇）	太安捍殊(懷朔鎮)	建國時期	竇泰，祖羅，魏統萬鎮將，因居北邊。父樂，六鎮亂起，與懷朔鎮將楊鈞固守遇害。追隨爾朱榮，後隨高歡（泰妻爲高歡妻妹），爲北齊功臣。
紇豆陵（竇）	代	建國時期	竇熾，世爲部落大人，後魏南徙，因家於代，六鎮亂，避難定州，入葛榮軍，再隨爾朱榮，隨孝武帝入關，爲北周功臣。[51]
侯莫陳（陳）	代	建國時期	※陳建，祖渾，道武時爲右衛將軍。善騎射，內行長。孝文時爲司徒，魏郡王，甚得文明太后寵待。
侯莫陳	代	建國時期	侯莫陳悅，父婆羅門爲駝牛都尉，故家於河西。悅善騎射，魏末歸爾朱榮。

49 此姓根據姚薇元考證，乃出自没鹿回部大人竇賓，拓跋之始祖神元即竇賓婿（《胡姓考》，頁 176 ）。神元即因併吞没鹿回部而興起，至拓跋猗盧時，脱離拓跋聯盟獨立，改稱紇豆陵部，至道武時才又歸附，此族在魏時似乎不太顯赫，《魏書》有竇瑾、竇瑗，唯是否屬於此族，尚難斷定。不過，此族勢力想必相當龐大，因爲到魏末大亂，就有不少紇豆陵部人起兵，例如《魏書·孝莊紀》有「河西人紇豆陵步蕃大敗爾朱兆於秀容」（頁 268 ），〈出帝紀〉也有河西費也頭帥紇豆陵伊利（頁 289 ）。當然，並非所有紇豆陵部人皆仍維持部落形態，也有像竇泰那樣部落解散而派到北鎮駐防的。

50 姚薇元懷疑竇瑾爲紇豆陵部人（《胡姓考》，頁 178 ）。傳中除了「高祖成爲頓丘太守，因家焉」一句外，別無其他述及先世之處，確實可疑。觀其傳中經歷，從太武征伐，任殿中尚書，長安鎮將等，大多也是由北族人士擔任的職位。姚薇元說法確有可能。不過，傳中說他「少以文學知名」，這又不大像是北族的傳統，故此處仍以頓丘爲其地望。話說回來，就算其先世爲頓丘人（漢人），至少從竇瑾開始就應該落籍在「代」了。

51 竇熾的姪孫女爲唐高祖后（太宗母），竇氏一族在唐代非常顯赫（《胡姓考》，頁 179 ），《周書》又修於唐，故以竇氏爲漢大鴻臚章之後，定其地望爲「扶風平陵」，姚薇元已證此說不可靠（頁 175 ），而且傳也已明言「家於代」，故定爲「代人」。

侯莫陳（陳）	宜陽（今河南宜陽）	建國時期	陳忻，少驍勇，姿貌魁岸，同類咸敬憚之。孝武西遷，忻乃於辟惡山招集勇敢少年數十人，寇掠東魏，密遣使歸附宇文泰。與韓雄里閈姻婭，少相親近。俱總兵境上三十餘載，每有禦扞二人相赴，常若影響。[52]
厙狄	代	建國時期	厙狄峙，其先遼東人。本姓段，段匹磾之後，後徙居代，世爲豪右。祖淩，武威郡守，父貞，上洛郡守。峙，善騎射，從孝武入關，隨宇文泰。[53]
厙狄	代	建國時期	厙狄迴洛，少有武力，從爾朱榮起兵。後隨高歡。
厙狄	懷朔鎮	建國時期	厙狄盛，少有武用，隨高歡。北齊功臣。
厙狄	神武（懷朔鎮）	建國時期	厙狄昌，少便弓馬，從爾朱天光定關中，再隨賀拔岳，最後隨宇文泰。
厙狄	代	建國時期	厙狄伏連，初事爾朱榮，後從高歡。[54]
太洛稽（稽）		不詳	不詳
柯拔（柯）		不詳	不詳
步鹿根（步）		不詳	步堆（太武）
俟奴（俟）		不詳	不詳

52 孝文時有陳提、侯莫陳益，魏末有侯莫陳升、侯莫陳仲和、侯莫陳洛州，北周有侯莫陳杲。

53 《周書》33〈厙狄峙傳〉云：其先遼東人，本姓段氏，匹磾之後也。後徙居代（頁 569）。峙是否確爲段匹磾（四世紀初人，《晉書》卷63有傳）之後，年代相隔過遠，無從考究，故此處置於厙狄氏。

54 魏末尚有厙狄豐樂、厙狄温、厙狄曷賴。

破多羅（潘）	廣寧石門(懷朔鎮)	建國時期	潘樂，魏世分鎮北邊，乃家焉（《姓纂》云：「潘長，懷朔鎮北將」，按此潘長乃潘樂之祖父，見《胡姓考》）。北鎮亂，樂從魏臨淮王彧爲統軍，再歸葛榮、爾朱榮，最後隨高歡。
叱干[55]（薛）	代	建國時期	薛野賭，少失父母，養於宗人利家，文成時，召補羽林，并州刺史，河東公。薛琡（野賭孫），魏末襄助高歡。
輾遲（展）		不詳	展祖輝（魏末），展几虎（魏末）。
費連（費）	代	明元	費于，祖峻，仕赫連夏，明元時降魏，後遷廣阿鎮大將，爵下邳公，于少有節操，太武時遷商賈部二曹令。費穆（于孫），魏末六鎮亂，出任朔州刺史，後得知於爾朱榮，爲吏部尚書，夏州大中正。
綦連（綦）	河南洛陽	太武	綦儁，祖綦辰，并州刺史。儁，章武縣伯，中尉，曾負責修史。
綦連	代	太武	綦連猛，習弓馬，初從爾朱榮，後隨高歡，爲北齊名將。
獨孤渾（杜）	柔玄鎮	不詳	杜洛周，孝明帝孝昌元年（525）率衆反於上谷。
去斤（艾）		不詳	不詳
渴侯（緱）		不詳	不詳

55 孝明帝孝昌三年（527），叱干麒麟反，入據豳州。豳州在今甘肅寧縣（青山定雄，《中國歷代地名要覽》，頁556），而叱干部本在今陝北延水之南（《胡姓考》，頁206），相去不遠，可知魏末此地仍有叱干部人活動。不過，我們無法推斷他們是否仍維持部落組織，雖然有此可能。此外，北齊有儀同叱干苟生，北周有叱干保洛。

叱盧（祝）		不詳	不詳
和稽（緩）		不詳	不詳
菟賴（就）		不詳	不詳
嗢盆（溫）		不詳	不詳
可朱渾、渴燭渾（朱）	代郡桑乾	不詳	朱瑞，祖就，卒於沛縣令。父惠，行太原太守。瑞於孝明帝孝昌末（525－527）隨爾朱榮，爲榮所親任。榮入洛陽，除中書舍人。後爲青州大中正，再轉滄州大中正。
可朱渾、渴燭渾	懷朔鎮	不詳	可朱渾元，原爲遼東人，世爲渠帥，魏時擁衆內附，曾祖護野肱爲懷朔鎮將，遂家焉。元少與高歡相知。後從爾朱天光入關，逮宇文泰據關中，乃東奔歸高歡。
可朱渾、渴燭渾（朱）	代	不詳	朱長生，孝文時使高車不屈，留三載始得還。
※段	代	不詳	段琛，少有武用，從高歡起兵。
達勃（褒）		不詳	不詳
郁都甄（甄）		不詳	不詳
越勤（越）		道武	越肱特（魏末），越勤世良（北周）。

叱奴（狼）		建國時期	叱奴世安（北齊），叱奴興（北齊），叱奴后（北周）。
庫褥官（庫）		明元	不詳
※赫連（杜）(56)	盛樂	不詳	赫連達，傳云赫連勃勃之後，曾祖庫多汗因避難改姓杜。達隨賀拔悅起兵，後又從宇文泰，爲北周名將。
赫連		不詳	赫連子悅，赫連勃勃之後，魏永安初，以軍功爲濟州別駕，後說服侯景追隨高歡。(57)
烏洛蘭（蘭）		建國前(58)	※蘭延，太武時任左僕射，與和匹等人謀立文成帝，爲宗愛所殺。孝文帝時有蘭英。

56 此族本姓劉，爲匈奴獨孤部一支，與《魏書》卷23的獨孤部劉庫仁本爲同宗（〈劉庫仁傳〉，頁604）。其先祖劉虎自西元三世紀初即不斷與拓跋氏爭奪部落聯盟的領導權。341年，劉虎死，子劉務桓歸順當時拓跋統治者什翼犍，並娶什翼犍之女。356年，劉務桓死，部落內亂，最後領導權落入務桓子悉勿祈手中，悉勿祈死，弟衛辰繼立，再與拓跋氏通和，並娶什翼犍女。365年，兩族關係再惡化，連年交戰，到了375年，劉衛辰向苻堅求援，376年，苻堅軍隊北上擊敗什翼犍，拓跋聯盟瓦解，苻堅乃令劉衛辰與劉庫仁分統拓跋舊部（《魏書》1）。到了拓跋珪崛起，於391年滅劉衛辰，盡誅其族。劉衛辰子勃勃逃至後秦姚興處，逐漸發展自己勢力，建國夏，並改姓氏爲赫連（《魏書》95，頁2056～7）。這是赫連氏的來源。此外，劉虎一支原號「鐵弗」（《魏書》95，2054），姚薇元認爲「鐵弗」、「拓跋」、「禿髮」三辭乃同音異譯，皆意指「胡父鮮卑母」，故太武帝會認出身「禿髮氏」的源賀爲同宗，並賜姓「源」，爲「同源」之意也（《魏書》41，頁919；《胡姓考》，頁6、238）。問題是，若照此推論，則鐵弗劉虎一支也可視爲與拓跋氏同源，而劉庫仁一支也與拓跋氏同源了。然而劉庫仁及劉虎子務桓卻又都曾娶拓跋什翼犍之女，看來又不太可能是同宗，眞正關係如何？由於史料不足，實難以確定。又赫連夏於西元431年爲太武所敗，徙其宗族入京，後以謀反被誅，傳云因避難改姓可能即指此。問題是赫連子悅這一支爲何又不用改姓？或許赫連子悅一支與夏宗室關係較疏，得以不用連坐，當然也有可能是太武特別赦免這一支，因此不但不用改姓，也可以出任官職。慕容燕的宗室亦有類似的例子。

57 此外，魏末尚有赫連豆勿于、赫連恩等。

58 按《魏書》13〈皇后列傳〉云：文皇帝（神元子）次妃蘭氏。姚薇元疑爲此族人，若然，則早在神元時已入拓跋聯盟。

※万俟（萬）[59]	高平鎮	不詳	万俟醜奴，孝莊武泰元年（528）聚衆反，宗黨甚盛，如万俟道洛，万俟阿寶等。
一那蔞（蔞）		不詳	不詳。
羽弗氏（羽）		不詳	不詳。
※赤小豆（豆）	代	不詳	豆代田，明元時以善射爲內細射。太武時爲殿中尚書，以前後軍功，進爵長度公，出爲統萬鎮大將。
※吐萬（萬）	代	太武	※萬安國，祖※萬眞，世爲酋帥，常率部民從太武征伐，拜敦煌公。父振，尚高陽長公主，長安鎮將，馮翊公。安國尚河南公主。獻文時封安城王。
吐萬	代	太武	吐萬緒，父通，周郢州刺史。緒，少有武略，襲爵元壽縣公，北周大將軍，少司武。
※斛斯	廣牧富昌（懷朔鎮）		斛斯椿，父敦，孝明時爲左牧令，河西賊起，將家投爾朱榮，後隨孝武入關從宇文泰。
※董	代	建國時期	董洛生，居父喪過禮入《魏書》卷86<孝感傳>。

59 《魏書・官氏志》無「万俟」一氏，唯此族在魏末宗黨甚盛，應當也是相當重要的部落，姚薇元考訂此族曾改漢姓「萬」（《胡姓考》，頁248）。

※衛		不詳	衛可孤（魏末）。[60]
※乞袁（乞）	代	不詳	乞伏保，本高車人。
※來	代	建國時期	來初眞，助道武建國，武原侯，與八議。※來大千（初眞子），善騎射，典宿衛禁旅，太武時，與盧魯元等七人俱爲常侍，持杖侍衛，晝夜不離。賜爵廬陵公，鎮雲中。巡撫六鎮，以防寇虜。
※默台（怡）	遼西	建國時期	怡峰，本姓默台，避難改焉。高祖寬，燕遼西郡守，道武時，率戶歸朝，拜羽眞，賜爵長虵公，曾祖文，冀州刺史。峰少從征役，永安中，從賀拔岳入關，後歸宇文泰。
※薛孤	代	不詳	薛孤延，少驍果，有武力。韓樓之反，延隨之。後從高歡。
※張	代	不詳	張瓊，有武用，初隨葛榮，後從爾朱榮、高歡。
張	代	不詳	張保洛，自云本出南陽。家世好賓客，尚氣俠，頗爲北土所知。少便弓馬，初隨葛榮、爾朱榮，後隨高歡。
張	代	不詳	張纂，父烈，桑乾太守。纂初事爾朱榮，後隨高歡，爲參丞相軍事。北齊時，曾爲築長城大使，領步騎數千鎮防北境。

60 根據姚薇元考訂，董、衛皆爲匈奴大姓（《胡姓考》，頁287～8）。董洛生傳中明言「代人」，故列於此，衛可孤於魏末隨破六韓拔陵起兵，似亦爲沃野鎮人。

張	西河隰城汾州（今山西汾陽）	不詳	張亮，少有幹用，初事爾朱榮。爾朱氏滅，隨高歡，委以書記之任。後爲西南道行台，攻梁江夏、潁陽七城皆下之。武定末，爲汾州大中正。
張	代	不詳	張華原，少明敏，隨高歡，每號令三軍，常令華原宣諭。
※孟	河南洛陽	不詳	孟盛，曉北土風俗，歷羽林監，明解北人之語，孝文時，敕在著作，以備推訪。後常出使遠蕃。
※賈	中山無極	不詳	賈顯度，父道監，沃野鎮長史。顯度初爲別將，防守薄骨律鎮。正光末，北鎮擾亂，爲賊攻圍，乃率鎮民浮河而下，既達秀容，爲爾朱榮所留。賈顯智（度弟），爲高歡微時友。
※閻	河南河陰		閻慶，曾祖善，魏雲州鎮將，因家於雲州之盛樂郡。祖提，燉煌鎮都大將。父進，有謀略，衛可孤之亂，固守盛樂，以功拜盛樂郡守。慶於大統三年歸宇文泰。拜雲州大中正，賜姓大野氏。晉公宇文護（北周權臣），母爲閻慶之姑，開皇二年卒（582），年七十七。

附表:外戚、客與寵倖[1]

姓氏	籍貫	附魏時間	重要人物簡歷
獨孤(劉)	代	建國時期	劉羅辰(伯父劉庫仁,爲獨孤部酋長),羅辰妹爲道武后,拜南部大人,平中原,封永安公。劉仁之(羅辰玄孫),卒於孝靜帝時,通書史眞草。
劉	長樂信都	建國前	※劉潔,祖劉生於什翼犍時歸國。父提,道武時爲樂陵太守,信都男。潔於太武監國時,與古弼選侍東宮,後出任尚書令,得罪太武,族誅。
賀蘭(賀)	代	建國時期	賀訥,賀蘭部酋長,道武舅,助道武建國。
賀蘭(賀)	代	建國時期	※賀迷,從兄女爲太武后,賜爵長卿子。
胡引,侯伏侯(侯)	河南洛陽	建國時期	※侯剛,其先代人。出身寒微,以善烹飪,得寵於宣武,孝明及靈太后時。
豆盧,吐伏盧(盧)	昌黎徒何	建國時期	※盧魯元,明元時選侍東宮,太武親愛之。性多容納,善與人交,由是公卿咸親附之,賜爵襄城公。
豆盧,吐伏盧(盧)	昌黎徒何	建國時期	盧醜,太武師傅。賜爵濟陰公。

1 本表僅供參考之用,故只列一些較具代表性者。其他見於「將相年表」的外戚、寵倖可直接參看《魏書》,其中少數人物(如安同、張袞、燕鳳等人)究竟是該列入「代人集團」,還是「客」,當然還有商榷餘地,「代人集團」表中的一些人物也有類似問題。不過,由於(一)有爭議的人物並不多,(二)「代人」與「客」、「寵倖」、「外戚」等,在拓跋政權的權力結構中雖有矛盾存在,但正如本文所言,基本上,他們(包括皇室)都是廣義的「代人集團」的一分子(這也是本文將此表列爲「代人集團」附表的緣故之一),這個問題應該不是太嚴重的。

是樓（高）	渤海蓨縣	建國時期	高湖，原仕慕容燕，道武平中山，湖率戶三千歸附，賜爵東阿侯，太武時爲涼州鎮都大將。高謐（湖子），位至侍御史，以罪徙懷朔鎮。高眞（湖子），自涇州別駕，遷安定太守。高稚（湖子），薄骨律鎮將，營州刺史。高歡（謐孫），字賀六渾，既累世北邊，故習其俗，遂同鮮卑。家貧，及聘武明皇后（婁氏），始有馬，得給鎮爲隊主。六鎮亂起，隨爾朱榮，後自立，爲北齊開國君主。
高	高麗人	建國時期	高琳，五世祖宗，率衆歸魏，拜第一領民酋長，賜姓羽眞氏。祖明、父遷仕魏，咸亦顯達，琳母嘗祓禊泗濱……，因生琳。正光初（520－540），起家衛府都督。…後隨宇文泰。(2)
屈突（屈）	昌黎徒何	建國時期	※屈遵，原爲慕容燕臣，道武時歸魏，中書令，賜爵下蔡子，從駕還京師。※屈垣（遵孫），善書計，太武時甚受寵信，車駕出征，常居中留鎮，賜爵濟北公。※屈道賜（遵曾孫），太武時爲尚書右僕射，加侍中。

2 照高琳傳的年代算來，其五世祖宗入魏當在道武時。根據當時常例，封領民酋長者應當是有部落，且世襲的。可是根據傳中資料看來，似乎並非如此，最少我們看不出高琳擁有任何部落的跡象（如爾朱氏）。再者，傳中稱其母祓禊於泗（水）濱，泗水在今山東省，可見其家已南遷，而領民酋長除非征戰、朝貢，否則極少離開其封地。或許魏初之「領民酋長」亦有虛封者，不過此例未之他見。更有可能是爲高琳作傳者的誇張。參見《周書》，29〈高琳傳〉，頁495。

慕容	慕容宗室	建國時期	※慕容白曜，父慕容琚，慕容燕宗室，道武取中山時歸附，并州刺史，高都侯（太武時？）。白曜，文成爲太子時給事東宮，文成即位，爲北部尚書，獻文即位與乙渾共掌朝政，領兵取青、齊，爲濟南王，470年被誅[3]。
慕容	慕容宗室	建國時期	慕容契（白曜弟子），孝文太和初以名家子爲中散，後爲營州大中正，定陶男。宣武時，歷任沃野、薄骨律、懷荒等鎭將，朔州刺史。慕容昇（契子），亦爲沃野鎭將。
段	雁門原平	建國時期	※段霸，父乾，慕容垂廣武令，道武時率鄉部歸化。霸幼爲閹宦，爲中常侍、殿中尚書、武陵公。出爲定州刺史，太武時以貪瀆，免爲庶人。從弟榮，雍州別駕，兄弟諸從遂世居廣武城。

3 慕容白曜傳中並没有說明地望。不過，道武帝平中山後，不少慕容宗室被遷到平城，就像慕容紹宗傳中所云：「遂居於代」。當然，並非所有的慕容宗室皆遷到平城，有一部份回到遼東，也有部份跟隨慕容德進入山東。因此，進入「代人集團」爲「客」的只是其中一部份，這是必須說明的。慕容後裔在初期北魏政壇上並不活躍，理由也很單純——猜忌。慕容氏倒底曾經長期（前燕，337－370；後燕，384－407；南燕，398－410）統治過中原一帶，最後又是間接亡於拓跋氏手中，拓跋統治者對他們的猜疑是可以想見的。試想一直到了將近一百五十年以後，東魏政權已掌握在高歡手中，擔任青州刺史的慕容紹宗只不過被人誣告曾經登上廣固城（南燕故都）長嘆：「大丈夫有復先業理不？」，就即刻被高歡召回（《北齊書》，20，頁 273）。北魏初期對慕容宗室的猜忌當然只有更強烈。魏收在《魏書》中提到道武帝末年曾有誅除慕容氏的行動，死者三百餘人（《魏書》，2，頁44：「天賜六年七月，慕容支屬百餘家，謀欲外奔，發覺，伏誅，死者三百餘人。」〈慕容白曜〉傳則說得更直截：「慕容破後，種族仍繁。天賜末，頗忌而誅之」，頁1123）。迫使倖免者紛紛改姓爲豆盧或慕輿（《胡姓考》，頁97，131）。其實，遭此命運的也不只慕容一氏，舉凡爲魏所滅的北方諸國之後，如夏之赫連氏，北涼之沮渠氏，下場都差不多，唯一的例外大概是北燕的馮氏（詳見本文中相關部份之討論）。慕容白曜一支爲何仍能維持舊姓，原因不詳，不過，他之所以能崛起，在獻文帝初期與乙渾共掌朝政，甚至率領大軍南伐青齊一帶，主要還是因爲當文成帝仍爲太子時，他曾服侍過文成，故文成登基後遂受重用（頁1117）。可見還是基於個人而非家族的因素，這跟太武帝時豆盧魯元發跡的情況極爲類似（《魏書》，34，頁 801－2）。問題是，等到慕容白曜順利平定曾爲南燕領土的青齊，立下鉅大軍功後，拓跋統治集團終於發覺情況不對，次年（470）即以莫須有的罪名將其誅除。要到孝文帝時，慕容氏才又開始在政治上活動。

禿髮（源）	代	太武	※源賀，南涼禿髮氏後裔，太武時來奔，賜姓源。從平涼州，封西平公，殿中尚書，太武卒，扶立文成帝，進爵西平王，拜太尉。獻文時將讓位于元子推，賀固執不可，乃禪位孝文。※源懷（賀子），殿中尚書，長安鎮將，尚書令，爲魏末重臣。源子恭（懷子），吏部尚書，襄城縣開國男，爲魏末名將。源師（子恭孫），北齊時攝祠部，屬孟夏，以龍見請雩，祭竟不行，後入周，隋文帝受禪，朝章國憲，多所參定。
赫連（宿六斤，宿）	朔方人	建國時期	※赫連文陳，赫連勃勃之弟，道武天興二年（399）歸附，拜上將軍。※若豆根（文陳子），明元時賜姓宿六斤。
郁久閭（閭）(4)	柔然宗室	道武	閭大肥，柔然宗室，道武天賜元年（404）來降，尚公主，爲上賓，入八議。數爲將有功，太武時爲滎陽公。
郁久閭（閭）		太武	※閭毗，太武時降魏，妹爲太武后。文成時爲河東王、評尚書事。※閭紇（毗弟），文成時爲侍中，中都大官。
鉗耳（王）	太原晉陽	太武	※王叡，六世祖横，張軌參軍，晉亂，子孫因居於武威姑臧。父橋，解天文卜筮，涼州平，入京，歷仕終於侍御中散。……叡少傳父業，而姿貌偉麗，後得文明太后寵倖，封中山王。※王襲（叡子），爲尚書令。

4　《魏書》35〈崔浩傳〉云：「蠕蠕子弟來降，貴者尚公主，賤者將軍大夫，居滿朝列。」（頁817），因此，太武時之安豐公閭根、文成時之濮陽王閭若文，孝文時之河間王閭虎皮，給事中郁久閭麟，散騎常侍郁久閭敏，恐怕皆爲此兩家之後。北齊時有郁久閭業（《金石錄》，22），可能是孝文遷都後仍居北鎮者，也有可能是北齊時才從柔然來歸附的。

鉗耳（王）	馮翊李潤	太武	王遇，其先自晉世以來，恆爲渠長，父守貴，爲郡功曹。遇坐事腐刑，爲中散，遷內行令。
安	遼東	建國時期	※安同，助道武建國，北新侯，太武監國時爲左輔，太武即位，爲高陽公。※安原（同子），明元時爲雲中鎭將，武原侯。太武時爲河間公。安頡（同子），明元時爲內侍長，後爲太武時名將。
車	車師	文成	※車伊洛，本車師王，文成時國滅，歸魏（452年）。賜以妻妾、奴婢、田宅，拜上將軍。
高	高麗人	獻文	高崇，父潛，獻文時歸附，賜爵開陽男，詔以沮渠牧犍女賜潛爲妻，封武威公主，拜駙馬都尉（上客）。崇徵爲中散，遷尚書三公郎，景明中（500－503），襲爵，遷領軍長史，洛陽令。高謙之（崇子），國子博士。高恭之（道穆，崇子），御史中尉。
高	高麗人	孝文	※高肇（高崇族人），父颺於孝文時歸附，拜河間子，待以客禮，賜奴婢牛馬綵帛。颺女爲宣武后。故高肇於宣武時掌朝政。※高顯（肇弟），侍中。※高猛（肇姪），尚公主，中書令，殿中尚書。
莫	雁門繁畤	建國前	莫題，祖莫含，原爲并州刺史劉琨屬官，拓拔猗盧時歸附拓拔。題助道武建國，爲東宛侯。※莫雲（題弟），道武時爲安德侯，參軍國謀議。太武時，鎭統萬，安定公。
燕	代	建國前	※燕鳳，字子章，好學，博綜經史，明習陰陽讖緯。什翼犍時歸附。道武時出任行台尚書，太武時賜爵平舒侯。

許	代	建國前	許謙，字元遜，少有文才，善天文圖讖之學。什翼犍時歸附。後助道武建國。許洛陽（謙子），太武時爲北地公，出爲明壘鎮將。
谷	昌黎	建國時期	※谷渾，父袞，勇冠一時，爲慕容垂廣武將軍。渾折節受經業，道武時，以善隸書爲內侍左右，太武時，領儀曹尚書，濮陽公。※谷纂（渾玄孫），侍中兼殿中尚書，營州大中正。
張	上谷沮陽	建國時期	※張袞，好學有文才。隨道武建國，入八議，臨渭侯。張度（袞次子），襲爵，崎城鎮都大將，和龍鎮都大將。張白澤（度子），文明太后時爲殿中尚書。張倫（白澤子），肆州刺史，除燕州大中正（孝明時）。
張	雁門原平	建國時期	※張黎，善書計，道武甚善待之。太武時領兵萬二千人通涉泉道。柔然入侵，與司空長孫道生拒之。吳王余立，以黎爲太尉，文成立，誅。
呂	東平壽張	建國時期	呂羅漢，其先於石勒時徙居幽州。祖顯爲慕容垂河間太守。道武時，以郡來降，賜爵魏昌子，拜鉅鹿太守。父温，有文武才。太武伐赫連昌，以温爲幢將，先登陷陣，每戰必捷。出爲秦州司馬，上黨太守。羅漢有武幹，太武時徵爲羽林中郎。從征懸瓠，以功遷羽林中郎、幢將，及南安王余立，羅漢猶典宿衛，文成之立，羅漢有力焉。拜殿中尚書，進爵山陽公。獻文出討柔然，羅漢與右僕射南平公元目振都督中外軍事。徵拜內都大官。太和六年卒。

王	涼州，代	太武	王士良，其先太原晉陽，晉亂，避地涼州，太武平涼州，曾祖景仁歸魏，爲燉煌鎮將。祖公禮，平城鎮司馬，因家於代。父延，蘭陵郡守。士良初隨爾朱仲遠，後隨高歡，爲東魏、北齊名臣。
司馬	東晉皇室	明元	※司馬文思，明元時歸附，太武時，爵譙王，爲懷荒鎮將，文成時卒。
司馬	東晉皇室	明元	※司馬楚之，明元時歸附，太武時爲琅邪王，安南大將軍，屯潁川以拒劉宋。後爲鎮西大將軍，雲中鎮大將，朔州刺史，尚河內公主，在邊二十餘年，文成和平五年（464）卒，陪葬金陵。司馬金龍（楚之子），襲爵，鎮西大將軍，雲中鎮大將，朔州刺史，太和八年卒，金龍初納源賀女，後娶沮渠氏（沮渠牧犍女）。司馬徽亮（金龍子），襲爵，坐連穆泰罪失爵。司馬躍（金龍弟），尚趙郡公主，代兄爲雲中鎮將，朔州刺史。司馬裔（楚之曾孫），州郡辟召，並不應命。潛歸温城，起兵應宇文泰。裔又成爲河內温縣的鄉豪。
劉	劉宋王室	文成	劉昶，宋文帝第九子，文成時入魏，封丹陽王，前後尚武邑公主、建興長公主、平陽長公主。孝文時曾數次參與南征。子承緒，尚彭城長公主。孫輝襲爵，尚蘭陵長公主。
蕭	蕭齊王室	宣武	蕭寶夤，齊明帝第六子，蕭衍代齊，寶夤亡入魏，尚南陽公主，封齊王。曾數次參與南征。孝明時出爲都督徐南兗二州諸軍事，徐州刺史。關中亂起，以寶夤爲開府、西道行台，爲大都督西征。西元527年反，後爲爾朱天光所擒，處死。長子烈，尚建德公主，寶夤反，伏法。

王	琅邪臨沂		王肅，王導之後也。孝文帝時自南齊南奔，甚受孝文賞識，數從孝文南征。孝文崩，遺詔以肅爲尚書令，與咸陽王禧等同爲宰輔。尚陳留長公主。宣武時數次參與南征，有功。501年卒。
刁	南人	明元	刁雍，曾祖協，從司馬叡渡江，居於京口，官至尚書令。雍於明元時歸附。太武時鎮濟陰，對抗劉宋。眞君五年（444）爲薄骨律鎮將。至454年還京。
嚴	馮翊臨晉（南人）	明元	嚴稜，原爲劉宋陳留太守。明元時降魏，爲上客。
毛	滎陽陽武（南人）	太武	※毛脩之，父瑾爲東晉梁秦二州刺史。劉裕定關中，以脩之爲司馬留關中，後入赫連夏，太武平夏，入北魏。神䴥（428—431），以脩之領吳兵討柔然，拜吳兵將軍。從太武平平涼。能爲南人飲食，常在太官，主進御膳。從征和龍，阻止朱脩之之亂。遷特進，撫軍大將軍，位次崔浩下。毛法仁（脩之子），隨脩之歸魏，文成時爲殿中尚書。
朱	南人	太武	朱脩之，劉宋將領，爲北魏所擒，太武以其固守，以宗室女妻之，爲雲中鎮將（按當時雲中鎮都大將當爲司馬楚之）。從征和龍，謀率吳兵作亂，不成，亡奔馮文通，回江南。
唐	晉昌冥安（瓜州）	太武	唐和，原爲隴西李暠臣屬，李氏爲沮渠氏所滅，和與兄契攜外甥李寶避難伊吾，太武末歸魏，爲上客，文成時爲酒泉公，出爲濟州刺史。

劉	平原	獻文	劉休賓，劉宋幽州刺史，鎮梁鄒。慕容白曜征青齊，休賓固守，至歷城下始降。白曜送休賓及宿有名望者十餘人，俱入代都爲客（下客），及立平齊郡，以梁鄒民爲懷寧縣，休賓爲縣令。文曄（休賓子），太和中，坐從兄聞慰南叛，與二弟文顥、季友被徙北邊，孝文帝特聽還代。
房	清河繹幕	獻文	房法壽，少好射獵，輕率勇果，結群小爲劫盜。慕容白曜入青齊，法壽襲盤陽以降之。及歷城、梁鄒降，法壽（房）崇吉與崔道固、劉休賓俱至京師，以法壽爲上客、崇吉爲次客，崔劉爲下客。賜爵壯武侯，給予田宅、奴婢。
楊	恆農華陰	建國時期	※楊播，高祖結，仕慕容燕。曾祖珍，道武時歸國爲上客。播母王氏爲文明太后之外姑。故甚得信任。一族皆顯貴。此族後因助孝莊帝殺爾朱榮，爲爾朱氏所滅。楊椿誡子孫曰：汝家仕皇魏以來，高祖以下乃有七郡太守，三十二州刺史。
陸	吳郡（河南洛陽）	太武	陸載，從劉裕平關中，留鎮，入赫連夏，太武平赫連夏，入魏。陸高（載子），冠軍將軍，營州刺史。陸政（高子），其母吳人，好食魚，北土魚少，政求之，常苦難，後宅側忽有泉出，而有魚。從爾朱天光入關，後歸宇文泰。陸通（政子），初隨父入關，失散，東歸隨爾朱榮、爾朱兆，爾朱氏滅，入關隨宇文泰，爲帳內督。沙苑之役，力戰有功。以軍功爲開府儀同三司，賜姓步六孤氏。陸逞（通弟），宇文泰親信，羽林監，時輩皆以饒勇自達，唯逞獨兼文雅。

李	隴西狄道	太武	※李寶，西涼李暠之後，太武時入魏，任鎭西大將軍，沙州牧，敦煌公，鎭敦煌。後入京，歷任要職。※李沖（寶子），爲文明太后寵倖，歷任中書令、南部尚書、尚書僕射等要職，對文明、孝文之改革、遷都，貢獻甚大。※李韶（寶孫），宣武時爲侍中、七兵尚書，孝明時爲殿中尚書、中軍大將軍。
馮	長樂信都	太武	馮朗，北燕王室之後，入魏，坐事誅，女沒入宮，後爲文成帝皇后（即文明太后），故馮氏一族於獻文、孝文兩朝甚爲顯赫。※馮熙（朗子）曾任侍中、中書監、其女爲孝文后。※馮誕，馮脩（皆熙子），曾任侍中，鎭北大將軍等職。
趙	河南洛陽	太武	趙肅，其先世居河西，太武平河西，曾祖武遷平城，賜爵金城侯。祖興，中書博士。後隨孝文南遷。趙肅於孝明帝時曾任殿中侍御史，東西魏爭戰時，肅率宗人助西魏，賜姓乙弗。[5]
樊	代	不詳	樊子鵠，其先蠻酋，被遷於代，父興，平城鎭長史，歸義侯。子鵠值北鎭擾亂，南至并州，爾朱榮引爲都督府倉曹參軍。孝莊時，徵授都官尚書，西荆州大中正。爲魏末名將。

5 趙肅的例子是另一種個案，他的祖先世居河西，太武平河西，曾祖趙武歸魏，賜爵金城侯，大概是遷到平城。祖趙興，中書博士。父趙申侯，舉秀才，爲軍府主簿，孝文遷都，他們也隨之南下，所以趙肅傳說是：「河南洛陽人」。更有意思的是，他逐漸成爲洛陽一帶的豪族，東西魏交戰時，他助西魏，大統三年，獨孤信東征，趙肅率宗人爲鄉導，監督糧儲，軍用不匱，太祖（宇文泰）聞之，曰：「趙肅可謂洛陽主人也」。（頁663，類似司馬裔的例子）可見當時遷移的多半是大族，而這些大族也都整族移動。詳見《周書》卷37，司馬裔的例子參見《周書》卷36。

表 二:領 民 酋 長 表

領民酋長	籍 貫	附魏時間	重 要 人 物 簡 歷
獨孤(劉)	中山	建國時期	劉亮,祖祐連,魏蔚州刺史,父特眞,鎭遠將軍、領民酋長。亮初從賀拔岳入關,岳死,與諸將迎宇文泰,宇文泰置十二軍,亮爲十二大將軍之一,賜姓侯莫陳氏。卒於大統十三年(547),年40歲。
獨孤(劉)	弘農胡城	建國時期	劉玉,弘農胡城(河南陜縣)領酋。曾祖初万頭助道武建國,依地置官爲何渾地汗。
獨孤	雲中	建國時期	獨孤信,魏氏之初,有三十六部,其先伏留屯者,爲部落大人,與魏俱起。祖俟尼,文成和平中,以良家子自雲中鎭武川,因家焉,父庫者,爲領民酋長,少雄豪,北州咸敬服之。信善騎射,正光末,與賀拔度拔等同斬衛可孤。北邊喪亂,避地中山,爲葛榮所獲,及爾朱榮破葛榮,以信爲別將。後隨孝武入關,信與宇文泰少甚相知,遂蒙重用。後爲柱國大將軍。其長女爲周明帝后,第四女爲元貞皇后(?),第七女爲隋文帝后。
拓王(王)	代	建國時期	王懷,不知何許人。少好弓馬,北邊喪亂,初從韓樓,531年叛樓歸魏,拜第一領民酋長。後率其部人三千餘家隨高歡。

烏丸(王)	太安狄那（朔州）	建國前	王紘，爲小部酋帥，父基，頗讀書，有智略，初從葛榮，後隨爾朱榮，率衆鎮磨川。後隨高歡。紘善騎射，愛文學。年十五，隨父在北豫州，行台侯景與人論掩衣法爲當左，爲當右。尚書敬顯儁曰：孔子云「微管仲，吾其披髪左衽矣。」以此言之，右衽爲是。紘進曰：國家龍飛朔野，雄步中原，五帝異儀，三王殊制，掩衣左右，何足是非。
叱李、叱伏列	代、西部人		叱列延慶，世爲酋帥，曾祖鍮石，太武時曾從駕至瓜步，賜爵臨江伯。延慶少便弓馬，正光末，除直後，隸大都督李崇北伐。後隨爾朱榮入洛，爲爾朱世隆姊婿，榮親遇之。擒葛榮，除……西部第一領民酋長。叱利平（延慶兄子），襲第一領民酋長，臨江伯。
叱李、叱伏列	代郡	建國時期	叱伏列龜，世爲部落大人，魏初入附，世爲第一領民酋長。龜嗣父業，爲領民酋長。正光五年，從廣陽王元淵北征，又從長孫稚西征，後爲高歡將，沙苑之敗入宇文泰。
乞伏	馬邑鮮卑	太武	乞伏慧，祖周，父纂，並爲第一領民酋長。慧便弓馬，好鷹犬，齊文襄時爲宜民郡王，齊滅，入北周。乞伏貴和（慧兄）。並以帳內從高歡起兵。

破六韓，步六汗	太安狄那（朔州）	明元	步大汗薩，曾祖榮，仕魏歷金門、化正二郡太守，父居，領民別將。正光末，六鎮反亂，薩將家避難南下，奔爾朱榮。後降高歡，爲第三領民酋長。[1]
破六韓，步六汗	附化（朔州）	明元	破六韓常，匈奴單于之裔。世領部落，其父孔雀，世襲酋長，少驍勇，時宗人拔陵爲亂，以孔雀爲大都督、司徒、平南王。孔雀率部下一萬人降於爾朱榮，爲第一領民酋長。常，善騎射，與万俟受洛干歸高歡。
破六韓，步六汗	沃野鎭	明元	破六韓拔陵，破六韓常宗人，魏末起兵。
侯莫陳	武川鎭	建國時期	侯莫陳崇，其先，魏之別部，世爲渠帥。祖允，以良家子鎭武川，因家焉。父興，殿中將軍、羽林監。崇善騎射，年十五，隨賀拔岳與爾朱榮。後隨宇文泰。爲柱國大將軍。侯莫陳順（崇兄），從魏孝武入關。
侯莫陳	代	建國時期	侯莫陳相，祖伏頹，魏第一領民酋長，父斛古提，朔州刺史，相，性雄傑，從高歡起兵。

1 步大汗薩是否爲領民酋長，史未明言。傳中雖說他的曾祖於魏時曾出任金門、化正二郡太守，極不可靠（《魏書・地形志》中的「金門郡」皆置於西元530以後）。他的父親曾任領民別將，別將爲北魏鎭府軍職之一，然而並沒有「領民別將」一職，爾朱榮於魏末曾率所部從李崇北伐，亦帶有別將一銜，不知是否凡以領民酋長身分帶別將者，即稱之爲「領民別將」。由於史料不足，此一問題尚無法解決。步大汗薩歸附高歡後，雖受封爲「第三領民酋長」，然而當時領民酋長一職已爲虛銜，並不一定要有部落，故不能引以爲據。

厙狄	善無	建國時期	厙狄干，曾祖越豆眷，道武時以功割善無之西臘汙山地方百里以處之，後率部落北遷，因家朔方。魏正光初，厙狄干除掃逆黨，授將軍，宿衛於內。以家在寒鄉，不宜毒暑，冬得入京師，夏歸鄉里。孝昌元年，北邊擾亂，奔雲中，刺史費穆送于爾朱榮，以軍主隨榮入洛，後從高歡起兵。尚高歡妹。
万俟	太平（朔州）	不詳	万俟普，其先匈奴之別種。正光中，破六韓拔陵構逆，授普太尉。普率部下降魏，授第二領民酋長。高歡平夏州，普乃率其部落來奔。万俟受洛干（普子），騎射過人，先隨爾朱榮，後隨高歡。
斛律	朔州敕勒	建國時期	斛律金，高祖倍侯利，以壯勇有名塞表，道武時率戶內附，賜爵孟都公，祖幡地斤，殿中尚書，父大那瓌，第一領民酋長。金善騎射，行兵用匈奴法，望塵識馬步多少，嗅地知軍度遠近，初為軍主，與懷朔鎮將楊鈞送柔然主阿那瓌還北。正光末，破六韓拔陵構逆，金擁衆屬焉，後統所部萬戶詣雲州請降，授第二領民酋長。為杜洛周所破，脫身歸爾朱榮。後從高歡。斛律平（金兄），魏景明中，釋褐殿中將軍，遷襄威將軍，六鎮起，隸大將軍尉賓北討。後奔其弟。
斛律	太安(懷朔鎮)	建國時期	斛律羌舉，世為部落酋長，父謹，魏龍驤將軍，武川鎮將。羌舉少驍果，永安中從爾朱兆入洛，兆滅歸高歡。

爾朱	北秀容	建國時期	※爾朱榮，其先常領部落，世爲酋帥。高祖羽健，登國初爲領民酋長，率契胡武士千七百人從道武平中山。詔割秀容川方三百里封之，爲世業。道武初以南秀容川原沃衍，欲令居之，羽健曰：「臣家世奉國，給侍左右，北秀容既在剗內，差近京師，豈以沃堉更遷遠地。」祖代勤，太武敬哀皇后之舅。文成時除肆州刺史。父新興，太和中繼爲酋長。家世豪擅，牛羊駝馬，色別爲群，谷量而已。朝廷每有征討，輒獻私馬，兼備資糧，助裨軍用。及遷洛，特聽冬朝京師，夏歸部落。每入朝，諸王公朝貴競以珍玩遺之，新興亦報以名馬。轉散騎常侍，平北將軍，秀容第一領民酋長。榮於孝明帝時襲爵，除直寢。正光中，四方兵起，遂散畜牧，招合義勇。柔然寇邊，詔假榮節，隸都督李崇北伐，榮率其新部四千人追擊，度磧。孝明崩，率兵入洛陽，遂掌朝政。後爲孝莊帝所殺。爾朱彥伯（榮從弟），祖侯真，孝文時并安二州刺史，始昌侯。父買珍，宣武時武衛將軍，出爲華州刺史。爾朱世隆（彥伯弟），孝明末爲直齋，轉直寢，後兼直閣，加前將軍。爾朱榮表請入朝，靈太后惡之，令世隆詣晉陽慰喻榮。榮乃遣之回京，榮舉兵南出，世隆遂遁走，會榮於上黨。
乙速孤	北秀容	不詳	乙速孤佛保，領酋，少驍武，善射。孝武帝時爲直閣將軍，從入關。大統初陣亡。

表三：公主婚姻表

姓氏	身分	公主	出處
婁氏（婁悅之子）	代人	華陽公主	魏書19：3
穆眞	代人	長城公主	魏書27
穆泰	代人	章武長公主	魏書27
穆伯智	代人	饒陽公主	魏書27
穆觀	代人	宜陽公主	魏書27
穆壽	代人	樂陵公主	魏書27
穆平國	代人	城陽長公主	魏書27
穆伏干	代人	濟北公主	魏書27
穆羆	代人	新平長公主	魏書27
穆亮	代人	中山長公主	魏書27
穆紹	代人	琅邪長公主	魏書27
穆正國	代人	長樂公主	魏書27
穆平城	代人	始平公主	魏書27
宿石	客	上谷公主	魏書30
閭大肥	客	華陰公主 濩澤公主	魏書30
萬振	代人	高陽長公主	魏書34
萬安國	代人	河南公主	魏書34
嵇根	代人	什翼犍女（道武時）	魏書34
嵇拔	代人	華陰公主	魏書34
司馬彌陀	客	臨涇公主	魏書37
司馬楚之	客	河內公主	魏書37
司馬朏	客	華陽公主	魏書37
司馬躍	客	趙郡公主	魏書37
刁宣	客	饒安公主	魏書38
陸昕之	代人	常山公主	魏書40
薛初古拔	不詳	西河長公主	魏書42
乙瓌	代人	上谷公主	魏書44

乙乾歸	代人	安樂公主	魏書44
乙瑗	代人	淮陽公主	魏書44
裴詢	中原士族	太原長公主	魏書45
盧道虔	中原士族	濟南長公主 （孝文女）	魏書47
盧道裕	中原士族	樂浪長公主 （孝文女）	魏書47
盧元聿	中原士族	義陽長公主 （孝文女）	魏書47
李安世	中原士族	滄水公主	魏書53
劉昶	客	武邑公主 建興公主 平陽長公主	魏書59
劉承緒	客	彭城長公主	魏書59
劉輝	客	蘭陵長公主	魏書59
蕭寶夤	客	南陽長公主	魏書59
蕭烈	客	建德公主	魏書59
蕭贊	客	壽陽長公主	魏書59
王肅	客	陳留公主 （本劉承緒妻彭城公主）	魏書63
爾朱榮	領酋	北鄉郡長公主	魏書74
高肇	外戚	平陽公主	魏書82
姚黃眉	外戚	陽翟公主	魏書83：1
杜超	外戚	南安長公主	魏書83：1
馮熙	外戚	博陵長公主	魏書83：1
馮誕	外戚	樂安長公主	魏書83：1
馮穆	外戚	順陽長公主	魏書83：1
李蓋	不詳	武威長公主	魏書83：1
高肇	外戚	高平公主	魏書83：2
高猛	外戚	長樂公主	魏書83：2
胡祥	外戚	長安縣公主	魏書83：2
李彧	客	豐亭公主	魏書83：2
崔瓚	中原士族	襄城長公主	魏書89
赫連昌	客	始平公主	魏書95
沮渠牧犍	北涼君主	武威公主	魏書99
楊保宗	客	□□公主	魏書101
郁久閭吳提	柔然可汗	西海公主	魏書103

表四：將相大臣年表[1]

姓氏	身分	任職時間	在位
拓跋遵	代人（王室）	道武（396）	12年（407年賜死）
拓跋儀	代人（王室）	道武（396）	14年（409年賜死）
屈遵	代人（客）	道武（396）	3年（398年卒）
燕鳳	代人（客）	道武（396）	
張袞	代人（客）	道武（396）	
崔宏	中原士族	道武（396）	23年（418年卒）
長孫肥	代人	道武（396）	
崔逞	中原士族	道武（397）	
封懿	中原士族	道武（397）	
穆崇	代人	道武（398）	9年（406年卒）
長孫嵩	代人	道武（398）	40年（437年卒）
叔孫建	代人	道武（398）	40年（437年卒）
赫連文陳	代人（客）	道武（399）	12年（410年卒）
庾岳	代人	道武（402）	6年（407年賜死）
拓跋順	代人（王室）	道武（402）	
拓跋嗣	代人（王室）	道武（403）	7年（409年即帝位）
拓跋紹	代人（王室）	道武（403）	7年（409年被殺）
奚斤	代人	明元（409）	40年（448年卒）
安同	代人（客）	明元（409）	
苟孤	代人	明元（409）	
叔孫俊	代人	明元（409）	8年（416年卒）
穆觀	代人	明元（409）	15年（423年卒）

1 本表主要根據萬斯同，〈魏將相大臣年表〉編製。由於殿中尚書一職典掌禁軍，甚爲重要，故根據嚴耕望考訂（〈北魏尚書制度考〉），將曾任殿中尚書者列入（已見於萬表者則不再列）。本表起自道武帝皇始元年（396），止於孝明帝孝昌三年（527），蓋527年之後，大權已入權臣（爾朱榮、高歡等）之手，號令非自中出，官吏之任用亦然。

拓跋屈	代人(王室)	明元(409)	
王洛兒	代人	明元(409)	5年(413年卒)
車路頭	代人	明元(409)	13年(421年卒)
赫連若豆根	代人(客)	明元(410)	
嵇拔	代人	明元(411)	
拓拔燾	代人(王室)	明元(422)	1年(423年即帝位)
嵇敬	代人	明元(422)	
崔浩	中原士族	明元(422)	29年(450年誅)
丘堆	代人	明元(422)	
拓跋丕	代人(王室)	明元(422)	23年(444年卒)
拓跋彌	代人(王室)	明元(422)	3年(424年卒)
拓跋範	代人(王室)	明元(422)	26年(447年卒)
拓跋健	代人(王室)	明元(422)	20年(441年卒)
拓跋崇	代人(王室)	明元(422)	32年(453年伏誅)
拓跋俊	代人(王室)	明元(422)	20年(441年賜死)
劉潔	代人(客)	太武(423)	22年(444年族誅)
羅結	代人	太武(423)	4年(426年歸老)
盧魯元	代人(客)	太武(423)	20年(442年卒)
娥清	代人(王室)	太武(423)	
古弼	代人	太武(424)	29年(452年爲文成所誅)
長孫翰	代人	太武(425)	6年(430年卒)
張黎	代人(客)	太武(426)	27年(452年爲文成所誅)
拓跋素	代人(王室)	太武(427)	
谷渾	代人(客)	太武(427)	7年(433年卒)
安原	代人(客)	太武(428)	8年(435年被殺)
屈垣	代人(客)	太武(428)	16年(443年卒)
樓伏連	代人	太武(429)	21年(449年卒)
杜超	代人(外戚)	太武(430)	15年(444年卒)

長孫道生	代人	太武（430）	22年（451年卒）
司馬楚之	代人（客）	太武（430）	35年（464年卒）
拓跋太毘	代人（王室）	太武（430）	
來大千	代人	太武（430）	16年（445年卒）
羅斤	代人	太武（431）	
毛修之	代人（客）	太武（432）	
拓跋纂	代人（王室）	太武（434）	4年（437年卒）
穆壽	代人	太武（435）	13年（447年卒）
長孫頽	代人	太武（437）	
拓跋提	代人（王室）	太武（438）	
莫雲	代人（客）	太武（439）	
仇洛齊	代人（寵倖）	太武（439）	
李蓋	代人（外戚）	太武（440）	
伊馛	代人	太武（440）	20年（459年卒）
拓跋伏羅	代人（王室）	太武（442）	6年（447年卒）
拓跋翰	代人（王室）	太武（442）	13年（452年爲宗愛所殺）
李寶	代人（客）	太武（442）	
司馬文思	代人（客）	太武（442）	
拓跋譚	代人（王室）	太武（442）	13年（452年卒）
皮豹子	不詳	太武（443）	
拓跋他	代人（王室）	太武（444）	45年（488年卒）
杜鳳皇	代人（外戚）	太武（444）	
萬眞	代人	太武（445）	
拓跋那	代人（王室）	太武（445）	
屈道賜	代人（客）	太武（445）	1年（446年卒）
段霸	代人（寵倖）	太武（445）	
拓跋羯兒	代人（王室）	太武（447）	5年（451年賜死）
拓跋良	代人（王室）	太武（448）	

拓跋拔	代人(王室)	太武(449)	7年(455年賜死)
穆平國	代人	太武(449)	3年(451年卒)
拓跋仁	代人(王室)	太武(450)	4年(453年伏誅)
蘭延	代人	太武(450)	452年爲宗愛所殺
韓茂	代人	太武(451)	6年(456年卒)
薛提	不詳	太武(451)	452年爲宗愛所殺
和匹	代人	太武(451)	452年爲宗愛所殺
穆顗[2]	代人	太武	
豆代田	代人	太武	
竇瑾	代人	太武	
拓跋處眞	代人(王室)	太武	
乙拔	代人	太武	
長孫眞	代人	太武	
尉長壽	代人	太武	
長孫渴侯	代人	太武	452年爲文成所殺
源賀	代人(客)	太武	(474年)免
宗愛	代人(寵倖)	文成(452)	同年誅
拓跋壽樂	代人(王室)	文成(452)	同年誅
周忸	代人	文成(452)	同年誅
陸麗	代人	文成(452)	14年(465年爲乙渾所殺)
兒烏干	代人	文成(452)	
杜元寶	代人(外戚)	文成(452)	1年(453年伏誅)
車伊洛	代人(客)	文成(452)	7年(453年卒)
陸俟	代人	文成(452)	7年(458年卒)
拓跋目辰	代人(王室)	文成(452)	
劉尼	代人	文成(452)	19年(470年免)
于洛拔	代人	文成(452)	7年(458年卒)

2 穆顗以下至源賀於太武帝時曾出任殿中尚書,伊馛亦曾於太武時任此職。

拓跋道符	代人（王室）	文成（453）	15年（467年伏誅）
常英	代人（外戚）	文成（453）	
常喜	代人（外戚）	文成（453）	
和其奴	代人	文成（453）	17年（469年卒）
乙渾	代人	文成（455）	12年（466年伏誅）
閭毗	代人（外戚）	文成（456）	6年（461年卒）
閭紇	代人（外戚）	文成（456）	7年（462年卒）
尉眷	代人	文成（457）	7年（463年卒）
拓跋新成	代人（王室）	文成（457）	
高允	中原士族	文成（457）	31年（487年卒）
拓跋子堆	代人（王室）	文成（459）	
拓跋石	代人（王室）	文成（459）	
拓跋天賜	代人（王室）	文成（461）	
拓跋小新成	代人（王室）	文成（461）	
拓跋萬壽	代人（王室）	文成（461）	1年（462年卒）
李敷	中原士族	文成（463）	8年（470年伏誅）
乙乾歸	代人	文成（463）	
拓跋雲	代人（王室）	文成（464）	18年（481年卒）
許宗之[3]	中原士族	文成	
毛法仁	代人（客）	文成	
劉尼	代人	文成	
穆安國	代人	文成	
拓跋郁	代人（王室）	文成	
呂羅漢	代人（客）	文成	
陸叡	代人	獻文（465）	32年（496年賜死）
李惠	代人（外戚）	獻文（465）	12年（476年伏誅）
馮熙	代人（外戚）	獻文（465）	31年（495年卒）

3 許宗之以下至呂羅漢於文成帝時曾任殿中尚書。

叔孫鄰	代人	獻文(465)	
慕容白曜	代人(客)	獻文(465)	6年(470年伏誅)
拓跋丕	代人(王室)	獻文(465)	32年(476年廢)
劉昶	代人(客)	獻文(465)	33年(497年卒)
薛安都	代人(客)	獻文(466)	4年(469年卒)
尉元	代人	獻文(466)	27年(492年歸老)
拓跋孔雀	代人(王室)	獻文(466)	
陸定國	代人	獻文(466)	11年(476年免)
陸儁	代人	獻文(466)	
李峻	代人(外戚)	獻文(467)	3年(469年卒)
拓跋楨	代人(王室)	獻文(468)	22年(489年廢)
拓跋長壽	代人(王室)	獻文(468)	8年(475年卒)
拓跋休	代人(王室)	獻文(468)	27年(494年卒)
拓跋長樂	代人(王室)	獻文(470)	
長孫觀	代人	獻文(470)	
趙黑	代人(寵倖)	獻文(470)	(42年卒)
羅拔	代人	獻文	
陸馛	代人	孝文(471)	4年(474年卒)
穆亮	代人	孝文(471)	32年(502年卒)
萬安國	代人	孝文(472)	5年(476年伏誅)
拓跋彬	代人(王室)	孝文(472)	18年(489年廢)
薛初古拔	其他	孝文(472)	13年(484年卒)
陳建	代人	孝文(472)	14年(485年卒)
王琚	代人(寵倖)	孝文(474)	
李訢	中原士族	孝文(476)	1年(477年伏誅)
高閭	中原士族	孝文(476)	
王叡	代人(寵倖)	孝文(476)	6年(481年卒)
拓跋忠	代人(王室)	孝文(476)	5年(480年卒)

張祐	代人（寵倖）	孝文（476）	
苟頹	代人	孝文（477）	13年（489年卒）
拓跋思譽	代人（王室）	孝文（478）	19年（496年削爵）
拓跋澄	代人（王室）	孝文（481）	39年（519年卒）
王襲	代人（寵倖）	孝文（481）	
馮誕	代人（外戚）	孝文（481）	15年（495年卒）
馮修	代人（外戚）	孝文（481）	14年（494年免）
拓跋猛	代人（王室）	孝文（481）	
拓跋禧	代人（王室）	孝文（485）	17年（501年誅）
拓跋幹	代人（王室）	孝文（485）	14年（498年免）
拓跋羽	代人（王室）	孝文（485）	17年（501年卒）
拓跋雍	代人（王室）	孝文（485）	
拓跋勰	代人（王室）	孝文（485）	24年（508年誅）
拓跋詳	代人（王室）	孝文（485）	19年（503年卒）
鄭羲	中原士族	孝文（485）	
拓跋平原	代人（王室）	孝文（486）	
李沖	代人（客）	孝文（486）	13年（498年卒）
樓毅	代人	孝文（487）	
源懷	代人（客）	孝文（487）	20年（506年卒）
抱嶷	代人（寵倖）	孝文（488）	
苻承祖	代人（寵倖）	孝文（489）	
拓跋頤	代人（王室）	孝文（490）	
拓跋鸞	代人（王室）	孝文（491）	
拓跋簡	代人（王室）	孝文（491）	9年（499年卒）
拓跋贊	代人（王室）	孝文（492）	
斛律恆	不詳	孝文（492）	
拓跋繼	代人（王室）	孝文（493）	33年（525年免）
穆泰	代人	孝文（495）	1年（496年賜死）

穆羆	代人	孝文(496)	1年(497年廢)
崔光	中原士族	孝文(496)	28年(523年卒)
于烈	代人	孝文(496)	7年(501年卒)
張彝	中原士族	孝文(497)	23年(519年卒)
拓跋嘉	代人(王室)	孝文(498)	14年(511年卒)
劉芳	中原士族	孝文(498)	
王肅	代人(客)	孝文(499)	
郭祚	中原士族	孝文(499)	17年(515年被殺)
李韶	代人(客)	孝文(499)	
拓跋懌	代人(王室)	孝文(499)	22年(520年被殺)
拓跋嵩	代人(王室)	孝文(499)	
拓跋愉	代人(王室)	孝文(499)	
胡莫寒[4]	代人	孝文	
張白澤	代人(客)	孝文	
苟壽樂	代人	孝文	
尉羽	代人	孝文	
楊播	代人(客)	宣武(500)	
甄琛	中原士族	宣武(501)	24年(524年卒)
高肇	代人(外戚)	宣武(501)	15年(515年誅)
高猛	代人(外戚)	宣武(502)	
高顯	代人(外戚)	宣武(502)	
于勁	代人(外戚)	宣武(502)	
拓跋暉	代人(王室)	宣武(502)	17年(518年卒)
穆紹	代人	宣武(503)	
高聰	中原士族	宣武(504)	
拓跋懷	代人(王室)	宣武(504)	14年(517年卒)
盧昶	中原士族	宣武(505)	

4 胡莫寒以下至尉羽於孝文帝時曾任殿中尚書。

李崇	代人（外戚）	宣武（506）	20年（525年卒）
拓跋詮	代人（王室）	宣武（508）	5年（512年卒）
拓跋英	代人（王室）	宣武（509）	1年（510年卒）
李平	代人（外戚）	宣武（512）	6年（517年卒）
于忠	代人	宣武（512）	7年（518年卒）
拓跋遙	代人（王室）	宣武（514）	
邢巒[5]	中原士族	宣武	
胡國珍	代人（外戚）	孝明（515）	4年（518年卒）
游肇	中原士族	孝明（515）	6年（520年卒）
劉騰	代人（寵倖）	孝明（515）	8年（522年卒）
侯剛	代人（寵倖）	孝明（515）	
拓跋悅	代人（王室）	孝明（517）	
拓跋欽	代人（王室）	孝明（517）	
拓跋叉	代人（王室）	孝明（517）	9年（525年誅）
皇甫度	中原士族	孝明（519）	
拓跋彧	代人（王室）	孝明（519）	
奚康生	代人	孝明（520）	1年（521年被殺）
皇甫集	中原士族	孝明（520）	
崔亮	中原士族	孝明（520）	1年（521年卒）
裴粲	中原士族	孝明（520）	
拓跋延明	代人（王室）	孝明（520）	
蕭寶夤	代人（客）	孝明（521）	
王温	代人（寵倖）	孝明（522）	
谷纂	代人（客）	孝明（524）	
袁翻	中原士族	孝明（524）	
成軌	代人（寵倖）	孝明（524）	
蕭綜	代人（客）	孝明（525）	

5　宣武時殿中尚書。

拓跋徽	代人(王室)	孝明(525)	
拓跋麗	代人(王室)	孝明(525)	1年(526年卒)
胡祥	代人(外戚)	孝明(525)	
拓跋順	代人(王室)	孝明(525)	
楊範	代人(寵倖)	孝明(525)	1年(526年卒)
徐紇	代人(寵倖)	孝明(525)	
封津	代人(寵倖)	孝明(525)	
拓跋略	代人(王室)	孝明(526)	
長孫稚	代人	孝明(526)	
拓跋淵	代人(王室)	孝明(526)	
楊椿	代人(客)	孝明(526)	
拓跋芝	代人(王室)	孝明(526)	
王瓊	中原士族	孝明(526)	
裴延儁	中原士族	孝明(526)	
拓跋子攸	代人(王室)	孝明(526)	
拓跋宴	代人(王室)	孝明(526)	
爾朱榮	領酋	孝明(527)	
拓跋顥	代人(王室)	孝明(527)	
鄭儼	代人(寵倖)	孝明(527)	
封回[6]	中原士族	孝明	

6 孝明時任殿中尚書。

表五：地万長官表[1)]

并州(396～527)

	姓名	身分	時期		姓名	身分	時期
1	拓跋素延	代人（王室）	道武	2	奚牧	代人	道武
3	叔孫建	代人	道武	4	拓跋六頭	代人（王室）	明元
5	拓跋屈	代人（王室）	明元	6	樓伏連	代人	明元
7	苟孤	代人	明元	8	丘堆	代人	明元
9	伊樓拔	代人	明元	10	拓跋崇	代人（王室）	太武
11	娥清	代人（王室）	太武	12	趙蔚(2)	代人	太武
13	尉力斤	代人（尉古眞子）	太武	14	劉殊輝	代人（外戚）	太武
15	李寶	代人（客）	太武	16	乞伏成龍	代人	文成
17	王憲	中原士族（王猛之後）	文成	18	薛野䐗	代人	文成
19	孫小	代人（寵倖）	文成～孝文	20	拓跋陵	代人（王室）	
21	綦辰	代人	孝文	22	王襲	代人（寵倖，王叡子）	孝文（490）

1 本表主要根據吳廷燮〈元魏方鎭年表〉編製。比起〈將相大臣年表〉，本表資料更爲缺乏，疏漏之處遠過前表，這點吳廷燮自己也已說過。雖然如此，從中仍可觀察出整個大致趨勢究竟如何。北魏的版圖前後變動甚大，爲了顧及統計數字（比率）的精確，本表只列舉前期（道武至太武）已納入版圖且較詳細的各州（共14州），不過，由於截至此時爲止，北魏控制的領土大多偏在黃河以北，「代人」占了大多數地方長官之職似乎也是理所當然之事，因此，另外列出490年以後，青、徐兩地刺史表，與恆州（即平城所在地）作一比較。

2 《周書·趙剛傳》（卷33）提到「曾祖蔚，魏并州刺史」（頁572），吳廷燮列於太武一朝，本表從之。趙剛是「河南洛陽人」，應當是孝文帝時的「代遷戶」，故定其身分爲「代人」。趙剛傳中所言當然也有誇張的可能，此處姑且置之不論。

<table>
<tr><td>23</td><td>于杲</td><td>代人</td><td>孝文</td><td>24</td><td>拓跋丕</td><td>代人(王室)</td><td>孝文</td></tr>
<tr><td>25</td><td>拓跋鸞</td><td>代人(王室)</td><td>孝文</td><td>26</td><td>李韶</td><td>代人(客,李寶子孫)</td><td>宣武</td></tr>
<tr><td>27</td><td>席法友</td><td>代人(客)</td><td>宣武</td><td>28</td><td>王仲興</td><td>代人(寵倖)</td><td>宣武</td></tr>
<tr><td>29</td><td>高聰</td><td>中原士族</td><td>宣武</td><td>30</td><td>秦松</td><td>代人(寵倖)</td><td>宣武</td></tr>
<tr><td>31</td><td>拓跋元融</td><td>代人(王室)</td><td>宣武</td><td>32</td><td>穆鑶</td><td>代人(穆醜善子孫)</td><td>宣武</td></tr>
<tr><td>33</td><td>崔延伯</td><td>代人(客)</td><td>孝明</td><td>34</td><td>拓跋徽</td><td>代人(王室)</td><td>孝明</td></tr>
<tr><td>35</td><td>高綽</td><td>中原士族</td><td>孝明</td><td>36</td><td>楊津</td><td>代人(客,楊播族人)</td><td>孝明</td></tr>
<tr><td>37</td><td>范紹</td><td>中原士族</td><td>孝明</td><td>38</td><td>魏承祖</td><td>代人(客)</td><td>孝明</td></tr>
</table>

<table>
<tr><th colspan="8">并　　　　州</th></tr>
<tr><th>時間</th><th>總數</th><th>身分</th><th>人數</th><th>比率</th><th>身分</th><th>人數</th><th>比率</th></tr>
<tr><td rowspan="4">396
~
527</td><td rowspan="4">38</td><td rowspan="2">代人</td><td rowspan="2">34</td><td rowspan="2">89%</td><td>代人貴族</td><td>19</td><td>50%</td></tr>
<tr><td>王室附庸</td><td>15</td><td>39%</td></tr>
<tr><td>中原士族</td><td colspan="3"></td><td>4</td><td>11%</td></tr>
<tr><td>其他</td><td colspan="3"></td><td>0</td><td>0%</td></tr>
<tr><td rowspan="4">396
~
490</td><td rowspan="4">21</td><td rowspan="2">代人</td><td rowspan="2">20</td><td rowspan="2">95%</td><td>代人貴族</td><td>11</td><td>52%</td></tr>
<tr><td>王室附庸</td><td>9</td><td>43%</td></tr>
<tr><td>中原士族</td><td colspan="3"></td><td>1</td><td>5%</td></tr>
<tr><td>其他</td><td colspan="3"></td><td>0</td><td>0%</td></tr>
<tr><td rowspan="4">490
~
527</td><td rowspan="4">17</td><td rowspan="2">代人</td><td rowspan="2">14</td><td rowspan="2">82%</td><td>代人貴族</td><td>2</td><td>12%</td></tr>
<tr><td>王室附庸</td><td>12</td><td>70%</td></tr>
<tr><td>中原士族</td><td colspan="3"></td><td>3</td><td>18%</td></tr>
<tr><td>其他</td><td colspan="3"></td><td>0</td><td>0%</td></tr>
</table>

幽州（396～527）

	姓名	身分	時期		姓名	身分	時期
1	封豆	代人	道武	2	拓跋素延	代人	宣武
3	張袞	代人（客）	道武	4	封沓干	代人	道武
5	奚斤	代人	道武	6	尉諾	代人	明元～太武
7	張昭	中原士族	太武	8	李崇	中原士族	太武
9	陳建	代人	文成	10	孔昭	代人（外戚，孔伯恭父）	文成
11	常訢	代人（外戚）	文成～獻文	12	胡泥	代人	孝文
13	張赦提	中原士族	孝文	14	拓跋篤	代人（王室）	孝文
15	劇買奴	代人（寵倖）	孝文（490）	16	高閭	中原士族	孝文
17	李肅	中原士族	孝文	18	韋欣宗	中原士族	宣武
19	王秉	代人（客，王肅之弟）	宣武	20	高雙	其他（高道悅族人）	宣武
21	穆鑴	代人	宣武	22	崔延伯	代人（客）	宣武
23	李宣茂	中原士族	宣武	24	拓跋景略	代人（王室）	宣武
25	趙邕	代人（寵倖）	孝明	26	崔休	中原士族	孝明
27	裴延儁	中原士族	孝明	28	王誦	代人（客，王肅姪）	孝明
29	盧同	中原士族	孝明	30	常景	中原士族	孝明
31	王延年	不詳	孝明				

幽					州		
時間	總數	身分	人數	比率	身分	人數	比率
396～527	31	代人	18	58%	代人貴族	8	26%
					王室附庸	10	32%
		中原士族				11	35%
		其他				2	6%
396～490	14	代人	11	79%	代人貴族	7	50%
					王室附庸	4	29%
		中原士族				3	21%
		其他				0	0%
490～527	17	代人	7	41%	代人貴族	1	6%
					王室附庸	4	29%
		中原士族				8	47%
		其他				2	12%

冀　州(396～527)

	姓名	身分	時期		姓名	身分	時期
1	長孫嵩	代人	道武	2	王輔	不詳	道武
3	王建	代人	道武	4	拓跋遵	代人(王室)	道武
5	長孫道生	代人	明元	6	奚和觀	代人	明元
7	閭大肥	代人(客)	太武	8	安同	代人(客)	太武
9	陸俟	代人	太武	10	崔賾	中原士族	太武
11	穆泥乾	代人	太武	12	仇洛齊	代人(寵倖)	太武
13	薛提	其他	太武	14	沮渠萬年	代人(客)	太武
15	竇瑾	代人	文成	16	閭染	代人(外戚)	文成
17	源賀	代人(客)	文成	18	韓均	代人	獻文
19	拓跋雲	代人(王室)	孝文	20	王琚	代人(寵倖)	孝文

21	趙黑	代人（寵倖）	孝文	22	孫小	代人（寵倖）	孝文
23	張宗之	代人（寵倖）	孝文	24	拓跋禧	代人（王室）	孝文（490）
25	拓跋幹	代人（王室）	孝文	26	拓跋肱	代人（王室）	孝文
27	穆亮	代人（王室）	宣武	28	拓跋雍	代人（王室）	宣武
29	于勁	代人	宣武	30	拓跋愉	代人（王室）	宣武
31	拓跋麗	代人（王室）	宣武	32	拓跋暉	代人（王室）	宣武
33	拓跋遙	代人（王室）	宣武	34	蕭寶夤	代人（客）	宣武
35	于忠	代人	孝明	36	李韶	代人（客）	孝明
37	封回	中原士族	孝明	38	侯剛	代人（寵倖）	孝明
39	拓跋孚	代人（王室）	孝明	40	源子邕	代人（客，源賀子孫）	孝明

冀州							
時間	總數	身分	人數	比率	身分	人數	比率
397～527	40	代人	36	90%	代人貴族	10	25%
					王室附庸	26	65%
		中原士族				2	5%
		其他				2	5%
397～490	23	代人	20	87%	代人貴族	8	35%
					王室附庸	12	52%
		中原士族				1	4%
		其他				2	9%
490～527	17	代人	16	94%	代人貴族	2	12%
					王室附庸	14	82%
		中原士族				1	6%
		其他				0	0%

定　州(399～527)

	姓　名	身　分	時　期		姓　名	身　分	時　期
1	劉羅辰	代人 (外戚)	道武	2	拓跋磨渾	代人 (王室)	明元
3	尉古眞	代人	明元	4	拓拔纂	代人 (王室)	太武
5	獨孤稽	代人	太武	6	拓跋勿期	代人 (王室)	太武
7	毛天愛	不詳 (毛遐曾祖)	太武	8	乞文	代人 (乞袁氏)	太武
9	段霸	代人 (寵倖)	太武	10	沮渠萬年	代人 (客)	太武
11	劉尼	代任	文成	12	許宗之	中原士族	文成
13	乙瓌	代人	文成	14	馮熙	代人 (外戚)	文成
15	和其奴	代人	文成	16	韓均	代人	獻文
17	拓跋長樂	代人 (王室)	孝文	18	趙黑	代人 (寵倖)	孝文
19	陸儁	代人	孝文	20	胡泥	代人	孝文
21	樓毅	代人	孝文 (490)	22	穆泰	代人	孝文
23	陸叡	代人	孝文	24	拓跋贖	代人 (王室)	宣武
25	拓跋緦	代人 (王室)	孝文	26	穆亮	代人	宣武
27	拓跋鸞	代人 (王室)	宣武	28	拓跋澄	代人 (王室)	宣武
29	拓跋詮	代人 (王室)	宣武	30	于勁	代人	宣武

31	拓跋琛	代人（王室）	宣武	32	崔亮	中原士族	宣武
33	楊椿	代人（客）	孝明	34	甄琛	中原士族	孝明
35	李崇	代人（外戚）	孝明	36	李韶	代人（客）	孝明
37	拓跋世遵	代人（王室）	孝明	38	拓跋固	代人（王室）	孝明
39	拓跋淵	代人（王室）	孝明	40	拓跋冏	代人（王室）	孝明
41	楊津	代人（客）	孝明				

定州							
時間	總數	身分	人數	比率	身分	人數	比率
399～527	41	代人	37	90%	代人貴族	14	34%
					王室附庸	23	56%
		中原士族				3	7%
		其他				1	2%
399～490	20	代人	18	90%	代人貴族	9	45%
					王室附庸	9	45%
		中原士族				1	5%
		其他				1	5%
490～527	21	代人	19	90%	代人貴族	5	23%
					王室附庸	14	67%
		中原士族				2	10%
		其他				0	0%

相　州(402~527)

	姓　名	身　　分	時　期		姓　名	身　　分	時　期
1	庾岳	代人	道武	2	長孫嵩	代人	道武
3	尉古眞	代人	明元	4	叔孫建	代人	明元
5	司馬準	代人(客)	明元	6	張蒲	中原士族	太武
7	穆莫提	代人	太武	8	杜超	代人(外戚)	太武
9	許彥	中原士族	太武	10	杜遺	代人(外戚)	太武
11	陸馛	代人	文成	12	李訢	中原士族	文成
13	陸儁	代人	獻文	14	谷闡	代人(客)	獻文
15	拓跋忠	代人(王室)	孝文	16	薛道標	代人(客，薛安都子孫)	孝文
17	李安世	中原士族	孝文(490)	18	李佐	代人(客，李寶子孫)	孝文
19	高閭	中原士族	孝文	20	拓跋楨	代人(王室)	孝文
21	拓跋雍	代人(王室)	孝文	22	李平	代人(外戚)	宣武
23	王顯	中原士族	宣武	24	于忠	代人	宣武
25	陸昕之	代人	宣武	26	高植	代人(外戚)	宣武
27	李韶	代人(客)	宣武	28	游肇	中原士族	孝明
29	奚康生	代人	孝明	30	拓跋熙	代人(王室)	孝明
31	李世哲	代人(外戚，李崇子孫)	孝明	32	李獎	代人(外戚，李平子孫)	孝明
33	李崇	代人(外戚)	孝明	34	拓跋瑱	代人(王室)	孝明
35	拓跋諶	代人(王室)	孝明	36	拓跋鑒	代人(王室)	孝明
37	裴衍	代人(客)	孝明				

相					州		
時間	總數	身分	人數	比率	身分	人數	比率
402 ～ 527	37	代人	30	81%	代人貴族	10	27%
					王室附庸	20	54%
		中原士族				7	19%
		其他				0	0%
402 ～ 490	16	代人	13	81%	代人貴族	7	44%
					王室附庸	6	37%
		中原士族				3	19%
		其他				0	0%
490 ～ 527	21	代人	17	81%	代人貴族	3	14%
					王室附庸	14	67%
		中原士族				4	19%
		其他				0	0%

夏　州（統萬鎮，424～527）

	姓名	身分	時期		姓名	身分	時期
1	拓跋素	代人（王室）	太武	2	長孫道生	代人	太武
3	樓伏連	代人	太武	4	拓跋羯兒	代人（王室）	太武
5	拓跋惠壽	代人（王室）	文成	6	拓跋提	代人（王室）	文成
9	拓跋新成	代人（王室）	文成	8	長孫觀	代人	文成
11	閭虎皮	代人（客）	獻文	10	尉元	代人	孝文
13	拓跋太興	代人（王室）	孝文	12	拓跋彬	代人	孝文
15	陸騏驎	代人	孝文（490）	14	穆羆	代人	孝文
17	源懷	代人（客）	孝文	16	拓跋天琚	代人（王室）	宣武
17	陸彌	代人	宣武	18	封琳	中原士族	宣武
19	李肅	中原士族	孝明	20	封軌	中原士族	孝明
21	源子雍	代人（客）	孝明				

夏							州
時間	總數	身分	人數	比率	身分	人數	比率
424～527	21	代人	18	86%	代人貴族	8	38%
					王室附庸	10	48%
		中原士族				3	14%
		其他				0	0%
424～490	12	代人	12	100%	代人貴族	5	42%
					王室附庸	7	58%
		中原士族				0	0%
		其他				0	0%
490～527	9	代人	6	67%	代人貴族	3	33%
					王室附庸	3	33%
		中原士族				3	33%
		其他				0	0%

雍　州(長安鎮,430～527)[3]

	姓名	身分	時期		姓名	身分	時期
1	李順	中原士族	太武	2	王斤	代人	太武
3	古弼	代人	太武	4	陽文祖	不詳	太武
5	竇瑾	代人	太武	6	拓跋範	代人(王室)	太武
7	奚眷	代人	太武	8	葛那	代人	太武
9	皮豹子[4]	不詳	太武	10	馮朗	代人(客)	太武
11	娥後延	代人	太武	12	陸俟	代人	太武
13	王度	代人	太武	14	拓跋仁	代人(王室)	太武
15	拓跋佗	代人	太武	16	拓跋良	代人(王室)	文成
17	拓跋石	代人(王室)	文成	18	拓跋子推	代人(王室)	文成

3　北魏前期長安極爲重要,有鎮都大將、鎮將、刺史等地方首長。這些職位有分屬諸人而並置者,如太延五年(439),長安有鎮都大將拓跋範、鎮將竇瑾、刺史葛那,也有鎮將兼刺史者(此爲常例)。逮太和年間廢鎮,即不再帶鎮將之名,而改爲都督諸軍事。

4　皮豹子傳中云曾爲長安鎮將、都督秦雍諸州,時在太平眞君(440)以前,吳廷燮漏記。

19	拓跋道符	代人（王室）	獻文	20	張白澤	代人（客）	獻文
21	魚玄明	不詳	獻文	22	劉邈	不詳	獻文
23	李惠	代人（外戚）	獻文	24	陸眞	代人	獻文
25	拓跋丕	代人（王室）	孝文	26	拓跋目辰	代人（王室）	孝文
27	拓跋雲	代人（王室）	孝文	28	拓跋太興	代人（王室）	孝文
29	拓跋平原	代人（王室）	孝文	30	拓跋楨	代人（王室）	孝文
31	源懷	代人（客）	孝文（490）	32	拓跋幹	代人（王室）	孝文
33	拓跋澄	代人（王室）	宣武	34	拓跋衍	代人（王室）	宣武
35	高猛	代人（外戚）	宣武	36	拓跋麗	代人（王室）	宣武
37	崔亮	中原士族	宣武	38	拓跋萇	代人（王室）	宣武
39	盧昶	中原士族	宣武	40	拓跋昭	代人（王室）	孝明
41	拓跋志	代人（王室）	孝明	42	李憲	中原士族	孝明
43	拓跋修義	代人（王室）	孝明	44	楊椿	代人（客）	孝明
45	蕭寶夤	代人（客）	孝明				

雍						州	
時間	總數	身分	人數	比率	身分	人數	比率
430～527	45	代人	37	82%	代人貴族	9	20%
					王室附庸	28	62%
		中原士族				4	9%
		其他				4	9%
430～490	30	代人	25	83%	代人貴族	9	30%
					王室附庸	16	53%
		中原士族				1	3%
		其他				4	13%
490～527	15	代人	12	80%	代人貴族	0	0%
					王室附庸	12	80%
		中原士族				3	20%
		其他				0	0%

涇　州(安定鎮，432～527)[5]

	姓名	身分	時期		姓名	身分	時期
1	延普	代人	太武	2	狄子玉	羌	太武
3	陸俟	代人	太武	4	穆蒲坂	代人	太武
5	陸石跋	代人	太武	6	尉長壽	代人	太武
7	封阿君	不詳	文成	8	李峻	代人(外戚)	太武
9	王樹	代人	獻文	10	鄧宗慶	中原士族	太武
11	張鸞旗	代人(寵倖)	孝文	12	抱嶷	代人(寵倖)	太武
13	乞伏悅	代人	宣武	14	員標	不詳	太武
15	高綽	中原士族	宣武	16	奚康生	代人	太武
17	拓跋祐	代人(王室)	宣武	18	皇甫集	中原士族	太武
19	盧道裕	中原士族	孝明	20	胡寧	代人(外戚)	太武
21	陸希道	代人	孝明	22	楊昱	代人(客)	太武
23	呂伯度	不詳	孝明	24	胡虔	代人(外戚)	太武

5　涇州多氐羌雜胡，太武取得此地之初，以羌人狄子玉爲刺史，另設安定鎮以鎮撫之，鎮將則多爲鮮卑人。參見嚴耕望，〈北魏軍鎮〉，頁787-88。

涇							
時間	總數	身分	人數	比率	身分	人數	比率
432~527	24	代人	16	67%	代人貴族	9	38%
					王室附庸	7	29%
		中原士族				4	17%
		其他				4	17%
432~490	11	代人	8	73%	代人貴族	6	55%
					王室附庸	2	18%
		中原士族				1	9%
		其他				2	18%
490~527	13	代人	8	62%	代人貴族	3	23%
					王室附庸	5	39%
		中原士族				3	23%
		其他				2	15%

秦　州（上邽鎮，436～527）

	姓名	身分	時期		姓名	身分	時期
1	楊難當	氐人	太武	2	拓跋勿頭	代人（王室）	太武
3	楊保宗	氐人	太武	4	封敕文	代人	太武~文成
5	李惠	代人（外戚）	文成	6	乙乾歸	代人	獻文
7	呂羅漢	代人（客）	孝文	8	于洛侯	代人	孝文
9	尉洛侯	代人	孝文	10	陸定國	代人	孝文
11	李洪之	代人（外戚）	孝文	12	薛道次	代人（客）	孝文
13	劉藻	代人（客）	孝文（490）	14	張彝	中原士族	宣武
15	薛世遵	代人	宣武	16	侯欣	代人	宣武
17	拓跋麗	代人（王室）	宣武	18	李韶	代人（客）	宣武

19	楊胤	代人（客，楊播族人）	宣武	20	拓跋修義	代人（王室）	宣武
21	趙煦	中原士族	孝明	22	薛巒	代人（客）	孝明
23	拓跋琛	代人（王室）	孝明	24	李彥	代人（客）	孝明
25	拓跋譚	代人（王室）	孝明				

秦						州	
時間	總數	身分	人數	比率	身分	人數	比率
436～527	25	代人	21	84%	代人貴族	7	28%
					王室附庸	14	56%
		中原士族				2	8%
		其他				2	8%
436～490	12	代人	10	84%	代人貴族	5	42%
					王室附庸	5	42%
		中原士族				0	0%
		其他				2	16%
490～527	13	代人	11	85%	代人貴族	2	15%
					王室附庸	9	69%
		中原士族				2	15%
		其他				0	0%

平　州(436～527)

	姓名	身分	時期		姓名	身分	時期
1	拓跋嬰	代人（王室）	太武	2	拓跋渾	代人（王室）	太武
3	王賭	代人（外戚）	文成	4	常英	代人（外戚）	文成
5	李貴醜	不詳	孝文	6	薛道標	中原士族	孝文
7	薛眞度	代人（客）	孝文（490）	8	崔景徽	代人（客）	孝文
9	李彥	代人（客）	宣武	10	拓跋匡	代人（王室）	孝明
11	王買奴	不詳	孝明				

平					州		
時間	總數	身分	人數	比率	身分	人數	比率
436～527	11	代人	8	73%	代人貴族	0	0%
					王室附庸	8	73%
		中原士族				1	9%
		其他				2	18%
436～490	6	代人	5	83%	代人貴族	0	0%
					王室附庸	5	83%
		中原士族				0	0%
		其他				1	17%
490～527	5	代人	3	60%	代人貴族	0	0%
					王室附庸	3	60%
		中原士族				1	20%
		其他				1	20%

營州(和龍鎮,437～527)

	姓名	身分	時期		姓名	身分	時期
1	拓跋渾	代人(王室)	太武	2	張度	代人(客)	太武
3	于洛跋	代人	太武	4	陸高	代人(客,陸逞祖)	太武
5	楊難當	氐人	文成	6	張偉	中原士族	文成
7	拓跋萬壽	代人(王室)	文成	8	拓跋雲	代人(王室)	文成
9	屈拔	代人(客)	獻文	10	羊規	代人(客,羊侃祖)	獻文
11	拓跋休	代人(王室)	孝文	12	高稚	代人(客)	孝文
13	拓跋猛	代人(王室)	孝文	14	拓跋思譽	代人(王室)	孝文(490)
15	拓跋景	代人(王室)	孝文	16	慕容契	代人(客)	宣武
17	崔敬邕	中原士族	宣武	18	甄琛	中原士族	孝明
19	李思穆	代人(客)	孝明	20	李仲遵	代人(客)	孝明
21	宋維	中原士族	孝明	22	拓跋汎	代人(王室)	孝明

營					州		
時間	總數	身分	人數	比率	身分	人數	比率
437～527	22	代人	17	77%	代人貴族	1	5%
					王室附庸	16	73%
		中原士族				4	18%
		其他				1	5%
437～490	13	代人	11	85%	代人貴族	1	8%
					王室附庸	10	77%
		中原士族				1	8%
		其他				1	8%
490～527	5	代人	6	67%	代人貴族	0	0%
					王室附庸	6	67%
		中原士族				3	33%
		其他				0	0%

涼　州(涼州鎮,439～527)

	姓名	身分	時期		姓名	身分	時期
1	拓跋丕	代人(王室)	太武	2	拓跋健	代人(王室)	太武
3	尉眷	代人	太武	4	張珍	中原士族	太武
5	高湖	代人(客)	太武	6	穆顗	代人	太武
7	叔孫鄰	代人	文成	8	拓跋渾	代人(王室)	文成
9	穆栗	代人	文成	10	拓跋佗	代人(王室)	文成～獻文
11	拓跋楨	代人(王室)	孝文	12	拓跋天賜	代人(王室)	孝文
13	拓跋鸞	代人(王室)	孝文(490)	14	樓毅	代人	孝文
15	拓跋詮	代人(王室)	宣武	16	拓跋紹	代人(王室)	宣武
17	司馬仲明	代人(客)	宣武	18	高雙	其他	宣武

19	高植	代人 （外戚）	宣武	20	穆鑛	代人	宣武
21	甄琛	中原士族	宣武	22	拓跋和	代人 （王室）	孝明
23	崔游	中原士族	孝明	24	袁飜	中原士族	孝明
25	石士基	不詳	孝明	26	尉聿	代人	孝明
27	宋穎	中原士族	孝明				

涼					州		
時間	總數	身分	人數	比率	身分	人數	比率
439～527	27	代人	20	74%	代人貴族	7	26%
					王室附庸	13	48%
		中原士族				5	19%
		其他				2	7%
439～490	12	代人	11	92%	代人貴族	4	33%
					王室附庸	7	58%
		中原士族				1	8%
		其他				0	0%
490～527	15	代人	9	60%	代人貴族	3	20%
					王室附庸	6	40%
		中原士族				4	27%
		其他				2	13%

梁州（仇池鎮，442～527）

	姓名	身分	時間		姓名	身分	時間
1	皮豹子	不詳	太武	2	伏阿奴	代人	獻文
3	皮喜	不詳	孝文	4	穆亮	代人	孝文
5	拓跋提	代人 （王室）	孝文	6	拓跋澄	代人 （王室）	孝文
7	拓跋衍	代人 （王室）	孝文 （490）	8	拓跋英	代人 （王室）	孝文
9	李崇	代人 （外戚）	孝文	10	楊椿	代人 （客）	宣武
11	李煥	中原士族	宣武	12	邢巒	中原士族	宣武

13	羊祉	中原士族	宣武	14	薛懷古	中原士族	宣武 孝明
15	拓跋彧	代人 (王室)	孝明	16	拓跋恆	代人 (王室)	孝明
15	拓跋子直	代人 (王室)	孝明	18	傅豎眼	代人 (客)	孝明

梁							州
時間	總數	身分	人數	比率	身分	人數	比率
442～527	18	代人	12	67%	代人貴族	2	11%
					王室附庸	10	56%
		中原士族				4	22%
		其他				2	11%
442～490	6	代人	4	67%	代人貴族	2	33%
					王室附庸	2	33%
		中原士族				0	0%
		其他				2	33%
490～527	12	代人	8	67%	代人貴族	0	0%
					王室附庸	8	67%
		中原士族				4	33%
		其他				0	0%

朔　州(雲中鎭,444～527)

	姓名	身分	時期		姓名	身分	時期
1	司馬楚之	代人 (客)	太武～文成	2	司馬金龍	代人 (客)	文成～孝文
3	司馬躍	代人 (客)	孝文	4	于染干	代人	孝文
5	于杲	代人	孝文 (490)	6	拓跋頤	代人 (王室)	孝文
7	侯莫陳斛古提	領酋	孝文	8	樓稟	代人	宣武
9	拓拔琛	代人 (王室)	宣武	10	楊椿	代人 (客)	宣武
11	高植	代人 (外戚)	宣武	12	慕容契	代人 (客)	宣武
13	暴喟	其他	孝明	14	李叔仁	其他	孝明
15	婁寶	代人	孝明	16	費穆	代人	孝明

6　朔州爲拓跋人早期根據地,只是太武帝以前負責此一地區的行政長官並不清楚。值得注意的是,即使在孝文銳意漢化,大量啟用中原士族的情況下,中原士族也還是沒機會出任此州長官的。恆州(即平城所在地)也有類似情況。

朔							州
時間	總數	身分	人數	比率	身分	人數	比率
444～527	16	代人	13	81%	代人貴族	5	31%
					王室附庸	8	50%
		中原士族				0	0%
		其他				2	13%
		領酋				1	6%
444～490	4	代人			代人貴族	1	25%
					王室附庸	3	75%
		中原士族				0	0%
		其他				0	0%
		領酋				0	0%
490～527	12	代人			代人貴族	4	33%
					王室附庸	5	42%
		中原士族				0	0%
		其他				2	17%
		領酋				1	8%

徐　州（彭城鎭，466～527）

	姓名	身分	時期	0	姓名	身分	時期
1	薛安都	代人（客）	文成	2	尉元	代人	獻文
3	拓跋嘉	代人（王室）	孝文	4	薛虎子	代人	孝文（490）
5	拓跋鬱	代人（王室）	孝文	6	拓跋澄	代人（王室）	孝文
7	拓跋衍	代人（王室）	孝文	8	拓跋愉	代人（王室）	孝文
9	拓跋鑒	代人（王室）	宣武	10	拓跋嵩	代人（王室）	宣武
11	拓跋昞	代人（王室）	宣武	12	盧昶	中原士族	宣武
13	李彦	代人（客）	宣武	14	楊鈞	代人（客）	宣武
15	拓跋延明	代人（王室）	孝明	16	蕭寶夤	代人（客）	孝明
17	拓跋顥	代人（王室）	孝明	18	楊昱	代人（客）	孝明

徐							州
時間	總數	身分	人數	比率	身分	人數	比率
466～527	18	代人	17	94%	代人貴族	2	11%
					王室附庸	15	83%
		中原士族				1	6%
		其他				0	0%
466～490	3	代人	3	100%	代人貴族	1	33%
					王室附庸	2	67%
		中原士族				0	0%
		其他				0	0%
490～527	15	代人	14	93%	代人貴族	1	7%
					王室附庸	13	87%
		中原士族				1	7%
		其他				0	0%

青　州(467～527)

	姓名	身分	時期		姓名	身分	時期
1	酈範	中原士族	獻文	2	慕容白曜	代人（客）	獻文
3	韓頹	代人（外戚）	孝文	4	李惠	代人（外戚）	孝文
5	韓秀	中原士族	孝文	6	陸龍成	代人	孝文
7	拓跋天琚	代人（王室）	孝文（490）	8	公孫邃	中原士族	孝文
9	拓跋羽	代人（王室）	孝文	10	拓跋頤	代人（王室）	孝文
11	拓跋鸞	代人（王室）	宣武	12	劉芳	中原士族	宣武
13	郭祚	中原士族	宣武	14	拓跋繼	代人（王室）	宣武
15	陸昕之	代人	宣武	16	高植	代人（外戚）	宣武
17	鄭道昭	中原士族	宣武	18	拓跋融	代人（王室）	孝明
19	崔休	中原士族	孝明	20	拓跋羅	代人（王室）	孝明
21	拓跋匡	代人（王室）	孝明	22	拓跋鑒	代人（王室）	孝明
23	拓跋劭	代人（王室）	孝明				

青州							
時間	總數	身分	人數	比率	身分	人數	比率
467～527	23	代人	16	70%	代人貴族	2	9%
					王室附庸	14	61%
		中原士族				7	30%
		其他				0	0%
467～490	6	代人	4	67%	代人貴族	1	17%
					王室附庸	3	50%
		中原士族				2	33%
		其他				0	0%
490～527	17	代人	12	71%	代人貴族	1	6%
					王室附庸	11	65%
		中原士族				5	29%
		其他				0	0%

青、徐二州地方長官平均比率表[7]							
時間	總數	身分	人數	比率	身分	人數	比率
467～527	41	代人	33	81%	代人貴族	4	10%
					王室附庸	29	71%
		中原士族				8	9%
		其他				0	0%
467～490	9	代人	7	78%	代人貴族	2	22%
					王室附庸	5	56%
		中原士族				2	22%
		其他				0	0%
490～527	32	代人	26	81%	代人貴族	2	6%
					王室附庸	24	75%
		中原士族				6	19%
		其他				0	0%

7　上諸州鎮皆偏在北邊，故列青、徐兩個南方州鎮。由於這兩個地區差不多到470年左右才納入北魏版圖，因此，其比率表另行統計，從比率表上來看，中原士族除了在青州的比率較他州略高外，徐州差異不大，如果我們以孝文帝後期的比率來看，則青州中原士族所占的比率也不見得就眞的高多少。單就王室附庸一欄而言，比率有顯著提高。不過，如就代人集團整體而言，則差不太多。

出自第六十一冊第三分(一九九〇年九月)

代人與鎮人

康　樂

西元523年，北魏懷荒鎮民的暴動掀開了「六鎮之亂」的序幕，並間接敲響了北魏帝國的喪鐘。北魏的軍鎮與鎮民也因此成爲後世史家注意的焦點。本文基本上想探討的問題有下列幾個。一、北鎮設置的目的；二、鎮人與代人的關係；三、鎮人集團出現的過程。

本文乃筆者〈代人集團的形成與發展〉一文續篇。相關諸問題，特別是「代人集團」的形成及其在北魏史上之重要性，請參閱前文。

「鎮民（人）」與「城民（人）」是北魏時期史料中常見的辭彙[1]。拓跋人以征服的方式進入中原，伴隨而來的自然就是個「鎮戍國家」，道武帝（398～409）在取得河北後，即在當地留駐了四萬人的武力，分屬八個軍府（《魏書》，58，頁1286）。此外，山西境內及沿黃河與姚秦、東晉接壤處，也有一些鎮戍。不過，在北方邊疆倒沒有置軍鎮，至少我們找不到確切有關的資料。這大概是由於當時北方邊疆縱深並不大，駐重兵於平城王畿已足以應付外敵入侵。逮太武之世（424～452），拓跋人四方開疆拓土，領土急速擴張，新征服區自然要設鎮戍、統萬、長安、涼州、和龍等軍鎮就是在此情況下一一設立。然而，就在這個時期，太武帝又在北疆一帶同時設置了十個左右的軍鎮，除了沃野、懷朔、武川、撫冥、柔玄、懷荒等著名的「六鎮」外[2]，還有赤城、高平、薄骨律、上邽等幾個重要城鎮。爲何如此？

柔然入侵的威脅當然是設鎮的因素之一，然而並不完全如此，甚至——我們可以說，這還不是這些鎮戍的主要任務。因爲北魏此時對柔然的戰略基本上仍採取攻勢，

1　有關北魏軍鎮研究甚多，早期研究以周一良的〈北魏鎮戍制度考及續考〉爲要，而嚴耕望的〈北魏軍鎮〉則爲集大成之作。「鎮人」由於關係到北魏的衰亡以及北周、北齊的崛起，歷來研究甚多，最重要的有唐長孺，〈魏周府兵制度辨疑〉，唐長孺、黄惠賢，〈試論魏末北鎮鎮民暴動的性質〉；濱口重國，〈正光四、五年の交に於ける後魏の兵制に就いて〉；谷川道雄，〈北魏末の內亂と城民〉；西野正彬，〈北魏の軍制と南邊〉；毛漢光的〈北魏東魏北齊之核心集團與核心區〉則爲最近期作品。

2　此處「六鎮」採嚴耕望說法，見〈北魏軍鎮〉及《唐代交通圖考——河東河北區》，頁1779～80。

太武帝在設立北鎭後還數度親征漠北，獻文（466～470）時也遠征過一次。面對柔然的入侵，北鎭基本上只負責警戒、牽制等功能，眞正的決戰任務還得由中央每年「秋冬，遣軍三道並出，以備北寇，至春中乃班師」（《魏書》，41，頁922）[3]。

那麼，設置北鎭的主要目的究竟是什麼呢？我們曉得北鎭中除了統萬設置較早外（427），其他諸鎭根據嚴耕望的考訂，大致皆設於西元436年左右（〈北魏軍鎭〉），而就在幾年前（429），太武帝在一次北伐柔然的軍事行動中，順道俘擄了數十萬落的高車人安置在漠南一帶。掠奪人口本就是北魏統治者一貫的政策，正如當年道武帝從河北移入數十萬人口，爲王畿提供了充沛的農業勞動力與百工技巧，高車人的到來，也爲北魏補充了急需的畜牧勞動力，《魏書》就明白指出：「歲致獻貢，由是國家馬及牛羊遂至于賤，氈皮委積」（103，頁2309）。此外，他們更是北魏騎兵的重要來源之一，這在筆者另文已提過，此處即不贅述。然而，從河北移來的人口主要是農民，機動力並不大，又置身於重兵守護的王畿之中，沒有太多脫逃的機會，高車人可就不同了：第一，他們是遊牧民族，機動性強；其次，他們散佈在漠南數千里草原上，看管不易。爲了要守住這些「新民」，太武帝在安置他們的第二年（430），即派遣劉潔與古弼率軍屯駐五原河北，安原屯悅拔城北（即統萬鎭，在今陝西橫山縣無定河北），儘管如此，還是有數千高車人企圖逃回漠北而遭到屠殺的命運（《魏書》，28，頁687）。數年後的北鎭大概就是從早期這些屯戍發展而來的，例如沃野鎭即在五原一帶，因此其設置在一開始時是以鎭守這些高車「新民」爲主要目的之一的[4]。《魏書》提到這些高車部落時，經常是跟北鎭連繫在一起，因此，除了以地理分布稱高車人爲「西部（河西）勑勒」與「東部勑勒」外，有時也直接繫之以鎭名，如「統萬勑勒」、「沃野勑勒」（《魏書》，7：1，135頁），或「朔州（懷朔）勑勒」（《北齊書》，17，頁219）[5]。

3　獻文帝時，源賀經常負責都督這三道屯軍，「賀以勞役京都，又非禦邊長計」，乃上言請築城、另募武健之士屯駐之（《魏書》，41，頁922）。如果北鎭已足以防備柔然，即無須另行築城鎭。

4　有關河西勑勒逃亡、叛變的史料較多，與此處軍鎭設置的關係也較明顯，相形之下，東部幾個軍鎭如懷荒、柔玄的設置，與東部勑勒的關係就較模糊。不過，它們既然與其他北鎭大致同時設立，防止境內勑勒的叛逃自然也可能是其主要任務之一。筆者並不認爲北鎭設置的目的就只在看管勑勒。它們當然還有監視其他少數民族以及禦邊的任務。只是，從時間順序來看，大批高車「新民」的到來，無疑是促使太武帝大量在此地設置軍鎭的主要動機之一。

5　「高車，蓋古赤狄之餘種也，初號爲狄歷，北方以爲勑勒，諸夏以爲高車、丁零」（《魏書》，103，頁2307）。亦即隋之鐵勒，唐之回紇（《隋書》，84；《唐書》，217）。之所以有「高車」之名，據說乃是因其「車輪高大」（《魏書》，103，頁2308）。

有軍鎮自然就有居民，在當時通稱爲「鎮民」或「城民」，有些也稱爲「府戶」或「兵戶」。鎮人未必人人都執干戈，但人人屬於兵籍。鎮人的問題由於牽涉到日後的「六鎮之亂」，歷來中日學者都極爲注意，相關研究也很多，此處筆者只想提出一些問題以供參考。鎮人的來源，一般學者都認爲有下列幾種：1.拓跋部族（即本文所謂「代人集團」，詳見〈代人集團〉一文）的成員；2.遷徙的漢族及其他各族人，其中有不少是強宗豪族或部落首長；3.流徙的罪犯，這主要是從文成帝時採納源賀意見開始（《魏書》，41，頁921），魏末崛起的鎮人諸傳，有時可見其先祖於「和平中（文成年號，460～465）以良家子鎮某地」的記載，大概即是流犯的後裔。這些說法大抵可視爲定論，只是，南北諸鎮由於地理氣候的差異，重要性的不同，鎮人的成分可能略有出入。

南方氣候炎熱潮濕，拓跋人適應一直有問題，道武帝時經略河北經年，「大疫，人馬牛多死」（《魏書》，2，頁30），太武帝時大舉南侵，直抵長江，所過之處雖有少數劇戰，然大多望風披靡，可是「士馬死傷過半，國人並尤之」（《宋書》，95，頁2353）。死傷過半大概是南人誇大之詞，不可盡信，然而魏軍頗爲疾疫所苦，卻也是個事實（《宋書》，24，頁1913）。在此情況下，大量派遣代人南戍顯然是不可能的，更何況他們還負有守衛王畿的重責。然而，拓跋統治者自然也不敢將南方的主要防務交給漢人，在此情形下，代人以外的一些少數民族正好派上用場。《魏書》類似的記載不少，如西元444年，「北部民殺立義將軍、衡陽公莫孤，率五千餘落北走。追擊於漠南，殺其渠帥，餘徙居冀、相、定三州爲營戶」（4：2，頁97）；471年，「沃野、統萬二鎮敕勒叛。……斬首三萬餘，徙其遺迸於冀、定、相三州爲營戶」（7：1，頁135）；次年，「連川敕勒謀叛，徙配青、徐、齊、兗四州爲營戶」（7：1，頁136）；492年，尉元在一封奏議中也提到彭城一帶「計彼戍兵，多是胡人」（50，頁1113）。將懷有敵意的高車、匈奴[6]部落從漠南、陝北、山西等地移到南方，一則可以消弭他們對平城王畿的威脅，再者又可發揮以夷制漢的作用，倒不失爲一石兩鳥的妙計。當然，我們並非認爲黃河中下游及淮河流域的城民就完全沒有代人及漢人的成分，道武帝時在河北屯駐的四萬人中，想來應當有不少代人的，這支軍隊以後「漸割南戍」，這批代人自也隨之南下，只是由於史料有闕，我們無法更進一步探

6 當時稱爲「胡」者多半與匈奴有關，見唐長孺，〈魏晉雜胡考〉，頁397。

索[7]。至於漢人派遣到南方充當城民的例子可見於《魏書》李崇傳:「定州流人解慶賓兄弟,坐事俱徙揚州(今淮水一帶)」(66,頁1468);此外,太武帝平涼州,徙民三萬餘家入平城,後來又分派各地爲城民,從鎭人的背景看來,這些人有許多是遣往北鎭(如孫騰、段榮、司馬子如等),不過,也有一些可能是分派到南方的,如劉昞子孫,照西野正彬推測,有些似乎是發配到河南南部的郢州的(〈北魏の軍制と南邊〉,頁6)。只是,基於上述緣故,我們認爲原先南邊的鎭戍中,代人與漢人的比率應該不會太大[8]。

北鎭的鎭人由於掀起了魏末的大動亂,其後又建立了北周、北齊兩朝,相形之下,比起南邊的鎭人要保留下更多的史料可資追尋。由於環抱王畿腹心地區,且又肩負北抗柔然、內控高車人等少數民族的重責,北鎭鎭人的忠誠與否,無疑是與北魏王朝的安危息息相關的。在此顧慮下,代人集團的成員自然是優先考慮派往鎭戍的人選,然而代人尚有衛戍京師的任務,因此,中原(特別是新征服區)的強宗大族,與拓跋關係良好的領民酋長也被列爲鎭戍人選。這些人就構成了早期的北鎭鎭民的基本隊伍[9]。到了文成帝時,鑑於鎭兵人力仍有匱乏,於是接受源賀的建議將罪犯發往邊鎭,鎭民遂又多了一種成分。儘管鎭民的來源就是上述幾類,然而彼此所佔比率如何,依然是個問題,根據北朝正史所載資料,我們統計出與武川鎭有關者21人,其中代人13個,約佔62%,漢人5個,約爲24%,領酋2人,9%,流徙1人,5%。與懷朔鎭有關者28人,代人有16個,57%,漢人9個,32%,領酋1人,4%,流徙1人,4%,不

7 《魏書》,58,頁1286。同傳中提到定「州有宗子稻田,屯兵八百戶,年常發夫三千,草三百車,修補畦堰」,陳寅恪認爲這些屯兵即上述背叛而配徙定州之勅勒,見氏著,《魏晉南北朝史講演錄》,頁269-270;問題是《魏書》中提到「宗子」時,多半與王族有關,例如卷73提到奚康生爲「宗子隊主」,奚原爲達奚氏,拓跋帝室十姓之一,故奚康生才能爲宗子隊主,宗子隊想來即〈官氏志〉中的「宗子羽林」。我們不曉得「宗子稻田」原意爲何,是說這八百戶屯兵皆爲帝室十姓之後,若然,那他們都是代人了;還是說這些稻田是「宗子」的采田,這些兵是負責耕種的。無論如何,從每年還得徵發民夫三千人來爲他們服勞役一事看來,這些屯兵的地位還相當高,不應當是因謀叛而配徙的「營戶」。

8 嚴耕望將北魏軍鎭分爲三類:一、不設州郡縣地區之鎭,大抵皆在北邊及西北邊區。二、與州郡並置且同治所之鎭。三、參閬於州郡區域內,自統土地與人民,而無州郡與之同治之鎭。諸鎭所統人民亦有分別,大抵淮北及黃河南北之鎭,所統似與一般州郡不異。黃河東西與隴坂左右地區所統多雜夷族,北邊與西北邊區亦同。詳見嚴耕望,《魏晉南北朝地方行政制度》,頁763~772。此外,根據唐長孺、黃惠賢的研究,二秦城民(即上邽、駱谷兩鎭)也都缺乏鮮卑拓跋部人(即「代人」)的痕跡,這點和北鎭很不同。詳見〈二秦城民暴動的性質和特點〉,頁62。

9 爲了供應這些戰士的糧食,適合農業的地區,拓跋政權也移了一些漢人前往屯墾。根據唐長孺的考證,薄骨律鎭即有漢人進行屯田的工作(〈北鎭鎭民〉,頁100)。至於這些農民是否屬於「鎭人」,還不很清楚。

詳者1人，4%[10]。除了領民酋長外，其他各類人所占比率相去不遠，而皆以代人爲最主要構成分子，在兩鎭皆占了一半以上。這個統計數字僅能供作參考，因爲其中尚有甚多疑點。例如流犯的比率太低，這是因爲能夠在北朝正史各傳中占一席地位的鎭人後裔，大抵都是當時的要人，這些人很少願意承認自己的祖先當年是因爲犯罪而充軍邊鎭的，時代久遠以致出身不詳當然也有可能，像高歡那樣從實載明的例子究竟不多

10 武川鎭人

1.獨孤信（領酋）
2.侯莫陳崇（領酋）
3.賀蘭祥（代人）
4.尉遲眞檀（代人）
5.若干惠（代人）
6.梁禦（拔列蘭）（代人）
7.王勇（拓王）（代人）
8.王盟（拓王）（代人）
9.王德（烏丸）（代人）
10.賀拔度拔（代人）
11.韓果（破六韓）（代人）
12.輿珍（慕輿）（代人）
13.乙弗庫根（代人）
14.宇文泰（代人）
15.宇文虯（代人）
16.念賢（漢人）
17.趙貴（漢人）
18.李虎（漢人）
19.楊忠（漢人）
20.耿豪（漢人）
21.寇洛（流徙）

懷朔鎭人

1.斛律金（領酋）
2.劉貴（獨孤）（代人）
3.尉長命（尉遲）（代人）
4.尉景（尉遲）（代人）
5.叱羅協（代人）
6.侯淵（胡引）（代人）
7.侯景（胡引）（代人）
8.婁昭（匹婁）（代人）
9.莫多婁貸文（代人）
10.韓軌（破六韓）（代人）
11.韓賢（破六韓）（代人）
12.竇泰（紇豆陵）（代人）
13.厙狄昌（代人）
14.厙狄盛（代人）
15.潘樂（破多羅）（代人）
16.可朱渾元（代人）
17.斛斯椿（代人）
18.鮮于世榮（不詳）
19.孫騰（漢人）
20.段榮（漢人）
21.蔡儁（漢人）
22.任延敬（漢人）
23.徐遠（漢人）
24.暴顯（漢人）
25.司馬子如（漢人）
26.傅伏（漢人）
27.楊纂（漢人）
28.高歡（是婁）（流徙）

說明：

1. 上列諸鎭人有些未明言其屬何鎭，然從其他旁證可推知者，即列入該鎭。如劉貴，《北齊書》本傳（卷19）云：「秀容陽曲人」，然而〈神武本紀〉中記其與高歡少時爲友，故斷其爲懷朔鎭人。類似例子甚多，不一一舉證。
2. 諸鎭人本傳（或其他資料）無法推斷其爲代人或漢人者，概以其姓氏爲準，凡姓氏有胡姓之嫌者，皆列入代人。之所以如此做，理由如下：筆者在〈代人集團〉一文中曾分析雲代地區（亦即後來六鎭主要分布地區）大多數的游牧民族在北魏建國後，基本上即分別納入「代人集團」與「領民酋長」（即仍維持部落組織者）兩個範疇內。當筆者在處理武川與懷朔兩鎭鎭人之出身時，除了已可明確認定其爲代人者外（如武川的賀蘭祥、宇文泰、懷朔的劉貴、可朱渾元等人），其他只能採用反證法。亦即凡是胡姓者（即有游牧民族之可能者），除非明言其爲領民酋長，否則一概列入「代人」。這樣做當然有點勉強，不過似乎也沒有更好的辦法，此所以筆者會在正文中強調「這個統計數字僅能供做參攷」。不過，儘管資料並非十分齊全，這兩份統計數字還是相當接近的，這點在統計學上有其意義。唯鮮于世榮雖爲胡人，卻非代人，故不列入，詳見「鎭人表」註4。

。當然，這也可能是因爲流犯要昇至上層，乃至在列傳中留名，究竟不如出身代人者來得容易。其次，領民酋長及其部落民倒底算不算鎮人，這也是個不易解決的問題。像高平鎮的李賢，原爲高車叱列氏（叱李、叱伏列），祖父李斌於太武帝時領「父兵」（應當是部落民）鎮於高平，看來似乎是以領民酋長的身分出鎮的，然而到了魏末李賢這一代已成爲高平鎮的豪族，而且從師受業，涉獵書傳，已頗有文化氣息，他的部落民也已轉化爲「鄉人」（《周書》，25）[11]。然而像武川鎮的獨孤信，懷朔鎮的斛律金，一直到魏末都還維持著領民酋長的頭銜，部落組織也依然存在[12]，是否能算鎮人，換言之，他們是否都有軍籍，可能還有商榷餘地。第三、雖然武川及懷朔兩鎮的統計資料顯示出代人要占了多數，然而正如筆者上面一再強調的，這似乎只能說是北鎮地區的特色，其他地區的軍籍是不能一概而論的。正因爲北鎮鎮人有許多是來自

3. 高歡爲流犯之後，正史已明言。寇洛列爲流犯之後，乃因其祖先於文成帝和平年間徙鎮，當時有大批罪犯徙鎮，故本傳雖云「良家子」，仍入流犯。其他諸人（包括漢人與代人）當然都有可能爲流犯之後，只是無法究明。

4. 李虎的祖先是否曾爲武川鎮人，尚有爭議。雖然有關的史料皆明言其先世曾鎮武川，唯陳寅恪認爲李虎之先世（即虎之祖李熙）爲趙郡人，且未曾到過武川，因爲李熙及李天賜（虎之父）的墓皆在趙郡，若爲武川鎮人，則死當葬於武川（〈李唐氏族之推測後記〉，頁361；《魏晉南北朝史講演錄》，頁290－1）。李唐氏族確實極有可能爲漢人，且出身趙郡李氏。問題是，正如我們前面所言，北魏時期漢人而出鎮北疆者，比比皆是。若認爲出鎮武川，則墓葬當在武川，而不該在趙郡，殊不知北魏原先亦曾規定徙代之民「死徙無出關」，然而到了孝文時期禁令放寬後，即有許多人（特別是士族）千里迢迢將其祖先靈柩運回祖籍安葬（參見〈代人集團〉註二十），李熙、李天賜縱使原來葬於武川，也没什麼道理不能由後代子孫移回趙郡安葬於祖塋的。陳寅恪於〈三論李唐氏族問題〉一文中認爲：由於孝文帝於太和十九年六月下詔遷洛之民死葬洛陽，因此「假使李熙及天賜父子二人俱死於太和十九年六月丙辰以前，則應俱葬於恆代。假使父子二人俱死於太和十九年六月丙辰之後，則父子二人俱應葬於（洛陽）邙嶺。假使父子二人一死於太和十九年六月丙辰以前，一死於太和十九年六月丙辰以後，則應一葬於恆代，一葬於邙嶺」（頁476）。問題是，孝文帝的「遷洛之民」大體上只限於平城王畿內的居民（即使這些居民也未完全南遷，見《魏書》，9，頁226－7），没聽說北鎮鎮人也一起南遷的，因此李熙、李天賜父子大概是不太可能葬於邙嶺的。再說，就算他們果眞遷洛，如果他們眞是趙郡李氏，也可以歸葬鄉里的，孝文帝實際上只要求「代人」葬於邙嶺。筆者倒不是認定李唐先世就一定曾經是「武川鎮人」，只是其中仍有些疑點尚待澄清。跟隨宇文泰定關中、東向爭霸的群雄，儘管先世都有些曖昧不明（特別是出身「鎮人」者），多少都可以找出宇文泰之所以重用他們的緣故：或者出身武川及其他各鎮，隨賀拔岳入關中，後來再轉入宇文泰麾下的，例如上列的武川鎮人（也有出身懷朔者）；要不就是關中當地的土豪及望族，有助於宇文泰平定關中者，前者如李賢（高平鎮人），後者如蘇綽。李唐有關其先世的記載，由於後代成爲君主，當然更是曖昧不明，然而如果截掉其先世（至少是李虎）曾爲「武川鎮人」一段，我們就實在弄不清楚李虎何以（以及如何）在北周政權中扮演一個重要角色的關鍵。

11 此處雖稱「鄉人」，根據唐長孺說法，高平是鎮，鎮民不分城鄉，都是軍貫，因此這裡的「鄉人」應當還是「鎮人」（〈北鎮鎮民〉，頁107）。不知是否這些人與李賢本爲「同鄉里之人」，故稱爲「鄉人」。此外，有關李賢的事蹟、出身，尚可參閱他的墓誌銘，見〈寧夏固原北周李賢夫婦墓發掘簡報〉，《文物》，1985：11。

12 例如斛律金，「領民酋長，……正光末，破六韓拔陵構逆，金擁衆屬焉，陵假金王號。金度陵終敗滅，乃統所部萬戶詣雲州請降」（《北齊書》，17，頁219），可見部落組織仍然保存。

代人集團以及領民酋長[13]，我們才可以了解魏末北鎮爆發動亂後，拓跋統治階層所感嘆的一些話：

> 昔皇始以移防爲重，故盛簡親賢，擁麾作鎮，配以高門子弟，以死防遏，不但不廢仕官，至乃偏得復除，當時人物，忻慕爲之。（《魏書》，18，頁429）
>
> 緣邊諸鎮，控攝長遠，當時初置，地廣人稀，或征發中原強宗子弟，或國之肺腑，寄以爪牙。（《北齊書》，23，頁239)

這些話可能有些誇張，引文中提到皇始（道武帝年號），時間上也有出入，不過，基本上都承認北鎮鎮人原先的地位並不低，而且享有一些特權，如減免賦役。

正如當年道武帝移民至王畿時，規定「死徙無出關」，奉派到各地鎮守的鎮人及城民也被要求落地生根，除非經過正式免除的手續，否則永世皆爲該鎮鎮人[14]。鎮人主要任務當然是負責該鎮防務，不過，必要時也會徵調至他處參戰，例如西元445年，蓋吳於關中起兵，太武帝即發「高平（鎮）勑勒騎赴長安」（《魏書》，4：2，頁99）；西元450年左右，甘陝邊境的諸氐反，南連劉宋，仇池鎮將皮豹子受命征討，動員的軍隊除了仇池鎮兵外，尚有長安、統萬、安定、高平、上邽諸鎮鎮兵（《魏書》，51，頁1130-1）。除了有任務出征外，照理鎮人是不能任意離鎮的，不過，蔣少游在北魏取得青齊時（469），被俘到平城王畿充「平齊户」，後發配雲中鎮爲兵，然而他卻一直留在平城，「以傭寫書爲業，而名猶在鎮」（《魏書》，91，頁1970），可見禁令有時也不見得執行得多嚴格。照元淵所說，大概要到晚期，逃亡的鎮人愈來愈多，「乃峻邊兵之格，鎮人浮遊在外，皆聽流兵捉之」（《魏書》，18，頁430）[15]。

不管這些鎮人原本出身如何，長久（甚至是世代）在邊鎮共同生活的結果，使得他們逐漸培養出一種共同意識。唐長孺及黃惠賢在分析北鎮鎮人起兵的因素時，特別

13 根據唐長孺推測，奉派出鎮的大概是中下階層，見〈北鎮鎮民〉，頁103。雖然如此，他們終究還是拓跋王朝的基本支柱。

14 例如河西碩儒劉昞在太武帝平涼州後，其子弟即被遷到平城（他本人因已年過七十，「聽留本鄉，一子扶養」），然後再分諸州，「爲城民」，一直到孝明帝正光四年，才因崔光的奏請，「特可聽免」（《魏書》，52，頁1161）。當然，如果立有軍功，照前面引文所說，也有機會離鎮入朝出仕的，例如柔玄鎮人奚康生即因立有軍功，拔擢至平城任宗子隊主，最後還昇到撫軍大將軍（《魏書》，73）。軍鎮的高級長官，如鎮將，當然是調動的。

15 《魏書·任城王澄傳》中也提到元澄在孝明帝時奏利國濟民所宜振舉者十條，其中第七條即爲「邊兵逃走，或實陷没，皆須精檢」（19：2，頁475），可見當時邊兵逃亡的問題的確有日趨嚴重的跡象。

強調北鎮鎮人並非團結一致地共同起來反抗北魏政權，其中仍有階級衝突的成分，換言之，即北鎮內的被統治階級（「義軍」？）與豪強的對抗（〈北鎮鎮民〉，頁104）。鎮人之間有矛盾存在，當然是個事實，然而是否可以機械式地套上階級衝突的解釋，恐怕很成問題。所謂的「義軍」如果沒有「豪強」或「部酋」來領導組織，能否造成那麼大的動亂，還值得商榷。六鎮之亂是由沃野鎮人破落汗（六韓）拔陵發動的，拔陵的出身在史料中不是很清楚，然而《北齊書・破六韓常傳》中說：「常，匈奴單于之裔也，……世領部落，其父孔雀，世襲酋長，孔雀少驍勇。時宗人拔陵爲亂，以孔雀爲大都督、司徒、平南王。孔雀率部下一萬人降於爾朱榮」（27，頁378）。破六韓孔雀是個擁有一萬人部衆的領民酋長，都還要接受破六韓拔陵的節制，拔陵的身分也就不問可知了[16]。就此而言，借用「豪族共同體」一詞——亦即不管是「義軍」還是豪強集團，包括領民酋長在內，都是由豪族領導的有組織團體——或許更貼切當時的情況[17]。

六鎮之亂在北魏政府軍與柔然的合作下暫時被壓下去，互相對抗的鎮人在混亂中紛紛南下，一部份投靠在山西中部的爾朱榮，另外一部份則被政府遷徙到河北境內。在山西境內的鎮人自然成爲爾朱氏的部屬，而在河北境內的鎮人，也在當地人普遍疑忌的情況下，先後加入鮮于修禮、杜洛周、葛榮領導的叛亂。到了西元528年，爾朱榮大破葛榮軍，六鎮鎮人遂盡入爾朱榮掌握中[18]。

此後鎮人有一小部份（以武川鎮人爲主）隨著爾朱天光及賀拔岳入關中，指揮權最後落入宇文泰手中，成爲他日後立國關中的基礎。另外大部份的鎮人在爾朱榮死後展轉歸入高歡手中，高歡遂憑此擊滅爾朱氏，從而奠立北齊的基礎。

原先鎮人內部的豪族共同體，在多年戰亂及流徙中，大半皆告瓦解，六鎮鎮人基本上已成烏合之衆，然而在流徙過程中，他們不斷受到河北當地人的猜忌，例如定州

16 斛律金領有部落民「萬戶」，也曾一度聽命於破六韓拔陵（見註九）。此外，唐長孺認爲高歡是懷朔鎮的豪強集團，然而根據〈神武本紀〉的記載：「孝昌元年，柔玄鎮人杜洛周反於上谷，神武（高歡）乃與同志從之」（《北齊書》，1，頁2），想來杜洛周應當也不是個普通的鎮人，唐長孺認爲高歡等人可能是被迫的，不過從上述記載中卻看不出來。其實，就算是「豪強集團」，底下也得有大批屬於被統治階級的群衆的支持，否則是無法與「義軍」進行如此持久的抗爭的。

17 「豪族共同體」一詞爲谷川道雄所用，見《中國中世の探求》，頁86～127；〈魏晉南北朝及隋唐的社會和國家〉，《中國史研究》，1986：3。筆者此處所用的較谷川氏要更廣泛些。

18 有關此段歷史可參見，唐長孺，〈北鎮鎮民〉；毛漢光，〈核心集團與核心區〉。

長史甄楷爲了防止城內流亡鎮人與鮮于修禮合作，「收州人中粗豪者皆殺之，以威外賊」（《魏書》，68，頁1517）；繼任的刺史楊津雖然沒有繼續屠殺，然而也把他們都監禁起來（《魏書》，58，頁1298）；這些鎮人爲爾朱榮俘虜後，又受到契胡人（爾朱氏）的侵擾，「葛榮衆流入并、肆者二十餘萬，爲契胡陵暴，皆不聊生，大小二十六反，誅夷者半」（《北齊書》，1，頁4～5）。這些經歷卻反而使得他們逐漸產生出一種集體意識，高歡即是利用此一集體意識，鼓動他們團結起來合力對抗爾朱氏。

（高歡）乃詐爲書，言爾朱兆將以六鎮人配契胡爲部曲，衆皆愁怨。又爲并州符，徵兵討步落稽。……神武（高歡）親送之郊，雪涕執別，人皆號慟，哭聲動地。神武乃喻之曰：「與爾俱失鄉客，義同一家，不意在上乃爾徵召。直向西已當死，後軍期又當死，配國人又當死，奈何！」衆曰！「唯有反耳」。神武曰：「反是急計，須推一人爲主」。衆願奉神武。神武曰：「爾鄉里難制，不見葛榮乎，雖百萬衆，無刑法，終自灰滅。今以吾爲主，當與前異，不得欺漢兒，不得犯軍令，生死任吾則可，不爾不能爲取笑天下」。衆皆頓顙，死生唯命。（《北齊書》，1，頁6-7）

通過這麼曲折的方式，高歡才成功地將這些成份複雜的鎮人融合成一個「鎮人集團」[19]。

---

19 這裡我們大略談談中古的胡漢問題，誠如陳寅恪所言，中古民族的區分在於文化，而不在種族。上述引文中，高歡以及這些鎮人都沒有認爲自己是漢人（儘管他們之中確實有不少漢人後裔），因此才有「不得欺漢兒」的約束，那麼，他們倒底認爲自己是什麼人呢？從當時材料看來，不管他們自己、或其他人皆視他們爲「鮮卑」。例如高歡告訴漢人說：「鮮卑是汝作客，得汝一斛粟、二匹絹，爲汝擊賊，令汝安寧」（《資治通鑑》，157，頁4882），這裡的「鮮卑」當然是指他所統率的六鎮鎮人。《北史．薛孝通傳》中則記載薛孝通對賀拔岳說：「高王（歡）以數千鮮卑，破爾朱百萬之衆」（36，頁1336）。再證諸當時鮮卑語的流行，可見唐長孺所說北鎮鎮人「鮮卑化」（陳寅恪用「胡化」一詞）的現象確實是不錯的（唐長孺，〈魏晉雜胡考〉，頁447－9；陳寅恪，〈隋唐制度〉，頁40）。同樣的，當時被認爲「漢人」或「漢兒」的，也不見得在種族上就是漢人。陳寅恪已指出源師本爲北魏名臣源賀（禿髮氏）之後，到北齊時已被視爲「漢兒」，（同前書，頁35）。此外，例如高昂爲高歡手下名將，出身渤海世家，率鄉人部曲從征，在對抗爾朱兆時，高歡曾說：「高都督（昂）純將漢兒，恐不濟事，今當割鮮卑千餘人共相參雜，……。」昂對曰：「敖曹所將部曲，練習已久，前後戰鬥，不減鮮卑，……願自領漢軍，不煩更配」（《北齊書》，21，頁294）。這裡所說的「鮮卑」自然是指六鎮鎮人，然而〈高昂傳〉中提到他「自領鄉人部曲王桃湯、東方老、呼延族等三千人」，其他人姑且不論，呼延一姓明明是匈奴人，卻一概被視爲「漢兒」、「漢軍」，這可能是呼延一氏入中原已久，早已漢化，也有可能由於統帥是漢人，故其部曲一律被視爲漢人。

鎮人表

本表主要根據《魏書》、《北齊書》、《周書》與《隋書》等正史資料。基本上只限於「六鎮之亂」後活躍於軍事、政治上的人物。《魏書》雖然有一些流徙邊鎮的記載，例如太武、文成時期的名將呂洛拔，「長子文祖，顯祖(獻文)以其勳臣子，補龍牧曹奏事中散。以牧產不滋，坐徙武川鎮」，(30，頁732)大概是當鎮人的。拓跋丕兒子拓跋隆、拓跋超參與太和二十年的「穆泰之亂」，被誅，「隆、超母弟及餘庶兄弟，皆徙敦煌」(14，頁361)，大概也是充兵戶。不過，呂文祖後來遇赦回京，而流配敦煌的拓跋丕之後，史無所聞，類似的例子皆不列入本表。

姓名	鎮名[1]	出鎮時間	簡歷
劉貴	懷朔 (秀容陽曲)	不詳	劉貴，少居懷朔，與高歡友善，魏末天下大亂，初隨爾朱榮，後隨高歡。
劉豐	博骨律	不詳	劉豐，果毅絶人，魏末破六韓拔陵之亂，以守城功除普樂太守，後追隨高歡。
獨孤信	武川 (雲中)	文成	獨孤信，魏氏之初，有三十六部，其先伏留屯者，爲部落大人，與魏俱起。祖俟尼，文成和平中，以良家子自雲中鎮武川，因家焉，父庫者，爲領民酋長，少雄豪，北州咸敬服之。信善騎射，正光末，與賀拔度拔等同斬衛可孤。北邊喪亂，避地中山，爲葛榮所獲，及爾朱榮破葛榮，以信爲別將。後隨孝武入關，信與宇文泰少甚相知，遂蒙重用。後爲柱國大將軍。其長女爲周明帝后，第七女爲隋文帝后。[2]

1 括弧中爲原籍所在。

2 獨孤信是領民酋長，領民酋長奉命出鎮之事並非罕見，高平鎮的李賢也是在祖父時代領部落出鎮的。然而李賢的部落到了高平後，似乎已逐漸解散，部落民轉化爲「鄉人」，而獨孤信的部落組織似乎仍保留下來，他們與眞正的鎮人應當還是有點距離的。例如，他們或許還有入京宿衛的義務(或「權利」)。只是，由於這些人傳中明言「出鎮」，將之排除於鎮人之外似也不甚妥當，故本表中凡是領民酋長而明言出鎮某地者，皆列入。

賀蘭祥	武川	不詳	賀蘭祥，賀訥裔孫，《胡姓考》，頁33），其先以良家子出鎮武川，遂家焉。祥母爲宇文泰姊，故隨宇文泰起兵。
尉長命	懷朔	不詳	尉長命，父顯，魏代郡太守。長命助高歡起兵。
尉景	懷朔（善無）	不詳	尉景，孝昌中，北鎮反，景與高歡入杜洛周中，仍共歸爾朱榮。妻爲高歡姊。
尉遲眞檀	武川	不詳	尉遲眞檀，與賀拔勝父子，宇文肱（泰父），輿珍等人襲殺破六韓拔陵部下衛可孤。
若干惠	武川	不詳	若干惠，父樹利周從廣陽王元淵征葛榮，陣亡。若干惠從爾朱榮，最後追隨宇文泰。
梁禦	武川（安定）	不詳	梁禦，因官北邊，遂家武川，高祖俟力提，從道武征伐，爲定陽侯。禦少好學，善騎射。隨爾朱天光入關，最後從宇文泰。
叱羅協	懷朔	不詳	叱羅協，少寒微，恆州刺史，懷朔鎮將楊鈞擢爲從事。魏末客於冀州，隨葛榮，再隨爾朱榮。後隨宇文泰。除恆州大中正。
王德	武川	不詳	王德，善騎射，初從爾朱榮，後隨宇文泰，爲北周名將。（初德喪父，家貧無以葬，乃賣子〔慶〕並一女以營葬事。）
王勇	武川	不詳	王勇，便弓馬，魏末從軍，後隨宇文泰，爲北周名將，賜姓庫汗氏。

侯淵	懷朔	不 詳	侯淵，六鎮亂，隨杜洛周南寇，後與妻兄念賢歸爾朱榮。最後歸高歡，又叛之，死。
侯植	高平[3]	不 詳	侯植，高祖恕，魏北地郡守，子孫因家於北地之三水。遂爲州郡冠族。植，武藝絶倫，正光中（520～524），起家奉朝請。後隨孝武入關，爲西魏、北周名將。
侯景	懷朔	不 詳	侯景，右足短，弓馬非其長，所在唯智謀。魏末六鎮亂，事爾朱榮，後從高歡，歡死，叛歸梁。
婁昭	懷朔	不 詳	婁昭，祖提，家僮數千，牛馬以谷量，太武時（據《胡姓考》，疑爲太和之誤），以功封真定侯。父內干，有武力，昭爲高歡妻弟。從高歡起兵。
李賢	高平	太 武	李賢，自云隴西成紀人，漢李陵之後，陵没匈奴，子孫因居北狄。曾祖富，太武時以子都督討兩山屠各，歿於陣。祖斌，襲領父兵，鎮於高平，因家焉。賢於魏末率鄉人起兵，助爾朱天光，後隨宇文泰。李遠（賢弟），亦隨宇文泰，爲十二大將軍之一，賜姓拓跋氏。
賀拔勝	武川(神武尖山)	太武／文成	賀拔勝，祖爾逗，選充北防，遂家於武川鎮（今察哈爾武川縣），獻文時賜爵龍城男，爲本鎮軍主。勝便弓馬，六鎮亂起，與兄允、弟岳隨其父度拔轉戰北方。後隨爾朱榮、高歡，最後投奔宇文泰。

3 根據《周書・侯植傳》的校勘46，三水在北魏時期並不屬於北地，而是屬於涇州新平郡（頁513）。根據《魏書・地形志》研判，其地當在今天甘肅固原縣，也就是北魏高平鎮所在地，高平鎮置於太武帝太延二年（436），侯植祖先很有可能即在那時遷到高平鎮去的。

莫多婁貸文	懷朔	不 詳	莫多婁貸文，驍果，從高歡起兵。
韓軌	懷朔	不 詳	韓軌，隨高歡起兵。
韓果	武川	不 詳	韓果，善騎射，初隨賀拔岳，後從宇文泰。爲北周名將。
韓賢	懷朔	不 詳	韓賢，壯健有武用，初隨葛榮，榮破，徙至并州，從爾朱榮，後隨高歡。
破六韓拔陵	沃野	不 詳	破六韓拔陵，破六韓常宗人，魏末起兵。
輿珍	武川	不 詳	輿珍，與賀拔勝父子，宇文肱（宇文泰父），念賢等人襲殺破六韓拔陵部下衛可孤。
高歡	懷朔	獻 文	祖高謐以罪徙懷朔。歡少貧，及聘婁氏爲妻，始有馬。六鎮亂起，隨爾朱榮，後自立，爲北齊開國君主。
乙弗庫根	武川	不 詳	乙弗庫根，與賀拔勝父子、宇文肱（泰父）、輿珍等人起兵襲殺破六韓拔陵部下衛可孤。
宇文泰	武川	不 詳	宇文泰，五世祖陵仕慕容燕，道武平慕容寶，陵降魏，徙代，隨例徙武川。魏末，六鎮亂，肱（宇文泰之父）起兵，後卒於軍，泰初隨鮮于修禮、葛榮、爾朱榮，再從賀拔岳，入關，岳死，遂領其衆。
宇文貴	統萬 (昌黎大棘)	不 詳	宇文貴，其先徙居夏州。貴少從師受學，輟書歎曰：男兒當提劍汗馬以取公侯，何能如先生爲博士也！正光末，破六汗拔陵圍夏州，刺史源子雍固守，以貴爲統軍。後隨爾朱榮，元顥之役，率鄉兵從爾朱榮焚河橋。從孝武西遷，與宇文泰爲遠親，甚受親用。後爲十二大將軍之一。

宇文虯	武川	不詳	宇文虯，少從軍有戰功，初從獨孤信，後隨信入關，爲北周名將。
宇文盛	沃野	不詳	宇文盛，曾祖伊與敦、祖長壽，父文孤，並爲沃野鎮軍主。盛初爲宇文泰帳內。
竇泰	懷朔	不詳	竇泰，祖羅，魏統萬鎮將，因居北邊。父樂，六鎮亂起，與懷朔鎮將楊鈞固守遇害。追隨爾朱榮，後隨高歡（泰妻爲高歡妻妹），爲北齊功臣。
侯莫陳崇	武川	不詳	侯莫陳崇，其先，魏之別部，世爲渠帥。祖允，以良家子鎮武川，因家焉。父興，殿中將軍、羽林監。崇善騎射，年十五，隨賀拔岳與爾朱榮。後隨宇文泰。爲柱國大將軍。侯莫陳順（崇兄），從魏孝武入關。
厙狄盛	懷朔	不詳	厙狄盛，少有武用，隨高歡。北齊功臣。
厙狄昌	懷朔	不詳	厙狄昌，少便弓馬，從爾朱天光定關中，再隨賀拔岳，最後隨宇文泰。
潘樂	懷朔	不詳	潘樂，魏世分鎮北邊，乃家焉（《姓纂》云：「潘長，懷朔鎮北將」，按此潘長乃潘樂之祖父，見《胡姓考》）。北鎮亂，樂從魏臨淮王彧爲統軍，再歸葛榮、爾朱榮，最後隨高歡。
杜洛周	柔玄	不詳	杜洛周，孝明帝孝昌元年（525）率衆反於上谷）。
可朱渾元	懷朔	不詳	可朱渾元，原爲遼東人，世爲渠帥，魏時擁衆內附，曾祖護野肱爲懷朔鎮將，遂家焉。元少與高歡相知。後從爾朱天光入關，逮宇文泰據關中，乃東奔歸高歡。

俟醜奴	高平	不詳	万俟醜奴，孝莊武泰元年（528）聚衆反，宗黨甚盛，如万俟道洛，万俟阿寶等。
王盟	武川	不詳	王盟，宇文泰舅，其先樂浪人，六世祖波，前燕太宰。祖珍，魏黄門侍郎。父羆，伏波將軍，以良家子鎮武川，因家焉。王盟於六鎮亂起入河北，後入關，爲北周名將。
斛律金	懷朔	不詳	斛律金，高祖倍俟利，以壯勇有名塞表，道武時率户內附，賜爵孟都公，祖幡地斤，殿中尚書，父大那瓌，第一領民酋長。金善騎射，行兵用匈奴法，望塵識馬步多少，嗅地知軍度遠近，初爲軍主，與懷朔鎮將楊鈞送柔然主阿那瓌還北。正光末，破六韓拔陵構逆，金擁衆屬焉，後統所部萬户詣雲州請降，授第二領民酋長。爲杜洛周所破，脫身歸爾朱榮。後從高歡。斛律平（金兄），魏景明中，釋褐殿中將軍，遷襄威將軍，六鎮起，隸大將軍尉賓北討。後奔其弟。
斛斯椿	懷朔	不詳	斛斯椿，父敦，孝明時爲左牧令，河西賊起，將家投爾朱榮，後隨孝武入關從宇文泰。
鮮于世榮[4]	懷朔（漁陽）	不詳	鮮于世榮，父寶業，懷朔鎮將。世榮少有器幹，興和二年(540)爲高歡親信副都督。

4 鮮于爲古丁零之後，亦即高車人，不過，此族早就入居於今日河北一帶，道武取河北，此族入魏，太武時，由於此族屢叛，徙三千家於京師（《魏書》，4：2〈世祖紀〉，頁102），其中大概有部份遣戍邊鎮，如朔州城人鮮于阿胡（《魏書》，4，頁243）。曾在河北一帶先起大規模叛亂的鮮于脩禮，原先也是五原一帶的鎮人。鮮于世榮似乎也是懷朔人（《北齊書》，41，頁539）

莫折太提	上邽	不詳	孝明帝正光五年(524)據秦州反，自稱秦王。
孫騰	懷朔 (咸陽石安)	太武	祖通，仕北涼沮渠氏，沮渠滅(439)，入魏，因居北邊。孫騰後爲懷朔戶曹史，六鎭亂起，先從爾朱榮，後歸高歡，爲高歡心腹。
念賢	武川 (金城枹罕)	太武	父求就，以良家子戍武川，乃家焉。賢頗涉文史，魏末六鎭亂，與宇文肱（宇文泰之父）等人起兵。
段榮	懷朔 (姑臧武威)	太武	段榮，祖信，仕沮渠氏，太武時入魏，以豪族徙北邊，仍家於五原郡。父連，安北府司馬。六鎭亂起，與鄉舅攜妻子南趣平城。後與高歡奔爾朱榮，其妻爲高歡妻姊。
蔡儁	懷朔	不詳	蔡儁，父普，北方擾亂，奔走五原，守戰有功，拜寧朔將軍。儁與高歡爲舊交。初歸爾朱榮，後隨高歡。
任延敬	懷朔	孝文	任延敬，伯父桃，太和初爲雲中軍將，延敬隨之，因家焉。初從葛榮，後隨高歡。
徐遠	懷朔 （廣平）	不詳	徐遠，其先出自廣平，曾祖定，爲雲中軍將，平朔戍主，因家於朔。遠少習吏事，郡辟功曹。未幾與太守率戶從高歡。歡以遠閑習書計，命爲丞相騎兵參軍事，深爲高歡所知。
暴顯	懷朔 （魏郡）	不詳	暴顯，祖喟，魏朔州刺史，因家邊朔，父誕，魏恆州刺史、樂安公。顯少經軍旅，善騎射。從高歡起兵。元象元年，除雲州大中正。（生於502年）。

傅伏	懷朔	不詳	傅伏，父元興，儀同、北蔚州刺史，，伏少從戎，以戰功至開府、永橋領民大都督。後爲北齊名將。
寇洛	武川 (上谷昌平)	文成	寇洛，累世爲將吏，父延壽，魏文成帝和平中（460-465），以良家子鎮武川，因家焉。魏末，寇洛率鄉里避地并、肆，從爾朱榮及賀拔岳西征，洛與之鄉里，乃隨入關。侯莫陳悅害岳，洛與趙貴推宇文泰爲主。
趙貴	武川 (天水南安)	不詳	趙貴，祖仁，以良家子鎮武川，因家焉。魏末，天下兵起，貴率鄉里南遷，屬葛榮陷中山，遂被拘逼。榮敗，爾朱榮以貴爲別將。後從賀拔岳入關，岳死，奉宇文泰爲主。後拜柱國大將軍，賜姓乙弗氏。
李虎	武川 （趙郡）	不詳	李虎，涼武昭王後，涼爲沮渠蒙遜滅，有李重耳奔於江南，仕宋爲汝南郡守，復歸於魏，拜弘農太守。生熙，起家金門鎮將，後以良家子鎮於武川，因遂家焉。生天錫，任魏爲幢主。天錫生虎，有大志，爲賀拔岳所重，隨岳入關平万俟醜奴。岳卒，從宇文泰，爲八柱國之一，賜姓大野氏。
楊忠	武川	不詳	楊忠，高祖元壽，魏初爲武川鎮司馬，因家於神武郡。父禎，魏末避地中山，忠武藝絶倫，曾入梁五年，後隨爾朱兆、獨孤信，與獨孤信俱歸宇文泰，後爲十二大將軍之一。賜姓普六茹。

蔡祐	高平（陳留）	不詳	蔡祐，曾祖紹爲夏州鎭將，徙居高平，因家焉，祖護，魏景明初（500～502）爲陳留郡守。父襲，名著西州，正光中，襲歸洛陽，及孝武西遷，仍在關東，後始拔難西歸。祐，便騎射，宇文泰在原州，召爲帳下親信，後爲西魏名將，賜姓大利稽。祐少與李穆（李賢弟）布衣齊名。
常安成	沃野（高陽）	不詳	常安成，世爲豪族，徙北鎭，魏末，柔然寇邊，以統軍從鎭將慕容勝與戰，大破之，後破六汗拔陵爲亂，安成率所部討之，卒於陣。常善（安成子），初從爾朱榮，後從宇文泰平侯莫陳崇。
田弘	高平	不詳	田弘，敢勇有謀略，魏永安中，陷於万俟醜奴，爾朱天光入關，弘自原州歸順，爲都督，後歸宇文泰，賜姓紇干氏。
史寧	撫冥（涼州）	太武	史寧，曾祖豫，仕沮渠氏爲臨松令，魏平涼州，祖灌隨例遷於撫冥鎭，因家焉。父遵，六鎭亂，率鄉里二千家奔恆州，復歸洛陽。寧少以軍功，拜別將，直閤將軍，宿衛禁中。後隨賀拔勝入關中。
耿豪	武川（遼東）	不詳	耿豪，其先避劉、石之亂，居遼東，因仕於燕，曾祖超，率衆歸魏，遂家於武川。豪少有武藝，賀拔岳西征，引爲帳內。岳被害，歸宇文泰。賜姓和稽氏。大統十六年卒（550），年四十五。

楊纂	懷朔	不 詳	楊纂，父安仁，魏北道都督，朔州鎮將。纂少習軍旅，工騎射，年二十，從高歡起兵，後入關從宇文泰，賜姓莫胡盧氏。
司馬子如	懷朔（涼州）	太 武	司馬子如，自云爲晉宗室，其先晉亂奔涼州，魏平涼州（太武時）徙居於雲中，父興龍，魏魯陽太守。子如爲懷朔省事。與高歡爲舊交。六鎮亂起，奔爾朱榮，後隨高歡。
王雅	統萬	不 詳	王雅，善騎射，後從宇文泰，爲北周名將。

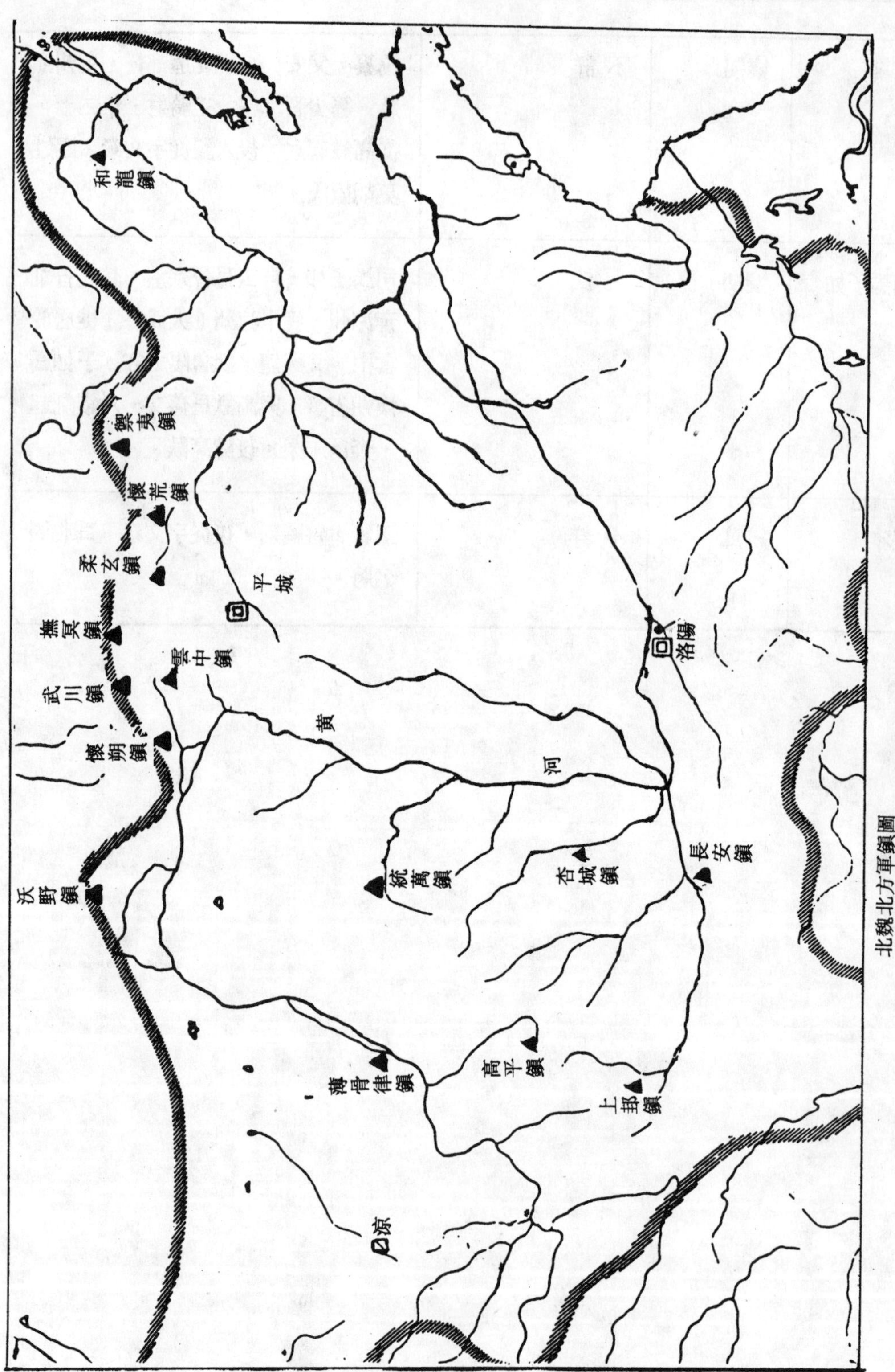

北魏北方軍鎮圖

（資料來源：嚴耕望，《北魏軍鎮制度考》附圖）

參考書目

一、基本史料

王欽若　《冊府元龜》

令狐德棻　《周書》，點校本

李百藥　《北齊書》，點校本

李延壽　《北史》，點校本

魏　收　《魏書》，點校本

魏　徵　《隋書》，點校本

二、參考資料（中、日文）

毛漢光　〈北魏東魏北齊之核心集團與核心區〉，《史語所集刊》，57：2，（1986）

西野正彬　〈北魏の軍制と南邊〉，《北陸史學》，25，（1976）

谷川道雄　〈武川鎮軍閥の形成〉，《名古屋大學東洋史研究報告》，8，（1982）

谷川道雄　〈魏晉南北朝及隋唐的社會和國家〉，《中國史研究》，1986：3

谷川道雄　《中國中世の探求》，（東京，1987）

唐長孺　〈魏周府兵制度辨疑〉，《魏晉南北朝史論叢》，（北京，1955）

唐長孺　〈魏晉雜胡考〉，同前書

唐長孺、黃惠賢　〈試論魏末北鎮鎮民暴動的性質〉，《歷史研究》，1964：1

唐長孺、黃惠賢　〈二秦城民暴動的性質和特點——北魏末期人民大起義研究之三〉，《武漢大學學報》，1979：4。

陳寅恪　〈隋唐制度淵源略論稿〉，《陳寅恪先生論文集》，（台北，1977）

陳寅恪　〈李唐氏族之推測〉、〈李唐氏族之推測後記〉，〈三論李唐氏族問題〉，皆見前引書

陳寅恪，（萬繩楠整理）

《魏晉南北朝史講演錄》，（合肥，1987）

康　樂　〈代人集團的形成與發展——拓跋魏的國家基礎〉，《史語所集

刊》，61：3。

濱口重國　〈正光四五年の交に於ける後魏の兵制に就にて〉，《秦漢隋唐史の研究》，(東京，1966)

嚴耕望　〈北魏軍鎮〉，《中國地方行政制度史——魏晉南北朝行政制度》，(台北，1963)。

出自第六十一册第四分(一九九〇年十二月)

王鐸與晚唐政局
——以討伐黄巢之亂爲中心

黄　清　連

本文是以王鐸爲中心，討論他的家世、事功，以及他在晚唐動盪政局中所扮演的角色，和如何捲入朝廷政爭等問題。但由於他在其生命中最後十五年最爲活躍，並曾在此一期間二度擔任唐軍統帥，負責討伐黄巢亂軍，本文特以他兩次出任都統的相關問題進行分析，藉以檢討唐中央政府與地方藩鎮如何處置黄巢之亂。

本文分五節討論，除第一及第五節爲「前言」與「結語」外，第二節說明王氏的家世與早期仕宦經歷，第三、四節則對於他初任及再任諸道行營都統期間，朝廷政爭與鐸討伐黄巢亂軍等事，試加檢討。

一、前　言

本文擬以王鐸（？-884）爲中心，討論他的家世、事功，以及他在晚唐動盪的政局中所扮演的角色，和如何捲入朝廷政爭等問題。但由於他在其生命中最後十五年在政治上最爲活躍，並曾在此一期間二度擔任唐軍統帥，負責討伐黄巢亂軍，本文特以他兩次出任都統的相關問題爲重點，藉以檢討唐中央政府與地方藩鎮如何處置黄巢之亂（875-884）。黄巢之亂前後歷經十年，亂區遍及華北、華中、華南各地，對唐帝國傷害極大，這是學界通識。長期以來，針對此一動亂的研究很多，但討論的焦點多半集中在叛亂集團和亂事本身，似乎仍有不足之處。筆者曾撰文二篇，分別透過高駢與宋威二大唐軍統帥，試從另一側面補充說明黄巢亂事爲何會歷時甚久、波及甚廣[1]。本文之作，正是此一研究旨趣的賡續。

1　拙文，〈高駢縱巢渡淮--唐代藩鎮對黄巢叛亂的態度研究之一〉，《大陸雜誌》，80卷1期（1990），頁3～22；拙文，〈宋威與王、黄之亂－－唐代藩鎮對黄巢叛亂的態度研究之二〉，收入中央研究院歷史語言研究所主編，《中國近世社會文化史論文集》（台北：中央研究院歷史語言研究所，1992），頁1～37。。

王鐸出身重德名家，鐸本人曾三度任相，四任節度使，在黃巢自廣東北上湖襄及盤據長安期間，他前後兩次充任諸道行營都統，指揮軍隊與叛軍對壘。然而鐸的成敗，歷來褒貶不一，有的說他是「社稷之才，當大過之世，爲天下唱。扶支王室，幾致中興。」[2]有的說「王鐸假手於反覆橫逆之朱温、包藏異志之李克用，交起滅賊，因以亡唐。」[3]在當時複雜、動盪的環境中，王鐸對於叛亂集團的處置，王鐸個人與朝中大臣的互動關係等等問題，與僖宗一朝之政局，實有密切關係，值得探討。

本文是以王鐸爲中心，分五節討論，除第一及第五節爲「前言」與「結語」外，第二節說明王氏的家世與早期仕宦經歷，第三、四節則對於他初任及再任諸道行營都統期間，朝廷政爭與鐸討伐黃巢亂軍等事，擬試加檢討。有關晚唐的史料，往往相互牴牾，不得不稍加考辨，故本文在敘事、分析之際，亦無法避免細微之考證，尚請識者明察，方家指正。

二、王鐸的家世與早期仕宦經歷

王鐸，字昭範，太原晉陽人[4]，生年不詳，卒於僖宗中和四年(884)十二

2 《新唐書》(標點本)，卷185，頁5414，〈王鐸傳・贊〉。

3 王夫之，《讀通鑑論》(台北：廣文書局，1968)，卷27，頁11下，〈僖宗〉條下。

4 《舊唐書》(標點本)卷164、《新唐書》卷185，王鐸本傳，皆未明言鐸之籍貫。唯《新唐書》，卷72中，〈宰相世系表，二中〉(以下或簡稱《新・表》)作汾州長史王滿一支(即王播、王起、王炎、王鐸等所屬)，係太原晉陽人。李宗閔，《故丞相尚書左僕射贈太尉太原王公(播)神道碑銘并序》(以下或簡稱王播神道碑)收入《文苑英華》〔台北：華文書局，1965，影明隆慶元年刊本〕，卷888，頁1上-5上；《全唐文》〔台北：匯文書局，1961，及台北：大化書局，1987，影嘉慶十九刻本〕，714 ，頁 10上-14下，作「太原人」。李碑並作王滿官至汾州長史。但白居易撰〈唐楊〔揚〕州倉曹參王府君〔墓〕誌銘(并序。代裴題舍人作)〉(以下或簡作王恕墓誌銘)則對王氏一支的先世敘述較詳，云：「公諱某(恕)，字士寬，其先出自周靈王太子晉。凡二十一代而生翦，翦爲〔秦〕將軍。又三世而生珣，珣居太原，故今爲太原人。又十九代……。又二代而生曾祖諱滿，官爲河南府王屋縣令。」見：顧學頡校點《白居易集》(北京：中華書局，1970)，卷42，頁927。這個說法，與《新唐書・宰相世系表》及李宗閔撰王播神道碑所稱不同。羅振玉《唐書宰相世系表補正》(收入七經堪叢刊，第一冊，1937)，卷上，頁33上，指出白居易所撰墓誌「所述較《表》爲詳。《表》稱滿汾州長史，與《誌》作王屋縣令亦不合。」茲並存之。

月[5]。終唐之世，「王氏定著三房：一曰琅琊王氏，二曰太原王氏，三曰京兆王氏。宰相十三人。（原註：琅琊有方慶、璵、摶、璿；太原有溥、綰、珪、涯、晙、播、鐸；京兆有徽、德眞。）」[6]王鐸就是屬太原王氏中王滿一支，在他祖父王恕一輩之前，官職並不高。到了王鐸父王炎及其兄弟王播、王起一輩，則已位至宰相、大臣。這裡先表列王鐸世系如下，以明鐸的家世：

王鐸家世表

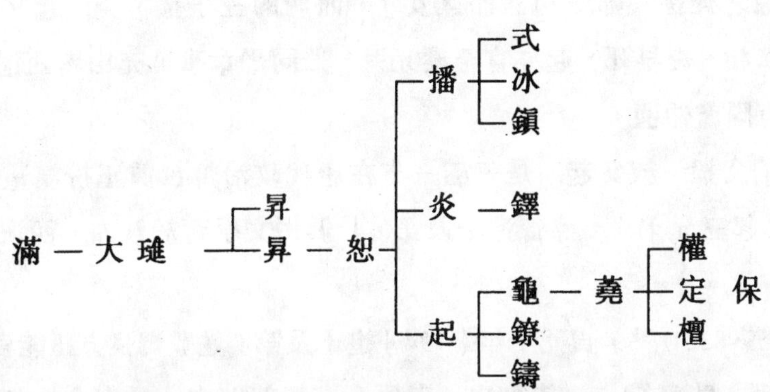

王滿，官至汾州長史或河南府王屋縣令[7]。滿生大璡，嘉州司馬。[8]大璡生昇、昪；昪爲京兆府咸陽令、河南府伊闕令。[9]昪生恕（727-783），「建中初，選

5　此據《資治通鑑》，卷256，頁8317，「僖宗中和四年十二月」條。《舊唐書》，卷164，頁4285，〈王鐸傳〉則作王鐸遇害「時光啟四年十二月也。」按：僖宗光啟共三年（885-887），光啟四年二月即改元文德，作光啟四年十二月，不但紀年有誤，且各項史料皆無王鐸在中和四年十二月以後活動之記載，王鐸當已於是時過世，《舊唐書·王鐸傳》繫王鐸卒年有誤。

6　《新唐書》，卷72中，頁2655，〈宰相世系，二中〉。按：「宰相十三人」，疑有誤。標點本《新唐書》「校勘記」於是條下謂：「按本卷華陰王氏表載：『孝傑，相武后。』與《舊書》卷六，〈則天紀〉、本書卷一一一及《舊書》卷九三〈王存傑傳〉合，此處漏計。」

7　王滿所任官職，各種記載頗有歧異，詳見註4。

8　見白居易，〈唐楊州倉曹參軍王府君〔墓〕誌銘〉；《新唐書》，卷72中，〈宰相世系、二中〉唯《舊唐書》卷164，頁4275，〈王播傳〉則作「曾祖璡」。至其官職，李宗閔，〈故丞相尚書左僕射贈太尉太原王公神道碑銘并序〉則作「嘉州司馬給事中」。

9　王大璡之子及王恕之父，各項史料記載頗有不同：《新·表》作大璡子昇及昪，昪爲咸陽令，昪生恕。《舊唐書》，卷164，頁4275，〈王播傳〉謂播祖昇，咸陽令，父恕。李宗閔撰王播神道碑作大璡生昇，咸陽縣令太子少師，昇生恕。白居易撰王恕神道碑，謂大璡生昪，昪即恕之父，爲京兆府咸陽令、河南府伊闕令。並稱王昪「有文行學術，應制舉，對沈謀祕略策登科，詩入《正聲集》。公（恕）即伊闕第三子。」白氏所述爲其他史料所

授楊〔揚〕州倉曹參軍。至四年(783),七月二十六日,疾歿于江陽縣之私第,春秋六十二。」[10]王恕是王滿一支逐漸在官僚體系中嶄露頭角的關鍵,根據白居易在〈唐楊〔揚〕州倉曹參軍王〔恕〕府君〔墓〕誌銘〉的記載,王恕是王昇的第三子,他好文學,善屬文。天寶年間,應明經舉及第,選授婺州義烏尉。此後在東南地方政府中遷轉,先後擔任過婺州防禦判官、司倉,越府司曹,權知餘姚縣令,最後官至揚州倉曹參軍。王恕的官品雖不高,但他娶了清河崔氏,即「鳳閣舍人〔崔〕融之姪孫,鄭州司法昂之女」,而恕的三子播、炎、起又都以進士出身,播位至宰相,炎早死,起亦官至興元尹,兼同平章事,充山南西道節度使。恕有一女,適范陽盧仲通。

王鐸的伯父播、叔父起,是王滿一支在唐代政治舞台眞正扮演重要角色的一代。播、炎、起三兄弟[11],都曾進士及第,「俱用文學奮於江左,西遊長安,七中甲乙,時議偉之。」[12]

王播(759-830)[13],貞元十年(794)進士及第,並登賢良方正能言極諫科[14],歷任集賢校理、監察御史、侍御史、三原令、駕部郎中、長安令、御史中丞、京

無。按:白居易與王恕子播、炎、起同游,對王氏世系亦熟稔,所述當較可信。如白氏在王恕墓誌即云:「某不佞,頃對策於王庭也,與炎同升諸科焉。祗命於憲府也,與播聯執其簡焉。及爲考文之官也,又起在選中焉。辱與公(恕)之二三子游,而聆公之遺風甚熟。故作斯文,無隱情,無愧辭焉。」故本文所述王氏世系於白居易王恕墓誌,多所取裁。

10 見:白居易,〈唐楊州倉曹參軍王府君〔墓〕誌銘〉。除正文所引外,白氏對王恕行誼仍有許多記載。按:王恕,兩《唐書》無傳,唯仍有幾條簡單資料,如:《新·表》謂:「恕,字士寬,揚府倉曹參軍。」《舊唐書》,卷164,頁4275,〈王播傳〉說:「父恕,揚府參軍。」《新唐書》,卷167,頁5115,〈王播傳〉說「父恕爲揚州倉曹參軍。」李宗閔撰王播神道碑則云:「恕,揚州倉曹參軍尚書左僕射」。

11 播、炎、起之兄弟排行,各項記載略有不同。《新·表》作播、起、炎。唯檢白居易撰王恕墓誌銘及李宗閔撰王播神道碑,皆作播爲長、仲爲炎,季爲起。白氏稱恕「有子曰播、曰炎、曰起,咸以進士舉及第。」李氏更明謂:「公(播)之仲弟曰炎,季曰起。」羅振玉《唐書宰相世系表補正》,卷上,頁33上-下,亦指出《新·表》與碑、誌不合。本文從白居易、李宗閔之記載,不取《新·表》。

12 見李宗閔,〈故丞相尚書左僕射贈太尉太原王公神道碑并序〉。

13 王播,兩《唐書》有傳,見《舊唐書》,卷164,頁4275-4278,及《新唐書》,卷167,頁5115-5117,本傳。又見上引李宗閔撰王播神道碑。

14 見李宗閔,王播神道碑;又見:徐松,《登科記考》(南菁書院本,京都:中文出版社,1982),卷13,頁22下,又同卷,頁23下。

兆尹、禮部尚書、成都尹、劍南西川節度使等職。長慶元年（821）十月，由諸道鹽鐵轉運使、刑部尚書，守中書侍郎同中書門下平章事。王播此次擔任相職至次年三月罷爲淮南節度使，至大和元年（827）六月，王播復相，四年（830）正月卒。[15]王播的行政能力很強，長於吏術，明於案牘。但他的操守卻爲兩《唐書》編者所批評。如《舊唐書·王播傳》說：「播出自單門，以文辭自立，踐昇華顯，鬱有能名。而隨勢沉浮，不存士行，姦邪進取，君子恥之。然天性勤於吏事，使務塡委，胥吏盈廷取決，簿書堆案盈几，他人若不堪勝，而播用此爲適。」《新唐書·王播傳》也有類似說法，除了對播長於吏事有雷同敘述外，更對他領鹽鐵，嗜權利、重賦取等項多所批評。

王炎，兩《唐書》都附其傳於王播傳之後，但僅寥寥數語。如《舊唐書》說：「炎，貞元十五年（799）登進士第，累官至太常博士，早世。子鐸、鐐。」《新唐書》敘述更簡單，僅說：「炎，終太常博士。子鐸、鐐自有傳。」鐸爲炎子，各書記載皆同。但鐐似非王炎之子，兩《唐書·王炎傳》記載恐誤。[16]

王起（760-847）[17]，貞元十四年（798）擢進士第，登制策極言直諫科，歷任集賢校理，藍田尉，起居郎，司勳員外郎，直史館，比部郎中知制誥，中書舍人，禮部侍郎，典貢舉，河南尹，吏部侍郎，集賢學士，兵部侍郎，陝虢觀察使、兼御史大夫，尚書左丞，戶部尚書判度支，河中尹，河中晉絳節度使，兵部尚書，襄州刺史，山南東道節度使，翰林侍溝學士，太子少師，左僕射等職。死於興元尹，兼同平章事，充山南西道節度使任內。王起性友悌，嗜學，有文名。

15　參見：兩《唐書》本傳及《新唐書》卷63，頁1717-1720，〈宰相表·下〉。

16　除正文所引兩《唐書·王炎傳》謂鐸、鐐皆炎子外，其他相同記載尚有：《舊唐書》，卷164，頁4285〈王鐸傳·附鐐傳〉及《新唐書》，卷185，頁5407，〈王鐸傳·附鐐傳〉、又，計有功，《唐詩紀事》（上海：中華書局，1965；台北：木鐸出版社，1982），卷66，頁1000，〈王鐐〉條謂：「鐐，登咸通進士第。宰相王播之弟炎，生二子，鐸、鐐。鐸相僖宗，鐐累官至汝州刺史。王仙芝陷郡城，鐐貶韶州司馬，終太子賓客。」但《新唐書·宰相世系表·二中》則明列王起生子式、龜、鐐、鑄，並於鐐下注：「字德耀，汝州刺史。」此外，司馬光，《資治通鑑》，卷252，頁8185，「僖宗乾符三年（876）九月丙子」條謂：「王仙芝陷汝州、執刺史王鐐。鐐，鐸之從父兄弟也。」茲以兩《唐書·王鐐傳》所載互有牴牾（尤其是鐐之死），暫從《新·表》及《通鑑》之說。

17　王起，兩《唐書》有傳，見：《舊唐書》，卷164，頁4278-4281；《新唐書》，卷167，頁5117-5118。

王鐸及他的從父兄弟一代，以王鐸功名最著，其次則是王式。鐸的伯父播有三子：式、冰、鎮。[18]鐸的叔父起有三子：龜、鐐、鑄。這裡略述王鐸堂兄弟六人的事蹟。王式[19]，以門蔭爲太子正字，擢賢良方正科，累遷殿中侍御史，出爲江陵少尹、晉州刺史，徙安南都護、綏撫邊境有功。裘甫作亂，王式平定有功，加檢校右散騎常侍。咸通三年(862)，王式又率兵平徐州銀刀軍之亂。終左金吾大將軍。王冰的事蹟不詳，李宗閔說冰「始授京兆府參軍事，器度宏遠。」[20]王鎮官祕書丞，事蹟也無考。王龜[21]，性格簡澹，不樂仕進，不從科試。常與山人道士游，喜隱居山林。宣宗初，以右補闕徵，累遷侍御史、尚書郎、祠部郎中、史館修撰、兵部郎中、同州刺史、越州刺史、浙東團練觀察使等職。山越亂，遇害。王鐐[22]，可考的事蹟不多，史料往往彼此牴牾或誤載。如《舊唐書・王鐐傳》僅有一小段記載，說：「鐸弟鐐，累官至汝州刺史。王仙芝陷郡城，被害。」《新唐書・王鐐傳》則說：「〔鐸〕弟鐐，累官汝州刺史。乾符中，王仙芝來攻，鐐拒之，自督勇士與別將董漢勳守南、北門。城陷，漢勳力戰死，鐐貶韶州司馬。終太子賓客。」兩《唐書・王鐐傳》對乾符三年(876)九月王仙芝率軍攻陷汝州，王鐐的下落說法有異：一說被殺，一說被貶。《資治通鑑》則云「王仙芝陷汝州，執刺史王鐐。」[23]這是王鐐被俘的說法。方積六曾就這三種不同說法，比對《三水小

18　《新・表》作王起有四子：式、龜、鐐、鑄。《新唐書・王起傳》亦作起子龜、式。又，(宋)王讜，《唐語林》(台北：世界書局，1975)卷二，頁41，謂：「王尚書式，僕射起之子……」但李宗閔撰王播神道碑則稱：嗣子式，其次曰冰。又云此碑撰作緣起係「其子鎮，以宗閔晚陪公(播)於相位之末，稍窺公之行，請銘其烈，以垂於後。」《舊唐書》，卷164，頁4278，〈王播傳〉亦謂「播子式」。唯《舊唐書・王龜傳》則云：弟鐸，兄式，恐爲行文省便，不作從兄或從弟。茲以李宗閔之王播神道碑之說爲據。

19　王式，兩《唐書》有傳，見《舊唐書》，卷164，頁4282及《新唐書》，卷167，頁5119-5121。

20　見：李宗閔撰王播神道碑。《新・表》僅作：「冰，京兆府參軍」。

21　王龜，兩《唐書》有傳，見：《舊唐書》，卷164，頁4281-4282；《新唐書》，卷167，頁5119，又參見：劉禹錫，〈薦處士王龜狀〉，《全唐文》，卷603，頁11上-下。

22　兩《唐書》有簡略小傳，附於《王鐸傳》之後，見：《舊唐書》，卷164，頁4285；《新唐書》，卷185，頁5407。計有功，《唐詩紀事》，卷66，頁1000，「王鐐」條，有簡傳。另外，郁賢浩，《唐刺史考》(江蘇古籍出版社，1987)，頁632，亦輯有王鐐任汝州刺史資料，唯考證未及方積六精詳，見註24。

23　《資治通鑑》，卷252，頁8185，「僖宗乾符三年(876)九月丙子」條。

牘》、《唐大詔令集》等史料，作過考證，並推論說：「王鐐很可能在汝州城陷時一度被俘，再從義軍〔指王仙芝軍〕手中逃走，被唐中央貶官韶州。」[24]王鐐在擔任汝州刺史前不久，曾於乾符二年（875）六月，由主客員外郎轉任倉部員外郎。[25]至於王鑄，只有《新唐書·宰相世系表》載：「鑄，字台臣。」四字，並無其他史料可考。

以上略就王鐸之家世（自王滿起至王鐸一代止）稍加敘述。現在擬就乾符六年（879）四月王鐸第一次出任諸道行營都統以前之仕宦經歷，再加說明。

王鐸，武宗會昌元年（841），擢進士第[26]，不久遷右補闕、集賢殿直學士，白敏中曾辟署西川幕府。從武宗至宣宗時期（841-859），王鐸在唐官僚體系中歷練，但相關資料不多，這可能與鐸當時僅爲低品官，且未擔任重要職任有關。自懿宗咸通二年（861）後，王鐸仕宦逐漸順利、顯達。這年四月，他以駕部郎中本官加知制誥[27]，次年（862）五月轉中書舍人[28]。五年（864）轉禮部侍郎，典貢舉。[29]六年（865），王鐸以吏部侍郎身分，與吏部尚書崔愼由、吏部侍郎鄭從讜、兵部員外郎崔謹、張彥遠等主持吏部試，考博學宏詞選人。[30]七年（866），王鐸以戶部侍郎、判度支遷禮部尚書。[31]從上所述，王鐸在咸通初期擔任的官職多屬清要官，並曾在中書省及尚書省的吏、戶、禮部擔任要職，爲他日後出任宰相的行政經歷奠下基礎。

24　方積六，《黃巢起義考》（北京：中國社會科學出版社，1980），頁26-27。

25　《舊唐書》，卷19下，頁694，〈僖宗紀〉「乾符二年六月」條。

26　兩《唐書·王鐸傳》皆作「會昌初」擢進士第。唯徐松考訂王鐸係會昌元年登進士第，見：《登科記考》，卷22，頁2上。

27　《舊唐書》，卷19上，頁651，〈懿宗紀〉「咸通二年四月」條。

28　《舊唐書》，卷19上，頁652，〈懿宗紀〉「咸通三年五月」條。

29　《舊唐書》，卷19上，頁655，〈懿宗紀〉說：咸通四年十一月，「以中書舍人王鐸權知禮部貢舉。」但《舊唐書·王鐸傳》則稱：「（咸通）五年，轉禮部侍郎，典貢士兩歲，時稱得人。」《新唐書·王鐸傳》未加繫年，僅稱：「歷中書舍人、禮部侍郎。所取多才實士，爲世稱挹。」徐松《登科記考》卷23，頁8下，亦引上述史料，繫於咸通五年下，並作案語：「按鐸惟此年知舉，云典貢士兩歲誤也。」按徐松考證，咸通四年知貢舉爲左散騎常侍蕭倣，六年爲中書舍人李蔚。茲從徐松之說。

30　《舊唐書》，卷19上，頁658-659，〈懿宗紀〉「咸通六年二月」條。又參：《登科記考》，卷23，頁9上-下。

31　《舊唐書》，卷164，頁4282，〈王鐸傳〉。按：《新唐書·王鐸傳》敘此事較簡，且未繫年。

咸通十一年(870)十一月辛亥，懿宗制以禮部尚書、判度支王鐸爲本官同中書門下平章事。[32]爲什麼王鐸會被懿宗任爲宰相?有的史料說是「鐸柔弱易制，中官貪之，先用鐸焉。」[33]有的學者說因爲王式曾定南詔、鎭裘甫，而且甫平龐勛之亂，頗有戰功。鐸在龐勛之亂甫平而任相，因此推測與王式有關。[34]《玉泉子》(文淵閣四庫全書本，頁14)則說鐸判度支時對穩定物價有功。這三個說法都有可能，但如細考當時朝中上層權力核心人物，則與同一年正月甫任相的懿宗駙馬韋保衡也似乎有些關係。咸通五年王鐸掌貢舉，韋保衡當年登第，兩人有座主門生關係。但是「保衡以幸進無藝，同年門生皆薄之。」[35]韋保衡在咸通十年正月，尚皇女同昌公主。十一年四月任相。保衡「性浮淺，既恃恩據權，以嫌愛自肆，所悅即擢，不悅擠之。保衡舉進士，王鐸第于籍、蕭遘與同升，以嘗薄於己，皆見斥。逐楊收、傾路巖，人益畏之。」[36]韋保衡利用權勢，大事排擠朝中人物，持續一段不算短的時間，如:咸通十一年九月，在保衡任相五個月後，宰相劉瞻、翰林學

32　《舊唐書》，卷19上，頁676，〈懿宗紀〉「咸通十一年十一月」條;《新唐書》，卷9，頁262，〈懿宗紀〉「咸通十一年十一月」條。唯《資治通鑑》，卷252，頁8160，「懿宗咸通十一年十一月辛亥」條作:「以兵部尚書、鹽鐵轉運使王鐸爲禮部尚書、同平章事。」

33　王讜，《唐語林》，卷7，頁236-237，說:「李蠙、王鐸，進士同年也。蠙常恐鐸先大用。及路巖出鎭，蠙益失勢。鐸柔弱易制，中官貪之，先用鐸焉。蠙知之，挈酒一壺，謂鐸曰:『公將登庸矣，吾恐不可及也!願先事少接左右。』鐸妻疑置酖，使婢言之。蠙驚曰:『吾豈酖者?』即命大白滿引而去。」以上這條記載，唐人(佚名)《玉泉子》(景印文淵閣四庫全書本)，頁18上-下，所述略同。按:李蠙，兩《唐書》無傳，玆檢《舊唐書》，卷19上，頁654，「咸通四年(863)三月」條，得唯一相關資料云:是月「以戶部侍郎李蠙檢校尚書、潞州大都督府長史，充昭義節度、觀察處置等使。」嚴耕望，《唐僕尚丞郎表》(台北:中央研究院歷史語言研究所，1956)，頁195，「表」及頁735，「輯考」，亦以《舊唐書》此條資料爲據。又按:路巖出鎭係在咸通十二年(871)四月，《舊唐書・懿宗紀》該月條下說:「以左僕射、門下侍郎、同平章事路巖檢校司徒，兼成都尹、劍南西川節度等使。」上引《唐語林》敘事，易引起誤解，以爲路巖先出鎭，王鐸次拜相，其實不然，不可不辨。

34　Robert M. Somers, "The end of the T'ang," *The Cambridge History of China*, Vol.3, "Sui and T'ang China, 589-906, Part I," (Cambridge: Cambridge University Press, 1979), p.710.

35　見:《舊唐書》，卷179，頁4645，〈蕭遘傳〉。按:是年進士登第者二十五人，其可考有韋保衡、蕭遘、盧隱、李峭、裴偓等。見:徐松，《登科記考》，卷23，頁8上。另據《新唐書》，卷184，頁5398，〈韋保衡傳〉，與保衡同年者，尚有于籍一人。

36　《新唐書》，卷184，頁5398，〈韋保衡傳〉。

士鄭畋及孫瑝、高湘、楊知至、魏簹、張顏、崔顏融等人，都因坐與劉瞻親善，被他外放。[37]這是韋保衡執政期間，對於反對者第一次大規模的整肅行動。然而，在保衡任相後十個月，王鐸卻得以出任相職，以當時保衡挾駙馬、宰相之位而「勢傾天下」的局面看，如果保衡對王鐸在此時加以排擠，則王鐸應當沒有任相的可能。《新唐書·王鐸傳》說：

> 韋保衡緣恩倖輔政，始由鐸得進士，故謹事之。雖竊政權將大斥不附者，病鐸持其事，不得肆，搢紳賴焉。

《舊唐書·王鐸傳》也說：咸通「十二〔當作「一」年〕，〔鐸〕以本官同平章事。時宰相韋保衡以拔擢之恩，事鐸尤謹，〔鐸〕累兼刑部、吏部尚書。僖宗即位，加右僕射。保衡得罪，以鐸檢校右僕射，出爲汴州刺史、宣武軍節度使。」

從上所引，韋保衡對王鐸出任宰相，可能默許或贊成其事，原因或許和兩人間的座主門生關係有關。這件事雖不得其詳，但至少韋保衡並未公開反對。以韋氏當時呼風喚雨的權勢來說，若有韋氏作梗，必敗無疑。王鐸自咸通十一年（870）十一月第一次任相，至咸通十四年（873）六月，罷相，並出爲宣武節度使，[38]共爲時二年七個月。然而，王鐸第一次罷相，到底是因韋保衡而受到牽累，還是出於韋保衡的排擠呢？若干史料有矛盾的說法。上引《舊唐書·王鐸傳》說鐸之罷相及出鎭，是由於受到韋保衡之牽累。但《資治通鑑》，卷252，「懿宗咸通十四年六月」條則有相反說法：

> 以中書侍郎、同平章事王鐸同平章事，充宣武節度使。時韋保衡挾恩弄權，以劉瞻、于琮先在相位，不禮於己，譖而逐之。王鐸，保衡及第時主文也，蕭遘，同年進士也，二人素薄保衡之爲人，保衡皆擯斥之。

揆諸事實，王鐸第一次罷相，應當是受到韋保衡的擯斥，《通鑑》所述，比較有可能。因爲自咸通十一年四月韋氏任相，至咸通十四年九月被人告發、貶爲賀州刺史，保衡在相位共三年五個月。這段期間，韋保衡利用權勢整肅的政敵很多，除上述劉瞻、鄭畋等人外，還包括以下二件較重要的事：㈠與宰相路巖「爭

37　《舊唐書》，卷19上，頁675-676，〈懿宗紀〉「咸通十一年九月」條；《資治通鑑》，卷252，頁8159，「懿宗咸通十一年九月丙辰」條。

38　見：《資治通鑑》，卷252，頁8166，「懿宗咸通十四年六月」條。

權，浸有隙，保衡遂短巖於上。〔咸通十二年〕夏，四月，癸卯，以巖同平章事，充西川節度使。」[39]㈡咸通十三年二月，宰相于琮「爲韋保衡所構，檢校司空、山南東道節度使。」[40]由於韋保衡的讒構，這年五月，于琮再貶爲普王(即後來的僖宗李儇)傅。接著又再貶與于琮厚善的一批朝中人物，外放到湖、嶺之南，包括：尚書左丞李當、吏部侍郎王渢及其他大臣李都、張裼、封彥卿、楊塾、嚴祈、李貺、張鐸、李敬仲、蕭遘等人。[41]除王鐸外，韋保衡在相位期間，整肅或排擠過的宰相還包括劉瞻、路巖和于琮三人，及其他大臣。其中較值得一提的是路巖，路氏自咸通五年十一月至咸通十二年四月任相，共七年半。懿宗當時「荒宴，不親庶政，委任路巖；巖奢靡，頗通賂遺，左右用事。」[42]在韋保衡未任相之前，路巖是朝中聲勢最爲煊赫的宰相。咸通十一年四月，韋保衡任相，路、韋二人最初還能「素相表裏，勢傾天下」[43]，「二人勢動天下，時目其黨爲『牛頭阿旁』，言如鬼陰惡可畏也。」[44]但是權侔相爭，兩人最後還是產生怨隙，韋氏先發制人，讒構於懿宗之前，終將路巖外放。

從上分析，韋保衡既然權傾天下，對於素所不悅者也全力排擠，可是王鐸到底是韋氏座主，鐸雖素薄保衡爲人，韋氏最初似乎仍多方忍耐，王鐸也因爲保衡開始時尚能「謹事之」，而能發揮個人影響力，使當時「搢紳賴焉」。然而，權力之爭終能腐蝕脆弱的名份關係，王鐸對保衡既有不齒之心，則保衡擯斥王鐸，亦可以理解。無論如何，王鐸第一次出相及罷相與韋保衡都有關係。

王鐸第一次罷相後，就出任宣武軍節度使，時在懿宗咸通十四年(873)六月。至僖宗乾符三年(876)三月，再以左僕射兼門下侍郎、同平章事。王鐸在宣武節度使任內，前後僅約二年左右。也就是在乾符二年先由宣武節度使遷左僕

39 《資治通鑑》，卷252，頁8161，「懿宗咸通十二年四月癸卯」條；並見：《舊唐書》，卷177，頁4603，〈路巖傳〉；《新唐書》，卷184，頁5397，〈路巖傳〉。

40 引文見《新唐書》，卷104，頁4010，〈于琮傳〉；繫年見：《資治通鑑》，卷252，頁8162，「懿宗咸通十三年二月丁巳」條。按《舊唐書》，卷149，頁4010，〈于琮傳〉未載此事。

41 《資治通鑑》，卷252，頁8163-8164，「懿宗咸通十三年五月丙子」條。

42 《資治通鑑》，卷251，頁8150，「懿宗咸通十年十月」條。

43 《資治通鑑》，卷252，頁8161，「懿宗咸通十二年四月」條。

44 《新唐書》，卷184，頁5397，〈路巖傳〉。

射，再於次年三月由左僕兼門下侍郎同平章事。到了四年（877）閏二月，遷檢校司徒，仍兼門下侍郎、平章事。[45]

王鐸復相與當時政局發展及王、黄之亂的爆發，有相當關係。《舊唐書·王鐸傳》說：

> 鐸有經世大志，以安邦爲己任，士友推之。乾符二年，河南、江左相繼寇盜結集，內官田令孜素聞鐸名，鐸，拜右僕射、門下侍郎平章事。

據此，鐸的復相似乎是由田令孜所召，但《新唐書·王鐸傳》有不同記載：

> 僖宗初，以左僕射召。始，鐸當國，練制度，智慮周密，時論推允。會河南盜起，天下跂鐸入輔，又鄭畋數言其賢，復拜門下侍郎、平章事。

兩《唐書·王鐸傳》對鐸的復相，究竟是由誰決策，有紛歧說法。這裡試以當時朝廷權力結構，略加分析：

唐僖宗李儇，生於咸通三年（862），咸通十四年（873）七月即位，才十二歲。他即位之初，由於「上年少，政在臣下，南牙、北司互相矛楯。」[46]所謂南牙〔或作衙〕與北司的矛盾，指的是朝臣與宦官的對立，因爲「宦官居宮掖稱北

45　王鐸二度出相的時間，有三種不同記載：一是乾符二年十一月，二是乾符三年三月，三是乾符四年閏二月。記載第一種說法的資料爲：《舊唐書》，卷19下，頁690，〈僖宗紀〉「乾符二年十一月」條；《舊唐書·王鐸傳》則僅繫年於乾符二年，未記月份。又《冊府元龜》（北京：中華書局，1960；台北：中華書局，1967；景明崇禎十五年刻本），卷322，頁18上，〈宰輔部·出鎮〉條，亦作二年，未記月份。記載第二種說法的資料是：《資治通鑑》，卷252，頁8183，「僖宗乾符三年三月」條。記載第三種說法的是：《新唐書》，卷9，頁266，〈僖宗紀〉「乾符四年閏二月」條、《新唐書》，卷63，頁1742，〈宰相表·下〉，唯《新唐書·王鐸傳》但云「僖宗初」，未繫年月。關於王鐸復相的時間問題，嚴耕望先生已作考證，認爲王鐸先在乾符二年遷左僕，三年三月以本官兼門下侍郎、平章事，四年閏二月，遷檢校司徒，仍兼門下侍郎、平章事。見：嚴耕望，《唐僕尚丞郎表》，卷五，頁353，「輯考」，及卷二，頁74，「通表」。嚴文考證，孫國棟先生亦表贊同，見：孫國棟，〈唐書宰相表初校〉，《新亞學報》2卷1期（1956），頁349。周道濟，《漢唐宰相制度》（台北：嘉新水泥文化基金會，1964），「附錄一：漢唐宰相年表」，頁112，亦繫於乾符三年三月。與上述各家說法相符，可互資佐證者，尚有吳廷燮，《唐方鎮年表》（台北：開明書店，「二十五史補編」本），卷2，頁39，稱：王鐸出任宣武節度使係自咸通十四年六月至乾符二年。吳氏係採《舊·傳》之說而作表。

46　《資治通鑑》，卷252，頁8174，「僖宗乾符元年」條。

司，而以群臣爲南衙。」[47]宦官與朝臣的矛盾，自唐中葉以後日見嚴重，尤其文宗大和九年（835）「甘露之變」後，從宣宗、懿宗至昭宗，數十年間，南衙北司的對立愈來愈尖銳化。[48]僖宗即位之初，年紀既小，又喜觀鬥鵝走馬，親昵宦官，以致宦官愈能倚寵暴橫，而當時宦官田令孜，早與太子時期的李儇來往密切，終成爲僖宗前期最有實力的宦官。[49]朝中宰相大臣或與宦官阿邑倡和，或噤口不言，或勾心鬥角。當時田令孜威權振天下，他「販鬻官爵，除拜不待旨，假賜緋紫不以聞。百度崩弛，內外垢玩。既所在盜起，上下相掩匿，帝不及知。……宰相盧攜素事令孜，每建白，必阿邑倡和。」[50]田令孜招權納賄，「宰相以下，鉗口莫敢言。」[51]在這種情形下，《舊書・鐸傳》說王鐸復相，是由田令孜所召，應該比較接近事實。不過《新書・鐸傳》說鐸爲「時論推允」，並經宰相鄭畋「數言其賢」，這兩種說法雖有紛歧，卻不必一定矛盾。因爲「畋爲人仁恕，姿采如峙玉。凡與布衣交，至貴無少易。」[52]畋以社稷重臣，在僖宗之前推舉王鐸，即使與內官意見相同，並非不可能。

王鐸復相之後，晚唐政府所面對的困擾極多，主要包括黨爭不斷、軍閥跋扈、宦官干政、財政短絀、農村不安和叛亂四起等等。其中尤以乾符二年（875）王仙芝、黃巢起事，對於唐帝國各方面最具直接影響力。王鐸二度出任宰相，正是王、黃之亂發展的第一個階段。王鐸自乾符二年至乾符六年（879）十二月復相，歷時四年餘。在這段期間內，僖宗所任用的宰相還包括：鄭畋、盧攜、崔彥昭、李蔚、豆盧瑑、崔沆、鄭從讜等人。而王鐸二度任相期間的最後八個月，曾兼任荊南節度使，充諸道行營兵馬都統，擔任唐軍領兵統帥，直接面對黃巢叛軍。

47 王鳴盛，《十七史商榷》（台北：大化書局，1984）卷89，頁980-982，「南衙北司」條。關於「南牙北司」的問題，牽涉極廣，參見：曾我部靜雄，〈唐の南衙と北衙の南司と北司への推移〉，《史林》，64：1（1981），頁37-58。

48 參見：王壽南，《唐代宦官權勢之研究》（台北：正中書局，1975），頁19-52，特別見頁41-43。

49 《資治通鑑》，卷252，頁8176，「僖宗乾符元年正月」條，載普王李儇與田令孜的關係說：「上〔僖宗〕之爲普王也，小馬坊使田令孜有寵。及即位，使知樞密，遂擢中尉。」

50 《新唐書》，卷208，頁5885，〈宦者・下・田令孜傳〉。

51 同註49。

52 《新唐書》，卷185，頁5405，〈鄭畋傳〉。

在王鐸之前，擔任唐軍都統的統帥，依時間先後順序計有：宋威（自乾符二年十二月至乾符三年十二月）、崔安潛、李瑑（乾符三年十二月至乾符四年三月）、宋威（乾符四年三月至乾符五年正月）、曾元裕（乾符五年正月授）等。[53]以下試就王鐸復相期間他個人的重要事蹟、朝政及亂事發展的大要略加敘述。

最值得提出討論的是王鐸的政治立場問題。王鐸曾基於個人的考慮，在乾符三、四年（876-877）間與宰相盧攜站在同一陣線，打擊另一宰相鄭畋。鄭畋與盧攜在處理王仙芝、黃巢民變的問題時，對用兵遣將的政策發生過多次磨擦，在處理南詔等外患問題上，兩人意見也常相左。鄭畋曾在乾符三年十二月上奏，說當時負責討伐王、黃亂軍的諸道行營招討使宋威「衰老多病」、「殊無進討之意」，副使曾元裕，則「專欲望風退縮」，因此「請以（崔）安潛爲行營都統、（李）瑑〔當以「瑑」爲是〕爲招討使代（宋）威，（張）自勉爲副使代（曾）元裕。」[54]這個事件在當時來說，牽涉到極爲複雜的派系糾紛。事實上，盧攜曾推舉過宋威，鄭畋則力薦崔安潛等人，這些將領可說是盧、鄭相爭時，雙方所運用的籌碼。關於這點，筆者已經討論過，不再贅述。[55]這裡要特別提出的是王鐸在盧、鄭相爭時所持的立場。

王鐸公開與盧攜站在同一陣線，反對鄭畋，演成兩大派系的強烈衝突，是在乾符四年（877）七月至十月間發生。雙方爲了各自支持的將領及其兵權，在朝廷中有過激辯。但在此之前，王鐸的從父兄弟王鐐在乾符三年九月被王仙芝所俘一事，似乎對王鐸個人的立場產生一些影響。這年九月「丙子〔二日〕，王仙芝陷汝州，執刺史王鐐。……東都大震，士民挈家逃出城。乙酉〔十一日〕，敕赦王仙芝、尚君長罪，除官以招諭之。」[56]唐政府雖然在汝州淪陷、東都洛陽受到叛軍直

53 參見：方積六，〈唐王朝鎮壓黃巢起義領兵統帥考〉，《魏晉隋唐史論集》，第一輯（北京：中國社會科學出版社，1981），頁232-251。

54 《資治通鑑》，卷252，頁8186-8187，「僖宗乾符三年十二月」條。

55 關於盧攜、鄭畋在用人政策上的歧見，參：拙作，〈高駢縱巢渡淮〉，頁10-11。又拙作，〈宋威與王、黃之亂〉對宋威二度出任及解任招討使的原因、經過，也曾略作分析。

56 《資治通鑑》，卷252，頁8185，「乾符三年九月」條。引文中干支日期換算，係依據平岡武夫，《唐代の暦》（京都：京都大學人文科學研究所，1954），頁320。王仙芝執王鐐事，又見：（唐）皇甫枚，《三水小牘》（台北：木鐸出版社，1982），卷上，頁10，〈董漢勛誐陣没同僚〉條。唯此條繫事於乾符四年八月，誤。

接威脅後，立即在九天之後採取招降王仙芝的行動，但王仙芝仍繼續東向陷陽武、攻鄭州，並在唐軍抵抗下，於十月間南下轉攻唐州、鄧州。[57]此後，王仙芝並在當年十一月攻陷郢州、復州，在當年十二月進攻申、光、廬、壽、舒、通等州。[58]到了乾符四年三、四月間，王仙芝攻蘄州，又發生了招降王仙芝的事，與王鐸、王鐐有所關連。關於這件史事，舊史記載有不少牴牾，今人也因而聚訟紛紜。由於前人已有許多考證，這裡只舉記載最詳，但仍有可疑的一條史料來說明，即《資治通鑑》，卷252（頁8187-8188）「僖宗乾符三年十二月」條：

> 王仙芝攻蘄州。蘄州刺史裴偓〔當作「渥」〕，王鐸知舉時所擢進士也。王鐐在賊中，爲仙芝以書說偓。偓與仙芝約，斂兵不戰，許爲之奏官；鐐亦說仙芝許以如約。偓乃開城延仙芝及黃巢三十餘人入城，置酒，大陳貨賄以贈之，表陳其狀。諸宰相多言：「先帝不赦龐勛，期年卒誅之。今仙芝小賊，非龐勛之比，赦罪除官，益長姦宄。」王鐸固請，許之；乃以仙芝爲左神策軍押牙兼監察御史，遣中使以告身即蘄州授之。仙芝得之甚喜，鐐、偓皆賀。未退，黃巢以官不及己，大怒曰：「始者共立大誓，橫行天下，今獨取官赴左軍，使此五千餘衆安所歸乎！」因毆仙芝，傷其首，仙芝畏衆怒，遂不受命，大掠蘄州，城中之人，半驅半殺，焚其廬舍。偓奔鄂州，敕使奔襄州，鐐爲賊所拘。賊乃分其軍三千餘人從仙芝及尚君長，二千餘人從巢，各分道而去。

這條史料的疑點很多，近人關於王仙芝受降、王黃分裂等等問題的討論，多半採取這條記載，以及敘事相近，但筆法較簡的《新唐書》，卷225下（頁6452），〈黃巢傳〉的說法：

> 賊出入蘄、黃，蘄州刺史裴渥爲賊求官，約罷兵。仙芝與巢等詣渥飲。未幾仙芝左神策軍押衙，遣中人慰撫。仙芝喜，巢恨賞不及己，詢君降，獨得官，五千衆且奈何？丐我兵，無留。」因擊仙芝，仙芝憚衆怒，即不受命，劫州兵，渥、中人亡去。賊分其衆；入陳、蔡；巢北掠齊、魯，衆萬人，入鄆州，殺節度使薛崇，進陷沂州，遂至數萬，繇潁、蔡保嵖岈山。

57 同上，同年十月條。

58 《資治通鑑》，卷252，頁8186，「僖宗乾符三年十一月、十二月」條。

許多大陸學者，對這兩條史料的討論，其焦點多半集中在下列三點：㈠王仙芝攻打蘄州的時間；㈡黃巢有沒有參加這次戰役；㈢王仙芝受敵誘降的實情如何。這些問題與本文論旨的關係，並不密切，不擬詳論，以免捲入紛爭的漩渦中。不過，方積六曾經廣泛地檢討上述史料及產生的爭議，方氏的意見是建立在較能令人信服的考證基礎上，這裡姑以方氏論點說明這件史實，再說明王鐸、王鐐二人與這件事的關係。方氏認爲：⑴「裴渥大約在乾符四年三、四月間到達蘄州。……應是乾符四年二月王仙芝攻鄂州之後，沿江東下，在春夏之際攻打蘄州。」⑵「王仙芝攻打蘄州應在乾符四年三、四月間，即春末夏初，黃巢這時在北方作戰而沒有參加。」⑶「王仙芝在蘄州接受蘄州刺史裴渥的引誘，可能一度打算投降，但遭到哪些義軍將領的反對，是柳彥璋抑或其他人，現無從知道。」[59]

前文指出：乾符三年（876）九月丙子，王仙芝陷汝州，俘虜了刺史王鐐。因此，到了四年三、四月間，王仙芝轉兵南下攻打蘄州時，王鐐已經被俘半年之久。上引《通鑑》的一條史料，就和這個背景產生一些關連。王鐐被俘，當然急於脫困，他的從父兄弟，當時貴爲宰相的王鐸當然也會盡力設法，恰巧蘄州刺史裴渥又是王鐸的門生。於是王鐐幫王仙芝寫書信給裴渥，展開招降的行動。值得注意的是：當時朝中其他宰相（當以鄭畋最有可能）最初並不認爲招降是有效的步驟，有的甚至認爲對於亂軍首領赦罪除官，只會增加他們的氣焰。但在王鐸一再請求之下，朝廷才準備以官職籠絡王仙芝，不過王仙芝卻在他的將領反對下，沒有接受唐的官職。王鐐也仍陷於亂軍手中，王鐸的招降計劃徒勞無功。

王鐸與盧攜在朝議中反對鄭畋的行動，是王鐸在擔任諸道行營兵馬都統以前值得注意的事。這件事雖然是發生在乾符四年（877）十月間，但盧攜與鄭畋兩個

59 方積六，《黃巢起義考》，頁33-40。方氏在書中提到四篇文章：⑴吳澤、袁英光，〈王仙芝受敵誘降初探〉，《文匯報》1961年5月12日；⑵徐德嶙，〈關於王仙芝受敵誘降問題〉，《文匯報》1961年6月23日：⑶徐德嶙，〈再談關於王仙芝受敵誘降問題〉，《光明日報》1963年1月16日：⑷寧可，〈讀王仙芝、黃巢受敵誘降、乞降考辨諸文質疑〉，《光明日報》，1962年7月18日。這些在報紙上發表的文章，筆者無法看到。據方氏所說，吳澤、徐德嶙認爲黃巢沒有參加攻打蘄州，而寧可則有不同的意見。另外，胡如雷在《唐末農民戰爭》（北京：中華書局，1979），頁88-91，有一些意見與方積六的看法，明顯不同。胡氏採信《通鑑》大部份說法，只有對於「黃巢以官不及己」而反對投降一點，認爲是「封建史臣的臆度之詞，純係虛構捏造。」若以胡氏論點與方氏《黃巢起義考》相比較，胡氏多推測之詞，方氏考證較詳，本文不採胡氏的說法。

宰相之間的爭執和對立，卻早已開始。盧、鄭都出自舊族，也都是進士及第，不過他們的政治立場並不相同。盧攜內倚宦官領袖田令孜，外援軍事強人高駢；而鄭畋則對田令孜恃權，多方阻擾。在處理王、黃民變及調兵遣將的問題上，盧、鄭的看法更有明顯差異，以致經常齟齬。盧、鄭更進而各自支持軍事將領，進行爭奪兵權的活動。乾符四年十月盧攜聯合王鐸，公開與鄭畋爭論於朝，最直接的導火線是王仙芝、黃巢的軍隊在這年七月合圍宋州，可是當時討伐亂軍的主帥宋威卻「優游東道」，採取「完軍顧望」的態度。此後，王仙芝軍隊轉掠安州、隨州、復州、郢州一帶，戰事的發展對唐軍越加不利，而鄭畋與盧攜間的爭執也越演越烈。當時雙方對於應該由誰來擔任討伐亂軍的統帥，各執己見。鄭畋支持崔安潛、張自勉，而盧攜和王鐸則支持宋威和曾元裕。從這年七月宋州之圍暫解之後，王鐸與盧攜就一直想把張自勉和他率領的軍隊交由宋威來指揮，鄭畋認爲宋威與張自勉早有疑忿，如果歸隸宋威麾下，必爲所殺，因此堅持不肯署奏。八月初，王鐸、盧攜聯合向僖宗上訴，並自行請求罷免兩人職務。幾天之後，鄭畋也向僖宗提出返回長安東部滻川養病的要求。僖宗對雙方的要求，都未准許。然而盧攜、王鐸與鄭畋雙方仍然堅持各自的主張。到了十月間，雙方又在僖宗之前爭論用兵遣將的策略，起初鄭畋居下風，但仍不罷手，一再上言。這次爭論的重點在於鄭畋所支持的將領張自勉所率領的七千忠武軍的指揮權。王鐸、盧攜及其所支持的宋威，準備全數歸隸宋威指揮，鄭畋請止付三千，僖宗在左右爲難的情況下，裁定以四千名忠武軍歸宋威麾下。這是一場不折不扣的討價還價與妥協的行動，可以看出僖宗與朝臣間意見紛紜與派系衝突的部份實情。[60]

三、王鐸初任諸道行營都統

王鐸曾經先後二度擔任諸道行營都統，第一次在乾符六年(879)四月至同年十二月，歷時約八、九個月；第二次是在中和二年(882)正月至三年(883)正月，歷時一年。王鐸所出任的諸道行營都統，是唐軍在此一時期中對付黃巢黨徒

60　關於僖宗乾符四年七月至十月間，盧攜、王鐸與鄭畋雙方在用兵遣將及爲其所支持將領爭奪兵權的經過，拙文〈宋威與王、黃之亂〉有詳細的討論，請參照。本段所論，只是綜合性的簡略描述。

的領兵統帥，與僖宗朝廷的剿亂策略最有直接關係。以下分二節試分析王鐸二次擔任這項職務的背景經過及若干相關問題：

王鐸再任宰相的期間是從乾符二年（875）至六年（879）十二月。他首次出任諸道行營都統的時間，正好是他第二次出任相職的最後八個月。換言之，他是以宰相身分領兵討亂的。王鐸並非武人出身，他的仕宦也多在文官系統之內，只有第一次罷相後自懿宗咸通十四年（873）六月至僖宗乾符二年（875），擔任大約二年期間的宣武軍節度使（詳上），但是没有顯赫軍功，爲什麼能夠在這時督師討亂呢？關於這點，似乎應該先從黃巢之亂的發展及當時唐朝的政治局勢及平亂策略，分別討論。

從乾符二年五月，王仙芝起事，六月，黃巢聚衆響應，至乾符六年四月王鐸擔任諸道行營都統，在這四年之間，亂軍影響的範圍極大，對唐中央及地方都造成很大衝擊。乾符二年，亂事波及地區大抵都在華北，這年十二月唐中央任命宋威爲諸道行營招討草賊使，但宋威僅在沂州打過一次勝仗。王、黃軍隊在乾符三年上半年仍然到處進行游擊戰爭，到了這年下半年亂軍更曾攻占汝州，然後南下攻打唐、鄧、郢、復等州。十二月，唐中央撤銷宋威招討使職務，以崔安潛爲諸道行營都統、李琢爲諸道行營招討草賊使。乾符四年上半年，王仙芝攻打鄂州、蘄州一帶，巢則在北方攻打鄆州、沂州，而唐中央於三月間再命宋威爲諸道行營招討使，罷去崔安潛、李琢都統及招討使等職。這年的下半年，則先有七月間王仙芝、黃巢合圍宋州，接著王仙芝軍隊南攻安州、隨州、蘄州、黃州、和州，十一月間發生王的部將尚君長請降被殺事件。黃巢則仍在北方游擊，並在十二月間攻占滑州匡城及濮州。乾符五年亂事發展，有著較大變化。先是這年正月，宋威再罷招討使，以曾元裕代之，二月曾元裕殺王仙芝於黃梅，此後亂軍的指揮權幾全歸黃巢。黃巢所率一支，也先在北方作戰，但在三月間轉攻襄邑、新鄭、郟城、襄城等地，唐軍調兵守洛陽，巢軍就從和州、宣州渡江南下，在四、五月間攻宣州，五、六月間攻潤州。這年六月，唐中央緊急調派素有戰功的大將高駢爲鎮海節度使。乾符五年下半年至乾符六年四月王鐸出任諸道行營都統之前，大約一年期間，黃巢的軍隊先是攻占杭州、越州，迫使唐浙東觀察使崔璆逃走，但黃巢軍隊不久也在浙東打了敗仗。從乾符五年九月起，巢軍自衢州流竄至建州，並在十二月間攻占福州，到乾符六年五月，巢軍才攻克廣州。因此，當王鐸出任諸道行營都統，並坐鎮在位於長江中游的江陵時，王鐸所遙相面對的敵軍主要集結地區是在福建一帶，而且逐漸從福建轉進廣東。[61]

在唐中央的政局及其平亂策略方面，唐中央為了解決王、黃之亂，歷經不少波折，朝中大臣對剿亂方針也有許多不同意見。當乾符二年五、六月間王、黃先後起事後，唐中央並沒有迅速採取統籌性的軍事行動，只是任由個別地方藩鎮採取防禦措施，以致戰火逐漸漫延華北十數州之地。到了乾符二年十一月，僖宗才下詔令淮南、忠武、宣武、義成、天平等五軍節度使及監軍，就近亟加追捕及招懷。並在十二月，以平盧節度使宋威為諸道行營招討草賊使，又下令河南方鎮所派遣的討賊都頭，都聽從宋威的指揮。[62]在王、黃之亂爆發半年並剽掠十數州之後，唐軍才出現統一號令的招討使。然而，各方鎮是否都聽從宋威指揮、齊心平亂，則甚有可疑。王、黃黨徒依然流竄華北鄉村及都邑，而宋威也僅只在乾符三年七月大破王仙芝軍隊於沂州城下。此後為了應付採取游擊戰術的王、黃軍隊突襲，多半是由地方軍自行採取防禦。中間只有乾符三年八月，王仙芝軍陷陽翟，郟城，直接威脅到東都洛陽的安全時，僖宗才緊急下詔忠武節度使崔安潛發兵討擊。並令昭義節度使曹翔率步騎五千及義成兵保衛洛陽宮城，以左散騎常侍曾元裕為招討副使，守東都。又詔山南東道節度使李福選了二千步騎，守住通汝州、鄧州的要路。在此同時，王仙芝進逼汝州，僖宗又詔邠寧節度使李侃、鳳翔節度使令狐綯選步兵一千、騎兵五百，守住陝州和潼關。[63]

乾符三年九月，王仙芝陷汝州，東都大為恐慌。僖宗立即招諭，赦免王仙芝，尚君長等人的罪，並允除官。可是，王仙芝仍在這年九月至十二月間，繼續率兵南向，攻陽武、鄭州、唐州、鄧州，再轉郢、復、申、光、廬、壽、舒、蘄等長江中游及淮南一帶。王、黃之亂至此已有一年半左右時間，而唐軍還是無法平定。就在乾符三年十二月，宰相鄭畋在僖宗前指責招討使宋威「衰老多病」、「殊無進討之意」，並推薦崔安潛為行營都統、李琢為招討使，以取代宋威。關於此

61 以上簡述黃巢之亂初期發展的史實，主要參照：方積六，《黃巢起義考》，及筆者討論高駢與宋威二文。

62 見：《資治通鑑》，卷252，頁8182，「僖宗乾符二年十一、十二月」條。

63 《資治通鑑》，卷252，頁8184，「僖宗乾符三年七、八月」條。

事，其實正反映了宰相盧攜、王鐸一派與鄭畋一方各為其支持的「愛將」所進行的爭執，筆者已作過討論，不再贅述。[64]王、黃軍隊四處剽掠，而朝中大臣也忙著互相齟齬，唐軍在乾符三年一整年的討亂，並沒有什麼值得誇讚的成就。

乾符四年二月，唐中央再命宋威為招討使，至次年正月罷宋威招討使之命，並以曾元裕代之。總計在乾符六年四月王鐸出任諸道行營都統之前的最近二任統兵將帥的任期，宋威擔任了大約十個月招討使，而曾元裕則擔任了一年四個月的招討使。在宋威任內，派系爭執與討亂策略仍然糾纏不清。譬如：在乾符四年七月，王、黃軍隊合攻由盧攜、王鐸所支持的宋威於宋州時，卻反由鄭畋所支持的左威衛上將軍張自勉率領了七千忠武兵來救援，王、黃遁去。從七月至十月，盧、鄭兩派為了忠武軍七千兵士的指揮權問題，爭論不休。關於這件事，過去曾作過討論，不再重覆。[65]總之，唐軍在派系爭執、政策舉棋不定及統兵將領沒有能力或並未全力進行剿亂的情況下，在乾符四年十月盧、鄭二派人馬仍然迭相爭論前，並沒有打過決定性的勝仗。

乾符五年正月，王仙芝進攻江陵，唐中央震動，緊急採取了二項重要措施：㈠再度撤銷宋威招討使的職務，由同是盧、王一派所支持的曾元裕取代，但由鄭畋一派所支持的張自勉（時任潁州刺史）擔任副使。這似乎顯示了盧、鄭二派逐漸取得一點妥協。㈡以名將高駢出任荊南節度使，藉以屏障長江中游的安全。從唐中央對付王、黃民變所採取的軍事行動來說，這二項措施代表著重要的轉捩點，宋威從此退居幕後，不再扮演討賊的重要角色，並在這年九月病死；軍事強人高駢此後則先積極進剿，繼而態度轉變，縱巢渡淮，戰局又直轉而下（有關高駢的問題，已撰文討論，不贅。）。至於曾元裕雖然迭有斬獲，但仍無法平息亂事，這是王鐸自請督師的原因，試再略述如下：

曾元裕取代宋威為招討使後，首先立下的重要戰功是在就任之後一個月（乾符五年二月），「奏大破王仙芝於黃梅，殺五萬餘人，追斬仙芝，傳首，餘黨散去。」[66]關於王仙芝死於何時、何地、何人之手，舊史的記載，相當紛歧，上引這條《資治通鑑》的記載，經韓國磐、方積六徵引其他史料比對、考證，是合乎史實

64 參：拙作，〈宋威與王、黃之亂〉一文。

65 同上。

66 《資治通鑑》，卷253，頁8199，「僖宗乾符五年二月」條。

的。[67]王仙芝被殺後，全部叛軍的實際指揮權，就落入黃巢手中。《舊唐書·黃巢傳》說：「尚讓乃與群盜推巢爲王，號衝天大將軍，仍署官署，藩鎮不能制。」[68]不過這時黃巢軍隊的主力是在華北，他率兵攻沂州、濮州一帶，但王仙芝的舊部王重隱仍在江南的饒州一帶活動。唐中央在這個時候採取的策略是㈠招降黃巢、㈡保衛東都。乾符五年二月，唐先招降黃巢，不成。三月，黃巢攻克濮州，唐王朝派副使張自勉爲東北面行營招討使，黃巢作戰失利，一度僞降。[69]這時曾元裕仍屯駐荆、襄，防止已陷朗州、岳州的群盜。但因黃巢往滑州略汴、宋，攻衛南，東都再度告急。於是，僖宗「詔發河陽兵千人赴東都，與宣武、昭義兵二千人共衛宮闕；以左神武大將軍劉景仁充東都應援防遏使，并將三鎮兵，仍聽於東都募兵二千人。……又詔曾元裕將兵徑還東都，發義成兵三千守轘轅、伊闕、河陰、武牢。」[70]黃巢的軍隊在東都洛陽不得進展，就在同年三、四月間，從和州、宣州横渡長江南下，經浙西轉入浙東。王仙芝餘部則仍在江西的虔、吉、饒、信等州活動，唐中央也在這時詔曾元裕、楊復光引兵救宣州、潤州。[71]

黃巢軍隊在江南活動，仙芝餘衆轉寇浙西等地，當時的招討使曾元裕並不能有效弭平。乾符五年六月，「朝廷以荆南節度使高駢先在天平有威名，仙芝黨多鄆人，乃徙駢爲鎭海節度使。」[72]高駢在鎭海節度使職上共擔任一年五個月，至次年十月轉任淮南節度使，從此他與晚唐政局、討伐黃巢及江淮區域發展有密切關係，已另文討論。至於黃巢的軍隊則在這年八月間攻宣州，不克，引兵攻占杭州，九月攻占越州，再轉南攻剽福建諸州。[73]這時（九月），宋威也死了，曾元裕

67　見：韓國磐，〈黃巢起義事跡考〉，收入氏著《隋唐五代史論集》（北京：三聯書店，1979），頁371-374；方積六，《黃巢起義考》，頁56-57。

68　《舊唐書》卷200下，頁5392，〈黃巢傳〉。關於這條史料的可信性，方積六曾作考證，認爲：「《舊唐書》說王仙芝犧牲後黃巢稱爲黃王，反映了歷史的實際情況。」見：氏著，《黃巢起義考》，頁58-59。

69　黃巢僞降的問題及張自勉擔任「東北面」招討使的稱號，舊史的記載及今人的討論，都有紛歧的說法。本文主要據方積六之說，見《黃巢起義考》，頁60-67。

70　《資治通鑑》，卷253，頁8202，「僖宗乾符五年三月」條。

71　《資治通鑑》，卷253，頁8202-8203，「僖宗乾符五年三、四月」各條。參：方積六，《黃巢起義考》，頁67-78。

72　《資治通鑑》，卷253，頁8208，「僖宗乾符五年六月」條。

73　參見：方積六，《黃巢起義考》，頁83-89。

以招討使身分兼領平盧節度使。而在中央權力核心方面，也起了變化：「中書侍郎、同平章事李蔚罷爲東都留守，以吏部尚書鄭從讜爲中書侍郎、同平章事。」[74]

黃巢軍隊轉入兩浙及福建一帶之後，唐軍方面只有杭州地方土團軍與鎮海節度使高駢所統將領，可以暫挫叛軍的鋒芒，並逐漸迫使巢軍南移。但是，黃巢亂及東南、嶺南，終究是唐的大患。乾符六年四月王鐸自請督將討亂，就是在以上的背景下出現的。

王鐸第一次出任諸道行營都統（同時兼荆南節度使）的時間，舊史的記載，有極大差異。歸納起來，主要有兩種說法：㈠乾符五年（二月）說，《舊唐書》中的〈僖宗紀〉及〈王鐸傳〉都作五年（〈紀〉並且明言「二月」）；㈡乾符六年四月說，《新唐書》中的〈僖宗紀〉、〈宰相表〉及《資治通鑑》都主是說，《通鑑考異》並在該條說：「今從《實錄》及《新·紀·表》。」可見司馬光時尚存、今已亡佚的《僖宗實錄》也作六年四月。今人方積六從高駢在乾符五年正月已任荆南節度使，至六月才轉任鎮海節度使一事，肯定乾符五年初王鐸並未出任荆南節度使，這有當時人胡曾及崔致遠的記述可證，也有康駢《劇談錄》的資料佐證，《通鑑》等繫年月於六年四月，應該是符合歷史事實的。[75]茲以《通鑑》記載爲例，引述王鐸出任這次職務的時間及經過如下：

> （乾符六年四月）上以群盜爲憂，王鐸曰：「臣爲宰相之長，在朝不足分陛下之憂，請自督諸將討之。」乃以鐸守司徒兼侍中，充荆南節度使、南面行營招討都統。[76]

這條記載的繫年沒有問題，已如上述。但是所載王鐸出任的「都統」名稱，卻有舛誤。方積六曾經對他出任的都統名稱，作過考證，較爲可信，轉述如下：

> 關於王鐸所任都統的名稱，《舊唐書·僖宗紀》和《王鐸傳》及《冊府元龜》卷三二三《宰輔部·總兵》稱諸道行營兵馬都統，或簡稱諸道兵馬都統、諸道都統。而《新唐書·僖宗紀》、《宰相表》、《黃巢傳》爲南面行營招討都統，《劇談錄》又說是南面都統。王鐸當時是以宰相身分出任都

---

74 《資治通鑑》，卷253，頁8209，「僖宗乾符五年九月」條。

75 參見：方積六，〈唐王朝鎮壓黃巢起義領兵統帥考〉，頁241-243；及方氏，《黃巢起義考》，頁89-91。

76 《資治通鑑》，卷253，頁8213-8214，「僖宗乾符六年四月」條。

統，地位很高，其撤職後，又以高駢爲諸道行營都統。由此推測，王鐸在荆南應是諸道行營都統。[77]

必須指出《新唐書》中紀、表、傳各處所作稱呼，被《通鑑》所採用，但方氏並未臚列，而司馬光也没有說明採用理由。上引方積六的推測較爲合理，似乎可作爲此條《通鑑考異》所引資料的補充。

乾符六年四月，在黄巢軍隊轉掠福建、嶺南後，王鐸自請督師討賊，暫時離開權力中心。各項史料對於王鐸自請督師一事的原因，並没有詳細說明。到底有什麼客觀條件和理由，促使他移鎭江陵呢？以下三點，似乎值得提出：

第一，文、武之分，在王、黄之亂期間，不但不是問題，而且「儒將」在當時統兵將領及藩鎭節度使中，還占有相當高的比例。據筆者統計，王、黄之亂初期（乾符二年至五年，875-878）華北十九個藩鎭中（約占唐末全國四十九個藩鎭的四成），除成德、盧龍、魏博三鎭爲割據、世襲，唐廷無力干預節度使的任命外，其餘十六個藩鎭在此一期間共有節度使27人，只有一節度使（義昌）不詳，其中由文官擔任節度使職者16人，由武官出任者6人，不詳者5人，「儒將」在當時華北藩鎭的比例，在六成左右。[78]當時文人胡曾對這種現象嚴詞批評，說：「又以山東藩鎭，江表節廉，悉用豎儒，皆除迂吏，胸襟齷齪，情志荒唐，入則粉黛繞身，出則歌鐘盈耳。」[79]清人吳廷燮《唐方鎭年表》卷二在「宣武節度使」乾符二年穆仁裕（由文官轉任方鎭）條下也作案語說：「按：黄巢之亂，由方鎭非人。」也是對這種現象的指責。再以唐中央指揮全軍對付王、黄之亂的領兵統帥（前期稱招討使，後期稱都統）來說，共有七人、九次擔任之[80]。這七人是：宋威、崔安潛、李琢、曾元裕、王鐸、高駢和鄭畋。其中曾元裕，兩《唐書》無傳，出身不詳，有可能武將出身，其餘六人中，崔安潛、王鐸和鄭畋三人都出身進士，在文官系統中擢升，再轉任或兼任武職。而宋威、李琢和高駢則是從武官系統中崛起。由此也可見「儒將」在當時並非没有統兵的資格。至少進士出身的崔安潛在乾符三年十二月至次年三月就已經擔任諸道行營都統，王鐸在兩年多之後援此先

77 方氏這項意見，分見兩處（見註75），兩處文字没有差異。

78 參：拙作，〈宋威與王、黄之亂〉正文及〈附錄(二)〉。

79 胡曾，〈謝賜錢啟〉，見：《全唐文》，卷811，頁17上。

80 參見：方積六，〈唐王朝鎭壓黄巢起義領兵統帥考〉，頁251。

例，並不足怪。何況王鐸在第一次罷相之後，就曾充任宣武軍節度使約二年左右（咸通十四年至乾符二年，873-875，見上文），並不是沒有領兵經驗。五代宋初人孫光憲（？-968）所作《北夢瑣言》卷十四〈儒將成敗〉條說：

> 古者文武一體，出將入相，近代裴行儉、郭元振、裴度、韋皐是也。然而時有夷險，不可一概而論。王鐸初鎮荆南，黃巢入寇，望風而遁。他日將兵捍潼關，黃巢令人傳語云：「相公儒生，且非我敵，無污我鋒刃，自取敗亡也。」後到成都行朝，拜諸道都統。高駢上表，目之為敗軍之將，正謂是也。諫議大夫鄭賨（一作「賓」），曾獻書以規，其旨云：「未知令公以何人為牙爪，何士參帷幄？當今大盜移國，群雄奮戈，幕下非舊族子弟、白面郎君雍容談笑之秋也。」爾後罷軍權，鎮滑臺，竟有貝州之禍。……[81]

這條記事雖有譏刺「儒將」之意，所敘述的也都是王鐸任都統後至事，但誠如條中所謂「然而時有夷險，不可一概而論。」「儒將」是否成敗是一回事，當時是否有「儒將」挺身出而領兵的客觀條件，又是另一回事。

第二，王鐸的抱負，也必需加以考慮。《舊唐書・王鐸傳》說他：「有經世大志，以安邦為己任，士友推之。」在當時的政治、經濟、社會環境下，所謂「經世」、「安邦」，必然要先解決黃巢之亂的問題，王鐸應該瞭解這一點，也可能認識到掌握軍權的重要性，再加上有經世之志，則他表現在僖宗之前「請自督將討之」的旺盛企圖心，似乎也有可能。

第三，王鐸自請督師，而充荆南節度使及諸道行營兵馬都統，可能有防止高駢竄起的意圖。高駢自乾符五年六月出任鎮海節度使，這時仍在鎮海任內，並且積極出兵進剿，黃巢因而轉進福建、嶺南。在當時的政治舞台上，高駢是不容忽視的軍事強人，何況盧攜向來公開支持高駢，而王鐸在前此雖然也因政治利益在朝中與盧攜聯手，共同抵制鄭畋，但王鐸與盧攜之間的共同利益並不能持久，一年之後（廣明元年，880，三月），就是盧攜奏請以高駢來取代王鐸都統之職（詳後）。《舊唐書・王鐸傳》說：

> （乾符）四年，賊陷江陵，楊知溫失守，宋威破賊失策。朝議統帥，宰相

81 孫光憲，《北夢瑣言》（上海：古籍出版社，1982），卷14，頁106，〈儒將成敗〉條。

盧攜稱高駢累立戰功,宜付軍柄,物議未允。鐸廷奏曰:「臣忝宰執之長,在朝不足分陛下之憂。臣願自率諸軍,盪滌群盜。」朝議然之。五年,以鐸守司徒、門下侍郎、同平章事,兼江陵尹、荊南節度使,充諸道行營兵馬都統。(王鐸奏語又見《唐會要》卷78(頁1424),唯《會要》繫於乾符五年,誤)

前文指出,這條記載的繫年有問題。鐸廷奏及擔任都統的年月應在乾符六年四月。但文中說「朝議統帥」一事,卻值得留意。盧攜素來倚重高駢[82],盧、高二人,一在朝廷,一在疆埸,內外聯結,利益一致,而高駢屢有戰功,又正在鎮海節度使任內,積極進剿黃巢軍隊,並且頗有斬獲,在這種情形下,王鐸自請督師討賊,恐怕多少有防止高駢竄起的用意。

以上略就當時儒將領兵的客觀條件及王鐸自請督師討賊的可能原因,略加分析、推測。以下試再敘論王鐸擔任都統之後的作爲,並分析他在第一任的都統之職上爲何只待八個月的時間。

《舊唐書·王鐸傳》說王鐸在兼江陵尹、荊南節度使、充諸道行營兵馬都統之後,首先在進駐江陵後採行的措施是:「鐸至鎮,綏懷流散,完葺軍戎,期年之間,武備完整。」《新唐書·王鐸傳》的說法略同:「綏納流冗益募軍,完器鎧,武備張設。」王鐸在整頓武器、軍戎之外,立即部署了重兵屯駐潭州。《資治通鑑》卷253(頁8214)「僖宗乾符六年五月」條說:

泰寧節度使李係,晟之曾孫也,有口才而實無勇略,王鐸以其家世良將,奏爲行營副都統兼湖南觀察使。使將精兵五萬并土團屯潭州,以塞嶺北之路,拒黃巢。

王鐸的積極佈署,是否眞的使武備完整呢?恐怕也有疑問。至少在任用李係一事,就有問題。胡三省對上引任用李係爲副都統之事,作注說:「官人以世而不考其才,古今之通患也。爲鐸、係失守殄民張本。」《北夢瑣言》卷三〈王中令鐸拒黃巢〉條,對王鐸移鎮江陵,有如下記載:

唐王中令鐸,重德名家,位望崇顯,率由文雅,然非定亂之才,鎮渚宮爲都統,以禦黃巢。寇兵漸近,先是,赴鎮以姬妾自隨,其內未行,本以妒

82 盧攜與高駢之間的關係,參見:拙文,〈高駢縱巢渡淮〉,頁12-13。

忌，忽報夫人離京在道，中令謂從事曰：「黃巢漸以南來，夫人又自北至，旦夕情味，何以安處？」幕寮戲曰：「不如降黃巢。」公亦大笑之。……[83]

引文中的渚宮，是春秋時楚的別宮名稱，其位置即在江陵。《北夢瑣言》雖被《宋史·藝文志》及一些書目家歸爲「小說類」，但《四庫全書總目》評此書則說：「其記載頗猥雜，敘次亦頗冗沓，而遺文瑣語，往往可資考證……則語不甚誣可知矣。」[84]上面這條記載，對王鐸的個性及生活，有所描繪，其實這也可從其他資料，得到佐證：兩《唐書·王鐸傳》及《通鑑》在敘述王鐸後來在中和四年（884）遇害時，都指出鐸之被殺與他個人的生活習慣有關。如：《資治通鑑》卷256（頁8317），「僖宗中和四年十二月」條說：「義昌節度使兼中書令王鐸，厚於奉養，過魏州，侍妾成列，服御鮮華，如承平之態；魏博節度使樂彥禎之子從訓，伏卒數百於漳南高雞泊，圍而殺之，及賓僚從者三百餘人皆死，掠其資裝侍妾而還。彥禎奏云爲盜所殺，朝廷不能詰。」同樣的記事，在兩《唐書·王鐸傳》也有，只是在敘述鐸之生活、習性上，其文詞略有小異。《舊唐書·王鐸傳》說：「鐸以上台元老，功蓋群后，行則肩輿，妓女夾侍，賓僚服御，盡美一時。」《新唐書·王鐸傳》則說：「鐸世貴，出入裘馬鮮明，妾侍且衆。」

當王鐸在江陵佈署時，正是黃巢攻克廣州和唐中央權力結構發生重大變化的時候。黃巢攻克廣州的時間，衆說紛紜，比較可靠的說法應該是乾符六年五月。至於黃巢在廣州時，有沒有向唐王朝「乞降」，大陸學者曾經有過熱烈討論。[85]由於這些問題，與本文題旨關係不大，不擬討論。但唐中央權力結構有所變化，則需留意。乾符六年五月，宰相鄭畋和盧攜爲了處置黃巢的問題，在朝廷中發生爭

83　《北夢瑣言》，卷3，頁15，〈王中令鐸拒黃巢〉條。

84　同上，頁177，「附錄」。

85　關於黃巢軍隊攻占廣州的時間，史料記載有乾符五年和六年兩種說法。桑原騭藏主張是在乾符五年五、六月之交，見氏著（楊鍊譯），《唐宋貿易港研究》（上海：商務印書館，1935），第三章〈廣府問題及陷落年代〉，頁47-63。但此說爲韓國磐、岑仲勉、堀敏一、方積六等指出有誤。方積六曾對舊史各項記載，詳細考證，認爲「新、舊《唐書·僖宗紀》說乾符六年五月攻克廣州，在沒有檢出可靠的史料之前，尚難以否定。」見：方積六，《黃巢起義考》，頁96-98。另外，關于黃巢「乞降」說，方氏也作過詳細討論，方氏檢討大陸其他學者的論點，並認爲黃巢「乞降」之說難以置信。見：同上，頁91-96。

議，雙雙罷宰相職，由崔沆和豆盧瑑遞補。鄭、盧的罷相時間和原因，舊史的記載非常紛歧。除《唐闕史》說在乾符丁酉（四年），較不可信外，[86]其他大部份史料，或作乾符五年五月，或作乾符六年五月。《資治通鑑》卷253（頁8204-8206）繫此事於乾符五年五月，並指出鄭畋與盧攜相爭，是爲了議論與南詔和親的事，《通鑑考異》仔細檢討各種史源，說：「按新、舊《〔盧攜〕傳》、《舊·〔僖宗〕紀》皆以畋、攜罷相在六年。《實錄》、《新·紀》、《表》在此〔乾符五〕年五月。《實錄》、《新書》皆自相矛楯。然宋〔敏求〕氏多書，知二人罷在五月，必有所據，今從之。」岑仲勉對此事曾作考證，認爲崔沆確在六年入相，「司馬氏以編入五年，無非過信宋敏求《實錄》。」[87]

從乾符六年夏至秋，黃巢的軍隊屯駐在嶺南一段相當長的時間。可能的原因是其軍隊前此罹患瘴疫，死亡慘重，不得不暫屯嶺南，休養生息。《舊唐書·黃巢傳》說：「是歲自春及夏，其衆大疫，死者十三四。」《新唐書·黃巢傳》也說：「會賊中大疫，衆死什四。」八月間，鎮海節度使高駢奏請派兵至廣州圍剿，僖宗詔不許。[88]十月，黃巢軍隊開始從嶺南北上，與接受王鐸指揮的副都統李係軍隊戰鬥。《資治通鑑》卷253（頁8217-8218）「僖宗乾符六年十月」條對這次戰事，有如下記載：

86　（唐）高彥休，《唐闕史》（知不足齋叢書本），卷下，頁19下，〈盧相國指揮鎭州事〉條。

87　關於鄭畋、盧攜罷相的年份和原因，岑仲勉一向主張是乾符六年五月爲處置黃巢事而引起。其說分見三處：(1)〈翰林學士壁記注補〉，《中央研究院歷史語言研究所集刊》第15本（1948），頁202-203；(2)《隋唐史》（北京：中華書局，1982新一版），頁524-526；(3)《通鑑隋唐紀比事質疑》（香港：中華書局，1977），頁336-337，〈鄭畋盧攜罷相之年份及原因〉條。至於主張乾符五年五月說者，除文中所述《通鑑考異》最有系統檢討舊史資料外，其他考據家也偶作考證，唯多主張五年說，且檢證資料並不完整。如：(1)（宋）吳縝，《新唐書糾謬》（知不足齋叢書本），卷9，頁13上-下，〈乾符五年五月風雹事紀志有不同〉條；(2)（清）錢大昕，《廿二史考異》（台北：樂天出版社，1971影光緒二十年廣雅書局刊本），卷55，頁8上-下，〈新唐書·盧攜傳〉兩條；(3)（清）王鳴盛，《十七史商榷》（台北：大化書局，1984），卷91，頁1029-1030，〈崔彥昭事與闕史不合〉條。上述諸家的考證，似較岑說少具說服力。當以岑說爲是。方積六，《黃巢起義考》，頁97，亦支持岑說。筆者過去作〈高駢縱巢渡淮〉一文，依《通鑑》之說，今改正。

88　《資治通鑑》，卷253，頁8216，「僖宗乾符六年八月」條。參：方積六，《黃巢起義考》，頁100-101。

> 黄巢在嶺南，士卒罹瘴疫死者什三四，其徒勸之北還以圖大事，巢從之。自桂州編大筏數十。乘暴水，沿湘江而下，歷衡、永州，癸未，抵潭州城下。李係嬰城不敢出戰，巢急攻，一日，陷之，係奔朗州。巢盡殺戍兵，流尸蔽江而下。尚讓乘勝進逼江陵，衆號五十萬。時諸道兵未集，江陵兵不滿萬人，王鐸留其將劉漢宏守江陵，自帥衆趨襄陽，云欲會劉巨容之師。鐸既去，漢宏大掠江陵，焚蕩殆盡，士民逃竄山谷。會大雪，僵尸滿野。後旬餘，賊乃至。漢宏，兖州人也，帥其衆北歸爲群盜。

關於這條記載，有幾點必須指出：第一，《舊唐書・僖宗紀》與《舊唐書・黃巢傳》及《冊府元龜》卷443〈將帥部・敗衄㈢〉條的記事與此條有相同之處，除《冊府元龜》未記年月外，都繫年於廣明元年（880），《舊・紀》更明白繫於該年二月。《新唐書・黃巢傳》則繫於乾符六年十月前。司馬光在《通鑑考異》中除引述這些史料外，還引了《實錄》：「閏月，湖南奏：黄巢賊衆自衡、永州下，十月二十七日攻陷潭州。」並且作案語：「按舊《紀》、《表》皆云廣明元年敗王鐸，今月日從《實錄》，事從《舊書》。」其實，如果與唐曆比對，《通鑑》所繫的月日與《實錄》是有出入的。《通鑑》正文中巢軍陷潭州的日期是十月癸未，正好是十月二十七日。但《實錄》明言是閏月，乾符六年的閏月恰爲十月，在十月之後，則閏十月二十七日當爲癸丑，而非癸未。[89]方積六也曾檢討過司馬光引用《實錄》的事，並說：「司馬光引用了這條史料，在《通鑑》中只說十月陷潭州，而未註明日期，可能是簡略的寫法。」[90]事實上，《通鑑》是明白註出陷潭州的日期在十月癸未，方氏此說並不妥。可能的解釋是：如果依司馬光在《考異》所說月日依《實錄》，則應當是在換算過程中，將閏月的十月二十七日（癸丑）誤成十月二十七（癸未）。因此引文中的「癸未」當係「癸丑」，在日期之前也應加註「閏月」，這樣才符合《實錄》所繫的月日。《新唐書・僖宗紀》作「（乾符六年）閏十月，黄巢陷潭、澧二州，澧州刺史李絢死之。」《新・紀》載潭州陷落月份是正確的。

第二，《通鑑》把黃巢攻占潭州至劉漢宏大掠江陵連敘，全部置於乾符六年十月，方積六就指出「也不妥當」[91]。其理由是：廣明元年正月乙卯朔，僖宗下制

89　以上日期的換算，參：平岡武夫，《唐代の曆》，頁324。

90　方積六，《黃巢起義考》，頁102。

91　同上，頁104。

書改元，其中提到「江右、海南，瘡痍既甚，湖、湘、荆、漢，耕織屢空。」[92]「近日東南州府，頻奏草賊結連。……就中廣州、荆南、湖南，盜賊留駐，人戶逃亡，傷痍最甚。」[93]因此，《舊唐書》的《紀》、《表》、《傳》說黃巢軍隊在廣明元年正月以後才抵湖南的說法是錯的。[94]方氏肯定《新・紀》黃巢陷江陵一事繫於乾符六年十一月辛酉（六日）[95]，這與《舊・紀》繫於廣明元年二月及《通鑑》統敘於乾符六年十月的說法有異，方氏的說法得到僖宗改元詔的支持，應該比較合乎史實。

第三，就雙方佈署兵力看，唐軍與巢衆的人數相差似乎不小。前引《通鑑》說李係屯潭州時有「精兵五萬并土團屯潭州」，《舊唐書・僖宗紀》更清楚地說「李係守潭，有衆五萬，并諸團結軍號十萬。」但在潭州僅僅爲時一天的戰役中，卻是死傷相當慘重，《舊・紀》又說：「（巢軍）徑至潭州，急攻其城，一日而陷。李係僅以身免，兵士五萬皆爲賊所殺，流屍蔽江。」（《舊唐書・王鐸傳》所述略同）這條記載與《通鑑》所說「盡殺戍兵」，可以互相佐證。果眞如此，則巢軍當時人數必然相當龐大，《通鑑》說尚讓進逼江陵時，「衆號五十萬」，雖然可能是誇大之詞，也可能是在潭州之役後北上途中陸續又有百姓因爲「迫於饑饉，驅之爲盜，情不願爲」[96]，而加入巢軍。無論如何，能「盡殺戍兵」五萬人，則巢軍當時的兵力必然相當可觀。

第四，王鐸自從擔任諸道行營都統後，就屯駐江陵。當時守軍「不滿萬人」，應當只是江陵戍卒。爲什麼其他藩鎭兵未來援急？推測可能巢軍北上速度過快，《舊唐書・僖宗紀》說巢軍陷潭州後，「賊將尚讓乘勝沿流而下，進逼江陵。……半月餘，賊衆方至江陵。」從潭州與澧州約562里[97]，澧州至江陵約265里[98]，

92 《舊唐書》，卷19下，頁704-705，〈僖宗紀〉「廣明元年春正月乙卯朔」條。按《舊・紀》此段制書之第一段，又見於《唐大詔令集》，卷5，頁31，題作〈改元廣明詔〉。方氏未引《唐大詔令集》。

93 同上，《舊・紀》。

94 方積六，《黃巢起義考》，頁102。

95 同上，頁103-104。

96 見：僖宗改元廣明詔，同註92、93。

97 這是方積六的估計，見氏著，《黃巢起義考》，頁102。

98 （宋）王存，《元豐九域志》（台北：華世出版社，1986），卷6，頁266，〈荆湖路・北路・江陵府〉條說：「南至本府界一百九十五里，自界首至澧州七十里。」則江陵至澧州約二六五里。

合計自潭州至江陵約827里，《新唐書·僖宗紀》說巢軍在乾符六年十一月辛酉（六日）陷江陵。[99]則巢軍自閏十月二十七日陷潭州至此僅八天，日行約百里。巢軍雖是「沿流而下」，沿途也未見太多抵抗，但如果他們確有五十萬大軍，這樣的行軍速度也眞夠神速了。或許《新·紀》的繫日有誤，也未可知。《舊·紀》說半月餘巢軍抵江陵，似乎較有可能，如此則巢軍當在十一月中旬陷江陵。

第五，王鐸在江陵之役中的表現，無異「臨陣脫逃」。他留下軍將劉漢宏守城，自己卻率兵北逃440里到襄陽「云欲會劉巨容之師」。（《舊唐書·王鐸傳》也說「自率兵萬餘會襄陽之師」）劉漢宏原是王仙芝手下「票帥」之一，後來投歸唐朝，從小吏升到軍將。再爲王鐸部將。[100]王鐸棄城而逃，劉漢宏乘機大掠，對這個地區的破壞，並不下於巢軍。

乾符六年十一月，王鐸北走襄陽，是要與劉巨容會合後再反擊，或者已銳氣盡失，不得而知。但黃巢軍隊原擬從江陵繼續北上，卻在荆門遭到劉巨容所領唐軍的伏擊，《資治通鑑》，卷253（頁8219），「僖宗乾符六年十一月」條說：

> 黃巢北趣襄陽，劉巨容與江西招使淄州刺史曹全晸合兵屯荆門以拒之。（胡注：《九域志》：襄陽南至荆門二百七十餘里。）賊至，巨容伏兵林中，全晸以輕騎逆戰，陽不勝而走，賊追之，伏發，大破賊衆，乘勝逐北，比至江陵，（胡注：《九域志》：荆門南至江陵一百六十五里。）俘斬其什七八。巢與尚讓收餘衆渡江東走。或勸巨容窮追，賊可盡也。巨容曰：「國家喜負人，有急則撫存將士，不愛官賞，或寧則棄之，或更得罪；不若留賊以爲富貴之資。」衆乃止。全晸渡江追賊，會朝廷以泰寧都將段彥謨代爲招討使，[101]全晸亦止。由是賊勢復振，攻鄂州，陷其外郭，轉掠饒、信、池、宣、歙、杭十五州，衆至二十萬。

上引資料所繫年月，應該比《舊唐書·僖宗紀》繫於廣明元年三月或《新唐書·黃

99 《新·紀》黃巢陷江陵的日期，爲方積六所接受，見：氏著，《黃巢起義考》，頁103-104。

100 有關劉漢宏的事蹟，方積六曾作詳考，見：氏著，《黃巢起義考》，頁104-106。

101 段彥謨，兩《唐書》無傳。《舊唐書》，卷19下，頁706-707，「廣明元年三月」（繫年有誤，說見正文）條記荆門之役、巢衆遣伏之後，「（曹）全晸方渡江襲賊，遽詔至，以段彥謨爲江西節度使。」以此段資料與本段所引《通鑑》正文合讀，則知當時泰寧都將段彥謨所代的「招討使」職，是曹全晸所領的江西招討使。

巢傳》繫於乾符六年十月，更合乎事實的發展，這可從上文對巢軍從嶺南北上的進展看出。引文中的劉巨容，《舊・紀》說這時擔任襄陽節度使，《新唐書》卷186(頁5425)〈劉巨容傳〉則說擔任「山南東道節度使以扞巢，屯團林。」《資治通鑑》卷253(頁8217)「僖宗乾符六年十月」條說「以山南東道行軍司馬劉巨容爲節度使」，《新唐書・楊復光傳》也說：「王鐸之棄荆南也，山南東道節度使劉巨容定其地。」吳廷燮《唐方鎭年表》即據《通鑑》載自是月至中和四年(884)劉巨容在山南東道節度使任內。[102]按：至德二載(757)，唐廢南陽節度使，升襄陽防禦使爲山南東道節度使，領襄、鄧、隨、唐、安、均、房、金、商九州，治襄州。其後領州雖有變化，但至黃巢之亂時襄州(治襄陽)均爲其所轄。[103]元和年間，襄州雖一度爲襄陽節度使理所，[104]但此時似乎仍以稱山南東道節度使爲宜。

荆門之役是黃巢之亂發展過程中，一個重要戰役。劉巨容有機會窮追巢軍，卻反持觀望態度。黃巢軍隊乃能從長江中游順流而下，攻掠下游地區，這時淮南軍事重地的守將高駢，又因種種緣故，縱巢渡淮，使巢衆得以在廣明元年九月至十二月間短短三、四個月之內由江、淮直撲洛陽、長安。[105]王船山對劉巨容有這樣的批評：

> 劉巨容大破黃巢於荆門，追而殲之也無難，即不能殲，亟躡其後，巢亦不敢輕入兩都。而巨容曰：……遂逸賊而任其馳突，使陸梁於江外，此古今武人養寇以脅上之通弊也。國亡而身家亦隕，皆所弗恤，武人之愚，武人之悍，不可瘳已。[106]

王鐸自乾符六年四月，以宰相身分自請督師，擔任諸道行營都統，屯駐江陵，指揮諸軍準備與黃巢對壘。但事實上，當黃巢在是年十月自嶺南沿湘水北上，副都統李係在潭州據城不敢出戰，戍軍五萬被殺，巢軍大舉北上進逼江陵，

102 吳廷燮，《唐方鎭年表》，卷4，頁116，〈山南東道〉條。

103 《新唐書》卷64，頁1870-1889，〈方鎭表(四)〉。

104 李吉甫，《元和郡縣圖志》(北京：中華書局，1983，賀次君點校本)，卷21，頁527-528，〈山南道(二)〉。

105 有關黃巢軍隊從長江中游轉掠下游地區及高駢態度的轉變等問題，詳：拙作，〈高駢縱巢渡淮〉一文。

106 王夫之，《讀通鑑論》(台北：廣文書局，1967)，卷27，頁10上。

王鐸卻棄城北逃。接著，發生守將劉漢宏大掠江陵事件，之後雖有劉巨容、曹全晸在荆門之役伏擊並重創巢軍，劉巨容反而縱容黃巢順江而下。檢討起來，王鐸並没有眞正親身與巢軍對陣，他指揮的軍隊也不能達成阻絶、殲滅巢軍的任務，反倒是他棄城逃歸投奔的劉巨容還發揮一點扼阻荆襄的作用，不讓巢軍直接北上長安。王鐸初次擔任都統的任務，可說失敗。《舊唐書·黃巢傳》評王鐸當時的作爲是「雖銜招討之權，緩于攻取。」《舊唐書·王鐸傳》則說江陵之敗後，朝廷對王鐸及當時宰臣及指揮諸軍的統帥所作的處置是：「天子不之責，罷相，守太子太師。宰相盧攜用事，竟以淮南高駢代鐸爲都統。」《資治通鑑》，卷253（頁8219），「僖宗乾符六年十二月」條對當時的人事調整，作了較清楚的說明：

> 十二月，以王鐸爲太子賓客、分司。初，兵部尚書盧攜嘗薦高駢可爲都統，至是，駢將張璘等屢破黃巢，乃復以攜爲門下侍郎、平章事，凡關東節度使，王鐸、鄭畋所除者，多易置之。

《新唐書·宰相表》也繫王鐸罷相分司東都及盧攜復相於這年十二月，但高駢擔任諸道行營兵馬都統是在第二年（廣明元年）三月。無論僖宗對王鐸是否不之責，王鐸第一次擔任諸道行營都統，則是以敗逃而至罷都統及免宰相職而終。當他東山再起，復任都統，已是二年多以後的事了。

四、王鐸再任諸道行營都統、都都統

王鐸初任都統是以宰相身分兼領，但爲時僅八、九個月，卻以江陵之敗，連宰相的職務也賠上。到了中和二年正月復出任都統、都都統。這一期間，黃巢之亂的發展及唐中央政局，都有很大變化。本節擬先簡略敘述當時局勢發展的大略，再分析、檢討有關王鐸再任諸道行營都統、都都統的一些相關問題。

乾符六年（879）十二月，黃巢軍隊在荆門遭受重創後，就率衆東走，到了第二年（廣明元年，880）春夏之交，先後進攻長江中下游包括鄂、饒、信、杭、宣、歙、池等十五州之地。廣明元年三月，唐中央以高駢爲諸道行營兵馬都統，正式擔任指揮各路唐軍的統帥以對付巢軍，這項職務自王鐸罷任後，已經三個月無人擔任了。

筆者前撰〈高駢縱巢渡淮〉一文，討論高駢在淮南擔任節度使兼都統以對付巢軍，約略分析了廣明元年五月信州之役高駢部將戰敗後，高駢態度從積極出兵到歛兵觀望的轉變。巢軍正是在高駢的坐視下，得以在廣明元年九月迅速渡淮，然後一路勢如破竹向兩都北進，十月破申州；十一月下汝州、洛陽、陝州、虢州。十二月二日下潼關，五日巢軍前鋒進入長安。十三日，黃巢即帝位，建國大齊、改元金統。在此同時，僖宗也率百官奔蜀。巢軍與唐軍的形勢，發生重大變化。

從廣明元年(880)十二月至中和三年(883)四月，黃巢的軍隊占據長安，共約二年四個月之久。巢軍從前期(875年起事至入據長安)的游擊戰，轉而變爲後期的坐守唐京，雖然開始享受城市的物質生活，但也遭遇四面受敵和糧食補給不易的困境。另一方面，唐中央先是在中和元年(881)二月，再以高駢爲京城四面行營都統，仍然冀望這位鎮守淮南的大將，能率兵入關，但高駢始終拒不受命。到了三月，唐再以當時戍守在鳳翔的鄭畋爲京城西面行營都統，黃巢派遣部將尚讓、王璠率五萬大兵進襲鳳翔，鄭畋指派前朔方節度使唐弘夫伏兵要害之地，自已則率數千名兵士，多張旗幟，在一處高岡上虛張聲勢。「賊以畋書生，輕之，鼓行而前，無復行伍，伏發，賊大敗於龍尾陂，斬首二萬餘級，伏尸數十里。」[107]鄭畋乘著這次有名的龍尾陂之役的餘威，移檄四方，收集散佈畿內的數萬諸鎮禁軍。這時，率領涇原之師的唐弘夫屯渭北、河中的王重榮屯沙苑、易定的王處存屯渭橋、夏州的拓跋思恭屯武功、鄭畋屯盩厔。逐漸對巢衆採取三面包圍的態勢。鄭畋先已在這年二月復相，到了六月，再遷爲京城四面行營都統，負責指揮諸軍對抗巢軍。名義上高駢此時仍有都統之銜，只是高駢始終遷延拒行，遠在成都的僖宗君臣又不敢得罪雄據淮南重鎮的高駢，所以唐軍在中和元年六月以後，同時任命高駢、鄭畋兩位領兵統帥。

唐軍在京畿四周與巢軍對峙，雖有零星戰事，卻始終沒有大規模的決定性戰役。到了十月間唐鳳翔行軍司馬李昌言發動兵變，鄭畋被逐，準備西赴成都行在。十一月，鄭畋自鳳翔至鳳州才走了大約四百里路，就上表辭位，僖宗詔以畋爲太子少傅，分司東都，一併撤銷了鄭畋都統的職務。到了中和二年正月，就以王鐸爲「諸道行營都都統」，同時也撤銷了高駢的都統之職。在名義及實際上，

107　《資治通鑑》，卷254，頁8247，「僖宗中和元年三月辛酉」條。

唐軍的領兵統帥的重責大任就落在王鐸身上了。[108]

以上簡單敘述了自乾符六年（879）十二月王鐸罷都統之職後，至中和二年（882）正月止王鐸出任都統、都都統期間所發生的一些大事。接著試就王鐸復任領兵統帥的若干相關問題，再分析如次。

㈠乾符六年十二月至中和二年正月王鐸的仕宦生涯

前文指出，王鐸在乾符六年十二月，由於江陵之敗，罷去宰相、都統之職，貶爲太子賓客、分司東都。從這個時候起，王鐸應當是貶居洛陽的。廣明元年九月高駢縱巢渡淮後，巢軍直撲兩京，洛陽是在當年十一月丁卯淪陷。當時，「留守劉允章帥百官迎謁；巢入城，勞問而已，閭里晏然。」[109]王鐸可能是在巢軍逼近洛陽的時候，就已逃出再轉往潼關。根據《通鑑》及兩《唐書·黃巢傳》的記載，在洛陽告急前幾天，僖宗把守衛潼關的大任交給宦官領袖田令孜。田令孜以左軍馬軍將軍張承範爲兵馬先鋒使兼把截潼關制置使，右軍步軍將軍王師會爲制置關塞糧料使。僖宗又命選兩神策弩手二千八百人，由張承範率領進守潼關。當時協同張承範守潼關的唐將還有原兗海節度使、時任汝鄭把截制置都指揮使齊克讓率領的「飢卒萬人」。以上資料並未提到王鐸守潼關的記載。但是，卻有至少三條史料指出王鐸曾守過潼關。其一是：《冊府元龜》，卷336（頁12a-b）〈宰輔部·識闇〉條說：「（巢軍）乃北渡淮，西抵雒陽，……繼攻陜、虢、通潼關，陷華州，留將喬鈐守之，河口〔口當作「中」〕節度使李侃表于賊，朝廷使田令孜率神策軍拒之。賊以王鐸失守，乃自潼關谷路入，遂陷京師。」其二是：《北夢瑣言》卷3，〈王中令鐸拒黃巢〉條說：「……洎荆州失守，復把潼關。黃巢差人傳語云：『令公儒生，非是我敵，請自退避，無辱鋒刃。』於是棄關，隨僖皇播遷于蜀。再授都統，收復京都。……」其三是前文引述過的《北夢談言》卷十四〈儒將成敗〉條，其關于王鐸守潼關的記載與第二條略同。以上第二、三條《北夢瑣言》的記載，再爲宋人計有編纂的《唐詩紀事》卷65王鐸小傳所承襲，除文字略有更

108 乾符六年十二月至中和二年正月，巢軍的進展與唐中央的變動情形，參看：《資治通鑑》，卷253，頁8219，「僖宗乾符六年十二月」條至卷254，頁8263，「僖宗中和二年春正月辛亥」條；岑仲勉，《隋唐史》，頁493-506；方積六，〈唐王朝鎮壓黃巢起義領兵統帥考〉，頁243-251；方積六，《黃巢起義考》，頁106-200等。

109 《資治通鑑》，卷254，頁8236，「僖宗廣明元年十一月丁卯」條。

動外，大致相同。[110]司馬光《通鑑考異》曾引述上述第三條史料，並加案語說：「按鐸自荆南喪師貶官，未嘗將兵潼關。」[111]方積六也曾據上述第一、二條史料說：「我推測他自洛陽逃到潼關。由於王鐸一貫瘋狂鎭壓起義軍，先後兩次主動要求到前線作戰，他鑒於守衛潼關重要，就主動停留下來爲唐王朝把守潼關效勞。潼關之戰失敗後，他再逃往長安、成都。」[112]王鐸到底是「主動」或「被動」地協同守將把守潼關，不得而知，不過他在潼關助守將一臂之力，是有可能的。因爲他在僖宗奔蜀後，雖然不一定是最初追隨的少許文武百官之一，至少在劍州就已經追上。[113]從洛陽經潼關、長安、劍州、再到成都，是王鐸當日比較可能的行經路線。說王鐸協助防守潼關失敗，也比較能夠解釋上述三條史料。

《新唐書・王鐸傳》及上引《北夢瑣言》二條史料只說王鐸隨天子入蜀，並沒有指出明確時間。這個問題，實際上是可以作一些說明的。廣明元年十二月壬午（3日），巢軍攻下潼關。二天後（甲申，5日），田令孜歸罪宰相盧攜，攜飲藥自殺。當天，「百官退朝，聞亂兵入城，布路竄匿。（田）令孜帥神策兵五百奉帝自金光門出，惟福、穆、澤、壽四王及妃嬪數人從行，百官皆莫知之。上奔馳晝夜不息，從官多不能及。」[114]僖宗倉皇出奔，「百官皆莫知之」，王鐸似乎也未在這時隨行。僖宗逃奔路線是：甲申（5日）出長安城走駱谷，戊子（9日）至洋州的壻水、丁酉（18日）至興元。在興元略事停留，於中和元年（881）正月離開興元，出鹿頭關，辛未（22日）抵綿州，壬申（23日）以工部侍郎、判度支蕭遘同平章事，其後再經漢州，丁丑（28日）終於抵達成都，館於府舍。[115]總計僖宗自長安至成都，共走了五十四天。在這一段期間中，王鐸曾經寫了一首〈謁梓潼張惡子廟〉詩，當時判度支蕭遘（在中和元年正月壬申未任相前）還和了這首詩。從

110 （宋）計有功，《唐詩紀事》，卷65，頁983，〈王鐸〉條。

111 原載《通鑑考異》，卷24，又見：《資治通鑑》卷254，頁8262，「僖宗中和二年春正月辛亥」條附〈考異〉。

112 方積六，《黃巢起義考》，頁130。

113 同上。

114 《資治通鑑》，卷254，頁8239-8240，「僖宗廣明元年十二月甲申」條。

115 以上僖宗奔蜀路線及日期，散見：《資治通鑑》，卷254，頁8239-8245，「僖宗廣明元年十二月甲申」條至「僖宗中和元年春正月丁丑」條。蕭遘的入相日期及官銜，參見：岑仲勉，《通鑑隋唐紀比事質疑》，頁347，〈蕭遘以工侍入相〉條。

這首詩可以知道王鐸、蕭遘至少在梓潼縣（屬劍州，東北至州一百六十里）[116]已經追上倉卒離京的僖宗。宋人計有功編的《唐詩紀事》不但收錄此詩，還加注解，使史實更加清楚。王鐸的原詩及其注解如下：

盛唐聖主解青萍，欲振新封濟順名。夜雨龍拋三尺匣，青雲鳳入九重城。（原注：時僖宗幸蜀，人情術士皆云春內必還京。）劍門喜氣隨雷動，玉壘韶光待賊平。惟報關東諸將相，柱天功業賴陰兵。[117]

《唐詩紀事》在此詩下接著說：「判度支蕭遘和云」，然後轉錄蕭遘的和詩如下：

青骨祀吳誰讓德，紫華居越亦知名。未聞一劍傳唐主，長擁千山護蜀城。斬馬威稜應掃蕩，截蛟鋒刃俟昇平。酇侯爲國親簫鼓，堂上神籌更布兵。（原注：時僖宗解劍贈神，故二公賦詩。）[118]

僖宗在梓潼謁廟解劍贈神的故事，還見於《太平寰宇記》卷84〈劍南道㈢·劍州·梓潼縣〉條：「濟順王，本張惡子……廣明二年（即中和元年，時仍未改元），僖宗幸蜀，神于利州桔柏津見，封爲濟順王，親幸其廟，解劍贈神。時太子少師王鐸扈從至廟，親睹皇帝解劍授神，因題詩云。……」[119]從上面所引資料來看，王鐸既見僖宗在劍州梓潼張惡子廟解劍贈神，並題詩記其事，此詩又有當時只任判度支、未任宰相的蕭遘相和，則詩作當早於中和元年正月壬申（23日）蕭遘任相之前，也必早於辛未（22日）僖宗抵綿州之前，因爲劍州位於前述僖宗奔蜀路線中興元與綿州之間。換言之，王鐸、蕭遘追及僖宗的時間，最遲當在中和元年正月中旬左右。

辨明了僖宗及王鐸入蜀的時間，才能對王鐸此後的仕宦生涯作出合理的解釋。因爲僖宗在抵達成都後二天就任命王鐸爲宰相。《新唐書·宰相表（下）》說中和元年「二月己卯（一日），太子少師王鐸爲司徒兼門下侍郎、同中書門下平

116 《元和郡縣圖志》，卷33，頁846，〈劍南道（下），劍州〉條。

117 《全唐詩》，卷557，頁6461，亦收錄此詩，唯無注解。

118 《全唐詩》，卷600，頁6935，亦錄此詩，唯題作「和王侍中謁張惡子廟」。按：王鐸「兼侍中」是在中和元年夏四月戊寅朔（見：《資治通鑑》，卷254，頁8249），疑此詩題係後來所加。

119 （宋）樂史，《太平寰宇記》（台北：文海出版社，1963影嘉慶八年刊本），卷84，頁6下-7下，〈劍南道㈢·劍州·梓潼縣〉條。

章事。」《資治通鑑》也有同樣記事，只是記日有誤(己卯作乙卯)。[120]《新唐書・僖宗紀》所載亦同，但《舊唐書・僖宗紀》只載正月蕭遘入相，未記王鐸入相的事。《唐大詔令集》卷50收錄有〈王鐸蕭遘平章事制〉，錄文之末附有應是宋敏求所加的雙行小注作「中和元年正月」。[121]方積六曾據此詔及此詔所題年月認定「既然唐中央在同一件詔書中命蕭遘、王鐸入相，他們二人就不能分別有兩個入相的日期。」因此，他肯定兩人是在綿州「同時拜爲宰相」，而且日期「當在中和元年正月二十三日，絶非二月一日。」[122]方氏此說，似難成立，理由有三：㈠《唐大詔令集》所錄詔、令之附加日期間有錯誤，焉知此一年月絶對正確？㈡蕭遘及王鐸拜相日期有《新・表》、《新・紀》及《通鑑》之分別記載，年月皆分別相同，《舊・紀》則只載正月有蕭遘拜相之事，未提王鐸復相。不過，基本上這些史料，都未提到蕭、王二人是同日拜相的。㈢僖宗在中和元年正月丁丑(二十八日)才抵達成都，當時的情形是：「時百官未集，乏人草制，右拾遺樂朋龜謁田令孜而拜之，由是擢爲翰林學士。」[123]據上引各條史料，蕭遘任相在正月二十三日，是在抵成都之前的綿州拜相，王鐸拜相在二月一日，僖宗已至成都，蕭、王拜相時間前後相差只有七天而已。僖宗在逃奔期間，事急從權，可能先加任命，後頒制書，況且「乏人草制」，待王鐸任相後，且有翰林草制，再一併頒下制書，應該比較符合當時的情形。總之，基於上述三項理由，似乎可說方積六過份相信上述一件詔書上所繫的年月，對其他記載一致的史料反持懷疑態度。就事論事，這是應該加以辨明的。

中和元年二月一日王鐸拜相之後，到了三月間，僖宗在成都行在的百官人數才稍見增多。《資治通鑑》，卷254(頁8248)，「僖宗中和元年三月」條說：「群臣追從車駕者稍集成都，南北司朝者近二百人……。」四月戊寅(一日)，僖宗

120 《新唐書》，卷63，頁1744，〈宰相表(下)〉。又見於《資治通鑑》，卷254，頁8246，唯新校本作「二月乙卯朔」，「乙」嚴本改作「己」。查平岡武夫編《唐代の曆》，頁326，中和元年(即廣明二年)二月無「乙卯」，其朔日(一日)在己卯，嚴本所改是正確的，《新・表》也無誤。

121 《唐大詔令集》，卷50，頁258，〈王鐸蕭遘平章事制〉。

122 方積六，《黃巢起義考》，頁154-155。

123 《資治通鑑》，卷254，頁8246，「中和元年正月」條(附在「丁丑」(二十八日)之後、二月己卯朔(一日)之前)。

再加王鐸兼侍中。[124]當時在成都行在最有權勢的百官是北司中的宦官，尤其是僖宗稱之爲「父」的田令孜及以他爲首的一些親信。《新唐書・田令孜傳》說當時年僅十九歲的僖宗逃到成都後，「帝見蜀鄙陋，稍鬱鬱，日與嬪侍博飲，時時攘袂北望，怊然流涕。令孜伺間開釋，呼萬歲，帝始怡悅，田盛稱鄭畋、王鐸、程宗楚、李鋋、（陳）敬瑄方并力，賊不足虞。帝曰：『善』。」田令孜對王鐸雖有「盛稱」之舉，但田令孜本姓陳，又是蜀人，他和其兄陳敬瑄（時任西川節度使，擁有地方兵權）實際上卻把持朝政。中和元年七月間，西川黄頭軍使郭琪在成都發動兵變，陳敬瑄帥兵敉平，後來有一左拾遺上疏進諫，從諫文中可以看出當時宰相王鐸的政治影響力實際上遠遜於田令孜、陳敬瑄二個兄弟。《資治通鑑》，卷254（頁8255），「僖宗中和元年七月」條說：

> 上日夕專與宦者同處，議天下事，待外臣殊疏薄。庚午（二十四日）左拾遺孟昭圖上疏，以爲：「治安之代，遐邇猶應同心；多難之時，中外尤當一體。去冬車駕西幸，不告南司，遂使宰相、僕射以下悉爲賊所屠，獨北司平善。況今朝臣至者，皆冒死崎嶇，遠奉君親，所宜自茲同休等戚。伏見前夕黄頭軍作亂，陛下獨與令孜、敬瑄及諸內臣閉門登樓，並不召王鐸已下及收朝臣入城；翌日，又不對宰相，又不宣慰朝臣。……儻群臣不顧君上，罪固當誅；若陛下不恤群臣，於義安在！夫天下者，高祖、太宗之天下，非北司之天下：天子者，四海九州之天子，非北司之天子。北司未必盡可信，南司未必盡無用。豈天子與宰相了無關涉，朝臣皆若路人？……

以上記事與孟昭圖諫疏，《新唐書・田令孜傳》也有記載，大意略同，只是文字上有不少出入。孟昭圖的疏文痛快淋漓、大義凜然，他也知道疏入必死，早就令他的家僕準備收尸。田令孜的反應也不教人意外，在疏入後藏匿而不奏，第二天就貶了孟氏的官，派人把他沈入眉州眉山附近的蟇頤津中，朝臣也都「氣塞而莫敢言」。這段故事暴露了僖宗成都行在的種種問題，包括宦官干政、南北二司形同水火、宰相喪失預聞大政之權等等。這種情形在中、晚唐其他時期雖然也屢見不

124 見：《新唐書》，卷63，頁1744，〈宰相表（下）〉及《資治通鑑》，卷254，頁8249，「僖宗中和元年夏四月戊寅朔」條。

鮮，但田令孜和陳敬瑄兄弟二人牢固地把持一些軍權，則需留意。田令孜在敦促僖宗幸蜀時任十軍十二衛觀軍容制置左右神策護駕使，抵成都後任行在都指揮處置使，直接指揮中央的神策軍。陳敬瑄則爲西川節度使，指揮當地的黃頭軍、神機營等西川的地方軍。[125]

王鐸就是在以上的情況下，侷促於成都行在，這和他「有經世大志，以安邦爲己任」的個性自然是矛盾的，於是他又在高駢擁兵淮南、拒不進討；以及鄭畋被逐出鳳翔並辭相、罷都統（事在中和元年十月至十一月，見上文）等事件發生後，再度自請討伐巢軍。

㈡王鐸再任領兵統帥的時間及稱呼

王鐸到底何時再任領兵統帥討伐巢軍，以及他所擔任的職務名稱是「諸道行營都統」還是「諸道行營都都統」，或者兩者都有，在史料上有許多紛歧、牴牾的記載，近人也有不同的論斷，試討論如下：

王鐸再任都統、都都統的時間，舊史的記載很不一致。司馬光《通鑑考異》曾作考訂，茲歸納《考異》及其他資料，共得下列八種說法：

⑴中和元年（未繫年月）說：《舊唐書·王鐸傳》。

⑵中和元年七月說：《舊唐書·僖宗紀》。

⑶中和元年八月說：《續寶運錄》。[126]

⑷中和元年九月之後說：《唐補記》。[127]

⑸中和元年十一月說：《唐年補錄》。[128]

⑹中和二年正月辛亥（八日）說：《新唐書·僖宗紀》、《新唐書·宰相表》、《資治通鑑》卷254及樂朋龜草擬制文〈王鐸中書令諸道行營都統權知義成軍節度

125　見：《新唐書》，卷208，頁5885，〈田令孜傳〉；《資治通鑑》，卷254，頁8253-8254，「僖宗中和元年六月、七月」等條。參：《新唐書》，卷224下，頁6406-6409，〈陳敬瑄傳〉。

126　轉引自《通鑑考異》，按：《續寶運錄》當係韋昭度《續皇王寶錄》之省稱，此書現已佚，《考異》於考訂晚唐史事常加徵引。

127　轉引自《通鑑考異》。按：《唐補紀》或作《唐補史》，程匡柔撰，現已亡佚，《考異》於晚唐史實多加徵引。

128　轉引自《通鑑考異》。按：《唐年補錄》係賈緯所撰，現已亡佚，溫公《考異》多以此書徵晚唐史事。

使制〉。[129]

⑺中和二年二月說：《見聞錄》。[130]

⑻中和二年七月說：《唐會要》卷78。[131]

司馬光《通鑑考異》對《通鑑》所繫年月（即上述第六種說法）所持的理由是「據《實錄》〔中和二年〕四月答高駢詔，罷都都統當在此年。今從《實錄》。」方積六也贊成中和二年正月八日說，他認爲〈王鐸中書令諸道行營都統權知義成軍節度使制〉是重要原始資料，所注年月又和《新唐書》紀、表及《通鑑》一致，也和《舊唐書・高駢傳》所說「鄭畋以（中和二年）春初入覲」遂命上相王鐸爲都統的說法相合，所以也肯定王鐸是在中和二年正月任領兵統帥的說法。[132]《通鑑考異》及方積六的論斷，都合乎史實，是可以接受的。王鐸再任領兵統帥的時間應在中和二年正月辛亥（八日）。

但是，王鐸再任領兵統帥時，他的稱號到底是「都統」還是「都都統」，或者兩者都有，就比較具有爭議性了。司馬光和岑仲勉都認爲王鐸在中和二年正月所擔任的領兵統帥的職稱是都都統，方積六則認爲是都統，而非都都統。本文則推測王鐸可能是先擔任都統之職，至中和三年正月又罷都統，但在這一年中則有一段時間稱呼「都都統」，只是詳細起訖時間無法得知。

《資治通鑑》卷254（頁8261-8262）「中和二年春正月辛亥」條說：「以王鐸兼中書令，充諸道行營都都統」。司馬光在此條《考異》中對於他在《通鑑》正文採用「都都統」稱號的理由作了說明：「又《舊・紀・傳》、《新・傳》，鐸止爲都都統，《新・紀》作都統，《實錄》初除及罷時皆爲都統，中間多云都都統。又西門思恭爲都都監。按時諸將爲都統者甚多，疑鐸爲都都統是也。」關於《考異》

129 樂朋龜草擬這篇制文，見於：《唐大詔令集》，卷52，頁276，制文之末小註繫有年月。又見：《全唐文》，卷814，頁3下-5上，制文末不繫年月。

130 轉引自《通鑑考異》。按：《見聞錄》即皮光業《皮子見聞錄》省稱，温公考訂晚唐史事，於《考異》中偶見徵引。

131 《唐會要》，卷78，頁1424，〈都統〉條。方積六《黃巢起義考》，頁202，亦加羅列，惟誤作卷87。

132 方積六，〈唐王朝鎭壓黃巢起義領兵統帥考〉，頁249-250；又氏著，《黃巢起義考》，頁202。唯方氏僅列舉上述八種說法中五種（即正文所列第二、三、五、六、八種說法）。岑仲勉亦在方氏之前（1958年）列舉五種說法，方氏所列與岑氏相同。見：岑仲勉，《通鑑隋唐紀比事質疑》，頁359，〈光州李罕之爲宗權所攻〉條。

這段案語，岑、方二人都有一些意見，岑氏以爲「《舊・紀・傳》實作都統，《新・紀》作都都統，二文誤易，應分別刪增。」[133]這個意見是正確的。方氏以爲「司馬光只是以懷疑的口氣推測中和二年正月王鐸爲都都統。」[134]這個說法也無誤。可是《考異》所說《實錄》的記載，岑、方兩人都沒有特別留意(詳下)。

岑仲勉根據一九五四年在廣州市越秀山鎮海樓後面發現的唐末人盧光濟所撰〈唐故清海軍節度掌書記太原王府君(渙)墓誌銘〉(以下簡稱〈王渙墓誌〉)，肯定「千年疑竇，得此志可以解決矣。」[135]他認爲〈王渙墓誌〉的重要意義之一是「顯示著歷史研究之不可輕下否定，如「都都統」的銜頭，《通鑑考異》不敢決定，據誌文則當日實有其事。」又說：「此外(王)渙曾參王鐸義成節度的幕，誌稱：『初僖皇之幸蜀也，時王公〔鐸〕以相印總戎，鎮臨白馬，仍於統制有都都之號……。』……今誌文特稱『仍於統制有都都之號』，似已防到後人的疑竇，這塊誌石的出現，對晚唐史乘確有不少補助。白馬即義成的別稱。」[136]岑氏這項意見，在他的許多其他論述中一直沒有改變。[137]

方積六則認爲司馬光只是以「懷疑的口氣推測」，並說岑氏據王渙墓誌這條史料斷定王鐸爲都都統，是「還有待討論」的。方氏的理由有三：第一，據《唐大詔令集》卷五二〈王鐸判戶部制〉、〈王鐸中書令諸道行營都統權知義成軍節度使制〉、卷五四〈王鐸義成軍節度兼中書令制〉等三分制文，都稱王鐸爲「諸道行營都統」，這些制文是重要的原始資料，是可靠的，故以此爲據。第二，據《桂苑筆耕集》卷12〈光州李罕之〉及《三水小牘・逸文》這些當時人的記載[138]都稱王鐸爲都統，是重要的佐證。第三，當時確有「諸將爲都統甚多」的事實，但諸道行

133 岑仲勉，《通鑑隋唐紀比事質疑》，頁352，〈王鐸都都統考異〉條；又見氏著，《隋唐史》，頁537。

134 方積六，《黃巢起義考》，頁202。

135 岑仲勉，《隋唐史》，頁537。

136 岑仲勉，〈從王渙墓誌解決了晚唐史一兩個問題〉，《歷史研究》，1957年9期，頁55-62。

137 同註133。

138 查方氏所引用《桂苑筆耕集》及《三水小牘・逸文》二條資料，其出處分別如下：崔致遠，《桂苑筆耕集》(四部叢刊本)，卷12，頁4上-下，〈光州李罕之〉；皇甫枚，《三水小牘》(台北：木鐸出版社影印，1982)，頁38，〈逸文〉。按：崔致遠曾在高駢幕下，皇甫枚爲咸通至天祐年間人，故方氏稱二書是當時人的記載。

營都統與東、西、南、北面的都統稱號，其間的差别相當清楚。方氏根據這三點理由，認爲司馬光的懷疑「似無必要」，並「推測『都都統』可能是一般的習慣稱呼，並非官方文書中的正式稱號。」[139]

岑、方兩人各持一說，是因爲各有所據。但他們都在司馬温公「疑鐸爲都都統是也」一點上發揮，對於《考異》所稱：「《實錄》初除及罷時皆爲都統，中間多云都都統」一節，反而未加留意。本文以爲，若以温公所見，現已亡佚的《實錄》記事來看，可能比較能夠解釋上述各種史料中的矛盾。也就是說，王鐸若在初除及罷職時，都稱「都統」，但中間一年期間偶而改稱「都都統」，這樣，岑、方兩人所舉各項史料的歧異都能相符。這項推測，除了符合《實錄》的記載外(可惜現在無法窺見《實錄》原文，只能由《考異》所述稍見端倪)，還有二條未被岑、方二人所引用的史料，可作王鐸擔任過都都統一職的佐證。

第一，《新唐書》卷49下(頁1308)〈百官志(下)・外官〉項下稱說：「元帥、都統、招討使，當征伐，兵罷則省。都統總諸道兵馬，不賜旌節。」志文原注云：「……天寶末，置天下兵馬元帥，都統朔方、河東、河北、平盧節度使。招討、都統之名，始於此。……黃巢之難，置諸道行營都都統。」據此，「都都統」的稱呼是在黃巢之亂期間，臨時增置的。但考察這一期間所置七人九次的領兵統帥，除王鐸在中和二年正月至三年正月這一任外，其餘並沒有稱呼「都都統」的領兵統帥。[140]《新・志》所說的，當是上述各項史料中凡是稱述王鐸爲「都都統」的情形。這是當時確有「都都統」一項稱呼的佐證。

第二，北宋人錢易在眞宗大中祥符年間(1008-1016)所撰《南部新書》卷三有一條記事說：

> 咸通(860-873)中，俳優恃恩，咸爲都知。一日，樂工喧嘩，上(懿宗)召都知止之，三十人並進。上曰：「止召都知，何爲畢至?」梨園使奏曰：「三十人皆都知。」乃命李可及爲都都知。後王鐸爲都都統，襲此也。吁哉![141]

139 方積六，〈唐王朝鎭壓黃巢起義領兵統帥考〉，頁249，註2，惟此處只舉出正文中的第一項理由。其後方氏又在《黃巢起義考》，頁202-203，全面舉出三項理由，認定王鐸是擔任諸道行營都統，而非都都統。

140 參見方積六，〈唐王朝鎭壓黃巢起義領兵統帥考〉，頁232-251。

141 錢易，《南部新書》(影印文淵閣四庫全書本)，卷3，頁6上。

《南部新書》的成書年代早於《新唐書》(1060)及《資治通鑑》(1084),四庫館臣評此書是「皆記唐時故實,間及五代,多錄軼聞瑣事,而朝章國典、因革損益之故,亦雜載其中。故雖小說家言,而實有裨於史學。」[142]《南部新書》所記當有所本,上引這條記載,錢易自何處輯錄,惜乎無從查考,「都都統」是否眞的襲「都都知」之名而來,也不能斷定。不過,王鐸曾有「都都統」稱號,似又得到另一項佐證。

總上所述,本文認爲王鐸可能先在中和二年正月擔任「都統」之職,在中和三年正月又以「都統」罷職,但在這一年中間,則有一段時間改稱「都都統」,惟其確切起訖時間無法詳知。這項推測,一方面符合《實錄》、〈王渙墓誌〉、《新唐書》、〈僖宗紀〉、〈百官志〉、〈宰相表〉、《南部新書》記有「都都統」之稱的說法,另一方面與積六所持三點理由,也不抵觸。

㈢王鐸再任都統、都都統期間的戰績

中和二年正月至中和三年正月王鐸再任領兵統帥期間,唐軍與巢軍雙方軍力此長彼消,唐軍的佈署和藩鎮形勢也起了很大變化。以下試就與王鐸有關的史實加以討論。

王鐸再任都統、都都統,與乾符六年四月首次出任諸道行營都統的情形類似,也是出於自請督師。《資治通鑑》卷254(頁8261)「僖宗中和元年十二月」條說:「王鐸以高駢爲諸道都統無心討賊,自以身爲首相,發憤請行,懇款流涕,至於再三;上許之。」這項記載,也可自《唐大詔令集》所錄三件任命王鐸不同職務的詔書中得知。例如:中和二年正月〈王鐸中書令諸道行營都統權知義成軍節度使制〉中說:「(僖宗)內慙涼德,致其郊廟,陷於豺狼,……遂致玄穹下鑒,元老請行,面陳衷腸,忠貫天地……。」[143]中和二年二月〈王鐸判戶部制〉中說:「(鐸)近以京都未克,寇孽尚存,妙算履陳,忠誠奮發,思登壇以糾合,誓建旆以掃除。朕由是暫綴陶鎔,俾專統制……。」[144]甚至在中和三年正月罷王鐸

142 同上,書首所附「提要」。

143 《唐大詔令集》,卷52,頁276,〈王鐸中書令諸道行營都統權知義成軍節度使制〉。此制爲樂朋龜所草,又見於《全唐文》,參註129。

144 《唐大詔令集》,卷52,頁271,〈王鐸判戶部制〉。此制原未繫年月,方積六,《黃巢起義考》,頁232,據《新唐書・宰相表》補記時間。檢《資治通鑑》,卷254,頁8263,「僖宗中和二年二月己卯」條,亦稱:「以王鐸判戶部事」。

都統之職的〈王鐸義成軍節度兼中書令制〉中，詔書也記下王鐸在此一年之前是「而又忿茲國難，期以身先，懇望統師，力求專代。……」[145]

中和二年正月八日，王鐸再任都統，以崔安潛爲副都統與罷免高駢都統，是在同日發佈，此後並由王鐸重新辟署將佐等事，則是在前後約二十天的時間內進行的。新、舊《唐書》及《資治通鑑》對於都統王鐸的僚屬有很多記載，但其間也有不少歧異，方積六曾爲之列表並加考證，值得參考。他的結論是：「崔安潛副都統；西門思恭天下行營兵馬都監，不久以楊復光代之，王處存京城東面都統，李孝昌北面都統，拓跋思恭西面都統，周岌、王重榮左右司馬，諸葛爽左先鋒使，康實右先鋒使，安師儒後軍，時溥催遣租賦防遏使。從這個名單看來，唐王朝當時鎮壓起義軍，主要依靠關中及關東地區的一些藩鎮。」[146]

王鐸再任領兵統帥後，就著手進行率領大軍進政長安的準備工作，除了上述自辟將佐的佈署行動是在中和二年正月間（自辛亥〔八日〕至辛未〔二十七日〕完成外。到了二月己卯（六日），僖宗又「以王鐸判戶部事」[147]。這是因爲關中及關東地區的藩鎮軍隊既然參與戰事，則在財用、軍糧裝備的事權上，也宜由都統兼領，以收事權統一之效。這在僖宗所下〈王鐸判戶部制〉中可以看出：「五侯九伯，盡列戎行，猛將謀臣，皆瞻馬首，得不分其國用？委（鐸）以地征，收租賦於四方，從便宜於萬里，軍須無闕……。」[148]更重要的是，王鐸這時可能還擁有任命其所能指揮的藩鎮節度使的實權。例如：這年二月間，「涇原節度使胡公素薨，軍中請命於都統王鐸，承制以大將張鈞爲留後。」[149]

王鐸指揮諸鎮軍隊包圍巢軍，終於在中和二年四月，佈署在長安附近。巢軍蹙居上都，王鐸也移檄四方，雙方情勢逐漸改變。各項史料對於此事的記載，仍然有許多歧異，茲先徵引一段爭議較少的記載，再加補充說明。《資治通鑑》，卷254（頁6268），「僖宗中和二年夏四月」條說：

145 《唐大詔令集》，卷54，頁286，〈王鐸義成軍節度兼中書令制〉。此制原文也未註明時間，但因制書是王鐸再罷都統時所下，故可標注中和三年正月。有關王鐸再罷都統的討論，詳見以下正文的討論。

146 方積六，《黃巢起義考》，頁203-206。

147 參註144。

148 《唐大詔令集》，卷52，頁271，〈王鐸判戶部制〉。

149 《資治通鑑》，卷254，頁8263，「僖宗中和二年二月」條。

王鐸將兩川、興元之軍屯靈感寺，涇原屯京西，易定、河中屯渭北，邠寧、鳳翔屯興平，保大、定難屯渭橋，忠武屯武功，官軍四集。黃巢勢已蹙，號令所行不出同、華。民避亂皆入深山築柵自保，農事俱廢，長安城中斗米直三十緡。賊賣人於官軍以爲糧，官軍或執山寨之民鬻之，人直數百緡，以肥瘠論價。

關於這段記事，有幾點相關問題值得提出：

第一，當時的藩鎮，多半採取觀望的態度，王鐸出兵之後，曾移檄激勵，使得巢軍氣勢更蹙。《舊唐書・王鐸傳》說：「明(中和二)年春，兗、鄆、徐、許、鄭滑、邠寧、鳳翔十鎮之師大集關內。……天下藩帥，多持兩端。既聞鐸傳檄四方，諸侯翻然景附。賊之號令，東西不過岐、華，南北止及山、河。而勁卒驍將，日馳突於國門，群賊由是離心。」《新唐書・王鐸傳》則說：「(鐸)率衛兵洎梁、蜀師三萬壁盩厔，移檄天下。先是，諸將雖環賊，莫肯先。及鐸檄至，號令殷然，士氣皆起，爭欲破賊，故巢戰數蹙。」王鐸所下檄書內容，已無可查考，唯上述資料似乎說明王鐸指揮諸軍，在某種程度上或能使各個受命集中長安附近的藩鎮，採取必要的軍事行動。唯其行動，似不見一致(詳下)。

第二，王鐸率領的軍隊，其構成的部伍到底如何，各書的記載，也有很大的不同。根據方積六的考證，上引《資治通鑑》一段材料中的「兩川」，應該僅有「東川」之軍。此外，他所率領的還包括禁軍及山南西道的軍隊。至於王鐸屯兵關中的地點－－靈感寺，當在盩厔之東附近。[150]以上的說法，大抵與《舊唐書・王鐸傳》所載，「(鐸)率禁軍、山南、東蜀之師三萬，營於盩厔東，進屯靈感寺。」較爲接近。

第三，參與圍攻占據長安巢軍的藩鎮，《新唐書・黃巢傳》也有記載。但上引《通鑑》一段敘事與《新書・巢傳》所記，與一些近人的說法，都有誤。方積六說，「楊復光領壽、滄、荊南、忠武軍屯武功，邠寧、鳳翔、涇原屯興平，河中、易定軍在渭北，保大、定難軍屯渭橋。」[151]這是比較正確的說法。

第四，黃巢及其徒衆所占據的長安，確實面臨「賦輸無入、穀食騰踊」的嚴

150 方積六，《黃巢起義考》，頁211-214。

151 同上，頁214。

重糧荒困境。《舊唐書·黄巢傳》説：「時京畿百姓皆砦於山谷，累年廢耕耘，賊坐空城，賦輸無入，穀食騰踊，米斗三十千。官軍皆執山砦百姓，鬻於賊爲食，人獲數十萬。……（中和）二年……賊怒坊市百姓迎王師，乃下令洗城，丈夫丁壯，殺戮殆盡，流血成渠。」《新唐書·黄巢傳》及《舊唐書·僖宗紀》説黄巢「洗城」是在中和二年二月（《舊唐書·黄巢傳》亦繫於二年，唯《通鑑》作中和元年四月丁亥，恐爲二事。）。著名的韋莊《秦婦吟》，有一部份描述黄巢軍隊占領和蹂躪長安的史實。據陳寅恪考證，其所記述的一婦人從長安東奔往洛陽，其行程即韋莊所親歷，《秦婦吟》之作亦當在中和二年二月「洗城」之後不久。這篇詩作中有描寫當時長安荒廢和恐怖的詩句，值得徵引，作爲《通鑑》敘事的補充説明：

> 四面從茲多厄束，一斗黄金一升粟。尚讓廚中食木皮，黄巢機上刲人肉。東南斷絶無糧道，溝壑漸平人漸少。六軍門外倚僵尸，七架營中填餓殍。長安寂寂今何有？廢市荒街麥苗秀。採樵斫盡杏園花，修寨誅殘御溝柳。華軒繡轂皆銷散，甲第朱門無一半。含元殿上狐兔行，花萼樓前荆棘滿。昔時繁盛皆埋没，舉目淒涼無故物。内庫燒爲錦繡灰，天街踏盡公卿骨。……[152]

關中轉粟本來就是李唐王朝立國的艱巨問題，漕運暢通與否關係著帝國的興衰，這已是人盡皆知的事了。上引詩句中，「東南斷絶無糧道」，正是造成陷入唐軍四面包圍的黄巢在長安的臨時政府，面臨嚴重糧荒的主要原因。[153]無怪乎這一年「關中大饑」[154]，這是討論黄巢失敗的原因時，不可忽視的一項因素。[155]

在王鐸率軍進圍長安後一個月（中和二年五月），唐王朝發佈切責高駢的詔書，這是因爲中和元年十一月唐罷高駢鹽鐵轉運使，二年正月又罷高駢都統。「駢失兵柄，又落利權，攘袂大詬，累上章論列，語詞不遜。」[156]《舊唐書·高駢

152 《秦婦吟》徵引詩句及其著作年代，參見：陳寅恪，〈韋莊秦婦吟校箋〉，《陳寅恪先生論文集》（台北：九思出版社，1977），頁1307-1336。

153 參：胡如雷，《唐末農民戰爭》（北京：中華書局，1979），頁144-145。

154 《新唐書》，卷9，頁274，〈僖宗紀〉「中和二年」條末記：〈五行志㈡〉説：「中和二年，關内大饑。」

155 參看：岑仲勉，《隋唐史》，頁501-506，檢討黄巢失敗原因的討論。

156 《舊唐書》，卷182，頁4705，〈高駢傳〉。按：高駢罷鹽鐵轉運使時間，《資治通鑑》，卷255，頁8270，繫於「僖宗中和二年五月」條，與僖宗下詔切責高駢同月。方

傳》詳細收錄了高駢與僖宗詞章、詔書往來互責的大部份內容，雖然這些文書表達了兩者之間的怨恨、委曲、責備和期望，但高駢也在談論僖宗用兵遣將的策略有誤時，不可避免的批評到當時的都統王鐸及副都統崔安潛，僖宗自然也在詔書中為他們辯護。這些內容與王鐸率兵進圍長安巢軍，雖無直接關係，但反映了一個不滿唐中央的軍閥，對其眼中的儒將王鐸與崔安潛的指揮軍隊能力所產生的質疑，也可藉此瞭解反對者眼中的王鐸，其弱點與為人議論之處到底何在。這裡姑轉引幾個相關的議論：高駢的上表說：「雖然，姦臣未悟，陛下猶迷……上至帥臣，下及裨將，以臣所料，悉可坐擒，用此為謀，安能辦事？陛下今用王鐸，盡主兵權……陛下安忍委敗軍之將，陷一儒臣？崔安潛到處貪殘，只如西川，可為驗矣，委之副貳，詎可平戎？……」僖宗的詔書中，除切責高駢縱巢渡淮，以致巢軍「連犯關河、繼傾都邑」，並對他擁兵觀望，深表憂心之外，更為「儒將」及王鐸本人辯護，詔書說：「此際天下義舉，皆望淮海率先。豈知近輔儒臣，先為首唱，而窮邊勇將，誓志平戎，關東寂寥，不見干羽。……謝玄破苻堅於淝水，裴度平(吳)元濟於淮西，未必儒臣，不如武將。……卿又云王鐸是敗軍之將……安知王鐸不立大勳？」章奏、詔書的內容虛虛實實，都為達到政治目的而寫，這裡無法深論。高駢與僖宗之間的關係也非三言兩語可以說盡，不過高駢對王鐸最大的指控，是乾符六年王鐸第一次擔任都統時的江陵之敗，的確也是可以理解的。

自中和二年四月王鐸指揮諸軍包圍長安之後，唐軍與巢軍雙方的形勢，逐漸有所轉變。起先，巢軍還有能力對長安附近的唐軍發動攻擊，例如：五月間，「黃巢攻興平，興平諸軍退屯奉天。」[157]六月，「尚讓攻宜君寨(胡注謂在京兆華原縣)，會大雪盈尺，賊凍死者什二三。」[158]「七月，賊攻鳳翔，敗節度李昌言於滂水，又遣彊武攻武功、槐里，涇、邠兵卻，獨鳳翔兵固壁。拓跋思恭以銳士萬八千赴難，逗留不進。」[159]

積六據《桂苑筆耕集》，卷六，〈謝落諸道鹽鐵使加侍中兼實封狀〉肯定在中和元年十一月。見氏著，《黃巢起義考》，頁215。

157 《資治通鑑》，卷255，頁8271，「僖宗中和二年五月」條。

158 《資治通鑑》，卷255，頁8272-8273，「僖宗中和二年秋七月」條。岑仲勉，《隋唐史》，頁498，538，考訂當在六月。按：《新唐書・黃巢傳》亦繫於六月，岑氏更據《桂苑筆耕集》以肯定之。

159 《新唐書》，卷255下，頁6461，〈黃巢傳〉。

長安附近爲期半年（中和二年四月至九月）的戰事，事實上只是未具決定性的小規模作戰，唐軍內部似乎並沒有齊一步驟，同時發動圍剿戰術。王鐸這時的指揮能力也沒有史料加以誇述，顯然王鐸並未立即著下軍功。這種膠著情勢，到了九月黃巢大將朱温降唐以及十一月王鐸傳詔李克用率領三萬五千沙陀軍南下關中，才開始有突破性的發展，而朱温、李克用也從此開始在晚唐政局扮演舉足輕重的角色，王鐸的是非功過與他們二人也有密切關係。

朱温，宋州碭山人，出身寒微。[160]他在黃巢起事之初，就加入巢軍，因爲立下一些戰功，補爲隊長。廣明元年（880）十二月，黃巢入長安時，温當時屯兵在東渭橋。中和元年（881）二月，黃巢以朱温爲先鋒使，攻下南陽。此後黃巢又派朱温在興平一帶抵擋唐軍，頗有功蹟。中和二年二月，黃巢以朱温爲同州防禦使。[161]在王鐸率兵進圍長安巢軍時，朱温正是爲巢軍扼守關中東邊出入孔道的主要將領。朱温的軍隊隔著現今山西、陝西交界的黃河，與當時唐的河中節度使王重榮的數萬屯兵，屢有交鋒。《新唐書·黃巢傳》說：「河中糧艘三十道夏陽（按：《元和郡縣圖志》卷二，其地屬同州，在州治馮翊縣東北一百三十里。），朱温使兵奪艘，（王）重榮以甲士三萬救之，温懼，鑿沈其舟，兵遂圍温。温數困，又度巢勢蹙且敗，而孟楷方專國，温丐師，楷沮不報，即斬賊大將馬恭，降重榮。」《資治通鑑》卷255（頁8274），「僖宗中和二年九月」條，對朱温投降的事也有如下記載：

> 黃巢所署同州防禦使朱温屢請益兵以扞河中，知右軍事孟楷抑之，不報。温見巢兵勢日蹙，知其將亡，親將胡眞、謝瞳勸温歸國。九月，丙戌，温殺其監軍嚴實，舉州降王重榮。温以舅事王重榮，王鐸承旨以温爲同華節度使，使瞳奉表詣行在。瞳，福州人也。

方積六曾深入考察朱温叛巢降唐有三個原因：㈠唐諸軍行營都監楊復光的招降；㈡「起義軍內部的階級敵人」謝瞳的勸降；㈢温本人的背叛。[162]這些原因，與現

160 關於朱温的出身及生平史料的一些考證，參：Wang Gungwu, *The Structure of Power in North China during the Five Dynasties* (Kuala Lumpur: University of Malaya Press, 1963), pp.27-28, n.32.

161 以上參看：《舊五代史》（標點本），卷1，頁1-3，〈梁書·太祖紀㈠〉；《新五代史》（標點本），卷1，頁1，〈梁本紀·太祖（上）〉。

162 方積六，《黃巢起義考》，頁219-221。

存史料相符，有參考價值。必須再指出，朱温的投機、變節對巢軍來說，構成內部分裂的嚴重打擊。緊接著黃巢屬下的華州刺史李詳也效法朱温，準備投降唐朝，被黃巢派人殺死，黃巢有鑒於華州爲扼守長安東邊的重要地位，派遣其弟黃思鄴爲華州刺史。方積六推測說李詳與温關係良好，王鐸遂「利用朱温拉攏詳投降」、「王鐸授朱温同華節度使，包含著封建統治者的險惡用心，也與當時的鬥爭形勢緊密相關。」[163]這是從「農民起義」的觀點來評價王鐸。如果從唐朝中央的角度看，王鐸指揮的唐軍陣營招降了朱温，對雙方形勢的扭轉，是有重大的影響的，這顯示了巢軍內部裂痕愈形擴大。

到了十月間，唐又以朱温爲右金吾將軍、河中行營招討副使，賜名全忠。這是繼九月間招降朱温後，唐王朝對朱温採取進一步的穩定行動。除此之外，在這一、二個月間值得注意的有兩件事：㈠王鐸派人說服平盧留後王敬武出兵關中；㈡王鐸開始展開對李克用的傳召行動。當時在華北各區藩鎮軍隊都會集關中討伐黃巢，只有平盧軍沒有參與，王鐸派張濬說服王敬武在此時出兵關中，除可稍稍壯大唐軍的兵力外，應該更具有象徵性意義，亦即王鐸以領軍統帥身分，傳檄四方，至此獲得關中及關東軍隊的全面響應。[164]至於徵召李克用率沙陀兵南下關中一事，除顯示唐軍仍亟須外援才足以平巢外，也爲晚唐政局投下另一項變數。

李克用，沙陀人。「沙陀，西突厥別部處月種也。……處月居金娑山之陽、蒲類之東，有大磧，名沙陀，故號沙陀突厥云。」[165]「其先本號朱邪，……而以朱邪爲姓。」[166]李克用的父親朱邪赤心，在懿宗末年龐勛之亂時率沙陀騎兵助唐討亂有功，進爲大同軍節度使，賜氏李，名國昌。咸通、乾符之際，李國昌時服時叛，又與黨項發生戰事，常常進擾代北、河中一帶，成爲唐朝北邊的外患。僖宗即位之初，爲了安撫沙陀，拜國昌子克用爲大同軍防禦使。「克用少驍勇，軍中號曰『李鵶兒』，其一目眇，及其貴也，又號『獨眼龍』，其威名蓋於代北。」[167]當

163 同上，頁222-225。

164 王鐸遣張濬說服平盧留後王敬武出兵關中一事，見：《資治通鑑》，卷255，頁8276-8277，「僖宗中和二年十月」條。關於此事的考訂，參見：方積六，《黃巢起義考》，頁225-227。

165 《新唐書》，卷218，頁6153，〈沙陀傳〉。

166 《新五代史》，卷4，頁31，〈唐本紀〉。

167 同上，頁33。

王鐸率師進圍長安巢軍時，李克用仍據忻州、代州一帶，並常侵擾并州、汾州。克用本有大志，曾經說：「今黃巢北寇，爲中原患，一日天子赦我，願與公等南向定天下，庸能終老沙磧哉！」[168]王鐸傳召李克用出兵，正是他南下中原的大好機會。

《資治通鑑》卷255（頁8276）「僖宗中和二年十月」條對傳召李克用的經過有如下記載：

> 李克用雖累表請降，而據忻、代州，數侵掠并、汾，爭樓煩監。義武節度使王處存與克用世爲婚姻，詔處存諭克用：「若誠心款附，宜且歸朔州俟朝命；若暴如故，當與河東、大同軍共討之。」

又，同書同年十月、十一月條（《舊唐書》卷184〈楊復光傳〉略同）載王鐸及唐諸將考慮徵召李克用的原因：

> 黃巢兵勢尚強，王重榮患之，謂行營都監楊復光曰：「臣賊則負國，討賊則力不足，奈何？」復光曰：「雁門李僕射，驍勇，有強兵，其家尊與吾先人（按即楊玄价）嘗共事相善，彼亦有徇國之志；所以不至者，以與河東結隙耳。誠以朝旨諭鄭公（即河東節度使鄭從讜）而召之，必來，來則賊不足平矣。」東面宣慰使王徽亦以爲然。時王鐸在河中，乃以墨敕召李克用，諭鄭從讜。十一月，克用將沙陀萬七千自嵐，石路趣河中。……

諸書對李克用出兵人數記載不一，據方積六考證，當以《舊五代史》卷25〈武皇紀〉的三萬五千騎，爲李克用出兵的總人數。[169]沙陀軍自十一月從代北出發，十二月間即抵達河中。[170]

在王鐸徵召李克用的同時，唐軍也展開對長安東邊的討賊行動，並構築西邊的防禦工事，以遏阻巢軍轉向西南下四川。「十月，（王）鐸濬壕於興平，左抵馬嵬，使將薛韜董之，由馬嵬、武功入斜谷，以通盩厔，列屯十四，使將梁璩主之，置關於沮水、七盤、三溪、木皮嶺，以遮秦、隴。」[171]十一月，「李詳舊卒共逐（巢弟）黃思鄴，推華陰鎮使王遇爲主，以華州降于王重榮，王鐸承制以遇爲刺

168 《新唐書》，卷218，頁6157-6158，〈沙陀傳〉。
169 方積六，《黃巢起義考》，頁228-229。
170 同上，頁229-230。
171 《新唐書》，卷225下，頁6461，〈黃巢傳〉。

史。」[172]黃巢大將朱溫既叛巢降唐，唐中央授他同華節度使，黃巢之弟黃思鄴在華州的基地又被推翻，王鐸坐鎮河中，加上宣召李克用從代北直下河中，而西線又已構築防禦工事，很顯然地唐軍主力是要從長安東線進剿坐困長安的巢軍。

中和二年十二月間，李克用率領的沙陀大軍抵達河中，隨即以小部隊試探巢軍的虛實。接著又在中和三年正月，挫敗黃巢另一個弟弟黃揆於同州南端的沙苑。《資治通鑑》卷255（頁8283-8284），「僖宗中和二年十二月」條說：

> 李克用將兵四萬至河中，遣從父弟克脩先將兵五百濟河嘗賊。……自高潯之敗（按：事在中和元年八月昭義節度使高潯曾下華州，爲巢將李詳所敗。）諸軍皆畏賊，莫敢進。及克用軍至，賊憚之，曰：「鵶軍至矣，當避其鋒。」克用軍皆衣黑，故謂之鵶軍。巢乃捕南山寺僧十餘人，遣使齎詔書及重賂，……詣克用以求和。……（克用）引兵自夏陽渡河，軍于同州。

李克用的軍隊抵達河中不久就渡河軍于同州，開始進逼巢軍。《資治通鑑》，卷255（頁8287），「僖宗中和三年正月」條說：

> 春，正月，李克用將李存貞敗黃揆于沙苑。己巳（二日），克用進屯沙苑。揆，巢之弟也。王鐸承制以克用爲東北面行營都統，以楊復光爲東面都統監軍使，陳景思爲北面都統監軍使。

至此，王鐸再任都統（中和二年正月八日）只差六天就屆滿一年，而他率軍進圍長安也將近九個月。形勢對於巢軍愈加緊張，對唐軍更爲有利。然而不知是巧合，還是有意，王鐸卻在六天後，也就是他任滿都統一年整的同一天，中和三年正月乙亥（八日）再罷都統之職。王鐸再罷都統後大約四個月，唐軍就在中和三年四月十日收復長安，可見唐軍在王鐸罷都統時的兵力是足夠復收京師的。那麼，唐中央爲什麼要陣前換將呢？

(四)王鐸再罷都統及其晚年

《資治通鑑》卷255（頁8287）「僖宗中和三年正月」條說：

> 乙亥（八日），制以中書令、充諸道行營都統王鐸爲義成節度使，令赴鎮。田令孜欲歸重北司，稱鐸討黃巢久無功，卒用楊復光策，召沙陀而破

172 《資治通鑑》，卷255下，頁8278，「僖宗中和二年十一月」條。

> 之，故罷鐸兵柄以悅復光；又以副都統崔安潛爲東都留守，以都都監西門思恭爲右神策中尉，充諸道租庸兼催促諸道進軍等使。令孜自以建議幸蜀、收傳國寶、列聖眞容、散家財犒軍爲己功，令宰相藩鎭共請加賞，上以令孜爲十軍兼十二衛觀軍容使。

從上引，王鐸再罷都統之職，田令孜無疑是關鍵性人物。然而，方積六卻根據當時的翰林學士樂朋龜草擬的僖宗罷王鐸都統制書〈王鐸義成軍節度兼中書令制〉之中的一段，說王鐸「懇望統帥，力求專代。……雖嘉將就之勳，尚滯進軍之策，而諸軍觀望，相顧遷延，將謀蕩定之期，因有更改之制」[173]。方氏據此說：「可見王鐸免職是由於他『尚滯進軍之策』，既無法打敗義軍，更不能進占長安，因而有『更改之制』。假如都統王鐸曾率領唐軍進入長安，立有大功，詔令不可能這樣敘述。這是有關撤銷王鐸都統職務的原始資料，比後來各種記載更加可靠。」[174]這個說法，似乎值得商榷。第一，詔令這一類措詞典雅、華麗，但也有明顯政治目的的官樣文章，雖是原始資料，徵引時卻需格外謹愼。何況在這件罷王鐸都統之職的制書中，除了上引一些僅僅說明撤職的原因，但構詞並不激烈、苛刻的文字外，其他部份都還盛稱王鐸是「碩德名門，淸風直道，爲一時之主表……當其艱苦之時，實有整持之計，沉機累獻，祕畫頻聞」等一類文字。第二，制書中說王鐸「尚滯進軍之策」，方氏更據此加以發揮，似未見持平。從上文敘述，王鐸在第二任都統任上的表現，比第一任時可說更爲積極。而在王鐸被罷時，唐軍也已掌握優勢，驅逐長安巢軍應當是指日可待之事。唐中央突然陣前換將，當與政治衝突或矛盾有關。第三，《通鑑》說王鐸被罷是「田令孜欲歸重北司」與「故罷鐸兵柄以悅復光」。楊復光與田令孜都是北司中的宦官，同類相引，並不足怪。胡三省注此條即說：「罷王鐸兵柄在正月，李克用破黃巢在四月。蓋田令孜以黃巢之勢已蹙，而楊復光之功必成，先以是悅之耳。」胡注及《通鑑》所說，可以得到《新唐書》卷208（頁5886-5887）〈田令孜傳〉的支持：「賊平，令孜以王鐸爲儒臣且無功，而首謀召沙陀者，楊復光也，欲歸重北司，故罷鐸都統，以復光功第一。」（《舊唐書·僖宗紀》略同）另外《新唐書·王鐸傳》也說：「宦人

173　樂朋龜草擬的僖宗〈王鐸義成軍節度兼中書令制〉，見：《唐大詔令集》，卷54，頁286。

174　方積六，《黃巢起義考》，頁231。

田令孜策賊必破，欲使功出於己，乃構鐸於帝，罷爲檢校司徒，以義成節度還屯。」不過，上引《新書・田令孜傳》文中說「令孜以王鐸爲儒臣」一點，更值得注意。《舊唐書・王鐸傳》說，當巢軍在長安失利出關東後，「與蔡帥秦宗權合縱。時溥舉兵徐方，請身先討賊，乃授溥都統之命。十軍軍容使田令孜以內官楊復光有監護用師之功，尤忌儒臣立事，故有時溥之授。」田令孜忌諱儒臣立下軍功，與「欲歸重北司」二點，正是當時專制中外的宦官集團領袖田令孜，運用政治手段撤銷儒將都統王鐸與副都統崔安潛的主要原因。

中和三年正月八日王鐸因田令孜構讒而罷都統，出爲義成軍節度使，「令赴鎭」，事實上是連同他在中和元年二月以來所擔任的宰相、及中和二年正月擔任都統兼指揮兵馬收復京城及租庸等使等這些具有實權的官職，都被一併撤銷的。在樂朋龜代擬的〈王鐸義軍節度兼中書令制〉中，王鐸所剩下的官銜、散、勳、封是：「可檢校司徒守中書令，使持節滑州諸軍事、守滑州刺史、充義成軍節度使、滑潁等州觀察處置等使，散官、勳、封如故。」其中，「檢校」在中唐以後只是虛銜，散官是他的本品、勳、封是恩賜、爵賞，都與他此時的職事官無關。因此，在王鐸罷都統及宰相後，事實上他的官職只剩下義成軍節度使及它所原來所領的「滑潁等州觀察處置等使」及「滑州刺史」。王鐸早在一年前再任都統時，就「權知」義成軍節度使，權知是由詔敕委任，並非眞拜，再加上鐸任相及都統，中和二年一整年中身處四川及長安附近指揮作戰，當然不可能在中和三年正月以前到滑州赴任。

王鐸何時赴鎭，史未明言。不過，他抵達滑州之前或稍後，卻作了一首詩〈罷都統守鎭滑州作〉，云：

用軍何事敢遷延，恩重才輕分使然。黜詔已聞來闕下，檄書猶未遍軍前。

腰間盡解蘇秦印，波上虛迎范蠡船。正會星辰扶北極，卻驅戈甲鎭南燕。

三塵上相逢明主，九合諸侯媿昔賢。看卻中興扶大業，殺身無路好歸田。[175]

《唐詩紀事》編者計有功在王鐸小傳說：「（鐸）隨僖宗播遷於蜀，再授都統，收復京師，大勳不成，竟落都統。後有詩，其要云：黜詔已聞來闕下，檄書猶未遍軍前。亦志其事也。」的確如此，在這首詩中，王鐸表達了他的辯解、惋惜和無奈等

175 詩見：《唐詩紀事》，卷65，頁983；又見：《全唐詩》，卷557，頁6461-6462。

種種情緒。首二句，正是針對「黜詔」中說他「尚滯進軍之策，而諸軍觀望，相顧遷延」而發。其餘各句，也都與他大勳將成卻突被撤職有關。這首詩沒有提到黃巢終在中和三年四月十日被逐出長安，據此推測，此詩當成於中和三年正月八日以後至同年四月十日之間。

王鐸罷相及都統之職後，就與討伐黃巢的大事絕緣，從中和三年正月八日至四年十二月遇害，大約二年的時間，王鐸幾乎完全退出政治舞台，有關的記載很少，兩《唐書》中的《僖宗紀》及《王鐸傳》和《資治通鑑》，都只記載二、三件與他相關的事。以下試就有限史料，再稍加說明。

首先，《新唐書·王鐸傳》說王鐸再罷都統，「後數月，復京師，策勳居關東諸鎮第一。」此事不見於其他史料，恐怕有誤。唐軍收復長安是中和三年四月十日[176]，在當時天下兵馬都監楊復光所上的〈收復京城奏捷露布〉[177]中，除了盛稱河中節度使王重榮、雁門節度使李克用和楊復光本人的功勳外，各藩鎮的將領(包括鄭滑將領，名義上係王鐸所統，在義成節度使指揮下)乃至神策弩手都一一列名，其中並無王鐸。而在收復京城的次(五)月，僖宗對有功將領大加爵賞時，王重榮、李克用、楊復光等人都名列其中，[178]獨缺王鐸。《舊唐書·僖宗紀》甚至還誤繫王鐸罷都統之事於加官進爵者的行列中。

其次，有關王鐸與朱温(全忠)的關係及鐸自請還朝，從義成節度使徙爲義昌節度使之事，各書都有少許記載。《新唐書·王鐸傳》僅說「(中和)四年，徙義昌節度使。」《舊唐書·王鐸傳》則敘述較詳，說「初，鐸出軍，兼鄭滑(即義成)節度使，以便供饋。至是，罷鐸都統之權，令仗節歸藩。鐸以朱全忠於已有恩，倚爲藩蔽。初，全忠辭禮恭順，既而全忠軍旅稍集，其意漸倨。鐸知不可依，表求還朝。其年冬，僖宗自蜀將還，乃以鐸爲滄景節度使。」關於這件事，《舊唐

176　諸書記載多作十日，唯楊復光告捷露布作四月八日，方積六考訂當以十日爲是。見：氏著，《黄巢起義考》，頁242-244。

177　此一露布見於《舊唐書·黃巢傳》；《舊唐書·僖宗紀》；《全唐文》，卷988；《冊府元龜》，卷434，〈將帥部·獻捷㈠〉。筆者最近曾對這件露布略作考訂，寫成〈楊復光《收復京城奏捷露布》考〉，預定發表於《中國史學》第二卷(東京：中國史學會，1992，10)，排印中。

178　《舊唐書》，卷19下，頁716，〈僖宗紀〉「中和三年五月」條；所記較詳。《資治通鑑》，卷255，頁8295，「僖宗中和三年五月」條，所記較略。

書・僖宗紀》繫於中和四年十一月，說:「制以義成軍節度使、檢校太師、中書令、上柱國、晉國公王鐸爲滄州刺史、義昌軍節度、滄德觀察處置等使。」但《資治通鑑》，卷256（頁8314），則繫於四年十月，並與《舊・傳》所說事實略同:「朱全忠之降也，義成節度使王鐸爲都統，承制除官。全忠初鎮大梁，事鐸禮甚恭，鐸依以爲援。而全忠兵浸強，益驕倨，鐸知不足恃，表請還朝，徙鐸爲義昌節度使。」當中和二年九月，鐸任都統時，朱溫降王重榮，王鐸承旨以溫爲同華節度使，已詳上文。到了二年十月，唐又「以朱溫爲右金吾大將軍、河中行營招討副使，賜名全忠。」[179]朱全忠是在中和三年三月任宣武節度使，但當時他仍參與討伐長安巢軍的戰役，直到這年七月才赴大梁（汴）就任。宣武節度使（鎮所在汴）的領地與義成節度使（鎮所在滑）相鄰，王鐸因爲他過去與朱溫的關係，而依以爲援。但鐸在朱全忠逐漸驕倨後，遂表請還朝，改授義昌節度使，其時間當在中和四年冬（《通鑑》作十月，《舊・紀》作十一月，未知孰是）。

第三，諸書都記載了一些王鐸遇害的事，這裡先引記載較詳（但間有錯誤）的《舊唐書・王鐸傳》的敘事:

> 時楊全玫在滄州，聞鐸之來，訴於魏州樂彥貞。鐸受命赴鎮，至魏州旬日，彥貞迎謁，宴勞甚至。鐸以上台元老，功蓋群后，行則肩輿，妓女夾侍，賓僚服御，盡美一時。彥貞子從訓，兇戾無行，竊所慕之，令甘陵州卒數百人，伏於漳南之高雞泊。及鐸行李至，皆爲所掠，鐸與賓客十餘人，皆遇害。時光啟四年十二月也。

《新唐書・王鐸傳》則說:

> 鐸世貴，出入裘馬鮮明，妾侍且衆。過魏，樂彥禎子從訓心利之。李山甫者，數舉進士被黜，依魏幕府，內樂禍，且怨中朝大臣，導從訓以詭謀，使伏兵高雞泊劫之，鐸及家屬吏佐三百餘人皆遇害。朝廷微弱，不能治其冤，天下痛之。

王鐸遇害之事，又見於兩《唐書・僖宗紀》及《資治通鑑》卷256，都繫年月於中和四年十二月，上引《舊・傳》所說「光啟」當爲「中和」之誤。上文說王鐸自義成節度使徙義昌（《舊紀》作滄德、《舊・傳》作滄景）節度使，鎮所在滄州。王

179　《資治通鑑》，卷255，頁8276，「僖宗中和二年十月」條。

鐸從河南一帶要赴位於瀕臨渤海灣西岸的滄州，必須行經自中唐以來早已形同半獨立的河北三鎮之一：魏博。樂彥禎（上引《舊·王鐸傳》作彥貞）是當時魏博節度使，《舊唐書》卷181及《新唐書》卷210都有傳，彥禎子從訓劫王鐸而害之的事，在兩《唐書·樂彥禎傳》中，也都有記載。又據《元和郡縣圖志》卷16記載，漳南縣是貝州十個管縣之一[180]，其地靠近永濟渠，推測王鐸大概採水路或沿水路赴滄州就任，途中遭樂從訓之劫而死。

五、結　語

黃巢之亂，前後綿亙十年（875-884），動亂範圍波及華北、華中、華南廣大地區。本文試以王鐸爲中心，討論這位唐軍領兵統帥的家世、事功，尤其著重探討他前後兩次擔任諸道行營都統，指揮軍隊與巢軍對壘的經過，兼亦觸及僖宗時期朝廷政爭問題。

王鐸出於太原王滿一支，至其伯父播、叔父起位崇將相，鐸本人亦曾三度任相。鐸的父親炎及播、起三兄弟都以進士出身，鐸也以進士及第踏入仕途，這正是所謂「王氏儒宗，一門三相」[181]。

王鐸在會昌元年（841）進士擢第，開始在官僚體系中歷練。自咸通初年起，才在唐中央政府中擔任重要職務，至咸通十一年（870）首次任相，從此眞正展開了他的志業。王鐸四十多年的仕宦歷程，是以他生命中最後十五年（870-884）爲最重要，總計他在這一段期間共三度任相、二次擔任諸道行營都統、四次出任節度使。除第一任宰相是在懿宗咸通末（870-873）外，他兩次出任諸道行營都統，都是以復任及三任宰相身分自請督師討巢，擔當唐軍領兵統帥的職務。本文討論的重點，就在檢討王鐸兩任都統期間與巢軍對峙的相關問題。

180　《元和郡縣圖志》，卷16，頁465，〈河北道㈠〉。

181　《舊唐書》，卷164，頁4295，〈王鐸傳·贊〉。唯需注意，王氏一門事實上只有王播及王鐸任相。王起在武宗會昌年間「出爲興元尹，兼同平章事，充山南西道節度使。赴鎮日，延英辭，帝謂之曰：「卿國之耆老，宰相無內外，朕有闕政，飛表以聞。」」（《舊唐書·王起傳》）是王起只兼同平章事，並非眞宰相。《新唐書·王起傳》亦謂起「以夙儒兼宰相秩，前世所罕。」《新唐書·宰相表》不列王起。此處所謂「王氏儒宗，一門三相」，是以兼同平章事的王起一併計算，蓋爲溢美之詞。

王鐸初任諸道行營都統,是從乾符六年(879)四月至同年十二月,歷時約八、九個月。這時王仙芝、黄巢起事已將近四年,但在鐸以前的其他招討使、都統如宋威、崔安潛、曾元裕等人或者完軍顧望,或者僅能逼迫王、黄軍隊游擊各地。王鐸在巢軍轉掠福建、廣東後,自請督師,以宰相之身出任都統兼荆南節度使,坐鎮江陵,成爲一員「儒將」。這件事似乎與他有「經世大志」的理想,及防止另一位軍事強人高駢竄起有關。然而,王鐸在第一任都統職務上不但毫無表現,反而因爲他在當年十一月棄江陵北逃,導致巢軍迅速攻陷江陵,賴劉巨容在荆門之役重挫巢軍。但黄巢在劉巨容消極進逼下,卻轉往長江下游地區發展。王鐸也因江陵之敗,罷去都統及宰相的職務。此後,朝廷政爭持續不斷,王鐸過去在朝中與盧攜聯合攻擊鄭畋的合作關係,也告瓦解。盧攜再度得勢,並以高駢爲都統(廣明元年三月)。

王鐸再任諸道行營都統,是從中和二年(882)正月八日至三年(883)正月八日,爲時一年整。黄巢軍隊自廣明元年(880)九月因高駢「縱巢渡淮」後,迅速攻下洛陽、長安,巢軍並且占據長安一帶達二年又四個月之久(廣明元年十二月至中和三年四月),僖宗奔蜀。巢軍放棄前期的游擊戰略,據守關中,巢軍與唐軍雙方攻防的態勢完全倒轉過來。在黄巢占據長安的前期,唐中央任命的領兵統帥是高駢和鄭畋,但高駢坐擁淮南,並未實際出兵。鄭畋則僅在中和元年下半年任都統約半年,指揮軍隊在京畿四周與巢軍對峙,雖有零星戰事,卻無法驅逐巢軍,鄭畋本人並因兵變被逐而入蜀。王鐸在僖宗倉皇奔蜀後,也輾轉抵達成都,並於中和元年二月三度拜相。不過成都行在的大政卻由宦官田令孜把持,王鐸始終無法發展抱負。到了鄭畋被逐並罷都統後,王鐸再以宰相自請督師,擔任諸道行營都統(此一期間有時又稱都都統)。

王鐸再任都統後,就積極佈署,並在中和二年四月親率東川、興元軍隊屯駐盩厔附近,其他關中與關東藩鎮也出兵,對困守長安,面臨嚴重糧荒的巢軍展開包圍行動。不過,在諸軍包圍長安的前半年(四月至九月),唐軍內部的行動並不一致,雙方仍處膠著對峙局面。直到這年九月黄巢大將朱温降唐、十一月王鐸傳詔李克用率領三萬五千沙陀軍南下關中,唐軍才眞正掌握優勢。可是就在驅逐長安巢軍指日可待的時候,王鐸突然被罷宰相及都統之職。究其原因,應當是田令孜忌諱儒臣立功，並企圖使大權歸重北司，遂在黄巢勢力已蹙的情況下，先構鐸於僖宗之前，再讓收復京師的大功由另一監軍宦官楊復光及當時卓著戰績的李克用，共享其成。從此，王鐸就退出政治舞台，到中和四年十二月在貝州漳南縣遇害。在他再罷都統後三個月，唐軍收復長安，在他死前半年（中和四年六月），黄巢之亂也結束了。他應當知道這些大事，只是王鐸在罷都統赴滑州就鎮以後，與「中興扶大業」的事已經無緣了。

兩《唐書》史臣，對王鐸都有褒讚之詞。《舊唐書·王鐸傳》談到中和二年四月鐸率兵營於盩厔時說：「天下藩帥，多持兩端。既聞鐸傳檄四方，諸侯翻然景附。」其實，當時唐藩鎮軍只有關中、關東之軍赴難，行動也不見一致。《舊·傳》又說：「是時國命危若綴旒，天子播越蠻陬，大事去矣。若非鄭畋之奮發，鐸之忠義，則土運之隆替，未可知也。」這是對王鐸第二次擔任都統期間的表現，所作的肯定。《舊·傳·贊》稱美鐸的家世是「王氏儒宗，一門三相」，《舊·傳·史臣曰》總結他的一生，也說：「王氏……美鍾於鐸，而能驤首矯翼，淩厲亨衢，仗鉞秉衡，扶持衰運。天胡罰善，遇盜而殂，悲哉！」《新唐書·王鐸傳》正文及贊對王鐸也多讚美之詞，但比《舊唐書》含蓄。譬如：「韋保衡緣恩倖輔政……病鐸持其事，不得肆，搢紳賴焉。」是敘述咸通末保衡與鐸同時任相期間的事。又說：「諸將雖環賊，莫肯先。及鐸檄至，號令殷然，士氣皆起，爭欲破賊，故巢戰數蹙。」也肯定了王鐸再任都統期間的功蹟。在鐸爲田令孜讒構罷職後，《新·傳》說：「鐸功危就，而讒見奪，然卒因其勢困賊，後數月，復京師。」更加肯定王鐸再任都統時所作的努力，已爲驅逐長安的巢軍奠下基礎。在談到鐸遇害後，則說：「朝廷微弱，不能治其冤，天下痛之。」《新唐書·王鐸傳·贊》也以惋惜的語氣總論王鐸的一生，說：「如（鄭）畋、（王）鐸皆社稷之才，當大過之世，爲天下唱。扶持王室，幾致中興。俄而爲孽豎亂宦所乘，功業無所成就。」總的說來，兩《唐書》史臣對王鐸都有極高評價，對於他第一任都統期間棄城北逃的江陵之敗未加苛責，只是委曲敘事，說：「鐸聞（李）係敗，……自率兵萬餘會襄陽之師，江陵竟陷於賊。」（《舊·傳》）「（李）係望風未戰輒潰，鐸退營襄陽。」（《新·傳》）

胡三省和王夫之則對王鐸有所貶責。胡三省注《資治通鑑》卷253（頁

8214)「僖宗乾符六夫五月」條「泰寧節度使李係,晟之曾孫也,有口才而實無勇略,王鐸以其家世良將,奏爲行營副都統兼湖南觀察使。」時說:「官人以世而不考其才,古今之通患也。爲鐸、係失守殄民張本。」胡注在《通鑑》卷256(頁8317)「僖宗中和四年十二月」載鐸「侍妾成列、服御鮮華」並爲樂從訓所害時說:「史言王鐸以承平之態處亂世,至於喪身亡家,誨盜誨淫,自取之也。」胡三省是從江陵之敗及王鐸「侍妾成列」兩點發揮。王夫之則以另一種角度評價王鐸。王氏說:「黃巢之亂,唐中外諸臣戮力以效節者,唯鄭畋一人而已。……(其後)鳳翔內亂(指鄭畋被兵變所逐),孤城不保,諸鎮寒心,賊益鞏固,卒使王鐸假手於反覆橫逆之朱温、包藏異志之李克用,交起滅賊,因以亡唐,而畋忠勳之成效亦毀。」[182]這是從㈠比較鄭畋與王鐸戰績,和㈡王鐸假手朱温、李克用破巢及朱、李後來對晚唐政局的影響等二點,所作的議論。王氏著重以上兩點,對王鐸屢有批評。如說鄭畋在關中與巢軍相峙時,「高駢擁兵而觀望,王鐸遲鈍而不前。」又說當時「王鐸擁全師於山南,未嘗挫衄,固可以遏賊之逸突。」在談到朱温、李克用禍唐、亡唐之事時,王氏說朱、李未受唐命前,二人「但仰濡沫於王鐸」,此後「黃巢雖敗,而僖宗之不能復興,王鐸輩之不能存唐也。」「要此二賊之狂奰,皆王鐸無討賊之力,委身而假借之。及其相攻,坐視而不能制。則鐸延寇之罪,又出康承訓之上。」[183]王氏以上批評,有幾點必須提出:㈠鄭畋在關中時,王鐸身在四川,並未擁兵山南。㈡朱、李相攻,已在王鐸罷都統之後,鐸當時相權、兵權皆失,已退出政治舞台,說他「不能存唐」或「坐視而不能制」,似有未當。㈢王鐸受朱温之降、傳詔李克用出兵,就當時戰況來說,都對唐軍有利。朱、李禍唐,王鐸身不及見,說他没有知人之明或者尚可,說他有「延寇之罪」,恐怕過重了。㈣王鐸再罷都統,赴滑州就鎮,曾倚當時雄據大梁(汴)的朱温爲藩蔽,但在他死前一、二個月鐸已知温不足恃,因而表請還朝。據此,王鐸並非完全没有知人之明,只是鐸不久遇害身亡,唐末二十餘年的紛擾,已是王鐸身後之事了。

王鐸的功過是非,見仁見智。本文的重點不在歷史人物的評論,只是試圖透

182　王夫之,《讀通鑑論》,卷27,頁11下。

183　以上見:同上,同卷,頁12上-13下。

過王鐸的例子，檢討唐末最大規模的變亂爲何會歷時甚久，波及甚廣。希望這篇討論，可以補充說明晚唐政局及黃巢亂事末期發展過程的一些問題。

（本文於一九九一年十一月十四日通過刊登）

附圖(一)

乾符二~五年(875-878)王仙芝、黃巢進兵路線及藩鎮形勢示意圖

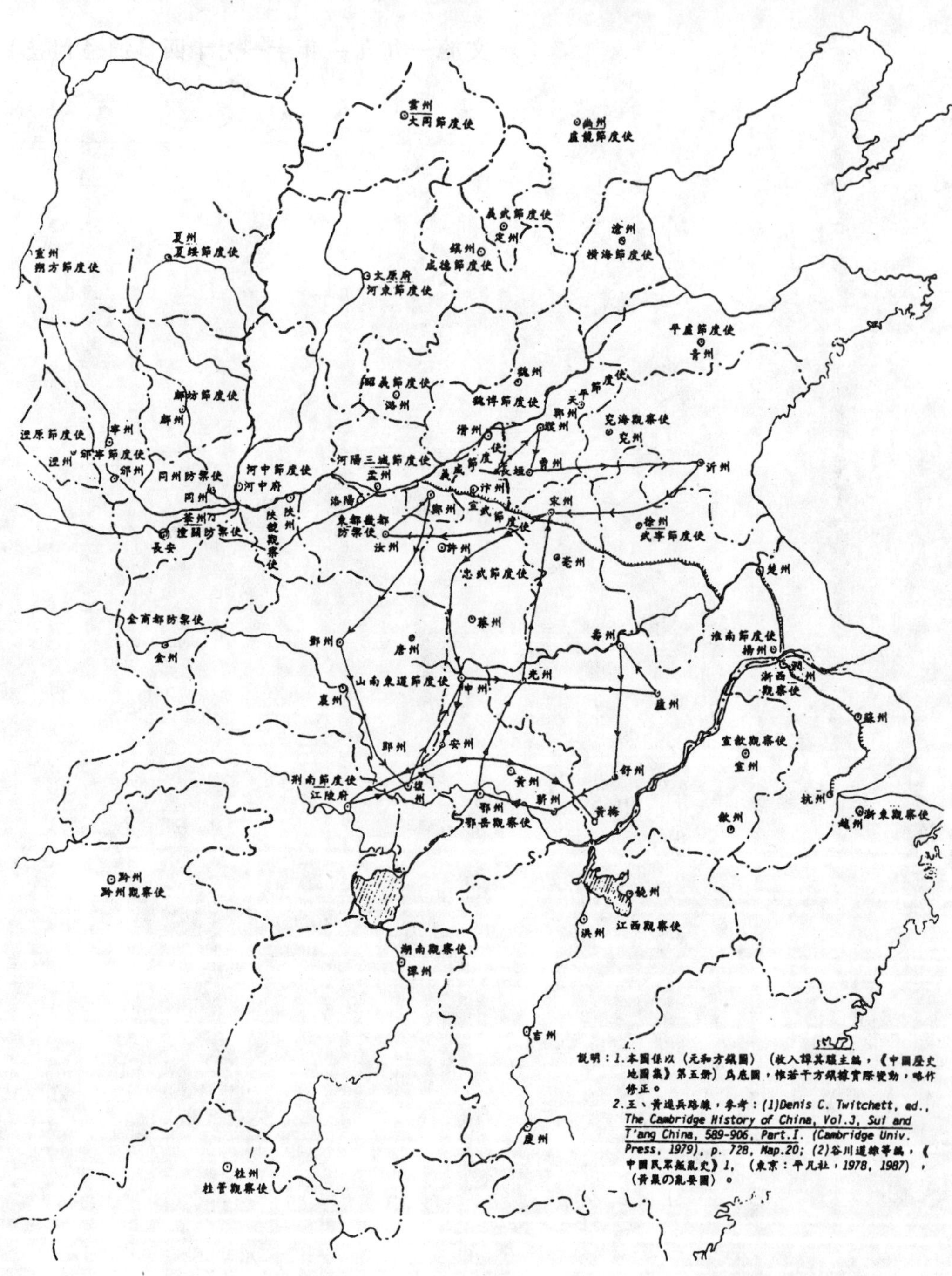

說明:1.本圖係以〈元和方鎮圖〉(收入譚其驤主編,《中國歷史地圖集》第五册)爲底圖,惟若干方鎮據實際變動,略作修正。
2.王、黃進兵路線,參考:(1)Denis C. Twitchett, ed., *The Cambridge History of China, Vol.3, Sui and T'ang China, 589-906, Part.I*. (Cambridge Univ. Press, 1979), p. 728, Map.20; (2)谷川道雄等編,《中國民眾叛亂史》1, (東京:平凡社,1978, 1987),〈黃巢の亂要圖〉。

附圖(二)

878年～880年黃巢進軍路線示意圖

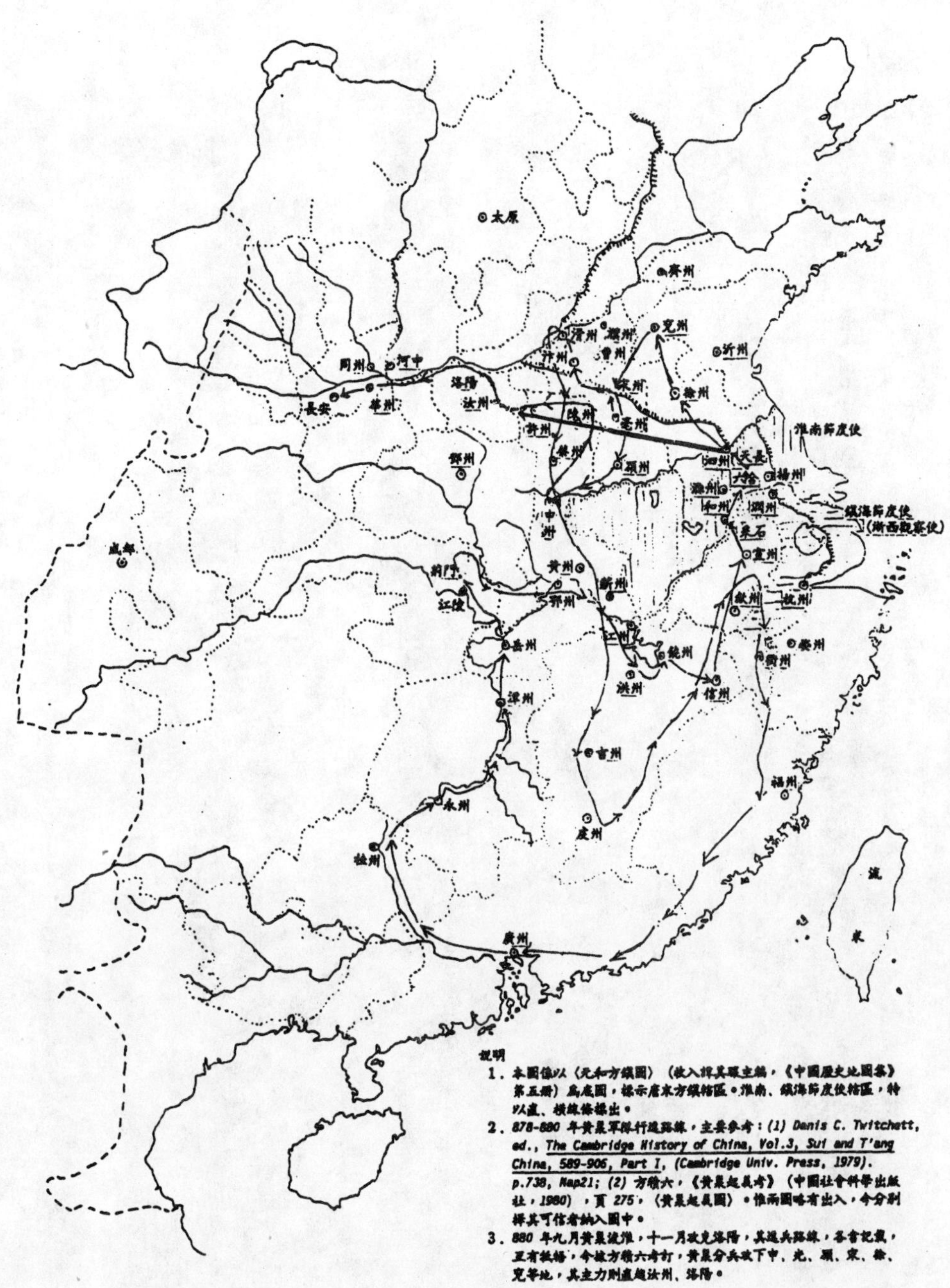

說明

1. 本圖係以〈元和方鎮圖〉（收入譚其驤主編，《中國歷史地圖集》第五冊）爲底圖，標示唐末方鎮轄區。淮南、鎮海節度使轄區，特以直、橫線條標出。
2. 878-880 年黃巢軍隊行進路線，主要參考：(1) Denis C. Twitchett, ed., The Cambridge History of China, Vol.3, Sui and T'ang China, 589-906, Part I, (Cambridge Univ. Press, 1979). p.738, Map21; (2) 方積六，《黃巢起義考》（中國社會科學出版社，1980），頁 275，〈黃巢起義圖〉。惟兩圖略有出入，今分別擇其可信者納入圖中。
3. 880 年九月黃巢渡淮，十一月攻克洛陽，其進兵路線，各書記載，互有抵牾，今據方積六考訂，黃巢分兵攻下申、光、潁、宋、徐、兗等地，其主力則直趨汝州、洛陽。

五至六世紀華北鄉村的佛教信仰

劉 淑 芬

本文係以五至六世紀華北村落的佛教造像記爲主要資料，探討其時鄉村居民的宗教活動與儀式，以及佛教在鄉村社會所發揮的功能。

五、六世紀時佛教在華北鄉村地區非常盛行，遊化村落的僧人是促使佛教深透華北鄉村的主要原因。由於佛教經典的鼓勵造像，以及佛教修行方法和儀式上的需要，所以歸心佛教的村落居民便傾力造像。有證據顯示：僧人也利用佛碑像上的圖相——包括佛本行、佛本生故事的片斷場景，以及經變的圖相，作爲他們傳道佈教的輔助說明，這種作法可能影響了唐代變文的講述方式。鄉村居民基於宗教上的虔敬，而組織了叫做「義邑」或「法義」的信仰團體，由僧人做爲其指導者，稱之爲「邑師」，領導他們從事建造佛像、寺院，興辦公共建設和慈善事業，並且共同修習佛法，舉辦及參與齋會和若干儀式。在佛像建造完工的前後，鄉村居民會舉行齋會、八關齋會，以及行道等儀式；而在佛像落成之日，還要舉行佛像的開光儀式。出現在六世紀的造像記中的「開光明主」、「光明主」這樣的頭銜，是迄今包括佛教與道教有關開光儀式最早的記錄。

由於佛教在華北鄉村的深透流行，它深深地影響著鄉村信徒的日常生活，乃至於其價值標準；人們常透過佛教的行事來表達其孝思忠忱，而致力宏揚佛教、捨田立寺、從事救濟飢寒等社會事業的行逕，也成爲鄉村社會重視的美德之一。又，鄉村佛教徒組織信仰團體，以從事造像和公共建設事業，並共同修習佛法，無形中縮小了社會階層之間的差距，促進了社會的整合。

一、前　　言

中國中古時代（三至九世紀），是佛教信仰從廣爲傳播流行到極爲興盛的時期，從帝王公卿、貴族百官、到庶民奴婢,都沈浸在虔敬的宗教信仰裡；佛教的教義、儀式深深地影響人們，並且溶入其日常生活。然而，迄今關於中國佛教史的研究多偏重於上層階級的討論，貴族、官員和高僧所熱中的教義禪觀、朝廷對佛教的政策等方面。何以造成這種偏差？這大半要歸因於其所使用資料的緣故。關於此一時期正史中，〈魏書・釋老志〉雖然對佛教傳入中國以迄於六世紀末的發展有簡略的敘述，不過，其中並沒有關於平民佛教信仰方面的記載；至於集佛教資料之大成的《大藏經》也很少有相關的材料。許理和（Zürcher）認爲：《大藏經》係數個世紀佛教僧侶審查(censorship)下的產物，因此不能顯現中國佛教的全貌。他舉兩點爲例：一、無論就翻譯的經典，或佛典的譯注而言，只有一小部分是出自私人之手，而絕大多數係帝王贊助的。二、以高僧傳來說，僅以少數高僧的傳記，實不足以反映實際上數百萬僧尼的事蹟，而只能視爲冰山之一角；同時，那些高僧多爲僧尼中的知識份子，也是宗教宣傳家，因此不能反映多數出身平民階層、識字不多僧尼的活動[1]。除了Zürcher所舉的例子之外，我覺得佛藏也多偏重於城市寺院及在其間活動僧尼的記載，如《洛陽伽藍記》、《梁京寺記》，而很少有鄉村方面佛教的記錄。幸而，有一類沒有收錄在《大藏經》裡的佛教信徒造像、造經的資料——特別是造像記，卻蘊含著不少鄉村佛教和平民信徒的資料。

所謂的造像記，是鐫刻在佛像的臺座、光背、或石窟裡靠近佛像石壁上的銘文。自佛教於漢代傳到中國來以後，便有佛像、佛畫的造作，近年來，考古發掘出土漢代的器物和孔望山摩崖造像，就是明証[2]。佛教徒除了以彩繪、刺繡佛像之外，又以金、銅、石、木、泥、磚、象牙等塑像，以及夾紵造像，其中只有金、銅像和石佛像是刻有造像銘記的。造像記的內容繁簡不一，有的只簡略地記錄造像的年代日期，和出資造像者的姓名；有的則較詳細，包括佛教義理、造像的緣起、造像者的祈願、造像者所屬的宗教信仰團體，參與造像的人數，以及所有捐資造像者的姓名。金銅像一般形制都較小，銘文也多很簡短；至於石像的規模則較大，有的石碑像甚至超過兩公尺，其銘記有長有短，有的長達數百或數千字，還附有一個很長造像者的名單。迄今所知最早的造像記是鐫於西晉太康二年（二八五）金銅像上的銘文[3]，五胡十六國時代也有少量造像記遺存；不過，仍

1 Erik Zürcher, "Perspectives in the Study of Chinese Buddhism," *Journal of the Royal Asiatic Society* (1982), pp.161-167.

2 楊泓，〈國內現存最古的幾尊佛教造像實物〉，《現代佛學》，一九五二年第四期。

3 《十二齋金石過眼錄》，卷四，〈張揚刺造像記〉，但此件佛像下落不明；現存最早有銘記的佛像是後趙建武四年（三三八）的金銅像，藏於舊金山The Asian Art Museum of San Francisco .

以北朝時期佔絶對的多數，特別是自五世紀後半以降爲多[4]。

魏晉南北朝時期，佛教無論在城市或鄉村都極爲興盛流行。關於此一時期城市裡的佛教的狀況，可從《洛陽伽藍記》一書見其梗概，作者楊衒之曾以華美生動的文筆，描繪五世紀末至六世紀中葉洛陽的寺院、佛教的行事與活動。至於鄉村地區的佛教，則沒有這類專書或有系統編纂的記述；在此情況下，鄉村居民捐資造像的造像銘記，便成爲了解鄉村佛教最直接而珍貴的資料。

本文係以五至六世紀華北村落——出自於今日陝西、山西、河北、河南、山東省鄉村地區的佛教造像記爲主，探討其時鄉村居民的宗教活動與儀式，以及佛教在鄉村社會所發揮的功能。由於本文以造像記爲主要資料，因而有必要首先就其時造像風氣之盛行作一番敘述，並且探討其蓬勃開展的原因。其次，再就北朝鄉村佛教的信仰狀況、佛教對鄉村居民生活的影響、以及佛教在鄉村社會的作用，逐一討論。

二、北朝的造像風氣及其興盛的原因

㈠北朝的造像活動

自五世紀迄六世紀，中國建造佛像的風氣大盛，唐代的僧人法琳對其時造像數目，曾提出驚人的數據：在隋文帝統治時代（五八一—六〇五），曾建造金、銅、檀香、夾紵、牙、石像等大小像一十萬六千五百八十軀，修治故像一百五十萬八千九百四十餘軀[5]。也就是說，在隋文帝以前，至少已經建造了一百五十餘萬尊佛像，這的確是一個龐大的數字，有些學者甚至認爲它過於龐大而不可信的[6]。不過，根據下列兩個理由，我認爲這個數字至少可反映其時造像數量的衆多。

首先，我們必須先了解中古時期人們計算造像數目的方法。從造像銘記看

4 佐藤智水，〈北朝造像銘考〉，《史學雜誌》，第八十六編第十卷。作者將他所收集到南北朝以前二千五百餘造像記，作一統計，其中北朝造像佔了一千三百六十件。

5 《辯正論》，卷三，〈十代奉佛篇〉，收入《大正新修大藏經》，第五十二冊，頁五〇九中。

6 〈北朝造像銘考〉，頁二。

來，當時人係以鐫刻在金銅佛、石碑像、摩崖上、石窟裡大小佛、菩薩的總數而計。他們經常不只造一尊佛像，其造像常以一佛二菩薩、一佛二菩薩二弟子等形式出現；如〈羅江海造一佛二菩薩象〉記稱：「開皇八年（五八八）七月廿日羅江海敬造一佛二菩薩。」[7]又基於過去七佛和賢劫千佛的信仰，在主尊佛像之外，也常雕有七佛，或以許多小的佛像代表千佛，凡此都可使造像的數目變得十分驚人。如在山西盂縣千佛山摩崖佛岩壁上，除了佛龕的主像外，雕有許多小佛，即所謂的「千佛」；在右方佛龕下有這樣的題記：「千像主趙郡太守嘉殷州刺史河間邢生，興和三年（五四一）六月八日。」此「千像主」係指建造千佛的施主[8]。惟其如此，所以個人或團體可能造像達數千，甚至數萬，如北齊唐邕個人就曾造佛像二萬二千軀[9]。六世紀末，鄭元伯發願建造八萬四千佛像，功未成而身先辭世，由其女道貴及其弟子等承繼此願，終於在開皇四年（五八四）完成[10]。若不是以大、小佛像的總數計算，以個人微薄的力量是難以完成建造八萬四千軀佛像的心願。

第二，以模型鑄造泥質佛像的方法，便於複製大量的佛像，也是促成其時佛像數量龐大的一個原因。今人談北朝造多指金銅或石造佛像，而很少注意到泥製佛像；事實上，北魏已有泥製佛像，只是因其易於破損，以致傳世者甚少。《尊古齋陶佛留眞》卷上就著錄有紀年北魏孝昌元年（五二五）、西魏大統八年（五四二）兩件泥佛像；西安單灘亦曾出土北魏泥佛百餘件[11]。

由以上的論証，可知隋文帝修治故像一百五十餘萬這個數字不是誇大，也非衍誤。雖然這個數字不是指一百五十餘萬個單立的佛像，而是指大小佛像之總和；不過，它仍可反映北朝造像活動的興隆，以及其時佛像數量之龐大。

關於北朝造像的數日，確實難以估算。上述一百五十餘萬這數字係指其時修

7 北京魯迅博物館、上海魯迅紀念館，《魯迅輯校石刻手稿》（上海書畫出版社，一九八七），二函五冊，頁一〇七七。

8 道端良秀，〈山西於に於ける新出の六朝摩崖佛調査記〉，《支那佛教史學》，六卷三號，頁三六。

9 大村西崖，《支那美術史雕塑篇》（東京，佛書刊行會圖像部，一九一五），頁三五三。

10 《魯迅輯校石刻手稿》，二函五冊，頁一〇五。

11 陳直，〈西安出土隋唐泥佛像通考〉，《現代佛學》，一九六三年第三期，頁四二。

復破損的佛像的數目，並沒有包括當時完好無缺的像。年代久遠，造像實物歷經歲月湮埋，加以人爲的破壞，所存者已不知僅是當時的若干分之一而已。今日我們所知的北朝造像，除了部分有銘記的佛像可見諸於金石著錄、或方志的記載之外，從清末迄今，各地仍陸續有佛像的出土與發現。如一九五三至一九五四年，河北曲陽修德寺出土北魏迄唐佛像計二千二百餘件，其中有年款者有二百四十七件，屬於北朝者計一百五十八件[12]。至於那些沒有銘記的造像，或是其銘記文字不夠雅致而爲金石家割捨者，則湮沒難尋。關於這一點，《陝西金石志》描述得最爲清楚：

> 按元魏以來，造像滋多，……然迄今千數百年，渭北各縣荒村廢寺，此種古物猶累百盈千，惟文字欠雅馴，且漫漶過甚，不堪著錄[13]。

文字欠雅馴，正是多數鄉村造像的特色之一；本文主要依據村落的造像銘記，探討鄉村地區的佛教信仰。

㈡造像風氣興盛的原因

五、六世紀之際，何以造像風氣會如此地熾烈興盛？

王昶首先在〈北朝造像總論〉文中認爲：此係由於自西晉永嘉以後戰亂連連，人民苦於干戈亂離，從而歸心佛教，傾力造像。湯用彤亦引其說以解釋北朝造像的盛行[14]。此說固然不錯，不過，僅從政治社會的角度觀察，似乎不足以完全理解其時如火如荼般開展的造像活動。除此之外，另有學者從佛教經典鼓勵造像這方面來解釋。就造像風氣的蓬勃興盛而言，政治社會的動盪不安顯係外在因素，而佛教的教義、儀式方爲促成此風氣的內部因素。以下擬就此一內部因素，作更進一步地討論。

---

12 楊伯達，〈曲陽修德寺出土紀年造像的藝術風格與特徵〉，《故宮博物院院刊》，第二期，頁四三至四九。

13 《陝西金石志》（石刻史料新編第一輯第二十二冊，台北，新文豐出版公司，一九七七），卷六，頁十八。

14 王昶，《金石萃編》（石刻史料新編第一輯第一冊），卷三十九，頁十六至十七，〈北朝造像總論〉。湯用彤，《漢魏兩晉南北朝佛教史》（上海，一九三八），頁五〇九至五一〇。

1.佛教經典的鼓勵造像。

建造佛像風氣之大盛與大乘佛教的隆興有關，中、日學者的研究早已指出這一點[15]。一些大乘經典中提及造像可獲得許多功德和福報，從東漢以來陸續譯出的大乘經典，如東漢月氏沙門支婁迦讖於靈帝光和二年（一七九）譯出的《道行般若經》（大・224）、《般舟三昧經》（大・418）中，就已宣揚造像的功德。《般舟三昧經》卷上四事品：「菩薩復有四事能疾得是（般舟）三昧，何等爲四，一者作佛形像若作畫，……[16]。」西晉時竺法護譯的《賢劫經》（大・425）第一四事品，亦有相同的說法[17]。《道行般若經》第十曇無竭菩薩品裡提及：佛涅槃後，使人作佛像的目的在於透過人們對佛像的供養，使之得到福德。

譬如佛般泥洹後，有人作佛形像，人見佛形像，無不跪拜供養者，其像端正姝好，如佛無有異，人見莫不稱歎，莫不持華香繒綵供養者。賢者呼佛，神在像中耶？薩陀波倫菩薩報言：不在中，所以作佛像者，但欲使人得其福耳。……佛般泥洹後，念佛故作佛像，欲使世間人供養得其福[18]。

姚秦時，鳩摩羅什譯出《妙法蓮華經》（大・262）中，備述各種發心起造佛像的功德，對人們極具鼓勵之作用。

若人爲佛故，建立諸形像，刻彫成衆相，皆已成佛道。或以七寶成，鍮石赤白銅，白鑞及鉛錫，鐵木及與泥，或以膠漆布，嚴飾作佛像，如是諸人等，皆已成佛道。彩畫作佛像，百福莊嚴相，自作若使人，皆已成佛道。乃至童子戲，若草木及筆，或以指爪甲，而畫作佛像，如是諸人等，漸漸積功德，具足大悲心，皆已成佛道[19]。

除此之外，另有專爲宣揚造像功德的經典。在唐代以前，有兩本特別倡導造像功德的經典，皆失譯者姓名，一爲《佛說作佛形像經》（大・692），傳爲後漢時

15 望月信亨，〈佛像造立の起原と大乘佛教〉，氏著：《佛教史諸研究》（東京佛教研究所，一九二七），頁五三至五九。谷響，〈談造像〉，《現代佛學》，一九五六年第八期，頁十四。

16 《大正新修大藏經》，冊十三，頁九〇六上。

17 同前書，冊十四，頁六下至七上。

18 同前書，冊八，頁四七六中。

19 同前書，冊九，頁八下至頁九上。

譯出；一爲《佛說造立形像福報經》（大・693），傳係東晉時所譯。此二經爲同本異譯，內容大抵相同，只有後者多了偈讚。這兩部經的內容是敘述佛至佛拘鹽惟國時，回答其國王優塡王所問造作佛像的福佑好處，盛稱造作佛像者死後不墮惡道，後世可生富貴豪家，其後無數劫會當得涅槃。

以上經典對北朝時人們造立佛像的影響有多大呢？這從其時造像的題材和經典的關連，可見一斑。前面提及《法華經》亟稱造作佛像的功德，它同時也是北魏時最爲流行的經典之一；從敦煌到雲岡石窟，乃至於金銅佛、單立石像中，有許多釋迦、多寶佛並坐的形像，此係表現《法華經》中〈見寶塔品〉之一景，由此可見經典和造像有相輔相成的關係[20]。

2.「觀佛」修行方法

佛經上說：「觀佛」是一種消除滅滅人們罪業、獲得功德的修行方法。所謂「觀佛」—即觀像念佛，或觀想念佛，係佛指示人們於佛涅槃之後，目觀佛像，繫心思惟、憶念佛之形容相好，乃至於體念佛心，進入三昧，定中見佛，可以獲致滅滅罪業及他種福報。觀佛的對象除了釋迦牟尼佛之外，也可以包括過去七佛及三世十方一切諸佛。從四世紀後半葉至五世紀中葉，中國譯出一些冠以「觀」字的經典，今尚存六種，其中有些經典講到觀佛的好處以及觀佛的方法[21]。如《觀無量壽佛經》（大・365）、《觀佛三昧海經》（大・643），對於如何觀想念佛，有詳細的描述。

就此修行方法而言，佛像是十分必要的；由於繫心思惟佛的相好及諸佛的境界，須透過對佛像的觀想，因此《觀佛三昧海經》中也兼敘及造立佛像的福報：

> 佛告阿難：汝從今日持如來語遍告弟子，佛滅度後，造好形像令身相足，亦作無量化佛色像，及通身光及畫佛跡，以微妙彩及頗梨珠安白毫處，令諸衆生得見是相，但見此相心生歡喜，此人除卻百億那由他恆河沙劫生死之罪。
>
> 時優塡王，戀慕世尊鑄金爲像，聞佛當下，象載金像來迎世尊，……爾時

20 塚本善隆，《塚本善隆著作集第二卷・北朝佛教史研究》（東京，大東出版社，一九七四），第七〈龍門石窟に現れたる北魏佛教〉，頁三八四。

21 小丸眞司，〈般舟三昧經と觀佛三昧〉，《印度學佛教學研究》，三十二卷二期。

世尊而語像言：汝於來世大作佛事，我滅度後，我諸弟子以付囑汝，……若有衆生於佛滅後造立形像，幡花衆香持用供養，是人來世必得念佛清淨三昧[22]。

從下列三點，可以看出觀佛的經典影響及佛像的造立。一、石窟造像。印度早在紀元前二世紀就開始開鑿佛教石窟，爾後，隨著佛教向東傳佈，從中亞到中國都有石窟的開鑿。由東晉僧人慧遠在廬山營築淡彩繪形佛影的龕室，並撰〈佛影銘〉一文之事，充分反映了經典的影響[23]。《觀佛三昧海經》卷七〈四威儀品第六之餘〉中，提及觀佛的方法之一「觀佛影」，即佛滅度後若欲知佛坐相，當觀佛影。此緣於佛至那乾訶羅國降伏毒龍和羅刹女之後，龍王以羅刹石窟奉佛，佛在二度入龍王石窟中坐時，踊身入石；佛趺坐在石壁之內，而其影映現於外，時衆生及諸天皆供養佛影。佛指示欲觀佛影者須先觀佛像，然後想像作一石窟，想像佛在石窟中趺坐，乃至於佛影的顯現。同卷經文中，也提及羅刹女和龍王爲佛之四大弟子尊者阿難，造五石窟[24]。由此可知，慧遠築佛影龕室和上述經典的密切關連。

二、石窟之內除了佛像之外，有許多佛陀一生的事蹟—即佛傳，和佛陀前世事蹟—即佛本生故事的雕刻和繪畫，這些也是觀想念佛的一部分。《觀佛三昧海經》卷一〈序觀地品第二〉中，敘述佛的前世種種事蹟和佛陀的傳記，都可以是佛教徒繫念觀想的對象：

佛告父王：佛涅槃後，若四部衆及諸天龍夜叉等，欲繫念者、欲思惟者、欲行禪者、欲得三昧正受者，佛告父王：云何名繫念，自有衆生樂觀如來具足身相，……自有衆生樂觀如來初生者，自有衆生樂觀如來納妃時者，自有衆生樂觀如來出家時者，自有衆生樂觀如來苦行時者，自有衆生樂觀如來降魔時者，自有衆生樂觀如來成佛時者，……如是父王，我涅槃後諸衆生等，業行若干，意想若干，所識不同，隨彼衆生心想所見，應當次第教其繫念[25]。

22 《觀佛三昧海經》(大正新修大藏經，第十五冊)，卷六，頁六七五下、六七八下。

23 《高僧傳》(大正新修大藏經，第五十冊)，卷六，頁三五八中。

24 《觀佛三昧海經》，卷六，頁六七九中至六八一中。

25 同前書，卷一，頁六四七中、下。

有些石碑像上便雕有佛本生或佛本行故事的場景，它們當然也可以是觀佛的對象。如東魏僧人道穎於武定四年（546）所造的石碑像上，就鐫有釋迦牟尼出生的數個場景。（見圖一·）

三、在佛像光背裡常出現七佛的圖形或雕刻，此亦典出《觀佛三昧海經》中觀菩薩降魔白毫相之一景：「諸菩薩頂有妙蓮華其華金色，過去七佛在其華上。」又，卷十中說：「佛告阿難，若有衆生觀像心成，次當復觀過去七佛像[26]。」

關於造像和觀佛之間的關連，最直接而具體的證據是造像銘文。北朝時〈常岳等造石碑象記〉文中，就明白地提到觀佛。

> 今佛弟子常岳等謂知四蟲之分段，五陰之晝庚，遂率邑義一百余人，寄財於三寶，託果於娑婆，磬竭家珍，敬造石碑像一區。其石像也，乃運玉石於他山，採浮磬於今浦；既如天上降來，又似地中湧出，致史跛看之徒樂善忘歸，矚目之莫，不覺日落。觀拔難周，尋形叵遍[27]。

3.以佛像爲中心佈置爲「道場」，形同寺院，可在此舉行儀式和法會。

北朝人建造單立石碑像、金銅佛像其功用有三：一是置於家中，供家人常時禮拜供養。二是放在寺院中，供僧侶信徒致敬供養。三是置於大道通衢之中，供來往信徒禮敬，兼以感化過路行人。四是以佛像作成一個「道場」，代替寺院，在此舉行宗教活動。後者對於鄉村地區尤其重要，特別是在偏遠的地區，居民住家分佈零散，尚未建有寺院；或者即使有寺院而寺域狹小，不敷舉行儀式法會時，以佛像佈置道場，應當是很普遍的。敦煌發現的《敦煌寫本某地方佛教教團制規》，據學者推測可能係從北魏至隋唐時實行於華北的僧團制規，其中就提到四月八日佛像出行，至偏遠鄉村，可以佛像佈置道場，以便舉行「行道」的儀式。

> 然則嚴飾尊像，無量利益，奉載四出，亦膺同見，爾時四衆，皆願供養，但寺舍隘狹，或復僻遠，行者供養，必不周普。自今已後，諸佛弟子、道俗衆等，宜預擇寬平清潔之地，脩爲道場，於先一日，各送象集此，種種

26 同前書，卷二，頁六五三中；頁六九三上。

27 《魯迅輯校石刻手稿》，二函一冊，頁二二九。並見《八瓊室金石補正》，第十六卷，頁十八。

伎樂、香花供養，令一切人物，得同會行道[28]。

北齊時，田市仁等人在河陽（今河南省孟縣）南田元每村所建的石碑像記，也透露了石碑像可佈置爲道場：

> 邑主田市仁口人等性辯三乘，獨閑正覺，遂求荆山琬琰，訪達聖奇工，建方石一區，作妙像八龕，鐫彫鏤琢，狀雲霓秀口，妝嚴麗美，似寶塔空懸。乃於河陽南田元每村，故使鄉閭合掌，正幕道場，邑俗投心，騫裳驟仰[29]。……

此石碑像甚爲高大，殘高二尺九寸，若以此爲中心佈置一個道場，想是十分莊嚴的，因此碑記上稱「故使鄉閭合掌，正幕道場，邑俗投心，騫裳驟仰」。六世紀華北鄉村的造像銘記裡，在捐資者的題名中也有「道場主」這樣的頭銜。由此可見，佛碑像是可作爲一個簡單的道場來使用的。

4.浴佛、行像、行道等佛教儀式的需要

在釋迦牟尼的生辰，佛教徒舉行浴洗佛像「浴佛」，以及佛像出行的儀式「行像」；此外，於法會中常舉行「行道」的儀式，在這些儀式裡，佛像是不可或缺的。漢末，中國佛教徒已於佛誕日舉行浴佛的儀典；三國時，康僧會開始在吳都建業「設像行道」；北魏洛陽在四月八日前後，都有大規模的行像活動[30]。

三、北朝鄉村佛教信仰的情況

由於本文主要討論華北鄉村的佛教信仰，所以必得先了解當時鄉村概況。關於六朝時的村，多位學者已有專文討論，如宮崎市定、宮川尚志、福島繁次郎、越智重明等；不過，他們的研究多著重六朝村制的起源和形成方面[31]。此處

28 塚本善隆，《塚本善隆著作集第三卷・中國中世佛教史論考》（東京，大東出版社，一九七五），第十、〈敦煌本・中國佛教教團制規〉，頁二八八。

29 《陶齋藏石記》（石刻史料新編第一輯第十一冊），卷十三，頁十六至十七。

30 《吳志》，卷四，〈劉繇傳〉云笮融奉佛事。《高僧傳》，卷一，〈康僧會傳〉，頁三二五中。范祥雍校注，《洛陽伽藍記校注》（上海，古典文學出版社，一九五八），頁一三二至一三三。

31 宮崎市定，〈中國における村制の成立〉，《アジア史論考》中卷（東京，朝日新聞社，一九七六）。宮川尚志，《六朝史研究》（京都，平樂寺書店，一九七七年複製一刷），

僅擬描繪北朝鄉村的約略面貌，特別是牽涉到理解鄉村造像有關的問題，如村落的規模、範圍以及村落的居民等方面。

(一)北朝鄉村的狀況

北朝村落的規模如何？村落自然是有大有小，北朝大的村落戶口數甚爲可觀，有達千戶或百戶以上者；小的村落則有小至幾十家者。《續高僧傳》卷二十四〈釋明贍傳〉裡提到：北朝末年時，恆州石邑（今河北）龍貴村住有二千餘家。從現存造像銘記看來，這個數目也不是太誇張，在山西介休縣荒榛草莽中發現北齊天保十年（五五九）所造的「禪慧寺佛幢」，係由比丘法悅及信徒一千餘人捐建的[32]。又，如北魏孝莊帝永安三年（五三〇），位於今日山西省稷山縣的三交村居民薛鳳規等人造的佛像碑上，可辨識信徒的姓名有四百九十人以上[33]。村落裡有能力捐資造像的人數達數百人之多，則其居民戶口數有可能在能在千人以上。不過，如《北史》卷八十六〈公孫景茂傳〉稱其時「大村或數百戶」這樣的村落，應該是較爲普遍的。如北魏景明四年（五〇三），幽州范陽郡涿縣（今河北涿縣）當陌村的居民有兩個造像活動，分別由劉雄頭領銜的四百人，以及高伏德領銜的三百人兩個集團捐資造像；前者由於碑文字跡漶散，難以統計捐資者確實的數目，而後者可辨識的人名有二百六十五人[34]。雖然在以上兩個碑記裡，可辨識出有一些人同時參加了兩個造像活動動，即使如此，一個村落有三、四百人有能力捐資，那麼這個村落的居民人數至少應有五、六百人，甚或更多。至於小的村落，則僅有數十家；如當時陳留郡襄邑縣（今河南睢縣附近）謀等村只有

第七章〈六朝時代の村について〉。福島繁次郎，《魏晉南北朝史研究》（東京，名著出版社，一九七九）。

32 《山右石刻叢編》，卷二，頁八至九，〈禪慧寺佛幢〉。

33 〈薛鳳規等造像碑〉，見《支那美術史彫塑篇》，頁二四一至二四二；並見《魯迅輯校石刻手稿》，二函一冊，頁一七九至二〇〇，此書題作〈薩鳳顏造象碑〉。然周錚據此一造像碑之實物考證（今在北京中國歷史博物館），「薩鳳顏」作「薛鳳規」，見〈北魏薛鳳規造像碑考〉，《文物》，一九九〇年第八期，今依此。

34 〈劉雄頭等四百人造像記〉，見北京圖書館金石組編，《北京圖書館藏中國歷代石刻拓本匯編》（中州古籍出版社，一九八九），冊三，頁六十一。〈高伏德三百人等造象記〉，《魯迅輯校石刻手稿》，二函一冊，頁六十二至六十三。

「三十家，男丁一百三十七人，女弱一百六十二口」[35]。

村的範圍：如上所述，從幾十家的小村，乃至於數百家、甚或千家的大村，大皆有一定的範圍；其所在位置或是倚山傍水，有自然形勢作爲屏障；或是位於平野，而有人工樊籬作爲界線。村民耕種的田地多在村外，出入村落須經過村門[36]。從第三世紀以後，由於華北多戰亂，村落多設有塢壁以自保，村落也常稱之爲「村塢」。如《晉書》卷八十九云麴允爲人仁厚，無威斷，常賜屬下以厚爵「村塢主帥小者，猶假以銀青、將軍之號」；《魏書》卷八十七〈孫道登傳〉說他於北魏和梁朝交戰中被俘，梁軍將他「面縛臨刃，巡遠村塢，令其招降鄉曲」，孫道登是彭城呂縣人，可知其時在蘇北一帶有武裝自保的村落。北魏時河南、山西等地的村落也多是村塢，《魏書》卷七十四〈爾朱榮傳〉敘述葛榮之亂時，其軍過汲郡（今河南省新鄉）「所在村塢悉被殘略」。同書，卷十四〈元天穆傳〉說邢杲謀反「旬朔之間，衆踰十萬，劫掠村塢，毒害民人，齊人號之爲『諸榆賊』。先是，河南人常笑河北人好食榆葉，故因以號之。」又，《北史》卷七十六，〈樊子蓋傳〉敘述他討絳郡賊敬槃陀時，不加分別善惡，將「汾水北村塢盡焚之」。不過，也有一些村落是不設防的，如隴西地區的村落[37]。

至於其時華北村落的居民，則不全盡是漢人；有的係漢人村落，有的是非漢族所住的「胡村」，有的村落則是胡、漢雜居[38]。由於東漢以來便有北方遊牧及半遊牧部族陸續南遷，加上五胡十六國時期各政權的紛競爭奪，北朝時代的華北其實是一個多民族共居的世界；當然，仍以漢人爲多數。胡、漢混居的情況，視地域而有程度上的差別；如陝西一帶就是胡、漢混居相當普遍的地區，西晉初年，關中的居民已是「戎狄居半」[39]，這個情形一直延續到六世紀末，馬長壽根

35 《宋書》，卷四十五，〈劉粹傳〉。

36 《冥報記》下：「隋開皇初，冀州外邑中，有小兒年十三，常盜鄰家雞卵，燒而食之。後早朝村人未起，……使者曰不須也。因引兒出村門。村南舊是桑田，耕訖未下種，……」。

37 《隋書》卷五十三，〈賀婁子幹傳〉：「高祖以隴西頻被寇掠，甚患之。彼俗不設村塢，敕子幹勸民爲堡，營田積穀，以備不虞。」

38 《北史》卷六十，〈侯莫陳悅傳〉：「周武帝時，從滕王擊龍泉叛胡，……先是稽胡叛亂，輒路邀邊人爲奴婢。至是詔，胡有厭匿良人者誅，籍沒其妻子，有人言爲胡村所隱匿者，勣將誅之。」

39 《晉書》，卷五十六，〈江統傳〉。

據二十五個前秦到隋初的佛教造像銘記，研究鮮卑雜胡入關後的聚居狀況以及陝西各州胡人的漢化過程，將其地胡漢雜居的情形描述得很透徹[40]。從現存造像記看來，山東、山西、河南、河北地區鄉村的造像碑記上造像者的題名，顯示其地多是漢人村落，而陝西則多胡、漢混居的村落，或是胡人村落。

㈡遊化鄉村的僧人

巡遊四處佈教的僧尼，是佛教在鄉村地區興盛流行的功臣，此和北魏自明元帝（四〇九—四二三）開始以僧尼敷導民俗的政策有關；此外，在武帝毀滅佛法時，許多僧尼匿居潛藏鄉間，則可能是促使佛教在鄉村地區更廣爲流佈的因素之一。

由於自第四世紀開始，先後割據部分華北土地建國的幾個政權的提倡，華北佛教甚爲流行；因此，四世紀初北魏在太武帝拓跋珪建國時，便不得不認清此一事實，而尊崇佛教。至太宗明元帝拓跋嗣之世（四〇九—四二三），更以佛教的僧尼來綏集被征服地區的民衆。塚本善隆〈北魏建國時代の佛教政策と河北の佛教〉一文，對此一過程有詳細的論述。茲略述其大要：其時華北地區佛教特別興盛之地，首數河北和關中，這是因爲後趙、前秦的君主受佛圖澄、道安等高僧的影響，篤信佛教，上尤下效，佛教因而日益昌盛；尤以後趙都城所在的河北地區，和前秦苻氏初基的長安，佛教尤爲興隆。拓跋珪在建國以前，曾以質子的身分，到後趙都城襄國，也曾至前秦都城長安，目睹此二地佛教興盛的情況，也體認到河北、山西地區佛教的流行；及他起自山西，東向河北拓地時，便令其軍隊對所經之處的寺院、所遇見的僧人，皆不能侵犯，並加禮敬。明元帝時，北魏領土更向南擴展至河南，他仍沿用前此尊崇佛教的政策，以期收服民心，〈魏書·釋老志〉稱：「太宗踐位，遵太祖之業，亦好黃老，又崇佛法，京邑四方，建立圖像，仍令沙門敷導民俗[41]。」

在明元帝之後，北魏仍繼續實施以沙門敷導民俗的政策，而其範圍應不限於

40 馬長壽，《碑銘所見前秦至隋初的關中部族》（北京，中華書局，一九八五）。
41 塚本善隆，《塚本善隆著作集第二卷·北朝佛教史》，第一、〈北魏建國時代の佛教政策と河北の佛教〉，頁一至二十六。

京邑附近，在北魏領地的城市與鄉村，都有僧尼駐寺或遊走傳道。然而，北魏太武帝拓跋燾於太平眞君七年（四四六），下令廢佛毀釋，此一禁令使得僧徒潛匿鄉村，深入荒僻，對於佛教在廣大鄉村地區的傳佈，具有重大的影響。太武帝毀廢佛教的詔令極爲嚴刻，其內容包括：禁止人民建造佛像、信奉佛教，焚燒佛經，毀壞寺院及佛像，誅殺僧人。

> ……其一切盪除胡神，滅其蹤迹，庶無謝於風氏矣。自今以後，敢有事胡神及造形像泥人、銅人者，門誅。……有司宣告征鎭諸軍、刺史，諸有佛圖形像及胡經，盡皆擊破焚燒，沙門無少長悉坑之[42]。

據〈魏書・釋老志〉，此廢佛令在都城平城一帶的確曾徹底實行；不過，在都城及其他較大的城市如長安等地以外的區域，此一禁令並未嚴格實施，佛教仍然有生存的空間。這是由於當時擔任監國、總理萬機的人，係爲篤信佛教的太子拓跋晃的緣故；他預先示警，緩下詔書，四處僧徒多得藏匿走避，至於佛像和經典，則爲信徒所隱藏匿跡，也多獲得保全。僅有佛教的寺院寶塔因無從遁形，而遭到全面性的破壞。

> 時恭宗爲太子監國，素敬佛道。頻上表，陳刑殺沙門之濫，又非圖像之罪。今罷其道，杜諸寺門，世不修奉，土木丹青，自然毀滅。如是再三，不許。……恭宗言雖不用，然猶緩宣詔書，遠近皆豫聞知，得各爲計。四方沙門，多亡匿獲免，在京邑者，亦蒙全濟。金銀寶像及諸經論，大得秘藏。而土木宮塔，聲教所及，莫不畢毀矣[43]。

在此禁令下，大多數僧人都還俗，以避免受到迫害；雖然他們外形上不再是緇衣剃髮的出家人形像，但是，亡匿鄉野村落的僧人們，卻仍然指導信徒與舉行佛教儀式。〈釋老志〉稱：「佛淪廢終帝（太武帝）世，積七、八年。然禁稍寬弛，篤信之家，得密奉事，沙門專至者，猶竊法服誦習焉。唯不得顯行於京都矣[44]。」

---

42 《魏書》，卷一一四，〈釋老志〉。

43 同前註。

44 此處說佛法淪廢七、八年，按太武帝於紀元四四六年正式下令毀禁佛法，不過，在此之前二年，他已先有壓抑佛教的詔令，太平眞君五年（四四四），下令禁止私養沙門。迄北魏於四五二年興復佛法，前後八年。〈魏書・釋老志〉：「先，沙門曇曜有操尚，又爲恭宗及太武帝去世，文成帝即位，於興安元年（四五二）下詔復興佛法；潛藏的佛教在很短的時間裡，便重新恢復昔日的盛況：「天下承風，朝不及夕，往時所毀圖寺，仍還修矣。佛像經論，皆得復顯[45]。」而在毀法時期還俗的僧人，也多重新落髮，復爲僧人。

可能由於滅佛時期很多僧人匿居鄉村，在北魏興復佛教之後，在鄉村遊化度衆的僧尼人數便大增。這從孝文帝於延興二年（四七二）下的詔書，可知在鄉村遊化的僧人已成爲朝廷關切的問題。

> 比丘不在寺舍，遊涉村落，交通姦滑，經歷年歲。令民間五五相保，不得容止。無籍之僧，精加隱括，有者送付州鎮，其在畿郡，送付本曹。若爲三寶巡民教化者，在外賫州鎮維那文移，在臺者賫都維那等印牒，然後聽行。違者加罪[46]。

由此可知，在鄉野村落遊化的僧尼人數相當多，其中包括一些自行剃度的無籍之僧。北魏早自道武帝拓跋珪皇始中（三九六—三九七），就已設立僧官以管理僧人；其後在各州、鎮、郡都設有僧官以統攝僧徒，維那即僧官之首[47]。不過，僧官僅設在州、鎮、郡的層級，對於鄉村地區的管理難免鞭長莫及。又，無籍之僧原已是僧官難以掌握、管理者，在鄉村遊化的無籍之僧更成爲北魏政權不容易控制的對象。原先，北魏建國初年採取以「沙門敷導民俗」的政策，係藉僧人對鄉村社會的影響力，以達到使衆多鄉村人民歸心的目的；而迄孝文帝之時，許多遊化於地域遼闊鄉野之地的僧人反倒成爲朝廷棘手的問題。因此，孝文帝這道詔令主要透過民間伍保制度相互監察，不允許村落居民收容止宿遊化的僧人，並藉此檢括出無籍之僧，交付州、鎮或京畿的僧官處置；同時，明令規定欲至鄉村巡行遊化的僧徒必須有其所屬地僧官發給的印牒或文件，做爲他們在鄉村佈教的通行證。

孝文帝這道詔令是否確實付諸執行？其成效如何？由於文獻不足，無法得知

所知禮。佛法之滅，沙門多以餘能自效，還俗求見。曜誓欲守死，恭宗親加勸喻，至於再三，不得已，乃止。密持法服器物，不暫離身，聞者歎重之。」

45 同註42。

46 同前註。

47 同前註。

其詳情。不過，太和十年（四八六）官員奏稱：循前所發佈的詔令，諸州還俗僧尼共計一千三百二十七人[48]。這個數字偏底，就檢括無籍之僧這一點而言，似乎並未徹底執行。又，以僧人遊化村落的問題來說，亦復相同。宣武帝永平二年（五一〇），擔任僧官之首沙門統的僧人惠深奏言中，就將其時有些僧人遊止民間列爲不遵守禁典的僧人，宜加管理：「或有不安寺舍，遊止民間，亂道生過，皆由此等。若有犯者，脫服還民[49]。」

一些鄉村造像記顯示：六世紀華北鄉村有許多僧人遊走四方，傳佈佛教。在若干單一個村落的造像者題名裡，甚至出現了數十位僧人的名字，如北魏孝莊帝永安三年（五三〇），三交村〈薛鳳規等造像碑〉中，題名可識者四百九十四人，其中五十九名是僧尼[50]。又，新王村（位於今山東濰坊市西北、臨朐東北）村民王貳郎等二百人於東魏孝靜帝武定二年（五四四）所造佛像碑上，造像者題名可識者一百九十一人，比丘僧、比丘尼題名者計四十五人，約佔總數近四分之一[51]。北齊後主武平三年（五七二），黿水村（不詳所在）僧人暈禪師等五十人造阿彌陀像的碑記上，題名者共五十人，其中比丘十三人、比丘尼十三名，居造像者之半[52]。〈魏書・釋老志〉記載北魏孝明帝正光（五二〇—五二五）以後，天下多事，賦役增加，許多人民爲逃避調役而爲僧人，其時僧尼人數約有二百萬人。這是一個驚人的數字，有點令人難以置信，不過，從出現在造像記題裡的衆多僧尼這點看來，當時華北村落中確有許多僧人，上述數目也是可能的。

事實上，僧人遊化村落本來就是佛教在鄉村地區傳佈最主要的方式，要完全禁絕僧人遊化村落其實是未體查村落的實際情況與需要；同時，因爲有些僧人志願在山居林野清修，他們也常就近感化附近村落的居民。由於在許多貧窮或荒僻的村落中，居民無力興建寺院，以供僧人駐寺弘法；因此，在鄉村地區傳教佈道

48 同前註。

49 同前註。

50 同註33。

51 《陶齋藏石記》，卷九，頁一至四，〈王貳郎等造佛菩薩記〉。

52 〈暈禪師等造阿彌陀像記〉，拓本見《北京圖書館所藏歷代石刻拓本匯編》，第八冊，頁四三至四四。錄文見：《支那美術史雕塑編》，頁三四八至三四九；《魯迅輯校石刻手稿》，第二函第四冊，頁八四七至八四九。

的僧人也多係從一個村落，遊走至另一個村落的遊化僧。這些遊化僧可能由於鄉村居民的邀請而暫時在某一村落居住，爲村民講經說法，或者爲他們主持宗教儀式，甚至領導村民建造佛像，指導村人修習佛法。如六世紀下半葉僧人釋普安「依本山居，守素林壑，時行村聚，惠益生靈」，後來他居於子午、虎林兩谷合澗的龕庵，時常遊化附近四、五個的村落，包括在其所居龕之西的魏村及其龕南的村落、程郭村、大萬村[53]。又，也有僧人以遊化鄉村爲其目標，如釋道紀「又復勸人，奉持八戒，行法社齋。不許屠殺，所期既了，又轉至前，還依上事，周歷行化。數年之間，遶鄰林郊，奉其教者，十室而九[54]。」

何以僧人在鄉村地區傳教如此普遍，而佛教亦披靡華北的郊野村落？這和僧人在傳教之時，同時也肩負社會救濟或醫療工作有關。首先，在北魏末年的戰亂流離中，村落也常遭戰火波及，村民喪亂窮乏，僧人常在此時伸出援手[55]。《續高僧傳》記隋末唐初釋神照對鄉村的救濟工作：「宇內初定，粇粒未充，照巡村邑，負糧周給，年經六祀，勞而無倦。供衆之暇，夜講法華、勝鬘經[56]。」同書也敘述隋初長安的僧人釋德美的樂善好施：「故悲、敬兩田，年常一施，或給衣服，或濟粇糧，及諸造福處，多有匱竭，皆來祈造，通皆賑給[57]。」第二，僧人在當時鄉村的醫療方面扮演一個重要的角色。五世紀中，在陝西活動的僧人道恒（？—四一七）在他所著的《釋駁論》中，引述時人對於僧人行事的批評攻詰，並且一一予以反駁；不論當時人批評僧人所做所爲是否允當，其描述僧人的活動，正是其時僧人生活最好的寫照。就當時人攻擊僧人的條目裡列有：「或矜恃醫道，輕作寒暑；或機巧異端，以濟生業；或占相孤虛，妄論吉凶[58]。」由此可知其時有些僧人從事醫療行爲。受到印度醫學和佛經中（特別是律藏）對醫療方法的影響，許多僧人熟諳醫道，可以爲人治病[59]。如〈釋老志〉裡記載太武帝滅

53 《續高僧傳》，卷二十七，〈釋普安傳〉，頁六八一中、下。

54 同前書，卷三十，〈釋道紀傳〉，頁七〇一中。

55 關於村落屢經兵火，見宮川尚志〈六朝時代の村について〉。

56 《續高僧傳》，卷十三，〈釋神照傳〉，總頁五二八下至五二九上。

57 同前書，卷二十九，〈釋德美傳〉，總頁六九七上。

58 《廣弘明集》（大正新修大藏經，第五十二冊），卷六，頁三十五。

59 山崎宏，《中國佛教・文化史の研究》（京都，法藏館，一九八一），第二章〈中國醫學的特質〉。林子青，〈印度醫學對中國醫學的影響〉，《現代佛學》，一九五六年第六

佛時期，僧人師賢「假爲醫術還俗，而守道不改」。另外，在醫療條件不足的僻遠鄉村，五世紀時譯出的一些經咒，如《佛說咒齒經》(大·1327)、《囉縛拏說救療小兒疾病經》(大·1330)等[60]，或可成爲無處投醫的村民的一個寄託；能不能治好病，那是另外一回事。凡此都有助於佛教在村落地區的傳播。

㈢佛教在鄉村的傳佈

對於大多數不識字的鄉村居民，僧人如何向他們傳述佛教的教義和佛經的內容？要回答這個問題，我們必須先了解：見諸於《高僧傳》、《續高僧傳》的高僧或名僧，大多是在城市裡活動，和帝王、貴族論說講道；而活躍在都市的平民階層和鄉村地區者，則多爲一些比較講求坐禪修行的僧人[61]。這些務實修行的僧人對鄉村社會的佈教除了講說基本的佛理之外，又時常帶領村民組織以俗人爲主要成員的宗教組織，成爲此宗教組織的指導者，而被稱爲「邑師」。邑師及其他僧人除了領導村民舉辦共同修習的齋會、法會之外，有時並帶領村民建造佛像，或做一些修橋、鋪路、造井等社會公益事業。這些活動將在下一節討論，此處僅就僧人的傳教，以及村民所建造的佛石碑像上的圖像，爲僧人用以輔助其傳道的教材這兩點而論。

每年四月十五至七月十五日是僧人「安居」時期，也是他們傳教講經的時期。雖然前面提及孝文帝延興二年的詔令，規定僧人不得隨意遊涉村落，如僧人欲往鄉村傳道者，須有州、鎮、都維那的文件；但仍然有不少的僧人在鄉村遊走勸化。不過，孝文帝曾一度下令僧人可在安居時期「數處講說」，〈帝令諸州衆僧安居講說詔〉：「可勅諸州令此夏安居清衆，大州三百人，中州二百人，小州一百人，任其數處講說，皆僧祇粟供備，若粟尠、徒寡不充此數者，可令昭玄量減還聞[62]。」由此可知，在某些時期政府允許僧人四處講經。此詔令發佈的年代

期。道端良秀著，關世謙譯，《中國佛教與社會福利事業》(高雄，佛光出版社，一九八六年再版)，頁九二至九八。

60 見大藏經第二十一冊。又，另有《佛說咒目經》(大·1328)、《佛說咒小兒經》(大·1329)。

61 服部克彥，《續北魏洛陽の社會と文化》(京都，ミネルヴ書房，一九六五)，頁一〇〇至一〇五。

62 《廣弘明集》，卷二十四卷，頁二七二下。

圖一：〈道穎等造像記〉，東魏孝靜帝武定四年（五四六），河南沁陽。

此石碑像有釋迦牟尼出生的幾個場景。（《北京圖書館藏歷代石刻拓本匯編》第六冊，頁一三三。）

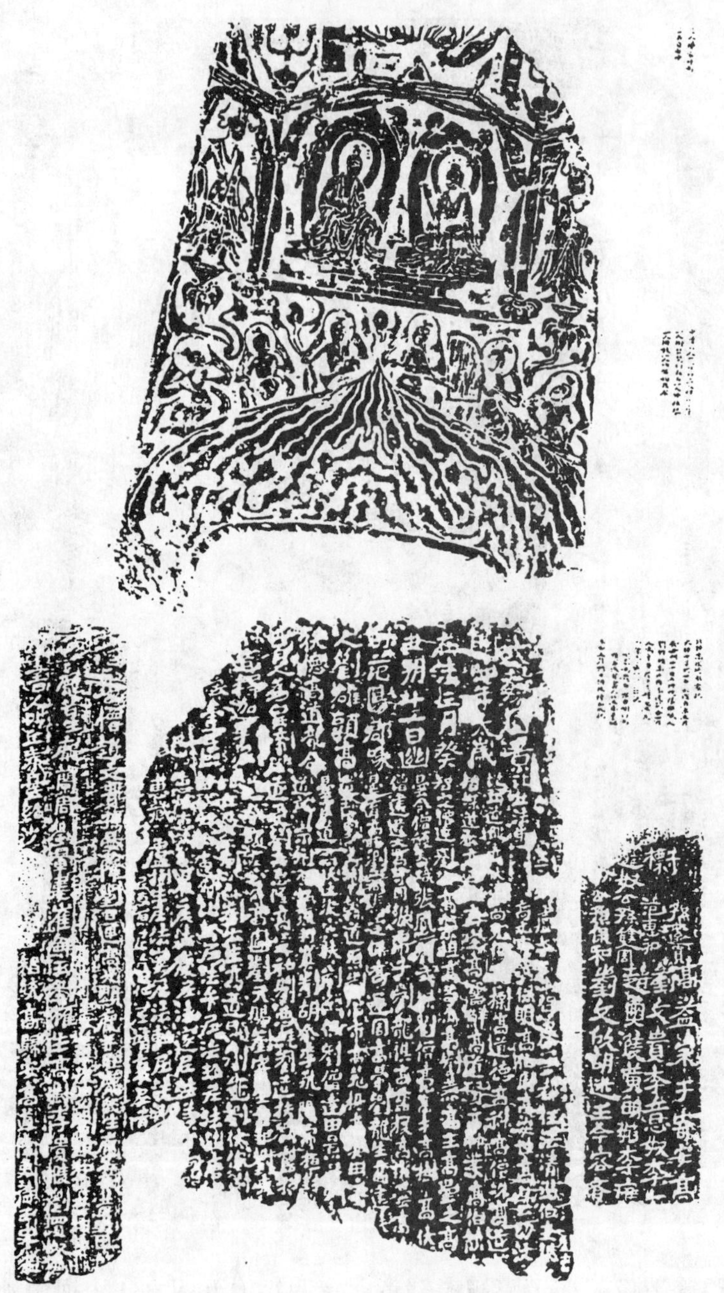

圖二：〈劉雄頭四百人造像記〉，北魏宣武帝景明四年（五〇三），河北。

此石碑像有《法華經》中釋迦、多寶佛並坐之一場景。（《北京圖書館藏歷代刻拓本匯編》，第三冊，頁六十一。）

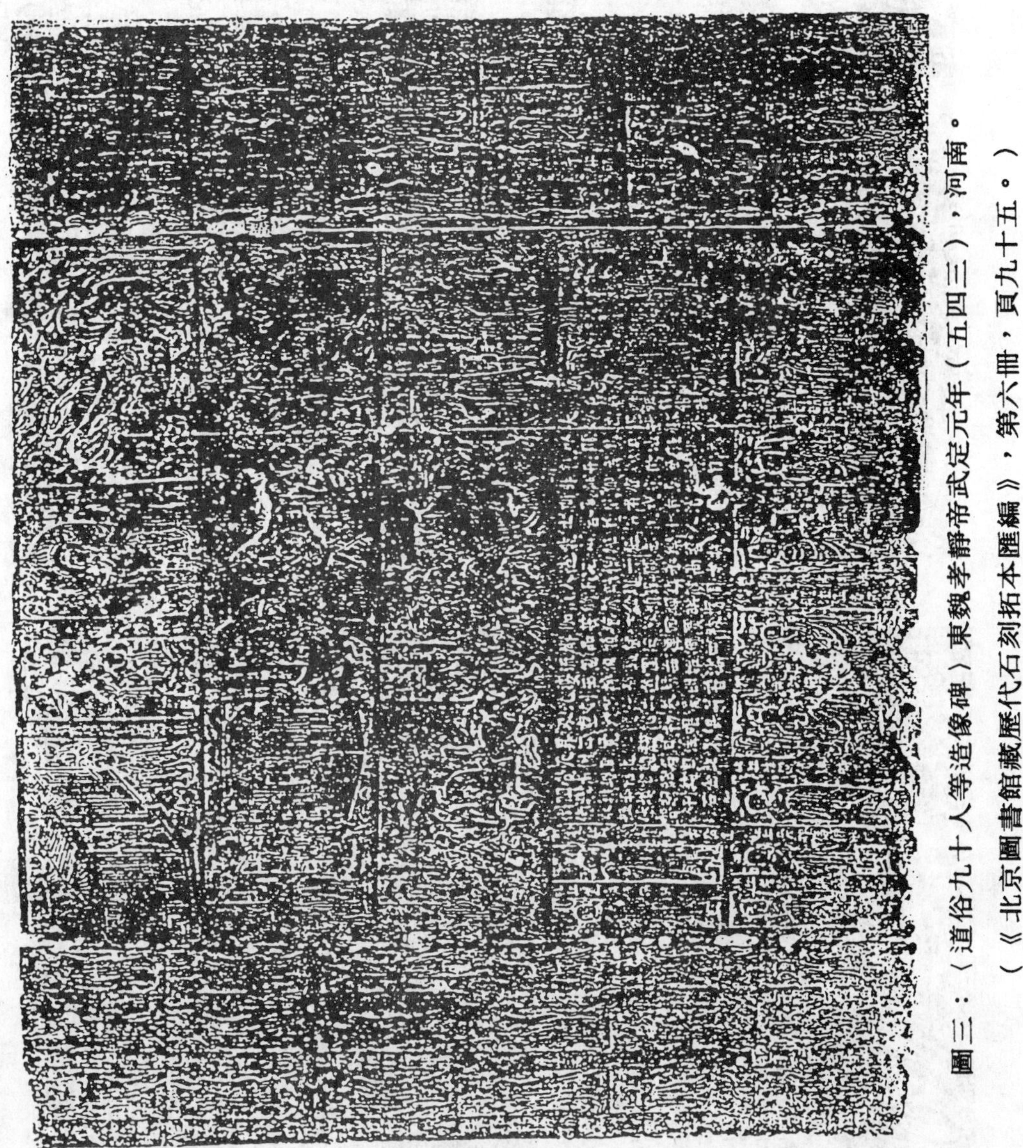

圖三：〈道俗九十人等造像碑〉東魏孝靜帝武定元年（五四三），河南。
（《北京圖書館藏歷代石刻拓本匯編》，第六冊，頁九十五。）

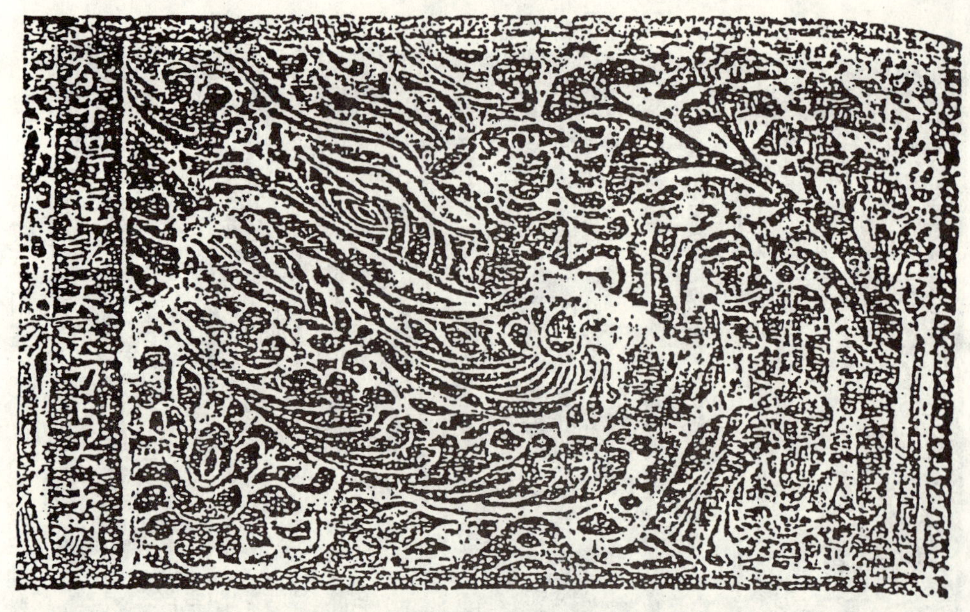

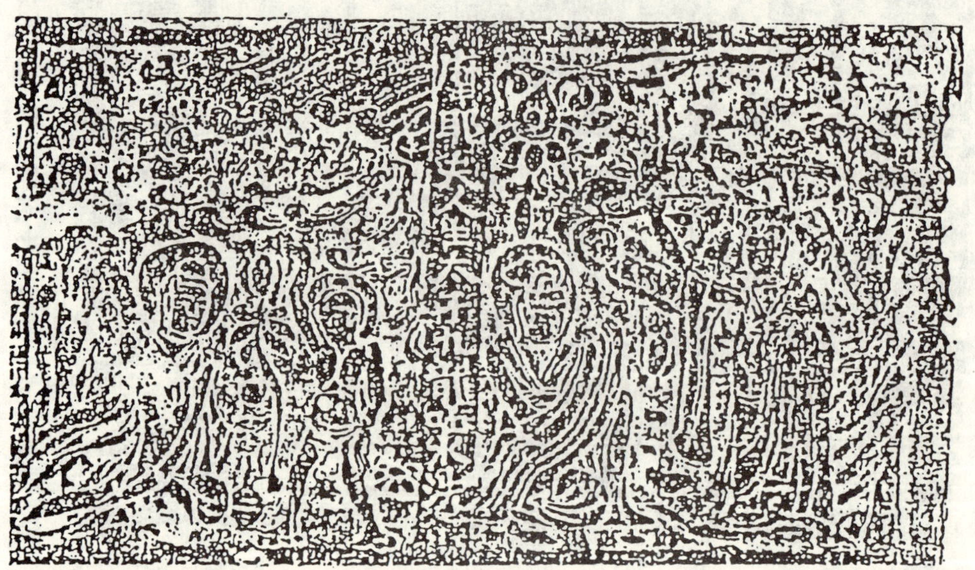

圖四：圖三之細部。（長廣敏雄《六朝時代美術の研究》，頁七三、七六）

不詳，是否此後年年如此，不得而知。

村落居民所建的石碑像上，時有佛本生故事、佛本行故事，以及經變的圖像，這些除了裝飾的功能之外，也可提供僧人作爲輔助其傳教、講經之用。（見圖一、二）這從在鄉村所造的石碑像上圖像之旁的題記，可窺其梗概。如東魏孝靜帝武定元年（五四三）河南省河內縣北孔村道俗九十人的造像碑的碑陰上，有三層計十一幅畫面的線刻畫，描繪佛傳故事和須達拏本生故事，在每一畫面之左側有敘述此畫面的題記。（見圖三、圖四）第一層三個畫面之旁的題記分別爲：「太子得道，諸天送刀與太子剔」、「定光佛入國，童菩薩花時」、「如童菩薩賫銀錢與王女買花」，可知所繪的是《修行本起經》和《過去現在因果經》裡的佛本生故事。中層四幅所繪的是釋迦牟尼佛出生的情景，其題記分別作：「摩耶夫人生太子，九龍吐水洗」、「想師瞻太子得想時」、「黄羊生黄羔，白馬生白駒」。下層四幅的題記：「五百夫人皆送太子向檀毒山辭去時」、「隨太子乞馬時」、「婆羅門乞得馬時」、「太子值大水得度時」，可知其所繪的是須達拏本生故事[63]。長廣敏雄的研究指出，此一故事畫的線刻畫係以六朝時代佛傳及本生故事的長軸畫卷作爲粉本；漢魏六朝時爲了能使漢譯佛經能夠普及流傳，在僧人的指導下展開了寫經事業，而此種畫卷即是伴隨著寫經，描繪經典故事，使傳教更爲生動容易[64]。本文認爲在石碑像上的故事畫，一則可作爲信徒觀想之對象，二則可作爲僧人傳教說法的的輔助。信徒可據石碑像上的場景，觀想佛前生或佛傳故事中的某些片斷；僧人在敘述佛傳或佛本生故事時，可以將石碑像上的畫面串連成完整的故事。以下再舉數例，就此觀點做進一步的說明。

如西魏文帝大統六年（五四〇），山西省稷山縣巨始光等人所造的四面碑上同時刻有取材自三本經典的圖像，是顯示造像碑上之圖像和經典關係密切最好的一個例子；其圖像旁邊的題記可看做是僧人說法之輔助。正面之佛龕內雕刻釋迦佛與多寶佛並坐說法相，兩像左右各有一脇侍菩薩，兩旁龕柱上的題記分別爲：

63 《八瓊室金石補正》（石刻史料新編第一輯第七冊），卷十九，〈道俗九十人造像讚碑并兩側〉，頁十九至二十二。

64 長廣敏雄，《六朝時代美術の研究》（東京，美術出版社，一九六九），第三章〈搖籃期の佛教說話畫卷——東魏武定元年造像碑の線刻畫〉，頁八十四至八十八。

「左相多保佛塔，證有法華經」、「右相釋迦佛說法華經」[65]。此釋迦、多寶佛並坐之場景爲《妙法蓮華經》中之一景，習稱「法華變」，典出《妙法蓮華經》〈見寶塔品〉：

> 爾時佛前有七寶塔，高五百由旬，縱二百五十由旬，從地踊出，住在空中，種種寶物而莊校之……爾時佛告大樂說菩薩：「此寶塔中有如來全身，乃往過去東方無量千萬億阿僧祇世界，國名寶淨，彼中有佛號曰多寶。其佛行菩薩道時，作大誓願：『若我成佛，滅度之後，於十方國土有說法華經處，我之塔廟，爲聽是經故，踊現其前，爲作證明，讚言善哉。』彼佛成道已，臨滅度時，於天人大衆中，告諸比丘：『我滅度後，欲供養我全身者，應起一大塔，其佛以神通願力，十方世界在在處處，若有說法華經者，彼之寶塔皆踊出其前，全身在於塔中，讚言善哉。』善哉大樂說，今多寶如來塔，聞說法華經故，從地踊出[66]。」

由於這圖像和題記與經典的關係是如此地貼切，僧人在說法時正可以此作爲輔助說明。此一石碑像的背面也有一龕，龕內爲文殊菩薩與維摩詰居士並坐的圖像，像的左右各有一脇侍菩薩，兩旁龕柱上的題記分別是：「文殊師利說法時」、「維摩吉口大口利時」。這是表現《維摩詰經》(大·754)中的〈問疾品〉，文殊菩薩前去探視維摩詰居士之疾，兩人展開一段精彩哲理的辯論。又，此碑背面中央亦有一帷幕龕，中有立佛一尊，其左有三小兒作欲攀登狀，其右有一跪著的小兒，龕左的題記爲：「此是定光佛教化三小兒補施，皆得須陀洹道」，這是本於《賢愚經》中描繪阿育王施土因緣的故事[67]。另外，在今山西芮城附近村落居民於北周武帝天和六年(五六六)建造的石碑像，其碑陰下半截雕有佛涅槃像，亦有題字，可惜今已漫滅不可識[68]。

---

65 周錚，〈西魏巨始光造像碑考釋〉，《中國歷史博物館館刊》，第七期。

66 《妙法蓮華經》(大正新修大藏經第九冊)，頁三十二中、下。

67 同註65。又，《賢愚經》(大·202)卷三，阿輸迦施土品第十：「爾時世尊晨與阿難入城乞食，見群小兒於道中戲，各聚地土，用作宮舍及作倉，藏財寶、五穀。有一小兒遙見佛來，見佛光相，敬心內發，歡喜踊躍，生布施心，即取倉中名爲穀者，即以手掬，欲用施佛，身小不逮，語一小兒：我登汝上，以穀布施。小兒歡喜，報言可爾，即躡肩上以土奉佛。佛即下鉢，低頭受土。」

68 《魯迅輯校石刻手稿》，二函五冊，頁九六九至九七三，〈合村長幼造像記〉。

北魏孝武帝太昌元年（五三二），北地郡高口縣東鄕魯川（今陝西省）樊奴子造像碑的碑陰上，刻有地獄變相，旁有題記。今此碑下落不明，然而《關中石刻文字新編》對此變相及題記有詳細的記錄：

第三列畫像一屋無四壁，古所謂堂無四壁曰「皇」是也，室中榻上坐一神人，作鞫獄狀，其右題云：「此是閻羅王治口」；神座之前，畫二羊作跪訴狀，又畫一人縛于架上，一人持刀屠割之，題字云：「此是屠仁今常羊命」（碑中屠人之「仁」，當作「人」；常羊命之「常」，當作「償」）。又畫一人縛于柱上，題字云：「此是口道大神口罪人」。又畫二人裸身荷長枷，題字云：「此人是盜今口此人加頭部」。又畫一神人坐胡床上，手執長戈，前畫六道輪迴像[69]。

陝西耀州吳標兄弟父叔所造的碑像上，也刻有地獄變相[70]。

以此類圖像來作爲傳教、講經之輔佐教材，似乎可收到很好的效果。《續高僧傳》卷二十三〈釋靜藹傳〉記載靜藹從一介儒生轉而投入僧人行列的關鍵，繫於他遊觀寺院的地獄變相壁畫：「釋靜藹，姓鄭氏，滎陽人也。……甫爲書生，博志經史。諸鄭魁岸者咸皆異之，謂興吾宗黨其此兒矣。與同伍遊寺，觀地獄圖變，顧諸生曰：『異哉！審業理之必然，誰有免於斯酷者？』便強違切諫，二親不能奪志，鄭宗固留，藹決烈愛縛，情分若石，遂獨住百官寺，依和禪師而出家。」寺院裡的變相壁畫可感動一個出自名門大族的儒生，從而出家爲僧，投入釋氏佛門，由此可知以圖像佈教可獲致良好的成效。我們也可想像當僧人在鄉間對那些大皆不識字、或識字不多的鄉村居民傳道佈教時，若伴以生動的圖像作爲說明，必能收到宏大的效果。

在六世紀以後，此一以圖像作爲講經傳道之輔助說明的作法，可能爲變文的講說者所取則。Victor Mair研究唐代變文，指出其時敘述變文者通常使用一幅畫卷，作爲輔助說明[71]。又，他在另一篇關於變相研究的論文中也認爲：寺院壁

69 毛子林輯，顧燮光校印，《關中石刻文字新編》（石刻史料新編第一輯第二十二冊），卷一，頁十至十一。〈都督樊奴子造像記〉。亦見於《關中文字存逸考》，卷七。

70 《魯迅輯校石刻手稿》，二函五冊，頁一〇一五。

71 Victor Mair, *T'ang Transformation Texts* (Harvard, 1989), pp. 71-72 ,152-170.

畫的經變可能常為僧人或在家的佛教徒引用，以幫助其傳道[72]。無論是變相或變文，此一利用取材自佛教經典、佛傳故事某些場景的圖像，以輔助其講經傳道的作法，可上溯自六世紀僧人使用造像碑上的圖像佈道講說，以宣揚佛理。

四、佛教與鄉村居民的生活

五、六世紀時，佛教深深地浸透華北鄉村社會，它對鄉村居民的生活造成何等的影響？這不但是一個饒有興味的課題，同時也是極少數可藉以了解其時平民生活的視角之一。

從鄉村造像記看來，佛教對鄉村生活影響之深，顯現在以下幾方面：一、鄉村居民因信仰佛教而組織一種叫做「義邑」或「法義」的宗教信仰團體，以便共同修習佛教的儀式，或從事和佛教有關的社會活動。二、在農業生活之外，佛教的儀式和法會等宗教生活是鄉村人民主要的活動。三、佛教的幾個節慶是村落居民一年生活中的大事。

㈠佛教信仰的團體：義邑、法義

關於中國中古時期佛教徒所組織的信仰團體，數位學者已有專文討論，並且獲得很好的成績，其中，以小笠原宣秀、高雄義堅、塚本善隆、山崎宏、那波利貞的論文之討論較為深入[73]。不過，他們並未針對鄉村的信仰團體進行討論。本文僅就鄉村造像記中所見的信仰團體而言。

首先，就此等團體的組成份子而言，有僧人、也有俗衆。其組成的過程或是由一位乃至於數位僧人發起，領導俗人信徒組織而成的；或是由在家信徒主動組

72 Victor Mair, "Records of Transformation Tableaux (*pien-hsiang*)", *T'oung pao* 72 (1986), pp. 3-43.

73 小笠原宣秀，《中國淨土教家の研究》（京都，平樂寺書店，一九五一年），一、〈盧山慧遠の結社事情〉，頁一至二十一。高雄義堅，《中國佛教史論》（京都，平樂寺書店，一九五二），〈北魏佛教教團の發達〉，頁二十五至三十六。塚本善隆，〈龍門石窟に現れたる北魏佛教〉。山崎宏，《支那中世佛教の展開》（東京，清水書房，一九四七年再版），第四章〈隋唐時代に於ける義邑及法社〉，頁六七五至八三一。那波利貞，〈佛教信仰に基きて組織せられたる中晚期唐五代の社邑に就きて〉（上、下），《史林》，第二十四卷第三、四號。

織信衆，再邀請僧人做爲其組織之指導者。前者如北齊文宣帝天保元年（五五〇），洛音村的造像記稱：「大魏天保元年五月卅日，洛音村口信邑義長幼僧哲等卅人，自口生長閻浮，長在三界，……」，係由僧人主導者[74]。這是一個很典型的鄉村造像的例子，按五五〇年即東魏孝靜帝武定八年，這一年五月，高洋代魏，改元天保；不過，此一碑記仍稱大魏，另一方面，又用北齊的年號，顯示出鄉村造像記在記述方面時常不夠嚴謹的特性。又，從北齊後主武平三年（五七二），黿水村由比丘暈禪師領導的造像活動的碑記中可看得更清楚：「其淨行比丘暈禪師率領邑義四部五十人等，乃殖良緣，廣脩寶業，敬造阿彌陀玉像一區，……」[75]。至於以俗衆主導者，如隋李阿昌等二十家先自行組織義邑，再請僧人作爲指導者：

> 維開皇元年，歲口丑四月庚寅朔廿三日壬寅，佛弟子李阿昌等廿家，去歲之秋，合爲仲契，每月設齋，吉凶相逮，今蒙皇家之明德，開興二教，然諸人等謹請比邱僧欽爲師，徒名曰大邑[76]。……

第二，就此類佛教信仰團體的名稱而言，有的稱爲「義邑」，有的叫做「法義」（或作「法儀」）。此信仰團體因爲需要宗教上的實踐，所以每每敦請一位或一位以上的僧人、尼師，做爲其指導者，尊稱爲「邑師」，其中義邑中俗人成員皆稱爲「邑子」或「邑義」，法義中俗人成員皆稱爲「法義」[77]。

如北齊山西安鹿交村的一個造像記有：

> 唯大齊皇建二年，歲次辛巳，五月丙午朔，廿五日庚午，并州樂平郡石艾縣安鹿交村邑義陳神忻合率邑子七十二人等，敬造石像一區[78]，……

又，如山東高柳村法義造像記稱：

> 大魏永安三年歲次庚戌，八月甲辰朔，九日壬子，青州齊郡臨淄縣高柳村

74 《北京圖書館所藏歷代石刻拓本匯編》，第七冊，頁一。

75 同前書，冊八，頁四三至四四。並見：《魯迅輯校石刻手稿》，二函一冊，頁八四七至八四九。

76 《隴右金石錄》（石刻史料新編第一輯第二十一冊），卷一，頁五十四，〈隋李阿昌造像碑〉。原件今藏於甘肅省博物館。

77 山崎宏，〈隋唐時代に於ける義邑及法社〉。黃懺華〈北朝佛教〉，收入中國佛教協會編：《中國佛教》（北京，知識出版社，一九八〇），頁五一。

78 《山右石刻叢編》，卷二，頁九至十一，〈陳神忻七十人等造像記〉。

比丘惠輔、比丘僧口、比丘僧詳、比丘惠彌、維那李槃、維那李元伯法義兄弟姊妹一百五十人等敬造彌勒尊像二軀[79]，……

第三，在造像記題名中出現一些不同的頭銜，其種類達數十種：有的是和管理此團體有關的職稱，有的則是和造像活動有關的名稱，有的是和舉行法會、儀式有關的稱謂，有的名稱則迄今尚不明是何意[80]。玆分述如下：

和管理此團體有關者，如邑主、都邑主、維那、都維那、典坐、典錄；這些稱謂有的係模仿政府僧官或職官之名，有的則借用寺院僧人職事之名。邑主之銜是易於了解的，爲此一團體之首，極可能是發起者；也有可能是在鄉里之中較孚衆望或較爲富有的人。有時候邑主不只一人，都邑主則顯然是諸邑主之首。「維那」係梵文「磨羯陀那」（karma-dana）的簡稱，又稱爲「悅衆」，本來是早期佛教制度裡掌管僧衆之雜事的人。中國自姚秦時便以悅衆爲僧官之名，北魏以維那爲僧官的名稱之一，從北魏宣武帝永平二年（五〇九）沙門統惠深上書中，可知在各州、鎭、郡設有維那、上坐、寺主的僧官；另外，在都城則設有都維那[81]。在義邑、法義裡的維那應是負責管理此團體一般性的事務，都維那則是總理其事者。

典坐原意是典床坐之意，係掌理衆僧禮拜的九件事：床坐、房舍、衣物、香花、瓜果、飲水的序分，以及請會的差次，也就是管理一切雜事；在隋代以後，上座、維那和典坐成爲寺院的三綱[82]。因此，邑義裡的典坐可能借用寺院職事的名稱，其職掌殆係管理此一團體中在舉行法會時有關上述雜事。

和勸化村民助緣有關者，如化主、勸化主。從字面上來看，化主、勸化主可能是勸募人們加入義邑團體，或者勸募信徒襄助造像或舉辦齋會、法會者。

在此造像活動中出資較多者，如像主、釋迦主、菩薩主、金剛主、當陽像

79 《魯迅輯校石刻手稿》，二函一冊，頁一七五。

80 高雄義堅〈北魏佛教教團の發達〉一文中將一些頭銜分類，惟有些並不恰當，如將光明主認爲是供養主等。山崎宏〈隋唐時代に於ける義邑及法社〉文中則的分類則較清楚正確。載禾〈義邑制度述略〉（《世界宗教史研究》，一九八二年第二期）的分類亦不盡正確，如將齋主、光明主均視爲出資造像者。

81 同註42。

82 《大宋僧史略》，卷中：「典坐，謂床坐之典主，……。」

主、堪主、塔主等。冠有上述頭銜者可能認捐建造一尊像或一個佛堪的費用。

和儀式、齋會有關者，如光明主、開光明主、行道主、清淨主、道場主、齋主、八關齋主。其中光明主、開光明主係和開光儀式有關，行道主是和行道的儀式有關，齋主、八關齋主、清淨主係和齋會有關，道場主則和提供舉行齋會、儀式的場所有關。另外，和供養此造像有關者，如香火主、燈明主。

由於造像上提供材料的限制，有少數的頭銜迄今仍不明其何所指，如邑正（或作邑中正）便是一例。山崎宏認爲係此係借用魏晉南北朝時九品官人法中的中正官之名，邑正乃邑中正、都邑中正之略稱，史書中雖然沒有邑里中正之記載，但造像銘記所見的邑正大概原是村里小職役的名稱[83]。不過，由於沒有其他線索可資追尋，邑正在義邑中扮演的角色不詳。

第四、義邑、法義信仰團體組織的目的和緣起關係到其活動的內容，山崎宏認爲此係北魏初期華北在家佛教徒爲主而組成的信仰團體，他們營造佛像、窟院，或舉行齋會、寫經、誦經等行事，特別是爲造像、設齋等出資的組合[84]。除此之外，也有是爲了修橋鋪路、造井種樹、捐造義塚、施食予貧人等興福積德之事而組成的。

第五，此處要特別指出的是：鄉村婦女在這類的信仰團體裡非常地活躍，有些義邑甚至除了僧人之外，清一色地由婦女組成。我至少收集到自六世紀以後七個全由婦女組成的信仰團體及其造像活動的造像記，其中有兩個註有鄉村的名稱：公孫村和大交村（不詳所在）。

> 大齊天保四年二月廿日，公孫村母人合卅一人等，敬造白玉象一區，生者願在佛左右，往過者妙樂囗，各得成佛[85]。

天保四年即公元五五三年，在此碑記之後有三十餘造像者的題名，其中有七人名字上冠有維那的頭銜，可知這是一個由婦女組合而成的信仰團體所造的像。又，北齊廢帝乾明元年（五六〇）大交村的造像記，也顯示此係一個純粹婦女義邑的造像活動。

83 山崎宏，〈隋唐時代に於ける義邑及法社〉。

84 同前註，頁七六七至七六八。

85 《陶齋藏石記》，卷十一，頁三至四，〈公孫村母卅一人造象記〉。《支那美術史雕塑篇》，頁三一六至三一七，「各得成佛」作「居時成佛」。

乾明元年四月十五日，大交村邑義母人七十五人等，敬造雙觀世音像一軀，上爲皇帝陛下，師僧父母，法界衆生，俱共成佛[86]。

以下造像者題名計七十四人，有兩位比丘尼，其餘皆是婦女，有三人係擔任維那之職。

婦女信仰團體的人數有數十位，也有多達一百餘人者，如東魏孝靜帝元象元年在山西有合邑諸母一百人造佛像碑[87]。對於婦女信仰團體最具體的描繪是東魏孝靜帝武定三年（五四五）鄭清等六十人這個婦女義邑造像記的銘頌：

奇哉邑母，識知无常，緣鄉勸化，造石金剛，捨此穢形，杲登天堂。

合邑諸母，善根宿殖，晝夜憂惶，造像永訖，釋迦已過，彌勒願殖[88]。

六世紀中，顏之推撰《顏氏家訓》一書，其中描述北齊都城鄴城婦女的地位較當時南方城市婦女爲高，她們在家中地位較高，不但掌管人事外務，且常爲家庭的利益在外奔走營求[89]。從華北婦女集結自身的信仰團體，捐資造像，以及時常參加佛教徒共修的法會、齋會，也顯示北方婦女在經濟方面也有較大的自主性。《顏氏家訓》卷一治家第五：「河北婦人，織紝組紃之事，黼黻錦繡羅綺之工，大優於江東也。」華北婦女在紡織方面的才幹，也意謂著她們在家庭手工業方面以及對家庭經濟方面的貢獻，這可能是婦女有能力以婦女義邑捐資造像的重要因素。

此外，華北婦女在社會上也較活躍，使得她們有能力組織婦女的義邑。顏之推說：「河北人事，多由內政[90]。」雖然他形容的是城市的婦女，但從鄉村婦女組成屬於自己的信仰團體這一點看來，似乎一般北方婦女——無論是城市或鄉村的婦女，在社會上都較活躍。如北齊天保十年，周雙仁爲了替其亡夫造像一區，

86 《支那美術史雕塑篇》，頁三二七至三二八。

87 同前書，頁二五七。

88 同前書，頁二六七。

89 顏之推撰、王利器集解，《顏氏家訓集解》，卷一治家第五：「江東婦女，略無交遊，其婚姻之家，或十數年間，未相識者，惟以信命贈遺，致殷勤焉。鄴下風俗，專以婦持門戶，爭訟曲直，造請逢迎，車乘填街衢，綺羅盈府寺，代子求官，爲夫訴屈。此乃恆、代之遺風乎?」

90 同前註。

然因財力不足，於是勸化七十一人，組成義邑，而得償所願[91]。

㈡和造像有關的儀式、齋會與法會

今日我們如欲了解五、六世紀鄉村佛教徒的宗教生活，唯一的線索是造像記上有關造像前後佛教徒的活動。從多數造像銘記中簡短的記錄，可知在造像活動完成前後，信徒會舉行齋會、八關齋會，以及行道等儀式；在佛像落成之日，還要舉行佛像開光的儀式。

1. 佛像的開光

六世紀的造像銘記中出現了「開光明主」或「開佛光明主」這樣的名詞，顯示了在佛像落成之日有開光的儀式；而值得注意的是，不論在佛教或道教的資料裡，此是開光儀式最早見諸於記載者。

開光這個儀式的作用是爲了把佛、菩薩等像的神靈引進所建造的佛像裡，正如北魏孝明帝正光五年（五二四）杜文慶等造像記的銘贊稱：「妙像開光，誰云不善？孰云不靈[92]？」由於要透過開光儀式方能使佛像有靈，因此在造像碑上每一尊佛、菩薩、佛弟子，乃至於金剛、力士等像都要一一開光，如北魏孝莊帝永安三年（五三〇），山西三交村薛鳳規等人所造的石碑像上，便記有「釋迦佛開明主張羊」、「第四拘樓秦佛開明主楊口口」、「第六迦葉佛開明主沈通」、「第七釋迦牟尼佛開明化主楊洪戍」、「第一唯越佛開明主三口壁音張男」等各佛開光的資料[93]。又，北周武帝天和二年（五六七）山西芮城附近村落居民造的石碑像上分別鐫有「開思維像光明主陳口邕」、「開思維像主口北令陳高貴」「開口口佛光明主口寇將軍」、「開加葉光明主口道桂」、「開阿難光明主口口口」、「開金剛光明主口口口」、「開金剛像主陳元嚮」[94]，可見每一尊像都須分別開光。

有的造像碑是僅在正面造像，有的在正面和背面造像，有的則是四面皆造像，開光儀式也要各面各像舉行，這一點在造像銘文中也可看出來。如北齊後主

91　《魯迅輯校石刻手稿》，二函四冊，頁七一七，〈周雙仁等造像碑〉。並見《支那美術史雕塑篇》，頁三二六至三二七。

92　《魯迅輯校石刻手稿》，二函一冊，頁一三一，〈杜文慶等造天宮記〉。

93　同前書，二函一冊，頁一八八，〈薩鳳顏等造象碑〉。

94　同前書，二函五冊，頁九六九至九七三，〈合村長幼造像記〉。

天統三年(五六七),宋買廿二人等造的石碑像上就刻有「開東面光明主李妙勝」、「開西面像光明主馬王容」等字[95],可知各面各像皆要開光。

前面提及出現在六世紀佛教造像碑上的開光儀式,是迄今所知這個儀式最早舉行的時期,而諸多造像碑記這類的記載顯示其時這個儀式已經普遍施行了。不過,造像記上只告訴我們當時舉行了佛像開光的儀式,但此一儀式是如何做的?則不得而知。上面所舉的例子裡,「開光明主」都非出家人,而是俗衆;他們在開光儀式中扮演什麼角色?眞正給佛像點眼開光者是何許人?要回答這些問題並不是很容易,幸而八世紀時日本奈良東大寺盧舍那佛「大佛開眼」儀典若干細節的記錄,猶可提供一些比對的資料。此一則因東大寺是日本華嚴宗最重要的寺院,它和唐朝華嚴宗有很密切的關係。華嚴宗重要的經典及註本曾經由高麗僧人審祥傳至東大寺;審祥早先曾至中國留學,爲唐代華嚴宗之宗師法藏的弟子,他後來到了日本,於西元七三六年在東大寺講華嚴經。從那時起,東大寺便成爲日本華嚴宗主要的寺院[96]。二則八世紀東大寺大佛開眼的儀式可能和其時唐代佛像的開光儀式相類。因東大寺的開光儀典中有來自中國的僧人道璿參與,道璿在那個儀式中擔任咒願師,和任開眼師的印度僧人菩提僊那,講華嚴經的講師隆律尊師,以及「讀師」延福法師,同爲此一儀式中重要的四個宗教專家[97]。以此之故,可以推斷東大寺的大佛開眼儀式和八世紀唐代佛像的開光儀式必定有某種程度相似之處。

如依東大寺開眼的儀典看來,給佛像點眼開光者是僧人;因此,六世紀中國佛像開光者也應當是僧人,而非那些出現在造像碑上冠以「開光明主」的俗家信徒。根據《東大寺要錄》的記載,日本孝謙天皇天平勝寶四年(七五二)四月九日,奈良東大寺盧舍那佛大像舉行的開光儀式,實際上係由僧人點佛眼開光。當日,聖武太上天皇、孝謙天皇、以及文武百官皆蒞臨參加,另外有一千餘名僧侶也在場,開光的儀式是由印度僧人「開眼師」菩提僊那執筆點佛眼,而自開眼師

95　同前書,二函四冊,頁七七七至七八〇,〈宋買廿二人等造天宮石象記〉。

96　《本朝高僧傳》(收入:《大日本佛教全書》第一〇二冊,東京,一九三二),卷一之一,頁九。

97　《東大寺要錄》(大阪,全國書房,一九三四),卷三,頁四六至四八。

的筆有絲線連接，在絲線上又綁了許多筆，使參加者各執一筆，作象徵性的開眼[98]。在中國六世紀的開光儀式中，那些做爲開光明主的俗家信徒也有可能作此象徵性的開光，而非實際上給佛像點眼。不過，在造像碑上有的冠以開光明主頭銜者是亡過者的姓名，如東魏孝靜帝天平四年（五三七）唯那卌人等所造的佛碑像上，便鐫著「光明主命過王口僧」、「菩薩光明主命過張承伯」，這又該如何解釋呢[99]？

本文認爲：光明主或開光明主可能是因其負責給予主持開光儀典的僧人的嚫施，而被賦予這個頭銜。據《東大寺要錄》的記載，公元七五二年東大寺大佛開眼儀典中，天皇對於參加此一儀式的僧人皆各有佈施，其中給予上述四位僧人的物品特別多，各給開眼師、咒願師、讀師絁十疋，綿十屯，布十端；而施予講師絁三百疋，綿三百屯，布三百端[100]。因此，我們可以推斷：出現在造像銘記上冠以「開光明主」或「開明主」那些人，也應是出資供給此一儀式僧人嚫施的施主。唯其如此，所以透過亡者的親屬之捐資佈施，那些命過壽終之人才有可能成爲光明主或開光明主，由此而獲得功德。

2.齋會、八關齋會

從出現在造像記上冠以「齋主」、「八關齋主」施主的題名，可知佛像開光落成典禮的前後，還舉行齋會和八關齋會。山崎宏〈隋唐時代の佛徒の齋會〉一文，對於隋唐時期各種齋會有詳細的討論，他依據齋會舉辦的性質將僧、俗人舉行的齋會分爲：一、爲修道目的而舉行的齋會，這是以在家人爲主體的義邑、法社信仰團體的活動，其中亦有僧人參加；他們或是定期或是不定期舉行讀經、寫經、建齋、造像。二、係在諸種佛教儀式結束之時，抑或申致感謝祝賀的情況下舉行的齋會；其中儀式方面如建寺塔碑、造畫佛像、寫經、譯經、授戒等；表達謝忱如病癒等。在以上所舉的各種情況中，以佛像、佛畫完成的例子甚多[101]。在

98 川村知行，《東大寺》I古代（保育社，一九八六），〈序、大佛開眼〉，頁三至六。

99 《支那美術史雕塑篇》，頁二五五。按命過即亡過之人，《陶齋藏石記》卷十三，〈高僑爲妻王江妃造木版：「齊武平四年歲次癸巳，七月乙丑朔，六日庚午，……高僑元出冀州勃海郡，因宦仍居青州齊郡益都縣澠口里，其妻江妃年七十七，遇患積稔，醫療每損，忽以今月六日命過壽終，上辭三光，下口蒿里。……」。

100 《東大寺要錄》，卷二，供養章第三，頁四九至五〇。

101 山崎宏，《支那中世佛教の展開》，第三章〈隋唐時代の佛徒の齋會〉，頁七三七至七四

造像記上所見的齋會，顯然是因造像完成而舉行的齋會；不過，以造像而結合的義邑在此像落成之後，仍然會以此佛像爲中心定期或不定期舉行法會、儀式和齋會。

「齋主」當是指供參加齋會者飲食的施主，他們可能同時也須負責在齋會後給予僧侶嚫施；另外，如果齋會不是在一個公共場合舉行，則是在齋主家裡舉行[102]。齋會原來係指供養僧侶飲食之意，後來有時也包括對一般俗人飲食的供養。此處的齋會因係和佛像落成有關，所有出資造像者應當都會參與，所以此一齋會供養飲食的對象可能包括僧人及俗衆。山崎宏研究唐代的齋會，發現齋會的施主以俗人居多，但亦有寺院、僧尼爲施主的情形[103]。然而，在五、六世紀造像碑上出現的齋主題名者全是俗人。

由造像題記上的「八關齋主」這個頭銜，可知參與造像義邑的成員在造像前後也舉行了「八關齋會」。所謂的八關齋會是指俗衆信徒於一日一夜間遵守佛教的八個戒律，此八戒是：不殺生、不貪、不淫、不妄語、不飲酒、不爲歌舞倡樂、不坐高廣之床、以及過午不食[104]。佛經裡說持八戒齋的功德很大，《優陂夷墮舍迦經》裡佛告知優陂夷墮舍迦持八戒齋的功德是：「持八戒齋一日一夜不失者，勝持金銀珠璣施與比丘僧也。」又說：「佛正齋法有八戒，使人得度世道，不復墮三惡處，所生常有福祐，亦從八戒本因緣致成佛。[105]」而《齋經》也稱八戒齋之功德：「奉持八戒習五思念，爲佛法齋，與天參德，滅惡興善，後生天上，終得泥洹。」[106]至於八關齋主的角色和齋主相似，爲提供飲食、修習場所，以及施與參加八關齋會之僧人的嚫施[107]。

小笠原宣秀研究中國中世人民的佛教生活，認爲六朝時代八關齋會非常盛

七。

102 同前註，頁七五七，引法國國立圖書館藏敦煌文書第五六二號紙背齋琬文，記在家的齋法。

103 同前註，頁七五二。

104 《佛說齋經》（大·87），大正新修大藏經第一冊，頁九一一。

105 《優陂夷墮舍迦經》（大·88），大正新修大藏經第一冊，頁九一二。

106 同註104。

107 八關齋會有僧人參加，如東晉支遁在吳縣營八關齋會，便有「道士白衣凡二十四人」參

行，一般是在個人家中舉行；在南朝從皇室到貴族階級時常舉行此種齋會[108]。誠然，東晉時支遁覓得同道二十四人在吳縣土山墓下，舉行一日一夜的八關齋會，而且寫了記敘其時其景的〈八關齋詩序〉，令人自然會認爲八關齋會在南朝上層社會非常地流行[109]。不過，如果參照華北造像銘記，便可發現六朝華北八關齋會相當盛行，甚至有特爲定期舉辦此種齋會而組織的義邑。北周武帝保定二年（五六二）張操等人的造像記上，便清楚地交代他們是先組織一個「八關邑」，而後才建造佛像：

> 昔有像主張道元口口及四部大衆一百人等，體別心同，建八關邑。半月懺悔，行籌布薩，夙宵不眠，慚愧自憤，禁列五情，心居口念，改往脩來，志超彼岸，故能各捨己珍，慕崇眞趣，於周武成二季歲次庚辰，仰爲皇帝陛下、晉國公、群僚百辟、及法界有形，造無量壽像一區，……至保定二季歲次壬午，像主張操口復帥合造釋迦像一區[110]，……

八關齋會在鄉村地區亦甚爲盛行，這從造像銘記上「八關齋主」的題記可以得到清晰的印象。如東魏孝靜帝興和四年（五四二）建於鄉村的〈李氏合邑造象碑〉中，就列有「八關齋主李市買」、「八關齋主李龍雲」、「大八關齋主殿中將軍李醜胡」等五個八關齋主的姓名[111]。數個齋主或八關齋主可能共同分擔一個齋會或八關齋會的費用，或者是個別地負責舉辦一個齋會或八關齋會。

另外，和齋會相關的一個儀式是「行道」。行道係指以人之右肩向著佛塔或佛像，旋繞塔、像，以表達尊敬之意的儀式。行道有時和齋會一同舉行，稱之爲「設齋行道」[112]。六世紀造像記上有「行道主」或「行道四面像主」的題名，可知所造之像也是用以舉行「行道」之用的[113]。而從《續高僧傳》的一則記載，得知若有僧人參與行道，在此儀式之後須給各個僧人嚫施：

與。見《廣弘明集》，卷三十，支遁〈八關齋詩序〉，頁三五〇上。

108 小笠原宣秀，〈中國中世佛教生活〉，《印度學佛教學研究》，第二卷第一號，頁六八。

109 同註103。

110 《魯迅輯校石刻手稿》，二函五冊，頁九三九，〈張操造像記〉。

111 同前書，二函二冊，頁三一三至三二四，〈李氏合邑造象碑〉。

112 《續高僧傳》，卷二十六，〈釋慧藏傳〉：「仁壽中年，勅召置塔于歡州，初至塔寺，行道設齋。」

113 同註111，「行道主李瑛族」、「行道四面像主李仲賢」。

釋德美，……後還京輦住慧雲寺，值默禪師，又從請業。……常於興善（寺）千僧行道，期滿嚫奉，人別十縑[114]。……

由上可知，出現在造像記上冠以和儀式有關的頭銜，如「開光明主」或「開光主」、「齋主」、「八關齋主」、「行道主」、「行道四面像主」的施主們，其對此儀式主要之貢獻是財物上的佈施；當然，他們也有可能因此而在此義邑中取得較高的地位。

3.佛教的節慶

一年之中，二月八日、四月八日、七月十五日這三個佛教的節日是佛教徒舉行不同儀式和慶典的日子。《洛陽伽藍記》一書主要是記敘六世紀時洛陽的寺院及其活動，關於其時佛教的節慶和活動，它僅描述四月八日盛大的行像活動，甚至沒有提到當日浴佛的儀式，至於其他的佛教節日則隻字未提。幸而從同一時代成書的《荆楚歲時記》裡關於節慶的記載，我們猶可見得當時人們在佛教節日裡從事的活動和慶典之蹤跡。此書雖然是以荆楚之地的風俗歲時爲主，不過，由於其時中國南、北方都沈浸在虔誠的佛教信仰裡，在慶祝佛教節日的儀式和習俗方面應沒有明顯的差異。本文除了引用此書的記敘之外，並且參照造像記的資料，以了解五、六世紀華北佛教節日的活動。

從鄉村造像記上所列的日期，可以得知有些造像是在前述三個節日完成的。

二月八日：關於釋迦牟尼的生日有二月八日及四月八日兩種不同的說法，從歷史的記載看來，北朝多以四月八日爲佛陀的生辰[115]。根據《荆楚歲時記》，六世紀的人是在四月八日這一天舉行慶祝佛陀誕辰的活動，而以二月八日爲釋迦牟尼成道紀念日，也有慶賀的儀式。

二月八日，釋氏下生之日，迦文成道之時，信捨之家，建八關齋戒；車輪寶蓋，七變八會之燈，平旦執香花遶城一匝，謂之「行城」[116]。

114 《續高僧傳》，卷二十九，〈釋德美傳〉，頁六九七上。

115 這是由於在印度南、北傳的佛傳裡記載佛陀誕生、出家、成道、涅槃日期不一致的緣故。見中國佛教協會編，《中國佛教》第二輯（北京，知識出版社，一九八二），九、〈浴佛〉，頁三七一至三七二。

116 守屋美都雄，《中國古歲時記の研究》（東京，帝國書院，一九六三），第二篇，四、第二部〈荆楚歲時記・寶顏堂秘笈本校注〉，頁三四〇。

信徒執香花、伴以車輪寶蓋及變幻奇異的燈飾，繞城一匝這種行城的儀式，當係城市居民慶祝釋迦成道紀念日的活動。至於鄉村信徒可能只舉行八關齋會，或者使其建造的佛像在這一天落成，舉行開光儀式和齋會。

鄉村信徒慶祝四月八日佛誕日的主要活動是「浴佛」。根據東晉僧人法顯西行求法的經歷《佛國記》一書的記載，在于闐慶祝四月八日佛誕日所舉行各寺院佛像出巡的遊行，稱之爲「行像」；這個活動係自四月一日延續至十四日，歷時近半個月之久[117]。而依《洛陽伽藍記》的敘述，在四月八日的前幾日就有慶典活動：每年四月四日，長秋寺的釋迦像外出行像，隨行者還有各種雜技百戲；四月七日，洛陽各寺院的佛像都齊集景明寺，以便四月八日當天大規模的行像[118]。雖然這一天在洛陽城內有盛大的行像，但此種活動在鄉間不易施行，一則因鄉村原野範圍遼闊、居民分散，故佛像不可能遶境遊行；二則洛陽的行像伴隨著百戲雜技，這也非鄉村居民負擔得起的。六世紀時荆、楚地區的人係在寺院設齋，並且舉行浴佛的儀典：

四月八日，諸寺設齋，以五色香水浴佛，共作龍華會[119]。

我們有理由相信其時不只荆楚之人有浴佛的習俗，在華北很多地區也在四月八日這一天作浴佛的儀式。早在十六國時代，石勒就曾作浴佛的儀式，爲其子祈福[120]。又造像記更提供第一手的材料，顯示六世紀華北的信徒不只在寺院爲寺裡的佛像舉行浴佛典禮，也爲其所造的佛碑像作浴佛的儀式，如北魏孝明帝孝昌三年（五二七）劉平周等人所造的石碑像記，便說明其浴佛時用了若干絹布：「……天宮洗口口口，合用絹一伯（佰）午拾疋，市綵雇……」[121]，此處說「天宮」，係因北魏後期盛行造石碑像，有時是造多面像或塔像，其銘文記作

117　足立喜六著，何健民、張小柳譯，《法顯傳考證》（國立編譯館，一九三七），頁四一至四三。

118　楊衒之撰，范祥雍校注，《洛陽伽藍記校注》（上海，商務印書館，一九五八），卷一，長秋寺條，頁四三；卷三，景明寺條，頁一三二至一三三。

119　《中國古歲時記の研究》，頁三四九。

120　《高僧傳》，卷九，〈竺佛圖澄傳〉：「每至四月八日，（石）勒躬自詣寺灌佛，爲兒發願。」

121　《魯迅輯校石刻手稿》，二函一册，頁一五〇，〈劉平周等造象記〉。

「塔」、「浮圖」、或「天宮」[122]。根據佛經的說法，須以五色香水浴佛像，再用絹布擦拭。西秦沙門釋聖堅譯的《佛說摩訶刹頭經》(又名：《灌佛形像經》，大・696)裡提到四月八日浴佛法：

> 四月八日浴佛法：都梁、藿香、艾納，合三種草香挼而漬之，此則青色水；若香少可以紺黛秦皮代之矣。鬱金香手挼而漬之於水中，挼之以作赤水；若香少乏無者，可以面色權代之。丘隆香擣而後漬之，以作白色水；香少可以胡粉足之，若乏無者，可以白粉權代之。白附子擣而後漬之，以作黃色水；若乏無白附子者，可以梔子權代之。玄水爲黑色，最後爲清淨，今見井華水名玄水耳。
>
> 右五色水灌如上疏。
>
> 以水清淨灌像訖，以白練若白綿拭之矣。斷後自占更灌，名曰清淨灌，其福與第一福無異也[123]。

而依《荆楚歲時記》的記載，當時的人確實遵造佛經所記的浴佛法，以五色香水浴佛，四月八日條：

> 按高僧傳，四月八日浴佛，以都梁香爲青色水，鬱金香爲赤色水，丘隆香爲白色水，附子香爲黃色水，安息香爲黑色水，以灌佛頂[124]。

此處雖然沒有提及在以五色香水浴洗佛像後，再以白練或白綿擦拭像身，不過，若和上述劉平周等人所造像之銘記：「用天宮洗，合用絹一伯午拾疋。」兩相對照，便可得到一個和佛經所記完全相同完整的圖像。

七月十五日是舉行盂蘭盆會的日子，此乃爲追薦祖先，使其得脫死後之苦難。根據西晉月氏國沙門竺法護譯的《般泥洹後灌臘經》(大・391)，在四月八日及七月十五日兩個日子都須行浴佛(又稱「灌臘」)的儀式，而在七月十五日舉行盂蘭盆會所依據的《佛說盂蘭盆經》(大・685)，卻是較晚譯出的經典，它約在五世紀才被譯成漢文[125]。然而，《荆楚歲時記》關於七月十五日活動

122　〈北朝造像銘考〉，頁三。

123　《佛說摩訶刹頭經》，大正新修大藏經第十六册，頁七九八中。

124　同註116。

125　Stephen F. Teiser, *The Ghost Festival in Medieval China*, (Princeton, 1988),

的記載僅提到盂蘭盆會，而沒有談到浴佛。不論在《盂蘭盆經》譯出之前七月十五日有無浴佛的儀式，至少在此經出現之後，它對這個節日的儀式有全面的影響力。

> 七月十五日，僧尼道俗，悉營盆供諸仙（寺）。
>
> 按盂蘭盆經云：有七葉功德，並幡花歌鼓果食送之，蓋由此也。經又云：目連見其亡母生餓鬼中，即以鉢盛飯，往餉其母，食未入口，化成火炭，遂不得食。目連大叫，馳還白佛，佛言汝母罪重，非汝一人所奈何，當須十方衆僧威神之力，至七月十五日，當爲七代父母厄難中者，具百味五菓，以著盆中，供養十方大德，佛勑衆僧，皆爲施主，祝願七代父母，行禪定意，然後受食。是時目連母，得脫一切餓鬼之苦。目連白佛，未來世佛弟子，行孝順者，亦應奉盂蘭盆供養。佛言大善。故後人因此廣爲華飾，乃至刻木割竹，飴蠟剪綵，模花葉之形，極工妙之巧[126]。

無論是佛教的那一種儀式，僧侶都扮演了一個重要的角色，他們都可得到信徒給予的嚫施，這些收入使僧侶有能力捐資、參與造像的活動。《佛說摩訶刹頭經》裡就明白規定：僧人必須以從浴佛儀式中得到的部分嚫施，用以建造佛像和修建塔寺。

> 灌佛形像所得多少，當作三分分之。一者爲佛錢，二者爲法錢，三者爲比丘僧錢。佛錢繕作佛形像，若金若銅若木若泥若塼若畫，以佛錢修治之。法錢者，架立樓塔精舍籬落牆壁內外屋，是爲法錢。比丘僧有萬錢，千比丘當共分之。若無衆比丘但一分作有，以一分給與法錢，數人亦三分分之，出以一分，持後法錢僧錢[127]。

由此我們亦可以理解：在鄉村的造像活動中，何以有許多僧侶參與其間，以及其費用的來源。

---

pp.48-49.

126　《中國古歲時記の研究》，第二篇，四、〈荊楚歲時記・寶顏堂秘笈本校注〉，頁三五九至三六一。

127　《佛說摩訶刹頭經》，頁七九八上。

五、佛教在鄉村社會的作用

五、六世紀時期，佛教無論在城市或鄉村都極爲興盛流行，在社會上造成很大的影響。就鄉村地區而言，信徒透過造像、組織義邑或法義這樣的宗教信仰團體，以及因宗教動機而興造的公共建設、慈善事業，無形中對社會整合有相當的助益，也促進了鄉村地方的公共建設，解決一些社會問題。同時，由於佛教深入浸透人民的日常生活，也影響及其價值標準。

(一)社會整合的功能

佛教有促進鄉村社會整合的作用，顯現在村落之內不同姓族的連結、村落與村落之間的聯繫、以及縮小社會差距三個方面。

五、六世紀時華北有一些村落是以一個姓氏的同姓聚落爲主的村落，有的村落則是由幾個姓氏爲主要居民的聚落；有的村落裡居民全是漢人，有的則是胡、漢人混雜交錯居住的。同姓的村民很容易經由血緣、宗親的關係結合在一起，組織義邑，從事造像等宗教活動、公共建設、或社會福利事業。如東魏孝靜帝時以李次、李顯族等一百餘李姓族人組成的義邑，他們基於宗教的情懷，首先在村中建造一座寺院，次則在其村對外交通要道上，掘一口井，並且在井旁種樹，以供疲倦乾渴的行人止渴休歇；三則在井旁樹立佛碑像[128]。現存的一些鄉村造像銘記顯示：在以一個或數個姓氏居民爲主的村落，上述的宗教活動是將不同姓氏的村民凝聚在一起的因素。這裡我們以兩個村落爲例，一是河北涿縣當陌村，一是山西平定安（阿）鹿交村；這兩個村落都各造有三個佛碑像，留下了可供比對寶貴的資料。

在北魏宣武帝景明四年（五〇三）至正始元年（五〇四）前後約一年裡，當陌村的居民建造三個佛碑像。從可辨識的造像題名之中，一則可發現此村的居民係以高姓爲主，另外雜有張、劉、王等姓的少數居民；藉著造像活動以及相關的儀式、齋會，讓那些少數姓氏的村民可以參與村裡主要姓氏、同時也是多數居民

128 《魯迅輯校石刻手稿》，二函二冊，頁三一三至三二四。

的活動。這三個造像分別由三組人捐建：一、在五〇三年三月廿一日完成者，係由劉雄頭這個少數姓氏者和高伏德、高道隆等四百人所造的；可辨識的造像者題名僅有十餘個僧尼的名字[129]。（見圖二）二、在五〇三年四月二日落成者，是由高伏德、劉雄（頭）等三百人所組成團體捐建的；造像題名可識者二百六十五人，其中七人係僧尼[130]。三、在五〇四年三月九日完工者，是由高洛周等七十人所組成叫做法義的宗教團體出資的；題名可識者計一百二十一人，比碑額上所記的七十人多出了五十一人[131]。前兩個造像日期相差不到半個月，本來是比對此二宗教團體成員很好的機會，可惜題名者資料不夠完整；不過，從可識的第二、三兩組造像者題名中，仍可看出兩個現象：一則由於村民對佛教的虔敬信仰，不同社群的人可藉宗教活動而結合在一起；二則少數姓氏如劉氏的劉雄頭甚至可能因爲和多數姓高氏同爲造像活動的發起人，或者因爲在此造像活動出資較多，而得以和高姓之首的高伏德、高道隆並列爲造像者的代表，此事除了使劉姓在此二造像活動及相關宗教儀式中扮演較重要的角色之外，可能也有助於提高劉姓在村中的地位。

從安鹿交村的三件造像題名裡，顯示一個有趣的現象：即其姓氏爲較少居民者似乎有意藉比其他居民出錢出力較多、領導一個造像活動的方式，以提高其姓在村內的重要性。安鹿交村三個造像活動爲：一、東魏孝靜帝武定五年（五四七），由王法現等廿四人的造像；題名者計三十一人，以衛、張、王三姓者居多數，衛、張二姓各佔了九人，而領銜者王法現所屬的王姓只有六人[132]。二、北齊孝昭帝皇建二年（五六一），陳神忻率邑子七十二人造石室佛像；題名者七十四人之中，仍以衛、張、王姓爲多，衛姓者佔了二十六人，張姓十六人，王姓十人，至於陳姓者僅領銜者陳神忻一人而已[133]。三、北齊武成帝河清二年（五六三），安鹿交村義邑成員七十位邑子共同出資造像，沒有領銜者的姓名，但出資

129 〈劉雄頭等四百人造像記〉。
130 〈高伏德三百人等造像記〉。
131 〈高洛周七十人等造像記〉，《陶齋藏石記》，卷六，頁八至十。
132 《山右石刻叢編》，卷一，頁十九至二十，〈安鹿交村二十四人造像記〉。
133 同前書，卷二，頁九至十，〈陳神忻七十人等造像記〉。

造正面龕主像的「當陽像主」是韓知悅[134]。韓姓在此村中並非居民佔多數的姓氏，而更值得注意的是：韓知悅參加了上述三個造像活動。由這些現象，可以看出少數姓的居民似乎熱中於在造像活動裡，扮演主要的角色。

在漢、胡人民，或是不同種姓的胡人雜居共處的村落裡，佛教也是消泯民族界線、促進民族融合的功臣。馬長壽在《碑銘所見秦至隋初的關中部族》一書中指出：居住在關內的北方諸族隨所在村邑的漢族或羌族建立佛像。如在咸陽發現的〈王妙暉等五十人造像銘〉裡，便可見到鮮卑和漢人的名字並列，邑主呼延蠻獠，呼延氏在漢代爲匈奴大姓，後屬鮮卑；又如邑子慕容妃，慕容氏爲鮮卑族。另外，從〈昨和拔祖等一百廿八人造像記〉裡，也顯示此是胡、漢人民共同捐資所建的[135]。胡、漢人民協力共造佛像這個事實，在隋開皇五年（五八五）八月十五日七帝寺所造的佛像銘文裡說得最爲清楚：「胡漢士女邑義一千五百人，三邑併心，四方並助[136]。」

在那個上自帝王、下達庶民幾乎全都篤信佛教的時代，佛教成爲不同階層的人們之間思想和文化的公分母；透過造像這樣的活動，也縮小了社會階層的差距。雖然鄉村居民絕大多數都是平民，但在鄉村的造像裡也有少數官員參加；他們有的原來是村落的居民，而有的則是官員領導村民造像。如北齊武成帝河清三年（五六三）五月，陽阿故縣村的造像題名可識者計一百八十九人，其中四位是僧尼，十七人有官銜[137]。又，北周武帝天和元年山西一個村落的造像銘記裡，題名可識者共九十五人，其中八人是官員[138]。至於官員領導村民造像的情況，如前面提到的薛鳳規等人的造像，薛鳳規其人便是個武官，其銘文云：「大魏永安三年……是以佛弟子比丘僧智、比丘道翫、比丘道行、比丘曇演、直後羽林鑒安陽男薛鳳規、鄉原道俗等……各竭家珍，建造石像一區，……」[139]。

134　同前書，卷二，頁十六至十八，〈阿鹿交村七十人等造像記〉。

135　馬長壽，《碑銘所見前秦至隋初的關中部族》，頁五十四至五十五。

136　《魯迅輯校石刻手稿》，二函五冊，〈七帝寺造象記〉，頁一〇四五。

137　《山右石刻叢編》，卷二，〈陽阿故縣造像記〉，頁十一至十六。

138　《魯迅輯校石刻手稿》，二函五冊，〈合村長幼造象記〉，頁九六九至九七三。

139　同註50。

由於造像活動不僅止於建造佛像而已，還包括若干儀式和法會，如開光、行道、齋會、八關齋會等；因此官員和平民共同參與一項造像活動的涵意就不只是聯合出資造像而已，也意謂著不同階層的人共同參與一些宗教活動。如衆所熟知，正史記載下的中國南北朝時期是一個階層區分嚴明的社會；不過，若仔細審視那些資料，便可發現嚴格界劃家族地位差異的恐怕只限於貴族之間，因爲那牽涉到仕宦機會的優劣，所以不得不努力界分清楚。至於不同階層之間原已有明顯的劃分，一則沒有上述的顧慮，二則佛教作爲不同階層之間共同信仰的基礎，兩者得以協力從事宗教活動。三則藉著共同參與活動，官員也易於得到人民的愛戴與合作，這和北魏建國初年「仍令沙門敷導民俗」政策所收的效果是一樣的。

村落之際的聯合：村落之間以佛教信仰作爲彼此聯繫的基礎，組織宗教團體義邑或法義，從事造像和一些公共建設如造橋、修路等；藉著這些活動，村落與村落之間有較爲密切的往來。如東魏孝靜帝武定七年（五四九），山西盂縣附近高嶺以東數個村落居民便共同建立法儀，修路並造像。

> 唯大魏武定七年歲在己巳，四月丙戌朔，八日癸巳，肆州永安郡定襄縣高嶺以東諸村邑儀道俗等，敬白十方諸佛、一切賢聖、過口口善，生遭季運，前不值釋加初興，後未遭彌勒三會，二聖中間，日有口歎。先有願共相契約，建立法儀，造像一區，平治道路，刊石立碑。以此之功，上爲皇帝陛下、渤海大王延祚無窮，三寶永隆，累級師僧口世父母，現存眷屬，復願生生之處，遭賢遇聖，值佛聞法，常修善業，口至菩提，誓不退轉，願法界啥生，同獲此願，一時成道[140]。

在造像者題名中，有「州沙門都僧觀」州級僧官列名其間，可知僧官在此一村落之間的聯合中扮演一個重要的角色。又例，隋文帝開皇九年（五八九），山東兩個村落的義邑成員廿一人造橋一座，並建交龍石碑像一區；由於此一碑係殘碑，造像者之題名已不存[141]。

對村落居民而言，造橋修路以便村落之間的交通往來，是一種實際上的需

140 《金石續編》，卷二，頁十九，〈興化寺高嶺諸村造像記〉。並見《魯迅輯校石刻手稿》，二函二冊，頁四六五至四六六，〈高嶺以東諸村邑儀道俗造象記〉。

141 《魯迅輯校石刻手稿》，一函七冊，頁一一九九至一二〇一，〈兩村法義廿一人造橋碑〉。

要，佛教在此間便成爲促進兩個或更多村落併肩合作、修橋造路一個串連的因子。

(二)日常生活和價值標準

由於鄉村居民篤信佛教，佛教的戒律也影響了他們的日常生活；有些村民受了戒，佛教的戒律便成爲其日常生活中的制約。佛教的戒律中有五戒、六戒、八戒、十戒、具足戒等，對於在家的佛教徒而言，最常受的戒律是五戒和八戒。五戒是指不殺生、不貪、不淫、不妄語、不飲酒，八戒前面已提過，即五戒再加上不爲歌舞倡樂、不坐高廣之床和過午不食。五戒及八戒是佛教爲在家俗人所設的戒律。不過，在北齊武成帝河清二年（五六三）陽阿故縣村（今山西晉城附近）長幼居民所建的石碑像上，卻顯示了在此村落的居民修習更多的戒法，其造像者題名中便有下列的記載：「二脩五戒法像主口苗玉、口楊口道明」、「三脩八戒法像主胡口縣令劉天哥」、「四脩六戒法像主張何勝、息張口」、「五脩施戒法像主高都太守王法口、妻張」、「六脩持戒法像主賈要、劉口法口」、「七脩忍戒法像主劉僧敬、妻口口、女僧口」、「八脩精進戒法像主王文標、息洪建」、「九脩禪定戒法像主口要女、女淨唯」、「十脩般若戒法像主衛定祖、妻口口、女僧口」[142]。

佛教成爲鄉村居民生活的一個重要成份，這從有些被朝廷表揚爲節義或孝義者，其行事雖然是儒家的忠孝，不過卻透過佛教的方式來表達其忠孝之心者,可見一斑。如〈魏書・節義傳〉中記載王玄威的節義事蹟，是因他在獻文帝駕崩之後哀傷不已，又「及至百日，乃自竭家財，設四百人齋會，忌日，又設百僧供。」因此而得到朝廷的表彰。

朝廷下令民間舉孝義，始於北魏孝文帝太和十八年：「十有一月辛未朔，詔冀、定二州民：……孝義廉貞、文武應求者，具以名聞[143]。」舉孝義一直延續至北朝末年，北魏時汲郡山陽人門文愛事其伯父母至孝，鄉人魏中賢等相與標其孝義[144]。〈周書・孝義傳〉中所列舉的人物事蹟之中，張元、皇甫遐二人之所以受

142 同註137，頁十四。

143 《魏書》，卷七下，〈高祖紀下〉。

144 同前書，卷八十七，〈節義傳・門文慶〉。

到褒揚，也都以佛教的行事來申致其孝思。

張元字孝始，河北芮城人也。……及元年十六，其祖喪明三年，元恆憂泣，晝夜讀佛經，禮拜以祈福祐。後讀藥師經，見盲者得視之言，遂請七僧，燃七燈，七日七夜，轉藥師經行道。……居三日，祖果自明。

皇甫遐字永覽，河東汾陰人也。……保定末，又遭母喪，乃廬於墓側，負土爲墳。後於墓南作一禪窟，陰雨則穿窟，晴霽則營墓，曉夕勤力，未嘗暫停。積以歲年，墳高數丈，周回五十餘步。禪窟重臺兩匝，總成十有二室，中間行道，可容百人。……遠近聞其至孝，競以米麵遺之。遐皆受而不食，悉以營佛齋焉。郡縣表上其狀，有詔旌異之[145]。

由於佛教在其時人們生活中佔有重要地位，而影響及其價值標準；致力於弘揚佛教、特別是捐財獻力以從事社會福利，成爲鄉村社會美德的重要標準之一。佛教的價值標準和孝義之間的關連，在〈大齊鄉老舉孝義雋脩羅之碑〉的銘記中顯現得最爲清楚。（見圖五）此碑刻於北齊孝昭帝皇建元年（五六〇），清乾隆年間在山東泗水縣城東五十里的韓家村天明寺出土，據《光緒泗水縣志》卷十三〈舊跡志〉形容此碑的形制爲：「碑首鐫石龕，中嵌佛象，下勒維摩詰經，碑陰書雋脩羅孝義事。」由此可知，此碑係一個佛像碑，碑的正面彫有佛像，並刻了部分《維摩詰經》的經文；在碑陰才鐫刻〈大齊鄉老舉孝義雋脩羅之碑〉的銘文。此碑文額題即：「大齊鄉老舉孝義雋脩羅之碑」，至於其內容除了褒揚雋敬（脩羅）的孝行之外，也敘及他營造佛寺和從事社會救濟工作。

唯皇肇祚，大齊受命，引軒轅之高口，紹唐虞之遐統，應孝義以改物，楊人風以布則。於是口熙前緖，照顯上世。雋敬，字脩羅，鑽土長安，食菜勃海，前漢帝臣雋不疑公之遺孫，九世祖朗遷官於魯，遂住洙源。幼傾乾蔭，唯母偏居，易色承顏，董生未必過其行，守信志忠，投杼豈能著其心？捨田立寺，願在菩提；醊味養僧，纓絡匪悋；救濟飢寒，傾壺等意。少行忠孝，長在仁倫，可欽可美，莫復是過。蓋聞詮賢舉德，古今通尚，懕秀蔽才，錐囊自現。余等鄉老壹伯餘人，目睹其事，寧容嘿焉？敢刊石

145 《周書》，卷四十六，〈孝義傳〉。

圖五：〈雋敬碑〉，北齊孝昭帝皇建元年（五六〇），山東。

（《北京圖書館藏歷代石刻拓本匯編》，第七冊，頁一〇三。）

立摟，以彰孝義，非但樹名今世，亦勸後生義夫節婦。詔令所行。其辭曰……[146]

此碑文一方面可看做是佛教徒藉著表彰雋敬的行爲，用以宣揚建造寺院、供養僧侶、救濟飢寒爲良好的德行；另一方面，則恰適反映了鄉村居民的價值標準。其文中敘述雋敬的孝行是「孝」，而有關他營造佛寺以及從事社會福利工作則是「義」，因此文末說「敢刊石立摟，以彰孝義，非但樹名今世，亦勸後生義夫節婦」。

從「義」字在北朝鄉村社會的涵意，可以看出佛教對其時鄉村的影響力之大。漢朝時的「行義」係指忠孝仁篤之類的義行美德，顯爲儒家的道德標準[147]。然而，至北魏時期由於佛教的盛行，雖然標舉孝義者有些仍依儒家的標準，而佛教的捨田建寺、敬僧營齋、救濟飢寒等社會工作，也成爲義行美德之一，有此行爲者也成爲鄉人標舉孝義的對象[148]。由此可見，佛教之浸透深入人心。

六、結　　語

五、六世紀時佛教在華北鄉村地區非常興盛流行，由於佛教經典的鼓勵造像，以及佛教的修行方法和儀式上的需要，所以歸心佛教的村落居民便傾力造像。千餘年之後，爲數衆多的鄉村造像碑記提供我們了解其時鄉村社會及其佛教信仰寶貴的資料。

五、六世紀，四處巡走、遊化村落的僧人是促使佛教深透華北鄉村地區的主要原因。此一則和北魏建國以來的尊崇佛教、特別是明元帝下令以僧尼敷導民俗的政策有關，二則和五世紀中葉太武帝毀滅佛教期間，許多僧人爲逃避迫害而匿居鄉間有關；在北魏復興佛教之後，那些避居村野的僧人多又落髮爲僧，巡化村落，使得在鄉村地區遊化佈教的僧尼人數大爲增加，對於佛教的深入荒僻、廣

146　《魯迅輯校石刻手稿》，一函六冊，〈雋敬碑〉，頁九九五至九九六。

147　邢義田，〈論漢代的以貌舉人---從「行義」舊注說起〉，收入：《慶祝高去尋先生八十大壽論文集》（台北，正中書局，一九九一）。

148　《魏書》，卷八十七，《節義傳〉；《周書》，卷四十六，〈孝義傳〉。

爲流佈傳播，有很大的影響。

對於絕大多數不識字或識字不多的村落居民，僧人如何向他們傳述佛教的教義和佛經的內容？有證據顯示：佛碑像上的圖像中有佛本行（佛傳故事）、佛本生故事的片斷場景，以及經變的圖像，是僧人作爲其傳教講經的輔助教材。五、六世紀中僧人用圖像作爲傳道佈教之輔助說明的作法，可能影響了唐代變文的講述，唐代變文講述者通常使用一幅畫卷作爲其輔助說明。

鄉村居民基於宗教上的虔敬，他們組織了叫做「義邑」或「法義」的信仰團體，敦請僧人做爲指導者，以從事建造佛像、寺院，興辦公共建設和慈善活動，並且共同修習佛法、舉辦及參與齋會和若干儀式。

從造像記上「齋主」、「八關齋主」、「行道主」的銘記，可知在佛像建造完工的前後，鄉村居民會舉行齋會、八關齋會，以及行道等儀式。另外，在佛像落成之日，還要舉行佛像開光的儀式。值得注意的是：六世紀的造像記上出現「光明主」、「開光明主」這樣的頭銜，是迄今——包括佛教與道教開光儀式最早的記錄。

由於佛教在華北村落的深透流行，因此對鄉村社會造成很大的影響。鄉村的佛教徒組織義邑、法義這樣的信仰團體，造像、從事公共建設和共同修習佛法，無形中促進了社會的整合，縮小了社會階層之間的差距。又，佛教不但深深地影響著鄉村信徒的日常生活，也及於其價值標準：人們常透過佛教的行事來表達其孝思忠忱，同時，致力宏揚佛教、捨田立寺、從事救濟飢寒等社會福利事業的行逕，也成爲鄉村社會重視的美德之一，有此等行爲者甚且成爲鄉人標舉孝義的對象。

五、六世紀華北鄉村佛教徒還經常從事一些造橋、修路等公共建設，以及建造義塚、供應義餐等社會福利事業，這也是佛教對其時鄉村社會所發揮的作用和影響的又一例證，關於這一點，筆者將另以專文討論。

（本文於一九九二年五月七日通過刊登）

出自第六十三册第三分(一九九三年十二月)

北魏楊大眼將軍造像題記之書成年代

李　榮　村

北魏驍將楊大眼在佛窟所刻〈題記〉之書法，乃今存中華瑰寶，世人推崇爲龍門四品之一。惟其書成年代，諸說紛紜，應未論定。日本京都學派深信清儒錢大昕或武億主張的景明（五〇〇至五〇三）初年。凡有書成於景明年間的，概稱爲舊說。至於新說，如宮大中以爲書成於五〇六年，温玉成最初主張五〇四年，而後應邀至日本，改從舊說。可見錢氏等乾、嘉考證大師之言，實領風騷兩百年，迄無堅強論點足以質疑。惟本文不揣固陋，主張楊大眼平東荆州蠻之正始元年（五〇四）應爲〈題記〉書成之年。茲從佛龕製作工期之考量，與〈題記〉梁州大中正官銜等理由，推定〈題記〉書成於正始元年（五〇四）。

由於孝文帝遷都洛陽（四九四），石窟雕造佛像的重心遂自大同雲岡移至新都之南的龍門。下至宣武帝景明年間（五〇〇至五〇三），龍門僅有古陽洞經營造像事業。其洞深約十三・五米，寬僅六・九米，高達十一・一米。氏族楊大眼爲當時家喻戶曉之勇將，他所捐造的佛龕位於該洞北壁，具有將領開龕造像之代表性。其龕側有塊碑文，標題是〈楊大眼爲孝文皇帝造像記〉（以下簡稱〈題記〉，參附件一之二）。茲節錄該文與本論相關者於下[1]：

> 夫靈光弗曜，大千懷永夜之〔悲〕，〔明〕蹤不遘，葉生啥靡導之儀，是以如來應群緣以顯跡[2]。……。輔國將軍、直閤將軍、□□□□、梁州大中正、安戎縣開國子仇池楊大眼……，挺超群於始冠。其行也，垂仁聲於未聞。揮光也，摧百萬於一掌。震英勇，則九宇咸駭。存侍納，則朝野必附。彰王衢於三紛，掃雲鯨於天路。南穢既澄，震旅歸闕。軍次□行，路逕石窟[3]。……。遂爲孝文皇帝造石像一區，凡及衆形，罔不備列。刊石

1　楊大眼〈題記〉，見於（歷代碑帖法書選・乾隆拓本），另參（二玄社近拓本）等本。（如附件一，及附件一之二）

2　上揭二字之補闕；參一九七六年《書論》第八號，第五五頁。

3　石窟，龍門於景明年間之佛窟僅有古陽洞，時稱石窟寺；參温玉成（一九八五：一四二）。

記功，示之云爾。　武□……。

其中，意含楊大眼在某年南征的凱旋途中，至石窟見到他爲孝文帝所訂造的一區佛像已『罔不備列』，遂於此時書成〈題記〉，囑以勒石，記其功業。那麼，此區佛龕製成於大眼自南疆返京、途經龍門之際，應即是〈題記〉之書成年代。

清儒錢大昕認爲〈題記〉書成於宣武帝景明初年；又武億則指裴叔業北降之年，同有主張景明元年（五〇〇）頃書成之意。後來，洪頤煊及塚本善隆等意見多不出景明年間（五〇〇至五〇三），姑稱之爲舊說，以區別今學者如宮大中的五〇六年之說。一九九一年本文初稿宣讀之後，荷蒙杜正勝先生提供溫玉成之論文（一九八五：一一四至一四七），欣喜獲知另一新說。雖然，溫氏云楊大眼訂造的佛龕完成於正始元年（五〇四），似無足夠理由，但與本文初稿所云〈題記〉書成之年相同，使我敢於懷疑兩百年來之上揭舊、新諸說，因擬介紹，並加質疑，庶幾推定正始元年爲〈題記〉書成之可信年代。此外，在本文文末，附說研究過程所涉及的一些歷史研究之意義。

一、介紹舊、新諸說並附質疑

(一)〈題記〉書成於五〇〇年頃的錢大昕之說（舊說之一）

錢大昕云〈題記〉書成於宣武帝（世宗）景明（五〇〇至五〇三）初年[4]：

〈記〉，無年月。以大眼所署官推之，當在世宗景明初矣。

其論據如前引〈題記〉記載楊大眼所署：輔國將軍、直閤將軍、□□□□、梁州大中正、安戎縣開國子等五個銜名。檢視《魏書》七三〈楊大眼傳〉云：

世宗初，（南齊）裴叔業以壽春內附，大眼與奚康生等率衆先入。以功封安成縣開國子，食邑三百戶，除直閤將軍，尋加輔國將軍、游擊將軍。出爲征虜將軍、東荊州刺史（按此係五〇四年出征之銜）。

而知大眼以壽春之役（五〇〇）的戰功，獲得子爵及直閤將軍實職[5]。不久，

4　參錢大昕《潛研堂金石文跋尾》二〈楊大眼爲孝文皇帝造像記〉。此外，畢沅《中州金石記》一〈楊大眼爲孝文造象記〉云：「〈題記〉末有武字，似下有年號未了。」但檢視多種拓本，皆無繫年月。又宣武帝一朝的年號沒有「武」字，故不必重視畢氏之猜測。

5　直閤將軍，在宣武帝時爲禁衛軍官之實職名稱，無官品；並參《魏書》一一三〈官氏志〉，

加官輔國將軍（從三品），至於游擊將軍（正四品上）則是他的本官武階。按安戎可正《魏書》安成之誤。又大眼獲此四個銜名，應在景明元年下半年[6]，恐怕難以符合〈題記〉的五個銜名：尤其本官品階過低，『景明初』大眼地位似不足以兼任大中正。換言之，錢氏僅據〈題記〉銜名而以為書成於景明初年，疑有錯誤，詳參第二節。

㈡武億的五〇〇年之説（舊説之二）

大致與錢大昕（一七二八至一八〇四）同時之武億（一七四五至一七九九），則意指〈題記〉書成於壽春戰役之景明元年（五〇〇）。武氏說[7]：

> 〈記〉首題邑主仇池楊大眼為孝文（下缺）。以後文證之，知其為孝文帝造石像作也。大眼書官云：輔國將軍、直閤將軍（下缺四字）、梁州大中正、安戎縣開國子。《北史》裴叔業以壽春內附，與奚康生等率衆先入，以功封安成縣子，除直閤將軍；出為東荆州刺史。以此〈記〉相較，蓋缺錄為輔國將軍，不如《魏書》之詳。而梁州大中正失載，及安戎之訛安成，則兩史並誤脫也。〈記〉又云：南穢既澄，震旅歸闕。案是時為宣武初，裴叔業內附，所謂南穢者即當指此。然則此正記于宣武時也。

〈題記〉之南穢當指裴叔業。按魏兵未至，叔業病死，麾下開壽春城門迎降。又武氏寬估為整個宣武朝，無理，而應以上揭五〇〇年壽春之歸附為其主旨。

武氏指南穢是裴叔業，似有問題。此因宣武帝取壽春之前，已下詔推崇裴氏；又裴氏毫無反抗，且暗通王肅、傅永，『馳表送誠』[8]。茲引列詔書內容，

及同書一一一〈刑罰志〉。

6 並參《魏書》八〈世宗紀〉，及同書七三〈楊大眼傳〉。按景明元年（五〇〇）之下半年，楊大眼因戰功而升官，本文第二之(二)節有詳考。景明元年六月，大眼之游擊將軍為正四品上階，序在末位，當較輔國將軍（加官）為低，係本官；參《魏書》一一三〈官氏志〉第二部分。

7 參武億《授堂金石三跋》三〈金石一跋・後魏楊大眼為孝文帝造像記〉。

8 宣武帝時任城王曾控王肅交通裴叔業，為政治鬥爭；並參《魏書》十九中〈任城王澄傳〉，同書七一〈裴叔業傳〉，及張金龍（一九八九：四）。按王肅為降附北朝之大臣，善於接待南人，孝文、宣武皆器重之；並參《魏書》六三〈本傳〉，《北史》四二〈本傳〉。先是，王氏與裴叔業對抗於太和二二年（四九八），各為其主也。不久，二人通信；時南齊東昏侯誅大臣，裴氏不安，謠言四起。其侄植等三人北奔壽陽，遂先遣杜陵等人降魏，絕非詐降；並參《魏書》七〇〈傅永傳〉，及《通鑑》一四三〈齊東昏侯紀下〉永元二年（五〇〇）正

及裴氏麾下北降情況於下，以質疑武氏的持論。

魏景明元年（五〇〇）正月，南齊鎮守壽春之裴叔業有北降之意。宣武帝遂遣彭城王元勰率十萬大軍南下，並下詔推崇裴氏[9]：

> 景明元年正月，世宗詔曰：叔業，明敏秀發，英款早悟，馳表送誠，忠高振古，宜加褒授，以彰先覺。可使持節散騎常侍都督豫、雍、兗、徐、司五州諸軍事征南將軍豫州刺史，封蘭陵郡開國公，食邑三千戶。又賜叔業璽書。

但不久叔業病死，其兄子植等人開城門以迎接魏兵；開城者又與魏兵並肩抵禦前來圍城的南兵[10]。如此，武氏指南穢是裴氏，難以令人採信。揆其主旨在於壽春一役之年（五〇〇），似較前述錢氏之說爲缺乏彈性。

㈢其他舊說（附日本學者始注意佛龕之雕刻工期）

由於錢大昕、武億二位爲乾嘉考訂金石文字之大師，後人多奉其說爲圭臬，遂領風騷兩百年。因此，學者多以五〇〇年壽春戰役爲著眼點，而演繹、推衍。他們猜測之〈題記〉書成時間，不致遠離錢氏之主張：景明初年（五〇〇、五〇一）。比如洪頤煊說：〈題記〉之書成，當在景明中[11]。又如陸增祥云：書成於景明初；此應抄自錢氏[12]。塚本善隆則說：景明元年，楊大眼掃蕩壽春地方之南穢，在返京途中，捐造像費於古陽洞，以表達感恩孝文帝之意，故書成〈題記〉當在景明初年云云[13]。檢視本文前言引述的〈題記〉，則知塚本氏在演繹武氏之說，以期統合錢氏的『景明初』；然而，景明初頂多兩年，因疑雕造楊大眼所訂佛龕之工期過短（參下節）。

伏見沖敬云：古陽洞壁石質惡劣，雕刻不易，故大眼始造像於孝文帝逝世之

月乙巳條下。

9 參《魏書》八〈世宗紀〉景明元年正月丁未條，及《通鑑》一四三〈齊東昏侯紀下〉永元二年正月丁未條。詔書，則參《魏書》七一〈裴叔業傳〉。

10 並參《魏書》七一〈裴植傳〉，及《通鑑》一四三〈齊東昏侯紀下〉永元二年（五〇〇）二月己亥條，及三月乙卯條下。

11 參洪頤煊《平津讀碑記》二〈楊大眼爲孝文皇帝造像記〉。

12 參陸增祥《八瓊室金石補正》十二〈仇池楊大眼題記〉，及本節首段。按陸氏卒於一八八二年，享年六七歲，晚於錢大昕（一七二八至一八〇四）。

13 參塚本善隆（一九四四年再版：四五八至四六一）。

年（四九九）；而其完工則如洪頤煊所謂『景明（五〇〇至五〇三）中』云云[14]。故知伏見氏同意〈題記〉書成年代之舊說，惜其所謂始動工造像於四九九年之創意，迄未引起學界關心。

首先意識到佛龕有工期的是水野清一、長廣敏雄二位，在他們合編之《龍門石窟の研究》云：大眼之造像龕完成於景明三年（五〇二）。該書既然記載塚本氏之意見，當知此意見忽視造像工期，故有三年之言，以補一般忽視工期的缺點[15]。此爲美術考古學者遠較我們不親歷其境的還要容易注意到的事。

又中田勇次郎曾閱及錢、武、及水野氏等前人之著作，知道照片中的精緻大佛龕，而進一步推衍爲：大眼一龕起造於景明元年，最遲完成於景明年間云云[16]。可見日本學者在推衍清儒之說時，逐漸意識到造像是有工期的問題，祇因崇敬錢、武二位大師，以致所謂完工時間或書成〈題記〉的年代，總不脫離景明年間（五〇〇至五〇三）的猜測範圍。以上諸舊說都將面臨第二節即本文估算佛龕工期之考驗。

㈣宮大中的〈題記〉書成於五〇六年之說（新說之一）

宮大中認爲〈題記〉書成於魏宣武帝正始三年（五〇六）夏季，楊大眼擊敗王茂先等梁兵的凱旋途中[17]。他說：『楊大眼是北魏名將。《魏書·世宗本紀》云："蕭衍江州刺史王茂先寇荊州[18]，屯于河南城，詔平南將軍楊大眼討之。辛酉，大破之，斬其輔國將軍王花首，虜二千餘。進攻河南城，茂先逃潰。追奔至于漢水，拔其五城。將軍宇文福略衍司州，俘獲千餘口而還。"《魏書》七三〈楊大眼傳〉記載更詳。這次南伐，發生在正始三年（五〇六）四月。造像記里有"南穢既澄"句，當指此役。楊大眼凱旋而歸，洋洋得意，故在造像記里有"揮

14 伏見沖敬之語；參《北魏龍門二十品》（二玄社編，一九八六年，上冊，第七二頁）。

15 參水野清一、長廣敏雄合著（一九八〇：第二本，一〇六）。又塚本氏之文，見載於上揭合著之書（同本，二〇八）。

16 參中田勇次郎（一九七四：附錄三九頁）。

17 參宮大中（一九八一：二一四、二一六、及二二四頁之表）。宮氏云〈題記〉書成於五〇六年。此主張亦見於龍門文物所所編《龍門石窟》（一九八〇：書末圖版目錄二六），但不說明理由，故以一九八一年爲準。

18 王茂先，一作王茂；參《梁書》九〈王茂傳〉，及《南史》五五〈王茂傳〉。

光也，摧百萬于一掌。震英勇，則九字咸駭。存侍納，則朝野必附。……”的自我吹噓。造像記里還有“震旅歸闕，軍次□行，路逕石窟，……”句，表明他班師回朝，路過伊闕時，曾到石窟瞻仰。……，遂爲孝文皇帝造石像一區。“刊石記功，示之云爾”，當在正始三年夏季。』（同註17）

就正始三年四月楊大眼出征的官銜來看，宮氏之說似有問題。查當時大眼之官銜，於《魏書・世宗紀》是平南將軍，遠不如同書七三〈本傳〉詳載：『武衛將軍、假平南將軍、持節、都督統軍曹敬、……等諸軍』爲可信。其銜依序應寫成：『使持節、假平南將軍、都督……諸軍事、武衛將軍、……』計二十多字。大眼可摘取頂重要之武階，比如加官『假平南將軍』（正三品）以及本官『武衛將軍』（從三品，班序高於輔國）計九字之軍號題於〈題記〉。但今見〈題記〉是：『輔國將軍、直閤將軍、□□□□、梁州大中正、安戎縣開國子』。其中四個闕字，實無空間能填滿表示高階榮譽的上揭九字，甚或五個字；據此而知〈題記〉不應書成於五〇六年，宮氏主張的書成年代過晚。

㈤温玉成認爲楊大眼佛龕完工於正始元年（五〇四）正月（新説之二）

温玉成在証明古陽洞即北魏洛陽南郊石窟寺之時，提及[19]：

> 楊大眼造像記云：『南穢既澄，震旅歸闕。軍次□行，路逕石窟。……』此則造像刊于景明元年以功封子爵、除直閤、輔國之後。完工之時在正始元年楊大眼大破東荆州反蠻樊季安等回軍之際。『南穢既澄』就是指大破樊季安（本傳作樊秀安），時在正始元年正月，東荆州在今河南泌陽，所以『振旅歸闕』時必然要路經伊闕口。此時伊闕只有古陽洞完工，其它洞窟均未完成或尚未開鑿。所以『路逕石窟』句即是路涇石窟寺之意。

五〇四年楊大眼平東荆州蠻，班師必經龍門，此時他所訂造之石窟佛像已完工，有〈題記〉爲證之意云云。倘若正月該佛龕大致完工，工匠要刻碑文，以二百字之〈題記〉而言，書成於五〇四年應無多大問題。但此說的問題是在始動工造像於景明元年（五〇〇下半年），工期約三年半，似難令人相信。因擬下節試先估算工期，庶幾建立〈題記〉應書成於五〇四年之説[20]。

19 參温玉成（一九八五：一四二）。

20 但後來温氏（一九八七：二〇一）不具理由，而云：景明元年（五〇〇）大眼自壽春回軍此外，近年宿白云〈題記〉成於五〇四至五〇八年之間，以及李文生云該龕成於五〇八年，都是不具備隻字理由的猜測之言，本文不擬評述[21]。

二、暫定〈題記〉書成於五〇四年的觀察

前述諸舊說，意指楊大眼〈題記〉之書成年代，總不出景明年間（五〇〇至五〇三）的範圍。此四年內大眼惟一參與之壽春戰役（五〇〇）爲學者談論的焦點，值得我們愼思。至於具備理由之新說有二：一是宮大中以楊大眼擊敗王茂先（五〇六）爲書成之年，惜此年代過晚；一是温玉成的大眼平蠻（五〇四）之說，甚合我意，但涉及佛龕的製造工期，須先釐清於下。

㈠楊大眼之佛龕製造工期的估算

一般題記多書成於佛龕完工之際，〈題記〉當亦不例外。我們估算佛龕製造工期，若偏向舊說，則希望算的越少，越能接近景明元年（五〇〇），以符合舊說。但以下估算工期的結果，獲知至少需時五年。

古陽洞北壁第一排（舊稱第三層）計有四大佛龕，自洞口起算第三龕位即大眼捐款所造。其東側有〈題記〉碑座，高75公分，寬40公分[22]。試於〈古陽洞平面圖〉及〈左壁諸龕圖〉量得該龕內寬1.3米,縱深0.5米,高1.5米（公尺）；如兼指龕外部分，而不計碑座，則知外寬2米,高2.5米[23]。

大眼此龕面對南壁孫秋生等二百人捐造之佛龕，後者工期長達十年[24]。雖然兩龕同寬等高，但後者人多必陸續付款，如財力不繼，難免拖工，故兩龕不便比

途經石窟。又云：其佛龕完成於五〇二至五〇三年間。按此說與他在一九八五年具備理由之新說迥異，當受舊說影響，得併入諸舊說裡。

21 參宿白（一九八七：二一七），及李文生（一九八七：二八一）。

22 主據《龍門石窟》書末目錄第二七條，及水野、長廣（一九八〇：第一本第九五圖）左壁第三層第二、三兩龕之間的〈題記〉碑座位置。按不包括20公分高的底座。

23 參水野、長廣（一九八〇：一本，第八六圖、九五圖）。其中，楊大眼之佛龕縱深、及比例尺是依據第八六圖。

24 孫秋生等人〈題記〉云該龕起造於太和七（？）年（四八三），完工於景明三年（五〇二）；參《北魏龍門二十品》（二玄社，下冊，第三頁）。按七年應即十七年之誤，始符合接近孝文帝遷都洛陽，甫成始營石窟的事實；又拖工而成爲二十年，應較十年離譜的

較。又魏靈藏等二人合造之龕，乃傾家財，陸續雕造而成，應有拖工的可能[25]。以上都不適用以推敲大眼一龕的製造工期。至於孝文帝訂造之正壁巨龕，費時十年，但挖空過大，不適合比較，足見難找工期之參考體[26]。

試就財力足夠的某貴族造像之例，以考量大眼一龕的工期如下。北海王元詳之母高太妃造的小龕，其圓拱頂高1.09米，下寬0.93米，工期爲三年九個月[27]。今設大眼佛龕在平面圖上，能計算之總表面積是五平方米（2*2.5）；而高太妃捐造的小龕是1.01平方米（1.09*0.93），約爲五比一，暫稱平面工作量之比值是五。至於大眼龕內之挖空，較上揭小龕爲快，應略能抵充兩縱深之差[28]。由於此小龕在大眼龕的右上方，寬不足一米，僅容匠師一人懸空工作[29]。而大眼龕之內外，其寬可容三或四人工作（抵充匠師三人），據以揆之上揭比值，則知該大龕工期可估爲六年；此與前揭宮大中所云五〇六年〈題記〉書成之寓意（五〇〇中至五〇六中）相合，但本文已指其年代過晚[30]。故修正工期爲至快需五年，應不致寬估；但仍與主張工期三年以內之舊說，不合。因舊說等於指大龕之工期，比較高太妃訂造之小龕爲短。簡言之，本文估計楊大眼一大龕之工期，至快需五年；據以揆之錢大昕及中田氏等舊說，皆經不起工期的討論。接著，考察自壽春班師（五〇〇）的情形於下。

(二)壽春戰役凱旋之時猶未書成〈題記〉

上文第一節曾說景明元年（五〇〇）裴叔業病死，其麾下開壽春城門以迎魏

多。

25 魏靈藏〈題記〉；參《北魏龍門二十品》（二玄社，上冊，第三五頁）。

26 温玉成（一九八五：一一九）云正壁巨龕之工期爲四九三至五〇三年。

27 高太妃訂造之小佛龕的情形：其〈題記〉，參水野、長廣（一九八〇：錄文五八〇條）；據此錄文號碼，以查同書第一本第九五圖，則知此小龕位於大眼龕之右上方（東上方）二米處。

28 前述大眼一大佛龕之縱深半米，據此以視高太妃小佛龕，應爲二比一；大龕挖空雖然較快，但兩側所增平面則可抵充工時。

29 太妃一小佛龕，高約六米，匠師須搭架，或坐籃懸空工作。又知該龕寬不及一米，僅容一人工作。按當時地平線在大眼佛龕之下排中間線；參温玉成（一九八五：一一四）。

30 宮大中久在龍門工作，應知六年造一大佛龕，爲合理之估計；但他似忽略趕工，即至少需時五年的可能性。前一演算式， 5：1=3人·x年：1人·3年9月，即x爲5/3*[3*12+9]/12=6.約六年。

兵云云。茲於下文敘述壽春戰役與楊大眼獲得銜名的關係；及檢討大眼在該役班師途中，有否至龍門題銜的問題。

《南齊書》記載南朝遣將北上以期收復壽春失土一事[31]：

> 詔討豫州刺史裴叔業……。（二月）丙戌，以衛尉蕭懿爲豫州刺史，征壽春。己丑，裴叔業病死，兄子植以壽春降虜……。（三月）乙卯，遣平西將軍崔慧景率衆軍伐壽春。

其中，崔慧景因東昏侯屢殺大臣，懼禍及己，遂叛圍建康，終於敗亡[32]。侯以蕭懿、李叔獻分屯合肥，遣胡松、李居士等軍北上，終爲王肅麾下所擊潰[33]。同年四、五月間，魏之副帥王肅率大軍回返洛陽[34]。六月八日，宣武帝詔賞功臣[35]。此時精兵大隊已隨王氏返京，而留主帥元勰守壽春。元勰、元衍日夜等候援兵，深以爲憂，應無勇將隨侍。八月，宣武始遣統軍傅永率三千兵往援；傅氏夜至，勰謂曰：『北望以久，恐洛陽難復可見，不意卿能至也[36]。』

據上所述，知驍將楊大眼應隨王肅在四、五月間回京；於六月領授子爵及直閤實職。而後，『旋加輔國將軍，游擊將軍』。顯然，大眼在景明元年（五〇〇）中，自壽春回抵洛陽之前，尚未獲授直閤、輔國等銜名。而〈題記〉既然刻此銜名，又云是在或曾在『路逕石窟』途中，則書成時間應不在壽春班師途中。那麼，它應書成於較壽春戰役爲晚之某次凱旋途中，但不致於晚至宮氏主張之五〇六年（請參第一之四節）。接著，試就班師路線，獲銜大中正等問題，以推論〈題記〉成於五〇四年。

31 參《南齊書》七〈東昏侯紀〉永元二年（五〇〇）正月庚午條，以迄三月乙卯條。

32 崔慧景之事；並參《南齊書》七〈東昏侯紀〉永元二年三月乙卯條，同書五一〈崔慧景傳〉，及《通鑑》一四三〈齊東昏侯紀下〉永元二年三月乙卯至四月癸酉條。

33 並參《魏書・世宗紀》景明元年（五〇〇）四月丙申（二七日）條，及《通鑑》一四三〈齊東昏侯紀下〉永元二年四月丙申條。

34 四、五月間，指四月二七日與五月六日之間；並參《魏書》六三〈王肅傳〉，及《通鑑》一四三〈齊東昏侯紀下〉永元二年（五〇〇）四月癸酉（初四）條下、五月乙巳（初六）條之前。

35 參《魏書・世宗紀》景明元年六月丙子（八日）條。

36 參《魏書》八〈世宗紀〉景明元年八月，同書二一下〈彭城王元勰傳〉，同書七十〈傅永傳〉，《北史》四五〈傅永傳〉，張金龍（一九八九：四）。

㈢五○○年楊大眼自壽春參與班師回京之路線並不途經龍門

自上揭景明元年(五○○)四、五月間王肅班師,元勰留守壽春之憂傷,及宣武帝僅遣統軍傅永往援,而知楊大眼應隨王氏之大隊人馬賦歸。該役爲凱旋,不是急著出征,或逃亡,故自壽春回洛陽,沒有繞經龍門等豫西山地諸小山路之必要,而應沿循自古以來已有的捷便大馬路。此即洛陽--滎陽--壽春之交通大道。譚宗義《漢代國內陸路交通考》云[37]:

> 自洛陽東出,經滎陽,至彭城,亦古代黃河、長江間東西行之重要幹線,……(可接壽春、廬江一道)。

據以檢視今地圖,知壽春與滎陽之間,所經路面幾乎是黃淮大平原;又滎陽至洛陽京城,亦爲秦漢已開闢之要道,寬平而便於大軍班師。下至曹魏,自壽春班師,仍循此線。其例証載於《水經注》二二〈瀆水〉,酈氏注滎陽五池渠云:

> ……五池口。(曹)魏嘉平三年(二五一),司馬懿帥中軍討太尉王凌于壽春。自彼而還(洛陽之途中),帝使侍中韋誕勞軍于五池者也。

以上可知自壽春班師回洛陽,乃取滎陽、洛陽之大道,而無遠繞豫西諸山地之理。尤其龍門最偏西,石窟位於洛陽之南的西側山中,凡自壽春班師斷無如此迂腐之走法。(請參文末地圖:附件二,三)

㈣五○四年大眼平東荆州蠻的返京路線必經龍門石窟

上節有引温玉成之說:正始元年(五○四)正月楊大眼平定東荆州(治河南泌陽)蠻,在返京途中,必至龍門石窟,這時佛龕正在完工之際。然而,此說認定當時大眼必經龍門,卻無隻字說明,試補其理由於下。

《水經注》二九〈比水〉,酈道元注云[38]:

> 余以延昌四年,蒙除東荆州刺史。州治比陽縣故城。城南有蔡水,出南磐石山,故亦曰磐石川。西北流注于比,非泄水也。

東荆州治比陽縣故城,爲五一五年酈氏赴任之所。雖然《魏書·地形志》闕載,但如上引,則知宣武帝有此州。按孝文始設東荆[39]。楊守敬考訂比陽在今河南省泌

37 參譚宗義(一九六七:一四五)。

38 引文所述之東荆州,當時爲蠻族聚居地;參《魏書》八九〈酈道元傳〉。

39 參《魏書》七下〈高祖紀〉太和十八年(四九四)十月庚午條。

陽縣之西[40]。〈河南地形圖〉有此縣，在桐柏山北麓，北對洛陽之南的龍門，航空直線相距約二二〇公里；又檢視本文附圖，知上述形勢正確，大眼自東荆州回京，當以途經龍門之路，最爲快捷[41]。

至於上述景明元年楊大眼等魏兵自壽春回京，則無迂迴豫西山地，取伊川或龍門等小徑以班師之理。此係錢大昕等舊說的致命傷；當遠不如正始元年大眼必經龍門石窟之可信，其〈題記〉應書成於五〇〇年頃抑或五〇四年？殆可判明。

㈤大眼遙兼梁州大中正應晚於景明四年（五〇三）五月

楊大眼於其〈題記〉所署梁州大中正一銜，應非他在五〇〇年下半年始授四品游擊將軍爲其本官之時所能遙兼，試言如下。我們知道孝文帝以民望厚德之文人爲中正[42]。而宣武帝甚崇膂力強勁之寇猛，亦依品制待其升至從三品武衛將軍，以上谷望族之理由，遙兼燕州大中正，但已破壞中正本爲文官之系統[43]。按武衛高於輔國，輔國高於直閤之原階（從三品之末位）；又輔國爲今見〈題記〉之最高武階[44]。已知大眼祖籍仇池，始任直閤於五〇〇年中，則須侍從皇帝一段時間，有梁州大中正闕額可言，或遷州牧之時，始敢認爲〈題記〉有此遙兼之銜。茲考察大眼能遙兼此大中正之時機如下：

梁州有三：一治今開封，一治今南鄭，一治當時氐族仇池[45]。景明四年（五

40 參楊守敬、熊會貞《水經注疏》（古籍出版，下冊，二四七九頁）。

41 譚其驤《中國歷史地圖集》第四冊四六頁〈北魏司豫荆洛等州圖〉（四九七年）下方，有繪桐柏山於今豫、鄂兩省界南邊。又見界上之主峰北距東荆州（治今泌陽）南界約十公里，並北對洛陽方向，往來兩地，以途經豫西的交通，應最接近直線。另自譚宗義（一九六七：二一二）所附〈中南地區路線簡圖〉，知楊大眼自壽春回洛陽，根本不必繞經洛陽西南谷中的龍門石窟；反之，比較上揭東荆州位置後，則知自該州回京，當以途經龍門爲捷便。（如附件二、三）

42 至宣武帝，州無大小，必置中正，與孝文帝精選中正，於邊州或狹鄉則闕如，兩者作風不同；參宮崎市定（一九七七：三版四一六）。

43 參《魏書》九三〈寇猛傳〉。

44 並參《魏書》一一三〈官氏志〉第一、二兩部份，及楊大眼〈題記〉。

45 其一，治今河南開封；參《魏書》一〇六中〈地形志〉梁州條，及張儐生（一九八〇：一一〇）。其二，治今陝西南鄭，始置於正始二年（五〇五）；參張儐生（一九八〇：一七八）。其三，治今甘肅東南部成縣，當時爲氐族聚居之仇池鎮治，置於孝文帝；參張儐生（一九八〇：一六七、一七八）。以上第二、三兩個梁州治；參譚其驤《中國歷史地圖集》第四冊三七頁〈梁州、秦州圖〉（如附件四）。

〇三）梁州氐反，行梁州事楊椿奉詔往討[46]。同年五月大破反氐。《魏書》八〈世宗紀〉景明四年（五〇三）五月甲戌條載：

楊椿、羊祉大破反氐，斬首數千級。

又同書五八〈楊椿傳〉載：

……。後武都氐楊會反。假椿節、冠軍將軍、都督西征諸軍、行梁州刺史，與軍司羊祉討破之。於後梁州運糧，爲群氐劫奪。詔椿兼征虜將軍、持節招慰。（按武都氐在此應指梁州氐，在仇池區內。）

意即楊椿攻克該州；此自《北史》四一〈楊椿傳〉記其爲梁州刺史，可知是年中楊氏因功而眞除，亦爲魏兵佔有仇池梁州之証。但椿爲恆農郡人，又左將軍羊氏籍在太山，皆不能爲梁州大中正[47]。而楊大眼的本籍乃在仇池，與當時氐王楊集始同輩，可獲此缺[48]。前述其本官爲游擊將軍，始獲於景明元年（五〇〇）中，序在正四品上階末位，則至五〇三年中，滿三年一考，應升爲從三品末位，而接近中州刺史序位；又正始二年（五〇五）二月，仇池大亂[49]。故自五〇三年中以至五〇五年初，係大眼遙兼梁州大中正的最適當時機。

查《魏書》八〈世宗紀〉景明二年（五〇一）二月庚午條云：『宿衛之官進位一級。』如改敘爲正四品上階之中序位，則大眼本官在正始元年（五〇四）正月以從三品中序位之征虜將軍出征，就能符合該年有『階當即用』的評語[50]。按征虜武階與中州刺史同是從三品，前者略高於州牧之序位。總之，五〇四年初大

46　參《魏書》八〈世宗紀〉景明四年（五〇三）正月乙亥條下。按五〇三年初，氐王楊集始之子紹先已代行國事；參李祖桓（一九八六：一二二）。

47　征虜將軍梁州刺史楊椿、軍司左將軍羊祉等二人之籍貫；分參《魏書》五八〈楊椿傳〉，同書八九〈羊祉傳〉。

48　前述仇池設有梁州，爲楊大眼之祖籍；參《魏書》七三〈楊大眼傳〉，及大眼〈題記〉。又大眼與氐王楊集始同輩；參李祖桓（一九八六：一一九頁）所附〈仇池楊氏世系表〉。

49　滿三年一考；參宮崎市定（一九七七：三版四六一至四六二）。仇池大亂，此指北魏屬國武興國氐族於正始二年起，有反魏等亂事；並參《魏書》八〈世宗紀〉正始二年二月條、四月條等，同書一〇一〈氐傳〉，《梁書》五四〈武興國傳〉，《南史》七九〈武興國傳〉，及李祖桓（一九八六：一二六至一二八）。

50　級，泛階；參宮崎市定（一九七七：四六三）。階當即用，正始元年袁翻議律時，批評武將出征爲州牧之語；並參《魏書》八〈世宗紀〉該年十二月己卯條，及同書六九〈袁翻傳〉。自宣武帝起，從三品以上，不分大階；正四品以下，則各分上、下二階，此即大階，故知從三品等於一大階；參《魏書》一一三〈官氏志〉。

眼始夠資格遙兼梁州大中正。那麼，錢大昕之銜名論據不足以支持〈題記〉書成於景明（五〇〇至五〇三）初年之說；其餘舊說亦難以成立。

另附帶得知〈題記〉之書成，倘若晚於景明二年二月，其□□□□四個闕字就不是游擊將軍。

㈥就大眼參與戰役之武階以說明〈題記〉書成於五〇四年

自上節之第四小節，知〈題記〉若書成於正始三年（五〇六）四月頃，則嫌宮大中所論過晚；又據本節第二小節，景明元年（五〇〇）六月若是書成之時，則屬過早。那麼其間最有可能。茲據五〇〇至五〇六年大眼所參與之戰役，及其出征銜名等項，酌加按語於下，以期暫定〈題記〉書成的年代，和發現待釋之問題。

關於楊大眼在五〇〇至五〇六年武階等銜名的構想表：

1.景明元年（五〇〇）四、五月間，楊大眼隨軍自壽春班師回京。同年六月，大眼領授子爵、直閤將軍之銜名。稍後，獲得輔國將軍（加官，從三品），及游擊將軍（本官，正四品上階之末位，猶不足以任州大中正）[51]。按武億之說以及温玉成在一九八七年之主張，皆得視如錢大昕之結語[52]。

2.景明二年二月，大眼有子爵、輔國將軍、直閤將軍、及高於游擊之本官[53]。

3.景明四年（五〇三）五月，大眼有子爵、輔國、直閤、較游擊爲高之本官，及得認係始兼任梁州大中正（〈題記〉有此銜）[54]。按錢大昕云〈題記〉書成於景明（五〇〇至五〇三）初年之結語，不能採信。

4.正始元年（五〇四）正月，大眼南征東荆州蠻之時，擁有子爵、梁州大中正、征虜將軍、及東荆州刺史之銜。按本文以五〇四年爲〈題記〉書成之年，缺點在東荆州刺史一銜尚未解釋。

5.正始元年正月大眼於凱旋途中，他應以爲可題署子爵、輔國、直閤、梁州大中

51 上揭品階；參《魏書》一一三〈官氏志〉第二部份。

52 武億一說得認係五〇〇年頃；參第一之二節。至於温氏（一九八七：二〇一）與武氏相同之舊說，則不具理由。又猜佛龕完工於五〇二至五〇三年間，工期過短，不必理會。總之，温氏近說及武氏之說可歸入錢大昕之結語，即〈題記〉書成於景明初年；見本正文之下第三條按語。

53 參上節末段即本頁第三至四行。

54 參上節引據《魏書・世宗紀》景明四年五月條，及其推論結果。

正，及征虜將軍（此疑係〈題記〉□□□□之闕字軍號）[55]。按大眼回京意願已表達於〈題記〉，並已遠離東荆，可不題署刺史之銜。

6.正始三年（五〇六）四月，大眼以假平南將軍、武衛將軍等銜名出征。按『假平南將軍武衛將軍』之武階各高於今見〈題記〉銜名之官位，若書成於該年，此九字軍號須題入上揭四個闕字；既不能題入，則知宮大中的書成於五〇六年之說過晚，應惟有上條五〇四年可考慮爲〈題記〉書成之年。

以上六條之中，可望符合〈題記〉所載：大眼有輔國將軍、直閤將軍、□□□□、梁州大中正、子爵等銜名，以及最接近『南穢既澄，震旅歸闕。軍次□行，路逕石窟』和大眼一龕諸石像已雕成的狀況，當以上揭第五條即正始元年（五〇四）爲〈題記〉書成之惟一考慮。

正始元年正月，大眼尚未回京（歸原建置）時，其加官與本官同是征虜將軍。又東荆州刺史（序位低於又接近征虜）如第五條按語，他在凱旋中不必題此彈丸蠻區之地方官名；但似乎忽視州牧與征虜軍號爲同一組地方長官之銜名[56]。以致誤題軍號，而後塗拭，以免罹禍[57]。按軍人重視武階；大眼之武藝高強，自負能速破東荆州蠻，必然以爲有征虜之武階水準，而題此從未達到的高階軍號，以勒石『記功』，告慰孝文先帝，如此解釋，應不離譜。

總之，〈題記〉之□□□□四個闕字軍號，不是游擊將軍，而應係大眼私署的征虜將軍。此爲上揭『構想表』能符合前文推論，以暫定五〇四年爲〈題記〉書成年代，所衍生的解釋性之問題。

---

55 蔡哲茂藏楊大眼〈題記〉拓本，於其題銜□□□□的末字有『軍』字跡，可證後人認爲此銜爲一軍號，而稍補字跡於此近拓本上。

56 征虜將軍的武階序位，高於文官系統之中等州牧。兼此二銜爲地方長官之例；參《魏書》十六〈元世遵傳〉、〈元天琚傳〉、〈元鑒傳〉、〈元繼傳〉，及同書三七〈司馬仲明傳〉，七一〈裴植傳〉，七三〈奚康生傳〉等。因知大眼武階征虜（位高於輔國將軍）如果題於〈題記〉，顯然犯法。他既然回京，必捨征虜、州牧二銜，始能回歸原建置之宿衛官職。

57 同年即正始元年年底，宣武帝至龍門；參《魏書》八〈世宗紀〉同年十二月己亥條。又當時龍門惟石窟（古陽洞）有少數佛龕，至如賓陽洞正在開鑿中，故大眼之佛龕位置顯著，其碑高不超過二米二，如有犯規之字，極易發現；參宮大中（一九八一：三四、八六、八七），塚本善隆（一九四四：三七一、三八五、四五八），及本文註22、29等。

㈦附說〈題記〉結尾「武」字之下應有「都」字

楊大眼、魏靈藏二人於古陽洞各有其〈題記〉，因兩件的書風相同，用詞及格調又相似，故兩件同出一人之手[58]。那麼，既然魏氏碑文結尾署有：『陸渾縣功曹魏靈藏』，則大眼一件之結尾應有相似的格式。由於輔國將軍等銜已見於文中，故其〈題記〉結尾之字須擇能表示他有顯赫家世的身份。鑑於《魏書》七三〈楊大眼傳〉云大眼是：『武都氐（王楊）難當之孫也』，試設結尾至少有『武都楊大眼』等字。尤以武都與上揭陸渾都可當地名，但前者與大眼的榮譽相關，意義非凡。玆觀察武都一詞的歷史意義如下。

據《魏書》一〇一〈氐傳〉、《仇池國志》等資料，知東漢有楊姓氐人聚居於仇池山。至劉宋，武帝冊封楊盛爲武都王[59]。此取其地本隸漢武都郡而名。盛之子玄繼位，文帝仍封其爲武都王。待玄傳子保宗不久，玄弟難當簒位，文帝封難當爲武都王（四三〇）。故知楊難當之孫（大眼）倘以武都題款於〈題記〉結尾，可表達造像主有顯赫之家世，上揭假設應合情合理。

然而，楊難當通款北魏，南攻蜀地，終爲南兵所敗，失國而寄寓於魏都。至於楊玄後裔猶在仇池，傳至文德，南朝仍封其爲武都王。惜仇池夾在南北朝兩大強權之間，每淪爲一方之屬國。及楊文度自立爲武興王，劉宋依舊冊封武都王，乃不滿北魏僅授以武興鎭將，叛而失國。大亂之中，群氐擁立楊集始（大眼之堂兄），蒙梁武帝冊封爲武都王；但不敵氐帥楊靈珍，遂南奔（四九七）。不久，宣武帝即位，招撫集始，使其歸守武興。景明四年（五〇三）八月，集始死，子紹先繼位，冊封爲武興王、征虜將軍；但梁武帝搶在紹先未繼位時，遣使冊封其爲武都王、北秦州刺史。就在南北爭相冊封氐王，一稱武都，一稱武興的敏感之際，當有涉及氐人楊大眼題字時的禁忌。

明乎以上的歷史觀察，揆之〈題記〉結尾武字以下兩三字多塗拭均勻（乾隆本），及正始元年（五〇四）十二月宣武帝駕臨龍門之前[同57]，上述禁忌的武都之都字以下數個字應被人塗拭，以免獲罪。如此解釋，尚祈方家有以教之。

---

58 參杉村邦彥〈龍門私記〉，《書論》一九七六年春季第八號。

59 參《宋書》九八〈氐傳〉。

三、結語及附說

(一)結　語

自上節第六小節的構想表，得暫定〈題記〉書成於正始元年(五〇四)。這點還須分別觀察諸小節之要言，以推定五〇四年比前人之說爲可信於下。

1.錢大昕據楊大眼〈題記〉所載：『輔國將軍、直閣將軍、□□□□、梁州大中正、安戎縣開國子』，而云〈題記〉書成於『景明初』。然而，大眼能獲有大中正一銜的機會，是在景明四年(五〇三)五月至正始二年(五〇五)之間；而以五〇四年初，爲大眼最有可能始獲遙兼梁州大中正之時機。這些年代都不在景明初年(五〇〇或五〇一)，錢氏之說因而不可採信。另外，武億著重壽春之役，等於主以五〇〇年爲書成之說，亦難採信。至於五〇六年書成的宮大中之說，則因高階軍號過多，絕難符合〈題記〉。

2.楊大眼佛龕之雕造工期，至少需時五年。倘若自五〇四年初，往前推至孝文帝在世之四九九年始動工，符合造像之標題，應可信徵。至於水野、中田等學者並無任何估算，而猜測工期頂多三年。顯然，都忽視高太妃訂造之小佛龕，需工期三年九個月的事實，故知舊說、及類似之新說皆不可信。

3.景明元年(五〇〇)壽春班師途中，大眼尚未獲得〈題記〉中他所署之銜名，又絕無途經龍門；及下次出征(五〇四)，可斷必至石窟寺。試問他在五〇〇年回返洛陽時，如何能寫：『南穢既澄，震旅歸闕……，路逕石窟』之語？另因此語能符合正始元年(五〇四)正月的狀況。也就是該年大眼平東荆州蠻(南穢)，旋即返京，必經龍門石窟，能符合上揭記載。那麼，與其採信〈題記〉書成於景明年間(五〇〇至五〇三)，倒不如採信五〇四年爲妥。

4.附言：今見〈題記〉銜名部份，有□□□□的闕字軍號，它絕非『游擊將軍』，而應即『征虜將軍』。又其結尾的武字，原刻應有『武都楊大眼』等字。

(二)附說之一：本文有助於一些佛教文物之研究

〈始平公〉、〈孫秋生〉、〈楊大眼〉、及〈魏靈藏〉等四件題記之書法風格，雄渾峻拔，首推爲龍門四品，係北碑書法之奇葩。惜後二件無繫年月，而本文已知大眼〈題記〉的書成年代，則藉比較佛教題記文學，必知前件與後兩件有一脈傳承之關係；又知碑座相鄰的佛龕工期等課題，可望逐漸釐清。

據比丘慧成爲亡父始平公造佛像之〈題記〉，知他始『爲國造石窟寺』；又知該佛龕完工於太和二二年（四九八），較魏靈藏、楊大眼爲早。此三龕同在洞內北壁今第三層，自洞口算起，依次爲第一、二、三龕並各題記。在比較三件題記時，知其文詞格調同有『夫靈……是以……暨……遂……。』此爲一脈傳承的抄襲之証，或云源於寺內長年抄經的習慣。但同中有異，比如首件的『暨于大代』，在後二件則改變爲『爰暨下代』。又如『茲功厥作』，在第二件則變爲『茲容厥作』等蛻變之跡，屬於題記文學的比較研究。而後兩件同爲一人所寫[60]。其第二件字小又工整；至於第三件即大眼〈題記〉則字少，發揮疾書之優點，顯現方筆書法裡少見的灑脫不絕之勢。但勿以第三件晚於第二件；又宮大中（一九八一：二一六、二二四）認爲兩件皆成於正始三年（五〇六），誤[61]。檢視一、三兩件，各有弗、葉、及茲功厥作的功字，而第二件則不再抄襲，改『功』字爲容字。準此，第三件（書成於五〇四）似較第二件魏氏的爲早。又魏氏佛龕之縱深爲第三件之楊大眼佛龕的兩倍，故完工之年較晚。至於此二佛龕外的雕刻形制差異甚大，倘蒙專家鑑定，則龍門四品之書成年代、相關佛龕的工期、及其雕刻藝術品之承襲關係，可望日見明朗。

㈢附說之二：本文有助於討論北魏「直閤將軍」官職之變革

直閤將軍之官品，原階爲從三品下，此見於《魏書》一一三〈官氏志〉官品表第一部分；但在第二部分，則付闕如。按此軍號自五〇〇年楊大眼實授直閤，旋加官輔國，並敘本官爲游擊，可證直閤正在改變爲宿衛之專職；其軍號已不表示官品位階。據此以揆之下述，則知宣武帝在景明元年始實行太和後令之官制。

以上所謂原階，指官品表第一部分，乃頒佈於孝文帝太和十七年（四九三）

60 並參宮大中《龍門石窟藝術》第二二四頁；平野顯照〈龍門造像記敘錄〉，一九七六《書論》春季第八號。

61 本文推定楊大眼〈題記〉書成於正始元年（五〇四），與上揭宮大中之主張不同。宮氏之說誤在五〇六年大眼之銜名皆高於輔國將軍；至少『假平南將軍武衛將軍……刺史』不能書入〈題記〉銜名之今見□□□□闕字中。

之官制，稱爲太和前令；分文武百官爲九品，各正、從之品中，細分爲上中下三階，計有五四階。宮崎市定教授評其官名蕪雜，制作草率[62]。實行太和前令官制之直閤，其軍號即表示品階。太和十九年奚康生擊破南兵，孝文帝在前線即授以直閤將軍武階，但似無直閤宮中。而後薛聰於太和晚年，以高官兼從三品之直閤軍號，直接率領禁衛兵士，侍從孝文，爲皇帝之心腹。及宣武改直閤爲禁中專職，捨文人而重用武術高強的楊大眼等。其目的在於預防外朝權臣發動政變，則選直閤之對象就不限於從三品之武官；比如楊津爲多位直閤將軍之一，其官階是正五品下的長水校尉，因侍從有勞，使咸陽王之直閤逆黨不得逞，遷官仍帶直閤要職[63]。此爲宣武施行太和後令官制時，值得研究的宿衛將士制度。

上揭〈官氏志〉官品表第二部分，係孝文仿自南朝官制；著王肅修訂，而於太和二三年（四九九）完成此新訂官制之工作，稱爲太和後令[64]。因孝文病逝，宣武遂頒行，稱爲永制。此制官品有正、從各九品，但在正四品以下，各分爲上下二階，凡三十階，較前令爲簡明[65]。因此，自宣武景明元年起，直閤將軍與直齋、直寢等宿衛之職稱各名實相符。祇是皇帝出遊近郊，亦須侍從，如此辛勞，卻『非品令所載』，十餘年後，靈太后始准許比同州郡中正之待遇[66]。此與低階將士之抗議，或有關係。

〔附記〕一九八八年佐伯富教授示以〈楊大眼題記〉拓本，啟迪我撰擬本文之念。其間承谷川道雄主任教授等鴻儒之鼓勵、提供資料及研究環境，又蒙本所編委會審查人質問，及同仁提供意見，獲益甚多。李榮村在此謹向以上學者致敬。

（本文於一九九二年五月七日通過刊登）

62　參宮崎市定（一九七七：三九一）。

63　薛聰，參《魏書》四二〈薛聰傳〉，及《北史》三六〈薛聰傳〉。楊津，參《魏書》五八〈楊津傳〉。

64　並參《魏書》六三〈王肅傳〉，《通鑑》一四三〈齊東昏侯紀〉永元二年（五〇〇）十二月條下，及宮崎市定（一九七七：三九六）。

65　並參《魏書》一一三〈官氏志〉，及宮崎市定（一九七七：三九一至三九六）。

66　參《魏書》一一一〈刑罰志〉。

參考書目

《八瓊室金石補正》，陸增祥，（石刻史料新編），新文豐公司，台北市。

《九品官人法の研究》，宮崎市定，同朋舍，京都，一九七七。按首版刊於一九五六年。

《支那佛教史研究》，塚本善隆，弘文堂書房，東京，一九四四。

《中州金石記》，畢沅，（石刻史料叢書），藝文印書館，台北市。

《中原文物》，一九八五年特刊，即《魏晉南北朝佛教史及佛教藝術討論會論文選集》，中原文物編輯部出版，鄭州市。

《中國石窟・龍門石窟》，平凡社，東京，一九八七（下稱平凡社，一九八七）。

《中國歷史地圖》，程光裕、徐聖謨，文化大學，台北市，一九八〇。

《中國歷史地圖集》，譚其驤，地圖出版社，上海市，一九八二。按初版在一九七五。

《中華民國地圖集》，張其昀，國防研究院，台北市，一九六二。

《水經注》，桑欽撰，酈道元註，（四部叢刊初編）。

《水經注疏》，楊守敬、熊會貞合撰，江蘇省古籍出版社，江都，一九八九。

《水經注圖》，楊守敬，文海出版社，台北市。

《仇池國志》，李祖桓，書目文獻出版社，北京，一九八六。

《平津讀碑記》，洪頤煊，（石刻史料叢書），藝文，台北市。

《北史》，李延壽，（二十五史），開明書店。

《北魏龍門二十品》，（書跡名品叢刊），二玄社，東京，一九八六。本文所參考之題記，爲該書第三三版，簡稱（二玄社，一九八六）。

《宋書》，沈約，（二十五史）。

《金石三跋》，武億，（石刻史料新編）。按又稱《授堂金石跋》。

《金石萃編》，王昶，（石刻史料叢書）。

《南齊書》，蕭子顯，（二十五史）。
《書道全集》，平凡社編，東京，一九八六。
《書論》，書論研究會編，京都。此書名爲一九七六年春季第八號《龍門五十品・特集》之簡稱。
《唐代の社邑に就きて》，那波利貞，創文社，東京，一九七四。
《梁書》，姚思廉，（二十五史）。
《雲岡と龍門》，長廣敏雄，中央公論美術社，東京，一九七三。
《漢代國內陸路交通考》，譚宗義，新亞研究所，香港，一九六七。
《漢魏南北朝墓誌集釋》，趙萬里，鼎文書局影印原刊本，台北市。
《潛研堂金石文跋尾》，錢大昕，（石刻史料叢書）。
《龍門二十品》，（歷代碑帖法書選），文物出版社，北京，一九八三。
《龍門石窟の研究》，水野清一、長廣敏雄，同朋舍，京都，一九八〇（初版爲一九四一）。
《龍門石窟》，龍門文物保管所，文物出版社，北京，一九八〇。
《龍門石窟藝術》，宮大中，新華書店，上海市，一九八一。
《龍門造像題記》，中田勇次郎，中央公論社，東京，一九七四。
《魏書地形志校釋》，張儐生，德育書局，台北市，一九八〇。
元詳〈北海王元詳造像記〉，《北魏龍門二十品》，二玄社，上冊，一九八六。
平野顯照〈龍門造像記敘錄〉，《書論》，京都，一九七六。
李文生〈龍門石窟北朝主要洞窟總敘〉，《中國石窟》第一本，平凡社，一九八七。
杉村邦彥〈龍門私記〉，《書論》，京都，一九七六。
孫秋生〈孫秋生劉起祖二百人造像記〉，（二玄社，下冊，一九八六）。
張金龍〈孝文帝的顧命大臣和宣武帝初年北魏政局〉，一九八九第三期《蘭州大學學報》，蘭州市。
宮大中〈龍門石窟藝術試探〉，一九八〇第一期《文物》，北京。
宿白〈洛陽地方における北朝期石窟の初步的考察〉，（平凡社，一九八七）。
溫玉成〈龍門古陽洞研究〉，一九八五《中原文物》特刊。

温玉成〈龍門北朝期小龕の類型と分期および北朝期石窟の編年〉，（平凡社，一九八七）。

楊大眼〈楊大眼爲孝文　皇帝造像記〉，在本文則簡稱爲〈題記〉。見《歷代碑帖法書選・龍門二十品》（乾隆拓本），文物出版社，北京，一九八三。按其中之放大，並分頁者，係晚於乾隆之拓本。此外，蔡哲茂藏之近拓本，（二玄社）等本，亦有參考。

慧成〈比丘慧成爲洛州刺史始平公造象記〉，（二玄社，上冊，一九八六）。

魏靈藏、薛法紹〈魏靈藏薛法紹造像記〉，（二玄社，上冊，一九八六）。

附件一：乾隆拓本（註1）

楊大眼爲孝文皇帝造像題記

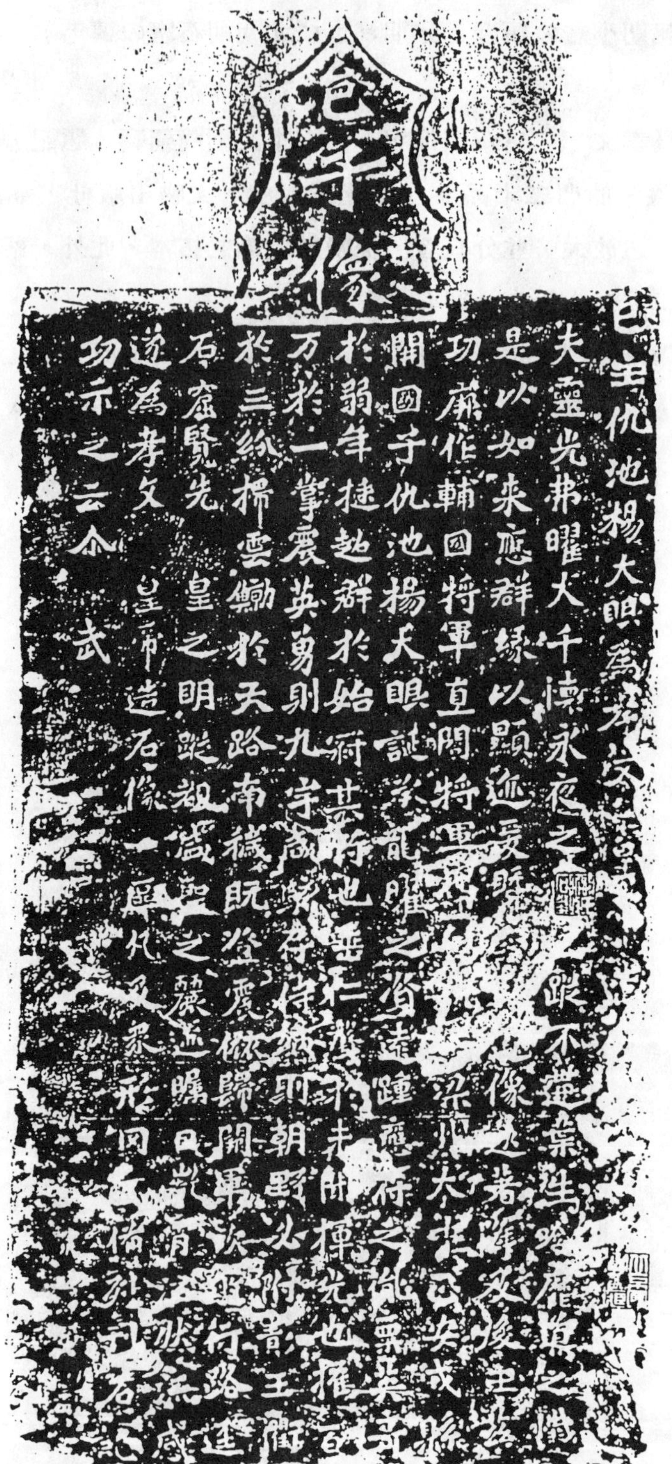

楊大眼爲孝文皇帝造象記

附件一之二（註1，二玄社）

楊大眼為孝文皇帝造像記
邑子像。邑主・仇池・楊大眼。
為孝文皇帝造像記。
夫靈光弗曜。大・千懷永夜之
□。□蹤不遺。葉生含靡導之
餓。是以如來。應群緣以顯迹。
爰暨□□。□像遂著。降及後
王。玆功厥作。輔國將軍・直閤
將軍・□□□□・梁州大中正・
安戎縣開國子・仇池・楊大眼。
誕承龍曜之資。遠蹟應符之
胤。稟英奇於弱年。挺超群於
始冠。其□也。垂仁聲於未聞。
揮光也。摧百万於一掌。震英
勇。則九宇咸駭。存侍納。則朝
野必附。静王衢於三紛。掃雲
鯨於天路。南穢既澄。震旅歸
閼。軍次□行。路逕石窟。覽先
皇之明蹤。覩盛聖之麗迹。矚
目□罔。泫然流感。遂為孝文
皇帝。造石像一區。凡及衆形。
罔不備列。刊名記功。示之云
爾。　武。

附件二：〈北魏司豫荊洛等州圖〉（註41）

北朝　魏　　司、豫、荊、洛等州示意圖

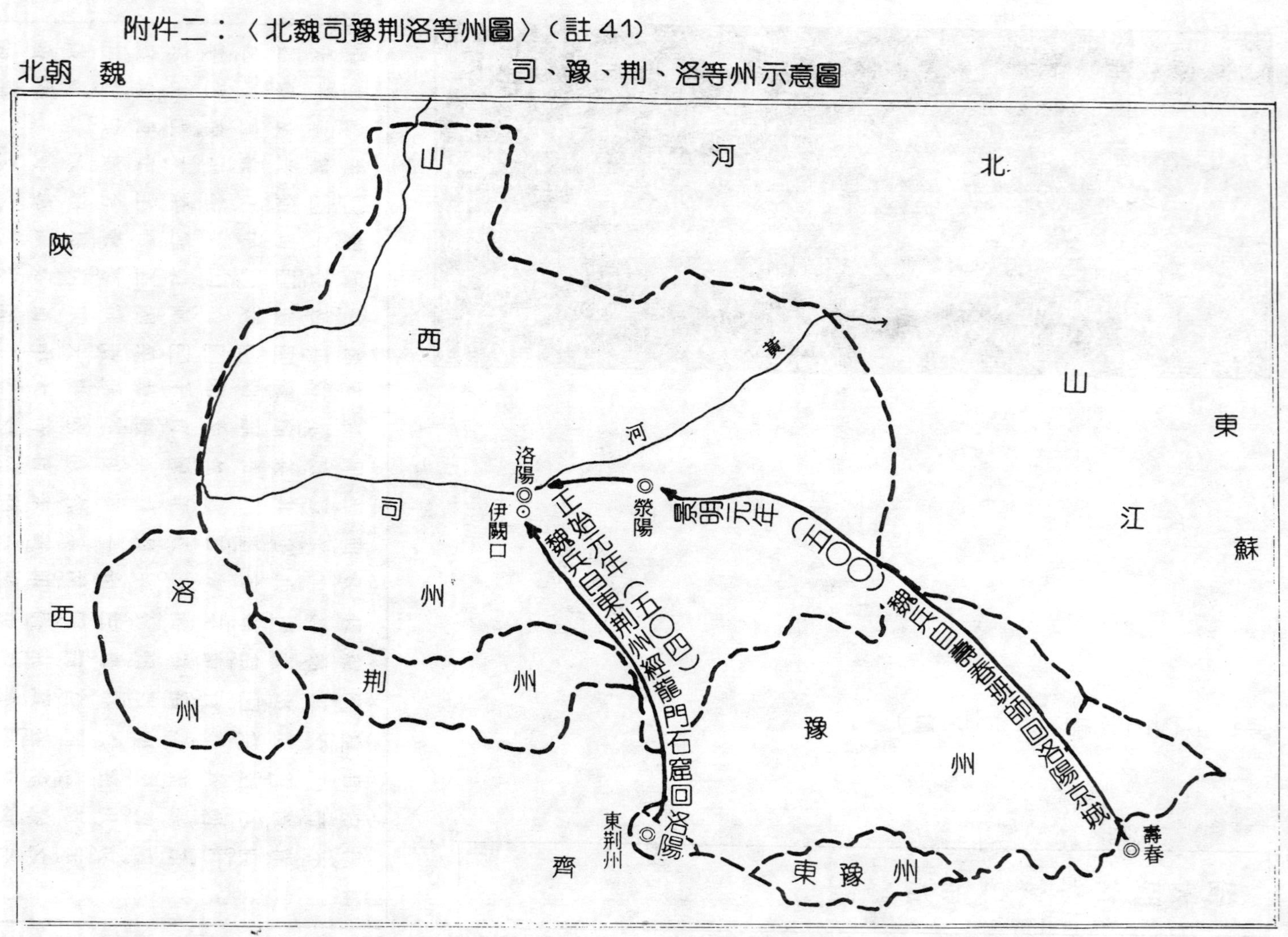

附件三：（註41）

譚宗義：〈中南地區路線簡圖〉

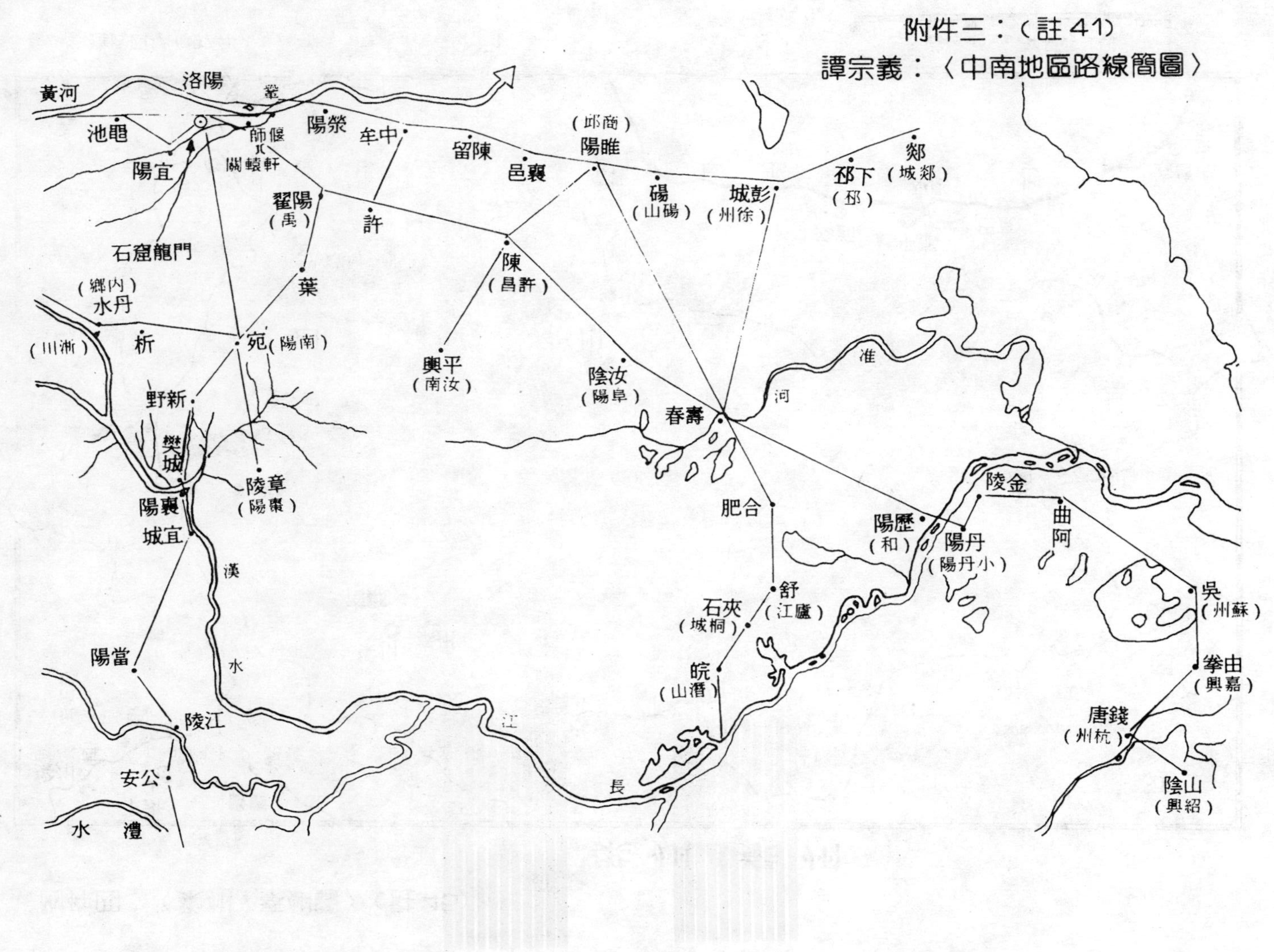

附件四：〈梁州、秦州圖〉(註45)

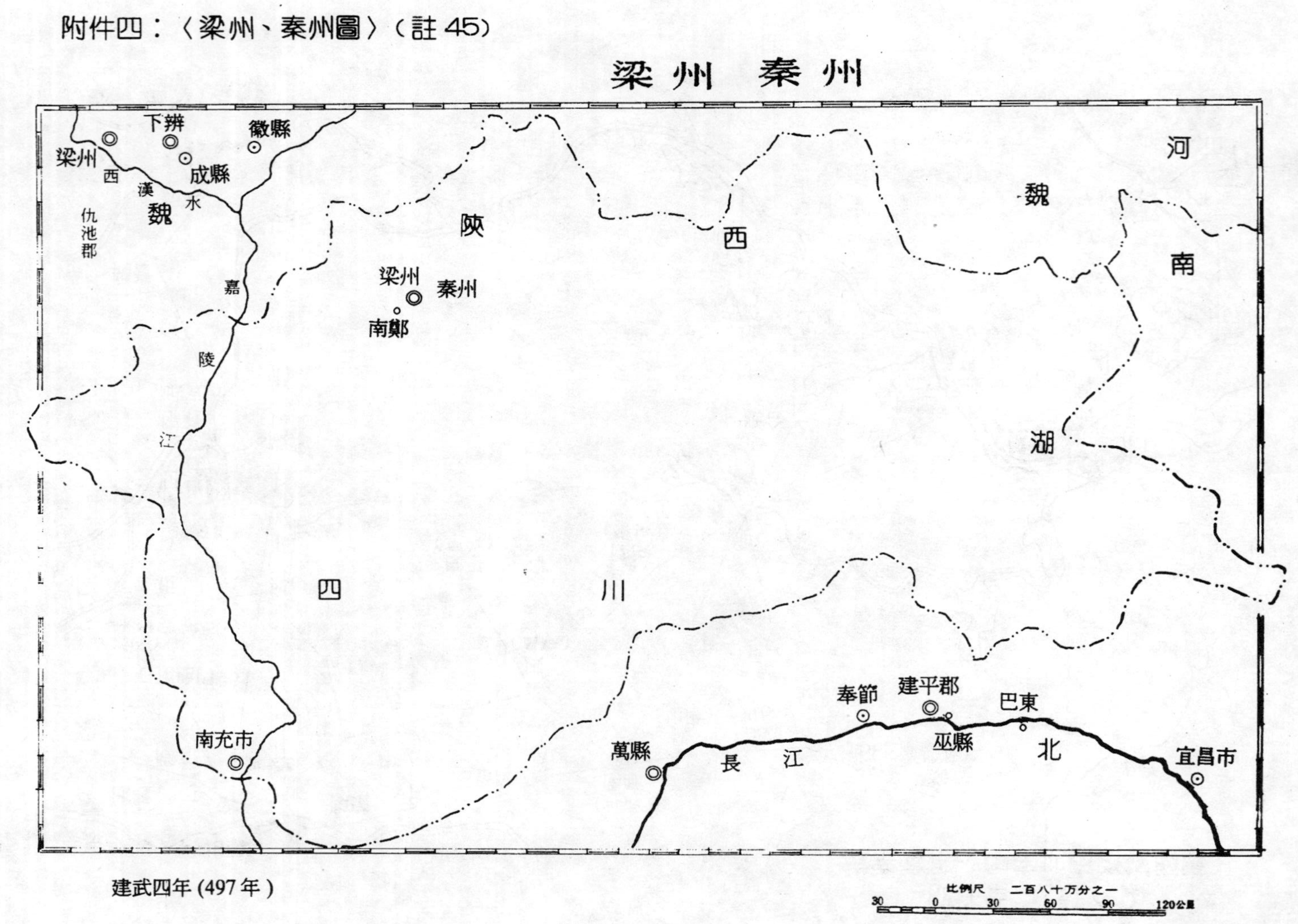

出自第六十三册第三分(一九九三年十二月)

唐代彭城劉氏宗族團體之研究

盧 建 榮

魏晉南北朝時期華北政治秩序不穩定，加上國家勢弱，社會組織的宗族團體其活動趨於活絡。在這種背景之下，淮北政治、軍事重鎮的彭城附近，住有一家大士族，即彭城劉氏；他們的宗族團體在生活上展現出聚族集居的強宗大族姿態，在政治事業上發展出與國家的關係是既抗衡又聯結。他們的精英份子或在朝爲官或支配鄉里。

隋唐一統帝國先後出現後，劉氏此一宗族團體步上趨於崩解一途。先就宗族動態方面而言，以主支兩系加以考察發現，對中央政治的關注遠過於對家鄉事務的熱心，家族利益導向的格局逐漸取代宗族利益導向的格局。此其間，六八九年一個偶發的政治迫害事件一則使得彭城劉氏政治新貴的生命爲之夭折，二則加速減弱彭城作爲宗族精神支柱的份量。到了唐代後期，精英份子中不論主支一些高級文官或是旁支一些猶在奮門中的中下官僚，全憑一己才能干祿，不是不足照拂子弟、就是無法獲得宗親奧援。旁支中另有些人以進入衛軍或宦官團體而攀附皇權，他們重視的是皇家利益而非宗族利益。主支高級文官和皇帝私人勢力成員有結合的可能，而且實際上已進入試探性接觸，卻功敗垂成。

次就宗族團體結構考察，整體而言，居住地理條件的改變，影響到宗族範圍的一縮再縮。宗族內部階層化的結果導致分化的加劇。分化的過程是在入唐以後先發展成「再從同居」一個四代同堂的自然家庭形式，到了盛唐時期則演變成兄弟異居、以及互不通財的地步。

一、緒　論

關於中國宗族問題，宋朝以下遺留的史料較爲豐富，加上研究者衆，學術上呈現一片欣欣向榮的氣象。相形之下，中古宗族問題則少人問津，至今猶有許多疑問有待解決。在少數研究中古宗族問題的前輩學者中，以余遜、賀昌群、及龐聖偉三位先生的研究最先注意。賀氏在未進行實證研究之前即籠統指出宗族集團存在的四個條件，如下：「（一）宗族的家長豪強表面上以土地爲共同體，實際則是家長豪強壟斷一個宗族，所以聚族而居乃共同物質基礎；（二）雖不限於部落形式，聚居一處，但必須有緊密團結的呼應關係……（三）有一個共同的祖先祭祀，作爲對宗族成員的精神感召。……（四）要具有經濟的調劑措施，以掩蓋宗族內部的貧富對立和階級矛盾。」[1]。上引理念雖可作學術之提示與參考，但需要更多的個案研究進行驗證，否則流於空談。余氏研究的內容是北魏時期華北的宗族現象，龐氏則著眼於三國時代的宗族。余龐兩人均強調宗族力量抬頭乃源於安全因素，蓋當時社會秩序解體非群聚無以自保[2]。龐氏更指出魏、吳、（蜀）漢三個政權的創建，宗族之功不可沒。他的意思是說，各個政權都吸聚一些宗族作爲其政權支柱。因此，綜合余龐兩人的研究，我們可以導出這樣的看法：宗族活力充沛似乎與族類尋求自保或是追求富貴有關。那麼，反過來，宗族活力的衰竭又是怎麼一回事呢？本文則在唐代找例子用以觀察宗族的衰微。由於資料的關係，本文研究目標屬唐代上層階級的宗族問題。

中古雖然是士族興盛時代[3]，但若以每個士族而論，即使是興旺的士族會因種種因素而導致自然分化，分房分支越來越受重視。士族房支化的結果，有的房支興旺，有的則衰微。譬如，河東薛氏在唐代有北祖房薛氏、南祖房薛氏、以及西祖房薛氏等三個房支[4]；其中，南祖房和西祖房屬於興旺的定著房[5]，北祖房則爲趨於衰微的一房。南祖房或西祖房薛氏成員若只出示郡望「河東薛氏」，而不出示該郡望下所屬房支，尚不足以表露其高門之中的著房地位。

在毛漢光教授的著作中，指出士族地位有興衰現象，各個士族內部分房分支亦呈現不均衡發展[6]。士族內部分化後的結果，即使同屬一個郡望，有的著支興

1 見賀昌群“評唐長孺《魏晉南北朝史論叢》”，《歷史研究》（1956年11期），頁92。

2 分見余遜“讀魏書李沖傳論宗主制”，《中央研究院歷史語言所集刊》二十本下，龐聖偉“論三國時代之大族”《新亞學報》六卷，1964。

3 學界都同意中古是士族興盛的時代，這類作品極多，我們認爲毛漢光《兩晉南北朝士族政治之研究》（台北，中國學術著作獎助委員會，1966），和蘇紹興《兩晉南朝的士族》（台北，聯經，1987）兩書較爲全面，讀者可以參考。

4 見《新唐書》卷七十三下〈宰相世系表〉三下，河東薛氏條，頁3044。

5 《新唐書》卷七十三下〈宰相世系表〉三下，河東薛氏之末載，薛氏定著二房：一曰南祖，二曰西祖。作者按：定著房爲〈宰相世系表〉之名詞，皆指興旺之房，薛氏北祖房不與焉。

6 毛氏這方面見解主要集中於“中國中古社會史略論稿”（1976）和“唐代大士族的進士

盛，有的房支衰微。所以，他呼籲學界，要作「深植至房支階層」[7]的研究，才能明瞭當時政治社會的眞正現象。

本文除注意房支階層外，其重點更在士族之宗族團體分析，本文的對象是帶有彭城劉氏郡望的宗族。彭城劉氏在唐代以前分化成七個房支；其中只有一個房支仍滯留故鄉彭城叢亭里，即彭城劉氏之彭城房，本文即以這個房支宗族活動、遷徙、營生、官宦等作爲研究對象。其餘六個房支分別在尉氏、臨淮、南陽、廣平、丹陽、以及曹州南華等處落地生根、茁壯，這六個房支從此以它們新地爲房號，不在本文研究範圍之內[8]。

毛氏曾將彭城劉氏彭城房歸類成中古最貴盛的十姓十三家之一[9]。就地理位置而言，彭城劉氏亦屬山東士族之一[10]；然而，就族望而言，彭城劉氏略遜於太原王氏、博陵崔氏、范陽盧氏、趙郡李氏、清河崔氏、滎陽鄭氏[11]。

本文主要研究這個房支士族的宗族問題。我們要解決以下兩個問題：其一，在隋唐政權統一、及中央集權的過程中，這個房支士族的宗族團體與此情勢之對應關係，以及此對應關係之演化跡象爲何？其二，這一房支的宗族內部結構有何重大轉變？

第一個問題涉及遷徙，我們發現這一房支的雙家型態[12]在形式上沒有改變，但在內涵上則有不同。原來這一房支多數家庭成員將城鄉雙家型態改變成兩京雙家型態。這是雙家型態的變型。中古時代士族遷徙的現象，牽涉到祖墳的維持與

第”（1978）兩文內，現兩文收錄在毛氏所著《中國中古社會史論》（台北，聯經，1988）一書中，分見頁3～103，頁339～363。

7　見毛漢光“中古山東大族著房之研究”，《中央研究院歷史語言所集刊》第五十四本第三分，1983，頁58。

8　見《新唐書》卷七十一上〈宰相世系表〉上，頁2253～2273。

9　參見毛漢光“從士族籍貫遷移看唐代士族之中央化”，《中央研究院歷史語言所集刊》五十二本第三分，頁472～475。

10　此處山東乃中古時期之名詞，其定義未甚確定，時人大都用以相對於關中而言。

11　《新唐書》卷一九九〈儒學中・柳沖傳〉，柳芳言：「山東則爲『郡姓』，王、崔、盧、李、鄭爲大。」

12　見Eberhard Wolfram，《Conquers & Rulers：Social Forces in Medieval China》，頁44～45，1965修訂版。雙家型態意指中古世族購置兩幢屋宇，一設在故鄉原籍，另一設在仕宦所在地的首都裡面。

否，而祖墳的維持與否又攸關宗族的聚散離合。陳寅恪先生指出士族祖墳舊宅及田產有連帶關係，非萬不得已不輕易捨棄墳宅和田產[13]。此外，祖墳所在地往往是宗族團體進行家族祖先崇拜儀式集會的適當場所。基此，士族去祖墳而徙葬他鄉的行爲其本身意味著，宗族團體經濟基礎之轉移，及祖先崇拜儀式集會地之更動。爲回答第一個問題，我們將彭城劉氏彭城房分成主支、旁支、以及獨門散戶等三類；本文第三章重點在研究主支和旁支，第四章則觀察獨門散戶。第五章則探討這一房支內部結構之轉變，即解答本文第二個問題。

在研究取向上，本文關注的是宗族的群體行動，諸如宗族居處的選擇、營生方式、以及其他足以激起宗族團體意識的活動。誠如陳其南所言，宗族團體從事活動的前提是聚居[14]，聚居與否是本文首要考查指標。聚居之外，本文還注意財物的處分、道義上的接濟、修譜和合譜、以及權厝和歸葬的喪葬行爲等等。基此，本文更特別重視個別的或集體的行動背後其意義之分析。

在材料方面，本文利用正史、文集之典籍外，復利用石刻史料，其中墓誌拓片，對本文幫助甚大。彭城劉氏彭城祖墳的墓誌可望幫助我們瞭解彭城劉氏在地方上的作爲，可惜迄未見出土，是個缺失。幸好本文研究重點不在劉氏居處彭城的作爲，而在劉氏居處兩京的活動，因此，這個缺失也就避開了。目前我們現有的墓誌資料，都是彭城劉氏遷出彭城後、分散中國各處的墓誌拓片。再者，經濟生活資料極少，也不無遺憾。復次，本文在材料選定上，彭城劉氏這個房支以外其他六個房支不在搜羅之列。我們找尋的是，墓誌載明墓主是彭城劉氏的資料。

此處有關僞冒的問題，尚須贅言一二。唐人劉知幾《史通》的〈邑里篇〉和宋人宋祁《新唐書》的〈高儉傳贊〉都提到唐代姓劉的人不無僞冒彭城劉氏郡望情事。宋祁特別指出僞冒之風起於唐中葉[15]，劉知幾正好是唐中葉時的人，他的意見出現此時不爲無因。我們認爲僞冒有僞冒的場合或條件。至少唐代活著的人基於某種理由需要僞冒才僞冒。若人已去世，大都回歸原郡望。例如宰相李德裕妻劉氏爲臨淮人，臨淮房劉氏是當時高門；按說德裕大有餘地將亡妻僞託成高

13 陳寅恪“論李栖筠自趙徙衛事”，收入氏著《金明館叢編稿二編》，頁1～7。

14 見陳其南《家族與社會》（台北，聯經，1990）頁251。

15 見《新唐書》卷九五〈高儉傳贊〉，頁3843云：「至中葉，風教又薄，譜錄都廢，公靡常產之拘，士亡舊德之傳，言李悉出隴西，言劉悉出彭城……」。

門，但觀其墓誌明寫的是「不知其氏族所興。」[16]是則人活著才有偽冒高門的需要，但人死之後沒有必要攀附高門以自抬身價。墓誌儘管不乏諛墓之辭，但對於墓主出身和官歷大都無需偽造。墓誌銘及誌葬合石全都是放置在棺材之四周，封在墓內。墓誌的寫作爲的是死者對後世、而非對當時的交待，它是被埋在地底下的，沒有造僞以誇耀活人的必要。最後，歐陽修《新唐書·宰相世系表》所收的彭城劉氏房支成員由於體例關係，只限於有宰相的那三個家系。我們相信這並不意涵其他沒有產生過宰相的家系不是這個房支的成員。因此，由劉氏該房支分家出去的一些旁系不論興衰都是本文關注對象。

縱令如上分析，本文運用資料仍採客觀謹嚴態度，以資料之眞實程度作爲可信的程度。在史籍或墓誌中記載的彭城劉氏，如果在《新唐書·宰相世系表》卷七十一上彭城劉氏房可查獲者，列爲最可靠的資料，因爲這兩者重疊，絕非巧合，已是歷史事實。〈宰相世系表〉中的彭城劉氏不但可信，而且是「著房」，這些可信之著房乃是本文論述的最重要資料，也是本文章節中的骨架。至於史籍或墓誌中記載的彭城劉氏，不見於〈宰相世系表〉者，在本文正文中稱之爲「旁支」，其可信度略遜於「著房」，在本文內容中亦屬輔助、或補充部份。「旁支」部份不可或缺，因爲本文討論的重點不是士族之血緣，而是彭城劉氏之宗族問題。點點滴滴的「旁支」彭城劉氏資料，可襯托出整個彭城劉氏之實況。又「旁支」中晚唐三支彭城劉氏「宦官」，影響晚唐百年政局，史家從另一角度已有論及，本文亦需從宗族角度作進一步探討。

二、家族重心在彭城的劉氏

彭城劉氏宗族團體於入唐以後發生結構性變化，欲明瞭這個變化，我們必須探究唐以前彭城劉氏的宗族面貌。我們且從北魏末年追溯起。從六世紀初至六世紀末，我們發現劉氏家族成員中有三位人物，因善於利用宗族力量，遂從地方性人物一躍而爲全國聞名的風雲人物。第一位是劉褘之〔按：史書或作劉偉，或劉

16 見〈李夫人劉氏塔誌〉北京圖書館拓片誌第3130號。

禕〕屬彭城劉氏著房，見《新唐書・宰相世系表》，於《北齊書》有傳；傳文雖短，但史料價值頗高，徵引如下：

> 父世明，魏兗州刺史，禕……好學，善三禮，吉凶儀制，尤所留心。魏孝昌中（五二六），釋巾太常博士。累遷睢州刺史，邊人服其威信，甚得疆埸之和。世宗（按：即高歡子高澄。）輔政，降書褒奬，云：「以卿家世忠純，奕代冠冕。賢弟賢子，並與吾共事，懷抱相託，亦自依然。宜勖心力，以副所委，莫慮不富貴。」秩滿，逕歸鄉里侍父疾，竟不入朝。父喪，沈頓累年，非杖不起，世宗致辟，禕稱疾不動。五子璿、玘（按兩《唐書》作「珉」，本文採統一標準，以下全用珉字。）、璞、瑗、瓚，並有志節，爲世所稱[17]。

據上引文知，在北魏政權過渡北齊政權之際，一位士族子弟如何從國家官僚往地方豪強轉化。在北魏政權尚未崩解前，禕之一如其父做一位仰食於國家的官僚；任太常博士之職時，禕之應在首都洛陽服公職。東魏時，高歡子高澄重視禕之彭城劉氏之家世與冠冕，以輔政大臣身份與之進行一場政治交易，且露骨地表示欲以權位交換禕之的支持。然而，禕之以照顧乃父爲重的理由而不予回應；其後高澄再致辟，禕之仍託疾不出。高澄一再禮遇劉禕之，而劉禕之不爲所動，且不爲高澄所用。劉禕之拒絕參加高澄政權，拒命不朝，必有所本。其一乃劉禕之之彭城家世及奕代冠冕，按彭城是北齊政權之南面大鎮，深爲高氏所重。其二是從北魏末到東魏時期，劉禕之是位駐紮家鄉附近的軍政首長，這可能是高澄屢次徵召禕之入朝、而禕之又敢於拒絕的關鍵所在。這個史實不見上引傳文，但爬梳其他史書有關禕之官歷的記載，可得蛛絲馬跡。如《舊唐書》卷一九〇上〈劉胤之傳〉云：「……禕之，後魏臨淮鎮將。」[18]，又如《魏書》卷五五〈劉芳傳〉載（禕之）：「武定末（五四六），冠軍將軍、中散大夫。」[19]臨淮鎮將則是掌實權之軍事長官，其駐紮地是地近彭城的臨淮；北齊冠軍將軍是加號將軍「以褒賞勳庸。」[20]從臨淮鎮將觀察，劉禕之有冠軍將軍銜，很可能褒賞其武職勳庸。這說

17 見《北齊書》卷三五，〈劉禕傳〉，頁471。

18 見《舊唐書》卷一九〇上，〈劉胤之傳〉，頁4994。

19 見《魏書》卷五五，〈劉芳傳〉，頁1231。

20 《隋書》卷二十七〈百官中〉後齊制官條。

明劉禕之是淮北一帶中央政府不可輕忽的實力派人物。

其次，上引傳文提到劉禕之的第二官銜是睢州刺史。據《新唐書·宰相世系表》載劉禕之爲：「北齊睢州刺史。」[21]可知北齊時，劉禕之防地雖北移至睢州，但地望上仍距彭城不遠。這時的劉禕之可能仍扮演地方豪強的角色。至於禕之睢州刺史任內的表現，上引傳文告訴我們，禕之力足以勝任。這更使我們相信禕之不是純賴國家支持、獨身赴任那種刺史。

最後，從引文說禕之「善三禮，吉凶儀制，尤所留心。」顯示禕之是位重視家族儀式行爲的人物，這樣的人物多半善於以血緣關係爲基礎、去組合家族或宗族力量者。這是研究宗族不當輕忽的地方。

第二位引起當時政府注目的劉氏人物是劉權，屬彭城劉氏著房，見《新唐書·宰相世系表》。無論是北周或是楊隋政權，都對劉權刻意籠絡。茲引文如下：

> 周武帝以爲假淮州刺史。高祖〔按：即隋文帝。〕受禪，以車騎將軍領鄉兵[22]。

據上引文知，劉權於北周時任官家鄉附近的代理刺史，於楊隋新立，更上層樓，獲得中央官職並獲准率領私有武力。上引「鄉兵」云云，指的是劉權宗族部曲的私兵[23]。從〈劉權傳〉文知劉權早年在未入仕本地州政府之前、是位敢於對抗政治權力的地方豪強：

> 權少有俠氣，重然諾，藏亡匿死，吏不敢過門。後更折節好學，動循法度。初爲州主簿[24]。

劉權早年的政治履歷約當北魏末年。北齊時，他雖獲得一中央官銜：「奉朝請」，但實際職務爲中央派駐地方全權機構：「行台」裡的一位郎中。換言之，劉

21 見《新唐書》卷七一上，〈宰相世系表〉，頁2248。

22 見《隋書》卷六三，〈劉權傳〉，頁1504。

23 有關鄉兵的研究，可參考菊池英夫“北朝軍制における所謂鄉兵について，收在《重松先生古稀紀念論文集》（九州大學東洋史論叢，1957），頁115。另見谷川道雄“北朝末期の鄉兵について”《東洋史研究》卷二十第四期，1962；以及唐長孺“魏周府兵制度辨疑”收在氏作《魏晉南北朝史論叢》（北京，三聯，1955）頁274～279，有專節論鄉兵和鄉團。

24 見《隋書》卷六三，〈劉權傳〉，頁1503。

權仍任官本地。傳文說權「仕齊，釋褐奉朝請、行台郎中。」[25]講的就是北齊的一段政治經歷。

據上分析，具有地方豪強性質如劉權者，在未入仕之前不惜與地方當局對立；逮入仕後，他的一連串地方官和中央官的履歷，都說明一件事實：他一步也沒離開故鄉在地勢力；而且，即令最後身膺中央武將官銜，猶不放棄自己私有武力。

然而，隋政權終究有辦法把劉權調離彭城在地勢力。劉權儘管率領本部人馬參與了隋一統中國、以及爾後境外作戰等軍事行動，但畢竟失去了他的地方根基，失去了他地方宗族鄉黨的人力資源。隋末天下大亂，劉權仕官南海郡太守。按說劉權又有機會返鄉以據地稱雄了，結果事情的發展完全出人意表。就對隋政權的態度而言，權子世轍與乃父判然殊途。劉權不僅拒絕兒子反隋的勸誘，而且還爲隋效死節。相反地，「世轍倜儻不羈，頗爲時人所許。大業末，群雄並起，世轍所至之處，輒爲所忌，多拘禁之，後竟爲兗州賊帥徐圓朗所殺。」[26]既然劉權率領所部兩度投入大規模會戰，人員的損傷在所不免。問題是劉權本部人馬尚餘多少？此其一。第二，隋朝的政策是否不顧其人員的損傷，又未給予劉權機會返鄉補充人員的損傷？這兩個問題從文獻找不出答案。但官歷的考察不失爲解答的線索。劉權於隋統一中國後的三個職位是衛尉卿、司農卿、以及南海太守。前兩個職務主管皇家庶務，後一個職務爲邊陲地方首長。這三個職務很難讓劉權可以運用到所部。基此，劉權所部即令完整也早已不歸劉權指揮，更遑論允許劉權返鄉召募子弟兵了。要之，劉權自從親率子弟兵出鄉里，幾十年來無法護持彭城在地勢力。再者，劉世轍雖不隨父赴官所、而滯留本鄉，但似乎發展不出一個粗具規模的勢力。復從世轍獨自奔走於多股反隋團體，益證隋末劉權父子缺乏一個宗族力量的奧援。劉權的例子十足顯示，國家如何逐步降服一個以宗族爲基礎的地方豪強，並讓他轉化成一個馴服的國家官僚。

第三位大振家族聲威的劉氏人物是劉德威，屬彭城劉氏著房，見《新唐書・宰相世系表》。隋末，淮北地方不靖，隋政府仰仗德威在地方的威望，要他協助

25　同上。

26　見《隋書》卷六三，〈劉權傳附子世轍傳〉，頁1504。

政府軍敉平淮北一股反隋武裝勢力：

> 大業末，（劉德威）從左光祿大夫裴仁基討賊淮左，手斬賊帥李青蛙，傳首行在所[27]。

此處透露劉德威握有一支武力，否則無從協助政府軍平亂。這支武力應屬一支成分很高的宗族部曲，原因有（一）《舊唐書》《新唐書》〈劉德威傳〉皆未載劉德威在此之前曾任國家將領，亦未見擔任地方首長，（二）《舊唐書》卷七十七〈劉德威傳·附子審禮傳〉（《新唐書》同）載：「少喪母，爲祖母元氏所養。隋末，德威從裴仁基討擊，道路不通。審禮年未弱冠，自鄉里負載元氏渡江避亂。…」德威應尚有許多宗親，由未弱冠之子負祖母遠行，最大之可能性，乃是有許多宗族成員隨德威從軍，（三）劉德威是一個照顧宗親之人，《新唐書》卷一百六〈劉德威傳〉（《舊唐書》略同）：「德威於閨門友睦，爲人寬平，生平所得奉祿，以分宗親，無留藏。」（四）稍後，武德元年，《新唐書》卷一百六〈劉德威傳〉載：「齊王元吉棄州遁，德威總（并州）台府事。…遂爲（劉）武周所獲，使率本部徇地浩州。」（《舊唐書》略同，唯稱「率本兵」，見下文引文），此處所謂「本部」「本兵」不應包括其他之并州唐軍，而應指劉德威之宗族部曲，故劉德威原本有一支宗族成分很高的部曲。前述劉世轍無法借助宗族力量以組成一支反隋劉家軍，如今竟由劉德威辦成了。在劉德威名下，彭城劉氏又一次展現宗族集體力量，又一次完成宗族大集結。德威與世轍是共四世祖的從兄弟，年齡大約相當。我們無從得知何以劉氏宗族子弟會選德威而非世轍爲領袖。

德威不是獨樹一幟從事反隋，而是率所部投奔最早反隋的瓦崗山李密集團。李密降唐後，「德威亦率所部隨密歸款。高祖嘉之，授左武候將軍。」[28]在諸多投到李淵名下的反隋勢力中，劉德威是如何脫穎而出、而受到李淵重視的呢？這是因爲有一次劉德威作戰遭俘，卻能機靈地將部隊帶回。這未始不是李淵另眼看待劉德威的一個契機。茲引文如下：

> （劉）武周獲德威，令率其本兵往浩州招慰。德威自拔歸朝……高祖皆嘉

27　見《舊唐書》卷七七，〈劉德威傳〉，頁2676。

28　同上。

納之。改封彭城縣公[29]。

此處值得注意的是，劉武周在接受劉德威投降後，並未打散劉德威的本部人馬。因此才會讓劉武周有機會允許劉德威部隊維持原編制。先前李密降唐後，德威率所部隨密歸降，李淵亦未打散或整編其部隊，李淵這種領導風格，即任憑投奔於他的各股反隋勢力依舊維持私家軍編組，亦可能德威從劉武周自拔歸朝後，仍然如此。

德威在封爵後，戰功益發彪炳，躬親參與平定河北竇建德和洛陽王世充等兩股勢力集團。李淵妻以宗室女以爲酬謝。劉德威膺選爲唐高祖朝的功臣，並且死後榮獲從葬高祖陵寢的「獻陵」[30]。

從德威身處隋唐鼎革之際的事跡看來，有兩點與劉氏宗族動向有關，值得提出。其一，德威運用鄉里宗族力量投入隋末群雄爭戰上。其二，他投唐之後，自己被授與中央禁衛軍核心將領之一，而所部似沒被打散，仍歸他指揮。至此，我們可以這麼說，德威憑藉鄉里宗族力量獲致新朝的功臣地位。在這種情形下，一個山東老牌舊族如彭城劉氏，因新朝功臣的關係使得政治新貴的色彩轉濃。

不僅此也，李唐更擇定彭城劉氏此一山東舊門爲李唐皇室世代婚配的對象之一。李淵先是收德威爲女婿輩，已如前述。等到德威與李唐縣主所生的女兒長大，於貞觀十三年嫁給李淵第十五子李鳳[31]，遂使得德威及其下一代都具有國戚資格。彭城劉氏連續兩代與李唐皇室互婚，在很短時間內益發凸出了彭城劉氏政治新貴的形象。相形之下，彭城劉氏原有山東老牌舊門的成分更加趨淡。事實上，唐高宗朝，劉李兩家又通一次婚。茲將彭城劉氏與李唐皇室通婚關係，製成簡圖於下：

29　同上。

30　同上，頁2677。

31　見毛漢光編《唐代墓誌銘彙編附考》第九冊，(台北，中央研究院歷史語言所，1987)，第815和816兩片。

圖一 唐初彭城劉氏與皇室婚姻關係圖

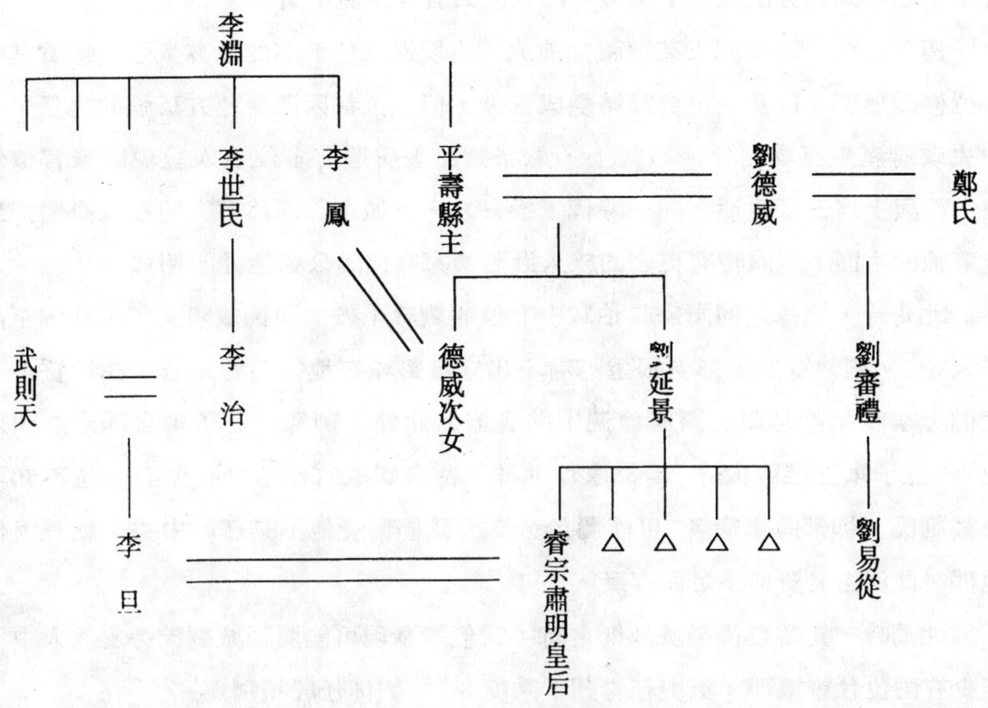

總之，隋末唐初，彭城劉氏在劉德威冒險倖進之下，在社會形象上山東老牌舊門的色彩逐漸由新朝政治新貴的色彩所掩蓋。彭城劉氏擠進了政治新貴集團，那些隨著劉德威入關、並開始寓居長安的族人，揮別了彭城的鄉居生涯，開始嘗試去過大都會的新生活。

綜觀劉禕之、劉權、以及劉德威等三位彭城劉氏著房人物善於運用宗族人力資源、爲自己或宗族造勢的例子，獲得初步印象如下：一位原屬國家官僚，趁國勢趨弱，成功轉化成地方豪強，使國家無可如何；另一位當國家勢力蒸蒸日上，從地方豪強被迫轉化成馴服的國家官僚；又一位以地方豪強參與國家的肇建，事成之後更獲致功臣和國戚雙重身份，達到幾乎無殊於皇家成員的地步，而成爲國家的支柱。前兩個例子告訴我們，地方豪強與中央政府的互動關係爲：當中央政府衰弱時，地方豪強日趨強盛；當中央政府強盛時，地方豪強轉弱。後一例子則顯示，如果一位地方豪強參與建國有功，那麼走上國家官僚的路也就順理成章，毫無滯礙了。此處，本文關心的是，宗族團體領袖依違於國家官僚和社會領袖兩種不同性格類型之間，究竟帶給宗族團體的組合有何影響？這個問題待第三和第五兩章處理到劉德威及其子孫時才比較能回答，此處不贅。

唐代以前，彭城劉氏著房誠如前述，出現過三位著名的地方豪強。儘管其中一位格於形勢、以及一位自願轉變成官僚，但三位都因憑藉地方豪強的力量，與中央政府產生互動關係。事實上，彭城劉氏著房還有多位族人呈現國家官僚性格，而與上述三人生活在同一時代。換言之，彭城劉氏固然有人留在家鄉選擇地方豪強的生涯，但同時有更多的族人過著國家官僚的公務生涯。例如：

北齊時，劉禕之的同宗叔伯輩中有位叫劉軫〔按：即德威祖父〕，仕宦至高平太守[32]。劉軫宦地離彭城很遠，看不出守護彭城在地勢力的用心；在性質上，我們毋寧說劉軫是屬於國家體制中的官僚。此外，劉禕之長子璹官拜南辯州刺史[33]，三子珉任睢陽太守[34]，都遠仕他郡，當屬國家官僚無疑。還有一位不知名彭城劉氏、卻帶將軍銜者[35]可能屬於旁支，我們懷疑他不是任職中央，就是遠任他郡。此例由於資料不足而存疑。

北周時，正當劉權揚威故鄉之時，我們還發現可能屬彭城劉氏旁支族人中，至少有兩位仕宦遠郡：劉慶任青州千乘縣令[36]，劉伾任殷州別駕[37]。

入隋之後，強悍如劉權都馴化成國家官僚，其餘劉氏成員紛紛離開故鄉、或任官中央、或出仕遠郡。除開劉權外，經查劉氏成員膺任國家官僚其獲最高官職情形如右：（一）在中央：一位任刑部員外郎，一位任雍州長史；（二）在地方：任州（郡）牧（守）者三，任州（郡）幕者六，任縣令者九。此外，有位劉氏成員任職某軍府的鷹揚郎將。上述統計製成簡表如下：

32 見《新唐書》卷七一上，〈宰相世系表〉，頁2245。

33 見〈劉胡墓誌〉，藏在中央研究院歷史語言所，拓片第14051、14052、14444、以及17666等號；北京圖書館拓片藏本，誌第1705號。

34 見《新唐書》卷七一上，〈宰相世系表〉，頁2249。

35 見〈李君妻劉氏墓誌〉，北京圖書館拓片藏本，顧第2082號。

36 見毛漢光編《唐代墓誌銘彙編附考》第六冊（台北，中央研究院歷史語言所，1987），第518片。

37 見毛漢光編《唐代墓誌銘彙編附考》第七冊（台北，中央研究院歷史語言所，1987），第688片。

表一　隋代彭城劉氏出仕國家表

（有※符號者爲著房主支，其他爲旁支）

人名	最後或最高官職	出處
中央：		
劉權※	衛尉卿	《隋書》卷六三，〈劉權傳〉，頁1503
劉褐	刑部員外郎	〈劉德閏誌〉《彙編》第七冊，第688片
劉□板	雍州長史	〈劉仁誌〉史所01511；北京誌4831
地方：		
A州牧		
劉通※	毗陵郡守	《舊唐書》卷七七〈劉德威傳〉，頁2676
劉旻	丹州刺史	〈劉明誌〉《彙編》第七冊，第691片
劉平	雄州刺史	〈劉德閏誌〉《彙編》第七冊，第688片
B州幕		
劉彥	晉州別駕	〈劉洪預誌〉史所17001，24302；北京誌1705
劉愕	洛州司戶	〈劉胡誌〉史所14051，14052，14444，17666；北京誌1705
劉萬	岱州司戶	〈劉遼誌〉北京章1978
劉道	鄭州司倉	〈王劉氏誌〉史所14007，17019；北京誌1600
劉□□	某郡治中	〈李劉氏誌〉北京誌2082
劉顗	鄜州司馬	《北齊書》卷四五，頁616

C縣令

劉□	岐山縣令	〈劉明誌〉《彙編》第七冊，第691片
劉務本※	留縣長	《新唐書・宰相世系表》卷七一上，頁2249
劉羲	滑州白馬縣令	〈王劉氏誌〉史所14007，17019；北京誌1600
劉珪	滑州白馬縣令	〈劉善寂誌〉史所14007，14399，17019；北京誌1580
劉開	洛州伊闕縣令	〈劉儉誌〉北京誌1609
劉質	并州太原縣令	〈劉儉誌〉北京誌1609
劉延	西平郡化隆縣令	〈劉守忠誌〉《彙編》第八冊，第789片
劉□	魏郡清邑縣令	〈李劉氏誌〉北京顧2082
劉景	德州蓨縣令	〈劉氏誌〉《彙編》第六冊，第518片

D軍府

劉然	鷹揚郎將	《周書》卷四八〈劉盈傳〉，頁872

說明：⑴《彙編》爲毛漢光編《唐代墓誌銘彙編附考》之簡稱。

⑵「史所」指「中央研究院歷史語言研究所藏拓片」，其後爲單張拓片之編號。

⑶「北京」指「北京圖書館藏拓片」，其後爲單張拓片之編號。

⑷以上二十二位劉氏成員，分屬十六個家庭。其中有三個家庭(即人名後打上※記號者。)屬於彭城劉氏著房主支。

⑸以上人物凡名字漫漶、難以辨識者，即以□表示。

⑹雍州長史，屬中央直轄區的地方行政長官，故嚴格意義上是中央官職。

觀乎上表，僅劉務本（屬著房）一人其官署座落於故鄉徐州轄境，其餘都遠仕他鄉。劉務本是否因地利之便圖利故鄉族人，我們因缺乏史料難以斷言。其次，劉氏成員出仕隋政權在數量上，比起北齊和北周兩個政權，呈現顯著成長，顯示正當國家勢力增長時，地方上宗族團體自有一部力量分化而出，而納入國家體制內。一時之間，劉氏族人出仕國家的風氣甚盛。在這種情形下，宗族團體受到何等影響，由於史料欠缺，我們無從評估。

再者，在任職高官的五個家庭中，劉權家庭（屬著房主支）似已喪失宗族領導權，可以勿論。劉通子劉德威（屬著房主支）後來能夠將宗族力量投入隋末爭雄事上，顯示這個家庭在地方上對宗族有相當大的影響力。劉褐的家庭（屬旁支），可以上溯到前述乃祖劉伾（北周殷州別駕）、以及乃父劉平（隋雄州刺史），已是三代簪纓的仕宦家庭，似乎國家官僚色彩濃厚。劉旻（屬旁支）及其子分任隋的丹州刺史和岐山縣令，也是國家官僚色彩重的家庭。第五個家庭，有位叫劉□板（屬旁支）的成員仕宦至隋雍州長史，這是首都以外中央直轄區的行政首長，地位相當重要，顯示該家庭相當親隋政權。以上五個家庭中，前兩個家庭前後出現過宗族領袖人物，有一個共同特色，即父親孤身出仕遠郡，但家屬仍留在故鄉。後面三個家庭，或三代分仕三地，或兩代分仕兩地，或僅一代仕宦中央但公務繁忙，似乎都無法專注宗族事務，因而自然喪失爭取宗族領袖的資格。

隋末天下大亂，彭城劉氏也不免捲入這場暴亂。當時，該族自北魏末期發展出劉禕之、劉權、以及劉德威祖父劉軫等三支（皆屬著房主支），是政治地位較高的三支，表現出步調不齊的景象。劉權和劉世徹父子便持爭鋒相對的態度已如前述。劉禕之之孫務本時任彭城郡轄下的留縣縣長，沒有任何跡象顯示他有何舉動。假定劉務本於政治秩序崩解的時刻沒有任何舉動是事實的話，沒有任何表示本身便是一種態度。劉軫子劉通，時官南方的毗陵郡太守，也是沒有動作，但通子德威則加入反隋陣營。可見，彭城劉氏一族，若以宗族全體這個角度觀察，對隋政權態度而論就有擁隋、反隋、以及靜觀其變等三種態度。這樣的家族可能缺乏發號司令的族長其人、或父老組成的宗親核心小組之類的組合。一個關係舉族存亡的政治行動，竟然允許族人莫衷一是，這到底是怎樣的一個宗族團體呢？

復次，從國家和社會兩股勢力消長觀點看，首先，北魏末和東魏時期，固然劉氏成員中亦有被國家所延攬者，但劉禕之卻能力抗國家強權，顯示宗族團體在他領導下大爲抬頭。逮北齊肇建以及北周征服北齊，正是國家力量籠罩社會時期，劉禕之的兩位兒子不僅無法踵武乃父地方豪強生涯，而且還出仕於國家呢。甚至，我們也看到有三個家庭成員順從地納入國家體制。要之，不同的兩個時代，同一家庭如劉禕之及其兒輩兩代，即出現從地方豪強到國家官僚的演變。不僅此也，從北周到楊隋，同一位人物如劉權便是從地方豪強往國家官僚轉變的。

最後，楊隋一統中國，一度國勢如磐石之固，這時我們發現劉氏大批入仕的現象。幸好劉氏在尚未徹底官僚化之前，楊隋政權先行崩解，因此，我們才看到劉氏尚有人物如劉德威、以宗族力量投入反隋運動的洪流中去。楊隋是個短命的政權，只夠她整頓一個世代的地方豪強力量如劉權；劉權子世轍則滯留故鄉、尚在俟機待變。至如劉德威家庭，他的上兩代，雖分別出仕北齊和楊隋政權，官僚化已經兩代，但似乎尚未傷害該家與宗族的聯繫；因此，劉氏地方豪強的老根基尚未動搖。要之，我們大體可以勾勒唐代以前的劉氏宗族面貌如下：宗族精英中或出仕國家，或從國家官僚轉化成地方豪強；宗族精英領袖的產生似乎是一個自然的過程，反映了國家優勢頓失的時刻正是宗族活動的有利時機。因此，我們與其說劉氏宗族有人入仕國家、有人宰制一方，是宗族人力上的分工佈署；毋寧說是國家勢弱而予宗族活動的機會。這時，我們才可看到一個清晰的宗族組織架構：有領袖，有集體行動。所以，我們要強調，即使在楊隋時刻劉氏官僚化較從前爲嚴重，但宗族力量也尚未全面潰散。

三、家族重心在洛陽的劉氏

本章重點在於從宗族政治活動的觀點說明劉氏宗族的變貌，主要扣緊以下三個方面：其一、劉氏生活重心是如何往仕途發展，其二、劉氏家族居地是如何從彭城移往洛陽，其三、劉氏是如何全面地變成國家官僚。

㈠劉氏主支和旁支的仕途發展

史載劉德威家庭以下這一支於初唐「宗族至刺史者二十餘人。」[38]我們若將此一敘述印證《新唐書·宰相世系表》，得知德威後人有九人其最後一任官（或最高官）是刺史。其所以不見至少十一位刺史，不難想像乃因這十一位刺史其後又獲高升。上述的記載含有家族榮耀的意思，意謂家族成員二十多人官拜至刺史，殊爲難得。刺史至少爲五品官，正是時人判斷一個家族是否爲士族的標準[39]。實際上，德威家系成員服官情形遠超過上述當時世俗艷羨的程度。在中央官群方面，計官至六部尚書、侍郎者三人，郎中者三人；政務性監諫官者二人；庶務卿官者三人；禁衛將領者一人；其餘不及五品者三人。在地方官群方面，官至都督者二人；刺史者九人；州長史者一人。此外，尚有十人未有官職記載。至於劉禕之家系則更是後來居上，仕宦人數斐然。這一房在《新唐書·宰相世系表》中當然屬於著房主支，爲配合其他記載，將劉氏世系恢復如下：

38 見《舊唐書》卷七七，〈劉延嗣傳〉，頁2679。

39 關於士族認定標準，可參見《魏書》卷一一三，〈官氏志〉太和前後令之品位，頁2984，和頁2977；以及《新唐書》卷一九九〈儒學中·柳沖傳〉頁5678引柳芳語，將尚書員郎和刺史這一級列爲甲、乙、丙、丁等「四姓」中之丁姓這一範圍。

表二　唐代劉氏主支家庭任官表現兼世系表

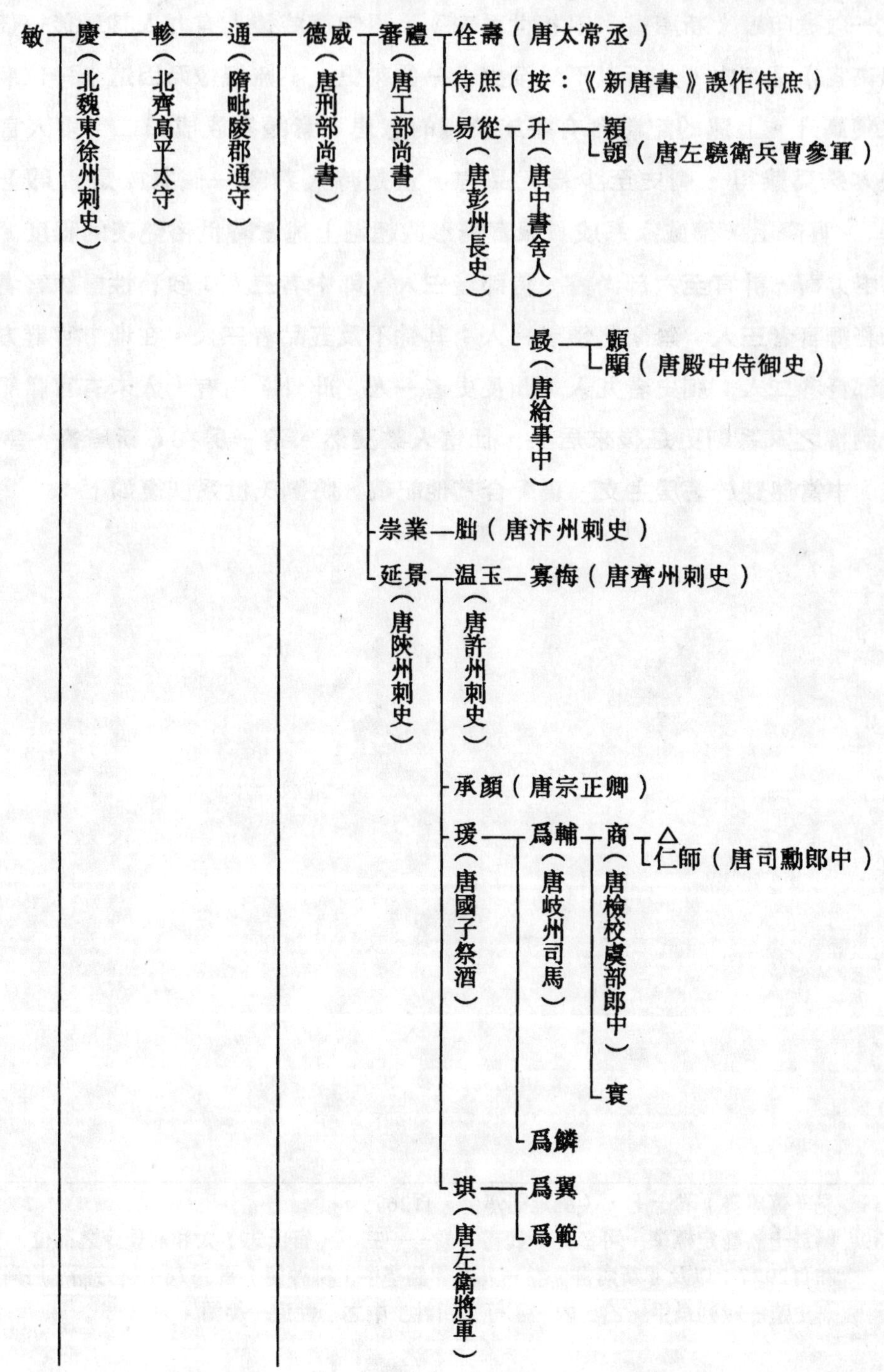

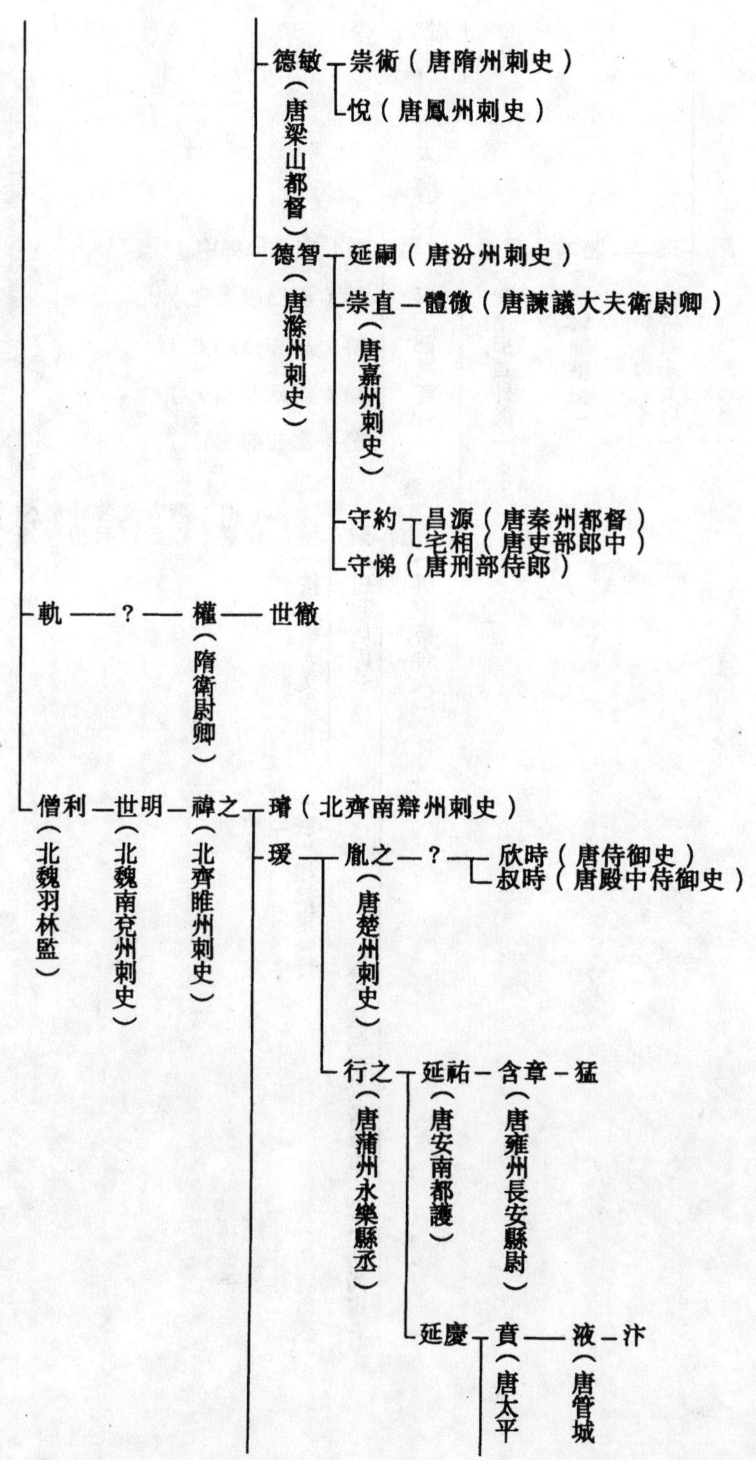
德敏（唐梁山都督）
崇衛（唐隋州刺史）
悅（唐鳳州刺史）
德智（唐滁州刺史）
延嗣（唐汾州刺史）
崇直（唐嘉州刺史）
體微（唐諫議大夫衛尉卿）
守約
昌源（唐秦州都督）
宅相（唐吏部郎中）
守悌（唐刑部侍郎）
軌
？
權（隋衛尉卿）
世徹
僧利（北魏羽林監）
世明（北魏南兗州刺史）
禕之（北齊睢州刺史）
璿（北齊南辯州刺史）
瑗
胤之（唐楚州刺史）
？
欣時（唐侍御史）
叔時（唐殿中侍御史）
行之（唐蒲州永樂縣丞）
延祐（唐安南都護）
含章（唐雍州長安縣尉）
猛
延慶
賁（唐太平
液（唐管城
汴

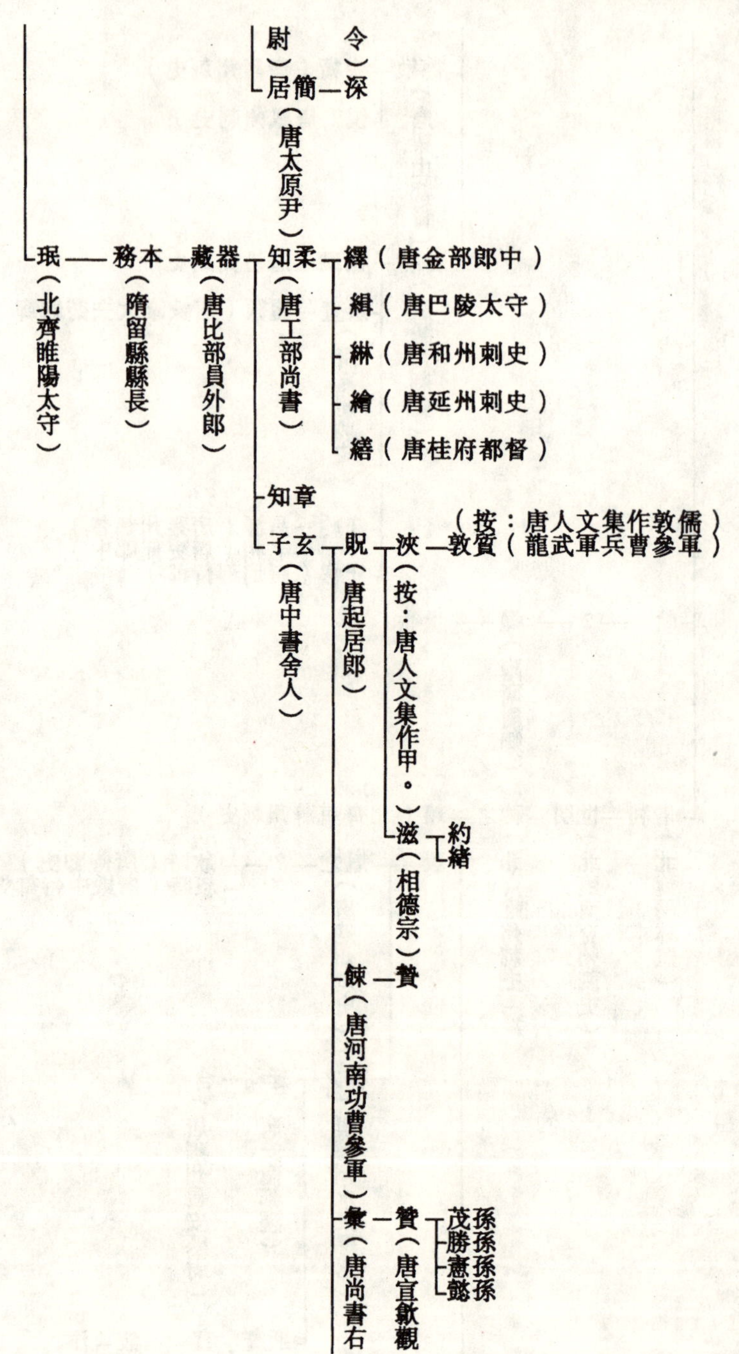
令)深
尉)居簡(唐太原尹)
珉(北齊睢陽太守)
務本(隋留縣縣長)
藏器(唐比部員外郎)
知柔(唐工部尚書)
繹(唐金部郎中)
緝(唐巴陵太守)
綝(唐和州刺史)
繪(唐延州刺史)
繕(唐桂府都督)
知章
子玄(唐中書舍人)
貺(唐起居郎)
浹(按:唐人文集作甲。)
敦質(龍武軍兵曹參軍)
(按:唐人文集作敦儒)
滋(相德宗)
約
緒
餗(唐河南功曹參軍)
贊
彙(唐尚書右
贊(唐宣歙觀
茂孫
勝孫
憲孫
懿孫

丞）
察使）
秩（唐國子祭酒）
賁
製
迅（唐左補闕）
迥（唐給事中）
升—景（唐鄜坊從事）—瞻（相懿宗）—滉
陟
延（唐渭南尉、右拾遺）
賞

說明：(1) 劉升二子資料爲《新唐書》所無，此處據〈劉升墓誌〉和〈劉穎墓誌〉補入。

(2) 劉行之和劉含章官職，據〈黄劉氏誌〉，《唐文拾遺》卷二一，頁330所補。

(3) 劉世徹乃據《隋書》卷六三補上。

(4) 劉璿及其官職，依《北齊書》卷三五，〈劉禕傳〉頁 471，以及〈劉胡墓誌〉補入。

(5) 劉爲輔官職，依〈彭城縣劉氏墓誌〉史所 16589、23941；北京誌2680補入。

(6) 表中有兩位劉升，分屬兩人，不可混淆。

(7) 表中有兩位劉瑗，分屬兩人，不可混淆。

根據上表，我們可以清楚看出，整個世系主要是由劉德威、劉權、以及劉禕之等三支所組成，他們都是著房主支，而在繼嗣上，則從北魏綿延至晚唐。在唐代，劉權一支不傳，於唐末卻補進一支不知世系所從出的劉升〔按：非活躍於武則天和玄宗朝那位劉升。〕及其後人。在唐代，彭城劉氏德威和禕之這兩支、在政治呈現國家官僚單一性格這一點，或說納入國家體制趨勢這點，可以說直到晚唐都沒改變。這一點跟唐代以前的劉氏大有區別。一個宗族團體其成員表現出國家官僚單一性格，究竟對宗族有何影響，乃是本文關注的重點。

唐朝創建以來、至安史之亂前，彭城劉氏在政壇的活躍力量，誠如前述，幾乎全部集中在源自德威三兄弟及其共同一高祖的兩位堂弟所傳承的五個家庭的成員。似乎其他家族成員在政治上表現並不如以上五家家族成員。爲研究方便計，我們不妨稱德威、德敏、德智、瑗、珉等五位同宗兄弟傳下的家系爲劉氏主支，其餘稱作旁支。關於旁支仕宦情形，我們可從現存墓誌資料窺知一二。其中境遇最好的是州（府）幕，共計八人，其次好的是中央庶務機構的下級官員諸如中尚五作坊使、將作監丞、司農寺丞、少府監丞、和永豐倉丞等五人次（四人），第三順位的計有，兩位縣令和六位縣佐。此外，尚有在宮庭服雜役的小吏，計二人。以上是文官。另外，我們還發現有些劉氏族人以選軍職爲業的：有三位是中央禁衛軍的基層軍官，有兩位是中央禁衛軍的軍士，有四位是府兵系統的基層軍官，有一位不知何屬的軍士，有兩位具有上柱國身份的武散官。最後，我們發現有二十二位是非官非軍的平民。

我們試將以上統計製成簡表如下：

表三　唐代前期彭城劉氏旁支出仕國家表

人名	官職	出處
A 州府幕		
劉捧	杞王府記室參軍	〈劉守忠誌〉，《彙編》第八冊，第789片
劉彥	太原府	〈劉龍樹誌〉，史所16738；北京祿2174
劉絢	汴州博士	〈王劉氏誌〉，史所14007，17019；北京祿1600
劉□	汴州博士	〈劉善寂誌〉，史所14007，14399，17019；北京誌1580
劉仁蔚	懷州行參軍	〈劉氏誌〉，《彙編》第六冊，第518片
劉均	宋州醫博士	〈劉玄豹誌〉，史所17836；北京章991
劉密	唐州長史	〈劉崔氏誌〉，史所08002，08003，19052；北京誌2848
劉承俊	永州長史	〈吳劉氏〉，北京誌2687
B 皇家庶務主管或僚佐		
劉皆	少府監中尚丞	〈劉皆誌〉，故宮藏本05114
劉慎	將作監甄官丞	〈劉慎誌〉，史所13345，13883
劉慎	司農寺太倉丞	〈劉慎誌〉，史所13345，13883
劉讓	永豐倉丞	〈劉胡誌〉，史所14051，14052，14444，17666；北京誌1705
劉元尚	武德中尚五作坊使	〈劉元尚誌〉，《全唐文》卷403，頁5203

人名	官職	出處
C　縣令和縣佐		
劉　樹	高平郡萃城縣令	〈劉玄豹誌〉，史所17836；北京章991
劉　□	□□縣令	〈劉仁誌〉，史所01511，；北京誌4831
劉含章	長安縣尉	〈黃劉氏誌〉，《唐文拾遺》卷二一頁330
劉行之	蒲州永樂縣丞	〈黃劉氏誌〉，《唐文拾遺》卷二一頁330
劉　□	汝州梁縣丞	〈河間邢君劉夫人誌〉，史所13504、14005；北京誌1855
劉　雪	滄州長蘆尉	〈劉愼誌〉，史所13345，13383
劉　儉	蜀縣丞	〈劉儉誌〉，北京誌1609
劉□□	永樂縣丞	〈李劉氏誌〉，北京顧2082
D　宮廷小吏		
劉洪預	殿中省尚乘局奉乘	〈劉洪預誌〉，史所17001，24302；北京誌1653
劉守忠	秘閣曆生	〈劉守忠誌〉，《彙編》第八冊，第789

說明：(1)《彙編》爲毛漢光編《唐代墓誌銘彙編附考》的簡稱。

(2)「史所」爲「中央研究院歷史語言研究所藏拓片」之簡稱。

(3)「北京」爲「北京圖書館藏拓片」之簡稱。

(4) 以上二十二人分屬十七個家庭。

(5) 長安縣尉一職其轄區在長安城內。

我們若比較彭城劉氏旁支成員在隋代（五八一～六一七）和唐代前期（六一八～七五五），著房主支唐代前期劉氏若干支上昇家庭較隋代劉氏若干支上昇家庭遠爲優越。但若與同時代其他山東大士族諸上昇家庭比，隋代和唐代前期的彭城劉氏恐有所不及，當然這點需作更細部研究才能得知具體情形。若觀察下層僚佐的情形，即取表一（扣除著房主支、扣除中央任官群和州牧任官群）和表三作對比，我們會發現，第一、基本上沒有差別，第二、唯一不同的，唐代前期劉氏似與皇家較接近，有五人或在宮廷服役，或在皇家庶務機構辦事。

㈡劉氏主支內部變動和家族重心的轉移

誠如前述，彭城劉氏著房主支劉德威一方面帶領大批族人寓居長安，一方面使自己家庭變成開國功臣兼國戚的政治新貴。德威元配所生子名審禮，與李唐宗室女所生子名延景。高宗儀鳳二年或三年（六七七、六七八），劉李第三度通婚，即高宗子李旦娶劉延景女爲皇子妃。（參見圖一）儀鳳三年，劉審禮在青海高原上統領唐朝大軍與吐蕃作戰，兵敗遭吐蕃所俘。其實，審禮並未即死，而是過些時日不屈而死，但劉家得到的信息是審禮敗死青海的噩耗。在短短一年不到時間，劉家連辦婚喪兩件大事，而卻都跟李唐皇室有關。就唐高宗看來，劉家這個三代姻親不單是功臣兼國戚而已，而且是爲高宗效死節的忠烈之家呢。在這種情形下，在彭城劉氏主支中，劉審禮這一枝派受唐室垂青，也不至令人詫異了。按說，展現在審禮後裔面前的人際關係與政治資本，政治前途光明無疑。審禮既死，這個家庭或家族的首腦應當是誰呢？論宗法制，審禮長子易從當責無旁貸。論年齡以及與皇室關係之親密，審禮異母弟延景最有可能。但是從現存資料看來，我們看不出誰是劉審禮家族的門戶維護者。

審禮的死固然使得劉家與皇家關係更形鞏固，但另一方面劉家兩代身爲李唐國防干城的策略也有必要重作檢討。沒有任何證據顯示延景和易從這兩位年齡相近的叔姪有過商量家族利益的大計。然而，德威和審禮父子都曾擔任禁衛軍統帥，這種家族事業無獨有偶在延景和易從叔姪身上中斷了。從審禮之死算起至延景和易從受政治迫害而死其間尚有十年左右，一位官至州刺史，另一位官至州幕。以他們跟李唐關係密切而言，他們的昇遷應該比較快。可是事實上這叔姪兩人在宦途上並未受到優待。這或許是不願重蹈父兄文武兼備的任官路徑，而改走文質官僚路線了。

假如這個推測是合理的話，我們或可以說：這個文武兼備的開國功臣之家，在連續得國戚和烈士遺族雙重特殊身份之後，它的新繼承人喪失了上兩代經營的事業：禁衛軍某部。

然而，延景和易從並非劉氏宗族改走文官路線的先驅。在他們之前的彭城劉氏著房中另一主支劉禕之之孫胤之，才是劉氏宗族成員中採行文官路線的創始人。史載胤之「少有學業……武德中，御史大夫杜淹表薦之，再遷信都令……永徽初，累轉著作郎、弘文館學士，與國子祭酒令狐德棻、著作郎楊仁卿等，撰成國史及實錄，奏上之，封陽城縣男。」[40]足見胤之是位成功的學術官。胤之的作爲，在差不多同時的延景和易從叔姪看來，不能說毫無示範作用。更何況禁軍將領的武職官屬於專才型官僚，文質任官路線可往通才型官僚部門[41]發展，易於適任不說，而且不用到邊疆去拼命。

至此，劉德威家族避開了帶有高度危險性的軍職問題。其次，誠如前述，劉德威帶著宗族部曲轉戰沙場，最後，德威不可能悉數照顧這些族人的生活。最有可能的情形是德威父子將族人交由國家去安頓。就像德威父子是向國家支薪的官僚，追隨德威多年的族人很可能變成向國家支薪的禁衛衛士。如果這個推論屬實，則原屬德威父子私人關係的宗族人力資源，很難再由德威家族去掌握、甚至運用了。又次，德威孫易從這一代雖然與李唐皇室關係密切，但仍與宗族基地的彭城維持藕斷絲連的關係。我的意思是說，易從這一代尚保有彭城祖產的處分權，以及仍借彭城祖墳進行家族儀式活動。如何得知這一點呢？六八九年劉易從涉及徐敬業叛亂案件，本人遭處死不說，並殃及家屬全部，甚至家族若干人。劉易從家族爲了這個案子付出許多生命代價（見下文分析）；不僅此也，按君主專制王朝之慣例，受刑人的財產會保不住。事實上，易從家族其彭城祖產遭充公不說，[42]可能連帶造成祖墳場所的停用。

40　見《舊唐書》卷一九〇上，頁4994。

41　關於專才型官僚的分類和定義，可參考拙作“唐代通才型官僚體系之初步考察——太常卿、少卿人物的任官分析”，收在許倬雲等主編《第二屆中國社會經濟史研討會論文集》（台北，漢學研究資料及服務中心，1983），頁94～98。

42　詳見下文，所據資料同註47。

據〈劉升墓誌〉云：「以列考彭城長史府君〔按：即劉升父易從。〕罹及善之刑，近傾巢之禍，收骸去蜀。」[43]查兩《唐書》名叫及善者僅王及善一人，此人曾任益州大都督府長史，是武則天時代重臣之一。易從官彭城長史，而彭州屬益州都督府轄下，誌文云劉家「近傾巢之禍」，相信是實情。劉升時尚年幼，僥倖逃脫，並變易姓名而避居洛陽城中。易從家屬直接受害可以確定。易從處決的翌月，易從叔父延景亦遭殺害，惟延景家屬命運如何則史無明文。不久，易從堂姐妹，即前述那位皇子妃（參見圖一），亦遭殺害。如此一來，劉家國戚的身份自然喪失了。

六八九年事件等於宣判德威家族政治生命死刑，即令僥倖有一二成員逃得性命，也不可能在政治上有所作爲了。劉家名譽要到睿宗〔按：即娶延景女的李旦。〕即位才恢復。劉升將乃父骸骨權葬在洛陽城郊，似乎意味著有朝一日要遷葬彭城祖墳之意。劉易從墓誌僅寥寥數語，絲毫未見墓主出身和來歷，連名字也吝於一提[44]。這顯示政治雖已變天，但劉升猶有顧忌，無法將乃父冤情公諸於世。劉升經其一生並未將乃父骸骨遷葬彭城祖墳。劉升死於開元十八年（七三○），時官中書舍人。可知事情拖了二十年，我們很難以沒有時間、沒有財力的理由去解釋未遷葬故鄉之事。甚至劉升生前亦將夭折的長子葬於洛陽。而劉升及其次子先後去世，亦全都被葬在洛陽。要之，自德威下數第三、四、五代是葬在寓居的洛陽城郊、而非故鄉彭城的祖墳。葬在洛陽這個改變要從第四代的劉升算起。

德威本人屬於高祖朝的功臣，他死後享有陪葬高祖墓園：「獻陵」的殊榮，已如前述。這不能算是放棄彭城祖墳的表示。德威子審禮死於吐蕃境內，身爲孝子的易從萬里迢迢護送乃父屍柩回彭城祖墳。史書如此大書特書其孝行如下：

易從徒跣萬里、扶護歸彭城，爲朝野之所嗟賞[45]。

---

43 見中央研究院歷史語言所圖書館藏拓片第17840、24109等號；《北京圖書館藏中國歷代石刻拓本匯編》誌第2419號。

44 〈劉易從墓誌〉全文如下：「故彭城長史任城縣男贈使持節徐州諸軍事徐州刺史劉公，權厝於東都西北河南縣之梓澤鄉北邙山。」本誌分見中央研究院歷史語言所藏第13478號；《北京圖書館藏拓片》誌第1912號。

45 見《舊唐書》卷七七〈劉德威傳附子審禮傳〉，頁2678。

可知德威孫子易從時代仍視彭城祖墳爲家族成員當然歸葬之所。然而，據今人調查，審禮獲葬「乾陵」[46]。何以高宗陵寢的「乾陵」會出現劉審禮陪葬情事呢？我們的解釋是這樣的：審禮於高宗朝以身殉國，算是高宗朝的功臣；高宗在世之時，審禮被葬在彭城不假；惟高宗死後功臣陪葬皇陵的時機才成熟，審禮殆於此時被改葬到「乾陵」的。一如德威獲葬獻陵的道理，審禮被改葬到乾陵，也不可作爲劉氏族人放棄彭城祖墳的表示。長安的諸帝皇陵畢竟不是劉氏家族私有墓園。

劉易從、劉升父子死後都被葬在寓居的洛陽城郊，而不返葬舊貫彭城祖墳，此例一開似乎對劉氏後人就造成了不可逆轉的形勢。換言之，德威曾孫死後不被返葬彭城祖墳、而被改葬在寓居洛陽城郊，從此以後死者子子孫孫紛紛效法。從事情結果往前看，劉氏任憑其家族墓園從彭城遷移至洛陽，這一集體行動不論是否出於不得已的結果，並非政治考慮則可以斷言。此所謂政治考慮，指的是劉氏家族爲因應京官的新生活，遂將家族墓園改設到政治中心。可能有些劉氏成員是如此，但德威家族則不然。

六八九年事件意外地使德威家族放棄祖墳，就社會史觀點而言，德威後人要與彭城老家疏離的表示，至少減少、甚至於斷絕了參與故鄉宗族儀式活動。其次，我們要檢查六八九年事件是否使德威後人喪失彭城的祖產？

劉易從被處死、而家屬被流放邊荒，很可能造成應該擁有的那份祖產被充公，或即使不被充公、多年下來遭宗族其他成員趁機瓜分。我們的證據是，一些涉及易從同一案的其他官員其家產被充公：

> 徐敬業之敗也，弟敬眞流繡州，逃歸，將奔突厥。過洛陽，洛州司馬弓嗣業、洛陽令張嗣明資遣之；至定州，爲吏所獲，嗣業縊死。嗣明、敬眞多引海內知識，云有異圖，冀以免死；於是朝野之士爲所連引坐死者甚衆。嗣明誣內史張光輔，云『征豫州日，私論圖讖、天文，陰懷兩端。』八月，甲申，光輔與敬眞、嗣明等同誅，籍沒其家[47]。

故爾推知劉易從自是不能例外。也許有人會認爲冤獄平反後所充公、或被侵佔的

46 見張玉良、胡戟主編：《武則天與乾陵》（陝西，三秦，1988）頁134。

47 見《資治通鑑》（台北，世界，1969）卷二〇四，頁6459。

財產當歸還原主。然則據唐中宗即位後補償武則天時代冤獄之措施，僅止恢復受害士族官僚蔭官子孫之特權，卻不及苦主私產。茲引於下：

（神龍元年〔七〇五〕）三月……甲申制：文明已來（六八四）破家臣僚所有子孫，並還資蔭[48]。

文中「資蔭」指蔭官特權，無關私人財產。顯然劉升所獲的國家賠償僅限於此。故爾，我們認爲，作爲彭城宗族一份子的劉升、在喪失應有的那份祖產之後，彭城老家對他而言已愈來愈疏遠了。

六八九年事件是否波及同屬彭城劉氏著房的另一主支的劉禕之子孫呢？答案是否定的。劉禕之家族不僅無人受到牽連，而且仍與彭城保持聯繫。茲舉一例以爲說明。劉升與禕之四代孫的劉知幾是共七代祖的同宗兄弟，關係相當疏遠不說，法律上也構不成連坐的條件。劉知幾在武則天朝如有不得意情事的話，那麼，我們所能知道不得意的事，是反對宰相領銜修國史。因此，他的辭史官無關政治迫害。劉知幾在武氏朝的境遇，可以充分說明劉禕之家族未受六八九年事件的波及。

儘管劉易從家族在武則天朝橫遭政治迫害，卻未傷及彭城劉氏家族其他枝派，連同爲高級京官、而且同宗兄弟的家族，也一點不受影響。這就劉氏主支內部而言，德威父子用命換來的崇高政治地位爲之動搖，以後劉氏在高層政治的代表由德威同宗兄弟那一系所取得。同時，一時之間代表郡望著房的家庭或家族由德威後裔換成德威同宗兄弟的後裔。

依上文分析，劉升家族所以放棄彭城祖墳、而另行於洛陽發展出新的家族墓園，很可能與六八九年事件導致彭城不再提供任何經濟援助有關。這也是我們據以強調，劉升會把家族重心從彭城連根拔起地轉移到洛陽，不是政治因素、而是社會經濟因素促成的。相反地，未受六八九年事件殃及的劉知幾家族、似不會產生類似的重大變革。

最早有系統研究士族集體遷徙現象的毛漢光教授，於其“從士族籍貫遷移看唐代士族之中央化”一文中即已指出彭城劉氏徙往洛陽的現象。他舉劉知幾於玄宗朝因完成《則天實錄》被封爲居巢縣子，以致彭城鄉人改其鄉里爲高陽鄉居巢

48 見《舊唐書》卷七〈中宗本紀〉，頁137～138。

里一事，用以敷證安史亂前：「劉氏重心似仍在彭城。」[49]自有其見地。然依本文仔細區別彭城劉氏著房主支劉升家族和彭城劉氏著房主支劉知幾家族，我們的說法會是：從知幾家族對鄉人猶有影響力而言，該家族在彭城當有田產，而有些家族（包括劉升家族在內。）在彭城已無產業，故爾改以寓居處作爲置產的首要考慮對象。像這樣參與彭城祖墳宗族儀式活動的分子日漸減少，而以彭城老家作爲凝聚宗族的精神感召作用，只有益趨薄弱了。此處，我們看到宗族分解過程的跡象。

劉升家庭受到沈重打擊還不僅是六八九年的政治迫害事件，而是劉升兩位兒子先後夭折，使得以血緣關係爲基礎的自然家庭無以爲繼，猶如雪上加霜。劉升弟晟官至給事中，晟子顒官至殿中侍御史（參閱表二），然從此以後不見有人物。總之，由劉德威所創建的政治世家，其長子審禮的子孫慘遭政治迫害，到了第五代其政治事業即宣告終結。德威幼子延景本人雖遇害，但子孫的仕途並未因此中斷。然而，延景的孫輩五人中有三人白丁終身，乃明顯沒落。延景的玄孫仁師、在文宗時代刻苦上進（詳見本章第二節），官運可是及身而止，以下再也沒有人物了。劉仁師可以視爲劉德威政治家族的殿軍人物。

劉延景和劉易從叔姪選擇採取文質任官路線，一改父兄輩文武兼備、但亦可能暴起暴落的任官路線，已如前述。劉升半生承受政治迫害之餘，繼續專任文官的官宦路線。後代的官運雖不亨通，但這並不表示專任文官的官宦路線是錯誤的選擇。我們只能說，六八九年事件使得劉德威父子出生入死所經營的仕宦優勢條件，盪然無存。

劉氏著房主支另外一個家族的專任文質官僚，表現如何呢？劉知幾兄弟及其諸子不讓其先祖劉胤之專美於前。史稱劉知幾家族「代傳儒學之業，時人以述作名其家。」[50]。劉知幾固不必說，他六個兒子皆有著述，而且歷任清要官。〔按：長子除外。〕茲引文如下：

子玄子貺、餗、彙、秩、迅、迥，皆名於時。

---

49 見毛漢光“從士族籍貫遷移看唐代士族之中央化”，收在氏作《中國中古社會史論》（台北，聯經，1988）頁299。

50 見《舊唐書》卷一〇二〈劉子玄傳〉，頁3174。

昵，博通經史……終於起居郎、修國史。撰六經外傳三十七卷、續說苑十卷、太樂令壁記三卷、眞人肘後方三卷、天官舊事一卷。餗，右補闕、集賢殿學士、修國史。著史例三卷、傳記三卷、樂府古題解一卷。

彙，給事中、尚書右丞、左散騎常侍、荆南節度，有集三卷。秩，給事中、尚書右丞、國子祭酒。撰政典三十五卷、止戈記七卷、至德新議十二卷、指要三卷。

迅，右補闕，撰六說五卷。

迥，諫議大夫、給事中，有集五卷[51]。

知幾兄知柔官運格外亨通，成爲該家庭在唐代前期文官成就最高的一位成員。史載知柔「少以文學政事，歷荆、揚、曹、益、宋、海、唐等州長史刺史、戶部侍郎、國子司業、鴻臚卿、尚書右丞、工部尚書、東都留守。卒，……謚曰文。」[52]他有彭城縣侯的爵號，就只差沒拜相罷了。

綜合以上分析，劉氏著房主支從事國家官僚單一性格的塑造過程中，我們發現，劉禕之家族從下一代在北齊時從地方豪強往國家官僚轉化，劉德威家族則從他本人這一代於唐初蛻化成國家官僚。劉氏著房主支自有成員成爲國家官僚起，便一步一步邁向專任文官之途。劉禕之家族至遲在隋唐之際，在劉務本和劉胤之兩人的努力之下，成功轉型成文官仕宦家族。劉德威家族則從武則天當權期間開始進行專任文官的轉型工作；中途一度中斷直至玄宗時代整個轉型工作終告完成。

其次，透過劉氏著房主支家族成員是否在異鄉重新營建家族墓園的行動，我們據以推知家族重心是否從彭城遷出。從德威家族第四代起開始在洛陽城郊營建新的家族墓園，從事後發展看，這表示這個家族放棄彭城祖墳，也表示遠離彭城的宗族儀式活動。從此，德威後代自成彭城劉氏之下的一個獨立門戶的血緣團體，而與彭城原有宗族團體班底分離。約略在武則天時代，德威家族完成家族重心改設在洛陽的工作。至於劉禕之家族完成家族重心轉移至洛陽的工作則稍後。其具體情形如何，以史料欠缺不得而知。

51 同上。
52 同上。

復次，彭城劉氏著房主支之中最醒目的家族當推劉德威家族。劉德威憑其宗族力量而爲李唐皇朝的支柱之一，宜其家族政治事業蒸蒸日上。劉氏另一個著房主支而又是官宦家族：「禕之家族」只能瞠乎其後。換言之。彭城劉氏於初唐只有一個家族進入政治權力核心。然而，六八九年事件對彭城劉氏的打擊，厥爲喪失參與政權核心團體的席位。自此之後德威家族一蹶不振，幸而若干年後，參與政權核心的席位終究由禕之家族再度取得。（見後分析。）所以，六八九年事件還影響到劉氏著房主支內部兩家家族權力和地位的消長。就彭城劉氏而言，六八九年這個政治打擊僅止於劉氏在官僚體系中之重要人物的變動，而不影響郡望集團政治席次的存廢。可是接手的另一家系則不具開國功臣兼國戚的身份。這樣，與唐朝關係就沒有原先那一家來得親密了。

我們且綜合以上三點而觀之，勾勒出劉氏著房主支宗族於入唐後的變貌如下：從隋末到安史之亂前後，劉氏宗族呈現一個分解的過程。先是，劉德威率領一支宗族隊伍投入群雄爭霸戰；等到李唐建國，德威及其宗族隊伍納入國家編制。德威及其子其孫這三代，這一支劉氏雖然仍可能參加彭城宗族儀式活動，但基本上，他們對中央政治舞台的關注顯然超過對家鄉的關注。於是以德威爲首的這一支宗族勢力、至此與留駐彭城的宗族殘餘力量日漸隔絕，其勢難免。繼而六八九年事件對整個宗族的傷害，即令德威曾孫於事情獲得平反之後，可能因彭城原地祖產被政府沒收而與彭城疏離，其結果是這一支在洛陽自立門戶。這是對以彭城爲號召的宗族集團作更進一步的削弱其力量。尤有甚者，德威家族和禕之家族、或開始專任文官、或強化專任文官的家族策略，促使兩家都成功轉型成文官官宦家族。其結果是這兩家當年地方豪強的本色脫略殆盡。這兩家既視官宦事業爲家族經營目標，自然無法將家鄉宗族事務列爲宗族經營的重點。當一個家族全神貫注文官系統中獵取一官半職時，家族的生活目標可能會逸出宗族全體利益的軌道。一個家族若以其成員在文官系統中爭奪名位作爲首要目標，則當以絕大部分的時間、金錢、精神發展其在官僚體系內的人際關係，觀察中央之動態，仰承上級之意思，這種官僚性格人物組成的家族自然發展成以家族利益爲導向的格局。這樣的格局是與以宗族集團利益爲導向的格局，判然殊途。要之，劉氏著房主支兩個家族選採專任文官的家族策略此一因素對以彭城原地爲號召的宗族團體而言，是一帖慢性摧殘宗族團體的分解劑。

㈢唐代後期劉氏國家官僚的單一性格

安史之亂以後的李唐帝國、處於中央集權崩解的過程之中，唐德宗雖一度努力振興，終遭致失敗以致沈潛多時[53]，憲宗再度全力以赴恢復唐代前期的中央集權體制[54]。就事情結果看，憲宗的作爲仍然無法扭轉中央集權體制崩解的趨勢。就在中央集權國家基礎鬆動的背景之下，彭城劉氏似乎又有機會趁勢取利、以恢復其二百年前地方豪強本色。然而事實卻又不然。到底唐代後半期的彭城劉氏其整體族群、和個別家庭發展性格如何、以及到底有無掌握這有利地方豪強生存於本鄉的新情勢？此乃本節重點。

唐代後期整個彭城劉氏在政治上的表現，一言以蔽之，著房主支和旁支都呈現一幅人物凋零的景象，倒是一些獨門散戶因接近皇權而暴貴。獨門散戶乃下一章重點，此處暫且勿論。

1 高級文官

誠如前述，劉氏著房主支中的德威家族已無力預聞權力核心，然禕之家族尚有兩位人才在高層政界表現突出，此即劉滋和劉贊兩位堂兄弟，這兩人乃劉知幾

53 有關德宗一朝在對藩鎮政策上由強硬轉趨姑息，比較完整和系統的研究，當推王壽南“從陸宣公翰苑集看德宗時代的政治”《國際漢學會議論文集》（台北，中央研究院，1981）〈歷史考古組〉上冊，頁421～442；在德宗對藩鎮採取姑息政策期間，德宗的行動集中在積聚財物，王壽南對德宗這一行動所付出的政治代價有細緻的分析；另外，德宗此一行動與官僚體系發生嚴重的衝突，Denis Twitchett寫有一文〔收錄在Confucian Personalities (Stanford, 1962)一書中〕特別凸顯德宗與宰相陸贄之間的齟齬，而拙作“唐代財經專家之分析——兼論唐代士大夫的階級意識與理財觀念”《中央研究院歷史語言所集刊》（台北，1983）第五十四本第四分，頁185～194，則從德宗受挫之餘缺乏心理安全感入手，分析德宗實施一連串財政興革，而引起士大夫階層向德宗抗爭。至於劉太祥〈試論唐德宗施政方略〉《南都學壇》卷十一，三期，1991，則以爲德宗對藩鎮並不姑息，相反地，還加強了中央集權體制，而對藩鎮勢力有所限制。

54 有關憲宗力圖振作的行動，比較重要的研究作品，可參考李樹桐“元和中興之研究”收在《唐史索隱》（台北，商務，1988），頁142～192；Charles A. Peterson, “The Restoration Completed : Emperor Hsien-tsung and the Provinces” 收在Arthur F. Right和Denis Twitchett eds., Perspectives on the T'ang (New Haven, Yale Univ.,1987)，頁151～192；大澤正昭“唐末の藩鎮と中央權力——以德宗、憲宗朝を中心として——”《東洋史研究》卷三二第二期，1973；韓國磐“唐憲宗平定方鎮之亂的經濟條件”《學術論壇》第三期，1957。

的孫子輩，均以蔭得官，活躍於安史之亂後不久的德宗朝。劉滋在涇原兵變事件中是追隨德宗逃往奉天的從幸臣僚之一，貞元二年（七八六）拜相，翌年罷；但以後數年劉滋仍主持吏部，於貞元十年（七九四）卒，享年六十六。

劉贊的發跡與宰相楊炎的推薦有關。劉贊歙州刺史任內，因得江南最有權勢的疆臣韓滉之助，擢升爲宣歙池都團練觀察使十餘年，於貞元十二年（七九六）卒，享年七十。〈劉贊傳〉文提到劉贊久任宣州的原由、以及放棄家學對子弟輩的不利影響，值得徵引如下：

> 贊不知書，但以強猛立威，官吏畏之，重足一跡。宣爲天下沃饒，贊名爲廉察，厚斂殖貨，務貢奉以希恩。子弟皆虧庭訓，雖童年稚齒，便能侮易驕人，人士鄙之[55]。

劉贊家族的沒落是否如此處引文所言，乃家教失敗所致，我們很難判定。不過，劉贊鑽營官位確有其獨到之處，而這些都跟家學甚或家教無關，至少劉贊的言行告訴我們，劉贊寧可相信社會關係因素重於士族家學和家教的因素。且不提劉贊是如何刻意與楊炎和韓滉交往，此處只舉劉贊以小小的縣丞如何攀上宰相杜鴻漸的故事：

> 累授鄠縣丞。宰相杜鴻漸自劍南還朝，途出於鄠，贊儲供精辦。鴻漸判官楊炎以贊名儒之子，薦之……[56]

於此，我們的疑問是，劉贊憑他堂兄劉滋在朝爲官、以及憑他善於經營社會關係，何以無法安排自己的子弟入仕？撇開劉氏子弟本身條件的主觀因素不提，整個劉氏家族因客觀形勢的變動影響到仕宦優越條件的喪失，或許是個關鍵。

劉滋、劉贊之後六十五年（咸通元年〔八六〇〕）又有劉瞻其人高舉彭城劉氏的旗號打入長安政治圈中，且榮登相位。劉瞻之祖劉升，〈宰相世系表〉將其列入彭城劉氏，據載：「彭城劉氏又有劉升。」其下列表[57]，故劉瞻應屬彭城劉氏著房之另一支。瞻父官鄜坊節帥幕僚，本人獲進士功名，歷佐使府，到咸通年間才入調中央。劉瞻因宰相劉瑑〔按：爲尉氏房劉氏成員。〕以宗人相待，被推

55 見《舊唐書》卷一三六〈劉滋傳附從兄贊傳〉，頁3753。

56 同上，頁3752。

57 見《新唐書》卷七一上，〈宰相世系表〉，頁2252。

舉爲翰林學士。唐朝後期翰林學士號「內相」，劉瑑套用同宗關係結納劉瞻，不失爲政治手腕的運用。咸通十年（八六九），劉瞻拜相，然次年便以事遭罷。劉瞻以後政治生涯則屬一連串貶調，即令最後入調洛陽，也喪失權勢了[58]。僖宗即位，再度拜相，然爲時僅三個月就去世了[59]。劉瞻榮達之後，使用剩餘的俸祿接濟窮親戚。史書如此記載其事：

> 瞻爲人廉約，所得俸以餘濟親舊之窶困者，家不留儲。無第舍，四方獻饋不及門，行己始終完潔[60]。

由於劉瞻是以微薄俸祿的剩餘部份去接濟親舊，這樣的方式所能照顧到的同宗究屬有限。加上，劉瞻在宦海浮沈不定，居留兩京的時間也不夠長。這些都不夠使劉瞻成爲凝聚宗親的核心。

從以上劉氏三位高級文官的經歷看來，我們只看到一幅個人權位追求的畫像。我們也沒有發現這三人利用職權、或是運用社會關係去照顧家族子弟，以壯大自身家族。當然，沒發現這類情事並不意味他們確實不假公濟私；惟結果是三人子弟輩在仕途上沒有進展。比較合理的解釋是，這三位高官劉氏只力能發展自己政治事業，而無法及於下一代。若然，我們如要求這三位高官照顧彭城劉氏的宗族集團利益，這就太強他們所難了。至此，彭城劉氏若有人物個別扮演好國家官僚角色已屬不易，遑論發展宗族力量了。

2 基層財經官

唐代後期官僚體系平添一些財經專業官職，這些新出的大小財經職位成爲沒落士族獵取的對象[61]。查彭城劉氏有三位成員膺任中、低階級的財經官。一位叫劉茂貞·（不見於〈宰相世系表〉，可能是彭城劉氏旁支），具有明經功名，歷官洪州建昌縣尉、東都院巡官（長慶二年〔八二二〕起）、知集津分巡院、泗州司倉參軍兼諸道鹽鐵轉運等巡覆官（大和四年〔八三〇〕），死於任上，享年四十

58 見《舊唐書》卷一七七〈劉瞻傳〉，頁4605～4606。

59 見《新唐書》卷一八一〈劉瞻傳〉，頁5353。

60 同上。

61 參見拙作“唐代財經專家之分析——兼論唐代士大夫的階級意識與理財觀念”《中央研究院歷史語言所集刊》第五十四本第四分，1983。

四歲[62]。

綜觀茂貞一生官歷，茂貞因服官關係先後在建昌縣城、洛陽京城、集津渡口駐所、泗州州治、以及河陰縣城駐足過。茂貞除了起家官縣尉一職生活在縣城、屬於固定性工作之外，其餘財經官職一定要奔波於運河線上。這可能是他將眷屬安置在垣曲縣城的緣故。因此他像一隻擁有三窟的狡兔：他一人住官署，家屬住洛陽，眷屬則住垣曲。這是很特別的家庭生活型態。這樣的生活型態恐怕對他參加宗族活動非常困難。

關於茂貞家世，他的前三代名諱及其最高官如下：寬（定州別駕）—琪（右金吾衛翊府中郎將）—（睦州司馬）。茂貞母出身吳郡張氏，乃妻也是吳郡張氏〔按：即母舅女兒，夫妻是表兄妹關係。〕。茂貞妻張氏墓誌是件寶貴史料，使我們認識到妻族的重要性超過宗族。張氏墓誌先是說茂貞自幼父母雙亡，家境很差，故爾以不遷葬雙親骨骸於洛陽祖墳爲憂：

> （茂貞）幼失二親，天付〔按：「付」當作「賦」。〕至性，海內無立錐之處，中腸懷遷附之憂[63]。

後來茂貞始仕，乃妻張氏助他完成心願（可能是替茂貞籌得一筆遷葬費之類。），該墓誌描敘茂貞完成遷葬父母的事蹟如下：

> 府君遂請假，兩處啟護，來往六千，假滿事終[64]。

劉茂貞從今江西鄱陽湖畔送父母骸骨到達洛陽安葬，來回六千里路。距離上雖比不上當年劉易從從青海高原萬里護送乃父靈柩到達彭城那樣遙遠，但因茂貞較窮，故困難程度上則難分軒輊。茂貞妻張氏三十八歲守寡，於大中十一年（八五七）去世，時茂貞已逝世二十七年。不過，張氏死後得與乃夫合葬，墓誌說：「合祔先塋，禮也。」[65]從「先塋」字眼可以窺知洛陽有茂貞先人家庭墓園。

---

62 見中央研究院歷史語言所圖書館藏第13350、14496號等拓片。最早利用此一拓片的學者爲高橋繼男，寫有“唐後半期、度支使・鹽鐵轉運使系巡院名增補攷”《東洋大學文學部紀要》39集史學科篇ＸⅠ，1985，頁33。本文利用此拓片的重點不在巡院。

63 見中央研究院歷史語言所圖書館藏第14614、13105等拓片；《北京圖書館藏中國歷代石刻拓本匯編》，誌第3171號。

64 同上。

65 同上。

另一位劉氏財經官叫思友（不見於〈宰相世系表〉，可能是彭城劉氏旁支）。他的經濟狀況很好，祖先留給他的，除了洛陽一棟私宅之外，另有別墅一棟距洛陽才二十五里許：

> 府君之先，立第于洛之都，積其稔矣，又別墅于緱嶺下，其來也、其往也，五十里之近，或遊或處，不常厥所[66]。

敘述士族經濟狀況的資料甚少，本條史料價值極高。劉思友經濟狀況絶佳，故爾喜歡優遊歲月，其當官意願不甚高。是在什麼情況下驅使他出山擔任財經官的呢？墓誌說得很清楚：「無何，知己在朝，以府君詳練摧算之事，署左武衛兵曹參軍，爲鹽鐵河陰院巡官。……居二年……因棄檄而歸……」[67]原來是朋友看重他財經才華，邀他服公職，然而思友家境甚佳，他的服官生涯僅短短兩年便又返家過他清閒的日子。他於咸通十年（八六九）死在洛陽綏福里的私宅，享年八十一歲。

思友家世如下：曾祖崇直（蘇州嘉興縣令），祖縉（監察御史裡行），父諫（試太子左贊善大夫），父祖兩代是京官頗堪注目；思友妻太原王氏祈縣第二房，子戩（官至汴州開封縣主簿）娶渤海高氏。最後值得一提的是他如何善待其社會關係，茲引文於下：

> 厚其族而仁及賓朋[68]。

雖寥寥數語卻道盡思友財力足夠他贍養族人，以及蔭庇一些依附人口。

思友家境富裕除了本人墓誌略有資料已如前述之外，思友妻墓誌透露更多，茲引徵於下：

> 夫人……少孤，鞠於　義陽季父。後季父不祿，叔母與堂昆仲窘於事力，雖踰笄，未議問名之處。（楊）去甚〔按：即墓主王氏之堂外甥，墓誌作者。〕先大夫、先大夫人在洛京，遂輦致於所居，經歲乃得試左武衛兵曹參軍劉公思友。既承親迎，成他族之後。中饋得其宜。主祀不失職。親戚

66 見《芒洛冢墓遺文》（台北，新文豐，1977）收在《石刻史料新編》第一輯，卷四六，頁14288～89。

67 同上。

68 同上。

疏近，咸所歡心。唱于彼而我隨，泰其生而身約。自開成五年（八四〇）至咸通十年（八六九），凡三十餘歲。兵曹即世，哀過乎禮。三年喪闋……重治產，而寶誨一子，及婦與諸孫，愈肥其家，以熾乎族。子既仕，孫滿眼。坐享祿利，方萃歡榮。……[69]

上引誌文提及三個家族，即墓主王氏娘家太原王氏祁縣第二房、夫家劉氏、以及生母楊家。王氏婚前是位苦命的孤女，幸蒙叔父和外婆兩個家庭的照顧。最後嫁給劉思友。文中將王氏成婚寫成「成他族之後」，值得留心。這是說王氏從此變成劉家的人。王氏嫁給劉思友〔按：推算劉氏時齡，應是五十一歲，故可能不是劉氏第一次婚姻。〕之後，王氏從事管家，甚得人心。不論是主持全家三餐、或是按時祭祖，都得到遠近親戚的肯定。這就顯示劉氏是個重視宗誼的家族，惟不知該家宗親是多是少。劉思友死後，王氏服喪期滿，非常注重產業經營，結果家財愈豐，楊去甚形容其盛況爲「以熾乎族」。這是表示劉思友一家發財，連帶家族同蒙其利，抑家族名聲益著？我們難以斷定。但若說王氏重視家族利益，應不爲過。懿宗咸通以後，劉氏主支宗族凝固力弱的時候，難得旁支如劉思友者尚重視宗誼，值得吾人重視。

至於前述彭城劉氏著房主支德威家族的殿軍人物劉仁師，他的發跡與整頓涇河上游有關。當他任涇河下游高陵縣令時，發現縣中灌溉所需之水爲涇原人築攔灞所奪；遂一面向宰相和御史交涉，一面對抗涇原豪強的壓力；經三、四年努力，終於爭取到由皇帝下令不許涇原人築灞奪水。事爲財政首長戶部侍郎所悉，遂予以重用，而在財政部門事業單位作事，茲引文如下：

君諱仁師……亦以籌畫干東諸侯，遂參幕府，歷尹劇縣，皆以能事見陟，率不時而遷。既有績于高陵，轉昭應令，俄兼檢校水曹員外郎、充渠堰副使，且錫朱衣銀章。計相愛其能，表爲檢校屯田郎中、兼侍御史，榦池鹽于蒲，錫紫衣金章。歲餘以課就，加司勳正郎中執法。理人爲能吏，理財爲能臣。一出於淸白故也[70]。

綜觀這三位劉氏財經官，我們可以歸結以下三點：其一、彭城劉氏族人中有

69 《北京圖書館藏中國歷代石刻拓本匯編》，補第1245號。

70 見《劉賓客集》（珂羅版影印宋紹興八年刊本），冊一，卷二，頁5B～7B。

人出仕財經官，符合一般財經官來源主力：沒落中的士族家庭成員[71]；其二、仁師、茂貞、以及思友三人似乎都具有財經才華（按：茂貞可透過頻頻調差並有所擢昇得証，思友以一位富翁受朋友之邀擔任短期財經官，那一點公職收入顯然不在他眼下，如果不是財經才華這點受知於朋友，他無需過拘束的公職生涯。）；其三、三位財經官中有兩人居官不長——一位不幸短命，另一位僅短期任職——儘管個人才華夠，但缺乏其他仕官優勢條件，故爾無法像一些官員因財經功勳而致位公卿甚至拜相的。仁師居官雖較長，以後有無更上層樓，則因史料湮滅不得而知。據〈宰相世系表〉，他的最後官職是司勳郎中。（參見表二）若然，則仁師一生努力實難望其先祖德威項背。

以上第三點須再贅言幾句。茂貞短命可以不論。至於思友如此長壽，兼之財力這般雄厚，彭城劉氏成員中尚不乏位居要津者，何以沒有人透過戚誼推薦他往財經官途發展？反之，如有人這樣作的話，這對提升彭城劉氏集團利益有莫大的助益。而屬著房主支的仁師任官過程，似乎更是憑藉個人才華而非親屬關係。因此，我們不得不懷疑，這其中與其說劉氏大員無一具政治慧眼，毋寧說彭城劉氏是個散漫的組織體，對於像思友和仁師如此好條件的成員也不知予以大力培植。其結果則任令思友空有個人才力和「財」能卻只能做些類似社會福利的事而已；而仁師雖在吏幹方面能力很強，但在升遷方面也不是很有利。劉思友和劉仁師的官場作爲，時在唐代中葉以後。

四、依附皇權的劉氏

上章第一節曾提到一種現象，即唐代前期劉氏旁支有成員在皇家宮廷從事一些庶務雜役的工作，顯示劉氏與皇家親近面。到了唐代後期這種現象益發明顯。在那些替皇家從事雜役的劉氏當中，有人因充當宮禁宿衛而有機會接近皇帝；幾代下來居然安排若干子姪去勢充當宦官，而最後竟能掌握禁軍指揮權。另外，有些劉氏子弟投效軍鎮的軍隊，居然有少數脫穎而出，而榮任軍鎮將帥。不管軍鎮

71 見拙作“唐代財經專家之分析——兼論唐代士大夫的階級意識與理財觀念”《中央研究院歷史語言研究所集刊》五十四本第四分，1983，頁179～208。

將帥或是宦官軍頭都是依附皇權的政治人物。這類劉氏旁支是否與劉氏著房主支在政治上有所串連，這是本章考察的重點。

㈠軍鎮將帥

安史之亂之前，彭城劉氏族人中有人不循文官系統去謀出路，而改走職業軍人路線，想憑軍功求發展。這是下階層民衆得以出人頭地的一條險路，然士族子弟也不乏謀取邊鎮帥府幕職一途、而後求得好出身的。到底劉氏成員憑藉武質才調從軍，而且爾後又能脫穎而出的有幾人呢？從現有殘存資料看，共得七位（皆不見於〈宰相世系表〉，他們可能屬彭城劉氏旁支）。其中有六位是安史之亂前就從軍的，有一位是亂後才參軍的。這七位代表七家家庭。本文關心的是，彭城劉氏這個家族集團有否因成員在軍中有一定影響力，而提升這個集團的社會聲望或政治地位呢？細檢這七位將領的出身和事功，我們只能說，彭城劉氏並非一個凝固力非常堅固的實體，作爲社會組織團體，它是非常鬆散，鬆散到幾乎不存在。基此，個別家庭的赫赫軍功其實質受益對象只限於這個當事者家庭。換言之，彭城劉氏這個金字招牌並無助這七家創業。相反地，這七家憑軍功或多或少使個別家庭興旺了，再追本溯源牽引出他們是名門望族之後的證明：彭城劉氏的郡望。以下舉例說明這一點。

首先，有三家是沒落士族之後。劉昌、劉昌裔、以及劉海賓這三位成功的軍人，都受到封爵和領有食封戶，他們的世代官宦情形如下：

全慶（汴州別駕）——達（徐州長史）——庭玉（白丁）——昌

承慶（朔州刺史）—巨敖（太原晉陽令）——誦（白丁）—昌裔

滔（徐州別駕）——元（澤州刺史）——海賓

另一位榮獲爵銜和實食封戶的將帥劉沔，有關他的家世，神道碑只說：「世爲將，習孫吳兵法。」[72]但我們只知乃父廷珍官至右驍衛將軍。這四人年輕時都設法力爭上游，企求有人賞識。如昌裔：「及壯自試以開吐蕃說干邊將不售，入三蜀從道士游。……浮沈河朔之間。建中中曲環招起之。」[73]再如沔：「少孤，客振武，節度使范希朝署牙將。軍中大會，沔捉刀立堂下，希朝奇之，召謂曰：

72 韋博作〈劉沔神道碑〉文，見《唐文拾遺》（台北，文海，1962）卷三一，頁454。

73 見《全唐文》（台北，匯文，1961）卷五六五，頁7260。

『後日必處吾坐。』」[74]後來沔離振武軍往依忠武軍帥李光顏，同樣備嚐艱辛：「初，沔爲忠武小校，從李光顏討淮西，爲捉生將。前後遇賊血戰，鋒刃所傷，幾死者數回。」[75]又如昌則稍好：「出自行間，少學騎射。及安祿山反，昌始從河南節度張介然，授易州遂城府左果毅。」[76]末如海賓：「以義俠聞于汧、隴之間，洎天下兵興以身許國[77]。」

另外三位即劉希陽、劉朝逸、以及劉自政等，他們的前三代甚或前四代都是白丁。家道沒落到似乎連提彭城劉氏都是沒有意義了。像朝逸父明德墓誌載：「寄食臨泉縣永吉村而業焉。曾祖及祖墜於譜籍，不錄其諱。」[78]。這段記載透露出兩則重要訊息：其一，到村落謀生，很可能是務農；其二，族譜上出現兩代除名的現象，表示該家在形式上已與彭城劉氏這個集團沒有干係。以上第二點似乎顯示族譜具有正式承認家族成員的會員名冊的功能，族譜上載有名字的人才算是彭城劉氏這個家族集團的一份子。朝逸父明德可能行伍出身，官至校尉，爲禁軍系統左武衛的中下級軍官，暫時兼代涇州四門府折衝都尉[79]。

以上七人就中五人其事業跟德宗朝涇原兵變事件、或是防衛涇原這個軍略要地多少有關聯。涇原兵變（七八三）時，海賓以涇原兵馬將被叛軍所殺；沔父廷珍扈從皇帝逃難有功，官至右驍衛大將軍；朝逸也是奉天定難有功，官至鎮軍大將軍。安史之亂後，唐朝將原來駐防在今新疆的兵力抽調回來，安置在長安西邊的涇原，這是一種收縮的邊防策略，從此變成定制。涇原變成長安的西方屏障門戶，此門一開，長安勢必不守。涇原戰略地位的突出，便是涇原兵變事件的地理條件。劉昌的事業之一便是曾防守涇原十五年使京西無虞。劉沔也守過涇原一段時間。而劉自政是涇原守將之一，他的主官別築一城，與臨涇城互爲犄角，派予自政專守之責，以功擢升雲麾將軍。

其餘兩位的功業則與涇原無關。劉希陽官至左金吾衛大將軍，他是防守洛陽

74 見《新唐書》卷一七一〈劉沔傳〉，頁5194。

75 見《舊唐書》卷一六一〈劉沔傳〉，頁4234。

76 見《新唐書》卷一五二〈劉昌傳〉，頁4070。

77 見《全唐文》卷七八四，頁10357。

78 見《北京圖書館藏中國歷代石刻拓本匯編》誌第2705號。

79 見劉琳"唐劉自政墓清理簡記"《考古與文物》5期，1983。

北方門戶河陽的一位統帥；劉昌裔的事業與駐守許州的忠武軍大有關聯，他從許州一員牙將而升至統帥，此其間長達十四年之久。

以上七人中，以劉昌和劉沔兩人軍功較盛。前者與汴州宣武軍[80]的創建有關。宣武軍的創建者是劉玄佐，本人不是汴州開封人，透過同姓關係重用開封本地人的劉昌助他成事。玄佐及其子便利用宣武軍周旋於河北安史餘孽集團和唐朝中央之間。劉沔的功勳除前述鎮守涇原有年之外，尚計有：憲宗時參與平定蔡州之役和防守河東；此外，武宗時更是參與平定澤、潞強藩軍事行動的要角之一。

以下我們要問：這些人的軍功對他們子孫有何幫助？劉昌蔭及二子，一爲右威衛騎曹參軍，另一爲右衛率府兵曹參軍，其中做兄長的尚娶了德宗一位公主，官至少卿，憲宗朝升爲正卿。劉沔有兩子蒙蔭，長爲右神策軍押衙、檢校太子詹事、蔣王府長史兼侍御史，次爲殿中侍御史、檢校司封員外郎。據載，沔另有二子，一爲杞王傅、御史中丞，另一爲光祿卿。[81]不知是否得益於劉沔軍功，待考。此外，劉希陽子官河陽軍散十將、試太常卿；海賓長子歷任太子詹事兼御史中丞、東都防禦左廂兵馬使，次子官至試太常卿，另子官至太子通事舍人。劉昌裔嗣子縱官光祿主簿，長子元一官淮南軍衙門將，另兩位兒子皆舉進士，就與軍功無關了。而劉自政和劉朝逸兩人功勳平平，則似乎無助其子孫的入仕。以上劉海賓、劉沔、以及劉昌裔後代似有文官化的跡象，惟不知其個別成功轉化情形。

以上七個家庭的葬地和遷徙情形又如何呢？首先，居地和葬地一致的有劉自政、劉朝逸父明德、以及劉希陽等三例，自政世代居地是涇州，葬地是當地藩原縣北三里小盧谷古龍莊東。朝逸父母死後，朝逸合葬其父母於居地附近，即永吉村西北二里平原西。前述永吉村屬臨泉縣，乃今山西省西部靠黃河邊上。事實上，該家原住在今陝西省的延州風臨縣（按：《唐書地理志》作豐林縣。）。「因草擾之故，移家此州。」[82]劉希陽私宅在河陽縣城內感義坊，葬地是洛陽縣故劉村崗。有趣的是他死後妻子仍住在他生前官舍，墓誌說乃妻於元和十年（八

80 有關宣武軍的研究成果迄今不彰，周寶珠"隋唐時期的汴州與宣武軍"《河南大學學報》1989年第一期，頁60～65，勉強尚可。

81 見《唐文拾遺》卷三二，頁468、469。

82 見《北京圖書館藏中國歷代石刻拓本匯編》誌第2705號。

一五）「終於河南府河陽縣清水店官舍。」[83]而希陽死於貞元十二年（七九六），足見希陽家人霸佔或權居官舍達二十年之久。

其次，居地和葬地分離的例子僅劉昌一例。劉昌的例子是這樣的：權德輿在他神道碑說昌彭城人，但正史則明載爲汴州開封人，而他的葬地是長安城郊某原。有關這家主觀認同的籍貫，我們不得而知，但其祖先遷出彭城後，至少有四代（包括昌在內）大概是居住在汴州開封城內。他後來鎭守長安城西面門戶涇原達十五年，從貞元三年（七八七）到貞元十八年（八〇二）死於任上止。很可能因長期官長安附近的關係，舉家西遷至長安城內也是有的。至少他的兩位兒子當京官，在京城不能沒有宅第。附帶一提的，劉昌孫景仁，於乾符五年（878）官至左神武大將軍。（見《通鑑》卷253，頁8002）可見該家長期居於長安，幾達百年之久。

最後，劉昌裔、劉海賓、以及劉沔等三例則只能說他們的駐防地（官舍）和葬地是不一致的，至於葬地是否即居地，尚難斷定。昌裔祖巨敖斷了當彭城人的念頭，試著當太原陽曲縣人[84]，但我們知昌裔被他的兒子葬在「河南某縣某鄉某原。」[85]多半是洛陽城郊北邙山，這似乎顯示他或其下一代不打算當陽曲人。海賓爲國捐軀，死後得到國葬的待遇，很可能被葬在長安城郊；幾年後乃妻田氏病故，海賓諸子特請朝廷准許將乃父屍骨運往洛陽，與乃母遺體一起合祔葬於北邙山的南原，離洛陽三十許里。韓愈寫的墓誌還特地指出劉家再一次享有同第一次的國葬典禮。[86]至於劉沔，權德輿寫的神道碑沒提到葬地。但我們從沔的孫子和孫女同死於乾符二年（八七五），都被葬在長安縣第五村，而且說是「先塋」[87]可以推知死於會昌六年（八四六）的沔，大概也被葬於同一地點；理由是沔的喪禮和沔孫男和孫女的喪禮是由沔兒子輩所料理，家族葬地在主事者那一代的時段裡不致變化太大才是。

我們必須注意以上葬在洛陽的兩個例子。劉昌裔是剛有資格和能力購買洛陽

83 見中央研究院歷史語言所圖書館藏拓片17936。

84 見《全唐文》（台北，匯文，1961）卷五六五，頁7260。

85 同上。

86 同上，頁7261。

87 見《唐文拾遺》（台北，文海，1962）卷三一，頁454；同書卷三二頁468。

墓園的新人，可以確定；劉海賓家族可能經營洛陽墓園已經好幾代了。因此，劉海賓家庭或許是寓居洛陽劉氏集團的一份子。還有，海賓後裔出現往文官專任的跡象，值得留意。

以上七人或社會地位不高一如平民，或地位雖高卻日趨沒落，然終能憑藉軍事才調揚眉吐氣，大者官拜封疆大吏，小者負責一城堡的安危。個個行伍出身經半生奮鬥有此成績，的確不容易。於此，我們必須指出，在彼輩力爭上游過程中，我們看不到彭城劉氏此一金字招牌有何助益，更遑論劉氏族人以同宗關係透過某京官成員的穿針引線、造成官場中互相呼應的形勢。我們認為這些人及其家人之所以標榜屬於彭城劉氏這個大家庭一份子，與其說是壯大家族聲勢的政治動作，毋寧說是類似尋根溯源的社會儀式行為。再者，這些人當年不惜冒險從軍，這個行為本身恐也與士族子弟的出身不相稱；而就在這個節骨眼上，眞正具有彭城劉氏身份的族人是否會承認他們為自家子弟也不無疑問。

㈡宦官世家

像這種飄零在社會底層的劉氏成員、自求多福的途徑尚不止從軍一途，甚至還有人婚後去當宦官的。當時具有士族家世背景的子弟等閒誰肯出此下策？固然唐代後期宦官在政界裡權勢薰天，[88]但一般士族子弟畢竟鄙視宦官，更別說墮落到去當宦官了。有趣的是這時期竟然有許多高舉彭城劉氏族徽的劉姓宦官（不見於〈宰相世系表〉，可能是彭城劉氏旁支），而皇帝賦予他們的權責，如所週知便是掌握禁衛軍。我們發現有三家單位家庭其成員中不乏服務於禁衛師旅者。

首先，其中一家提到改籍之事：「其先彭城郡人也……今為京兆府涇陽縣人也。」這是彭城劉氏宗族團體之延長，在此亦予討論。這家人第一位當宦官的叫劉柱，他官至右武衛長上折衝、左羽林軍宿衛、行內侍省內侍，乃祖和乃父都跟他一樣行伍出身而終至中下級軍官，祖則官至右領軍衛折衝都尉，父則官至左衛

88 有關唐代宦官的研究，可參考唐長孺"唐代的內諸司使及其演變"收在氏作《山居存稿》（北京，新華，1989）頁244～272；金奎皓"唐代宦官和樞密使"《東國史學》第14期，1980，本文談到憲宗以後宦官出任樞密使的情形；賈憲保"唐代樞密使考略"史念海主編：《唐史論叢》（西安，人民，1987）第二輯，頁215～227。此外，王壽南《唐代宦官權勢之研究》（台北，正中，1971）和傅樂成〈唐代宦官與藩鎮之關係〉兩書、文亦足資參考。

果毅都尉。柱有三子：一位名智，死於天寶二年（七四三），布衣終身；[89]一位名奉芝，也是位宦官，官歷如下：內坊典直、內府局丞、內府局令、內侍伯，死於上元元年（七六〇）；一位名奉進，乃弟奉芝死時官拜右監門衛大將軍伯。奉芝墓誌的作者是其從姪劉秦，時官拜行衛尉寺丞兼翰林院待詔。[90]據上可知這一家人的工作環境都環繞在權力核心所在地四周，而禁衛軍、內侍省、以及翰林院，乃是皇帝削弱宰相職權的三個重要機構。

另外一家，堂兄弟兩人均當宦官，其中一人名字失考，做到內侍省內侍伯退休，[91]另一位名遵禮，官至內莊宅使、行內侍省內侍。[92]這一家人世代出身禁衛軍將，後來進駐內侍省，這可由劉遵禮墓誌提及的先世和官歷清楚看出，茲列其世系和最後任官如下：

英（游擊將軍、守左武衛翊府中郎將）—弘規（左神策軍護軍中尉、行左武衛上將軍、知內侍省事、揚州大都督）—行深（開府儀同三司、內侍監致仕）

遵禮是行深第五子，其墓誌勞動同宗當朝宰相劉瞻所作。劉瞻以宰相身份肯爲同宗權宦寫墓誌，我們不能純以私誼去看待這個動作。遵禮死於咸通九年（八六八）遺有四子，時長子官至給事郎、內侍省內府局丞，次子官至宣徽庫家登仕郎、內侍省奚官局丞。這兩兄弟都是服務於內侍省的小宦官。而另一位逸名的老宦官，據今人考證是行深之兄行立[93]，死後遺有三子，前兩位當宦官，一位時官至威遠軍監軍、使行內侍省內僕局丞，另一位時官至內侍省內府局丞充內養[94]。上述遵禮父行深官拜樞密使，[95]這是當時全國軍政首長，墓誌不知何故不提，而只提內侍省首長的內侍監。據陳仲安考證，遵禮死後不久，乃父行深再度出山，出任左軍中尉，到僖宗乾符四年（八七七），才再以內侍省觀軍容、守內侍監職

89 見《北京圖書館藏中國歷代石刻拓本匯編》誌第2584號。
90 見同上，誌第5462號。
91 見《全唐文》（台北，匯文，1961）卷七五一，頁10464～65。
92 同上，卷七四七，頁9791～93。
93 據陳仲安"唐代後期的宦官世家"《唐史學會論文集》（西安，人民，1986），頁200。
94 見《全唐文》卷七九一，頁10465。
95 見《資治通鑑》卷二四七，頁7985。

位辦理第二次退休。陳氏又指出行深之弟行宣曾官內庄宅副使。最後，陳氏鄭重指出這一家劉氏三代盤踞宮禁達八十餘年之久[96]。

第三家，我們是透過劉英潤墓誌發現的。從英潤前三代的最後官歷，知該家先有人在折衝府任軍官，繼則與內侍省成不解之緣。爲方便說明茲列其先世和官銜如下：

待賓（昭武校尉、守綏州義合府折衝）—延祚（飛龍廄都判官、寶應功臣、行內侍省內常侍）—惟良（華清宮使、內侍省內常侍）[97]

英潤死於大和四年（八三〇），時官至左神策軍護軍中尉副使兼左街功德使，遺有子五人，其中長子和三子是宦官：時皆官拜內侍省內府局丞。

據上重建的史實，如不細究，還以爲這一支彭城劉氏旁支是宦官世家而非官宦世家呢。最早發現唐代有宦官世家現象的爲陳仲安，他考證出有六個宦官世家，但卻不知尚有劉柱和劉英潤這兩家宦官世家。而且，他認爲這些家庭父子之間完全不是血緣關係而是養父和義子關係，則與本文此處發現不同。本文以爲這三家宦官世家第一代有了子嗣後才去當宦官，並在諸子中選兩三位續承其宦官職位。而其他非劉姓的五家宦官世家，則正如陳仲安所言，是一種假父假子的組合家庭。

以上九個劉氏家庭（扣掉劉海賓一家，只剩六個衛軍家庭和三個宦官家庭）的家業取向、是深深地依附皇權。以上九個家庭不僅納入國家體制的官僚體系之中，而且還更局限於官僚體系之中的衛軍與宦官，這一類的官僚與皇室最近，而其社會關係最薄弱，其結果每與皇家共存共榮、同生共死。在這種情形下，這九個家庭很難發展出以宗族利益爲導向的格局。因此，這些家庭儘管在政壇裡享有的權勢各自程度不等，但卻無意於壯大劉氏宗族力量，沒有跡象顯示他們齊集在劉氏宗族旗幟之下做一番事業了。

綜上兩章析論，歸納要點於下：第一，固然第三章指出，唐代政權建立，彭城劉氏從故鄉彭城遷出、並蝟集洛陽此一政治、社會中心，於是乎整個家族最閃

96 見陳仲安“唐代後期的宦官世家”《唐史學會論文集》（西安，人民，1986），頁201。

97 見中央研究院歷史語言所圖書館藏第01600、08601、17982號等拓片。

亮的兩個家族著房主支在性格上變成國家的文質官僚。但同時我們又發現，劉氏族人中又有人以另一副不同的面貌出現于唐代後期的政治舞台。那就是有些旁支或不惜冒險走武職仕途、或甘願去勢成爲宦官。這兩類劉氏成員不乏成功的例子，而這些成功的幸運兒在官僚體系中享有程度不等的權力。不論宮禁或軍鎭將領、或是宦官頭領，都是皇帝的私人勢力，因此，彭城劉氏已發展出別有一類人、在官僚體系中走依附皇帝個人路線。

第二，隋唐以來，彭城劉氏不少官員是屬於中下官階的族群。這一類人我們選出三種代表人物，其一，著房主支德威一系沒落中子弟如仁師者、其二，早就是旁支破落戶中人卻猶自力爭上游如茂貞者、以及坐食家產而不事進取如旁支思友者等三人爲代表；他們共同特出之處是試走有竄升機會的財經官的任官路線，只是未能成功罷了。思友的出仕乃朋友之助、而非宗親力邀所致，然爾後自行放棄利祿可以不論。仁師的昇遷源自長官賞識，茂貞家庭生活改善與妻族接濟有關，而都與宗親無關。劉氏宗親中功成名就者不是沒有。我們與其說那些成功的劉氏不願在道義上提攜仁師或茂貞，毋寧說那些成功的劉氏無一人屬於仁師或茂貞各自宗族範圍之內，故仁師和茂貞缺乏強大宗族所能給予的奧援。〔按：關於宗族範圍的問題在下一章有更進一步的析論。〕

第三，彭城劉氏至中晚唐之世政治地位始終屹立不搖的，僅著房主支劉禕之傳下的家系。這一家系是否因政治地位獨高，而以整體家族領袖自居，因而跟位居中下官階的族人，和依附皇帝私人勢力的族人有某種程度的來往呢？答案是否定的。將帥如旁支劉昌或劉沔輩雖與宰相著房主支劉滋差不多同時，但昌、沔長期隨軍駐防或轉戰於外地，他們跟劉禕之子孫難於聯繫，則可以理解。而武、宣、懿三朝正是宦官劉氏當紅之時，似乎劉氏旁支宦官也與劉禕之子孫沒有密切連繫。倒是另一著房主支劉瞻任相時，有結納劉氏宦官之意，惜他失權過速，此事終歸不成。簡言之，兩股勢力：國家文質官僚的劉氏和附從皇權勢力的劉氏，沒有合流的跡象。

第四，宗親之間互助乃個人社會奧援來源之一。劉滋和劉贊因出身世宦之家，官僚體系內基礎根深蒂固，陞官門路較沒落門戶的族人子弟爲多，勿庸贅論。劉瞻與宦官領袖宗人交結，顯示跨越宗族範圍內道義上來往關係〔按：下章對宗族範圍會有所析論。〕實在是因在既有權力結構中，彼此有權力互惠的需求，同宗的戚誼在此才發生作用。反過來，劉仁師例子顯示，由他個人上溯前五代，雖然與劉知幾家庭有遠親關係（參見表二），但若各個家庭因親屬疏遠而其宗族範圍亦隨之相對疏遠，到他這一代，已跟劉滋和劉瞻這兩家系殊少關連。他在上無父兄依仗、下缺宗親奧援之下，憑藉個人才華在官場中奮戰，故爾陞遷緩慢。

五、京寓劉氏宗族團體結構問題

㈠各家散居和各自營生

唐代兩京是當時高度都市化的兩大都會城，徙居兩京的劉氏家族無法像在彭城一樣聚族而居，乃是可以想像的事。事實上，京寓劉氏似以個別家庭爲單位、散居在長安和洛陽兩大城內。唐朝大體自高宗朝起，歷任皇帝經常在兩京輪流居住。此其間，只除了武則天朝（六八四～七〇五）因定都洛陽，從六八四年到七〇〇年未履長安一步之外，其餘時期是眞正的兩京制度。安史亂後雖皇室車駕不至洛陽[98]，但洛陽的宮殿設施依舊維持以備皇帝臨幸之用。一般豪門貴族追隨皇帝來往於兩京之間，通常兩京都有宅第可供用。彭城劉氏一些興旺的家族在兩京生活，自然也不例外。

一般墓誌提到墓主的死，往往會強調是否死在家中，如果是的話，又會進一步指出該家座落何處。這樣，我們意外得到劉氏當時各家散居京城的情形。雖然詳情因史料不夠完備而難以推斷，但大致上，劉氏的京居模式尚可約略得知。

先以長安城爲例。劉氏著房主支成員方面，劉延景於高宗和武后時的宅第爲安仁坊（出處見表四，下同），劉升於睿宗和玄宗時的宅第是在脩行里；劉知柔於玄宗時的宅第在道政坊，劉敦儒於德宗時的宅第在宣平坊。劉氏旁支成員方面，唐代前期，有劉守忠和一位不知名的劉某分別住在崇仁里兩處，玄宗朝禁衛將領劉感住在永興里；唐代後期，兩家宦官世家，即劉英潤和劉仕偕父子，以及劉智和劉奉芝兄弟都住在輔興里不同的兩處，另一宦官世家劉行立和劉遵禮伯姪

98 參見嚴耕望《唐代交通圖考第一卷》（台北，中央研究院歷史語言所，1985），頁17。

則住在來庭里，大將劉沔住在昇平里，基層地方官劉崟宅設懷德里。以上十二家分別住在安仁坊、脩行里、道政坊、宣平坊、崇仁里、永興里、輔興里、來庭里、昇平里、以及懷德里等十個不同的里坊。而即使不同的兩家同住一里，比鄰而居的機率恐怕不大。

再者，以上十個里，分屬首都五個功能區：（1）昇平、脩行、安仁、宣平、以及道政等里坊，屬於官僚住宅區；（2）來庭和永興里兩里屬於拱衛政治中樞區的兩個特殊里，分別是內侍和禁衛軍的居住區；（3）崇仁里位處商業區內；（4）輔興里緊鄰宮城西面，當有拱衛中樞的作用；（5）懷德里位處西市西側，屬於庶民區內一里[99]。以上諸里中，昇平里值得我們一提。原來昇平里是長安城的制高點，具有戰略性的一個地方[100]。大將劉沔設宅於昇平里，不知是否經刻意安排，非關本文主題，可以勿論。

以上諸劉各自不同的身份和地位，正好與他們居住社區環境相當吻合。（請參閱表四）同居一城的諸劉儘管具有同宗關係，但因階層分劃、或職業分劃的作用使各家居於不同性質的社區。而不同社區的居處，代表不同的生活圈。於此，階層性、職業性因素強過同宗關係的因素；因此諸劉的來往不像是依同宗關係、而像是依階級畫分、職業畫分的原則在運作。所以，以下結構性居處條件決定了同宗之間的來往不可能太密切。茲將上述十個里標示在都市功能區分圖上如下：

99 有關長安都市結構問題，參見布目潮渢和妹尾達彥“唐代長安の都市形態”收在布目氏編《唐宋時代の行政・經濟地圖製作研究報告書》（大阪，大阪大學，1981），最具參考價值。

100 參見雷家驥《李靖》（台北，聯鳴，1980），頁32。

圖二　唐代後期長安城都市功能區分圖

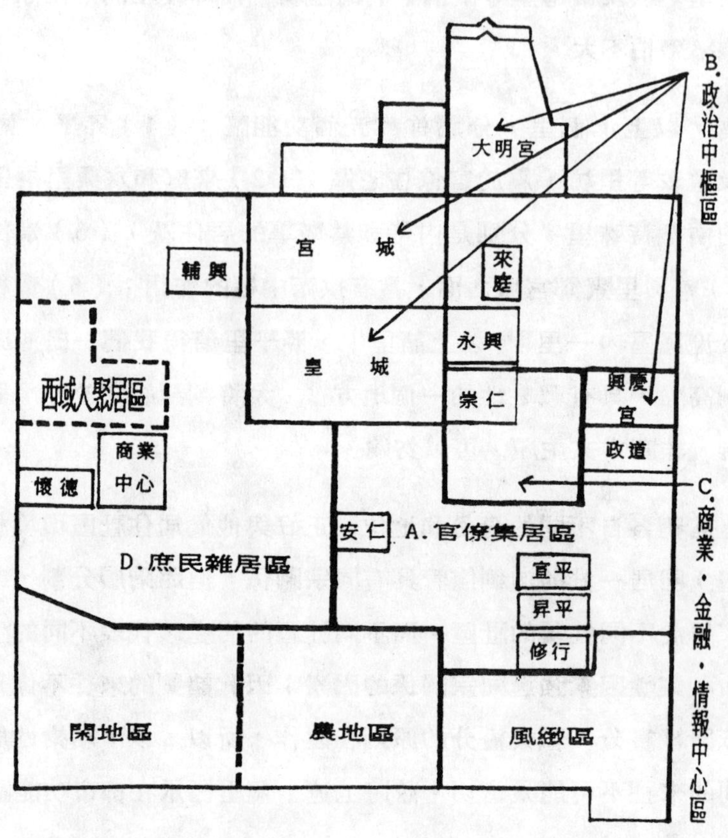

說明：(1) 本圖依徐松《兩京城坊考》和布目潮渢〝唐代長安の都市形態〞一文圖11(頁76)製成。以上分區稱呼全依據日人布目氏之說法。

(2) 本文人物有關者，有官僚集居區、政治中樞區、商業・金融・情報中心區、以及庶民雜處區，分別用A、B、C、D標示。

(3) 本文相關的十個里，都加以清楚標示。

(4) 唐代宮殿區，由大明宮、宮城、皇城、以及興慶宮所組成。

表四 人物住區與身份貼切表

住區	里坊	人名	人物身份	資料出處
官僚區	安仁	劉延景（著房）	大京官	《城坊考》v2,p34
	脩行	劉升（著房）	大京官	史所17840、24109 北京誌2419
	道政	劉知柔（著房）	大京官	《城坊考》v3,p79
	宣平	劉敦儒（著房）	小京官	《城坊考》v3,p73
	昇平	劉沔	大將	《拾遺》v31,p454
內侍·禁衛區	永興	劉感	禁軍將帥	史所05971、05974、01554 北京顧536
	來庭	劉行之、劉遵禮 伯姪	兩位宦官頭領	《全文》v791,p10464 《全文》v747,p9793
	輔興	劉英潤、仕偱父子 劉智、劉奉芝兄弟	宦官頭領及其子 宦官頭領及其兄	《拾遺》v43,p467 北京誌5462 史所01600、08601、17982
商情區	崇仁	劉守忠	祕閣曆生，祖爲隋縣令 父爲唐王府幕僚	《拾遺》v64,p829
	崇仁	劉口	不明	待考
平民區	懷德	劉崟	基層地方官	《全文》v757,p9945

說明：⑴《城坊考》、《全文》、以及《拾遺》分別爲《兩京城坊考》、《全唐文》、以及《唐文拾遺》之簡稱。

⑵「史所」指「中央研究院歷史語言所藏拓片」，其後爲單張拓片之編號。

⑶「北京」指「北京圖書館藏拓片」，其後爲單張拓片之編號。

再說洛陽。我們發現十二個家庭分住以下十個不同的里坊：綏福里、道化坊、思恭里、陶化里、從善坊、清化里、殖榮里、道光里、脩義坊、以及嘉善坊。活到八十五歲的劉祿（六四六～七三一）和壽高八十一歲的劉思友（七八八～八六九）都住在綏福里，劉德師（五八七～六六九）住在陶化里，劉茂貞（七八六～八三〇）住在道化坊，劉明（六〇七～六七〇）和一位迄未出嫁的劉氏（五八〇～六六三）都住在嘉善坊。此外以下四人，劉胡（六二四～六九九）、劉玄豹（六六七～七五四）、劉洪預（六二五～六九七）和高娩丈夫劉某（按：天寶年間有其蹤跡），分別住在清化里、道光里、脩義坊、以及殖榮里等四個里。另外兩家則需加以說明。劉敦儒乃劉知幾曾孫，住在從善坊，這是據權德輿表彰敦儒奏狀得知，而且也知德宗朝該家住在該坊[101]。是否可因此推論武則天、中宗、睿宗時期該家就住在從善坊？我們沒有把握。但以當時劉知幾一直任職中央，洛陽不能沒有宅第。經查《唐兩京城坊考》知，劉知幾先後設宅於歸德坊和從善坊。[102]劉摶妻孔氏死在思恭里私舍，我們據以推斷這一劉家住在思恭里，應屬合理。

以上是經由墓誌拓片取得的訊息，而《唐兩京城坊考》也有一些彭城劉氏的婚姻和京居資料。除了前述劉知幾的宅第之外，劉知柔住在康俗坊；劉刺夫住過敦化坊[103]。劉禕之傳下的子孫中當數劉知柔成就最高。知柔為知幾之兄，兄弟兩人各有宅第，並不住在一起。

以上十四人被我們查到在洛陽有宅第，其中劉玄豹任官禁衛軍統帥，劉知柔（著房主支）官工部尚書，劉敦儒（著房主支）官禁衛軍參軍，都在長安有宅第，得知他們三位在兩京維持雙家制度。另外，誠如前述，劉延景（著房主支）、劉升（著房主支）、以及劉昌裔在洛陽的宅第雖因資料欠缺無法斷定何處，但三人均在長安任高官，故知也是維持雙家制度的兩個著例。再有，劉思友、劉洪預、以及劉國除在洛陽置產之外，分別在洛陽都會區的緱嶺、陽武、以及陳留郡另有私宅一座，這也是雙家制。所不同的，第二個家宅設在洛陽以東，而非以西的長安。

101　見權德輿《權載之文集》卷四六，頁274。

102　見徐松《唐兩京城坊考》（上海，商務，1936），卷五，頁156、169。

103　同上，頁156、157。

㈡德威家系例解

明瞭了劉氏族人即使同住在京城，但並非維持聚族共同營生的形態。接著我們想要知道：以單戶作家庭營生單位而言，這裡面可以容納多少家族成員生活於其間？例如彭城劉氏著房主支史書載：「德威閨門友穆，接物寬平，所得財貨，多以分贍宗親。」[104]從德威散財給宗親行爲看，大有自居宗族領袖的況味，至少這是敬宗恤族的表示。此外，尚有共財的一點跡象，惟不知宗親範圍有多大。

抑有甚者，這一家庭還儘可能維持龐大人口同居的情事。史書敘及德威死後，長子審禮襲爵，寧可令自家妻子過窮苦生活，將所得俸祿送與繼母，而使繼母弟延景無缺衣食。審禮不僅奉養繼母一家而已，他自家的負擔相當驚人：「再從同居，家無異爨，合門二百餘口，人無間言。」[105]。

徐敬業反武則天時，德威姪延嗣遭徐敬業所俘，延嗣在拒降辭中有云：「延嗣世蒙國恩，當思效命，州城不守，多負朝廷。終不能苟免偷生，以累宗族，豈以一身之故，爲千載之辱。今日之事，得死爲幸。」[106]此處，延嗣臨死以宗族榮辱爲念，極值我們注意。

且根據以上的線索、推敲德威家族如何在首都過其宗族生活？首先，我們再複習一遍上舉德威、審禮、延嗣等三人在家庭結構中的地位。根據表二那個世系表，我們將三人相關地位標示如下：

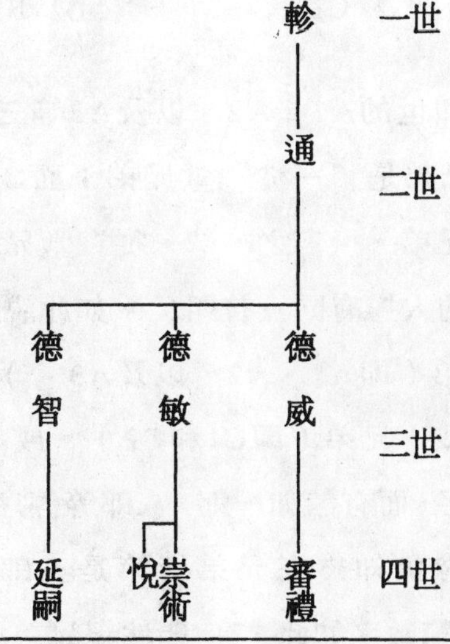

104 見《舊唐書》卷七七，頁2677。

105 同上，頁2678。

106 同上，頁2678～2679。

據此簡圖，知延嗣對審禮而言，是“一從”的堂兄弟。延嗣在被徐敬業所俘拒降時，德威和審禮都已逝世。因此，延嗣口中的宗族範圍自是不涵蓋這簡圖中的德威和審禮父子。但德威和審禮的家屬應大體都在，這些人理論上可以是延嗣口中的宗族成員。本文主張，所謂「再從同居」的家庭單位、可能是當時士族大家庭居處首都、所能發展出的家庭成員最大容量的生活憑藉。宗族型態超過一點或少一點大體都屬於這種結構範疇。現在用理想型圖例來表示「再從同居」的家庭結構如下：

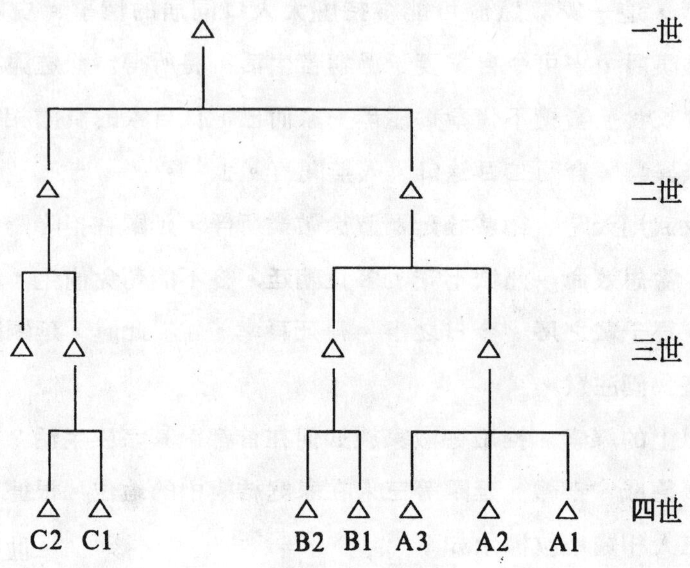

我們試以第四世的A1、A2、以及A3等三親兄弟作爲基點，B1和B2兩位親兄弟之於A記三兄弟是“一從”堂兄弟；而C1和C2兩位親兄弟之於A記三兄弟則爲“再從”堂兄弟。換言之，“一從”堂兄弟關係的人擁有同一祖父；而“再從”堂兄弟關係的人擁有同一曾祖父。如此說來，這種「再從同居」形態的家庭成員包括同父兄弟（即A1、A2、以及A3。）、同伯（叔）兄弟（即B1和B2）、以及同堂伯（叔）兄弟（即C1和C2）。或許這樣的關係，唐代同輩兄弟在親屬稱謂上採用數字，而有諸如一郎、八郎等等序列般的稱呼，可能是以同居兄弟作爲序列的對象。像劉知幾在兄弟行第是五郎，子秩是十六郎，曾孫敦儒是三十二郎。[107]以上行第數字如此之高，顯然親兄弟之外，還包括一從兄弟，甚或再從兄弟。

107　見岑仲勉《唐人行第錄》（台北，九思，1978），頁156，158，和159。

㈢禕之家系例解

關於「再從同居」之事，讓我們再舉彭城劉氏著房主支劉禕之家系爲例。《新唐書》作者將彭城劉氏劉延祐獨立出來、置於卷二〇一〈文藝傳〉上。實際上，延祐雖進士及第，但時人重視的是他吏幹這方面才調，而傳文中撰述重點是他事功。假定他有文學才華，而且有所表現的話，何以史家會漠視他文學方面的成就？原來環繞在延祐四周的家人都有文學成就，諸如其伯父胤之，從弟藏器子知柔俱有文名。這篇延祐傳文及其附傳中，牽涉上舉四人，但只有胤之和知柔是合乎文藝傳立傳標準。這使我們懷疑，當初史家在選材上可能著重家族人物合傳這個角度。我們試取表二有關上述四位劉氏的世系位置，再圖示如下：

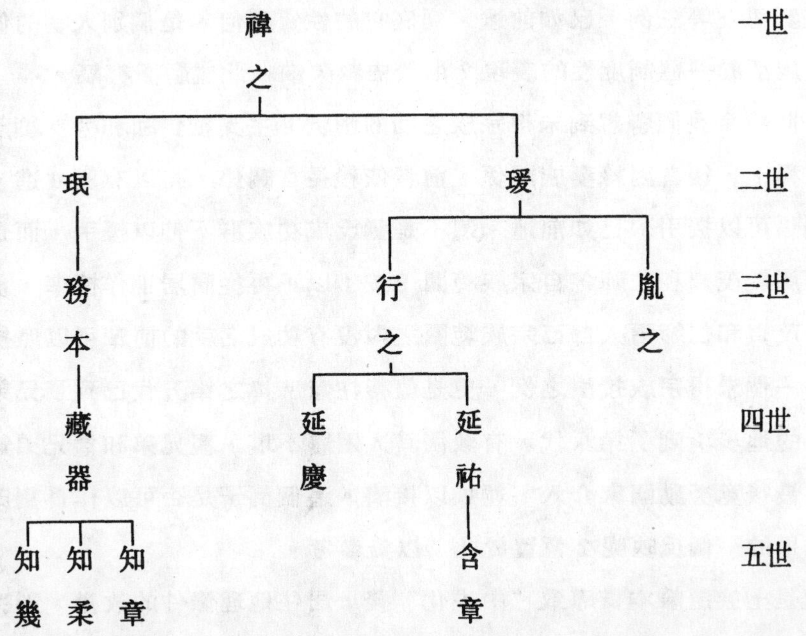

〈劉延祐傳〉在筆法上，先述延祐伯父胤之，繼言其堂弟藏器；這樣的寫法很可能反映以下一個事實：這三人在生活上有很密切的來往關係，非徒血緣上有關係而已。以延祐作中心，胤之是他長輩，藏器是他同輩，知柔是他後輩，這在年齡層上構成可以來往的絶佳條件。可惜史無明文，無法進一步確定上舉四人有過同居關係。不過，這一支由禕之傳下來的家系，到知柔這一代其家族凝聚力如何待考。傳文載知柔「居親喪，廬墓側，詔築闕表之。」[108]就不知這座墓是在洛陽抑彭城？然而，前述已指出知柔這一代，兄弟是異居的。還有，知幾長子貺年輕時犯罪遭遇流刑，其後雖獲返京，但官位上已難有爬昇機會；貺子浹白丁終身[109]。浹子敦儒爲窮所困，然因孝行感人，十年內分獲兩任東京留守褒獎，並獲致一個低級官位以改善家計[110]。這使我們懷疑知柔和知幾這一代已徹底分產，而且，兄弟之間道義上的來往似乎不包含已沒落的兄弟。沒落的兄弟彷彿不被興旺的兄弟承認爲家族成員似的。所以，爾後劉禕之家系的宗族圈的運作不循「再從同居」原則，已可確定。

談到濟族的問題，整個彭城劉氏隋唐三百年來，我們只發現主支劉德威和劉瞻、旁支劉思友等三例，已如前述。到底它的性質爲何，是個別人物的偶發性情形、抑宗族活動一種制度性的表現？由於史料欠缺，此處暫予存疑。

此一問題令我們聯想到未得宗族之助的兩例。主支劉仁師和旁支劉茂貞在振興宗族過程上，後者因緣妻族關係，前者依賴長官關係，得以有所寸進。他們缺乏宗族關係可以援引，已如前述。這不是劉氏成功族群不伸以援手，而是這些官宦諸劉不屬於茂貞和仁師各自宗族範圍〔按：以「再從同居」作標準。〕之內。換言之，茂貞和仁師兩人自己宗族範圍之內沒有功成名就的前輩可以照拂他們。此外，另一個未得宗族接濟之例，更是值得注意。禕之第五代已到了兄弟異居、宗族益小的地步；到了第八代，有敦儒其人困窘不堪，親兄弟和堂兄弟無一人出面接濟，最後竟勞動國家介入，並加以接濟。這個例子是否可以作爲劉氏宗族一縮再縮結果的一個反映呢？暫置於此，以資參考。

以上是士族遷離本貫導致“中央化”後，居住地理條件的改變，影響到宗族範圍的縮小，四代同房可能是唐代士族京居生活擁有家口的最大極限。久而久之，這樣一種家庭成員結構就成了士族制度的一個新的社會基礎，較之從前唐代士族制的社會基礎薄弱多了。大約安史之亂前夕，彭城劉氏最興旺的劉禕之傳下家系都不再是「再從同居」的家族。宗族範圍益加縮小，而士族的社會基礎益形

108 見《新唐書》卷二〇一〈劉延祐傳附知柔傳〉，頁5733。

109 見《新唐書》卷一三二〈劉子玄傳〉，頁4522。

110 見權德輿《權載之文集》卷四六，頁274。

薄弱不堪。

比較彭城劉氏在彭城和洛陽前後時期宗族結構，我們發現前期採聚族集居方式，後期則採宗族圈縮小、且各家散居方式；若論動員同宗的能力，顯然前一方式優於後一方式。不過，若論集體行動的產生，我們不能只考慮居處環境變遷此一因素，還與情勢因素有關。讓我們回顧一下主支劉權和主支劉德威所主導下宗族活動興盛的時機。然而他們得以號召族人共同赴事、做一番事業，跟他們長久不離本鄉，有其深厚社會基礎是有關聯的。

然而，族人之所以追隨其後，恐怕也與外在誘因有關。反隋行動有其投機性，成則獲取暴利。這是從領袖人物因素和追隨者之因素去設想。隋唐以前，南北對立之餘，北方政治舞台是東、西分治的形勢；就在北周、北齊對立態勢下，劉權趁機號召族人組成武裝團體，遂分享到政治資源。隋唐之際，劉德威走同樣的路，然比劉權更有過之。唐代以來，前期別無機會可供族人樂於動員武裝。後期，李唐政權不穩，劉氏宗親以居洛陽者爲最多，惟長期處於一片散沙狀態，早已不復當年具備足供動員的客觀條件。

其次，以彭城爲重心時期，劉氏在居處形態上雖採集居式，但若在外在利益誘因不高情形下，呈現的也是各自爲政的情形。後來以洛陽爲重心時期，這種各自爲政的宗族團體活動潛在基因，更是表露無遺。

第三，宗親力量得以有效動員，端視所選定的行動其可能帶來的利益是否能滿足全部成員而定。以劉德威爲例，他率宗親協助李唐建國，所獲得的政治資源之可觀，爲彭城劉氏歷次發動集體行動所僅見。然而，他與其所部在禁不住政治利益誘惑之下，樂於納入國家編制，從此劉家軍轉化成國家正式編制的一支軍隊。彭城劉氏的社會力量遂漸瓦解。德威的例子是否可做爲中國社會因素易爲國家因素所乘的著例之一，有待收集更多的例證，才能多作解說。但不論如何，彭城劉氏最興旺的兩家系，似乎均在洛陽發展出「再從同居」的宗族團體形式。然而德威一系禁不起政治迫害和玄孫夭折的連番打擊，士族門戶也支撐不了。禕之一系降及第五代變成兄弟異居的形態，宗族勢力益發薄弱。

最後宗族集居是有利於宗人集體行動的發軔，但情勢所蘊涵的利益誘因大小則決定集體行動的陣容大小。以此觀之，徙居洛陽採散居的彭城劉氏、一則主支與諸小支之間少有聯繫，二則長期缺乏利益誘因的機會，想要有所集體行動可是難上加難了。

爲了清楚地表達以上四點，茲作簡表於下：

階段＼	(1)居處形式	(2)社會利益誘因	(3)國家權力
彭城時期	集居	時有時無	國家優勢時有斷續
洛陽時期	散居	長期缺乏	國家優勢持續

本文試採居處形式、社會利益誘因、國家權力等三因素，在這些因素交互影響之下，劉氏宗族活動的整體現象爲：前一時期（彭城時期）宗族活動旺盛，後一時期（洛陽時期）則日趨沈寂。

六、結　論

唐代以前劉氏數百年的宗族基業、並未在不同政權中，因國家的挑戰而不支，以彭城爲劉氏宗族基地聚族式宗族結構都還在發生作用。這可能是拜國家優勢不得連貫之賜。因此，彭城劉氏是否能宰制一方，國家強弱是重要因素。當國家勢力不振時，劉氏宗族活力旺盛。

入唐以後，種種跡象顯示劉氏宗族處在一種分解的過程之中。就劉氏著房主支而言，這個分解過程大抵可分成三個步驟。第一個步驟：雖仍參加故居宗族儀式活動，但對中央政治的關注遠超過對家鄉事務的熱心。這時，生計方式由在家鄉賴祖產維生變成在京城支領國家薪資。第二步驟：六八九年事件導致以德威家庭爲首的家族喪失祖產繼承權，影響所及使得彭城號召力更加低落。這是由外在因素影響到宗族內部。第三步驟：主支兩系後裔先後採專任文官爲家族事業策略之後，以家族利益爲導向的格局自然形成，這種格局就與以宗族集團利益爲導向的格局判然殊途。經過以上三個步驟，洛陽取代彭城，成爲劉氏宗族成員主要匯聚之所。

唐代後期，劉氏成員以家族利益爲導向的格局益發明顯。首先就著房主支一些高級文官而言，他們呈現出只求追逐個人權位，沈浮在官僚體系內，而且憑自己才能干祿，並不足以照拂自家子弟。其次，就一些功成名就的旁支散戶而言，由於他們賴衛軍或宦官團體攀附皇權，所以他們以皇家利益爲首要考慮；在這種情形之下，倘若有人要求他們家業取向有益於宗族，猶如緣木求魚。再就一些力爭上游的沒落戶而言，他們在生活上或官途上都得不到宗親的奧援。劉氏直到高級文官成員和皇帝私人勢力成員有機會共事時，現實刺激雙方敘宗誼，然而，這個唯一敘宗誼的機會最後還是流產。

唐代中晚期，劉氏不論著房主支或是旁支都呈現人物凋零、甚或人物難以爲繼的現象，反映了官僚體系內圈內競爭的加劇。許多士族遭到淘汰，彭城劉氏只是其中一例。這非關本文重點。此事與本文有關的是，劉氏發展出以宗族集團利益爲導向的格局，演變成以家族甚或家庭爲生活單位在官僚體系內與人一爭雄長，並放手一搏，官僚體系內人物是無根的，雖可能有幾代任官，終究會消沈。這種劉氏成員在官場中紛紛失利，若就宗族全體角度看，可謂劉氏宗族精英受到減損，即令劉氏一衆成員一旦有機會復合，其回歸宗族的力量亦已損耗殆盡。

以上是就宗族動態的角度、考察了唐代彭城劉氏如何大批投向政界，其宗族精英沈浮於官僚體系之中，終究日趨消沈。以下則著眼於宗族團體結構來說明劉氏宗族基礎的脆弱性。京居的劉氏無法做到在鄉下般的聚族而居，只能採取散居的方式。本文以長安爲例，發現劉氏生活密切來往的對像不是同宗，而是同一階層或職業相同的人。此其一。第二，本文還發現唐初劉氏主支宗族結構是一種「再從同居」的方式。基本上，「再從同居」的宗族範圍是包括曾祖父家屬在內、四代同堂的自然家庭。這樣的宗族範圍比起彭城時期的宗族範圍小得多，因此，我們認爲劉氏入唐後宗族圈有縮小的傾向。這種情形到了盛唐再也維繫不下去，因爲我們發現劉氏有兄弟異居、以及不互相通財的現象。

以上有關彭城劉氏所反映出的京居士族樣態，是個別士族的獨特情形，抑具有相當代表性，可能還需累積更多的個案研究才能確定。自來家族成員分合不定，什麼情況會因同宗關係而團聚成一凝固的血緣團體；相反地，什麼情況同宗

戚誼會淡薄，而此血緣團體趨於瓦解？中古彭城劉氏或可以提供一個答案。

（本文於一九九二年三月十二日通過刊登）

參考文獻

一、正史與古籍類

《舊唐書》、《新唐書》、《魏書》、《周書》、《北齊書》、《隋書》（台北，鼎文標點本）、《資治通鑑》（台北，世界，1969再版）、《欽定全唐文》（台北，匯文，1961）、《唐文拾遺》（台北，文海，1962）、《唐文續拾》（台北，文海，1962）、《元和郡縣圖志》（京都，中文出版社，1977再版）、《權載之文集》（四庫叢刊本）、《唐兩京城坊考》（上海，商務，1936）、《史通》（台北，世界，1969）

二、碑銘類

《古誌石華》收在《石刻史料新編》第二輯（台北，新文豐，1979）、《芒洛冢墓遺文》收在《石刻史料新編》第一輯（台北，新文豐，1977）、《關中金石文字存逸考》收在《石刻史料新編》第二輯（台北，新文豐，1979）

三、專書論文類

毛漢光　《中國古代社會史論》（台北，聯經，1988）

———　《中國中古政治史論》（台北，聯經，1990）

———　《唐代墓誌銘彙編附考》第七冊（台北，中央研究院歷史語言研究所，1987）

———　《唐代墓誌銘彙編附考》第九冊（台北，中央研究院歷史語言研究所，1987）

———　《唐代墓誌銘彙編附考》第六冊（台北，中央研究院歷史語言研究所，1988）

———　《唐代墓誌銘彙編附考》第八冊（台北，中央研究院歷史語言研究所，1989）

———　“關隴集團婚姻圈之研究”，《中央研究院歷史語言研究所集刊》第六十一本第一分，1991。

——— “隋唐政權南朝舊族之仕進憑藉與途徑”，《第一屆國際唐代學術會議論文集》，1989。

王壽南 “從陸宣公翰苑集看唐德宗時代的政治”《國際漢學會議論文集》（台北，中央研究院，1981）

——— 《唐代宦官權勢之研究》，《台北，正中，1971）

田餘慶 “漢魏之際的青徐豪霸問題”，《歷史研究》，三期，1983。

任育才 《唐德宗奉天定難及其史料之研究》（台北，中國學術著作獎助委員會，1970）

余 遜 “讀魏書李沖傳論宗主制”《中央研究院歷史語言研究所集刊》第二十本下，1948。

李樹桐 《唐史索隱》（台北，商務，1988）

岑仲勉 《唐人行第錄》（上海，中華，1963二版）

周寶珠 “隋唐時期的汴州與宣武軍”，《河南大學學報》，一期，1989。

武則天研究會 《武則天與乾陵》（陝西，三秦出版社，1988）

吳光華 “唐代幽州地域主義的形成”，收在淡江大學中文系主編《晚唐的社會與文化》（台北，學生，1990）

黃永年 ““涇師之變”發微”，《唐史論叢》第二輯，1987。

陳寅恪 《陳寅恪讀書札記·舊唐書新唐書之部》（上海，古籍出版社，1989）

——— “論李栖筠自趙徙衛事”，《中山大學學報》1956，10。

——— “李德裕貶死年月及歸葬傳說辨證”，《中央研究院歷史語言研究所集刊》第五本第二分，1935。

陳其南 《家族與社會》（台北，聯經，1990）

陳嘯江 “魏晉時代之『族』”，國立中山大學研究院，文科研究所歷史部，史學專刊一卷一期，1935。

陳仲安 “唐代後期的宦官世家”，《唐史學會論文集》（西安，人民，1986）

唐長孺 《山居存稿》（北京，中華，1989）

—— 《魏晉南北朝史論叢》（北京，三聯，1955）

賀昌群 “評唐長孺《魏晉南北朝史論叢》”，《歷史研究》，十一期，1956。

賈憲保 “唐代樞密使考略”，收在史念海主編：《唐史論叢》第二輯（西安，人民，1987）

魯才全 “《唐昭武校尉曹君（通）神道碑》跋”，武漢大學歷史系《魏晉南北朝隋唐史資料》，五期，1983。

—— “《蓋藩墓誌》考釋”，《魏晉南北朝隋唐史資料》，七期，1985。

雷家驥 《唐代中央權力結構及其演進》（文化大學史研所博士論文，1979）

—— 《李靖》（台北，聯鳴，1980）

傅樂成 《漢唐史論集》（台北，聯經，1977）

劉淑芬 “六朝會稽士族”，《中央研究院歷史語言研究所集刊》第五十六本第二分，1985。

劉太祥 “試論唐德宗施政方略”《南都學壇》卷十一，三期，1991。

韓國磐 “唐憲宗平定方鎮之亂的經濟條件”，《學術論壇》，三期，1957。

龐聖偉 “論三國時代之大族”《新亞學報》六卷，1964。

嚴耕望 《唐代交通圖考第一卷》（台北，中央研究院歷史語言研究所，1985）

蘇紹興 《兩晉南朝的士族》（台北，聯經，1987）

盧建榮 “唐代財經專家之分析——兼論唐代士大夫的階級意識與理財觀念”，《中央研究院歷史語言研究所集刊》第五十四本第四分，1983。

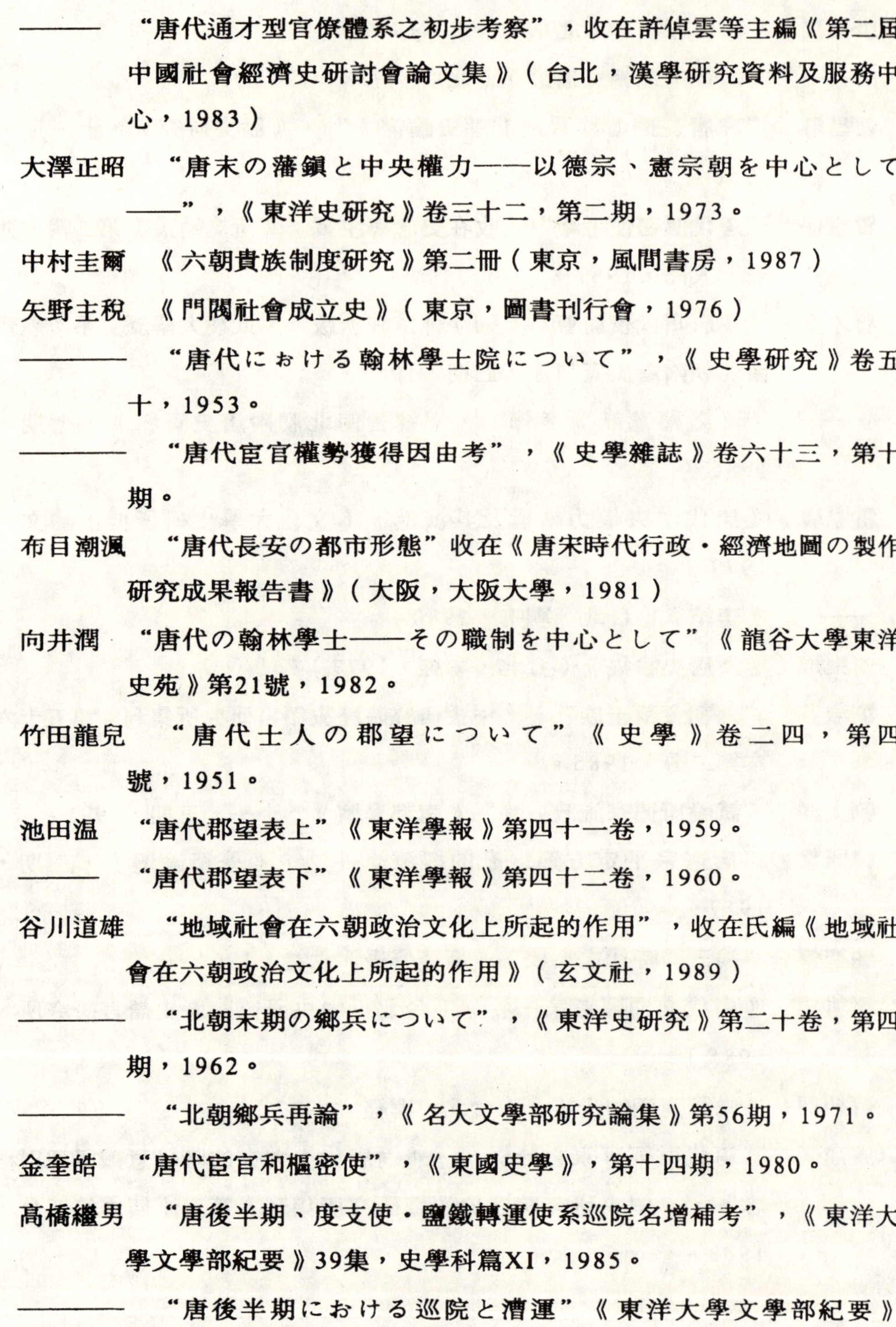

——— “唐代通才型官僚體系之初步考察”，收在許倬雲等主編《第二屆中國社會經濟史研討會論文集》（台北，漢學研究資料及服務中心，1983）

大澤正昭　“唐末の藩鎭と中央權力——以德宗、憲宗朝を中心として——”，《東洋史研究》卷三十二，第二期，1973。

中村圭爾　《六朝貴族制度研究》第二冊（東京，風間書房，1987）

矢野主税　《門閥社會成立史》（東京，圖書刊行會，1976）

——— “唐代にぉける翰林學士院について”，《史學研究》卷五十，1953。

——— “唐代宦官權勢獲得因由考”，《史學雜誌》卷六十三，第十期。

布目潮渢　“唐代長安の都市形態”收在《唐宋時代行政·經濟地圖の製作研究成果報告書》（大阪，大阪大學，1981）

向井潤　“唐代の翰林學士——その職制を中心として”《龍谷大學東洋史苑》第21號，1982。

竹田龍兒　“唐代士人の郡望について”《史學》卷二四，第四號，1951。

池田温　“唐代郡望表上”《東洋學報》第四十一卷，1959。

——— “唐代郡望表下”《東洋學報》第四十二卷，1960。

谷川道雄　“地域社會在六朝政治文化上所起的作用”，收在氏編《地域社會在六朝政治文化上所起的作用》（玄文社，1989）

——— “北朝末期の鄉兵について”，《東洋史研究》第二十卷，第四期，1962。

——— “北朝鄉兵再論”，《名大文學部研究論集》第56期，1971。

金奎皓　“唐代宦官和樞密使”，《東國史學》，第十四期，1980。

高橋繼男　“唐後半期、度支使·鹽鐵轉運使系巡院名增補考”，《東洋大學文學部紀要》39集，史學科篇XI，1985。

——— “唐後半期における巡院と漕運”《東洋大學文學部紀要》36集，史學科篇VIII，1982。

———— “唐後半期に於ける度支使・鹽鐵轉運使系の設置について”，《集刊東洋學》30期，1973。

菊池英夫 “北朝軍制における所謂鄉兵について”，收在《重松先生古稀紀念論文集》(九州大學東洋史論集，1957)

愛宕元 “唐代范陽盧氏研究——婚姻關係を中心に”，收在川勝義雄、礪波護主編《中國貴族制社會の研究》(京都大學人文科學研究所，1987)

Charles A. Peterson, “The Restoration Completed : Emperor Hsien-tsung & the Provinces”，收在 Arthur F. Wright & Denis Twitchett edit, *Perspectives on the T'ang*, New Haven: Yale Univ., 1973.

Wolfram Eberhard, *Conquers & Rulers : Social Forces in Medieval China,* Leiden, Second Published 1965.

四、墓誌拓片類

劉　皆　故宮博物院藏本拓片第05114號。

劉　氏　《唐代墓誌銘彙編附考》第六冊，第518片。

劉　通　中央研究院歷史語言研究所圖書館藏拓片第01480號。

劉守忠　《唐代墓誌銘彙編附考》第八冊，第789片。

劉　儉　北京圖書館藏拓片誌第1609號。

劉德師　《唐代墓誌彙銘編附考》第七冊，第690片。

劉德潤　《唐代墓誌銘彙編附考》第七冊，第688片。

劉　明　《唐代墓誌銘彙編附考》第七冊，第691片。

劉善寂　中央研究院歷史語言研究所圖書館藏拓片第14007、14399、17019等號；北京圖書館藏拓片誌第1580號。

王劉氏　中央研究院歷史語言研究所圖書館藏拓片第14007、17019等號；北京圖書館藏拓片誌第1600號。

劉洪預　中央研究院歷史語言研究所圖書館藏拓片第17001、24302等號；北京圖書館藏拓片誌第1653號。

劉　胡　中央研究院歷史語言研究所圖書館藏拓片14051、14052、14444、17666等號；北京圖書館藏拓片誌第1705號。

劉　仁　中央研究院歷史語言研究所圖書館藏拓片第01511號；北京圖書館藏拓片誌第4831號。

邢劉氏　中央研究院歷史語言研究所圖書館藏拓片第01511號；(劉達)北京圖書館藏拓片誌第4831號。

劉易從　中央研究院歷史語言研究所圖書館藏拓片第13478號；北京圖書館藏拓片誌第1912號。

劉　升　中央研究院歷史語言研究所圖書館藏拓片第13034、13569等號；北京圖書館藏拓片誌第2419號。

劉　穎　中央研究院歷史語言研究所圖書館藏拓片第13034、13569等號；北京圖書館藏拓片誌第2427號。

劉　遼　北京圖書館藏拓片章第1978號。

劉？　中央研究院歷史語言研究所圖書館藏拓片第16698、23640等號。

李劉氏　北京圖書館藏拓片顧第2082號。

劉　愼　中央研究院歷史語言研究所圖書館藏拓片第16738號；北京圖書館藏拓片裱第2174號。

劉　祿　中央研究院歷史語言研究所圖書館藏拓片第16751號；北京圖書館藏拓片章第4776號。

劉秦客　中央研究院歷史語言研究所圖書館藏拓片第13626、16811等號；北京圖書館藏拓片誌第2277號。

劉　國　中央研究院歷史語言研究所圖書館藏拓片第19088號；北京圖書館藏拓片誌第2534號。

劉　智　北京圖書館藏拓片誌第2584號。

高娩丈夫劉某　中央研究院歷史語言研究所圖書館藏拓片第17819、23923等號；北京圖書館藏拓片顧第2478號。

劉　感　中央研究院歷史語言研究所圖書館藏拓片第05971、05974、01554等號；北京圖書館藏拓片顧第536號。

劉玄豹　中央研究院歷史語言研究所圖書館藏拓片第17836號；北京圖書館藏拓片章第991號。

劉奉芝　北京圖書館藏拓片誌第5462號。

陽劉氏　中央研究院歷史語言研究所圖書館藏拓片第16589、23941等號；北京圖書館藏拓片誌第2680號。

吳劉氏　北京圖書館藏拓片誌第2687號。

劉明德　北京圖書館藏拓片誌第2705號。

劉希陽　中央研究院歷史語言研究所圖書館藏拓片第17936號；北京圖書館藏拓片誌第2851號。

劉　建　中央研究院歷史語言研究所圖書館藏拓片第17936號；北京圖書館藏拓片誌第2851號。

劉　密　中央研究院歷史語言研究所圖書館藏拓片第08002、08003、19052等號；北京圖書館藏拓片誌第2848號。

劉　通　（按：爲另一位。）中央研究院歷史語言研究所圖書館藏拓片第08016、08019、17926等號；北京圖書館藏拓片誌第2836號。

劉茂貞　中央研究院歷史語言研究所圖書館藏拓片第13350、14496等號。

劉英潤　中央研究院歷史語言研究所圖書館藏拓片第01600、08601、17982等號。

劉　逸　中央研究院歷史語言研究所圖書館藏拓片第08652號。

劉茂貞妻張氏　中央研究院歷史語言研究所圖書館藏拓片第13105、14614等號；北京圖書館藏拓片誌第3171號。

劉　琬　中央研究院歷史語言研究所圖書館藏拓片第12947、14539等號；北京圖書館藏拓片誌第3092號。

劉搏妻孔氏　中央研究院歷史語言研究所圖書館藏拓片第07568、18036等號；北京圖書館藏拓片誌第3097號。

劉自政　劉琳"唐劉自政墓清理簡記"，《考古與文物》第五期，1983。

劉仁師　劉禹錫《劉賓客集》(珂羅版影印宋紹興八年刊本),冊一卷二,頁5B～7B。

劉思友妻王氏　北京圖書館藏拓片裱第1245號。

盧彥威妻劉氏　《畿輔通志》(光緒十年版,上海,商務,1934)第四冊,卷一四三,頁5559～60。

(以上羅列的劉氏族人有幾位可在《全唐文》、《唐文拾遺》、以及石刻史料書籍查到;正史、《全唐文》、《唐文拾遺》、以及石刻史料書籍仍有許多劉氏族人資料,則不在此處羅列之列。)

出自第六十三冊第三分(一九九三年十二月)

孝道與北魏政治

康　　樂

本文主要探討西元五世紀末、北魏孝文帝在大力推動「禮制改革」時、涉及孝道的一些問題。文章分三個部份，第一節討論的重點是：儘管孝文帝極力提倡孝道，並將《孝經》譯成鮮卑語，然而他並不只是一廂情願的鼓勵拓跋人讀《孝經》；因爲，以孝文帝對漢文化的了解，他深知缺乏了漢式的家族制度與禮法作基礎，提倡孝道無異緣木求魚；因此，他以漢人的家族制度、禮制爲範本，從宗廟制度與五服制下手，逐步改造拓跋王室，並由此而擴及其他貴族與一般的拓跋平民。第二節從拓跋人進入中原前後社會組織的變遷，探討孝文帝推動這些變革的動機，從而歸結出拓跋帝國建立後，面臨著氏族部落瓦解的問題，這是孝文帝爲何要在拓跋人之間建立漢式家族秩序、提倡孝道的重要原因。然而孝文帝的這些改革終究還是導致了在他意圖之外的一些嚴重後果，特別是王室本身氏族共同體的瓦解，這是本文第三節討論的重點。

前　　言

《隋書・經籍志》：「魏氏遷洛，未達華語，孝文帝命侯伏侯可悉陵，以夷言譯孝經之旨，教于國人，謂之國語孝經」（32，頁935）。[1] 鮮卑語的書籍當然不只這本，單只侯伏侯可悉陵所撰的，據《隋書・經籍志》所云，就有《國語物名》、《國語雜物名》兩本，此外還有一些鮮卑歌曲、軍令，例如《國語眞歌》、《國語御歌》、《國語號令》、《鮮卑號令》。[2] 然而，漢人經典眞正譯

1　據姚薇元考證，侯伏侯氏不見於《魏書・官氏志》，應即《魏書》中的護佛侯氏與胡引氏，《北朝胡姓考》，頁82-83。

2　《鮮卑號令》爲周武帝所撰，〈經籍志〉云：「後魏初定中原，軍容號令，皆以夷語。後染華俗，多不能通，故錄其本言，相傳教習，謂之『國語』」，頁955。

成鮮卑語的，見之於史籍的就只有《孝經》。

除了孝文帝時將《孝經》譯成鮮卑語外，我們在《魏書》裡還看到宣武帝景明三年（502），「十有一月甲子，帝爲京兆王愉、清河王懌、廣平王懷、汝南王悅講孝經於式乾殿」（8，頁203）。孝明帝正光二年（521），「二月，車駕幸國子學，講孝經」（9，頁232）。[3] 一直到出帝時，北魏已落入權臣高歡的掌握，出帝仍在顯陽殿講《孝經》（《魏書》，55，頁1227）。[4] 早些時，河間王元琛爲了巴結中央，打聽得孝明帝要啓蒙讀書，「獻金字孝經」（《魏書》，20，頁529）。《孝經》字少（一千八百餘字），工本較省，當然是元琛送此書的主要緣故之一，然而這也說明了《孝經》是當時君主的啓蒙讀物之一。

我們知道孝文帝是北魏一朝推動漢化最力的君主，《孝經》之所以成爲當時拓跋支配階層的主要讀物，當然是出之於他的提倡，孝文之前的北魏諸帝，對漢族的典籍自然也不是全無興趣，例如開國皇帝道武帝就很喜歡黃老與《韓非子》等有關長生或傳統君人南面之術（《魏書》，33，頁782；114，頁3030）。明元帝(409-423)興趣更廣，一登基即令崔浩解讀《急就章》、《孝經》、《論語》、《詩》、《尙書》、《春秋》、《禮記》與《周易》等書（《魏書》，35，頁825），然而他眞正有興趣的大概還是《韓非子》與《太公兵法》這一類直接與「軍國大事」有關的書（《魏書》，33，頁791）。[5] 那麼，爲何孝文帝會轉向儒家的典籍，特別是《孝經》一書？

《孝經》是中國歷史上極端重要的一本書，這是衆所皆知的，然而《孝經》之所以重要，關鍵點並不在於它究竟蘊含了多少的哲理，而在於它是兩千多年來

3 據〈儒林傳〉，講孝經者爲崔光。

4 〈儒林傳〉則云：永熙中，又於顯陽殿詔祭酒劉廞講《孝經》（84，頁1842）。

5 崔浩傳中自言受詔讀上述一些儒家經典，兼及天文曆術九宮之學，然而我們看不出明元帝對這些經典的興趣如何，倒是在李先解讀《韓非連珠》、《太公兵法》等書後，明元帝即下詔：「先所知者，皆軍國大事，自今常宿於內」。又賜「絹五十匹、絲五十斤、雜綵五十匹、御馬一匹」，可見深得明元之歡心。除了法家、兵家等直接關係軍國大事的典籍，北魏諸帝普遍喜好黃老（《魏書》，114，頁3030），同時崇佛法，這大概跟他們想求長生的思想有關，雖然黃老在漢族經典中亦算是君人南面之術的一種。至於對陰陽圖讖的注意，這是幾乎歷代統治者皆然的。

漢族社會用來敎忠敎孝的一本基礎敎科書。《孝經》爲何取得這樣的地位，相關論述已多，此處即不贅言。不管怎麼說，就我們所知，即使是在魏晉南北朝時期，《孝經》依然還是漢族社會的重要讀本；就此而言，北魏孝文帝的提倡《孝經》，除了延續漢族社會的傳統外，顯然還有其他用意。換言之，除了漢人之外，拓跋人更是他宣揚《孝經》的主要對象，這點從他下令翻譯《孝經》爲鮮卑語一事即可證明。問題是：如果「孝」指的是「子女對父母的孺慕之情」，那麼，這是天性之常，舉世皆然的，在這點上漢人與周遭的民族、乃至今日歐美社會，其實也談不上有多大差異。孝文帝要強調的顯然不會是在這方面。從他大力宣揚《孝經》一事看來，他要輸入的當然是漢族的「孝道」。換言之，他要輸入的是一套結合了中國的家族（包括漢族式的姓氏、宗族）、祖先崇拜（包括宗廟祠堂、服制等禮制）在內的制度。因爲，正如徐復觀所言，漢族的「孝道」是以宗族制度爲其基礎的，「無中國式的宗族，即無中國式的倫理道德，亦即無中國式的生活意識與形態」。[6] 然而，身爲北亞民族的拓跋人原本即無中國式的宗族制度與觀念，自然也談不上中國式的倫理道德，孝文帝要提倡這些，勢必要走一條極其迂迴的道路。下面我們即就孝文帝有關這一方面的、特別是禮制的改革稍作敘述，再嘗試分析其動機。

一、改　革

太和十一年(487)，也就是孝文帝臨朝親政的第二年，[7] 「五月，詔復七廟子孫及外戚緦服已上，賦役無所與」（《魏書》，7：2，頁162）。這個詔令透露出孝文帝決心整頓拓跋王室的企圖。換言之，就算是拓跋王室的成員與外戚的族人，只要不是七廟——究竟是那七個祖先，下文再論——的子孫或不在外戚

6　徐復觀，《兩漢思想史》，卷一，頁342。

7　太和十年(486)，孝文帝年滿二十歲，「春正月，帝始服袞冕，朝饗萬國」，開始親臨朝政（《魏書》，7：2，頁161）。儘管政權實際上仍控制在文明太后的手中，以這一年作爲孝文帝禮制改革的起點似乎還算妥當。參見筆者，〈從西郊到南郊〉，頁150；〈文明太后及其時代〉。

五服的範圍之內，即無法享有免除賦役的權利。這是在王室的成員之間與外戚的族人之間劃分界線的開始。或許是顧慮到當時王室成員的反彈，孝文帝在劃定王族的範圍時，採取了相當寬鬆的標準(以始祖神元爲準)，在此標準下，凡是拓跋氏的氏族成員大概都能列入；相形之下，判定外戚一族的標準就要嚴格多了(以漢人的五服爲準)，儘管外戚之中也有許多是來自游牧部落的。

1、議廟號

或許是對「七廟」這個標準不太滿意吧(因爲等於是無標準可言)，接下來孝文帝著手進行的是整理拓跋氏的歷代祖先，也就是北魏的宗廟制度。宗廟制度對漢族中國而言，可說是一件頭等大事，所謂「國之大事，在祭與戎」，宗廟即構成了「祭」的主要成分(其他還有郊祀、聖賢崇拜等等)。可惜的是，由於原始經典(《周禮》、《禮記》)有關宗廟制度的記載過於簡略，後代帝王有時又不完全遵照經典而行(例如漢代)，再加上歷代禮學家衆說紛紜，到了南北朝時，整個制度不但已變得繁複無比，而且時有自相矛盾之處，委實很難整理出一套標準來，其實也不僅宗廟制度如此，整個禮制都有類似的問題，這點孝文帝在推動禮制改革的過程中即時常碰到。[8] 因此，這裡我們只能就最基本的制度來談。根據《禮記・王制》所云：「天子七廟，三昭三穆，與太祖之廟而七」，北魏初期的宗廟制度由於夾雜了太多拓跋人的舊俗(嚴格說來，拓跋人的舊俗才是根本，漢人的宗廟制度則是緣飾的)，顯得相當蕪雜。[9] 不過從下面幾條資料看來，神元帝(即拓跋力微)倒一直都是被拓跋王室承認爲始祖的：

1、道武帝天興二年(399)，「正月，帝親祀上帝于南郊，以始祖神元皇帝配」(《魏書》，108：1，頁2734)。

2、天興二年，「冬十月，太廟成，遷神元、平文、昭成、獻明皇帝神主于太廟」(《魏書》，2，頁36)。

3、「又立神元、思帝、平文、昭成、獻明五帝廟於宮中，歲四祭，……

8　參見《魏書・禮志》；另見筆者，〈從西郊到南郊〉，頁154-55。

9　詳見《魏書》，108：1，〈禮志〉。

太祖親祀宮中」(《魏書》,108:1,頁2735)。

4、「又於雲中及盛樂神元舊都祀神元以下七帝,歲三祭,正、冬、臘,用馬牛各一,祀官侍祀」(同上)。

一直到孝文帝親政的第一年(太和十年),在討論南郊祭典時,官員仍然主張「依故事,配始祖於南郊」(《魏書》,7:2,頁161)。因此,孝文帝首先要做的就是更改拓跋氏(王室)的始祖;太和十五年(491),他下詔「議祖宗,以道武爲太祖」(頁168)。〈禮志〉裡比較詳盡地保留了這道詔令:

四月,經始明堂,改營太廟。詔曰:「祖有功,宗有德,自非功德厚者,不得擅祖宗之名,居二祧之廟。仰惟先朝舊事,舛駁不同,難以取準。今將述遵先志,具詳禮典,宜制祖宗之號,定將來之法。烈祖有創基之功,世祖有開拓之德,宜爲祖宗,百世不遷。而遠祖平文功未多於昭成,然廟號爲太祖;道武建業之勳,高於平文,廟號爲烈祖。比功校德,以爲未允。朕今奉尊道武爲太祖,與顯祖爲二祧,餘者以次而遷。平文既遷,廟唯有六,始今七廟,一則無主。唯當朕躬此事,亦臣子所難言。夫生必有終,人之常理。朕以不德,忝承洪緒,若宗廟之靈,獲全首領以沒于地,爲昭穆之次,心願畢矣。必不可豫,設可垂之文,示後必令遷之」。(108:1,頁2747-8)

孝文帝這篇詔書裡的問題當然很多,例如所謂「百世不遷」的「祖宗」——亦即所謂的「二祧」——到底是那兩個?照前半段看來,應該是烈祖(道武帝)與世祖(太武帝),可是後面接著說:「朕今奉尊道武爲太祖,與顯祖爲二祧,餘者以次而遷」,似乎又變成道武與獻文兩人。不過,不管怎麼說,從這篇詔書中我們可以推斷,在孝文帝做此變革之前,所謂的「七廟」應當是指神元(始祖)、平文(太祖)、道武(烈祖)、明元(太宗)、太武(世祖)、文成(高宗)與獻文(顯祖)七個祖先,與拓跋珪初立太廟時的神主、宮中所立的五帝廟、舊都所祀的「神元以下七帝」(詳見上引資料),已有顯著差異。然而,根據「親盡廟毀」的原則,這樣的差異或許是正常的。只是平文在拓跋民族史上的重要性,誠如孝文所言,不見得超越昭成(什翼犍),爲何會取代昭成而留在「七廟」之列，甚至還帶上開國之君的廟號——「太祖」？由於史料有闕，這些問題我們只好暫時存疑。從這個角度來說，不管孝文帝的實際意圖爲何，在他看來，這樣的變革應該算是蠻合理的。[10] 儘管如此，有些拓跋貴族還是提出了反對意見：

> 司空公、長樂王穆亮等奏言：「升平之會，事在於今。推功考德，實如明旨。但七廟之祀，備行日久，無宜闕一，虛有所待。臣等愚謂，依先尊祀，可垂文示後。理衷如此，不敢不言」（《魏書》，108：1，頁2748）

穆亮的意思是說，七廟暫且照舊，等孝文駕崩後再遷掉平文（或其他人）的廟。對此建議孝文帝僅只表示稍後再論，實際上則置之不理。

拓跋珪的太祖廟號確定後，次年（太和十六年）正月，孝文帝下令「以太祖配南郊」，神元的地位遂爲拓跋珪所取代，[11] 接下來就是「制諸遠屬非太祖子孫及異姓爲王，皆降爲公，公爲侯，侯爲伯，子男仍舊，皆除將軍之號」（《魏書》，7：2，頁169）。換言之，在此詔令下，只要不是開國君主拓跋珪的子孫，即使原爲拓跋氏族的成員，其權利與地位已被降低到視同「異姓」。在此標準下，拓跋王室核心成員的範圍顯然就大大縮小了。核心成員的範圍確定後，同年九月，孝文帝下令「大序昭穆於明堂」，象徵著初步目標的達成。[12] 再進一步的工作即是將漢人的五服制行之於此一團體。

2、行五服

五服制度學者論之已多，簡而言之，正如杜正勝所說的，它是以服喪時「喪

10　孝文帝變更拓跋珪的廟號，除了要重新劃定王族的範圍外，跟他想重定行次、直接承晉爲水德亦有關，詳見筆者，〈從西郊到南郊〉，頁158-60。

11　問題是在孝明帝時，廷議又決定以「太武帝配南郊、孝文帝配明堂」（《魏書》，108：2，2763）。太武帝並非開國君主，配南郊不知依何典故，《魏書》亦未明言。

12　照杜正勝的說法，「昭穆制是早期氏族社會的制度，特點是每人只問他與族長的輩分關係，不問與族長的親疏關係。而且由於昭穆能分明世系，即可維繫日益增多的氏族成員，又使成員的輩分絲毫不紊亂」（〈封建與宗法〉，《古代社會與國家》，頁398），只是我們還不清楚孝文帝的「序昭穆」是否爲了上述目的，或只是依樣畫葫蘆。

服輕重和喪期久暫來顯示生人與死者的親疏關係。……服與期表示的親族關係雖然複雜，大別只有五類，故稱曰『五服』，即斬衰三年、齊衰期、大功九月、小功五月和緦麻三月。……族屬之親疏遠近，個人在家族結構中的地位都可以從服制顯露無遺。《禮記．喪服小記》曰：『親親以三爲五，以五爲九，上殺、下殺、旁殺，而親畢矣』。關係最密切者是父己子直系三代，屬於第一圈，從此往上輩、下輩和平輩推衍，遞疏遞減。第二圈從祖至孫，合爲五代，含堂昆弟；第三圈從高祖至玄孫，合爲九代，含族昆弟。這圈之外，親盡無服，雖共遠祖，臨喪袒免(袒衣免冠)而已。《禮記．大傳》故曰：『四世而緦，服之窮也，五世袒免，殺同姓也，六世而親屬竭矣』。……六世共繼高祖之祖，更爲疏遠，可以不通弔問，不算是親族了」。其概略可參見59頁的五服圖。此一制度的重要性何在，杜正勝也有一簡單說明：「這種族群結構係以嚴格的父系爲主幹，………一代僅有一位具嫡長身分的人任族長，他即是這族的繼承人（如在皇室，即爲皇帝——引者）。代代族長連成貫串的直線，譬如大樹的主幹，主幹只有一根，古人叫做『一本』。族長這個圓心作爲全族的同心圓，代代附著在主幹上藉著大樹的『本』，『一』以貫之，於是將無數散漫的圓收納在一起。族長權威的根源是祖先，先決條件必須族群成員知道『尊祖』，能尊己身所出的祖先，才可能敬重當代祖先的代理人——族長，此之謂『敬宗』；宗族之長普遍受到尊敬，以他作圓心的同心圓內所有成員才不會離散，此之謂『收族』。《禮記．大傳》論『人道親親』曰：『親親故尊祖，尊祖故敬宗，敬宗故收族』」。[13]

中國人所謂的家族倫理或禮法，其實就是行之於這樣的一個團體裡。孝文帝之所以要在王族內推行五服制，除了其他的原因外，最基本的一個動機顯然是爲了配合他推動漢式禮法的決心——因爲，沒有一個以五服制爲間架的家族作基礎，漢式的家族倫理與禮法是無從確切遵行的。這點孝文帝自己倒是有親身體

13 兩段引文分別見杜正勝，〈傳統家族結構的典型〉，《古代社會與國家》，頁781；以及〈五服制的族群結構與倫理〉，《古代社會與國家》，頁858。此外，另見李亞農，《李亞農史論集》，頁261-66；陶希聖，〈服制之構成〉，《食貨》，1：9(1971)。

驗，因爲才不過數年前(490年)，他就曾爲了替文明太后服喪的問題，跟拓跋貴族弄得不太愉快，有關此事始末，《魏書・禮志》記載甚詳，筆者在〈從西郊到南郊〉一文中也曾經討論。[14] 只是，除非這些拓跋貴族能有起碼的「服制」的概念，否則對孝文帝當時在廷議辯論所說的：「案禮，卒哭之後，將受變服。於朕受日，庶民及小官皆命即吉。內職羽林中郎已下，虎賁郎已上，及外職五品已上無衰服者，素服以終三月；內職及外臣衰服者，變從練禮。外臣三月而除；諸王、三都、駙馬及內職，至來年三月晦朕之練也，除凶即吉；侍臣君服斯服，隨朕所降」[15] 這一套禮法，自然是不會有什麼感覺的。

太和十七年(493)五月壬戌，孝文帝「宴四廟子孫於宣文堂，帝親與之齒，行家人之禮」(頁171)。〈景穆十二王傳〉亦有類似的記載：

> 時詔延四廟之子，下逮玄孫之冑，申宗宴於皇信堂，不以爵秩爲列，悉序昭穆爲次，用家人之禮。高祖(孝文帝)曰：「行禮已畢，欲令宗室各言其志，可率賦詩。」特令(任城王元)澄爲七言連韻，與高祖往復賭賽，遂至極歡，際夜乃罷。(《魏書》，19：2，頁424)

這裡所說的「四廟」指的應該是明元、太武、文成與獻文等孝文帝的前四代君主，[16] 他們的子孫即構成一個以五服制爲基礎的親屬團體，至於在這個圈子以外的王族成員，譬如說明元帝兄弟的子孫，雖然仍爲開國君主拓跋珪的子孫，卻已不在以孝文帝爲準的五服範圍之內，這點自然引起許多族人的不滿及抗議，並導致極爲嚴重的後果。有關這些，我們將在下文中檢討。不過，孝文帝在推動服制時當然也採取了一些安撫的措施，例如孝明帝時元遙在抱怨被除去宗室屬籍的表中即提到：「臨淮王提，分屬籍之始，高祖賜帛三千匹，所以重分離；樂良王

14 筆者，〈從西郊到南郊〉，頁156。

15 《魏書》，108：3，頁2784。

16 照說孝文帝的前四代祖先應該是太武帝、景穆皇帝、文成帝與獻文帝。景穆爲文成之父、孝文之曾祖，只是他雖曾爲太子，卻未及登基而死，無廟，故此處所說的「四廟」應該是包括明元帝在內的。不過，景穆的旁系子孫(例如元遙)則仍在孝文時的五服範圍內，詳見結論裡有關元遙的討論。

本宗五服圖

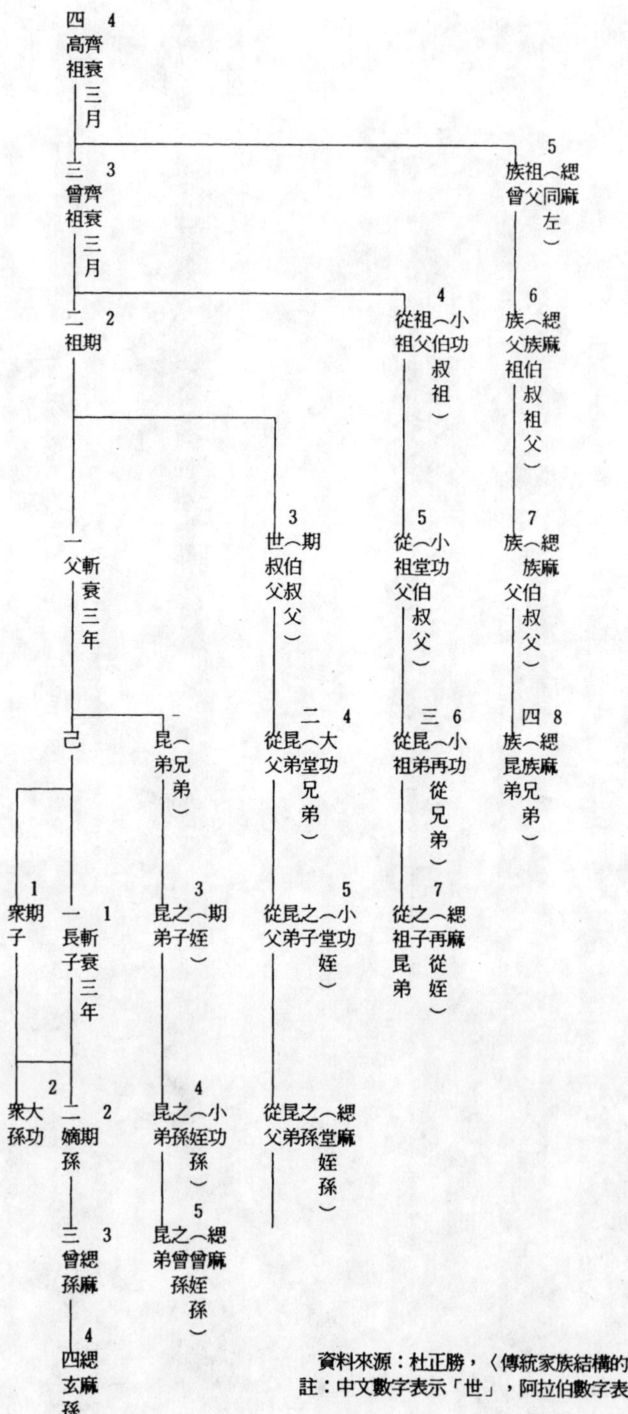

資料來源：杜正勝，〈傳統家族結構的典型〉
註：中文數字表示「世」，阿拉伯數字表示親等

長命，亦賜縑二千匹，所以存慈眷」（《魏書》，19：1，頁446），[17] 因此在當時似乎沒有引起太大的騷動，至少史料中並無相關記載。除了「四廟子孫」一辭外，孝文帝有時也直接用「五服」來指稱王族內的這個團體。例如太和二十二年(498)，由於南征耗費過大，孝文帝決定從王室開始節約：

> 秋七月壬午，詔曰：「朕以寡德，屬茲靖亂，實賴群英，凱清南夏，宜約躬賞效，以勸茂績。后之私府，便可損半；六宮嬪御，五服男女，常恤恆供，亦令減半；在戎之親，三分省一。」（《魏書》，7：2，頁 184）

其中「六宮嬪御」與「五服男女」是列在同一個範疇的。

配合著五服制度的推行，孝文帝也不斷地向這些貴族灌輸中國傳統的禮法觀念。例如太和十七年，孝文下詔「蠲大司馬、安定王休，太保、齊郡王簡朔望之朝」（《魏書》，7：2，頁171），因為元休與元簡分別是他的叔祖與叔父，在五服範圍內算是他最親近（也是僅餘）的兩個長輩。孝文對他們兩人的禮敬，在列傳中有更詳盡的記載：

> 十八年，（元）休寢疾，高祖幸其第，流涕問疾，中使醫藥，相望於路。薨，賵帛三千匹。自薨至殯，車駕三臨。高祖至其門，改服錫衰，素弁加絰。[18] 皇太子、百官皆從行弔禮。及將葬，又贈布帛二千匹，謚曰靖王。……高祖親送出郊，慟哭而返，諸王恩禮莫比焉。（《魏書》，19：3 ，頁517-8）

> 高祖仁孝，以諸父零落，存者唯（元）簡。每見，立以待之，俟坐，致敬問起居，停簡拜伏。（《魏書》，‘20，頁528）

太和十九年(495)，從弟廣川王元諧卒，孝文為了喪禮中臨哭的儀式，還大費周章地與群臣討論一番：

> 詔曰：「朕宗室多故，從弟諧喪逝，悲痛摧割，不能已已。古者，大臣之

17 元遙此處說明孝文帝以賞賜的手段來安撫被除籍的宗室，只是根據《魏書》記載，臨淮王提為太武帝之後，樂良（應為「浪」）王長命則為景穆之後(18，頁419；19：1，頁452)，照說應該都在孝文帝的五服範圍之內，不知孝文時的分籍何以會涉及他們。

18 孝文此處所行的禮，參見《禮記·喪服小記》。

喪，有三臨之禮，此蓋三公已上。至於卿司已下，故應。(闕)自漢已降，多無此禮。朕欲遵古典，哀感從情，雖以尊降伏，私痛寧爽。欲令諸王有期親者爲之三臨，大功之親者爲之再臨，小功緦麻爲之一臨。廣川王於朕大功，必欲再臨。再臨者，欲於大殮之日，親臨盡哀，成服之後，緦衰而弔。旣殯之緦麻，理在無疑，大殮之臨，當否如何？爲須撫柩於始喪，爲應盡哀於闔棺？早晚之宜，擇其厥中。」

黃門侍郎崔光、宋弁，通直常侍劉芳，典命下大夫李元凱，中書侍郎高聰等議曰：「三臨之事，乃自古禮，爰及漢魏，行之者稀。陛下至聖慈仁，方遵前軌，志必哀喪，慮同寧戚。臣等以爲若期親三臨，大功宜再。始喪之初，哀之至極，旣以情降，宜從始喪。大殮之臨，伏如聖旨。」

詔曰：「魏晉已來，親臨多闕，至於戚臣，必於東堂哭之。頃大司馬、安定王薨，朕旣臨之後，復更受慰於東堂，今日之事，應更哭否？」

光等議曰：「東堂之哭，蓋以不臨之故。今陛下躬親撫視，群臣從駕，臣等參議，以爲不宜復哭。」

詔曰：「若大司馬戚尊位重，必哭於東堂，而廣川旣是諸王之子，又年位尙幼，卿等議之，朕無異焉。」

諧將大殮，高祖素服深衣哭之，入室，哀慟，撫尸而出。(《魏書》，20，頁526-7)

正因爲拓跋貴族對中國傳統禮法觀念的一無所知，孝文帝才須要如此不厭其煩地討論禮制的問題，並且時刻身體力行，因爲他的目的正在啓蒙與教育這些貴族——他們的支持與否乃是孝文帝整個改革運動成敗之所繫。明乎此，我們即不難理解爲何在太和二十一年(497)七月——當時他正忙於佈署南征事宜——孝文帝還要特別撥冗「親爲群臣講喪服於清徽堂」[19](《魏書》，7：2，

19 《魏書・獻文諸王傳》中對此事亦有記載：「高祖親講喪服於清徽堂，從容謂群臣曰：『彥和、季豫(皆孝文之弟)等年在蒙稚，早登纓紱，失過庭之訓，並未習禮，每欲令我一解喪服。自審義解浮疏，抑而不許。頃因酒醉坐，脫爾言從，故屈朝彥，遂親傳說。將臨講坐，慚戰交情。』」(《魏書》，21：2，頁573)。只是我們不太清楚他講的到底是《禮記》、還是《儀禮》的〈喪服〉。

頁 182 ）。而他會下令譯《孝經》爲鮮卑語，也就不足爲奇了——因爲除了服制禮法等有形的規範外，「孝道」更是漢人家族的精神紐帶，而具有數百年歷史傳統、作爲漢族社會教「忠」教「孝」之標準讀本的《孝經》，其重要性自然更不在話下。

孝文帝努力的目標當然並不只限於王族，太和十九年的「定代人姓族」，其目的除了如唐長孺所說的、在以新的標準——「先朝與當代（官爵）兼顧，而以當代爲主」——來重新編制門閥序列外，[20] 也帶有推行五服制的企圖，這點在詔書一開始即清楚的顯露出來：「代人諸胄，先無姓族，雖功賢之胤，混然未分。故官達者位極公卿，其功衰之親，仍居猥任」。而在決定能否入「姓」或入「族」（也就是能否列入士族）時，是否在五服範圍內（五世）也是個重要的參考指標：[21]

> 原出朔土，舊爲部落大人，而自皇始已來，有三世官在給事已上，及州刺史、鎮大將，及品登王公者爲姓。若本非大人，而皇始已來，職官三世尙書已上，及品登王公而中間不降官緒，亦爲姓。諸部落大人之後，而皇始已來官不及前列，而有三世爲中散、監已上，外爲太守、子都，品登子男者爲族。若本非大人，而皇始已來，三世有令已上，外爲副將、子都、太守，品登侯已上者，亦爲族。凡此姓族之支親，與其身有緦麻服已內，微有一二世官者，雖不全充美例，亦入姓族；五世已外，則各自計之，不蒙宗人之蔭也。雖緦麻而三世官不至姓班，有族官則入族官，無族官則不入姓族之例也。（《魏書》，113，頁 3014-5 ）

除了王室與貴族外，孝文帝此一時期的一些措施，也多多少少地灌輸給一般拓跋人「服制」的觀念。例如太和二十一年 (497) 九月，他下詔：「哀貧恤老，王者所先，鰥寡六疾，尤宜矜愍。可敕司州洛陽之民，年七十已上無子孫，六十

20 唐長孺，〈論北魏孝文帝定姓族〉，《魏晉南北朝史論拾遺》，頁 80-82。

21 《隋書・經籍志》登錄有《後魏辯宗錄》、《後魏皇帝宗族譜》、《魏孝文列姓族牒》三書 (33，頁 989)，應該是跟孝文帝這些政策有關。其中《後魏辯宗錄》一書在《魏書》中作《辨宗室錄》，爲元暉業於北齊時所撰，內容是「魏藩王家世」(19：1，頁 448)。

已上無期親，貧不自存者，給以衣食；及不滿六十而有廢痼之疾，無大功之親，窮困無以自療者，皆於別坊遣醫救護，給醫師四人，豫請藥物以療之」（《魏書》，7：2，頁182）。「期親」與「大功之親」指的是同祖父的親人，算是五服之內更爲核心的一個親屬團體，照杜正勝的說法，在傳統中國是家族共財的最大範圍。[22] 這樣的親屬觀念對當時居住在洛陽的漢人而言，可能沒什麼難懂之處，然而我們要知道，當時已在孝文遷都之後，原居平城的拓跋人已大量遷入洛陽，他們自然也得開始逐漸熟悉這樣的觀念。

至於「孝道」的提倡，嚴格說來，北魏歷代皇帝幾乎都有獎勵孝悌的詔令，這是沿襲漢族王朝的傳統，並不足爲奇。那麼，孝文帝在進行上述改革的同時，是否也有特別針對拓跋人的一些鼓勵辦法呢？這點我們所能掌握的材料並不多。太和十四年(490)，文明太后卒，他就曾爲了替祖母服三年喪而與群臣（特別是拓跋貴族）針鋒相對地辯論了一番，算是以身作則提倡孝道。太和十七年八月，孝文帝巡行北鎮，詔「諸北城人，……年滿七十已上及廢疾之徒，校其元犯，以準新律，事當從坐者，聽一身還鄉，又令一子扶養，終命之後，乃遣歸邊……」（《魏書》，7：2，頁174-5），勉強可算是提倡鎮人（城人）孝道的具體措施。鎮人並不一定都是拓跋人，不過，根據筆者〈鎮人與代人〉一文的研究，拓跋人的確構成北鎮鎮人的最主要基石。[23] 除此之外，太和二十年二月，孝文帝下詔：「自非金革，聽終三年喪」（《魏書》，7：2，頁179），這道命令固然並非只針對拓跋人，不過從下文我們提到的一些故事看來，拓跋人（至少拓跋貴族）顯然是主要目標之一。

3、成　　效

孝文帝這些努力的成效如何？如果我們要問的是：拓跋人是否因此而達成了「敬宗收族」的目的？是否因此而變得更爲「孝順」？這倒是不易作答的問

22　杜正勝，〈傳統家族結構的典型〉，見《古代社會與國家》，頁783。

23　筆者，〈代人與鎮人〉，《中央研究院歷史語言研究所集刊》，61：4。

題。[24] 拓跋王室以及(可能)某些貴族或許達到了第一項目標,只是卻也帶來了相當嚴重的一些後果,此即王室氏族共同體的瓦解,這點我們稍後再談。不過,如果我們撇開這些問題不談,單就形式上遵行禮法一事——特別是在洛陽的代人上層社會——來看,那麼,孝文帝或許多少還可以滿意於他的收穫。

前面提到過,太和十四年,孝文帝爲了替文明太后服喪一事,曾與拓跋貴族及漢人大臣有過一番爭論,由於對中國的禮制毫無概念,除了元丕曾就某些本族習俗是否奉行一事提出質疑外,在整個論辯過程中拓跋貴族幾乎完全不能置一詞。然而事隔不過二、三十年,在宣武帝與孝明帝的朝廷上,不少拓跋貴族已可針對禮制問題侃侃而談,有時甚至到了吹毛求疵的地步。例如孝明帝孝昌二年(526),禁軍軍官乙龍虎(應當是乙弗氏的後代)在服父喪時,少服了一個月,負責統率禁軍的王室貴族元珍即決定要從重量刑:「案違制律,居三年之喪而冒哀求仕,五歲刑。龍虎未盡二十七月而請宿衛,依律結刑五歲」,漢人大臣崔鴻認爲過重駁回,元珍不服,又引經據典(特別是鄭玄的註)展開一番辯論,最後崔鴻說明:「龍虎生自戎馬之鄉,不蒙稽古之訓……原其本非貪榮求位,而欲責以義方,未可便爾也」,退一步說,即使鄭玄的註解完全正確,也不必如此小題大作,「龍虎具列居喪日月,無所隱冒,府(元珍)應告之以禮,遣還終月。便幸彼昧識,欲加之罪,豈是遵禮敦風,愛民之致乎?」(《魏書》,108:4,頁2796-9)。

元珍的奏議當然不一定出自己手,不過他會如此熱烈地參與討論,對傳統漢族禮制又如此堅持,亦可見時代風氣之不同。這件事同時也說明,太和二十年孝文帝「自非金革,聽終三年喪」的詔令,其實是個具有強制性的法律。北魏的法

24 《魏書·孝感傳》可確定出身塞外少數民族的有長孫慮、乞伏保、董洛生三人,除了董洛生年代不詳外,其他兩人皆爲孝文時人,這點或可旁證孝文帝對孝道的特別提倡在代人及其他少數民族間的確也發揮了某個程度的效果,只是仍無法說明孝文到底有什麼具體措施。此外,太和十一年春,詔曰:「三千之罪,莫大於不孝,而律不遜父母,罪止髡刑,於理未衷,可更詳改」;十二年詔曰:「犯死罪,若父母、祖父母年老,更無成人子孫,又無期親者,仰案後列奏以待報,著之令格」(《魏書》,111,頁2878),也都是有關提倡孝道的,只是這也並非只針對拓跋人。

典未曾留傳，類似的律令有多少我們已無從得知，不過執行的嚴格——在正常情況下——似乎無庸置疑。因爲，孝昌三年(527)七月，「司空、清河王懌第七叔母北海王妃劉氏薨，司徒、平原郡開國公高肇兄子太子洗馬員外亡」，兩人趕忙上書請禮官議決：「出入猶作鼓吹不」(《魏書》，108：4，頁2799)。可見對此類事件戒愼恐懼之一般，類似例子尙多，此處即不一一贅述。

在這樣的空氣下，孝文之後的繼位諸帝會相繼公開講解《孝經》，河間王元琛會以送金字《孝經》的方式來巴結中央，似乎也是相當可以理解的舉動。與此相應的則是當時帝王的謚號、年號，乃至王子的名字都不乏用「孝」字的。[25]

二、動　機

接下來我們得探討一下孝文帝採取這些措施的基本動機，首先要檢討的是拓跋人在進入中原前後社會組織的演變。

儘管有「同姓同宗」的說法，然而如上所述，傳統漢人的宗族基本上還是以五服(亦即五世)爲其界限的，出了五服的人，就是不共哀樂、不通慶弔的路人。就此而言，北亞游牧社會的氏族，由於是以共同的祖先爲基礎，使得它們所包含的族人範圍遠大於漢人的宗族。[26] 雖然如此，氏族在草原游牧社會裡所扮演的角色，還是相當類似於漢人農業社會裡的宗族，譬如說北亞游牧社會的氏族亦有類似漢人祭祖的氏族祭典、氏族成員彼此間也有不相通婚、救濟困厄、以及爲族人復仇(血仇)的義務。套個現代術語來說，它們都是個能夠有效凝聚人群

25　北魏帝王謚號以「孝」字者，如孝文、孝明、孝莊、孝武、孝靜，年號如孝昌(孝明帝年號，525-7)，王子以「孝」爲名或字者，如出帝元脩(字孝則)、元孝友、元子孝、元孝景等。

26　拓跋人早期的社會組織與氏族結構，由於史料有限，已很難再完整重建。這也是研究其他早期(例如匈奴、鮮卑、突厥等)北亞民族的學者所面臨的共同問題。就此而言，蒙古人算是北亞民族中時代較早、資料保存又較多的一個例子，有關其社會組織與氏族結構的研究也要詳細得多，特別是蒙古人發源於斡難河流域，離拓跋人發源地不遠，其氏族結構的研究，在某個程度上或許還具有參考價值。有關早期蒙古人的社會組織，比較簡要的介紹可參見符拉基米爾佐夫，《蒙古社會制度史》，頁74-139。

的共同體。草原時代的拓跋人想來也曾經有過這樣的共同體，問題是：此一共同體後來的發展如何？

1、早期的氏族組織

有關拓跋人的氏族組織，最早一條是《魏書》裡記載的：成皇帝拓跋毛時，「統國三十六，大姓九十九」（1，頁1），〈官氏志〉裡也有「初，安帝統國，諸部有九十九姓」的說法（113，頁3005），唐長孺推測「九十九加上拓跋自己合成百姓，這正是原始的百姓意義，即是氏族社會中氏族十進制的組織。至於三十六國則是與拓跋部落相結合的同盟氏族與部落」，[27] 拓跋人是否在這麼遠古的時代就採取了十進制，我們姑且置而不論。[28] 只是，就算「曾經有過這樣一回事」，我們對其具體內容仍一無所知，亦無從討論。其次是所謂的「帝室十姓」，「帝室十姓」首見於《魏書・官氏志》：

> 至獻帝（拓跋鄰）時，七分國人，使諸兄弟各攝領之，乃分其氏。自後兼并他國，各有本部，部中別族，爲內姓焉。年世稍久，互以改易，興衰存滅，間有之矣，今舉其可知者。獻帝以兄爲紇骨氏，後改爲胡氏。次兄爲普氏，後改爲周氏。次兄爲拔拔氏，後改爲長孫氏。弟爲達奚氏，後改爲奚氏。次弟爲伊婁氏，後改爲伊氏。次弟爲丘敦氏，後改爲丘氏。次弟爲侯氏，後改爲亥氏。七族之興，自此始也。又命叔父之胤曰乙旃氏，後改爲叔孫氏。又命疏屬曰車焜氏，後改爲車氏。凡與帝室爲十姓，百世不通婚。太和以前，國之喪葬祠禮，非十族不得與也。高祖革之，各以職司從事。（113，頁3005-6）

「七族」——其實應當是「八族」，因爲還得加上拓跋鄰（拓跋氏）自己的一

27 唐長孺，〈拓跋國家的建立及其封建化〉，《魏晉南北朝史論叢》，頁193-4。

28 唐長孺也認爲成帝與安帝的眞實性值得懷疑，只是他覺得拓跋早期歷史上似乎「曾經有過這樣一回事」。拓跋歷史上大概是有過十進制的組織階段，不過應該是在他們與草原游牧民族接觸以後的事（其實魏收自己就搞不太清楚，成帝與安帝就差了有四代），參見筆者，〈魏書「帝之十族子弟七人」試釋〉，《食貨》，16：7／8(1987)。

族——與「十姓」首次出現在這段資料中，而且內容要具體得多，其存在似乎沒有什麼值得懷疑的地方。有關「七族」與「十姓」在拓跋民族發展史上的意義，筆者在〈魏書「帝之十族子弟七人」試釋〉一文中已略作分析，此處即不贅述。只是出現的時間，史學界尙有一些爭論，這點關係到早期拓跋人的社會組織，有必要在此稍作討論。

照上述引文所言，「七族」與「十姓」源自拓跋鄰的「七分國人」，時間大約是在西元二世紀後半。然而早在南北朝時期，即已有「十姓」起於道武帝（拓跋珪，西元四世紀末）的說法。北周《庾子山集》卷十一〈周廣化公丘乃敦崇傳〉云；「崇，恆州代郡人也。魏道武皇帝以命世雄圖，飲馬河洛。兄弟十人，分爲十姓，辨風吹律，丘氏即其一焉」。此外，照《魏書・官氏志》的說法，拔拔氏是拓跋鄰的第三個兄長，然而後來在孝文帝易姓氏時，卻改爲長孫氏。我們曉得孝文帝在改易拓跋人姓氏時，大致上是有其規則可尋的，要不即取其音之一，例如達奚氏之改爲奚氏、伊婁氏之改爲伊氏，否則即取其意，例如乙旃氏本爲「叔父之胤」，故改爲叔孫氏。依此看來，拔拔氏應當是拓跋鄰的長兄，才能取得「長孫氏」一名。胡三省在註《資治通鑑》時，即意識到此一問題，因此，雖然在註「長孫斤」時採取了《魏書》的說法：「代之先拓跋鄰，以次兄爲拔拔氏，後改爲長孫氏」（頁3244），然而在註「南部大人長孫嵩」時，卻改取另一說法：「拓跋鬱律生二子：長曰沙漠雄，次曰什翼犍。沙漠雄爲南部大人，後改名仁，號爲拔拔氏，生嵩。道武以嵩宗室之長，改爲長孫氏」（《資治通鑑》，104，頁3279-80）。[29] 不過，對於其他諸氏的來源，胡三省大體上還是採取《魏書》起於拓跋鄰時期的說法，例如對「奚氏」（頁3350）、對「叔孫氏」（頁3358）的註解。換言之，胡三省是以「兩階段發展論」來解釋「十姓」的形成，並以此解決長孫氏的問題。

胡三省的辦法固然有效，然而把一個完整的「七分國人」與重組「十姓」的過程一分爲二，未免有點牽強。再說，沙漠雄的出現也相當突兀，《魏書》及南

29 胡三省所根據的可能是《新唐書》卷七十二上〈宰相世系〉「長孫氏」的前言，其中道武應該是孝文帝才對（詳見姚薇元，《北朝胡姓考》，頁12-4）。

北朝的資料完全沒有提及此人，姚薇元在《北朝胡姓考》裡根本就否定此人的存在（頁13-14）。然而，「十姓」起於道武帝的說法並未完全止息，尤其是Jennifer Holmgren，她以胡三省對長孫氏的註解為底本，配合上其他一些材料，而推出一個新版的「十姓說」。簡單說來，Holmgren接受長孫氏源自沙漠雄（什翼犍之兄）的說法外，還認為叔孫氏源自拓跋孤（什翼犍之弟）。至於其餘姓氏，Holmgren認為應該源自拓跋力微或更晚。[30]

30 Jennifer Holmgren, *Annals of Tai*，pp.20-21，Holmgren認為叔孫氏源自什翼犍的幼弟拓跋孤（她的證據之一是《魏書》卷二十九提到叔孫建的父親名「骨」，與「孤」音近，見Jennifer Holmgren，前引書，頁46）。問題是：如果叔孫氏果眞源自拓跋孤，那麼，第一，根據其與什翼犍（即拓跋王室）同血緣的關係，他們應該也可以像長孫氏一樣、主持拓跋人傳統的四月西郊祭天大典，可是實際上，他們並不在「十族子弟七人」之列（詳見筆者，〈魏書「帝之十族子弟七人」試釋〉，頁2）。其次，也是更重要的，如果Holmgren的說法為眞，那麼，拓跋孤的子孫應該都已列入叔孫氏的本傳中，可是實際上，拓跋孤的後代（包括其兒子拓跋斤）總共尚有二十一人完全列在《魏書》卷十四〈神元平文諸帝子孫列傳〉中。就算我們退一步接受Holmgren的另一說法，亦即拓跋斤實際上即是《魏書》卷一所言、在什翼犍建國三十四年（西元371年）謀反的長孫斤（Holmgren 對此另有一番解釋，見Holmgren，前引書，頁43-46），那麼，他的後代也應當列入長孫氏的本傳。此外，Holmgren認為「拔拔氏」一名出現甚晚（頁115，她認為此名首見於《新唐書》），其實，在〈孝文弔比干文碑〉題名即有「符璽郎中臣河南郡拔拔臻」，可見北魏早有此氏（姚薇元，《北朝胡姓考》，頁12）。

此外，Holmgren對拓跋氏的早期祖先有如下的意見：1、《魏書》第一卷前兩段的人物基本上都是虛構的，眞正具有歷史眞實性的人物要從拓跋推寅開始算起，而拓跋推寅與六代之後的拓跋鄰其實是同一人，也就是檀石槐鮮卑游牧聯盟裡的西部大人推寅（頁19）；2、推寅與鄰之間的六代拓跋君主，都是虛構的，其目的在配合《魏書》卷一一三裡提到的「七分國人」的七個氏族（頁20）。

北亞草原游牧民族早期歷史頗多為傳說時期，上述推測固可自成一說。只是還有下列問題仍須考慮：1、如果魚豢《魏書》中所提到的推演（其實在《三國志》的註裡是「日律推演」，不知是否該分為「日律」與「推演」二人，見《三國志》，30，頁838）的確是拓跋氏祖先的推寅，那麼，當時拓跋人的勢力已經不小，而且距離力微也不過才兩代，《魏書》中關於他與詰汾（力微之父）的事蹟不該那麼不清楚；其實如照《魏書》中所說的，「推寅」一辭本為鮮卑人美號，則鮮卑人取名為「推寅」者當不只一二人，這就像拓跋珪本名是「涉珪」（或「涉歸」），跟他同時的叔孫建本名也是「涉歸」（或「涉歸幡能健」），更早一些則有徒河涉歸，為慕容鮮卑與吐谷渾的祖先（《魏書》，101，頁2233）。此外，北魏時河東薛氏：「（薛謹）長子初古拔，一曰車輅拔，本名洪祚，世祖賜名」（《魏書》，42，頁942），從拓跋民族發展的歷史來看，拓跋珪是北魏的開國君主，在其手中重新確定王室系譜，使後代子孫明瞭繼承權的歸屬，似乎也相當合理。問題是：如果「十姓」果眞出現在拓跋珪的時代，而且他又確實是以什翼犍（拓跋珪祖父）爲分氏辨姓的依據，那麼，什翼犍以前的拓跋氏族成員應該都已分散編入其他「九姓」之內，換言之，他們就應該分別列入如「長孫氏」、「叔孫氏」、「伊氏」等家族的列傳裡，可是在《魏書》裡，我們卻看到神元帝（拓跋力微）的子孫尙有數十人——並非什翼犍的子孫——都列入卷十四的〈宗室列傳〉裡，換言之，他們全都還是「拓跋氏」的成員（詳見次頁附表）。除非我們能找到此一例外的解答，或者更極端些，認爲《魏書》此卷的記載大部份都有問題，否則我們對「十姓起於拓跋珪」的說法只好存疑。如以《魏書》卷十四爲準，那麼「十姓」起於神元帝（拓跋力微）—— 拓跋氏尊之爲「始祖」—— 的可能性或許更要大些，只是缺乏旁證，不敢擅自論斷。此處我們還是因襲「十姓」起於拓跋鄰的傳統說法，至於拔拔氏（長孫氏）也許是拓跋鄰的長兄，魏收在此處有所誤記也說不定。

不管怎麼說，我們可以假定「帝室十姓」應該就是拓跋人在西元二世紀末遷徙至「匈奴之故地」時的核心隊伍。以此爲基礎，拓跋力微逐步兼併鄰近部族，擴展實力，而在西元258年正式建立游牧部落聯盟，[31] 從西元258年一直到376年拓跋什翼犍爲苻堅所擊潰爲止、百餘年間拓跋游牧聯盟的勢力迭有興替，在「兼併、擄掠、投靠、離散」的循環過程裡，拓跋人的氏族結構自然複雜化起來，正如《魏書・官氏志》裡所說的：「自後兼并他國，各有本部，部中別族，

而陳寅恪在考證李唐氏族時，也發現李唐祖先有名李初古拔者（〈李唐氏族之推測〉，頁343-46），「初古拔」一辭似乎也是當時鮮卑人習慣採用的名字。類似的現象在北亞草原應該是相當普遍的，例如蒙古人即習慣用把阿禿兒（勇士）、薛禪（賢者）等名（符拉基米爾佐夫，《蒙古社會制度史》，頁119）。因此，只憑一兩個字即將兩個人等同起來，是非常危險的。2、《魏書》中提到拓跋鄰「七分國人」，其實總共是八族，因爲還得加上拓跋帝室一族，因此上文認爲拓跋鄰之前的六代祖先皆爲虛構，其目的在配合七族之說，恐有問題。

31　《魏書》，1，頁3；另見筆者，〈從西郊到南郊〉，《第二屆國際漢學會議論文集》，頁148。

神元平文諸帝子孫表

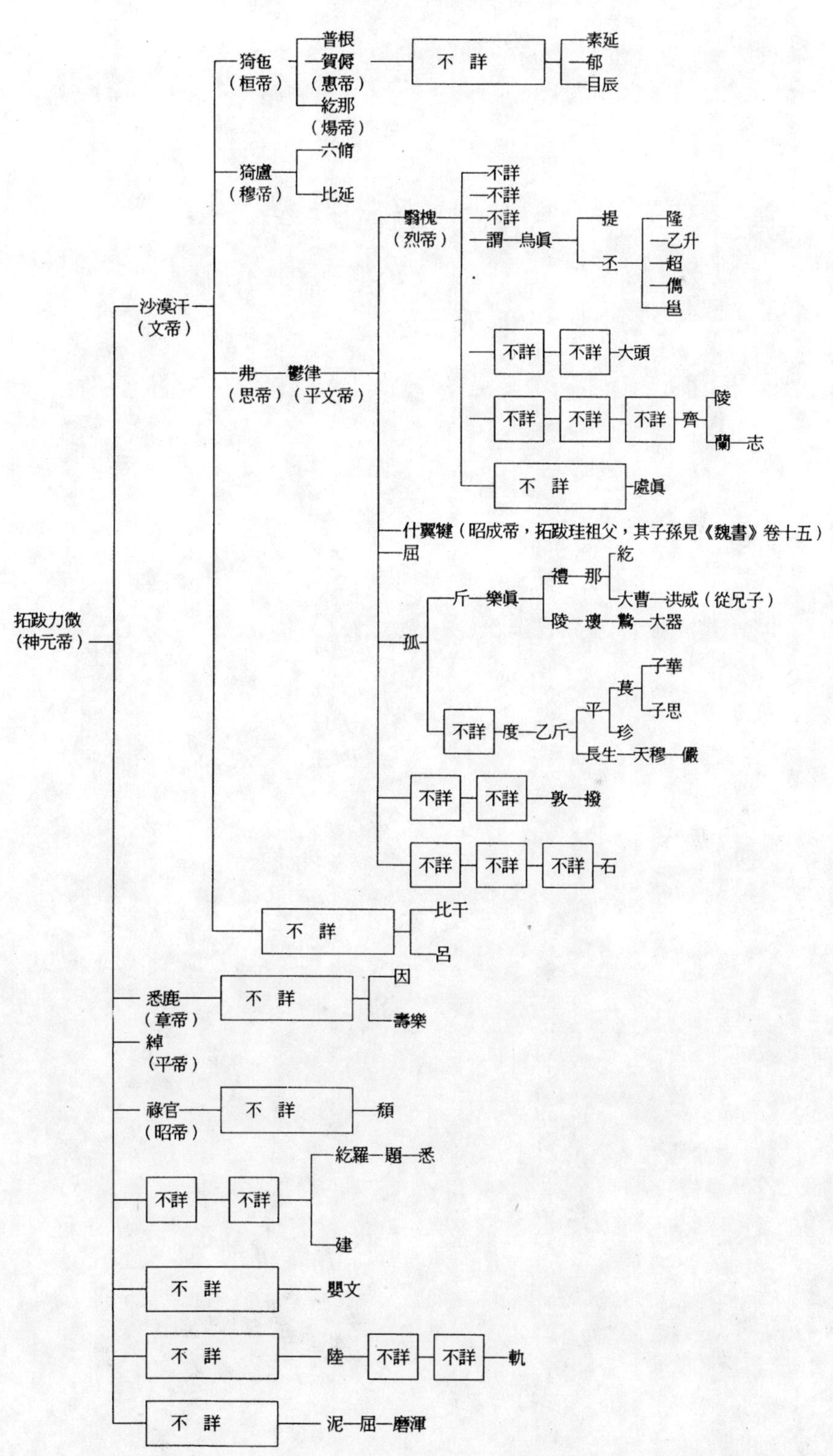
拓跋力微（神元帝）
沙漠汗（文帝）
猗㐌（桓帝）
普根
賀傉（惠帝）
紇那（煬帝）
不詳
素延
郁
目辰
猗盧（穆帝）
六脩
比延
弗（思帝）
鬱律（平文帝）
翳槐（烈帝）
不詳
不詳
不詳
謂—烏眞
提
丕
隆
乙升
超
儁
邕
不詳—不詳—大頭
不詳—不詳—不詳—齊
陵
蘭—志
不詳—處眞
什翼犍（昭成帝，拓跋珪祖父，其子孫見《魏書》卷十五）
屈
孤
斤—樂眞
禮—那
紇
大曹—洪威（從兄子）
陵—瓌—纂—大器
不詳—度—乙斤
平
萇
子華
子思
珍
長生—天穆—儼
不詳—不詳—敦—撥
不詳—不詳—不詳—石
不詳
比干
呂
悉鹿（章帝）
不詳
因
壽樂
綽（平帝）
祿官（昭帝）
不詳—頹
不詳—不詳
紇羅—題—悉
建
不詳—嬰文
不詳—陸—不詳—不詳—軌
不詳—泥—屈—磨渾

爲內姓焉。年世稍久，互以改易，興衰存滅，間有之矣」(113，頁3005)，其情況或許有點類似十三世紀初、成吉思汗崛起時的蒙古氏族。「氏族(obogh)已不僅是基於共同血緣的親族結合，而是包容幾個互有主從關係的異質社會單位的組織。最上爲主宰的氏族，其下爲隸屬的氏族，最下爲世襲的奴隸群」，[32] 而主宰氏族的姓氏通常即成爲整個「組織」(或許應該稱之爲「部落」)對外所習用的名號。類似情況亦可見之於古代中國的黃河流域。周公平定管蔡武庚之亂後，分殷遺民六族(條氏、徐氏、蕭氏、索氏、長勺氏與尾勺氏)給魯，命其氏族長：

> 帥其宗氏，輯其分族，將其類醜，以法則周公，用即命於周。是使之職事於魯，以昭周公之明德。(《左傳·定四》)

其中「宗氏」、「分族」和「類醜」這三個名詞，照杜正勝的解釋：「宗氏是族長的嫡系親屬，分族是族長的旁友親屬，類醜則是替氏族長從事生產勞動的被統治者。………類醜和宗氏當無血緣連繫，但他們卻同屬一族」，[33] 可見氏族結構的複雜化在人類歷史上似乎是個相當普遍的現象。

2、氏族共同體的瓦解——「姓族難分」與「同姓爲婚」

什翼犍的部落聯盟瓦解後，一些異姓部落——例如獨孤、賀蘭等——的組織似乎並沒有受到太大的影響，《魏書》所說的「國衆離散」(2，頁19)、「諸部乖亂」(25，頁643)，主要指的應該是拓跋人的核心部落。西元386年拓跋珪趁著苻秦帝國因淝水之戰而分崩離析的機會，展開復國運動。拓跋舊部在他的號召與領導下鳩集起來，或許多少恢復了往日的組織。然而多年的東征西討，卻也使得一些不肯誠心歸附的部落(包括獨孤與賀蘭等部在內)，遭到降爲隸屬、甚至分崩離析的命運。其中遭際最爲悲慘的當屬鐵弗部，西元391年拓跋珪擊潰鐵弗

32 蕭啓慶，《元代史新探》，頁64；符拉基米爾佐夫，《蒙古社會制度史》，頁100-113。

33 杜正勝，〈殷遺民的遭遇與地位〉，《古代社會與國家》，頁540。

部，基於多年的宿仇，乃下令收其氏族長劉衛辰(當時已死)「子弟宗黨無少長五千餘人，盡殺之」(《魏書》，2，頁24)。「諸部乖亂」的情況似乎並沒有改善多少。

如果拓跋珪在統一漠南諸部後，立即頓兵休息，那麼，遭到戰亂殘破的部落或許還有機會重新整頓、恢復其氏族組織。問題是：漠南局勢稍一穩定，拓跋珪隨即於西元396年親率大軍南下，兩年內擊潰了慕容燕的抵抗，取得山西、河北等地，定都平城(山西大同)，劃周圍約三萬平方公里的地區為「王畿」，下令「離散諸部，分土定居，不聽遷徙，其君長大人皆同編戶」(《魏書》，83：1，頁1812)，在此詔令下，正在式微中的氏族組織無疑又遭到一次空前的打擊。儘管有些部落由於受到戰亂破壞的程度較小，在分土定居之初仍能維持相當緊密的氏族聯繫，例如西元408年，拓跋珪為其子清河王紹所殺，京師大亂，肥如侯賀泥即「舉烽於安陽城北，賀蘭部人皆往赴之」(《魏書》，83：1，頁1813)，「其餘舊部亦率子弟招集族人，往往相聚」(《魏書》，16，頁390)。然而這也只不過是迴光返照而已，隨著政局的日趨穩定，國家控制力量的逐漸增強，氏族的冰消瓦解終究還是個難以挽回的命運。[34]

由於史料不足，有關拓跋人在建立國家之後、氏族組織瓦解的詳細過程，我們已不得而知，不過從一些旁證中，或許也可以略窺其蛛絲馬跡。首先是在道武帝天賜元年(404)十一月：

> 以八國姓族難分，故國立大師、小師，令辨其宗黨，品舉人才。自八國以外，郡各自立師，職分如八國，比今之中正也。宗室立宗師，亦如州郡八國之儀(《魏書》，113，頁2974)。

---

34 唐長孺，〈拓跋國家的建立及其封建化〉，頁204-205。〈官氏志〉將離散諸部一事繫於登國(386-395)初，上引的〈賀訥傳〉則置於平中原(即破燕)之後，唐長孺認為「離散諸部可能不是一時之事，但大規模的執行必在破燕之後」，因為只有到這時，拓跋珪才有足夠的威望來強制進行此事。參見筆者，〈代人集團的形成與發展〉，《中央研究院歷史語言研究所集刊》，61：3，頁577-578。當然，北魏的統治者也不是將所有歸附或擄掠而來的游牧部落一概解散，領民酋長所統轄的人民即仍維持著部落——換言之，也可以說是氏族——組織，只是這並非本文主旨所在。有關領民酋長，參見筆者，前引文，頁582，602-605。

大師、小師的設置是用來辨別姓族的，我們不曉得拓跋珪爲何要在此時「辨別姓族」，照上面詔令看來，似乎是爲了分派官職，得把候選人的出身弄清楚。[35]至於其成效如何，則不得而知。然而從這條資料，我們也可以看到，在分土定居之後才不過六年，各氏族成員的混雜已嚴重到不得不特設專人來分辨的程度。[36]

其次是有關「同姓爲婚」的問題。太和七年(483)，孝文帝(其實應當是文明太后，詳註7)下詔：

> 淳風行於上古，禮化用乎近葉。是以夏殷不嫌一族之婚，周世始絕同姓之娶。斯皆教隨時設，治因事改者也。皇運初基，中原未混，撥亂經綸，日不暇給，古風遺樸，未遑釐改，後遂因循，迄茲莫變。朕屬百年之期，當後仁之政，思易質舊，式昭惟新。自今悉禁絕之，有犯以不道論。（《魏書》，7：1，頁153）

趙翼即根據此一詔令認定：「北魏本無同姓爲婚之禁，至孝文帝始禁之」（《陔餘叢考》卷三十一「同姓爲婚」）。儘管趙翼此處並沒有用上「族內婚」一類的辭彙，只是在當時一般人的理解裡，「同姓婚」無疑即爲「族內婚」，是有背於漢人傳統倫理的。比起趙翼來，李亞農對於近代的人類學稍有涉獵，因此他雖然接受趙翼對拓跋人「同姓爲婚」的看法，只是卻也有些疑惑：因爲，在他看來，拓跋人出現在歷史舞台時，已經進入父系氏族社會的階段，照說應該是實行嚴格的族外婚制，因此對於同姓婚(亦即族內婚)居然能在拓跋人的社會裡長久通行一事大感困惑。然而，連文明太后在詔書裡都承認這是「未遑釐改」的「古風遺樸」，似乎也沒有什麼可值懷疑之處。其間必有緣故。他的解答是，依照母系社會的習慣，只要男女雙方的母親出自兩個不同的氏族，那麼，即使是同姓也可以爲婚，而拓跋人由於剛剛從母系社會轉變到父系社會，「舊制度的影響還深刻地

35 〈太祖本紀〉有條相關的記載：「天賜元年十有一月，上幸西宮，大選朝臣，令各辨宗黨，保舉才行，諸部子孫失業賜爵者二千餘人」（《魏書》，2，頁42）。可見此一措施的確與選拔人才有關。

36 唐長孺，前引文，頁247。

留在人們意識裡，於是乎發生了同姓婚姻的混亂現象」。[37]

問題是：拓跋人是否果眞有族內婚制——即詔書中所謂的「一族之婚」——的習俗，答案是否定的。拓跋鄰「七分國人」、重組「十姓」，姓氏都已有別，仍然規定「百世不通婚」(《魏書》，113，頁3006)。《魏書》裡也找不到「帝室十姓」有任何相互嫁娶的記錄，這點即使是在游牧部落聯盟時期亦然。拓跋王室對族外婚制執行之嚴格，還不僅限於帝室十姓。西元414年，南涼爲西秦所滅，源賀亡命北魏，太武帝非常欣賞他，聽說他出身南涼王室禿髮氏，即曰：「卿與朕同源，因事分姓，今可爲源氏」(《魏書》，41，頁919；按「禿髮」即「拓跋」之轉音，見《胡姓考》，頁238-240)。雖然《魏書・源賀傳》中說他「自署河西王禿髮傉檀之子」，言下頗有懷疑之意。源賀後來在北魏屢立功勳，定策協助文成帝登基，成爲一代名臣，其子孫也世代顯赫，然而此一家族始終未與拓跋王室聯姻。不通婚姻的緣故當然不止一端，與拓跋王室「同源」——雖然源賀的出身頗有疑問，而且就算同宗，照《新唐書》的說法，也是十代以前的事了[38] —— 無疑也是個決定性的因素。

既然帝室十姓如此厲行族外婚制，那麼，上述所謂拓跋人「同姓爲婚」的現象就頗有進一步澄清之必要了。首先，我們得弄清楚，同姓婚是否一定就是族內婚制。在傳統社會裡，尤其是遠古時期，交通不便，人們活動的空間範圍不大，交往的人如果是同姓，在絕大多數的情況下應即爲同氏族人，因此，同姓婚被等同爲族內婚是相當可以理解的。文明太后是在這個角度下來理解拓跋人的「同姓

37 李亞農，《李亞農史論集》，頁339-341。一般而言，姓是跟著父親而來，因此，在父系氏族社會裡，同姓也就是同氏族，同姓爲婚也就變成氏族內婚。不過，晚近的人類學者對「父系社會即實行嚴格的族外婚制」此一說法已表懷疑。例如阿拉伯世界的Al Murrah Bedouin人雖爲父系社會，娶妻的優先順序卻是其姪女，見Donald P. Cole, *Nomads of the Normads: The Al Murrah Bedouin of the Empty Quarter,* p.71。另外一份有關伊朗南部Basseri部落的田野研究亦有類似的報導，見Fredrik Barth, *Nomads of South Persia: The Basseri Tribe of the Khamseh Confederacy,* p.35。承王明珂兄示知相關資料，謹此致謝。

38 「源氏出自後魏聖武帝詰汾長子疋孤九世孫禿髮檀」(《新唐書》，75：1，頁3361)。「九世」原作「七世」，據姚薇元考證改(《北朝胡姓考》，頁241)。

爲婚」，而將之視爲「不道」的「族內婚制」。李亞農也是在這個角度下，尤其是在文明太后詔令的誤導下，將拓跋人的「同姓爲婚」視爲仍保留部份「族內婚制」遺習的證據。

問題是：如果拓跋人的「同姓爲婚」的確就是「族內婚」，而且還是個行之有效、持之有故的「古風遺樸」，那麼，第一，他們的統治集團爲何卻又如此嚴格地實行外婚制？——並沒有任何資料顯示這個統治集團是外來的。其次，文明太后又是憑著什麼敢如此激烈地反對此事？——甚至威脅要以「不道」的罪名來論處違反者。[39] 比較合理的解釋可能是：拓跋人原先——至少在進入歷史時期以後——就是實行嚴格的族外婚制的，「同姓爲婚」的現象固然有，但不能跟「族內婚制」混爲一談；而且，「同姓婚」出現的時間可能早自部落聯盟時期（因爲當時戰亂已極爲頻仍，部落離散的狀況在所難免），在拓跋珪建國後可能更爲普遍（因爲「離散諸部，分土定居」的政策所導致的「姓族難分」的現象更爲嚴重），到文明太后時已超過百年的光陰，對他來說，算得上是「古風遺樸」了。

接下來我們要探討的問題是：拓跋人爲何會出現「同姓爲婚」的現象。根據筆者初步的理解，這個問題的發生與氏族解體的歷史現象實際上是並肩而行的。換言之，儘管拓跋人原先實行的是族外婚制，然而在沒有文字記錄的情況下，此一制度只有在聚族而居、族人的來龍去脈一清二楚的基礎上才得以確實維持。部落聯盟時期的連年征戰，本已造成許多部族的嚴重混雜或解體，拓跋珪建國後的「離散諸部，分土定居」，更直接導致各個氏族的分崩離析，其結果則是「姓族難分」——換言之，即同姓的不一定同族，而同族的亦有可能異姓。在此情況

39 北魏律典已迭，《魏書》中有幾條相關資料，可供參考。太武帝時，崔浩定律令，「大逆不道腰斬，誅其同籍，年十四已下腐刑，女子沒縣官」（《魏書》，111，頁2874），「大逆不道」當然比「不道」要嚴重得多；此外，《魏書》亦曾提到安定王休子「願平，清狂無行………靈太后臨朝，……（願平）坐裸其妻王氏於其男女之前，又強姦妻妹於妻母之側。御史中丞侯剛案以不道，處死，絞刑，會赦免，黜爲員外常侍」（19：3，頁519）。不過，當時已在孝文帝修律令之後，「不道」的處罰比起當年（太和七年）可能已要輕一些。另參見王健文，〈西漢律令與國家正當性——以律令中的“不道”爲中心〉，《新史學》，3：3（1992）。

下，同姓的如果能確知彼此並非源自同一祖先，還是可以互通婚姻的，這就造成「同姓爲婚」的現象。[40] 只是這樣的「同姓婚」並不能輕易就跟「族內婚」劃上等號，更扯不上什麼母系社會的遺習，根據我們的理解，它其實只是拓跋人氏族社會解體之後的一個產物，因此也談不上是什麼「古風遺樸」，這是我們得再次強調的。當然，除了少數貴族外，一般的拓跋人由於並無詳細的世系記錄可資追循，混雜數個世代之後，在無法確知彼此身世的情況下，我們也不能否認的確可能發生同姓、同族爲婚的現象；然而，這只能算是偶然性的個案，並不能視之爲拓跋人有族內婚習俗的證據。

在〈代人集團的形成及其發展〉一文中，筆者曾經提到氏族部落的解體是代人集團得以形成的最主要因素之一。從政治層面而言，此一集團在當時的北魏帝國無疑具有支配性的地位，然而如從社會組織的角度來看，則此一集團的大多數成員無疑也因氏族的瓦解而面臨著相當嚴重的危機。前面曾經提到過，氏族在北亞游牧社會可說是一個最具樞紐性的、凝聚人群的單位，因爲它能提供游牧民最基本的宗教、防衛與生計的需求，其重要性實相當類似於宗族在漢人社會裡所扮演的角色。此一共同體的崩潰，其嚴重性是可想而知的。雖然代人集團亦有其特殊的宗教祭典，例如四月的祭天大典及其他，[41] 國家也保障了每個氏族成員的

40　就此而言，文明太后顯然犯了兩個錯誤(趙翼、李亞農等人也在文明太后的誤導下犯了同樣的錯誤)：第一，她把拓跋人一時的「同姓婚」的現象誤認爲是固有的傳統；第二，也是更爲嚴重的，她把「同姓婚」等同於「族內婚」(所謂「一族之婚」)。這個錯誤是很明顯的，正如今天台灣偶爾亦有「同姓婚」的例子，政府亦不加干涉，然而並沒有人會因此就認爲台灣社會有「族內婚」的習俗。
爲了行文方便，此處(及本文中)皆將詔書裡的錯誤歸諸於文明太后的誤解(詔書雖然是以孝文帝的名義發布，實際上當然是文明太后的意旨)，但是，意旨儘管是文明太后的，詔書可不一定非得由文明太后親自來擬，而草詔者(通常是漢人)在撰稿時自行加上一些套頭語在歷史上也是司空見慣的，因此，這份詔書開頭的幾句話：「淳風行於上古，禮化用乎近葉。是以夏殷不嫌一族之婚，周世始絕同姓之娶。斯皆教隨時設，治因事改者也」云云，也就是導致趙翼、李亞農等人誤解的這幾句話，很可能只是草詔者加上的套頭語。果眞如此，這幾句話當然就不能作爲拓跋人曾有過「族內婚制」的證據。此外，草詔者個人當然也有可能將一時的「同姓婚」的現象誤認爲拓跋人固有的傳統，從而形諸詔書。承杜正勝兄提示上述意見，謹此致謝。

41　詳見筆者，〈從西郊到南郊〉，頁148-50。

安全、並多少照顧其經濟利益；換言之，代人集團的出現，在某個程度上的確取代了以往氏族的部份功能（這當然也是拓跋統治者期望能達成的目標）。然而，這個團體的性格基本上還是政治性的，它的出現主要是爲了確保一個定居國家的成立。這樣的一個團體，無論就其規模、就其內涵與功能而言，都無法完全取代往日的氏族共同體。換言之，在代人集團與個別的代人之間，顯然還需要有一個中介性的團體——亦即家族。

氏族解體後，拓跋人當然還是有家庭生活的，那麼，他們的家庭情況如何？是否有可能如漢人的家族一樣，取代了以往的氏族。唐長孺根據《魏書》卷二十七〈穆壽傳〉（太武帝時人，西元五世紀前半葉）中所言，認爲在氏族解體之後，拓跋人的社會結構業已轉變成以家長制家庭公社（即家父長制共同體）爲主，家庭成員包括了一父所生的幾代後裔，而家長在家庭公社中——相對於氏族中的長老而言——是具有頗大權力的。嚴格說來，這樣的一個家庭公社，其結構與漢人在五服制度下的家族並無太大差異。[42] 然而〈穆壽傳〉中說他：「遇諸父兄弟有如僕隸，夫妻並坐共食，而令諸父餕餘」（頁665）。這樣的家族是不太可能在其成員間培養出一種共同體的感覺來的，因爲，它完全缺乏漢人家族所具有的禮法與精神。這是拓跋人在氏族瓦解後所面臨的社會危機。我們在第一節中所討論的、孝文帝一連串的禮制改革，包括廟號的變動、五服制的推行、孝道與《孝經》的提倡等等，其動機或許可以在此背景下得到部份的解答。

三、迴響——王室氏族共同體的瓦解

孝文帝的這些努力有沒有導致一些反效果呢？答案是肯定的。留在長城邊疆

42 唐長孺，〈拓跋國家的建立及其封建化〉，頁247-8。我們無法得知這樣結構的一個家庭在拓跋人的社會是否具有普遍性，照杜正勝的研究，當時（魏晉南北朝至隋唐）漢人社會一個普通家庭的人口結構大約在十口上下，特點是「尊長猶在，子孫多合籍、同居、共財，人生三代同堂是很正常的，於是共祖父的成員成爲一家」（〈傳統家族結構的典型〉，《古代社會與國家》，頁815）。只是由於有關拓跋人家庭的史料不足，我們只能以〈穆壽傳〉中所言爲例。

地區的代人與鎮人，由於始終沒有參與孝文帝的禮制改造運動，與遷往洛陽的代人集團之間在文化上逐漸產生一種隔閡感，再加上政治與經濟上的矛盾，最後終於釀成「六鎮之亂」，這是研究北魏史的人耳熟能詳的事實。[43] 不過，這可說是較長期性的影響，如就當時而言，孝文帝在推動上述改革時，尤其是將漢族的服制貫徹施行於王族內，其目的雖然是在「敬宗收族」，直接影響所及卻是促成了王室氏族共同體的瓦解。因為在中國傳統社會裡，服制不但是個「收族」的判準基礎，有的時候其實也發揮了「辨族」的功能。孝明帝熙平二年(517)七月，侍中、領軍將軍、江陽王繼上表抱怨被排除於宗廟祭典——也就是宗族——之外：

> 臣功緦之內，太祖道武皇帝之後，於臣始是曾孫。然道武皇帝傳業無窮，四祖三宗，功德最重，配天郊祀，百世不遷。而曾玄之孫，烝嘗之薦，不預拜於廟庭；霜露之感，闕陪奠於階席。今七廟之後，非直隔歸胙之靈；五服之孫，亦不霑出身之敘。校之墳史則不然，驗之人情則未允。何者？禮云，祖遷於上，宗易於下。臣曾祖是帝，世數未遷，便疏同庶族，而孫不預祭。斯之為屈，今古罕有。昔堯敦九族，周隆本枝，故能磐石維城，禦侮於外。今臣之所親，生見隔棄，豈所以楨幹根本，隆建公族者也。伏見高祖孝文皇帝著令銓衡，取曾祖之服，以為資蔭，至今行之，相傳不絕。而況曾祖為帝，而不見錄。伏願天鑒，有以照臨，令皇恩洽穆，宗人咸敘。請付外博議，永為定準。(《魏書》，108：2，頁2763)

這顯然是推行五服制的後遺症。元繼是道武帝的曾孫(元繼本為道武子陽平王熙之孫，過繼給江陽王根，故襲封江陽王，與孝文的曾祖景穆皇帝同輩)，由於並非明元帝之後，在孝文帝時即被排除於宗室的五服範圍之外。只是當時適逢孝文銳意改革，元繼雖心有不滿，卻也不敢觸怒孝文帝。等到孝明帝在位，靈太后臨朝稱制，元繼子叉娶了靈太后的妹妹，「靈太后以子叉姻戚，數與肅宗(孝明帝)幸繼宅，置酒高會，班賜有加」，並長期將掌握禁軍的領軍將軍一職托付給

43 筆者，〈從西郊到南郊〉，頁161-67。

他（《魏書》，16，頁402）。也正因如此，儘管在廷議時大部份的元老重臣（包括王室貴族元澄與元暉）都認爲應該維持「四廟」——也就是「五服」——的界線，並特別強調這是孝文帝時定下的制度：

天子諸侯，繼立無殊，吉凶之赴，同止四廟。祖祧雖存，親級彌遠，告赴拜薦，典記無文。斯由祖遷於上，見仁親之義疏；宗易於下，著五服之恩斷。江陽之於今帝也，計親而枝宗三易，數世則廟應四遷，吉凶尙不告聞，拜薦寧容輒預。高祖孝文皇帝聖德玄覽，師古立政，陪拜止於四廟，哀恤斷自緦宗。即之人情，冥然符一；推之禮典，事在難違。此所謂明王相沿，今古不革者也。（同上）

靈太后還是決定賦與元繼參與祭典的權利，她的理由是：「祖廟未毀，曾玄不預壇堂之敬，便是宗人之昵，反外於附庸，王族之近，更疏於群辟」（同上），這是公然不遵五服的禮制了。只是其他類似的抱怨並不見得就都能得到靈太后同樣的眷顧。例如元遙兄弟爲景穆皇帝之孫，在孝文時尙在宗室五服範圍內，「至肅宗而本服絕，故除遙等屬籍」。（元）遙表曰：

竊聞聖人所以南面而聽天下，其不可得變革者，則親也，尊也。四世而緦服窮，五世而袒免，六世而親屬竭矣。去茲以往，猶繫之以姓而弗別，綴之以食而弗殊。又律云議親者，非唯當世之屬親，歷謂先帝之五世。謹尋斯旨，將以廣帝宗，重盤石。先皇所以變茲事條，爲此別制者，太和之季，方有意於吳蜀，經始之費，慮深在初，割減之起，暫出當時也。且臨淮王提，分屬籍之始，高祖賜帛三千匹，所以重分離；樂良王長命，亦賜縑二千匹，所以存慈眷。此皆先朝殷勤克念，不得已而然者也。古人有言，百足之蟲至死不僵者，以其輔己者衆。臣誠不欲妄親太階，苟求潤屋，但傷大宗一分，則天子屬籍不過十數人而已。在漢，諸王之子不限多少，皆列土而封，謂之曰侯，至于魏晉，莫不廣胙河山，稱之曰公者，蓋惡其大宗之不固，骨肉之恩疏矣。臣去皇上，雖是五世之遠，於先帝便是天子之孫，高祖所以國秩祿賦復給衣食，后族唯給其賦不與衣食者，欲以別外內限異同也。今諸廟之感，在心未忘；行道之悲，倏然已及。其諸封

者，身亡之日，三年服終，然後改奪。今朝廷猶在遏密之中，便議此事，實用未安。（《魏書》，19：1，頁446）

元遙要求的只是一個緩衝期，而非反對五服制的推行，故廷議時，「尙書令任城王澄、尙書左僕射元暉奏同遙表」，然而，「靈太后不從」（同上），可見靈太后並不見得想全面否定孝文帝的改革。不過，由此亦可看出當時在王族之內推行五服制顯然相當積極，受到波及的族人自然也不在少數。

有意思的是，儘管孝文帝如此雷厲風行地在皇族間推動五服制，在他統治之下的（黃河流域的）漢人士族對於「族」的分辨倒還沒有那麼嚴格，至少沒有嚴重到像孝文帝那麼唯「五服制」是從的地步。《顏氏家訓・風操第六》曰：

河北士人，雖三二十世，猶呼爲從伯從叔。梁武帝嘗問一中土人曰：「卿北人，何故不知有族？」答云：「骨肉易疏，不忍言族耳。」當時雖爲敏對，於禮未通。

那位北方人[44] 雖然說明是戰亂流離的緣故，顏之推仍以爲於禮不合。其間的關鍵，根據杜正勝的解釋，乃在於「合禮的族非從傳統社會人人習知的五服服紀講起不可」。[45] 就此而言，當時的南方似乎倒反而更爲堅持五服制的原則。只是我們還不十分清楚孝文帝的力行五服制，到底是基於對古禮的堅持，還是如陳寅恪所言，乃傳承江左之禮制而來。[46]

前面曾提到，在拓跋珪下令「離散諸部，分土定居」後，拓跋人的氏族已紛紛瓦解而形成了「代人集團」，然而其中也有例外，這就是拓跋王室的氏族，亦即當年「十姓」中的「拓跋氏」（孝文帝時改爲元氏）。這個氏族還能凝聚在一起的原因可能很複雜，不過，作爲帝國領導階層之核心的角色其實已足以解釋一切。然而，造成他們共同體意識持續維繫的因素，除了此一身分外，還有他們共

44 根據王利器的考證，此一北方人乃是夏侯亶，見《梁書・夏侯亶傳》，另參見王利器，《顏氏家訓集解》，頁95。

45 杜正勝，〈五服制的族群結構與倫理〉，《古代社會與國家》，頁856-7。顏之推的時代稍後於孝文帝，不過他所提到的當時南北族群認同的差異，倒是普遍存在於南北朝時期，詳見杜正勝上引文。

46 陳寅恪，〈隋唐制度淵源略論稿〉，《陳寅恪先生論文集》，頁8，11。

同的氏族祭典——亦即在帝國建立後還奉行了近百年的西郊祭天大典。孝文帝從西元493年開始在王族中推行五服制，已將許多氏族成員排除於宗廟祭祀之外，而我們知道，依照北亞游牧社會的習俗，氏族成員若被拒於祭典之外，即被視同外人；[47] 就此而言，孝文帝的推行五服制，實際上可說是另一種形式的「辨族」，而且只要服制的規定繼續實施，這種排除的過程即會持續下去。單只被排除於宗廟祭祀之外也就罷了，對那些氏族成員來說，他們至少還有個共同的氏族祭典——亦即每年四月的西郊祭天——可以維繫其身分意識，因為，根據傳統，拓跋氏以及前面曾經提到過的所謂「七族」的成員，都可以參加此一祭典，其氏族代表則為當然的主祭者；而且，在許多較為保守的氏族成員心目中，傳統西郊祭典的份量要遠比漢式的宗廟祭祀重要得多了。然而即使是這麼一個最後、且最為重要的氏族共同祭典也在西元494年被孝文帝宣告廢除：太和十八年三月，「詔罷西郊祭天」（《魏書》，108：1，頁2751）；這些氏族成員心中的失落感與不滿自然可想而知。

孝文帝或許以為這些因服制緣故而不斷被排除於宗廟祭祀之外的氏族成員，可以根據自己的五服親疏，分別凝聚成個別的家族團體，這應該也是他的基本理想。只是：第一，這些氏族成員或許還無法了解「服制—家族」的觀念；其次，這裡面還牽涉到不少現實利益的問題，元繼在上引表文中即抱怨：「不霑出身之敘」，而希望「令皇恩洽穆，宗人咸敘」；換言之，被劃分出去的族人，其處境正如後來張普惠所說的：「嫡封則爵祿無窮，枝庶則屬內貶絕」（《魏書》，66，頁1743），沒有那一個族人會願意自己被列為「枝庶」，從而失去其原有的特權地位。這個結果倒是孝文帝始料所未及的。

結　論

本文主要探討的是西元五世紀末、北魏孝文帝在大力推動「禮制改革」時、

47 符拉基米爾佐夫，《蒙古社會制度史》，頁83-84。

涉及孝道的一些問題，對於孝文帝爲何要以鮮卑語來譯《孝經》、以及繼位諸帝何以會公開講解《孝經》一事，提出了初步的解答。在提倡孝道或《孝經》這一點上，孝文帝之所以會如此大費周章地從整頓宗廟制度與推行五服制開始，乃是因爲他深切了解到，漢族的孝道只有在配合其傳統禮制、家族制度的條件下才能落實。換言之，對孝文帝而言，先落實孝道實踐的環境乃是第一義。然而，除了想穩定拓跋人的社會組織外，孝文帝的提倡孝道是否還有其他的目的？

要回答這個問題，我們就必須了解《孝經》在中國歷史上的特殊地位，正如前言中曾提到過的，《孝經》之所以重要，乃在於它是兩千多年來中國社會敎忠敎孝的基本敎科書。換言之，歷代統治者之所以提倡孝道，特別是以《孝經》爲基準的孝道，其目的之一固然是在穩定社會秩序(間接也就是穩定政權基礎)，然而他們所著意的或許更在於經中所強調的：「夫孝始於事親，中於事君，終於立身」(〈開宗明義章第一〉)；或者，如〈廣揚名章〉表達得更爲清楚：「君子之事親孝，故忠可移於君；事兄悌，故順可移於長；居家理，故治可移於官」。

就此一角度而言，拓跋氏雖以征服者的姿態君臨中原，其統治基礎仍長期置於以北亞游牧民族爲骨幹的代人集團上；而在北亞政治文化的傳統裡，君臣之分本來就不是那麼嚴格，至少是無法與漢族傳統相提並論的。孝文帝時，北魏立國已將百年，以他對漢文化的仰慕之深，對漢族王朝的模仿之切，是否會有意改變此一情況呢？換言之，他是否認爲如果能貫徹孝道的實踐，那麼，再來要求那些拓跋貴族講究「君臣之分」與「效忠」——對家產制君主的「恭順」——就自然會水到渠成、或至少是會容易些呢？從其他征服王朝的例子，譬如女眞(金)、蒙古(元)、滿洲(清)等政權皆有翻譯《孝經》、推廣《孝經》的歷史經驗來看，上述的推論顯然亦不無道理，只是相關問題尙多，有待他文再論。

(本文於一九九三年八月十九日通過刊登)

參考書目

一、基本史料

《北齊書》 點校本

《北史》 點校本

《孝經》 十三經注疏本

《周書》 點校本

《隋書》 點校本

《資治通鑑》 點校本

《新唐書》 點校本

《禮記》 十三經注疏本

《韓非子集釋》 陳奇猷

《魏書》 點校本

《舊唐書》 點校本

《顏氏家訓集解》 顏之推撰，王利器集解

二、參考資料

王健文，〈西漢律令與國家正當性——以律令中的“不道”爲中心〉，《新史學》，3：3 (1992)。

牟復禮，〈中國歷史的特質〉，《歷史月刊》，3 (1988)。

呂維祺，《孝經本義》（叢書集成本），（台北，1987）。

李亞農，《李亞農史論集》，（上海，1978）。

杜正勝，〈封建與宗法〉，《古代社會與國家》，（台北，1992）。

杜正勝，〈傳統家族結構的典型〉，《古代社會與國家》，(台北，1992)。

杜正勝，〈五服制的族群結構與倫理〉，《古代社會與國家》，（台北，1992）。

杜正勝，〈殷遺民的遭遇與地位〉，《古代社會與國家》，(台北，1992)。

姚薇元，《北朝胡姓考》，（北京，1962）。

徐復觀，〈中國孝道思想的形成、演變，及其在歷史中的諸問題〉，《中國思想史論集》，（台北，1962）。

徐復觀，《中國人性論史》，（台北，1982）。

徐復觀，《兩漢思想史》，卷一，（台北，1982）。

唐長孺，〈拓跋國家的建立及其封建化〉，《魏晉南北朝史論叢》，（北京，1955）。

唐長孺，〈魏晉南朝的君父先後論〉，《魏晉南北朝史論拾遺》，（北京，1983）。

唐長孺，〈論北魏孝文帝定姓族〉，《魏晉南北朝史論拾遺》。

符拉基米爾佐夫著，劉竣榮譯，《蒙古社會制度史》，（北京，1980）。

陳寅恪，〈李唐氏族之推測〉，《陳寅恪先生論文集》，（台北，1977）。

陳寅恪，〈隋唐制度淵源略論稿〉，《陳寅恪先生論文集》，（台北，1977）。

陳　垣，《元西域人華化考》，（台北，1962）。

陳鐵凡，《孝經學源流》，（台北，1986）。

陶希聖，〈服制之構成〉，《食貨》，1：9（1971）。

康　樂，〈代人集團的形成與發展——拓跋魏的國家基礎〉，《中央研究院歷史語言研究所集刊》，61：3（1992）。

康　樂，〈代人與鎮人〉，《中央研究院歷史語言研究所集刊》，61：4（1992）。

康　樂，〈從西郊到南郊——拓跋魏的國家祭典與孝文帝的「禮制改革」〉，《第二屆國際漢學會議論文集》，（台北，1989）。

康　樂，〈魏書「帝之十族子弟七人」試釋〉，《食貨》，16：7，8（1987）。

蕭啓慶，《元代史新探》，（台北，1983）。

三、參考資料(西文)

Fredrik Barth, *Nomads of South Persia: The Basseri Tribe of the Khamseh Confederacy,* (Prospect Heights, 1961).

Donald P. Cole, *Nomads of the Normads: The Al Murrah Bedouin of the Empty Quarter,* (Arlington Heights, 1975).

Fung Yu-lan, " The Philosophy at the Basis of Traditional Chinese Society, " F. S. C. Northrop ed. *Ideological Difference and World Order* (New Haven, 1949).

Jennifer Holmgren, *Annals of Tai* : *Early T'o-pa history according to the first chapter of the Wei-shu.* (Canberra, 1982).

忠武軍：唐代藩鎮個案研究

黃　清　連

本文是以忠武軍爲中心，透過分析此一位於東都洛陽附近的藩鎮在中晚唐的發展，觀察地方藩鎮對唐代後期政治的影響。這是筆者對唐代後期藩鎮與變亂問題系列研究的一部份。

本文共分五節討論，除「前言」與「結語」外，第二節分析忠武軍的地理沿革及戶口、產業；第三節試論忠武節度使與中央政府的關係；第四節主要在於分析忠武軍將勢力在晚唐的發展及其扮演的角色等問題。本文的重點在於透過忠武軍的個案，探討影響唐代後期政治、社會及軍事結構變化過程中的一些現象。

一、前　言

中央集權與地方割據之間的種種關係，一直是中國歷史上不斷出現的老問題。一般說來，中央與地方是否能夠維繫均衡或統屬的關係，是檢驗某一個歷史時期政治發展穩定程度的重要標準。唐代自中葉以後，地方藩鎮逐漸成爲政治發展的重心，所謂「國命之重，寄在方鎮」，[1] 正扼要點明藩鎮在唐代的歷史地位。透過對於個別藩鎮的研究，可以釐出唐代後半期政治發展的一些主要趨勢。

本文擬以忠武軍爲中心，藉著分析此一藩鎮在中晚唐的發展，觀察地方藩鎮對唐代後期政治的影響。本文之所以將忠武軍作爲個案討論的對象，是因爲這個在東都洛陽附近的小藩鎮，過去較少爲人注意，但它實際上卻在晚唐政治、軍事

1　王溥，《唐會要》（上海：中華書局，1955；台北：世界書局，1982 影印），卷77，頁1416，〈諸使上·巡察按察巡撫等使〉引「永貞元年八月」詔。

史上扮演著不容忽視的角色。忠武軍在唐代後期的軍事、政治地位，反映了若干中原藩鎮的一些特色，值得進一步探討。有關唐代藩鎮的研究，前賢累積的成果雖然相當豐碩，但討論的重點，主要偏重在唐代藩鎮的概論性分析，及若干特殊的獨立性藩鎮（尤其是河北三鎮）的個案研究。舉其犖犖大者，例如：日野開三郎對藩鎮體制（特別是藩鎮的軍事組織）的全面性討論，[2] 周藤吉之對五代時期節度使體制的分析，[3] 堀敏一對藩鎮親衛軍的解析，[4] 王壽南對藩鎮與中央關係的研究，[5] 張國剛對藩鎮各項制度的討論，[6] 杜希德（Denis C. Twitchett）分析各種類型藩鎮勢力及其與中央財政的關係[7] 等等，都可以說是對於唐代藩鎮體制的概論性分析。至於個別藩鎮以及區域性藩鎮的討論，則有谷霽光與蒲立本（E. G. Pulleyblank）對安史亂前河北道的研究，[8] 松井秀一對個別藩鎮盧龍及

2　誠如杜希德（Denis C. Twitchett）所說，日野開三郎是在藩鎮問題研究上最傑出的專家。日野的重要著作，杜希德曾予介紹，見：Denis C. Twitchett, "Varied Patterns of Provincial Autonomy in the T'ang Dynasty," 收入J. C. Perry & B. L. Smith 編，*Essays on T'ang Society* (Leiden: E. J. Brill, 1976), pp.90-109. 杜希德在上文頁108中，特別推崇的日野著作包括：《支那中世の軍閥》（東京，1942）；〈藩鎮時代の州稅三分制に就いて〉，《史學雜誌》65（1956）；〈兩稅法の基本的四原則〉，《法制史研究》11（1961）；以及〈藩鎮體制と直屬州〉，《東洋學報》43（1961），等等。事實上，日野的著作數量驚人，其相關的論著在其《東洋史學論集》中，仍然爲數可觀，本文無法一一列舉。

3　周藤吉之，〈五代節度使の支配體制〉（原發表於1952年），收入氏著，《宋代經濟史研究》（1962）；及〈五代節度使の牙軍に關する一考察〉，《東洋文化研究所紀要》2（1951）。

4　堀敏一，〈藩鎮親衛軍の權力構造〉，《東洋文化研究所紀要》20（1960），頁75-149。

5　王壽南，《唐代藩鎮與中央關係之研究》（1969初版；台北：大化書局，1978修訂再版）。

6　張國剛，《唐代藩鎮研究》（長沙：湖南教育出版社，1987）。

7　Denis C. Twitchett, *op. cit.*；及"Provincial Autonomy and Central Finance in Late T'ang", *Asia Major* (n.s.), 11:2, pp.211-232。此文日譯見：〈唐末の藩鎮と中央財政〉，《史學雜誌》，74：8（1965），頁1-23。

8　谷霽光，〈安史亂前之河北道〉，《燕京學報》19（1936），頁197-209；E. G. Pulleyblank, *The Background of the Rebellion of An Lu-shan* (London, 1955), Chapter 6。

四川地區支配體系的討論，[9] 韓國磐、堀敏一及毛漢光對魏博鎮的討論，[10] 谷川道雄對浙西藩鎮的研究，[11] 以及王賡武對長江中游地區藩鎮的研究[12] 等等。此外，近年來國內亦有若干年輕學者對河東軍、宣武軍及楊行密集團等進行研究。[13] 從以上簡單的回顧來看，唐代藩鎮（尤其是一些非獨立性藩鎮）的個案研究，似乎仍然有討論的餘地。

本文是筆者對唐代後期藩鎮與變亂問題系列研究的一部份，以下擬就忠武軍的地理沿革及戶口、產業、忠武節度使與中央政府的關係、忠武軍將勢力在晚唐的發展及其扮演的角色等問題，進行個案討論。本文的重點在於透過忠武軍的個案，探討影響唐代後期政治、社會及軍事結構變化過程中的一些現象。至於忠武軍與鄰近軍鎮的關係及其與其他藩鎮的角色比較等問題，由於牽涉較廣，有待累積更多個案資料，並透過通盤研究之後，再另文討論。

二、忠武軍的地理沿革及戶口、產業

吳廷燮《唐方鎮年表》卷二「忠武軍」條說：「忠武軍節度、陳許觀察等

9 松井秀一，〈盧龍藩鎮考〉，《史學雜誌》，68（1959），頁1397-1432；〈唐代前半期の四川—律令制支配と豪族層との關係を中心として〉，《史學雜誌》，71：9（1962），頁1-37；〈唐代前半期の四川—官僚支配と土豪層の出現を中心として〉，《史學雜誌》，73：10（1964），頁46-88。

10 韓國磐，〈關於魏博鎮影響唐末五代政權遞嬗的社會經濟分析〉，原載《廈門大學學報》5（1954），又收入氏著《隋唐五代史論集》（北京：三聯書店，1979）。堀敏一，〈魏博天雄軍の歷史〉，《歷史教育》，6：6（1958）；毛漢光，〈魏博二百年史論〉，原載《中央研究院歷史語言研究所集刊》，50本2分（1979），又收入氏著《中國中古政治史論》（台北：聯經出版公司，1990）。

11 谷川道雄，〈唐代浙西の藩鎮〉，《史林》35：3（1952）。

12 Wang Gungwu, "The Middle Yangtse in T'ang Politics", in (Arthur F. Wright & Denis Twitchett eds) *Perspectives on the T'ang* (New Haven & London: Yale University Press, 1973), pp.193-235。

13 桂齊遜，《唐代河東軍研究》（中國文化大學史學所碩士論文，1991）。筆者尚未見此文，此據《漢學研究通訊》11卷2期（1992）頁175。據聞，中國文化大學史學所目前正有研究生進行宣武軍、楊行密集團之研究者。

使、許州刺史，領陳、許、蔡三州。」[14] 陳州（今河南省淮陽縣一帶）與許州（今河南省許昌市一帶）是忠武軍的二個長久性轄區；蔡州（今河南省汝南縣一帶）隸屬忠武的時間約三十年，但在陳許節度使設立之初及唐末時期並非隸屬忠武軍。除了以上三州，忠武軍還有一段短暫時間增領過溵州（今河南省郾城縣一帶）與汝州（今河南省汝州市一帶）。即使僅就陳州、許州而論，其管縣的分析與合併、轉轄，也頗爲頻繁。因此，忠武軍的領地在中晚唐時期是有一些變化的，以下就先對這個問題略作考察，作爲本文以下各節的討論基礎。

《新唐書》卷六五〈方鎮表（二）〉「鄭陳」欄，對忠武軍的分合作了簡明的陳述，茲據其所列，作表如下：

表一：忠武軍沿革表

乾元二年	（759）	置鄭陳節度使，領鄭、陳、亳、潁四州，治鄭州尋增領申、光、壽三州；未幾，以三州隸淮西。
上元二年	（761）	廢鄭陳節度，以鄭、陳、亳、潁四州隸淮西。
貞元三年	（787）	置陳許節度使，治許州。（當在貞元二年，786年，詳正文）
貞元十年	（794）	陳許節度賜號忠武軍節度使。（疑在貞元二十年，公元804年，詳正文）
元和十二年	（817）	忠武節度增領溵州。
元和十三年	（818）	忠武軍節度增領蔡州。
長慶二年	（822）	省溵州。（疑在長慶元年，821，詳正文）
大中二年	（848）	置蔡州防禦使（《新・表》置於淮南西道欄）
中和二年	（882）	蔡州置奉國軍節度。
乾寧元年	（894）	忠武軍節度增領汝州。
光化三年	（900）	汝州隸東都。

從這個簡表，約略可以看出忠武軍節度使領地的一些變革。從乾元二年至上元二年所設置的鄭陳節度使，雖可視爲陳許節度使的前身，但因鄭陳節度使設置時間僅短短三年而已，且其領地與陳許節度使出入頗大；又因鄭陳節度使領地自轉隸

14 吳廷燮，《唐方鎮年表》（台北：開明書店，二十五史補編本），卷2，頁7327，「忠武軍」條。

淮西後二十五年（761—786）間，陳州、許州一帶並未專設一節度使統轄，迨貞元二年才設置陳許節度使，故陳許節度使實際在唐代存在的時間應該說是從貞元二年至唐亡，約一百二十年（786—907），較為妥當。上表中，所列貞元三年置陳許節度使，是《新·表》之誤，其實際設置時間當在貞元二年（786）七月。[15] 其次，陳許節度使賜號的時間，《新唐書·方鎮表》作貞元十年，吳廷燮《唐方鎮年表》從之，似乎不確。案：《舊唐書·德宗紀》「貞元二十年夏四月丙寅」條謂是日「陳許節度賜號忠武軍」。[16] 《資治通鑑》與《舊唐書》一樣，也繫「名陳許軍曰忠武」一事於同日。[17] 另據所知其他史料來看，凡是稱忠武軍者，除上述《新唐書·方鎮表》與《唐方鎮年表》之外，其餘都在貞元二十年以後，《舊唐書·德宗紀》與《資治通鑑》的繫日，應屬正確。再從上表來看，陳許節度使自德宗貞元三年設立之後，其領地有一些變動：即元和十二年（817）至長慶二年（822；疑當在長慶元年，821，詳下）數年間增領了溵州；元和十三年（818）至大中二年（848）三十年間增領了蔡州；乾寧元年（894）至光化三年（900）六年間增領了汝州；其中以增領蔡州的時間最長。必須指出的是，置蔡州防禦使一事，《新·表》未在「鄭陳」欄上列出，反而列於「淮南西道」欄上，[18] 並在「鄭陳」欄上列出中和二年（882）蔡州置奉國軍節度。如果僅察閱「鄭陳」一欄，極易引起誤解，以為蔡州自元和十三年至中和二年共六十四年間皆在忠武軍領地內。實際上蔡州自大中二年（848）起，已非忠武軍統轄。從以上簡單敘述忠武軍的領地的變動看，陳州、許州是唐代後半期忠武軍的主要領地，但蔡州曾隸忠武軍三十年，仍應留意。至於溵州、汝州則只

---

15 《舊唐書》，卷12，頁353，〈德宗紀〉「貞元二年七月己酉」條稱是日「以隴右行營節度使曲環為陳許節度使」。查兩《唐書》〈曲環傳〉（舊122，新147）皆未繫年，唯皆稱其加陳許節度使是在李希烈之亂平定之後。查李希烈卒於貞元二年四月丙寅（《資治通鑑》，卷232，頁7468），而《通鑑》亦繫曲環任陳許節度事於貞元二年七月（卷232，頁7470）。曲環是第一個出任陳許節度使者。

16 《舊唐書》（標點本），卷13，頁399，〈德宗紀〉「貞元二十年夏四月丙寅」條。

17 《資治通鑑》（標點本），卷236，頁7605，「德宗貞元二十年夏四月丙寅」條。

18 《新唐書》（標點本），卷65，頁1820，〈方鎮表（二）〉「淮南西道」欄。

有四年及六年的短暫歸屬，其影響似乎不大。以下試就許、陳、蔡三州的管地變遷及人口、產業情形，略加討論。

許州是陳許節度使的理所，[19] 其在唐代的管地變遷，《舊唐書・地理志》說：

許州，望。隋潁川郡。武德四年（621），平王世充，改爲許州。領長社、長葛、許昌、繁昌、黃臺、㶏強、臨潁七縣。貞觀元年（627），廢黃臺、繁昌、㶏強三縣，以洧州之扶溝、鄢陵，汝州之襄城，嵩州之陽翟，北澧之葉縣來屬。十三年（639），改置都督府，管許、唐、陳、潁四州，而許州領長社、長葛、許昌、鄢陵、扶溝、臨潁、襄城、陽翟、葉九縣。十六年（642），罷都督府。顯慶二年（657），割陽翟屬洛州。開元四年（716），割葉、襄城置仙州。二十六年（738），仙州廢，以葉、襄城、陽翟來屬。其年，又以葉、襄城屬汝州。二十八年（740），又以襄城來屬。是歲，又以葉屬汝州。天寶元年（742），改爲潁川郡。乾元元年（758），復爲許州。長慶三年（823），廢溵州爲郾城縣，屬許州。舊領縣九……在京師東一千二百里，至東都四百里。[20]

《舊唐書・地理志》說許州有九個舊領縣，實際上只列出八個縣名，包括：長社、長葛、許昌、鄢陵、扶溝、臨潁、舞陽、郾城。[21] 《新唐書・地理志》亦稱許州有九縣，但實際上只列出七縣，即：長社、長葛、陽翟、許昌、鄢陵、扶溝、臨潁、舞陽。[22] 《元和郡縣圖志》則稱許州「管縣七：長社、長葛、許昌、鄢陵、臨潁、舞陽、扶溝。」[23] 以上三書所載不同之處，正是許州轄區在唐代的變動主要所在，亦即郾城、舞陽二縣頻繁的分析與轉隸。《唐會要》卷七十〈州縣改置（上）〉詳細記載了這二縣的改隸經過。先引述郾城縣的情形：

19 李吉甫，《元和郡縣圖志》（北京：中華書局，1983；賀次君點校本），卷8，頁207，〈河南道（四）・許州〉。

20 《舊唐書》，卷38，頁1431-1432，〈地理志（一）〉「河南道・許州」條。

21 同上，頁1432。

22 《新唐書》，卷38，頁988，〈地理志（一）〉「河南道・許州」條。

23 《元和郡縣圖志》，卷8，頁208，〈河南道（四）〉「許州」條。

郾城縣，元和十二年（817）二月，淮西賊中百姓窮困，相率歸順，其數甚多，宜于許汝行營側近置行郾城縣……其年十一月，以郾城縣置溵州，以上蔡、西平、遂平三縣隸焉。是年十二月，敕溵州宜屬許州。長慶元年（821），廢溵州，復爲郾城縣，依前隸屬許州。其先割屬溵州上蔡、西平、遂平等三縣，依隸屬蔡州。[24]

《舊唐書·地理志》對郾城縣的敘述很簡單，只說「本屬豫州，長慶元年來屬。」[25] 但《新唐書·地理志》則有詳細記載，可以和《唐會要》的記載相互稽考：

郾城〔原註：望。武德四年(621)以郾城、邵陵、北舞、西平置道州。貞觀元年(627)州廢，省邵陵、西平入郾城，隸蔡州。建中二年(781)以郾城、臨潁，陳州之溵水置溵州。〕貞元二年(786)州廢，縣還故屬。元和十二年(817)復以郾城、上蔡、西平、遂平置溵州。長慶元年(821)州廢，縣還隸蔡州，是年，以郾城來屬。[26]

郾城縣的改隸頻繁，事實上也牽涉到了前文引《新唐書》卷六五〈方鎮表(二)〉「鄭陳」欄，對忠武軍的增領溵州所作的敘述。即該表作忠武軍自元和十二年至長慶二年增領溵州，但據以上所引《唐會要》與《新唐書·地理志》來看，當以長慶元年爲是。而元和十二年，以郾城、上蔡、西平、遂平置溵州，是因該年平淮西吳元濟之故，遂就其地重作行政劃分。

再看《唐會要》所述舞陽縣的情形，與郾城縣頗有類似之處：

舞陽縣，本北舞，開元四年（716）置，更名。元和十三年（818）正月，陳許觀察使李光顏奏：「許州舞陽縣，爲逆賊吳元濟所毀，今請移縣，權請置于吳城鎮。」從之。[27]

兩《唐書·地理志》所述，與《會要》略同，但較簡單。

---

24 王溥，《唐會要》（上海：中華書局，1955；台北：世界書局，1982影印四版），卷70，頁1257，〈州縣改置（上）〉「河南道·許州」條。
25 同註20。
26 同註22。
27 《唐會要》，卷70，頁1257，〈州縣改置（上）〉「河南道·許州」條。

陳州是忠武軍節度使的另一個重要轄地，其在唐代的沿革，《舊唐書・地理志》有扼要敘述：

> 陳州，上，隋淮陽郡。武德元年（618），討平房憲伯，改爲陳州，領宛丘、箕城、扶樂、太康、新平五縣。貞觀元年（627），廢扶樂、箕城、新平三縣，復以沈州之項城、溵水二縣來屬。長壽元年（692），置武城縣。證聖元年（695），置光武縣。天寶元年（742），改陳州爲淮陽郡。乾元元年（758），復爲陳州。舊領縣四……天寶領縣六……在（在疑當作「去」）京師一千五百二十里，至東都七百一十七里。[28]

自天寶以後，陳州的六個領縣，在上引《舊唐書・地理志》及《新唐書・地理志》、《元和郡縣圖志》中所載一致，即：宛丘、太康、項城、南頓、溵水、西華。[29]《唐會要》所載陳州的州縣改置，皆完成於陳許節度使設置以前，[30] 兩《唐書・地理志》亦同。[31] 換言之，陳州及其六個屬縣在中晚唐時期，並不像許州一樣分析、改隸頻繁。

再看蔡州的情形。其在唐代的分析、改隸，《舊唐書・地理志》曾作簡要敘述：

> 蔡州，上，隋汝南郡。武德四年(621)四月，平王世充，置豫州總管府，管豫、道、輿、息、舒五州。豫州領安陽、平輿、眞陽、吳房、上蔡五縣。七年(624)，改爲都督府，廢輿、道、舒、息四州。貞觀元年(627)，罷都督府，廢平輿、新蔡二縣，復以道州之郾城，息州之新息，朗州之朗山，舒州之褒信、新蔡五縣來屬。天授三年(692)，又置平輿、西平兩縣。開元四年(716)，以西平屬仙州。二十六年(738)，省仙州，復以西平來屬。天寶元年(742)，改爲汝南郡。乾元元年（758），復爲豫州。寶應元年(762)，改爲蔡州。舊領縣十……天寶領縣十一……去京師一千五

28 《舊唐書》，卷38，頁1436-1437，〈地理志（一）〉「河南道・陳州」條。

29 《新唐書》，卷38，頁988，〈地理志（一）〉「河南道・陳州」條；《元和郡縣圖志》，卷8，頁212，〈河南道（四）〉「陳州」條。

30 《唐會要》，卷70，頁1255，〈州縣改置（上）〉「河南道・陳州」條。

31 《舊唐書》，卷38，頁1436-1437，〈地理志（一）〉「河南道・陳州」條；《新唐書》，卷38，頁988，〈地理志（一）〉「河南道・陳州」條。

百四十里，至東都六百七十里。[32]

以上所載，是蔡州在歸隸忠武軍之前的沿革。至於它與忠武軍的關係，據前文依《新唐書》卷六五〈方鎭表（二）〉所作之表看，自元和十三年（818）至大中二年（848）三十年間，係由忠武節度使管轄。但從上文討論許州郾城縣之頻頻改隸（特見於上引《唐會要》之文），知貞觀元年至建中二年，及貞元二年至長慶元年之間，郾城縣不隸屬許州，其間一度隸溵州，也曾隸屬過蔡州。在元和十三年以前，蔡州曾隸蔡州行營招討使、申光蔡觀察處置使、蔡州節度使等。元和十三年，忠武軍之所以增領蔡州，是因憲宗討平蔡州吳元濟之後，才採取的措施。故成書於元和八年（813）的《元和郡縣圖志》，仍然在「蔡州」條下說：「今為蔡州節度使理所」，並且列其管縣為十二，而郾城縣亦在其轄境。[33] 但《新唐書・地理志》記其轄縣為十，與《舊唐書・地理志》及《元和郡縣圖志》皆有出入。茲比對三書，略知忠武軍統轄蔡州三十年間內，其領縣當為十一，即：汝陽、汝南、朗山、遂平、上蔡、新蔡、褒信、新息、平輿、西平、眞陽。以上略就許州、陳州及蔡州的地理沿革及其轄縣的分合，稍加討論。茲再就三州在唐代的戶口變化情形，列表說明如下：

表二：唐代忠武軍所轄各州戶口升降表[34]

年代	許州		陳州		蔡州		出處
	戶	口	戶	口	戶	口	
貞觀	15,715	72,229	6,367	30,961	12,182	60,415	舊唐書，38 頁1431-37
開元	59,717	---	52,692	---	51,210	---	元和郡縣圖志 8，9
天寶	73,247	487864	66,442	402486	80,761	460205	舊唐書，38
	73,347	487864	66,442	402486	80,761	460205	新唐書，38
天寶	86,040	525150	62,719	354950	---	---	通典，177
元和	5,291	---	4,038	---	10,263	---	元和郡縣圖志，8，9

附註：蔡州隸忠武軍僅三十年（818-848），詳上正文。

32 《舊唐書》，卷38，頁1434，〈地理志（一）〉「河南道・蔡州」條。

33 《元和郡縣圖志》，卷9，頁237-238，〈河南道（五）〉「蔡州」條。

34 唐代史料所載各時期戶口數所代表的年代，各家說法不一。茲暫以「貞觀」、「開從上表，可以比較清楚地看出：忠武軍所轄各州在安史之亂前的戶口數，其資料較多，並且大致是依一定比例而遞增、成長著。但忠武軍在安史之亂後的戶口數資料，則只有元和戶數，而無口數。必須指出，元和戶數與天寶戶口數相比，明顯地急遽下降，可能是因爲安史亂後中原地區人口的南移、戶口登記、申報不實、及淮西地區（尤其是曾隸淮西節度使的蔡州）歷經戰亂及李希烈、吳少誠等人的割據等一些因素所造成。[35]

元」、「天寶」、「元和」等作爲各種史料所代表之時期。至於其年代，有的已爲前輩學者考證清楚，有的仍有爭議。茲略就所知簡述如下：一、《舊唐書・地理志》所記「舊領」，其所代表之年代，目前學界看法大致已趨一致，認爲它代表的是「貞觀十三年大簿之數」，如：岑仲勉，〈《舊唐書・地理志》"舊領縣"之表解〉，原載《中央研究院歷史語言研究所集刊》20本上（1948），又收入氏著《岑仲勉史學論文集》（北京：中華書局，1990），頁562-588。嚴耕望亦贊同此說，見氏著：〈括地志序略都督府管州考〉，原刊於氏著《唐史研究叢稿》（香港：新亞研究所，1969），頁237-284，又收入氏著《嚴耕望史學論文集》（台北：聯經出版公司，1991），頁155-192。另外，翁俊雄，《唐初政區與人口》（北京：北京師範學院出版社，1990），頁34以下，亦支持此說。但亦有主張「舊領」是指貞觀十四年（640）至貞觀十六年（642）的數據。見：趙文林、謝淑君，《中國人口史》（北京：人民出版社，1988），頁157-158 。二、《元和郡縣圖志》所載「開元戶數」，有些學者認爲是指開元元年（713）的數據。參：趙文林、謝淑君，同上書。但此說仍有待檢證。三、《舊唐書・地理志》與《新唐書・地理志》所載「天寶戶數」，一般說法皆謂指天寶元年（742 ）之戶數。持此說者甚多，如：青山定雄，〈隋唐宋三代における戶數の地域的考察〉，《歷史學研究》6：4-5（1936）；Hans Bielenstein, "The Census of China during the Period 2--742 A.D.", *Bulletin of the Museum of Far Eastern Antiquities,* Vol.19 (1947), p.131；日野開三郎，〈大唐天寶元年の戶口統計の地域的考察〉，《史林》，42：4（1959），頁61-84；黃盛璋，〈唐代戶口的分佈與變遷〉，《歷史研究》，1980 ：6，頁91-108，等等。此說最近受到不少質疑，如：楊遠，〈唐代的人口〉（載《香港中文大學中國文化研究所學報》，10：2，1979）認爲《新唐書・地理志》所載「天寶戶數」係指天寶十三載（754）之數字。而趙文林、謝淑君，前揭書則認爲係指天寶十一載（752）之戶數。四、《通典》所載戶口數，青山氏，前揭文，疑其爲天寶數，惟未定年；黃盛璋，前揭文，斷其爲天寶十四載（755）。五、《元和郡縣圖志》所載「元和戶數」，黃盛璋，前揭文，指其代表元和間戶數。惟趙、謝二氏前揭書則認爲係指元和八年（813）戶數。案：趙、謝二氏認爲《元和郡縣圖志》成書於元和九年，誤，當以八年爲是。則《元和志》所載「元和戶數」若指成書之八年的戶數，殊爲可疑。茲姑以元和初爲其代表年代，即公元806-813年。

35 見上註青山定雄、趙文林、黃盛璋等論著。

從《元和郡縣圖志》所列許州、陳州及蔡州在開元及元和兩個時期的貢、賦，可以看出忠武軍轄區在唐代前後期的主要產業的大概：

許州　開元貢：蔗心席，乾柿。　賦：綿、絹。

　　　元和貢：蔗心席六領，絹二十匹，乾柿。

陳州　開元貢：綿、絹。　賦：粟、麥。

　　　元和貢：絹十五匹。

蔡州　開元貢：龜甲，雙䴔鶄綾，長安四年改為四窠雲綾。　賦：綾，綿。[36]

其他史料對上述各州的貢賦，所記略有不同。如：《唐六典》所載陳、許二州的調賦為絁、綿，其貢為絹，另許州又貢庶心蓆。[37] 該書並對各地所出絹布的精粗分別等第（絹分為八等，布分為九等），將陳州之絹列為第三等，許州之絹列為第四等。[38] 以上《唐六典》所載可視為代表開元時期的情形。《通典》則列許州之貢為「絹二十疋，蔗心蓆六領」，陳州之貢為「絹十疋」。[39] 其記載可視為是開元、天寶時期之貢賦情形。《新唐書・地理志》則記三州的土貢為：許州是「絹、藨蓆、柿」，陳州是「絹」，蔡州是「岷玉棋子、四窠、雲花、龜甲、雙距、溪鷘等綾」。[40] 其記載似可視為唐末之情形。[41] 以上所述皆屬唐代資料，但《太平寰宇記》編纂在十國破亡後不久，其所記土產可視為唐末及五代十國時期之材料。[42] 該書記許州之貢賦土產為「絹、蔍心布、乾柿、黃明

36 《元和郡縣圖志》，卷8，頁208，頁211；卷9，頁238。

37 《唐六典》，卷3，頁9下，「戶部郎中員外郎」條。

38 同上，卷20，頁7上，「太府卿」條。

39 《通典》，卷6，頁115，〈食貨（六）・賦稅（下）〉。

40 《新唐書》，卷38，頁987-989，《地理志》。

41 《新唐書・地理志》所據，是以天祐（904-907）為主，此為王鳴盛、岑仲勉等之通說，參：岑仲勉，《唐史餘瀋》（上海：古籍出版社，1960，1979），頁242-243，「總論新唐書」條。

42 嚴耕望，〈唐代紡織工業之地理分佈〉，原刊《大陸雜誌》13卷11期，收入氏著《唐史研究叢稿》（香港：新亞研究所，1969），頁654。

膠」，[43] 陳州爲「絲、綿、綾、絹」，[44] 蔡州則「舊貢龜甲雙距綾、四窠雲花鸂鶒綾；今貢龍鳳蚊幮、澤蘭、茱萸、䖟虫、水蛭虵（原註：以上二物各二兩）、蓍草、生石斛」。[45]

就以上資料來看，忠武軍所轄地區的主要農產品，除出產一般華北地區也普遍耕作之粟、麥之外，許州還有一些特產如蓆、柿之類。至於大河南北，自古以來，即爲蠶桑區域，其紡織工業亦頗爲發達。許、陳二州在唐代前、後期都出產絲織品中較爲普通的絹。蔡州則出產精製之絲織品中的綾，且其所貢品名甚多。另外，許州所出之蔗心蓆，則爲紡織品中的草織品。就整個唐代紡織工業的地理分佈來看，其一般發展是「精製絲織中心，自天寶以後，有向南方之成都及兩浙轉移之趨勢。」「中葉以後，北方屢經戰亂，一般經濟情形驟見衰落，絲織工業自不例外。故帝室特有所需，皆取辦於西川兩浙矣。」[46] 儘管這是一般趨勢，但上述三州在唐代後期仍能維持其原有之紡織工業，是值得注意的。

此外，唐代後期在陳許地區設置巡院，並在該處榷麴，也值得一提。《新唐書》，卷五十四，（頁1378）〈食貨志〉說：

> 自兵起，流庸未復，稅賦不足供費，鹽鐵使劉晏以爲因民所急而稅之，則國足用。於是上鹽法輕重之宜……晏又以鹽生霖潦則鹵薄，暵旱則土溜墳，乃隨時爲令，遣吏曉導，倍於勸農。吳、越、揚、楚鹽廩至數千，積鹽二萬餘石。有漣水、湖州、越州、杭州四場，嘉興、海陵、鹽城、新亭、臨平、蘭亭、永嘉、大昌、候官、富都十監，歲得錢百餘萬緡，以當百餘州之賦。自淮北置巡院十三，曰揚州、陳許、汴州、廬壽、白沙、淮西、甬橋、浙西、宋州、泗州、嶺南、兗鄆、鄭滑，捕私鹽者，姦盜爲之

43　樂史，《太平寰宇記》（台北：文海出版社，1963，「宋代四種地理書之一」），卷7，頁4下，〈河南道（七）・許州〉。

44　同上，卷10，頁3下，〈河南道（十）・陳州〉。

45　同上，卷11，頁4下，〈河南道（十一）・蔡州〉。

46　嚴耕望，前揭文（同註42）頁648、650。

衰息。

劉晏（715－780）於寶應元年五月（762）出任「戶部侍郎、京兆尹、度支、鹽鐵、轉運使，鹽鐵兼漕運，自晏始也。」[47] 他根據過去的榷鹽舊制，重新加以改組，在產地設置十監四場，[48] 在銷地設置十三個巡院。[49] 一般說來，巡院的功能至少有下列五點：（一）收納、轉運鹽利，上繳鹽鐵使；（二）禁捕私鹽、防止奸盜；（三）招徠商賈、推銷官鹽；（四）提供「四方物價之上下」，作爲鹽鐵使調整決策之依據；（五）監視藩鎮，勿使犯禁。[50] 在上引《新唐書・食貨志》所列十三個巡院中，包括陳許在內共有八個處所集中在河南道，其餘一個在嶺南，四個在江淮一帶。這樣的配置，日野開三郎認爲是與唐代後期企圖監視藩鎮的政策有關。[51] 陳許之得以設置巡院，凸顯了這一地區在唐代後期的經濟、交通及地方行政監察業務上的地位。[52] 至於榷麴，《舊唐書》，卷四十九（頁2130－31）〈食貨志〉（又見《全唐文》卷八一〈寬私酤禁敕〉）說：

會昌六年九月敕：「揚州等八道州府，置榷麴，並置官店沽酒，代百姓納榷酒錢，並充資助軍用，各有榷許限，揚州、陳許、汴州、襄州、河東五

47 《唐會要》，卷87，頁1588，〈轉運鹽鐵總敘〉。

48 有關唐代後期江淮地區的鹽稅機關，主要即場、監的討論，見妹尾達彥，〈唐代後半期における江淮鹽稅機關の立地と機能〉，《史學雜誌》，91：2（1982），頁1-37。

49 這個說法見：潘鏞《舊唐書食貨志箋證》（西安：三秦出版社，1989），頁148。

50 陳衍德、楊權，《唐代鹽政》（西安：三秦出版社，1990），頁92。

51 日野開三郎，〈兩稅法以前における唐の榷鹽法〉，原載《社會經濟史學》，26：2（1960），今收入氏著《東洋史學論集》第三卷（東京：著者自印，1981），頁397-430。上述論點，主要見頁417-422。

52 有關唐代後期的巡院，可再參考高橋繼男的三篇論文，〈唐代後半期における巡院の地方行政監察業務について〉，《星博士退官記念中國史論集》（山形大學人文學科東洋史研究室，1978），頁41-60；〈唐後半期における巡院と漕運〉，《東洋大學文學部紀要》（史學科篇），36（1982），頁53-72；〈唐後半期度支使・鹽鐵轉運使系巡院名增補考〉，《東洋大學文學部紀要》（史學科篇），39（1985），頁31-58。

處榷麴，浙西、浙東、鄂岳三處置官沽酒。……」

榷麴，又稱榷酤或榷酒。榷酒是一種酒的專賣或抽取酒稅的制度，是中國歷代政府財政收入主要來源之一。唐代自德宗建中三年（782），「初榷酒，天下悉令官釀。斛收直三千，米雖賤，不得減二千。委州縣綜領。醨薄私釀，罪有差。」[53] 陳許亦在唐代後期榷麴之列，則其地釀酒業應當也很發達。

三、忠武節度使與中央政府的關係

如上節所述，從乾元二年（759）至上元二年（761）短短三年間所置的鄭陳節度使，雖可視爲忠武軍（亦即陳許節度使）的前身，但因其設置時間過短，且其領地與陳許節度使轄區出入頗大。故忠武軍眞正在唐代存在的時間當爲貞元二年（786）置陳許節度使始，至唐亡（907）爲止。本節以下的討論，就以這一段大約一百二十年期間的忠武節度使爲對象，簡單分析他們的出身及其與唐中央政府的關係。

茲先對忠武軍節度使的出身、受鎭年月、原因、受鎭時是否檢校中央官、受鎭時是否爲朝命、受鎭時是否因中央政府對中原藩鎭採取互調行動、節度使本人的資料等等，列表於後，以下正文再據以分析。本表之製成，其格式之設計及資料之輸入，主要參考王壽南《唐代藩鎭與中央關係之研究》附錄〈唐代藩鎭總表〉中「忠武」一表，[54] 稍加刪減、調整，並增補其與中央政府之關係者二欄（即是否檢校中央官及其受鎭是否爲藩鎭節度調動下的結果）；再據吳廷燮《唐方鎭年表》及各個節度使之碑、傳資料編輯而成。

53　《舊唐書》，卷49，頁2130，〈食貨志〉。

54　王壽南，《唐代藩鎭與中央關係之研究》，附錄〈唐代藩鎭總表〉「忠武」表，頁622-628。

表三：忠武節度使分析表

姓名	受鎮年月	去鎮年月	在鎮時間	任前官職	任職時是否檢校中央官	受鎮原因	受鎮是否藩鎮節度調動	去鎮原因	去鎮後官職	對中央態度	文武職	碑傳	備註
魯炅	759 乾元 2.四	759 乾元 2.六	三月	淮西節度		朝命		卒		恭順	武	舊一一四、新一四七本傳	任鄭陳節度使，暫列供參考。
彭元曜	759 乾元 2.六	759 乾元 2.九	四月	右羽林大將軍		朝命				恭順	武		任鄭陳節度使，暫列供參考。
李抱玉	759 乾元 2.九	761 上元 2	三年	右羽林大將軍		朝命				恭順	武		任鄭陳節度使，暫列供參考。
曲環	786 貞元 2.七	799 貞元 15八	13年 2月	隴右行營節度	檢校左僕射	調鎮		卒	卒	恭順	武	舊一二二、新一四七本傳	曾大破李希烈軍於陳州
上官涚	799 貞元 15八	803 貞元 19	4年	陳許兵馬使		朝命	以忠武將領接任	卒	卒	恭順	武		貞元十六年兼蔡州行營招討副使
劉昌裔	803 貞元 19 五月	813 元和 8 五月	10年	陳許行軍司馬	檢校工部尚書、右僕射	擁兵據位		朝命	統軍	恭順	文	舊一五一、新一七〇本傳全文五六二韓愈撰劉統軍碑，全文五六五韓愈撰右龍武統軍劉公墓誌	貞元二十年四月四月陳許節度賜號忠武軍，時劉昌裔任節度使
韓皋	813 元和 8.六	814 元和 9.十	1年 5月	東都留守		朝命		朝命	吏尚	恭順	文	舊一二九、新一二六本傳	
李光顏	814 元和 9.十	818 元和 13五	3年 8月	忠武節度副使		朝命		調鎮	義成節度	恭順	武	舊一六一、新一七一，全文六三二李程撰碑	金石錄補、金石文字記等收其碑見石刻題跋索引
馬總	818 元和 13五	818 元和 13	數月	彰義節度使		調鎮	自彰義節度調任	朝命	華刺	恭順	文	舊一五七、新一六三本傳	
李光顏	818 元和 13十	819 元和 14五	8月	義成節度		調鎮	義成、忠武等軍節度調動	調鎮	邠寧節度	恭順	武	見上	此再任；818年十月與田弘正等共破李師道
郗士美	819 元和 14五	819 元和 14八	4月	工尚	檢校刑部尚書	朝命		卒	卒	恭順	文	舊一五七、新一四三本傳	
李遜	819 元和 14九	821 長慶 1	3年 4月	國子祭酒	檢校禮部尚書	朝命		調鎮	鳳翔節度	恭順	文	舊一五五、新一六二本傳	長慶元年十二月去鎮
李光顏	821 長慶 1	825 寶曆 1.七	8月	鳳翔節度	守司徒、使相	調鎮		調鎮	河東節度	恭順	武	見上	長慶元年十月三任忠武節度使
王沛	825 寶曆 1.七	827 大和 1.四	1年 10月	兗海節度		調鎮		卒	卒	恭順	武	舊一六一、新一七一本傳	

高　瑀	827 大和 1.四	832 大和 6.三	5年	太僕卿	檢校工尚、右僕射	朝命		調鎮	武寧節度	恭順	文	舊一六二、新一七一本傳	集古錄目、寶刻叢編收高瑀碑
王智興	832 大和 6.三	833 大和 7.九	1年 6月	武寧節度	使相	調鎮		調鎮	河中節度	恭順	武	舊一五六、新一七二本傳	金石錄收王智興碑
高　瑀	833 大和 7.八	834 大和 8.六	10月	太子少傅		朝命		卒	卒	恭順	文	見上	此再任
杜　悰	834 大和 8.六	837 開成 2	3年 7月	鳳翔隴右節度	檢校戶部尚書	調鎮		朝命	工尚	恭順	文	舊一四七、新一六六本傳	駙馬都尉、大和九年（835）暫停，旋復任
李　聽（？）	835 大和 9.九	835 大和 9.十	未至鎮	鳳翔節度		調鎮		朝命	太子少保分司	恭順	武	舊一三三、新一五四，全文六三二宋申錫撰碑	未至鎮即改官；集古錄、金石錄等皆收李聽碑
殷　侑	837 開成 2.	838 開成 3.七	8月	太子賓客分司	檢校右僕射	朝命		卒	卒	恭順	文	舊一六五、新一六四本傳	
王彥威	838 開成 3.七	840 開成 5.	3年	衛尉卿	檢校禮部尚書	朝命		調鎮	宣武節度	恭順	文	舊一五七、新一六四本傳	
王茂元	840 開成 5.	843 會昌 3.	4年	司農卿		朝命		調鎮	河陽節度	恭順	武	舊一五二、新一七〇本傳	舊傳謂以財賂兩軍而授忠武節度
王　宰	843 會昌 3.四	844 會昌 4.	1年 9月	邠寧節度		調鎮		調鎮	河東節度	恭順	武	舊一五六、新一七二王智興傳附	金石續編收王宰碑
劉　沔	844 會昌 4.	845 會昌 5.	年餘	河陽節度		調鎮	忠武、河陽等調動	朝命	太子少保	恭順	武	舊一六一、新一七一，金石錄等	碑文散見各書，見石刻題跋索引
李執方	845 會昌 5.	846 會昌 6.	年餘	義武節度		調鎮		朝命	朝官	恭順			
盧簡辭	846 會昌 6.	847 大中 1.	年餘	兵侍		朝命		調鎮	山南東節度	恭順	文	舊一六三、新一七七本傳	
高　銖	847 大中 1.	852 大中 6.	5年			朝命		朝命	朝官	恭順	文	舊一六八、新一七七本傳	
王　逢	853 大中 7.	855 大中 9.	2年	忠武大將		朝命				恭順	武	舊一六一、新一七一王沛傳附	父沛，曾任忠武節度使
馬　植	855 大中 9.	857 大中 11.	2年	太子賓客分司		朝命		調鎮	宣武節度	恭順	文	舊一七六、新一八四本傳	出任藩鎮之前位至宰相
裴　識	857 大中 11.	859 大中 13.	3年	鳳翔節度		調鎮	鳳翔、忠武等調動	調鎮	天平節度	恭順	文	舊一七〇、新七七三本傳	859年至863年之節帥不詳

孔溫裕	863 咸通 4.	867 咸通 8.	5年	戶侍		朝命		調鎭	天平節度	恭順	文	新一六三本傳	
李 瑑	867 咸通 8.	869 咸通 10.	2年			朝命		朝命		恭順	武	新一五四本傳	
曹 汾	869 咸通 10.	873 咸通 14.	4年	河南尹		朝命		朝命	戶侍	恭順	文	舊一七七、新一八一曹確傳附	
杜審權	874 乾符 1.	875 乾符 2.	年餘	河中節度	使相	調鎭		朝命	太子太傅分司	恭順	文	舊一七七、新九六本傳	
崔安潛	876 乾符 3.	878 乾符 5.一	2年餘	江西觀察		調鎭		調鎭	西川節度	恭順	文	舊一七七、新一一四本傳	
薛 能	878 乾符 5.	880 廣明 1.九	2年	感化節度		調鎭		軍亂被殺	卒	恭順	文		
周 岌	880 廣明 1.	884 中和 4.	4年	許州大將		擁兵據位		棄鎭			武		懼鹿晏弘而棄鎭
鹿晏弘	884 中和 4.	886 光啓 2.七	1年8月	山南西節度		擁兵據位		戰死	卒	跋扈	武		
楊守宗	887 光啓 3.五	888 文德 1.	年餘	扈駕都頭		朝命				恭順	武		參舊一八四、新二〇七楊復光傳
王 蘊	888 文德 1.	888 文德 1.	數月			朝命		被殺	卒	恭順	武		爲秦宗權所執殺
趙 犨	889 龍紀 1.三	889 龍紀 1.	數月	浙西節度	使相	調鎭		卒	卒	跋扈	武	新一八九、舊史一四本傳	依附朱全忠
趙 昶	890 大順 1.	895 乾寧 2.	5年	忠武留後	使相	襲兄犨位		卒	卒	跋扈	武	新一八九、舊史一四本傳	依附朱全忠
趙 珝	895 乾寧 2.	901 天復 1.	6年	忠武行軍司馬	使相	襲兄昶位		強藩所命	匡國節度	跋扈	武	新一八九、舊史一四本傳	爲朱全忠所命
韓 建	901 天復 1.	904 天祐 1.三	2年4月	華州節度	使相	強藩所命		強藩所命	佑國節度	跋扈	武	舊史一五、新史四〇本傳	爲朱全忠所命
朱全忠(朱溫)	904 天祐 1.	904 天祐 1.十	7月	宣武節度	使相	擁兵據位		自請	宣武節度	跋扈	武	舊史一至七、新史一至二梁祖紀	創立五代第一個政權——梁
張全義	904 天祐 1.十	907 天祐 4.	2年餘	天平節度	使相	強藩所命		唐亡	唐亡	跋扈	武	舊史六三、新史四五本傳	爲朱全忠所命

從本節忠武節度使的分析表中，可以再作進一步討論的，至少包括以下幾點：

一、總計表中所列忠武節度使，共四十三任（表中最前三任係擔任鄭陳節度使，茲暫不列入統計，以下同。其理由已具詳上文），但因爲李光顏曾三次就任此職，高瑀曾二度就任該職，而李聽在調鎭後，未至鎭即改官，故實際上只有三十九人曾受命或以其他方式（如擁兵據位、強藩所命或襲位等）出任該節度使。就這三十九人、四十二任（李聽除外）在忠武軍一百二十年歷史中的任期而論，只有二人的任期較長，一爲十年（劉昌裔）、一爲十三年（曲環），其餘則或數月或三、四年。如果以數字統計來說，撇開上述劉、曲二人不計，則在其餘九十七年中的四十任節度使裡，其每任平均任期只有二年五個月。以這麼短的任期，再配合表中各節度使受鎭原因及對中央政府的態度二欄來看，部份地說明了唐中央政府對這個地區的控制，在大部份時間中基本上是成功的。但是晚唐末期七個不受朝命而就任的例子，就很值得注意。

二、在實際受任的三十九人中，除李執方出身不詳外，其餘三十八人，武將出身者，佔十八人，文臣出身者佔二十一人。忠武軍節度使中文臣出身者的比例，比武將略高，並非特例。在唐代中晚期時，已經可以發現有不少所謂的「儒將」，實際上逐漸有機會出任節度使、甚至都統（如王鐸等）這一類的職務。[55]

三、觀察實際受任三十九人中，他們在未就任節度使的前一任官職與忠武軍的關係，發現約有四分之一左右的人與忠武軍淵源甚深。其中曾任忠武軍將者有七人，包括：李光顏任忠武節度副使，上官涚任陳許兵馬使，劉昌裔、趙珝任忠武行軍司馬，王逢、周岌曾任忠武軍大將，趙昶曾爲忠武留後。然而表中所列僅爲其任節度使前一任之職，有的人事實上在此之前早與忠武軍就有密切關係，譬如：僖宗中和元年五月，忠武監軍楊復光分忠武八千人爲八都，以忠武八將都之。[56] 其中的鹿晏弘、韓建二人在轉任其他職務後，都再出任忠武節度使。至

55 參：拙作，〈王鐸與晚唐政局——以討伐黃巢之亂爲中心〉，《中央研究院歷史語言研究所集刊》，63本2分（1993），頁207-267。

56 忠武八都之設，見《資治通鑑》，卷254，頁8252，「僖宗中和元年五月」條；《舊唐書》，卷184，頁4773，〈楊復光傳〉；《新唐書》，卷207，頁5876-77，〈楊復

於有些曾出任忠武轄區內之刺史者，還有劉昌裔、高瑀、趙犨三人，上表也不及備載。更值得注意的是王沛、王逢二節度使，其親屬關係爲父子；王智興與王宰亦爲父子關係；而趙犨、趙昶、趙珝三人爲兄弟、叔姪親屬關係。總上簡單分析，忠武節度使的任命，雖然常受中央調度，並且也往往不像河北獨立藩鎮在封閉的圈內，自行除拜（僅趙昶與趙珝爲襲兄、叔之位），但唐中央在授任此職時，卻也必須考慮所欲任命者與忠武軍的關係，這是在討論一般晚唐藩鎮武力逐漸擺脫中央節制時，必須注意的事。

四、在實際受任的三十九人中，共有十七人任忠武節度使職時，還兼帶使相或檢校中央官職。一般說，檢校官的實權在唐代前後期有所不同。唐代前期的檢校官，雖然仍只是詔除而不是正命，但可以執行該官的職權。可是在唐代中葉藩鎮勢力漸次膨脹以後，檢校官遂成爲一種中央籠絡地方藩鎮的虛銜。唐德宗貞元十二年（796）正月「己巳，加嚴震、田緒、劉濟、韋皋並同平章事；天下節度、觀察使，悉加檢校官以悅其意。」[57] 這種情形在唐代後期極其普遍，即使號稱元和中興的唐憲宗，對藩鎮採取較爲積極的征討行動，但也不排除以檢校官對藩鎮示恩。例如：元和十四年（819）九月，「甲辰，以魏博節度使、光祿大夫、檢校司徒、同平章事、兼魏州大都督長史、上柱國、沂國公、食邑三千戶田弘正，依前檢校司徒、兼侍中，賜實封三百戶。時弘正三上表乞留闕庭，不許。」[58] 唐代後期的檢校官，既爲虛銜，當然也不可能因爲檢校某官而留在中央。同時因爲檢校官不任職事，所以它的授任也頗爲輕率、甚至流於姑息。[59] 有時對於某些強藩大鎮，也授以檢校宰相之職，是爲使相。在上表中，忠武節度使之兼帶使相者，計有十三人。

光傳〉；《册府元龜》，卷667，頁12下-13上，〈內臣部・立功〉等。又參：拙文，〈楊復光《收復京城奏捷露布》考〉，《中國史學》第二卷，（東京：中國史學會，1992），頁59-78。

57 《資治通鑑》，卷235，頁7570，「唐德宗貞元十二年正月己巳」條。

58 《舊唐書》，卷15，頁470，〈憲宗紀〉「元和十四年九月甲辰」條。

59 有關唐代後期檢校官與方鎮的關係，參看：王壽南，〈唐代文官任用制度之研究〉，收入氏著，《唐代政治史論集》（台北：商務印書館，1977），頁31-35；王永興，〈關於唐代後期方鎮官制新史料考釋〉，收入北京大學中古史研究中心編，《紀念陳寅恪先生誕辰百年學術論文集》（北京大學出版社，1989），頁267-276。

其中有七人集中在黃巢之亂至唐亡三十餘年間中央威權不振時期，這也是討論藩鎮武力在唐代後期發展時，值得特別留意的地方。

五、分析上表所列各忠武節度使受鎮原因，可以根據他們就鎮時受朝命與否而區分爲二類。其中受朝命的有三十二人，不受朝命的有八人。在受朝命者之中，大致又可以再分作二類，即以他們在出任忠武節度使之前是否在其他方鎮擔任節度使爲準，而分作「調鎮」與「朝命」兩種任用形態。屬於「調鎮」的有十六任次（其中李光顏三任中有二任是調鎮），屬於自節度使以外的其他官職而受「朝命」出任者計有十九任次。在上表中，另外再特別列了一欄，註明他們在「調鎮」時是否爲中央統籌的藩鎮節度調動。譬如：元和十三年（818）五月，「丙申，以忠武節度使李光顏爲義成節度使，謀討（李）師道也。以淮西（《舊・紀》作彰義）節度使馬總爲忠武節度使、陳、許、溵、蔡州觀察使。」[60] 到了同（元和十三）年十月，「丙子，以左金吾衛大將軍薛平檢校刑部尚書、滑州刺史、充義成軍節度使；以義成軍節度使李光顏爲許州刺史，充忠武軍節度使、陳許觀察等使。」[61] 這一類的例子，在唐代中晚期很多；比較值得注意的是中原地區對唐中央較爲恭順的藩鎮，如宣武、義成、忠武等節度使，往往有互調或輪調至中原地區以外的情形。至於不受朝命而出任忠武節度使者，則大致有擁兵據位、襲位與強藩所命等幾種不同情形。在忠武軍的歷史中，除了早期的劉昌裔極有可能是「擁兵據位」的唯一個案之外，[62] 其餘七個不受朝命而就任者，都集中在黃巢之

60 《資治通鑑》，卷240，頁7751，「元和十三年五月丙申」條。按：《舊唐書》，卷15，頁463，〈憲宗紀〉「元和十三年五月」條，則繫日於丙辰。查唐曆，是月無丙辰，《舊・紀》誤。見：平岡武夫，《唐代の暦》（京都：京都大學人文科學研究所，1954），頁248。

61 《舊唐書》，卷15，頁464，〈憲宗紀〉「元和十三年十月丙子」條。

62 《舊唐書》，卷151，頁4057，〈劉昌裔傳〉，說昌裔是受詔爲許州刺史，再充陳許節度使。在韓愈所撰〈劉統軍碑〉（《全唐文》，卷562）及〈檢校尚書左僕射右龍武軍統軍劉公墓誌銘〉（《全唐文》，卷565）中，對昌裔出任忠武節度使，亦未詳述，只含蓄地說是「代」說（涚）爲節度使，及爲陳許行軍司馬，「脫權下威，士心益歸，卒嗣（曲）環職。」但《新唐書》，卷170，頁5166-67，〈劉昌裔傳〉，則明確地說：他「改行軍司馬，（上官）涚卒，軍中推昌裔，有詔檢校工部尚書，代節度。」據此，昌裔似乎是擁兵，而爲軍中所推者。

亂至唐亡期。這在忠武軍的發展史中，也是相當值得注意的趨勢。

六、統計上表所列四十二任忠武節度使的去鎭原因，有十一任死於任內，其中又有三人是被殺或戰死。受朝命而去鎭者二十三任，其中有十三任是因爲調鎭而去職。此外，有一人棄鎭、二人爲強藩所迫、一人自請、一人因爲唐亡而去鎭，二人不詳。根據這些簡單的統計，可以看出忠武節度使在大部份時間內，多半是聽從中央的調度。但在上項統計中，在任時被殺、戰死、棄鎭、爲強藩所迫、自請等種種現象，如果與上面的分析對照，依然可以發現都集中發生於黃巢之亂至唐亡期間。

七、最後再以上述三十九位忠武節度使對中央政府的態度來分析，他們對朝廷「恭順」者有三十一人，態度「跋扈」者七人，不詳一人。其中對中央採取強硬態度者，也都集中在黃巢之亂以後至唐亡期間，配合上述分析，這種現象的發生，顯然是有客觀原因存在的。

綜合上面的一些分析，我們發現：唐朝中央政府對於這個地區的控制，在黃巢之亂（875－884）以前基本上是成功的，這主要表現在唐中央對於忠武節度使的任命與去職，在黃巢之亂前九十年的時間中，大都是以朝命爲依歸，故其任期平均只有短短的二年五個月，而他們的去鎭原因大部份爲受朝命或卒於任內；相對的，他們對朝廷的一般態度也算恭順。但是在忠武軍後期三十年的歷史中，卻逐漸產生一些新的趨勢，包括：擁兵據位、襲位、強藩所命等不受朝命者七人，幾乎全部集中在這一時期；兼帶使相者在此期中也有七人。因此他們對於唐中央的態度，也以跋扈者居多；而其出身自然也以武將爲主。可以說，唐朝中央政府在晚唐時期對於忠武軍的控制，已經力不從心。這當然與晚唐中央權力結構的變化、民變蠡起、經濟凋弊、藩鎭武力的崛起等等因素，有直接或間接的關係。本文以下試以忠武軍將勢力在唐代後期的發展，來論述這些盤根錯節的現象。

四、忠武軍將勢力分析

要討論忠武軍在唐代藩鎮體制中所扮演的角色或其軍將所擁有的勢力，可以從忠武軍的戰力、戰績窺知一、二。而要具體的說明忠武軍的戰力與戰績，則必須再從各個不同時期的忠武節度使在受命討伐逆鎮、叛亂集團及外族時的表現加以觀察。在以下的敘述中，不難發現忠武軍是如何在若干著有勳績的將領率領之下，逐漸凝聚其勢力，成爲中央與地方節帥爭相收編、拉攏的對象；並使忠武軍在晚唐時，成爲以朱溫爲首的中原藩鎮集團的一股重要憑藉力量。

首先，試就忠武軍的一般戰力的記載，略作討論。《新唐書》卷一七一〈李光顏傳〉在敘畢李氏事蹟之後，附載一段許軍（即忠武軍）在唐代後期的表現。此段記事並不在於敘述傳主的生平，表面看來似嫌突兀，但推測《新唐書》作者的用意，當在點明與傳主有密切關係的忠武軍，在李氏死後對李唐王朝的一些重要貢獻。傳文說：

> 許師勁悍，常爲諸軍鋒，故數立勳。王仙芝、黃巢反，諸道告急，多請以助守。大校曹師罕以千五百人隸招討使宋威，張貫以四千人隸副使曾元裕。僖宗倚許軍以屏蔽東都，有請以爲援，率不報。大將張自勉討雲南、党項，龐勛亂，解圍壽州，戰淮口，以功累擢右威衛上將軍。至是表請討賊，詔乘傳赴軍，解宋州圍。威忌自勉成功，請以隸麾下，且欲殺之。宰相得其謀，不聽，以自勉代元裕。[63]

這段記載，主要說明忠武軍在黃巢之亂期間的表現，後文將再分別討論。但此處所謂「許師勁悍，常爲諸軍鋒，故數立勳」，則殊堪留意。事實上，有關忠武軍的勁悍，還可以再從「忠武黃頭軍」略作說明。《新唐書》卷一六七〈王式傳〉說：「忠武戍卒服短後褐，以黃冒首，南方號『黃頭軍』，天下銳卒也。」[64]在廣明元年（880）十二月僖宗奔蜀之前，「成都募陳許兵三千，服黃帽，名

63 《新唐書》，卷171，頁5187，〈李光顏傳〉。
64 《新唐書》，卷167，頁5120，〈王式傳〉。

『黃頭軍』，以捍蠻。帝至，大勞將士，扈從者已賜，而不及黃頭軍，皆竊怨（田）令孜。」[65] 導致黃頭將郭琪帥所部焚掠成都坊市，為陳敬瑄所平。[66] 其後，陳敬瑄「遣黃頭軍部將李鋋、鞏咸以兵萬五千戍興平，數敗巢軍。賊號蜀兵為『鵶兒』，每戰，輒戒曰：『毋與鵶兒鬥。』敬瑄喜其兵可用，益選卒二千，使（高）仁厚將而東。」[67] 這一支忠武黃頭軍可能已加入其他部卒，與後來楊復光所領忠武八都，當為不同部隊，但皆以忠武為名。陳寅恪說：「黃頭軍出於陳許，疑是胡族。」[68] 又說：「陳許黃頭軍疑是回紇族類，或非黃頭室韋……《新書》六四〈方鎮表〉「興鳳隴」條：大中五年，罷領隴州，以隴州置防禦使，領黃頭軍使。本書（《舊唐書》）十九下〈僖宗紀〉：中和三年四月，楊復光收京露布『忠武黃頭軍使龐從等三十二都』云云。」[69] 另外，上引《新唐書·李光顏傳》說：「（忠武）大將張自勉討雲南、党項、龐勛亂，解圍壽州，戰淮口，以功累擢右威衛將軍。」張自勉所率領的忠武七千精兵，在王、黃亂事初期，曾立下不少功蹟，並成為乾符四年七月至十月間，宰相鄭畋與盧攜、王鐸之間各為其「愛將」爭奪兵權的對象。楊復光得忠武八都之後，也著有戰蹟（張自勉及楊復光的事蹟，並詳下文）。大概由於黃頭軍素負威名，在黃巢亂平之

65 《新唐書》，卷208，頁5885，〈田令孜傳〉。

66 郭琪領黃頭軍作亂，事見《新唐書》，卷208，頁5885-86，〈田令孜傳〉；《資治通鑑》，卷254，頁8254-55，「僖宗中和元年七月」條。

67 《新唐書》，卷189，頁5471，〈高仁厚傳〉。

68 陳寅恪，《陳寅恪讀書札記：舊唐書·新唐書之部》（上海古籍出版社，1989），〈新唐書之部〉，頁136。按：陳氏於此讀書札記中，對「黃頭軍」極為留意。茲檢其書，共得九條，分見於對《舊·紀》（頁34-35）、《舊唐書》卷一六一（頁153）、《舊唐書》卷二百下（頁232）、《新唐書》卷六四（頁20）、《新唐書》卷一六五（頁105）、《新唐書》卷一六九（頁109）、《新唐書》卷一八八（頁121）、《新唐書》卷二百八（頁136）、《新唐書》卷二一四（頁142）等之案語。筆者曾利用中央研究院歷史語言研究所「廿五史全文資料庫」，以電腦檢索「黃頭軍」資料，所得與陳氏相同。此項電腦檢索，不會有所遺漏。因此，陳氏門人蔣天樞為此書作〈弁言〉說：「先生生平讀書，用思之細，達於無間。」並非虛譽。有關上述「資料庫」的簡介，請參：拙文，〈「廿五史全文資料庫」與中國歷史的研究〉，《新史學》，2卷2期，（台北，1991），頁123-127。

69 同上，〈舊唐書之部〉，頁153。

後，楊行密的軍隊還沿用這個名稱。[70]

其次，再就各個不同時期的忠武節度使的在不同類型軍事行動中的戰績，及其在鎮時的作爲，考察忠武軍勢力凝聚的過程。藉著這項討論，可以約略看出代表聽從中央節制的忠武軍藩鎮武力，與唐代後期政局的關係。

綜觀忠武軍在唐代後期所參與的軍事行動，大致可以分作伐逆鎮、禦外夷與敉變亂三類。若再以時間因素配合觀察，則在忠武軍成立初期（約自德宗至武宗時期），受命伐逆鎮的次數較多；其奉派至邊區抵禦外夷，則以宣宗至懿宗時期較爲多見；至於忠武軍與叛亂集團周旋，以至於成爲強藩大鎮與中央抗衡的籌碼，則爲唐末四十年間的事。以下試以這三類型的軍事行動，簡述及分析忠武軍勢力在唐代後期的發展過程。

（一）伐逆鎮：

在忠武軍所參與的討伐逆鎮行動中，最有成就的是受命征討李希烈、吳少誠、吳元濟、李師道、及劉稹的事例。這些忠武軍成立初期的行動，使得此軍逐漸凝聚勢力，並漸次受到中央倚重。

淮西節度使李希烈自德宗建中二年（781）據有襄陽，就開始與唐中央齟齬。次年，擁兵三萬，移居許州，並與華北各叛帥朱滔、田悅、王武俊、李納等聲援，各自稱王，希烈僭稱建興王。此後三、四年間，經常侵擾淮西及襄城、汴州一帶。曾建國號楚，威脅東都洛陽。[71] 在這一段期間中，涇源朱泚也起兵作亂，占據長安，德宗在建中四年十月奔奉天。除上述各叛帥之外，李懷光也相繼叛變，唐帝國面臨嚴重困境。「時南方藩鎮各閉境自守……李希烈攻逼汴、鄭，江、淮路絕。」[72] 至貞元元年（785）八月，朱泚與李懷光叛亂雖已敉平，但河

70　《新唐書》卷188，頁5453，〈楊行密傳〉說：「初，（楊）行密有銳士五千，衣以黑繒黑甲，號『黑雲都』。又并盱眙、曲溪二屯，籍其士爲『黃頭軍』，以李神福爲左右黃頭都尉，兵甚銳。」陳寅恪爲此條作札記時說：「此黃頭軍殆襲舊名以爲聲勢耶？」所論甚是。見陳寅恪，同上，〈新唐書之部〉，頁121。

71　參見：《舊唐書》，卷145，頁3943-45，〈李希烈傳〉；《新唐書》，卷225中，頁6437-40，〈李希烈傳〉。

72　《資治通鑑》，卷229，頁7379，「德宗建中四年十一月」條。

北及淮西地區仍未平定。不久，李希烈侵陷汴州，時任邠寧節度使的曲環，「與諸軍守固寧陵、陳州，大破希烈軍於陳州城下，殺逆黨三萬五千人……希烈因遁歸蔡州。環以功加檢校工部尚書，兼陳州刺史。」[73] 貞元二年（786）四月，李希烈爲部下毒殺，淮西亂平。[74] 到了這年七月，朝廷論功行賞，以曲環爲兼許州刺史、陳許節度使，加實封三百戶。[75] 這是陳許節度使正式在唐代設置的時間，而曲環也成爲第一任的陳許節度使。必須指出的是，「陳、蔡二州以希烈擾亂〔《通鑑》作陳許荒亂之餘〕，遭剽劫頗甚，人多逃竄他邑以避禍。環勤身恭儉，賦稅均平，政令寬簡，不三二歲，襁負而歸者相屬，訓農理戎，兵食皆豐羨。」[76]

申光蔡節度使吳少誠的叛變，是在貞元十五（799）、六年之間，並與陳許節度使有直接的軍事衝突。《資治通鑑》，卷235，（頁7583—84）「德宗貞元十五年三月、八月」條說：

> 三月，甲寅，吳少誠遣兵襲唐州……掠百姓千餘人而去。……八月，陳許節度使曲環薨。乙未，吳少誠遣兵掠臨潁〔許州領縣〕，陳州刺史上官涚知陳許留後，遣大將王令忠將兵三千救之，皆爲少誠所虜。丙午，以涚爲陳許節度使，少誠遂圍許州。涚欲棄城走，營田副使劉昌裔止之……少誠晝夜急攻，昌裔募勇士千人鑿城出擊少誠，大破之，城由是全。

引文中的上官涚及劉昌裔，即第二及第三任忠武節度使。此後五年間，叛帥吳少誠與唐諸道兵的交戰區域，大抵都在陳許節度使轄境內，而上官涚以陳許節度使、劉昌裔以陳州刺史，統兵與其他各道援兵，合力對抗少誠。貞元十六年（800）正月，唐中央以夏州節度使韓全義爲淮蔡招討處置使、上官涚爲副使，指揮北路諸軍。但綜觀數年戰役，官軍累累挫潰。「少誠尋引兵退歸蔡州，（德宗）遂下詔洗雪，復其官爵，累加檢校僕射。順宗即位（805），加〔檢校〕同

73 《舊唐書》，卷122，頁3502，〈曲環傳〉。參《新唐書》，卷147，頁4760，〈曲環傳〉。

74 《資治通鑑》，卷232，頁7468，「德宗貞元二年四月」條。又參註70。

75 同上，卷232，頁7470，「德宗貞元二年七月」條。又見註72。

76 同上。

中書門下平章事。」[77]

在討伐吳少誠叛事末期，陳許幾乎發生兵變。貞元十九年（803）六月，「陳許節度使上官涚薨，其婿田偁欲脅其子使襲軍政；牙將王沛，亦涚之婿也，知其謀，以告監軍范日用，討擒之。乙未，陳許行軍司馬劉昌裔爲節度使。」[78] 王沛是許州當地人，也是上官涚的女婿，後來他自己及其子王逢都曾出任忠武節度使。唐代藩鎮經常在以血緣、假血緣或地緣關係爲骨幹的密閉小集團內，選拔親信、將帥，在忠武軍早期歷史中，也可發現一點蹤影。

淮西地區在憲宗即位之初，仍爲雄藩所據。滄州人吳少陽爲吳少誠所信愛，在少誠於元和四年（809）卒後，曾「據蔡州凡五年，不朝覲。汝南多廣野大澤，得豢馬畜，時奪掠壽州茶山之利，內則數匿亡命。」[79] 到了元和九年（814）九月，吳少陽卒，其子吳元濟卻在此時正式叛變。對淮西及忠武軍轄區進行剽掠，「屠舞陽〔屬許州〕，焚葉縣，攻掠魯山、襄城。汝州、許州及陽翟人多逃伏山谷荆棘間，爲其殺傷驅剽者千里，關東大恐。」[80] 這時宰相李吉甫建議憲宗採取強硬手段，出兵征討。李吉甫說：「淮西非如河北，四無黨援，國家常宿數十萬兵以備之，勞費不可支也。失今不取，後難圖矣。」[81] 憲宗君臣決定討伐淮西，遂在元和九年九月，以名將李光顔出任陳州刺史，充忠武都知兵馬使；一個月以後，又擢李氏爲忠武節度使，「詔以其軍當一面」。[82] 從此，李光顔發展出他個人與忠武軍深厚的關係，前後三度出任忠武節度使。在忠武軍早期勢力的凝聚過程中，李

77　《舊唐書》，卷145，頁3947，〈吳少誠傳〉；《新唐書》，卷214，頁6003-04，〈吳少誠傳〉。

78　《資治通鑑》，卷236，頁7601-02，「德宗貞元十九年六月」條。此次兵變陰謀的詳細經過情形，可參：《舊唐書》，卷161，頁4224，〈王沛傳〉；《新唐書》，卷171，頁5189，〈王沛傳〉。

79　《舊唐書》，卷145，頁3947，〈吳少陽傳〉；《新唐書》，卷214，頁6004，〈吳少陽傳〉。

80　《舊唐書》，卷145，頁3948，〈吳元濟傳〉；《新唐書》，卷214，頁6005，〈吳元濟傳〉。

81　《資治通鑑》，卷239，頁7706，「憲宗元和九年九月」條。

82　同上；《新唐書》，卷171，頁5184，〈李光顔傳〉；《舊唐書》，卷161，頁4218-19，〈李光顔傳〉。

氏是相當值得注意的人物。

李光顏出任忠武節度使之後，即與他道將領（如烏重胤、李愬等）展開與叛帥吳元濟的長期對壘，並且屢立功勛。（其事蹟具詳兩《唐書·李光顏傳》，不贅）到了元和十二年（817）十月，元濟終在光顏等諸將合力圍剿之下投降，淮西亂平。但在吳元濟叛變期中，成德的王承宗、淄青的李師道，卻互爲聲援。唐中央採各個擊破的戰略，先對付吳元濟，再討李師道及王承宗。李光顏在吳元濟平定之後，加檢校司空。元和十三年（818）五月，「以忠武節度使李光顏爲義成節度使，謀討師道也。以淮西節度使馬總爲忠武節度使、陳、許、溵、蔡州觀察使。」[83] 由於李光顏第一次出任忠武節度使歷時三年八個月（見表三），「頗得士心」，[84] 所以在他轉任義成節度使，以討李師道時，朝廷「許以忠武兵自隨」，[85] 說明了李光顏與忠武軍已建立了密切的關係。李氏在他後來的統兵生涯中，忠武軍扮演了重要的角色。《新唐書》卷一七一（頁5186）〈李光顏傳〉說他在出任義成節度使之後的事蹟爲：

> 不三旬，再敗賊濮陽，拔斗門，斬數千級。上言許、鄭兵合不可用。遂〔於元和十三年十月〕復鎮忠武。〔十四年五月〕吐蕃入寇，徙邠寧軍。時虜毀鹽州城，使光顏復城之，亦以忠武兵從。

李光顏從再任忠武節度使任內轉赴邠寧時，率領了陳許兵六千人自隨，[86] 並著有戰功（詳下）。二年半之後（長慶元年，821，十二月）又三度出任忠武節度使，並受命詔討王廷湊、李岕之叛，都是以忠武軍爲主力。[87] 故前文（四節首）引《新唐書》所載忠武軍簡述，即附於〈李光顏傳〉之後，當以李氏與此軍的關係實頗密切之故。這是在分析忠武軍勢力逐漸凝聚過程中，不宜忽視的。

在討伐逆鎮的事功中，忠武軍曾於武宗會昌三、四年間（843—844）參與剿平劉稹之亂，也很值得注意。在此役中，至少有四位曾先後出任忠武節度使的

83 《資治通鑑》，卷240，頁7751，「憲宗元和十三年五月」條。

84 《舊唐書》，卷161，頁4222，〈李光顏傳〉。

85 《新唐書》，卷171，頁5186，〈李光顏傳〉。

86 同註84，頁4221。

87 同註84、85。

將領，當時或爲忠武節度使（王宰）、或以其他節帥的名義（王茂元、劉沔、王逢），參與其役，並使忠武軍再次贏得剽捍、精勇的威名。劉稹的叛亂是在會昌三年四月，昭義節度使（領潞州、澤州一帶，即今山西南部；當時屬河南道，在洛陽以北）劉從諫謀效河北諸鎮，以侄劉稹爲都知兵馬使，主理軍政。不久，從諫死，稹秘不發喪。武宗在宰相李德裕的說服下，出兵討稹。當時任河陽節度使的王茂元（甫自忠武節度使轉任）以步騎三千、河東節度使劉沔（在討平劉稹之後不久轉任忠武節度使）以步騎二千，並同他道兵分別進剿劉稹。王茂元在是年九月病卒，[88] 但王宰、劉沔及王逢都建立不少汗馬功勞。會昌三年八月，宰相李德裕上言：「忠武累戰有功，軍聲頗振。〔忠武節度使〕王宰年力方壯，謀略可稱。（胡注：自曲環、李光顏以來，忠武軍屢立戰功，王宰，〔前忠武節度使〕智興之子，於當時諸帥蓋少年中之翹楚者。）……詔宰悉選步騎精兵自相、魏趣磁州。」[89] 事實上，王宰在討伐劉稹之役中，也頗有建樹。《資治通鑑》說：「忠武軍素號精勇，王宰治軍嚴整，昭義人甚憚之。……（會昌三年）十二月，丁巳，宰引兵攻天井關……戊辰，王宰進攻澤州……甲戌，宰進擊（昭義兵馬使劉）公直，大破之，遂圍陵川，克之。」[90] 《新唐書・劉稹傳》亦稱「詔忠武王宰以本軍入懷澤行營，陳許士票武，賊衆素憚畏。」[91] 至於劉沔，與忠武軍也早有密切關係。《舊唐書・劉沔傳》說他是「許州牙將也，少事李光顏，爲帳中親將。元和末，光顏討吳元濟，常用沔爲前鋒。……沔驍銳善騎射，每與驟軍〔蔡州之一軍〕接戰，必冒刃陷堅，俘馘而還，故忠武一軍，破賊第一。淮、蔡平，隨光顏入朝……（會昌四年，劉稹反）遂復授沔太原節度，充潞府北面招討使。」[92] 在會昌四年八月劉稹之亂平定後不久（十二月），劉沔「進檢校司徒，徙忠武節度使」。[93] 至於王逢，本爲許州人，其父王沛曾任李光顏部

88 《資治通鑑》，卷247，頁7991，「武宗會昌三年九月」條。

89 《資治通鑑》，卷247，頁 7989，「武宗會昌三年八月」條。

90 《資治通鑑》，卷247，頁7993-94，「會昌三年十二月」條。

91 《新唐書》，卷214，頁6016，〈劉稹傳〉。

92 《舊唐書》，卷161，頁4233-34，〈劉沔傳〉。

93 《新唐書》，卷171，頁5194-95，〈劉沔傳〉。

將，亦曾任忠武節度使。[94]「逢少沈勇，從父征伐有功，爲忠武都知兵馬使。……王宰攻劉稹，逢領陳許七千人屯翼城……賊平，檢校左散騎常侍。累遷至忠武節度、陳許觀察等使。」[95]

以上所述是忠武節度使在此軍成初期，率領陳許兵參與討伐逆鎭的概況。忠武軍在歷次戰役中，逐漸累積威名。尤其自李光顏三任忠武節度使以後的各鎭帥，有不少是李氏所拔擢的部將，他們在討逆鎭行動中都戰功卓著。在忠武軍早期發展史中，這些將領與該地的地緣、或與主帥的血緣或從屬關係，都是在探討忠武軍勢力發展過程時不應忽略的。

（二）禦外夷：

唐代後期地方藩鎭軍隊，除了當地鎭戍之外，還有戍守邊疆的任務。不過，戍守邊疆的任務主要是指邊境沒有戰事時的常備警戒。一旦有外夷入侵，則中央自然會在恭順的藩鎭或聽從指揮的將領兵中，命將遣兵，增強兵力，以禦外敵。就這兩種不同的任務來說，忠武軍都有被派遣的紀錄，但以出兵禦外敵入侵的記事較多。

以常備警戒的任務說，特別指明忠武軍與他道兵同被抽調擔任防秋的事例，在兩《唐書》中只有一見。《舊唐書》卷一六（頁484）〈穆宗紀〉「長慶元年（821）正月壬寅」條說：

> 夏州節度使奏浙東、湖南等道防秋兵不習邊事，請留其兵甲，歸其人。靈武節度使李聽奏請於淮南、忠武、武寧等道防秋兵中取三千人衣賜月糧，賜當道自召募一千五百人馬驍勇者以備邊。

唐代中葉自「河隴陷蕃已來，西北邊常以重兵守備，謂之『防秋』，皆河南、江淮諸鎭之軍也。更番往來，疲於戍役。（德宗時陸）贄以中原之兵，不習邊事，

---

94 《舊唐書》，卷161，頁4224-25，〈王沛傳〉；《新唐書》，卷171，頁5189-90，〈王沛傳〉。

95 《舊唐書》，卷161，頁4225，〈王逢傳〉；《新唐書》，卷171，頁5190，〈王逢傳〉。

乃扞虜戰賊，多有敗衂，又若邊將名目太多，諸軍統制不一，緩急無以應敵，乃上疏論其事曰……臣愚謂宜罷諸道將士番替防秋之制……。」[96] 按：陸贄所上之疏即《唐陸宣公翰苑集》卷十九所收之〈論緣邊守備事宜狀〉，[97] 陸氏在狀中明白指陳如何更改舊制的方法。但觀察上引《舊唐書・穆宗紀》所述各道防秋之事，則陸氏的建議並未爲唐政府所採行。事實上，自代宗大曆年間徵召諸道兵在西北防秋後，[98] 防秋（甚至「防冬」[99]）之制在唐代後期，並未罷停。[100]

以奉派至邊境抵禦外敵來說，忠武軍曾有過與吐蕃、回鶻及南詔交戰的經歷。先以吐蕃而論，陳寅恪說：「吐蕃之盛起於貞觀之世，至大中時，其部族瓦解衰弱，中國於是收復河湟，西北邊陲稍得安謐，計其終始，約二百年，唐代中國所受外族之患未有若斯之久且劇者也。」[101] 貞元三年（787）十月，吐蕃數千騎侵擾長武城，當時的陳許行營將領韓全義，曾帥衆禦之。到了四年五月，吐蕃三萬餘騎又犯塞，分入涇、邠、寧、慶、麟等州，所至焚燒廬舍，人畜沒者約二、三萬，侵擾二旬方退。韓全義自長武城率衆抗之，無功而還。[102] 韓全義所領的士卒即陳許兵，[103] 當是前文所述奉派至西北邊境防秋或執行禦敵任務的部隊之一。另外，在元和十四年（819）李光顏第二次任忠武節度使時，「西蕃入寇，移授（光顏）邠寧節度使。時鹽州爲吐蕃所毀，命李文悅爲刺史，令光顏充勾當修築鹽州城使，仍許以陳許兵六千人隨赴邠寧……擊賊退之。」[104] 這是因

---

96 《舊唐書》，卷139，頁3804-3816，〈陸贄傳〉。

97 陸贄，《唐陸宣公翰苑集》（四部叢刊初編本），卷19，〈論緣邊守備事宜狀〉。

98 參見：《舊唐書》，卷11，頁302，〈代宗紀〉「大曆八年八月」條；同卷，頁304-5，「大曆九年五月」條；《新唐書》，卷51，頁1348，〈食貨志（一）〉等。

99 兩《唐書》書中有關防冬之記事僅一條，見：《新唐書》，卷222中，頁6283，〈南蠻傳（中）・南詔（下）〉。

100 參見：張國剛，〈唐代的健兒制〉，《中國史研究》，1990年4期，頁100-109；又，同氏，〈唐代防丁考述〉，《大陸雜誌》，83卷2期，頁68-73。

101 陳寅恪，《唐代政治史述論稿》，收入氏著《陳寅恪先生論文集》（台北：九思出版社，1977），頁278。

102 《舊唐書》，卷196下，頁5256，〈吐蕃傳（下）〉。

103 《新唐書》，卷216下，頁6098，〈吐蕃傳（下）〉。

104 《舊唐書》，卷161，頁4221-22，〈李光顏傳〉；參：《新唐書》，卷171，頁5186，〈李光顏傳〉。

爲李光顏素有戰功，朝廷乃徵調他赴邊境禦敵。而因爲李氏與忠武軍的密切關係，故得以率陳許兵自隨，此點上文已述及。

忠武軍奉派與回鶻交鋒，是文宗開成五年（840）至武宗會昌初年（841—）的事。開成五年十月「丙辰，天德軍使溫德彝奏：『回鶻潰兵侵西城，亙六十里，不見其後。邊人以回鶻猥至，恐懼不安。』詔振武節度使劉沔屯雲迦關以備之。」[105] 劉沔出身許州牙將，少事李光顏，前文已言之。他在此時，「（奉）詔與幽州張仲武協力招撫迴鶻，竟破虜寇，迎（太和）公主還宮。」[106] 在與回鶻作戰的過程中，劉沔擔任回鶻南面招撫使，而陳許兵當時也曾與河中軍等並肩作戰。[107] 沔因破回鶻功進位檢校司空，尋轉任義成、太原、鄭滑、忠武等節度使。[108]

忠武軍自文宗太和年間以後，赴西川抵禦南詔蠻多次，僖宗因黃巢之亂避蜀時忠武黃頭軍也隨從至川，忠武軍可說與四川的關係不淺。忠武軍初赴西川，是文宗太和三年（829）南詔入侵，唐廷急詔諸道軍入援。是年十一月，「丙申，西川節度使杜元穎奏南詔入寇。……南詔自嵯顛謀大舉入寇……襲陷巂、戎二州。甲辰，元穎遣兵與戰於邛州南。……詔發東川、興元、荊南兵以救西川。十二月，丁未朔，又發鄂岳、襄鄧、陳許等繼之。」[109] 但這次南詔曾入侵至成都，俘略數萬人及珍寶而去。[110] 此後，南詔因受挫於北方強鄰吐蕃，在表面上暫時與唐維持正常化關係，並逐漸向緬甸、安南、嶺南等地發展。會昌六年（846），南詔入侵安南。大中十三年（859）南詔正式結束唐屬國名份。唐室遂決定對南詔用兵，一舉

105 《資治通鑑》，卷246，頁7947，「文宗開成五年十月丙辰」條。

106 《舊唐書》，卷161，頁4234，〈劉沔傳〉；《新唐書》，卷171，頁5194-95，〈劉沔傳〉。

107 《新唐書》，卷217下，頁6132-33，〈回鶻傳（下）〉。

108 同註106。

109 《資治通鑑》，卷244，頁7867-68，「文宗太和三年十一、二月」條；《舊唐書》，卷17上，頁533-4，〈文宗紀〉「大和三年十二月」條。

110 《資治通鑑》，同卷，同月條；《舊唐書》，卷197，頁5284，〈南蠻・南詔蠻傳〉；《新唐書》，卷222 中，頁6282，〈南蠻（中）・南詔（下）〉。又參：Charles Backus, *The Nan-chao Kingdom and T'ang China's Southwestern Frontier,* (London, N.Y.: Cambridge University Press, 1981), pp.109 ff.

解決南邊問題。在咸通初年（860—）唐廷屢屢派兵討伐。咸通五年（864）更派名將高駢爲招討使。高駢經過二年的奮戰，於咸通七年（866）十月收復交州，南詔遁去。但在南詔入侵安南後期，他們同時分兵入侵四川巂州，寇成都、黔南等地。[111] 忠武軍就是在這種情況下，再度入川。咸通六年，「四月，西川節度使牛叢奏於蠻界築新城、安城、遏戎州功畢。時南詔蠻入寇姚、巂，陳許大將顏（慶）復戍巂州新築二城。其年秋，六姓蠻攻遏戎州，爲復所敗，退去。」[112] 到了咸通十年（869）「十一月，南詔蠻……率衆二萬寇巂州……定邊軍節度使竇滂勒兵拒之。十二月，……（蠻軍）來僞和，與竇滂語次，蠻軍船筏競渡（大渡）河，忠武、武寧軍兵士結陣抗之……蠻軍稍卻。……忠武、武寧之師乃夜入蠻軍，弓弩亂發，蠻衆大駭……蠻軍乘勝進攻西川城，朝廷以顏慶復爲大渡河制置、劍南應接等使，宋威爲行營都知兵馬使，將兵數萬，與忠武、武寧之師合，與蠻軍戰于漢川之毗橋，大捷，解西川之圍。明日，蠻軍遁去，西川平。」[113] 在此役中，顏慶復之弟顏慶師，時爲忠武都將，爲蠻軍所殺。[114] 這是忠武軍第二次在四川的輝煌戰績。至於廣明元年（880）僖宗奔蜀之前，成都募陳許兵三千爲「黃頭軍」，及此軍於中和元年（881）七月在將領郭琪率領下曾焚掠成都坊市等事，已具詳上文（四節首），不贅。

以上所述爲忠武軍擔任防秋的常備警戒及救援西北、西南邊疆戰事等任務的情形。忠武軍在李光顏、劉沔率領下，對防禦吐蕃、回鶻，頗有功績。而咸通十年平西川南詔蠻，忠武軍是主力部隊之一，戰績也很彪炳。

（三）敉變亂：

從本節以上（一）、（二）二項的敘述，可以看出忠武軍在德宗至懿宗時期，已經在伐逆鎮與禦外夷的軍事行動中逐漸累積戰功，贏得善戰威名。這種情

111 參：拙文，〈高駢縱巢渡淮——唐代藩鎮對黃巢叛亂的態度研究之一〉，《大陸雜誌》，80卷1期（1990），頁5-6。

112 《舊唐書》，卷19上，頁659，〈懿宗紀〉「咸通六年四月」條。

113 《舊唐書》，卷19上，頁673，〈懿宗紀〉「咸通十年十一、十二月」條。

114 《資治通鑑》，卷251，頁8151，「懿宗咸通十年十二月」條。

形到了唐代最後四十年中，當變亂蜂起、叛亂頻仍時，更使此軍地位益發突顯。忠武軍曾在唐代末期參與討伐裘甫、龐勛及黃巢之亂，逐漸成為中央與地方爭相拉攏的對象。

唐末的動亂，始於浙東的裘甫（或作仇甫[115]）之亂（859年十二月至860年七月），繼之則為由兵變發展而成的龐勛之亂（868年七月至869年十月），再繼之者為規模更大、歷時更久、影響更深的王仙芝、黃巢之亂（875年五月至884年六月）。在這三次動亂之中，都可以看到忠武軍受命進剿亂軍的戰績。試略分別說明如下：

大中十三年（859）十二月，「浙東賊帥裘甫攻陷象山，官軍屢敗，明州城門晝閉，進逼剡縣，有衆百人，浙東騷動。」[116] 會宣宗崩，咸通元年（860）「正月，……甫帥其徒千餘人陷剡縣，開府庫，募壯士，衆至數千人；越州大恐。時二浙久安，人不習戰，甲兵朽鈍，見卒不滿三百……二月……官軍大敗，三將皆死，官軍幾盡。於是山海諸盜及他道無賴亡命之徒，四面雲集，衆至三萬……甫自稱天下都知兵馬使，改元曰羅平……聲震中原。」[117] 唐廷在是年三月緊急任命前安南都護王式為浙東觀察使，並「詔發忠武、義成、淮南等諸道兵授之。」[118] 王式在四月至柿口，見義成軍不整，欲斬其將，久乃釋之。從此，式軍如入無人之境。迅速推至西陵、越州，並以土團軍為嚮導。「五月……先是，王式以兵少，奏更發忠武、義成軍及請昭義軍，詔從之。三道兵至越州，式命忠武將張茵將三百人屯唐興，斷賊南出之道……六月……義成（誤，當作忠武）將張茵在唐興獲俘，將苦之，俘曰：『賊入剡矣。苟捨我，我請為軍導。』

115 兩《唐書》中或作裘甫，或作仇甫，他書（《實錄》、《平剡錄》）亦然。據胡如雷考證，當以作裘甫為確。見胡如雷，《唐末農民戰爭》（北京：中華書局，1979），頁52，註1。又參：王壽南，〈論晚唐裘甫之亂〉，原載《政治大學學報》，19（1969），收入氏著《唐代政治史論集》（台北：商務印書館，1977），頁191-241。

116 《資治通鑑》，卷249，頁8077，「宣宗大中十三年十二月」條。

117 同上，卷250，頁8079-80，「懿宗咸通元年正月、二月」條。

118 同上，同卷，頁8081，同年三月條。惟《新唐書》，卷167，頁5120，〈王式傳〉作「於是詔益許、滑、淮南兵」。

從之。茵後甫一日至剡，壁其東南。……(王式)命趣東、南兩路軍會於剡。辛卯，圍之……三日，凡八十三戰……庚子夜，裘甫……從百餘人出降……械甫送京師……八月，裘甫至京師，斬于東市。」[119]

裘甫之亂平定二年之後，即咸通三年(862)「七月，徐州軍亂，以浙東觀察使王式檢校工部尙書、徐州刺史、御史大夫、武寧軍節度、徐泗濠觀察等使……時式以忠武、義成之師三千，平定仇甫，便詔式率二鎭之師渡淮。徐卒聞之，懼其勢，無如之何。至大彭館，方來迎謁。居三日，犒勞兩鎭兵令還，旣擐甲執兵，即命環驕卒殺之。徐卒三千餘人，是日盡誅，由是凶徒悉殄。」[120] 這是忠武軍在參與敉定浙東裘甫之亂後，再還師與平徐州軍亂。

忠武軍在參與討伐龐勛之役中，僅爲諸道援兵之一支，史料中不見該軍將領指揮作戰的紀錄。按：龐勛自咸通九年(868)七月，因徐泗募兵被派赴桂州的戍卒，屢求更代不遂，乃策動戍卒殺都將、劫庫兵北還，迅速經湖南、過浙西、入淮南，進入徐、泗一帶，十月陷徐州、十一月陷濠州。唐廷乃派康承訓爲義成節度使、徐州行營都招討使，王晏權爲徐州北面行營招討使，戴可師爲徐州南面行營招討使，並大發諸道兵以隸康、王、戴等帥，又倚沙陀、吐谷渾等外族援兵。經過多次激戰，終在次年十月敉平此次動亂。[121] 在記敘此役的載籍中，有一、二條提到忠武軍的活動。《舊唐書》，卷一九上(頁666)〈懿宗紀〉「咸通十年正月」條說：當時唐軍集結諸道兵七萬三千一十五人，進攻徐州，在一次戰役裡，戴可師被殺，其「一軍盡沒，惟忠武、太原、沙陀之騎軍保全而退。」《資治通鑑》(卷251，頁8140)又記是年二月「康承訓使朱邪赤心將沙陀三千騎爲前鋒，陷陳卻敵，十鎭之兵伏其驍勇。」胡三省注此條說：「十鎭，謂義成、魏博、鄜延、義武、鳳翔、横海、泰寧、宣武、忠武、天平也。」

到了歷時十年的黃巢之亂期間，忠武軍的活動記載更多、更引人注意。茲略

119 《資治通鑑》，卷250，頁8086-90，「懿宗咸通元年五月至八月」各條。

120 《舊唐書》，卷19上，頁653，〈懿宗紀〉「咸通三年七月」條。《新唐書》，卷167，頁5121，〈王式傳〉謂王式平徐州軍亂，「詔許、滑兵自隨」。

121 參：拙文，〈宋威與王、黃之亂——唐代藩鎭對黃巢叛亂的態度研究之二〉，收入中央研究院歷史語言研究所編，《中國近世社會文化史論文集》(台北：中央研究院歷史語言研究所，1992)，頁1-37。

按時間先後，敘述忠武軍的大事如下：

第一，在王、黃之亂初期，忠武節度使崔安潛及其大將張自勉所領的忠武七千援兵的指揮權，引發宰相鄭畋與盧攜之間，各爲其「愛將」激烈爭奪，非常值得注意。《新唐書》，卷一一四（頁4199）〈崔安潛傳〉說：

安潛字進之，進士擢第。咸通中，歷江西觀察、忠武節度使（繫時誤，見表三）。乾符初，王仙芝寇河南，安潛募人增陴繕械，不以力費仰朝廷。首請會兵討捕，號令精明，賊畏之，不犯陳許境。使大將張自勉將兵七千援宋州。時宋威屯曹州，而官軍數卻，賊圍宋益急。自勉收南月城，斬賊二千級，仙芝夜解去。宰相鄭畋建言：「請以陳許兵三千隸宋威。」而威忌自勉，乞盡得安潛軍，使自勉隸麾下。畋謂威有疑忿，必殺自勉，奏言：「今以兵悉畀威，是自勉以功受辱。安潛抗賊有功，乃取銳兵付威，後有緩急，何以戰？是勞不蒙賞，無以示天下。」詔止以四千付威，餘還自勉。

忠武七千兵救宋州，發生在乾符四年（877）七月，這時宰相鄭畋與盧攜之間的衝突也越演越烈。鄭畋支持崔、張，盧攜則支持宋威。其爭奪忠武軍指揮權之事，於是年十月爆發。關於這件事，我已另文討論，[122] 不贅。但是，必須再指出，本節開首討論忠武軍一般戰力時，引述《新唐書·李光顏傳》稱：「許師勁悍，常爲諸軍鋒，故數立勳。王仙芝、黃巢反，諸道告急，多請以助守。……僖宗倚許軍以屏蔽東都……大將張自勉……解宋州圍……」等等，則是討論忠武軍在黃巢之亂期間勢力的發展時，不應忽略的。

第二，廣明元年（880）十一月忠武軍發生兵變，直接促使忠武牙將秦宗權走進唐末政治舞台，並因而得以占據蔡州，稱兵僭號，爲亂一時。《舊唐書》，卷200下（頁5398）〈秦宗權傳〉說：

秦宗權者，許州人（《新唐書》225下本傳作蔡州上蔡人；《資治通鑑》254作上蔡人），爲郡牙將。廣明元年十月，巢賊渡淮而北。十一月，忠

122 同上。

武軍亂，逐（新傳作殺）其帥薛能。是月，朝廷授別校周岌爲許帥……宗權因調發至蔡州，聞府軍亂……欲赴難……上蔡有勁兵萬人（《通鑑》謂宗權「選募蔡兵，遂逐刺史，據其城……以宗權爲蔡州刺史」）……（十二月）天子幸蜀……以蔡牧授之，仍置節度之號。

此後秦宗權即以蔡州爲據點，發展勢力。至黃巢敗亡，宗權寇略陳州、襄州等地，屠戮甚慘。至龍紀元年（889）爲朱溫所斬，前後作亂約六年。

第三，中和元年（881）五月忠武監軍楊復光所立忠武「八都」，與討伐黃巢之役及忠武軍在唐末的發展，關係密切，也應留意。《資治通鑑》卷二五四（頁8252）「僖宗中和元年五月」條說：

黃巢之克長安也，忠武節度使周岌降之。……時秦宗權據蔡州，不從岌命，復光將忠武兵三千詣蔡州，說宗權同舉兵討巢。宗權遣其將王淑將兵三千從復光擊鄧州，逗留不進，復光斬之，併其軍，分忠武八千人爲八都，遣牙將鹿晏弘、晉暉、王建、韓建、張造、李師泰、龐從等八人將之。王建，舞陽人；韓建，長社人；晏弘、暉、造、師泰，皆許州人也。復光帥八都與朱溫戰，敗之，遂克鄧州，逐北至藍橋而還。（《舊唐書》卷184，頁4773，〈楊復光傳〉及《新唐書》卷207，頁5876—77，〈楊復光傳〉略同，惟舊傳只列五都都頭姓名，新傳則列六人姓名。又，《册府元龜》卷六六七，頁12下—13上，〈內臣部・立功〉亦略同，惟所列七都都頭姓名有誤。）

舞陽、長社兩縣都隸屬許州，因此上述八都都頭之中，至少有五人是忠武軍轄內許州人。其中鹿晏弘及韓建兩人，後來都出任忠武節度使。忠武八都都頭在黃巢之亂末期，可說是當時任天下行營兵馬都監楊復光的心腹爪牙，在楊氏與巢軍對壘期間，出力甚多。《舊唐書》，卷一八四（頁4773—74）〈楊復光傳〉對楊氏在中和元年五月分忠武八都、及收復鄧州後至中和三年（883）六月死時的事功有以下簡述：

復光乘勝追賊，至藍橋，丁母憂還。尋起復，受詔充天下兵馬都監，押諸軍入定關輔。王重榮爲東面招討使，復光以兵會之。二年七月至河中。賊將朱溫守同州，復光遣使諭之。九月，溫以所部來降。時賊將李詳守華州，巢寇益盛……復光曰：「鴈門李僕射以雄武振北陲，其家尊與吾先世同患難……詔到，其軍必至。」王鐸遣使奉墨詔之太原，太原以兵從之。及（三年四月）收京城，三敗巢賊，復光與其子守亮、守宗等身先犯難，功烈居多。其年六月，卒於河中，時年四十二。復光雖黃門近幸，然慷慨有大志，善撫士卒，及死之日，軍中慟哭累日。身後平賊立功者，多是復光部下門人故將也。諸假子，守亮，興元節度使；守宗，忠武節度使；守信，商州防禦使；守忠，洋州節度使；其餘以守爲名者數十人，皆爲牧守將帥。

黃巢軍隊占領長安二年四月（廣明元年〔880〕十二月至中和三〔883〕年四月）。這一段期間，楊復光以忠武軍爲所部，與巢軍對峙。中和元年九月，「楊復光、王重榮以河西、昭義、忠武、義成之師屯武功。」[123] 到了中和三年四月十日，唐軍在楊復光、李克用等率領下，收復長安。從事後楊復光所上〈收復京城奏捷露布〉考察，列名其中的忠武軍將有忠武黃頭軍使龐從、忠武將喬從遇二人，但實際上楊復光當時所領的萬餘所部，應當包括上述忠武八都的兵力。關於這一點，我也曾在另文略加討論，[124] 不再贅述。在唐軍收復長安之後，僖宗「詔陳許、延州、鳳翔、博野軍合東西神策二萬人屯京師」。[125] 同年六月，「甲子，楊復光卒於河中，其部下忠武八都都頭鹿晏弘、晉暉、王建、韓建等各以其衆散去。」[126]

第四，忠武軍在黃巢之亂最後一年中，也有不少戰功，但其領地卻遭到巢軍極大破壞，陳州被巢軍圍困將近三百日。各道援兵雖來救援，卻也使得此區淪爲此後軍閥混戰的主戰場。忠武軍逐漸成爲強藩亟欲吞併的對象。《資治通鑑》卷

123 《舊唐書》，卷19下，頁712，〈僖宗紀〉「中和元年九月」條。

124 參：拙文，〈楊復光《收復京城奏捷露布》考〉。

125 《新唐書》，卷225下，頁6462，〈黃巢傳〉。《資治通鑑》，卷255，頁8295，「僖宗中和三年四月」條。

126 《舊唐書》，卷19下，頁717，〈僖宗紀〉「中和三年六月」條。《資治通鑑》，卷255，頁8298，「僖宗中和三年七月」條則謂：「左驍衛將軍楊復光卒於河中；復光慷慨忠義，善撫士卒，軍中慟哭累日，八都將鹿晏弘等各以其衆散去。」

二五五(頁8295—96)「僖宗中和元年五、六月」條述黃巢自長安敗走後說:

黃巢使其驍將孟楷將萬人爲前鋒,擊蔡州,節度使秦宗權逆戰而敗;賊進攻其城,宗權遂稱臣於巢,與之連兵。初,巢在長安,陳州刺史宛丘趙犨謂將佐曰:「巢不死長安,必東走,陳其衝也。且巢素與忠武爲仇,不可不爲之備。」乃完城塹,繕甲兵,積芻粟……多募勇士,使其弟昶、珝,子麓、林(或作霖)分將之。孟楷既下蔡州,移兵擊陳(犨)襲擊之,殺獲殆盡,生擒楷,斬之。巢聞楷死,驚恐,悉衆屯溵水。六月,與秦宗權合兵圍陳州,掘塹五里,百道攻之。陳人大恐,犨諭之曰:「忠武素著義勇,陳州號爲勁兵……男子當求生於死中……」數引鋭兵開門出擊賊,破之。巢益怒,營於州北,立宮室百司,爲持久之計。時民間無積聚,賊掠人爲糧,生投於碓磑,併骨食之,號給糧之處曰「舂磨寨」。縱兵四掠,自河南許、汝、唐、鄧、孟、鄭、汴、曹、濮、徐、兗等數十州,咸被其毒。

陳州從中和元年六月被圍,至同年十一月,秦宗權又圍許州。十二月,趙犨遣人間道求救於鄰道,周岌、時溥、朱全忠都引兵救之。[127] 到了次年(884)正月,黃巢之兵尚強,周岌、朱全忠等人不能支,共求救於河東李克用。二月,李克用率兵五萬東來。此期間,「黃巢圍陳州幾三百日,趙犨兄弟與之大小數百戰,雖兵食將盡,而衆心益固。李克用會許、汴、徐、兗之軍于陳州;時(巢將)尚讓屯太康。夏,四月,癸巳,諸軍進拔太康……黃巢聞之懼,退軍故陽里,陳州圍始解。」[128] 不久,朱全忠引兵還大梁。五月,李克用趣汴州,並與忠武都監使田從異發許州,追擊巢軍。至六月,黃巢被殺。[129] 黃巢之亂,正式結束。

---

127 《資治通鑑》,卷255,頁8300-01,「僖宗中和三年十一、二月」條。

128 同上,同卷,頁8304,「僖宗中和四年三、四月」條。

129 同上,卷255-256,頁8304-8311,「僖宗中和四年五、六月」諸條。又參:《舊唐書》,卷200下,頁5397-98,〈黃巢傳〉;《新唐書》,卷225下,頁6463-64,〈黃巢傳〉。

在以上對忠武軍參與討伐黃巢之亂的敘述中，提到七個在黃巢之亂後擔任忠武節度使的將領：鹿晏弘、楊守宗、趙犨、趙昶、趙珝、韓建、朱全忠。這七人再加上王蘊及張全義二人，正好就是黃巢之亂結束後至唐亡，全部忠武節度使的名單。分析這些唐代末期忠武節度使的出身，發現與楊復光有關者三人：鹿晏弘與韓建出自楊復光所立之忠武八都、楊守宗爲楊復光假子。趙犨、趙昶、趙珝三兄弟，是陳州宛丘人，世爲忠武軍牙將，與忠武軍關係也非比尋常。朱氏在唐末宰制洛陽、大梁附近地區，忠武軍轄區亦受其支配，趙氏三兄弟在黃巢之亂後都依附軍閥朱全忠；王蘊、韓建、張全義即朱全忠所命而出任忠武節度使。茲略就這些忠武節度使在黃巢之亂結束後三十餘年間的活動情形，稍加說明如下：

忠武都將鹿晏弘在唐軍收復長安、楊復光卒於河中、黃巢部隊東走後，在當年（中和三年）十一月「帥所部自河中南掠襄、鄧、金、洋，所過屠滅，聲云西赴行在。十二月，逐節度使牛勗，勗奔龍州西山。晏弘據興元，自稱留後。」[130] 到次年（884）正月，唐廷「以鹿晏弘爲興元留後」。[131] 前文提到楊復光死後忠武八都各以其衆散去，事實上，此軍最初仍爲一個以許州人爲主體的武力集團，並以鹿晏弘爲首，後來內部產生分裂，才在田令孜利誘下，一部份被唐政府收編。《資治通鑑》，卷二五六（頁8314—16）「僖宗中和四年十、十一月」條說：

> 鹿晏弘之去河中，（忠武八都都將）王建、韓建、張造、晉暉、李師泰各帥其衆與之俱；及據興元，以建等爲巡內刺史，不遣之官。晏弘猜忌，衆心不附，王建、韓建素相親善，晏弘尤忌之，數引入臥內，待之加厚，二建相謂曰：「僕射甘言厚意，疑我也，禍將至矣！」田令孜密遣人以厚利誘之。十一月，二建與張造、晉暉、李師泰帥衆數千逃奔（成都）行在，令孜皆養爲假子，賜與巨萬，拜諸衛將軍，使各將其衆，號隨駕五都。又遣禁兵討晏弘，晏弘棄興元走……鹿晏弘引兵東出襄州，秦宗權遣其將秦誥、趙德諲將兵會之，共攻襄州，陷之；山南東道節度使劉巨容奔成都

130 《資治通鑑》，卷255，頁8300，「僖宗中和三年十一、二月」條。

131 同上，同卷，頁8301，「僖宗中和四年正月」條。

……晏弘引兵轉掠襄、鄧、均、房、廬、壽，復還許州；忠武節度使周岌聞其至，棄鎮走，晏弘遂據許州，自稱留後，朝廷不能討，因以爲忠武節度使。

這時秦宗權勢力方熾，他命將出兵，寇略鄰道。派遣陳彥侵淮南、秦賢侵江南、秦誥陷襄、唐、鄧，孫儒陷東都、孟、陝、虢，張晊陷汝、鄭，盧瑭攻汴、宋。他們「所至屠翦焚蕩，殆無孑遺。其殘暴又甚於巢，軍行未始轉糧，車載鹽尸以從。北至衛、滑，西及關輔，東盡青、齊，南出江、淮，州鎮存者僅保一城，極目千里，無復煙火。」[132] 到了僖宗光啓二年（886）七月，秦宗權攻陷許州，殺忠武節度使鹿晏弘。[133]

秦宗權作亂期間（884—889），擔任忠武節度使者除鹿晏弘外，其餘二人爲楊守宗及王蘊。對於這二人在鎮的作爲，史料不多。僅知光啓三年（887）五月，鄆、兗、汴三鎮之師大敗秦宗權部隊，收復孟、洛、許、汝、懷、鄭、陝、虢等州。唐廷「詔以扈駕都頭楊守宗權知許州事」，[134] 而他也位至忠武節度使。[135] 至昭宗文德元年（888，昭宗在是年三月立，仍用僖宗年號，至次年改元龍紀）十一月，「秦宗權別將攻陷許州，執忠武留後王蘊，復取許州。（胡注：去年宗權爲全忠所敗，棄許州，王蘊蓋全忠所命也。案：《新唐書・昭宗紀》則作忠武節度使王蘊）」[136]

秦宗權亂後至唐亡（889—907），忠武軍共有六任節度使，包括朱全忠本人及其他五位與朱氏有關的節度使：趙犫、趙昶、趙珝、韓建與張全義。朱氏對忠武軍的影響力，顯而易見。事實上，這也標識著朱溫的在河南、淮北一帶的勢力除了宰制河東地區的李克用稍可發揮一些牽制的作用外，已經沒有強大的對手

132 同上，卷256，頁8318，「僖宗中和四年十二月」條。

133 同上，同卷，頁8338，「僖宗光啓二年七月」條。

134 《舊唐書》，卷19下，頁727，〈僖宗紀〉「光啓三年五月」條。

135 《舊唐書》，卷184，頁4774，〈楊復光傳附〉；《新唐書》，卷207，頁5877，〈楊復光傳附〉。

136 《資治通鑑》，卷257，頁8382，「僖宗文德元年十一月」條。《新唐書》，卷10，頁284，〈昭宗紀〉「文德元年十一月丙申」條。

了。

趙犨（或作犫）、趙昶、趙珝，《新唐書》卷一八九及《舊五代史》卷一四有傳，後者較詳。據後者所述，三人實爲兄弟，犨爲長，昶爲仲，珝爲季。[137] 其先天水（或作青州）人，世爲忠武軍牙將，故《新唐書·趙犨傳》及前引《通鑑》「中和元年五月」條又作其爲陳州宛丘人。黃巢入長安時，犨被郡人推爲陳州刺史，表于朝，授之。犨以弟昶爲防遏都指揮使，珝爲親從都知兵馬使，積極準備防禦巢軍東犯。在巢軍圍攻陳州三百日期間，趙氏三兄弟力守陳州，並曾間道乞師於朱全忠。後來諸道援兵共解陳州之圍（參上文）。光啓元年（885）八月，除犨爲蔡州節度使，數與秦宗權交鋒。至龍紀元年（889）三月，以平巢、蔡功，充忠武節度使。開始招撫陳、許流民，並以軍州事付於昶。數月之後，犨疾卒於陳州。趙犨依附朱全忠，所以《舊五代史》本傳說他：「雖盡忠唐室，保全陳州，然默識太祖（全忠）雄傑，每降心託跡，爲子孫之計，故因解圍之後，以愛子結親。又請爲太祖立生祠於陳州，朝夕拜謁。數年之間，悉力委輸，凡所徵調，無不率先，故能保其功名。」[138] 趙犨死後，以軍州盡付弟昶。昶任忠武節度使前後五年，至乾寧二年（895）寢疾，卒於鎮。昶在鎮期間，勸課農桑。朱全忠每有征伐，昶訓練兵卒，饋輓供億，無有不至。昶死，朱全忠表珝爲忠武節度使。珝在鎮六年，至天復元年（901）冬，朱全忠表韓建爲忠武節度使，以珝知同州匡國軍節度留後，一年多後，珝以疾卒。總計趙氏三兄弟出任忠武節度使，前後十二年餘（889－901）。若以趙犨擔任陳州刺史（881）開始計算，正是所謂「兄弟節制陳、許，繼擁旌鉞，共二十餘年。」[139] 在這一段期間，朱全忠爲趙氏三兄弟所依附，這是討論忠武軍晚期勢力的發展時，必須加以注意

137 《舊五代史》，卷14，頁192-198，〈趙犨傳〉、〈趙昶傳〉、〈趙珝傳〉。但《新唐書》，卷189，頁5475，〈趙珝傳〉謂珝爲犨子。標點本《舊·史》〈趙珝傳〉案語說：「據《歐陽史》及《通鑑》皆以珝爲犨弟，與《薛史》同，《新唐書》誤。」

138 《舊五代史》，卷14，頁194，〈趙犨傳〉。參：《新唐書》，卷189，頁5474，〈趙犨傳〉。

139 《舊五代史》，卷14，頁197-198，〈趙珝傳〉。

的。

繼趙珝之後的忠武節度使是韓建，他是許州長社人，其先世爲牙校。建初附秦宗權爲小校。中和元年(881)楊復光立忠武八都，建爲都將之一。曾從楊氏討巢，入援長安。復光卒，他和以許州人爲主體的武力集團，隨鹿晏弘據興元，後來此一集團分裂，爲田令孜利誘至成都(詳上)。初授神策都校、金吾將軍，出爲潼關防禦使兼華州刺史。乾寧二年(895)，建與鳳翔李茂貞、邠州王行瑜舉兵赴闕，迫昭宗以王珙爲河中帥。次年四月，昭宗遣禁兵討李茂貞，爲茂貞所敗。韓建在此時奉表迎駕，四年(897)二月建殺諸王。[140] 這時天子孤弱，建遂得以挾制天子。[141] 天復元年(901)，宦官韓全誨迫昭宗幸鳳翔，建亦預其謀。朱全忠聞之，自河中引軍往討，建懼乞降。全忠「與建素有軍中昆弟之契，及見，其(全忠)怒驟息，尋表(建)爲許州節度使」。[142] 當時軍閥朱全忠、李茂貞勢力極盛，「各有挾天子令諸侯之意，全忠欲上幸東都，茂貞欲上幸鳳翔」。[143] 而全忠在從大梁引兵入京，李茂貞迎昭宗至盩厔。是年十一月朱全忠至零口、赤水，韓建乞降。全忠「謂建曰:『公，許人，可即往衣錦。』丁巳，以建爲忠武節度使，理陳州，以兵援送之……徙忠武節度使趙珝爲匡國節度使。」[144] 不過，韓建是否就鎭忠武，史料並未敘明。只知在此後二年餘，朱全忠大部份時間在關中，與其他強藩爭挾天子，屢上表欲迎昭宗至洛陽。至天祐元年(904)三月，昭宗與全忠宴群臣，既罷，昭宗獨留全忠及忠武節度使韓建飲，全忠因韓建疑昭宗有所圖乃示警，全忠佯醉而出。全忠因此事對韓建「尤德之」，以建爲佑國軍節度使。[145]

韓建徙佑國軍，朱全忠一個多月後繼任。朱全忠在與軍閥激烈爭奪下，終於

140 《舊五代史》，卷15，頁203-204，〈韓建傳〉。

141 《新五代史》，卷40，頁434-435，〈韓建傳〉。

142 《舊五代史》，卷15，頁205，〈韓建傳〉。

143 《資治通鑑》，卷262，頁8556，「昭宗天復元年閏六月」條。

144 《資治通鑑》，卷262，頁8561-62，「昭宗天復元年十一月」條。

145 《資治通鑑》，卷264，頁904，「昭宗天佑元年三月」條；《舊五代史》，卷15，頁205，〈韓建傳〉；《新五代史》，卷40，頁436，〈韓建傳〉。

在天祐元年閏四月甲辰（十日），逼迫昭宗遷至洛陽。至乙卯（二十日），「以全忠爲護國、宣武、宣義、忠武四鎭節度使」。[146] 事實上，全忠這時勢力如日中天，忠武節度使這個職位對他不過是錦上添花而已。他在此時忙著與諸道兵馬混戰，圖謀王業，當然不可能赴忠武就鎭。至同年八月，昭宗被弑，十三歲的昭宣帝（哀帝）即位。至同年十月丁酉，「復以全忠爲宣武、護國、宣義、天平節度使；以（張）全義爲河南尹、兼忠武節度使、判六軍諸衛事」。[147] 前賢有關朱全忠的研究極多，[148] 本文又以爲他實際上並未就鎭忠武，故不再贅敘他的生平。

忠武軍最後的一任節度使張全義，是濮州人，父祖世爲田農。黃巢起事時，他亡入巢軍。黃巢入長安時，全義還當了僞官。巢敗後，依諸葛爽於河陽。爽死後，事其子仲方。此後，全義與另一部將李罕之合合分分，並且分別求助於強藩朱全忠及李克用，目的都在爲爭奪河陽。「文德元年（888）四月，罕之出軍寇晉、絳，全義乘其無備，潛兵襲取河陽，全義乃兼領河陽節度。罕之求援於武皇（李克用），武皇復遣兵助攻河陽，會汴人救至而退。梁祖（朱全忠）以丁會守河陽，全義復爲河南尹、檢校司空。全義感梁祖援助之恩，自是依附，皆從其制。」[149] 全義此後盡心事奉朱全忠，積極營繕洛陽，以便使全忠脅迫昭宗遷洛。但全忠性猜忌，在天祐元年閏四月迫昭宗至洛陽後，「慮全義心有異同，乃……移全義爲天平軍節度使……十月，復以全義……兼忠武節度使……」[150] 可以說，張全義在依附朱全忠並兼忠武節度使之後，只有「奉事益謹，卒以自

146 《資治通鑑》，卷264，頁8632，「昭宗天祐元年閏四月乙卯」條；《舊五代史》，卷2，頁35，〈太祖紀（二）〉。

147 《資治通鑑》，卷265，頁8637，「昭宗天祐元年十月丁酉」條。

148 舉其著者，如：堀敏一，〈朱全忠政權の性格〉，《駿台史學》，11（1961），頁38-61；Wang Gungwu, *The Structure of Power in North China during the Five Dynasties* (Kuala Lumpur: University of Malaya Press, 1963), Ch.2, 3；佐竹靖彥，〈朱溫集團の特性と後梁王朝の形成〉，中央研究院歷史語言研究所編，《中國近世社會文化史論文集》(台北：中央研究院歷史語言研究所，1992)，頁481-530；等等。

149 《舊五代史》，卷63，頁839，〈張全義傳〉。參：《新五代史》，卷45，頁489-490，〈張全義傳〉。

150 《舊五代史》，卷63，頁840，〈張全義傳〉。

免」[151] 而已。新、舊《五代史》張氏本傳及其他史料，都沒有載錄他親至忠武就鎮的事蹟，其情形與上述韓建類似。

以上簡述秦宗權亂後至唐亡期間的各任忠武節度使事蹟，發現他們都與朱全忠有密切關係。推其原因，當以忠武軍鄰近洛陽，許師又原本勁悍，朱氏自然不願放棄對它的控制。

五、結　語

過去有關唐代藩鎮的研究，似乎一如本文在「前言」部份所作的簡單回顧，多半以討論藩鎮體制或跋扈藩鎮爲主。這二類課題可說是研究所謂唐代「藩鎮之亂」時，必先探討的問題。研究藩鎮體制，可就其與唐代政治發展的關係提出解釋；研究跋扈藩鎮，可就中央與地方對立的關係發揮意見。事實上，自《新唐書》史臣注意唐代藩鎮問題，特別爲方鎮立表六卷（卷六四至六九）、爲跋扈藩鎮立傳五卷（卷二一〇至二一四）之後，對後來研究者提供不少便利。前者（〈方鎮表〉）可作爲討論藩鎮體制之基礎；後者（諸藩鎮彙傳，包括魏博、鎮冀、盧龍、淄青、橫海、宣武、彰義、澤潞）則能引發後人對跋扈或獨立藩鎮之注意。然而，藩鎮問題與唐代後期政治、軍事、經濟、社會等各方面的發展息息相關，因此要討論唐代後期歷史，似乎仍可再就一些非獨立性的藩鎮、或對唐室「恭順」的藩鎮，再加以個別討論。期能對此一時期歷史的理解，另闢蹊徑。本文以忠武軍爲個案研究的對象，就是嚐試從一個向未受到特別重視的非獨立性藩鎮的分析，觀察它和唐代後期歷史發展的關係。

陳許節度使的前身是鄭陳節度使，但鄭陳節度使設置的時間極短（759—761），它的領地與陳許節度使也有不少出入。到了貞元二年（786），陳許節度使正式設立，直到唐亡。它在唐代實際存在的時間前後約一百二十年，期間在貞元二十年（804）得到唐廷賜號爲忠武軍。從此，忠武軍或忠武節度使與陳許節度使名異實同。忠武軍的領地以陳州、許州爲主，蔡州曾歸隸三十年（818—

151　《新五代史》，卷45，頁490，〈張全義傳〉。

848），溵州及汝州只各短暫歸隸四年及六年。這一個地區的農業產品有粟、麥等，紡織工業產品有絁、綿、綾、絹、蓆等。此外，並在該地榷麴，則其釀酒業應該也頗發達。值得注意的是，陳、許在唐代中期以後，設有巡院，顯示這一個鄰近東都洛陽的地區，除了在政治、軍事上由於忠武軍的勁悍而有其地位外，在經濟、交通上也是重要之地；甚至還是唐政府監視藩鎮動向的行政中心之一。

唐政府對忠武軍的控制，在黃巢之亂以前基本上是成功的，但在晚唐三十餘年局勢混沌的時期中，對這個區域已經無法有效掌握。這可以從本文對忠武軍四十餘任節度使各項資料分析、對此軍在伐逆鎮、禦外夷、敉變亂的戰績檢討、及對黃巢之亂以後各忠武節度使依附或受制於朱全忠的事實觀察等三方面的討論中，看出這項趨勢。這在檢討唐代藩鎮問題時，並不是什麼大發現。但是以忠武軍所處的地理位置和它在唐代一般受命藩鎮中的表現配合來看，事實上這正是唐代後期政治發展總趨勢的另一個值得注意的現象。換言之，如果以跋扈藩鎮與中央政府的長期相抗及其順逆程度，作爲「唐帝國聲威的測量器」，[152] 那麼一個所謂「恭順」的中原藩鎮，它在內部所呈現的一些問題及其對中央的態度，也同樣反映了帝國對於若干地區（甚或同類型地區）的控制方式及效率。

從忠武軍的個案，可以看出唐代非獨立性藩鎮所可能隱藏的一些問題。例如：地緣因素與藩帥任命，在忠武軍中似乎有極重要的關係。在三十九位忠武節度使中，至少有七人（王沛、王逢、鹿晏弘、韓建、趙犨、趙昶、趙珝）是陳許當地人；而在未出任是職之前的，與此軍有著密切關係者（包括擔任軍將、刺史等職務），竟達四分之一以上。當地人出任節度使，自然不符合唐代官僚制度中任用時迴避本籍的規定。這個事實說明了法令與實際之間可能的歧異，但其歧異程度在各個不同藩鎮或區域之間，是否不同，則有待更多的個案研究，以資比較。又如：在唐代藩鎮中血緣、假血緣關係的一般現象，過去也有過不少的討

152 毛漢光，前揭文，頁 390（《中國中古政治史論》）。

論。[153] 本文三、四節所述忠武軍的個案，提供了一些具體的事例。

忠武軍在黃巢之亂期間及亂後的表現，值得特別留意。它的勁悍善戰，曾經引發朝臣、將帥對此軍指揮權的爭奪；也似乎構成巢軍在叛亂末期，移軍東走會包圍陳州三百日的部份原因。不過，以許州人爲主的忠武八都武力集團，在巢亂期間的表現，以及它在亂後的發展；乃至於唐末軍閥朱全忠控制忠武軍的各種企圖及作爲，則從另一側面呈現地方武力在晚唐政局中所扮演的若干角色。

本文之作，只是筆者對於唐代後期藩鎭與變亂問題系列研究的一部份，討論的重點可能仍有不周全的地方。期待學界先進從不同的藩鎭個案，提出更多的討論，共同釐清唐代後期藩鎭武力與國家、社會之間的關係。

（本文於一九九二年八月十三日通過刊登）

153 例如：矢野主稅，〈唐代に於ける假子制の發展について〉，《西日本史學》6（1951）；栗原益男，〈唐五代の假父子的結合の性格〉，《史學雜誌》62：6（1953）；同氏，〈唐五代の假父子的結合における姓名と年齡〉，《東洋學報》38：4（1956）；及堀敏一，前揭文（見註4）。

出自第六十四册第一分(一九九三年十二月)

盛唐玄宗朝佛教藝術的轉變

顏 娟 英

本文首先討論唐玄宗的佛教政策，承認他不再如前代的帝王后參與支持大規模的佛教造像活動，但實際上也並未禁止佛教文化的繼續發展。接著，本文的重點是全面檢討唐代中國各地主要石窟在八世紀前後有何變化。首先，就石窟遺址來考慮，發現石窟的開鑿活動並未停止，但不像前代的龍門石窟在東都附近，而有逐漸遠離首都的傾向，在山西太原，尤其是四川的山區一帶繼續蓬勃地發展，表現出西南地區的文化生命力。

其次，從文獻資料上考慮唐代兩京的寺院佛教藝術活動，分別就玄宗朝最有名的畫家吳道子的藝術表現，以及密教眞言宗三位祖師── 開元三大士與玄宗的交往，他們如何運用圖像藝術顯示各種神通方便等等，考慮當時佛教藝術的特質。

最後，試從士人與僧團之間的來往，探討禪宗新思潮興後可能對佛教藝術產生何種影響。

一、前　言

唐代佛教藝術流傳至今，中原地區所見以龍門石窟最具代表性。龍門石窟鄰近東都洛陽，與帝室及貴族的關係極爲密切，同時也上接北魏遷都洛陽後在此地所建立的石窟藝術傳統，故最能表現唐代佛教與藝術文化結合的成果。唐代龍門石窟的開鑿早自高祖時期，而在高宗後期至武則天稱帝的武周時期 (685-704) 達於高峰。如學者們所指出，七世紀下半葉，尤其六八〇至七一〇年左右，龍門石窟的規模和藝術成就皆達到鼎盛期。[1] 然而，値得注意的是到了玄宗時期 (713-756)，開窟龕數量有限，也可以說從造像的規模和數量來看，急遽地趨於衰

1　曾布川寬〈龍門石窟における唐代造像の研究〉（以下簡稱〈龍門〉）《東方學報》60 (1988)，頁 199-397。

落。[2] 當然，東都洛陽的重要性到玄宗朝時已不如武周期，可能直接影響及龍門石窟香火的興衰。但是在長安地區或任何地方卻也無法發現繼以代之的大型帝王佛教石窟。全面檢討各種金石著錄以及田野調查報告，確實發現到了開元天寶之後，北方石窟造像活動較北魏以來或唐初減少。甚至可以因此下結論說北朝以及初唐時期的帝王支持造窟傳統到玄宗時已消失了。研究佛教藝術的學者應該如何解釋此一重要現象？

本文首先從玄宗的佛教政策著手，解釋他個人與佛教的關係和前代諸位帝王的相異處。再則，全面檢討唐代主要佛教石窟在八世紀前後發生的變化。目前，有些地方的文物工作者在發現無紀年的唐代佛教石刻時，如果風格上相當成熟飽滿，而又非中唐以後的風格表現者，往往以武周晚期作爲判斷年代的下限，造成佛教石刻發展到玄宗期便停頓了的誤解，致使得風格斷代上無所依憑。本文的宗旨之一在於指出玄宗確實不再支持大規模的佛教造像活動後，石窟的開鑿活動並未停止，而是逐漸遠離中央，在外圍地區，尤其有向四川等地方南移的現象。四川盆地豐富而多樣性的佛教石窟正足以說明，擺脫中央的統一性後，由地方經濟發展所支持的活潑創造力。附錄一的〈玄宗朝造像題記表〉可供進一步瞭解此時期金石造像活動現象參考。

佛教藝術的範圍當然不僅限於石窟造像，都城內的寺院建築以及雕刻壁畫都應該盡可能地考慮才行。很可惜八世紀的佛教寺院建築或壁畫的原貌皆已不可見。本文將文獻上所見的玄宗朝金石造像資料依其紀年次序，整理成表，方便初步瞭解各地造像風氣之輪廓。文獻上有關唐代兩京寺院，尤其壁畫的描述雖然不少，但是嘗試全面重建的工作卻相當困難。故而以玄宗朝最有名的佛畫畫家吳道子爲例，瞭解當時佛教繪畫發展的特性。在企圖理解吳道子的創作精神時，已不可避免地接觸到盛行於當時宮廷與高官之間的密教文化。眞言宗三位祖師，或稱開元三大士，與玄宗都有過或多或少的淵源，對當時佛教文化必然也產生過異於前代的影響。

盛唐時期的佛教文化已達到鼎盛階段。社會經濟的安定發展與國際交流的頻繁，促成佛教各宗派爭相講論譯著，達到百家齊鳴的盛況。唐代佛教不但盛行於

2　宮大中《龍門石窟藝術》，上海:人民，1981，頁39。

上層階級，即帝室貴族與士大夫之間，更深入民間社會，以義邑、法社等鄉村社會組織，以及具娛樂與教育性質的俗講，推動各種傳播信仰的活動。這一切都足以說明佛教正逐漸深入百姓的生活。然而從佛教石窟造像活動所觀察到的改變如何用來說明七、八世紀之間，佛教藝術在本質上的變化？佛教藝術既由唐代社會文化的核心發展而來，筆者試從中央宗教政策以及士人與僧團之間新思潮的興起等方面加以探討，然而由於問題涉及的層面極廣，以往學者的相關研究也較少，難免諸多不夠深入之處，願以此就教於方家。

二、皇帝法王佛教觀的式微

南北朝時代，北方胡族軍事國家佛教教團往往與皇帝合作，贏取其信任與大力護持，例如佛圖澄(310 抵達洛陽，348 歿於鄴都)因受後趙石氏的重用才能迅速推展其教化活動。[3] 北涼王沮渠蒙遜（401 自立—433）也以曇無讖爲軍師，推動轉輪法王(Cakravartin)之治。[4] 藉著弘揚佛法，能夠達到教化百姓，柔夷化蠻的實際效用與開明的形象。即使南方也出現誠心崇佛的皇帝，使得佛教順利漢化，並有助於帝室與士族的結合。後期南朝梁武帝乃至於北齊文宣帝所追求宣揚的「皇帝菩薩」政策理念就是很好的例子。[5] 到了隋文帝又以轉輪聖王自居，爲弘法人間，效法古印度阿育王廣設舍利塔立於天下各州。[6] 唐代武則天既爲表示其宗教熱誠，也爲了鞏固其奪取來的「金輪聖神皇帝」寶座，更努力推展弘法事業。她廣造龐大的佛像，如與高宗共造之龍門石窟奉先寺洞，以及成立大周帝國後在宮內建五級天堂以容高達五百尺（約三百公尺）的夾紵大佛像。[7] 帝王弘法

3 塚本善隆〈佛圖澄を中心として華北佛教化の急進展〉《中國佛教通史》第一卷，東京:春秋社，1979，頁251-282。

4 古正美〈再談宿白的涼州模式〉《敦煌石窟研究國際討論會文集》，瀋陽：遼寧美術，1990，85-116。

5 顏尚文〈梁武帝「皇帝菩薩」理念的形成及其政策的推展〉，國立台灣師範大學歷史研究所博士論文，1989。諏訪義純，〈東魏北齊佛教の研究〉《中國中世佛教史研究》東京：大東，1988，頁203～320。

6 仁壽二年(602)六月頒舍利於諸州，《隋書》2，北京：中華，標點本，1975，頁47。

7 拙作〈武則天與唐長安七寶台石雕佛像〉《藝術學》1(1987)，頁41-88。

能讓全國百姓普霑法雨，並直接感受到統治者教化之功德。由此可見此時佛教文化便是帝王政治、社教文化的重心。故而中國北方至今仍保留許多帝王開鑿大型佛窟造像供民衆禮拜的實例，其藝術成就依舊令人讚仰。

除了造像活動之外，帝王也大規模地贊助並支配將梵文經典譯爲漢文以建立正統佛藏的譯經事業。北朝最著名的譯經大德鳩摩羅什（約350-409）系出天竺名門而聞名於龜兹。他入中國幾經災難後，才被後秦姚興(366-416，在位394-416)以國師之禮迎入長安，展開譯講佛經事業，將近三千人共同參與(401-409)。[8]唐代譯經高僧如玄奘（約596-664）、實叉難陀(652-710)、義淨（635-713)等曾分別受到太宗、高宗與武則天的隆重禮遇，徵聘全國譯經大德與內廷文學士在兩京的大寺或宮中內道場中進行譯經。高宗時期，曾由靖邁負責，在大慈恩寺翻經堂中，「壁畫古來傳譯緇素」並「撰成圖紀，題之于壁」，此即《古今譯經圖紀》。[9] 實叉難陀在東都大內大遍空寺譯《華嚴經》時，武則天「親臨法座，煥發序文。自運仙毫，首題名品。」[10] 又親下明制，令衆高僧編定〈大周刊定衆經目錄〉，普查歷代譯著三藏，存其正經，去其僞本。[11] 至睿宗與中宗仍維持此禮遇譯經大德與重視佛藏的傳統。如義淨於皇宮大內佛光殿譯《藥師琉璃光本願功德經》(707)，菩提流志亦於同地譯《大寶積經》(708)，睿宗皆御臨法筵，親手筆受。[12]

但是這樣的傳統到了玄宗時代似乎發生了變化，帝王不再造窟或造大像以供萬人崇仰，也不再積極參與譯經活動。玄宗時期著名的開元三大士，即印度高僧善無畏(Subhakarasimha 637-735)、金剛智(Vajrabodhi 671-741)與不空金剛(Amoghavajra 705-774)，介紹許多重要的密教經典入中國。其中最晚的不空自天寶十四載(755)開始零星地譯經，到代宗時才眞正全力推動其譯經大事業。善

8 鎌田茂雄著，關世謙譯《中國佛教通史》第二册，高雄：佛光，1986，260-292。

9 靖邁《古今譯經圖紀》(648)《大正新修大藏經》，東京：1924-35(以下簡稱《大正藏》)册55，348-367頁。智昇《開元釋教錄》8《大正藏》册55，562 頁。

10 智昇，前引文，《大正藏》册55，566頁。

11 〈大周刊定衆經目錄〉《大正藏》册55，372-476。

12 智昇，前引文，《大正藏》册55，568c，570bc頁。

畏與金剛智在開元年間的譯經爲中國建立純密系統的胎藏界與金剛界的教理及儀軌。他們兩位譯經雖然得到玄宗的許可，但並未成立大譯場，助手也只有兩三位。此或因所譯每部的卷數均不多，或因顧及其中許多眞言不隨便外傳。如善無畏傳中所說:「若未曾入曼荼羅者，不合取讀誦，猶未受具人盜聽戒律也。」[13] 高僧一行(683-727)曾向金剛智「學陀羅尼秘印，登前佛壇，受法王寶。」他素爲玄宗所信任，向善無畏領教了灌頂法的利益後，正式懇請其再譯《大日經》以廣流通，並成爲其譯注的主要助手。[14] 總之，這兩位大士的譯經活動並未受到帝室的公開大力贊助與宣揚推動。

玄宗的退出營建佛教石窟與譯經事業，當然與其宗教態度有關，然而傳統上所稱玄宗抑佛崇道之說的眞相如何呢？

三、玄宗佛教政策

從正史上可以找出十四項玄宗整肅佛教的主要敕令，此外，玄宗提倡道教的敕令更令人注目。據《舊唐書》，開元二十一年(733)，玄宗令士庶家藏老子一本，每年貢舉人量減尚書、論語兩條策，加老子策。[15] 依照《資治通鑑》與《新唐書》，開元二十五年(737)正月，玄宗於兩京及諸州置玄元皇帝廟一所，並置崇玄學於兩京，令其僧徒習道德經及莊列子文等，並且每年准依明經例舉送。[16] 《舊唐書》謂開元二十九年始立玄元皇帝廟。[17] 提倡道家經典與道教的

13 《宋高僧傳》2《大正藏》册50，715b。

14 《宋高僧傳》1《大正藏》册50，712a。根據長部和雄的說法，此經首譯於善無畏到長安後不久(719)送入宮中，後因一行之請再譯(724)，《一行禪師の研究》1963初版，東京：溪水社，1990再刊，頁20-24。

15 《舊唐書》北京：中華，標點本，1975，以下簡稱《舊》，卷8， 玄宗上，頁199。

16 《資治通鑑》胡三省注，標點校勘本，台北：洪氏，1980，卷214，唐紀30，6826。《新唐書》北京：中華，標點本，1975，以下簡稱《新》，48，百官志，1252-53。《舊》則稱開元廿九年正月，（卷9，玄宗下，頁213）而《册府元龜》則稱開元十年，似不可信，見卷53，（景印文淵閣四庫全書，以下簡稱《册》，台北：商務，1983，册903，610。

17 《舊》卷8，頁213；《新》5，頁142。

詔令，在年代上容或有早晚說之別，卻毫無疑問因此形成抑佛崇道，並影響及佛教造像衰微的說法。事實上，整肅佛教都在開元初年，其功效如何頗值得懷疑。到了開元末年，宗教政策鬆弛漫無章則，乃形成佛道並崇而以道教爲尊的局面。爲了重新瞭解此問題的眞實性，故不厭其煩，將整肅佛教的敕令按其年代前後排列如下：[18]

一、開元二年正月七日　　「令銓擇僧尼僞濫者還俗」

二、開元二年二月十九日　　「禁創造寺觀詔」

三、開元二年閏二月三日或十三日　「令僧尼道士女冠拜父母敕」

四、開元二年七月十三或廿三日　　「禁百官與僧道往還制」

五、開元二年七月廿七或廿九日　　「禁坊市鑄佛寫經詔」

18　此十四項敕令的出處如下：

一、《冊》159，904-775)；《唐會要》47，（武英殿聚珍版），北京：中華，1990。以下簡稱《會》，頁836-837；《舊》96，姚崇傳，頁3023。

二、《冊》63，903-202；《會》49，860；《全唐文》26，北京：中華，1983，以下簡稱《全》，頁304。

三、《唐大詔令集》113，景印文淵閣四庫全書本，以下簡稱《詔》，426，790-791（三日說）。《會》47，836（十三日說）。

四、《全》21，243（七月十三日說），《會》49，860。《冊》159，冊904，775（七月廿三日說）。

五、《全》26，（七月廿七日說），《冊》159，904-776（七月廿九日說），《詔》113，426-791。

六、《冊》159，904-777；《詔》113，426-791。

七、《全》28，320；《冊》159，904-777。

八、《冊》159，904-777，778；《全》28，322。

九、《冊》159，904-778；《全》28，323。

十、《開元釋教錄》18《大正藏》冊55，頁679a。

十一、《佛祖統紀》40《大正藏》49，374ab。

十二、《冊》159，904-778，779；《詔》113，426-791，792。

十三、《冊》159，904-779；《詔》113，426-792。

十四、《詔》113，426-792。

以上參考塚本善隆，《唐中期の淨土教》，（京都：法藏館，1975）頁19-21，礪波護，〈唐中期の佛教と國教〉《中國中世の宗教と文化》（福永光司編，京都大學人文科學研究所，1982，頁589-651）及《唐代詔敕目錄》（東京：東洋文庫唐代史研究委員會，1981）。

六、開元三年十一月十七日　「斷妖訛等敕」

七、開元九年四月廿六日　「禁士女施錢佛寺詔」

八、開元九年六月十一日　「分散化度寺無盡藏財物詔」

九、開元十年二月十九日　「禁僧道掩匿詔」

十、開元十三年六月三日　「諸寺三階院並令除去敕」

十一、開元十五年　「拆除或封閉村坊佛堂」

十二、開元十九年四月五日　「誡勵僧尼敕」或稱「禁僧徒斂財詔」

十三、開元十九年七月十三日　「不許私度僧尼及住蘭若敕」

十四、開元二十一年十月　「僧尼拜父母敕」

第一至第六項爲玄宗即位不久，開元二至三年間，連續所頒詔令，這顯然是要糾正武周晚年及中宗（705-710在位）、睿宗（710-712在位）朝佛敎僧團過份膨脹，濫造寺院侵佔民產的現象。早自武周時代以來已有多位大臣陸續提出警告，謂「天下僧尼濫僞相半，請併寺，著僧常員數，缺則補。」[19] 請朝廷控制寺院及僧團的成長，維持在一定範圍內。寺院建築過於奢華，「今之伽藍，制過宮闕」，「雕畫土木，相誇壯麗。」擁有龐大私產「水碾莊園，數亦不少」，「是十分天下之財而佛有七八。」[20] 而且皇親貴族捐宅立寺，「造寺不止，枉費財者數百億。度人不休，免租庸者數十萬。是使國家所出加數倍，所入減數倍。」[21] 剃度納錢不入公府，卻入私家，這不但造成國家財政的直接損失，而且「緇衣半道，不本行業，專以重寶附權門。」[22] 更助長韋后及太平公主朋黨的勢力，威脅唐朝皇室。

當皇室與僧團的領導人密切配合時，這些諫言都無法發生作用。但玄宗在誅

19　蘇瓌規勸武后停止鑄浮圖立廟塔，見其傳，《新》125. 4398。

20　狄仁傑諫止造洛陽白司馬坡大像（700）見其傳，《舊》89，頁2893-2894，及韋嗣立上疏中宗，《資治通鑑》209，6633。

21　此兩段引文皆來自辛替否之諫疏，前者見「諫中宗朝置公主府官疏」（或稱「陳時政疏」）（中宗朝，707），後者見「諫造金仙玉眞兩觀疏」（睿宗朝，711）；見《文苑英華》698以及《册》545，册911，476-478;《新》118，辛替否傳，頁4279。

22　《新》122，魏元忠傳中，袁楚客之勸言，頁4345-4346。

殺韋氏與太平公主，結束「武韋之禍」後，便下決心起用姚崇(650-721)整頓佛教教團，實行中興革新，以清除前代的亂象，並且改善國家財政。上列敕令的第一、二項用意在整理僧制和控制寺觀數目。被認定僞濫還俗者，或稱二萬餘人。[23] 此外開元七年(719)令諸道士女僧尼之簿籍三年一造，分送中央與地方以便管理，[24] 如此才能確實掌握全國的僧籍與道籍。然而，據開元十年至二十六年之間編纂而成的《大唐六典》便反映出造籍後的數目：[25]

凡天下觀，總一千六百八十七所。一千一百三十七所道士。五百五十所女道士。

凡天下寺。總五千三百五十八所。三千二百四十五所僧。二千一百一十三所尼。

可知佛寺的數字約爲道觀的三倍以上，故而從這樣的數字實在很難相信，玄宗積極執行崇道教而壓抑佛教的政策，換句話說，我們看不出這樣的政策，曾經在全國各地發生具體而明顯的影響。

上述敕令中的第七、八、十項都與取締三階教教團的無盡藏有關，化度寺原稱眞寂寺，是三階教的中心，其無盡藏係基於無盡地施捨財產乃至於生命的苦修滅罪信念而來，而後成爲寺院的社會事業與生財之源。三階教興起於末法觀危機意識強烈的北朝末年，自隋至唐初在民間聲勢日漸隆盛，武后時期與帝室建立密切關係。[26] 然而其對現世的極端批判，特立獨行的弘法方式與雄厚的財力俱不能見容於其他佛教教團以及統治者。故玄宗廢除三階教時，並未引起佛教界的騷

23 《舊》8.172，稱二萬餘人；《資治通鑑》211，6695，稱萬二千餘人。

24 仁井田陞，《唐令拾遺》雜令篇，27條，東京：東方文化學院，1933。

25 《大唐六典》4，禮部，祠部郎中員外郎，台北：文海，影印日本享保九年(1724)近衛家熙刻本，1962，頁99-100，《舊》43，職官志，1831，「三千二百四十五所僧，二千一百二十二所尼。」略有出入。

26 武后於如意元年(692)迎三階教大德法藏(637-714)至洛陽大福先寺檢校無盡藏，長安元年(700)又奉制請檢校化度寺無盡藏並制請爲薦福寺大德。見〈法藏禪師塔銘〉《金石萃編》71《石刻史料新編》(台北：新文豐，1978；以下簡稱《石新》)1.2，1206～1208。

動。然而，三階教的勢力此時僅暫時隱沒，中唐後顯然再度復起。[27]

事實上，這些敕令是否眞的完全收效？是值得懷疑的。例如開元二年的「令僧尼道士女冠拜父母敕」（第三項），原來是自從唐太宗以來，敕令中一再提到僧尼應拜父母以致敬，或不應受父母禮拜等頗引起爭議的問題。從行政力量來約束僧團的地位，很難具體收效，故開元二十年又再重申此令（第十四項）。[28] 這無疑說明了敕令執行的無力。從這年開始，再也找不到約束僧團的敕令，更表示佛教的持續發展，深入民間已非朝廷所能控制。

玄宗也瞭解佛教對當時社會文化的重要意義，故必要時也維修整飾。開元十年正月，玄宗到東都洛陽，五月逢洪水，伊、汝水溢，龍門奉先寺被破壞，遂令整修寺院，並重新莊嚴龍門石窟由高宗與武后建造之奉先寺洞大盧舍那佛，其經過如「大盧舍那像龕記」碑所稱頌；而盧舍那像四周的四十八尊小立佛可能就在此時添造。[29]

更有甚者，玄宗自己也無法徹底實行其節制佛教發展的政策。開元初年整頓政風，提倡儒教，並積極矯正佛教的過度發展。但是到了開元後期，太平日久耽於享受，宗教政策隨著趨於放任。開元十八年(730)崇福寺沙門智昇重新整理歷代所譯佛經，「別眞僞、明是非」，撰成《開元釋教錄》20卷，進呈玄宗，敕附入大藏。[30] 同年，玄宗妹金仙公主參預了河北房山的刻經活動，「爲奏聖上賜大唐新舊譯經四千餘卷，充幽府范陽縣爲石經本」，又奏請賜范陽周圍土地給寺院供養用，並委請雲居寺禪師「歲歲通轉一切經，上延寶曆，永福慈王」，下度衆生。[31] 同年，玄宗爲慶賀自己的生日，「詔天下寺觀，建天長節祝壽道

27 有關三階教的研究，參考矢吹慶輝《三階教之研究》（東京：岩波，1927）及塚本善隆，《塚本善隆著作集　第三卷》東京：大東，1975。

28 礪波護，〈唐代にをける僧尼拜君親の斷行と撤回〉《東洋史研究》四十卷，二號(1981)，頁1-34。

29 〈唐高宗奉先寺大盧舍那像龕記並開元牒〉《錄文》806；曾布川寬，〈龍門〉，前引文，355-359。

30 智昇，《開元釋教錄》《大正藏》55，2154，頁477上；《佛祖統紀》40，《大正藏》49，頁374下。

31 〈山頂石浮圖後記〉《房山石經題記彙編》，北京：書目文獻，1987，頁11-12。〈記石浮屠後〉《金石萃編》83《石新》1.2，頁1409-1410。

場。」[32] 皇帝與宗教的關係愈趨密切。

開元二十一年，玄宗制令士庶家藏老子並且貢舉加老子策目，假設爲尊重道教的開始,兩年後，他卻旣注《老子》也注《金剛經》，皆頒佈天下。[33] 同時，《佛祖統紀》卷四十中，記載著開元二十六年(738) 玄宗「敕天下諸郡立龍興、開元二寺」；次年命「天下僧道，遇國忌就龍興寺行道散齋，千秋節祝壽就開元寺。」[34] 顯然，玄宗的長生願望不僅寄托於道教也依附於佛教的法力。而帝室以皇帝之名造功德之事也不斷地出現。例如，開元廿八年(740)於五台山清涼寺，玄宗之女永穆公主，「奉爲皇帝恭造淨土諸像，欽鑄銅鐘一。駢以七寶，合之以三金…。」八年後，貴妃兄楊銛「奉爲　聖主寫一切經五千四十八卷，般若四教天台疏論二十卷。……上虎祐於君親，下澤潤於黔庶。」[35] 天寶三載(744)敕兩京，天下州郡取官物鑄金銅天尊及佛各一軀，送開元觀、開元寺。[36] 此外，下文將討論及玄宗與密教傳法三大師的來往。從以上的討論，可知玄宗朝的宗教政策與其說是刻意打擊、壓制佛教，無寧說是由前朝的崇佛政策轉向三教合一的聖王之道，所採取極爲有限度裁抑方針，並且並未落實推行。至於玄宗個人晚年則確實偏好道家神仙不老之術，並以黃老無爲之治作爲人君的理國與修身形象。[37]

最後，需要補充說明影響及僧團而不見於這些敕令上的官寺設置問題。高宗、武周及中宗時代都曾經在各州設立官寺。其中，高宗及中宗都同時並設佛寺與道觀，而武周則僅設大雲（佛）寺不設觀，開元年間這些大雲寺也繼續維持。開元二十六年(738），玄宗任由其宗教政策鬆弛後，才「敕每州各以郭下定形勝觀、寺改以開元爲額」，即同時設立開元寺、觀。[38] 武周朝的大雲寺明顯地肩負著重要的政宣功能，相對地，玄宗朝的開元寺除了配合千秋節祝壽外，其他特別任

32 《佛祖統記》，同前書，頁374下。

33 《册》53，903-64b.

34 《大正藏》49，no.2035，375上。

35 李邕，〈五台山清涼寺碑〉《全》364，頁1200。

36 《舊》9，玄宗下，頁218。

37 島一，〈玄宗の『道德眞經』注疏について〉上下《立命館文學》523&526，1992.3&10，頁50-83，36-71。

38 《唐會要》50，879；《佛祖統紀》40，《大正藏》49，no.2035，375 上。

務並不清楚，同時是否每州確實都成立此寺也無法知道。各種文獻記載所見，長安的開元寺蹤跡極爲有限，[39] 此現象更加說明朝廷對造立佛教寺院或尊像的熱心已遠不如往昔。

總之，從政治局勢上來考量，玄宗與武則天或隋文帝的差別在於，他絕無意自稱佛教的轉輪王，或在天下四處造塔像以揚國威，借弘法達到政宣的目的。雖然如下文將述，玄宗有時仍利用佛教教團的法力以化解國家及個人一時的困難。但絕非像隋文帝初定天下或武則天的篡奪天下，必需借用國家宗教的力量神化其政權。玄宗不取用法王觀的思想，那麼耗費巨大人力與財力建造石窟或寺院以供萬人瞻仰的意義自然消失了。同時，玄宗不再參與譯經活動，佛教教團也不再像前代那樣長期出入宮廷的內道場，與內廷發生密切關係。

四、士人的佛教造像觀

士大夫階級，特別經由科舉產生的新興知識份子，自從武則天時期以來在政壇及文化各層面都扮演了舉足輕重的角色。他們也同樣參與佛教信仰，表達他們對佛教文化的關懷。

前文已述，姚崇(650-721)是配合年輕有爲的玄宗皇帝，整肅佛教流弊的主要人物。開元元年他受玄宗提拔爲相，立刻上十事諫，其中之一爲，「太后造福先寺，中宗造聖善寺，上皇造金仙、玉眞觀，皆費鉅百萬，耗蠹生靈；凡寺觀宮殿，臣請止絕建造。」[40] 即道佛營造勞民傷財，請禁止。姚崇並且寫遺令誡示子孫，不但指責中宗、太平公主等人「傾國造寺」，反而誤國破家，並謂「佛者覺也，在乎方寸」，「抄經寫像，破業傾家……可爲大惑也」，「亦有緣亡人造

39 Antonino Forte 認爲没有長安開元寺的記載，"Chinese State Monasteries in the Seventh and Eighth Centuries"，收入桑山正進編，《慧超往五天竺國傳研究》，京都大學人文科學研究所研究報告，1992，附錄；然而從金石記錄中至少可以找出兩條，參見本文附錄造像記表，747年陝西西安，「開元寺淨土院石燈臺讚」與748-752年，陝西西安，「重修開元寺陀羅尼經幢」。

40 《資治通鑑》考異，210. 6689。

像，名爲追福，…所造經像，何所施爲？」禁止子孫在他死後爲其追福，濫作功德。[41] 可以說，姚崇是開元初年反對佛教造像的士人代表。

事實上，姚崇曾長年住在長安的寺院，不但參與七〇四年爲武后於七寶臺造像，以取悅武則天，[42] 也曾爲其亡母追福而在龍門石窟開龕，[43] 可說對當時的佛教教團以及造像活動均密切了解或參與。甚而，在遺令中也表現無法抗拒佛教影響的一面，他叮嚀子孫：

> 若未能全依正道，須順俗情，從初七至中七，任設七僧齋。若隨齋須布施，宜以吾緣身衣物充。…

可見他已預想死後子孫們爲隨順世俗人情，必然延請僧人超度、追福，故先期以七僧齋爲限。案吉川忠夫的解釋，姚崇遺令主要是從儒家薄葬的思想出發，排斥抄經造像，並與其開元元年十事諫的精神相通，即矯正前代爲了寺院大興土木，勞民傷財的弊病。[44] 其次，姚崇遺令中更値得深思的是，引用佛教自家的說法來排斥造像的特點。即如「佛者覺也，在乎方寸。…但平等慈悲，行善不行惡，則佛道備矣。…何必…抄經寫像，破業傾家。」換言之，姚崇在此引用新興禪宗但立心法不立像教的思想，作爲停止造像的最強烈理由。當時佛教文化已深入社會各階層，僧團內部及部份士大夫的反省力實在不亞於來自外部的攻擊。

然而，玄宗朝內，即使開元前期親信大臣中也頗不乏崇信佛法並也參與造像活動者。開元十八年(730)，玄宗的親近宦官以高力士及楊思勗爲首，一百六人爲玄宗在奉先寺洞大盧舍那像龕北壁偏東的山崖上，造「大唐內侍省功德之碑」，「敬造西方無量壽佛一舖，一十九事」。[45] 如本文附表中所見，稍早，開元十

41　《新》124，姚崇傳，4383-4387。《舊》96，姚崇傳，3027-3029。

42　姚崇（武后時改名元之）曾參與長安光宅寺內七寶台的造像，奉爲武后福祉，參考拙作，Yen, Chuan-ying, "The Sculpture from the Tower of Seven Jewels: the style, patronage and iconography of the Tang monument", (Harvard University dissertation, Cambridge, 1986.) pp.60-62，以下簡稱"sculpture"。

43　〈姚夫人殘刻〉《八瓊室金石補正》32,《石新》1.2, 頁4513b。

44　吉川忠夫〈佛は心に在り一「白黑論」から姚崇の「遺令」まで一〉《中國中世の宗教と文化》，前引書，47-101。

45　閻文儒，〈龍門奉先寺三造像碑銘考釋〉《中原文物》特刊，1985，頁157。

二年(724)，楊思勗（勳號虢國公）也率領一批宦官共同莊嚴添彩長安大明宮外有名的光宅寺七寶臺造像。[46] 同時他個人還在龍門奉先寺再爲其亡母造功德，「鑿石龕，造十□□□□□□□□□藏菩薩各一軀」，[47] 文字雖殘，大致可推測所造爲十一面觀音像與地藏菩薩像各一軀。

下文四川石窟部分將提到，上柱國許國公蘇頲(670-727)從禮部尚書被外調至益州大都督府長史時，也在廣元千佛崖開石窟，即今所稱蘇頲窟。

宗臣中與佛教淵源深厚的代表人物爲張說(665-730)。說爲武后朝舉人，預修三教（儒釋道）珠英，睿宗時任玄宗東宮太子侍讀，後與姚崇不合，被外調，尋因軍功開元九年昇任兵部尙書，自此平步青雲，官至開府儀同三司，尙書左丞相、上柱國燕國公，卒贈太師，謚曰文貞，史稱「開元文物彬彬，說力居多。」[48] 久視元年(700)武后召聘禪宗五祖弘忍(601-674)的大弟子，荆州玉泉寺神秀(606-706)入內廷，奉爲國師。張說亦事以弟子之禮，自稱「棲志禪門」，爲神秀靈塔撰碑。[49]

禪宗祖述印度僧菩提達摩，於湖北黃梅東山樹立法門，弘忍的弟子法如(638-689)、惠安(582-709)等陸續於武周時代前後北上，至兩京之間傳法。[50] 聲明「不立文字，教外別傳」的禪宗，強烈批判以往佛教的弊端，主張創造適合中國文化體質的教法，並且受到當時寒族出身，積極上進的士大夫所歡迎。神秀以九十五歲高齡入宮時，慧能(638-713)爲代表的南宗禪仍未樹立權威，儼然新興禪宗的代表。《景德傳燈錄》載，張說執弟子禮問法，神秀以偈回答：[51]

一切佛法，自心本有。將心外求，捨父逃走。

---

46 有關楊思勗的七寶台花臺銘，參見拙稿，"Sculpture", 前引文。

47 水野清一、長廣敏雄，《龍門石窟の研究》京都人文科學研究所，1941初版，同朋社1980復刻版，（二）本文篇，錄文807，頁324。

48 張說傳，《新》125，4404-4410；《舊》97，3049-3057。

49 《全》224，張說，「謝賜御書大通禪師碑額狀」，頁1011下；同書231，張說，「唐玉泉寺大通禪師碑銘」，頁1045中～1046上。

50 柳田聖山，《初期の禪史》I 禪の語錄2，東京：筑摩，1971，12-17。

51 神秀傳，《大正藏》51.231。

如此心法，但問本心，不求外在功德，自然不鼓勵大張旗鼓地營造寺塔，或開鑿大型石窟。

端方舊藏一陶製小禪坐佛像，樸素簡單，背面題開元六年(718)，「…爲…官軍請大法師說經…日造佛像廿尊。佛…子張說香花供□（養）。」北京圖書館藏有拓片。[52] 很可能是張說在北方領軍時，請當地高僧講經，並造簡單的陶模複製小佛像，紀念供養法會。

神秀入寂，岐王範、張說、盧鴻各自爲他寫碑誄。中宗再召其同門玄賾入京(708)，續傳禪法。玄宗時，朝野仰慕禪法者自洛陽邀請神秀的弟子義福(658-736) 至長安說法。至開元廿四年卒於南龍興寺，歸葬洛陽龍門奉先寺之北岡，「威儀法事，盡令官給，榗（搢）紳縞素者數百人，士庶喪服者有萬計」。玄宗「皇帝降中使特加慰賵，尋策謚號曰大智禪師。」所受禮遇，比美其師。[53]

文學家如王維(700-761)也與禪宗大師頗多來往。他曾受南宗神會之託，爲宣揚其師慧能之事蹟而寫「六祖能禪師碑銘」。也爲撰寫禪宗早期思想與傳承史重要著作，《楞伽師資記》的淨覺(683-750)寫「塔銘」。[54] 如《全唐文》所見，王維也曾受託爲別人所造功德，如繡如意輪觀音像、畫西方阿彌陀佛變等寫讚文。可見得造像爲亡者追福或生人積功德仍然普被士人接受，但多偏向小規模，或私人、家庭的性質。

經濟史學者認爲，中國中古時期寺院經濟自北魏以來，由朝廷、皇室及世族

---

52 此爲磚（陶）造像，正面浮雕坐佛，背面題字，原件今不知何處。「開元六年仲春月廿三日，三品黃門將輔國大將軍，知方朔軍大節度使爲…官軍請大法師說經…日造佛像廿尊。佛…子張說香花供□」著錄見端方編《陶齋藏石記》(1909)（以下簡稱《陶齋》）21《石刻史料新編》1.11.8192b-93a；拓片圖版見《北京圖書館藏中國歷代石刻拓本匯編》（以下簡稱《北圖》），鄭州：中州古籍，1989，21冊，85。按朔方節度使在今寧夏銀川以南的靈武附近，轄區遼闊。「開元元年十月六日，敕朔方行軍大總管，宜準諸道例改爲朔方節度使，其定遠、豐安軍、西中城、單于、豐勝、靈夏、鹽、銀、匡長、安樂等州並受節度。」《唐會要》78.1425。

53 參見中書侍郎嚴挺之撰「大唐故大智禪師碑銘并序」《金石萃編》81《石刻史料新編》1.2，1371b～1375a。

54 「六祖能禪師碑銘」、「大唐大安國寺故大德淨覺師塔銘」《全唐文》327，1485上-1486中。

地主階級支配的現象到了唐中葉（肅宗至僖宗，756—888）發生了改變，轉爲依存於地方官府和鄉豪地主。[55] 其實此現象恐怕早在開元末年已發生。總之，自開元中期後，朝廷主導全國政治及文化的能力逐漸衰薄，相對地，地方政治勢力（包括節度使）崛起，庶民藉著科舉成爲新興士大夫階級，多元的社會文化隱然出現。從佛教教團發展史的觀點而言，自南北朝至唐初大型譯經團體，由譯經而講經、註解等工作都集中在都城內外，由中央政府資助，領導全國佛教教義的先端。然而，到了開元天寶年間，除密教眞言宗正傾全力譯出新經典外，其它教派早已完成主要譯經工作，並進入註疏、講論以推廣的階段。玄宗的宗教政策由早期的節制到晚期的放任，佛教的主導權遂脫離中央走向民間，更加漢化以與社會大衆密切結合。

僧人深入鄉間傳法，強調日常實踐性質的抄經、念佛、念咒、坐禪作爲修行方向，不以大型勞民傷財的造像取勝，並且在各地如山西五台山、廣東羅浮山等地，分別發展出聖山、聖地等叢林信仰中心。在帝王法王觀消失的同時，佛教教團力量分散至地方，特別是逐漸累積財富的南方。再舉禪宗爲例，如山崎宏氏的研究所示，興起於廣東的南宗禪到了玄宗後期逐漸凌駕北宗禪（以長安爲中心）的聲勢，[56] 也代表了南方新興佛教勢力的蓬勃興起，遠非中央所能控制。

五、自北而南移的石窟造像活動

爲了比較清楚地瞭解玄宗朝實際造像的情形，將金石文獻記載以及各地石窟及考古調查報告內所見的造像題記，按紀年順序彙集成表，並附於文末，以供參考。[57] 從佛教石窟的歷史上來檢討，在玄宗時期，石窟的制作除了山西太原天龍山有小規模進展之外，多集中於四川廣元、巴中、通江等地，可以說中原地區

55 張弓，（中國中古時期寺院地主的非自主發展）《世界宗教研究》1990.3，頁33-42。

56 山崎宏，〈荆州玉泉寺神秀禪師〉、〈荷澤神會禪師〉《隋唐佛教史の研究》（京都：法藏館，1967），頁187-221。

57 有關附錄之排列次序與參考文獻等見其說明。

的石窟已逐漸呈現衰微的現象，而四川的石窟卻愈來愈見興盛，持續至宋代。

龍門石窟

前言已提龍門石窟在高宗、武后時期達到高峰後，逐漸轉趨衰微。按照曾布川寬等人的意見，大約在中宗景雲元年(710)左右龍門造像已由盛而轉衰，並以極南洞爲龍門石窟最成熟的代表。[58] 此說的主要年代定點是北天竺吐火羅(Tokhara)僧寶隆於景雲元年在東山看經寺洞上方山腹上，造一尊高約○·九米，寬○·七五米的釋迦佛及二菩薩立像。由此推知，看經寺洞的年代也在此時期以前完成。自此以降直到開元以後的龍門造像相當有限，確知有紀年者多爲小件添加入前期已造好的洞窟內。例如前文所述，高力士等宦官在奉先寺洞爲玄宗添造的佛像等。簡言之，若純粹就開窟活動而言，玄宗朝的龍門已無大事可記。

然而，龍門石窟是歷史悠久的佛教聖地，即使開鑿大窟的活動停止了，朝聖的人潮也不會立刻終止。值得注意的是，在中宗、睿宗乃至於玄宗初期，許多來自天竺的高僧都選擇龍門作爲晚年修行與歸葬的地方。其中包括許多密教高僧，如翻譯《不空羂索陀羅尼經》的寶思惟(721卒)與善無畏以及金剛智等。依照溫玉成的說法，寶思惟所建立的天竺寺就在東山北段。[59] 至於善無畏圓寂之廣化寺遺址則在今龍門鎮西北岡阜上，據云直到一九六五年(文化大革命)前，尙保存不少遺物。[60] 金剛智歿後則於奉先寺西岡起塔，寺的遺址在龍門西山南端，今魏灣村以北。[61] 可見八世紀初，龍門雖然因爲朝廷遷回長安而失去政治上的優勢，卻仍吸引許多包括新興密教的高僧們。

更進一步說，龍門石窟在玄宗時期雖然停止大規模的開鑿活動，但是至少在

58 曾布川寬「極南洞有如龍門唐代造像所綻放的最後光芒，…」，〈龍門〉，前引文，頁343。

59 溫玉成，〈唐代龍門十寺考察〉《中國石窟　龍門石窟二》北京：文物，1992，226-227，文中並未提及考古證據，而是依據文獻(「唐河南龍門天竺寺碑」《文苑英華》856)推測位置。

60 同上註，《中國石窟　龍門石窟二》頁228-230。

61 同上註，《中國石窟　龍門石窟二》頁221-224。

早期仍然與長安的教團維持相當密切的關係，因此可以觀察出八世紀初葉佛教藝術轉變的痕跡。學者近年來對唐代密教美術逐漸感到興趣，而在龍門石窟晚期，位於東山南段一帶出現的早期密教表現，年代在武周末年到開元初年之間，頗引人注目。[62]

龍門東山所謂密教石窟即擂鼓台三洞，尤其以南洞東壁（面向入口）主尊佛保存狀況較好。據當地人士傳說，此尊像爲別處移來。依風格判斷，時代在武則天晚期，約七〇〇至七〇五年左右。（圖 1）此佛結跏趺坐於壇上之須彌座，高二・一五米，頭戴高冠，正面飾摩尼寶珠，蓮花及忍冬流雲紋。左臂垂下輕置於膝前，右手則掌心向上，平置於交疊的雙腿上。身著袒右肩袈裟，左肩下至腹部共五道衣褶。左臂戴有寶珠紋的臂釧，胸飾以寶珠紋爲中心，複瓣花紋聯串而成的項圈。佛臉略成長方而肌肉飽滿，五官線條緊勁有力。雙肩自短頸微微隆起連接鼓漲的胸部，腰腹收縮，衣褶簡單，予人嚴肅沈著而有自信的感覺，是所謂「威儀具足」。右腿輕鬆地盤至左腿之上，雙腿的輪廓方長如箱型。須彌座上下各三層，中間束腰部份的正面及後方中央各雕一護法天王，一手撐座一手撐腰，足踏夜叉。南洞周壁也出現與主尊類似而簡化的小坐佛，代表十方佛土一時俱現的境界。

雖然南洞主尊或非來自東山擂鼓台，但是北洞內及其北側的劉天洞都刻有形式相同的降魔坐式寶冠主尊佛。這類造像年代中，最北而且最小的劉天洞洞內有六九二年題記，應該是較早的。（圖 2）北洞窟外門口拱形龕楣北側，劉合山救苦觀音像題記爲開元六年 (718)。[63] 故北洞年代應較此爲早。在龕門上方也有一小型八臂觀音，屬於密教造像，年代很可能相近。[64] 北洞洞內東壁主尊的寶冠坐

---

62 如宿白曾在其敦煌論文中列出龍門五處密教像窟龕簡表，見〈敦煌莫高窟密教遺跡札記〉（上）（下）《文物》1989.9，頁 45-53；10，頁 68-85。李文生的龍門論文中，認爲以擂鼓台爲主的密教造像應是中國境內同類造像中最早的例子，見〈龍門唐代密宗造像〉《文物》1991.1，頁 61-64；溫玉成，〈新中國發現的密教遺存及其所反應的密教史問題〉《世界宗教研究》1990.4，頁 76-85。

63 「弟子朝議郎行內侍省內謁公諸□，劉合山爲合家平安及先世眷屬、法界衆生敬造救苦觀世音菩薩像一軀。以開元六年十月十五日建立。」李文生，前引文，頁 64。

64 1991.9 與 1993.9 實地調查。並承李文生先生 1994.2 來信進一步澄清細節，謹致謝意。在北洞門口上方有一略成橫長方形之龕，中央一坐佛，兩側各一菩薩，四周圍繞略小

佛頭已殘毀，偏袒右肩，項圈與臂釧清晰可見。(圖3)南北兩壁也各有一坐佛，極爲殘破，北壁猶可認出其形式與東壁寶冠坐佛大致相同，南壁則僅剩一束腰八角蓮座。東北壁佛的頭光中俱見七位坐佛。西壁門口兩側浮雕立姿多臂觀音，北側爲四臂，南側爲八臂(圖4)。至少其中一尊的頭部可以被復原爲十一面觀音。[65] 十一面觀音可能在七世紀前已出現，但其流行則在武后則天時期，這尊像的年代從風格上來看，也應在武后末到中宗時期。

北洞豐富的密教造像在開元之前已完成，這足以說明隨後在開元初年來到中國的善無畏與金剛智，爲何會選擇龍門作爲終老之鄉。也可以進一步推測，在七世紀末八世紀初，雜密與純密佛教經典(包括圖像與儀軌等)迅速地傳入中國時，龍門石窟東山擂鼓台曾經是重要的道場。代表雜密系統的陀羅尼經典如《六門陀羅尼經》，與《佛說阿彌陀佛經》等同時出現在中洞，正表示雜密與顯教並存的現象。[66]

總之，龍門石窟造像主要都於開元之前完成，但是晚期東山擂鼓台如北洞造像，與開元初期的佛教藝術發展，尤其密教圖像關係密切，不容忽視。

天龍山石窟

目前所知，中原地區只有山西太原天龍山石窟在開元朝繼續開窟造像。東魏高歡在太原築晉陽宮，據此與長安的宇文泰相拒。自此太原遂成爲東魏、北齊的第二個首都。天龍山石窟便開鑿於此時。唐高祖於太原起兵，滅隋統一天下，故太原爲王業發祥地，武后亦出身太原，故大周在此設北都，神龍元年廢，開元十一年再設，居東西都之間。高宗、武后曾到太原近郊龍山的童子寺與開化寺禮拜大佛，但沒有到天龍山的說法。[67] 事實上，天龍山石窟在唐初荒蕪一片，直到

之五十三位坐佛，手印爲降魔。這一群坐佛兩側上部各有一舒坐姿菩薩，最右(南方)即此立姿八臂觀音，左方已破損不可知。

65　此十一面觀音的頭部現藏日本大原美術館，其復原見龍門石窟研究所編，《龍門流散雕像集》，上海人民，1993，圖76。

66　中洞門內側刻有《六門陀羅尼經》、《佛說阿彌陀佛經》、《金剛般若波羅蜜經》與《心經》，溫玉成〈龍門唐窟排年〉《中國石窟　龍門石窟》二，頁205。

67　《法苑珠林》14《大藏經》53.392。

中宗神龍二年(706)以後才再度開始造窟活動。

位於太原市西南約四十公里的天龍山石窟，現存二十四窟中，有十三窟被認爲是唐代所開，餘則爲東魏至隋之間。因爲這些唐代洞窟都沒有造像題記，斷代缺乏客觀證據，成了困難的問題。最近，雖然有學者如李裕群，主張天龍山石窟唐代窟的鼎盛期在高宗、武則天時期。但是按照原在天龍寺（即石窟）後的神龍三年(707)題，〈勿部將軍功德記〉所稱：[68]

> 沓故天龍寺者，兆基有齊，替虖隋季，…因廣增修，世濟其美。夫其峰巒岌碟，丹翠含赮，灌木蕭森，濫泉觱沸。或叫而合壑諠譁者，則參之秀麗也。雖緇徒久曠，禪廡荒而邁種德者，陟降遐險，固無虛月焉。

可知在隋代增修之後，此處石窟已久無僧侶主持，頗覺荒涼。然而景色秀麗仍能吸引遊客。此爲神龍二年(706)，武后死後一年的景觀。

文中不但未提及任何唐代造像，並謂有感於此「淨域」之荒涼，地方節度使天兵軍（設於太原）中軍副使勿部珣將軍及其夫人黑齒氏乃發願造「三世佛像幷諸賢聖」彫像，就此推動了盛唐的天龍山石窟造像。李氏說法顯然與此不符合。

其餘學者如Rhie及鈴木潔等也從風格演變的觀點，認定天龍山石窟唐代造像的年代爲開元至天寶年間。[69] 詳細的比較與論證另撰專文發表，但筆者以爲天龍山石窟唐代造像應在神龍二年之後，開元年間。[70] 太原地區因爲經常面臨突厥九姓犯邊，武周時期設北都兼都督府(692)，再置天兵軍(699)。神龍元年(705)改爲幷州大都督府。五年後廢掉天兵軍，但是開元五年(717)幷州大都督府長史張嘉貞(666-729)奏請置軍以鎮突厥，遂恢復天兵軍，以嘉貞爲使。[71] 張嘉

68 《金石萃編》68，《石新》1.2，1161-1162。羅振玉，《雪堂金石文字跋尾》《石新》3.38，319；《北圖》，前引書，20册，58。

69 鈴木潔，〈天龍山唐朝窟編年試論〉町田甲一先生古稀紀念會編，《論叢佛教美術史》（東京：吉川弘文館，1986），頁187-217。Marilyn Rhie, "A T'ang Period Stele Inscription and Cave XXI at T'ien-lung Shan"，*Archives of Asian Art*; 1974/75, pp. 6-33，Harry Vanderstappen & M. Rhie, "The Sculpture of T'ien Lung Shan: Reconstruction and Dating", *Artibus Asiae*, 27/3 (1965/66), pp. 189-220。

70 拙稿，〈天龍山石窟再省思〉，口頭發表於中央研究院歷史語言研究所主辦，「中國考古學與歷史學整合國際研討會」，1994，1.4-8，1995通過出版中。

71 張嘉貞傳《舊》99.3090-3093.《新》127.4441-4444。

貞係《歷代名畫記》作者張彥遠的高祖，武后時期應科舉出身而後受重用。開元八年春，嘉貞受擢為中書侍郎，改由前文提到的張說接任檢校并州長史兼天兵軍大使，至十一年間(720-723)經常駐守太原。他曾經勸玄宗在行幸太原時，舉行祀后土禮，紀念國家王業之興起並為三農祈穀。[72] 太原地區的發展與他們有著密切的關係，兩人後來同時為中書令。

整體而言，天龍山因為是軍事重地，在開元五年設天兵軍後，更提高其重要性。另方面，太原自北朝末期以來，已納入太行山一帶華嚴宗、律宗發展的範圍。唐代所造十五窟除了第九窟摩崖造像比較特殊之外，其餘規模都不大，大致為地方官吏如勿部珣將軍者及地方義邑團體所開鑿，與帝室並無直接關係。

敦煌石窟

敦煌莫高窟的造像歷史最悠久，早已被認為是佛教藝術與各類文獻的寶庫。傳統上視敦煌為絲路重鎮，其藝術發展也反映當地的富庶繁榮，但近來的研究逐漸證實唐代的敦煌人口增長緩慢，女多於男，勞動力不足，而且勞動者受地也不足，造成經濟成長緩慢。[73] 據菊池英夫的研究，唐代從河西走廊到西域的主要路線並不通過敦煌，而是從瓜州常樂往西北經伊州、西州的莫賀延磧（第五道），同時自漢代開通經敦煌往西域的四條路線都非常艱險困難，絕非一般商旅或僧人輕易可嘗試者。[74]

武周長壽元年(692)再度佔領中亞，設安西都護府統管四鎮：龜茲(Kucha)、于闐(Khotan)、疏勒(Kashgar)與碎葉(Tokmak)。武周在此四郡都曾設立大雲寺。[75] 開元七年(719)碎葉失守，改移焉耆。自大足元年(701)起五年間，郭元振受任為涼州都督、隴右諸軍州大使，屯田涼州、瓜州，開地設城，

72　《舊》97.3052-53。《新》125.4407。

73　齊陳駿，〈七世紀後期至八世紀後期敦煌縣人口結構試析—讀敦煌戶籍資料札記〉《敦煌學輯刊》1984.1，頁 19-27。

74　菊池英夫，〈隋・唐王朝支配期の河西と敦煌〉《講座敦煌2　敦煌の歷史》榎一雄編，東京：大東，1980，頁 172-175。

75　Forte，前引文，《慧超往五天竺國研究》，附錄。

「牛羊披野，路不拾遺。」[76] 但是敦煌的戶口卻一直保持停滯狀況。因此，菊池氏進一步指出，敦煌並非貿易中心而是一個特別以佛教靈場聞名的城市。敦煌莫高窟及安西榆林窟等不但是甘涼一帶重要佛教巡禮勝地，也是當地信徒的重要墓場。[77] 敦煌唐代壁畫以淨土變最盛，恐怕也與此有關。

敦煌唐代題記不多，造成斷代上的困難。不過，可以確定在武周朝至中宗時期，各種別具特色的大型經變相如華麗的二一七窟所見西方淨土變、法華經變即為典型窟， 此外如寶雨經變(321窟)、佛教史蹟(323窟)、勞度叉鬥聖變(335窟)等也都已發展成熟。[78] 玄宗年間的題記或記事目前所知僅有四件。[79] 其中根據敦煌發現文獻「瓜沙大事記」所載，最有名的南大像，即721年開創之第130窟，題記稱：「辛酉開元九年(721)僧處諺與鄉人白姓馬思忠等發心造南大像彌勒一百□廿尺。」[80] 接著，一九六五年在此窟南壁西端發現四十件織物，其中一件紀年開元十三年(725)。[81] 又據第156窟「莫高窟記」，亦稱南大像由處諺與馬思忠等建於開元中。[82] 130窟窟內進深10米，西壁之南大像高達26米，氣象恢弘。(圖5)武周時期695年96窟的北大像(33米)與南大像同為敦煌莫高窟的名勝，而南大像的保存狀況較佳。然而，前引「莫高窟記」稱北大像係由當地禪師靈隱與居士陰祖等所造，亦即如同南大像一樣，其開鑿顯然都與中央政權無直接關係。

足以代表玄宗時期敦煌藝術的著名窟如第45窟，年代應與第41窟(紀年726，五代重修)相近，或可能略早。其主壁(西)塑像與背景壁畫以同樣題材互相爭

76 郭元振傳，《舊》97.3044。

77 菊池英夫，前引文，頁175-176。

78 217窟的年代暫依段文杰的說法歸入中宗時期，〈唐代前期的莫高窟〉《中國石窟敦煌莫高窟》三，文物：1987，頁162。

79 題記出現於41窟(726)、180窟(748)、185窟(749)。此三窟都經過後代重修，原蹟難現。有關130窟記事則見下文討論。參見《敦煌莫高窟供養人題記》北京：文物，1986，頁13，81，82，156。

80 「瓜沙兩郡大事記」《敦煌地理文獻匯錄》中國西北文獻叢書。敦煌篇九，蘭州：蘭州古籍，1990，頁101。

81 敦煌文物研究所考古組〈莫高窟發現的唐代絲織物及其它〉《文物》1972.12，頁55-67。

82 《敦煌莫高窟供養人題記》，前引書，頁72-73。

輝的作法，（圖6）已見於更早的328窟，而後者的年代應在開元之前。若與北朝窟三面皆見塑像的情形相較，從這兩窟的表現可知，八世紀以降，繪畫的表現凌駕於雕塑之上成爲佛教藝術的主流，並且以流暢的畫筆表現佛教人物個性，有名的第103窟維摩詰變即是一例。

然而開元後期敦煌的地位逐漸轉變爲邊緣地區，面對自西藏高原而來的吐蕃民族的威脅，旣無絲路通商之利，再加上中央朝廷乏力照顧後，莫高窟地區佛教藝術的發展與中原拉開了距離。由地方僧團與官吏及豪族繼續推動，題材及風格上都明顯地趨於保守。

須彌山石窟

在寧夏省南部，鄰近甘肅的固原縣西北55公里處，六盤山支脈的須彌山石窟初創於北魏，「興盛於北周與唐代，現存132窟。」[83] 尙存有造像可供討論者，北魏3窟，北周5窟，隋代1窟，唐代13窟，共22窟。此地交通不太便利，訪者罕至，故以往甚少記載於金石錄中，近年才發表全面性調查報告。更且，這些石窟並無任何題記或紀年資料可供斷代之依據。筆者雖於一九九一年夏前往初步考察，亦深感研究之不易。

唐代窟以105窟（桃花洞）與5窟（大佛窟）最爲有名，按造像風格而言，則似與武周期非常相近。第5窟之倚坐大像顯然是承繼敦煌96窟北大像(695)而來。第105窟穩重而帶有嚴肅氣息的造手法則與敦煌328窟非常近似，基本上仍是武周末至開元初年的作法。而須彌山石窟造像大也到此時期便驟然停止，具體的原因尙有待學者們深入研究。

四川石窟

武周時期，陳子昂謂「蜀爲西南一都會，國家之寶庫，天下珍貨聚出其中。又人富粟多，順江而下，可以兼濟中國。」[84] 可見四川已具有雄厚的經濟文化

83 王瀧、牛達生，〈往彌山石窟〉，寧夏回族自治區文管會，中央美院美術史系編，《往彌山石窟》，頁1，北京：文物，1988。

84 陳子昂傳，《舊》190.5022-24;《新》107.4074。

條件。近年來學者如丁明夷指出，「盛唐以後，正當北方中原地區石窟如日落中天，漸顯衰頽之際，四川石窟卻以異軍突起之勢，崛現於蜀中各地，歷經中晚唐、五代和兩宋，四百年間昌盛不衰。」[85] 四川石窟分佈面積廣闊，目前仍未全面整理出版，尤其圖版發表非常有限，造成實際研究的困難。根據近年陸續發表的調查報告指出，初盛唐的造像主要分布在川北及川中，特別是位於中原兩京入蜀咽喉的廣元、巴中與安岳石窟。參考本文附表可知，這些石窟造像中頗不乏紀年爲開元、天寶之間者。其中又以廣元的年代較早，也有許多在玄宗時期開鑿者。

四川北部的廣元位於金牛古道，是長安經漢中入蜀（成都）必經之道，也是兵家必爭之地，北魏晚期以降曾陸續入北魏、西魏與北周的版圖，是四川地區較早即與北方中原文化密切接觸者。石窟主要有兩處，千佛崖與皇澤寺，均爲全國重點文物保護單位。[86] 千佛崖在川陝公路上，西臨嘉陵江，以開元三年的大雲洞爲中心，窟群分布於南北兩段。千佛崖的唐代窟出現於武周時期，到中宗、睿宗時期已經展現其地獨創的開窟特色。如菩提瑞像窟(710-712) [87] 與牟尼閣窟所見，造像脫離岩壁，在窟中另外透雕出連接窟頂與中心壇的菩提雙樹爲背景，主尊佛背光與雙樹之間鏤空並穿插飛天，坐佛兩側衆多眷屬依序上下前後排列成多層次的變化空間。玄宗時期重要窟如先天窟(713)、大雲洞(715)、韋抗窟(715)、千佛窟及蘇頲窟(720)（圖7）又較少見大塊鏤空手法，回復較穩重的形式。

就廣元千佛崖石窟的重要例子看來，玄宗朝早期主要窟大多爲地方官吏，或被外放的京官在此所開鑿。如先天二年(713)利州錄事參軍班定方所造的先天窟，開元三年(715)甫自太子左庶子遷調爲益州大督府長史的韋抗(667-726)所開大雲洞及韋抗窟，[88] 以及開元八年(720)檢校益州大都督府長史、按察節度劍南諸州

85 丁明夷，〈四川石窟雜識〉《文物》1980.8，頁45。

86 廣元市文管所，中國社科院宗教所佛教室，〈廣元千佛崖石窟調查記〉《文物》1990.6，頁1-23；同作者，〈廣元皇澤寺石窟調查記〉同期刊，頁24-39。丁明夷〈川北石窟札記—從廣元到巴中〉同期刊，頁41-53；又參考近年胡文和較全面性的整理，〈四川摩崖石刻造像調查及分期〉《考古學集刊》7，1991，頁79-103。

87 菩提瑞像窟年代考參見，羅世平〈千佛崖利州畢公及造像年代考〉《文物》1990.6.34-36，圖見該期刊圖版。

88 韋抗傳，《舊》92.2963，122.4360。蘇頲，「刑部尚書韋抗神道碑」《全》258.1171-72。

事、上柱國許國公蘇頲在同處所開蘇頲窟等等。蘇頲在開元八年到十三年之間短暫地停留在四川，隨即返京，知吏部選事。[89] 因此可以說廣元的佛教造像與長安的關係較密切。

雖然如此，廣元不論在內容或形式上都表現出強烈的地方特色，與中原的傳統同中存異。在造像題材上來說，雜密與顯教混雜，尤其脅侍八部衆廣泛出現於各窟坐佛的兩側，使得圖像內容特別多變化，與天龍山的一致性相當不同，也是當地的一大特色。[90] 八部衆又稱天龍八部，是佛教自印度民間異教信仰中吸收來的神祇，具有降魔護法的功能，其中有頭部呈鳥形的迦樓羅 (Garuda)、呈龍形的龍 (Naga) 與多面多臂的阿修羅 (Asura) 等。類似的題材雖然也見於敦煌壁畫與慶陽北石窟寺，[91] 但是在四川廣元等地浮雕八部衆,造型活潑，色彩鮮豔，地位更爲顯著，充分發揮神秘而不可抗拒的想像力。

廣元皇澤寺在市西一公里的嘉陵江上游西岸，規模較小，現存窟龕50個，大窟6個，年代在北朝末期至唐。皇澤寺的出名與武則天有關。第13窟前室左側唐碑，「幷□西龕佛閣記」(826) 提及貞觀二載 (628) 武氏父母士護及妻曾在此造釋迦佛像。[92] 而皇澤寺命名的由來也就是因爲紀念武則天在此出世的說法，自唐代立廟供奉武則天像。其唐代最主要造像石窟，大佛寺，高浮雕主尊立佛將近五米，兩側二弟子二菩薩，並浮雕八部衆，也開鑿於武周時期。

安岳唐代摩崖佛教造像主要分佈在兩處，即位於離縣城25公里，八廟鄉臥佛村之臥佛院，以及縣城西五里之大雲山（唐稱棲崖山），通稱千佛寨。臥佛院刻經與造像並重，而且以北崖的4號窟涅槃變爲全體最重要的主題造像。[93] 面南左

89　蘇頲傳，《舊》88，頁2880-2882。《新》125.4399-4403。蘇頲題記見「利州北題佛龕記」《全》256.1161。

90　邢軍，〈廣元千佛崖初唐密教造像析〉《文物》1990.6，頁37-40。

91　敦煌249窟（西魏）、335窟維摩經變相圖、321窟寶雨經變相圖（皆武周期），參見久野 健〈廣元石窟紀行〉《佛教藝術》186 (1989.9) 頁114-124。史葦湘，〈敦煌莫高窟的「寶雨經變」〉《1983年全國敦煌學術討論會文集　石窟・藝術篇上》，蘭州：甘肅人民，1985，頁61-83。東山健吾〈慶陽寺溝石窟について〉《成城文藝》83 (1978.2)，轉引自久野健〈廣元石窟紀行〉，前引文。

92　〈廣元皇澤寺石窟調查記〉，前引文，頁27。

93　最近有關安岳的研究較具代表性者如：曹丹，〈安岳臥佛院刻經與題記〉《四川文物》

側而臥的巨佛身長23米，一護法金剛站在其腳下，膝前另有一坐者背對觀衆。(圖8)臥佛前半身上方巖壁上刻有21尊的大型佛說法圖，表示釋迦牟尼佛說涅槃大教義，也就是方便示現涅槃說法之意，其眷屬包括9弟子2菩薩與天龍八部。從造像風格來判斷確實應該是八世紀上半葉，但是與此類似的二佛並現說涅槃的圖像結構則未見前例。[94]

安岳臥佛院最早題記是開元十一年(723)楊義所刻千佛小像，在第50號龕。在此涅槃窟對面的刻經窟配合刻有22種經文(含目錄)，多用古譯本，少用唐譯本，[95] 而各種刻經中又以《大般涅槃經》所佔篇幅最長。刻經窟中題款較多，年代都在開元十五至廿三年(727-735)之間，並已經出現「臥佛院」的字眼，故4號窟的涅槃變的年代大致可以決定在此時。題記中的人名多爲當地僧人或遂州長江縣人，沒有任何重要官銜出現。

千佛寨即唐代棲崖寺所在，現有大小龕窟105個，分佈於南北兩崖，其年代從開元到南宋慶元(1195-1200)。最早的題記出現在第54號摩崖碑，即「唐栖崖禪師受戒序」，[96] 目前仍可識出「普州刺史韋忠撰，開元十年建。」其餘文字多已不可識。值得注意的是第38號三世佛龕與三觀音龕，其開元廿年(732)題記說明造像主爲武人出身的「前安岳縣錄事、騎都尉勛官五品黎令賓」所造，而由(栖崖寺)上座玄應書。此玄應也參與了臥佛院的刻經活動以及圓覺洞的摩崖道教造像，年代都在開元廿年、廿一年左右。玄應可能是當地造像活動的重要推動人，並且以書法聞名，故而留下許多撰碑的名跡。總之，唐代，尤其開元時期的

1990.2.49-53，胡文和，〈四川安岳臥佛溝唐代石刻造像和佛經〉《文博》1992.2.3-11，傅成金、唐承義〈四川安岳石刻普查簡報〉《敦煌研究》1993.1，頁37-52；但是根據胡文和的說法，安岳125窟龕中有55個窟，其中包括15個是刻經或刻經與造像混合，其餘有40個空窟，又70個龕；另據傅成金的說法，編號共139個，造像窟84個，刻經15個，宋碑1，空窟39個，曹丹的說法與傅成金相近，兩種說法顯然有出入。

94 胡文和〈四川摩崖造像中的涅槃變〉《考古》1989.9，頁850-855。

95 根據胡文和前引文(1992，頁7-11)，22種佛經中，只有6種是初唐的(包括《一切經論目序》(663-665)、《佛性海藏智慧解脫破心相經》(695以前)、《佛說報父母恩重經》、《佛頂尊勝陀羅尼經》(683)、《大乘大集地藏十輪經》(651)、《般若波羅蜜多心經》(649)，其餘一般常見者則爲唐以前的譯本。

96 《安岳縣志金石附志》《石刻史料新編》3.16，頁287。

安岳可能是一個重要的佛教弘法中心，棲崖寺的禪師們活躍地參與、領導當地的造像、刻經等功德。

位於四川東北部的巴中，在米倉古棧道上，石窟以南龕、西龕與清江鄉水寧寺三處較重要，可惜巴中的調查報告目前仍不甚完整。[97] 南龕在城南的南龕山（又稱化城山，成山），現存佛龕約130個，主要在佛爺灣，肅宗時曾敕額光福寺(760)。[98] 已知玄宗朝題記有三處，其中紀年最晚(751)的89窟實爲一淺浮雕尊勝陀羅尼經幢。[99] 盛唐時期造像特別多阿彌陀佛相關題材，布局緊密華麗，如105窟西方淨土變，阿彌陀佛與五十菩薩像則見於116窟、[100] 62窟、[101] 78窟[102] 等等。此外，第25窟的比丘形地藏菩薩也頗具特色。[103] 西龕在城西的風谷山，共有30個小龕，惜大多風化。第10龕題記稱開元三年(715)郭□亮【昆】季爲亡考所造彌勒佛等7尊像加八部衆，惜未見發表照片。

清江鄉水寧寺摩崖造像主要在始寧山西麓，唐代窟約有11窟。窟形制多爲內外重龕窟，造像繁密交錯重疊。[104] 這些唐窟僅見兩處墨書紀年都在第9窟，分別爲咸通十二年(871)與北宋至道三年(997)，應該是後代所加。一般認爲這十一

97　北龕第七號窟雖然有開元期造像，但主像已毀，故不在此討論。參見《中國美術全集雕塑篇12　四川石窟雕塑》北京：人民美術，1988，圖35-39，員安志〈四川巴中縣石窟調查記〉《考古與文物》1986.1，頁50-57；四川省文物管理委員會〈四川巴中水寧寺唐代摩崖造像〉《文物》1988.8，頁14-18；以及丁明夷前引文（1990.6)。

98　「巴中光福寺額敕」《八瓊室金石補正》《石刻史料新編》1.7.4948b-4949。「唐巴州佛龕記」《金石苑》《石刻史料新編》1.9.6301。

99　此三窟分別爲69窟(735)、71窟(740)、89窟(751)。參見丁明夷前引文(1990.6)。目前僅89窟有圖版可參考，《考古與文物》1961.1，頁52，圖一之2；《四川石窟雕塑》圖47，其圖說稱舍利塔恐有誤。

100　圖見《考古與文物》1986.1，頁52，圖一之3。

101　圖見《考古學集刊》7，圖版拾二，圖4。

102　圖見《考古與文物》1986.1，頁53，圖二之1。

103　圖見《考古與文物》1986.1，頁55，圖四之2。

104　水寧寺石窟造像圖版參見《四川石窟雕塑》圖48-53，但該說明稱始寧寺，係古寺名；四川省文物管理委員會、巴中縣文物管理所〈四川巴中水寧寺唐代摩崖造像〉《文物》1988.8，圖版貳、參；荀廷一〈巴中水寧唐代摩崖造像〉《四川文物》1989.6，頁61-62。

窟大體上是盛唐玄宗時所刻，[105] 筆者暫時認爲有可能略晚到肅宗以後，亦即八世紀下半葉，詳細的考定尚待日後進一步調查。

此外，在巴中東部的通江縣千佛崖有造像54窟，據稱頗見開元題記，因圖版極其罕見，只能暫時存而不論。[106]

四川盆地的石窟分佈極廣，全省共有50個以上的縣保存有摩崖造像，龕窟達10個以上的分佈點約400個，年代包括從北朝、唐、五代至宋朝，其中唐代和唐代以前鑿造的多達240餘處，無法在此詳述。[107] 依山開鑿的摩崖造像，往往位於交通不便的山區，筆者足跡所至，亦僅及於廣元、巴中與大足，瞭解有限。不過，四川各地文物工作者正陸續發表其調查報告，相信不久的將來必能夠深入且全面性地理解四川石窟發展實況。如何進一步以四川地區豐富的石窟造像爲題材，分析在唐宋之間以四川爲代表的南方石窟取代北方後，佛教藝術在各方面的變化與發展將是今後學者努力的目標。

從以上各地石窟造像的檢視，可以歸納出造像風氣由黃河流域往西南移動，隨著唐朝中央與地方政權的消長，四川盆地以其豐實的財力與強烈的宗教信仰（包括道教等民間信仰在內），迅速地創造出富有地域性色彩的佛教藝術名跡。可見玄宗以降，雖然帝室不再是主要的造像主，但是地方官吏、富豪或義邑團體也能取而代之，發展出滿足其日常精神信仰所需之文化藝術。

六、盛唐長安洛陽佛教藝術風格

在大致瞭解全國各地石窟造像的演變之後，必須再回首檢討中央兩京地區的發展。唐代長安與洛陽寺院林立，收藏許多著名的佛教名蹟，當代的名畫家、書

105 見前引文，胡文和，(1991)，頁80；丁明夷(1980.8)頁47，兩人皆稱盛唐；四川省文物管理委員會、巴中縣文物管理所，(1988.8)，頁14-18，則稱天寶到咸通這一百三十年間。

106 筆者目前仍未蒐集到任何通江的調查報告，但見簡單的介紹，前引文，丁明夷(1990.6)與胡文和(1991)，俱無圖版。

107 胡文和，前引文(1991)，頁79。

家乃至於雕塑家都曾在寺院大展身手。附錄二〈長安洛陽寺觀資料表〉將幾種常見的文獻中有關寺觀的資料，列出其創寺、重修的年代、施主、相關僧人以及感應/名跡等，以供參考。將經過整理後的資料，依其已知創立年代分成六個階段作成略表比較：此六階段為一、618年以前，主要是隋代，也包括了少數西魏及北周的例子，二、唐高祖、太宗時期(618-649)，三、高宗時期(649-683)，四、武后掌權到中宗、睿宗時期(684-712)，五、玄宗期(713-755)，最後為肅宗之後。

非常有趣的是，根據這些資料，長安的寺院約百分之七十早已創立於隋代。[108] 其中佔少數的官寺規模宏偉，繼續為唐代的重要弘法中心，但也有許多寺院創立後不久即廢，或改為宅邸，或情況不明，而且除了皇族之外，一般官僚階級甚至於富商立寺的例子也很多，大致可以看出隋代對寺院的興建（設置）採取放任態度。玄宗時期最少，僅見兩所。除了創寺之外，更改寺制（名稱）重建殘破的寺院或者增建也非常重要。這類例子在武后至睿宗期共19所，而玄宗朝僅6所，也可以看出盛衰的對比。長安的道觀則以玄宗期所造最多(12所)，其次為武后至睿宗期(9所)，其實主要是在中宗、睿宗時代多位公主紛紛施宅為觀。[109] 相對於長安，洛陽的資料便顯得較為薄弱不足，目前僅知30所寺院，其中約有半數創立於第四期，主要修建工作也出現於同期。道觀資料更少，但已知也以第四期為多。[110]

此資料的主要出處之一，《唐兩京城坊考》中所記載的許多隋代創立的長安寺院，到唐代繼續使用或增修，但也有部份到唐代已經逐漸荒廢，沒有後續的紀

108 表中長安寺院共118所，已知創寺時期者107所（凡僅稱唐代者則無法歸類，等於未知年代）又經過廢寺再創者2所，合計109所。其中，隋代（一）77所佔71.8％，高祖、太宗期（二）10所佔9％，高宗期（三）5所，佔4.5％，武后至睿宗期（四）10所，佔9％，玄宗期（五）2所，佔1.8％，其後5所，佔4.5％。值得注意的是有修整或改寺名記錄者58所，多集中在其中武后期(19所)，遠超過唐初12所，而玄宗朝僅6所。

109 長安道觀共40所，已知創寺年代者35所，重建1所。一期8所，二期1所，三期4所，四期9所，五期12所，六期2所。

110 洛陽寺院30所，已知創立年代者25所，重立者1所，其中一期6所，四期13所，五期無任何記錄。整修記錄共7所，四期5所。洛陽道觀13所，已知創立年代者僅5所，其中四期4所。

錄。所以依這類文獻估計難免有誤，不過是參考之一罷了。值得注意的是各種文獻中經常提到寺院內的名畫家的壁畫，而很少提到著名的雕塑家。總之，就佛教造像藝術而言，以雕像（包括塑像）主導佛窟或佛殿的局面到開元後期已發生變化，都市內寺院壁面所見，線性平面繪畫的持續發展不論在世俗生活或宗教表現上都比立體造型更爲活潑多變。

都城內的造像與吳道子

玄宗朝佛教造像活動究竟如何呢？不妨回到唐代的都城一長安與洛陽來看寺院內的情況。玄宗朝廷在長安，但以佛教氣氛來說，恐怕洛陽與長安在伯仲之間。這是因爲洛陽除了都城內的寺院之外，還有郊區的龍門石窟乃至於白馬寺、少林寺、天竺寺等歷史悠久的佛教聖地。經過武周朝的經營，洛陽（當時稱爲神都）結合佛教與帝王政教，繼續北朝以來的傳統。玄宗在開元年間也曾經五幸洛陽，最長達二年十月，最短也有十一個月，[111] 可見洛陽作爲陪都仍有其不可取代的重要性。開元年間高僧乃至於寺院壁畫的製作人在兩京之間的互動也是頗爲有趣的現象。從洛陽移居長安最著名的畫家便是吳道子（約674-750）。張彥遠的《歷代名畫記》(847年序）與段成式的《寺塔記》(843稿成，853序）都記載了長安城內（張彥遠的還包括洛陽）豐富的寺觀造像，其中最具特色的爲活躍於開元天寶年間的吳道子的作品。[112] 他的創作力極爲旺盛，被稱爲「天縱其能，獨步當世」。朱景玄（約806-846)《唐朝名畫錄》引用《兩京耆舊傳》述及吳道子在長安所作壁畫：[113]

111 玄宗五幸洛陽時間如下：開元5年正月至6年9月；10年正月至12月；12年11月至15年閏9月；19年11月至20年九月；22年正月至24年9月。並參考岑仲勉，《隋唐史》香港：文昌，頁144-147。

112 《歷代名畫記》，長廣敏雄譯注，東京：平凡社，1977；《寺塔記》中國美術論著叢刊，北京：人民美術，1964初版，1983二版；並參考Soper, C. A., "A Vacation Glimps of the T'ang Temples of Ch'ang-an.", *Artibus Asiae*, 23(1960), pp.15-40。

113 《唐朝名畫錄》，溫肇桐注，（成都：四川美術，1985），頁2-5；參考Soper, trans., "T'ang Ch'ao Ming Hua Lu", *Artibus Asiae*, 21. 3/4(1958), pp.204-30.

寺觀之中，圖畫墻壁。凡三百餘間。變相人物，奇蹤異狀，無有同者。上都唐興寺[114] 御注《金剛經》院，妙跡爲多，兼自題經文。慈恩寺前文殊、普賢，西面廊下降魔，盤龍等壁。及景公寺地獄壁、帝釋、梵王、龍神等。永壽寺中三門兩神，及諸道觀寺院，不可勝紀，皆妙絕一時。

至於他的畫才：

凡畫人物、佛像、神鬼、禽獸、山水、台殿、草木皆冠絕千世，國朝第一。

像吳道子這樣天資縱橫，不爲任何題材所限制，動筆即能驚天地泣鬼神，滿壁風動的畫家才符合我們印象中的盛唐氣魄。他一生能留下三百多壁畫，即使有助手幫忙上色，仍然稱得上多產的畫家。況且，如前文，玄宗於開元二年下令「禁創造寺觀詔」（第二項），若非此詔執行不力，便表示在開元朝盛行聘請名畫家重新莊嚴寺廟的風氣，如張彥遠及段成式所記載，規模較大的寺院往往請多位名畫家、書家，各就其專長一展身手。這些不同時代不同手法的名人書跡畫作，往往成爲吸引香客遊人的寺寶，由此也可以想像盛唐寺院與藝術的密切關係。

以隋朝開皇三年(583)所創，趙景公寺爲例，寺內有名的壁畫都是初盛唐的作品：[115]

南中三門裏東壁上，吳道玄白畫地獄變。筆力怒，變化陰怪。睹之不覺毛戴，吳畫中得意處。

三階院西廊下，范長壽畫西方變及十六對事，寶池尤妙絕，諦視之，覺水入浮壁。院門上白畫樹石，頗似閻立德、予攜立德行天祠粉本驗之，無異。

西中三門裏門南，吳生畫龍，及刷天王鬚，筆蹟如鐵。有執爐天女，竊眸欲語。

華嚴院中，鍮（石）盧舍立像，高六尺，古樣巧。……

范長壽[116] 及閻立德[117] 都是初唐名畫家，更足以顯示唐代寺院藝術的一脈

114 《唐兩京城坊考》（3.18a）稱興唐寺。

115 《寺塔記》卷上，頁8。

116 《唐朝名畫錄》，妙品中，前引書，頁22。「范長壽國初爲武騎尉…。」；並參考陳高華編，《隋唐畫家史料》，（北京：文物，1987），頁74-78。

117 《舊》77，頁2679；《新》100，頁3941，《唐朝名畫錄》神品下，頁8-9；《歷

相傳，初唐所追求的寫實逼眞效果，到了吳道子手中不但繼續發揮得淋漓盡致，而且筆墨變化自如，將畫家放逸不拘的個性也溶入畫面。

吳道子與玄宗幾乎是同年紀同時代成長的人物。按照張彥遠與朱景玄的記載，吳道子少孤貧，浪跡東都洛陽，卻因爲知遇於玄宗，召入內廷供奉，才有機會「與裴旻將軍、張旭長史相遇，各陳其能。」[118] 裴氏長於劍法，張氏長於草書，三位藝壇的頂尖人物，互相切磋技藝，傳爲佳話。如朱景玄所記，在洛陽天宮寺：

> （裴）旻因墨縗爲道子舞劍。舞畢，（道子）奮筆俄頃而成，有若神助，尤爲冠絕。道子亦親爲設色，其畫在寺之西廡。又張旭長史亦書一壁。都邑士庶皆云：一日之中，獲睹三絕。

被朱景玄形容爲「國朝第一」，「神品上」的吳道子主要創作活動除了在宮廷應召作畫外便在都城寺院裏塗壁。寺院壁畫所吸引的觀衆必然遠超過前者，是建立其世俗風評的主要來源。朱景玄往往引用他年輕時代，爲應舉借宿寺院時，從長者聽來親眼目睹吳道子作畫的經驗：

> 吳生畫興善寺中門內神圓光時，長安市肆老幼士竟至，如堵。其圓光立筆揮掃，勢若風旋，人皆謂之神助。

又嘗聞景雲寺老僧傳說：

> 吳生畫此寺地獄變相時，京都（長安）屠沽漁罟之輩，見之而懼罪改業者，往往有之，率皆修善。

吳道子作畫動作，磊落瀟灑，「風落電轉」宛如「神助」；完成後的作品也能發揮不可思議的「神力」，感動天地。這樣的“神”品究竟是怎樣的特質？朱景玄所述吳道子畫跡中，還有一件最具有神秘的感通能力，即：

> 又畫內殿五龍，其鱗甲飛動，每天欲雨，即生煙霧。

行文至此突然又加了一句：「吳生常持《金剛經》，自識本身。」《金剛經》即《金剛般若波羅蜜多經》，係玄宗朝的官方佛經。由玄宗御筆註解，開元二十三年（735）頒布於天下。據房山石經所保存，天寶四載（745）所刻錄〈御注金剛

代名畫記》9，唐朝上品下，頁154-158。

118 《唐朝名畫錄》，頁2。以下引文凡出自此吳道子傳者，恕不再註出處。

般若波羅蜜經注序〉謂：[119]

開元二十三乙亥之歲六月三日，都釋門威儀僧思有表，請至九月十三日經出，合城具法儀於通洛門奉迎，其日表賀，便頒示天下，寫本入藏，宣付史官，其月十八日於敬愛寺設齋慶讚，兼請中使、王公、宰相、百□□□……

以下並敘抄寫及校對此注之慎重過程，在此省略。簡言之，《金剛經》在當時可稱是玄宗推薦給百姓的必讀佛經範本。不論是否直接受到玄宗的影響，吳道子來自當時佛教聖地洛陽，而且常在寺院作畫，必然對佛教教義認識頗深，故常誦持《金剛經》，並能「自識本身」。此四字的語意或指認識自己的過去、現在、未來，或指他對自身空性及佛法認識的延伸。

吳道子實際畫風如何，因為缺乏可靠的存世作品，而且聲名過高，摹倣附會者如滾雪球般，年代愈久已成了不容易切實掌握的問題。[120] 但是從張、朱、段等人的描述中仍可窺知其特質之一二：其一，他隨賀知章、張旭學書法，雖然沒有學成張旭的狂草新風格，據張彥遠的說法，吳書似薛稷(649-713)，即武周時代流行的工整勁麗風，卻也頗值得觀賞。是故，他在長安唐興寺的御注金剛經院除了畫金剛經變之外，還自題經文。此外，張、朱等人讚揚其畫跡時，往往強調其筆力勁怒，變化自如，此皆與其書法涵養密切相關。依線條取得造型效果，雖然是自古以來繪畫的傳統，但此時筆法本身的變化性已化為一股強勁的生命力，融合畫家的精神與對物體的觀照，渾然如一。其二，吳道子的創作過程頗具表演的戲劇性，或甚至於不可思議性。前文所引，吳道子創作的場合往往在兩京寺觀，本身已具有公衆演出的環境。吳道子在創作過程中所表現出來，難得一見的壯氣，宛若神助，令觀者俱受感動。更何況吳道子在內殿畫龍，能感知天候，欲雨即生

119 《佛祖統紀》40《大正藏》49，NO.2035，頁375；謂開元二十四年頒布，今據房山石經〈御注金剛般若波羅蜜經注序〉改正，參見《房山石經題記匯編》北京：書目文獻，1987，頁211。

120 參見近年長岡龍作的整理，〈佛像表現における「型」とその傳播〉(上)(下)，《美術研究》351、352 (1992.1、2)，頁181-194、255-269。

煙霧。這樣的傳說能被時人所接受應當與玄宗朝常見的祈雨密法有關。

故而，要徹底瞭解唐玄宗朝的宗教藝術核心—寺廟藝術，勢必得深入地探討當時的密教藝術。然而密教經典之龐大與複雜，實令作者一時苦嘆學海之浩瀚，深不可及。本文但僅從開元三大士的相關資料中暫作皮相的觀察歸納，以為初步的嘗試。

七、密教的傳法藝術

被稱為開元三大士的印度高僧善無畏、金剛智與不空金剛將密教的大日經系與金剛頂系經典大量地傳譯至中國，使長安、洛陽成為當時密教信仰的中心。[121] 這些眞言宗祖師包括一行禪師(681-725)，不但弘揚新自印度傳來即身成佛的密法之外，也都兼善藝事，尤其他們的法力高強，呼風喚雨之外也能除災去病，甚至於降神兵滅寇患，不論國家大難或個人小疾，現世一切困難立時可去，故而往往成為帝王臨時的「神助」。

以金剛智為例，他初次與玄宗接觸，便以神秘的祈雨法會贏得朝野的信服。開元七年(719)他經海路抵廣東，玄宗敕迎至慈恩寺，不久遷至薦福寺。後來玄宗又命他隨駕洛陽，[122]

> 其年自正月不雨迨于五月，嶽瀆靈祠，禱之無應。乃詔（金剛）智結壇祈請。於是用不空鉤、依菩薩法；在所住處起壇，深四肘，躬繪七俱胝菩薩像，立期以開光，明日定隨雨焉。帝使一行禪師謹密候之。至第七日，炎氣爞爞，天無浮翳。午後，方開眉眼，即時西北風生，飛瓦拔樹，崩雲泄雨，遠近驚駭。而結壇之地，穿穴其屋，洪注道場。質明，京城士庶皆云：智獲一龍，穿尾飛去。求觀其處，日千萬人，斯乃壇法之神驗也。

在連續五個月乾旱而且四處禱告，求助無門時，金剛智即時出現，應御召結

121　Chou Yi-Liang（周一良), "Tantrism in China" *Harvard Journal of Asiatic Studies* vol.8 no.3 (March 1945); pp.241-332.

122　（宋）贊寧(919-1001)，《宋高僧傳》（982-988編成）（范祥雍點校本，北京：中華，1987）1，頁4-5。

壇祈雨。祈雨的準備過程完全由金剛智決定，包括所需要的法器及儀軌，金剛智自己結壇，動手親繪七俱胝菩薩像。[123] 並期許在第七天，開光（眉眼）後，必定下雨。而果然一旦開光，風起雲湧，天崩地裂。就在結壇之地，有龍穿穴其屋，飛天而去，大雨洪注。這樣的法事在執行時，多少保留其神秘性，所以玄宗還派了他最信任的一行禪師暗中觀察。事後，每日有千萬人以上到此地求見「神蹟」。

金剛智在長安與洛陽之間譯出二十五部三十一卷金剛頂系經典儀軌，建立金剛界大曼荼羅，爲僧俗灌頂。最後金剛智贏得朝廷的深信，曾受詔爲帝之第二十五公主授臨終戒，並親勸武貴妃、河東郡主造像供養以求延命，與皇室關係密切。[124]

善無畏於開元四年抵長安，受玄宗召入「內道場，尊爲教主，自寧、薛王以降皆跪席捧器」以禮待候善無畏。[125] 他也擅長各種技藝，除了祈雨法事還能製作圖像或鑄鐘或結壇等以配合求法所需。善無畏年輕時遇有危急便能默誦眞言，祈求七俱胝菩薩尊像「全現身相」，殲滅群盜。[126] 《宋高僧傳》稱他出身王子，「風儀爽俊，聰叡超群，解究五乘，道該三學，總持禪觀，妙達其源。藝術伎能，悉聞精練」。[127] 在這樣簡短的介紹中，除了讚美他的儀表才智，博解佛法五乘三學，[128] 兼能陀羅尼密法及禪觀定慧，而且強調通達各種藝術伎能。所謂的藝術伎能當然包括結壇建幢，變法祈雨時，並能親自冶銅鑄鐘，令觀者嘆服。

畏嘗於本院鑄銅爲塔，手成模範，妙出人天。寺衆以銷冶至廣，庭除深隘，

123　七俱胝菩薩即七俱胝佛母菩薩，見又稱准提觀音，金剛智所譯(723)《佛說七俱胝佛母准提大明陀羅尼經》《大正藏》20，no.1075，以及以下四部(no.1076-1079)分別由不空、地婆訶羅(685)及善無畏所譯，與七俱胝相關之陀羅尼經法。七俱胝佛母菩薩出現在胎藏界曼荼羅的遍知院，三目十八臂。參見Chou I-Liang，前引文，頁276，註30。又同註Chou稱無法查證「不空鉤依菩薩」的出處，筆者以爲應依范祥雍點校本（同前註），讀爲「用不空鉤、依菩薩法」爲宜。

124　《宋高僧傳》1，頁5。

125　《宋高僧傳》2，頁20。

126　《宋高僧傳》2，頁17。

127　同上，頁18。

128　五乘爲：人乘、天乘、聲聞乘、緣覺乘、菩薩乘；三學爲戒、定、慧三學。參見望月信亨，《佛教大辭典》（東京：世界聖典行會，1958-63），册2，頁1227上及1472下。

慮風至火盛，災延寶坊。畏笑曰：「無苦，自當知也。」鼓鑄之曰，果大雪蔽空，靈塔出鑪，瑞花飄席，衆皆稱歎。[129]

在這一小則故事裏，善無畏不但能動手作範鑄銅塔，形制巧妙，意出天人，同時在製作過程中以不可思議的法力呼風喚雨，最後功德圓滿，贏得衆人稱許。然而，前述金剛智的祈雨與善無畏的鑄銅鐘都可以視爲公開創作行爲，不僅觀衆連天地都大受感動。此經驗與吳道子創作時「風落電轉」，「宛如神助」，長安市肆攜老扶幼地爭睹，讚嘆之餘更因此懼罪改業的感應，十分相似，也可以說當時人對這類的神蹟有著特別的愛好，誠信則靈。

三大士之中，不空最年幼，主要活動時間歷玄宗、肅宗而代宗。他幼年即隨叔父到中國，而後拜金剛智爲師，這時他也不過才十五歲。不空盡得其師金剛智的眞傳後，又前往南海師子國（錫蘭）等地(731-746)，「廣求密藏及諸經論五百餘部，本三昧耶、諸尊密印、儀形、色像、壇法、標幟、文義、性相，無不盡源。」密教的兩大系統，金剛界曼荼羅法與胎藏界曼荼羅法，遂由不空綜合大成，建立所謂中國風的密教。[130] 不空與朝廷的關係不僅限於長安、洛陽的帝室及其周遭的高官貴族、宦官，他還曾應河隴節度使哥舒翰所請，赴武威，爲節度使及賓從士庶數千人灌頂，授金剛界大曼荼羅，故謂不空與當時的軍閥也建立密切關係。據《宋高僧傳》及《佛祖統紀》，不空不但應召祈雨，而且入內廷，爲帝誦咒消除兵厄，立壇爲玄宗灌頂。此帝師的任務且維持至肅宗、代宗朝，地位之崇高史所罕見。[131]

帝室崇信佛教的傳統，累見於北朝與隋唐之際。但玄宗並非特別崇信佛教者，而眞言宗的三位祖師都能與帝室密切來往，的確說明了當時密教的特殊地位。然而居間引介的義學僧一行對於宣揚密教的貢獻也非常值得注意。一行曾於金剛智學陀羅尼秘印，受灌頂，並與善無畏共譯《毘盧遮那佛神變加持經》，此即大日

129 《宋高僧傳》2，頁21。

130 山崎宏〈不空三藏〉《隋唐佛教史の研究》，頁239-250；長部和雄〈不空及不空時代の密教之一、二、三〉《唐代密教史雜考》1971初版，東京：溪水社，1990再版，頁89-193。

131 見天寶元年紀事，《佛祖統紀》40，《大正藏》49,375.《宋高僧傳》1，6-12。

經，擔任筆受，又請善無畏詳加講解，由一行筆記整理成七卷《義疏》以闡明眞言宗的要旨。一行智慧過人，出家前研究道術、易、布算、天文曆學，出家後兼修禪、律、般若、華嚴、天台與密教，是唐代屈指可屬的學問僧。[132] 參考印度曆法造大衍曆以修正漢曆之失誤，也能應玄宗之命求雨。玄宗仰慕其才智而召見他，果然嘆爲聖人。經常就國家安危個人災福請教於他，莫不瞭若指掌，言多補益。一行不幸早逝，玄宗親撰塔銘，讚美他「自天聰明，經佛授記。彼上人者，兼善藝事，文揭日月，術窮天地。」[133] 可見得一行在天文曆學方面的科技知識不但被稱揚（兼善藝事）也被披上一層神秘的色彩，與天地造化同工。

肅宗以後，不空屢造灌頂道場爲國祈福，爲國轉經、誦咒，並且以山西五台山爲中心，普建文殊師利護國菩薩堂，遍及京城及天下僧尼寺院，長年爲國運祈福。如此，不空以灌頂和咒法建立出軍國佛教的威信，同時也反映出盛唐文化燦爛時期所發展的密教，正是配合現世修法，消除當下的災難，實現安樂菩提的大智慧。故密教大師對於在山林鄉野造石窟以觀想，或刻經護法以待後世彌勒下生並沒有太大的興趣。他們寧可選擇在大都會舉行灌頂道場，一時之間，有數千或上萬人可得度；或爲皇室、百官特別傳授秘密法，成爲他們親密的上師。

密教求法儀軌的體系特別龐雜，每次立壇都由主持的上師，因時制宜決定應使用的尊像、法器及陀羅尼。故而密教的圖像藝術包括尊像及曼陀羅、壇城的結構都特別周延完備，很可惜這些圖像藝術在中國幾乎已完全失傳。一九五九年西安東北五百米處出土的十尊貼金畫彩石彫像，[134] 除兩件爲青石材外，餘八尊皆爲白色大理石。水野敬三郎與松原三郎共指認出其中三尊爲寶生菩薩、馬頭觀音與不動明王，俱爲密教圖像。[135] 這些均係立體圓雕，而且裝飾（包括台座）頗

132 一行傳，《宋高僧傳》5.91-94; 長部和雄《一行禪師の研究》，前引書。

133 《眞言付法傳》收於《大日本佛教全書》轉引自長部和雄《一行禪師の研究》，頁9。

134 程學華〈唐貼金畫彩石刻造像〉《文物》1961.7，頁63。

135 松原三郎，〈盛唐雕刻以降の展開〉《美術研究》257 (1968)，頁11-30；水野敬三郎，〈西安大安國寺遺址出土の寶生如來像について〉《佛教藝術》150 (1983.9) 頁152-155；柳澤孝，〈青蓮院傳來の白描金剛界曼荼羅諸尊圖樣〉上、下《美術研究》241，242 (1965) 頁58-80；93-100。

爲複雜，其中部分貼金箔及多種色彩猶然保存。依據松原氏說法，這些石像爲八世紀長安白大理石造像的最後代表作，時代在密教大師不空活動的最晚期，約760-770。這一批石刻的年代及圖像都值得另外撰寫長文討論，如何再從圖象全體及風格上考慮這批石像的年代及意義，是今後所有佛教藝術史學者努力的目標。

密教的心法另具有不公開於衆人之間流傳的特色，據三崎良周的研究，[136]《佛頂尊勝陀羅尼經》在善無畏與不空所譯儀軌中，[137] 發展出更深一層的圖像密修法，例如不空所謂之儀軌，一開始便說：[138]

> 夫念誦陀羅尼法，先於三昧耶曼荼羅，見聖衆得灌頂知本尊。從師受得三昧耶，即於山間閑處或於淨室，畫本尊尊勝陀羅尼像，安於東壁上，持誦者以面對之。

所謂三昧耶曼荼羅爲依諸尊本誓中所提到的刀劍、輪寶、蓮華、密印等莊嚴法器所組成的國土、器世界，即三昧耶身。先認知本尊，從上師（高僧）受得三昧耶，再將陀羅尼本尊像畫出來，作爲持咒觀想對象。如此修行便符合身、口、意三密法，亦將陀羅尼從文字、聲音再轉爲形象，乃至立體的宇宙世界。

類似這樣的圖像密法，恐怕僅只留傳於長安寺院的高僧之間，沒有大量流傳士庶或鄉野之間。在這方面，只能依靠從日本來的留學僧，例如空海從不空的弟子惠果處，[139] 所傳得並帶回日本的各種密教美術，如兩界曼荼羅圖與種種別尊圖像、法器等來揣摩一二。日本學者如佐和隆研，曾經從日本佛教藝術史的角度研究這些盛唐密教文物，尤其是白描圖像的研究成果甚爲可觀，頗多值得借鏡之處。[140]

---

136 三崎良周，〈佛頂尊勝陀羅尼經と諸星母陀羅尼經〉《敦煌と中國佛教》講座敦煌7，（東京：大東，1984）頁116-120。

137 不空譯，《佛頂尊勝陀羅尼念誦儀軌法》（一卷）及善無畏譯，《尊勝佛頂修瑜伽法軌儀》（二卷），分別見《大正藏》19，no.792及793。

138 《大正藏》19，972，364中。

139 空海〈惠果和尚の碑〉《性靈集》卷二；上山春平《空海》，東京：朝日，1976；《空海入唐》，京都：美乃美，1984。

140 佐和隆研的著作甚多，在此僅舉一例，〈日本に殘る中國密教美術の資料〉《白描圖像の研究》，京都：法藏館，1962，頁66-82。

裝飾性的宮廷藝術

前文已述，宮廷內如宦官高力士、楊思勗，以及金仙公主等等都是崇佛，重視造像等功德的人。故而宮廷內所流行的藝術風格，除了別具創意的吳道子之外，早自高宗武后時期即流傳下來的細膩裝飾性風格也應該留意。史籍所載，八世紀盛唐藝術除了吳道子下筆如神助的一派風格外，還有與之抗衡的李思訓(695-718)與李昭道父子所創之金碧山水傳統。李思訓出身唐朝宗室，為李林甫之伯父，與吳道子放浪不拘的行徑截然不同。張彥遠對他的評價也頗高：[141]

其畫山水樹石，筆格遒勁，湍瀨潺湲，雲霞縹緲，時睹神仙之事，窅然巖嶺之幽。

朱景玄則將他列為「神品下」：[142]

思訓格品高奇，山水絕妙，鳥獸、草木，皆窮其態。

在《太平廣記》中，則以畫嘉陵江三百里山水的題材，比較吳道子「一日而畢」，李思訓則費「數月之功」，結果皆可稱極妙。[143] 由此推知，李思訓以細緻委婉的畫風見長，筆法也可能比較工整繁複，這也是後人以金碧山水稱其作風的原因。至少，我們可以相信，李思訓的作風與吳道子所擅長的白描畫，著重筆墨化快速運轉的趣味是不同的。

唐代貴族偏好富麗的色彩以及雕琢的工藝技巧，玄宗朝末期，朝野奢靡浮華的情形自然影響及寺院。宦官高力士曾以無盡的財力興建寺院、道觀。其傳中稱：[144]

於來廷坊建佛祠，興寧坊立道士祠，珍樓寶屋，國貲所不逮。鐘成，力士宴公卿，一扣鐘，納禮錢十萬，有佞悅者至二十扣，其少亦不減十。

此外，前文所述西安出土白大理石密教造像，上面或貼金或泥金，也表現出

141 《歷代名畫記》卷九，《畫史叢書》于安瀾編，上海：上海人民美術，1963，頁110。

142 《唐朝名畫錄》神品下，頁10。

143 《太平廣記》212，吳道子。

144 《新》207，頁5859。

玄宗朝末期佛教藝術裝飾性的重要特色。這十件造像的出土地點據考古家的推判，即長安城內常樂坊的大安國寺。大安國寺爲玄宗父親睿宗在藩舊宅，景雲元年立爲寺，以本封安國爲名。而寺內以吳道子、楊廷光、尉遲乙僧所畫各種佛畫而聞名。其佛殿還是在開元初年，玄宗拆其寢室木料，施之建成。可知此寺與帝室關係極爲密切。故其造像精緻貼金似乎也不是意外之事。[145] 此外，段成式記載常樂坊趙景公寺時，稱：[146]

> 寺有小銀像六百餘軀，金佛一軀，長數尺。大銀像高六尺餘，古樣精巧。又有嵌七寶字多心經小屏風，盛以寶函，上有雜色珠及白珠，駢甃亂目。祿山亂，宮人藏於此寺。屏風十五牒，三十行。經後云：發心主司馬恆存，願成主上柱國索伏寶息，上柱國眞德，爲法界衆生造黃金牒經。

這批爲數驚人的金、銀佛教造像無疑都是開元、天寶遺物。又黃金十五牒（疊）屏風，上面用七種寶石，包括雜色珠及白珠鑲嵌成《心經》的文字，可謂挖空心思，巧奪天工。類似的唐代美術工藝品，只能見於日本東大寺正倉院所保存聖武天皇的寶物（756年入庫）中，例如「螺鈿背圓鏡」等的美術工藝品。[147]

陀羅尼經幢的民間性

前文已述，從現存實例看來，佛教造像到了玄宗朝後便明顯地減少。上節借用趙景公寺資料，也可以推知貴重材料造像或絹帛佛像絕大多數已銷毀於唐中晚期的戰亂中，況且史籍所載也只是一鱗半爪，實難重建全貌。不過，就著錄上而言，清朝金石家王昶也說，「按造像立碑始於北魏，迄於唐之中葉。」[148] 此處所指便是自玄宗朝碑像漸趨衰微的現象。有趣的是，葉昌熾又特別指出，唐朝自玄宗朝起，民間普遍造經幢的風氣逐漸取代造塔及碑像。確實，不論從附表的金

---

145 《唐兩京城坊考》3，17b-18a《唐代の長安と洛陽》唐代研究のしおり第六（京都大學人文科學研究所，1956）頁30-31；《寺塔記》，卷上，頁5；《歷代名畫記》3，頁46-47。

146 《寺塔記》卷上，頁9。

147 《正倉院の寶物》東京：平凡社，1992。

148 〈北朝造像諸碑總論〉《金石萃編》前引書，39，頁16b-18b。

石著錄或目前在中國寺院古蹟遺址所見，流傳最廣的密教圖像爲經幢。葉昌熾說：[149]

經幢，陜人通稱爲石柱。俗亦曰八楞碑，以其八面有楞也。幢頂每面，或有造象，故又呼爲八佛頭。（略）唐人文字，多曰寶幢，亦曰花幢。（略）高者至踰尋丈，非架木不能拓，小者不過徑尺。（略）其上有蓋以覆之，其下爲座。

此八面石柱經幢，每一面刻字。最常見的刻文爲《佛頂尊勝陀羅尼經》，[150] 早自唐高宗時由婆羅門僧佛陀波利傳入中國，六七九年由梵文譯出，屬雜密，或曰早期密教重要經典。[151] 至唐代又陸續有多種譯本與註釋本，由眞言宗大師如善無畏、不空各自譯出。此陀羅尼經咒的緣起係因天界的善住天子得知自己即將命終，並受畜生身，入地獄等劫難，因此向帝釋（天帝）求救，後者再向佛請示，即得此陀羅尼（咒語）。只要須與憶念、讀誦此陀羅尼，便能消除前世一切惡障，得增壽、身口意淨，速入菩薩門。又云：[152]

若人能書寫此陀羅尼安高幢上，或安高山或安樓上，乃至安置窣堵波中，（略）（衆生）或見（經文）或與相近，其影映身。或風吹陀羅尼上幢等上塵，落在身上，（略）彼諸衆生所有罪業，（略）皆悉不受亦不爲罪垢染汚。（略）此等衆生，爲一切諸佛之所授記，皆得不退轉於阿耨多羅三藐三菩提。

持誦此咒不但能滅除已造諸罪惡，現世速得長壽安樂等利益，還能破地獄，解救墮入地獄之先人。臨終往生極樂世界，並且迴向功德於衆生。經幢不但出現於寺院、村社供人禮拜，也出現在墓旁，兼具供養佛法與保護亡者的功用，故能取代碑塔像。經幢的法力無窮，而且方便製作，大小雖有不同，但形制簡單規整，推想這也是大量出現的原因。

149 葉昌熾，《語石》（宣統元年1909序）國學基本叢書，110，台北：商務，1956。

150 閻文儒，〈石幢〉《文物》，1959.8，頁47-48。

151 《大正藏》19，no.967，佛陀波利譯，《佛頂尊勝陀羅尼經》，並參考no.968-974，諸相關譯本。

152 《大正藏》19，no.967，頁351中。

目前尊勝陀羅尼石經幢還大量地保存於中國，各地文物調查報告中也常讀到，[153] 唐印本陀羅尼經咒也出土出於四川，但是詳細情形仍待研究。[154] 而在歷代金石著錄中，唐代經幢的數目也相當可觀，又如北京圖書館拓片收藏中包括玄宗朝紀年經幢十五件，不可謂不豐富。[155] 是故，經幢資料可供研究唐玄宗朝佛教藝術的入門資料。但是無可否認地，精簡樸素的經幢融合經文、咒語、造像及塔等各種形式於一體，並不以壯觀的藝術表現取勝。

八、餘　　論

本篇論文最初的出發點是企圖瞭解玄宗朝法王觀式微，帝室不再參與開鑿佛教石窟以後，對佛教藝術發生何種影響。實際研究過程中，針對這個問題，發現影響佛教石窟藝術發展的因素，還有教團內部因素，如禪宗、密教（眞言宗）的興起。其中禪宗與新興士大夫階級來往密切，影響盛唐以降文化藝術的發展，頗值得更深入探討。[156] 密教儀軌複雜，且頗富個人神秘色彩與創造力。不空三藏在玄宗晚年才重返中原，到肅宗時躍居國師地位，支配朝廷佛教文化活動。惜不在本文討論範圍。

本文第二部分即全面檢討玄宗朝石窟造像的廣泛實況，難免有所不足。但主要重點在交待出自黃河流域逐漸往西南移動至四川盆地的現象。兩京之間不再出現重要的石窟造像，龍門石窟停頓。天龍山石窟的唐代造像年代在中宗到玄宗中葉，係由於軍事重鎭的特殊因素，發展出將近15個窟，此已另撰專文討論。[157]

153 李美霞，〈臨潼縣博物館藏北周造像座、唐代造像與經幢〉，《文物》1959.8，頁29-30，26。

154 馮漢驥，〈記唐印本陀羅尼經咒的發現〉《文物參考資料》1957.5，頁48-51，70。又參見蒙默等著《四川古代史稿》，成都：四川人民，1988，頁108。稱唐末龍池卞家印的《陀羅尼經》用梵文原刻，是國內篇幅較大的印刷品。

155 北京圖書館金石組編，《北京圖書館藏中國歷代石刻拓片匯編》唐，鄭州：中洲古籍，1989。

156 孫昌武，《唐代文學與佛教》，西安：陝西人民，1985。

157 拙稿〈天龍山石窟再省思〉《中國考古學與歷史學整合國際研討會論文集》，前引文。

相對於北方的蕭條，散佈於四川盆地200多處唐代石窟群卻各自活潑地發展其地方特色。四川石窟雖然還沒有完整的報告，卻已成爲學界近來關心的重點。今後要瞭解唐代佛教石窟，尤其指雕像的後期發展，勢必以四川一地爲重心。

本文的第三個重點是以吳道子爲主討論當時佛教繪畫創作的特質。談佛教藝術的發展誠然不能以石窟爲限，都城內的寺院更可能是盛唐文化的重要指標，可惜原物多已不存，只能從殘缺不齊的資料中勉強重建。寺院記載中最引人注目的是壁畫，而且名畫家如吳道子等所創作的壁畫往往被附加上神秘的色彩。平面繪畫逐漸成爲盛唐佛教藝術的一個主流，這樣的現象也見於敦煌莫高窟的發展，更與中唐以後士人主導美術發展的現象符合。前人討論吳道子的論文頗多，本文則側重宗教藝術方面，並且借重當時人對創作的神秘感通力來理解。

民間流行造型簡便單，製作方便而功德神速的陀羅尼經幢，代表佛教深入民間後的結果。這一方面也是因爲許多有如石柱般的經幢，不畏風雨，大量地保存下來。其他流行的文物卻因其紙絹或木材、金屬類質材，很難保存。

本文從石窟的現況檢討開始，企圖理解唐玄宗朝佛教藝術由中央向地方發展的多樣性。討論過程中，一方面呈現出全面掌握現存文物實況的困難，另方面也顯示目前學界對初唐以後的佛教藝術研究仍然有限，亟待重新整理檢討文獻資料，並且比較整理散處世界各角落的收藏品及出土品，發掘其更廣更深刻的意義。本文謹就玄宗朝佛教藝術的研究方向提出許多問題，討論範圍雖廣，疏漏之處甚多，尚請各方專家多加批評指正。

追記：本文初稿以口頭報告方式發表於一九九二年九月台灣大學文學院與華盛頓大學東亞系合辦，「帝王政治與文化變遷（Imperial Rulership and Cultural Change in Traditional China）國際學術討論會」，繼之，同年十二月，以日文口頭報告於京都大學人文科學研究所曾布川寬先生主持之研究班，幾次修改，至一九九四年二月定稿。承高明士、賴鵬舉、陳弱水、李玉珉玦等先生提供意見，謹此致謝。日文翻譯由町田吉隆君協助。此係一九九二至九三年「國科會」補助專題計畫「盛唐佛教藝術發展史」成果之一。

（本文於一九九四年九月十五日通過刊登）

參考書目

《正倉院の寶物》，東京：平凡社，1992。

《唐會要》（武英殿聚珍版），北京：中華，1990。

《隋書》，北京：中華，標點本，1975。

《新唐書》，北京：中華，標點本，1975。

《舊唐書》，北京：中華，標點本，1975。

丁明夷，〈川北石窟札記—從廣元到巴中〉《文物》1990.6，頁41-53。

丁明夷，〈四川石窟雜識〉《文物》1980.8，頁46-58。

上山春平，《空海》，東京：朝日，1976。

久野健，〈廣元石窟紀行〉《佛教藝術》186（1989.9），頁114-124。

于安瀾編，《畫史叢書》，上海：人民美術，1963初版，1982重印本。

大村西崖，《支那美術史雕塑篇》，東京：佛書刊行會圖像部，1915。

山崎宏，《隋唐佛教史の研究》，京都：法藏館，1967。

不空（唐）譯，《佛頂尊勝陀羅尼念誦儀軌法》，高楠順次郎、渡邊海旭編《大正新修大藏經》，東京：大正一切經刊行會，1924-35（以下簡稱《大正藏》）冊19。

中國西北文獻叢書編輯委員會編，《敦煌地理文獻匯錄》中國西北文獻叢書敦煌篇九，蘭州：蘭州古籍，1990。

中國美術全集編委會編，《中國美術全集雕塑編12　四川石窟雕塑》，北京：人民美術，1988。

中國美術全集編委會編，《中國美術全集雕塑編4　隋唐雕塑》，北京：人民美術，1988。

仁井田陞，《唐令拾遺》，東京：東方文化學院，1933。

毛漢光重編，《中央研究院歷史語言研究所藏：歷代碑誌銘、塔誌銘、雜誌銘拓片目錄》，台北：中央研究院歷史語言研究所，1987。

水野清一、長廣敏雄，《龍門石窟の研究》，京都：京都人文科學研究所，1941 初版，同朋社 1980 復刻版。

水野清一、長廣敏雄，《響堂山石窟》，京都：東方文化學院京都研究所，1937。

水野敬三郎，〈西安大安國寺遺址出土の寶生如來像について〉《佛教藝術》150 (1983.9)，頁 152-155。

王言撰，《金石萃編補略》（1850，1882 刋），《石刻史料新編》輯 1 册 5，台北：新文豐，1978。

王　昶，《金石萃編》(1805)，《石刻史料新編》輯 1 册 1—4，台北：新文豐，1978。

王欽若、楊億（宋）等撰，《册府元龜》《景印文淵閣四庫全書》902-919，台北：商務，1983。

北京圖書館金石組、中國佛教圖書文物館石經組編，《房山石經題記彙編》，北京：書目文獻，1987。

北京圖書館金石組編，《北京圖書館藏中國歷代石刻拓本匯編》唐 21 册，鄭州：中州古籍，1989。

四川省文物管理委員會、巴中縣文物管理所，〈四川巴中水寧寺唐代摩崖造像〉《文物》1988.8，頁 14-18。

平岡武夫編，《唐代の長安と洛陽》唐代研究のしおり第六，京都：京都大學人文科學研究所，1956。

甘肅省文物工作隊、炳靈寺文物保管所編，《中國石窟：炳靈寺石窟》，東京：平凡社，1986。

矢吹慶輝，《三階敎之研究》，東京：岩波，1927。

吉本道雅編集，《中國石刻拓本展》，京都：京都大學文學部博物館，1990。

朱景玄（約 806-40）撰，溫肇桐注，《唐朝名畫錄》，成都：四川美術，1985。

江蘇通志稿，《江蘇金石志》（1911 以後），《石刻史料新編》輯 1 册 13，台北：新文豐，1978。

池田溫，《中國古代寫本識語集錄》，東京：大藏出版，1990。

佛陀波利（唐）譯，《佛頂尊勝陀羅尼經》《大正藏》），册19。

佐和隆研，《白描圖像の研究》，京都：法藏館，1962。

吳式芬撰（清），《金石彙目分編》，《石刻史料新編》輯1册27-28，台北：新文豐，1978。

宋敏求（宋）編，《唐大詔令集》《景印文淵閣四庫全書》426，台北：商務，1983。

岑仲勉，《隋唐史》，香港：文昌，無出版年。

志磐（宋）撰，《佛祖統紀》《大正藏》册49。

李文生，〈龍門唐代密宗造像〉《文物》1991.1，頁61-64。

李　昉（宋）等編，《太平廣記》，明隆慶間(1567-1572)活字本微捲，原藏國立北平圖書館。

李　昉（宋）等編，《文苑英華》，6册，據宋刋本及明隆慶元年（1567序）胡維新刋本影印。北京：中華書局，1982。

李美霞，〈臨潼縣博物館藏北周造像座、唐代造像與經幢〉，《文物》1959.8，頁29-30，26。

沈濤輯，《常山貞石志》(1842)，《石刻史料新編》輯1册18，台北：新文豐，1978。

邢　軍，〈廣元千佛崖初唐密教造像析〉《文物》1990.6，頁37-40。

町田甲一先生古稀紀念會編，《論叢佛教美術史》，東京：吉川弘文館，1986。

阮　元（清）輯，《兩浙金石志》，《石刻史料新編》輯1册14，台北：新文豐，1978。

周國頤（清）撰，《安岳縣志金石附志》《石刻史料新編》輯3册16，台北：新文豐，1986。

明佺等，《大周刋定衆經目錄》(695)《大正藏》册55。

東洋文庫唐代史研究委員會編，《唐代詔敕目錄》，東京：東洋文庫唐代史研究委員會，1981。

松原三郎，《增訂中國佛教雕刻史研究》，東京：吉川弘文館，1966。

松原三郎，〈盛唐雕刻以降の展開〉《美術研究》257 (1968)，頁11-30。

武　億，《安陽縣金石錄》(1799刊)，《石刻史料新編》輯1冊18，台北：新文豐，1978。

武樹善編，《陝西金石志》(1937)，《石刻史料新編》輯1冊22，台北：新文豐，1978。

牧田諦亮、福井文雅編，《講座敦煌7　敦煌と中國佛教》，東京：大東，1984。

金剛智（唐）譯，《佛說七俱胝佛母准提大明陀羅尼經》《大正藏》冊20。

長岡龍作，〈佛像表現における「型」とその傳播〉（上)(下），《美術研究》351、352（1992.1、2），頁181-194、255-269。

長部和雄,《唐代密教史雜考》1971初版，東京：溪水社，1990再版。

長部和雄,《一行禪師の研究》1963初版，東京：溪水社，1990再刊版。

柳田聖山，《初期の禪史》I 禪の語錄2，東京：筑摩，1971。

柳澤孝，〈青蓮院傳來の白描金剛界曼荼羅諸尊圖樣〉上、下《美術研究》241、242 (1965)，頁58-80、93-100。

段文杰等編，《1987敦煌石窟研究國際討論會文集：石窟考古編》，瀋陽：遼寧美術，1990。

段成式(853)撰，《寺塔記》中國美術論著叢刊，北京：人民美術，1964初版，1983二版。

段松苓輯，《益都金石記》（1795序，1883後序），《石刻史料新編》輯1冊20，台北：新文豐，1978。

洪頤煊撰，《平津讀碑記》（1811，1886校刊），《石刻史料新編》輯1冊26,台北：新文豐，1978。

洪頤煊撰，〈平津讀碑記三續〉（1816以後），《石刻史料新編》輯1冊26, 台北：新文豐，1978。

胡三省注，標點校勘本，《資治通鑑》，台北：洪氏，1980。

胡文和，〈四川安岳臥佛溝唐代石刻造像和佛經〉《文博》1992.2，3-11。

胡文和，〈四川摩崖石刻造像調查及分期〉《考古學集刊》7（1991），頁79-

103。

胡文和，〈四川摩崖造像中的涅槃變〉《考古》1989.9，頁850-855。

胡聘之，《山右石刻叢編》(1901)，《石刻史料新編》輯1冊20-21，台北：新文豐，1978。

苟廷一，〈巴中水寧唐代摩崖造像〉《四川文物》1989.6，頁61-62。

唐玄宗御撰，李林甫註，《大唐六典》，台北：文海，影印日本亨保九年(1724)近衛家熙刻本，1962。

員安志，〈四川巴中縣石窟調查記〉《考古與文物》1986.1，頁50-57。

榎一雄編，《講座敦煌2　敦煌の歷史》，東京：大東，1980。

孫昌武，《唐代文學與佛教》，西安：陝西人民，1985。

孫星衍撰，《寰宇訪碑錄》（1802），《石刻史料新編》輯1冊26，台北：新文豐，1978。

宮大中，《龍門石窟藝術》，上海：人民，1981。

島　一，〈玄宗の『道德眞經』注疏について〉上、下《立命館文學》523、526,(1992.3、10)，頁51-83、36-71。

桑山正進編，《慧超往五天竺國傳研究》，京都大學人文科學研究所研究報告，京都：京都大學人文科學研究所，1992。

宿　白，〈敦煌莫高窟密教遺跡札記〉上、下《文物》1989.9、10，頁45-53、33，68-85。

張　弓，〈中國中古時期寺院地主的非自主發展〉《世界宗教研究》1990.3,頁33-42.

張仲炘輯（清），《湖北金石志》，《石刻史料新編》輯1冊16，台北：新文豐，1978。

張彥遠撰，長廣敏雄譯注，《歷代名畫記》，東京：平凡社，1977。

張維輯，《隴右金石錄》，《石刻史料新編》輯1冊21，台北：新文豐，1978。

常盤大定、關野貞，《支那佛教史蹟》，東京：佛教史蹟研究會，序1925 1929改定印刷。據《中國文化史蹟》第五冊，京都：法藏館，1975。

曹丹，〈安岳臥佛院刻經與題記〉《四川文物》1990.2，49-53。

望月信亨，《佛教大辭典》，東京：世界聖典行會，1958-63。

畢　沅，《中州金石記》(1786)，《石刻史料新編》輯1冊18，台北：新文豐，1978。

畢　沅，《山左金石志》(1797)，《石刻史料新編》輯1冊19，台北：新文豐，1978。

陳思纂，《寶刻叢編》(1232序)，《石刻史料新編》輯1冊24，台北：新文豐，1978。

陳高華編，《隋唐畫家史料》，北京：文物，1987。

陳運溶編，《湘城訪古錄》(1928序)，《石刻史料新編》輯1冊13，台北：新文豐，1978。

陸心源輯，《吳興金石錄》(1890序)，《石刻史料新編》輯1冊14，台北：新文豐，1978。

陸增祥輯，《八瓊室金石補正》(1865)《石刻史料新編》輯1冊2，台北：新文豐，1978。

陸耀遹纂，《金石續編》(1868校刊)，《石刻史料新編》輯1冊4—5，台北：新文豐，1978。

傅成金、唐承義，〈四川安岳石刻普查簡報〉《敦煌研究》1993.1，頁37-52。

敦煌文物研究所，《中國石窟：敦煌莫高窟》3，北京：文物，1987。

敦煌文物研究所，《敦煌莫高窟內容總錄》北京：文物，1986。

敦煌文物研究所考古組，〈莫高窟發現的唐代絲織物及其它〉《文物》1972.12，頁55-67。

敦煌研究所，《1983年全國敦煌學術討論會文集　石窟・藝術篇上》，蘭州：甘肅人民，1985。

敦煌研究院編，《敦煌莫高窟供養人題記》，北京：文物，1986。

智昇，《開元釋教錄》(730)《大正藏》冊55。

曾布川寛，〈龍門石窟における唐代造像の研究〉《東方學報》60 (1988)，頁199-397。中文版見顏娟英譯，〈唐代龍門石窟造像的研究〉上、下《藝術學》7、8 (1992.3、9)，頁163-267、99-164。

曾鞏撰（宋），《元豐題跋》，《石刻史料新編》輯1册24，台北：新文豐，1978。

程學華，〈唐貼金畫彩石刻造像〉《文物》1961.7，頁63。

善無畏（唐）譯，《尊勝佛頂修瑜伽法軌儀》《大正藏》册19。

馮漢驥，〈記唐印本陀羅尼經咒的發現〉《文物參考資料》1957.5，頁48-51、70。

黃叔璥編，《中州金石考》(1741)，《石刻史料新編》輯1册18，台北：新文豐，1978。

黃　瑞輯，〈台州甎錄〉《台州金石錄》(1877)，《石刻史料新編》輯1册15，台北：新文豐，1978。

塚本善隆，《中國佛教通史》第一卷，東京：春秋社，1979。

塚本善隆，《唐中期の淨土教》，京都：法藏館，1975。

塚本善隆，《塚本善隆著作集》第三卷，東京：大東，1975。

楊伯達著，松原三郎譯、解題，《埋もれた中國石佛の研究》，東京：東京美術，1985。

溫玉成，〈新中國發現的密教遺存及其所反應的密教史問題〉《世界宗教研究》1990.4，頁76-85。

葉昌熾，《語石》（宣統元年1909序）國學基本叢書110，台北：商務，1956。

葉奕苞編，《金石錄補》（約1650-80），《石刻史料新編》輯1册12，台北：新文豐，1978。

董誥（清）編，《全唐文》，北京：中華，1983。

道原（宋）纂，《景德傳燈錄》，《大正藏》册51。

靖邁，《古今譯經圖紀》(648)《大正藏》册55。

靳之林編，《延安石窟藝術》，北京：人民美術，1982。

福永光司編,《中國中世の宗教と文化》,京都:京都大學人文科學研究所,1982。

端方編,《陶齋藏石記》(1909)《石刻史料新編》輯1冊11,台北:新文豐,1978。

蒙默等著,《四川古代史稿》,成都:四川人民,1988。

趙之謙纂撰,《補寰宇訪碑錄》(1864),《石刻史料新編》輯1冊27,台北:新文豐,1978。

趙明誠撰,《金石錄》(1117序),《石刻史料新編》輯1冊12,台北:新文豐,1978。

趙樸初、阿部野龍正等著,《空海入唐》,京都:美乃美,1984。

齊陳駿,〈七世紀後期至八世紀後期敦煌縣人口結構試析—讀敦煌戶籍資料札記〉《敦煌學輯刊》1984.1,頁19-27。

劉青藜編,《金石續錄》(1710序),《石刻史料新編》輯1冊5,台北:新文豐,1978。

劉喜海編,《金石苑》(1848序),《石刻史料新編》輯1冊9,台北:新文豐,1978。

廣元市文管所、中國社科院宗教所佛教室,〈廣元千佛崖石窟調查記〉《文物》1990.6,頁1-23。

廣元市文管所、中國社科院宗教所佛教室,〈廣元皇澤寺石窟調查記〉《文物》1990.6,頁24-39。

寧夏回族自治區示管會,中央美院美術史系編,《往彌山石窟》,北京:文物,1988。

撰人不詳(宋),《寶刻類編》,《石刻史料新編》輯1冊24,台北:新文豐,1978。

歐陽修撰,《集古錄跋尾》(1063-1069,1887校刊),《石刻史料新編》輯1冊24,台北:新文豐,1978。

歐陽棐撰,繆荃孫校輯,《集古錄目》(1069,1884校輯),《石刻史料新編》

輯1册24，台北：新文豐，1978。

諏訪義純，《中國中世佛教史研究》，東京：大東，1988。

閻文儒，〈石幢〉《文物》，1959.8，頁47-48。

閻文儒，〈龍門奉先寺三造像碑銘考釋〉《中原文物》特刊，1985，頁154-157。

龍門文物保館所、北京大學考古系編，《中國石窟：龍門石窟》2，北京：文物，1992。

龍門石窟研究所編，《龍門流散雕像集》，上海：上海人民，1993。

顏尙文，〈梁武帝「皇帝菩薩」理念的形成及其政策的推展〉，國立台灣師範大學歷史研究所博士論文，1989。

顏娟英，〈天龍山石窟再省思〉，口頭發表於「中國考古學與歷史學整合國際研討會」，1994.1.4-8，1995通過出版中。

顏娟英，〈武則天與唐長安七寶台石雕佛像〉《藝術學》1(1987)，頁41-88。

鎌田茂雄著，關世謙譯，《中國佛教通史》第二册，高雄：佛光，1986。

羅世平，〈千佛崖利州畢公及造像年代考〉《文物》1990.6，頁34-36。

羅振玉，《雪堂金石文字跋尾》(1920)《石刻史料新編》輯3册38，台北：新文豐，1986。

贊寧(919-1001)等撰，范祥雍點校，《宋高僧傳》(982-988編成)，北京：中華，1987。

關百益，《龍門石刻圖錄》，東京：汲古書院，1978。原書名《伊闕石刻圖表》，河南省博物館，1935。

嚴觀編，《江寧金石記》(1777，1910刊)，《石刻史料新編》輯1册13，台北：新文豐，1978。

礪波護，〈唐代にをける僧尼拜君親の斷行と撤回〉《東洋史研究》四十卷，二號(1981)，頁1-34。

顧炎武編，《金石文字記》(1808校梓)，《石刻史料新編》輯1册12，台北：新文豐，1978。

顧燮光撰，《河朔新碑目》(1926)，《石刻史料新編》輯3册35，台北：新文豐，1986。

Chou Yi-Liang, "Tantrism in China" *Harvard Journal of Asiatic Studies* vol.8 no.3 (March 1945); pp.241-332.

Harry Vanderstappen & M. Rhie, "The sculpture of T'ien Lung Shan: reconstruction and dating", *Artibus Asiae*, 27/3 (1965/66), pp. 189-220.

Marilyn Rhie, "A T'ang period stele inscription and Cave XXI at T'ien-lung Shan", *Archives of Asian Art*, 1974/75, pp. 6-33.

Siren, Osvald, *Chinese Sculpture from the Fifth to the Fourteenth Century*, 4 vols. London: 1925, New York: 1970 (reprint).

Soper, C. A., "A vacation glimps of the T'ang temples of Ch'ang-an.", *Artibus Asiae,* 23(1960), pp.15-40.

Soper, C. A. trans., "T'ang Ch'ao Ming Hua Lu", *Artibus Asiae*, 21. 3/4(1958), pp.204-30.

Yen, Chuan-ying, "The sculpture from the tower of seven jewels: the style, patronage and iconography of the Tang monument", (Harvard University dissertation, Cambridge, 1986.) pp.60-62.

Transformations in Buddhist Art During the Prosperous Reign of T'ang Hsüan-tsung

Yen Chüan-ying

This paper begins with a discussion of T'ang Hsüan-tsung's policies toward Buddhism, recognizing that he did not participate in or support the large-scale construction of Buddhist statues to the same extent as his imperial predecessors. Nevertheless, he did not actually prohibit the continued development of Buddhist culture. Next, this paper focuses on a comprehensive review of changes around the eighth century in major stone caves in each region of T'ang China. First, I look at cave sites. While thc activities of hollowing out caves did not s-top, they did not compare with those of the Lung-men Caves near the Eastern Capital, Lo-yang. Furthermore, there was a gradual trend of siting these caves further from the capital, as at Taiyüan in Shanhsi. The development in the mountainous regions of Ssuch'uan was especially prosperous, reflecting the cultural vitality of the southwest.

Furrthermore, I consider Buddhist art activities at the temples and monasteries of the two T'ang capitals as recorded in histoncal texts. On the one hand, the artistic expression of the most famous painter of Hsüan-tsung's reign, Wu Tao-tzu, and On the other hand, I examine the activities and imperial conmection of the three patriachs of the Esoteric True Words Sect, Known also as the three masters of the K'ai-yüan reign period (713-741). In order to examine the particular qualities of artwork of the period I observe how these monks used

graphic and statuary artwork to display, for example, their range of magical powers and favors.

Finally, I look at interactions between the elite and monks, and investigate the effects of the establishment of the new intellectual trend of Ch'an Buddhism on Buddhist art.

附錄一

附錄說明

本附錄的基本工作是將以《石刻史料新編》初至三輯爲主的有關唐代佛教造像資料先撿出後，再擇其中紀年爲玄宗朝者按編年排列而成。目前在附表中所見以初編的二十九册爲主，補以考古報告，石窟調查報告，及重要的博物館、圖書館收藏。二編與三編雖已初步完成剪貼工作，但進一步的比對查證尚未完成故暫不收入。在此造像的定義儘量擴大，以包容各種與佛教功德相關的塔、幢、碑、刻經等。本附錄爲方便供初步資料參考，凡有紀年或依題記已被考證大致年代者，盡可能收入。最大的限制在於不紀年造像無法收入，同時造像（包括石窟）的大小及詳細內容也無法歸納入此一簡單的表內。同時爲了節省空間與時間，方便閱讀，暫時不把同一件題記的所有文獻記載一一錄載，但若有互補或對照價値時仍列二至三件，待將來進一步處理金石資料時，重新全體更詳細分析編輯。

玄宗朝造像題記表

年代	地點	品名	造像主	出處
713	河北定州	造像記	慕容元等	寰補 3 石 1.27.20223a
713	河北定州	造像記	郭正禮	寰補 3 石 1.27.20223
713	河北邯鄲	南響堂山造像記	口四	響目 77
712-13	河北邯鄲	南響堂山造像記		響目 78
713	河北邯鄲	南響堂山造觀音像記		響目 79
713	河北元氏	信法寺彌陀像	李石頭妻	常山 7 石 1.18.13288
713	河南偃師	造像記	薛義令	平津 5 石 1.26.19402
713	河南龍門	唐張口口妻裴氏造像記	裴氏	錄文 384
713	河南龍門	張庭之造像記	張庭之	錄文 898

713	河南龍門	杜曙爲亡□造像	杜曙	金目 9-2 石 1.28.21010a
713	山東滋陽	造阿彌陀像一鋪	僧定九等	江寧 2 石 1.13.10074 北圖 21.11
713	江蘇太倉	秦四娘造像	秦四娘	八補 50 石 1.7.4804b
713	四川廣元	千佛崖先天窟	班定方	文物 1990.6.9
713	四川營山	造彌勒像疏	安祿山?	金補 12&金目 16-1 石 1.12.9048 & 28.21477b
713	雲南大理	崇聖寺千尋塔記	恭韜徽義	金目 19 石 1.28.21582b
713	不詳	尊善寺大像碑	羅邈撰	寶刻 20 石 1.24.18392a
714	河北唐山	宣霧山造像	李奉珣妻崔	金目 3 石 1.27.20754b
714	河南龍門	老龍洞任令瓌造像	任令瓌	龍圖 388
714	河南龍門	擂鼓臺造地藏菩薩像		龍圖 388 錄文 900 中原 1993.4.28
714	河南龍門	老龍洞造像記		龍圖 388
714	河南龍門	崔平心造像記	崔平心	錄目 752
714	河南龍門	雙洞杜潛輝造像	杜潛輝	龍圖 388 錄文 183
714	河南龍門	擂鼓臺王熊妻盧氏造像	盧氏	龍圖 388
714	河南龍門	破洞母高造像	母高	龍圖 388
714	河南汲縣	六度寺侯莫陳大師壽塔銘	崔寬撰王玄貞書	北圖 21.23
714	河南浚縣	造觀音菩薩一區	耀公孫神欽右古	中原 1991.1.106
714	河南偃師	薛義令等造像記	薛義令	平津 5 石 1.26.19402
714	陝西西安	大唐崇義寺思言禪師塔銘	僧悊	陝西 11 石 1.22.16510 北圖 21.17
714	陝西西安	唐京兆府渭南縣居士嚴思寔塔銘		寶刻 7 石 1.24.18208b
714	甘肅敦煌	十戒經女官陰志清題記盟文	陰志清	識語 797
714	甘肅敦煌	十戒經男官李無上題記盟文	李無上	識語 798

714	甘肅敦煌	金剛般若經索洪範題記	索洪範	識語 799
714	甘肅敦煌	大般若經卷三百一十一	王維	識語 800（疑）
714	甘肅慶陽	唐塔鐵羅漢造像		隴右 2 石 1.21.15993a
714	湖北襄州	遍學寺禪院碑	韋承慶撰鍾紹京書 阮弘靖建	湖北 5 石 1.16.11871
714	江蘇常熟	興福寺佛頂尊勝陀羅尼經幢	徐十四娘造 陸展行書	金補 12 石 1.12.9047a
714	浙江婺州	唐寶嚴院千歲和尚碑	僧宗一	寶刻 13 石 1.24.18286b
714	不詳	辨機法師塔銘	趙冬曦撰	寶刻 20 石 1.24.18392a
715	河北唐山	宣霧山造像	霍延昌	金目 3 補 石 1.27.20754b
715	河北平鄉	造浮圖記	比丘尼六娘	金目 3-2 石 1.27.20725a
715	河北北京	報國寺佛頂尊勝陀羅尼經幢		北圖 21.53
715	河北邯鄲	南響堂山第二洞造像記		響目 80
715	河南龍門	老龍洞大彌陀等身像	韋利器	龍圖 271
715	河南龍門	老龍洞造像	費二娘	龍圖 389
715	河南龍門	老龍洞阿彌陀像記	僧眞性	龍圖 389 錄文 280
715	河南龍門	杜十四孃造像記	杜十四孃	錄目 756
715	河南安陽	修定寺碑		河朔中 14 石 3.35.577
715	河南嵩山	少林寺戒壇銘	義淨製李邕書	金石 70 石 1.2.1199-200 北圖 21.28
715	河南延津	清信佛弟子王法造七級石浮圖記	王法	河朔上 8 石 3.35.559
715	山東鄒平	醴泉寺誌公碑	僧道寂	山左 12 石 1.19.14515-7 北圖 21.45
715	山西虞鄉	大唐蒲州虞鄉縣令劉君幡竿銘	劉行忠	山右 5 石 1.20.15027-8
715	陝西西安	渭南縣居士嚴思實塔銘		金目 12-1 石 1.28.21293a

715	陝西西安	唐涇陽太一寺法海禪師塔銘	利法師撰僧淨藏書	寶刻 7 石 1.24.18208b
715	陝西西安	阿彌陀佛坐像	秦化智	Siren 411A
715	浙江建德	睦州龍興寺碑	希銑撰徐嶠之書	金錄 5 石 1.12.8828b
715	四川巴中	西龕第十窟倚坐彌勒佛	郭□亮	文物 1980.8,47 &1990.6,45
715	四川廣元	千佛崖大雲窟、韋抗窟，易州長史韋抗功德碑	韋抗	八補 51 石 1.7. 4825a 文物 1990.6.11-12
716	河北邯鄲	南響堂山造像記		響目 81
716	河北唐山	宣霧山造像	高邑縣□□	金目 3 石 1.27.20754
716	河南龍門	□大名爲母造像記	□大名	錄目 757
716	陝西西安	大唐淨域寺故大德法藏禪師塔銘	田休光撰	金石 71 石 1.2.1206-8 北圖 21.55
716?	陝西西安	唐長安西明寺塔	蘇頲撰	文苑 855.4516-9
716	甘肅敦煌	金剛般若經	釋尼妙相	識語 807
716	廣西容州	唐景星寺碑	盧藏用撰並書	寶刻 19 石 1.24.18371a
716	不詳	造阿彌陀佛像一軀	廉宜來	北圖 21.57
716	不詳	爲亡女造彌陀？像	姚海沖	大村 576
717	河北邯鄲	南響堂山第二洞文殊般若經刻文	西國胡僧于闐三藏弟子實際寺承慶	響文 32
717	河北邯鄲	南響堂山六洞造阿彌陀佛像	郭方山	響文 59
717	河北邯鄲	南響堂山六洞造阿彌陀佛像	郭五□	響文 60
717	河北邯鄲	南響堂山第一洞造像記	薛宏道	響目 84
717	河北邯鄲	南響堂山第二洞造像記	大衛國寺僧崇惲	響目 85
717	河北邯鄲	南響堂山造像記	李希誕	金目 3 補 石 1.27.20759a
717	河北磁州	題名記	僧永度	金目 3 補 石 1.27.20728a
717	河北唐山	造般若波羅蜜多心經	比丘尼妙意	金目 3-2 石 1.27.20726a
717	河南龍門	雙洞造像	張敬琮母王婆造像	龍圖 389 錄目 758

717	河南龍門	路洞造像	張客	龍圖 389 錄目 759
717	河南龍門	造像題字	高大娘	八補 51 石 1.7.4816b
717	河南安陽	大唐相州安陽縣大雲寺故大德靈慧法師(嘉運)影塔銘	僧圓滿	安陽 3 石 1.18.13847 北圖 21.69
717	河南安陽	李山弘常師□等十二人造像銘記	井轉□書	河朔中 11 石 3.35.576
717	河南新鄉	唐建福寺三門頌成碑	盧用藏撰	寶刻 1 石 1.24.18091a
717	山西	造阿彌陀像記	盧金友	山右 5 石 1.20.15029b
717	陝西西安	大唐故悼王石塔銘	蘇頲撰	文苑 785.4956a
717	甘肅敦煌	阿彌陀佛經	賈慈	識語 808
717	甘肅敦煌	妙法蓮華經論		識語 809
717	甘肅敦煌	般若心經	斛斯敬善	識語 810
717	甘肅敦煌	佛頂尊勝陀羅尼經	斛斯敬善	識語 811
717	甘肅敦煌	法華玄讚卷二		識語 812
717	甘肅敦煌	佛頂尊勝陀羅尼經	氾感兒	識語 814
717	甘肅敦煌	佛說大公經	令狐若弼	識語 815
717	甘肅敦煌	妙法蓮華經卷三	慧聰	識語 816
717	浙江湖州	佛頂尊勝陀羅尼經幢	僧明迥	寶刻 14 石 1.24.18308a
718	河南氾水	幽棲寺尼正覺浮圖之銘		金石 71 石 1.2.1218b 北圖 21.89
718	河南龍門	擂鼓臺造觀世音像		龍圖 389
718	河南龍門	老龍洞楊婆願身平安造像	楊婆	錄目 760
718	山西聞喜	大唐朝議大夫行聞喜縣令上柱國臨淄縣開國男于君請移置唐興寺碑	許景先撰文于光庭移寺	金石 71 石 1.2.1219-20 北圖 21.94
718	山西虞鄉	唐柏梯寺之碑銘	徐彥柏文胡輔之錄	山右 5 石 1.20.15031-2
718	陝西西安	唐西崇福寺懷素律師碑	崔融撰僧行敦集字	寶刻 7 石 1.24.18208b
718	陝西西安	造觀音像碑	李畲撰劉昇書蘇氏愛敬等造	金錄 5& 金目 12-1 石 1.12.8829a&28.21293a

718	陝西邠州	造像記	王德安	金目 12-1 石 1.28.21353a
718	陝西邠州	造像記	趙文華	金目 12-1 石 1.28.21353a
718	江蘇東海	造五級浮圖一軀像一鋪	張貓	江蘇 4 石 1.13.9531a 北圖 21.91
718	湖北	重刻頭陀寺碑	張廷珪書	湖北 5 石 1.16.11871b
718	不詳	造佛像廿尊	張說	陶齋 21 石 1.11.8192b-93a 北圖 21.85
719	河北大名	唐善達法師碑	郭庭誨撰任遺祚書	寶刻 6 石 1.24.18164
719	河北獲鹿	本願寺金剛般若波羅蜜經碑	崇善鄉望五十人等	常山 8 石 1.18.13291
719	河北元氏	金剛經碑	杜嘉旭書	金目 3 補 石 1.27.20748a
719	河南安陽	大唐鄴縣修定寺傳記	僧玄昉	北圖 21.115-6
719	河南龍門	老龍洞造像	裴（張）惟諝	龍圖 389 錄文 901
719	河南龍門	老龍洞觀世音像記	吳藏師	龍圖 389 錄文 281
719	河南濬縣	造石浮圖記	閻洪簡	河朔下 7 石 3.35.584
719	河南澠池	陀羅尼經碑	衛元玠	金目 9-4 石 1.28.21060b
719	山東益都	彌勒寺石幢	元易修撰記蘇裕撰頌並書	金目 10-3 石 1.28.21191b
719	廣東韶州	唐廣果寺能大師碑	武平一撰	寶刻 19 石 1.24.18365a
719	四川通江	千佛崖第 35 窟釋迦牟尼佛，大勢至，觀世音	王徇	文物 1990.6.45
719	四川廣元	千佛崖三聖堂窟南壁觀音像	郭奉	文物 1990.6.4
719	不詳	三尊像功德廟之碑	李神玭	陶齋 22 石 1.11.8195-6a
720	河南鞏縣	佛頂尊勝陀羅尼經幢		北圖 21.121
720	河南修武	居德寺碑	裴庭□撰僧崇志書	北圖 21.126
720	河南龍門	陀羅尼咒		錄目 764

712-720	河南龍門	奉先寺洞唐贈隴西縣君牛氏造龕碑	張九齡文趙不器妻牛氏造	閻文儒中原1985特.154-59 錄文809
720	河南新鄉	造石浮圖願文	魯思欽妻	河朔上8 石3.35.559
720	河南洛陽	嘉禾寺禪院碑	徐楚璧撰姚思義書	寶刻20 &金目9-3 石1.24.18392 & 28.21026a
720	河南鄭州	造像銘	王元度	金目9-1 石1.28.20931b
720	河南鞏縣	刻經		金目9 補 石1.28.21099a
720	陝西耀州	唐神德寺碑		寶刻10 石1.24.18258a
720	甘肅敦煌	阿彌陀經	孫思忠	識語825
720	浙江臨海	「敬造雙塔」磚識		台州5 石1.15.11233
720	不詳	佛頂尊勝陀羅尼經殘刻		八補51 石1.7.4819-20
721	河北淶水	彌陀像	龐胤珪	金目3 石1.27.20741
721	河北獲鹿	本願寺佛頂尊勝陀羅尼經幢	僧智秀、盧從運等	常山8 石1.18 13294b-13298a
721	河北獲鹿	本願寺舍利塔並北堂釋迦石像碑	畢瑜等	金石73&八補51 石1.2.1241-42& 1.7.4820-21 北圖21.142
721	河北房山	雲居石經山頂石浮圖銘	劉元望、比丘尼法喜等	房山6 北圖21.145
721	河北房山	題雲居上寺詩	吉逾等撰	北圖21.149
721	河北邯鄲	南響堂山造觀世音像記	薛□讓	響目87
721	河北邯鄲	南響堂山造像記		響目88
721	河南淇縣	良相村天寧寺石塔「陳婆造心經浮圖記」	陳婆	文物1983.5,70-77
721	河南龍門	老龍洞程奉一造像記	程奉一	龍圖272 錄文830
721	河南輝縣	佛頂尊勝陀羅尼經殘幢		河朔上8 石3.35.559

721	河南汲縣	石浮圖銘	張元慶	河朔上 8 石 3.35.559
721	山東淄川	龍興寺陀羅尼經幢		金目 10-1 石 1.28.21107a
721	山東新城	洪福寺陀羅尼經幢		金目 10-1 石 1.28.21109b
721	陝西西安	龍興寺崇福法師塔銘		陝西 11 石 1.22:16514
721	甘肅敦煌	妙法蓮華經卷三	馬奉祿	識語 827
721	甘肅敦煌	妙法蓮華經卷五	尹嘉禮	識語 828
721	甘肅敦煌	大般涅槃經卷二八	馬奉祿	識語 829
721	四川樂至	石匣寺二菩薩龕碑		敦煌 1993.1.42
722	河北房山	大唐易州新安府折衝李公石浮圖之銘	李文安	房山 8 北圖 22.5
722	河北房山	佛說藥師經	仇二娘等	房山 208
722	河北河間	鎏金銅佛像床座		文物 1991.2,16
722	河北曲陽	玉石雙身彌陀像一軀	劉三娘等	曲陽 174, 圖 56
722	河北邯鄲	南響堂山造像記	孔方	響目 89
722	河南陝縣	萬回法師碑	徐堅	寶刻 10 石 1.24.18253b
722	河南龍門	奉先寺大盧舍那像龕記並牒	韋機等	龍圖 273 錄文 806
722	河南龍門	前任蘭州司戶裴具德造像記	裴具德	錄目 766
722	河南登封	造像頌記	樊維□	金目 9-4 石 1.28.21048b
722	河南濰縣	爲亡母造石像	鹿明澄	大村 577-78
722	山東長山	張超村石九級塔頌	比丘尼王	金補 13 石 1.12.9051b
722	甘肅敦煌	法華經疏讚	王旻	識語 831
722	四川安岳	千佛寨 54 號西巖禪師受戒序	韋忠撰	四川 1989.2.37-38
722	四川廣元	千佛崖釋迦牟尼龕	彭景宣	金苑 2 石 1.9.6290b
722	不詳	優婆夷張常求塔誌		北圖 22.2
722	不詳	造釋迦牟尼像一鋪	僧留仵	北圖 22.6
723	河北唐山	宣霧山造像	李德純	金目 3 石 1.27.20754b

723	河北邯鄲	南響堂山第六洞造阿彌陀佛像	郭方剛	響文 61
723	河南安陽	張法師殘塔記		河朔上 8 石 3.35.559 京大
723	河南嵩山	唐少林寺柏谷寺塢庄碑 少林寺賜田敕	玄宗御書額陳忠牒	金石 74&金補 10 石 1.2.1260& 12.9035b 京大
723	河南嵩山	大唐嵩岳閑居寺故大德珪禪師塔記	僧仁素	金石 73 石 1.2.1256
723	河南嵩山	嵩岳珪禪師影堂記	許籌撰	文苑 821.5172
723	河南陳州	大雲寺講堂碑	李邕撰並書	寶刻 20 石 1.24.18158b
723	河南沁陽	大雲寺禪院碑	李邕撰並書	中考 5 石 1.18.13701b
723	陝西耀縣	藥王山摩崖 9 號龕雙觀音造像	盧渙	中原 1994.2.10-11
721-723	甘肅敦煌	大般涅槃經卷十一、十三、十五、卅六	尹嘉禮	識語 830
723	甘肅敦煌	金剛般若經		識語 834
723	江蘇淮安	楚州淮陰縣娑羅樹碑	李邕文並書	金石 73 石 1.2.1256-59 文苑 859, 4534b
723	江蘇海州	唐海州大雲寺禪院碑	李邕撰並書	文苑 858.4532-3 寶刻 5 石 1.24.18158b
723	上海市	阿彌陀佛石像	相里登徵	上海市博物館藏
723	浙江越州	香嚴寺碑	康希銑撰徐嶠之書	寶刻 13 石 1.24.18282a
723	四川安岳	臥佛院刻經窟第 50 號窟造千佛百身	楊義	四川 1990.2.49-53
723	不詳	造浮圖一塔又修故像一	尉行忠	金石 73 石 1.2.1256a
724	河北唐山	宣霧山造像	比丘尼智口	金目 3 補 石 1.27.20754
724	河北元氏	開業寺石佛堂碑	趙郡侯趙通靈	常山 8 石 1.18.13298

724	河北元氏	安衆寺佛頂尊勝陀羅尼經幢一石塔二	智空	常山 8&八補 46 石 1.18.13300b&1.7.4750a
724	河北元氏	開化寺佛頂尊勝陀羅尼經幢		金目 3-2 石 1.27.20705
724	河北冀州	石浮圖記	孫鋭書	金目 3 補 石 1.27.20748b
724	河南安陽	寶山開元僧人殘塔銘		河朔上 8 石 3.35.559 京大
724	陝西西安	溫國寺靜泰法師塔銘	呂向	寶刻 20 石 1.24.18209a
724	陝西西安	香積寺主淨業法師塔銘	畢彥雄	金石 75 石 1.2.1280-81 北圖 22.61
724	陝西西安	光宅寺七寶臺虢國公花臺銘	楊思勗	金石 77 石 1.2.1309
724	四川成都	寶相寺釋迦像碑	陳子傑撰陳思光書	金錄 5&金目 16-1 石 1.12.8830b &28.21451a
724	不詳	造像碑	高守信	金補 13 石 1.12.9052a
724	不詳	普寂禪師碑	盧鴻	寶刻 20 石 1.24.18392b
724	不詳	神泉寺石經西塔銘	唐昭明	寶刻 20 石 1.24.18392b
725	河北隆堯	大唐帝陵光業寺大佛堂之碑	趙州刺使田再思等楊晉撰	文物 1988.4,63 北圖 22.79
725	河南洛陽	大唐中嶽東閑居寺故大德珪和尚記德幢	大敬愛寺沙門智儼	八補 53 石 1.7.4849-50 現存龍門東山擂鼓臺
725	河南禹縣	唐文蕩律師塔碑	魏盧奐	寶刻 5 石 1.24.18146b
725	河南安陽	靈泉寺僧人殘塔銘		北圖 22.90 金目 9-2 石 1.28.20955b
725	河南龍門	造像記	裴貞意	金目 9 補 石 1.28.21091a

725	河南洛陽	□□□將軍京兆府宿衛折衝尹伏生塔銘	尹孝忠	陶齋23 石1.11.8205a 北圖22.76
725	山東莒縣	寶願寺彌陀像碑		寶刻14 石1.24.18096
725	陝西富平	佛頂尊勝陀羅尼經幢		文物1959.8,29
725	甘肅敦煌	130窟 造幡一口	康優婆夷	文物1972.12.55
725	浙江山陰	大唐秦望山法華寺碑	李邕	兩浙2 石1.14.10215-17
725	四川成都	本師釋迦如來功德銘	周顒撰蒯敬宗書	金目16-1 石1.28.21451a
726	河北大興	憫忠寺陀羅尼經幢		金目1補1 石1.27.20671a
726?	河北房山	大唐雲居寺石經堂碑	□惟良撰	房山8 北圖22.93
726	河南林縣	共谷寺東衆姓建塔記	相州門徒一百人等	中州2&平津5 石.18.13771b&26.19408a
726	河南安陽	法隆寺故大信行禪師塔銘碑		河朔中15 石3.35.578
726	河南龍門	□文矩造像記	□文矩	錄目769
726	河南濬縣	造石浮圖題記		河朔上8 石3.35.559
726	河南長葛	釋迦寺西聖容院碑並刻心經		金目9-1 石1.28.20947b
726	山東魚臺	石塔寺造像心經碑	李智榮	金目10-2 石1.28.21172b
726	山東魚臺	棲霞寺殘碑	司馬處璧	金目10-2 石1.28.21172b
726	陝西西安	大薦福寺思恆律師誌文	智舟等	金石77 石1.2.1310-12
726	陝西西安	崇福寺懷素塔銘	蘇味道撰元鼎書	金目12-1 石1.28.21293b
726	甘肅敦煌	41窟北壁記年銘		莫高窟13
726	江蘇丹陽	造陀羅尼經幢		金目4補 石1.27.20787a 北圖22.96
726	湖北當陽	國師玉泉寺大通禪師碑	張說撰盧藏用書	金目14 石1.28.21398a
726?	四川廣元	千佛崖蘇頲窟	蘇頲	文物1990.6.12-13

726	不詳	索法師清德碑	馬克廲撰范希璧書	金錄 5 石 1.12.8830b
727	河北房山	大唐雲居寺石浮圖銘	王大悅撰	房山 11 北圖 22.117
727	河北完縣	稽古寺陀羅尼經幢	唐任	金目 3 補 石 1.27.20739a
727	河南寶山	唐故方律師像塔之銘	僧玄秀等	安陽 3 石 1.18.13847b 北圖 22.127
727	河南登封	會善寺道安禪師碑銘	宋儋撰並書李鎬題額	金石 77 石 1.2.1314-16 北圖 22.142
727	河北洺州	清漳令奉獻造彌勒像並石浮圖記		金目 3-2 石 1.27.20728b
727	山東新泰	陀羅尼經幢		金目 10-1 石 1.28.21134b
727	四川巴州	龍興寺頌	崔璟	寶刻 18 石 1.24.18350a
727	四川安岳	臥佛院刻經 73 號窟刻三藏經		四川 1990.2.49-53
727	四川成都	寶相寺諸佛應化碑	周顥撰袁挺書	金目 16-1 石 1.28.21451a
727	四川成都	空慧寺講華嚴經碑	馬及撰並書	金目 16-1 石 1.28.21451a
728	河北正定	唐歷代皇帝后九忌辰造像	蕭譏、盧同宰等	常山 8 石 1.18.13302
728	河北定縣	盧舍那珉像碑	蔡有鄰書	集跋 6 石 1.24.17885b
728	河北房山	佛說恆水流樹經	竇士兪等	房山 208-209
728	河南汲縣	佛頂尊勝陀羅尼經幢	張承福述僧法明造	河朔上 8 石 3.35.559
728	河南登封	皇唐嵩岳少林寺碑	裴漼撰並書	金石 77 石 1.2.1316-20
728	河南登封	會善寺塔銘殘石		金目 9-4 石 1.28.21049a
728	河南龍門	高平郡王洞慧成造像記	慧成	龍門二 213
728	河南通許	王口及妃造像銘	李景仙刻	金目 9-1 石 1.28.20929b

728	山西安邑	阿彌陀佛坐像	李道禮	山西省博物館藏
728	陝西西安	唐一行禪師塔碑	唐玄宗撰	寶刻 8 石 1.24.18222b
727-728?	陝西西安	唐大興善寺一行禪師眞讚	徐浩撰並書	寶刻 7 石 1.24.18210a
728	陝西藍田	唐楚金和尚塔記		寶刻 8 石 1.24.18237b
728	陝西隴縣	開元寺佛頂尊勝陀羅尼經幢	隴州縣丞楊淡	文物 1959.8,29-30 金石 66 石 1.2.1117a 北圖 22.155
728	甘肅敦煌	阿彌陀經		識語 835
728?	浙江天台	國清寺一行禪師塔銘	唐玄宗撰	台州 1 石 1.15.11247b
728	四川安岳	棲巖山寺讚銘序	楊公珪崔克讓	金目 16-2 石 1.28.21504b
723-729	河北房山	正法念經	靖守祥等	房山 209
729	河北沁陽	興隆寺佛頂尊勝陀羅尼經幢	孟慶等	中原 1993.1,82-87
729	河南沁陽	大雲寺丈八佛像碑	段履冰撰並書	中考 5 石 1.18.13720a
729	河南浚縣	翟村福勝寺東塔	侯文亮等合村人	河朔上 8 石 3.35.559 文物 1983.5,70-77
729	陝西西安	大唐故興聖寺主尼法澄塔銘	彭王志暕撰並書	金石 78 石 1.2.1321 北圖 23.15
729	陝西咸寧	大唐口義寺故大德敬節法師塔銘	王瓘等	八補 53 石 1.7.4859 北圖 23.7
729	陝西藍田	東香村佛頂尊勝陀羅尼經幢		文物 1959.8,29-30
729	陝西渭南	唐高祖駐馬佛堂碑	典法寺僧貞慶撰韓祚等建	寶刻 10 石 1.24.18267b
729	陝西西安	唐慈恩寺惠敎禪師塔銘	賀蘭欽明	寶刻 7 石 1.24.18209a
729	甘肅敦煌	七俱胝佛母心大准提陀羅尼經	史苟仁	識語 836
729	甘肅敦煌	佛說要行捨身經	史苟仁	識語 837

729	江西江州	唐佛馱禪師舍利塔碑	李訥撰張廷珪書	寶刻 15 石 1.24.18339b
729	江蘇江寧	造阿彌陀佛像	軒轅廷盈	陶齋 23 石 1.28.20972
729	四川綿陽	聖水寺摩崖造像 6 號龕		四川 1991.5.47
729	不詳	彌勒佛五尊像龕	趙洪琰	松原 282（a)
730	河北深澤	大忍寺門樓碑	釋具撰裴抗書	金石 78 石 1.2. 1325-6 北圖 23.40
730	河北邯鄲	南響堂山造像記	開元	響目 91
730	河南河內	王范村興隆寺陀羅尼經幢		金目 9 石 1.28.20972
730	河南龍門	奉先寺洞大唐內侍省功德之碑	高力士等	閻文儒 中原特 157 錄文 806 北圖 24.159
730	河南沁陽	佛頂尊勝陀羅尼經幢		平三上 石 1.26. 19484b 北圖 23.16
730	河南滑縣	造石浮圖記	孫容奴等	河朔上 8 石 3.35.559
730?	山東益都	龍興寺額摩刻	李邕	益都 2 石 1.20.14838-9
730	山東樂安	造像記	宋欽讓	金目 10-3 石 1.28.21197b
730	山東嘉祥	聖壽寺石壁題字	段氏	八補 54 石 1.7.4863
730	山東鄒縣	嚴張八造浮圖記	嚴張八	八補 54 石 1.7.4863-4
730	山西太原	造石浮圖記	王禪成	金目 11 石 1.28.21229a
730	湖南長沙	麓山寺碑	李邕文並書	湘城 5 石 1.13.10176-80 北圖 23.25
730	江西江州	佛陀禪師塔碑後序	李湜撰明乾節書	金錄 6 石 1.12.8832b
730	江西德化	東林寺碑	李邕撰並書	金目 6 石 1.27.20842b
730	四川安岳	玄妙觀般若波羅密多心經	邑人玄迷	四川 1992.6.64

730	四川南川	南州盧舍那佛石像頌	唐虞景	金目 16-2 石 1.28.21485a
730	四川廣元	造像記	屈突季將	金目 16 補 石 1.28.21522b
730	不詳	曇榮禪師碑	崔禹撰韋鑑書	寶刻 20 石 1.24.18393a
730	不詳	東夏師資正傳	僧慧超述李巖正書	寶刻 20 石 1.24.18393a
730	不詳	貞法師旌德記		寶刻 20 石 1.24.18393a
730	不詳	爲故人造石塔記		北圖 23.28
730	不詳	爲亡妻宋二娘造像記	王道元	陶齋 23 石 1.11.8207
731	河北唐山	宣霧山造像	釋迴秀	金目 3 補 石 1.27.20754
731	河北邯鄲	南響堂山造像記	韓迴秀	響目 92
731	河南林縣	共谷三尊眞容像支提龕銘	蔡景撰	金石 78 石 1.2.1329-30
731	河南鞏縣	淨土寺佛頂尊勝陀羅尼經幢	王元明	八補 46 石 1.7.4750a 北圖 23.57
731	河南龍門	汝南塔栽？柏記	□□三子	金目 9-3 石 1.28.21017b
731	山東益都	青州雲門山功德記	唐紉撰韋諫書	益都 1 石 1.20.14830a
731	甘肅永靖	炳靈寺第 148 窟靈巖寺記	崔琳等	炳靈 285
731	江西九江	東林寺碑記	李邕文並書	金石 78 石 1.2.1326-29
731	不詳	觀世音菩薩	比丘如來	陶齋 37 石 1.11.8363b
731	不詳	造石像	□惠璀	大村 581-陶齋？
731	不詳	造石浮屠記	劉嗣仙造 藺休祥撰書	陶齋 23 石 1.11.8207b-8
732	河南龍門	東山寺碑記		錄目 770
732	河南孟縣	梧桐寺經幢	寧思簡書	金目 9-2 石 1.28.20986a
732	山東常清	一字王咒刻石	僧智海記皇甫詮寫	金目 10-1 石 1.28.21111b 北圖 23.90

732	山西介休	有唐汾州抱腹寺碑	楊仲昌撰	山右 6 石 1.20. 15044-5 北圖 23.79
732	陝西咸陽	讚佛像殘碑	梁知古、李昌言、史延壽等	八補 54 石 1.7.4872
732	四川安岳	千佛寨 38 號龕造三世諸佛、救苦觀音菩薩一龕三尊	黎令賓、僧玄應	四川 1989.2.35-37 敦煌 1993.1.39
732	甘肅敦煌	大般若涅槃經後分卷下	釗文武	識語 840
732	甘肅敦煌	金剛般若經	張思寂	識語 839
732	不詳	阿彌陀佛讚	段彥方撰莊紹京書	寶刻 20 石 1.24.18393a
732	不詳	居士孫節塔銘		傅圖 05850
733	河北祁州	大忍寺門樓碑	楊邈文裴抗書	寶刻 6 石 1.24.18192a
733	河北房山	禮拜佛記	焦玄巖等	房山 40-41 北圖 23.116
733	河南登封	嵩岳寺塔地宮北壁題記		文物 1992.1,14-25
733	河南沁陽	阿彌陀像	王惟	八補 54 石 1.7.4873-4
733	山東泰安	白馬寺碑		金目 10-1 石 1.28.21120b
733	陝西西安	大唐宣化寺故比丘尼堅行禪師塔銘	僧志叶	金石 78 石 1.2.1331 北圖 23.96
733	四川安岳	臥佛院刻經窟 46 龕佛頂尊勝陀羅尼咒	玄應、王如一	四川 1990.2.49-53 文博 1992.2.3-11
733	不詳	爲藏師衆師造石像記	焦眞機	北圖 23.93
733	不詳	唐源公石幢記	封利建撰賀遂回書	金錄 6 石 1.12.8834a
733	不詳	造石像	焦眞揆	大村 581-陶齋?
733	不詳	造像記	靳仁智	大村 581
734	河南林縣	共谷造石柱題字	張道貞	河朔上 9 石 3.35.560
734	河南濟源	造石浮圖記		河朔上 9 石 3.35.560
734	山東冠縣	唐左羽林郎造釋迦像碑		寶刻 6 石 1.25.18165a
734	山西絳州	寧國寺碑	沙門崇福撰史煌書	金目 11 石 1.28.21251b

734	陝西西安	太史監靈臺郎郭元誠夫婦塔銘		考文 1988.4,81-82
734	陝西西安	唐寶剎寺崇行禪師塔銘		寶刻 7 石 1.24.18209b
734	甘肅敦煌	遺教經附日本使題記	陳延昌	識語 841
734	浙江越州	唐秦望山法華寺碑	李邕撰並書	寶刻 13 石 1.24.18282a
734	浙江吳興	孝義寺碑銘	徐陵撰徐嶠之書	吳興 3 石 1.14.10705
734	不詳	阿彌陀佛像碑		松原 276(a)
735	河北邯鄲	南響堂山第六洞造像記	□方□	響文 63
735	河北邯鄲	南響堂山第六洞造觀音像記	□元貞妻皇甫五娘	響文 62
735	河北清河	爲亡妻造像記	董智昭、董靜志	陶齋 23 石 1.11.8209b 北圖 23.147
735	河北鉅野	三村父老佛頂尊勝陀羅尼經幢	滿思義等一十二人	八補 46 石 1.7.4750-51
735	河北正定	花塔寺造玉石佛像座上題名	宋善慶	常山 8 石 1.18.13303b
735	河南登封	唐嵩山會善寺故景賢大師身塔石記	羊愉撰溫古書	金石 78 石 1.2.1337b 北圖 23.148
735	河南龍門	崔瑤及妻武氏造像記	崔瑤及妻武氏	錄目 771
735	河南龍門	西巖內道場供奉尼惠燈和和石龕銘	惠燈	錄目 772
735	河南龍門	并州人裴□受造像記	裴□受	錄目 773
735	甘肅敦煌	因明抄著錄		識語 844 參
735	甘肅敦煌	肇論疏卷上下附日本使題記	僧玄湜	識語 845
735	四川安岳	臥佛院刻經窟第 59 號窟大般涅槃經	李沙	四川 1990.2.49-53
735	四川合川	石照縣北崖石門彌陀像	孫希莊	考刊 7.88
735	四川安岳	臥佛溝 59 號經窟右壁	李敬涉	四川 1984.4.37
735	浙江山陰	大唐秦望山法華寺碑	李邕撰書	金石 9 石 1.5.3591-92
735	廣東海康	造像記	張釗	北圖 23.155
736	河北冀州	造九級浮圖並像記	薛氏女	金目 3 補 石 1.27.20748b
736	河北曲陽	彌陀像一軀	党寶寧	曲陽 174,圖 55

736	河南濟源	長爪梵志請求經	李義□書	河朔上 9 石 3.35.560
736	河南淇縣	魚坡村佛頂尊勝陀羅尼經幢		河朔上 9 石 3.35.560
736	河南脩武	周村卌餘家鐫像記	劉仙經書	金編 7 石 1.4.3141-2
735-36	河南孟津	陀羅尼經幢及幢座功德頌	張楚賓書張元惲等造	金目 9-4 石 1.28.21045b
736	河南孟津	佛頂尊勝陀羅尼經幢	張楚賓書	金目 9-4 石 1.28.21045b
736	山東長清	大唐齊州神寶寺之碣	僧慧珍	山左 12 石 1.19.14527-9 北圖 24.16
736	山東魚臺	造石佛碑	張氏	金目 10-2 石 1.28.21172b
736	山西萬榮	釋迦立像	李元封等	山西省博物館藏
736	陝西西安	大唐故大智禪師碑銘並序	嚴挺之撰史惟則書	金石 81 石 1.2.1371-3 北圖 24.14
736	陝西西安	大智禪師義福塔銘	杜昱撰	金編 7 石 1.4.3142-3 北圖 24.12
736	湖北	龍興寺金剛經石幢		湖北 5 石 1.16.11857b
736	江蘇丹陽	曲阿縣高陵寺佛頂尊勝陀羅尼經幢	僧法度、殷掌能	江蘇 4 石 1.13.9532b
737	河北唐山	宣霧山造心經	比丘尼妙空	金目 3 補 石 1.27.20754b
737	河北唐山	堯山造心經	比丘尼妙意	金目 3 補 石 1.27.20757b
737	河南鄭州	孝順子吳宏簡精舍石浮圖銘	吳宏簡	金目 9-1 石 1.28.20933a
737	河南浚縣	阿彌陀佛龕		文物 1992.1,39
737	河南靈寶	臨高寺重修葺碑	常允之撰常演之書	金石 82 石 1.2.1381-3 北圖 24.36
737	河南龍門	唐廣化寺無畏不空法師碑（宋人重刻）		金目 9 補 石 1.28.21089a
737	山西沁水	大雲寺檻山浮圖讚	張不孤撰董嘉議	山左 6 石 1.20.15051

737	陝西西安	大唐濟度寺故大德比丘尼惠源和上神空誌銘	楊休烈撰蕭定書	金石 82 石 1.2.1387-9
737	陝西西安	實際寺進法師塔銘	陳光撰僧智詳	金石 82 石 1.2.1383-4 北圖 24.38
737	陝西西安	唐西明寺上座智遠律師塔銘	啖彥珍撰陳瓌書	寶刻 7 石 1.24.18210a
737	陝西西安	唐萬回神蹟記	僧還源	寶刻 7 石 1.24.18209b
737	陝西咸陽	大唐京崇聖寺故翻譯大德檀法師塔銘	姜立祐	金補 14 石 1.12.9056-7
737	陝西咸陽	唐無畏不空禪師塔銘		金目 12-1 石 1.28.21313b
737	甘肅敦煌	觀世音經	支師師	識語 847
737	甘肅敦煌	因地論	陳奉德?	識語 848
737	甘肅敦煌	名例律疏刊定列位	王敬從等	識語 849 參
737	浙江杭州	華嚴寺玄覽律師碑	徐安貞撰褚庭誨書	金錄 6 石 1.12.8836a
737	四川南江	摩崖崔使君石龕像銘	崔無詖	金苑 石 1.9.6296
737	福建福州	東山愛同寺懷道闍梨碑	李邕書並撰	寶刻 19 石 1.24.18360b
737	不詳	傳菩薩戒頌	楊仲昌撰溫古書	寶刻 20 石 1.24.18393b
738	河北磁州	大行禪師義方訓	何榮光書	寶刻 6 石 1.24.18191a
738	河北獲鹿	鹿泉本願寺造准提像並銅鐘銘	僧道光等	常山 9 石 1.18.13313-5
738	河北邯鄲	唐罔極寺大行禪師玄德幢銘	韓覃撰並書	寶刻 6 石 1.24.18191a
738	河北磁州	唐日愛寺碑	何榮光書	寶刻 6 石 1.24.18191a
738	河北高陽	唐高陽實諦寺碑	蘇靈芝書	寶刻 6 石 1.24.18195b
738	河南洛陽	大唐大安國寺故大德惠隱禪師塔銘	比丘尼圓德	八補 56 石 1.7.4898-9 北圖 24.55
738	河南龍門	大唐都景福寺尼靈覺龕銘	崇正造	八補 32 石 1.6.4518-9 北圖 24.73

738	河南洛陽	佛頂尊勝陀羅尼經幢	陳留生妻張氏	八補 46&金目 9-3 石 1.7.4751-52 & 28.21017b
738	河南汝州	大唐開元寺故禪師貞和上塔銘	沈興宗	金石 83 石 1.2.1396-7
713-738	河南河內	陀羅尼經幢		金目 9-2 石 1.28.20973a
738	山東章邱	北大寺佛頂尊勝陀羅尼經幢		金目 10-1 石 1.28.21105b
738	山東鉅野	陀羅尼經幢		金目 10-3 石 1.28.21184a
738	山東歷城	九塔寺蘇堵波塔記殘石		金目 10 補 石 1.28.21214b
738	陝西西安	有唐薛氏故夫人實信優婆夷未曾有功德塔銘	杜昱撰並書	八補 56 石 1.7.4903-4 北圖 24.62
738	江蘇宜興	靜山庵佛頂尊勝陀羅尼經幢		金目 4 石 1.27.20775a
738	浙江鄞縣	了緣和尚靈塔銘 佛頂尊勝陀羅尼咒	唐法超等	八補 56&平三上 石 1.7.4905& 26.19485a
713-738	浙江鄮縣	唐阿育王寺常住田碑	徐嶠之書萬齊融撰	兩浙 1 石 1.14.10209-11
738	湖北襄陽	龍興寺金剛經石幢		金目 14 石 1.28.21392b
738	不詳	造石像記	姚付胡	北圖 24.78
739	河北易州	大唐易州鐵像碑頌	王端撰蘇靈芝書盧君暉造	金石 83 石 1.2.1407-9 北圖 24.85
739	河北房山	佛頂尊勝陀羅尼經	李四娘等	房山 211
739	河南登封	唐嵩嶽寺碑	李邕	集跋 6 石 1.24.17887b
739	河南新鄭	佛頂尊勝陀羅尼經幢		中州 3 石 1.18.13787a
739	河南河內	沁臺村殘經幢		金目 9-2 石 1.28.20972b
739	河南偃師	佛頂尊勝陀羅尼經幢	杜敏序張生等造	金石 66 &金目 9-4 石 1.2.1117 & 28.21036b

713-739	山西介休	吉祥寺佛頂尊勝陀羅尼經幢		山右 6 石 1.20.15051-52
739	陝西延州	唐石像文並陰	唐琰撰	寶刻 10 石 1.10.18256
739	陝西西安	大薦福寺大德道光禪師塔銘	王維	全唐 327.1485a
739	甘肅敦煌	千手千眼陀羅尼經	王崇藝	識語 852
739	四川夾江	千佛岩摩崖第 152 號龕		文物 1992.1,63 金目 16-2 石 1.28.21509b
739	四川合江	造像		金目 16 補 石 1.28.21527b
739	四川丹稜	龍鵠山造像記		金目 16 補 石 1.28.21532b
739	四川雅安	龍興寺銅鐘		金目 16-2 石 1.28.21514a
739	四川廣元	造像記	□忠	金目 16 補 石 1.28.21522b
740	河北房山	大方等大集經	檀子尙等	房山 210
740	河北房山	山頂石浮圖後記	王守泰、僧智昇等	房山 11-12 北圖 24.117
740	河北永年	造石浮圖記	李季良撰李興造	北圖 24.104
725-740	河南龍門	奉先寺虢國公楊思勗造像記 造十□□□□□□□□藏菩薩各一軀	楊思勗	錄文 807 北圖 24.156 曾布川下 129
740	河南龍門	僧空寂造像記	僧空寂	錄目 775
740	河南內黃	造像刻經幢	梁守元	河朔上 9 石 3.35.560
740	河南孟縣	陀羅尼經幢		金目 9-2 石 1.28.20986a
740	山東淄博	開元寺碑	李邕撰並書	集目 6&金石錄 27 石 1.24.17978b &12.8957b
740	山東沂水	佛頂尊勝陀羅尼經幢	杜儼	北圖 24.107
740	山西太谷	敬信寺碑	騎楊義	山右 6 石 1.20.1052-53

740	陝西臨潼	唐橋鄉裕里廟佛頂尊勝陀羅尼經幢		文物 1959.8,29-30
740	陝西臨潼	佛頂尊勝陀羅尼經幢		文博 1992.2,72-79
740	陝西扶風	龍光寺舍利塔		金編 7 石 1.4.3149a
740	江蘇江陰	心經咒幢記	張晏撰僧道桓陳氏	八補 46 石 1.7.4751 北圖 24.118
740	四川巴州	釋迦牟尼佛龕	張令該	金苑 2 石 1.9.6296b
740	四川巴州	釋迦牟尼佛龕	党守業	金苑 2 石 1.9.6297a
740	四川蒲江	飛仙閣 62 號窟題記		考刊 7.82
740	甘肅敦煌	東夏顯正略記	釋海雲	識語 853
725-741	河北獲鹿	本願寺三門之碑	沙門邈文	常山 8 石 1.18.13300-2
713-741	河北大名	佛頂尊勝陀羅尼經幢	盧重玄書	寶刻 6 石 1.24.18165a
739-741	河北完縣	爲開元聖文神武皇帝造像	劉師操	金目 3 補 石 1.27.20739a
713-741	河北元城	相衛山川寺廟名錄碑		金目 3-2 石 1.27.20733b
713-741	河北唐山	宣霧山造像	比丘阿妙	金目 3 補 石 1.27.20754b
730-741	河北房山	大品般若波羅密多經	小彩行、李仙藥	房山 83
713-741	河南嵩山	佛頂尊勝陀羅尼經幢	高岑書	金續 2 石 1.5.3771b
713-741	河南新鄭	臥佛寺佛頂尊勝陀羅尼經幢		金目 9-1 石 1.28.20940b 北圖 24.161
713-741	河南龍門	擂鼓台造像記		龍圖 390 錄目 780
723-741	河南龍門	楊安造像記	楊安	寰宇 3 石 1.26.19895a 錄目 799
738-741	河南龍門	爲開元聖文神武皇帝造尊勝陀羅尼經幢		金目 9-2 石 1.28.21010b
723-741	河南新鄉	千佛寺佛頂尊勝陀羅尼經幢		河朔上 8 石 3.35.559

713-741	河南濟源	石佛座題字		河朔上 9 石 3.35.560
738-741	河南沁陽	勝果禪院造五級石浮圖記並刻經題名殘碑	何沁撰□元璟造	河朔下 10 石 3.35.585
713-741	河南汲縣	汲郡共北山浮圖銘	趙不爲序趙不疑銘	金目 9-1 石 1.28.20964b
713-741	河南汲縣	佛龕造像記		金目 9-1 石 1.28.20964b
713-741	河南孟縣	陀羅尼經幢殘石		金目 9-2 石 1.28.20986a
713-741	河南孟縣	大明寺東西二佛塔記	宋定方等	金目 9-2 石 1.28.20986a
713-741	山東泰安	妙覺禪院碑		金目 10-1 石 1.28.21128
741	山西交城	石壁寺鐵彌勒像頌	林諤撰房嶙妻高氏書	金石 84 石 1.2.1421-24
741	陝西西安	大智義福禪師碑陰記	楊柏成撰史惟則書	北圖 24.142 文苑 821,5170
741	陝西扶風	造多寶塔銘	郭楚貞母李氏	金續 7 石 1.4.3149 北圖 24.141
713-741	陝西西安	唐興唐寺石經藏讚	僧嗣安序蔡有鄰等書	集跋 6 石 1.24.17885
741	陝西臨潼	開元慶山之寺舍利塔記	慧燈、晤玄、思遠等	文博 1985.5.12-37
732-741	四川通江	魯班石石窟第 9 窟造像		文物 1990.6.45
713-742	四川大理	大理塔磚款識		金目 19 石 1.28.21582a
713-741	不詳	龍興寺淨土院碑	李邕撰韋同書	寶刻 20 石 1.24.18394a
742	河北房山	穎川陳公蜜多心經碑	陳令望	八補 57 石 1.7. 4913a 北圖 25.6
742	河北肥鄉	圓雕「玉石」佛像	趙元讚等	文物 1988.2,43
742	河南淇縣	封崇寺佛頂尊勝陀羅尼經幢	趙福祥書	河朔上 9 石 3.35.560
742	河南嵩山	大照禪師塔銘	李邕撰並書	全唐 262.1190-2
742	河南溫縣	造三層三面像記	翟玄藏	河朔上 9 石 3.35.560

742	河南孟縣	梧桐寺陀羅尼經幢		金目 9-2 石 1.28.20986b
742	河南孟縣	金剛經石幢		金目 9-2 石 1.28.20986b
742	山東長清	靈巖寺碑頌	李邕撰並書、僧元景等	八補 57&山左 12 石 1.7.4913-5&19.14531 北圖 25.24
742	陝西禮醴	吏部南曹佛頂尊勝陀羅尼經幢	王彥昇等	金石 66 石 1.2.1118
742	陝西西安	西明寺主惠景法師塔銘	何槃撰並書	寶刻 7 石 1.24.1826a
742	陝西同州	唐鄭預注心經		集跋 6 石 1.24.17889a
742	甘肅敦煌	妙法蓮華經卷四	索元	識語 854
742	甘肅敦煌	妙法蓮華經卷二	比丘法常	識語 856
742	江蘇江陰	造像記	張五妍	大村 583-金目?
742	湖北蘄州	龍興寺故法現大禪師碑銘	李適之撰呂向書	寶類 3 石 1.24.18440
742	不詳	阿彌陀佛石像	李元福妻鞏氏	陶齋 24 石 1.11.8214b-15a 北圖 25.21
742	不詳	佛頂尊勝陀羅尼經幢	口仲方	八補 47 石 1.7.4753a
742	不詳	道振禪師塔銘		文字 4 石 1.12.9248a
743	河北房山	大品般若波羅密多經	小彩行,郡市白米行、絹行等社官	房山 83
743	河北北京	釋迦牟尼佛畫讚刻石	王思貞等	文物 1990.12,17-18
743	河南內黃	東花固村復興庵西塔「佛說般若波羅密多心經」	華希顥	文物 1983.5,70-77
743	山東益都	浮圖頌銘	趙遺福等	北圖 25.48-50
743	山東寧陽	造像殘碑	焦氏	山左 12 石 1.19.14531-2
743	山東鄒縣	造像記	陳兆朗	金目 10-2 石 1.28.21154

743	山西芮城	故圓濟和尙法昌寺寺主身塔銘	韓詮撰董光朝書	山右7 石1.20.15059 北圖25.47
743	陝西西安	實際寺故寺主懷惲隆闡大法師碑銘	僧思莊等	金石86 石1.2.1457-61 北圖25.46
743	陝西西安	廣福寺敬業和尙墓誌	郭曖譔書	陝西12 石1.22.16532 北圖25.38
743	甘肅敦煌	大乘起信論	僧靈暉	識語857
744	河北房山	大品般若波羅密多經	燕州角社	房山83
744	河南輝縣	浮圖銘	路虛心撰	河朔上9 石3.35.560
744	河南龍門	路洞尙識微等造像記		龍圖390 錄目781
744	山東滕縣	造像碑記	孫法□等	北圖25.69
744	山東寧陽	鑿井造像記	臧公	寰宇3 石1.26.19895b
744	山東鄒縣	五臺山碑文	李士強撰	金目10-2 石1.28.21154a
744	山東寧濟	造像記	劉氏等	金目10-2 石1.28.21164b
744	陝西西安	終南山施陀林騎都尉薛良佐塔銘	薛鈞撰薛良史書	文字4 石1.12.9250a
744	陝西西安	佛頂尊勝陀羅尼咒 佛說無垢淨光大陀羅尼神咒		金略2 石1.5.3597 北圖25.54
744	甘肅敦煌	妙法蓮華經卷九	樊客	識語859
744	江蘇建康	棲霞寺鐘銘		寶刻15 石1.24.18328-9
744	浙江臨海	龍興寺塔磚識		台州5 石1.15.11234
744	不詳	造石像記	王仵朗	北圖25.52
744	不詳	造像記		大村583-陶齋？
742-745	河北房山	玄宗御注金剛般若波羅蜜經	宋昇等	房山211
745	河北房山	大品般若波羅密多經	大采帛行、絲綢采帛行、樓南長店邑、白米行等	房山84
745	河南獲嘉	登覺寺佛殿銘	劉抗撰劉廣書	河朔上9 石3.35.560

745	河南洛陽	大奉國寺高守忠龕記	石鎮文崔英書	八補 57 石 1.7. 4916-7 北圖 25.82
745	河南開封	窣堵波幢銘	劉仲丘撰薛希昌書	寶刻 1 石 1.24.18085
745	山東單縣	造像記	田元憲	金目 10-3 石 1.28.21182a
745	陝西西安	慈恩寺道進律師塔銘	高參撰法亮書	寶刻 7 石 1.24.18210
745	四川安岳	千佛寨 24 號龕設齋題記		四川 1989.2.35-38 敦煌 1993.1.40
745	四川安岳	千佛寨 40 號窟藥師琉璃光佛		文物 1980.8.51
745	四川閬中	佛頂尊勝陀羅尼經幢	王襲綱	金苑 2&八補 石 1.9.6297& 7.4753
745	四川閬中	鐵塔寺佛頂尊勝陀羅尼經塔	定唐安郡（劉）藩主	金目 16-1 石 1.28.21470b 四川 1993.1.36-39
745	四川仁壽	平等寺道超和尚精德碑	薛兼金撰	金目 16-1 石 1.28.21464a
745	不詳	常覺寺銅鐘銘	韋迴撰並書	寶刻 20 石 1.24.18394
746	河北房山	大品般若波羅密多經	燕州角諸社人等	房山 85
746	河北曲陽	造玉石像（佛坐像）	邸延果	曲陽 174，圖 57
746	河南滑縣	造像記	徐仙客	河朔上 9 石 3.35.560
746	河南嵩山	會善寺淨藏禪師塔銘	慧雲等	金石 87 石 1.2.1474-5 北圖 25.112
746	河南龍門	安國寺尼讚律師護葬經幢		金目 9-3 石 1.28.21018a
746	山東濟寧	石佛閘上造像	劉氏	金目 10-2 石 1.28.21164b
746	陝西銅川	洪福寺彌勒石像碑	韓滉撰並書、趙貞造	寶刻 10 石 1.24.18258b
746	陝西西安	唐一切道師元傾和尚碑	僧崇業撰智謙書	寶刻 7 石 1.24.18210b

746	陝西西安	興聖寺佛頂尊勝陀羅尼經幢	尼決定、尼普義	金石 66 石 1.2.1119a 北圖 25.110
746	陝西西安	福聖寺陀羅尼經讚石柱	紀欣之撰並書	寶刻 7 石 1.24.18210b
746	甘肅敦煌	妙法蓮華經卷四五	印度僧祇難	識語 860
746	甘肅敦煌	大般涅槃經卷四十	優婆夷普賢	識語 861
746	不詳	阿彌陀佛銅像一鋪	張虔萬	金編 8 石 1.4.3156-7
713-746	不詳	大相國寺碑	李邕撰並書	文苑 858.4531-32
746	不詳	善才寺大德元秘塔銘	楊琦撰張乾護書	金錄 7 石 1.12.8841a
746	不詳	阿彌陀佛像	楊白烏	大村 583
747	河北房山	大品般若波羅密多經	王守忠、李大師、高嶠、布行人、新絹行、燕州角邑等	房山 87
747	河南安陽	寶山塔林僧元藏灰身塔記		北圖 25.125 金目 9-2 石 1.28.20956a
747	山東臨朐	石門房山…□□□尼像一鋪	李思恭	八補 57 石 1.7.4923
747	山東臨朐	石門房山釋迦牟尼像一軀、□經一卷、觀世音菩薩一軀	盧大娘	八補 57 石 1.7.4923
747	山東臨朐	石門房山觀世音菩□□軀	王守志	八補 57&金目 10-3 石 1.7.4923&28.21198
747	山東臨朐	石門房山阿彌陀佛像	孟士□	八補 57 石 1.7.4923
747	山東臨朐	石門房山觀音菩薩一軀	李□賓	八補 57 石 1.7.4924
747	山東臨朐	石門房山造像記	監希庄	山左 12 石 1.19.14532
747	山東臨朐	石門房山造像記	王十二娘	山左 12 石 1.19.14533
747	山東臨朐	石門房山造像記	車懷璧	山左 12 石 1.19.14533
747	山東臨朐	石門房山造像記	王克勤	山左 12 石 1.19.14533

747	山東高陵	六級浮圖銘	王迴山等	八補 57 石 1.7.4920-2
747	山西絳州	救苦觀世音菩薩一軀	梁二娘	山右 7 石 1.20.15062a
747	陝西西安	太原王四娘塔銘	裴炫撰張少悌書	寶刻 8 石 1.24.18224b
747	陝西西安	開元寺淨土院石燈臺贊	章鶴撰傅如玉書	寶刻 8 石 1.24.18224b
747	陝西西安	佛頂尊勝陀羅尼經幢	司馬霜撰	金石 66 石 1.2.1119
747	陝西西安？	太一寺功德頌	裴炫撰	金錄 7 石 1.12.8842a
747	陝西西安	興福寺擣練石記		金目 12-1 石 1.28.21296b
747	甘肅敦煌	妙法蓮華經卷二	張亭趍	識語 862
747	江西廬陵	靖居寺大和尚碑		金目 6 石 1.27.20859b
747	四川通江	千佛崖 35 號說法圖窟題記	王珣	考刊 7.82
747	不詳	明師禪院石燈台頌		金錄 7 石 1.12.8841b
748	河北房山	大品般若波羅密多經	杜行恭、平正陽、法定、燕州角社、樓南長店邑、白米行邑、永清邑等	房山 88-89
748	河北鉅鹿	開元寺慧能大師碑	宋鼎撰史惟則書	寶刻 6 石 1.24.18183b
748	河南嵩山	乘眞禪師靈塔碑	王雄風撰胡霈然書	寶刻 4 石 1.24.18139a
748	河南龍門	香山寺佛頂尊勝陀羅尼經	牛□□書	中考 6 石 1.18.13712a 錄目 782
748	河南濬縣	石浮圖心經	張大娘	河朔上 9 石 3.35.560
748	河南濟源	百家巖寺記	崔禹錫撰劉軫書	金錄 7 石 1.12.8842a
748	河南濟源	石浮屠並刻經記	韓行獻	金目 9-2 石 1.28.20978b
748	山東臨朐	石門房山觀世音菩薩一軀	沮瓊瑤	八補 7 石 1.7.4924

748	山東臨朐	石門房山造像記	韓嘉昕	山左 12 石 1.19.14532
748	山西五台	五台山清涼寺碑	李邕撰	文苑 859.4536-37a
748	陝西西安	李家村金剛經石幢	蔣圖撰王漳源等建	金石 88 石 1.2.1485-6
748	陝西西安	崇仁寺佛頂尊勝陀羅尼經幢	張少悌書王尙客等建	金石 66 & 文字 4 石 1.2.1120-1 & 12.9251a 北圖 25.140
748	陝西岐陽	佛說施燈功德經	李口徵建	陝西 13 石 1.22.16539a 文博 1984.3,77
748	陝西西安	唐故大慈禪師淨覺墓誌銘		北圖 25.153
748	陝西岐山	萬壽寺功德經幢	朱默正書	金目 12-1 石 1.28.21355b
748	甘肅敦煌	180 窟北壁造二菩薩像	張承慶	莫高窟 81
748	四川南江	摩崖造像石龕銘	武鶯遷書杜昆吾建	金苑 2 石 1.9.6299
748	四川遂寧	摩崖造像記	楊宇之	四川 1993.2.41
748	不詳	佛頂尊勝陀羅尼經幢		寶刻 20 石 1.24.18394a
748	不詳	造舍利塔佛像等碑	劉愼和撰王進書楊弘慶建	寶刻 20 石 1.24.18394b
748	不詳	造石像記	趙慈順	大村 584
748	不詳	龕主井欄頌	劉口	大村 584-金目?
749	河北房山	大品般若波羅密多經	趙長者、鄧祥仁、小絹行邑等	房山 90-91
749	河北常垣	匡城縣業修寺碑	段迥撰臨承祐書	金目 3-2 石 1.27.20734a
749	河南濟源	百家巖寺碑	崔巨撰崔倚正書	寶刻 20 石 1.24.18394b
749	河南武陟	念定寺經幢		金目 9-2 石 1.28.20985a
749	河南登封	碑樓寺斷碑		中考 7 石 1.18.13725a
749	河南登封	少林寺石像記		金目 9-4 石 1.28.21057a

749	河南龍門	佛頂尊勝陀羅尼經幢	大聖善寺律師比□、景福寺尼淨意、高熊書	中原 1993.4.16
749	河南安陽	寶山塔林故靈泉寺玄林禪師碑	陸長源撰	北圖 26.2-3 常盤 5.65-66
749	河南武安	浮圖銘	劉元昴	河朔上 9 石 3.35.560
749	河南孟縣	經幢	昭成造	金目 9-2 石 1.28.20986b
749	河南孟縣	經幢殘石		金目 9-2 石 1.28.20986b
749	甘肅敦煌	185 窟西壁紀年	宋嗣作	莫高窟 82
749	江蘇沛縣	崇勝寺造阿彌陀佛像一鋪摩訶般若波羅蜜多心經一卷	丁思禮	江蘇 4 石 1.13.9533a
749	不詳	湛橋寺天宮石像頌	僧道文	金續 2 石 1.5.3772b
749	不詳	施地做義井造像記	劉玄通	陶齋 24 石 1.11.8221
750	河北房山	大品般若波羅密多經	肉行、石崖村邑、馬崇賓、幞頭行、角社、大絹行社等	房山 91-92
750	河北房山	石經中臺中層浮圖並感願文 彌勒佛,阿彌陀佛及諸菩薩題名	王晉等	房山 13-14
750	河南龍門	佛弟馬隨等題記	馬隨等	錄文 903
750	河南龍門	劉飛造像記	史惟則書	寶刻 4 石 1.24.18135a
750	河南林縣	西崗村陽台寺西塔造浮圖題名	孟崇仙	河朔上 9 石 3.35.560 文物 1983.5,70-77
750	河南嵩山	少林寺靈運禪師功德塔碑銘	僧勤□	金石 77 石 1.2.1496-98 北圖 26.22
750	河南登封	永泰寺佛頂尊勝陀羅尼經幢	楊愼行書張超建	金石 66 石 1.2.1122-3 北圖 26.28

750	山東臨朐	石門房山阿彌陀佛像	張行廉	八補 57 石 1.7.4924
750	山東臨朐	石門房山造像	王道成妻張氏	山左 12 石 1.19.14533a
750	山東濰州	尊勝陀羅尼經幢	崔恁撰王士則書	寶刻 1 石 1.24.18101a
750	山東濟寧	造七級浮圖頌	薛待伊	山左 12 石 1.19.14535
750	甘肅安鄉	開化寺臥禪師淨土堂碑銘	張鼎撰吳郁書	元豐 1 石 1.24.18013
750	陝西西安	瑤臺寺敕書	唐玄宗	金錄 7&金目 12-1 石.1.12.8843a& 28.21296b
750?	陝西西安	大唐大安國寺故大德淨覺師塔銘	王維	全唐 327.1485c-86b
750	不詳	坐佛五尊像龕		東京藝大藏 松原 282(a)
750	不詳	造救苦觀世音菩薩	邑子一十六人等	Zurich 藏
751	河北房山	大品般若波羅密多經	大米行社、大絹行、小絹行等	房山 93-94
751	河南登封	明禪師碑	鄭炅之撰徐浩書	集跋 7 石 1.24.17891
751	山西？	唐龍興寺七祖堂頌	陳章甫撰胡霈然書	集跋 7 石 1.24.17891a
751	湖北荊州	南泉大雲寺故蘭若和尚碑	李華撰	湖北 5 石 1.16.11878-80
751	江蘇揚州	龍興寺經律院懷仁和尚碑	李華撰	文苑 662.4548-49
751	四川廣元	觀音崖 32 號龕釋迦牟尼像讚	范元逸	考刊 7.81
751	四川巴中	南龕造七級浮屠		文物 1980.8.47
751	四川巴中	南龕第 89 龕佛頂尊勝陀羅尼經幢		文物 1990.6.45-46
751	湖北襄樊	金城寺放生池石柱銘	李君秀等	寶刻 3&金錄 7 石 1.24.18121& 12.843a
752	河北正定	崇因寺造石浮圖記	董信古等	八補 58 石 1.7.4934-5

752	河北?	造九級浮圖及石像感怨文	晉子英撰	八補 58 石 1.7.4937
752	河北元氏	造石浮圖記	殷審續、尼貞固	常山 9 石 1.18.13318-9
752	河北元氏	開化寺八面石燈臺造像頌並題名	張尹撰趙永安、僧智懷	八補 58&常山 9 石 1.7.4932-33&18.13319-20
752	河北房山	石經中臺中層盧舍那浮圖釋迦牟尼佛及諸菩薩題名	王晉等	房山 13 八補 58 石 1.7.4936-7
752	河北房山	大品般若波羅密多經	李楚珪、石經邑、屠行社、高二娘、張令詳等	房山 93-94
752	河北正定	造像記	董日進	金目 3-2 石 1.27.20697a
752	河南汝州	淨因寺阿彌陀佛造像記	梁懷貞	八補 58 石 1.7.4932
752	河南登封	大唐中岳永泰寺碑頌	僧靖彰撰荀望正書	北圖 26.61
752	河南登封	玄隱禪師塔銘	徐浩撰並書	中考 7 石 1.18.13725b
752	河南洛陽	石燈臺記佛頂尊勝陀羅尼咒	賈文玉	金目 9 補 石 1.28.21089b 北圖 26.67
752	河南鄭州	定覺寺佛頂尊勝陀羅尼經幢		金目 9-1 石 1.28.20933a
752	山東歷城	造像記	李舍	金目 10 補 石 1.28.21214b
752	山東靈巖	造舍利石鹿函記		金目 10-1 石 1.28.21111
752	山東益都	雲門山造像	季思敬	山左 12 石 1.19.14535-6
752	山東濟寧	普照寺造像碑	常董生等	山左 12 石 1.19.14535b 北圖 26.70
752	山西五台	釋迦坐像與二弟子像		佛光寺出土. 中美.雕 4.47-48
752	山西新絳	釋迦牟尼佛阿彌陀佛等讚	高子珍	山右 7 石 1.20.15063a 北圖 26.68

748-752	陝西西安	重修開元寺陀羅尼經幢	駱齊修題衛昇玉等建	金石 66 & 陝西 13 石 1.2.1119-20 &22.16539a 北圖 26.57
752	陝西西安	大唐千福寺多寶塔感應碑	岑勛撰顏眞卿書	金石 89 石 1.2. 1502-7 北圖 26.64
752	陝西西安	瑤臺寺大德碑	韓檡木書	金錄 7 &金目 12-1 石 1.12.8844a &28.21297a
752	甘肅敦煌	十戒經盟文	張玄晉	識語 867
752	浙江武康	永安寺經幢		吳興 5 石 1.14.10738a
752	江蘇潤州	鶴林寺故徑山大師碑銘	李華撰	文苑 662.4550-51
752?	四川廣元	千佛崖如意輪觀音	袁誠	文物 1990.6.12
752	不詳	佛頂尊勝陀羅尼咒、燈臺銘、阿彌陀佛像一鋪	曹文玉等	八補 47 石 1.7.4754b
752	不詳	四禪寺萬菩薩像記	趙子餘撰林混元書	寶刻 20 石 1.24.18394b
752	不詳	大智禪師碑	嚴浚撰胡霈然集字	金錄 7 石 1.12.8843b
752	不詳	造浮圖記	比丘尼惠因	大村 586 —金目
753	河北深澤	大忍寺營建樓碑		金目 3-2 石 1.27.20722a
753	河北房山	大品般若波羅密多經	郭禮、造經主馮十二娘、絹行等	房山 97-98
753	河南登封	永泰寺西佛頂尊勝陀羅尼經幢	張崇超妻	八補 47 石 1.7. 4755 北圖 26.85
753	河南安陽	天寧寺造像佛龕經刻		河朔上 9 石 3.35.560
753	河南溫縣	(卜里書院)出家功德經幢	僧法燈	金目 9-2 石 1.28.20989b
753	山東益都	雲門山定光像一軀	張千秋	益都 2 石 1.20.14833b
753	山東益都	雲門山盧(舍)那像一軀	趙開東母仇氏	益都 2 石 1.20.14833b
753	山東益都	雲門山無量壽像一軀	依六妻宮清讓	平津 6 石 1.26.19418-9

753	山東益都	雲門山彌陀像一軀	王元恭	山左 12 石 1.19.14535-6 北圖 26.101
753	山東益都	雲門山造像記	李栖梧	山左 12 石 1.19.14536a
753	山西鳳臺	陀羅尼經幢	楊□仙	山右 7 石 1.20.15063
753	陝西西安	唐醴泉寺惠劍禪師塔銘	僧超霞撰孔光書	寶刻 7 石 1.24.18211a
753	陝西西安	唐故優婆夷段常省塔銘		金略 2 石 1.5. 3598a 北圖 26.106
753	陝西西安	王智預修塔銘	趙侍賓撰劉泰書	寶刻 8 石 1.24.18225a
753	陝西西安	陀羅尼經幢		金目 12.1 石 1.28.21280a
753	陝西華原	神德寺彌勒閣碑	杜鼇撰馬順書張祥德建	寶刻 10 石 1.24.18259a
753	甘肅敦煌	大乘方便經卷上	郭巖隱	識語 872
753	甘肅敦煌	法華經玄贊卷七		識語 873
753	甘肅敦煌	金剛般若經	王豐	識語 874
753	四川丹稜	鄭山 51 號窟造像碑記		考刊 7.83
753	四川丹稜	劉嘴 51 號窟造像碑記		考刊 7.83
753	不詳	造阿彌陀佛經	哥舒翰等	寶刻 20 石 1.24.18395a
753	不詳	佛頂尊勝陀羅尼經幢	惠玉	八補 47 石 1.7.4755a
754	河北房山	大品般若波羅密多經	何元尟、造經邑、游金應等	房山 99-101
754	河南龍門	火燒洞造彌勒觀音像記	淨元	龍圖 390 錄文 777
754	河南龍門	張曙造像記	張曙	錄目 785g
754	河南龍門	安鄉郡長史黃爲妻劉氏龕銘	劉庭玲述	八補 58 石 1.7.4941-2 北圖 26.120
754	河南孟縣	造彌陀像記	王行忠等	金目 9-2 石 1.28.20986b
754	山東陽谷	七級石浮圖	杞文璀等	考古 1987.1,48-50
754	山東濟寧	興文鎮佛寺造像碑	高乾式	金石 90 石 1.2.1516-7

754	山東滕縣	興國寺阿彌陀佛像碑		山左 12 石 1.19.14537
754	山東鄒縣	造像記	朱五孃	金目 10-2 石 1.28.21154a
754	山西永濟	棲霞寺故大禪師智通塔銘	僧復珪撰	北圖 26.115
754	陝西西安	香積寺施燈功德經幢		金石 89 石 1.2.1512
754	陝西西安	廣濟院碑	徐浩書	寶類 3 石 1.24.18436b
754	甘肅永靖	炳靈寺 169 窟北壁 12 號供養題記	僧法顯	炳靈 290-1
754	甘肅敦煌	惟性論	石懷慶	識語 873
754	甘肅敦煌	無量壽觀經讚述	孔含光	識語 876
754	浙江餘杭	龍泉寺故道一大律師碑	李華撰	文苑 860.4538-40
754	浙江東陽	故左溪玄朗大師碑	李華撰	文苑 860.4545-46
754	不詳	造彌勒像題記	袁名丘等	北圖 26.111
754	不詳	造石橋記	僧元晽、劉琛、劉靈光	陶齋 25 石 1.11.8229-8230a
755	河北房山	大品般若波羅密多經	郭思禮、王珪、武沖子、張僧亮等	房山 101-104
755	河南嵩山	敕還少林寺神王獅子記	僧智通	金石 91 石 1.2.1525-27 北圖 26.137
755	河南浚縣	隴西尹公浮圖銘	尹公造	金目 9-2 石 1.28.20967 文物 1983.5,70-77
755	陝西宜君	秦家河摩崖		延安
755	甘肅敦煌	菩薩戒本疏卷下	釋談幽	識語 878
755	不詳	造浮圖銘	韓貞瓚女二娘	北圖 26.131
752-55	不詳	造佛菩薩像並感怨文	王晉	陶齋 25 石 1.11.8233
752-55	不詳	造佛菩薩像並李時用德政記	王晉	陶齋 25 石 1.11.8233b-34a
738-756	河北邢州	唐開元寺尊勝陀羅尼經碑		金補 14 石 1.12.9058
742-756	河北廣平	霧睹寺造塔記		金目 3-2 石 1.27.20729b

742-756	河南浚縣	翟村福勝寺西塔「般若波羅密多心經」		文物 1983.5,70-77
742-756?	河南龍門	造觀音像記	陶翰撰徐浩書	寶刻 4 石 1.24.18135
742-756	河南登封	嵩嶽寺楞伽阿跋多羅寶經	徐浩書	金目 9-4 石 1.28.21057a
756	山東鄒縣	造像碑記	朱五娘	山左 12 石 1.19.14539b
742-56	山東臨朐	石門房山造像記	王日新	金目 10-3 石 1.28.21199a
742-56	山東臨朐	石門房山造像記	女大娘	金目 10-3 石 1.28.21199a
742-756	陝西西安	興唐寺金字大般若經藏銘	張洎撰李仙書	寶刻 8 石 1.24.18225b
742-756	陝西西安	興唐寺石經藏銘	僧嗣安序席豫等贊	金目 12-1 石 1.28.21297a
742-756	陝西西安	沙彌尼清眞塔銘	僧季良撰並書	北圖 26.147
756	甘肅敦煌	妙法蓮華經卷六		識語 879
756	浙江餘姚	休光寺法眞師行業讚	王燧撰	寶刻 13 石 1.24.18282b
756	浙江越州	法華寺玄儼律師碑	萬齊融撰徐浩書	寶刻 13 石 1.24.18282b
756	四川達縣	唐張公□造像記	張公	金苑 2 石 1.9.6300a
713-56	四川安岳	樂至縣羅漢寺造像頌殘碑		八補 58 石 1.7.4945
756	四川廣元	造觀世音菩薩、地藏菩薩像	僧廣行	文物 1990.6.12 金目 16 補 石 1.28.21523b
742-756	雲南大理	南詔蠻頌德碑		金目 19 石 1.28.21582a
756	不詳	心經	徐浩書	金補 15 石 1.12.9062b
742-756	不詳	玄宗注金剛經		寶刻 20 石 1.24.18395a

書目略語表：

《八補》 陸增祥輯，《八瓊室金石補正》

《山右》 胡聘之，《山右石刻叢編》

《山左》 畢沅，《山左金石志》

《大村》 大村西崖，《支那美術史雕塑篇》

《文字》 顧炎武編，《金石文字記》

《文物》 《文物》

《文苑》 李昉等編，《文苑英華》

《文博》 《文博》

《元豐》 曾鞏撰，《元豐題跋》

《中州》 畢沅編，《中州金石記》

《中考》 黄叔璥編，《中州金石考》

《中美》 《中國美術全集：雕塑編4　隋唐雕塑》

《中原》 《中原文物》

《四川》 《四川文物》

《平三》 洪頤煊撰，〈平津讀碑記三續〉

《平津》 洪頤煊撰，《平津讀碑記》

《台目》 黃瑞輯，〈台州金石甎文闕訪目〉《台州金石錄》

《台州》 黃瑞輯，〈台州甎錄〉《台州金石錄》

《北圖》 《北京圖書館藏中國歷代石刻拓本匯編》

《全唐》 董誥等編、陸心源補輯拾遺，《全唐文及拾遺》

《江寧》 嚴觀編，《江寧金石記》

《江蘇》 江蘇通志稿，《江蘇金石志》

《曲陽》 楊伯達著，松原三郎譯、解題，《埋もれた中國石佛の研究》

《安陽》 武億，《安陽縣金石錄》

《吳興》 陸心源輯，《吳興金石錄》

《考文》 《考古與文物》

《考刊》 《考古學集刊》

《考古》 《考古》

《延安》 靳之林編，《延安石窟藝術》

《松原》 松原三郎，《增訂中國佛教雕刻史研究》

《河朔》 顧燮光撰，《河朔新碑目》

《金石》 王昶，《金石萃編》

《金目》 吳式芬撰，《金石彙目分編》

《金苑》 劉喜海編，《金石苑》

《金略》 王言撰，《金石萃編補略》

《金補》 葉奕苞編，《金石錄補》

《金編》 陸耀遹纂，《金石續編》

《金錄》 趙明誠撰，《金石錄》

《金續》 劉青藜編，《金石續錄》

《房山》 北京圖書館金石等編，《房山石經題記匯編》

《京大》 吉本道雅編集，《中國石刻拓本展》

《兩浙》 阮元輯，《兩浙金石志》

《炳靈》 甘肅省文物工作隊、炳靈寺文物保管所編，《中國石窟：炳靈寺石窟》

《陝西》 武樹善編，《陝西金石志》

《益都》 段松苓輯，《益都金石記》

《常山》 沈濤輯，《常山貞石志》

《常盤》 常盤大定、關野貞著，《中國文化史蹟》

《莫高窟》敦煌文物研究所編，《敦煌莫高窟內容總錄》

《陶齋》 端方編，《陶齋藏石記》

《曾布川》曾布川寬著，顏娟英譯，〈唐代龍門石窟造像的研究〉

《湖北》 張仲炘輯（清），《湖北金石志》

《集目》 歐陽棐撰，繆荃孫校輯，《集古錄目》

《集跋》 歐陽修撰，《集古錄跋尾》

《湘城》 陳運溶編，《湘城訪古錄》

《傅圖》 毛漢光重編，《中央研究院歷史語言研究所藏：歷代碑誌銘、塔誌銘、雜誌銘拓片目錄》

《錄文》 水野清一、長廣敏雄，〈龍門石刻錄錄文〉《龍門石窟の研究》

《錄目》 水野淸一、長廣敏雄，〈龍門石刻錄目錄〉同上書

《寰宇》 孫星衍撰，《寰宇訪碑錄》

《寰補》 趙之謙纂撰，《補寰宇訪碑錄》

《閻文儒》閻文儒，〈龍門奉先寺三造像碑銘考釋〉《中原文物》1985年特刊

《龍圖》 關百益，《龍門石刻圖錄》

《龍門》 龍門文物保管所、北京大學考古系編，《中國石窟：龍門石窟》

《識語》 池田溫，《中國古代寫本識語集錄》

《寶刻》 陳思纂，《寶刻叢編》

《寶類》 撰人不詳（宋），《寶刻類編》

《隴右》 張維編，《隴右金石錄》

《響文》 水野清一、長廣敏雄，〈附錄三　響堂山石刻錄：第一部，響堂山石刻錄錄文〉《響堂山石窟》

《響目》 水野清一、長廣敏雄，〈附錄三　響堂山石刻錄：第二部，響堂山石刻錄錄目〉同上書

《Siren》 Osvald Siren, *Chinese Sculpture from the Fifth to the Fourteenth Century*, 4 vols. London: 1925, New York: 1970 (reprint)

附錄二　長安洛陽寺觀資料表

略號：兩　唐兩京城坊考　　歷　歷代名畫記　　寺　寺塔記　　會　唐會要

長　長安志　　京　兩京新記集本　　京3　兩京新記第三卷舊鈔本

河　河南志

長安寺院

寺院	年代	檀那	僧人	畫家	感應/名跡	出處
法壽尼寺	586					兩 2.3b
1.大獻福寺 2.**大薦福寺** a.浮圖院	1.684 2.690 a.707-710	英王爲高宗追福 中宗 率錢	思恒	武后（飛白書）吳道子、張璪、畢宏	原煬帝、蕭瑀、襄城公主英王宅、思恒律師誌銘、道光禪師塔銘（王維）淨土院、菩提院、律院、維摩詰本行變、行僧	兩 2.3-4a 歷 3.42 長 7.7b
1.遵善寺 2.**大興善寺** 3.酆國寺 4.大興善寺 a.天王閣	1.北周 2.約583 3.705-706 4.710 a.828	 文帝 韋后 文宗	不空、惟寬、素和尚	梁洽、劉焉、曹（仲達？）、尹琳、吳道子	韋后爲父追福 優塡像（668燒毀）、栴檀像、不空三藏塔、舍利髮塔（601）、于闐玉佛菩薩像、左顧蛤像、有時非時經（隋）、三藏院閣（821-823造）本在春明門內828移來	兩 2.5b 寺上 2-4 歷 3.42-43
光明寺	唐		璘公	李岫	鬼子母、文惠太子塑像	兩 2.6a 寺上 6-7
1.正覺寺 2.**招福寺** a.聖容院	1.隋 2.667 a.708 b.713重修	 睿宗 玄宗		李眞（貞元中785-804畫）	睿宗藩第、長寧公主佛堂、（武后）等身金銅像（702）、睿宗眞容坐像（708）、鬼神、鬼子母、僧伽像	兩 2.7b 寺下 25-26
永壽寺	709	中宗		吳道子	中宗爲永壽公主立、神像	兩 2.10a 歷 3.48
資敬尼寺	583	長孫覽爲父立	眞一 智因			兩 2.10a

1.崇敬寺 a.廢 2.崇敬尼寺 3.改爲宮 4.復寺	1.隋初 a.605-616 2.662 3.684 4.唐	文帝 高宗			高宗爲高安長安公主立傳阿育王第四女所造石像一軀	兩 2.11b 京 10b
保壽寺	750	高力士	法成	張萱	本高力士宅、經藏閣、二塔（火珠受十餘斛）、石橋圖（張畫）、先天菩薩幀（本起成都妙積寺，僧楊法成畫、劉意兒指授、凡二百四十二首，首如塔勢、分臂如意蔓）	兩 3.1a 寺下 20-22
1.光宅寺 a.七寶台 b.曼殊堂 c.普賢堂	1.677 b.780-783 c.?	武后	惠中 (761)	尉遲乙僧、吳道子、楊廷光、尹琳	本官葡萄園。677 年掘地得寶函、佛舍利萬餘粒，遂立寺。惠中禪師影堂、東菩提院、降魔變、西方變、普賢堂本武后梳洗堂	兩 3.2a 寺下 19-20 歷 3.44
荷恩寺	710	睿宗				兩 3.3b
寶刹寺	581-600			楊契丹、陳靜眼楊廷光、鄭法士	寺佛殿後魏造，四面立柱當中構虛，起兩層閣，榱棟屈曲爲京城之妙，故名。涅槃變、地獄變	兩 3.4b 歷 3.44-45
資聖寺（尼） a.改僧寺 b.火焚再造	663 a.673 b.703	高宗爲文德皇后追立		殷仲容、吳道子盧稜伽、李嚴（書）、楊坦、韓幹、李眞、邊鸞、檀章、姚景仙、楊廷光、尹琳	本長孫無忌宅 高僧圖、觀音院鐵觀音、四十二賢聖、淨土院、北圓塔(團塔？)藥上菩薩、絹畫菩薩、塔中千部法華經	兩 3.4b 長 8.2b-3a 歷 3.44 寺下 28-29
1.菩提寺 2.保唐寺	1.582 2.852	李敬道僧惠英	元竟會覺文淑（約 820）	鄭法士、吳道子王耐兒、楊廷光董諤、耿昌言	（大）智度論色褐變、禮骨仙人、消災經事、維摩變、神鬼、白畫、本行經變、水族	兩 3.6a 寺上 15-16 歷 3.45-46
陽化寺	隋	于宣道			爲父建平公義、母獨孤氏立	兩 3.6b
淨域寺	585			王昭隱、皇甫軫將作劉監、劉銘父子（766-779）張孝師、杜懷亮（書榜）、王韶應、王什	北周恭帝禪位薨於此寺 本太穆皇后宅 萬菩薩堂、三階院、地獄變	兩 3.8a 寺下 23-24 歷 3.46

奉慈寺	840-841	韋太后			本馬周宅，韋嗣立宅、虢國夫人楊氏宅(712-741)，安祿山府、郭曖駙馬宅，韋太后爲昇平公主立	兩 3.8 寺下 18
1.修慈尼寺 2.宏濟寺 3.**崇濟寺**	1.583 2.649 3.705-706	魯郡夫人孫氏			天后織成蛟龍被襖子及繡衣六事、道宣律師製袈裟堂 649 年修慈尼寺與勝業坊宏濟僧寺對換寺址	兩 3.15a 寺下 27
1.無漏寺 2.**慈恩寺** a.大雁塔	1.隋 2.648 a.652 b.701-704 拆改	高宗爲文德母后立 玄奘	玄奘法力	吳道子、尹琳、尉遲乙僧、楊廷光、鄭虔、畢宏王維、閻(立本？立德？)、李果奴、張孝師、韋鑾	浮圖內辟支佛、千缽文殊騎獅、騎象菩薩 翻經院（玄奘居） 白畫、行僧、地獄變、神、松樹	兩 3.16 寺下 31-32 歷 3.43 會 48.5b
1.興道寺 2.**楚國寺**	1.隋-611 2.唐初	高祖爲其五子楚哀王立			楚哀王等身金銅像	兩 3.16b-17a 寺下 30
淨住寺	587				本裴宏濟宅	兩 3.17a
大安國寺 a.佛堂 b.盛營 c.聖容院 d.再建 e.紅樓	710 a.開元初 b.806-819 c.806-819 d.866 e.866	睿宗 玄宗 吐突承璀	法空 廣宣(806-819) 寂照(821-827)	思道、吳道子、楊廷光、尉遲乙僧	本睿宗藩宅 玄宗拆寢室建佛殿、當陽彌勒像（光明寺移來） 木塔院、釋梵八部、梁武帝、郗后 法空影堂 利涉塑堂（元和中取其處爲聖容院） 紅樓本睿宗在藩時舞榭 段成式「寂照和尚碑」	兩 3.17b 寺上 5-6 歷 3.46-47
1.罔極寺 2.**興唐寺**	1.705 2.732	太平公主爲武太后立		吳道子、楊廷光周昉、尉遲乙僧董諤、尹琳、楊坦、楊喬、李生、韓幹、徐浩	般若院山水、韓幹畫一行大師眞、徐浩書贊、淨土院、吳畫金剛變、西方變李生畫金光明經變、玄宗御容像	兩 3.18a 歷 3.45
勝業寺	618-626	高祖爲釋景暉立	景暉		於寺東又爲景暉立祠，以其言事多中，高祖龍潛，景暉夙啓先覺	兩 3.20b

1.宏濟寺 2.**修慈尼寺**	1.587 2.646				宏濟寺與修慈尼寺換址	兩 3.20b
甘露尼寺	585					兩 3.20b
資聖寺	809 以前					兩 3.21b-22a
玄法寺	586	張穎（頻？）		虞世南書(屏風)懷素、顔眞卿、張謂、錢起、陳子昂(畫人約 766-779)、劉整	本隋禮部尙書張穎（頻？）宅。 觀音院、盧舍那堂、維摩變、曼殊院東廊簷前額上有相觀法（陳子昂畫）	兩 3.22b 寺上 13-14
1.法輪寺 2.法雲寺 3.翊聖寺 4.**法雲尼寺**	1.583 2.684-698 3.708 4.710	韋孝寬 睿宗 韋后改			本長孫覽宅	兩 3.24a
宣慈寺	唐					兩 3.24a
普曜寺 a.廢	583 a.714	獨孤皇后爲外祖崔彥珍立				兩 3.26b
日嚴寺 a.廢	601 a.632	煬帝晉王立				兩 3.26b
1.天寶寺 2.**建福寺** a.廢	1.隋 2.663 a.714	高宗爲新城公主立			隋彌勒閣高一百五十尺	兩 3.26b
大中報聖寺	846-859	宣宗			獻皇后御容（東觀奏記）（據唐語林：憲宗御容？）	兩 3.27b
1.**清禪寺** 2.安國寺	1.583 2.852	文帝爲曇崇立	曇崇	鄭法士		兩 3.27b 歷 3.53
禪林寺	隋					兩 3.28b

1.**寶應寺** 2.資聖寺	1.769 2.846	王縉		韓幹、楊岫、張璪、邊鸞	本王縉宅以疾請捨、釋梵天女悉齊公妓小小等寫眞下生幀(彌勒衣紫袈裟)、彌勒殿即齊公寢堂、韓幹畫側坐毗沙門天王像、白畫	兩 3.16a, 28b-29a, 歷 3.47-48 寺上 12 長 8.9a
1.弘善寺 2.**趙景公寺**	1.583 2.598	獨孤皇后爲父獨孤信立	守行	吳道子、范長壽、閻立德	帝釋、白畫地獄變、龍(吳畫)、行僧畫像、三階院、范長壽畫西方變及十六對事(寶池)、華嚴院鍮石盧舍立像、塔下舍利三斗四升、移塔建道場地現舍利。金、銀佛像、司馬恆存發心造嵌七寶字多心經小屏風(十五牒三十行)以寶函盛之,疑爲外國物	兩 3.29b 寺上 8-9 歷 3.46
1.大慈寺 2.**靈(雲)華寺**	1.586 2.約 766	竇毅	僧儼	邵武宗、趙武端王知愼	本竇毅宅、僧儼講經天雨花(766 左右)、立高僧十六身(741 左右移來)于闐鍮石立像、淨土變	兩 3.29b 寺上 10 歷 3.47
1.靈感寺 a.廢 2.觀音寺 3.**青龍寺**	1.582 a.621 2.662 3.711	文帝 城陽公主		王韶應	文帝移都徙掘城中陵墓葬於郊野,置此寺,故以靈感名。 城陽公主疾甚,蘇州僧法朗誦觀音經,乞願得瘉,故名。	兩 3.31b 歷 3.46
淨影寺	隋	文帝爲慧遠立	慧遠	殷仲容題額		兩 3.34a 歷 3.51 京 13a
龍華尼寺 a.廢 b.復	約 650-683 立 尋廢 b.708	高宗				兩 3.34b
貞元普濟寺	797				彌勒閣	兩 3.35a
法界尼寺	隋	文獻皇后	華暉令容		雙浮屠	兩 4.1b

1.勝光寺 2.仙都宮 3.證果尼寺 4.靜安宮 5.**開業寺**	1.隋 2.605 3.618 4.？ 5.677	楊秀(蜀王) 高祖 高宗	尼明照	曹仲達、李雅、楊契丹、鄭法士	即文帝別廟 即高祖別廟 引《宣室志》至德二年（757）神人足跡，引《崔群傳》田季安助修	兩 4.1b 歷 3.53
資善尼寺	隋	蘭陵公主				兩 4.1b
1.修善寺 2.**濟度尼寺**	1.隋 2.649	李穆妻元氏	武后	殷令名（題寺額）	徙自崇德坊，武后在此爲尼，《通鑑》作感業寺	兩 4.1b-2a 歷 3.51
1.寶際寺 2.**溫國寺** 3.崇聖寺 a.淨土院	1.隋 2.707 3.852	長孫覽妻鄭氏		尹琳、吳道子		兩 4.4a 歷 3.49 京 3D5
定水寺	590	楊紀	惠能	王羲之（題額移自荆州）、張僧繇（移自上元縣）、解倩、孫尙子、展子虔	帝釋、維摩詰	兩 4.4a 歷 3.49 京 3D5
1.通義宮 2.**興聖尼寺**	1.618 2.627	太宗	法澄		高祖龍潛舊宅 彭王志暕有寺主〈尼法澄塔銘〉	兩 4.5a 京 3D6
1.(村佛堂) 2.**空觀寺**	1.北周 2.587	元孝矩		袁子昂	三絕（佛殿門扇、孔雀及二龍）	兩 4.5b 歷 3.51 京 3D7
1.（西）濟度尼寺（東）道德尼寺 2.（西）靈寶寺（東）崇聖宮 3.**崇聖寺**	1.604 2.649 3.677	秦孝王楊俊		董伯仁、展子虔、鄭德文	佛牙閣	兩 4.6b 歷 3.51 京 3D8
1.月愛僧寺 2.**證果尼寺**	1.隋 2.635				徙手樂證果於此改爲尼寺	兩 4.6b 京 3D8-9

報恩寺 廢	707-09 710	嗣虢王李邕			李邕娶韋后妹捨宅立寺	兩 4.6b
1.宏福寺 2.**興福寺** a.十光佛院 b.興福塔院	1.634 2.705 a.隋	太宗爲穆后追福	玄奘 宗密(780-841)		賀蘭敏之寫金剛經碑 碑陰：懷仁集王羲之寫太宗聖教序、高宗述聖記 a.引《宣室志》 b.裴休〈圭峰禪師碑〉：841卒	兩 4.8b 京 3C1
1.普光寺 2.中興寺 3.**龍興寺** a.（舊）惠云寺	1.631 2.705 3.705 a.隋	太子李承乾	義福(658-736)	a.鄭法輪		兩 4.9b 歷 3.50 京 3C3
建法尼寺	583	田通				兩 4.9b 京 3C3
1.眞空寺 2.**證（澄）空尼寺**	1.643 2.武后時	段倫？			本段倫祖廟	兩 4.9b 京 3C3
1.顯聖天王寺 2.**護國天王院**	1.743 2.866					兩 4.10a
善果寺	？					兩 4.10a
鎭國大波若寺 廢	709 710-11				本蔣王惲園地	兩 4.10a
法海寺	581-589	賀拔華	法海英禪師、惠簡（高宗時）			兩 4.10b 京 3C4
濟法寺	582	法藏			本梁村佛堂及韋和業宅 佛殿爲隋光德太子捨 西禪院爲蘇威立	兩 4.10b 京 3C4
明覺尼寺	581-600	河間王楊顯（弘）			本裴蘊宅	兩 4.10b 京 3C4

1.慈門寺 2.**懿德寺**	1.586 2.705	李圓通 中宗爲懿德太子李重潤追福	法通（隋末）	陳靜眼	華嚴變、山水畫	兩 4.11b 歷 3.50 京 3C5
勝光寺	605			王定（貞觀初）楊仙喬、尹琳、周昉、劉整（上色）	本燕榮宅、寺自丰樂坊移來、畫行僧及團花圓光水月觀音、掩障菩薩畫	兩 4.12b 歷 3.50 京 3C6
慈悲寺	618	高祖	**曇獻**			兩 4.12b 京 3C6
1.**西明寺** a.三階院 2.福壽寺	1.656 2.852	高宗爲孝敬太子病癒立	玄藏	劉子皋（玄宗朝寺額）、褚遂良歐陽通、楊廷光陳積善、蔡金剛范長壽	本楊素、萬春公主、魏王泰宅，靈井、傳法者圖贊、章懷太子西明寺鐘銘	兩 4.13b 歷 3.50 京 3C7
1.大統寺 2.**靜（淨）法寺** a.木浮圖	1.西魏 2.590 a.約590	竇抗 竇璡		張孝師、范長壽	地獄變	兩 4.14a 歷 3.50-51 京 3C8
海覺寺	584	元偉爲法聽立	法聽	歐陽詢（題額）王韶應、展子虔鄭法士	本元偉宅、雙塔林	兩 4.14b 歷 3.51
大覺寺	582	文帝爲周子臻立			地本臻之佛堂	兩 4.14b 京 3C8
法明尼寺	588	王道賓	女郎師		隋大興公主女（女郎師）出家於此	兩 4.14b 京 3C8-9
（西）慈仁尼寺 a.廢	583 a.714	文帝			714 年併入法明尼寺	兩 4.14b 京 3C8-9
1.宏業寺 2.**崇業尼寺**	1.590 2.705	尼法覺 崔鳳			607 年崔鳳徙其宅至此寺	兩 4.14b
紀國寺	586	獻皇后獨孤氏爲母紀國夫人催氏立		鄭法輪		兩 4.16a 歷 3.51 京 3C9
永壽寺	唐			吳道子	本宮內梳洗殿、會仙圖	兩 4.16b

1.靈覺寺 2.崇福寺 3.**福田寺** a.廢	1.586 2.667 3.677 a.714	楊雄 武后爲其姊賀蘭氏立				兩 4.17a
法覺尼寺 廢	隋 714				併入資善寺	兩 4.17a
1.**千福寺** 2.興元寺 a.東塔 b.東閣	1.673 2.852	章懷太子 玄宗 肅宗		王維（屏風畫）上官昭容、高力士、楊惠之、懷素（書）楊廷光盧稜伽、韓幹、吳道子、李綸、尹琳、玄宗（題額）、李陽冰、飛錫、吳微通、張芬（書）	太宗聖教序碑、楚金和尚法華感應碑、天台智者大師碑、顏眞卿（多寶塔碑）、張芬、吳通微、韓擇木書碑、多寶塔（木匠李伏、橫石張愛兒）、智顗思大禪師法華七祖及弟子影、楚金和尚眞、傳法廿四弟子、東塔玄宗感夢置彌勒下生變、涅槃鬼神、普賢菩薩、文殊師利菩薩	兩 4.17b 歷 3.48-49 京 3B1
1.律藏寺 a.太原寺 2.**福林寺**	1.隋 a.618之後 2.672	高祖			618 高祖於永興坊建太原寺，後移至此。	兩 4.17b-18a 京 3B1
1.太原寺 2.魏國寺 3.**崇福寺**	1.670 2.687 3.690	武后	法藏《華嚴經傳記》、大達、道悟、昇律師	武后（飛白額）、吳道子、劉整、牛昭、王陀子	本楊恭仁宅、裴修〈元秘塔碑銘〉	兩 4.18a 歷 3.49 京 3B2
萬善尼寺	580 a.583移來	北周宣帝			寺本在長安故城 583 盡度北周皇后等宮女	兩 4.18 京 3B2
1.慈和寺 2.**昭成尼寺**	1.605 2.713	元德太子 玄宗	尼善惠、元懿		元德太子爲尼善惠、元懿立 650 道德寺移併此寺 玄宗爲母后昭成追福	兩 4.18b 京 3B2
開善尼寺	581-600	陳宣華 蔡容華				兩 4.19a 京 3B3

會昌寺	618				原賀若誼宅，太宗入關頓兵於此	兩 4.19a 京 3B3
1.舍衛寺 2.溫國寺 3.**樂善尼寺**	1.586 2.707 3.708	尉遲迥孫太師			尉遲迥孫太師爲其祖立	兩 4.19a 京 3B3
瑞聖寺	?					兩 4.19a
妙勝尼寺	582-583	周靜帝后平原公主				兩 4.20a 京 3B4
醴泉寺	592	文帝				兩 4.20a 京 3B4
1.光明寺 a.七寶塔 b.三絕塔 2.**大雲經寺**	1.584 a.隋文帝 b.隋文帝 2.690	文帝爲法經立 文帝 文帝	法經 宣政 曇延	田僧亮、楊契丹 鄭法士、鄭法輪 馮提伽、張孝師 韓伯通（塑佛像）、展子虔	文帝賜燭曇延，自然發焰因改光明寺。宣政進《大雲經》、七寶台（寶閣）東西浮圖、三絕塔、淨土院、三階院	兩 4.21a 歷 3.52 長 10.7a 京 3B7
功德尼寺	585-587	北周宣帝女細腰公主				兩 4.21 京 3B7
1.延興寺 2.**永泰寺**	1.584 a.618 2.705-706	文帝 蕭琮 中宗	曇延	鄭法士、李雅、楊契丹	文帝爲曇延立 蕭琮捨宅入寺、中宗爲永泰公主追福改名 東精舍釋迦滅度變、聖僧之跡圖	兩 4.21b 歷 3.53 京 3B8
1.宏法寺 2.**大法寺**	1.618-626 2.705	李安遠				兩 4.21b 京 3B8
崇義寺	619	桂陽公主			本于銓宅（隋），桂陽公主爲其夫趙慈景立	兩 4.21b 京 3B8
褒義寺	隋	尉遲迥捨宅		盧稜伽、杜景祥王元之、王定？	本尉遲綱宅、尉遲剛捨其舊寺材木、涅槃變	兩 4.22a 歷 3.51-52 京 3B9
靈安寺	620	高祖			高祖爲衛懷王玄霸立	兩 4.22a 京 3B9
宣化尼寺	585	尉遲安及妻昌樂公主		雍法雅		兩 4.22b 京 3B10
靈化寺	582	善吉	善吉		本善吉宅，講堂有五丈古塚	兩 4.24a 京 3A2

1.眞寂寺 2.**化度寺** a.無盡藏院 3.崇福寺	1.583 2.619 3.852	高穎		殷仲容（題額） 敬宗（824-46 賜額）、楊廷光、楊仙喬、盧稜伽	本行經變、地獄變 武后移此寺無盡藏改置於東都福先寺，開元初敕沒寺財	兩 4.24b 歷 3.49 京 3A3
積善尼寺	592	高頴妻賀拔氏				兩 4.24b 京 3A3
1.寶國寺 2.寶昌寺 3.**先天寺**	1.? 2.583 3.712	隋文帝				兩 4.25a 京 3A4
普集寺	587	鮮于遵義				兩 4.25a 京 3A4
1.**奉恩寺** 2.興福寺	1.706 2.852	尉遲樂		尉遲乙僧	本尉遲樂宅、于闐國王及諸親族畫	兩 4.25a 歷 3.50 京 3A4
眞心尼寺	588	宋祥捨宅				兩 4.25a 京 3A5
1.眞化尼寺 2.光化寺 3.**眞化尼寺**	1.590 2.武后時 3.705	馮臘捨宅				兩 4.25a 京 3A5
羅漢寺	586	豆盧勣				兩 4.25b 京 3A6
辨才寺 徙址	590 a.619	淮安王	智凝		淮安王楊神通（亮子）爲智凝立 本鄭孝王亮隋代舊宅，在群賢坊。智凝辨才不滯，因名寺。 619 徙寺於懷德坊。	兩 4.25b 京 3A6
慧日寺（陶寺） a.九層浮圖	586 a.629	張通捨宅 道誽？	道因		李儼〈道因法師碑〉	兩 4.25b 京 3A6
1.**經行寺** 2.龍興寺	1.590 2.852	張緒			本屈突蓋宅	兩 4.26a 京 3A7
靜樂尼寺	586					兩 4.26a 京 3A7

1.禪定寺 a.木浮圖 2.莊嚴寺 3.聖壽寺	1.603 a.611 2.618 3.852	文帝 宇文愷奏請爲獻后立	智興	盧稜伽、尹琳、薛稷、殷令名題額	沙門法獻從烏踵國取佛（牙）三寸歸，豫章王暕自揚州持入京，文帝改置此寺。 木浮圖高三百三十尺。 白蕃神	兩 4.27b 歷 3.53 京 3A13
1.大禪定寺 2.總持寺	1.607 2.618	煬帝爲文帝立		殷令名題額、孫尚子、吳道子、尹琳、李重昌	制如莊嚴寺，亦有木浮圖。 三藏院內李重昌（慈）恩大師影	兩 4.27 歷 3.52 京 3A13
章敬寺	769	魚朝恩請爲章敬皇后立			拆哥舒翰宅等處造	會 48.7a
唐安寺	唐			尹琳、李眞、朱審		歷 3.44
壽果寺	?					歷 3.47
濟度寺	?.			殷仲容題額		歷 3.51
禪定寺	?			陳善見		歷 3.53
西禪寺	?			孫尙子		歷 3.53
佛光寺	唐				在宮城內	長 6.2b
大興寺	隋				阿育王金像隋文帝自南方載入寺	京 10b
舊波斯胡寺	677	高宗應波斯王請立				兩 4.20a 京 3B4
波斯胡寺	638	太宗爲阿羅斯立	阿羅斯			兩 4.24b

長安道觀

道觀	年代	檀那	道人	畫家	感應/名跡	出處
至德女觀	586					兩 2.6
昊天觀	656	高宗爲太宗立		高宗御書額並嘆道文	貞觀初爲晉王宅	兩 2.6

1.翊勝女觀 2.景雲觀 3.龍興（道士）觀 4.**先天觀**	1.709 2.710 3.749 4.758	韋后			本房玄齡宅 據杜光庭《歷代崇道記》聖祖院有黑髭老君像（759）	兩 2.6b-7a
乾元觀	778	代宗			馬璘獻宅	兩 2.8b
清都觀	587	文帝	孫昂		本隋寶勝寺	兩 2.10a
太平女觀	677	太平公主			本宋王元禮宅 公主出家處	兩 2.12b
新昌觀	唐					兩 2.12b
1.景龍觀 2.**玄眞觀**	1.705左右 2.754	東陽公主奏請		陳靜心、程雅	本高士廉宅、長寧公主第（705）、東陽公主亭殿內玄元及侍眞座上畫樂天、神	兩 3.4b-5a 歷 3.44
萬安觀	748	永穆公主		李昭道	本姚崇宅 公主出家捨宅、公主影堂	兩 3.6b 長 8.3b 歷 3.46
嘉猷女觀 a.改道士觀	約 742 a.752	李林甫分宅立	李林甫女(觀主)	明皇御書金字額 王維、鄭虔、吳道子	本李林甫宅之東南隅。精思院	兩 3.6b-7a
1.肅明道士觀 2.**咸宜女冠觀** 3.太眞觀	1.733 2.762 3.762	玄宗 咸宜公主		吳道子、解倩、楊廷光、陳閎	本睿宗籓第、開元初儀坤廟，公主入道處 明皇帝上佛公主等圖	兩 3.10a 歷 3.48
回元觀	750				本安祿山舊宅	兩 3.10a
靈應觀	隋	宋道標	宋道標			兩 3.13b
宗道觀（華陽觀）	777	爲華陽公主追福立			本興信公主宅、郭英宅	兩 3.13b
龍興觀	中宗時					兩 3.13b
興唐觀	730 a.約806修	玄宗 憲宗			拆諸宮殿屋宇以速成，爲行幸所	兩 3.18a
1.**太眞觀** 2.肅明觀	1.746 2.762	裴氏（貴妃姊）			裴氏宅	兩 3.22b
華封觀	747	高力士			高力士宅	兩 3.27b
洞靈觀	唐					兩 3.29b

崇眞觀	開元初（713-41）	李齊古			李齊古宅	兩 3.32a
唐昌觀	唐				引《劇談錄》玉女下凡（元和中）。嚴休復、元稹、劉禹錫、白居易賦詩。	兩 4.2a
玄都觀	582	文帝	尹尊師	范長壽	隋自長安故城移通道宮至此，改名	兩 4.2b 歷 3.51
福唐觀	707 以後？	新都公主			新都公主（中宗女）出家於此	兩 4.3a
新昌觀	747	新昌公主			新昌公主（玄宗女）出家於此	兩 4.3a
1.道士觀 2.女冠觀 3.**開元觀** a.西北院	1.710 2.717 3.722 a.隋			楊廷光、楊仙喬	天尊殿、龍虎君、明眞經變 a.引《白氏長慶集》詩注，即隋龍村佛堂	兩 4.3b 歷 3.47
九華觀	730	蔡國公主（睿宗女）			李安遠、武重規、成安公主、李思訓、蔡國公主宅	兩 4.5a
金仙女冠觀 a.御容殿	710 a.841-846	西城、昌隆公主（睿宗女）			金仙公主出家處	兩 4.9a 京 3 長 2 京 13b
玉眞女冠觀	711				竇誕宅、玉眞公主出家處	兩 4.9a 京 3C2
1.太平觀 2.太清觀 3.魏國觀 4.大崇福觀 5.**昭成觀**	1.670 2.670？ 3.687 4.690 5.729	太平公主 玄宗爲母后追福		高宗（飛白額） 武后（飛白額）	移於大業坊，改爲太清觀 本楊士達宅	兩 4.9b-10a 京 3C3
崇明觀	?					兩 4.10a
福祥觀	754				本竇瑰宅	兩 4.10b
1.新都寺 a.廢 2.**玉芝觀**	1.中宗時 a.? 2.743	新都公主			本越王貞、新都公主宅，寺廢乃爲剡王府，天寶再立爲觀	兩 4.16a

五通觀	588	文帝爲焦子順立	焦子順		焦氏能驅役鬼神，預告隋文應命	兩 4.18a 京 3B1
太清觀 a.廢	武后 a.713		史崇元		原安樂公主宅	兩 4.19a
1.靈應道士觀 2.**三洞女冠觀**	1.587 2.648					兩 4.19b 京 3B4
東明觀	656	李弘太子	張因		仿西明寺之制 〈道士馮黃庭碑〉、〈道士巴西李榮碑〉	兩 4.24a 京 3A2
1.西華觀 2.金台觀 3.中興觀 4.**龍興觀**	1.631 2.687 3.705 4.707	太子李承乾	秦英成元英	吳道子、董諤	李承乾疾瘉而立 明眞經變	兩 4.26a 歷 3.44 京 3A7
清虛觀	587	文帝	呂師		師元辟穀鍊氣，故名清虛。	兩 4.26b 京 3A8
1.會聖觀 2.千秋觀 3.**天長觀**	1.587 2.740 3.748	文帝			文帝爲秦孝王俊立	兩 4.27a 京 3A7
歸眞觀	唐				在宮城內	長 6.2b

洛陽寺院

寺院	年代	檀那	僧人	畫家	感應/名跡	出處
1.慈澤寺 2.**荷澤寺**	1.? 2.706 3.712	睿宗在藩爲武后立				兩 5.14a 河 1.3b 會 48.10
奉國寺	約705-709	奉國夫人	神照（838寂）		本張易之宅、太平公主乳母奉國夫人捨宅奏立 東都奉國寺禪德大師照公塔銘（白居易）	兩 5.15b 河 1.4b 會 48.10b
崇化寺	?					兩 5.16b 河 1.5a
率更寺	?					兩 5.20a
長壽寺	687	武后		吳道子、王韶應	武后稱齒生髮變大赦改元立寺 鬼神、行僧	兩 5.24b 歷 3.54 會 48.9a

1.太原寺 2.魏國寺 3.**福先寺**	1.675 2.687 3.691	武后 武后		吳道子	本武后母楊氏宅 地獄變、病龍	兩 5.26a 歷 3.53 河 1.12b 會 48.8b-9a
1.衆香寺 2.中興寺 3.**龍興寺**	1.633 2.706 3.706 左右		均上 人	展子虔	八國王分舍利圖 東都龍興寺均上人功德記	兩 5.30a 歷 3.51 河 1.16b 會 48.7b
1.崇恩尼寺 2.衛國寺 3.**安國寺** a.廢 b.改僧寺	1.707 2.707- 709 3.710 a.845 b.？復 葺	太子李 重俊			本隋楊文思宅、樊子蓋宅 唐宗楚客宅、節愍太子李 重俊升儲（706）宅卒（ 707）後立	兩 5.30b 河 1.17 會 48.10a
景福尼寺 廢	685- 688 徙 來 845				本千金公主宅 垂拱中自教業坊徙寺至此 （觀德坊）	兩 5.31a
1.安樂寺 2.景雲寺 3.**昭成寺**	1.707 2.710 3.710 左右	韋后奏 立 睿宗爲昭 成皇后追 福立		張遵禮、程遜、 楊廷光	西域記圖、護法二神 安樂公主造百寶香鑪，高 三尺用錢三萬，香鑪兩頭 淨土變、藥師變	兩 5.34b 歷 3.55-56 河 1.21a 會 48.10b
1.**太平寺** a.廢 2.太平禪院	1.686 a.？ 3.？	太平公 主				兩 5.34b 河 1.22b
1.**華嚴寺** 2.同德寺	1.712 2.733					兩 5.35b 河 1.23a 會 48.10b
衛國寺 a.廢 b.復建	706 a.845 b.898- 903	李重俊			有小院十一	兩 5.36b 河 1.24b
1.淨土寺 a.遷至 2.**大雲寺** a.廢	1.東魏 a.608 b.629 2.693 a.845			尉遲乙僧	婆叟仙 608 自故城徙建陽門內 629 徙至毓材坊 鬼神、六菩薩像、淨土經 變、婆叟仙、黃犬、鷹	兩 5.37a 歷 3.55 河 1.25a

太原寺	唐	武后			地本武后母榮國夫人宅(教義坊),寺後徙於積德坊	兩 5.38a 河 1.19a
1.景福寺 2.**天女尼寺** a.廢	1.635 2.685-688 a.845	武后		展子虔(已佚)		兩 5.38a、5.31a 歷 3.56 河 1.25b
麟趾尼寺	唐					兩 5.38a 河 1.26a
天宮寺	632		秀禪師	吳道子、張僧繇	高祖龍潛舊宅、除災患變、二菩薩(張僧繇畫)自江南移來	歷 3.54 會 48.8b 京 2.6a
1.**敬愛寺** 2.佛授記寺 3.敬愛寺	1.675 2.691 3.武周之後	中宗爲高宗武后立		巧兒、張壽、宋朝(塑)、王玄策(指揮)、李安(貼金)張智藏塑、陳永承(成)、竇弘果塑、劉爽(佛光、化生)、趙雲質塑、劉行臣描、趙龕成、劉茂德/皇甫節(聖曆以後)、趙武端描、劉阿祖描、張法受描何長壽、王韶應描/董忠成(神龍以後)、吳道子描(722 西禪院西廊壁畫)、翟琰成、蘇思忠描陳慶子成、武靜藏描、史小淨(起樣)、張阿乾(隨隱起等)、李正、王兼亮、郭兼子(生銅作並蠟樣)、張李八寫並成、師奴描、陳庶子成(聖曆以後)	樹下彌勒菩薩塑像(665自內出,依王玄策取到西域圖菩薩像爲樣)西禪院東西間彌勒像、神像、殿內塑佛事並山、東禪院內般若台塑佛事、大門內外四金剛、獅子崑崙各二、迎送金剛神王、四獅子、聖僧、維摩詰、盧舍那、法華太子變、西方佛會、十六觀、閻羅王變、華嚴變、佛會、山水、人物、彌勒變、日藏月藏經變、業報差別變、十輪變、西方變、菩薩(畫)、講堂內大寶帳(銅)、武后大香爐高五尺五吋,闊四尺,重二千斤。大金銅香爐(毛婆羅樣後加木座及須彌山浮趺)、金銅幡、畫絹幡、行僧(中有唐三藏)、震亶、支提二神	歷 3.54-55 會 48.8b
弘聖寺 a.廢	? a.845			陳靜眼、張志	會昌 5 年廢弘聖寺改太微宮	歷 3.55 會 50.6b

聖慈寺	?			程遜、楊廷光	本行經變、維摩詰并諸功德（畫）	歷 3.56
光嚴寺	隋			董伯仁（隋）		歷 3.56
修行寺	隋					河 1.9b
圓行寺	隋					河 1.17a
元壽寺	隋					河 1.21a
福勝禪院	934-936	曹太后			本李貽孫宅（大中 847-859）	河 1.22
1.**天堂** a.毀 2.佛光寺 a.毀	1.694 a.695 2.695 a.740	武后 武后			宮城內天堂（在明堂北），夾紵大佛像	河 4.3
1.**崇先寺** 2.廣福寺	1.695 2.736				本爲崇先府	會 48.9a
1.中興寺 2.**聖善寺** a.報慈閣 b.拓寺改造	1.705 2.706 b.709	中宗爲武后追福 中宗爲韋后立 中宗			報慈閣	會 48.9-10a
昭覺寺	628	太宗			在邙山破王世充處，爲義士、凶徒隕身戎陣者立寺，令虞世南爲碑銘。	會 48.11
胡祆祠	?					兩 5.33b
波斯胡寺	?					河 1.8a

洛陽道觀

道觀	年代	檀那	道人	畫家	感應/名跡	出處
龍興觀	中宗時					兩 5.14a
宏（弘）道觀	675	李賢		吳道子	本雍王（李賢）宅 東封圖	兩 5.14b 河 1.4a 歷 3.56
安國女觀	約中宗時				本太平公主宅	兩 5.15b 河 1.4b 歷 3.56
福唐觀	唐		鄧天師		東京福唐觀鄧天師碣（李邕）	兩 5.16a

景雲女觀	710-711				鄎國長公主碑（張說）	兩 5.16a
1.興慶觀 2.麟跡女觀	1.？ 2.860-873	畢誠				兩 5.19b 河 1.6b
景龍女觀	707-709		金仙公主		金仙公主（睿宗女）處	兩 5.20b 河 1.7a
道沖女觀	？					兩 5.28a 河 1.14b
1.宏(弘）道觀 2.太清宮 3.太微宮	1.？ 2.905 3.905左右	昭宣帝			老君像，明皇、肅宗二像侍立	兩 5.34a 河 1.21a
大聖眞觀	？					兩 5.36b 河 1.24b
全眞觀	？					河 1.9b
老君廟	唐			吳道子		歷 3.56
上清女觀	唐				在上陽宮西	河 4.8b

圖版一：龍門擂鼓台南洞東壁主尊佛

圖版二：龍門劉天洞東壁主尊佛

圖版三：龍門擂鼓台北洞東壁主尊佛

圖版四：龍門擂鼓台北洞西壁門口南側八臂觀音

圖版五：敦煌130窟西壁主尊大佛

圖版六：敦煌45窟西壁主尊佛

圖版七：廣元千佛崖蘇頲窟

圖版八：安岳臥佛院北崖4號窟涅槃變中臥佛

出自第六十六册第二分(一九九五年六月)

《元和志》户籍與實際户數之比勘

嚴耕望*

三、四世紀或稍前，西域學人已視中國爲世界人口最多之國度。歷代正史自《漢書·地理志》以下多記載户口，惟此類數額，僅爲地方政府向中央政府申報之户口，地方實際户口數額多超過此項數額，而且往往超過甚多。今以唐代《元和志》爲例，證明此種情形。

我寫此文主要是檢查元和時代各州之實際户數，以與《元和志》所載户數相比較，發現《元和志》所記各州户數，大多僅爲其他文獻所記各州户數若干分之一，甚至八九分之一。又取各方鎮軍府之實際兵額與《元和志》户籍作比較，兵數往往爲户數之若干倍。一家供數兵，此亦絶對不可能者。此外又有豐年和糴額與凶年賜粟額諸事例，皆足證明元和時代地方政府向中央申報之户數僅爲當地實際户數若干分之一。所以我們若專據地方政府向中央申報之户口數字談人口，則差誤必極大。

引言

〈佛說十二遊經〉（《大正藏經》一九五）云：「閻浮洲有八國四天子：東有晉天子，人民熾盛；南有天竺國天子，土地多名象；西有大秦國天子，土地饒金銀璧玉；西北有月支國天子，土地多好馬。」按此書爲東晉西域沙門迦留

*香港新亞研究所

陀伽所譯，東晉始於紀元三一七年，其原本寫作時間自當更早。[1] 是則中國早被視為世界人口最多之國度。

中國戶口最早之眞實紀錄，載在《漢書・地理志》，時在元始二年即紀元二年。其後歷代正史體制完備者皆有〈地理志〉，載其戶籍。然自《漢志》戶籍一千二百餘萬戶，五千九百五十九萬餘口，此後，以唐之盛，戶口仍較少，宋代戶數超過此數，但口數仍較少；惟明代口數較此微多而已。直至清代添丁永不加賦之制行，人口始突增至四億。此中自有問題，故近代學人頗多疑之。

按中國政府向極注意戶口之申報；然其所致意者，不在各地方戶口眞實數額之調查，僅在據戶口數額徵取賦稅，以供國用。故《封氏聞見記》卷三〈制科〉曰：「籍者，所以記租賦耳。」

中國戶籍申報之紀錄僅供賦稅徵取之意向，最早之史證，見於《國語》之〈晉語〉，「趙簡子使尹鐸為晉陽，（尹鐸）請曰，以為繭絲乎？抑為保鄣乎？簡子曰，保鄣哉！尹鐸損其戶數。」韋昭《注》，「損其戶，則民優而稅少。」此謂賦稅出自民戶，向朝廷少報戶數，使人民負擔減輕，亦可使地方財政寬裕，從事地方建設，增強地方防禦也。故中國戶籍數額雖早載史冊，但自始即非全國各地戶口之全部數額；此戶籍數之外，尚有或多或少未向中央申報之戶口，故自漢迄明千數百年戶口不增，反常減少，並非顯示自然戶口不增反減，僅顯示朝廷戶部戶籍簿中數額之增減昇降，地方民戶眞實數額之昇降未必與之同步。故若專據正史、政書所載之戶口數字為基礎，從事政治、社會、經濟、文化種種分析，是如築基沙灘，難可鞏固！

余治中國中古人文地理，頗留意此一基本問題。一九八四年曾在唐代研究學者聯誼會與聯合報國學文獻館聯合舉辦之第一次講演會上提出「唐代戶口實際數量之檢討」一論題，認為唐代人口實際數額，最保留之估計，當在一億之譜。十餘年來，繼續留意此一問題，所信益堅，本擬趁此次為孟眞先生百年紀念撰文之機會，就唐代戶口數量問題重作全盤之檢討，但限於時間與篇幅，僅

[1] 《史記・大宛傳・索隱》曰，「案《外國傳》云，外國稱天下有三眾，中國人眾，大秦寶眾，月氏馬眾。」按此或即康泰《吳時外國傳》，則時代更早。

就《元和志》所記各州元和戶籍數與其他文獻所見之中唐各州實際戶數作比勘，撰成此文。所謂實際戶數，多僅限於應在戶部之戶籍簿者而言，至於某些人口根本不應入戶籍簿者，如商賈、僧道、奴婢等，以及少數民族（不限於邊疆）之大部分，皆未涉及，容續論之。

本文寫作，係從四方面觀察作比勘：其一，安史亂後，境內方鎮軍府密佈，其軍額頗多可考。軍隊必賴一般民戶之支給，而民戶又必爲軍額之若干倍，故首先提出討論，以與《元和志》戶額作比勘。其二，唐政府有和糴制度與凶年賜賑制度，年歲豐收，往往向人民加價收購儲存，以備凶年，或作他用。各州和糴，常有規定數額，今存史料適有元和七年若干州之配額，觀配額亦可略估各州民戶之多寡，以與元和戶籍作比勘。又遇有凶年，政府亦往往賜粟賑濟。如大和七年，賜河南府、河中府及同華等六州粟米各若干石，以賑濟災民。此亦可取與元和戶籍作比勘。其三，唐中晚期文人詩文集今存者尚甚多，唐人詩文及其他文獻中，往往透露各府州之實際戶數，茲綴拾此類零碎史料，以直接證明各府州實際戶數大多爲元和戶籍之若干倍。其四，《元和志》自宋以來已佚若干卷，故其府州之戶籍無考；又或邊防州府，或強藩割據，皆未向戶部申報戶籍；但此等州府之實際戶數亦往往見於詩文集或其他文獻，茲亦一一拾錄，雖無從與《元和志》作比勘，但可據以窺知此諸州民戶實甚眾多，視開元天寶並未大減，亦可旁證《元和志》所記元和戶數遠較開元爲少，或僅爲開元戶十分之一者，實不足據。下文即就此四點，分四節討論之。

一、從方鎮軍額看元和戶籍數

唐代前期，國家兵額佈在邊防，仰給戶部度支者爲多；安史亂後，全國境內，自西北至兩河，方鎮密佈；延及山南、劍南、淮南、江、嶺間，節度、觀察、防禦軍亦復不少。除西北少數方鎮外，大都取給於本節度防禦區內民戶之賦稅。故從各方鎮軍額可略估本方鎮區域內之民戶最少當達若何數額。《元和志》所記之元和戶，爲唐中葉具有代表性之版籍，而方鎮軍額具體可考者，大抵亦限於大曆末至貞元、元和時代，故可取方鎭軍額與元和戶數作比較，以論元和戶籍之數額。

《通鑑》二二五大曆十二年紀云：

> 平盧節度使李正己先有淄、青、齊、海、登、萊、沂、密、德、棣十州之地，及李靈曜之亂，……正己又得曹、濮、徐、兗、鄆五州，因自青州徙治鄆州……擁兵十萬，雄據東方。……是時田承嗣據魏、博、相、衛、洺、貝、澶七州，李寶臣據恆、易、趙、定、深、冀、滄七州，各擁眾五萬；梁崇義據襄、鄧、均、房、復、郢六州，有眾二萬。……

此爲代宗末年不秉朝命之強藩兵額。而較廣泛記載唐代中期各方鎭之兵額，則見於《宋史》九三〈河渠志〉三。其汴河目，至道元年，參知政事張洎上言云：

> 德宗蒙塵，……兵甲皆在郡國。額軍存而可舉者，除河朔三鎭外，太原、青社各十萬人，邠寧、宣武各六萬人，潞、徐、荆、揚各五萬人，襄、宣、壽、鎭海各二萬人，自餘觀察、團練要害之地者，不下萬人。

按青社謂齊地，即上引《通鑑》之平盧節度。檢〈方鎭表〉，宣武軍以建中二年置，即汴宋節度使，兼統亳、潁；鎭海軍以建中二年置，即浙西節度使；壽州團練使以建中四年置，興元元年升爲都團練觀察使，兼領濠、廬，貞元四年廢，隸淮南。故張洎所言之軍額即德宗建中末、興元至貞元初年之方鎭軍額也。時間上距《通鑑》所記大曆末不到十年，故平盧軍額十萬，襄州（山南東）軍額二萬，並與大曆末年相同。度其時河朔三鎭之魏博、恆定兩鎭軍額亦皆五萬之譜；惟范陽一鎭軍額不可知。

惟此軍額，蓋興元前後中央一時所定之數額，其中壽州都團練使旋即廢除，併入淮南，其他各鎭軍額亦頗有變動，有向上增加之趨勢。茲先就上列各鎭軍額變動之可考者條述如下：

其一太原（河東節度）　舊額十萬。考李德裕〈掌書記廳壁記〉（《全唐文》七〇八），「河東精甲十萬。」時在元和十四年四月。則元和軍額未增減。

其二平盧（淄靑鄆濮等）及其分置之天平（鄆曹濮）　平盧舊額十萬。考劉禹錫〈天平軍節度使廳壁記〉（《全唐文》六〇六），元和十四年，平李師道（淄青平盧節度使），得十二州，三分其地，鄆、曹、濮爲一道，賜號天平軍，「部三郡，統兵三萬」。又《舊書·穆宗紀》長慶元年二月乙酉，天平節度使馬總奏，「當道見管軍士三萬三千五百人。」此爲天平三州軍額之準確數字。《通鑑》二四一，元和十四年，師道既誅，上命楊於陵爲宣撫使，「分李師道地。於陵按圖籍，視土地遠邇，計士馬眾寡，校倉庫虛實，分爲三道，使之適均。」天平統兵三萬三千五百，則其他二道亦當各三萬餘人，亦證平盧未分前，其軍額正當爲十萬軍，張洎所云軍額極爲眞實，絕無誇張。《通鑑》二四〇，元和十三年，師道妻魏氏曰，「今計境內之兵不下數十萬。」蓋定額之外，又廣募補助兵力，此亦常見，故魏氏之言殆非過分誇張之辭。

其三宣武（汴宋節度）　舊額六萬。考韓愈〈董公（晉）行狀〉（《昌黎集》三七，《全唐文》五六七），「汴州自大曆來多兵事，劉玄佐益其師至十萬。」《通鑑》二三五貞元十二年，「初，劉玄佐增汴州兵至十萬。」按劉洽以建中間始任節度，貞元元年賜名玄佐，八年卒官。其增軍額當在貞元初。又《舊書》一五六〈韓弘傳〉，貞元十五年爲宣武節度，元和十四年入朝，在任二十餘年，「軍眾十萬」，「馬七千匹」。此正見《元和志》版籍時代，宣武軍額十萬人也。又考孫樵〈寓汴觀察判官書〉（《全唐文》七九四）云，「大梁居東諸侯，兵最爲雄。」時在大中初年盧鈞爲節帥時代。蓋大梁開封爲東方黃河平原第一大都市，財力雄厚，故擁兵最強，朱溫終藉之以成篡謀也。

其四潞州（澤潞節度）　舊額五萬。考元稹〈批劉悟謝上表〉（《全唐文》六四九），「朕聞上黨亦天下之勁兵，昔者李抱眞用之，一舉破朱滔，再舉蹙田悅，訓養十萬。」按李抱眞以大曆十二年領澤潞留後。《新傳》云訓兵二萬。建中元年爲昭義（澤潞）節度使，徙治潞州。貞元十年卒于位。蓋興元中，軍額五萬，後因破朱滔、田悅，漸增至十萬也。元和時代當不減。劉悟以元和末節度昭義，寶曆元年卒，子從諫繼之。其後劉稹據以叛命。及朝廷發諸軍圍攻，山東邢、洺、磁三州已降，《通鑑》二四八會昌四年紀云，稹勢逼，仍曰「今城中尚有五萬人，且當閉門堅守。」及郭誼賣稹，李士貴「帥後院兵數千攻誼。」謂使院牙兵也。可見全鎭五州之軍額必踰十萬無疑，蓋軍額與時俱增，故爲一強藩。

其五徐州（徐泗節度）　舊額五萬。考高瑀〈（徐州）使院新修石幡記〉（《金石萃編》一〇七）云：

城一十六，户一十萬，兵六十旅。

時在元和十二年，不知每旅若干人。

按徐州治彭城，自古爲東方重鎭，唐代中葉大河南北方鎭佈列，各擁重兵，徐泗一鎭自不例外。元和時代，徐泗北鄰之平盧淄青李師道據地十餘州，擁軍十萬人；徐泗之西淮西吳少陽、吳元濟據地四州，擁兵五萬以上；徐泗西北爲中央尙能相當控制之宣武，軍額已由六萬增至十萬，以資鎭攝；徐泗爲東方僅次於宣武之重鎭，中央尙能控制自如，故以興元第一功臣李晟兩子愿、愬相繼出鎭，高瑀〈石幢記〉即作於李愬時。在此形勢下，此鎭軍額不會太少，興元舊額既爲五萬，此時至少仍存原額，或當更多。復按《舊書》一六五〈溫造傳〉，子璋，咸通末，爲徐泗節度使，惡其牙卒曰銀刀軍驕橫，「誅其惡者五百餘人，自是軍中畏法。」牙卒爲府衙之警衛部隊，一次誅五百餘人，足見牙軍必至數千人，則全軍五萬以上至六七萬人，應非虛估。

其六荆州（荆南節度）、襄州（山南節度）　荆南舊額五萬，襄州舊額二萬。考韓愈〈河南府同官記〉（《昌黎外集》四、《全唐文》五五七）云，「漢南（襄陽）地連七州，戎士十萬」；「江陵（荆南）故楚都地，戎士五萬」。時在元和中。則襄陽軍額增至十萬，是五倍，蓋値淮西用兵之故歟？而荆南軍額則五萬未變。又宋光葆〈上蜀主表〉（《全唐文》九九八）云，「昔成汭據江陵，養兵五萬，皆仰給雲安。」是終唐之世，江陵軍額大體未變也。

其七揚州（淮南節度）　舊額五萬。考圓仁《入唐求法巡禮行記》一、開成三年九月條，「揚府……州內有二萬軍，總餘七州，都有十二萬軍。」即淮南節度揚府軍額十二萬人也。則揚府在興元時代（784），軍額五萬；開成三年（838）見有軍額十二萬，《元和志》成書時代（812）居中而稍後，則元和時代，揚府軍額可能在七八萬之譜。按前文，壽州二萬已併入揚府，故揚府正當有七八萬人也。

其八魏博　舊額五萬。考《舊書》一四一〈田承嗣傳〉，爲魏博節度使，使「丁壯從征役，數年之間，其眾十萬。乃選其魁偉強力者萬人，以自衛，謂之衙兵。」此在代宗大曆中，時在張泊所言軍額之前。又同傳，田悅襲位，「建中初，黜陟使洪經綸……聞悅軍七萬，……以符停其兵四萬，全歸農畝。」悅陽奉陰違。《新書》二一〇〈藩鎮・魏博傳〉，同。《通鑑》二二六，敘其事於建中元年。蓋朝廷定額較少，田氏私增至十萬、七萬，洪經綸雖削其兵爲三萬，但實七萬未削。元和時代殆亦相同。唐末方鎮勢力增強，魏博爲東方僅次於宣武朱全忠之大鎮，軍額必增，殆踰十萬人。《新書》一八七〈諸葛爽傳〉，魏博韓簡戰獲嘉西，樂彥禎先退，「故簡兵八萬自潰。」度非全軍也。《舊書》一八一〈羅弘信傳〉，節度魏博，子威承之。憚牙軍難制，藉朱全忠之助，誅牙軍「凡八千家，皆破其族。」〈新・藩鎮・魏博傳〉，作八千族。足見全軍之盛。

張泊所言唐中期方鎮軍額，其另有史料可考者已分別逑考如上。其餘邠寧、宣歙、鎮海、恆定四道之軍額，皆別無史料可資補訂，故不論。至於張泊所言諸鎮之外，其他各鎮軍額亦有可考者，如成都軍額五萬，忠武（陳許）軍額三萬，滄齊德軍額三萬，鄭滑卒數萬；或軍額無考，但就其用兵可約知其兵數者，如淮西、盧龍、振武等，皆於下文各節隨事論之。

綜上所考，張泊所言唐代方鎮軍額，乃德宗初期興元、貞元初年沿襲代宗大曆末年中央所定各鎮之軍額，貞元中後期至憲宗元和時代，已有增加，如宣武由六萬，澤潞由五萬，皆增至十萬，徐泗增否不詳，但至少仍存五萬之數，荆南仍存舊額五萬，襄州（山南東）由二萬增至十萬，淮南揚府原額五萬，文宗末，見額十二萬，疑貞元末至元和中已增至七八萬，魏博早期本爲十萬，其後中央雖減其額至三萬，但實額七萬，元和中當仍此數。邠寧、宣歙、鎮海、恆定增減無考，姑仍作舊額。是知張泊所言軍額之後，貞元、元和時代，多數方鎮之軍額已有增加，其時代與《元和志》所記元和戶籍時代相接近，或即元和版籍時代。玆就上文所考之方鎮軍額與《元和志》所記此各方鎮之戶籍，作元和時代方鎮軍額與管州戶籍對照表如下：

方鎭名稱	軍額	管州、戶數	軍、戶比率
太原（河東）	10萬	府州11，戶151683	10：15
平盧（鄆濮淄青等）	10萬	州12，戶闕（不申戶）	
邠寧	舊6萬	州3，邠寧戶3777，慶戶闕（三州最多六七千）	約10：1
宣武（汴宋）	10萬	州4，戶31444	10：3
昭義（澤潞）	10萬	州5，戶26243	10：2.6
徐州（徐泗）	至少5萬或至6、7萬	州4，戶37252	10：7.5或10：5.3
荊州（荊南）	5萬	志文佚	
揚州（淮南）	至少7、8萬	志文佚	
襄州（山南東）	10萬	州8，戶142000〔八州合計205979，與都數不合〕	10：14〔10：20〕
宣州（宣歙）	舊2萬	州3，戶91706	10：45.8
鎭海（浙西）	舊2萬	州6，戶313772〔六州合計224772〕	10：156.88
魏博	7萬	州6，戶74498	10：10.6
成德（恆冀）	舊5萬	州6，戶62604〔六州合計63604〕	10：12.5

按白居易〈到郡（蘇州）旬日偷閑走筆〉（《全唐詩》七函五冊，《居易集》二四）云，「版圖十萬戶，兵籍五千人。」又〈登閶門閑望〉（同前），「十萬夫家供課稅，五千子弟守封疆。」兵與戶呈一與二十之比，即二十戶供一兵。又盧求〈成都記序〉（《全唐文》七四四）云，「蜀爲奧壤，領州十四，縣七十一，戶百萬，兵士五萬。」亦爲二十戶供一兵，此最合理。蓋南方動亂較少，尤少規模較大之戰事，故兵額不多，民戶供給，自見優裕。又呂讓〈楚州刺史廳記〉（《全唐文》七一六），「楚實甚大，提兵五千，籍戶數萬。」楚已當南北之交，用兵機會已較多，故軍額亦較多，但兵額與民戶之比率約一比十之譜，即約十戶供一兵，民力仍甚裕如。考孫樵〈復佛寺奏〉（《全唐文》七九四）云：

今（宣宗大中時）天下常兵不下百萬，皆衣食於平民，歲度其費，率中戶五僅能活一兵。

按宣宗大中時代全國戶籍在戶部者約稍踰五百萬，[2] 故孫樵云然。「率中戶五僅能活一兵」，意謂民力已極困疲，再無餘力供養不事生產之僧尼。是當時人士已察實五戶養一兵，爲民力之極限。然則唐代實況，民戶當爲軍額五倍之譜，始能負擔，不虞大有困乏。反觀上表，所列諸道，除平盧不申戶籍，荆揚兩道志文闕佚，戶籍皆無考之外，試觀其他十道軍額與戶籍之比率，惟鎭海（浙西）十五六戶供一兵，事甚合理；此外，宣歙四戶半供一兵，已甚勉強；襄陽約一戶半或兩戶供一兵，太原約一戶半供一兵，絕少可能；其餘魏博一戶供一兵，恆冀十二戶半供十兵，徐州七戶半供十兵，宣武三戶供十兵，澤潞兩戶半供十兵，邠寧約一戶供十兵，事皆絕不可能者。此種兵多而民戶過分短少之情形，唐人已明言之。元和二年，李吉甫上《國計簿》，即云「率以兩戶資一兵。」此猶就全國而言。至於兩河之間，北至幽薊方鎭割據地區與西北邊防地區，沈亞之〈對賢良方正直言極諫策〉（《全唐文》七三四）云：

今兩河之間，至於幽薊，連屬西邊北邊，而仰給之卒，多於其土之齊人十九。

此即上文取民戶與軍額作比較之最早說明。按上表所列，惟邠寧爲邊鎭國防軍，或由朝廷國庫特別支給，民少軍多，猶自可解。其餘太原、澤潞、河北、河南、淮南、荆襄諸鎭之軍額，必全取給於當鎭之民戶。此諸方鎭多爲大藩，兵力雄厚，遍見史冊，度其軍額，應無大誤，而戶籍不實，斷然可曉。觀上表，軍額與戶數之比率，可知地方向朝廷戶部申報之戶數不但太少，而且未申報之戶數往往爲申報戶數之若干倍，或至十倍以上。若以五戶養一兵之原則估之，上表除邠寧邊防軍、與江南少軍事行動之外，其餘各鎭民戶最少之數額及其與申報戶籍之比率可略測如下：

太原五十萬戶以上，爲戶籍之三點三倍。

---

[2] 《唐會要》八四〈户口數〉，唐户自安史亂後大減，後漸回升，至文宗開成户四百九十九萬六千七百五十二，武宗會昌户四百九十五萬五千一百五十一，皆已近五百萬；宣宗大中可能已踰五百萬。

昭義五十萬戶以上，爲戶籍之十九倍弱。

宣武五十萬戶以上，爲戶籍之十六倍。

襄州五十萬戶以上，爲戶籍之三點五倍，或兩倍半弱。

魏博三十五萬戶以上，爲戶籍之四點六倍強。

成德二十五萬戶以上，爲戶籍之四倍。

此項測估之具體數字只供參考，不能作實。

上文考論，地方政府上報中央戶部之戶籍數類皆甚少，或僅爲實際戶數若干分之一，或且僅爲十分之一。其原因，前史已明白言之。《新書》一四五〈楊炎傳〉云：

至德後，天下兵起，……四方征鎮（軍費）又自給於節度、都團練使……河南、山東、荊襄、劍南重兵處，皆厚自奉養，王賦所入無幾！

按王賦出自民戶，此即謂四方軍鎮節度等使，扣留地方民戶之賦稅，以養兵，以自肥，上輸朝廷者爲數則無幾；而向中央少納賦稅之唯一方法，即向中央戶部少報戶籍，故戶部所存之各州戶籍數類皆甚少也。〈地志〉戶籍皆據戶部所存之戶籍簿錄之，故就方鎮軍額與方鎮統州之戶籍作比較，可明確瞭解，〈地志〉所記各州所領戶籍遠較實際戶數爲少，實際戶數通常爲戶籍戶數之若干倍或十倍以上。此亦爲一種民戶隱覆，隱覆之者即爲地方軍政長官節度觀察使乃至刺史輩。唐土廣闊，方鎮多至四十上下，統三百數十州，故所隱覆之民戶亦最多，此又非中央使司、禁衛軍之隱覆以及地方豪強隱覆所能比擬者。

二、從元和七年和糴額與大和七年賜賑額看元和戶籍數

先看元和七年和糴額。《冊府元龜》四八四〈經費〉目云：

（元和）七年七月，户部侍郎判度支盧坦奏，今年冬，諸州和糴貯備粟，澤潞四十萬石，鄭滑、易定一十五萬石，河陽一十萬石，太原二十萬石，靈武七萬石，夏州八萬石，振武、豐州、鹽州各五萬石，凡一百六十萬石；以今秋豐稔，必資儲備。……從之。（《唐會要》九〇〈和糴〉目較略。）

按《元和志》即以元和八年二月奏進，則其版籍與此和糴額正屬同時，最好作比勘。茲就《元和志》所記此諸州鎮之戶籍與上列和糴額作對照表如下：

節度區	和糴額	元和戶 （開元戶）	戶均石
澤潞節度 （潞澤邢洺磁）	400000石	26243	15.2石
鄭滑節度 （滑鄭）	150000石	22000	6.8石
河陽節度 （河陽等五縣）	100000石	全境五縣屬河南府，府管縣26，戶18799，五縣戶約4000-5000	20／25石
易定節度 （定易）	150000石	36402	4.1石
太原節度 （太原汾沁儀嵐石忻代蔚朔雲）	200000石	151683	1.3石
靈武節度 （靈會鹽） 鹽州	70000石 50000石	不申戶 （15191）	（7.8石）
夏綏銀節度 （夏綏銀宥）	80000石	夏綏3940 銀宥不申戶 全境當不踰7000戶	11.4石
振武節度 （單于府、東城麟、勝）	50000石	不申戶 （勝4095）	
豐州防禦 （豐、天德軍，兩城）	50000石	不申戶 （豐1900）	

上表所見，自澤潞至太原節度五鎮及夏綏兩州，《元和志》皆記元和戶數。年豐和糴，必農產供民食有餘。觀此表，凡申報戶籍者，如太原節度區內每戶平均一石餘，自無問題；其餘每戶和糴額四石六石，已屬可異；而夏綏區內每戶

多至十一石半，澤潞區內每戶多至十五石餘，河陽區內二十石以上。按夏綏等西北邊州尚可以軍屯有餘糧爲解，而澤潞、河陽皆爲內地州鎮，並無軍屯，提供和糴者皆屬民戶，每戶十五石至二十石以上，自不可思議。復考《冊府元龜》四八五〈濟軍〉目，太和四年，河陽節度使楊元卿進粟四十萬石。時在元和版籍後不過十餘年，能進四十萬石餘粟，而謂僅四五千家之民，事何足信！進粟數額自必不虛，是其境內民戶之實際數額必遠超過申報之戶籍額，亦可能數倍之多，殆可斷言。

再看大和七年賜賑粟額。檢《舊書・文宗紀》下，大和七年正月壬子詔曰：

> 如聞關輔河東去年亢旱，秋稼不登，……若不賑救，懼至流亡，……河南府、河中府、絳州各賜七萬石，同華陝虢晉等州各賜十萬石，並以常平、義倉物充。

按此項紀錄在《元和志》版籍後二十年，尚可取與元和戶籍作比勘。就中兩府情形姑不論，惟論絳、同、華等六州。按同州治馮翊縣（今大荔），華州治鄭縣（今華縣），陝州治陝縣（今縣），虢州治弘農縣（今虢略鎮），絳州治正平縣（今新絳），晉州治臨汾縣（今縣）。檢《元和志》所記同、華、陝、虢、絳、晉六州戶籍，以與此次賜額對比列表如下，以資比勘：

州名	賜額（萬石）	（開元戶）	元和戶	戶均數（石）
同州	10	(56509)	4861	20.5
華州	10	(30787)	1437	69.5
虢州	10	(17742)	5236	19
陝州	10	(47322)	8720	11.4
絳州	7	(81988)	11271	6.2
晉州	10	(60853)	6567	15.2

按唐代之石誠較小，但觀此表，絳州每戶賑濟六石餘，爲數已屬甚多；陝州十一石餘，晉州十五石餘，事何可能？同虢每戶各二十石左右，華州每戶賑濟近七十石，豈不荒謬？可確證此諸戶數僅爲各州申報戶部之數額，實際戶數必遠

多於此額，或至十倍以上，如華州即當爲一例。但若假定，此時各州實際戶數與開元天寶盛世戶數仍甚相近，則反較合理，此亦唐中葉民戶實際數額或較開天盛世並未大減之一證。

又此華陜兩州戶數，另有可作旁證者。《舊五代史》八二〈晉少帝紀〉，天福八年十二月，「華州、陜府奏逃戶凡一萬二千三百。」逃戶如此之眾，其原有戶數必大逾此數。按此兩州在元和時代爲唐兩都間之要州，當時亦無戰亂，何以兩州戶數合共僅一萬零一百餘戶，反較五代亂世兩州一年逃亡之戶數爲少？此亦《元和志》所記戶數並非實際戶數之一證。

三、府州實際戶數與《元和志》戶籍數之比勘

唐代前期盛時之戶籍，詳見兩《唐書・地理志》與《通典》、《元和志》；中葉以後諸府州戶籍惟見於《元和志》。但就其他文獻所見之各州府戶數，大抵皆超過相近時代地志之記錄。唐代前期盛時，中央控制力較強，戶政較上軌道，雖亦不免有脫籍現象，但似不嚴重；且今存前期其他文獻如文集之類已甚少，故可檢勘之史證不多；但安史亂後，戶部籍帳大減，約僅爲開元、天寶時代三分之一，至二分之一，就《元和志》所見，北方府州，元和戶籍多僅爲開元天寶時代十分之一，脫籍現象顯極嚴重。今存後期文獻尙多，可據以檢勘《元和志》各府州民戶數額者尙甚多。余循此一方法，發現其他文獻所見之府州戶數，幾皆較《元和志》所記元和戶籍數字爲多，且或多至數倍，乃至十倍。此爲一可驚之現象。惜《元和志》今已脫佚多卷，其中淮南道全卷與山南道之荆南等卷，河北道之幽薊等卷，皆缺佚，無從比勘。就現存各卷而言，各府州戶籍數額，以江南爲最多，應最翔實，但仍極多不實之現象。兹即從江南道諸州開始，列錄如下，次及嶺南、劍南與黃河南北諸府州。

(1)宣州　州治宣城縣（今縣）。《新唐書・地理志》，宣州天寶戶一十二萬一千二百四；《元和志》二八：宣州，開元戶八萬七千二百三十一，元和戶五萬七千三百五十。考顧況〈宛陵公署記〉（《全唐文》五二九）云：

夫宣戶五十萬，一戶二丁，不待募於旁郡，而宣男之半已五十萬矣。

按此〈記〉作於庚辰年，即貞元十六年，上距《新志》版籍四五十年，下距《元和志》版籍至多十二年，而戶數爲元和戶數之九倍，亦爲《新志》戶數之四倍。[3] 無論如何解釋，皆較戶籍簿中之戶數多出數倍。余初疑此〈記〉中兩個「五十」之「十」皆爲衍文；若爲衍文，則正與時代極相近之元和戶數相合。惟考韋煥〈新修湖山廟記〉（《全唐文》七九一）云，「今宛陵、涇縣十八鄉，戶四萬，民奉湖山神。」檢《元和志》，元和時代，宣州領鄉一百九十五，韋〈記〉云十八鄉，四萬戶民奉此神，則一百九十五鄉正當近五十萬戶，故顧〈記〉「五十」極正確，無衍文；即貞元元和間，宣州實際民戶五十萬，爲《元和志》所記戶籍之九倍。

(2)黃州　州治黃岡縣（今縣北百里之新洲鎮）。《元和志》二七：黃州，開元戶一萬三千七十三，元和戶五千五十四。考杜牧〈祭城隍神祈雨第二文〉（《全唐文》七五六）云：

牧爲刺史凡十六月，……黃境鄰蔡，……吏僅百輩，公取於民，……鄉正村長，強爲之名，豪者尸之，得縱強取，三萬戶中，多五百人，刺史知之，亦悉除去。

按前有〈黃州准赦祭百神文〉，會昌二年六月，牧在黃州任。是其時黃州民戶三萬也。《元和志》所記元和戶僅爲杜文所見會昌實際戶數六分之一。縱然會昌報戶已有增加，但不可能增加至六倍之多，知元和時申報戶籍數遠低於實際戶數，戶籍五千之數或僅爲當時實際戶數四五分之一耳。

(3)洪州　州治南昌縣（今縣）。《元和志》二八：洪州管縣七，元和戶九萬一千一百二十九。據此戶數言之，治所南昌縣殆不能多過三萬戶。惟南昌自漢以來即戶口繁多。漢代至少兩萬戶。[4] 《南齊書·五行志》，永元三年，「豫章郡天〔大〕火，燒三千餘家。」此次失火必在南昌城，足見民戶之盛。至

[3] 實際可能爲《新志》之五倍，因爲永泰中割宣州西部置池州，故《元和志》之宣州遠較《新志》之宣州爲小。

[4] 《秦漢地方行政制度》，46。

唐，《新書・五行志》一，元和二年七月，「洪州火，燔民舍萬七千家。」此自就州城（南昌城）而言，一次失火，未必全城盡焚，已見城內外民戶之多。考敦煌發現〈諸山聖跡志〉（斯529，《敦煌地理文書匯輯校注》本）云：

> 洪州城周五十里，臨大岸，水陸居人十萬餘户，寺院一百三十所，僧尼二萬人，禪律並行。已前鍾令公管理此州時，水陸居人二十萬户，近日殘破，即有十萬餘户。

是洪州城在唐末盛時，民戶多至二十萬，鍾傳之後，因亂殘破，仍存十萬餘戶，度唐中葉，民戶亦盛，故一次火災即延燒一萬七千家。且《舊書・食貨志》下云：

> 户部侍郎趙贊上言，……請於兩都幷（及）江陵、成都、揚、汴、蘇、洪等州府，各置常平輕重本錢，上至百萬貫，下至數十萬貫，隨其所宜，量定多少，唯貯斛斗疋段絲麻等，候物貴則下價出賣，物賤則加價收糴，權其輕重，以利疲人。從之。

時在德宗建中三年。是洪州城爲唐代中期全國八大都市之一，朝廷至籌資金數十萬貫，以平衡其物價，足見戶口眾多。可與〈五行志〉、〈聖跡志〉相印證。且《太平廣記》中常見珠寶胡商在洪州之活動，其次數僅次於長安與揚州，故亦爲胡商之一活動中心。蓋即由於洪州爲一大都市，經濟繁榮，戶口眾多耳。洪州城民戶十餘二十萬，但《元和志》，州管縣七，州境東西一千六百一十五里，南北一千一百五十六里，面積極大。度其全境民戶實數常在四十萬以上，即爲申報戶籍數之四五倍，或更多。

(4)潭州　州治長沙縣（今縣）。《元和志》二九：州管縣六，開元戶二萬一千八百，元和戶一萬五千四百四十四。則元和時代，治所長沙縣至多五六千戶耳。

按長沙縣，亦爲漢代江南三個置令大縣之一。至南朝，《北堂書鈔》一三八〈艑〉條引《荆州土地記》曰，「湘州七郡，大艑所出，皆受萬斛。」又《水經注・湘水注》，湘州長沙郡治所臨湘縣，西北有北津城，城南有南津城，城南船官「湘州商舟之所次也。」足見南朝時代，湘州造船業發達，長沙尤爲交通樞紐，經濟必相當繁榮，人口亦甚多，惟數字不可考耳。

至唐，考張謂〈長沙失火後戲題蓮花寺〉(《全唐詩》三函八冊)云：

金園寶刹半長沙，燒劫旁延一萬家。

按《唐詩紀事》二五，張謂登天寶二年進士第。乾元中，以尙書郎出使夏口，大曆間爲禮部侍郎，典七年八年九年貢舉。又曾「奉使長沙，嘗作〈長沙風土記〉云，巨唐八葉，元聖六載，正言待罪湘東。」云云。則此〈記〉當作於代宗大曆三年。此詩之作當與〈記〉先後不久，但至遲六年冬已在京師，故能放七年春榜也。

按《舊書・代宗紀》，大曆五年四月，湖南軍亂，潭州刺史充湖南觀察使崔瓘遇害。《舊書》一一五〈崔瓘傳〉同。考其時杜翁適在潭州，爲避此次兵亂，逃至衡州，其〈入衡州〉詩(《杜詩詳注》，二三)述此次亂事云：「烈火發中夜，高煙燋上蒼。」疑張謂詩亦即爲此次大火而作，則在大曆五年。詩人詞語，可能誇張，但一次大火，不可能全城盡焚，所燒雖非萬家，但可測知全城民戶當有萬家也。復檢《新書・方鎭表》六，廣德二年，置湖南都團練觀察使，領衡、潭、邵、永、道五州，治衡州；大曆四年徙治潭州，自後不改。《舊紀》，徙治事在四年二月。則此前，長沙僅爲潭州刺史治所，非湖南觀察使治所，繁榮程度必較遜。謂詩作於遷長沙後僅一年，自尙非極繁榮。下至元和初，歷年四十，繁榮程度宜遠過於大曆初年，民戶應大有增加。然據《元和志》所記元和戶籍，長沙縣全境至多不過五六千戶，城之內外，宜不過三四千戶，數額遠少於實際戶數可知也。

復考敦煌發現〈諸山聖跡志〉(同前)云：

潭州即湖南也，地周六七十里，有十萬餘家，寺院百餘所，僧尼一萬餘人。

按安史亂後，江南經濟文化發展迅速，佛教尤其禪宗在江南地區亦得到同步發展之機會。余曾據《景德傳燈錄》統計，作〈景德錄禪僧分佈圖〉，以江南東西道爲最多，以州論之，洪潭兩州不相上下，皆非其他諸州所能及。此〈志〉云寺院僧尼至多，決非虛語，則民戶十餘萬家，宜亦非誇詞。〈聖跡志〉以五代後唐時期作，去《元和志》版籍已百年，時代雖較遠，然州縣發展並非一時大盛，蓋自大曆四年湖南觀察使遷治潭州長沙後，此兩漢南朝古城，始得到充分之發展，相信元和實際戶數當在三四萬以上，全州戶數應不下十萬，惟申報戶部者不過一萬五千餘耳。

(5)衡州　州治衡陽縣（今縣）。《元和志》二九：衡州，開元戶一萬三千五百一十三，元和戶一萬八千四十七。考《唐會要》八五〈定戶等第〉目（參《全唐文》六二七《呂溫集》〈簡獲隱戶奏〉）云：

> 元和六年正月，衡州刺史呂溫奏，當州舊額户一萬八千四百七。……臣到後，團定户稅，次檢責出所由隱藏不輸稅户一萬六千七。（《全唐文》作一萬六千七百）

則呂溫所謂舊額即《元和志》戶額，惟「百」「十」必有一誤耳。志書戶額一萬八千餘，呂溫又檢出一萬六千餘，相信不可能盡檢出，則元和中，衡州實際戶數必爲志文所記戶籍數之兩倍以上。

(6)永州　州治零陵縣（今縣）。《元和志》二九：永州，開元戶二萬七千五百九十，鄉四十八；元和戶八百九十四，鄉四十五。考柳宗元〈遊黃溪記〉（《全唐文》五八一）云：

> 環永之治百里，北至於浯溪，西至於湘之源，南至於瀧泉，東至於黃溪東屯。其間名山水而村者以百數，黃溪最善。黃溪距州治七十里，由東屯南行六百步，至黃神祠。

按文作於元和八年，正爲《元和志》奏進之年。永州治所零陵，東北至祁陽一百里，[5] 南至灌陽三百六十里，西南至湘源一百三十里，則環永百里者，實約僅零陵一縣境。民村百數，至少當有一兩千戶，全州四縣，應不少於六七千戶，故所申報之戶數亦僅爲實際戶數若干分之一耳。且開元元和鄉數略同，而元和戶數僅爲開元戶數三十分之一，此亦大可疑者。一般而言，安史亂後，江南戶口多有增加，永州戶數縱未大增，要當不至萬戶以下，或者元和戶數有脫文

[5] 此據《寰宇記補闕》；《元和志》作一百八十里，檢《一統志》〈永州府〉卷，「八十」蓋衍文。又柳文「環永之治百里，北至於浯溪。」檢《寰宇記》，浯溪在祁陽縣南五里，湘水南岸，亦見「八十」爲衍文。

歟？

(7)韶州　州治曲江縣（今縣）。《元和志》三四：韶州，開元戶二萬七百六十四，元和戶九千六百六十四。考李翺〈嶺南節度使東海郡公徐申行狀〉（《全唐文》六三九）云：

> 遷韶州刺史，……。其始來也，韶之户僅七千，凡六年，遷合州。其去也，倍其初之數，又盈四千户焉。

按時在貞元中期，著籍戶數增至一萬八千。元和版籍只在此後十年之譜，而戶籍僅爲徐申在韶州末期之半數；且徐申爲政，亦未必盡得民戶著籍也。

(8)潮州　州治海陽縣（今潮安）。《元和志》三四：潮州，開元戶九千三百三十七，鄉一十六；元和戶一千九百五十五，鄉數同。《新志》，潮州，天寶戶四千四百二十。考韓愈〈潮州請置鄉校牒〉（《全唐文》五五四）云：

> 今此州，户萬有餘。

按愈貶潮州在元和十四年，此文即其時所作，上距《元和志》版籍不過數年。是元和戶籍僅爲韓文實際戶數五分之一，即實際戶數爲同時戶籍戶數之五倍，亦爲天寶戶數之兩倍半，且超過開元戶數。

(9)桂州　州治臨桂縣（今桂林）。《新志》，天寶戶一萬七千五百。《元和志》三七：桂州，開元戶三萬六千二百六十五，元和，縣十，戶八千六百五十。考吳武陵〈陽朔縣廳壁題名〉（《全唐文》七一八）云：

> 縣治西七步有石渠，其浚十仞，……士官胥吏，黎民商賈，夾川而宅……，籍户五千，其稅緡錢千萬，於桂爲大。

按此文作於寶歷二年或稍後一兩年，遲於元和戶籍者不踰十五年。陽朔一縣著籍五千，據上引《元和志》，元和時代，桂州十縣，每縣平均僅八百六十五戶。陽朔雖爲大縣，但非州治所；治所臨桂，亦爲桂管經略使治所，民戶應不少於陽朔。陽朔、臨桂兩縣，已約萬戶，或更多，外加其他八縣，其全州戶籍至少當在兩萬以上，或至三萬，即爲申報戶部之戶數兩倍以上至三倍，即不減於開天時代也。

(10)柳州　州治馬平縣（今縣）。兩〈志〉，柳州天寶戶二千二百三十二，口一萬一千五百五十。《元和志》三七：柳州，開元戶一千三百七十四，元和

戶一千二百八十七。考柳宗元〈復大雲寺記〉(《全唐文》五八一)云:

> 柳州始以邦命置四寺,其三在水北,而大雲寺在水南。水北環治城六百室,水南三百室。

按宗元以元和十年由永州司馬例移柳州刺史,十四年卒。其時環治城至少九百家。就《志》文所見,柳州幅員雖不大,但領縣五,最西縣治至最東縣治,亦二百三十餘里,全州東西距當亦三百里以上。環城近地九百家,若連城內與遠地四縣計之,當亦不止一千二三百戶,故疑志文所記元和戶籍亦非實數。

(11)鄧州 州治穰縣(今鄧縣)。《元和志》二一:鄧州,開元戶三萬八千六百一十,元和戶一萬四千一百四。考符載〈鄧州刺史廳壁記〉(《全唐文》六八九)云:

> 德宗以王綏爲鄧州刺史,「首年而富,中年而教,季年而政成。其籍版自四千户至於萬三千户,其藏屯粟,自三千斛至數(一作四)萬斛。」

按〈記〉以貞元五年八月作。鄧州本爲大州,《新志》,天寶戶四萬三千餘。經安史、梁崇義、封有麟之亂,民戶大耗,王綏治鄧,適在亂定之後,故能迅速恢復至一萬三千戶也。余檢讀群籍,唐中葉,惟此州民戶,與《元和志》戶籍相近。

(12)劍南西川 盧求〈成都記序〉(《全唐文》七四四)云:

> 蜀爲奥壤,領州十四,縣七十一,户百萬,兵士五萬。

按此就劍南西川節度使管區而言。時在宣宗大中九年。上距《元和志》版籍四十餘年,雖難作準確之比勘,但仍可就實際情形作相當之比論。

按《元和志》三一、三二皆記西川節度管區,云管州二十六,縣一百一十二。大中時代,西川節度管州十四,今雖難確指,但本之《元和志》所記二十六府州,參以晚唐時代唐廷能實際管轄之疆域,則成都府與彭、蜀、漢、邛、簡、資、嘉、戎、雅、眉、黎、嶲凡十三府州必在統轄,所少一州當爲茂州,共十四府州。《元和志》所列其餘十二州,早已淪陷,非唐室所能控制,《志》文不過虛列開天盛時之版籍耳,故亦無戶籍也。茲就《元和志》所記以上十四府州之戶籍作統計,開元戶共四十五萬一千一百八十八(其中黎州缺戶數，但亦不過千百戶而已）。元和戶共一十五萬三千三百三十九。開元戶四十五萬餘，據《新志》粗計，此十四州天寶戶五十七八萬。按安史之亂，關中士民避難入蜀者爲數甚衆，此爲盡人皆知之事實。亂事既定，誠多向北回流者，但留寓蜀中者自亦不少；且唐代中期，北方仍常有戰亂，劍南顯較安定，自當生齒日繁，何以元和戶反僅約開元戶三分之一強，天寶戶四分之一強？前於方鎮軍額節引《新書・楊炎傳》，「四方征鎮（軍用之費）自給於節度都團練使」，「河南、山東、荊襄、劍南重兵處，皆厚自奉養，王賦所入無幾。」已點明劍南爲重兵處之一，上報戶部之戶數甚少，志書據戶部所存戶籍數書之，故劍南實際戶數雖有增加，而志書所錄戶部存籍，反僅爲開天時代戶籍三四分之一耳，此亦極明顯亦易理解之事實也。

又按《會要》八四〈戶口數〉條，肅宗乾元三年（760），計戶一百九十三萬餘，爲唐戶最低紀錄，蓋安史戰亂最烈時期脫戶最甚。其後漸增，至文宗太和時代（827-835）突破四百萬至四百三十五萬餘，開成四年計戶部管四百九十九萬餘；武宗會昌（841-846）戶四百九十五萬餘。故自代宗以後有逐步增加之趨勢。宣宗大中時代可能踰五百萬，但視代宗、德宗時代亦僅增四分之一而已。西川節度管區民戶增率亦當作如是觀，但元和時代之十四府州共戶一十五萬餘，四十餘年間增至百萬，絕失比率。按中國史上，成都平原向爲經濟繁榮、人口衆多地區，大中時代民戶之實際數額達到百萬，宜極可信；然則元和戶十五萬餘，亦僅實際戶數若干分之一耳。據前後比例推估，此劍南所轄十四州境，實際民戶（私人隱覆之戶數不計）當約七八十萬，則約爲《元和志》所記戶數之四五倍！

(13)河南府　府治洛陽縣（今縣）。《元和志》五：河南府，開元戶一十二萬七千四百四十，元和戶一萬八千七百九十九。府管縣二十六，則元和時代每縣平均七百二十餘戶。按府爲唐東都所在。都城包括洛陽、河南兩縣。東都洛陽居中原要害之地，東方物資大多經由東都西輸長安，幾無可能衰落至此。前於洪州條，引《舊書・食貨志》，建中三年，於兩都及荊益揚汴蘇洪八大都市置常平本錢百萬至數十萬貫，以平衡物價，足證唐代中期洛陽城人口數字必亦仍極龐大。又《新書・食貨志》四云：

（大和）四年，詔（京師）積錢，以七千緡爲率，十萬緡者期以一年出之，二十萬以二年。凡交易百緡以上者，匹帛米粟居半。河南府、揚州、江陵府以都會之劇，約束如京師。

是河南府都會之劇，蓋僅次於長安。余考長安人口當在一百五十萬以上至一百七八十萬，度洛陽人口當亦百萬之譜。

又文宗時，李紳由河南尹出鎮宣武，其〈拜宣武節度使小序〉（《全唐詩》八函一册《紳集》二）云：

開成元年六月二十六日制授宣武軍節度使，七月……五日赴鎮，出都門（謂洛陽），城内少長士女相送者數萬人，至白馬寺，涕泣當車者不可止。

亦足見洛陽人口眾多。權德輿〈齊成公（抗）神道碑〉（《全唐文》四九九）云，「爲河南尹，盜有宋瞿曇者，白晝椎剽，爲郡偷囊橐，……幾三十年。公法令嚴具……名捕魁宿，使無遺類。」李紳〈拜三川守小序〉（《紳集》同上）云：「（洛陽）比多惡少，皆免（一作危）帽散衣，聚爲群鬥，或差肩追繞，擊大毬，……士庶苦之，車馬逢者不敢前，都城爲患日久。詔下之日，此輩皆失所在，卻歸負販之業。」此所云惡少放縱，巨盜橫行，正見洛陽爲一大都市，人口眾多，故朝廷投入巨額常平本錢，以平衡物價；又嘗禁富人積錢居奇，交易以米粟疋帛各半也。然則河南府二十六縣之全部民戶必當在二十萬戶以上。兩書〈地理志〉皆云，河南府天寶戶十九萬四千餘，或者安史亂時雖一度大減，其後仍逐漸恢復原狀，或又過之。《元和志》云，元和戶一萬八千餘，若非文有脱譌，則僅當實際戶數二十分之一耳。

(14)汴州　州治開封縣（今縣）。兩〈志〉，汴州天寶戶十萬九千餘。《元和志》七：汴州，開元戶八萬二千一百九十，元和戶八千二百一十八。元和戶恰爲開元戶十分之一，而爲天寶戶十三分之一。

按汴州即古之大梁，始皇灌城後，爲之大衰，但地處東方平原要衝，至北朝末期已漸復興，至唐開元、天寶時代，汴州爲東方黃河南北第一大都市，並詳下文。據《元和志》記元和戶口，僅八千餘戶，衰滅至此，殊屬可驚。惟此元和戶籍與實際戶數相差極大，此可從宣武軍額、汴城都市發展、宣武節帥富庶，與孫樵文書各方面獲得證實。

前論方鎮軍額，代宗大曆間，宣武軍額六萬，貞元、元和間增至十萬，而《元和志》，宣武節度統汴、宋、亳、潁四州，都管戶僅三萬一千餘戶，約三家或三家半供十兵，此自不可能者。軍額十萬，度其民戶至少當在三四十萬或以上，即實際戶數當爲申報戶部戶籍之十餘倍。

就都市狀況言，杜翁〈遣懷〉(《杜詩詳注》一六)云：

> 昔我遊宋中(今河南商邱)，惟梁孝王都；名今陳留(即汴州)亞，劇則貝(今河北清河)魏(今河北大名)俱；邑中九萬家，高棟照通衢；舟車半天下，主客多歡娛；白刃讎不義，黃金傾有無；殺人紅塵裏，報答在斯須。

此見天寶時代，黃河下游大平原中，汴州爲第一大都市，而宋與魏、貝次之，皆民戶眾多，市面繁榮，而治安不佳，呈現一片大都市氣象。至於中葉情形，按《唐會要》六一〈館驛〉目，貞元二年十二月敕文，「從上都至汴州爲大路驛，」至荆南次之。知大路驛官，考績有優賞。蓋此大路驛爲全國最主要之東西交通軸線，而以汴州爲東端終點，足見唐代中葉汴州仍爲東方最大交通中心，自必經濟繁榮，人口眾多。前於洪州條引〈食貨志〉與《會要》，建中三年，於兩都等八大都市置常平本錢百萬貫至數十萬貫，以平衡物價，亦見汴州爲兩都外北方之唯一大都市。王建〈寄汴州令狐相公〉(《全唐詩》五函五冊《建集》四)云，「水門向晚茶商鬧，橋市通宵酒客行。」正見其市面之繁榮。度汴城內外民戶之多，當如揚益荆洪等州，或在十餘二十萬間。且汴州宣武軍統汴宋亳潁四州，不但軍額十萬，而且治所汴州城內外駐軍即眾，如《通鑑》二三四，貞元九年十二月乙卯，節度使劉士寧「帥眾二萬畋于外野」，而府內尚留親兵千餘人，則城內駐軍當在兩萬人以上。又二四二長慶二年紀，宣武「牙兵三千人」。即節度使禁衛軍三千人也。城中軍隊眾多如此，其家屬亦在城內外，加有一般市民，戶數固必甚爲龐大，殆可斷言。元和時代，汴州領縣六，全州六縣，民戶自當更多，而所申報戶籍僅八千二百餘戶，蓋僅約全州戶數十五分之一至二十分之一耳。

宣武富庶者，《舊書》一五六〈韓弘傳〉云：

弘鎮大梁二十餘載，四州征賦皆爲己有，未嘗上供，有私錢百萬貫，粟三百萬斛，馬七千匹。元和十四年入朝，進獻大批財物。

《新書》一五八〈韓弘傳〉略同，而有歧異。《通鑑》二四一元和十四年七月入朝，前後兩次進獻，詳錄如下：

戊寅，獻馬三千，絹五千，（一本作五十萬，按《新傳》作五十萬爲正。）雜繒三萬，金銀器千。而汴之庫廏尚有錢百餘萬貫，絹百餘萬匹，馬七千匹，糧三百萬斛。

甲午，又獻絹二十五萬匹，絁三萬匹，銀器二百七十。

按此蓋據實錄書之，故能詳悉如此。此固由於韓弘善聚斂，但若汴州僅八千餘戶，所統四州全境僅三萬一千餘戶，則何能成此聚斂，都市商業亦何能繁榮？此亦所申報之戶籍絕少於實際民戶之明證。而所謂「四州征賦皆爲己有，未嘗上供」者，即向戶部申報戶籍，以多報少，故征賦絕大多數留使養軍十萬，餘以盡入私囊耳。

孫樵文書者，其〈寓汴觀察判官書〉（《全唐文》七九四）云：

今京兆二十四縣，半爲東西軍所奪，然亦不過籍占編氓，翼蔽墾田，其辭獄曲直，尚歸京兆；今汴軍所侵州縣者，反愈東西軍。

此謂京師東西禁軍侵奪京兆府民戶，蔭庇之以自利；汴軍不但侵奪州縣民籍以自肥，且侵奪州縣之司法管治權，是有甚於東西軍。然則汴州宣武轄境，軍額龐大，而戶籍極少，不能與軍額成正比例者，正以汴州宣武節度觀察使府影庇民戶，以供十萬軍額之經費，且以自肥耳。

(15)宋州　州治宋城縣（今商邱）。《元和志》七：宋州，開元戶十萬三千，元和戶五千二百。考杜牧〈與汴州從事書〉（《全唐文》七五一）云：

某數年前赴官入京，至襄邑縣，見縣令李式……有吏才，……云某當縣萬户以來，都置一板簿。

按宋州管縣十，襄邑爲其一。襄邑縣萬戶以來，則全州十縣縱無十萬戶，亦當有七八萬戶，或少亦五六萬戶，則宋州元和申報戶籍亦僅實際戶籍十五分之一，至十分之一耳。

(16)忠武軍許、陳二州　許州治長社縣（今許昌），陳州治宛邱縣（今淮陽）。《元和志》八：陳許節度使管許陳二州，縣十三；都管戶九千三百二十九。許州開元戶五萬九千七百十七，元和戶五千二百九十一。陳州開元戶五萬二千六百九十二，元和戶四千三十八。兩州元和戶之和正與都管戶數契合。

檢《新書・五行志》一，大和「四年三月，陳州、許州火，燒萬餘家。」此時上距元和版籍不過十餘年，兩州實際戶數應無大異。所謂「火燒萬餘家」者，若謂陳許兩州多處火災，共燬萬餘家，則較都管戶九千餘家為多，且豈能兩州全境縱橫數百里地，所有民戶，一個月內，全數燒燬，一戶無存耶？意者，當在兩州城內外，城區人口亦當未燒盡，足見兩城區民戶之眾。推而至於兩州十三縣，全境實際民戶至少當在五萬家以上，則兩州元和戶籍亦僅實際戶數若干分之一耳。

又按陳許節度即忠武軍。《舊書》一六一〈李光顏傳〉，元和九年，授忠武節度使，淮西吳元濟叛，光顏以本軍攻其北面，敗元濟大將董重質三萬眾于郾城，功冠諸軍，足見陳許軍額甚大。復考杜牧〈處州刺史李君（方元）墓誌〉（《全唐文》七五五）云：

> 刑部尚書贈司空貞公長子。……淮西平，李光顏移鄭滑，陳許無帥，帝閑讌獨言曰，勁兵三萬，誰可付者？……即日起貞公為陳許帥。

按貞公即李遜。《舊紀》，遜以元和十四年九月授任，統陳許殷蔡四州。其時剛平淮西，以蔡州來屬，而殷州原係分許陳蔡三州地置，旋亦廢，故實三州地也。云勁兵三萬，則蔡州來屬前，當可兩萬歟？兵額兩萬，則民戶宜當遠過五萬，或仍如開元十萬戶，亦未可知。又宣宗時〈授孔溫裕忠武軍節度使制〉（《文苑英華》四五三，此據吳氏《方鎮表》二引文檢索）云，「朕以長葛故城、穎州〔川〕重地，兵甲甚銳，賦輿至殷。」則陳許之境，誠亦民戶殷盛，故得「賦輿至殷」也，豈復兩萬餘戶所能膺稱，此亦增強五萬戶以上至十萬之估測之眞實性。

(17)淮西節度蔡申光三州　蔡州治汝陽縣（今汝南），申州治義陽縣（今信陽），光州治定城（今潢川）。《元和志》九：蔡州節度使管此三州，治蔡州。蔡州，開元戶五萬一千二百一十，元和戶一萬二百六十三；申州，開元戶二萬一千二十，元和戶六百一十四；光州，開元戶二萬九千六百九十五，元和戶一千九百九十。則三州合計：開元戶十萬一千九百二十五，元和戶一萬二千八百六十七；元和戶僅爲開元戶八分之一。

此三州唐中葉民戶之實際數額雖無史料可略爲估測，但其軍額尙約略可曉。按唐中葉淮西蔡、申、光軍額雖不見於張泊奏章，但德宗、憲宗時代，李希烈、吳元濟割據淮西，於方鎭中最爲跋扈不臣；建中三年，河北三鎭與淄靑皆稱王，而推尊希烈爲帝，希烈遂自稱天下都元帥、建興王，尤見淮西兵力之盛。就史傳所見，如《舊書》一四五〈李希烈傳〉，建中三年秋，敕兼淄靑節度，使討李納。「希烈遂率所部三萬人，移居許州。」是必仍留兵蔡州，至少一兩萬人。其後吳元濟叛命時，四面攻戰，常見蔡兵萬餘至兩三萬。如《舊書》一六一〈李光顏傳〉，「十二年四月，光顏敗元濟之衆三萬于郾城。」又《舊書》一三三〈李愬傳〉，破蔡州，元濟降，「其申光二州及諸鎭兵尙二萬餘人，相次來降。」《新書》二一四〈吳元濟傳〉作三萬人。按吳元濟四面拒抗，使大將董重質率重兵北拒李光顏於洄曲；申光在蔡南，兵力當最弱，仍有二萬餘人，足見全軍之衆。按此諸數字，雖未必盡實，但希烈爲四強藩推尊於前；元濟叛逆，朝廷發兵四面圍攻，久不能下，足見其兵力雄厚。則此諸數字亦未必盡虛。相信與元貞元初之兵額當不少於魏博、恆定軍額五萬人，其後勢必有所增加，故憲宗元和中，傾全力圍攻，致煩宰相裴度出征，親督群帥，始獲成功，足見其兵力之雄厚。而《元和志》記其時民戶總共不過一萬二三千戶，何能支供四五萬以上之軍額，此亦絕不可能者。按《舊書・憲宗紀》，元和二年十二月，李吉甫撰《元和國計簿》，淮西爲「不申戶口」十五道之一。《元和志》以八年二月進奏，而淮西三州有戶籍者，蓋二年以後所申報歟？《新》二一四〈藩鎭・吳少陽傳〉，元和四年繼爲節度，「不肯朝，然屢獻牧馬以自解。」蓋亦以此時申報戶口，以示恭順耳。其所申報自屬象徵性之敷衍行爲，去實際戶數必甚遠，度其實戶至少當與開元戶數相當，或且過之。

(18)徐泗節度徐宿泗濠四州　徐州治彭城縣（今徐州銅山），爲徐泗節度使治所。前考元和時代徐泗軍額五萬以上。高瑀〈使院新修石幢記〉又明云「城一十六，戶一十萬」。而《元和志》九：徐泗節度使，管徐宿泗濠四州，理徐州；都管戶三萬七千二百五十二。徐州，開元戶四萬九千七百二，元和戶三千八百五十八；宿州本徐泗地，元和四年割置，戶八千六百七十六；泗州，開元戶三萬三百五十，元和戶四千一十五；濠州，開元戶二萬五百五十二，元和戶二萬七百二；是四州元和戶合計不過三萬七千餘，不但僅爲〈石幢記〉所見戶數之三分一，且較軍額爲少，故此四州元和戶數只是向戶部申報之戶數，決非實際戶數，實際戶數乃數倍於申報者。又《新書・五行志》三，大中十二年八月，「徐泗等州水深五丈，漂沒數萬家。」此亦徐泗地區民戶眾多之一證，決不只三萬數千戶也。

(19)義成節度滑鄭二州　滑州治白馬縣（今滑縣），鄭州治管城縣（今鄭縣）。《元和志》八：鄭滑義成節度使，管滑鄭兩州，都管戶二萬二千。滑州管縣七，開元戶五萬三千六百二十七，元和戶八千五十六；鄭州管縣七，開元戶六萬四千六百一十九，元和戶一萬三千九百四十四；兩州元和戶之和正爲二萬二千戶。

考沈亞之〈魏滑分河錄〉（《全唐文》七三七）云：

滑壁卒數萬人。

時在元和八年。檢《會要》八九〈疏鑿利人〉目述此事云，「乃於鄭滑兩郡，徵徒萬人，鑿古河」云云。按滑台當白馬津，自古爲黃河南北除孟津外之第二大渡口，極爲衝要，隔河即爲魏博境。唐中葉，魏博跋扈不臣，故置義成軍鎮滑台，故地位衝要，爲中原僅次於宣武軍之第二大軍鎮。自德宗時代，魏博、宣武兩鎮軍額皆增至十萬，鄭滑節度既當魏博渡河之最緊要渡口，軍力必強，故「滑卒數萬」，決非虛語，度其軍額當不下三四萬人，而一次興工「徵徒萬人」，亦見兩州管戶不少，故知元和戶二萬二千，殆與實際戶數相去頗遠，疑其時實際戶數未必少於開元天寶也。

(20)河陽城　河陽今孟縣，即古孟津，爲古代黃河南北交通第一重要渡口，唐置河陽橋，爲天下第一大橋。安史亂後，河北燕趙魏三鎮割據，朝廷特置河陽三城節度使以鎮遏之。《元和志》五：河南府，開元戶一十二萬七千四百四十，元和戶一萬八千七百九十九。管縣二十六，河陽其一。則元和中河陽一縣至多千戶。按元和時，河陽三城節度使，統五縣，戶籍皆屬河南府。考權德輿〈北平郡王馬公（燧）行狀〉（《全唐文》五〇七）云：

特拜（略）充河陽三城使，是歲大曆十年也。……十二年……秋雨暴至，河流泱溢，軍吏等具檝櫂，請公登舟以避，公曰，城中凡數十萬户，吾實主之，而苟以一家求安，所不忍爲也。

據此可知河陽城民戶至少十萬家，《元和志》版籍上去此時至多三十餘年，節度使如故，民戶不可能大減至千餘家，則元和戶千餘家者殆僅實際戶數百分之一，其不確之程度至屬可驚！又《冊府元龜》四八五〈濟軍〉目，太和四年，河陽節度使楊元卿進粟四十萬石；亦河陽地區民戶眾多之強證。

(21)坊州　州治中部縣（今黃陵）。《元和志》三：坊州，開元戶一萬五千七百十五，元和戶一千八百四十二。按《舊》一一四〈周智光傳〉，「焚坊州廬舍三千餘家。」時在代宗初年，安史剛死、吐蕃入寇時代，坊州廬舍一時被焚三千餘家，足見全州民戶當亦踰萬。下至元和，關中局勢尚安定，何至僅剩一千八百餘戶？相信實際戶數當亦數倍歟？

(22)鳳翔節度，鳳翔府、隴州　鳳翔府治雍縣，更名天興（今鳳翔）；隴州治汧源縣（今隴縣）。《元和志》二：鳳翔府置鳳翔節度使，管鳳翔府與隴州，都管戶八千三百六十四。鳳翔府，開元戶四萬四千五百三十三，元和戶七千五百八十；隴州，開元戶六千八十五，元和戶七百八十四。足見元和戶籍殊少。然就唐末五代史事觀之，李茂貞據鳳翔，《通鑑》二六〇，乾寧二年，李克用攻梨園，茂貞遣兵萬人屯龍泉鎮，自將兵三萬屯咸陽。《舊五代史》八二〈晉少帝紀〉，開運元年四月「丙寅，隴州奏，餓死者五萬六千口。」足見唐末五代時期，鳳翔、隴州境內人口頗眾，故茂貞軍力甚大，隴州一時餓死大量人口也。時代雖後元和百年，然唐末五代關中屢經戰事，亂離特甚，而民戶仍甚眾多，超過元和時代若干倍，豈非異事？且《元和志》時代，隴州五縣僅七百八十餘戶，亦殊難置信者。按《舊書・憲宗紀》，元和二年李吉甫上《元和國計簿》，十五道不申戶籍，鳳翔爲其一；八年二月進《元和志》，乃有此戶籍。蓋邊防重地，本不申戶籍，後乃申報，亦僅象徵性耳。

(23)橫海節度，滄德齊三州　滄州治清池縣（今滄縣東南四十里），德州治安德縣（今陵縣），齊州治歷城縣（今濟南）。《元和志》一八滄州，開元戶九萬八千一百五十七，元和戶九千五百一十四；又一七德州，開元戶六萬一千七百七十，元和戶九千三百五十六；又一〇齊州，開元戶四萬九千一百五十七，元和戶未申報。齊州雖無元和戶，但三州合計，元和戶料難踰兩萬五六千戶。

考《舊書》一六五〈殷侑傳〉云：

> 大和四年，加檢校工部尚書、滄齊德觀察使。時大兵之後，……寂無人煙，……周歲之後，流民襁負而歸。侑上表，請借耕牛三萬，以給流民……數年之後，户口滋饒，倉廪盈積……初，州兵三萬，悉取給於度支，侑……二歲而給用悉周。

據此，則滄齊德三州軍額三萬，借耕牛三萬，則流民歸來者至少六七萬戶以上，甚至十萬家以上，始需要三萬頭耕牛，亦始能資給三萬軍隊。按時在元和版籍後不過二十年，則元和時代三州實際民戶或不少於此數。然則元和實際戶數至少當爲元和戶籍之兩倍以上或三四倍。

又《新書》一七二〈杜兼傳〉附子〈中立傳〉云：

> 出爲義武節度使。舊傜車三千乘，歲輓鹽海瀕，民苦之。中立置飛雪將數百人，具舟以載，自是民不勞，軍食足矣。大中十二年大水，……滄地積卑，中立自按行，引御水入之毛河，東注海，州無水災。

按義武爲易定節度軍號；中立事在滄州，自大和三年置齊滄德節度使，五年賜號義昌軍，自後不改。則此義武必義昌之誤。檢《百衲本》，字亦作武，則傳刻譌誤久矣。舊傜車三千乘輓鹽，改置飛雪將數百人，操舟運鹽，亦爲民戶殷盛之旁證。蓋滄州盛產海鹽，地方富庶，自必民戶眾多也。

復考《舊五代史》一一二〈周太祖紀〉三，廣順二年十月「丁未，滄州奏，自十月已前，蕃歸漢戶萬九千八百戶。」又云「是時北境饑饉，人民轉徙，繈負而歸中土者，散居河北州縣，凡數十萬口。」是前云萬九千八百戶者，皆歸滄州一州之數。則直至五代，滄州民戶皆殷盛，元和時代何致特少，僅爲開元時代十分之一？

四、元和戶籍無考諸州之實際戶數拾例

今本《元和志》已闕佚淮南道全卷及河北道北部之幽薊等州卷、山南道南部之荆朗巴閬等州卷，又河南道之平盧節度境內十餘州不申戶籍，又有州不在佚卷中，但無元和戶數，故淮南道及河南、河北、山南、關內若干州皆無元和戶籍可考。但中晚唐時代，此諸道、諸州之實際戶數往往尙可考見於其他文獻，茲亦附列於此，以資輔證。

(1)楚州　州治山陽縣（今淮安），屬淮南道，在《元和志》佚卷中，戶籍無考。但《新書》一四三〈薛玨傳〉云：

> 遷楚州刺史。初，州有營田，宰相遙領使，而刺史得專達，俸及他給百餘萬，田官數百，歲以優得遷。別戶三千，備刺史廝役。玨至，悉條去之，租入贏異時。

又呂讓〈楚州刺史廳記〉（《全唐文》七一六）云：

> （楚）提兵五千，籍戶數萬。

按薛玨事在大曆末期，呂讓〈記〉作於大和八年八月，時代在《元和志》版籍前後不久。楚州田官數百，刺史俸給百餘萬，且有別戶三千備刺史廝役，可以推想其民戶必多至數萬。又楚在淮水之南，中唐時代，從無戰亂，敬、文時代，淮水之北河南廣大地區亦無強藩割據，故其兵額對於民戶之比率必當較小，縱不至如蘇州之一比二十（兵五千、戶十萬），但至多十分之一，提兵五千，民戶必當在五萬以上，故云「籍戶數萬」也。檢《新志》，楚州天寶戶二萬六千六十二，口十五萬三千。《寰宇記》一二四楚州，開元戶一萬四千七百四十八。則中唐時代，楚州戶數不但盛多，且爲開元天寶盛世之兩倍或更多。其一可能，即安史亂後，河南民戶南遷頗眾，渡淮而南，即楚州境也。

(2)廬州　廬州治合肥縣（今縣），屬淮南道，在《元和志》佚卷內。今考《新書》一七七〈李翺傳〉云：

> 爲廬州刺史，時州旱遂疫，逋捐係路，亡籍口四萬，權豪賤市田屋牟厚利，而窶戶仍輸賦。翺下教，使以田占租，無得隱，收豪室稅萬二千緡，

貧弱以安。

又杜牧〈(行)盧博除廬州刺史制〉(《全唐文》七四八)云:

盧江五城,環地千里,口眾賦重,豈可輕授?

按李翺事在長慶、寶曆中,後於《元和志》奏進不過十餘年;杜牧制當行於大中初年,去元和亦不遠。一時旱災,亡籍口四萬,足見廬州民戶眾多,故杜〈制〉云「口眾賦重」也。《新志》,廬州天寶戶四萬三千餘,口二十萬五千餘,疑中唐元和時代蓋略如天寶盛時也。

(3)舒州　舒州治懷寧縣(今潛山),屬淮南道,在《元和志》佚卷內。考獨孤及〈答楊賁處士書〉(《全唐文》三八六)云:

昨者據保簿數,百姓幷浮寄户共有三萬三千,比來應差科者,唯有三千五百,其餘二萬九千五百户,蠶而衣,耕而食,不持一錢,以助王賦,……每歲三十一萬貫之税,悉鍾於三千五百人之家。謂之高户者,歲出千貫,其次九百八百,其次七百六百貫,以是爲差,九等最下,兼本丁租庸,猶輸四五十貫;以此,人焉得不日困,事焉得不日蹙,其中尤不勝其任者,焉得不襁負而逃!……苟以是爲念,安敢不夙興夕惕,思有以拯之。方今爲口賦……意欲以五萬一千人之力,分三千五百家之税,……使多者用此以爲裒,少者用此以爲益。

作者署銜爲舒州刺史。按獨孤及官舒州,事在大曆中。是其時舒州民戶在本州戶籍簿之實數爲三萬三千;五萬一千,殆爲丁口。而供賦税、應差科者僅三千五百戶而已。百姓負擔絕不公平,此爲租庸調制衍生之流弊。及審其弊,而改以論丁口供賦稅,謂之口賦。此可謂已爲楊炎兩稅法開其先端。

按朝廷規制,地方諸州向戶部申報戶籍,意在憑戶籍數供賦稅。舒州雖有三萬三千戶,但供賦稅者僅三千五百。頗疑當時舒州向戶部申報之戶籍,即爲三千五百戶耳!惜《元和志》此卷已佚,無從論定,殊爲可惜!然檢《元和志》,舒州鄰近諸州之元和戶籍,如舒西之黃州五千五十四戶,蘄州一萬六千四百六十二戶,舒南之池州一萬七千五百九十一戶,皆無三萬三千戶高額。舒州治所懷寧縣,在今潛山縣治,州之全境大半在大別山區,民戶不應反倍於蘄、黃、池諸州。若《元和志》舒州卷尚存,疑其戶籍數仍當遠較三萬三千之數爲少。

(4)和州　州治歷陽縣（今和縣），屬淮南道，在《元和志》佚卷中。考《舊書》一五五〈穆寧傳〉云：

（大曆六年）拜（略）和州刺史，理有善政……官罷，代寧者以天寶版籍校見户，誣以逋亡多，坐貶泉州司户。寧子贊……告冤，詔遣御史按覆，而人户增倍。

《新書》一六三同傳，作「實增戶數倍」。不論「增倍」或「數倍」，其數額當不太少。復考劉禹錫〈和州刺史廳壁記〉（《全唐文》六〇六）云：

初，開元詔書，以口算第郡縣爲三品，是爲下州。元和中復命有司參校之，遂進品第一，按見户萬八千有奇，輸緡錢十六萬。……

按此文以寶歷元年作，只在元和後數年。檢《唐會要》七〇淮南道，和州以元和六年九月升上州，同卷前有〈量戶口定州縣等第例〉，〈武德〉、〈顯慶令〉，皆三萬戶以上爲上州；開元十八年敕，四萬戶以上爲上州；安史亂後，州等之標準必降，不知若干戶始爲上州也。但衡以《元和志》所記元和戶，一萬八千戶已爲甚高之戶額。

(5)滁州　州治清流縣（今滁縣），屬淮南道，在《元和志》佚卷中。考《唐會要》四四〈水災〉下云：

（大和）八年十一月，滁州奏，清流等三縣，……諸山發洪水，漂溺户一萬三千八百。

檢《新書・五行志》，是年秋，滁州大水，溺萬餘戶。按《新書・地理志》，滁州三縣，天寶戶二萬六千四百八十六。大和八年一次大水，漂溺民戶踰於天寶戶二分之一，足見其時民戶當不少於天寶舊額。檢《唐會要》七〇，開元十八年敕，四萬戶以上爲上州，而滁、和、舒、濠、蘄諸州皆以元和六年九月升爲上州，但檢《元和志》，濠州戶二萬七百二，蘄州戶一萬六千四百六十二；不知其升級標準究如何也？

(6)揚州　州治江都縣（今揚州市），爲淮南道節度治所；在《元和志》佚卷中。按唐代後期，揚州爲僅次於國都長安之第一商業都市，當時有「揚一益二」之語。估計其人口當在百萬以上，當專文考論之。

按唐世縣之等級，除京都諸府之縣曰赤（一作京）畿之外，他州之縣有望、緊、上、中、下諸等級。《新志》，揚州領縣七，其五爲望，一緊一上，皆爲戶多之大縣，此在江淮殊爲少見。其中之海陵縣（今泰縣），自漢以來爲大縣，有海陵倉。《漢書》五一〈枚乘傳〉，說吳王曰：「（漢）轉粟西向，陸行不絕，水行滿河，不如海陵之倉。」謂此倉富庶也。唐承前置縣。有鹽監，見《新書・食貨志》二。《通鑑》二五七，光啓三年，鄭杞知海陵監事，即此職。《輿地紀勝》四〇泰州〈古跡〉目海陵倉條引《元和志》，「今海陵縣，官置鹽監，一歲煮鹽六十萬石；而楚州鹽城、浙西嘉興、臨平兩監所出次焉，計每歲天下所收鹽利當租賦三分之一。」故海陵爲大縣，地富庶。縣昇爲望，宜也。故民戶亦眾多。《新書・五行志》一，大和四年，「揚州海陵火，燔民舍千區」，《通鑑》二五七，光啓三年，海陵鎮遏使高霸帥其兵民數萬戶「遷於廣陵」。此兩事皆見海陵縣民戶之眾多。又圓仁《入唐巡禮行記》卷一云，抵唐境，船隊循掘溝西航，經掘溝鎮，如皋鎮（今縣），延海鄉，又經海陵縣，宜陵館，至揚州城。沿流有鹽官船，「或三四船，或四五船，雙結續編，不絕數十里，相隨而行，乍見難記，甚爲大奇」。又云，「白鵝白鴨往往多有，人宅相連。」又云，「水路之側，有人養水鳥，追集一處，不令外散，一處所養數二千有餘。」又云海陵之東，有西池寺，塔高九級，爲七所官寺之一。云云。按掘溝所經皆海陵縣境，足見運河兩岸，甚爲繁榮，故民戶眾多也。全縣民戶一兩萬戶，正不足異。通計揚州四境民戶必爲一相當可觀之數字。《新志》揚州天寶戶七萬七千餘，度中晚唐時代，揚州民戶當不減於此數，而州城都市浮寄民戶尚不在其數。

以上楚、廬、舒、和、滁、揚六州皆屬淮南道。中晚唐時代，皆民戶眾多，合計約當超過二十萬戶。前考中唐淮南軍額五萬，晚唐增至十二萬，則淮南全境民戶必當在三四十萬以上，始能支供如此龐大之軍額。但《舊五代史》一一八〈周世宗紀〉五，顯德五年三月，書事云：

> 淮南平，凡得州十四，縣六十，户二十二萬六千五百七十四。

《通鑑》二九四，胡《注》謂「光、壽、廬、舒、蘄、黃、滁、和、濠、泗、楚、揚、泰、通十四州。」按此十四州，濠泗於唐屬河南道，揚楚壽廬舒和滁七州爲淮南基本州，泰通在唐爲揚州境，其餘蘄黃光或屬或不屬，則此十四州在唐爲十二州，大半在淮南道境。戶二十二萬者，縱然大半在淮南道境，亦與實際戶數相差頗遠，故二十二萬之數，蓋南唐戶部見存各州上報之戶籍，亦非實際戶數也。

(7)荊州　州治江陵縣（今縣），爲荊南節度使治所，屬山南道，在《元和志》佚卷中。《舊志》，天寶戶三萬一百九十二，口十四萬八千一百四十九；《新志》同。《舊志》云：

> 自至德後，中原多故，襄鄧百姓，兩京衣冠，盡投江湘，故荊南井邑，十倍其初。

則唐代中晚期，荊州民戶必遠超過三萬之數。前考荊南軍額五萬，已可爲荊州民戶必多之證。又前考洪州民戶，引建中三年趙贊請於八大都市置常平本錢百萬貫至數十萬貫，以平衡物價，江陵爲其一，已顯見江陵民戶數額必極龐大。又前於河南府目引《新書·食貨志》四云，大和四年，「詔（京師）積錢以七千緡爲率；十萬緡者，期以一年出之，二十萬以二年。凡交易百緡以上者，匹帛米粟居半。河南府、揚州、江陵府，以都會之劇，約束如京師。」則江陵之繁榮，人口眾多，殆僅次於長安、洛陽、揚州而已。此已爲江陵人口極多之一證。可能殆近百萬亦未可知。李白〈南都行〉（《全唐詩》三函四冊《白集》六）云：

> 南都信佳麗，……萬商羅鄽闠；高樓對紫陌，甲第連青山；……清歌遏流雲，豔舞有餘閑；遨遊盛宛洛，冠蓋隨風還。

又李商隱〈宋玉〉（《全唐詩》八函九冊《商隱集》二）云：

> 何事荊臺百萬家，惟教宋玉擅才華。

皆極見江陵都市之繁榮，人口之眾多，可與上引舊新〈食貨志〉三條相印證。《通鑑》二五三乾符五年正月條云：

> 仙芝……焚掠江陵而去。江陵城下舊三十萬户，至是死者什三四。

此更明白指出江陵城內外民戶當在三十萬家之譜，即人口百萬以上也。《舊志》云：「荊南井邑，十倍其初」，絕非虛語。

(8)朗州　州治武陵縣（今常德），屬山南道，在《元和志》佚卷中。考《唐會要》四四〈水災〉目云：

永貞元年九月，朗州武陵、龍陽二縣，江水暴漲，漂萬餘家。

《新書·五行志》三，同。則其時朗州民戶必踰於此數。檢舊新兩書〈地理志〉，朗州僅領武陵、龍陽兩縣，天寶戶九千三百六，口四萬三千七百餘。是中唐時代，朗州民戶必遠多過天寶盛世。上文荊州目引《舊志》，至德以後，兩京、襄、鄧百姓「盡投江、湘」，此亦其一例也。又按《新志》記朗州渠堰事甚詳，天寶前已有兩事，其一通漕且備火，其一溉田千餘頃；而後期開渠五事，共溉田五千餘頃，亦爲人口大增之旁證。至唐末，民戶或更有增加。《通鑑》二九一後周廣順二年九月，王逵曰，「武陵負江湖之險，帶甲數萬，安能拱手受制於人？」則民戶當在三四萬以上，殆可斷言。

(9)靈州　州治靈武縣（今縣西南）。兩〈志〉，天寶戶一萬一千四百五十六。《元和志》四，靈州爲朔方節度使治所，領縣六。開元戶九千六百六；元和戶闕，蓋不申戶籍。

按朔方節度，自唐代前期已爲西北重鎮，肅宗用之以復國祚。郭子儀之後，雖已分區置帥，但仍爲後期西北第一重鎮，軍額雖不詳，但必相當龐大則無疑。《新書》一七二〈王智興傳〉，子晏平爲朔方靈鹽節度使，「父喪，擅取馬四百，兵械七千自衛，歸洛陽。」足見全軍兵力必至數萬人。復考《唐詩紀事》五八有韋蟾〈送盧潘尚書之靈武〉詩云：

賀蘭山下果園成，塞北江南舊有名；水木萬家朱户暗，弓刀千隊鐵衣鳴；心源落落堪爲將，膽氣堂堂合用兵。卻使六番諸子弟，馬前不信是書生。

按蟾以大中七年中進士第，吳《表》一，盧潘節度朔方在咸通中。參之上引〈王智興傳〉所見兵馬眾多，則唐代晚期，靈武城民戶仍眾，全州六縣，當亦不下萬戶，絕不減於開天時代也。

(10)宥州　新宥州置於故經略軍（約今鄂托克廟地區）。《元和志》四，無戶籍，但《志》云「取鄜城神策行營兵馬使鄭杲下兵士幷家九千人，以實經略軍。」是其民戶亦不少，惟不申戶籍耳。檢《舊志》，宥州本六胡州地，元和九年復置，沒於吐蕃。「長慶四年，夏州節度使李祐復置，領縣三，戶七千八十三，口三萬二千六百五十二。」《寰宇記》三九宥州領長澤一縣，「《唐十道錄》云，開元無戶；長慶中，戶七千五百九十。皇朝管漢戶二百。」是長慶復置，有戶數也，疑仍多非漢人。又長慶只在《元和志》版籍後數年。檢《元和志》四，宥州鄰近諸州，多不向戶部申報戶籍；其申戶者，夏州三千一百戶，綏州八百四十戶，皆遠較新置宥州爲少，似亦顯示元和時代，縱向戶部申報戶籍，亦遠較實際戶數爲少，此亦由於地方民戶賦稅多由地方留供軍食，故不盡申報戶部也。

(11)勝州、麟州　勝州治榆林縣（今托克托黃河西岸十二連城）；天寶元年分置麟州，治新秦縣（今神木）。《元和志》四，勝州，開元戶四千九十五，元和戶闕；麟州不記戶。檢《舊志》，勝州天寶戶四千一百八十七，麟州天寶戶二千四百二十八。《新志》同。是此兩州地，在開元天寶時代申報戶部之戶數亦不多。但考李德裕〈條疏邊上事宜狀〉（《全唐文》七〇五）云：

> 訪聞麟勝兩州中間地名富谷，人至殷繁，蓋藏甚實。望令度支揀幹事有才人充和糴使，及秋收，就此和糴，於所在貯蓄，……兼令與節度使潛計會設備。……此路有糧，東可以壯振武（今歸綏、呼和浩特南），西可以救天德（今烏梁素海北岸）。……

按富谷約在今神木東北一百四十里、府谷縣西北一百一二十里之方圓百餘里之小平原，蓋即漢置富昌縣、宋置豐州地。[6] 據德裕此文，勝麟兩州間之一小平原已頗豐盛，民戶繁多，則中晚唐時代，兩州千里之地，民戶亦未必減於開天時代也。

(12)振武軍　軍在舊單于大都護府金河縣（今歸綏、呼和浩特之南），兼統勝麟兩州軍事。《新志》單于府領縣一，戶二千一百五十五，口六千八百七十七。《元和志》不記開元、元和戶數。然振武在唐代後期，爲北方僅次於朔方節度使之大軍鎮，常兼統勝麟等州，其軍額雖不能確考，但數額必相當龐大。《舊書·憲宗紀》，元和十年十一月，「詔發振武兵二千，會義武軍以討王承

---

[6] 富谷與勝麟兩州之今地，詳見拙作《唐代交通圖考》，第一卷，頁265（富谷、勝州），頁263（麟州）。

宗。」振武鎮守邊疆要地，能分兵二千遠征山東，亦見本軍兵力之雄厚。復考韓愈〈送水陸運使韓侍御歸所治序〉（《全唐文》五五六）云：

（元和）六年冬，振武軍……告饑，公卿廷議，以轉運使不得其人，宜選才幹之士往換之；吾族子重華適當其任。至則出贓罪吏九百餘人，脫其桎梏，給耒耜，與牛，使耕其傍便近地，以償所負，釋其粟之在吏者四十萬斛不徵。吏得去罪死，假種糧，齒平人，有以自效，莫不……感奮，相率盡力，……故連二歲大熟，吏得盡償其所亡失四十萬斛者，而私其贏餘，……軍不復饑。

按贓吏多至九百餘人，侵公糧至四十萬斛，足見振武軍文武吏員必多至數千人，農產亦甚豐盛，是元和時代軍城地區民戶必不甚少。且振武軍在今內蒙古治所呼和浩特以南大黑河流域之小盆地平原，秦漢置雲中郡，北魏前期建都盛樂，爲向南發展之根據地，畜牧業發達。《通鑑》一九三貞觀四年紀，胡《注》引宋祁曰，「其地南大河，北白道，畜牧廣衍，龍荒之最壤」是也。又《寰宇記》四九引《冀州圖》曰，白道川「至良沃，沙土而黑，省功多獲，每至七月乃熱〔熟〕。」則農業亦甚發達。農牧皆盛，民戶必多無疑。故唐振武軍擁有龐大軍額，機構甚大，故一時見有贓罪吏九百餘人，沒官糧四十萬斛也。

(13)豐州、天德軍　豐州治九原縣，在河套黃河北流（今已毀）南流（今河道）之間（約E107°45'・N41°稍南）；天德軍在州城東微北一百六十里、陰山南麓、北流之東北岸（今烏梁素海東北水域，約E109°・N41°地區）。[7]《元和志》四，豐州以貞觀四年置，以處突厥降人，「不領縣，唯領蕃戶。」後廢，復置。領縣二，開元戶一千九百。檢兩〈志〉，置廢略同；天寶戶二千八百一十三。皆無元和戶。但《元和志》記天德軍建置情形云：

元和八年……復移天德軍理所于舊城焉。先是，緣邊居人常苦室韋党項之所侵掠，投竄山谷，不知所從。及新城施功之日，遂有三萬餘家移止城內。初，議者又慮城大無人以實；及是遠近奔湊，邊軍益壯，人心遂安。

則元和時代，此城地區民戶實甚多，惟未著籍申報戶部耳。

---

[7] 《唐代交通圖考》，第一卷，246。

按天德軍僅爲豐州廣大境內之一軍城，一城民戶如此眾多，豐州全境，縱然民戶稀少，亦當有數萬戶，蓋邊防重地，民戶賦稅留以供軍，不上申戶部耳。以此推之，三志所記開元天寶戶一千九百、二千八百餘戶，亦皆非民戶之實際名額也。外加蕃戶，更難估計；惟蕃戶大多不在申報戶籍之內。

(14)洺州　州治永年縣（今縣）。《元和志》一五洺州，開元戶七萬七千一百五十，無元和戶。按潞州目，州爲澤潞節度使理所，管潞澤邢洺磁五州，都管戶二萬六千二百四十三。洺州雖不記元和戶數，但潞澤邢磁四州皆記之，由都數減去四州戶數之和，僅一百八十三戶，數字縱有錯誤，但洺州元和戶必亦甚少，多亦不過如澤邢各三千數百戶而已。然考《舊書·德宗紀》下，貞元十二年條云：

（正月）庚子，元誼、李文通率洺州兵五千、民五萬家東奔田緒。

檢《通鑑》二三五貞元十二年條云：

正月庚子，元誼、石定蕃等帥洺州兵五千人及其家人萬餘口奔魏州，上釋不問，命田緒安撫之。

《通鑑》此條顯然別有採據，故與《舊紀》不同。然可證《舊紀》「五萬」當有誤。疑「五」字涉上文「五千」字而衍耳。至於萬家、萬口之異，今姑不論。但五千兵則無歧異。州有五千兵，且未必爲全軍，[8] 則全州民戶縱減於開元，亦當有三四萬戶。《元和志》版籍雖後於此事十餘年，但亦不致少至數千，是知元和時代地方府州向戶部申報之戶數皆非實數也。

(15)瀛州　州治河間縣（今縣），在盧龍節度境內，亦在《元和志》佚卷中。檢《通鑑》二三四貞元十年正月條云：

瀛州刺史劉澭爲兄濟所逼，請西扞隴坻，遂將部兵千五百人，男女萬餘口，詣京師，號令嚴整，在道無一人敢取人雞犬者，上嘉之。

---

[8] 檢《通鑑》同卷貞元十年七月條，誼原官昭義行軍司馬、攝洺州刺史。又云「昭義精兵多在山東。」山東謂邢洺磁三州也，故可疑此五千非盡爲洺州兵。但上文云，潞帥（即昭義節度使）遣磁州刺史將兵五千擊洺州。大約各州皆有五千以上兵力也。且前考此時潞府軍額五萬，潞府統五州，平均萬兵，故洺州兵額至少五千。

按此文本之《舊書》一四三〈劉怦傳〉。其所將詣京師者，兵當爲全州之一部分，民爲全州之極小部分。檢《新志》，瀛州，天寶戶九萬八千餘，口六十六萬三千餘。則貞元時代縱已大減，要當有兵數千，戶兩三萬，或更多也。

(16)幽州盧龍節度區　前論方鎮軍額，引《通鑑》與《宋史・河渠志》兩條，皆不言盧龍軍額。但盧龍地居最北，毗鄰外藩，於河北三鎮中，實最強悍，兵力決不遜於魏博與成德。《舊書》一四三〈朱滔傳〉，大曆中，朱泚歸順，使弟滔將勁兵三千人赴京師，請備塞，已見其軍額之衆。後泚歸朝，滔繼爲節度。及泚反，據京師，召滔入援。興元元年，「滔驅率燕薊之衆及迴紇雜虜號五萬」南向貝魏。《新書》二一二〈藩鎮・盧龍傳〉，作「滔兵五萬，車千乘，騎二萬，士私屬萬餘，虜兵（回紇）三千，馬槖它倍之。」《通鑑》二二九建中四年紀，略同。又《新書》同傳，劉濟繼爲節度，會成德王承宗叛，濟「以兵七萬」，南向攻安平，「命次子總以兵八千先登。」又云「始，總請代，獻馬萬五千匹。」此類史料所見數字，如兵七萬南向安平事，雖不免誇張，但其他各條應皆不虛，參之成德、魏博軍額五萬之數，則代德時代，盧龍兵力必不少於此數。

其後各方鎮兵力多有增強，盧龍自不例外。《新書》同上傳，劉仁恭，「悉幽滄步騎十萬，聲言三十萬，南徇魏、鎮。」率兵南向者縱無十萬，其全軍十萬殆爲不虛。又《通鑑》二七五後唐天成元年十月「庚子，幽州奏契丹盧龍節度使盧文進來奔。初，文進爲契丹守平州，……所部皆華人，思歸，乃殺契丹戍平州者，帥其衆十餘萬，車帳八千乘來奔。」平州本在唐盧龍節度區內，此時上距唐亡恰二十年，仍可推想，唐末盧龍境內民戶之衆多。上文瀛州目，唐中葉民戶當約兩三萬，或更多。瀛州在盧龍境內，亦見此地區各州人口不少。

此外，復有兩事，可測知盧龍境內之民戶。其一，《冊府元龜》四八五〈濟軍〉目云：

> 張元仲〔允伸〕爲幽州留後。時徐人作亂，……乃進助軍米五十萬石，鹽二萬。詔嘉之。

時在懿宗世。其二，敦煌發現〈諸山聖跡志〉（《敦煌地理文書匯輯校注》，269）云：

幽州管九州，七十餘縣，（城）周圍五十里，大寺一十八所，禪院五十餘所，僧尼一萬餘人。并有常住四事，豐盈□論，如啓經□。大凡幽城四里諸處……封疆沃壤，土地平廣膏腴，地產綾羅，偏豐梨栗。

此兩事，一見農產甚豐，一見其寺院僧侶眾多，地方富裕。尤其一城之中大寺小院近七十所，僧尼萬人以上，可以想見其民戶必多，或不減十萬家。外加城外各縣、各州之民戶，再參之軍額，則盧龍節度區內民戶，或當五十萬家以上，視開天盛世，未必大減。

(17)平盧淄青節度區　平盧節度使先治青州（今益都），徙治鄆州（今東平），大曆至元和時代常統十二州至十五州，幾盡有今山東省全境，爲唐代河南道之最大節度區，李正己、李師道父子據之以抗朝廷，故《元和志》卷一〇、卷一一皆載此節度區，但元和戶數全闕，是不向戶部申報戶籍也。然前考方鎮軍額，平盧十萬人，爲中唐時代兩個最大軍額之一。《通鑑》二二五大曆十二年紀，述平盧李正己事云：

正己用刑嚴峻，所在不敢偶語，然法令齊一，賦均而輕，擁兵十萬，雄據東方，鄰藩皆畏之。

按正己統治既「賦均而輕」，而能供養十萬人之軍額，是必民戶眾多，始能既輕賦又能軍資無缺。前引孫樵所謂五戶活一兵，人民擔負實極重，以此推之，平盧境內，民戶當爲軍額之五倍以上，即五十萬家以上也。

復考《寰宇記》一四濟州，開元戶在鄆州，長慶戶三萬八千五百一十。按《元和志》一〇鄆州、陽穀、東阿、平陰、盧等縣條及兩志鄆州各縣條：濟州，北魏置，治盧縣，即碻磝城也。天寶十三載六月，城爲河水所毀，州廢，所領五縣，除長清入齊州外，盧、平陰、東阿、陽穀四縣並入鄆州。即其地在元和時代，在平盧節度區也。然《寰宇記》云，「大曆中復立濟州，唐末又廢，入鄆州，周高祖廣順二年復置濟州。」但《元和志》無此州，盧縣等仍屬鄆州、齊州。蓋大曆雖復置，旋又廢，故《元和志》不載；或元和八年以後又復置之，故有長慶戶也。長慶只在《元和志》奏進之後數年，則元和時代，此三萬八千五百餘之戶籍，絕大部分在鄆州境內，即當時鄆州全境民戶至少七八萬戶以上至十萬戶上下（因爲鄆州爲平盧節度使治所）。平盧節度區全境十二州，縱無七八十萬戶，要當不少於五六十萬也。此與上文從軍額推論民戶之數額亦甚契合。

結論

本文從四方面徵集史料，以與《元和志》所記各府州之元和戶籍作比勘：就方鎭軍額與元和戶對比而言，就中除邠寧，或因邊防軍鎭或由中央供給外，其餘河東、襄陽皆十四五戶養十兵，已極難信，昭義（澤潞）兩戶半養十兵，事何可能？故知各府州實際戶數必遠多於向戶部申報之戶籍。又就元和七年和糴額與元和戶對比而言，鄭滑每戶六石八斗，尙有可能；夏綏每戶十一石四斗，澤潞每戶十五石二斗，河陽每戶二十石或二十五石，事非可信；此又見各州實際戶數必多至數倍。再者文宗大和七年因旱災賜賑粟，時代雖在《元和志》後二十年，但仍可略作比勘。若據《元和志》所記元和戶籍，陝州每戶十一石餘，晉州每戶十五石餘，同州虢州每戶二十石，華州每戶七十石，事何可能？賜粟數額自無可假，此亦見各州實際戶數必多至戶籍數之數倍。再加有二十餘州或節度區，可考其實際之戶數，參考軍額、和糴、賜粟言之，可知唐中葉各府州戶口之實際數額遠多於《元和志》所記之戶籍數額，或多至數倍至十倍以上。如宣州爲志文所記之九倍，黃州與劍南西川節度區皆五六倍，衡、桂、韶、潮諸州皆兩倍以上，徐泗節度區三倍以上至五六倍，河南府、汴州、宋州及河陽、陳許節度區皆十倍或更多，洪潭坊三州皆若干倍，惟鄧州實數與元和戶籍略相等而已。

按《元和志》自宋世已脫佚多卷，故不能據志文總計全國戶籍數。但《舊書・憲宗紀》元和二年條云：

> 己卯，史官李吉甫撰《元和國計簿》，總計天下方鎭凡四十八，管州府二百九十五，縣一千四百五十三，户二百四十四萬二百五十四。其鳳翔、鄜坊、邠寧、振武、涇原、銀夏、靈鹽、河東、易定、魏博、鎭冀、范陽、滄景、淮西、淄青十五道，凡七十一州，不申户口。

據此，則州戶二百四十四萬者，乃鳳翔等十五道以外三十三道之總戶數，非全國僅有此戶數也。但六年之後，元和八年二月，吉甫所奏進之《元和志》，惟振武、靈鹽、淄青仍不申戶籍，范陽卷已佚，其餘十一道皆有戶籍，蓋二年至七年間所申報者，若並計此十一道戶籍，約得二百八十餘萬戶。[9] 但若據本文搜列之史例言之，全國實際戶數可能達一千萬之譜，未必少於開元天寶之戶籍。而依法不在戶籍簿者，如商賈、僧道、奴婢及其他浮寄人口，以及少數民族之大部分（漢唐少數民族人口極多）尚不在其數。

或曰，中唐元和實際戶數如此之多，朝廷豈不知？應之曰，朝廷誠亦知其實情，如德宗建中三年，詔於長安、洛陽、江陵、成都、揚、汴、蘇、洪等州，各置常平本錢百萬貫至數十萬貫，以平衡物價，自知其民戶眾多，而申報戶部之戶數甚少。又定額向諸州和糴，或大量賜粟賑災，豈不知各州申報戶籍遠較實際戶數爲少？又如元和十四年，授李遜爲忠武節度，帝自謂「勁兵三萬，誰可付者」，豈不知其時陳許申報戶部之戶籍僅九千餘戶？朝廷所以知而不計者，蓋安史亂後，朝廷財政主要取給於豐厚之鹽鐵茶利等，不再全賴地方之田賦等稅，故對於戶籍之申報已不積極致意。再則安史亂後，不但河北三鎮及平盧、淮西跋扈不臣，縱即朝廷尚能控制之其他方鎮，亦皆各擁強兵，厚自奉養。且或爲控制當地之動亂，或爲遏制鄰近之叛藩，亦各有建軍養軍之需要，故地方財賦即留存當地供軍，亦勢有必然。〈楊炎傳〉云：「河南、山東、荊襄、劍南重兵處，皆厚自奉養，王賦所入無幾。」即此之謂也。牽延既久，遂成積弊，故朝廷雖知各鎮州府實際戶數極多，亦不認眞甚或無力督責其申報也。

一九九五年二月二十五日成稿，經李啓文君就史料與數字通體檢勘一過，校正多處，謝謝。時在八十歲駒隙中。

（本文於一九九五年九月十四日通過刊登）

[9] 余請李啓文統計《元和志》所記此十一道户籍，共計377,521户，加《國計簿》2,440,254户，共得2,817,775户。

A Comparision of Household Register Figures with the Actual Numbers

Yen Keng-wang

New Asia Institute of Advanced Chinese Studies, Hong Kong

As early as the third and fourth centuries or before scholars from the Western regions estimated China to be the most populous country in the world. Most geography sections of official dynastic histories, beginning with *Han-shu*, contained household figures. These figures were derived from statistics reported by local governments to the central government. However, the number of households contained in local registers surpassed by far the numbers reported to the central government. This paper demonstrates this phenomenon by examining the Tang dynasty *Yuan-ho chih*.

The main purpose of this paper is to examine the actual household numbers in each prefecture (*chou*) during the Yuan-ho period. A comparison of the household figures recorded in the *Yuan-ho chih* indicates that the number of households reported in this source is only a fraction of those reported in other available sources, sometimes only 10 or 20 percent. A comparison of the actual number of military personnel in military commanderies with the household numbers recorded in the *Yuan-ho chih* yields a number of military personnel several times larger, yet this was clearly not the case. Moreover, a comparison the grain quotas during years of good harvest with those during disaster years also shows that the number of households reported by local government during the Yuan-ho period was only a fraction of the actual number at the local level. Therefore, if one relies on the household figures reported by the local government to the central government to make population estimations, one seriously underestimates the actual numbers.

出自第六十七册第一分(一九九六年三月)

太乙術數與《南齊書·高帝本紀上》史臣曰章

何丙郁*

太乙術數是一門秘術，自古以來識者不多，可供研究之參考資料很缺乏。《欽定四庫全書》收入一部經後人增補之唐代典藉，《古今圖書集成》亦有明代之著作。現存關於太乙術數之文獻不早於唐代。《南齊書·高帝本紀上》史臣曰章引述編者蕭子顯應用太乙術數，以暢論六百七十九年間之有關國家興亡大事。本文試由蕭子顯之推算結果，倒算出南北朝時代編者所採用之推算方法；因而證實唐代與明代典藉所載太乙術數最少可以追溯至南北朝。而且三者内容皆一致，表示皆出自同一系統。本文又試以編者原用方法再推算史臣曰章各條，發覺現存刻本原文略有誤漏，術數偶爾也可以應用在校讎學上。現存唐明兩代典藉所載太乙術數之操作皆以「上元積年」爲距數，本文指出在運用上可以省略引用「上元積年」之繁雜操作。本文簡單介紹太乙術數之歷史及其演變，並談及歷史上術數在傳統之天人合一觀念下所扮演的角色。本文所說之太乙術數已經受時代淘汰，但此術有一支流可能受到從印度與西亞傳入中土之希臘占星學影響，演變爲現代流行在華人社會中之紫微斗數。

關鍵詞：太乙 南齊書 蕭子顯 術數 三式

---

* 英國劍橋大學李約瑟研究所

一、前言

史臣曰，案太乙九宮占《南齊書》撰者蕭子顯（公元489至537年）在正史中的最要主部份〈本紀〉論及漢高祖五年（公元前202年）至宋順帝元年（公元477年）歷六百七十九年的政變，引用太乙術數解析歷史，從而證明所引之事皆符合天道。《南齊書》[1] 所載如下：

> 史臣曰，案太乙九宮占，推漢高祖五年，太乙在四宮，主人與客俱得吉，計先舉事者勝。是歲高祖破楚。晉元興二年，太乙在七宮，太一爲帝，天目爲輔佐，迫脅太一，是年安帝爲桓玄所逼出宮。大將在一宮，參相在三宮，格太一，經言格者已立政事上下格之，不利有爲，安居之世，不利舉動，元興三年，太乙在七宮，宋武破桓玄。元嘉元年，太乙在六宮，不利有爲，徐傅廢營陽王。七年，太乙在八宮，關囚惡歲，大小將皆不得立。其年到彥之北伐，初勝後敗，客主俱不利。十八年，太乙在二宮，客主俱不利，是歲氐楊難當寇梁，益、來年仇池破。十九年、大小將皆見關、不立、凶。其年，裴方明伐仇池，剋百頃，明年，失之。泰始元年，太一在二宮，爲大小將奄擊之。其年，景和廢。二年，太一在三宮，不利先起，主人勝。其年，晉安王子勛反。元徽二年，太一在六宮，先起敗。是歲，桂陽王休範反，并伏誅。四年，太一在七宮，先起者客、西北走。其年，建平王景素敗。昇明元年，太一在七宮，不利爲客，安居之世，舉事爲主人，應發爲客。袁粲，沈攸之等反，伏誅。是歲，太一在杜門，臨八宮，宋帝禪位，不利爲客。安居之世舉事，爲主人禪代之應也。

蕭子顯的主要的目的，是爲著合理化rationalize《高帝本紀・上》所述宋帝禪位以及南齊高帝蕭道成受禪之過程。這也似是當時史臣的當務之急。

---

[1] 《欽定四庫全書》本，30-31下。

二、太乙術數

首先我們必須試讀這段涉及太乙術數的章句。許多讀者遇到這門術數，認爲是深奧難懂，立刻產生一個到此爲止的念頭，也有些讀者認爲事屬迷信，不値得費神細讀。是否深奧難懂，或者是不値得費神細讀呢？這要讀過《南齊書》後始能分解。

先從太乙術數說起，宋代的天文生要學三式，這是太乙、遁甲、和六壬的三種術數，而都是從河圖、洛書、和八卦演變出來的術數。太乙亦作太一，又名泰一，原來是天帝的別名，來由已久。《史記》提及秦始皇禪泰山祠太一，後來變爲十神太一，《宋史》多次述及祠各太一神。太一亦是星名，《晉書·天文志》載：「天一星在紫宮門右星南……太一星在天一南相近。」這是兩顆在天龍星座的小星。《史記·天官書》另外有一記載說：「太一常居天極星」。天極星即北極星。依據這些資料，天帝神名太乙，常居北極星，太一星是他的行宮之一。所以說是星名也不能指定是某一星，說是神名也不只是一神。論及太一的文獻也不少，例如蕭吉《五行大義》，俞正燮《癸巳類稿》，錢寶琮「太一考」等。値得一提的是《五行大義》〈第二十論諸神〉所載：「天皇、地皇、人皇治紫微宮。天皇之精爲天皇大帝曜魄寶，地皇爲天一，人皇爲太一。太一主風、水、旱、兵革、飢疫、災害，復使十六神，遊於九宮，太一是察災殃。是爲天帝之臣。」[2] 三式中，太乙術數用太一、遁甲用太一和天一、六壬用天一。可見太一並非太乙術數的專用神，因而太一並非是必指太乙術數，因爲亦是神名和星名。但是漢代可能有太乙術數。

太乙術數相傳黃帝時風后作指南車取諸太乙法。依據史實，《史記》提及漢孝武帝時之太一家。[3] 《周易乾鑿度》有「故太一取其數以行九宮」句。李淳風（公元602至670年）《乙巳占》載：「未央，不知何許人，漢孝安時爲千乘都尉，長於陰陽氣數之事。元初二年，上書言太一九宮事。」可見漢代已有太乙

[2] 中村璋八，《五行大義校証》(台北，1980年翻版)。

[3] 《史記·列傳》，卷一二七，日者列傳六十七。

術數。由於三式都不是公開的學問，而且往往被禁止在私家學習，稽考並非易事，三式都是假託黃帝時所作。太乙術數大概出現在漢代，近年來考古人員發現一共八具式盤，其中七具是六壬式盤，時代是西漢至六朝。其他一具是屬於西漢時代，式中有九宮圖（見圖1）。山田慶兒曾解析圖中文字，[4] 嚴敦傑說這可能是一個早期的太乙式盤，可是和後來的太乙式盤不太像。[5] 假如嚴敦傑的猜想是對，現在我們所知道的太乙術數就只能溯源到南北朝時代了。

太乙術數的太乙是指《易經》所說的太極。天帝所常居的北極星也稱太極。《太乙淘金歌》載：「太乙者太極也，二目者兩儀也，大小四將者四象也。」

二目即（主目）天目文昌和　　（客目）地目始擊。
四將即主大將，　　客大將，
主參（小）將和　　客參（小）將。
四將加一位監將（又稱計神）　共五將。

所以太乙術數中的太乙有神、星、太極各種的解析。

三、基本操作

太乙術數的基本操作是算出太乙、二目、五將在式盤上的位置。太乙式盤如圖2。盤中心是空的。內層有四、九、二；三、（五）、七；八、一、六的九宮數字。太乙說是屬水，避而不入中央的土（五），只入其他八宮。四維一、七、三、九配以乾、坤、艮、巽，四個八卦方位；八、二、六、四游配以子、午、酉、卯，四方的方位。其餘八支則按次序列在所留空位。外層書十二支神及四維（乾、坤、艮、巽）神的神名，統稱十六神。[6] 此兩層是固定不動。所算出的太乙、二目、五將等都是排在外層之外的空位。

按《太乙淘金歌》「太乙三年一宮遊」又「夫太乙者水位也，遇土即止，故

4 山田慶兒，〈九宮八風説と少師派の立場〉，《東方學報》52（1980）。
5 嚴敦傑，〈式盤綜述〉，《考古學報》4（1985）：445-64。
6 《太乙淘金歌》，20上。

避而不入中五也」。[7] 這是說太乙在每宮停留三年，第一年理天，第二年理地，第三年理人。然後依照陽遁順行，即順著一、二、三、四、六、七、八、九、一、二、三……次序，或陰遁逆行，順著九、八、七、六、四、三、二、一、九、八……次序，移往另一宮。冬至後用陽遁，夏至後用陰遁。《南齊書》所採用的都是陽遁。太乙僅入九宮的八個宮，而不入中央的五宮。每年構成一局，故每宮第一局理天，第二局理地，第三局理人。二十四年，二十四局成一週，三週後即七十二局，七十二年始經過六十甲子年（一紀），而且超出一紀十二年。六紀，即三百六十年後，同一支干在同一局再開始。

太乙術數又以七十二年爲一元，一共五元，經三百六十年週而復起。每元七十二局。即

甲子元：甲子至乙亥　1至 72局

丙子元：丙子至丁亥　73至144局

戊子元：戊子至己亥　145至216局

庚子元：庚子至辛亥　217至288局

壬子元：壬子至癸亥　289至360局

今製圖3以便從年支干查出何局和太乙在何宮。相同的支干在圖中出現六次，每紀出現一次，我們要知道的是有關支干在某一紀。亦可查出支干在某一元。

術數家使用一個上元積年以算出某年是屬何元或何紀。上元積年本來是天文學家用來計算曆法的一個距數，以上古日、月、五星如連珠時期爲甲子年、甲子月、甲子日、甲子時的開始。由這些星體的週期算出一個最小公倍。實際上中國的歷算者從來沒有用上全部的週期，而且用過許多不同的上元積年。元初郭守敬的授時曆纔放棄使用上元積年的方法。[8] 術數家所使用的上元積年好像也不配合律曆志所載的上元積年。王希明所用的上元積年是他計算出來的，說是

---

7 《太乙淘金歌》，1下。

8 《元史・律曆志》「授時曆議下」有「不用積年日法」條。

從上元混沌甲子之歲至大唐開元甲子歲積得一百九十三萬七千二百八十一算。[9] 我們不知道較早術數家所用的上元積元，所以也不知道蕭子顯所用的上元積年。其實我們沒有需要解決這個問題。我們根本上可以沒有知道這個距數的必要。

設局數＝N　（N＝1 至 360）

上元積年＝360 R＋N…………… （1）

R 是 360 的倍數，所求之數僅是局數N

N＝60 X＋P………………………… （2）

X＝紀數（X＝0 至 5；X＝0 第一紀；X＝1 第二紀；X＝2 第三紀；X＝3 第四紀；X＝4 第五紀；X＝5 第六紀）

P＝紀中局數（P＝1 至 60）

又 N＝72 Y＋Q…………………… （3）

Y＝元數（Y＝0 至 4；Y＝0 甲子元；Y＝1 丙子元；Y＝2 戊子元；Y＝3 庚子元；Y＝4 壬子元）

Q＝元中局數（Q＝1 至 72）

傳統方法是從方程式（1）求N，但是假如知道X和P或知道Y和Q則可以直接從方程式（2）或（3）求N而不需要知道上元積年了。

《太乙金鏡式經》算出晉哀帝興寧二年甲子入第三紀。用方程式（2）

X＝2，P＝1（甲子年爲每紀的第一局）

N＝60×2＋1＝121　　第一百二十局

既知晉哀帝興寧二年（公元346年）是第一百二十局就可以簡易推出《南齊書》所載年份的太乙局。計出的太乙所入宮與《南齊書》所載相符，所算出之預言亦和《南齊書》的大致相符，雖然太乙術數代有增減，基本上本文所採用的太乙術數和蕭子顯所用的也發覺是一致，也就是說我們可以確定從現存典籍所見到的太乙術數和公元六世紀蕭子顯所採用的是出自同一系統。從而我們就可以

[9] 王希明，《太乙金鏡式經》（台北：台灣商務印書館，1983）。

引用它來考證《南齊書》史臣曰章文了。

今以《太乙金鏡式經》卷二所載「晉哀帝興寧二年甲子（公元346年）入第三紀，秦始皇十年（公元前237年）甲子入第五紀」，查圖2即知何局及太乙在何宮。《北齊書·高帝本紀上》史臣曰章所引年代的對上最近甲子年如下：

年份		年、紀	
高祖五年	（公元前202年）	公元前237年	第五紀
晉元興二年	（公元403年）	公元364年	第三紀
晉元興三年	（公元404年）	同上	
宋元嘉一年	（公元424年）	同上	
宋元嘉七年	（公元430年）	同上	
宋元嘉十八年	（公元441年）	同上	
宋泰始一年	（公元465年）	同上	
宋泰始二年	（公元466年）	同上	
宋元徽二年	（公元474年）	同上	
宋昇明一年	（公元477年）	同上	

從所屬紀甲子年第一局算到有關年份，便知該年屬何局，太乙入何宮。所獲如下：

高祖五年己亥二百七十六局太乙入四宮理人

元興二年癸卯一百六十局太乙入七宮理天

元興三年甲辰一百六十一局太乙入七宮理地

元嘉一年甲子一百八十一局太乙入六宮理天

元嘉七年庚午一百八十七局太乙入八宮理天

元嘉十八年辛巳一百九十八局太乙入二宮理人

泰始一年乙巳二百二十二局太乙入二宮理人

泰始二年丙午二百二十三局太乙入三宮理天

元徽二年甲寅二百三十一局太乙入六宮理地

昇明一年丁巳二百三十四局太乙入七宮理人

算出太乙在何局何宮，便可算出二目和五將之位置。算法並不太難，但亦可省略這般操作而直接從載入《欽定古今圖書集成》之《太乙局》查出。[10]

四、《南齊書》本文

現在可以開始試看《南齊書・本紀一》史臣曰的有關太乙術數的部份。高祖五年的陽遁二百七十六局，即六十局，如圖4。爲著多些了解太乙術數，讓我們詳細看看這圖。首先看太乙的所在。這是四宮，和剛才算出的相符。繼著要看計神。計神「籌度軍國動靜、主客勝負，爲二目之首、四將之源。」。[11] 計神的所在可以直接從對照表查出，看年支便得。如下表

年支	子丑寅卯辰巳午未申酉戌亥
計神	寅丑子亥戌酉申未午巳辰卯

該年支是亥，查表知計神在卯，與圖4相符。卯神是高叢，故圖4有「計神在高叢」句。

接著是尋求主目文昌的所在。求法是由武德（申）起算，陽遁順行，遇乾坤各加一算，陰遁逆行，遇艮巽各加一算，行滿局數減十八，即得。本局數六十，累減十八得六。從武德（申）一順行算起，二酉、三戌、四及五乾、六亥，算滿六，主目文昌在亥（大義），與圖4相符。

接著是主算。求主算先看文昌在何神，然後順數到太乙所在宮爲止。如文昌所在是間神，就以一起算。由大義一始加子八加艮三就到太乙所在的高叢，得數十二，這就是主算，與圖4「主算十二」符合。主算累減十得二，主大將在二宮，與圖4符合。三乘主大將所在宮數，如超十則累減十，即三乘二得六，主參將在六宮，與圖4「主參將六宮」相符。

求客目始擊所在要由計神開始，看從計神到文昌的間隔數有多少。在陽遁六

---

[10] 《古今圖書集成・藝術典》，卷六九一至六九六。

[11] 《太乙淘金歌》，2下。

十局這個間隔數是十，再從和德（艮宮）始數出相同的間隔。這就是客目始擊所在。離艮宮十個間隔是戍陰主，與圖4同。

客算是由始擊順數到太乙所得之總數。由陰主一算起，加乾一加子八加艮三得十三。這就是圖4的「客算十三」。十三累減十得三，故有「客大將三宮」。三乘三得九，故有「客參將九宮」句。

式盤的第一第二兩層，上文已有交待。第三層所表示的是分野，指所應的地域。四層列出太乙、文昌、始擊、計神、客大將、客參將，以及太陰定計，和合神的所在。太陰是太歲後的第二辰，從年支知道太歲所在。[12] 年支是亥，故太歲在亥、太陰在酉。在申武德是定計，這是爲客算重審之算法。以合神寅加太歲亥，從天目文昌算出同樣間隔便得定計，從定計算至太乙前的十九算，計大將在九宮，九乘三得二十七，累減十，計參將在七宮，客難審時用定計。《南齊書》並未用及。從略。合神者，如子與丑合、寅與亥合、卯與戌合、辰與酉合、巳與申合、午與未合，是也。[13] 每宮年中有衰旺，以節令作爲參考。第四層外所列的是五行中的四行（土五在中央不列）及其性質和顏色以及十二支中的八支（子、午、酉、卯不列）。

陽遁六十局按《太乙局》「此局算得太乙在四宮理人，天內助主」。[14] 太乙術數的主要關鍵是把主客分淸楚。凡兩軍對峙，先攻者爲客、守者爲主。但在尙未出師以前，主動先舉者爲主，故《南齊書》有「計先舉事者勝」句。此局太乙助主。主算和，客算重陽，不利爲客。《南齊書》的「主人與客俱得吉」句也許是指無論是敵我，都有取得主位的可能，取得主位者勝。

晉元興二年太乙在七宮見圖5陽遁一百六十局，即陽遁十六局。[15]《南齊書》有「太一爲帝，天目爲輔佐，迫脅太一」句。按《太乙淘金歌》始擊與主、客、大、小將與太乙宮相對爲格。格言上下相格變易其君之義，臣挾君主

[12] 王希明，《太乙金鏡式經》，卷六，6下。

[13] 《太乙淘金歌》，11下。

[14] 《古今圖書集成・藝術典》，卷六九六，8上。

[15] 《古今圖書集成・藝術典》，卷六九三，21上。

之象。[16] 符合《南齊書》的下一段：「大將在一宮，參相在三宮格太一。經言格者，已立政事，上下格之，不利有爲，安居之世，不利舉動。」

元興三年太乙在七宮是陽遁一百六十一局，即陽遁十七局，如圖6。[17] 主大將、客太將、文昌與太乙同在七宮爲四郭固，有拘執奔敗事，不利有爲；主參將與客參將同在一宮，主關客亦不利有爲。桓玄先舉事，爲宋武所破。《南齊書》不載解釋。可是在其他各條都加說明，大概史臣不是故意不解釋元興三年太乙在七宮這一局。那麼僅有兩個可能，一個可能是蕭子顯無意間的疏漏，另一可能是抄寫者的疏忽。「太乙在七宮」後似應加「不利有爲」句。

元嘉元年太乙入六宮是陽遁一百八十一局，即陽遁三十七局，如圖7。[18] 文昌在申宮內迫脅太乙。客參將在一宮外迫，並關主太將，同類相謀，不利有爲，與《南齊書》文「不利有爲」符合。

元嘉七年太乙在八宮是陽遁一百八十七局，即陽遁四十三局，如圖8。[19] 此局不利有爲，太乙、文昌、主大將同在八宮，是爲鬥囚。《太乙局》載「主算八單陰不和，不宜大舉征伐……，客算十七重陽不和，不宜大舉征伐…客參將一宮、內迫，大臣專政宗室近臣攻外，不利有爲。」[20] 如《南齊書》所載。

元嘉十八年太乙在二宮是陽遁一百九十八局，與陽遁五十四局同，見圖9。[21]《太乙局》載：「主客四將俱有關囚……皆不利有爲……出兵交戰皆敗傷。」[22] 符合《南齊書》「客主俱不利」句。

《南齊書》所載：「大小將皆見關不立，凶。」該指上文之「主客四將俱有關囚」。元嘉十九年太乙入二宮，是陽遁一百九十九局。圖10。[23] 並無「大小將見關」的象跡。所指的該是客大將，疑有誤抄。

---

[16] 同上，6下。
[17] 同上，22上。
[18] 《古今圖書集成・藝術典》，卷六九五，1下。
[19] 同上，9上。
[20] 同上，9下。
[21] 同上，22上。
[22] 同上，22下。
[23] 《古今圖書集成・藝術典》，卷六九三，9上。

泰始元年太乙在二宮是陽遁二百二十二局，如圖11。[24]《太乙淘金歌》載：「客目客將我之仇敵也，可遠而不可近。同宮曰掩，則有簒弒之禍……挨宮之前後者，通名曰擊……」。[25] 圖11沒有此現象，蕭子顯似是使用陽遁一百零二局，即陽遁三十局，見圖12。[26] 局中客大將與太乙同宮，始擊和客參將近太乙前。故《南齊書》有「爲大小將奄擊之」句。作者有意無意中採用位差一百二十年的一個局以圓其說。

泰始二年太乙在三宮是陽遁二百二十三局。如圖13。[27] 天內助主，客算二十五杜塞無門，客大小將不出中宮，不宜妄舉兵。不利爲客，故《南齊書》有「不利先起，主人勝」句。

元徽二年太一在六宮是陽遁二百三十一局，即陽遁十五局，如圖14。[28] 此局客大將七宮掩關主參，客參將一宮迫太乙，利客不利主。即不利先舉兵，但迎敵時應先攻佔取客之地位。故《南齊書》有「先起敗」句。

元徽四年太一在七宮陽遁二百三十三局，即陽遁十七局，見圖6。此局助客，不利先舉事者。《南齊書》「先起者客西北走」似應作「先起者敗西北走」。是年秋七月戊子征北將軍南徐州刺史建平王景素據京城反，不利先舉事者。同年黃回討叛軍剋京城斬景素。[29]

昇明元年太一在七宮是陽遁二百三十四局，見圖15。[30] 按《太乙局》此局天外助客。[31] 但主大參將挾客大將、客大參將又挾主參將。主客算均不和，故主客俱不利。宜固守，不宜舉事。《南齊書》「不利爲客，安居之世，舉事爲主」該作「不利爲主，安居之世，舉事爲主」。袁粲、沈攸之等反，佔主位，

---

[24] 同上，8上。

[25] 同上，8下。

[26]《古今圖書集成·藝術典》，卷六九四，17下。

[27]《古今圖書集成·藝術典》，卷六九三，9上。

[28] 同上，19下。

[29]《宋書·本紀》，卷九，9下。

[30]《古今圖書集成·藝術典》，卷六九三，23上。

[31] 同上，23下。

故伏誅。

原文「是歲太一在杜門，臨八宮」接上文「昇明元年……袁粲、沈攸之等反、伏誅」。按《宋書》，沈攸之等在昇明元年十二月舉兵反，昇明二年春沈攸之被華容縣民斬。[32] 而且上文既說「太一在七宮」何來「太一臨八宮」呢？「太一臨八宮」也更不該指昇明元年。是句應指昇明三年，該年太一在八宮，順帝禪位。杜門是八門中的一個凶門，此局在二宮，主大將在此直格太一。原文似有抄錯和漏字。假如改爲「昇明三年太一在八宮，主大將臨杜門」就可順理成章，按照蕭子顯所採用的太乙術數，向所餘下文作一交待。

昇明三年太乙在八宮是陽遁二百三十七局，即陽遁二十一局（見圖16）。[33] 從主算客算兩數已經看出主比客強。要注意的是主大將在午二宮，這是杜門，而且格太乙。宋順帝在昇明三年禪位，翌年被殺。

五、結論

從《南齊書・高帝本紀上》史臣論章可以看到蕭子顯在天人合一的觀念下，企圖以太乙術數算出所謂天數，以引證六百七十餘年間的國家大事都符合天理。在科學昌明的時代，以被認爲非理性irrational之傳統術數引證歷史，似是等於以非理性之理論理性化rationalize歷史，荒唐無稽。可是我們也不該對古代過份苛求，以現代的一切估價歷史，忽略了古代史官的背景。公元六世紀，史官蕭子顯撰寫《南齊書》的時期，離現代科學的誕生早一千多年，當時歐洲尙處於文藝及學術的黑暗時代，古希臘哲學家亞里士多德Aristotle（公元前384-322年）之自然哲學論說亦鮮爲人所知。中國傳統術數是一門有系統的學問。況且術數包括現在所謂的數學。在古人的立場，用術數算出來的跟以數學算出來的沒有兩樣。術數在應用上包括計算、預測和解析天、地、人、物之變化，比亞里士多德的學說更爲廣泛。史籍往往載述術數。《春秋・左傳》多次言及卜筮

[32] 《古今圖書集成・藝術典》，卷十，3上-4下。

[33] 《古今圖書集成・藝術典》，卷六九五，10下。

與《易經》有關的術數。《史記》早已提及太一這門術數。[34] 但是首次運用太一術數而引入正史的本紀的史官是蕭子顯。這一來就肯定了太一術數在史學上所扮演角色。

以太乙術數引證歷史，在正史中是以《南齊書》爲首，但僅是曇花一現，以後就不再在正史中扮演類似的角色。或可歸咎於在古人心目中太乙術數是太深奧，而且蕭子顯所作的考據亦非天衣無縫，找不出足以引證晉恭帝禪位這一件大事的太乙局，以後的史官便不再試圖仿效蕭子顯了！

閱讀《南齊書·高帝本紀上》史臣曰章後又發覺術數可以扮演另一個新鮮的小角色。偶爾在校讎學上術數也可以派上用場。

本文依據載有明天啓七年（公元1627年）劉養鯤敘的邱濬《太乙淘金歌》以及《太乙局》的排局和說明。大致上都符合《南齊書》。太乙術數從來是一門公認爲深奧難懂的學問。正史中僅引入《南齊書》以論國家興亡的大事。[35]《南齊書》作者蕭子顯是梁朝一代奇才，因「恃才傲物」謚「驕」，也許他爲著炫示一己所學，把太乙術數引進《南齊書·本紀》，盡情發揮他時代太乙術數的奧妙。

太乙術數常被認爲深奧。讀過《南齊書》有關章句，也許不會覺得深奧何在，祇是有些繁雜而已。太乙術數的運用在乎個人的技巧。若然認爲太乙術數可以洞識天機算出天數，那麼太乙術數當然是一門最重要和最深奧的學問了。

太乙術數代有發展。例如板出祥伸引述沈括（公元1031-1095年），《夢溪筆談》卷三所載之十神太一、中有太一、五福太一、天一太一、地一太一、君基太一、臣基太一、民基太一、大遊太一、氣太一、十神太一。[36]《太乙淘金歌》亦談及十神。[37]《太乙金鏡式經》亦載有天皇太乙、帝符太乙、天時太乙、太尊太乙、飛鳥太乙、五行太乙、三風太乙、五風太乙、八風太乙…等。

---

34 《史記·列傳》，卷一二七，日者列傳六十七。

35 《隋書》與《宋史》略載太乙術數，但遠不及《南齊書》之深入。

36 板出祥伸，《中國古代の占法》（東京，1991），184-209。

37 同上，14上。

太一術數也變得越來越繁雜。借用嚴敦傑一句話：「萬變不離其宗，明白入式五將的推算法便可駕馭一切。」。以上皆超出《南齊書》的範疇，從略。

《南齊書》所載的太乙術數，都是涉及國家和帝王本身的安危。大概太乙術數首先就是用在這一方面。專業者都是替帝王服務，而且朝廷也往往下令禁止私自學習這門術數。我猜想大約在唐代，受到傳入中土《七曜攘災決》的影響，太乙術數化出一套可以應用在推算個人命運的算命法。收入《古今圖書集成》的一部《太乙人道法》所載之十二宮頗類似現代的紫微斗數，顯然受到古希臘和古印度星占學的影響。[38] 載入《欽定四庫全書》之《太乙金鏡式》亦涉及推算個人命運，又引入六壬等術，可應用以解析《南齊書》所載的太乙術數資料，前文亦曾引用此書。《南齊書》所涉及的太乙局都是以年支干起算，又稱歲計太乙。另有以月支干起算的月計太乙，以日支干起算的日計太乙，和以時支干起算的時計太乙。因與《南齊書》無關，從略。拙文《太乙術數及其對傳統科學之影響》中另有交待。[39]

（本文於一九九五年九月十四日通過刊登）

[38] 見拙文〈紫微斗數與星占學的淵源〉，《歷史月刊》68（1993）：38-50。

[39] 文將載於《科學史通訊》。

The Tai-i Method of Divination and the Historiographer's Remarks in the Chronicle of Emperor Kao-ti in *Nan-Ch'i-shu*

Ho Peng-yoke

Needham Research Institute, Cambridge

The Tai-i method of divination was an arcane art, known only to the very few and precious little reference material is available for research. A T'ang text on the method with later additions is preserved in the *Ch'in-ting Ssu-k'u ch'üan-shu*, while a Ming text is included in the *Ku-chin t'u-shu chi-cheng* collection. From these texts alone the T'ai-i method cannot be traced earlier than the T'ang period. In the Historiographer's Remarks section in the Chronicle of Emperor Kao-ti in *Nan-Ch'i-shu* the author Hsiao Tzu-hsien employs the T'ai-i method to rationalize important political events spanning a period of six hundred and seventy-nine years. This paper reconstructs the method used by Hsiao Tzu-hsien from the text of the *Nan-Ch'i-shu* and compares the interpretations made with those of the T'ang and Ming texts, and shows that they are essentially identical. Hence this method can be traced to a date not later than the time of the Six Dynasties. In recalculating every item in the section, some minor mistakes and omissions in the present printed editions of the *Nan-Ch'i-shu* reveal themselves, demonstrating an unexpected application of a so-called pseudo-science in a serious scholarly work of textual collation. The texts available to us show the dependence of the method on an accurate knowledge of the Great Epoch-the interval of time since the sun, the moon and the planets were together last in conjunction. This paper shows that the rather clumsy procedure of using the Great Epoch can be dispensed with in arriving at the same results in the *Nan-Ch'i-shu*. This paper also gives a brief history of the T'ai method of divination and discusses the implications of the traditional philosophical view of harmony between heaven and man on the pseudo-sciences. Although the T'ai-yi method is now gone and almost completely forgotten, it is plausible that a tributary that came under the influence of Polemic astrology, introduced to China via

India and West Asia, has developed into the modern system of *Tzu-wei tou-shu* astrology, which is popular among Chinese communities in many parts of the world.

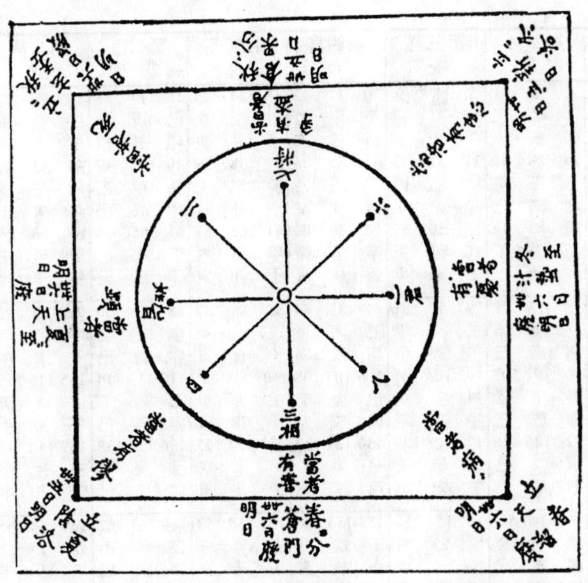

圖1（嚴敦傑，〈式盤綜述〉註5）

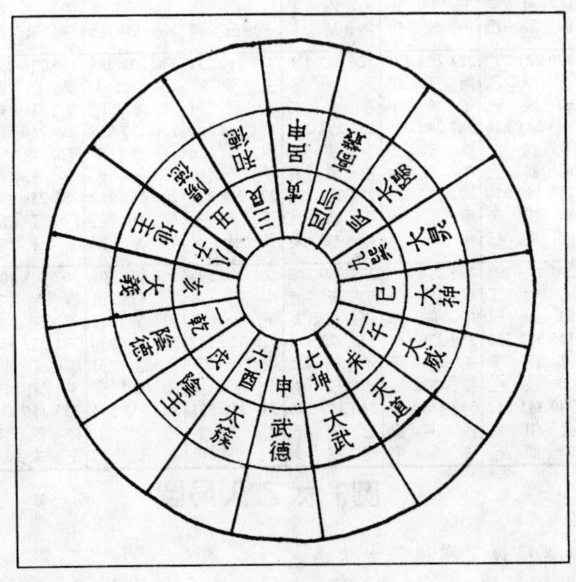

圖2

宮局	第一宮〔九〕			第二宮〔八〕			第三宮〔七〕			第四宮〔六〕			第六宮〔四〕			第七宮〔三〕			第八宮〔二〕			第九宮〔一〕		
甲	1 甲子	2 乙丑	3 丙寅	4 丁卯	5 戊辰	6 己巳	7 庚午	8 辛未	9 壬申	10 癸酉	11 甲戌	12 乙亥	13 丙子	14 丁丑	15 戊寅	16 己卯	17 庚辰	18 辛巳	19 壬午	20 癸未	21 甲申	22 乙酉	23 丙戌	24 丁亥
子	25 戊子	26 己丑	27 庚寅	28 辛卯	29 壬辰	30 癸巳	31 甲午	32 乙未	33 丙申	34 丁酉	35 戊戌	36 乙亥	37 庚子	38 辛丑	39 壬寅	40 癸卯	41 甲辰	42 乙巳	43 丙午	44 丁未	45 戊申	46 己酉	47 庚戌	48 辛亥
元	49 壬子	50 癸丑	51 甲寅	52 乙卯	53 丙辰	54 丁巳	55 戊午	56 己未	57 庚申	58 辛酉	59 壬戌	60 癸亥	61 甲子	62 乙丑	63 丙寅	64 丁卯	65 戊辰	66 己巳	67 庚午	68 辛未	69 壬申	70 癸酉	71 甲戌	72 乙亥
丙	73 丙子	74 丁丑	75 戊寅	76 己卯	77 庚辰	78 辛巳	79 壬午	80 癸未	81 甲申	82 乙酉	83 丙戌	84 丁亥	85 戊子	86 己丑	87 庚寅	88 辛卯	89 壬辰	90 癸巳	91 甲午	92 乙未	93 丙申	94 丁酉	95 戊戌	96 己亥
子	97 庚子	98 辛丑	99 壬寅	100 癸卯	101 甲辰	102 乙巳	103 丙午	104 丁未	105 戊申	106 己酉	107 庚戌	108 辛亥	109 壬子	110 癸丑	11 甲寅	112 乙卯	113 丙辰	114 丁巳	115 戊午	116 己未	117 庚申	118 辛酉	119 壬戌	120 癸亥
元	121 甲子	122 乙丑	123 丙寅	124 丁卯	125 戊辰	126 己巳	127 庚午	128 辛未	129 壬申	130 癸酉	131 甲戌	132 乙亥	133 丙子	134 丁丑	135 戊寅	136 己卯	137 庚辰	138 辛巳	139 壬午	140 癸未	141 甲申	142 乙酉	143 丙戌	144 丁亥
戊	145 戊子	146 己丑	147 庚寅	148 辛卯	149 壬辰	50 癸巳	151 甲午	152 乙未	153 丙申	154 丁酉	155 戊戌	156 己亥	157 庚子	158 辛丑	159 壬寅	160 癸卯	161 甲辰	162 乙巳	163 丙午	164 丁未	165 戊申	166 己酉	167 庚戌	168 辛亥
子	169 壬子	170 癸丑	171 甲寅	172 乙卯	173 丙辰	174 丁巳	175 戊午	176 己未	177 庚申	178 辛酉	179 壬戌	180 癸亥	181 甲子	182 乙丑	183 丙寅	184 丁卯	185 戊辰	186 己巳	187 庚午	188 辛未	189 壬申	190 癸酉	191 甲戌	192 乙亥
元	193 丙子	194 丁丑	195 戊寅	196 己卯	197 庚辰	198 辛巳	199 壬午	200 癸未	201 甲申	202 乙酉	203 丙戌	204 丁亥	205 戊子	206 己丑	207 庚寅	208 辛卯	209 壬辰	210 癸巳	211 甲午	212 乙未	213 丙申	214 丁酉	215 戊戌	216 己亥
庚	217 庚子	218 辛丑	219 壬寅	220 癸卯	221 甲辰	222 乙巳	223 丙午	224 丁未	225 戊申	226 己酉	227 庚戌	228 辛亥	229 壬子	230 癸丑	231 甲寅	232 乙卯	233 丙辰	234 丁巳	235 戊午	236 己未	237 庚申	238 辛酉	239 壬戌	240 癸亥
子	241 甲子	242 乙丑	243 丙寅	244 丁卯	245 戊辰	246 己巳	247 庚午	248 辛未	249 壬申	250 癸酉	251 甲戌	252 乙亥	253 丙子	254 丁丑	255 戊寅	256 己卯	257 庚辰	258 辛巳	259 壬午	260 癸未	261 甲申	262 乙酉	263 丙戌	264 丁亥
元	265 戊子	266 己丑	267 庚寅	268 辛卯	269 壬辰	270 癸巳	271 甲午	272 乙未	273 丙申	274 丁酉	275 戊戌	276 己亥	277 庚子	278 辛丑	279 壬寅	280 癸卯	281 甲辰	282 乙巳	283 丙午	284 丁未	285 戊申	286 己酉	287 庚戌	288 辛亥
壬	289 壬子	290 癸丑	291 甲寅	292 乙卯	293 丙辰	294 丁巳	295 戊午	296 己未	297 庚申	298 辛酉	299 壬戌	300 癸亥	301 甲子	302 乙丑	303 丙寅	304 丁卯	305 戊辰	306 己巳	307 庚午	308 辛未	309 壬申	310 癸酉	311 甲戌	312 乙亥
子	313 丙子	314 丁丑	315 戊寅	316 己卯	317 庚辰	318 辛巳	319 壬午	320 癸未	321 甲申	322 乙酉	323 丙戌	324 丁亥	325 戊子	326 己丑	327 庚寅	328 辛卯	329 壬辰	330 癸巳	331 甲午	332 乙未	333 丙申	334 丁酉	335 戊戌	336 己亥
元	337 庚子	338 辛丑	339 壬寅	340 癸卯	341 甲辰	342 乙巳	343 丙午	344 丁未	345 戊申	346 己酉	347 庚戌	348 辛亥	349 壬子	350 癸丑	351 甲寅	352 乙卯	353 丙辰	354 丁巳	355 戊午	356 己未	357 庚申	358 辛酉	359 壬戌	360 癸亥

圖3 太乙入局圖

＊ 註：宮無括符者陽遁，有括符者陰遁。

按《太乙金鏡式經》，卷一，11下-12上，冬至後用陽遁，夏至後用陰遁。又按《南齊書》所用者皆陽遁。

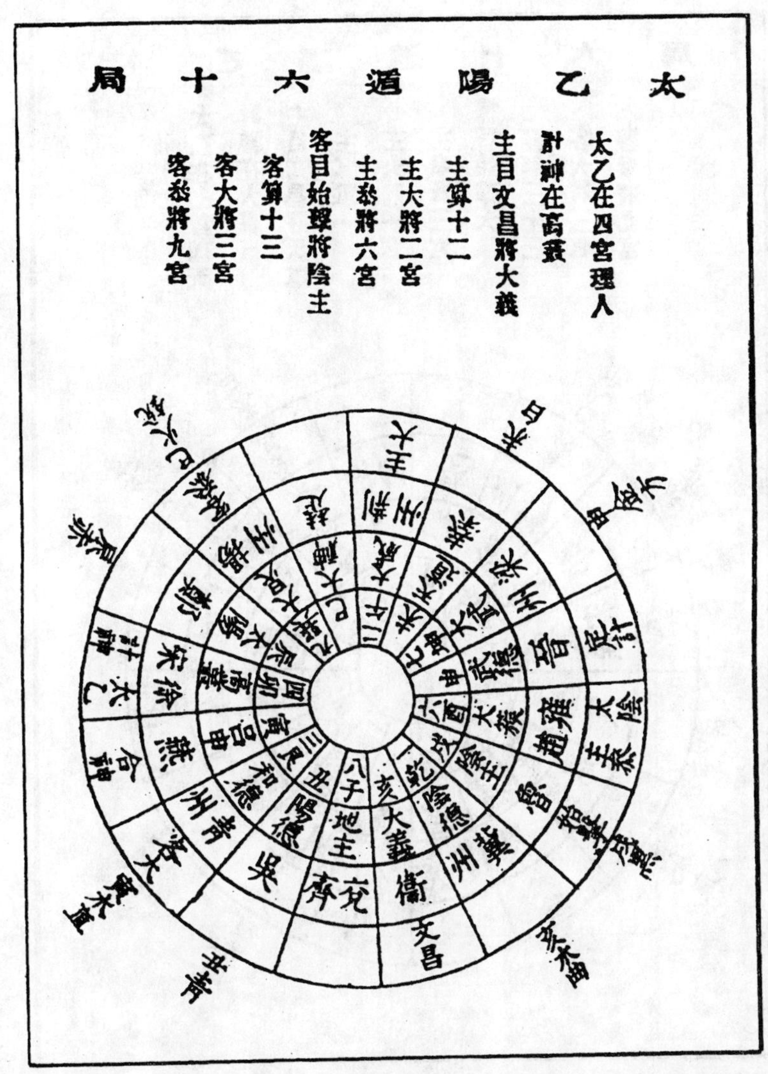
太乙陽遁六十局
太乙在四宮理人
計神在高叢
主目文昌將大義
主算十二
主大將二宮
主參將六宮
客目始擊將陰主
客算十三
客大將三宮
客參將九宮

圖4

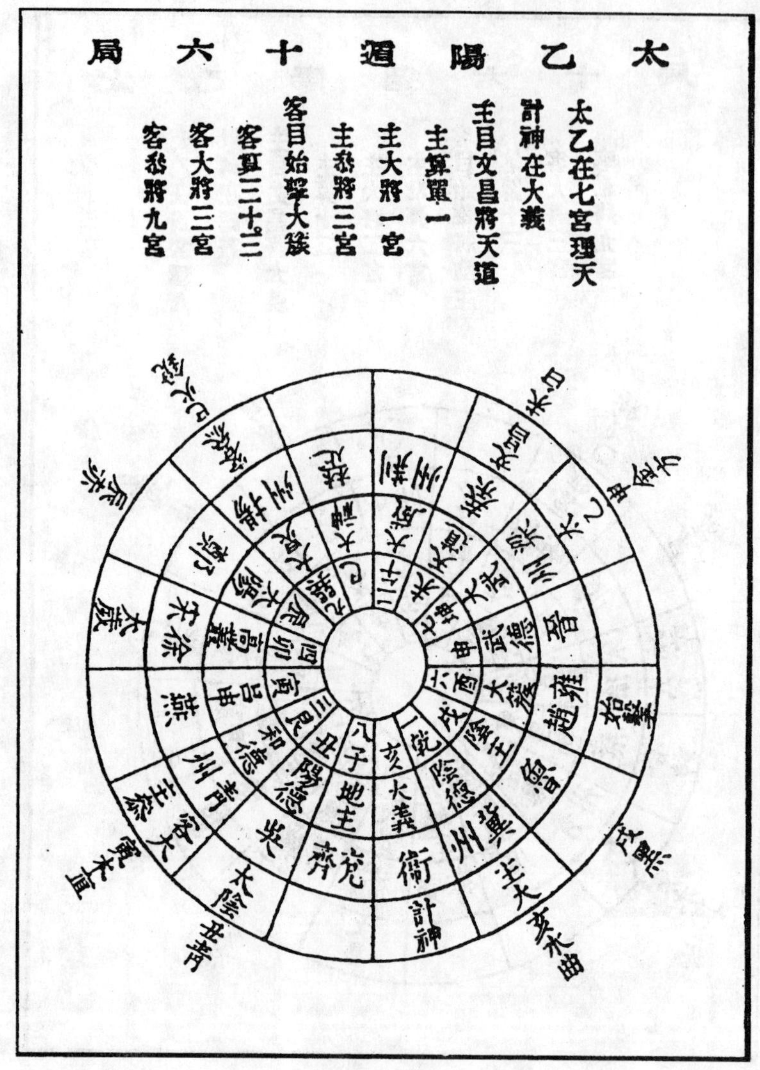
太乙陽遁十六局
太乙在七宮理天
計神在大義
主目文昌將天道
主算單一
主大將一宮
主參將三宮
客目始擊大簇
客算三十二
客大將二宮
客參將九宮

圖5

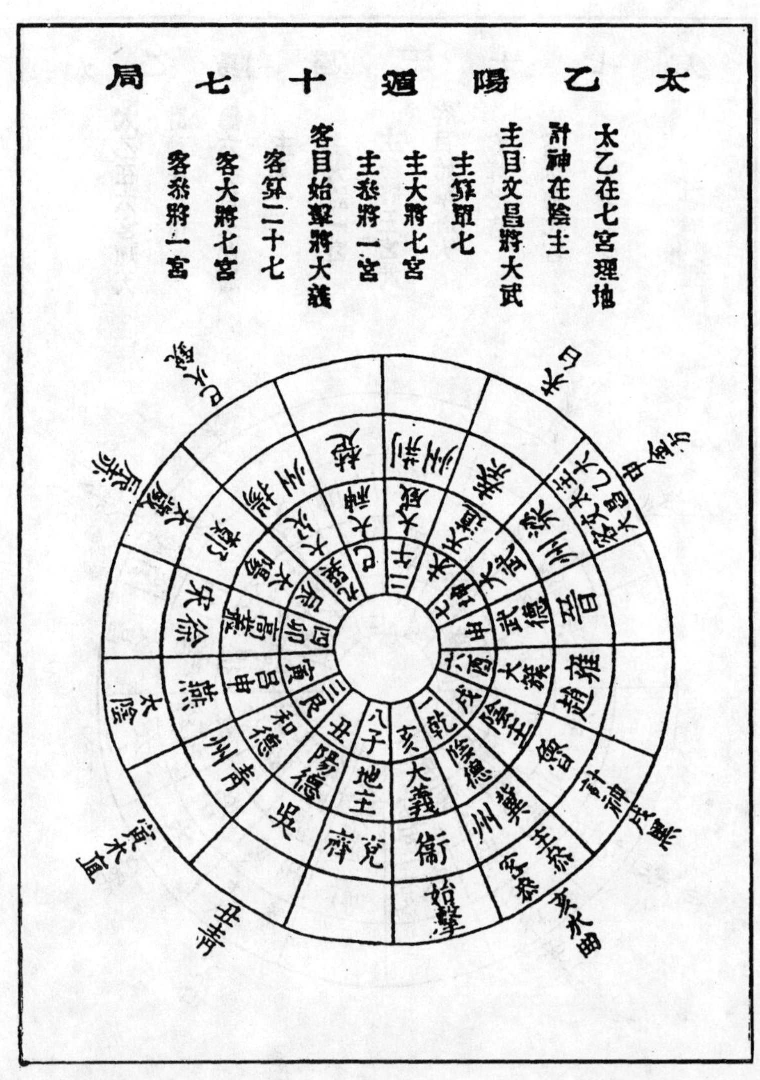
太乙陽遁十七局
太乙在七宮理地
計神在陰主
主目文昌將大武
主筭單七
主大將七宮
主參將一宮
客目始擊將大義
客筭二十七
客大將七宮
客參將一宮

圖6

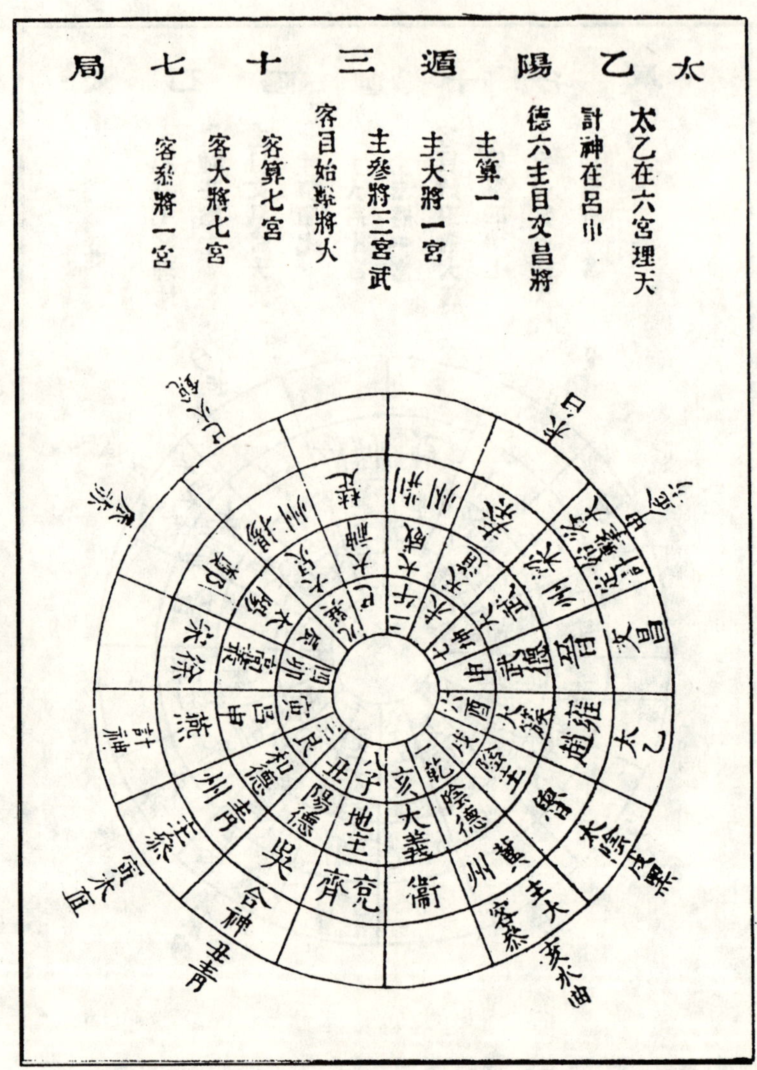
太乙陽遁三十七局
太乙在六宮理天
計神在呂申
德六主目文昌將
主算一
主大將一宮
主參將三宮武
客目始擊將大
客算七宮
客大將七宮
客參將一宮

圖7

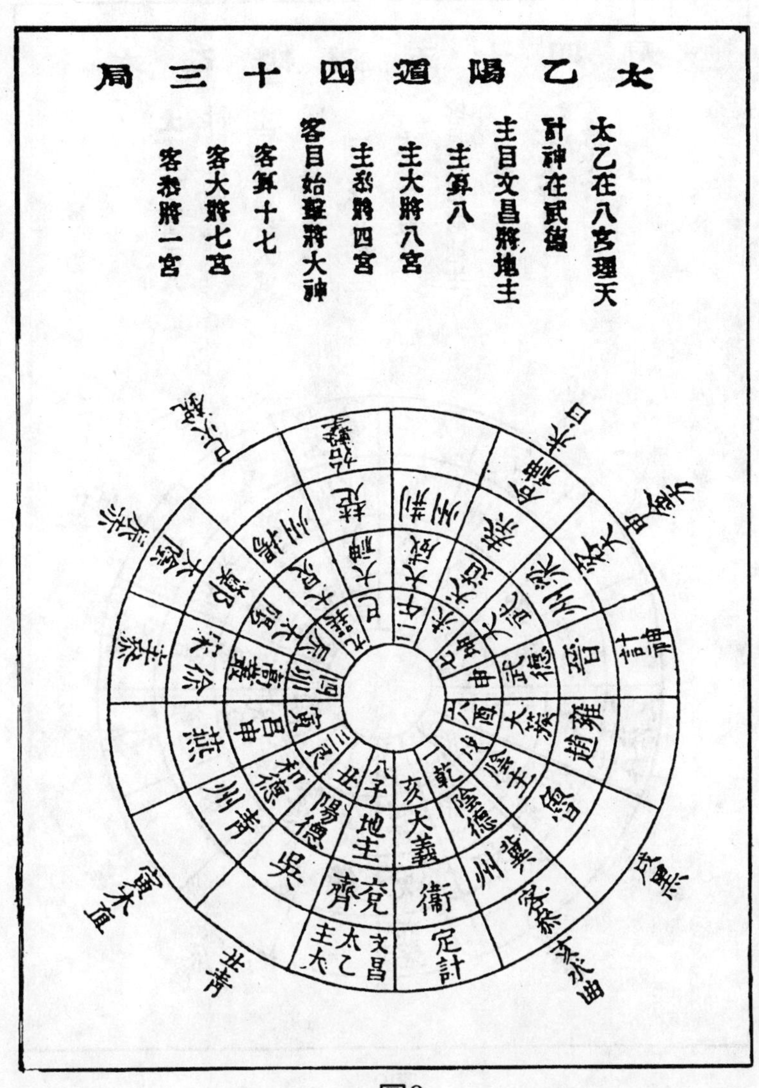
太乙陽遁四十三局
太乙在八宮理天
計神在武德
主目文昌將地主
主算八
主大將八宮
主參將四宮
客目始擊將大神
客算十七
客大將七宮
客參將一宮

圖8

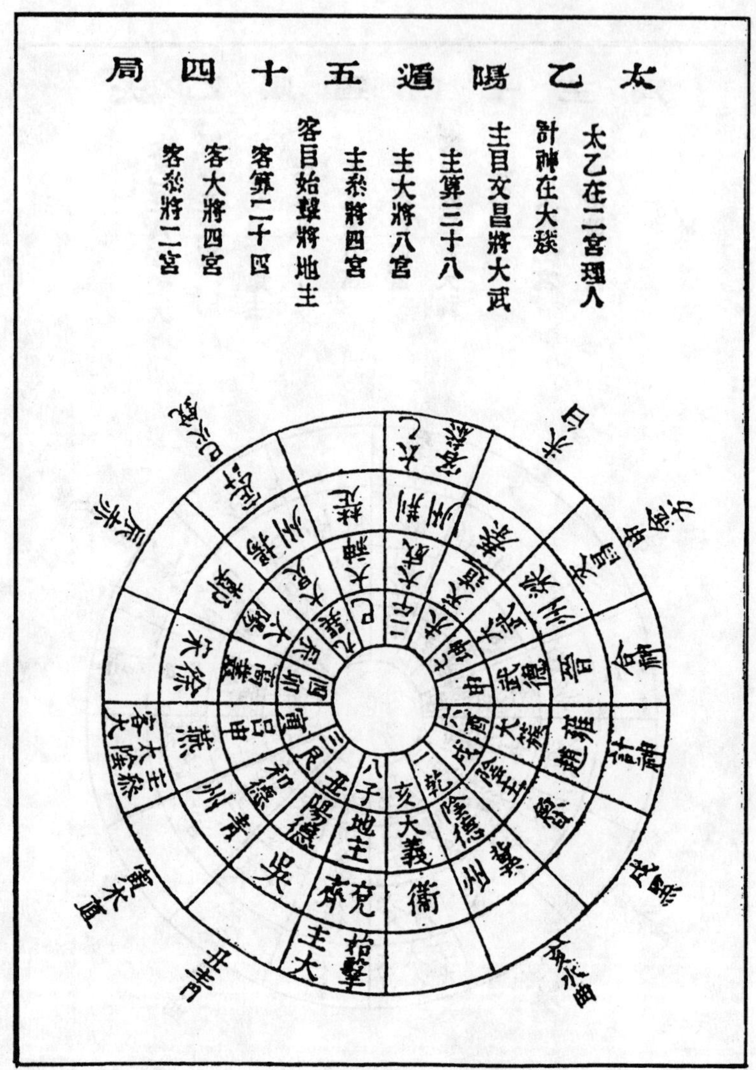
太乙陽遁五十四局
太乙在二宮理八
主目文昌將大武
主算三十八
主大將八宮
主参將四宮
客目始擊將地主
客算二十四
客大將四宮
客参將二宮

圖9

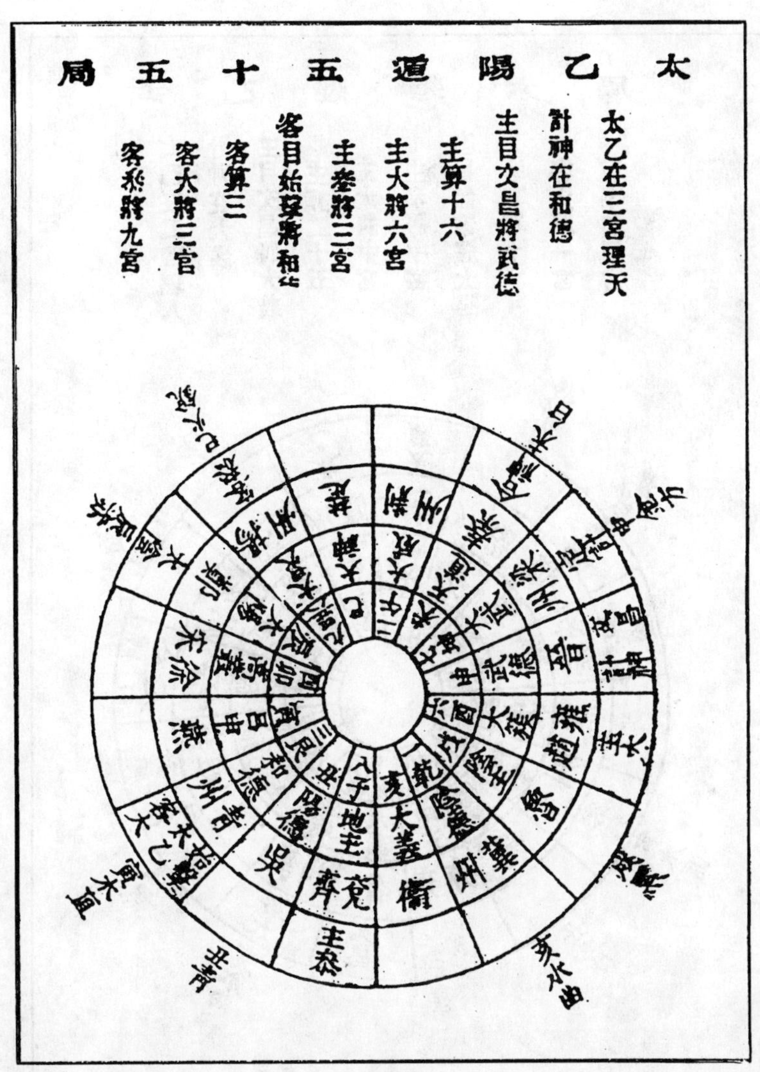
太乙陽遁五十五局
太乙在三宮理天
計神在和德
主目文昌將武德
主算十六
主大將六宮
主參將二宮
客目始擊將和德
客算三
客大將三宮
客參將九宮

圖10

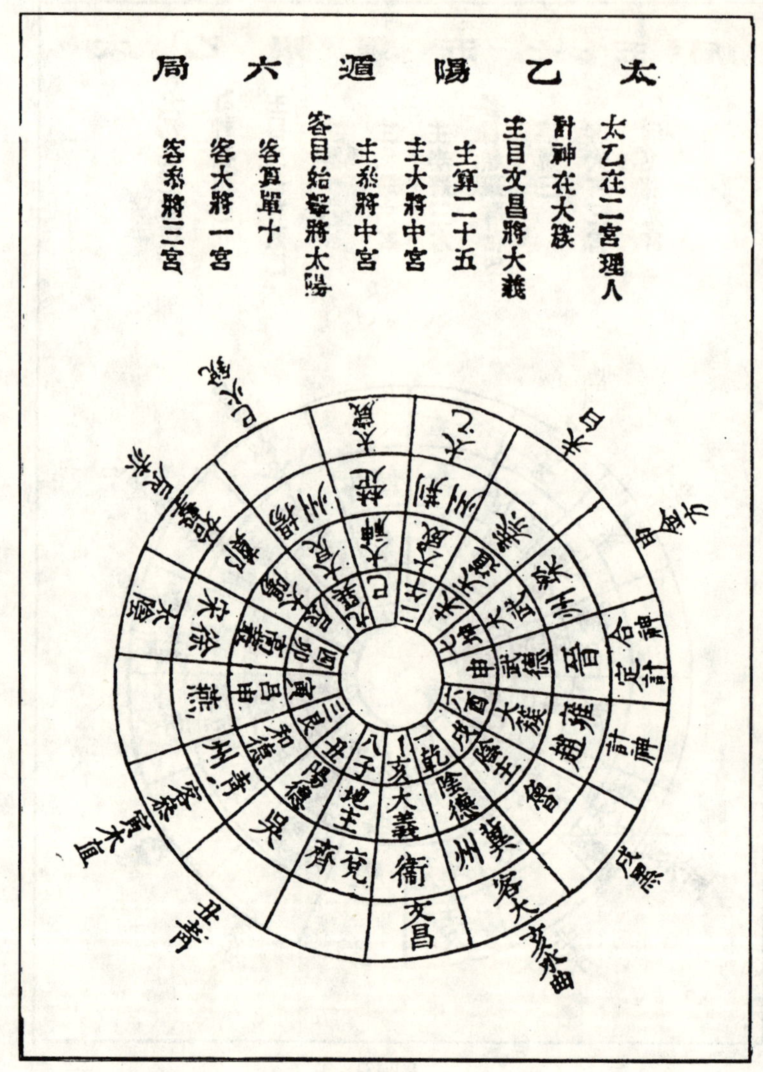
太乙陽遁六局
太乙在二宮理八
計神在大族
主目文昌將大義
主算二十五
主大將中宮
主參將中宮
客目始擊將太陽
客算單十
客大將一宮
客參將三宮

圖11

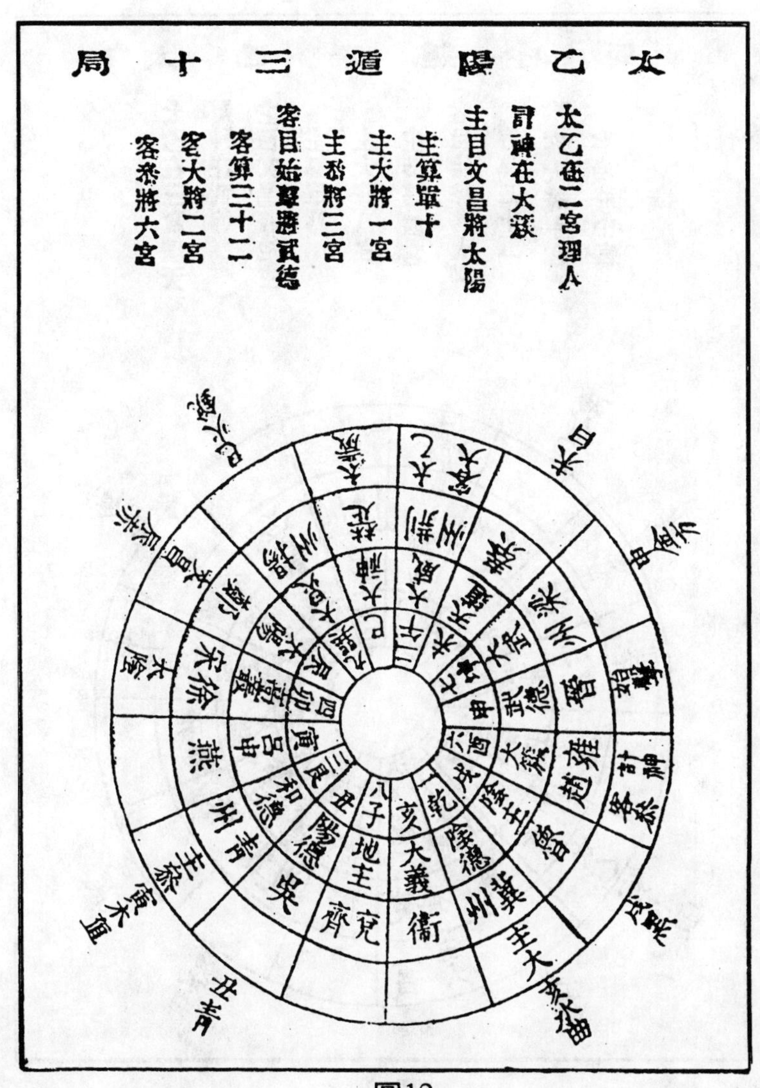
太乙陽遁三十局
太乙在二宮理人
計神在大炅
主目文昌將太陽
主算單十
主大將一宮
主參將三宮
客目始擊將貳德
客算三十二
客大將二宮
客參將六宮

圖12

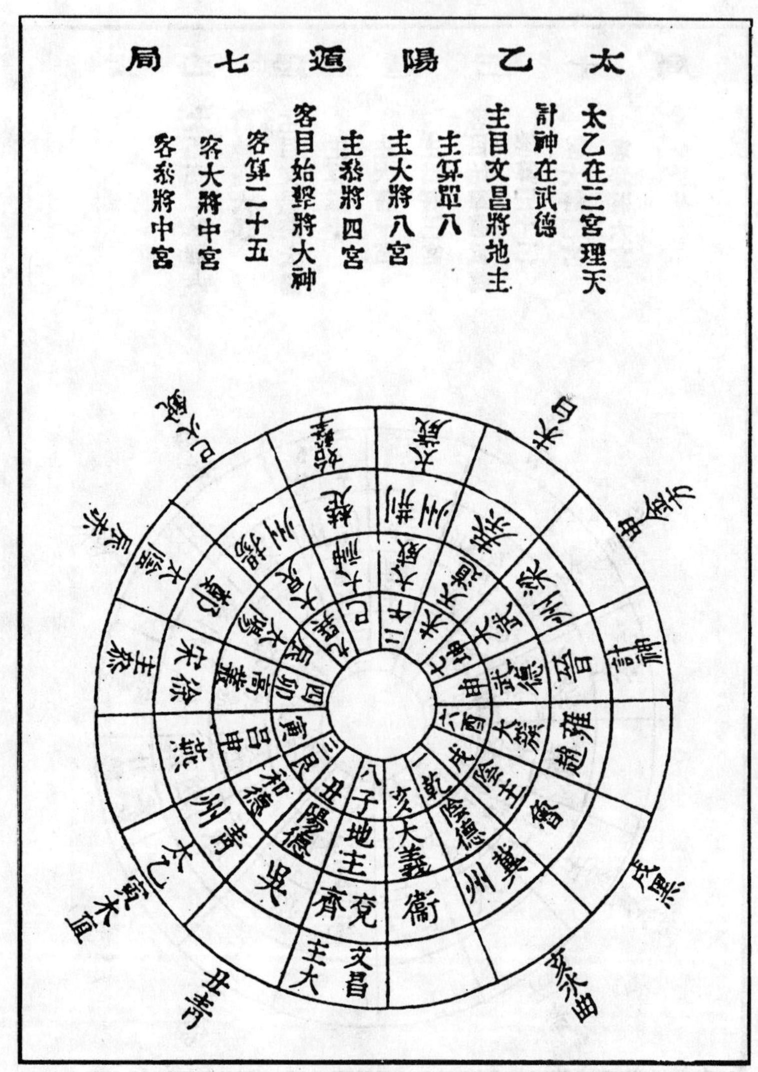
太乙陽遁七局
太乙在三宮理天
計神在武德
主目文昌將地主
主筭卌八
主大將八宮
主叅將四宮
客目始擊將大神
客筭二十五
客大將中宮
客叅將中宮

圖13

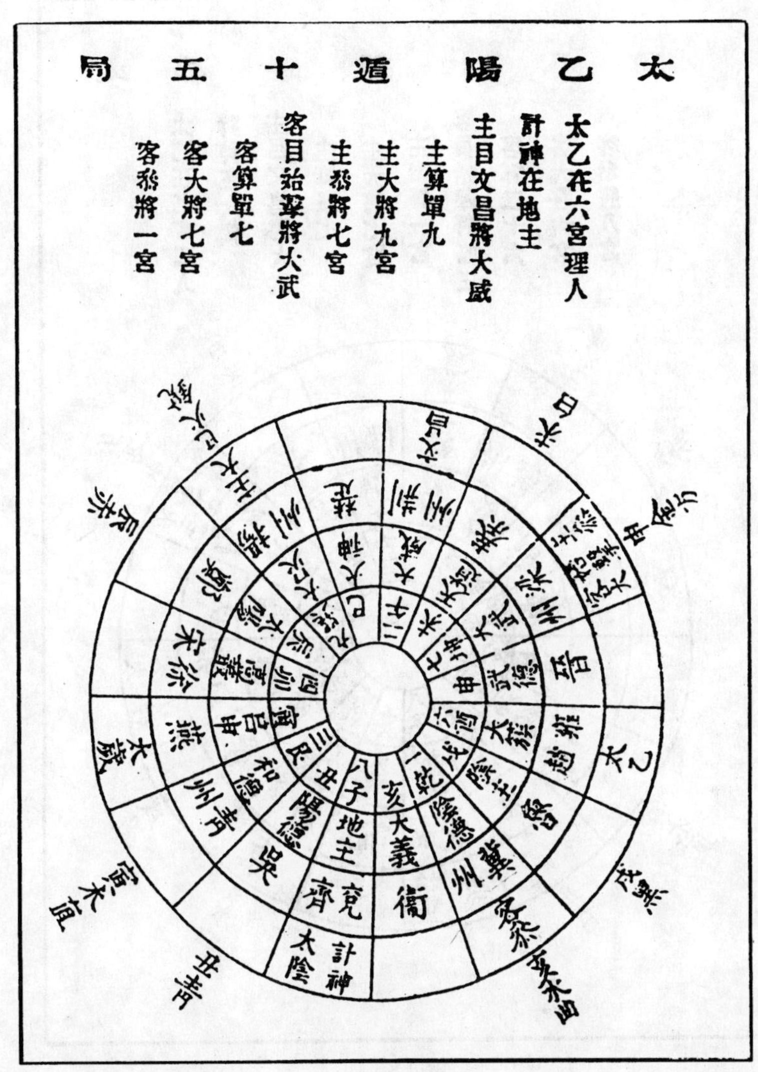
太乙陽遁十五局
太乙在六宮理人
計神在地主
主目文昌將大威
主算單九
主大將九宮
主參將七宮
客目始擊將大武
客算單七
客大將七宮
客參將一宮

圖14

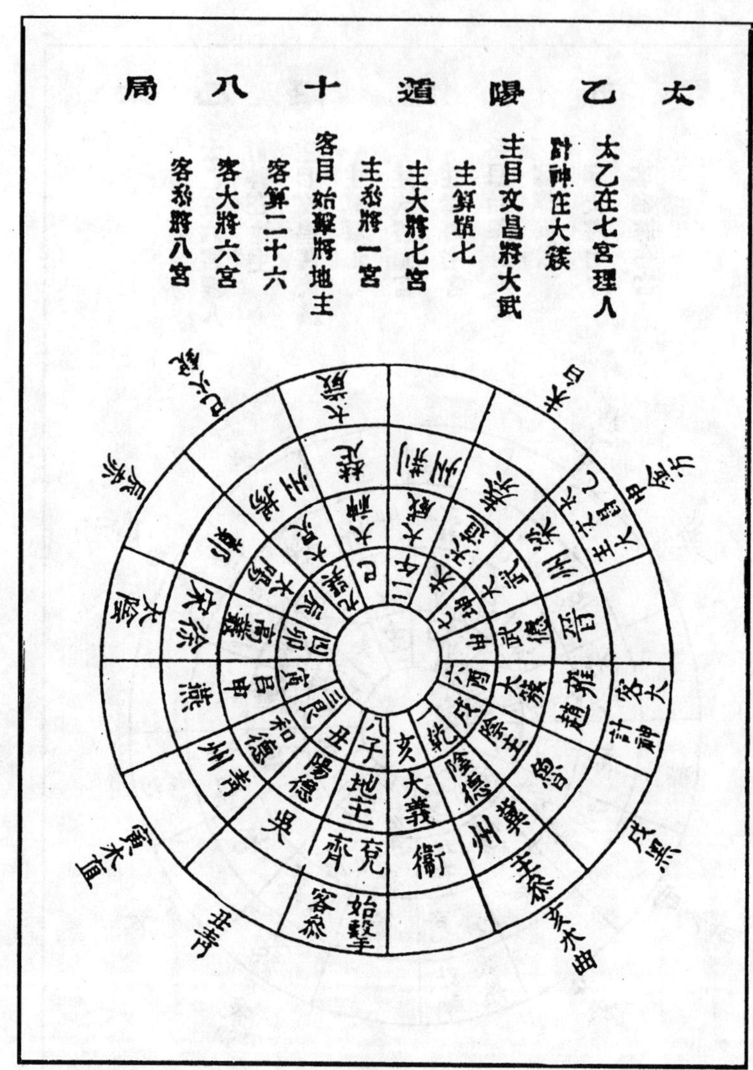
太乙陽遁十八局
太乙在七宮理人
計神在大簇
主目文昌將大武
主筭卅七
主大將七宮
主參將一宮
客目始擊將地主
客算二十六
客大將六宮
客參將八宮

圖15

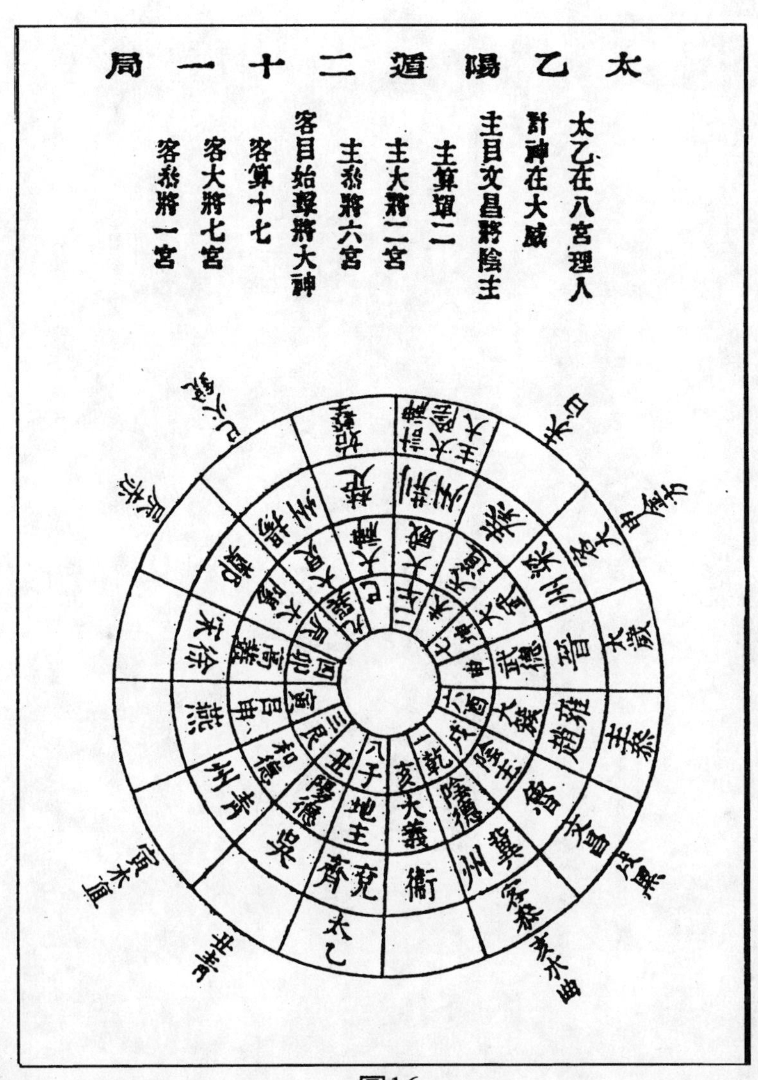

圖16

出自第六十七册第二分(一九九六年六月)

試探唐代婦女與本家的關係

陳弱水*

本文的主題在討論唐代婦女與本家的關係。所謂「本家」，與今天一般所說的「娘家」範圍差不多，指出嫁女子的本生家庭及其兄弟所組成的家庭。婦女與本家的關係因非禮法之所重，唐代史料的記載非常零星，學者也少有研究。然而，這個關係實在是婦女生活一個重要的環節，探討此課題，將能增進我們對唐代婦女經驗的認識。再者，本文的研究也有助於了解中國歷史上婦女地位的問題。傳統婦女生活的一個主要困境是，婦女必須離開本生的家，到另一家庭度過她生命的大部分。如果一個社會或時代允許婦女多方面保持與本家的紐帶，婦女在婚後就容易從本家得到支持，這對她們在夫家的處境應有所幫助，也顯示了女兒的角色在家庭中的重要性。反之，如果社會強調婦女必須減少與本家的聯繫，她們在婚後的處境就相當孤立了——至少在初期是如此。簡單地說，婦女地位和她們與本家的聯繫大體上有正面的關係。本文的主體分爲兩個部分。第一部分處理有關婦女與本家關係的規範，第二部分考察實際情況。在第二部分，本文將討論婦女婚後生活的典型狀況、夫隨妻居、婦女與本家的一般性接觸、長期歸寧、夫亡歸宗、本家對女兒婚姻的干涉、歸葬本家等問題。

關鍵詞：唐代社會 唐代文化 唐代婦女 娘家

---

* 「中央研究院」歷史語言研究所

本文初稿曾宣讀於台灣大學歷史系主辦的「第一屆『全國』歷史學學術討論會」以及本所講論會（一九九五年五月），得到許多與會者的指教。初稿之改寫，尤其得益於劉增貴、李貞德、杜正勝、羅彤華等先生的評論。文成之後，又獲兩位匿名審查人提示修改意見。謹此一併致謝。附識，本所開發之〈漢籍全文資料庫〉對本文的資料蒐集工作，有很大幫助。

一、導言

直截地說，本文的主題在討論唐代婦女與娘家的關係。本文所謂的「本家」，與今天一般所說的「娘家」範圍差不多，是指出嫁女子的本生家庭及其兄弟所組成的家庭。出嫁女子的已婚姊妹因已入其他家族，不包括在本文所稱的「本家」之內。本文也不處理比丘尼、女道士與其本生家庭的關係。

「娘家」一詞不知起於何時，我在唐代文獻中未能得見。在中古（漢末至唐末）史料裏，就已婚女子的立場而言，與「娘家」義近者有以下數詞：本宗、本族、本家、本親。在這幾個詞語中，「本宗」和「本族」的字面意義稍微過廣。[1]「本親」的內涵與本文所要探討的「娘家」範圍相當接近，可指已婚女子的本來的、由自然關係而產生的親屬。然而，由於此詞的意涵不若「本家」一目了然，加以在禮律議論中又有其他涵義（如稱過繼予人爲子者之親生父母爲此人之本親），因而不予採用。[2]本文既以「本家」來指稱「娘家」，茲舉數例以證明唐代有此用法。顧況（七二七？—八一六？）〈棄婦詞〉：

> 古人雖棄婦，棄婦有歸處。今日妾辭君，辭君欲何去？本家零落盡，慟哭來時路。……[3]

---

[1]「本宗」例見《唐會要》（台北：世界書局景印本，1989），卷三七，682；毛漢光，《唐代墓誌銘彙編附考》，第十七册（台北：中央研究院歷史語言研究所，1994），〈一六五一・大唐故朝散大夫汝州長史安平縣開國男□□夫人安平縣君太原王氏墓誌銘幷序〉，246。「本族」例見《漢書》（北京中華書局本，1962），卷八四，3439，顏師古注；《舊唐書》（北京中華書局本，1975），卷二七，1019。除了字面意義過廣，「本宗」、「本族」亦常用以指父系家族本支，與娘家之義可說適爲相反，不合本文之用。「本親」和「本家」的用法，詳下文。

[2] 在中古文獻中，「本親」一詞極常見，意涵頗有出入，大略是指近親或有血統關係的親屬。例見：《唐律疏議》（台北：商務印書館，1990），卷十七，〈賊盜律・祖父母夫爲人殺〉條，228；卷二三，〈鬥訟律・毆妻前夫子〉條，284；《通典》（北京：中華書局，1988），卷六十，〈周服降在小功可嫁女娶妻議〉，1693。關於「本親」指出嫁女之本來親屬，例見《宋書》（北京：中華書局，1974），卷十五，408。

[3] 王啓興、張虹注，《顧況詩注》（上海古籍出版社，1994），20。此詩有異文，竄入李白集。有關說明，見安旗主編，《李白全集編年註釋》（成都：巴蜀書社，1990），1733-1735。

薛漁思（或作薛漁思，文宗大和年間〔八二七—八三五〕在世）《河東記》有云：

〔申屠澄與妻〕復至妻本家，草舍依然。但不復有人矣。[4]

又，貞元十五年（七九九）〈唐前衛卿賜紫金魚袋張公夫人太原郡君郭氏墓誌銘幷序〉讚揚郭氏能同時照顧娘家與夫家，文曰：

本家不闕，夫□（族？）無虧，共稱賢妻，亦傳孝女。[5]

現在，我想說明一下個人研究此題的目的，希望能藉此揭示本文對中國中古史與婦女史研究所可能有之貢獻。首先，婦女與本家的關係是婦女生活中重要的一環，探討這個問題，應能增進我們對唐代婦女經驗的認識。在傳統中國社會，婦女與本家的關係不但重要，而且特殊。依儒家禮法和一般習俗，婦女結婚之後，即脫離本家，成爲夫家的一員，所以女子出嫁叫做「歸」。女子婚後與本家的關係究當如何，不是禮教措意的重點，社會上對此似乎缺乏整體性的規範。但另一方面，婦女在婚後，無論出於個人行動或透過姻親來往，與本家仍常有千絲萬縷的聯繫。這種關係因非禮法之所重，在一般史料——至少是唐代史料——中未有清楚的呈現。我們若能爬梳前人遺文，將此關係稍整理出眉目，應能對了解古代婦女的生活與心靈大有助益。

這裡想對婦女與本家的關係在傳統婦女生活中的重要性作進一步的說明。研究傳統中國婦女的路徑很多，但最關鍵者還是在了解她們在家庭生活中的狀況，因爲在近代以前，家庭是絕大多數婦女唯一可能有深度參與的生活領域。關於唐代婦女在家庭中的角色，《新唐書・列女傳》的前言中有明確的展現：

女子之行，於親也孝，婦也節，母也義而慈，止矣。[6]

這段話的性質是價值判斷，但清楚點出了女兒（唐人通稱「女」）、「婦」、「母」是女性在其生命中要扮演的三個基本角色。這段話雖然是北宋人寫的（宋祁或歐陽修），觀點則與唐人略無二致。開元二十二年（七三四）〈唐故冀州棗強縣令贈隨州刺史裴公墓誌銘幷序〉稱讚裴夫人蘭陵段氏曰：

---

[4] 《河東記》已佚，此條出於李昉等，《太平廣記》（台北：明倫出版社景印本，1971），卷四二九，〈申屠澄〉，3488。

[5] 周紹良主編，趙超副主編，《唐代墓誌彙編》（上海古籍出版社，1992），1901。

[6] 《新唐書》（北京中華書局本，1975），卷二〇五，5816。

夫人令淑天資，敏懿家範，始乃親於織紝，用就厥功，女則昭矣；次乃務於辯濯，施諸條枚，婦道成矣；終乃勤於訓立，皆以忠信，母儀備矣。[7]

白居易（七七二—八四六）也屢次在文章中表明婦女生命過程中的三大角色是「女」、「婦」、「母」。茲舉一例以爲證。樂天〈唐河南元府君夫人榮陽鄭氏墓誌銘幷序〉有云：

噫！昔漆室、緹縈之徒，烈女也；及爲婦，則無聞。伯宗、梁鴻之妻，哲婦也；及爲母，則無聞。文伯、孟氏之親，賢母也；爲女爲婦時，亦無聞。今夫人女美如此，婦德又如此，母儀又如此，三者具美，可謂冠古今矣。[8]

甚至爲人妾者也以有此三德爲美。文宗大和九年（八三五）〈嬪吳氏墓銘幷序〉曰：

夫人少爲淑女，長爲孝婦，終爲嚴母，全之也。[9]

「女」、「婦」、「母」在用詞上爲三，就實際角色而言，則爲四。「婦」（或「新婦」），既指妻子，又指媳婦；以上段引文爲例，「哲婦」代表前者，「孝婦」則屬後者。這是兩個不甚相同的角色。要了解唐代婦女生活的基本面貌，理想上應對所有的這些角色及其相互關係都作系統的研究。這個艱鉅的工程顯然不是幾篇論文甚至幾本書能夠完成的，但本文探討婦女與本家的關係，則直接觸及了婦女角色系統中的一個重要環節——「女」與「婦」之間的關係。就這個觀點看來，本文的主題應屬中國婦女生活史的核心部分。

中國歷史上婦女地位的問題，是本文另一個可能有貢獻的所在。當代婦女研究的興起，直接導因於男女平等與女性解放的思潮。婦女的地位和權利不但是

---

7 《唐代墓誌彙編》，1423-1424。

8 朱金城，《白居易集箋校》（上海：古籍出版社，1988），卷四二，2717。關於白居易用「女」、「婦」、「母」的概念來描繪婦女生活的其他例子，可見〈唐故坊州鄜城縣尉陳府君夫人白氏墓誌銘幷序〉，卷四二，2727；〈太原白氏家狀二道·襄州別駕府君事狀〉，卷四六，2838；〈唐故溧水縣令太原白府君墓誌銘幷序〉，卷七十，3754。

9 《唐代墓誌彙編》，2161。誌文未明言吳氏爲妾，但由文字判斷，可能性極高。唐代墓誌提及婦女三大角色的例子尚多，可參見《唐代墓誌彙編》，1809，2177，2433，2440。當然，在唐代文字中，「女」和「婦」還有其他意思。譬如，「女」可泛指女性，「婦」可爲已婚女性的通稱。

西方婦女史家念茲在茲的課題，也是二十世紀中國婦女史研究的中心關懷。[10] 過去對於中國史上婦女地位的探索，主要反映在守貞和再嫁問題的研究上。這個趨向背後的一個基本假設是，中國古代和中古對婦女的禮教要求並不十分嚴格，但宋代理學興起，宋學強調個人道德實踐，以貞節爲主軸的婦德遂益受社會重視，終至造成婦女束縛增多，地位下降。許多學者因而企圖從再嫁問題上觀察宋代以後婦女地位的實況及其演變。[11] 另外，研究唐代婦女的諸多著作，也從種種角度論證當時婦女的地位甚高。支持這個看法的主要理由有：唐代婚姻關係寬鬆，貞節觀念較淡薄，離婚改嫁頗容易；夫妻關係相當平等，妒婦多，懼內之風盛；婦女常有戶外活動、社交生活。[12] 這些雖然只是斷代性質的研究，不涉及其他時期，但一般隱含的看法是，宋代或元明以下，婦女地位降低了很多。

關於傳統中國的婦女地位，儘管學者已頗有論述，待發之覆仍多。探討古代婦女地位並非易事，其中關鍵在於如何衡量婦女的地位。依個人之見，要對這個問題有準確的掌握，我們還需要更廣泛、更深入的研究，因爲對婦女地位的

---

10 中國婦女史研究對婦女地位的關心在早期的通論性作品中表現尤其明顯。例見陳東原，《中國婦女生活史》（台北：商務印書館臺九版，1990）；趙鳳喈，《中國婦女在法律上的地位》（台北：食貨出版社，1973年台灣初版）。

11 學者對中國歷史上婦女守節與再嫁問題的研究甚多，有關宋代者尤夥。以下列舉若干較重要的論著：聶崇岐，〈女子再嫁問題之歷史的演變〉，收入鮑家麟編，《中國婦女史論集》（台北：稻鄉出版社，1992年再版二刷），128-138；董家遵，〈從漢到宋寡婦再嫁習俗考〉，同前書，139-164；徐秉愉，〈遼金元三代婦女節烈事蹟與貞節觀念之研究〉，收入鮑家麟編，《中國婦女史論集續集》（台北：稻鄉出版社，1991），215-240；張邦煒，〈宋代婦女的再嫁問題與社會地位〉，收入鮑家麟編，《中國婦女史論集三集》（台北：稻鄉出版社，1993），61-95；劉紀華，〈中國貞操觀念的歷史演變〉，收入高洪興、徐錦軍、張強編，《婦女風俗考》（上海文藝出版社，1991），515-544；柳立言，〈淺談宋代婦女的守節與再嫁〉，《新史學》，第二卷第四期（1991年12月），37-76；陶晉生，〈北宋婦女的再嫁與改嫁〉，《新史學》，第六卷第三期（1995年9月），1-26。

12 參考高世瑜，《唐代婦女》（西安：三秦出版社，1988）；牛志平，〈唐代妒婦述論〉，《人文雜誌》，1987：3，92-97；〈唐代婚姻的開放風氣〉，《歷史研究》，1987：4，80-88；〈說唐代的「懼內」之風〉，《史學月刊》，1988：2，38-41。

評估必須立足於對其生活的全面了解。如果我們以現代女權主義興起後的價值作標準，不但會和過去的歷史環境脫節，更無法對婦女地位變化的情狀作精細的觀察——按照現代的標準，無論宋代前後，婦女地位都可以用「男尊女卑」、「主中饋」之類的話一言以蔽之。因此，要對傳統婦女的地位得出比較實際的認識，必須立足於原始的歷史情境。我們可以在古代生活中找出較能反映婦女地位的部分，對此部分在不同時代、地域、階層中的表現進行實證研究，再以這些研究爲基礎，作通盤的解釋。守貞與再嫁是一個能觀察婦女地位變化的一個適當課題，但爲使認識更廣闊周全，我們還需要其他類似的研究。本文選擇探討唐代婦女與本家的關係，上述的方法論考慮便是一個主要的因素。

爲什麼研究婦女與本家的關係能幫助我們了解婦女的地位呢？我的想法是，傳統婦女生活的一個主要困境是，婦女必須離開本生的家，一個在正常情況下有自然之愛的家，到另一個家庭度過她生命的絕大部分——如果她不早死的話。換句話說，爲了當「婦」的義務，女子時常必須放棄「女」的角色與情感。在婦女的現實生活上，「女」與「婦」的角色不一定有重大的衝突，但衝突存在的可能性並不低，特別是在婚姻初期。由於「女」和「婦」的關係存在著先天的緊張，婦女與本家的關係似乎可以作爲衡量婦女地位的指標之一。如果一個社會或時代能容許婦女多方面保持與本家的紐帶，婦女在婚後就容易從本家得到支持，這對她在夫家中的處境應有所幫助。這也顯示女兒的角色在家庭中有相當的重要性。反之，如果一個社會強調婦女必須盡量減少與本家的聯繫，至少在青年和中年時，婦女的處境就只能取決於她與夫家成員（特別是丈夫和婆婆）的關係，而不易有其他的奧援。需要強調，依我對唐代婦女史的考察，對婦女的地位而言，婦女與本家的聯繫并非只有提高的作用，這種聯繫有時是在壓抑婦女的地位與自主意志。但大體上來說，兩者之間有正面的相關性。個人希望，也相信，本文對唐代婦女和本家關係的探討將能有助於我們對當時以及其他時代婦女地位的衡量。

但要聲明的是，本文對婦女地位問題的建樹只能是間接的。個人對婦女與本家關係的探討，只針對李唐一代，加以學界目前並沒有對其他時代同一課題的研究，比較的工作無從著手。本文可能有的貢獻在以下兩個方面。首先，本文將建立對唐代婦女與本家關係的基本知識，我們如能繼續此一探索，擴大及後代，如宋、金、元，就可在守貞與再嫁的傳統課題外，開闢一個了解從中古到近世婦女地位變化的新途徑。其次，也許是更重要的，從本文的研究，我們將能準確找出婦女與本家關係中足以作爲觀察婦女地位變化的若干座標。換言之，本文可以爲婦女地位的研究開拓另一個方法論的基礎。

簡而言之，本文是一個實證研究，首要目的在增加我們對唐代婦女生活的了解，但也希望對當時婦女的地位有所揭露。本文的主體分爲兩個部分。一是討論有關婦女與本家關係的規範，一是考察實際的情況。這兩部分並不能完全嚴格地區分。討論規範時，有時須以實例作說明；描述實況時，也無法避免分析它們的文化涵義。還有一點需要解釋的是，本文在討論規範時，會有若干涉及魏晉南北朝時期的地方。在思想文化史上，唐代屬於中古傳統的後期，這個時代大多數的重要價值和觀念都形成於魏晉南北朝，這兩個時代是不可能分割的。本文論實況的部分儘量以唐代爲限，但偶爾會以稍前或稍後時代的事例作補證。

二、規範理論

婦女與本家的關係不是中國傳統禮教之所重，唐人對於這項關係並沒有固定的規範系統。從傳世文獻，我們看到的是，各式各樣或明或晦的觀點散佈在各種形態的論述中。但這也不是說，唐人對這個問題的看法完全是混亂的。在他們的言辭中，偶爾也有人試圖提出一般性的原則。即使在全然不涉及普遍原則的議論裏，我們也常能發現背後涵蘊的整體性觀點。本節想作的，是透過林林總總的言論以及對若干實例的分析，找出可能流行於唐代的對婦女與本家之關係的一般性看法。

對有關倫理規範的問題，唐人有兩個大家共同承認的基本判斷標準。那就是儒家經典和「人情」。當一個人在討論具體的禮律問題或一般性的規範時，無論抱持什麼看法，當他要聲稱自己的觀點是正確的時候，他有兩個選擇。他可以說，他的看法合於經典，也可以說它順乎人情。當然，最好的辦法是說，經典與人情都站在自己這一邊。儒家經典和「人情」的觀念有這樣的力量，是因爲唐人相信這兩者是人類行爲應有的基準，換句話說，是訂定或修改規範的依據。唐初名學者顏師古（五八一一六四五）在一篇討論喪服的文字就清楚地點出了這個事實：

> 原夫服紀之制，異統同歸。或本恩情，或申教義。所以愼終追遠，敦風厲俗。[13]

「恩情」就是人情，人情莫大於恩，故稱恩情；「教義」是儒教義理，在中古時代的觀念裏，教義必本於聖人之言，視之爲經義亦可。現再引一段文字，以實吾說。隋文帝仁壽三年（六〇三）七月有詔論母死父在的服制，其中有言：

> 夫禮不從天降，不從地出，乃人心而已者，謂情緣於恩也。故恩厚者其禮隆，情輕者其禮殺。聖人以是稱情立文，別親疏貴賤之節。[14]

這幾句話的意思是，「情」與聖人所立之禮是合一的。不見得所有的人在所有的情況下都同意這個立場，但在隋唐，人情與經義之爲行爲規範理論的兩大準則，殆無疑義。

以上所述其實是中古時代普遍流行的倫常觀，而非隋唐所獨有的思想。中古同時重視經典與人情的傳統大約形成於東晉（三一七一四二〇）。中國自西漢中葉起，在家庭和社會倫理的領域內，儒家居於獨尊的地位，經書成爲聖典，有至高無比的權威。但自東漢晚期，個性解放之風漸興，至曹魏末年，自然與名教之爭大起。以阮籍、嵇康爲首的名士鄙棄禮法，提倡越名教而任自然。嵇康明說：「六經以抑引爲主，人性以從欲爲歡；抑引則違其願，從欲則得自然」（〈難自然好學論〉），把經典和人性放在對立的位置。西晉統一中國以後，名教與自然進入調和的階段，出現「名教中自有樂地」的論調。[15] 爾後永嘉亂起、晉室南渡，此一觀點在南方成爲主流，一般都以爲「禮」與「情」、

13 顏師古，〈嫂叔舅服議〉，《全唐文》（台北：大通書局景印本，1979），卷一四七。
14 《隋書》（北京中華書局本，1973），卷二，50。
15 這是西晉時人樂廣的話，見余嘉錫，《世說新語箋疏》（台北華正書局景印本，1989），〈德行第一〉，24；〈任誕第二十三〉，735。

經義與人性是可以兼顧的。在北方，士族特重禮法，但也有人強調人情。[16] 北方行爲規範重人情的風氣還有另一個來源，就是胡族統治集團無漢人式的禮法觀念，他們的行爲在許多漢族士人看來，都太過任自然了。[17] 隋唐承繼東晉、北朝以來的傳統，視經義與人情爲人類行爲之基準的看法極爲深入人心。在唐代，由於行爲規範的理論是處於相當穩定的狀態，相關的討論比東晉南北朝少了很多，這也是爲什麼本文在處理規範問題時，有時必須引證前人的議論。

這裡需要指出，在唐代關於行爲規範的討論中，經典和人情基本上只是論辯的根據，不能反映具體的立場。人情是什麼，各人有不同的體會。經典的內容也是紛雜駁歧，矛盾之處，所在多有；對同一問題採取相反看法的人，常能在經書中各取所需，彼此攻伐。至於經典的解釋，則是百家爭鳴，拉一派打一派的空間也很大。然而，反過來說，特別重視經義或特別強調人情也經常是某種態度的反映。重視傳統禮法的人常有強調經典的傾向，希望改變現行禮法的人則好從人情立論。

上文已對教義與人情在中古倫理思想中的地位和涵義作了說明，現在就先檢視唐代文化中的「教義」對婦女與本家的關係有什麼主張。茲徵引盛唐學者韋述（？—七五七）的一段文字，以爲討論的基礎：

---

[16] 關於魏晉南北朝時「情」與「禮」、自然與名教的問題，可參看陳寅恪，〈陶淵明之思想與清談之關係〉，《金明館叢稿初編》，《陳寅恪先生文集》（台北：里仁書局景印本，1982），册一，180-205；余英時，〈漢晉之際士之新自覺與新思潮〉，收入氏著，《中國知識階層史論．古代篇》（台北：聯經出版事業公司，1980），231-327；〈名教危機與魏晉士風的演變〉，同前書，330-372。以上三文都未論及北朝的情形。北方士族重禮法，情禮兼重或緣情制禮的風氣主要盛於東晉南朝，但北方似亦逐漸受影響。此事尚待深究，今姑舉一例爲說。西魏北周時人、河東大族解縣柳氏之柳慶（五一七—五六六）被過繼給四叔，他在生父死時，不顧他人之議論，堅持要服重服（應即斬衰三年）。理由是叔父早已過世，現在須依情行事。柳慶說：「禮者蓋緣人情，若於出後之家，更有苴斬之服，可奪此從彼。今四叔薨背已久，情事不追。豈容奪禮，乖違天性！」（《周書》，北京中華書局本，1971，卷二二，369）柳慶之言與許多南方禮律議論如出一口。

[17] 此問題似乎尚乏研究。有關北方漢人知識分子對胡人統治者行爲的批評，例見《魏書》，〈崔光傳〉，卷六七，1493-1494；〈張普惠傳〉，卷七八，1731-1733。

家無二尊，喪無二斬，人之所奉，不可二也。特重於大宗者，降其小宗：爲人後者，減其父母之服；女子出嫁，殺其本家之喪。蓋所存者遠，所抑者私也。今若外祖及舅更加服一等，堂舅及姨列於服紀之內，則中外之制，相去幾何？廢禮徇情，所務者末。古之制作者知人情之易搖，恐失禮之將漸，別其同異，輕重相懸，欲使後來之人，永不相雜。……聖人豈薄其骨肉，背其恩愛。情之親者，服制乃輕，蓋本於公者薄於私，存其大者略其細，義有所斷，不得不然。[18]

韋述此議發於玄宗開元二十三年（七三五），內容是針對朝廷一場關於子女對母族或外家之服制的爭論。[19] 這場爭論的主題雖然不在出嫁女子，但韋述以爲兩者有關係，因此一併論及。

在該段文字中，韋述的基本論點是，一個人行禮，要以「大宗」爲先，「小宗」爲後。但他所謂的「大宗」、「小宗」，與一般熟悉的宗法制度中的大、小宗並不完全相同。引文裏的「大宗」應是指過繼爲人後者的所後父家以及出嫁女子的夫家。（後一點稍有爭議，詳下文）「小宗」則是指爲人後者的本生父母家與出嫁女的本家。韋述引介這一組概念的原因是，他認爲子女的父族可以比擬爲「大宗」，母族則類同「小宗」。人要識大小之別，不可爲了情感的要求而加重對「小宗」的服制。《舊唐書》中華書局本的標點者在「特重於大宗者，降其小宗」句後標上分號，我在上文將其改爲冒號，以求文意更爲明晰。

我認爲韋述所說的「大宗」、「小宗」的意涵與一般習知者不甚一致，根據

---

18 《舊唐書》，卷二七，1033-1034。標點有一處改動，說明見正文。

19 有關的爭論文字見《舊唐書》，卷二七，1031-1036。亦見《唐會要》，卷三七，680-684。唐代對喪服制有三場主要的討論或爭議。一是關於叔嫂服的問題，一是關於父在母死的服制，另一則是此處所說的對母族的服制。有關叔嫂服的議論，可見《唐會要》，卷三七，672-674；關於父在母死時服制的爭論，本人曾有論析，見Chen Jo-shui, "Empress Wu and Proto-feminist Sentiments in T'ang China," in Frederich Brandauer and Chun-chieh Huang, eds., *Imperial Rulership and Cultural Change in Traditional China* (Seattle: University of Washington Press, 1994), 85-88。顧炎武有文综論唐人改服制之事，見《原抄本日知錄》（台北：明倫出版社，1970），卷七，161-162。唐代對出嫁女的服制系統沒有爭議或改動。

何在呢？最重要的根據就是《儀禮‧喪服》。韋述這段文字幾乎完全採自〈喪服〉篇，比照《儀禮》此章與韋述之文，他的意旨才得以顯豁。〈喪服〉篇中用了「大宗」、「小宗」的概念闡釋爲人後者與出嫁女的服制。以下是爲人後者的部分：

> ……期者。……爲人後者爲其父母，報。傳曰：何以期也？不貳斬也。何以不貳斬也？持重於大宗者，降其小宗也。爲人後者孰後？後大宗也。曷爲後大宗？大宗者，尊之統也。[20]

這段話的大意是：過繼爲人後者之所以爲本生父母只服一年（而非三年），是因爲人後者必然是爲大宗嗣後；大宗是家族的主幹，須受尊崇，不可斬絕，爲人後者既爲大宗的所後父母服三年，[21] 對小宗的本生父母就只能服一年了。《儀禮‧喪服》這段話裏的「大宗」、「小宗」確是指宗法制度下的大、小宗，但韋述所說的則未必如此。在韋述的時代，宗法制度早不存在，任何無後的家庭依法都可找族子承嗣，並不限於所謂的「大宗」（開元二十五年令：「諸無子者，聽養同宗於昭穆相當者。」）。[22] 在唐代禮制上，「爲人後者」是指所

---

20 《儀禮注疏》（十三經注疏本），卷三十，13右。

21 《儀禮‧喪服》的「斬衰」部分包括爲人後者，曰：「何以三年也？受重者必以尊服服之。何如而可爲之後？同宗則可爲之後。何如而可以爲人後？支子可也。爲所後者之祖父母、妻、妻之父母、昆弟、昆弟之子，若子。」這段話是說，爲人後者要爲所後者服斬衰三年，爲所後者的主要親屬—如妻子—的服制，則如所後者的親子。換言之，要把所後父的妻子當作自己的母親。關於這段文字的解釋，參見《儀禮注疏》，卷二九，3；（清）胡培翬著，（清）楊大堉補，《儀禮正義》（王先謙編，《皇清經解續編》本），卷二一，19右-20右。需要説明的是，依《儀禮‧喪服》的禮制，子爲母服三年只限於父親已卒的情況，如果父親尚在，則服一年。此制至唐玄宗時才改定爲，無論父親在否，子爲母一律服三年。關於此事之大要，參見《唐會要》，卷三七，675-678。

22 所引「開元令」見仁井田陞，《唐令拾遺》（東京大學出版社，1964年復刻版），233。本文所引唐令之標點皆參照仁井田陞著，栗勁等編譯，《唐令拾遺》（長春：長春出版社，1989）。到目前爲止，似乎所有關於中古時代繼嗣問題的研究都未觸及無子的情況。依個人粗檢史料所見，無子時之繼嗣，以姪子和族子爲主，與唐令的規定大抵相符。但亦有其他情況者，如養異姓子爲嗣，或兄弟代嗣。晚唐著名文學家司空圖（八三七—九〇八）無子，以甥爲嗣，爲御史所劾，但唐昭宗不之罪。見《舊唐書》，卷一九〇下，5084；《新唐書》，卷一九四，5574。敦煌寫本斯五六四七號、斯五七〇〇號也都是養甥爲嗣的契書。見唐耕耦、陸宏基編，《敦煌社會經濟文獻眞蹟釋錄》（北京：

有爲人承嗣的養子，他們爲所後父服三年，稱爲「義服」，爲本生父母只服一年，稱爲「降服」。[23] 簡言之，我認爲，韋述在他的奏議中取用〈喪服〉篇的概念，意涵則未必相同，他恐怕是把所有所後父母的家庭都當作爲人後者的「大宗」。[24]

與本文關係特爲密切的是，《儀禮・喪服》也提及，對出嫁女而言，本家是她的「小宗」。這個「小宗」似乎只是比擬之詞，與宗法制度的「小宗」關係不大。《儀禮・喪服》有一段話解釋爲什麼出嫁女爲父母服一年喪，而非如在室女之服三年，曰：

> 爲父何以期也？婦人不貳斬也。婦人不貳斬者何也？婦人有三從之義，無專用之道，故未嫁從父，既嫁從夫，夫死從子。故父者，子之天也；夫者，妻之天也。婦人不貳斬者，猶曰不貳天也。[25]

該章接著解釋爲何出嫁女子也要爲自己父親的嗣子服一年喪，而非如對其他兄弟之服大功九月：

> 爲昆弟之爲父後者何以亦期也？婦人雖在外，必有歸宗，曰小宗，故服期也。[26]

全國圖書館文獻縮微複製中心，1990)，第二輯，172-174，193-194。中古時代因已無宗法制度，經書中所說的「爲人後」與現實生活中的養子繼嗣異同何在，頗爲混淆，《通典》載有一個相關的爭論(東晉成帝咸和五年〔三三〇〕)，見卷六九，〈養兄弟子爲後後自生子議〉，1907-1913。

[23] 見蕭嵩等，《大唐開元禮》(欽定四庫全書本)，卷一三二，2右，7左。《開元禮》未訂爲所後母的服制。依禮制的精神，此應爲齊衰三年，所以有禮學家認爲此條統於「子爲母服」內。見馬建石、楊育棠等編，(清)吳壇原著，《大清律例通考校注》(北京：中國政法大學出版社，1992)，105。宋代禮書也未有爲所後母服的條目，至《明集禮》始明言此服爲齊衰三年。

[24] 韋述之文直抄《儀禮・喪服》處甚多，我未具引，以免累贅。但有趣的是，《儀禮》「持重於大宗者，降其小宗」在韋文中變成「特重於大宗者，降其小宗」。一撇之差，文意迥異。(按，「持重」即持宗廟祭祀之重之意。)不知這是傳抄的差錯，還是韋述無心之誤——或竟是他有意的更動！又，明毛晉(一五九九——一六五九)所刻汲古齋本《儀禮》中，「持重」確是作「特重」，但似乎沒有任何古本是如此寫的，韋述之字誤，應非版本問題。參考《儀禮注疏》，卷三十，阮元《校勘記》，6右。

[25] 《儀禮注疏》，卷三十，15左。

[26] 同上。

韋述稱出嫁女的本家爲其小宗，根據即在此。

綜合而言，韋文的主題是在爲母族的服制。但文章透露出，韋述對出嫁女與本家的關係有一個明確的、以經典爲根據的認識。這個認識含有兩個要點。一是對出嫁女子而言，本家只是小宗，所以行禮應以夫家爲本。另一個要點是，出嫁女子與本家有骨肉之情，是恩愛之所在，但出嫁女必須抑其私情，以夫家爲主，這是爲了維護家庭秩序的基本倫理，「義有所斷，不得不然」。在中古時代，經典中被用來申論出嫁女與本家之關係的文句頗有一些，但論此兩者的基本關係，似乎以韋述所表達的最爲明白直接。

在唐代的禮律議論中，用「小宗」一詞來指稱出嫁女之本家的，就我目前所知，只有韋述一個例子。但這並不意謂，韋述的看法毫無代表性。經學家中，顯然頗有人注意到《儀禮》將出嫁女的本家指爲歸宗或小宗。孔穎達（五七四—六四八）等的《毛詩正義》在注解〈小雅·黃鳥〉「言旋言歸，復我諸兄」句時，就引了「婦人雖在外，必有歸宗，曰小宗」之語。[27] 孔穎達等的《禮記正義》在解釋〈檀弓下〉「齊穀王姬之喪」條時，也提及出嫁女的本家爲歸宗、小宗。[28] 賈公彥（高宗永徽年中〔六五〇—六五五〕任太學博士）撰《儀禮疏》，當然知道出嫁女之歸宗曰小宗的語句，他並爲此句的鄭玄注作了疏解。[29] 杜佑（七三五—八一二）《通典》也有兩處提及女子歸宗曰小宗，還引了馬融、王肅、鄭玄的解釋。[30] 要言之，在唐代，經典中稱出嫁女之本家爲其小宗的說法並未普遍流行，[31] 但顯然頗有學者意識到這個概念的存在，韋述還將其應用於實際禮制問題的討論。

《儀禮·喪服》「婦人雖在外，必有歸宗，曰小宗」之語，文字簡略，確切涵義究竟爲何，歷來學者頗有討論。此句中的「歸宗」意思清楚，指除夫家之

---

27 《毛詩注疏》（十三經注疏本），卷十一之一，15右。

28 《禮記注疏》（十三經注疏本），卷九，8左。

29 《儀禮注疏》，卷三十，16。

30 《通典》，卷九〇，2466；卷一三四，3440。馬、王、鄭的註解在2466。

31 在唐代，《儀禮》已號稱難讀，解者蓋寡。參見韓愈，《韓昌黎全集》（台北：新文豐出版公司景印本，1977），卷十一，〈讀儀禮〉。

外，出嫁女可往歸之處，並無爭議。現以鄭玄注爲例，說明學者的基本理解：

歸宗者，父雖卒，猶自歸，宗其爲父後持重者，不自絕於其族類也。[32]

至於〈喪服傳〉爲何要稱「歸宗」爲「小宗」，經學傳統上有兩種主要意見。第一種是把此處的「小宗」仍當成宗法制度下的「小宗」來解釋。鄭玄注可爲代表：

曰小宗者，言是乃小宗也。小宗明非一也，小宗有四。丈夫婦人之爲小宗，各如其親之服。[33]

鄭玄的意思大概是，在宗法制度中，昆弟是宗子的小宗（繼禰宗、父宗），女子雖出嫁，對在本家爲父親繼嗣的兄弟仍應視爲其小宗，在他去世後，依原本的服制爲服（即齊衰不杖期），不考慮因出嫁而該減降的因素。鄭玄基本上是照宗法制度的「小宗」義爲說，特別之處是將此原則應用於婦女。經學史上的另一個主要見解是認爲出嫁女的小宗直指本家，與宗法制度毫無關連。這項看法可以元朝敖繼公的《儀禮集說》爲代表。敖氏曰：

〔儀禮〕此一節釋爲其昆弟之爲父後者也。歸宗者，所歸之宗也。婦人雖外成，然終不可忘其所由生，故以本宗爲歸宗也。……其於爲父後者特重，以其爲宗子也。以私親言之，故曰小宗。其昆弟雖繼別，猶謂之小，所以別於夫家之宗也。[34]

敖繼公的意思是，《儀禮》稱出嫁女的本家爲小宗，是爲了和夫家作區別，本家爲女子之「私親」，相對於夫家，只能算「小」。他還明說，這裏的小宗與宗法制度無關，即使女家的大宗（繼別者）也還是出嫁女的小宗，因爲他是私親。我們可以更明白地引申：依照敖氏的看法，夫家是出嫁女的大宗，本家是小宗；「小宗」在此只是比擬之詞，顯示出嫁女不因婚姻而脫離本家，但比起夫家，這層關係只能算是次要的。

---

32 《儀禮注疏》，卷三十，15左。

33 同上。「小宗有四」語出《白虎通·宗族》，指父宗、祖宗、曾祖宗、高祖宗。

34 敖繼公，《儀禮集說》（收在徐乾學等輯，《通志堂經解》，康熙十九年刻本），卷十一，28左-29右。

在經學史上，鄭玄和敖繼公的意見都有支持者，但顯然贊成鄭玄的較多。[35] 在這裏，我無法爲兩造的爭論定是非。我只想指出，無論「小宗」的涵義爲何，《儀禮・喪服》「歸宗」、「小宗」的說法旨在點明出嫁女仍爲父家的一部分（即鄭玄所言：「不自絕於其族類也」），但相較於夫家，這是次要的關係。這一點是歷來的注疏所共同承認的。也許就是因爲「婦人雖在外」句的大意並不成問題，有些研究《儀禮》的學者根本就不理會難解的「小宗」一詞。南宋李如圭在他的《儀禮集釋》中只這樣簡單地解釋此句：

女子子適人爲昆弟爲父後期者，雖外成，猶重本統也。[36]

關於唐人對《儀禮》此句的理解，除了賈公彥的《儀禮疏》外，我們別無資訊。（賈公彥爲鄭注作疏，目的在闡明鄭玄的意旨。）但可以肯定地說，唐人的認識不會跟李如圭有什麼差別。更重要的是，唐代對婦女與本家關係的一般認識和《儀禮・喪服》「歸宗」、「小宗」概念所表現出的想法是一致的。對這個問題，唐人禮敎觀中有兩點基本看法。一是女子結婚後，改以丈夫爲主尊，以夫家爲自己的家庭。另一點則是，出嫁女雖以夫家爲主家，與本家仍有關聯，她如果必須離開夫家，本家就是她的歸處。

在唐代，女子婚後以夫家爲主家在觀念上可說是天經地義。茲舉數例，以爲證明。玄宗時的盧履冰在一篇奏書中說：「《禮》：『女在室，以父爲天；出嫁，以夫爲天。』又：『在家從父，出嫁從夫，夫死從子。』本無自專抗尊之法。」[37] 顧況〈棄婦詞〉異文：「十五許嫁君，二十移所天。自從結髮日未

[35] 關於對《儀禮》鄭玄注的一個清楚說明，可參看（清）鄭珍，《儀禮私箋》（《皇清經解續編》本），卷五，1左-2右。（清）吳廷華對鄭注稍有批評，但見解基本相同。見吳著《儀禮章句》，收在阮元編，《皇清經解》（台北：漢京文化事業有限公司景印），卷二八一，11右。按，在鄭玄之前，馬融已以宗法制度解說出嫁女之小宗，惟語言更簡。參見（清）盛世佐，《儀禮集編》（四庫全書本），卷二三，59左。關於支持敖繼公看法的例子，可參看鄂爾泰等奉敕撰（乾隆十三年），《欽定儀禮義疏》（四庫全書本），卷二三，48左。批評的意見，見於黃以周，《禮書通故》（台北：華世出版社景印光緒十九年本，1976），〈器服二〉，12。

[36] 李如圭，《儀禮集釋》（四庫全書本），卷十七，33右。

[37] 《舊唐書》，卷二七，1026。

幾，離君緬山川。」[38] 鄭氏（玄宗時人）《女孝經・三才章》：

> 夫者，天也，可不務乎？古者女子出嫁曰歸，移天事夫，其義遠矣。天之經也，地之義也，人之行也。[39]

上面兩段引文中的「移所天」、「移天」，就是由以父爲天轉爲以夫爲天的意思。敦煌變文中有一篇作品，尤其戲劇性地顯露了「三從」、「移天」的教義在唐代深入人心的程度。這份文獻是描述釋迦牟尼佛本事的〈太子成道經〉，有關文句是這樣的：

> 太子遂問其女：「夫人能行三從，我納爲妻。不能行者，迴歸亦得。」耶□〔輸〕陁羅問太子云：「何名三從？」「婦女有則：在家從父，出嫁從夫，及至夫亡，任從長子。但某乙有一交言語，説與夫人，從你不從？」耶輸答曰：「爭敢不從。」[40]

引文中的太子即釋迦牟尼，耶輸陁羅是他的太太。在這篇變文中，釋迦牟尼在婚前要求耶輸守三從，否則就不與她結婚。（「但某乙有一交語言，說與夫人」意即「我有一句話問夫人」。）[41] 釋迦牟尼是印度人，他要求夫人守三從的故事當然是中國的產物。變文與民眾文化的關係很深，從「三從」的觀念堂而皇之地進入變文有關釋迦牟尼的論述，可見儒教有關婦女的規範在社會上是被普遍接受的。

---

[38] 安旗主編，《李白全集編年註釋》，1733。有關此詩的說明，可見註3。

[39] 《女孝經》（二十二子全書本），3上。鄭氏在進《女孝經》的奏表（頁1）中説，此書是爲她策爲永王妃的姪女而寫的。據史傳所載，唐代的永王只有玄宗第十六子永王璘（原名澤）。（宋）宋敏求編《唐大詔令集》卷四十有〈冊永王侯莫陳妃文〉（上海學林出版社1992年重排版，168），此文發佈於開元二十六年（七三八）正月十八日。按，鄭氏的丈夫名爲侯莫陳邈，可見鄭氏進書表所説的姪女實爲其夫之姪女。《女孝經》成書在何時雖不可確知，要在侯莫陳氏受冊爲王妃時或其後不久。又，永王妃於至德元年（七五六）七月丁卯，連同宗室其他八十餘人在長安被安祿山政權殺害。見《舊唐書・肅宗本紀》，卷十，243。

[40] 王重民等編，《敦煌變文集》（北京：人民文學出版社，1957年初版），291。標點符號略有更改。

[41] 參見蔣禮鴻主編，《敦煌文獻語言詞典》（杭州大學出版社，1994），70，367。

出嫁女子以夫家爲主家不僅是個根本性的倫理觀念，也是她們最基本的現實處境。女子結婚後，絕大多數都住進夫家，擔負起爲妻、爲媳、爲母、乃至爲嫂爲妯娌的責任。本家親屬死亡的時候，除了少數的例外，服制要比在室女所服降一等。[42] 自己過世之後，經常葬在夫家的墓地，甚至與夫同葬。如果夫家出了大官，可立家廟，自己的神靈還可爲丈夫之「配」。[43] 用柳宗元（七七三一八一九）的話來說，就是：「從人之道，內夫家，外父母家。」[44]

在唐代，就原則而言，女子出嫁從夫，是以夫家爲主家，但一般認爲本家對出嫁女仍有相當程度的干涉權。換言之，出嫁女雖以夫家爲主家，她並未完全脫離本家，仍然是娘家的一分子。就我檢閱資料所得，除了經學家或禮學家「歸宗」、「小宗」的說法，這種觀念主要反映於習俗、法律和以人情思想爲根據的論述。關於人情思想與法律的課題，本節下文將有討論；至於習俗的發掘，則留待下節。現在謹略引幾條魏晉南北朝時期的資料，說明除了前述的「小宗」概念之外，中古時代也有人從禮敎或經義的一般性立場肯定出嫁女與本家的聯結。西晉初人劉克義有言：「女子從人，出之則歸，命之則反，上奉夫母以爲姑，下育夫兒以爲子。」[45] 此語顯示，本家是女子被出時的當然去處。東晉初的谷儉（字士風）有言：「婦人夫沒無子，有歸宗更出之義。」[46]「更

[42] 關於出嫁女子的服制圖，可參見馬建石、楊育裳等編，（清）吳壇原著，《大清律例通考校注》，83，85-86；（宋）車垓，《內外服制通釋》（欽定四庫全書本），卷一，4-5，10-11。車垓書稱本文導言所指之「本親」皆爲「私親」，甚合禮意。吳壇書卷三對歷代喪服制的演變有精要的敘述，是一本方便的參考書。

[43] 關於唐代的家廟制度，可參看甘懷眞，《唐代家廟禮制研究》（台北：商務印書館，1991）。此書未述及婦女在祭室中爲其夫之配的制度。這方面的例子，可見朱金城，《白居易集箋校》，〈淮南節度使檢校尚書右僕射趙郡李公家廟碑銘幷序〉，3791；《劉禹錫集》（北京中華書局本，1990），〈彭陽侯令狐氏先廟碑〉，23。

[44] 《柳宗元集》（北京：中華書局，1979；台北：漢京文化事業有限公司景印本，1982），〈伯祖妣趙郡李夫人墓誌銘〉，330。

[45] 《通典》，卷五四，2553-2554。劉克義之名，嚴可均《全晉文》卷七十作劉克，不知何據。見嚴可均，《全上古三代秦漢三國六朝文》（北京中華書局景印本，1991），1880。

[46] 《通典》，卷五九，2637。

出」在此是更適、再出嫁的意思，這裏所談的是另一種情況的「歸宗」。此外，北魏末的崔光（四五一—五二三）在給靈太后的一份奏表中，略引杜預的《春秋釋例》說：「〔國君〕夫人父母在，有時歸寧」，意在勸靈太后不要頻頻到王公親戚家，歸寧要有節制。[47] 這些話也透露出，在中古時人的心中，出嫁女子歸寧是於經典有據的行爲。以上資料，在在顯示婦女與本家的連結在中古時代是得到普遍承認的。

在前面所引韋述的文字中，他除了申明教義，也承認女子與本家的情感出於自然，只是爲了禮教之「公」，不得不有所犧牲。韋述的立場是堅持禮法，盡量淡化恩情。但他到底處於「緣情制禮」的思想盛行的時代，必須對人情的問題有所處理。從他對「廢禮徇情」之危險的三復斯言，可看出人情論力量之大。以下我們就舉出幾個側重人情的例子。

新舊《唐書》〈列女傳〉都載有唐初一位叫夏侯碎金的女子的故事。夏侯原本是劉寂的妻子，生有兩個女孩後，父親失明了。她要求與劉寂離婚，返回本家侍奉父親，而且對後母也極孝順。她歸家後十五年，父親去世，夏侯居喪過禮，哀毀備至。夏侯碎金的故事也許不算十分特別，在任何時代，奇行異事都不少，何況夏侯之所爲，並未大離一般人情的範圍。這個故事的特別處在，夏侯的父親死後，夏侯於貞觀年中以至孝的理由，得到朝廷的褒揚，並詔賜帛二十段、粟十石。[48] 我們不知道朝廷詔書的內容，但可以確定的是，朝廷未考慮夏侯對夫家與對本家的責任間所可能有的衝突。我們可以想像，在決定褒揚夏侯的官員的心中，「孝」——對親生父母的「孝」——是德行中的至高者，在夏侯的例子上，高過於她對丈夫貞順的責任，高過她對舅姑盡孝的責任（假定夏侯離婚時，舅姑尚有在者）。視「孝」爲至高德行是中古文化中很重要的態度，[49] 這個觀念無疑在許多人考量婦女與本家的關係時，發揮了相當大的影響。

---

47 《魏書》，〈崔光傳〉，卷六七，1493。杜預的《春秋釋例》原文，見孔穎達等，《春秋左傳正義》（十三經注疏本），卷十，10左。

48 《舊唐書》，卷一九三，5143；《新唐書》，卷二〇五，5819。對於夏侯碎金父親的死時，《舊唐書》作夏侯歸家後十五年，《新唐書》作五年，不知孰是，姑用舊書之說。

49 參見陳子展，〈孝經在兩漢六朝所生之影響〉，《復旦學報》，第四期（1937年1月），白居易集中有兩個〈判〉就是從「情」或「孝」的觀點強調婦女與本家的聯繫。其中一個提出的案子是，某人之妻服喪時，丈夫在她身旁奏樂，妻子就責罵他，他不服氣，告進官裏。白居易對此案提供的答案是，夫婦貴在同心，一方有喪事，另一方仍奏樂不斷，實有傷好合之義。結論是：「誠無惻隱之心，宜受庸奴之責」，大概就是人人得而罵之的意思。[50] 此判中的妻子居喪而夫未有服，顯然是妻子本家的喪事。白居易此判只就一般做人的道理立論，未直接提及妻子和本家的問題，但我們應仍可推論，此判有要丈夫尊重妻子對本家的情感的涵義。

白居易另一判內容很有趣。案情是：某人之妻替在田裏工作的丈夫送飯，路途上遇到自己的父親，父親告訴女兒他很餓，女兒就把飯給父親吃，於是丈夫挨了餓，一怒之下就出妻，妻子不服，告進官裏。這個案子直接觸及做女兒與做妻子的責任衝突問題，是典型的道德兩難。白居易的判決是，妻子的舉動本乎自然，丈夫的要求無理，離婚無效。樂天承認案中的女子有雙重責任，他說：「象彼坤儀，妻惟守順；根乎天性，父則本恩。」當她碰上兩難時，作了一個選擇：「義雖乖於齊體，孝則見於因心。」她作此選擇的理由是：「孰親是念，難忘父一之言；不爽可徵，無效士二其行。」結論是：「犬馬猶能有養，爾豈無聞？鳳凰欲阻于飛，吾將不取。」[51]

白居易的判中有一些典故，在此須稍加解釋。「齊體」指的就是妻子。《白虎通・嫁娶》：「妻者齊也，與夫齊體」，是此詞的直接來源。「父一之言」典出《左傳・桓公十五年》，雍姬問母親，父親與丈夫孰親，她母親回答：「人盡夫也，父一而已。胡可比也！」「不爽」之句出自《詩經・衛風・氓》：

136-165；林麗眞，〈論魏晉的孝道觀念及其與政治、哲學、宗教的關係〉，《國立台灣大學文史哲學報》，第四十期（1993年6月），27-52；康樂，《從西郊到南郊——國家祭典與北魏政治》（台北：稻鄉出版社，1995），238-245。

[50] 朱金城，《白居易集箋校》，〈得景妻有喪景於妻側奏樂妻責之不伏〉，卷六十六，3582。

[51] 同上，〈得乙在田妻餉不至路逢父告飢以餉饋之乙怒遂出妻妻不伏〉，卷六十六，3607。

「女也不爽，士貳其行。」此判整篇的理路是，妻子應同時盡爲女與爲妻的責任，但若不幸必須作選擇，只好以父親爲先，因爲父親只有一個，此愛根於天性；但作此選擇並不表示妻子不貞順，其實她「不爽可徵」，倒是男的不一定可靠，因此離婚實無理由。白居易對婦女的處境極有同情，在他傳世的作品中，有百篇以上的詩文涉及婦女問題。[52] 這篇判所透露的看法，與白居易對婦女命運的一貫關心是有密切關係的。

唐人在有關婦女與本家的問題上側重人情的程度，似較傳世文獻中直接表露者爲高。我們在下一節討論實例時，將能對此狀況有進一步的了解。現在，本文要以法律爲主要對象，輔以對零星觀念的探討，來考察唐代有關婦女與本家關係的規範。在唐代，法律的一項根本精神就是用刑罰的力量來維護禮教的施行，可說是儒教化法律體系的典範。因此，唐代法律所透露的有關婦女與本家關係的想法，在很大程度上可以代表唐代禮教觀對此問題的立場。[53] 但法律到底不純是理念或意識形態的產物，它經常也是社會習慣的反映——習慣的規則化。從這個角度看來，法律是一個有相當獨立性的規範系統。

根據唐代法律的規定，男女的離婚書上要有女方家長的簽名或蓋指印。據仁井田陞所重建的開元二十五年《戶令》：「諸棄妻須有七出之狀……皆夫手書棄之，男及父母伯姨舅，幷女父母伯姨舅，東鄰西鄰，及見人皆署。」[54] 在敦煌發現的唐代離婚狀中，的確也有女方父母簽署的例子。如斯六五三七號：「各自分離，更無□期，一言致定。今請兩家父母、六親眷屬，故勒手書，千萬永別。」[55] 這顯然就是婦女本家歸宗地位在法律和習俗上的反映。

---

[52] 參考劉興，〈白居易婦女詩婚姻觀探索〉，《湖南師大社會科學學報》，1987年第五期，89-93；王秉鈞，〈爲婦女呼籲鳴不平的白居易〉，《蘭州大學學報》(社會科學版)，1983年第四期，43-53。

[53] 參見徐道鄰，〈唐律中的中國法律思想和制度〉，收在氏著，《中國法制史論集》(台北：志文出版社，1975)，57-61；戴炎輝，《唐律通論》(台北：正中書局，1964)，18-22。

[54] 仁井田陞，《唐令拾遺》，〈戶令第九〉，253。

[55] 唐耕耦、陸宏基編，《敦煌社會經濟文獻眞蹟釋錄》，第二輯，178。另參考伯三二一二號背，同書，195；向淑雲，《唐代婚姻法與婚姻實態》(台北：商務印書館，1991)，138，141。向書頁138亦載仁井田陞之斯六五三七號錄文，與本文所引稍有異。

唐代法律還有一項關於離婚的規定也明白顯示了出嫁女仍是本家的一員，這就是「義絕」。義絕是一種強制離婚的制度，夫妻在義絕的情況下不分手，要處以徒刑。《唐律疏議》曰：「諸犯義絕者離之，違者，徒一年。」[56]「義絕」主要指夫或妻與對方的家庭發生嚴重衝突或亂倫情事，使夫妻之義斷絕，在情理上必須分開。義絕的情況有好幾種，如丈夫殺死或打傷妻子的尊長及近親，或妻子詈罵、傷害丈夫的父母及近親。最能反映出嫁女與本家的關聯的情況則是，夫妻家庭之一方的成員殺害另一方的成員。唐開元二十五年戶令的原文是：

> ……若夫妻祖父母、父母、外祖父母、伯叔父母、兄弟姑姊妹，自相殺，……皆爲義絕。[57]

這條規定的特殊處在於，如果結爲姻親的兩家之間發生殺人流血事件，即使夫妻自身未捲入衝突，他們也必須離婚。這項條文清楚地揭示，唐代法律基本上是把婚姻視爲兩個家族的結合。當兩姓好合的情況破裂時，妻子是本家成員的身份就獲到確認，基於對家族的忠誠，她必須揚棄「移天」、「既嫁從夫」的原則，歸返本家。

除了上面所談的離婚問題，本家也可介入女兒守節之事。新舊《唐書》〈列女傳〉都載有敬像子（或作象子）的事蹟。敬像子嫁夫樊氏，甫生子丈夫即死，她留在夫家，養子事舅姑。像子的哥哥因她年輕，千方百計要她再嫁，甚至曾以母病的藉口把她騙回本家安排婚事，像子抵死不從。[58] 事實上，敬像子之兄的作爲是違法的。據《唐律疏議》〈戶婚律・夫喪守志條〉：「諸夫喪服除而欲守志，非女之祖父母父母，而強嫁之者，徒一年。期親嫁者，減二等。各離之。女追皈前家，娶者不坐。」《疏議》解釋此條曰：「婦人夫喪服除，

56 《唐律疏議》，卷十四，〈戶婚律・義絕離之〉條，185。

57 《唐令拾遺》，〈戶令第九〉，255。「義絕」的其他情況均見於此頁。《唐律疏議》卷十四〈戶婚律・妻無七出〉條「疏」的部分亦引此令。見頁185。關於一個對唐代「義絕」制度的簡要說明，可參看錢大群、錢元凱著，《唐律論析》（南京大學出版社，1989），199-200。

58 《舊唐書》，卷一九三，5140-5141；《新唐書》，卷二〇五，5818。

誓心守志，唯祖父母父母，得奪而嫁之。」《疏議》接著說明，「期親」是指如伯叔父母、兄弟姊妹、姑姪等近親，這些人若強嫁守志之親屬，杖九十（即由徒一年減二等）；至於關係較遠者強嫁，就須服徒刑一年。[59] 唐律的這條規定一方面保護了婦女守節的意願，另一方面則給予祖父母、父母對喪偶女兒的強嫁權。這似乎顯示，在中古文化中，出嫁女子本家的小宗地位可因其喪夫而提高，單就夫喪守志條而言，本家幾乎已是大宗了。前文引東晉谷儉之言：「婦人夫沒無子，有歸宗更出之義」，似乎也是同一態度的反映。此外可注意的是，唐律有此規定，應是由於祖父母、父母以外的親屬強嫁守志女的情事很多。由此端倪，我們或可推測，在實際生活上，本家涉入已婚女子生活的情況相當普遍。

在唐人的想法裏，不但本家可涉入出嫁女的生活，出嫁女似乎也應幫助本家。對這個課題，有兩項材料可舉出。任蕃《夢遊錄》中有一故事〈櫻桃青衣〉，文中寫天寶初有一姓盧的年輕人赴都應舉，累年不第，困窘遍嚐。有一次，他在佛寺中聽僧侶開講，困倦而至睡著。在睡眠中，作了一個快速升官娶美妻的大夢。夢中幫他最多忙的則是一位堂姑。[60] 另一出於五代范資《玉堂閑話》的故事，提及後晉太常卿崔梲年輕時至姑姑家遊學，與表兄弟一起讀書。此故事頗涉神怪，應非實錄，但《新五代史》說崔梲在晚唐五代之際曾避世難達十餘年，他在姑家求學事未必爲虛。[61] 總之，以上兩例都是小說物語，反應多少現實甚爲難說。但拿來作唐人意識中認爲出嫁女應照顧本族的例子，或不爲大過。

根據唐代的法律，出嫁女在特殊情況下也有財產繼承權。依《唐律疏議》所

---

[59] 《唐律疏議》，卷十四，183。「期親」的本義是爲其服一年喪的親屬。但這是就在室女的立場而言，出嫁女對這些親屬只服大功九月。

[60] 任蕃，《夢遊錄》，收在清同治年北京琉璃廠刻《唐人說薈》，卷十一，81-83。

[61] 故事見《太平廣記》，卷四六七，〈崔梲〉，3852。崔梲事蹟見《舊五代史》（北京中華書局本，1976），卷九三，1231-1233；《新五代史》（北京中華書局本，1974），卷五五，635-637。

引的《戶令》，家產應由兄弟均得，女子無份。[62] 但若親死無子，身喪戶絕，則出嫁女可以繼承本家的財產。仁井田陞所輯的開元二十五年《喪葬令》有一條的內容是：

> 諸身喪戶絕者，所有部曲、客女、奴婢、店宅、資財，並令近親（親依本親，不以出降）轉易貨賣，將營葬事及量營功德之外，餘財並與女……；無女，均入以次近親。[63]

這一條文「親依本親，不以出降」之語明白顯示，在戶絕的情況下，出嫁女對本家財產有處分權。此外，學者配合其他相關資料研判，認為此條中繼承財產的「女」指「親女」，即不分已婚未婚，都可適用。如《宋刑統》所引的一道唐文宗開成元年（八三六）七月五日敕文，明白確定出嫁女在本家戶絕時可繼承財產。[64] 唐代還有一道作者失名的〈判〉，案情是洛陽縣人任蘭死後戶絕，縣府將其資財轉予他人，該〈判〉作者依《令》、《式》明文，判決財產還給出嫁女。[65] 北宋初修改了此一條文，規定身喪戶絕時，莊田交近親承佃，出嫁女僅可得三分之一莊田以外的財產，其餘充公。[66] 純就此條法律的演變看來，唐人所認定的出嫁女在本家的權益較宋人為大。但值得注意的是，唐代法律對出嫁女財產繼承權的規定雖似相當清楚，執行情況如何，則頗有可疑。《文苑

---

62 《唐律疏議》，〈戶婚律·卑幼私輒用財〉，卷十二，169-170。

63 《唐令拾遺》，835。這是無遺囑的情況；如有，准遺囑。

64 同上，837。原文見《宋刑統》（北京：中華書局，1984），〈戶婚律·戶絕資產條〉，卷十二，198。

65 〈宅判〉，《文苑英華》（欽定四庫全書本），卷五四四，14左-15左。《全唐文》作〈對宅判〉，見卷九八〇，9。關於唐代出嫁女財產繼承權的討論，可參看仁井田陞著，江兼生譯，〈唐宋之家族同產及遺囑法〉，《食貨半月刊》，第一卷第五期（1935年2月），27，30；中田薰，〈唐宋時代の家族共產制〉，收入氏著，《法制史論集》，第三卷下（東京：岩波書店，1971年版），1347-1348；袁俐，〈宋代女性財產權述論〉，收在鮑家麟編，《中國婦女史論集續集》，212-213。

66 這一條法律後來有變動，如仁宗時(1023-1063)規定將原充公的三分之二資產給予出嫁女以外的親屬。但大體來說，出嫁女得三分之一財產的原則仍舊維持。參見袁俐，〈宋代女性財產權述論〉，179-183。

英華》中有一判即不以戶絕時資產全歸出嫁女爲然。[67]

總體上來說，唐代的各種規範系統都認爲婦女與本家有相當之聯繫。對這個問題，唐人有基於人情的考慮，但更重要的也許是所謂「家族主義」的因素。唐代文化並不特別把婦女視爲性別的範疇。在中古文獻中，我們不常看到類似「女人」或「女性」的概念。唐人在議論婦女問題時，焦點大都在有關婦女之特定角色——如「女」、「婦」、「母」——的作爲或規範，很少泛論男女問題。在當時一般的看法裏，女子即使結婚，成爲另一個家庭的媳婦、妻子或母親，套用《儀禮》的話來說，本家仍是「歸宗」；她還是本家的女兒或姊妹，要受到這個角色所帶來的限制，也能獲得由這個角色而生的利益。然而，婦女與本家在觀念上的聯繫能有多深，最關鍵的因素恐怕還是文化對婦女整體地位的認識。在傳統中國，女性行爲最基本的規範原則就是「從人」（《禮記・郊特牲》：「婦人，從人者也」）。也就是說，永遠要當一個附屬者。已婚婦女所附屬的對象主要是她的夫家；相對於夫家，本家多少是自我的一部分——雖然在婚前，她算是父兄的附屬者。因此，一個人或一個時代如果要把「從人」的道理講得極認眞，已婚婦女就必須盡量降低與本家的關係。由本節所述，在唐代，一般的情況是，已婚婦女從夫的原則得到無條件的承認，但這個原則常因對人情和家族主義的重視而打了折扣。

三、實況的若干形態

在本節中，我要就檢閱唐代文獻之所得，舉出一些可顯示婦女與本家之關係的實例，並試圖勾勒出這個關係的幾個主要面相。我要舉的例子，在數量上並不大，但應能略有助於了解此問題在實際生活上的呈現。本文在討論實例時，

[67] 見〈户絶判〉，《文苑英華》，卷五二九，9。又，前引唐開成三年敕文對出嫁女繼承户絶之本家財產有如下的但書：「其間如有心懷覬望，孝道不全，與夫合謀，有所侵奪者，委所在長吏，嚴加糾察。如有此色，不在給予之限。」這條但書或許可爲不願給出嫁女財產的人所利用。

有時也會將其與規範理論相比參，使我們對唐代婦女與本家的關係能有整體的觀照。

甲、婦女婚後生活的典型狀況

我們在求了解任何具體問題時，都會想先知道，一般的、典型的現象是什麼。在唐代婦女與本家之關係的問題上，我還不敢說，我已具備了這個基本知識。根據嚴格的知識標準，我目前並不能確定一般的狀況是什麼。在個人所看過的資料中，大部分描述的都是理想的——也就是符合「從人之道，內夫家，外父母家」（前引柳宗元語）——的情景。但是，這些資料有多少基本上符合實情，有多少是誇大其辭，有多少全然是謊話或想當然耳之言，我完全沒有判斷的依據。個人的假定是，在士人階層，基本上符合儒家教義的情況極多，應該佔大多數。在庶民階層，「內夫家，外父母家」也是相當普遍的狀態。在出身北亞民族的統治階級分子中，行爲不合教義的頗不少，但隨著時間的推移，有「儒家化」的傾向，安史之亂以後，也許大多數有胡族背景的統治階層家庭都開始力求行事合乎禮法了。[68]

以上所說的只是假定。現在引一段顯示理想狀態的描述，以爲想像實況的基礎：

> 夫人劉氏……璇室載蘭，蕙林曾秀；喈喈黃鳥，豔豔清明；聞詩聞禮，竊比諸生；茂行淵心，實稱士女。及鳳飛啓繇，夫婦盡琴瑟之和；雞鳴咸纚，舅姑移喬梓之敬。友愛洽乎姒婦，任恤周乎姻戚。豈惟禮備澄冪，工深機杼，固以能循法度，宜其室家矣。[69]

---

[68] 我作此假定的根據是，從八世紀下半開始，唐代皇族男女成員的婚姻行爲有明顯的「儒家化」趨勢。參看王壽南，〈唐代公主之婚姻〉，收入李又寧、張玉法編，《中國婦女史論文集》，第二集（台北：商務印書館，1988），90-144；Sung-ming Wong, "Confucian Ideal and Reality: Transformation of the Institution of Marriage in T'ang China (A.D. 618-907)" (Ph.D. dissertation, University of Washington, 1979), 121-144。

[69] 張說，〈司屬主簿博陵崔訥妻劉氏墓誌銘〉，《全唐文》，卷二三一。

這段文字以華辭麗藻，把劉氏寫得才德俱美，幾若完人。其中大部分的內容和劉氏的婚後生活有關，夫家可說是她展現美德、完成人生責任的最重要場所。值得注意的是，此段描述無一語及於本家，給人的印象是，劉氏婚後完全以夫家爲生命重心。在唐代婦女的墓誌銘中，我們可以發現無數的類似敘寫。現在再引兩例，以爲佐證。貞元十三年（七九七）〈唐殿中監博野縣鎮遏大將太原王公妻韓氏墓誌銘幷敘〉曰：

> 夫人〔韓氏〕……自結褵歸室，十有二載，每晨昏就舅姑之堂，盥嗽箕箒，手執躬奉，爲將軍之妻，玉珍□之位，儉服素容者，未之前聞。[70]

大中十二年（八五八）〈唐湖州□□□□□□□故夫人墓誌銘幷序〉云：

> 夫人金氏……宜其室家，鸞鳴鳳和，塤箎□協，敬脩賓饋，然薦鹽梅，謹侍舅姑，謙恭娣姒，肅□閨壼，舉宗偁嘉，訓育兒女，咸就婚適。[71]

上引文字所描述的或許多屬理想形態，不盡符合實情。[72] 但我也傾向於相信，這種婚後從夫、敬侍舅姑的理想對現實生活有相當的束縛力。現在再引幾條寫實性較高的材料，作爲對我的假設的進一步支持。

柳宗元的大姐去世後，子厚爲她寫了一篇墓誌蓋石文。文章是這樣開頭的：

> 我伯姊之葬，良人博陵崔氏爲之誌。凡歸于夫家，爲婦爲妻爲母之道，我之知不若崔之悉也。然而自笄而上以至于幼孩，崔固不若我之知也。[73]

柳文直述個人經驗，性質全然不同於上段的引文。從宗元的敘述，我們可以確知，他大姊的婚後生活是以夫家爲主。後文的一些例子將會顯示，事實上柳家許多婦女與本家的關係甚爲密切，因此，這裏所寫的決非保守的形態。宗元出身河東名族，此例應該很能代表士人——至少是士族——家庭婦女婚後生活的基本狀況。

---

70 《唐代墓誌彙編》，1890。

71 同上，2366。

72 墓誌文字之多虛誇，唐人已自言：「大凡爲文爲志，記述淑美，莫不盛揚平昔之事，以虞陵谷之變，俾後人覩之而瞻敬。其有不臻夫德稱者，亦必模寫前規，以圖遠大。至天下人視文而疑者過半，蓋不以實然，故絕。」（李璋撰，〈唐范陽盧夫人墓誌銘〉，收在《唐代墓誌彙編》，2388。）

73 柳宗元，《柳宗元集》，〈亡姊崔氏夫人墓誌蓋石文〉，334。

現在要引的另一項材料是曹鄴（活躍於九世紀中晚期）的〈棄婦〉，這首詩描寫的似是一般人家的婦女：

嫁來未曾出，此去長別離。父母亦有家，羞言何以歸。此日年且少，事姑常有儀。見多成自醜，不待顏色衰。何人不識寵，所嗟無自非。將欲告此意，四鄰已相疑。[74]

此詩起頭就說「嫁來未曾出，此去長別離」，好像這位女子自嫁後就未回過娘家。這或為誇大之詞，但作者所要表達的，顯然是一位女子婚後將心力完全放在夫家卻又孤立無助的情狀。從這位女子在婚姻中缺乏娘家奧援之況，以及「四鄰已相疑」的句子，她似乎不是出身大戶人家。曹鄴是男性知識分子，又曾任州刺史，此詩自是代弱者立言，而非個人經驗。但由曹鄴詩多詠民間婦女事，或可推論他對一般婦女的處境頗有留意，「嫁來未曾出」也許能夠反映社會現實的一個重要部分。[75] 此外，敦煌發現的〈崔氏夫人訓女文〉，以母親的口吻告誡出嫁女在夫家應有何種行為與態度，或許也能透露出民間社會的一般情況。文末附有二詩，其一曰：

拜別高堂日欲斜，紅巾拭淚貴新花。徒來生處卻為客，今日隨夫始是家。[76]

這裏描寫新娘的心情，她到了成婚之日才恍然大悟，作了許久嬌生慣養的女兒，[77] 原來一直只是客人，現在終於要到真正的「家」了。就白居易的詩所見，連小民女子私奔都是長住夫家，明媒正娶的情況如何，可以想知。白詩曰：

牆頭馬上遙相顧，一見知君即斷腸。……到君家舍五六年，君家大人頻有

[74] 《全唐詩》（北京中華書局本，1960年初版），卷五九三，6874。

[75] 關於曹鄴的生平，可見傅璇琮，《唐才子傳校箋》（北京：中華書局，1990），卷七，356-363。曹鄴的詩作主要收在《全唐詩》卷五九二、五九三。陳尚君輯校的《全唐詩補編》（北京：中華書局，1992）又收有三首，見頁1161-1162。

[76] 此文原文及解說，見高國藩，《敦煌古俗與民俗流變——中國民俗探微》（南京：河海大學出版社，1990），第十八章。引詩見頁463。錄文與相關討論亦見鄭阿財，〈敦煌寫本「崔氏夫人訓女文」研究〉，《法商學報》（中興學報法商篇），第十九期（1984年7月），321-334。

[77] 此文前面有句：「在家作女慣嬌憐」。

言。聘則是妻奔是妾，不堪主祀奉蘋蘩。終知君家不可住，其奈出門無去處。[78]

關於唐代婦女謹守夫家、不輕易出門的情況，我所看到的最具體材料是會昌元年（八四一）的〈滎陽鄭夫人墓誌銘〉。誌曰：

夫人性閑默澹重，不喜華飾，每親戚會集，以一出户猶登山涉江。在夫家凡十四年，於晨夕侍問，鮮及庭砌，未嘗出行。去家僅踰年，夫人之姊既寡，告别適淮海，以車輿召夫人，語分離。夫人辭曰：某聞婦人送迎不出門，見兄弟不踰門，今姊雖遠訣，且束於聖人之教，不得盡私愛，不敢往。其姊竟不能強。遂就其家而訣去。[79]

就我個人依過目史料所作的判斷，鄭夫人這種以禮法爲名、幾乎足不出戶的風格，可能屬於少數的情況，誌文以鄭夫人不赴「親戚會集」爲異，似乎就暗示了一般已婚婦女是會出門參加本家親戚聚會的。此外，鄭夫人的行事方式並不純源於對禮教的信仰，還和內向的性格有關。但上條資料的確顯示了，對禮法作嚴格解釋並身體力行的婦女，在唐代實有其人。對這些女性而言，在婚後，夫家就是她唯一的家，她和本家只能保有最起碼的接觸。

乙、夫隨妻居的問題

說明了我所假定的一般狀況——也就是婦女婚後住在夫家、生活重心全在夫家，本文接著要作一些細部的考察。我主要將討論婦女與本家的聯繫，這些聯繫很多完全是在「內夫家，外父母家」的情境中進行的，有些則不甚符合一般有關婦女與本家關係之規範。還有若干情形，如用儒家教義的嚴格標準來衡量，可說是處於灰色地帶。個人希望，藉著對這些例子的介紹和分析，我們能對唐代婦女與本家的問題有較深入的了解。在開始這部分論述之前，我想說

---

78 此詩爲新樂府中的〈井底引銀瓶〉。有關的討論見陳寅恪，《元白詩箋證稿》，《陳寅恪先生文集》，册三，279-280。

79 《唐代墓誌彙編》，2214。

明，本文將不涉及某些特殊的政治狀況。譬如，我將不討論女性政治人物——如武曌、韋后、太平公主、安樂公主——與本家的關係。政治人物競逐權力，本家爲其重要資源，與其關係易於密切；此事自古多有，且在社會上缺乏代表性，故不具論。再者，本文爲求焦點清晰，只談婦女個人與本家的關係，而不論男子與妻黨或母族的問題。在唐代文獻中，經常可發現內外家屬往來密切，如岳婿之間、舅甥之間、內兄弟姊妹夫之間，關係深厚者，所在多有。王維詩：「寧親爲令子，似舅即賢甥」，很生動地點出了這種關係的親密性。[80] 男子與妻黨、母族的來往有時與出嫁女和本家的聯繫有關，但有時並不相干。很多時候，兩家聯姻，是因雙方的男性成員早有淵源，聯姻之後，關係仍然維持，甚至愈加密切。尤有進者，唐代盛行近親聯姻，尤其是表親婚；婚姻雙方若本來就是親族，則兩家男性成員的往來是自然不過的。[81] 這些關係都在相當程度上獨立於出嫁女子。總之，本文的討論，以婦女和本家的直接關係爲限，而不從男性親屬的交往作任何推測。

前文已說過，唐代基本的婚姻形式應該是女子成婚後長居夫家，侍奉舅姑（如果他們還健在的話）。但唐代社會有沒有婚後夫妻長住女家的習俗呢？答案應該是：有的。此事因爲甚爲隱晦，須從幾個方面作說明。

首先，從魏晉南北朝到隋唐的長期歷史過程中，不斷有北亞民族入居華北，並大量進入統治階層。在北亞民族之間，夫妻婚後長居女家是相當多見的。此俗被帶進中土，並感染及若干華夏居民，應是可想像之事。夫妻婚後長住女家

---

[80] 王維著、趙殿成箋注，《王右丞集箋注》（中華書局香港分局，1972），〈送嚴秀才還蜀〉，卷八，134。

[81] 關於唐人「親上加親」的情況，墓誌資料中記載極多。現從周紹良主編的《唐代墓誌彙編》隨手舉幾個例子：〈唐太常寺奉禮郎盧瞻故妻清河崔氏夫人墓誌〉（1907，墓主嫁長舅之子）；〈唐故河南府司錄李君墓誌銘〉（2217，墓主娶舅舅之女）；〈唐故京兆韋府君夫人高陽齊氏墓誌銘并序〉（2379，墓主嫁親姑之子）。至於山東士族的著房更以施行圈內婚爲維持其特殊地位的主要手段。關於此圈內婚的若干實況，可參見毛漢光，〈中古大族著房婚姻之研究——北魏高祖至唐中宗神龍年間五姓著房之婚姻關係〉，《中央研究院歷史語言研究所集刊》，第五十六本第四分，620，651-693。關於一個岳婿先相識再結爲姻親的例子，見《唐代墓誌彙編》，2009。

的習俗在東北亞最爲流行。現存史乘中有關此俗的記載，以《後漢書・烏桓鮮卑列傳》與《三國志・魏書・烏丸鮮卑東夷傳》裴松之注所引《魏書》（西晉王沈撰）爲最詳。今引《魏書》，以見其情：

> 烏丸者……其嫁娶皆先私通，略將女去，或半歲百日，然後遣媒人送馬牛羊以爲聘娶之禮。婿隨妻歸，見妻家無尊卑，旦起皆拜，而不自拜其父母。爲妻家僕役二年，妻家乃厚遣送女，居處財物，一出妻家。故其俗從婦人計，至戰鬥時，乃自決之。[82]

此處所述，民俗學上常稱爲「勞務婚」或「服役婚」，即男方以爲女家服一定時期的勞務爲婚姻完成之要件。據中古史籍所載，東北亞民族中有類似習俗者，除了烏桓，尙有高句麗、東沃沮、室韋等。以位於契丹之北、靺鞨之西的室韋爲例，《隋書》謂其：「婚嫁之法，二家相許，婿輒盜婦將去，然後送牛馬爲聘，更將歸家。待有娠，乃相隨還舍。」[83]《舊唐書》則稱室韋婚姻之法爲：「男先就女舍，三年役力，因得親迎其婦」，[84] 對男居女家之時限的說法略有不同。在後世，女眞、朝鮮皆有此習。[85] 在中古時代入居漢土的北亞民族中，以鮮卑勢力最大，最具影響，而鮮卑諸部源出今日之中國東北、蒙古東部，其人若有行「勞務婚」者，亦不足爲異。

東北亞而外，夫從妻居也有見於北亞游牧民族的。《隋書》有鐵勒傳，言其

[82] 《三國志》（北京中華書局本，1959年初版），卷三〇，832。亦參見《後漢書》（北京中華書局本，1965），卷九〇，2979。

[83] 《隋書》（北京中華書局本，1973），卷八四，1882。據《北史》（北京中華書局本，1974），卷九四，3130，此爲南室韋的習俗。

[84] 《舊唐書》，卷一九九下，5357。另見《新唐書》，卷二一九，6176。又，關於高句麗、東沃沮夫住妻家的習俗，見《三國志》，卷三〇，844，847；《後漢書》，卷八五，2813。

[85] 關於女眞的「勞務婚」習俗，參見宇文懋德著，崔文印校證，《大金國志校證》（北京：中華書局，1986），卷三九，554；何俊哲、張達昌、于國石，《金朝史》（北京：中國社會科學出版社，1992），70-71。朝鮮的情況，參考Yung-Chung Kim, ed. and tr., *Women of Korea: A History from Ancient Times to 1945* (originally written under the direction of the Committee for the Compilation of the History of Korean Women; Seoul: Ewah Woman's University, 1976), 43. 94.

風俗：「大抵與突厥同，唯丈夫婚畢，便就妻家，待產乳男女，然後歸舍，……此其異也。」[86] 鐵勒爲回紇所由出的部族，分佈甚廣，類似「勞務婚」的風俗亦有可能由此路徑滲入中國。

關於唐代中國存在夫妻婚後長住妻家之風俗的事實，已爲周一良所抉發。周先生在〈敦煌寫本書儀所見的唐代婚喪禮俗〉中引敦煌寫本斯一七二五號，輔以其他文獻若干，論證此事。[87] 斯一七二五號寫本書儀（即寫信範本）云：

> 曰：何名婦人疏？答曰：婦人於夫黨相識曰書，不相識曰疏。……婦人親迎入室，即是於夫黨相識。若有吉凶覲問，曰即作書也。近代之人，多不親迎入室，即是遂就婦家成禮，累積寒暑，不向夫家。若逢誕育，男女非止一二，道途或遠，不可日別〔？〕通參舅姑。其有吉凶，理須書疏。婦人雖已成禮，即於夫黨元不相識，是各〔名〕疏也。[88]

據學者相當可靠的考訂，這份書儀是初唐的作品，至遲不晚於玄宗開元年間。[89] 文中明說：「近代之人，多不親迎入室，即是遂就婦家成禮，累積寒暑，不向夫家」，指夫妻婚後住妻家爲常俗，而且到了「男女非止一二」尚未搬離，居住的時間比北亞一般所行的兩三年或至妻子產兒還長。值得注意的是，斯一七二五號寫本所述，與一般所說的招贅婚顯然不同。中國社會中的入贅，通常是指男子家貧，入居無子嗣的女家，爲其延續香火，或入居寡婦家，協助其照養家庭。贅婿與妻子所生的子女通常隨妻姓，有時自己也要改姓。[90] 這種男人在

86 《隋書》，卷八四，1880。亦見《北史》，卷九九，3304。

87 見周一良，〈敦煌寫本書儀所見的唐代婚喪禮俗〉，收於氏著，《魏晉南北朝史論集續集》（北京大學出版社，1991），249-250。

88 此書儀全文可見趙和平，《敦煌寫本書儀研究》（台北：新文豐出版公司，1993），395-419。譚蟬雪，《敦煌婚姻文化》，（蘭州：甘肅人民出版社，1993），7-11，收有節錄之文，題爲〈大唐吉凶書儀〉。本文之引文同時參考了趙書、譚書與周一良的引文。

89 參見譚蟬雪，《敦煌婚姻文化》，133-134；趙和平，《敦煌寫本書儀研究》，421-422。

90 參考董家遵，〈談談贅婿制度的形式與成因〉，原載《建國評論》第二卷第二、三期（1947年），現收入董家遵著，卞恩才整理，《中國古代婚姻史研究》（廣州：廣東人民出版社，1995），352-354。

社會上地位低，受歧視。唐代司馬貞（開元初任國子博士）在他的著作《史記索隱》中解釋「贅婿」曰：「女之夫也，比於子，如人疣贅，是餘剩之物也。」[91] 敦煌變文《齖䶗書》有贅夫自道：「沒處安身，乃爲入舍女婿。」又有詩云：「可惜英雄丈夫兒，如今被使不如奴」。[92] 以上的詞語都可反映出社會對贅婿的典型態度。斯一七二五號所談的是書信的標準格式和語言，對從妻居的婚姻則決無歧視的意謂。

斯一七二五號寫本敘述夫婦長居女家之事，內容非常具體明確。此事在其他敦煌文獻中可以得到相當的支持——但還不能算是直接的佐證。敦煌文書〈下女夫詞〉與伯二六四六號張敖撰〈新集吉凶書儀〉均顯示唐代有新婚夫妻在女家成禮的習俗。〈下女夫詞〉描寫的景況全發生在晚上，顯示新郎將夜宿新娘家。根據〈新集吉凶書儀〉，新郎到新娘家行婚禮前，要辭別自家父母，並「微哭三五聲」，[93] 看來並不立即歸來。但夫妻留在妻家多久，這兩份文獻都沒有說明。周一良雖然懷疑〈下女夫詞〉所描寫的婚儀是夫住妻家習俗的反映，但以證據不足，只能「姑懸此解，以俟通人」。[94]

在唐代史料中，要找到夫隨妻居的具體事證並不太容易。就我個人所見，新舊《唐書》中只有一例。現舉《舊唐書》的記載，略作說明。《舊唐書・良吏傳》記張允濟在隋大業中任武陽縣令時（武陽在今魯西，臨河北、河南省界處），曾插手辦了鄰縣元武縣的一個案子。案情是：

---

91 《史記》（北京中華書局本，1959年初版），卷一二六，3198。

92 轉引自羅宗濤，《敦煌變文社會風俗事物考》（台北：文史哲出版社，1974），103。有關唐代招贅婚的若干其他材料，參見陳鵬，《中國婚姻史稿》（北京：中華書局，1990），774。

93 趙和平，《敦煌寫本書儀研究》，542；譚蟬雪，《敦煌婚姻文化》，15。解說見譚蟬雪書，169。

94 周一良，〈敦煌寫本書儀所見的唐代婚喪禮俗〉，250。周文未舉張敖的〈新集吉凶書儀〉爲證。周文在討論〈下女夫詞〉時，是使用王重民的早期校錄本（見王重民等編，《敦煌變文集》，273-277）。現在有學者認爲，王校本事實上摻入了另一份文件。但即使去除這一文件，〈下女夫詞〉顯示的還是婚禮在夜間行於女家的情景。關於學者對王校本的批評，見譚蟬雪，《敦煌婚姻文化》，42。

> 元武縣……有人以牸牛依其妻家者八九年，牛孳產至十餘頭，及將異居，妻家不與，縣司累政不能決。[95]

此案的原告長期居住妻家，毫無疑義。但此人是否爲一般所說的贅婿，或與妻家有相當平等的關係，則不得而知。又，此案雖發生於隋末，以歷史情勢度之，夫妻常住妻家之事仍繼續存在於唐代，則可以斷知。

在唐代的墓誌資料中，我們也能發現妻子新婚後仍住本家的事例。墓誌銘多爲上層社會所遺留，充滿禮法名詞，這種資料有些用類似「未廟見」的詞語來點出女子婚後未入夫家的事實。以下由這個概念出發，嘗試考察上層社會夫隨妻居的問題。

在個人寓目的資料裡，有兩份用了「未廟見」的概念來說明妻子婚後即病，沒有到夫家。李商隱在爲他二姊（？）裴氏夫人所寫的祭文中，說她「以既笄闕廟見之禮，故卜吉舉歸宗之禮。」[96] 另一篇文章對這位姊姊的情況說得更清楚：「年十有八，歸於河東裴允元，……既歸逢病，未克入廟，實歷周歲，奄歸下泉。」[97] 兩段文字綜而觀之，李商隱之姊在婚後即病，未赴夫家，一年後去世，葬於本家。（出嫁女葬本家的問題，後文將有討論）開元二十七年（七三九）的〈唐故榮陽鄭賓妻博陵崔氏墓誌銘并敘〉記有類似的情形：崔氏夫人「年十有九，歸于榮陽鄭賓，未及廟見，而嬰沉痼，……奄以開元二十七年八月八日終於叔祖東都□留守之官舍，春秋廿有□。」[98]

現在要對以上資料作進一步的分析。「廟見」爲出嫁女子在婚後所行的禮，《禮記・曾子問》對此禮如何施行有如下的說明：

> 孔子曰：「……三月而廟見，稱來婦也。擇日而祭於禰，成婦之義也。」

---

[95] 《舊唐書》，卷一八五上，4784。《新唐書》卷一九七頁5618亦載此事，唯文經剪裁，語意時有不清。此爲《新唐書》之通病。

[96] 李商隱，《樊南文集》（上海古籍出版社，1988），〈祭裴氏姊文〉，卷六，340-341。義山多處文字均指裴氏姊爲仲姊，但有一文亦稱另一徐氏姊爲仲姊（《樊南文集》，卷六，332），不知何處有誤。注《樊南文集》的馮浩也指出此問題，見頁339。

[97] 同上書，下册，《樊南文集補編》，〈請盧尚書撰李氏仲姊河東裴氏夫人誌文狀〉，卷十一，862。

[98] 《唐代墓誌彙編》，1495。

曾子問曰：「女未廟見而死，則如之何？」孔子曰：「不遷於祖，不袝於皇姑，……歸葬于女氏之黨，示未成婦也。」

這段文字有兩個要點。第一，女子出嫁入夫家後三個月，要到夫家的祖廟祭拜，經過這個步驟，才算是夫家完全的成員。第二，如果出嫁女在廟見之前死亡，因尚未成爲夫家眞正的媳婦，必須返葬於本家。新婚妻子在什麼情況下要「廟見」呢？照鄭玄的說法，是丈夫父母雙亡的時候；也就是說，「廟見」是拜見舅姑的替代禮。[99] 以上幾個要點是中古時代對「廟見」禮的基本理解。[100]

我們如果拿「廟見」在禮經中的定義來對照前文所引的資料，則嚴格來說，李商隱姊和崔氏夫人都不能算是未廟見。在禮法上，「廟見」是以丈夫親迎妻子入室爲前提，妻子入夫家後，如舅姑已歿，則在三個月後祭宗廟，完成爲婦之禮。但前引的兩個例子顯然都是在妻家成禮，後來妻子生病，無法至夫家。李商隱的姊夫裴允元是否與妻子同住，從資料中無法判斷。崔氏夫人的情況則有夫隨妻居的嫌疑。首先，誌文說崔氏「未及廟見，而嬰沉痼」，可見她是婚後才生病的，而非因病無法至夫家成禮。其次，崔氏十九歲與鄭賓結婚，死時年二十□。即使缺損之字是「一」，崔氏也是婚後兩年才去世，由此而觀，她染疾時可能距婚禮已有一陣時日了。再者，崔氏死於叔祖家，據此或可推斷她一直住在本家，而非隨夫獨立居住。總結而言，從以上兩例看來，「未廟見」在唐代文獻中的實際指涉可以是妻子婚後留於本家，其中應當也包括夫隨妻居的情形。「廟見」在這些文獻中所取之義主要是「成婦」，而非狹義的廟見禮。這是中古慣常的用法，晉武帝司馬炎曾說：「拜於舅姑，可准廟見」。[101] 意思就是，拜見舅姑即可算是完全的媳婦了。

另外有一篇用了「廟見」概念的墓誌，則明白顯示出夫隨妻居的情況。這份資料內容豐富，故不避煩長，多引其文。元和二年（八〇七）〈唐許州長葛縣

---

[99] 《禮記》原文與鄭玄注均見《禮記正義》，卷十八，16左-17左。

[100] 參見《禮記正義》，卷十八，18右，孔穎達等疏；《通典》，卷五九，1668-1669，1679；卷八八，2419；卷九九，2639。

[101] 《通典》，卷五九，1682。晉武帝此言出現於對「拜時」禮的議論中，「拜時」係漢末以後兵馬倥偬之際所流行的簡化婚禮。此禮在唐代似已不存。

尉鄭君亡室樂安孫氏墓誌銘并序〉云：

> 孫氏……以鄭君高門良士，故仰而歸之，初屬先夫人違悆，不忍離供養，及禍酷奄鍾，則哀毀生疾，故未暇修廟見來婦之禮，每至歲時祭祀，必視其備物之蠲潔，躬授於攝事者，齋莊祇栗，如親承焉。……迨其喪之訃於鄭也，自長及幼，物哀共歎，如已久歸其室……。所痛乎有行備禮，言歸未剋，結褵加景，雖迨此五秋，共牢升屋，遂同乎一宇，既夫祿之不享，又子食之永絕，銜恨即世，此哀何窮！一女生三歲矣，貌焉在抱，奄爾偏孤，言念顧懷，痛心酸骨。鄭君哀悼所至，情禮加焉，存得如賓之宜，歿有傷神之感……。[102]

針對本文的主題細繹此資料，我們可以得到以下幾點認識。第一，孫氏與其夫鄭鍊共結婚五年，一直住在洛陽本家。墓誌所給的理由是：結婚之初母親有疾，照顧心切，母親死後，自己又病，一直沒有空（「未暇」）往歸夫家。第二，在結婚期間，鄭鍊曾任職長安和長葛縣（開封附近），可能有時未與妻子長期共居。但他顯然是以妻族爲家。墓誌說兩人「共牢升屋，遂同乎一宇」，這個「屋」和「宇」只能是在女家。兩人也育有一女。第三，奇妙的是，孫氏雖然未至夫家，卻與夫家頗有接觸，以致逝世時夫族闔家都哀傷。孫氏甚至定時爲夫家的祭典準備供品，以盡媳婦奉祭祀的責任。這樣看來，鄭家也是在洛陽了。[103]

以上幾點判斷是從墓誌文字直接歸納出的。但這些訊息的可靠度如何？孫氏是否眞有重大困難無法住到夫家？還是墓誌所說的原因主要是用來緣飾孫氏的違禮行爲？對於這些問題，由於資料所限，確定的答案是不可能有的。幸運的是，孫氏母親的墓誌尙存，得以讓我們作一些推測。據此誌，孫母有四子一女，生前曾久病，逝世於永貞元年（八〇五）九月八日，時在孫氏婚後三年，去世前兩年。[104] 依此，孫氏在婚後共照顧了母親三年。這是一段相當長的時

---

102 《唐代墓誌彙編》，1959。此墓誌爲孫氏仲兄孫保衡所撰。

103 墓誌又說，孫氏本來是安排與逝去的婆婆葬在一起，但因恐不合於禮（因孫氏未歸夫家），後打消此議。從這項安排看來，丈夫鄭家的祖墳應在洛陽或其附近。

104 〈唐故桂州刺史兼御史中丞孫府君故夫人范陽郡君盧氏墓誌銘并序〉，收在《唐代墓誌

間，孫母在此期間病情的嚴重程度如何，我們不得而知。但孫氏有兄弟四人，至少仲兄並未入仕，家中並非無人照養母親。孫氏不入夫家顯然是自己的選擇，而非環境逼令致此（即墓誌所謂「不忍離供養」），更何況依唐代習慣，女兒出嫁後仍可回本家照顧生病的父母（見下文）。再者，孫氏是在母親死後將近兩年才病逝。如果說，在此期間，孫氏一直找不出遷住同在洛陽的夫家的時機，則令人難以相信。簡而言之，我的大膽推測是，孫母身體不好是事實，但孫氏留於本家是一個特殊的決定，此事應也得到夫家的同意。孫家屬於樂安孫氏，鄭鍊家爲滎陽鄭氏，都是中古名族。由此事及其他類似例子判斷，在唐代的士族文化中，夫隨妻居雖非常態，但也是習俗所許可的。

除了上文分析的例子，唐代墓誌中還頗有未用「廟見」的觀念，但實際表現的仍是妻子婚後住本家或夫隨妻居的情形。[105] 這類例子我見到了五個。照資料本身的說法，其中兩個是妻子婚後即病，無法赴夫家。另一個是因母病而留在本家。在這三人中，確知有兩位死後是葬在本家的墓地，合於《禮記·曾子問》所說的禮則。[106] 另一個是晚唐著名文士陳商（？一八五五）的例子。陳商家在吳地，和妻子南氏結婚（顯然在洛陽）後，在洛陽的妻家住了七十天，然後赴長安應舉，試後因家中有變故單身回江南。如果不是因爲考試和家中變故，陳商應會在妻家住得更久。[107] 在唐代，上層社會的男子時須出遠門參加考試或求仕宦，他如在異地結婚，就很有可能住在妻家。[108] 陳商的情況決非稀

彙編》，1944-1945。鄭鍊妻孫氏死於元和二年六月底。孫夫人與其女逝世於同一處所，可確知孫氏在母親死後一直留在本家。關於孫氏本家的資料，又見《唐代墓誌彙編》，1989。

105 有一種「未廟見」的情形是，妻子婚後隨夫居於任職處，至死都未至夫家。這種狀況當然不在本文討論之列。例見《唐代墓誌彙編》，1926。

106 見《唐代墓誌彙編》，1599，1686，2266-2267。

107 見〈唐故潁川陳君夫人魯郡南氏墓誌銘幷序〉，收在《唐代墓誌彙編》，1983。陳商生平可略見勞格、趙鉞，《唐尚書省郎官石柱題名考》（北京中華書局點校本，1992），卷十二，641-642；周祖譔主編，《中國文學家大辭典·唐五代卷》（北京：中華書局，1992），470，陳商條（陳尚君撰）。

108 唐代屢有物語寫男子在外遊歷、讀書或考試，巧遇美人（多爲天仙），不告父母而於女

有。陳商的妻子死後亦葬於本家的祖墳。最後一個例子是夫隨妻居。原因是丈夫既是妻父的親戚，也是其學生，婚前就長住妻家。到妻子逝世爲止，這對夫妻共結褵十一年，妻子始終未至夫家。[109]

此外，白居易的妻姊楊夫人似乎也一直住在本家。居易〈祭楊夫人文〉曰：

> 夫人雖宜其室，竟未辭家；蓄和順之誠，不得施於娣姒；蘊孝敬之德，不得展於舅姑。

逝世前的景況是，「伏枕七旬，姊妹視疾；歸櫬千里，弟兄主喪」。[110] 白文未述及楊夫人居本家的原因，但由她有一個小女兒，可推知留居本家有相當的時日。文中又說，丈夫在遠地，或爲仕宦之故。至於「歸櫬千里」，不知是歸葬祖墳還是往葬夫家之墓地。如屬後者，對未拜舅姑的婦女而言，就是比較特別的了。最後要舉出的是《雲谿友議》〈辭雍氏〉條所載的崔涯的故事。崔涯實有其人，是活躍於九世紀初的詩人。[111] 他在婚後，顯然一直與妻族合住於揚州，生活所資全仰女家，直到被岳父趕出家門爲止。[112]

綜合而言，從種種跡象與資料判斷，在一般的丈夫親迎、妻子婚後即居夫家的婚姻形態之外，唐代社會還存在著婚禮行於妻家，妻子婚後留在本家或夫隨妻居的情況。這種情形顯然同時出現在庶民社會和統治階層，而且不同於一般所謂的招贅婚。唐代法律曾對「丈夫」作了如下的定義：

> 「夫」者，依禮，有三月廟見，有未廟見，或就婚等三種之夫，並同夫法。[113]

家成婚。此類情事雖或有現實之根據，但以純屬小說家言，不在本文討論之列。例見汪辟疆校錄，《唐人小說》（中華書局香港分局，1985），〈崔書生〉、〈裴航〉；《太平廣記》（台北：明倫出版社景印，1971），卷六五，〈姚氏三子〉，卷三四三，〈竇玉〉。

109 《唐代墓誌彙編》，2249。誌文缺題。這位妻子雖未長住夫家，但死後是歸葬夫家先塋。

110 以上引文皆見朱金城，《白居易集箋校》，卷四十，2654-2655。

111 崔涯詩尚存留十二首又一句。有關他的大概年代和少數記載，可參見傅璇琮，《唐才子傳校箋》，卷六，164-166，175-176。

112 范攄，《雲谿友議》（台北世界書局景印本，1991），卷中，32-34。

113 《唐律疏議》，卷一，〈名例・四曰惡逆〉條，17。

三月廟見之夫是指正規的隨夫居婚姻中的丈夫，就婚之夫則是指贅夫。以上試圖指陳的情況大概就包括在「未廟見」的範疇吧！[114]

丙、婦女與本家的一般性接觸

現在回到婦女新婚後隨夫居的狀況。在這種情況下，出嫁女通常仍與本家保持接觸。唐代婦女的活動範圍基本上限於家庭，婦女與本家的一般性接觸因此也以歸寧、本家人探訪以及相互間的訊問幫助為主。婦女歸寧可粗分為兩大類。一是短期、例行性的探視；一是長期的歸省，原因常為特殊事故。在例行性的探視方面，或有歲時探視的習俗。《舊唐書・李晟傳》：

> 嘗正歲，崔氏女歸省，未及階，晟卻之曰：「爾有家，況姑在堂，婦當奉酒醴供饋，以待賓客。」遂不視而遣還家，其達禮敦教如此。[115]

「正歲」是正月之意。從表面文字看來，此段是說李晟（七二七—七九三）看到媳婦在新年期間回娘家省親，忿其不守禮法，遂遣歸家。但崔氏女所為，是否確實違禮犯教，則不能無疑。李晟出身武人世家，文化素養有限，他以領神策軍致高位，以平定李懷光、朱泚之亂立大功，所納的媳婦崔氏甚有可能來自山東名族的博陵崔氏或清河崔氏。這是出身寒微的新貴經常採用的通婚高門(marrying up)手段，以求社會地位亦受肯定。李晟以悖禮為由逐出媳婦，或許是新貴以文化高標準模仿門第而有的矯枉過正之舉。

婦女歸寧——尤其是經常性的探視——是日常生活的瑣事，在史料中很難找到具體事例。關於唐代是否有出嫁女節日歸寧的習俗，我尚未找到直接的證據。此處提出北宋的一份材料，或可推斷唐代應有此習。北宋大儒胡瑗（九九三——〇五九）的孫子胡滌曾說：「先祖治家甚嚴，尤謹內外之分。兒婦雖父

---

114 Patricia Ebrey曾對宋代的從妻居婚姻(uxorilocal marriage)有所討論。她的論述似乎涵蓋了本文所謂的「未廟見」婚姻與入贅婚。見Patricia Ebrey, *The Inner Quarters: Marriage and the Lives of Chinese Women in the Sung Period* (Berkeley: University of California Press, 1993), Chap. 13.

115 《舊唐書》卷一三三，3674。又見《新唐書》，卷一五四，4782。

母在，非節朔不許歸寧。」[116] 胡瑗的時代離唐末僅及百年，以他治家之嚴，猶許媳婦於節日時歸寧，若謂唐時無此風習，令人甚難想像。

唐代出嫁女平日回娘家之事，晚唐名詩人張祜（七九二？一八五三？）有詩詠之：

三升酸醋瓦瓶盛，請得姑嫜十日程。赤黑畫眉臨水笑，草鞋苞脚逐風行。黄絲髮亂梳橡緊，青衍裙高種掠輕。想得到家相見後，父孃由喚小時名。[117]

「姑嫜」是「舅姑」的意思。此詩描寫一位村婦得到公婆的允許，回娘家十天，一路欣喜。末兩句「想得到家相見後，父孃由喚小時名」（由者，猶也），尤其生動點出了女兒與本家深摯的情感。除此詩外，唐代墓誌亦有提及出嫁女歸寧者。大多數的這類資料都是敘述特殊原因的歸寧，但出嫁女有經常性的省親，則可以推知無疑。大中十三年（八五九）一失題的墓誌記墓主曲氏夫人死前不久的情景：

夫人……誡其子及家人輩曰：愼無報吾女。吾女性和孝，必驚奔請視吾疾。吾疾不瘳，兼病吾女。

曲氏夫人家在洛陽，她的女兒在南陽（今河南南陽）爲某官員（縣令？）侍妾，且有孕在身，曲氏夫人不願她因長途旅行而生意外。我們由墓誌可知，曲氏的女兒隨夫到南陽前，亦居洛陽，以她和母親關係之密切，當時應經常回本家。[118] 其他墓誌也有述及日常省親的。[119] 再者，據唐制，皇后備有歸寧專用的禮車，此或可爲唐代禮俗視出嫁女歸寧爲當然之事的另一佐證。[120]

在史書中，我還發現了一個隋代的經常性歸寧的例子。現在舉出，或有助於進一步揭示中古時代婦女歸寧的現象。《隋書·列女傳》載韓覬妻于氏年輕喪

---

116 《宋元學案》（台北：河洛出版社景印本，1975），卷一，〈安定學案〉，30，轉引自陳東原，《中國婦女生活史》，133。

117 詩題：〈戲贈村婦〉，收在何立智等選注，《唐代民俗與民俗詩》（北京：語文出版社，1993），272。此詩亦收入孫望輯錄，《全唐詩補逸》，卷八，見陳尚君輯校，《全唐詩補編》，184，惟詩首「三升」作「二升」。

118 《唐代墓誌彙編》，2376。

119 同上，2377。頁2041提及的歸寧似乎也是短期性的。

120 《舊唐書》，卷四五，1934；《新唐書》，卷二四，512。

夫無子，其父要她改嫁，她堅決不從，矢志守節，養其夫之「孽子」。于氏孀居後爲了避嫌，絕不到「親族之家」，但有時仍然回本家。[121] 以上所論爲例行性的歸省，至於特殊原因的歸寧，因有時會導致婦女長居本家，而脫離「內夫家，外父母家」的從夫居格局，將留至後文討論。

唐代婦女住在夫家時，與本家的另一種互動機會爲本家人來訪。中唐古文名家獨孤及（七二五—七七七）在一篇文章中就曾提及一位朋友因公幹出差之便，訪視已婚的姊姊，「展歡申悲」。[122] 長慶二年（八二二）一篇墓誌記載墓主王夫人房氏，父母早逝，每與兄弟見面分手後就極難過，「慘悽累日」，他們見面的機會不外是房氏歸寧，或兄弟來訪。[123] 在本家人探訪出嫁女的情況中，女兒或姊妹有病痛是一個重要的時機。柳宗元在爲二姊裴夫人所寫的墓誌上有這樣的記載：

> 始夫人之疾也，夫人之族視之如己（一作「己宗」），其家老、長妾、臧獲之微，皆以其私奔謁於道路，禱鬼神、問卜筮者相及也。既病，太夫人在側……。[124]

宗元二姊的夫家與本家同在長安。據墓誌，裴夫人最後死於夫家。由引文，可知她病重時母親曾往探視，本家的僕人更是屢次「奔謁」。誌文雖未明說，其他家人很可能也都曾去探訪。再舉一個例子。天寶初年一個兒子爲母親（名叫裴夫民）寫的墓誌中，記載了舅舅（母親之弟）的一段話：「四姊久得道，隱化時顧命勤勤，只令歸依三寶，不驚不怖，如眠如睡。」[125] 這是說裴氏信佛篤誠，臨終前神色安然，只是要求身旁的人歸依三寶。裴夫民逝世於自己的宅第。很明顯地，她去世時，弟弟是在身旁，並轉述姊姊的遺言給外甥。

---

121 《隋書》，卷八十，1806。

122 獨孤及，〈送崔員外還鄂州序〉，《全唐文》，卷三八八。

123 〈大唐洛陽縣尉王師正故夫人河南房氏墓誌銘幷序〉，收在《唐代墓誌彙編》，2066。

124 柳宗元，《柳宗元集》，〈亡姊前京兆府參軍裴君夫人墓誌〉，337。

125 〈大唐故泗州刺史瑯耶王妻河東裴郡君夫民墓誌銘幷序〉，收在《唐代墓誌彙編》，1587。

現在再討論一個本家人探視出嫁女例子。開元二十七年（七三九）的一份墓誌記載，一位楊夫人張氏去探訪隨夫住在外地（今山西文水）的女兒，死於其家，五年後女兒護送母親的靈櫬返葬洛陽。在唐代芸芸眾生生老病死的過程中，這不能算是一件突出的事端。這份墓誌值得我們特別注意的不是事實的部分，而是作者在文末發出的一個感嘆：「古人云：生女不生男，非通論也。」[126]這個喟嘆似乎頗有助於我們了解唐代出嫁女與本家的一般關係。「生女不生男」是「生女不生男，緩急非有益」的省語，此句出自有名的緹縈故事，是緹縈的父親淳于意有罪當刑時所發的慨嘆。[127] 撰者的意思大約是，女兒是有用的，結婚的女兒並非潑出去的水，她們還是能孝敬父母，養生送死。但由墓誌的作者辯駁此語，我們也可判斷，女兒無用論恐怕還是當時流行的看法。女兒無用的一個主要原因當然是，她們終究是要離開父母長住夫家的。[128]

出嫁婦女雖大都住在夫家或自己單獨主家，許多人對本家的事務還是會關心的。如果本家發生困難，給予幫助，則也是人情之常。婦女與本家的這類接觸或因屬日常瑣事，史料中記載不多。一個具體的例子見於天寶十載的一篇墓誌。此誌說墓主李夫人崔氏對本家極關心，「有伯兄季弟，長姉〔即姊〕孤姪，或死生契闊，時命屯否，拯之救懸，常若不及」。[129]

婦女結婚後，與本家來往互動的方式很多，用分類的方式說明，比較清晰，但容易流於細瑣割裂。現在舉一個例子，希望對婦女與本家可能有的密切聯繫

---

126 以上所述，皆見〈大唐故邛州司馬楊公夫人張氏墓誌銘并序〉，收在《唐代墓誌彙編》，1499。從此誌無法看出，張氏住女兒家屬於短期探訪還是長期居留，誌文用的語言是「往問之」。又，此誌實際上是說張氏去探訪女婿，這當然是門面話，不足為信。

127 緹縈的故事可見《史記》，卷十，〈孝文本紀〉；卷一〇五，〈扁鵲倉公列傳〉；《漢書》，卷二三，〈刑法志〉。在這些記載中，「生女不生男」都作「生子不生男」，後世通常說成「生女不生男」，以求清楚。「緩急非有益」之句在《史記》、《漢書》中也有幾種大同小異的說法。

128 敦煌曲子詞〈論女婿〉（斯三九〇九卷）：「柏是南山柏，將來作門額。門額長時在，女是暫來客。」

129 〈大唐故監察御史趙郡李府君夫人博陵崔氏墓誌銘并序〉，收在《唐代墓誌彙編》，1669。

作具體直接的展示。文宗大和五年（八三一）十月，一位盧夫人崔氏逝世於洛陽康俗里，次年安葬，她的弟弟崔讜爲她寫了一篇墓誌，其中對她和娘家的關係有細緻的敘述。現在不避煩長，具引於下：

> 閒歲，讜覲伯姊于洛陽，乃嘆息曰：吾念晨昏之違，未嘗少寧其心也。河洛衣冠所萃，且家世之舊，爾其圖之。及侍板輿徙家，夫人締構儲庤，唯懼己力之不足。異時孜孜以昆弟婚仕後時爲慮，聞一有所遂，即拜慶高堂，喜形於色，所以懽棣華之榮，慶門户之有光也。[130]

這段文字寫得十分具體，頗能讓我們體會到生活的細節。據此文，崔氏的本家原不住洛陽，一次，崔讜去拜訪姊姊，崔氏勸他把家人遷來洛陽，讓她能爲父母盡孝心。崔家搬到洛陽後，崔氏和本家往來密切，時常造訪，而且給予財務幫助。在墓誌未引的部分，崔讜還特別說，甚至自己結婚時，都得到姊姊的資助。

現在要介紹住在夫家的婦女照顧本家的一個特殊的方式，這就是將本家人接來同住。這種情形以母親長居女兒家爲主，我目前只見到兩個例外，一是弟弟在孀姊家養病數月，[131] 一是已婚姊姊在母親去世後接妹妹來住。[132] 長住女兒家的母親當中，絕大多數都是寡母。一個可能的例外是開元後期的樊夫人田氏。她晚年住女兒、女婿家。田氏有三個兒子，但選擇與在異地的女兒同住。從資料中，我們看不出田氏的丈夫是否還健在。[133]

寡母隨女兒住的例子很多，這裡略舉少數。獨孤及曾在一墓誌中說，墓主夫人晚年於丈夫亡故後，「隨長女從夫」而居。這位宋氏夫人也有兩個兒子。[134] 對沒有兒子的婦女而言，在丈夫身後，遷至女兒家的機會就更大了。譬如，一位大和三年（八二九）逝世的鄭夫人杜氏早年喪夫無子，與獨女同住幾十年，

---

[130] 〈唐故試太常寺太祝范陽盧府君妻清河崔夫人墓誌銘幷序〉，收在《唐代墓誌彙編》，2127。

[131] 〈唐故鄉貢進士潁川陳君墓誌〉，收在《唐代墓誌彙編》，2198。

[132] 〈（上闕）大理司直兼殿中侍御史賜緋魚袋弘農楊公（中闕）誌銘幷序〉，收在《唐代墓誌彙編》，2555。

[133] 〈南海郡番禺縣主簿樊君夫人田氏墓誌銘幷序〉，收在《唐代墓誌彙編》，1542。

[134] 獨孤及，〈唐故朝散大夫中書舍人秘書少監頓邱李公墓誌〉，《全唐文》，卷三九一。

她死於軍營官舍，顯然女婿是軍人。[135] 中唐著名文學家、思想家李翺的岳母在夫亡之後的晚年也是「從其女子依於李氏」，與女兒、女婿同住。[136] 值得注意的是，出嫁女接母親同住，不全然是在沒有兄弟的情況才發生。但基本上，寡婦遷住女兒家應該算是與兒家同住的一種變形；對沒有兒子的婦女，遷居出嫁的女兒家更是安排寡居生活的一項主要選擇。

出嫁女子還有一個主要的參與本家事務的機會，這就是本家有喪葬事宜——特別是父母去世——的時候。父母去世時，出嫁女即使在外地，也經常奔喪。父母過世，在異地的子女奔喪，是人類社會普遍的行爲，也是親子之情自然的表現。唐代有篇墓誌稱出嫁女兒因父母之喪而歸家爲「適人者恨絕歸寧」，非常生動地勾寫出這幕在人間不斷重演的景象。[137] 其他用語如「出女來赴」、「奔護喪禮，罔失其儀」，都能讓我們在千載之下，感受當時的氣氛。[138] 有時候，墓誌會特別提到，出嫁女因在遠方，「不及歸哭」，或「不克會葬」，背後的意思是，如果沒有重大的實際困難，她們一定會回來的。[139]

有時出嫁女子還須主持喪葬事宜。唐代家庭——尤其是統治階層——喪葬之事很多，也是家中的大事。除了家人去世後必有的喪儀，唐代有夫妻合葬的習俗，子女爲了合葬父母，常須遷葬某方，或兩者都改葬。再者，由於唐代的上層社會有族葬的習俗，人死於外地，經常過了很久的時間，家人還設法將其歸葬祖墳。凡此種種，都需要費力費財的規畫經營，這些工作也常由出嫁女來擔當。出嫁女主持喪事，有時是因家中沒有男子。有時她們雖有兄弟或姪兒，仍然主其事。此外，很多資料只直書出嫁女某某主喪，並未提及家庭狀況或女兒

[135] 〈唐故鄭府君故夫人京兆杜氏墓誌銘幷序〉，收在《唐代墓誌彙編》，2113。其他例子可見《唐代墓誌彙編》，1347，1532，2196。

[136] 〈大唐故朔方節度掌書記殿中侍御史昌黎韓君夫人韋氏墓誌銘〉，收在《唐代墓誌彙編》，1926。

[137] 《唐代墓誌彙編》，1344。同書載有一個出嫁女因父喪悲痛過度而去世的事例，見頁1848。

[138] 見《唐代墓誌彙編》，1648，2497。

[139] 見《唐代墓誌彙編》，2062，2513。

主喪的原因。[140] 現在舉幾個家中有男子而主喪的例子，使說明較具體。根據一位名叫王媛（六四八—七二一）的婦女的墓誌，她生前對本家事務非常關心，曾極力奔走父母和姊姊的喪事。王媛是有兄長的。[141] 開元二十三年（七三五）有一位李夫人白氏在洛陽主持母親的下葬，李夫人有兄弟十人，僅二人已逝。[142] 天寶四載（七四五）一位霍夫人王氏與弟弟一起辦理父母合祔事宜。她顯然是主其事者，所以墓銘贊曰：「有孝伊女，喪事具舉。」[143] 乾元元年（七五八）的一篇墓誌對墓主楊夫人秦氏主持父母合祔之事有生動的描述：「主祭則兄子之輩，成事乃夫人挺然」，稱讚她爲「孝於私親，不虧公議。」[144] 意思是說，本家父母雖於女子是私親，但對其盡孝則是合乎公理的。附帶要說，已婚婦女辦理本家喪葬之事，並不限於父母，也有爲兄弟理喪的。[145] 還有一個例子是，長女爲母遷葬，但得到自己兩個已婚女兒的資助。[146]

已婚婦女與本家的一般性接觸應當相當頻繁，但因屬於日常生活事務，史料中反而難見蹤影。以上爬梳鱗爪，分類敘述，希望能達到略舉大要的目的。

丁、長期歸寧與夫亡歸宗

前文曾經說過，婦女歸寧除一般性、短期的歸寧，還有特殊原因的歸寧，這

140 出嫁女主持父母喪事或遷葬之事，其例至多。可見《唐代墓誌彙編》，1328，1336，1358，1504，1513，1746，1767，1791，1825，1887，1898，1971，2090，2539；毛漢光，《唐代墓誌銘彙編附考》，第十七册，〈一六六四．唐故青州長史長孫府君墓誌銘幷序〉，318。

141 毛漢光，《唐代墓誌銘彙編附考》，第十七册，〈一六五一．大唐故朝散大夫汝州長史安平縣開國男□□夫人安平縣君太原王氏墓誌銘幷序〉，245-247。

142 見〈唐故中大夫行太子內直監白府君墓誌銘幷序〉，收在《唐代墓誌彙編》，1446。

143 《唐代墓誌彙編》，1571。

144 〈唐故朝散大夫懷州武德縣令楊府君夫人安昌縣君新興秦氏墓誌銘幷序〉，收在《唐代墓誌彙編》，1366。

145 例見〈唐故滑州司法參軍范陽盧君墓誌銘幷序〉，收在《唐代墓誌彙編》，2112。

146 〈唐故王侍御夫人南陽張氏墓誌銘幷序〉，收在《唐代墓誌彙編》，2196。

種歸寧常導致已婚婦女長住本家。此外，我們還看到有些已婚婦女長居本家的描述並未說明原因，有的長期歸寧則顯然與特殊事故無關。很明顯地，這些婦女的生活都脫離了正規的從夫居形態。本節是對這些現象的介紹與分析。

關於特殊原因的歸寧。先引一段武則天與名將劉仁軌夫人對話的材料，以爲討論的基礎：

> 及文獻夫人（按，即劉仁軌夫人）老疾，公（按，劉仁軌之子劉濬）與夫人親侍湯藥，豈惶懈怠，年逾十年，日勤一日。天后召文獻夫人曰：年老抱疾，幾女在旁？對曰：妾有男及婦，殊勝於女。太后嘉之。[147]

武曌與劉仁軌夫人的對話爲何時之事，當時劉夫人年歲若干，均不得而知。但劉夫人其時已老邁，則可確定。從武曌直問劉夫人有幾女在旁，我們或可推測，當時女性年老由女兒照料的相當普遍，而年老婦女的女兒應都已婚。換言之，出嫁女回本家照顧父母（或母親）爲常見之事。這些女兒有的或居住不遠，可經常回家；有的或爲寡居，可長期奉養；有的則雖然夫在，仍然長期歸寧。以上都是可由情理推知的可能狀況。以下再舉兩個例子，以輔吾說。

九世紀前期一位劉夫人盧氏在婚後十二年回本家長住。墓誌是這樣敘述的：

> 夫人從人之後，心不離家，夫官秩罷，兩遂歸寧，奉養慈親，如在室焉。[148]

盧氏不但以養親的理由回本家，退休的丈夫也隨她一起前往。約在九世紀中葉，有一個同樣的例子。一位盧夫人崔氏因母親寡居年老，回家照顧。與崔氏同在本家的還有一位嫁至李家的姊姊，這個姊姊可能喪夫，不能確定。後來盧夫人的丈夫從官職退休，顯然也住到妻子的本家。[149] 然而，本家有困難，並不限於父母之事，出嫁女既可爲父母的老疾歸寧，也可爲其他事故返回本家。現在就對這些情況提出一些事證。

柳宗元的妻子楊氏是在本家過世的。據子厚的敘述，其妻在病重時回娘家的

---

147 〈大唐故十學士太子中舍人上柱國河間縣開國男贈率更令劉府君墓誌〉，收在《唐代墓誌彙編》，1366。

148 〈唐前州海陵縣令劉尚賓夫人范陽盧氏誌銘〉，收在《唐代墓誌彙編》，2125。

149 〈唐故太子司議郎分司東都范陽盧府公夫人清河崔氏祔葬墓誌銘并序〉，收在《唐代墓誌彙編》，2422。另一個已婚女子歸宗奉母的例子見，《唐代墓誌彙編》，2487。

原因是，「以謁醫救藥之便」。[150] 其實，柳家與楊家同住長安城內，在就醫方便上，應該沒什麼差別。楊氏回本家或係出於人情的考慮，讓她在病痛中能得到親情的撫慰。宣宗大中（八四七—八五九）末年，一位孫夫人韋氏也為醫病，移居哥哥家。[151] 質言之，出嫁女生病回本家療養，亦是歸寧的一個可能原因。

開元二十二年（七三四）的一篇墓誌說墓主李夫人蘇氏「壽纔弱齡，笄曁六稔，……覲親而未及返，誕子而未及名，遘疾彌留，奄忽長逝」，[152] 李夫人甫產子即於本家去世，不知她是否為生產而歸寧？東漢應劭《風俗通義》有言：「不宜歸生」，是說出嫁女不宜回本家產子，因為在娘家嬰孩容易被掉包。[153] 這句話顯示東漢社會有歸家產子之習。應劭是二世紀末的人，唐代若還有歸家產子之事，當為前代民風之遺留。

動亂也是婦女長期歸寧另一個可能的原因，我在資料中檢得兩個這方面的例子。八世紀中葉，一位崔夫人李氏原住洛陽地區。安史亂起後，她攜家南奔，至洪州（今江西南昌）依靠二叔。後來連丈夫也辭官，同依妻子的本家。李氏甚得其叔器重，洵而主持家務。這一家人後來顯然就與李氏的二叔合家，未再分離。[154] 再者，僖宗乾符四年（八七七），今河南澠池縣發生動亂，一位名叫李陲的人到澠池迎接姊姊、姊夫和姊夫的母親到洛陽避難，後來這位李氏就死於洛陽的弟弟家。[155]

唐代還有關於出嫁女長住本家的記載，並未說明其原因。這方面的例子相當多，這裡只選一些說明。新舊《唐書》〈列女傳〉都載有盧甫妻李氏的事蹟。

---

150 《柳宗元集》，〈亡妻弘農楊氏誌〉，卷十三，339-340。

151 〈唐故京兆韋夫人墓誌銘幷序〉，收在《唐代墓誌彙編》，2369。唐代文獻稱某夫人通常是冠夫姓，如不提夫姓，也大都會說某氏夫人。這篇墓誌是韋氏丈夫所寫，卻逕稱其妻為韋夫人，屬於少數的形態。為免讀者誤解，正文仍稱孫夫人韋氏。

152 〈唐同州河西主簿李君故夫人蘇氏墓誌銘幷序〉，收在《唐代墓誌彙編》，1433。

153 應劭撰，王利器校注，《風俗通義校注》（台北：明文書局景印，1982），〈佚文〉，562。

154 見〈唐朝散大夫著作佐郎襲安平縣男□□崔公夫人隴西縣君李氏墓誌銘幷序〉，收在《唐代墓誌彙編》，1881-1882。

155 〈唐故趙郡李夫人墓誌銘幷序〉，收在《唐代墓誌彙編》，2484。

代宗永泰元年（七六五），李氏的父親李瀾是蘄縣（在今安徽北部）縣令，身陷藩鎮亂事，爲叛軍所執，欲加殺害，李氏要求以己身代父死，遂皆遇害。[156] 我們從《舊唐書》的記載可知，李氏遇害時丈夫還在，且在異地任官，不知李氏何以隨父生活。再者，根據一篇天寶末年的墓誌，墓主盧招於天寶十三載（七五四）在夫人崔氏的本家逝世，當時盧夫人仍然健在。墓誌直述盧招終於洛陽「崔氏之館」，給人長居妻家的印象。墓誌又說盧招退休後在濟水築有居處。濟水離洛陽不遠，也許盧氏夫妻是以洛陽妻子的本家爲城居，濟水之濱爲別墅。無論如何，盧招去世前顯然是隨妻子居住其本家。[157] 德宗時名臣于卲（七一八？—七九八？）的長姊也是奉養於卲家，具體情況亦不詳。[158]

出嫁女兒不住夫家，長期歸寧，固然常有具體的原因，有時也可能純屬家庭生活的安排，而非有特殊需要。譬如，大和六年（八三二）王璠出任浙西觀察使，招家在洛陽的已婚女兒前來，理由只是「晨昏戀切，固請東下」。女兒因此歸寧，次年，身體有疾，恐懼不起，才回家與丈夫兒子重聚。[159]

再者，懿宗咸通十二年（八七一），一位任職於魏博節度使府的官員紇干濬的女兒過世，在爲女兒寫的墓誌中，所呈現的也是類似的情況。據紇干濬的描述，他女兒婚後顯然先住夫家：

> 既及笄，適前隨州隨縣尉李克諧。宗室子弟，衣纓□人，琴瑟韻諧，伉儷恩重，克顯宜家之稱，亦期從爵之榮，奉蘋蘩於歲時，睦宗親於內外，故得婦順之美，首冠六姻；閨閫之行，載光女史。

但是，三年後，事情有了變化，紇干濬要求女兒、女婿與他同住。他的記載是這樣的：

---

156 《舊唐書》，卷一九三，5148；《新唐書》，卷二〇五，5824。

157 〈有唐登仕郎行魏郡冠氏縣尉雲騎尉盧公墓誌銘幷序〉，收在《唐代墓誌彙編》，1707。這篇墓誌是中唐名臣兼著名文章家崔祐甫（七二一—七八〇）寫的，祐甫即盧夫人之弟。

158 見于卲，〈謝贈姊隴西郡夫人〉，《全唐文》，卷四二四。

159 〈大唐故太原王氏夫人墓誌銘幷序〉，收在《唐代墓誌彙編》，2145；王壽南，《唐代藩鎮與中央關係之研究》（台北：嘉新水泥公司文化基金會，1969），818。

> 濬以比遭閔凶，生意且落，弟兄終鮮，骨肉凋零，夫人雖從李氏三年，濬不忍有一日之別，夫人亦不忍一日去膝下。今年五月，濬……來魏博，又明月，夫人與良人自洛偕至，從父命也。

在這段文字，紇干濬明白說，他因爲親情難捨，要求女兒和女婿住到本家。值得提出的是，紇干氏往歸本家的時候，母親健在，弟妹顯然也住家中，紇干濬以自己「弟兄終鮮，骨肉凋零」等事，作爲不忍與女兒分離的理由，似乎有些牽強。無論如何，在魏博，紇干氏和夫婿是與紇干全家同住，爲構成紇干家的一分子。更難得的是，墓誌對紇干氏在本家的居住情況有細膩的描寫：

> 〔濬〕薄宦寸祿，分少絶甘，晨出暮歸，先省吾女。處居第則垣牆相接，謦響相間；守儉約則菜食鶉衣，誓相存暖。[160]

從以上資料看來，婦女長期歸寧，有時也和本家人對出嫁女子的依戀有關。

總而言之，唐代婦女長期歸寧、居住本家之事相當常見。對這方面的事例，有的我們能了解其原因，有的限於資料的性質，已難追溯緣由。有的似乎與特殊的事故並無關係，親情的召喚就是充分的理由了。至於長期歸寧是否與當事人的文化背景有關，尙須蒐集更多的資料，才能作有意義的分析。

在唐代史料中，我們還看到一種可能導致出嫁女長期歸寧的狀況。這就是家庭沒有子嗣，或男孩早逝，而由女兒承家。舉例而言，建中元年（七八〇）的一篇墓誌說，墓主「一子既歿，二女承家」，這兩個女兒自己都有孩子。[161] 另一個例子是，某家有一子三女，兒子早逝，三個女兒都結婚了，但次女「適張氏，而承其家焉。」[162]

女兒如何承家？資料沒有說明，這裡只能稍作猜測。如果家中的男孩是在女兒婚前過世，她們（或其中之一）可能行招贅婚。如果男孩死於姊妹結婚之後，她們則可能長住本家。以我目前對唐代婦女與本家關係的了解作推斷，即使家中的兒子在其姊妹婚前去世，她們也不一定要招贅，可以用長期歸寧的方

---

160 以上三段引文皆見〈唐故李氏夫人紇干氏墓誌幷序〉，收在《唐代墓誌彙編》，2453。

161 〈唐贈太子司議郎皇甫府君墓誌銘幷序〉，收在《唐代墓誌彙編》，1822。

162 〈大唐康公夫人墓誌銘幷序〉，收在《唐代墓誌彙編》，2347。女兒承家的情況應該不少，但史料常不明說。關於一個可能是女兒承家的例子，見《唐代墓誌彙編》，1484。

式來照管本家。就人類近代以前一般的健康和死亡情況看來，即使在有妾媵制的社會，一個家庭沒有男嗣的可能性還是不低。對唐代社會如何處理這種情況，學界似乎尚無系統的研究。就「女兒承家」而論，在個人寓目的資料中，還沒有明白提及承家女兒的婚姻形式的，本文對此事的討論，僅能止於提出問題的階段，以待學者進一步參究。

以上討論了長期歸寧現象的大部，但還有一個重要的面相沒有觸及。這就是夫亡歸宗的問題。在出嫁女未離婚而歸本家的種種可能原因中，最常見的就是丈夫去世。這個現象對我們了解唐代的婦女生活和家庭結構都有非常重要的意義，因此需要比較細緻的討論。這裡要強調的是，寡婦長住本家普遍的程度，已使人得到了一個印象：這是唐代婦女寡居生活的一個基本形態。從家庭結構的觀點來看，我們可以說，寡居的女兒及其子女是家庭成員的一個主要類別。在支持以上論斷的證據裡，最重要的當然就是直接陳述此類事件的資料。

在〈由墓誌看唐代的婚姻狀況〉一文，作者趙超說：「唐代守節的孀婦……往往返回母家，由父母、兄弟甚至侄子贍養，母家親友也將這種贍養看作是一種義務。」。[163] 對於這個觀察，作者舉了三個例證，數量雖然很少，但因作者是上海古籍出版社版《唐代墓誌彙編》的副主編，讀過大量的唐代墓誌銘，他的印象應相當可靠。依個人的看法，至少就經濟能力較佳的上層社會而言，趙先生的論斷決然是正確的，下文就提出較詳細的敘述與分析。

唐代史料中，有關寡婦返居本家的記載很多，現在舉出一些不同形態的例子，希望能對此現象作一大體的勾勒。開元二十年（七三二）的一份墓誌記載墓主王怡「以在疚之辰，年纔卅歲，母氏鞠育，迄於成長」，又說王母「以女氏之愛，少留咸京，公之友于，亦同於彼」。「在疚」是居喪憂傷的意思。這幾句話清楚指出，王怡幼年喪父，隨母往居母家，對外家有深厚的情感。[164] 中唐古文名家獨孤及的大姊，夫婿早逝，夫沒後「罷助祭之事」，歸宗依弟。獨孤氏也是攜子回本家。丈夫逝世時，她三十六歲，也許小孩（似乎共有四個兒

[163] 趙超，〈由墓誌看唐代的婚姻狀況〉，《中華文史論叢》，1987年第1期，203。
[164] 〈唐故朝散郎行潞州長子縣尉太原王公墓誌銘幷序〉，收在《唐代墓誌彙編》，1398。

子）還未成年。[165] 中唐另一古文名家梁肅（七五三—七九三）曾爲一位李夫人蕭氏寫墓誌，蕭氏也是夫沒歸宗（弟弟家），但她沒有孩子。[166]

再者，約當公元八世紀末，貞元年間，一位婦人崔氏在夫亡後攜子住到弟弟家，大弟爲了擔起扶養孀姊、孤姪、幼弟的重任，就設法找得小吏的工作。當時他才十五歲，後來終身未婚。[167] 從這個情況看來，這家人的父親大概很早就去世了。會昌三年（八四三）的一篇墓誌說，墓主于夫人李氏的兩個女兒「皆早孀，多養膝下」。李氏的女兒喪夫時，母親尚在，所以是母女同住。更值得注意的是，李氏的兩個女兒都回本家，顯示這種行爲是相當普遍的。[168] 還有一份資料報導，一位孀婦主理本家事務達四十年，根本就是一家之主了。[169] 前文曾提及李翺的岳母與女兒、女婿同住。但在此之前，早寡的李母已先歸父家，父親死後，又住到已婚的姊姊家，最後是姊姊去世，「天下無所歸託矣」，才去與女兒同住。[170] 從這個例子看來，在唐人的行爲和觀念裡，女子喪夫後，離開夫家，與本家人相依爲命（甚至包括出嫁的姊妹），是一種很自然的安排。最後要提出的事例是，大曆末年，一位寡居的趙夫人裴氏不但逝世於長沙的哥哥家，後來還遷葬本家在洛陽的祖墳。裴家的說法是：「夫人夫族凋落，禋祀無主，永念同氣，幽淪異鄉」，故有「舟車萬里」、「歸櫬鞏洛」之舉。[171] 出

---

165 參見梁肅，〈大唐故李府君墓誌銘〉，《唐代墓誌彙編》，1808-1809；〈金剛般若波羅密經石幢讚并序〉，《全唐文》，卷五一九；〈衢州司士參軍李君夫人河南獨孤氏墓誌銘〉，《全唐文》，卷五二一。後文亦見《唐代墓誌彙編》，1793-1794。

166 梁肅，〈監察御史李君夫人蘭陵蕭氏墓誌銘〉，《全唐文》，卷五二一。

167 〈唐故邕管招討判官試左清道率府兵曹參軍清河崔公墓誌銘并序〉，收在《唐代墓誌彙編》，2169。崔氏之弟崔洧享年五十四。他雖終身未娶，但有女三人，顯爲妓妾所生。這在唐代是相當常見的。

168 〈唐故洪州武寧縣令于君夫人隴西李氏墓銘并序〉，收在《唐代墓誌彙編》，2227。李氏自己亦早寡，她是否也回本家，墓誌沒有說明。但從誌文是由其再從弟所撰，文中提及李氏的兩個弟弟，卻無一語及於夫家之人，這個可能性很高。

169 〈唐故京兆韋府君夫人高陽齊氏墓誌銘并序〉，收在《唐代墓誌彙編》，2379。

170 〈大唐故朔方節度掌書記殿中侍御史昌黎韓君夫人韋氏墓誌銘〉，收在《唐代墓誌彙編》，1926。

171 〈故賀州長史趙府君妻河東裴夫人墓誌銘并序〉，收在《唐代墓誌彙編》，1813。

嫁女子歸葬本家的問題還有待後文討論。這裡只是想點出，雖然依照家族制度，出嫁女子算是夫家的成員，但對唐代許多人而言，「同氣」、同胞的關係也是安排家庭生活時一項重要的考慮。這個考慮不但使孀婦得以長居本家，她們之中有人甚至還能合祔先塋，久享父族的祭祀。

以上提出的是唐代有夫亡歸宗習慣的直接證據。除此而外，我們還看到許多含有間接跡象的資料。這些資料大別有二：一是有關唐人撫養外甥或外孫的記載，另一則是唐代男子贍養寡居姊妹的報導。先論前者。在今存唐人傳記資料——特別是墓誌銘——中，母家撫養外孫或外甥的記載非常普遍，隨意檢索就可得見。這裡只舉少數例子，以概其餘。中唐名詩人、大曆十才子之一的盧綸（七四八？—七九八？）有詩〈送姨弟裴均尉諸暨〉，起句云：「相悲得成長，同是外家恩。舊業廢三畝，弱年成一門。」可見盧綸與表弟裴均是一起在母家長大。[172] 在德宗建中二年（七八一）一位外孫爲外婆寫的墓誌中，撰者自述其「粵自襁褓，遭罹憫凶，特蒙撫字，爰至成□（長？）」。他感念外婆的撫育之恩。[173] 一位在德宗貞元年間曾任洛陽縣令的王顏，說自己「孤當幼童，養在伯舅，恩承訓導」。[174] 外甥或外孫依於母家的可能情況很多，但最重要的原因顯然是父死或父母雙亡，以上隨手舉的幾個例子都屬這類情形。如果兒童因父亡而受外家的養育，則母親隨行的可能性很大，此又不言可喻。

唐代還有一些資料記載男子贍養寡居的姊妹。舉例而言，玄宗時人崔義邕的墓誌稱此人「慮姊之孀立，憂甥之多艱，公室素貧，盡祿無匱」。[175] 楊虞卿（？—八三五）是元和、長慶年間的名臣，牛黨要人。白居易曾稱其德行曰：「奉寡姊，親護其夫喪；撫孤甥，誓畢其婚嫁。」[176] 一位曾出使新羅的官員苗弘本（七九七—八五五）據稱非常照顧家人，「每奉諸昆諸姊及孤甥遺姪衣服

---

[172] 詩見劉初棠校注，《盧綸詩集校注》（上海古籍出版社，1989），9。關於盧綸與裴均同受養於母家之事，又可見劉初棠，〈盧綸簡譜〉，收在《盧綸詩集校注》，603。

[173] 〈大唐故明威將軍高府君夫人頓丘李氏墓誌〉，收在《唐代墓誌彙編》，1826。

[174] 〈唐齊州豐齊縣令程府君墓誌銘幷序〉，收在《唐代墓誌彙編》，1859。

[175] 〈故濟陰郡參軍博陵崔府君墓誌銘幷序〉，收在《唐代墓誌彙編》，1667。

[176] 朱金城，《白居易集箋校》，卷四十四，〈與楊虞卿書〉。

百須，必先身而經紀之，雖遠不差寒暑。」[177] 上引文獻都只抽象地提到男子對寡居姊妹的資助照顧，並未明說是否接來同住。個人的猜測是，這類語言所指涉的，也包括了出嫁女夫亡歸宗的情境。

現在，我要提出一個特別的例子，以結束對夫亡歸宗現象的介紹。在九世紀下半葉某年，一位名叫孫幼實的河南府長水縣丞，任期尚未滿，就辭職求去。當時他的姊姊陽夫人正孀居於襄陽一帶，撫育子女。孫幼實見其家「群穉無主」，決定攜帶家人去同住，「奉姊庇甥，未嘗一日有間」。[178] 從具體的行動看來，陽夫人孫氏在喪夫後並沒有回本家。但她雖未歸宗，本家人卻來同住，和歸宗的結果是一樣的。從這個例子，我們可以更清楚地看出，在唐代，婦女寡居後，與本家之親人合家，是一個安排生活的主要選擇。

戊、長住本家與家庭結構

上文對唐代出嫁女子長期歸寧和夫亡歸宗的事例作了相當詳細的敘述。由這些描述，我們可以得知，唐代婦女長期歸寧是普遍可見的現象，夫亡歸宗尤其可算是一種定型的生活方式。我們甚至可說，這是一種習俗——它流行於上層社會，但不甚合乎禮教。然而，我們要怎樣了解這個「習俗」呢？從文化的觀點，我們或許可以說，這些生活方式表現了一種價值傾向，就是對父母手足的關係與情感的重視，這個重視的強度影響到了婦女與本家的關係。當本家發生重大變故，或出嫁女子自己的生活出現重大變化——譬如喪夫——之時，返回本家就成了一個主要的解決問題的方式。以上所說的只是一個假設。這個假設不容易得到證實，但卻不是不合理的假設。

除了文化性、價值性的解釋，唐代婦女夫亡歸宗或長期歸寧的現象還可以從結構的觀點求得了解。也就是說，長期歸寧——特別是夫亡歸宗——之所以出現

---

177 〈唐故殿中少監苗公銘〉，收在《唐代墓誌彙編》，2322。

178 〈唐故河南府長水縣丞樂安孫府君墓誌銘幷序〉，收在《唐代墓誌彙編》，2504。該誌先以「季妹」稱陽夫人，後又改稱「姊」。如果錄文不誤，她或應是孫幼實的姊姊。因爲墓誌是幼實的哥哥寫的，他先以自己的觀點叫陽夫人爲「季妹」。

頻繁，是因爲這種行動與社會上原本存在的某些秩序是吻合的。婦女長住本家，有時並非出於行動者任何特定的價值觀，而是因爲這樣做是社會結構給予的一個選擇，這樣做很方便。

這裡所說的結構是家庭結構。在中國家族史上，唐代家庭以人口多著稱，三代同堂是典型，已婚兄弟共居也常可見，故有「唐型家庭」之名。[179] 唐代家庭之大，結構之複雜，尤以經濟能力較豐裕的上層社會爲甚。白居易詩：「一家五十口，一郡十萬戶；出爲差科頭，入爲衣食主」，[180] 是這種景況生動的寫照。從研究婦女與本家關係的角度看來，唐代家庭——至少是統治階層的家庭——一個極重要的特色是，家中經常同時包含了男主由血緣與由婚姻而來的成員，有時甚至還包括了女主人的家人。更具體地說，姑嬸、姊嫂、甥姪同處一家是常見的事。在這種結構下，如果婦女的本家發生變故，在夫家遇到困難，或夫亡無告，都可以選擇返回本家。反之，婦女若在夫家有相當的權力地位，也可把本家的人接來同住。簡單地說，這裡的看法是，唐代婦女之所以常能和本家人同住，與當時的家庭結構有深切的關係。現在我想先舉一個例子，來展開有關的討論。

出身博陵崔氏第二房的崔暟（六三二—七〇五；德宗時名臣崔祐甫之祖）的哥哥和姊夫都早歿，崔暟「奉姊及嫂，盡祿無匱」。後來姊姊、嫂嫂又去世，崔暟則扶養遺孤：「群甥呱呱，開口待哺，公之數子，咸孺慕焉」。[181] 崔暟夫人王氏的墓誌說得更清楚：夫人「視養生〔即甥〕姪，曲成惠和」，「爰撫孤弱，濟于艱難」。[182] 可見崔暟兄嫂的小孩也住在他家。崔暟家的形態在唐代的統治階層是相當平常的。家中有男主，成年女性除了主人的妻子，還可能有男主寡居的嫂嫂和姊妹，她們如有小孩，通常也住在一起。至於未寡居而長期歸

179 參見杜正勝，〈傳統家族結構的典型〉，收在氏著，《古代社會與國家》（台北：允晨文化實業公司，1992），780-853，特別是800-815。

180 朱金城，《白居易集箋校》，卷二十一，〈自詠五首〉。

181 〈有唐朝散大夫守汝州長史上柱國安平縣開國男贈衛尉少卿崔公墓誌〉，收在《唐代墓誌彙編》，1802。此例趙超在他的〈由墓誌看唐代的婚姻狀況〉中曾舉出，見203。

182 〈有唐安平縣君贈安平郡夫人王氏墓誌〉，收在《唐代墓誌彙編》，1804。

寧的婦女，則較少見。從這種家庭結構看來，婦女在丈夫過世後，可能留在夫家，也可以回本家，至於決定寡婦住處的主要因素有哪些，還有待探究，這裡只能舉個例子稍作說明。約在九世紀初，一位王夫人韋氏喪夫，她有一子一女，住到堂弟家。韋氏從小隨叔父長大，堂弟家其實就是本家。韋氏墓誌說她歸返本宗的理由是：「夫之族無家可歸」。[183] 這個說法好像表示，婦女夫亡後應以留居夫家為優先考慮，如此途不可行，再回本家。不過，夫族是否有家可歸，有時恐怕也跟主觀的認定有關。我懷疑，在寡居地點的問題上，孀婦還是有相當程度的選擇空間。

上文藉崔暟的例子初步討論了唐代的家庭結構與婦女長居本家的關係。現在為了更清楚揭示有關的現象，要作進一步的舉證。晚唐一位名叫高湜的人在咸通四年（八六三）曾自敘其家的狀況：「余同氣素鮮，彫零已半，唯孀妹季弟，逮孤姪孤甥，寒衣飢食，取給於我。」從文章語氣看來，高湜的弟妹甥姪都和他同住。[184] 前文提過一位崔夫人李氏，安史亂起，攜家眷投奔在洪州的二叔。兩家會合後，「中外相依，一百八口」，「娣姒同居，甥姪皆在」。[185] 這個合家的事件雖是直接由戰亂所引發，但類似李家的家庭結構在承平時期也非罕見，現舉一例。德宗建中四年（七八三），文章名家權德輿（七六一—八一八）的叔父從洛陽移家至今浙江遂安，就養於其長子，路過今江蘇丹陽權德輿的居處，因而有一場聚會。德輿對兩家歡宴的情景作了這樣的描寫：

> 拜慶之後，式展讌餞；掇蔬焚枯，以實圓方。叔父諸姑既就坐，群從伯仲，或冠或丱，中外稚孺，凡四五十人，差其長幼，為侍坐之列。暢之以旨酒，既醉不諠；侑之以清絃，中奏彌靜。[186]

這是一段生動的文字。從這段描述以及文章題目〈秋夜侍姑叔讌會序〉可知，

---

[183] 〈唐故太原王府君夫人韋氏墓誌銘幷序〉，收在《唐代墓誌彙編》，2363。

[184] 〈亡妻滎陽鄭氏夫人墓誌銘〉，收在《唐代墓誌彙編》，2404。

[185] 《唐代墓誌彙編》，1881。

[186] 權德輿，〈秋夜侍姑叔讌會序〉，《全唐文》，卷四九〇。在文中德輿用「新定」指遂安，用「雲陽」指丹陽，這些都是三國吳時的古名。他如此做，或許有文章修辭的理由，或許因為自己就是吳人，舊名可表達鄉土的情感。

叔父是與他的一些姊妹（也就是權德輿的姑姑）同行的，德輿姑姑們的年紀應已不小，當是寡居或長居本家。與會兒童被稱爲「中外稚孺」，則顯示他們之中頗有不姓權的，也許是歸宗婦女的小孩，也許還有權家妻子的親戚。另外值得注意的是，德輿叔父一家人是要與其長子合住，到時候，家庭結構就更複雜了。

有時候，複雜的家庭結構是以婦女爲中心的，茲舉數證。第一個例子是安史亂後重臣、宗室嗣曹王李皋的母親鄭氏。鄭氏的丈夫李戢在她二十四歲時去世（約當公元七三四年）。之後，她就居家於王屋山下的別墅：「挈今之嗣王（即李皋）與女子子，洎夫族之叔妹未冠笄者，與本族凋喪之遺無告者，合而家之。」[187] 從這段細緻的敘述可見，鄭氏家中的主要成員有自己的兒女，丈夫年輕未婚的弟妹，以及自己本家亡歿者的遺族（可能包括遺孀、遺孤）。鄭氏的夫家雖是宗室，但從上引文字看來，家族成員需要彼此幫助救濟，與統治階層一般的生活方式並沒有明顯不同。另一個例子是逝世於開成元年（八三六）的馮夫人吳氏。墓誌稱讚她在夫家四十年：「未曾一日失職。內以行純而孝，若姪若甥，孀女孤兒，遠千里者，必提而聚之」。[188] 前文曾提過的一位逝世於乾元元年（七五八）的楊夫人秦氏，丈夫先卒，爲「夫家之宗母」，扶養「出自竇、裴、盧等三姓之孫數人」——也就是三個女兒所生的外孫。[189]

上文對婦女長期歸寧與夫亡歸宗的討論，基本上利用文集與墓誌材料，大都反映統治階層的生活，至於民間百姓的狀況如何，由於資料難得，尙待細考。下文主要利用敦煌、吐魯番的唐代戶籍殘卷，略微考察婦女長居本家的一些間接跡象。敦煌文書天寶六載（七四七）敦煌郡敦煌縣龍勒鄉都鄉里戶籍殘卷載有十九戶的資料（十七戶較完整），其中十四家含有戶主的姊妹，兩家有戶主

187 〈唐贈尚書左僕射嗣曹王故妃滎陽鄭氏墓誌銘并序〉，收在《唐代墓誌彙編》，1840。

188 〈唐陝虢都防護押衙朝議郎試撫州司馬上柱國馮夫人吳氏陰堂誌〉，《唐代墓誌彙編》，2171。

189 〈唐故朝散大夫懷州武德縣令楊府君夫人安昌縣君新興秦氏墓誌銘并序〉，收在《唐代墓誌彙編》，1366。

的姑姑。現在將這些資料表列如下（括號內的數字表示年齡）：[190]

戶主	姊妹	姑姑
某	1人（49）	
鄭恩養（43）	3人（48，38，31）	
曹思禮（56）	1人（43）	
劉智新（29）	2人（29，7）	
陰承光（29）	1人（20）	
徐庭芝（17）	1人（27）	2人（47，47）
程思楚（47）	2人（40，31）	
程大忠（51）	2人（17，16）	
程大慶（47）	2人（30，22）	
程智意（49）	2人（50，43）	
令狐仙尙（33）	1人（28）	
杜懷奉（45）	2人（46，44）	1人（42）
卑二郎（29）	2人（31，27）	
某	5人（23，23，16，12，11，7）	

190 以下二表之製作主要參考：池田溫，《中國古代籍帳研究》（東京大學東洋文化研究所，1979），90，192-214。另參考杜正勝，〈傳統家族結構的典型〉，收在氏著，《古代社會與國家》，809；仁井田陞，《支那身分法史》（東京：座右寶刊行會，1942），353-354。此户籍的影本與錄文，亦見唐耕耦、陸宏基編，《敦煌社會經濟文獻眞蹟釋錄》，第一輯，161-188。

這份戶籍中，還出現許多年長的戶主女兒，現在將三十歲以上者也列表：

戶主	年長女兒（年齡）
某	1人（36）
曹思禮	1人（31）
曹懷瑀	1人（30）
程什住	4人（53，39，33，31）
程仁貞	5人（45，43，41，33，31）
卑德意	1人（32）

以上二表顯示，這些戶口中大部分的姊妹和姑姑都是年長婦女，年長的女兒也很多。這份資料如果是正確的，在唐代的敦煌地區，夫亡歸宗或出嫁女長期歸寧幾乎就是家庭生活的通則了。今存其他兩份天寶年間的戶籍也顯現了類似的現象。天寶三載（七四四）敦煌郡敦煌縣神沙鄉弘遠（？）里籍戶主張奴奴家中有女兒年三十九歲。天寶六載敦煌効穀鄉□□里籍戶主□仁明（年四十一）家中有二姊一妹，年齡分別爲四十七、四十四、三十五。[191] 然而，敦煌天寶年間戶籍女口遠多於男口，是今存戶籍中一個突出的現象，也是有爭議的問題。學者多認爲這些資料僞濫的可能性很大，證據力相當有限。[192]

要判斷天寶年間戶籍女口數的可靠性有多高，一個有效的方法就是與唐朝其他年代的資料作比勘。就目前所見，非天寶年間的戶籍都甚零散殘缺，提供的

191 見池田溫，《中國古代籍帳研究》，190-191；唐耕耦、陸宏基編，《敦煌社會經濟文獻眞蹟釋錄》，第一輯，159-160。

192 參考池田溫，《中國古代籍帳研究》，92-94，97；池田溫著，龔澤銑譯，《中國古代籍帳研究》（北京：中華書局，1984），258-264。關於天寶年間户籍女口特多的現象，可另參考斯四五八三號文書。見唐耕耦、陸宏基編，《敦煌社會經濟文獻眞蹟釋錄》，第一輯，160。

消息不多，但仍有可探討之處。一般來說，這些文獻中的年長女口的確比天寶年間的戶籍少很多。現在簡單敘述查得的資料。開元七年（七一九）龍勒鄉戶籍殘卷某家有戶主之妹，五十二歲。[193] 大曆四年（七六九）沙州敦煌縣懸泉鄉宜禾里手實載有戶主張介妹張妃妃，年三十九。[194] 吐魯番文書大谷八〇七三號武周時代西州籍有戶主之姊，年五十。這份文書特別值得留意的是，籍中另一人顯爲戶主的寡嫂，年五十六。這是同奉姊嫂的情況。[195] 吐魯番文書柏林藏ch一四五五號唐至德二載（？）交河郡戶口資料載有戶主之姑，年五十四。[196] 此外，還有戶籍載有二十餘歲的戶主姊妹若干、戶主之姑一人，但因年齡較輕，有可能尚未結婚。[197]

在年長女兒方面，家中居有三十歲以上女兒的資料有兩則。開元十年（七七二）沙州敦煌縣懸泉鄉籍戶主趙玄義家有一女趙妙介年三十五，一女趙阿屯年三十一。[198] 大曆四年敦煌縣懸泉鄉宜禾里手實戶主王山子家，則有一女買娘年三十九。[199]

唐代天寶年間以外的殘留戶籍還有一個值得注意的地方，就是籍中頗有戶主寡居的伯母、叔母和嫂嫂。很明顯地，這表現的是婦女在丈夫逝世後留居夫家的情況。[200] 天寶年間的敦煌戶籍共留下二十一戶的資料，內容遠較其他年代爲完整，但竟無一位留居夫家的寡婦，更坐實了這批文獻僞濫的可能性。

除了敦煌、吐魯番文書，還有一份唐代文獻可能有助於我們了解一般民間婦女長居本家的問題。麟德元年（六六四）懷州（今河南沁陽）〈周村十八家造

193 唐耕耦、陸宏基編，《敦煌社會經濟文獻眞蹟釋錄》，第二輯，491，列寧格勒藏ДX五九三七號。

194 池田溫，《中國古代籍帳研究》，217。

195 同上，239。有關此籍嫂嫂的部分，說明其身份（是否爲寡）的資料已脫落，但由嫂嫂之前是戶主姊姊的名字，而非嫂嫂之夫（即戶主兄弟），可以推斷這位婦女是寡居。

196 同上，262。

197 見同上，174，187，191，220，221，228，237。

198 同上，183。

199 同上，232。

200 見同上，167，226，228，230，232，233，239，243。

像塔記〉錄有相當詳細的十八家人口資料。在這些家庭中，周子政家住有他的妹妹，她可能是攜女歸宗。[201] 再者，周操家住有女兒、女婿以及外甥。周家沒有兒子，女兒可能行招贅婚，也可能只是長期歸寧。[202]

對以上介紹的敦煌、吐魯番文書和〈周村造像記〉，最後要提出幾點綜合的觀察。第一，天寶年間的敦煌戶籍載有非常多戶主年長的女兒、姊妹和姑姑。這部分的資料多不可靠，但其他年代的戶籍裡也有這類人，惟數目較少。〈周村造像記〉則很可能含有婦女攜子歸本家的資料。第二，在我查考過的戶籍中，對所有年長本家婦女的記載，都寫爲「中女」或「丁女」，沒有任何寡居的記錄。第三，在所有的這些資料中，沒有任何戶主外甥或外孫的記載，也沒有任何女婿、姑丈和姊妹夫的蹤影。從這幾點觀察看來，好像敦煌、吐魯番戶籍中所有與戶主有血緣關係的年長婦女都是未出嫁或無子歸宗，但這樣的結論實在有違一般情理以及我們對唐代家庭生活的具體知識。我個人大膽的猜測是，這些婦女確有寡居和攜子歸宗的。唐代戶籍同時含有戶口和土地登記，回本家婦女的子女因受田和財產都在父家，因此未出現在母家的戶籍。至於何以夫亡歸宗的婦女未有寡居的記載，甚難索解。這或許由於若登記爲寡婦，則須進行授田，承擔課役。然敦煌授田不足，租庸調仍然施行，寡婦受田徒增家庭負擔，因而戶籍記載不實。這個說法不啻認爲所有現存敦煌乃至吐魯番戶籍均嚴重僞濫。另一可能性是，夫亡歸宗的婦女無寡居註記係定制，只有嫁入戶主家的婦女才在戶籍上作此註明。此說絕無文獻根據，純爲本人在無從索解的情況下所擬的假說。[203] 總之，由於資料所限，對唐代民間婦女夫亡歸宗與長期歸

201 關於周子政家的成員，造像記原文是：「周子政、妻路、男隱師、妻習、孫男擇言、妹胡、女光兒」。仁井田陞在《支那身份法史》分析此記時，把「女光兒」當成周子政的女兒。（頁357）但按該家人員排列的邏輯，光兒有可能是周子政的外孫女。又，該記稱周子政之妹爲「妹胡」，她也許名叫周胡，但我覺得「胡」較有可能是指她丈夫的姓。〈周村十八家造像塔記〉原收於（清）陸耀遹纂《金石續編》卷五，錄文與討論又可見仁井田陞，《唐宋法律文書研究》（東京大學出版會，1983年復刻版），753-754。

202 從造像記，很難判斷周操的外孫是從父姓還是從母姓。

203 關於唐代户籍文書與制度的整體討論，參見池田溫，《中國古代籍帳研究》，第三章；宋家鈺，《唐朝户籍法與均田制研究》（鄭州：中州古籍出版社，1988），第二—六章。

寧的現象，我們了解還很少。我暫時的結論是，唐代民間家庭的結構看來比上層社會簡單，歸宗女不可能有天寶六載敦煌龍勒鄉籍所暗示的那麼多，但或許也不能說是稀有之事。

己、本家對婦女婚姻的干涉

以上論述的是出嫁女與本家之間聯繫、照顧與居留的關係。除此之外，婦女和本家間還存在著一種性質迥異的關聯，這就是本家介入出嫁女的婚姻。前文在討論規範問題時已經說明，依唐代法律，本家父母、祖父母都對夫亡之出嫁女有強嫁權。其實，對仍有婚姻關係的女兒，本家也頗有迫其離婚或改嫁之事。以下先舉兩個例子。

新舊《唐書》〈列女傳〉都載有隋末唐初名臣裴矩的女兒淑英的事蹟。淑英的丈夫李德武在煬帝時被貶，徙嶺南，當時淑英才新婚一年多，裴矩上表給煬帝，要求離婚，得煬帝准許。但淑英堅決不肯。過了十餘年，李德武仍然未歸，裴矩決心要她再嫁，甚至替她訂了親，淑英誓死不從，「斷髮不食」，裴矩只好聽任女兒自己的意願。後來李德武回來，兩人復合。[204]

另一個例子則是前文已經提過的詩人崔涯。崔涯個性放蕩，娶雍氏女後，住在妻家，不敬岳父，常直呼他為「雍老」。他岳父是個軍人，一怒之下，就命女兒出家為尼，與崔涯離婚，任憑崔涯如何悲泣悔過，也不動心改意。崔涯只好離家，「親戚揮慟」。[205]《雲谿友議》所載雖不知可靠度如何，但故事本身似乎透露，在一般民間，本家介入出嫁女兒的生活也是頗可想像之事。有學者曾從上述兩個事例推論，唐代的妻父對女兒的婚姻有離婚權。[206] 在文化上，這也許不是明顯意識到的權利，但此事恐怕不是非常罕見。以下再舉出若干本家介入女兒婚姻的例證。

---

[204] 《舊唐書》，卷一九三，5138-5139；《新唐書》，卷二〇五，5816。

[205] 范攄，《雲谿友議》，卷中，32-34。

[206] 見向淑雲，《唐代婚姻法與婚姻實態》，134。

據開元十九年（七三一）〈大唐故江王息故澧州刺史廣平公夫人楊氏墓誌〉的描述。楊氏夫人出自武則天的母家，原本嫁給李唐宗室李息。武周代唐後，丈夫遭到貶謫，並有敕令要求楊氏離婚。楊氏原不從，但父親親來「脅奪志懷，改醮胡氏」，以「君父之命，難以固違」，只好屈從。[207] 在天寶初年，一位鄭夫人万俟氏嫁到鄭家後，曾被她的哥哥強迫離開夫家，後來母親介入，「引於禮則」，万俟氏才得重歸鄭家。[208] 一位去世於天寶十載（七五一）的婦人郭氏，平生曾二度結婚，據墓誌，她的再婚是因爲「叔父奪志」，本家介入守節。[209] 一個大約發生在九世紀初的例子是，劉氏早寡，「父兄憫其稚，遂奪厥志」。[210]

關於本家干預出嫁女子的婚姻，還有一個相當奇妙的例子。一位名叫陳照的女子（六九七—七四四），父親早死，被外祖父母嫁給一位姓徐的男子，並生有一子。但生子未久，「爲伯父叔父所奪，改嬪於盧氏」。盧氏即盧全善，後任官至縣令。此事奇特的地方有幾處。第一，陳照少時，即爲伯父叔父所愛重，關係似早已親近，但不知她的伯叔父有何方法能使她在生子後離婚，改嫁他人。第二，陳照雖主動離開徐氏，但兒子歸她扶養。第三，陳氏之改嫁，固是出於本家伯叔的干涉，但她的初次婚姻，則是由母家所定，也是一個本家介入出嫁女兒家中事的例子。[211] 從以上的事例看來，在女子婚後，本家仍可以有很大的影響力。本家長輩或兄長強迫婦女離婚的現象也顯示，出嫁女與本家之聯繫對她們地位的影響不必然是正面的，因爲本家的作爲往往不顧及婦女自己的意願或福祉。

---

[207] 《唐代墓誌彙編》，1383。

[208] 〈大唐故朝議郎行洪府法曹參軍榮陽鄭府君故夫人河南万俟氏墓誌銘幷序〉，收在《唐代墓誌彙編》，1576。

[209] 〈唐故中郎將獻陵使張府君夫人太原郭氏臨淄縣君墓誌銘幷序〉，收在《唐代墓誌彙編》，1659。

[210] 〈唐故彭城劉夫人墓誌銘幷序〉，收在《唐代墓誌彙編》，2236。

[211] 此事見〈大唐潁川郡夫人三原縣令盧全善故夫人陳氏墓誌銘幷序〉，收在《唐代墓誌彙編》，1582-1583。

唐代有關本家介入女兒婚姻的記載，存有一個重要的疑點，須稍作辨析。在唐代墓誌中，對於婦女改嫁或再嫁的記載有一個特色，就是記述者幾乎無例外地表示，這些行爲並非婦女本願，而是家人逼迫。[212] 這種記述方式相當有趣，它達成了兩個效果。首先，這些墓誌肯定了婦人守節的價值，而且暗示墓主有此心志。其次，在現實上，有些婦女雖然未能終身事一夫，但責任不在她們，「壞人」倒是本家──尤其是父兄。在找到更詳細的資料前，我們無法否認，也許所有的記載都符合事實，但在情理上，這種機會不大。墓誌撰者有時可能爲了保護墓主的聲譽而採用格套的寫法。根據研究，在宋代，再嫁婦女的傳記也大都有這樣的敘寫，其眞實性也受到了懷疑。[213] 我在這裡想表達的看法是，唐代本家經常介入出嫁女兒的婚姻，此事應無疑義，但這方面的記載也有渲染的嫌疑，未可盡信。

關於本家介入出嫁女婚姻的討論，本文想以新舊《唐書》〈列女傳〉中的一個案例作結束。約在武周時期，一位出身官宦家庭的婦人盧氏，丈夫崔繪早逝，兄長常要她改嫁，她都稱病拒絕。中宗神龍初年，盧氏已故姊姊的丈夫李思沖任職工部侍郎，希望盧氏嫁給他，兄長們爲其應允，到婚期前才告訴她。盧氏連夜逃至原來的夫家，後來出家爲尼以終。[214]

這個例子有兩點值得特別注意的地方。首先，涉及此事的盧、崔、李三家的社會背景相當特殊。史稱盧氏出身山東著姓。按，盧氏的父親盧獻在武曌掌政

---

212 顧方肅〈唐故趙氏夫人墓誌銘并序〉說趙氏再嫁係「貧無以爲節」，是比較特別的講法。見（清）陸心源，《唐文續拾遺》（台北：文海出版社景印，1979），卷五。此誌亦見《唐代墓誌彙編》，2047-2048。

213 參見陶晉生，〈北宋婦女的再嫁與改嫁〉，《新史學》，第六卷第三期（1995年9月），7。

214 見《舊唐書》，卷一九三，5147；《新唐書》，卷二〇五，5821。關於李思沖要求與崔家續婚的時間，新舊《唐書》的記載有衝突。此處依《舊唐書》。參考嚴耕望，《唐僕尚丞郎表》（台北：中央研究院歷史語言研究所，1956），卷二二，1067。據《朝野僉載》，盧氏的丈夫爲鄭姓，似乎顯示其夫家爲滎陽鄭氏。按，《新唐書》關於盧氏的記載頗有取於《朝野僉載》，但仍說其夫是崔繪。此處依新舊《唐書》。參見張鷟，《朝野僉載》（台北：新文豐出版公司景印，叢書集成新編第八十六冊），卷三，29-30；《太平廣記》，卷二七一，2129。

時曾任鸞臺侍郎、文昌左丞，族屬范陽盧氏第二房，確為士族名門。[215] 李思沖之父李敬玄為高宗朝重臣，亳州譙縣人，以久掌銓選，人多依附，與趙郡李氏合譜，前後三娶，皆山東士族。很明顯地，李思沖家族原為寒門，以官位顯重，攀緣同姓士族。[216] 李敬玄三娶皆山東士族，李思沖與山東高門聯姻，也是極其自然的了。至於崔繪，姓字不見於《新唐書宰相世系表》，是否為山東名族（博陵崔氏或清河崔氏），亦無其他資料可得而知。但由他是崔姓且與范陽盧氏通婚一事推斷，其為山東士族的可能性相當高。綜合以上資料判斷，盧、崔、李三家的婚姻雖不屬典型的山東士族內婚圈，但也相當接近，而盧家之為山東高門，更無疑義。盧氏的經歷似乎顯示，素以講求禮法著稱的山東士族對婦女守節之志並不一定重視。問題是，此事的代表性有多高？這或許是一個值得追索的課題。盧氏的案例值得注意的另一處地方是，盧氏在夫亡後返回本家，她是在被逼嫁的前夕才逃往夫家。這個事實進一步支持了前文所作的推斷：歸反本家是唐代寡居婦女一個主要的生活形態。

庚、歸葬本家

在唐代婦女與本家的實際關係上，與正統規範體系差距最大的，就是出嫁女歸葬本家的現象。唐代社會頗有族葬的習俗，夫妻死後合葬的風氣也很盛。人過世的時候，限於客觀環境，經常無法葬在家族墳地或與配偶合葬；在這種情況下，為人子女乃至孫子女者常須遷葬先人，以求符合習俗的要求。此類事例在唐代史料中真可說是觸目皆是。

族葬與夫妻合葬並非同一事。族葬是指族中成員同葬一處，在此，夫妻可合葬，也可不合葬。很多時候，限於經濟能力、戰亂阻隔或其他原因，也有夫妻合葬而未祔於先塋的。妻子依習俗，或葬在夫家的墓地，或單獨與丈夫合葬，就文化意義而言，皆可說是唐代婦女以夫家為主家的表現。對於這類情事，唐

215 參考《新唐書》，卷七三上，2913-2914；嚴耕望，《唐僕尚丞郎表》，卷七，412。

216 《舊唐書》，卷八一，2754-2756；《新唐書》，卷一〇六，4052-4053。

人墓誌習慣用套語，如：「窆某地，陪先塋，禮也」，「合葬於某地，禮也」，或「合祔於某地舊塋，禮也」。[217] 從這些格式化的語言，我們可以知道，唐人一般以爲婦女祔於夫家先塋或與丈夫合葬是應當遵守的「禮」。白居易〈贈內〉：「生爲同室親，死爲同穴塵」，[218] 又有詩句：「義重莫如妻……誓將死同穴」，[219] 都反映了夫妻合葬的觀念深入人心的地步。唐人遵循此禮，有時已到極端的地步，傳世墓誌甚至顯示有三位先後娶的夫人與丈夫合葬的例子。[220]

然而，我們卻發現，唐代有出嫁女子，大反一般承認的禮制，不但不葬於夫家先塋或與夫合葬，竟也不單獨下葬，反而是葬在本家的墓地。這類的例子有出於皇家者。在唐太宗的陵園──昭陵──已辨識的陪葬墓中，七個是公主的陪葬墓，五個有駙馬合葬，換言之，是丈夫葬於妻家墳地。[221] 在橋陵──唐睿宗的陵園，也有公主的陪葬墓，如鄎國長公主、涼國長公主之墓。[222] 當然，公主的情形是例外，不可以一般禮俗度之。至遲從西漢開始，跟公主結婚叫「尙主」，也就是「嫁」到皇家。漢代的皇陵也有公主的陪葬墓。東漢儒學世家的荀爽（一二八－一九〇）、荀悅（一四八－二〇九）叔姪就都曾批評「尙主」的儀制，認爲是以卑臨尊，顚倒陰陽。[223]

---

217 這類辭語遍見於唐代的墓誌資料。又可參見周次吉，《唐碑誌所見女子身分與生活之研究》（國立政治大學中文研究所博士論文，1991），第六章。

218 朱金城，《白居易集箋校》，卷一，42。

219 同上，〈和微之聽妻彈別鶴操因爲解釋其義依韻加四句〉，卷二一，1428。

220 毛漢光，《唐代墓誌銘彙編附考》，第十七冊，〈一六七一・大唐故陪戎校尉崔府君墓誌銘幷序〉，353。關於唐代夫妻合祔之風的一般說明，可參看趙超，〈由墓誌看唐代的婚姻狀況〉，205-206；周次吉，《唐碑誌所見女子身分與生活之研究》，117-127；盧向前，〈唐代胡化婚姻關係試論──兼論突厥世系〉，收在王永興編，《紀念陳寅恪先生百年誕辰學術論文集》（南昌：江西教育出版社，1994），537。

221 見楊寬，《中國古代陵寢制度史研究》（上海古籍出版社，1985），251-252。

222 見張說，〈鄎國長公主神道碑銘〉，《全唐文》，卷二三〇；蘇頲，〈涼國長公主神道碑〉，《全唐文》，卷二五八。

223 荀家叔姪的批評見《後漢書》，卷六二。漢代公主陪葬父陵之事，見任常泰，《中國陵寢史》（台北：文津出版社，1995），67，70。

比較值得注意的是，公主陪葬皇陵雖是舊制，在唐代卻得到張說（六六七—七三一）和蘇頲（六七〇—七二七）的特別辯護。張說〈鄎國長公主神道碑銘〉云：「不祔不從，古之道也。」意思是，不祔於夫家之墓或不與丈夫同葬，合於古道，是正當的。蘇頲則在〈涼國長公主神道碑〉中說，公主陪葬之舉是：「生資敬愛，歿效充奉。蕭史樓中，鳳音何望；軒轅臺下，龍得仍攀。」[224] 蕭史傳說爲春秋時人，善吹簫，作鳳鳴，秦穆公以女妻之，常爲夫婿之代稱。這幾句的大意是，公主雖逝，留下悵望的夫婿，但仍能長伴君父之側，繼續生前的愛敬。

張說和蘇頲的說詞所依的理由不同。蘇頲用的是人情論，生前的愛敬就足以爲死後陪葬的根據。張說則以經典爲說，以不從夫家葬爲當然。張說之言典出《禮記・檀弓上》：

> 舜葬於蒼梧之野，蓋三妃未之從也。季武子曰：周公蓋祔。[225]

這段話涉及兩件事。一是舜及其夫人的葬法。據說舜征有苗而死，即埋於南方，妃子未從葬。依《史記》的記載，舜死於蒼梧，葬在九疑（今湖南南部），而舜的兩個妃子——娥皇、女英——則葬於湘陰（今湖南北部）。[226] 從禮經、古史所言雷同看來，舜未與其妃合祔是大家共同承認的。上引《禮記・檀弓》之文所涉及的另一件事是，季武子（公元前六世紀魯國之貴族）解釋合葬禮的起源，認爲大約是始自周公。

張說在〈鄎國長公主神道碑銘〉中引據經典，是爲了正當化公主陪葬父陵的舉動。但就事理而言，合不合祔與出嫁女葬於本家是兩回事。在唐代，族葬與夫妻合葬雖是通行的風俗，不如此做的也不少，在這種情況下，人們常會說這是行古制。[227] 但歸葬本家則可有完全不同的涵義。這可以意謂，婦女在本家並

224 以上兩段引文的來源，均見註222。

225 《禮記注疏》，卷七，2左。

226 《史記》，卷一，44；卷六，248。劉宋裴駰《史記集解》引《皇覽》中《禮記・檀弓上》句爲：「舜葬蒼梧，二妃不從」，與今本《禮記》之「三妃」不同。見《史記》，卷一，44-45。

227 一個開元時期的墓誌記載了墓主要求不必與夫人合葬，理由是「古無合葬」。見毛漢

不是客人，在生命終極歸宿的層面，她是屬於本家的。這個意涵與「內夫家，外父母家」的意識形態顯然有衝突。張說和蘇頲爲公主陪葬父陵所作的辯護之所以有趣，是因爲唐代婦女與本家同葬並不限於皇室。民間也有這種情形。出嫁女歸葬本家的具體狀況如何，唐人如何在觀念上處理此事，下文將試圖討論。

在介紹民間出嫁女歸葬本家的例子之前，必須作一個背景說明。在唐代，女兒未嫁而死，依禮俗是葬於家族墓地，在觀念上顯然也認爲未嫁女死後與本家男子的魂靈仍屬同一家族。就我目前所見，大部分傳世的唐代在室女墓誌都明寫她們是祔葬於先塋。許多死在外地的未嫁女，後來都遷葬回祖墳，這更表明，未嫁女與家人葬於一處是社會肯定的習俗，而非權宜之計。對於在室女祔葬先塋之舉，墓誌大多以「禮也」來形容，也有少數說「順也」。[228] 有的墓誌更以具體的言辭表達死後仍是一家人的看法。譬如，大曆年間的一篇墓誌敘述一位未婚女子的兄弟將她徙葬祖墳，他們的期望是：「骨肉之恩無絕也。」[229] 貞元年間未嫁女張容成的哥哥爲妹妹撰寫墓誌，對她的葬事作了如下的說明：

> 克次先殯，東西密邇，樹柏同陰，不離塋域之中，獲展晨昏之事，魂兮有託，少慰余心。[230]

此處的「先殯」指的是張容成母親的墓，容成就葬在旁邊，繼續生前的孝敬。最後一個例子是，一位在室女於長慶三年（八二三）在鄭州逝世，殯於當地，她的一位長輩（很可能是父親）在墓銘中立誓將來一定要將她遷葬祖塋。銘曰：

> 玉已摧，蘭已萎，鄭之南兮魂權依，遇年有力當西歸，誓昭昭兮不吾欺。

三十年後——大中六年（八五二）——她的家人終於將她遷葬洛陽祖墳，埋在父母之旁。[231] 墓誌大都爲統治階層所遺留，從以上的敘述，我們可以看到，在唐

光，《唐代墓誌銘彙編附考》，第十七册，〈一六七〇・唐故□□持節隨州諸軍事隨州刺史河南源公墓誌銘并序〉，348。

[228] 例見《唐代墓誌彙編》，1784，2046，2160，2323，2335，2381，2458，2488。頁1784還說在室女之葬，「禮宜從父」。

[229] 《唐代墓誌彙編》，1785。誌題已失。

[230] 〈唐故清河張氏女殤墓誌銘并序〉，收在《唐代墓誌彙編》，1919。

[231] 〈唐故樂安孫廿九女墓誌〉，收在《唐代墓誌彙編》，2300。

代的上層文化，女子未嫁而死，就如生前，明確地屬於父母家。在這個文化背景的對襯下，出嫁女歸葬本家就不能算是太突兀的現象了。

唐代出嫁女子葬於本家有幾種類型。一類是未廟見的已婚婦女，這一點前文已有說明，並指出此事合於《禮記·曾子問》所說的禮則。但未廟見女也有歸葬夫家的。[232] 另一類是長期歸寧的婦女。前文討論夫亡歸宗問題時曾提到一位趙夫人裴氏，就是在本家逝世後遷葬祖塋。此外，天寶十載有一位李夫人崔氏在夫亡歸宗後葬於故鄉，墓誌說「不忘本也」，或許也是葬於祖墳。[233] 李翺的岳母也是葬在本家，但她的夫婿早年歿於吐蕃，屍骨無存，所以算是特例。[234] 在唐代夫亡歸宗的眾多例子中，我僅看到這三個明確顯示葬於本家，很可能屬於少數的情況。[235]

婦女歸葬本家的第三種類型可說是特殊原因的歸葬。大曆四年（七六九），一位竇夫人崔氏的弟弟將姊姊遷葬至洛陽父母墓旁，當時崔氏的丈夫在遠處任官，墓誌說此事僅爲權宜。似乎意謂，崔氏將來還是要遷葬夫家的。[236] 另一個例子是，元和末年的一位趙氏夫人葬於母親墳墓之旁，有學者推測她因曾再醮，不得不歸葬父母之家。再醮與歸葬本家有何關係，尚須再考察，此事姑列於此。趙氏夫人墓誌中有一値得注意之點，就是作者說她祔於先妣之墓乃「禮也」，顯然不以此爲大不諱之事。[237]

再者，元和年間，一位楊姓出嫁女子念家心切，屢次要求丈夫與夫母准她離婚歸家，此事尚未有結局，楊氏即過世。楊氏的兄弟請求楊氏歸葬本家，終得夫家允許，楊氏即埋土於本家祖塋。她的歸葬可說是離婚歸家願望在身後的實

---

232 見《唐代墓誌彙編》，2249。

233 〈大唐故監察御史趙郡李府君夫人博陵崔氏墓誌銘并序〉，《唐代墓誌彙編》，1669。

234 《唐代墓誌彙編》，1926-1927。

235 夫亡歸宗後再返葬夫家或與夫合葬的例子見，《唐代墓誌彙編》，1677，1808-1809，2363，2379，2447。另一個疑似葬本家的例子見《唐代墓誌彙編》，2238-2239。

236 〈唐濮州臨濮縣竇公故夫人崔氏墓誌銘并序〉，《唐代墓誌彙編》，1769。

237 〈唐故趙氏夫人墓誌銘并序〉，《唐文續拾遺》，卷五。學者的推測，見周次吉，《唐碑誌所見女子身分與生活之研究》，126。「趙」爲夫人本姓。墓誌作者顯然因爲夫人曾二適，第一次婚姻且長達二十餘年，故避免以夫姓稱其爲某夫人。

現。楊氏的墓誌是她一位堂兄寫的，對其歸葬本宗之事，他在誌文中說：「禮也」，在銘中則云：「夫家塋域兆未吉，先人松柏神歸之」。後者顯爲託辭，但卻也顯露卜筮在唐人生活與文化中扮有重要的角色。[238]

最後要談未歸宗婦女無特殊原因的歸葬。開元二十五年（七三七）五月四日，一位楊夫人源氏逝世，「遺命薄葬，願陪考妣之塋域，不忘本也。」從墓誌資料看來，源氏夫婿先逝，但她並無歸宗的跡象。[239] 貞元十二年（七九六），一位臧夫人翟氏逝於揚州。她死前有遺囑：「吾考妣松柏在洛城西北金谷鄉，願早歸祔塋葬。」次年，長子就安排她歸葬洛陽的本家墳地，而且形式上是夫妻合祔。不過，翟氏的丈夫早在天寶十五載（七五六）哥舒翰與安祿山的靈寶大戰中溺死黃河，骸骨沒於水波，這裡行的是中古時代所謂的「招魂葬」。[240] 此外，元和十四年（八一九），一位李氏夫人逝世於「夫之私第」，卻歸葬父親的墓地。更令人注目的是，爲她撰寫墓誌的堂叔說此事：「非權也，不忘本也」，直接了當地肯定歸葬本家的合法性。[241]

上引事例中，前兩個都明寫歸葬本家是婦女自己的意願。第三個例子可能也是如此，而且本家全力支持配合。現在要引述的材料則更清楚地表現了婦女要求在身後與本家重聚的期望。中唐古文運動先驅獨孤及有位堂姊在過世前要求祔於父親墳旁，死後她的兒子依其遺願，安排葬地。獨孤及是這樣描寫此段過程的：

> 初，夫人少因有行，思歸寧而不得。晚值多故，去故族而無復。由是終身有遠父母兄弟之痛焉。臨終顧其子，葬我必於先大夫之壟。季華等泣奉遺

238 〈唐陝州安邑縣丞沈君弘農楊氏夫人墓誌銘幷序〉，收在《唐代墓誌彙編》，1988。

239 〈大唐故汴州尉氏縣尉楊府君夫人河南源氏墓誌銘幷序〉，《唐代墓誌彙編》，1521。

240 〈唐故朔方節度十將游擊將軍左內率府率臧府君墓誌銘幷序〉，《唐代墓誌彙編》，1896。「招魂葬」是指對無遺骸的魂靈所作的安葬形式，盛行於戰亂頻仍的魏晉南北朝。參見《通典》，卷一〇二，2701-2704。

241 〈唐故隴西李夫人墓誌銘幷序〉，《唐代墓誌彙編》，2041。此誌特別的一點是，李氏的丈夫姓陳，依唐代慣例應稱陳夫人李氏，此誌稱李氏爲李夫人，或爲以女家爲主之意。按，據誌文，李氏結婚逾二十載，養舅姑，育有二男一女，墓銘還說她：「穆穆令德，惠和淑慎，好合君子，柔嘉淑聞」，看不出婚姻有異常的跡象。

旨。……反葬洛陽龍門潁川府君塋兆之側，夫人之志也。[242]

獨孤及在這裡用了一個典故，就是《詩經》中的「女子有行，遠父母兄弟」。此句並見於〈邶風·泉水〉、〈鄘風·蝃蝀〉；行者，嫁也。[243] 獨孤及用經典中的語言來表達獨孤氏心中的情感以及歸葬的願望，應是有表示此事爲正當的意味。柳宗元的一位姑姑也是葬於本家。她用的理由是，她身體不好，沒有善盡侍養舅姑之責，又生子夭折，似不夠格葬在夫家的墓地。她過世前向丈夫提出要求：「願殺禮，以成吾私，邇先夫人之墓而窆我焉。」她表示，她可等丈夫辭世之後，再與他合葬。[244] 我們不知柳氏後來有沒有與其夫合葬，但從「以成吾私」之語，應可看出，她的心情與獨孤氏相差不遠。

我目前所蒐集到的唐代婦女歸葬本家的例子還相當零星，很難作系統的分析。現在能說的是，這個現象並不常見。關於可能導致婦女歸葬本家的主要因素，除了「未廟見」的情況，歸葬本家有時可能是行正規葬事前的「權葬」。其他可能的因素，目前還無法作推測。不過，對於歸葬本家在唐代文化中的正當性的問題，這裡願意表達兩個看法。柳宗元的姑姑在提出歸葬本家的要求時說，「願殺禮」。這句話清楚地點出，婦女歸葬本家在唐代是不合禮制的——至少是打了一個大折扣。但此事並非完全不具正當性。正當性的第一個來源似乎就是家族觀念。從唐代未婚女子葬於祖墳的普遍狀況，我們可以得知，唐人——至少是士人階層——對婦女的生命角色與後世某些風俗有相當不同的看法。他們並沒有女兒在本質上不屬於父母家的觀念。顯然，女兒如果沒有結婚，無論爲人、爲鬼魂都是父母家的成員。[245] 反過來說，許多跡象顯示，女子出嫁後，她作爲父母家成員的身份也沒有完全消失；用《儀禮·喪服》的話來說，本家仍是她的「歸宗」、「小宗」。出嫁女歸葬本家在文化上的一個主要立足點就是這個持續保有的身份。

---

242 獨孤及，〈唐故亳州刺史鄭公故夫人河南獨孤氏墓版文〉，《全唐文》，卷三九二。獨孤及在文中稱獨孤氏爲「伯姊」。經推斷，是堂姊而非親姊。

243 馬瑞辰，《毛詩傳箋通釋》（北京：中華書局，1989），卷四，148-149。

244 《柳宗元集》，〈亡姑渭南縣尉陳君夫人權厝誌〉，卷十三，333。

245 唐代有冥婚的習俗，但以目前資料所見，並不普遍。此現象的內容與文化意義尚待進一步的研究。可略見向淑雲，《唐代婚姻法與婚姻實態》，101-102。

現在，我想藉兩個具體的例子給予上述論點進一步的支持。晚唐詩人李商隱（八一三—八五八）家的祖塋，葬有他大姊、二姊。義山在爲遷葬仲姊於本家而寫的祭文中說：二姊的墓地「南望顯考，東望嚴君，伯姊在前，猶女在後」；目前一家之內，唯有祖妣（可能指曾祖母）尙未歸祔，此事辦妥之後，則「五服之內，更無流寓之魂；一門之中，悉共歸全之地。」[246] 從這段文字，可看出這個墳地葬有商隱的大姊、二姊和姪女。商隱的姪女未婚而死，二姊則爲「未廟見」婦，前文已有討論。至於伯姊爲誰，不能確定。很有可能是一位「徐氏姊」，她死後權葬於本家，丈夫逝世後，再遷去與丈夫合祔。商隱在寫祭二姊文時，大姊正權葬於本家。[247] 無論確實情況爲何，這裡要說的重點是，李商隱把本家女子——無論已婚、未婚——葬於祖墳當作家族的重聚，是一件合理而極可欣慰的事。

另一個例子是，八世紀前期有一位名爲王脩本的人死前有遺囑曰：「鬻其第，將我歸于洛師，啓遷我祖父伯仲女兄女弟凡七穴。」這是說他要求家人把現在的房子賣掉，歸葬他於埋有祖父等七人的家庭墓地。[248] 王脩本死前的願望是與已逝的家人聚首，這些家人包括他的姊妹。我們雖然不知道他的姊妹是否曾結婚，但脩本的遺言明確顯示一種以祖父母、父母爲中心的永恆家庭觀，這個家庭是包含女兒姊妹的。這個觀點顯然是使出嫁女歸葬本家在唐代具有若干合法性的源頭之一。

在唐代歸葬本家婦女的墓誌中，爲這種行爲賦予的最主要意義就是「不忘本」。這個詞語含有兩個因子，一是「本」——本源、本家，一是「不忘」——對本生家庭的懷念依戀。這是一種用婦女與本家在情感上的關連來建立合法性的說法。女子出嫁後，長居夫家，思念本親，乃人之常情。而此思念之情，有

[246] 李商隱，《樊南文集》，〈祭裴氏姊文〉，卷六，344，345。另參《樊南文集》下册，《樊南文集補編》卷十一，〈請盧尚書撰李氏仲姊河東裴氏夫人誌文狀〉。

[247] 有關商隱家婦女喪葬之事，除前註提及的資料，另參《樊南文集》卷六，〈祭徐姊夫文〉，〈祭徐氏姊文〉，〈祭小姪女寄寄文〉。商隱徐氏姊的例子似乎再次顯示，唐代婦女在與丈夫合祔或葬於夫家先塋之前，可權葬於本家。正文對此已稍提及。

[248] 〈唐故太原王府君夫人韋氏墓誌銘幷序〉，收在《唐代墓誌彙編》，2363。

臨死而愈切者，至有要求歸葬本家而得遂其心願的事例。獨孤及說他堂姊「終身有遠父母兄弟之痛」，最能表現歸葬本家行動的情感因素。即使在未歸葬本家的婦女間，有時這種情感也有令人動容的表達。元稹（七七九—八三一）記其大姊的遺言云：「吾幼也辭家，報親日短，今則已矣。不見吾親，親乎親乎！」可謂情辭淒切。元稹的姊姊十四歲結婚，享年三十餘，其臨終之言，應是許多唐代婦女的共同心聲。[249]

北魏末時，張普惠勸諫靈太后勿在她亡父的尊號上加「太上」二字，不可因私情而損害公制。普惠在密表中說：

> 天下母以義斷恩，不可遂在室之意，故曰：「女子有行，遠父母兄弟」。[250]

對唐代某些死後與本家同葬的婦女來說，她們的作爲與張普惠的話恰好背道而馳，可說是親情不可遏抑，終遂在室之意。而《詩經》「女子有行，遠父母兄弟」之語，在張普惠看來，是表示婦女應該和本家保持距離，但對許多生活在夫家的婦女，則可勾起終身之痛。

就目前所知，唐代婦女死後歸葬本家的情形並不多見。然而，這類情況雖然在事實的層面沒有高度的代表性，就對社會和文化的探究而言，則可能相當重要。一個社會中特殊的事件，例外的現象，常能提供我們省視行爲與規範系統之深層性質的機會。這些例外也不一定是由奇思怪想所造成的，它們往往透露出社會中普遍的——但經常是被壓抑的——思緒與願望。我相信，本文對唐代婦女歸葬本家的分析，對我們了解唐代婦女與其本生家庭的關係有重要的助益。這個分析也使我們捕捉到了從唐代婦女隱蔽的情感世界射出的幾道閃光。

---

249 《元稹集》（台北：漢京文化事業有限公司景印本，1983），〈夏陽縣令陸翰妻河南元氏墓誌銘〉，卷五八，610-611。墓誌中提及元稹母親曾久病，元稹姊親侍湯藥達兩三年，可見她曾長期歸寧。又，元氏死時，父母已逝，丈夫與兄弟都有事無法料理其喪事，元氏之喪後由元稹的從父與堂兄弟主持。凡此皆可窺唐代婦女與本家關係密切程度之一斑。附識，墓誌中關於元氏之享年，脫去一字。唐代文獻中對於婦女與本家深厚感情的描寫，可另見〈有唐盧氏故崔夫人墓銘并序〉，《唐代墓誌彙編》，2351。另一已婚婦女死前唯以母親爲念的例子見《唐代墓誌彙編》，2412。

250 《魏書》，卷七八，1733。

四、結論

這篇論文是對唐代婦女與本家關係的一個初步探討。文章涉及的範圍很廣，從思想、行爲規範到實際生活的種種方面，都作了敘述和分析，可說是個全面性的考察。本文運用的材料主要有正史、《通典》、文集、《全唐文》中的單篇文章、墓誌以及敦煌文獻，特別詳於中晚唐的資料。個人希望，這個研究已爲唐代家庭和婦女史上的一個重要環節——婦女與本家的關係——建立起基本知識，發掘出重要問題，並提出了深入了解問題的若干線索。

對於本研究的具體成果，這裡作一個簡單的摘要。在規範的探討方面，由於婦女與本家的關係不是禮法之所重，唐人對這個關係沒有明顯的規範系統，本文根據零星的資料，設法找出相關的主要看法。毫無疑問，在唐人的意識裡，婦女結婚是「移天」，由以父爲天轉爲以夫爲天，婚後當全心奉獻夫家，敬事舅姑，訓育兒女，「內夫家，外父母家」。以上所說不僅是古聖先賢的教誨，也是實際生活所表現出的理念。但已婚女子和本家還是有關聯的，她仍是本家的成員。根據韋述和《儀禮・喪服》的說法，本家可算是她的小宗。唐代其他兩種主要的行爲規範準則——人情論和法律，似乎都比儒家教義更強調婦女與本家的聯繫。

在實際狀況方面，婦女一般在生活上是以夫家爲主，鮮出夫家門戶者當不在少數。但本文也察覺到，出嫁女和本家通常仍維持著各種形式的關係。有的關係存在於「內夫家，外父母家」的格局內，有的則已逸出此格局。這些關係包括歸寧省親、日常接觸、照料娘家、夫隨妻居、長居本家等等。本文的一個重大發現是，至少在統治階層，婦女夫亡歸宗是一種生活的常態。這個現象可能與文化價值的傾向有關，但也有家庭結構的因素。值得注意的是，本家有時會介入出嫁婦女的婚姻，最極端的就是逼迫女子離婚。這種作爲往往不顧及婦女自己的意願，可見本家和婦女的聯繫對婦女福祉的影響有時是負面的。在婦女與本家的各種關係中，和一般規範理論相距最遠的就是出嫁女死後葬在本家的墓地。除了在「未廟見」婦的情況，這類事件相當罕見。但這種行動似乎具有象徵性的意義，代表對「內夫家，外父母家」文化的迴避或拒斥。綜合而言，在婦女與本家的關係上，實際行為遠比規範理論多樣而寬鬆。

在本文的導言，我曾經表示，本文的首要目的在增加我們對唐代婦女生活的了解，但也盼望能對歷史上婦女地位的探索有所幫助。對前一個目標，個人相信，已在相當的程度上達成了。至於後者，本文的貢獻有幾個方面。首先，本文顯示了婦女與本家的關係是個可行的研究課題，希望能因此激發學界對研究其他時代同一課題的興趣，從而使我們對婦女地位的問題能有更廣闊的衡量基礎。再者，從本文的研究，我們可以找到一些用來觀察婦女地位的具體指標。夫亡歸宗、長期歸寧也許就有這樣的功能。此外，透過對在室女祔葬祖墳、出嫁女歸葬本家等現象的探討，我們也發現，在生命終極歸屬的層次，對唐代的家庭而言，女兒並不一定只是客人或外人。這種婦女觀與後代的某些信仰有顯著的不同。譬如，依台灣漢人社會的傳統習俗，女兒若未嫁而死，就變成無主的鬼，在自家是沒有歸處的，若埋葬，也不能葬於家族墓地。[251] 這個對比提示我們，中國歷史上婦女身後地位的問題值得深入追索。

在唐代婦女與本家關係的研究上，本文是開拓性之作。我們如果要對這個問題取得大體周備的了解，需要努力的地方還很多。現在想對此課題的待發掘之處作幾點簡單說明。首先，我們對於唐代婦女與本家關係的種種相關事實，尚須再作廣泛的蒐集，筆記小說、墓誌、詩文資料尤其還有開發的空間。在個人研究的過程中，發現最難獲得資訊的反而是最平常的現象──婦女與本家一般性、例行性的接觸。或許由於這些事情太常見、太瑣碎，記載非常稀少。對於這種有關日常生活的研究，必須再廣搜資料，仔細梳理，才能重建比較清晰的影像。

其次，本文基本上是一個以唐代為時間範圍、以中國為地理界限的統合論述。文中沒有對觀察到的現象作時代、地域、種族的區分，對階級與本家問題

251 參見施芳瓏，〈姑娘仔「污穢」的信仰與其社會建構：以北台灣三間廟宇為例〉，發表於中央研究院民族學研究所主辦「婦女與宗教小型研討會」，一九九六年六月八日；Arthur P. Wolf, "Gods, Ghosts, and Ancestors," in Arthur P. Wolf, ed., *Studies in Chinese Society* (Stanford: Stanford University Press, 1978), 148-152。關於未婚女子埋葬方式的訊息，承施芳瓏小姐提供。

的關係略有涉及，但也是淺嘗輒止。這是一個有意的決定，因爲我目前掌握的材料還沒有豐富到能讓我作有意義的細部分類。希望隨著資料的累積，這個情況能得到改善。

最後，在這篇對唐代婦女與本家關係的概略論述中，一些有意義的課題還是沒能得到探討的機會。現在稍提出，一方面供學者參究，一方面也代表對自己的期許。本文論婦女與本家的關係，處理的對象都是妻子，但唐代有極多婦女爲人妾，爲人侍婢，她們和本家的關係又如何呢？這其中一定涵藏了極多有知識和啓示價值的人世經驗。現在舉兩個情況相反的例子，以見一斑。九世紀中，一位只知叫支氏的女子曾爲監察御史歸仁晦的妾，爲他育有五男二女，後來歸仁晦娶妻，支氏就「歸養」本家，與兒子分離（二女早夭）。[252] 這個歸宗事件背後相信有一段悲慘的境遇。另一個例子也出現在九世紀中葉。一位叫張氏的婦女爲李琯的妾，張氏的父母都隨她居住夫家。從資料看來，張家能有這樣的幸運，不必然是出於李琯的好心腸。據李琯自言，張氏「出余外氏家」，可能是母家的庶女或寒微親戚，兩人的關係本就不同平常，加以李琯自幼生長舅家，親情就更深一層。[253]

再者，本文爲求焦點清楚，沒有處理比丘尼、女道士與本家的關係。尼姑、道士雖名爲出家人，但和本家保持密切關係的恐怕不少。探討這個問題，不但有助於了解唐代的家庭狀況，對宗教史的研究也會有貢獻。[254] 今後對婦女與本家的研究似乎也可包括婦女和本家其他已婚姊妹的關係。從本文的論述，我們可以看出，對同胞手足情感的重視是唐代許多婦女與本家保持密切關係——甚至歸宗——的主要動力，就此點而言，出嫁姊妹間的關係與婦女、本家兄弟間的關係在性質上並無二致。事實上，在個人寓目的材料中，頗有顯示本家姊妹在婚

[252] 墓誌失名，見《唐代墓誌彙編》，2307。

[253] 〈唐河南府河南縣尉李公別室張氏墓誌銘幷序〉，收在《唐代墓誌彙編》，2457。

[254] 關於比丘尼和本家的密切關係，可例見《唐代墓誌彙編》，1655，2560。在敦煌文書斯四七一〇號唐末沙州陰屯屯等户口簿中，有些户中還有出家爲僧尼的家人。見唐耕耦、陸宏基編，《敦煌社會經濟文獻眞蹟釋錄》，第二輯，470。

後保有極密切關係的，合家之事亦有之。[255]

現在文章要以一個夢作結。前文曾提到一位在晚唐動亂中到河南澠池迎接姊姊回本家的李陲。姊姊崔夫人回洛陽本家不久，就罹病逝世，令李陲非常傷心。姊姊去世後某一晚，他作了一個夢，夢中姊姊告訴他：

> 吾獲計於前途，得歸身於我黨，因緣復結，似可庶幾？

這是說，姊姊預見自己將來會再投生本家，又與弟弟結緣，感到欣喜。李陲不是受到佛洛伊德影響的現代人，認爲夢其實代表的是個人潛意識中的期望。他似乎真的相信姊姊在托夢，所以他說：「釋不云乎：隨願往生。此夫人之深志也。」[256] 我們當然不能把李陲的夢當作崔夫人的意志，但他確信姊姊懷有再生本家的願望。

（本文於一九九六年十一月二十一日通過刊登）

---

255 例見《唐代墓誌彙編》，1839-1840，1930-1931，2018-2019。

256 〈唐故趙郡李夫人墓誌銘幷序〉，收在《唐代墓誌彙編》，2484。李陲有誤用佛家語之嫌。佛教說隨願往生，通常是指往生西方淨土或兜率天，而非再投人世。

引用書目

一、傳統文獻

《毛詩注疏》（十三經注疏本）。
《儀禮注疏》（十三經注疏本）。
《禮記注疏》（十三經注疏本）。
《禮記正義》（十三經注疏本）。
《春秋左傳正義》（十三經注疏本）。
《史記》，北京：中華書局，1959。
《漢書》，北京：中華書局，1962。
《後漢書》，北京：中華書局，1965。
《三國志》，北京：中華書局，1959。
《宋書》，北京：中華書局，1974。
《魏書》，北京：中華書局，1974。
《周書》，北京：中華書局，1971。
《北史》，北京：中華書局，1974。
《隋書》，北京：中華書局，1973。
《舊唐書》，北京：中華書局，1975。
《新唐書》，北京：中華書局，1975。
《舊五代史》，北京：中華書局，1976。
《新五代史》，北京：中華書局，1974。
《全唐文》，台北：大通書局景印本，1979。
《全唐詩》，北京：中華書局，1960。
《文苑英華》（欽定四庫全書本）。
《唐律疏議》，台北：商務印書館，1990。
《通典》，北京：中華書局，1988。
《唐會要》，台北：世界書局景印本，1989。
《宋刑統》，北京：中華書局，1984。

元　稹，《元稹集》，台北：漢京文化事業有限公司景印本，1983。
王維著，趙殿成箋注，《王右丞集箋注》，中華書局香港分局，1972。
白居易著，朱金城箋校，《白居易集箋校》，上海：上海古籍出版社，1988。
宇文懋德著，崔文印校證，《大金國志校證》，北京：中華書局，1986。
安旗主編，《李白全集編年註釋》，成都：巴蜀書社，1990。
任　蕃，《夢遊錄》，收在清同治年北京琉璃廠刻《唐人說薈》，卷十一。
吳延華，《儀禮章句》（阮元編，《皇清經解》本）。
宋敏求編，《唐大詔令集》，上海：學林出版社1992年重排版。
李如圭，《儀禮集釋》（欽定四庫全書本）。
李　昉，《太平廣記》，台北：明倫出版社景印本，1971。
李商隱，《樊南文集》，上海：上海古籍出版社，1988。
汪辟疆校錄，《唐人小說》，中華書局香港分局，1985。
車　垓，《內外服制通釋》（欽定四庫全書本）。
柳宗元，《柳宗元集》，北京：中華書局，1979；台北：漢京文化事業有限公司景印本，1982。
胡培翬著，楊大堉補，《儀禮正義》（王先謙編，《皇清經解續編》本）。
范　攄，《雲谿友議》，台北：世界書局景印本，1991。
孫望輯錄，《全唐詩補逸》，北京：中華書局，1982。
馬建石、楊育裳等編，吳壇原著，《大清律例通考校注》，北京：中國政法大學出版社，1992。
馬瑞辰，《毛詩傳箋通釋》，北京：中華書局，1989。
張　鷟，《朝野僉載》，台北：新文豐出版公司景印本，叢書集成新編第八十六冊，1985。
敖繼公，《儀禮集說》，收在徐乾學等輯，《通志堂經解》（康熙十九年刻本）。
盛世佐，《儀禮集編》（欽定四庫全書本），
陳尚君輯校，《全唐詩補編》，北京：中華書局，1992。
陸心源，《唐文續拾遺》，台北：文海出版社，1979。
陸耀遹纂，《金石續編》，台北：藝文印書館景印本，1966。
勞格、趙鉞，《唐尚書省郎官石柱題名考》，北京：中華書局點校本，1992。
鄂爾泰等奉敕撰（乾隆十三年），《欽定儀禮義疏》（欽定四庫全書本）。
黃以周，《禮書通故》，台北：華世出版社景印光緒十九年本，1976。
黃宗羲、全祖望等，《宋元學案》，台北：河洛出版社景印本，1975。

劉禹錫著，卞孝萱校訂，《劉禹錫集》，北京：中華書局，1990。
蓮塘居士（陳世熙），《唐人說薈》（北京琉璃廠刻本）。
鄭　氏，《女孝經》（二十二子全書本）。
鄭　珍，《儀禮私箋》（《皇清經解續編》本）。
盧綸著，劉初棠校注，《盧綸詩集校注》，上海：上海古籍出版社，1989。
蕭嵩等，《大唐開元禮》（欽定四庫全書本）。
應劭撰，王利器校注，《風俗通義校注》，台北：明文書局景印，1982。
韓　愈，《韓昌黎全集》，台北：新文豐出版公司景印本，1977。
嚴可均，《全上古三代秦漢三國六朝文》，北京：中華書局景印本，1991。
顧況著，王啓興、張虹注，《顧況詩注》，上海：上海古籍出版社，1994。
顧炎武，《原抄本日知錄》，台北：明倫出版社，1970。

二、近人論著

中田薰，〈唐宋時代の家族共產制〉，收入氏著，《法制史論集》，第三卷下，東京：岩波書店，1971年版。
仁井田陞著，江兼生譯，〈唐宋之家族同產及遺囑法〉，《食貨半月刊》，第一卷第五期（1935年2月）。
仁井田陞，《支那身分法史》，東京：座右寶刊行會，1942。
仁井田陞，《唐令拾遺》，東京：東京大學出版社，1964年復刻版。
仁井田陞著，栗勁等編譯，《唐令拾遺》，長春：長春出版社，1989。
仁井田陞，《唐宋法律文書研究》，東京：東京大學出版會，1983年復刻版。
毛漢光，《唐代墓誌銘彙編附考》，第十七冊，台北：中央研究院歷史語言研究所，1994。
毛漢光，〈中古大族著房婚姻之研究——北魏高祖至唐中宗神龍年間五姓著房之婚姻關係〉，《中央研究院歷史語言研究所集刊》，第五十六本第四分。
牛志平，〈唐代妒婦述論〉，《人文雜誌》，1987：3。
牛志平，〈唐代婚姻的開放風氣〉，《歷史研究》，1987：4。
牛志平，〈說唐代的「懼內」之風〉，《史學月刊》，1988：2。
王秉鈞，〈為婦女呼籲鳴不平的白居易〉，《蘭州大學學報》（社會科學版），1983：4。
王重民等編，《敦煌變文集》，北京：人民文學出版社，1957年初版。

王壽南，《唐代藩鎮與中央關係之研究》，台北：嘉新水泥公司文化基金會，1969。

王壽南，〈唐代公主之婚姻〉，收入李又寧、張玉法編，《中國婦女史論文集》，第二集，台北：商務印書館，1988。

甘懷眞，《唐代家廟禮制研究》，台北：商務印書館，1991。

任常泰，《中國陵寢史》，台北：文津出版社，1995。

向淑雲，《唐代婚姻法與婚姻實態》，台北：商務印書館，1991。

池田溫，《中國古代籍帳研究》，東京：東京大學東洋文化研究所，1979。

池田溫著，龔澤銑譯，《中國古代籍帳研究》，北京：中華書局，1984。

何立智等選注，《唐代民俗與民俗詩》，北京：語文出版社，1993。

何俊哲、張達昌、于國石，《金朝史》，北京：中國社會科學出版社，1992。

余英時，〈漢晉之際士之新自覺與新思潮〉，收入氏著，《中國知識階層史論・古代篇》，台北：聯經出版事業公司，1980。

余英時，〈名教危機與魏晉士風的演變〉，收入氏著，《中國知識階層史論・古代篇》，台北：聯經出版事業公司，1980。

余嘉錫，《世說新語箋疏》，台北：華正書局景印本，1989。

宋家鈺，《唐朝戶籍法與均田制研究》，鄭州：中州古籍出版社，1988。

杜正勝，〈傳統家族結構的典型〉，收在氏著，《古代社會與國家》，台北：允晨文化實業公司，1992。

周一良，〈敦煌寫本書儀所見的唐代婚喪禮俗〉，收入氏著，《魏晉南北朝史論集續集》，北京：北京大學出版社，1991。

周次吉，《唐碑誌所見女子身分與生活之研究》，國立政治大學中文研究所博士論文，1991。

周祖譔主編，《中國文學家大辭典・唐五代卷》，北京：中華書局，1992。

周紹良主編，趙超副主編，《唐代墓誌彙編》，上海：上海古籍出版社，1992。

林麗眞，〈論魏晉的孝道觀念及其與政治、哲學、宗教的關係〉，《國立台灣大學文史哲學報》，第四十期（1993年6月）。

施芳瓏，〈姑娘仔「污穢」的信仰與其社會建構：以北台灣三間廟宇爲例〉，發表於中央研究院民族學研究所主辦「婦女與宗教小型研討會」，一九九六年六月八日。

柳立言，〈淺談宋代婦女的守節與再嫁〉，《新史學》，第二卷第四期（1991年12月）。

唐耕耦、陸宏基編,《敦煌社會經濟文獻眞蹟釋錄》,第一輯,北京:書目文獻出版社,1986。

唐耕耦、陸宏基編,《敦煌社會經濟文獻眞蹟釋錄》,第二輯,北京:全國圖書館文獻縮微複製中心,1990。

徐秉愉,〈遼金元三代婦女節烈事蹟與貞節觀念之研究〉,收入鮑家麟編,《中國婦女史論集續集》,台北:稻鄉出版社,1991。

徐道鄰,〈唐律中的中國法律思想和制度〉,收在氏著,《中國法制史論集》,台北:志文出版社,1975。

袁 俐,〈宋代女性財產權述論〉,收在鮑家麟編,《中國婦女史論集續集》,台北:稻鄉出版社,1991。

高世瑜,《唐代婦女》,西安:三秦出版社,1988。

高國藩,《敦煌古俗與民俗流變——中國民俗探微》,南京:河海大學出版社,1990。

康 樂,《從西郊到南郊——國家祭典與北魏政治》,台北:稻鄉出版社,1995。

張邦煒,〈宋代婦女的再嫁問題與社會地位〉,收入鮑家麟編,《中國婦女史論集三集》,台北:稻鄉出版社,1993。

陳子展,〈孝經在兩漢六朝所生之影響〉,《復旦學報》,第四期(1937年1月)。

陳東原,《中國婦女生活史》,台北:商務印書館臺九版,1990。

陳寅恪,《元白詩箋證稿》,《陳寅恪先生文集》,第三冊,台北:里仁書局景印本,1982。

陳寅恪,〈陶淵明之思想與清談之關係〉,《金明館叢稿初編》,《陳寅恪先生文集》,第一冊,台北:里仁書局景印本,1982,。

陳 鵬,《中國婚姻史稿》,北京:中華書局,1990。

陶晉生,〈北宋婦女的再嫁與改嫁〉,《新史學》,第六卷第三期(1995年9月)。

傅璇琮,《唐才子傳校箋》,北京:中華書局,1990。

楊 寬,《中國古代陵寢制度史研究》,上海:上海古籍出版社,1985。

董家遵,〈從漢到宋寡婦再嫁習俗考〉,收入鮑家麟編,《中國婦女史論集》,台北:稻鄉出版社,1992年再版二刷。

董家遵,〈談談贅婿制度的形式與成因〉,原載《建國評論》第二卷第二、三期,(1947年),現收入董家遵著,卞恩才整理,《中國古代婚姻史研究》,廣州:廣東人民出版社,1995。

趙和平,《敦煌寫本書儀研究》,台北:新文豐出版公司,1993。

趙　超，〈由墓誌看唐代的婚姻狀況〉，《中華文史論叢》，1987：1。

趙鳳喈，《中國婦女在法律上的地位》，台北：食貨出版社，1973年台灣初版。

劉紀華，〈中國貞操觀念的歷史演變〉，收入高洪興、徐錦軍、張強編，《婦女風俗考》，上海：上海文藝出版社，1991。

劉　興，〈白居易婦女詩婚姻觀探索〉，《湖南師大社會科學學報》，1987：5。

蔣禮鴻主編，《敦煌文獻語言詞典》，杭州：杭州大學出版社，1994。

鄭阿財，〈敦煌寫本「崔氏夫人訓女文」研究〉，《法商學報》（中興學報法商篇），第十九期（1984年7月）。

盧向前，〈唐代胡化婚姻關係試論——兼論突厥世系〉，收在王永興編，《紀念陳寅恪先生百年誕辰學術論文集》，南昌：江西教育出版社，1994。

錢大群、錢元凱著，《唐律論析》，南京：南京大學出版社，1989。

戴炎輝，《唐律通論》，台北：正中書局，1964。

聶崇岐，〈女子再嫁問題之歷史的演變〉，收入鮑家麟編，《中國婦女史論集》，台北：稻鄉出版社，1992年再版二刷。

羅宗濤，《敦煌變文社會風俗事物考》，台北：文史哲出版社，1974。

譚蟬雪，《敦煌婚姻文化》，蘭州：甘肅人民出版社，1993。

嚴耕望，《唐僕尙丞郎表》，台北：中央研究院歷史語言研究所，1956。

Chen Jo-shui. "Empress Wu and Proto-feminist Sentiments in T'ang China." In Frederich Brandauer and Chun-chieh Huang, eds., *Imperial Rulership and Cultural Change in Traditional China*. Seattle: University of Washington Press, 1994.

Ebrey, Patricia. *The Inner Quarters: Marriage and the Lives of Chinese Women in the Sung Period*. Berkeley: University of California Press, 1993.

Kim Yung-Chung, ed. and tr. *Women of Korea: A History from Ancient Times to 1945*. Originally written under the direction of the Committee for the Compilation of the History of Korean Women. Seoul: Ewah Woman's University, 1976.

Wolf, Arthur P. "Gods, Ghosts, and Ancestors." In Arthur P. Wolf, ed., *Studies in Chinese Society*. Stanford: Stanford University Press, 1978.

Wong Sung-ming. "Confucian Ideal and Reality: Transformation of the Institution of Marriage in T'ang China (A.D. 618-907)." Ph.D. dissertation, University of Washington, 1979.

Women and Their Natal Families in T'ang China: A Preliminary Investigation

Jo-shui Chen

Institute of History and Philology, Academia Sinica

This article examines the relationship between married women and their natal families in T'ang China (618-907). "Natal families" (*pen-chia*) here refer to the families of women's parents and those of their brothers. As traditional Chinese (dominantly Confucian) ethics almost absolutizes the value of the integration of women into their husbands' families, throughout the imperial era the relationship between women and their natal families received little attention in formal discourses. As a result, T'ang documents only sporadically record information in this regard. Neither has modern scholarship paid much attention to the topic. The relationship of women with their natal families, however, was in fact an important aspect of their life. An investigation into the subject, as the present work attempts to do, will contribute greatly to an adequate understanding of women's life in T'ang China. It is also likely that this inquiry will shed light on the question of the status of women in premodern China. The appraisal of women's changing status in traditional times has been a major point of interest for historians of Chinese women, and scholars have been using the social demand on women's chastity toward their husbands as the primary yardstick for their evaluation thereof. This paper will suggest that knowledge about women's relationships with their natal families can provide another valuable perspective on the matter. Generally speaking, in the Chinese context, a social atmosphere that tolerates women's ties with their original families not only offers support to women living in their husbands' families, but also signals the importance of the daughter's role in a family. To the contrary, a cultural milieu that discourages these ties will likely have a reverse effect on the status of women.

Structurally, in addition to an "Introduction" and "Conclusion," this article is divided into two parts. The first discusses the norms pertaining to the relationship of women with their natal families; the second explores actual conditions, covering a wide range of subjects.

出自第六十八册第一分(一九九七年三月)

圓仁與唐代巡檢

黃清連*

本文以日本入唐僧圓仁(794-864)所著一手史料《入唐求法巡禮行記》爲主，討論他在唐代中國目睹及經歷唐代巡檢的一些問題。

唐人所謂「巡檢」，有巡迴檢查、巡行視察之義。有關圓仁和唐代巡檢的關係，在他四卷八萬字的日記中，記載極詳。本文從圓仁所經歷的地方巡檢、帖報官府、申請公驗過所和關津勘驗等事，討論他遭遇唐代巡檢的經過，和一些應付巡檢的具體行動。圓仁的經歷，當然無法説明唐代巡檢的全貌。但他九年多的經歷和詳贍的記錄，填補了唐代巡檢的許多空白，自然彌足珍貴。本文分五節，除「前言」與「結語」外，討論的重點，主要包括第二節「圓仁所見的唐代地方巡檢」、第三節「圓仁與帖報官府」、第四節「圓仁與申請公驗過所及關津勘驗」。

關鍵詞：圓仁 巡檢 唐代

---

* 「中央研究院」歷史語言研究所

本文曾獲黃寬重、陳弱水、柳立言、劉淑芬、盧建榮、洪金富、管東貴、范毅軍等諸先生及二位審查人提供寶貴參考資料及修改建議，特此致謝。

一、前言

歷史是死的嗎？史料是枯燥的記錄嗎？

過去讀書時常聽人這麼說，自己多年來讀史時也曾有這種感觸。可是，最近閱讀日本僧人圓仁所著的《入唐求法巡禮行記》（以下簡稱《入唐記》）時，卻感受到1100多年前的歷史，猶然鮮活地呈現在這部內容豐富的日記中。作者的感情並未像傳統正史刻意隱藏，他千里迢迢求法尋經的足跡，是重要的歷史地理材料；他遍歷大半個唐帝國的所見所聞，更是寶貴的政治、社會、宗教、文化和民俗的記錄。展讀這樣的作品，我們可以說：歷史不曾死，不會死，史料也不枯燥。

圓仁《入唐記》具有極高的第一手史料價值，學界早有定論。有人譽為「東洋學界至寶」，有人讚為「東方遊記中一顆璀璨的明珠」，與玄奘的《大唐西域記》、馬可波羅《東方見聞錄》（《馬可波羅行記》）並列，都是珍貴的文獻。[1]

圓仁(794-864)，俗姓壬生氏，生於日本下野國都賀縣。他幼習經典，15歲師事日本天台宗創始人最澄(767-822)。在他入唐求法之前，已經是一位高僧。[2] 唐文宗開成三年（日本仁明朝承和五年，公元838年），圓仁隨遣唐使藤原常嗣一行，歷經海上波濤，千辛萬苦地在這一年的七月二日，踏上大唐土地——揚州海陵縣白潮鎮桑田鄉東梁豐村。此後，圓仁遊歷揚州、登州、五臺山和長安等地，足跡達於現在的江蘇、山東、河北、山西、陝西、河南、安徽等七省。根

[1] 例如：美國學者賴世和（Edwin O. Reischauer）、日本學者塚本善隆、大陸學者顧承甫、何泉達及白化文等，皆有類似說法。見：Edwin O. Reischauer，*Ennin's Travels in T'ang China*（New York: The Ronald Press, 1955），頁1-13；小野勝年，《入唐求法巡禮行記の研究》（以下簡稱「小野本」），第一卷（京都：法藏館，1964原刊、1989再版），塚本善隆「序」；圓仁著、顧承甫、何泉達點校，《入唐求法巡禮行記》（以下簡稱「顧本」；上海：古籍出版社，1986），「前言」；圓仁著、白化文、李鼎霞、許德楠校註，《入唐求法巡禮行記校註》（以下簡稱「白本」；石家莊：花山文藝出版社，1992），「前言」。

[2] 有關圓仁生平及入唐以前事蹟，參見佐伯有清，《圓仁》（東京：吉川弘文館，1989、1994），頁1-54。

據統計，圓仁行程所經過的唐朝當時州府治所20處、縣治35處，村落有名稱記錄者84處。[3] 圓仁最後因爲遇上會昌法難，而於唐宣宗大中元年(847)，攜帶在各地所得的經書、章疏、詩文等返回日本。圓仁入唐時45歲，返國時55歲，公元864年示寂，享年71歲，死後賜號「慈覺大師」。[4]

圓仁入唐，一共歷時9年7個月左右，經文宗、武宗、宣宗三朝。他在《入唐記》中，以漢文、用日記體裁寫下這段期間的重要經歷。全書共約600多則，8萬言，分4卷。此書的版本，研究者不少，毋須贅言。[5] 過去利用此書豐富的材料進行研究者很多，最具開創之功者是岡田正之，他利用此書討論唐代宦官問題、會昌廢佛、唐與回鶻、日本、新羅關係等課題。[6] 最富盛名的是賴世和(Edwin O. Reischauer)和小野勝年二人。賴世和曾對此書進行詳細的英文譯註，[7] 並在《圓仁在唐的旅行》[8] 中揭櫫許多引人興趣的研究課題。小野勝年則按原書分卷對此書進行詳贍的註釋及研究，刊行《入唐求法巡禮行記の研究》四鉅冊。[9]

---

[3] 齊濤，《魏晉隋唐鄉村社會研究》（濟南：山東人民出版社，1995），頁69-71。又見《入唐記》，顧本，「前言」。

[4] 有關圓仁入唐事蹟及返國後顯揚佛法、示寂等事，參見佐伯有清，《圓仁》，頁55-262。

[5] 參見小野勝年，《入唐求法巡禮行記の研究》，第一卷（京都：法藏館，1964原刊、1989再版），「序説にかえて——慈覺大師の入唐巡禮」；圓仁著、顧承甫、何泉達點校，《入唐求法巡禮行記》，「前言」；圓仁著、白化文、李鼎霞、許德楠校註，《入唐求法巡禮行記校註》，「前言」。

[6] 岡田正之生前最後完成的有關圓仁《入唐記》之研究，共計四篇論文：〈慈覺大師の入唐紀行に就いて（第一回）〉，《東洋學報》11.4（1921）：461-486；〈慈覺大師の入唐紀行に就いて（第二回）〉，《東洋學報》12.2（1922）：147-186；〈慈覺大師の入唐紀行に就いて（第三回）〉，《東洋學報》12.3（1922）：273-294；〈慈覺大師の入唐紀行に就いて（第四回）〉，《東洋學報》13.1（1923）：1-28。Edwin O. Reischauer, *Ennin's Travels in T'ang China,* pp. 13-14, 對岡田正之這四篇論文有簡短的評介。

[7] Edwin O. Reischauer, *Ennin's Diary: The Record of a Pilgrimage to China in Search of the Law*（以下簡稱「賴本」；New York: The Ronald Press Co., 1955）。

[8] 見註1。

[9] 小野勝年，《入唐求法巡禮行記の研究》，第一卷、第二卷、第三卷（京都：法藏館，1964原刊、1989再版）；第四卷（京都：法藏館，1969原刊、1989再版）。

利用《入唐記》中所載唐代俗講、會昌毀佛等資料而討論者，不勝枚舉。[10] 最近更有人藉《入唐記》以討論唐代的新羅人、新羅坊、[11] 唐代的村落[12] 等等。

本文採用「巡檢」一詞，係依唐人及圓仁之用法。唐人所謂「巡檢」，有巡迴檢查、巡行視察之義，譬如在遣諸道按察使「巡檢」天下鹽鐵之課時，可以和「檢責」、「勾當」、「檢校」、「糾覺」等義相近；[13]「巡檢」也有巡邏警備、檢查非違之義，包括範圍極廣，茲略舉三例：《舊唐書·李揆傳》說：「（肅宗）時京師多盜賊，有通衢殺人置溝中者，李輔國方恣橫，上請選羽林騎士五百人以備『巡檢』。」[14]《唐會要》說：「太和四年(830)九月，比部奏：『……又當州或屬將校所由，[15] 有『巡檢』非違，追捕盜賊，須行賞勸，合給程糧者……』敕旨，宜依。」[16]《通典》說：「大唐左右監門府置大將軍、中郎

---

[10] 例如向達，〈唐代俗講考〉，收入氏著《唐代長安與西域文明》（台北：明文書局，1981），頁294-335；至於武宗滅佛一事，由於圓仁親歷這項法難，《入唐記》對於此事的記載較諸兩《唐書》等爲詳，歷來討論此事者，多援引圓仁的記事。

[11] 例如卞麟錫，〈試論九世紀唐朝新羅坊的性質〉，收入中國唐代學會主編，《第二屆國際唐代學術會議論文集》（台北：文津出版社，1993），下册，頁887-900；牛致功，〈圓仁目睹的新羅人——讀《入唐求法巡禮行記》札記〉，收入鄭學檬等主編，《唐文化研究論文集》（上海：人民出版社，1994），頁544-555。

[12] 齊濤，《魏晉隋唐鄉村社會研究》，頁68-76。

[13] 開元十年，玄宗「遂令將作大匠姜師度、户部侍郎強循俱攝御史中丞，與諸道按察使『檢責』海内鹽鐵之課。「比令使人『勾當』，除此外更無别求。在外不細委知，如聞稱有侵刻，宜令本州刺史上佐一人『檢校』，依令式收税，如有落帳欺沒，仍委按察使『糾覺』奏聞。其姜師度除蒲州鹽池以外，自餘處更不須『巡檢』。」見《舊唐書》（標點本），卷四八，頁2106-2107，〈食貨志（上）〉。又見王溥，《唐會要》（標點本），卷八八，頁1603-1604，〈鹽鐵〉。

[14] 《舊唐書》，卷一二六，頁3560，〈李揆傳〉。

[15] 唐代所謂「所由」，至少有下列幾種用法，其一爲一般用語，指「從所由來」；其二爲一般用語轉化爲特殊用語，如「所由長官」、「所由司」、「所由長吏」等，胡三省注「所由」爲「猶言所主也」，又謂「所由人」爲「有所監典」；其三，至唐末五代時，「所由」已專指「胥吏」。以上參閱：船越泰次，〈五代節度使体制下に於ける末端支配の考察——所由節級考——〉，《集刊東洋學》13（1965）：29-44。本條承審查人惠賜參考意見，特此致謝。

[16] 《唐會要》，卷五九，頁1036-1037，〈尚書省諸司（下）·比部員外郎〉。

將等官。龍朔二年(662)，改府爲衛，大將軍各一人，所掌與隋同，將軍各二人以副之。中郎將各四人，分掌諸門，以時『巡檢』；領官屬，並隋置，大唐因之。」[17] 在《入唐記》中，圓仁經常使用「巡檢」或「檢校」等詞，來指稱上述巡邏警備、檢查非違的行動。僅管如此，唐代尚未以「巡檢」一名而命官，直到五代後梁、後唐才出現巡檢使、都巡檢使、三城巡檢使等官。[18] 宋代有巡檢司、[19] 金代設有各種巡檢使，[20] 都是擔任巡邏警戒、檢查非違之職。明、清以

[17] 杜佑，《通典》（校點本；北京：中華書局，1988），卷二二，頁789，〈職官（十）·武官（上）·左右監門衛〉。

[18] 例如：《舊五代史》（標點本），卷十，頁150，〈梁書·末帝本紀下·龍德三年(923)〉條說：「閏月壬寅，唐軍襲鄆州，陷之，巡檢使前陳州刺史劉遂嚴、本州都指揮使燕顒奔歸京師，皆斬於都市。」又如：《舊五代史》，卷九四，頁1246，〈晉書·張廷蘊傳〉說：「張廷蘊，字德樞，開封襄邑人也。……廷蘊少勇捷，始隸宣武軍爲伍長，唐天復中，奔太原，武皇收於帳下爲小校。及莊宗救上黨，戰柏鄉，攻薊門，下邢、魏，皆從之……累加檢校兵部尚書、帳前步軍都虞候，充諸軍濠寨使。同光(923-925)初，從明宗收汶陽，加檢校尚書右僕射，充魏博三城巡檢使。」

[19] 《宋史》（標點本），卷一六七，頁3982-3983，〈職官（七）·巡檢司〉說：「巡檢司：有沿邊溪峒都巡檢，或蕃漢都巡檢，或數州數縣管界、或一州一縣巡檢，掌訓治甲兵、巡邏州邑、擒捕盜賊事；又有刀魚船戰棹巡檢，江、河、淮、海置捉賊巡檢，及巡馬遞鋪、巡河、巡捉私茶鹽等，各視其名以修舉職業，皆掌巡邏幾察之事。中興以後，分置都巡檢使、都巡檢、巡檢、州縣巡檢，掌土軍、禁軍招塡教習之政令，以巡防扞禦盜賊。凡沿江沿海招集水軍，控扼要害及地分闊遠處，皆置巡檢一員，往來接連合相應援處，則置都巡檢以總之，皆以材武大小使臣充。各隨所在，聽州縣守令節制，本砦事並申取州縣指揮。若海南瓊管及歸、峽、荆門等處跨連數郡，控制溪峒，又置水陸都巡檢使或三州都巡檢使，以增重之。」有關宋代巡檢的討論，參閱：苗書梅，〈宋代巡檢初探〉，《中國史研究》3（1989）：41-54。本篇論文出處由柳立言先生提供，謹此致謝。

[20] 《金史》（標點本），卷五七，頁1325-1326，〈百官（三）·諸府鎭兵馬、巡檢、關津、邊將等職〉說：「諸巡檢：中都東北都巡檢使一員，正七品，通州置司，分管大興、漷陰、昌平、通、順、薊、盈州界盜賊事。司吏一人，掌行署文書。馬軍十五人……西南都巡檢一員，正七品，良鄉縣置司，分管良鄉、宛平……易州界盜賊事。諸州都巡檢使各一員，正七品。副都巡檢使各一員，正八品。司吏各一人。……西北路依此置，餘不加「使」字。散巡檢，正九品。內泗州以管勾排岸兼之。皆設副巡檢一員，爲之佐。右地險要處置司。唐、鄧、宿、泗、潁、壽、蔡等州及緣邊二十五處置。」

至近代，都有類似職官分層負責。圓仁以一名外國請益僧身分在唐旅行、求法尋經，他所遭遇到的「巡檢」，主要發生在海岸、港澳、關津、市集、旅店、城鎮等處。爲了應付各種巡檢，經常「帖報」官府、申請「公驗」或「過所」等旅行證明文書。

本文是筆者研究唐代官僚政治時，在蒐集史料過程中的副產品。本文的重點，僅限於討論《入唐記》所載圓仁目睹及親身經歷的唐代巡檢的一些問題，主要包括第二節「圓仁所見的唐代地方巡檢」、第三節「圓仁與帖報官府」、第四節「圓仁與申請公驗過所及關津勘驗」。圓仁本身的研究及《入唐記》所涉及的佛教、民俗、中日關係、新羅人在唐活動等其他或許更饒興味的課題，本文無法深論。

二、圓仁所經歷的唐代地方巡檢

自唐文宗開成三年(838)七月二日，圓仁踏上大唐土地——揚州海陵縣白潮鎮桑田鄉東梁豐村——起，至唐宣宗大中元年(847)九月二日，圓仁乘船離開大唐國境——登州赤山浦——止，圓仁在帝國境內大約9年2個月。在這段期間內，由於帝國地方巡檢、帖報官府、及申請旅行公驗、過所等事，圓仁對唐帝國的地方及中央政府的一些巡檢措施，有著各種不同程度的接觸與瞭解。在《入唐記》中，也有著許多寶貴的記載。以下試分別敘述並略加分析。本節的討論，先自圓仁踏上大唐國境所遭遇的地方巡檢開始。

圓仁踏上大唐土地的第一個晚上，留學僧等一行，即在揚州海陵縣白潮鎮桑田鄉東梁豐村「守捉軍季賞宅停宿」。[21] 不久，又遇見揚州海陵縣淮南鎮的鎮軍及鹽官判官。[22] 鎮與守捉是唐代在邊境所設置的警備駐屯部隊，《新唐書·

---

[21] 《入唐記》，卷一，「開成三年七月二日」條，顧本，頁3；白本，頁8；小野本，第一卷，頁108；賴本，頁10。

[22] 《入唐記》，卷一，「開成三年七月二日」條，顧本，頁4；白本，頁8-9；小野本，第一卷，頁108-109；賴本，頁10-11。按此事繫於七月一日及二日，小野本校記疑日期有錯亂。

兵志》說：「唐初，兵之戍邊者，大曰軍，小曰守捉，曰城，曰鎮，而總之者曰道。……其軍、城、鎮、守捉皆有使。」[23]

圓仁此後在大唐境內的旅行，與這些警備部隊的接觸，相當頻繁。例如：抵唐的第二天（838年七月三日），他們到達「海陵縣白潮鎮管內守捉軍中村」，[24]幾天之後（七月九日），圓仁一行接受海陵鎮大使的慰問及其僚屬的例行性巡檢，《入唐記》說：「海陵鎮大使劉勉來慰問使等，贈酒餅，兼設音聲。相從官健、親事八人，其劉勉著紫朝服，當村押官亦同著紫衣。巡檢事畢，卻歸縣家。」[25] 這條資料有幾個地方值得注意：此處的「鎮大使」，小野勝年指出或爲海陵縣的白潮鎮，或爲如皋鎮。[26]《新唐書・百官志》說：唐代的鎮，分上、中、下三等，各有鎮將、鎮副一人，下有倉曹、兵曹參軍事，每鎮又有使一人，副使一人。[27]「官健」是健兒的別名、「親事」是近侍者之義。至於「押官」，小野引《通典》卷一四八「兵」條：「每隊五十人，押官一人，隊頭一人，副二人，旗頭一人，副二人，火長五人。」又引《唐六典》卷五「兵部」條：「凡諸軍鎮，每五百人置押官一人，一千人置子總管一人，五千人置總管一人。」小野並推測，押官或許在唐代後期的藩鎮時代常駐於各個村落，擔任類似現代憲兵性質的工作。[28]

---

[23]《新唐書》（標點本），卷五〇，頁1328-1329，「兵志」。參：唐長孺，《唐書兵志箋正》（北京：科學出版社，1957），卷二，頁33，唐氏云：「按軍及守捉，設置稍後，其將領稱使，爲帶職而非官稱，故無品秩。……以官制言之，自節度以及守捉之使僅是差遣……軍與守捉雖有高卑之別，然守捉軍亦有多於軍者；如隴右之平夷守捉管兵三千人，而寧塞軍止五百人；河西之張掖守捉管兵六千三百人馬千匹，而建康寧寇二軍止千七百人馬百匹，其例也。」

[24]《入唐記》，卷一，「開成三年七月三日」條，顧本，頁4；白本，頁10-11；小野本，第一卷，頁119；賴本，頁12-13。

[25]《入唐記》，卷一，「開成三年七月九日」條，顧本，頁5；白本，頁11；小野本，第一卷，頁121；賴本，頁14。

[26]《入唐記》，小野本，第一卷，頁122註。

[27]《新唐書》，卷四九下，頁1319-1320，「百官志」。

[28]《入唐記》，小野本，第一卷，頁123註。

地方的鎮、守捉及一些胥吏，對於入境及出境之行旅及其船隻等交通工具，負有檢校人員數目及裝載貨物等責任。《入唐記》開成三年七月十九日條說：「（遣唐）大使牒到來。案牒狀稱，其漂泊船，隨便檢校於所由守捉司，其守舶水手等，依數令上向，不得缺留者。」[29] 前述海陵鎮大使劉勉在圓仁等一行入境時曾率員檢校，同樣地，他們在同年七月二十日出境時，「鎮大使劉勉駕馬來泊舫之處，馬子從者七、八人許，檢校事訖，即去。」[30]

由於唐時「有所由制不許外國人濫入寺家」，[31] 圓仁在抵達揚州府時須要先向官府報牒（詳第三節），獲准後才能到寺院居住。因此，圓仁等在住進揚州府開元寺之前，是先宿於官店。在這裡，他們或者受到「勾當日本國使王友真來官店慰問僧等」[32] 的待遇，或者要接受「勾當日本國使王友真共相公（指淮南節度使李德裕）使人到官店，勘錄金成（日本船師佐伯金成）隨身物。」[33] 金成隨身物之所以接受使人的「勘錄」，是因為他已經「患痢，經數日」，並在勘錄次日就死亡了。但在圓仁一行獲准離開官店住進開元寺前，地方官吏「令檢校客房」。[34] 由此看來，唐代對於行旅，尤其外國人或外國僧人之檢校，是相當嚴密的。即使住進寺院，也還是要受到官方巡檢，圓仁在揚州開元寺就遇到這樣的事例：

29 《入唐記》，卷一，「開成三年七月十九日」條，顧本，頁6；白本，頁15；小野本，第一卷，頁132；賴本，頁17。

30 《入唐記》，卷一，「開成三年七月二十日」條，顧本，頁7；白本，頁16-17；小野本，第一卷，頁135；賴本，頁19。

31 《入唐記》，卷一，「開成三年八月三日」條，顧本，頁9；白本，頁27；小野本，第一卷，頁164；賴本，頁26。

32 《入唐記》，卷一，「開成三年八月九日」條，顧本，頁10；白本，頁31-32；小野本，第一卷，頁176；賴本，頁28-29。

33 《入唐記》，卷一，「開成三年八月十六日」條，顧本，頁11；白本，頁33；小野本，第一卷，頁180；賴本，頁30。

34 《入唐記》，卷一，「開成三年八月廿四日」條，顧本，頁11；白本，頁35；小野本，第一卷，頁189；賴本，頁31。

開元寺僧貞順私以破釜賣與商人，現有十斤，其商人得鐵出去，於寺門裡，逢巡檢人，被勘捉，歸來。……即勾當並貞順具狀，請處分，官中免卻。自知揚州管內不許賣買鐵矣。[35]

外國人如果與唐人發生各種糾紛或者違法買賣各種違禁品，當時是要受到唐律處分的。圓仁所隨遣唐使同行的人，在準備離開揚州府前就發生這樣的事：

（開成四年二月二十日）第四舶射手一人水手二人，緣強淩唐人，先日捉縛，將州著枷，未被免。……不久之間，第四舶監國信幷通事，緣買敕斷色，相公交人來喚，隨使入州去。……晚際，第四舶通事、知乘等被免，趁來。長〔判〕官傔從……等四人，爲買香藥等，下船到市。爲所由勘追，捨二百餘貫錢逃走，但三人來。（二月）廿一日，大使傔從……先日爲買物，下船往市，所由捉縛，州裡留著，今日被免來。又第四舶射手被免放來。到江陽縣迴船堰，夜宿。（二月）廿二日，辰時，發。射手……於市買物，先日被捉，閉縛州裡。今日被放來，又不失物。不久之會，第四舶射手、水手二人被免卻來。史〔生〕……先日住市買物，所由報州，請處分，今日趁來。[36]

圓仁這段詳細記事，主要是同行者中有人「強淩唐人」及有人「買敕斷色」，而遭到地方胥吏逮捕。「強淩唐人」的實際狀況如何，從記事中無法得知，但關於「買敕斷色」一事，小野勝年曾作詳註，[37] 略謂：「敕斷色」是指皇帝敕令禁止在對外貿易中買賣的物品，如錦、綾、羅、真珠、金、鐵、香藥等類。這類物品的交易，必須得到朝廷批准，否則就是犯法。《唐令拾遺》中的「關市令」，說明了對外貿易是受到政府嚴格管理的。[38] 《入唐記》的這段記載，生動說明了上述事實，可以說是珍貴的史料。

---

[35] 《入唐記》，卷一，「開成三年十一月七日」條，顧本，頁18；白本，頁62-63；小野本，第一卷，頁259；賴本，頁48-49。

[36] 《入唐記》，卷一，「開成四年二月二十日至二十二日」條，顧本，頁31-32；白本，頁115-119；小野本，第一卷，頁405-417；賴本，頁82-85。

[37] 《入唐記》，小野本，第一卷，頁414-415。

[38] 仁井田陞，《唐令拾遺》（東京：東方文化學院東京研究所，1933），頁713-721，「關市令」。

除了以上圓仁在揚州府地區接觸的地方警備部隊與相關執勤胥吏之外，有關唐代的地方巡檢，還須注意到一般州、縣、村、里的制度及其運作。早在圓仁抵唐不久，他就看到揚州府海陵縣如皐鎮附近的郭補村（小野疑補或當作鋪）的夜防情形。圓仁停宿該村時，觀察到的情形是：「入夜多蚊，痛如針刺，極以艱辛。通夜打鼓，其國之風，有防援人，為護官物，至夜打鼓。」[39] 至於從村落至州、縣、節度使的地方巡檢體系，圓仁在海州的遭遇，則提供了一個具有珍貴史料價值的完整說明。

圓仁一行離開揚州後，先取道運河北上，再由淮水入海，擬登陸山東半島。開成四年(839)三月廿九日，船舶抵達海州管內東海縣東海山東邊，入澳停住。但是，他們連日等候信風而不得，只好在四月五日登陸，於申時（約午後4時許）到達宿城村的新羅人宅暫息。這時負責「督察奸非」的村老王良即來書云：「和尚到此處，自稱新羅人，見其言語，非新羅語，亦非大唐語。見道日本國朝貢使船，泊山東候風，恐和尚是官客，從本國船上逃來。是村，不敢交官客住，請示以實，示報，莫作妄語。只今，此村有州牒，兼有押衙使下，有三、四人，在此探候。更恐見和尚，禁捉入州。」[40]《入唐記》接著說圓仁等人接到村正書信後，正在「思慮之會」時所發生的情形：

> 海州四縣都遊〔奕〕將下子巡軍中張亮、張茂等三人，帶弓箭來，問從何處來？僧等擬以實答，還恐人稱有罪過禁捉，即作方便、設謀，便虛答之：「僧等實是本國船上來，緣病暫下船。夜宿，不覺船發。雇人到此，請差使人送去。」云云。爰軍中等的然事由，便將僧等，往村長王良家。任軍中請，具錄留卻之由與押衙。僧等便作狀交報，其狀稱：「…（略）…」爰子巡軍中等，更加別狀，遣報押衙都遊奕所。[41]

接著，圓仁等一行接受一連好幾天的檢查、盤問，甚至宿城村的頂頭上司東

---

[39] 《入唐記》，卷一，「開成三年七月十八日」條，顧本，頁6；白本，頁14；小野本，第一卷，頁129-130；賴本，頁16-17。

[40] 《入唐記》，卷一，「開成四年四月五日」條，顧本，頁40-41；白本，頁138；小野本，第一卷，頁484；賴本，頁104-105。

[41] 同上。

海縣的縣令、海州刺史也都親自接見、詢問。《入唐記》對於這段經過記載極爲詳細，兹摘錄其中有關部份如下：

> （四月）六日，天晴，縣家都使來請狀，依昨樣，作狀與之。子巡將等差夫二人，遣泊船處，令看彼船發未。但緣使者遲來，不可得發去……晚頭，縣都使來云：「余今日且行，明日……待和尚來……」語了即去。少時，押衙差州司衙官李順，把狀走來，其狀稱：「彼九隻船發未？專到那島裡看定虛實，星夜交人報來者。」子巡張亮據看船使説，便作船已發、並不見之狀。差人報示於押衙所。七日，卯時，子巡軍中張亮等二人，雇夫令荷隨身物，將僧等去。……巳時，到縣家都使宅齋…未時，到興國寺…押衙在此，便入寺相看，具陳事由。押衙官位姓名：海州押衙兼左二將十將四縣都遊奕使勾當蕃客朝議郎試左金吾衛張實。啜茶之後，便向縣家去……晚頭到縣，到押司錄事王岸家宿……。八日，早朝，喫粥之後，押衙入縣，少時歸來。縣令通直郎守令李夷甫、縣丞登仕郎前試太常寺奉禮郎攝丞崔君原、主簿將仕郎守主簿李登、縣尉文林郎尉花達、捕賊官文林郎尉陸僚等，相隨押衙來看，共僧等語話。……押衙與僧等齋後出王錄事宅，向舶處。……僧等且欲上舶，押衙不肯……僧等三人相隨押衙入州去……至刺史前，著椅子，令坐，問拋卻之由，令押衙申。刺史姓顏名措，粗解佛教……刺史顏大夫差一軍將，相送僧等三人及行者，暫住海龍王廟。……僧等爲求佛法，起謀數度，未遂斯意。臨歸國時，苦設留卻之謀，事亦不應，遂彼探覓也，左右畫議，不可得留。官家嚴檢，不免一介……[42]

引文中的最末一段，是圓仁對整個事件的感觸。圓仁對於唐代地方巡檢執行過程中官吏的執法態度，一定是印象深刻，所謂「官家嚴檢，不免一介」，是在經過多日層層盤查之後，所發出的歎息。此後，圓仁一行再經過幾天等候信風，才於四月十三日離開東海縣向東轉北而行。

---

[42] 《入唐記》，卷一，「開成四年四月五日至八日」條，顧本，頁41-43；白本，頁138-143；小野本，第一卷，頁484-504；賴本，頁105-112。

以上所述圓仁在海州東海縣宿城村到縣衙、州衙的經歷，有二點值得說明：

第一，圓仁一行抵達宿城村不久，村老王良立即修書來問，書中不僅透露著他所獲得的情報相當正確，並說明有三、四名押衙使下的胥吏在該村探候。按：唐開元二十五年戶令規定，有關鄉里鄰保坊村的組織及職責爲：「諸戶以百戶爲里，五里爲鄉，四家爲鄰，五家爲保。每里置正一人（若山谷阻險、地遠人稀之處，聽隨便量置）」，掌按比戶口，課植農桑，檢察非違，催驅賦役。在邑居者爲坊，別置正一人，掌坊門管鑰，督察奸非，並免其課役。在田野者爲村，村別置村正一人，其村滿百家增置一人，掌同坊正。其村居如不滿十家者，隸入大村，不得別置村正。」[43]《入唐記》此處所稱「村老」、「村長」，與「村正」同義。[44] 村正既有「督察奸非」之責，則王良所獲圓仁一行的情報，可能來自於鄰保的迅速相告，因爲唐代的戶令有這樣的規定：「諸戶皆以鄰聚相保，以相檢察，勿造非違。如有遠客，來過止宿，及保內之人，有所行詣，並語同保知。」[45] 圓仁不但是遠客，更是外國朝貢使「官客」，王良在圓仁等抵達不久立即得知消息，並不足異。《入唐記》還記載說：圓仁等一行，在開成四年(839)四月廿六日抵達登州牟平縣乳山西浦，爲了補給及留宿問題，而與邵村「勾當」王訓有所來往。同年「五月一日，遣買過海糧於『村勾當』王訓之家，兼問留住此村之事。王訓等云：『如要住者，我專勾當……』。」[46]「村勾當」即村正，[47] 買糧、住宿問題要由村正負責勾當，實可補充傳統史籍之記載。

第二，王良書中所說有三、四名押衙使下的胥吏在該村探候一事，及前項引文中所稱子巡將、都遊奕使等官，牽涉到州縣的巡檢系統。按：押衙，本應書作押牙，胡三省謂：「後世軍中遂置牙門將，又有牙兵，典總此名者以『押

---

43 仁井田陞，《唐令拾遺》，頁215，「戶令」。

44 《入唐記》，小野本，第一卷，491註。

45 仁井田陞，《唐令拾遺》，頁229，「戶令」。

46 《入唐記》，卷二，「開成四年五月一日」條，顧本，頁57；白本，頁157；小野本，第二卷，頁17-18；賴本，頁122。

47 《入唐記》，「開成四年五月一日」條，小野本，第二卷，頁18註。

牙』爲名。至於官府，早晚軍吏兩謁，亦名爲衙。」[48] 又謂：「押牙者，盡管節度使牙內之事。行官，主將命往來京師及鄰道及巡內郡縣。」[49] 小野勝年對此一從節度使至州縣皆設置的屬官，定義爲具有現代憲兵性格及警察職務性質之武官，在其擔任武職時，往往兼有都遊奕使之銜。[50] 唯鄙意以爲：若其在州縣擔任職役時，往往也兼具文官身分。引文中最具體的例子，是圓仁列舉了張實的全部官銜：「海州押衙兼左二將十將四縣都遊奕使勾當蕃客朝議郎試左金吾衛」。其中，「兼左二將十將四縣都遊奕使」及「試左金吾衛」是兼任武職；「勾當蕃客」是兼任職事，負責與外國人接觸、交涉及取締等事；[51] 而「朝議郎」，則在開元以後爲品階正六品上的文職散官官階。[52] 至於「遊奕使」、「子將」等官，胡三省曾謂：「遊奕使，領遊兵以巡奕者也……杜佑曰：遊奕，於軍中選驍勇諳山川、泉井者充，日夕邏候於亭之外，捉生問事；其副使、子將，並久軍行人，取善射人。」[53] 因此，遊奕使及其屬官子將所執行的任務是在於「巡奕」、「日夕邏候」和「捉生問事」等。上引《入唐記》的記載，是這種活動具體而細緻的說明之一例。此外，如開成四年(839)四月二十四日，圓仁等人的船舶在登州牟平縣邵村浦海邊下碇時，也從船上看到「騎馬人來於北岸，（圓仁等）從舶上差新羅譯語道玄令迎。道玄卻來云：『來者是押衙之判官，在于當縣。聞道本國使船泊此，日久，所以來擬相看。』」[54] 後來，登州押衙更曾在同年五月十四、十五日兩度親自上船，「問舶上之人數」、「官人具錄其數，帖報州家。」[55] 這也可以說明，唐代巡檢並非徒具虛文，其執行的程度，甚至可說是相當嚴格的。

---

[48] 司馬光，《資治通鑑》（標點本），卷一八五，頁5788，「高祖武德元年四月」條胡三省注。

[49] 《資治通鑑》，卷二一六，頁6887，「玄宗天寶六載十二月己巳」條胡三省注。

[50] 《入唐記》，小野本，第一卷，頁491-493註。

[51] 《入唐記》，小野本，第一卷，頁502註。

[52] 黃清連，〈唐代散官試論〉，《中央研究院歷史語言研究所集刊》58.1（1987）：200。

[53] 《資治通鑑》，卷二〇九，頁6621，「中宗景龍二年三月」條胡三省注。

[54] 《入唐記》，卷二，「開成四年四月廿四日」條，顧本，頁55；白本，頁154；小野本，第二卷，頁8；賴本，頁119。

[55] 《入唐記》，卷二，「開成四年五月十四至十五日」條，顧本，頁58；白本，頁159；小野本，第二卷，頁28-29；賴本，頁124。

三、圓仁與帖報官府

圓仁在大唐境內的旅行，與唐代巡檢最頻繁的接觸，除了地方巡檢之外，就是在帖報官府與申請稱爲「公驗」與「過所」的旅行證明書、以及在離開五台山進入長安途中所經過的關津等場合了。學界過去的相關研究，集中在《入唐記》所載之外的公驗、過所實物的討論，主要的原因是由於傳世的公驗與過所文書實物，只有日本入唐僧最澄(767-822)與圓珍(814-891)所遺留，及敦煌吐魯番所出土。因此，從本世紀30年代初內藤虎次郎發其端，[56] 直至最近的研究，注意的焦點多半在於探討公驗與過所文書的內容、形式、簽署及勘驗流程、相關法令規定，以及文書中所反映的社會經濟問題等等。[57]《入唐記》中公驗、過所的紀錄，相形之下，並未受到太多的重視。實際上，圓仁在唐旅行過程中，帖報官府與申請公驗、過所、關津勘驗等事，仍有許多值得再加探討的問題。以下試以前人研究成果爲基礎，略加討論。

唐代的巡檢，除了上節所述對於行旅的各種檢查之外，《入唐記》中屢見圓仁等人在各個官府所在地「帖報」官府，亦即送交「文條」、「狀」、「帖」、「牒」、「行歷」等，申請或繳驗「公驗」或「過所」。但是，「帖報」官府，其目的爲何？是不是僅僅爲了獲得公驗或過所？還是避免觸犯唐朝律法或規定？到底行旅必須在哪些官府進行這些帖報程序？如何獲得公驗、過所？《入唐記》中有豐富的資料。

先看《入唐記》中有關爲了尋求公驗、過所爲主要目的以外、但仍與巡檢有關的「帖報」記載。茲略按時間先後，依事列舉並分析如下：

開成三年七月二日，圓仁一行抵達東梁豐村，當晚就差使節團中的一名判官

---

[56] 內藤虎次郎，〈三井寺所藏の唐過所に就て〉，《桑原博士還曆記念東洋史論叢》(弘文堂書房，1931)，頁1325-1343。本文中譯，題爲〈三井寺藏唐過所考〉，收入萬斯年編譯，《唐代文獻叢考》(開明書店，1947)，頁26-50。

[57] 有關唐代過所、公驗的研究史，參考礪波護，〈唐代の過所と公驗〉，收入氏編，《中國中世の文物》(京都：京都大學人文科學研究所，1993)，第一節「過所公驗研究小史」，頁663-673。

長和一名錄事「令向（淮南鎮）鎮家，兼送文條（小野本以意改爲文牒）。」[58]這是日本使節團甫抵大唐國境，而依法遞交文牒，即日本方面的公文書。

開成三年十月五日，遣唐使已發赴長安，圓仁等人仍留在揚州。十月十九日，「爲令惟正、惟曉受戒，牒報判官、錄事。大唐大和（小野疑當作元和）二年以來，爲諸州多有密與受戒，下符諸州，不許百姓剃髮爲僧……因茲，請報所由，取處分也。」[59]但在「（同年）十二月二日，本國（指日本）留後官爲令惟正等受戒，更帖相公。雖先帖送所由，而勾當王友真路間失卻，仍令更帖送。」[60]到了同月十八日，「勾當王友真來云：『……又沙彌等受戒之事，相公不許。比年有敕云：「不令受戒」，非敕許，未可允許』云云。」[61]

圓仁一行在開成四年四月五日抵達宿城村，遇到海州的子巡將的巡檢，已見上節。但值得注意的是，他們爲了「任軍中請，具錄留卻之由與押衙，僧等便作『狀』交報」。很清楚地，此狀的目的在於說明留住村中的理由，它的內容是什麼呢？《入唐記》詳細記載如下：

> 日本國朝貢使九箇船，泊東海山東島裡候風。此僧（圓仁自稱）緣腹病兼患脚氣，以當月三日下船，傔從僧二人、行者一人，相隨下船，尋水登山裡，日夜將理，未及平損。朝貢使船爲有信風。昨夜〔發去。〕早朝到船處，覓之不見矣。留卻絶岸，惆悵之際，載炭船一隻來，有十人在，具問事由，便教村里。僧等強雇一人，從山裡來到宿城村。所將隨身物：帔、衣服、缽盂、銅鋺、文書、澡瓶，及錢七百餘、笠子等。如今擬往本國船處駕船歸國，請差使人送。[62]

---

58 《入唐記》，卷一，「開成三年七月二日」條，顧本，頁4；白本，頁9；小野本，第一卷，頁109；頼本，頁11-12。

59 《入唐記》，卷一，「開成三年十月十九日」條，顧本，頁16-17；白本，頁55；小野本，第一卷，頁241-242；頼本，頁45-46。

60 《入唐記》，卷一，「開成三年十二月二日」條，顧本，頁22；白本，頁83；小野本，第一卷，頁308；頼本，頁61。

61 《入唐記》，卷一，「開成三年十二月二日」條，顧本，頁24；白本，頁87；小野本，第一卷，頁319；頼本，頁64。

62 《入唐記》，卷一，「開成四年四月五日」條，顧本，頁41；白本，頁138；小野本，第一卷，頁484-485；頼本，頁105-106。

事實上，由藤原常嗣所率領的朝貢使節船已在同一天和圓仁等4人暫行分開，圓仁在狀中說要尋找「本國船處駕船歸國」，只是爲了掩飾他和三名從者脫離使節團，恐被視爲「從本國船上逃來」的便宜說辭。小野勝年也指出：依據嚴格的唐朝律法，圓仁等4人不能脫隊單獨行動。因此，從唐政府的角度看，他們可以被視爲是非法進入國境。[63] 不論如何，圓仁狀中除了說明留在宿城村的理由外，還列舉了隨從人數、隨身物品及欲往何處等，這是值得留意的。此狀在遞交子巡軍將轉呈押衙後，第二天（四月六日），「縣家（東海縣）都使來請狀，依昨樣作狀與之。」[64]

開成四年四月十三日，圓仁等人船舶離開東海縣往北而行，十七日抵達海邊下碇，他們從二名唐人口中才得知身在「登州牟平縣唐陽〔小野疑或脫「鄉」一字〕陶村之南邊，去縣六十里，去州三百里……便作帖，報州縣。」[65] 圓仁等人在該地未遇巡檢之人，爲何要主動作帖報州縣？賴世和英譯本謂係「作帖通報州縣〔稱吾等業已抵達〕」。[66] 按：此說應可成立，其動機當與圓仁等在東梁豐村情形類似（見本節前引「兼送文條」）。二天之後（四月十九日），圓仁一行船抵邵村浦，到了同月廿四日才遇到巡檢之人，廿六日停泊於乳山西浦，在這兩個地方都經過一番巡檢。

圓仁一行於開成四年六月七日抵達登州文登縣青寧鄉赤山村，七月中旬即與日本使節團完全脫離、分別行動。圓仁及其隨從一共4人，住在該村的赤山法花院，這是由新羅人所建的寺院。到了七月廿八日「縣使竇文至等兩人將縣帖來」，該帖主旨在於責問青寧鄉爲何違反巡檢的有關規定，圓仁等人和赤山院主僧也因而作帖回報。《入唐記》詳細登錄這3件帖狀的全文，由於這3件文書

---

63 《入唐記》，小野本，第四卷，英文摘要"A Study of the Nitto-Guho Junrei-Koki"，頁10。

64 《入唐記》，卷一，「開成四年四月六日」條，顧本，頁41；白本，頁140；小野本，第一卷，頁495；賴本，頁106。

65 《入唐記》，卷一，「開成四年四月十七日」條，顧本，頁46；白本，頁150；小野本，第一卷，頁525；賴本，頁116-117。

66 《入唐記》，「開成四年四月十七日」條，賴本，頁117。

與唐代巡檢規定有直接關係，茲具錄第1件縣帖全文及摘錄圓仁及赤山院之部份狀文如下：[67]

縣　帖青寧鄉

得板頭竇文至狀報：日本國船上拋卻三人。

右檢案內：得前件板頭狀報：其船今月十五日發訖，抛卻三人，見在赤山新羅寺院。其報如前者。依檢，前件人既船上拋卻，即合村保板頭當日狀報，何得經今十五日然始狀報？又不見拋卻人姓名兼有何行李衣物？並勘赤山寺院綱維、知事僧等，有外國人在，都不申報。事須帖鄉，專老人勘事由。限帖到當日，具分析狀上。如勘到一事不同及妄有拒注，並進上勘責。如違限、勘事不子細，元勘事人必重科決者。

開成四年七月廿四日

典王佐　　帖

主簿判尉胡君直

攝令戚宣員

求法僧等便作狀，報留卻之由。其狀如左：

日本國僧一人、從小師二人、行者一人，留在山院事由。

右僧等……欲巡聖國，尋師學法。緣朝貢使早歸……遂住此山院。已後便擬巡禮名山，訪古修行。但隨身物鐵鉢一口、銅鋺二具、銅瓶一口、文書廿餘卷、遮寒衣裳等，更無別物。今蒙縣司勘問，具事由如前。牒件狀如前。謹牒。

開成四年七月廿日

日本國僧圓仁狀帖

從僧惟正、僧惟曉、行者丁雄萬奉帖

---

67 《入唐記》，卷二，「開成四年七月廿八日」條，顧本，頁65-67；白本，頁175-177；小野本，第二卷，頁80-81；賴本，頁138-141。

青寧鄉赤山院狀上。

勘日本國僧人船上不歸事由等狀。

右日本國僧……計四人。口云：「……擬次尋名山聖跡，巡禮諸方。緣時熱，且在山院。避熱待時涼，即便行。」遂不早縣司狀。惟悉察，其僧等緣身衣鉢，更無別物。如通狀後，不子細，法清等虛妄之過。謹具狀上。事由如前。

開成四年七月　日

赤山院主僧法清狀

從文登縣帖責問青寧鄉的內容，可以得知當時巡檢的幾點規定：（1）外國使團成員不得單獨行動，否則即為非法，發現這類非法的村保等人應立即向上級狀報。（2）狀文中應包含非法入境或滯留者的姓名及隨身物品。（3）唐時「有所由制不許外國人濫入寺家」，已見上節，因此，縣帖責問赤山院統轄僧眾的綱維等人，應即申報。（4）狀報或申報內容必須確實，如有虛報、經查不實者則重罰。（5）縣帖是一份正式公驗，必須經過該縣的典史、主簿及縣令等人的簽署，方才生效。從圓仁及赤山院的帖報看，居留者的人數、姓名、事由及隨身物品，是申報的主要內容。

不過，文登縣對於這件事的調查，並未因圓仁及赤山院的回帖而結束。到了九月三日，縣使送來了一件署於八月十三日的縣帖給青寧鄉，判示：「恐後州司，要有追勘狀，請帖海口所由及當村板頭並赤山院綱維等，須常知存亡。」同樣要求嚴密監控圓仁等人行蹤的縣帖，在第二天（八月十四日）也送達海口所由、當村板頭、赤山院等處，但到了九月初，文登縣典史卻發出一件牒文，指出：「尋問本鄉里正稱，村正譚亶抛卻帖，至今都無狀報。其譚亶見在伏請處分。」圓仁因此再帖報縣府，說明「今蒙帖，勘東西存亡」，因而「謹具事由，狀上如前」。[68] 村正譚亶受到何種處分，並不清楚。但從縣府「恐後州

[68] 以上縣帖、縣牒及圓仁報帖之全文，見《入唐記》，卷二，「開成四年九月三日」條，顧本，頁68-70；白本，頁181-182；小野本，第二卷，頁106-107；賴本，頁143-146。

司，要有追勘狀」，並對整個事件鍥而不舍地嚴密追蹤來說，唐代地方政府的行政效率及巡檢工作的執行程度，約略可見。

圓仁一行4人在赤山院住了9個多月，於開成五年(840)二月十九日離開該地，轉往五臺山朝聖。三月二日，抵達登州都督府蓬萊縣城西南的開元寺宿。這時該地的巡邏，即「城南地界所由喬汶來請『行由』，仍書『行歷』與之」。所謂「行歷」，是由旅行當事者書明行由（旅行事由及經過）、再主動地（如本節前文所論）或被動地（如本條所述）帖報官府的文書，與下文所要討論的「公驗」或申請「公驗」的帖文或牒文，在性質上和文書寫作的目的上，有所不同。《入唐記》詳細登錄了這件行歷：[69]

日本國求法僧圓仁、弟子惟正、惟曉、行者丁雄萬。

右圓仁等日本國承和五年(838)四月十三日，隨朝貢使乘船，離本國界。大唐開成三年(838)七月二日，到揚州海陵縣白潮鎮。八月廿八日，到揚州，寄住開元寺。開成四年二月廿一日，從揚州上船發，六月七日，到文登縣青〔寧〕鄉，寄住赤山新羅院，過一冬。今年二月十九日從赤山院發，今月二日黃昏，到此開元寺宿。謹具事由如前。

開成五年三月二日

日本國求法僧圓仁狀

這件「行歷」清楚說明了旅行當事者的姓名、從何處來、經過何處等資料。這些資料，是各地負責巡檢的所由，在行旅抵達該地時，就應該加以掌握的。文書的內容，與上引圓仁爲了「報留卻之由」而帖報文登縣的狀帖比較，有所不同。

69 《入唐記》，卷二，「開成五年三月二日」條，顧本，頁85-86；白本，頁222；小野本，第二卷，頁248-249；賴本，頁176-177。

四、圓仁與申請公驗過所及關津勘驗

前文指出，有關唐代公驗、過所的討論，學界已取得相當豐碩的研究成果。為了避免重覆，本文以下的討論，除先舉出數條前人屢加徵引的重要法令規定外，著重在圓仁基於求法尋經的旅行需要，在各地申請公驗、過所的遭遇，與在各個關津所面臨的巡檢。

唐代所謂「過所」，指由官方所發給的通行證明；所謂「公驗」，廣義是泛指由官府發給、經過官吏簽署和鈐印的證件，狹義是指通行證明。過所是公驗的一種，因此，過所和公驗有時可以互稱。[70] 按照唐代法令規定，凡是通過天下諸門和關津的人，除持有公驗等證明文件者外，都必須持有過所。《唐六典》卷六〈尚書省刑部司門〉條說：

> 司門郎中、員外郎掌天下諸門及關出入往來之籍賦，而審其政。凡關二十有六，而為上、中、下之差。京城四面關有驛道者為上關，餘關有驛道及四面關無驛道者為中關，他皆為下關焉。所以限中外，隔華夷，設險作固，閑邪正暴者也。凡關呵而不征，司貨賄之出入。其犯禁者，舉其貨，罰其人。（原註：古書帛為繻，刻木為契，二物通謂之傳。傳，如今過所。）凡度關者，先經本部本司請過所，在京，則省給之；在外，州給之。雖非所部，有來文者，所在給之。（原註：若私度關及越度，至越所而不度，不應度關而給過所，若冒名請過所與人及不應受而受者，若家人相冒及所司無故稽留，若領人、兵度關而別人妄隨之，若齎禁物私度及越度緣邊關，其罪各有差。）[71]

《唐六典》卷三十〈三府督護州縣官吏・鎮戍嶽瀆關津官吏〉條又說：

> 關令掌禁末遊，伺姦慝。凡行車馬出入往來，必據過所以勘之。……津吏掌橋船之事。[72]

---

[70] 參看程喜霖，〈唐代的公驗與過所〉，《中國史研究》1（1985）：121-134。

[71] 李林甫等，《唐六典》，卷六，〈尚書省刑部司門〉條，點校本（北京：中華書局，1992），頁195-196；近衛家熙本（台北：文海出版社，1974），頁47上-48下。參見《唐令拾遺》，卷二六，頁713，〈關市令〉：「諸度關者，先經本部本司請過所，在京，則省給之，在外，州給之。雖非所部，有來文者，所在給之。」又，「諸度關津，及乘船筏上下，經津者，皆當有過所。」

[72] 《唐六典》，卷三十，〈三府督護州縣官吏・鎮戍嶽瀆關津官吏〉條，點校本，頁757；近衛家熙本，頁42上-下。

唐代法律嚴格規範州、鎮、戍、關津等的門禁，凡是私度、私越者，都可能受到嚴厲處分。例如《唐律疏議・衛禁律・越州鎮戍等城垣》條說：「諸越州、鎮、戍城及武庫垣，徒一年；縣城，杖九十（皆謂有門禁者）。……（《疏議》曰：諸州及鎮、戍之所，各自有城……縱無城垣，籬柵亦是。……又依《監門式》：京城每夕分街立鋪，持更行夜。鼓聲絕，則禁人行；曉鼓聲動，即聽行。若公使齎文牒者，聽。其有婚嫁，亦聽。注云：『須得縣牒，喪、病須相告赴，求訪醫藥，齎本坊文牒者，亦聽。』）」[73]《唐律疏議・衛禁律・私度及越度關》條說：「諸私度關者，徒一年。越度者，加一等（不由門爲越）。（《疏議》曰：水陸等關，兩處各有門禁，行人來往皆有公文，謂驛使驗符券，傳送據遞牒，軍防、丁夫有總曆，自餘各請過所而度。若無公文，私從關門過，合徒一年。）」[74]

由於刑法上對於私度、私越的處分相當嚴厲，主管官吏判給、審查過所、公驗、縣牒等公文，因而比較慎重、嚴格，是可以理解的。圓仁等人爲了通過各地巡檢，當然必須向官府申請公驗或過所，《入唐記》中有不少記載。

1、申請前往台州公驗

圓仁等人第1次向唐政府申請公驗、過所的目的地是台州國清寺。此寺是智顗(538-597)所創，隋開皇十八年(598)楊廣承其遺意建成。在圓仁抵唐以前，日本天台宗的創始人最澄、義真曾在此巡禮、受戒，素爲圓仁所屬的日本天台宗視爲發源地。[75] 因此，當圓仁等人剛剛抵達揚州不久，就向揚州府衙申請南下到台州請益。但如前文所述，唐代府州縣主管官吏判給、審查過所、公驗、縣牒等公文相當慎重、嚴格。圓仁巡禮台州之行，不但經過繁複審查，拖延了相當時日，最後也無法成行。

---

73 長孫無忌等，《唐律疏議》（點校本；北京：中華書局，1983；台北：弘文館出版社，1986），卷八，頁170-172，〈衛禁律・越州鎮戍等城垣〉條。

74 前引書，頁172。

75 《入唐記》，白本，頁26註；小野本，第一卷，頁163註；賴本，頁25註。

《入唐記》說：開成三年八月一日，「留學、請益兩僧，出牒於使衙，請向台州國清寺。」[76] 同月三日，「請令請益僧等向台州之狀，使牒達揚府了。」[77] 但可能由於牒狀內容不夠清楚，揚府在八月四日送來一件答覆兼提出質問的「覆問書」，說：「還學僧圓仁、沙彌惟正、惟曉、水手丁雄萬，右請往台州國清寺尋師，便住台州，爲復（唐人口語，意即『是不是』、『還是』）從台州卻來，赴上都去……」圓仁立即提出「答書」說：「還學僧圓仁，右請往台州國清寺尋師決疑，若彼州無師，更赴上都，兼經過諸州……。」[78] 到了十日，勾當日本國使王友真「來道：『相公（指揚州都督李德裕）奏上既了，須待敕來，可發赴台州去。』大使（指日本遣唐大使）更留學僧暫住揚府，請益僧不待敕符，且令向台州之狀，牒送相公。二、三日後，相公牒報稱：『不許且發，待報符，可定進止。』」[79] 過了一個月，九月十三日，圓仁「聞相公奏狀之報符，來揚府，未得子細。」[80] 九月十六日，遣唐使的一位判官帶來消息說：「得相公牒稱：『請益法師可向台州之狀，大使入京奏聞，得報符時，即許請益僧等發赴台州者』。」但圓仁等人這時仍「未得牒案」。[81] 到了廿日，圓仁等「寫得相公牒狀，稱：『日本國朝貢使數內僧圓仁等七人，請往台州國清寺尋師。右奉詔朝貢使來入京，僧等發赴台州，未入可允許。須待本國表章到，令發赴者。』委曲在牒文。」[82] 廿九日，日本朝貢使準備到長安，行前向

---

76 《入唐記》，卷一，「開成三年八月一日」條，顧本，頁9；白本，頁25；小野本，第一卷，頁161；賴本，頁24-25。

77 《入唐記》，卷一，「開成三年八月三日」條，顧本，頁9；白本，頁27；小野本，第一卷，頁164；賴本，頁26。

78 《入唐記》，卷一，「開成三年八月四日」條，顧本，頁9；白本，頁28-29；小野本，第一卷，頁166；賴本，頁26-27。

79 《入唐記》，卷一，「開成三年八月十日」條，顧本，頁10-11；白本，頁32-33；小野本，第一卷，頁177；賴本，頁29。

80 《入唐記》，卷一，「開成三年九月十三日」條，顧本，頁13；白本，頁44；小野本，第一卷，頁209；賴本，頁36-37。

81 《入唐記》，卷一，「開成三年九月十六日」條，顧本，頁14；白本，頁46；小野本，第一卷，頁218；賴本，頁39。

82 《入唐記》，卷一，「開成三年九月二十日」條，顧本，頁14；白本，頁47；小野本，第一卷，頁221；賴本，頁40。

圓仁說他得到李德裕的牒文稱：「入京之後，聞奏得敕牒，方令向台州者」。並說：「昨日得相公報稱，此事別奏上前了，計明後日，令得報帖。若蒙敕詔，早令發赴者。」[83] 圓仁等人在十月三日爲遣唐使送別，使節團判官告訴圓仁，希望「得兩僧情願之狀，將到京都聞奏，早令得符者。」於是，圓仁在次日「造情願狀，贈判官所。」[84] 遣唐使一行35人在十月五日出發，圓仁等人留在揚州開元寺，靜候回音。過了二個半月，圓仁才在十二月十八日從王友真處得知消息：「大使等以今月三日，到京都了。近日相隨大使入京，勾當書帖，奉達州衙。」[85] 開成四年一月十七日，「（揚府隨軍大夫）沈弁來，助憂遲發，（圓仁等）便問：『殊蒙相公牒，得往台州否？』沈弁書答云：『弁諮問相公，前後三四度，諮說：『本國（日本）和尙往台州，擬一文牒，不審得否？』相公所說，揚州文牒出到浙西道及浙東道，不得一事（唐人口語，指不在同一個管轄系統內），須得聞奏。敕下即得，餘不得。又相公所管八州，以相公牒，便得往還。其潤州、台州，別有相公，各有管領，彼此守職不相交。恐若非敕詔，無以順行矣。」[86] 因此，圓仁等人想要前往台州，非有敕詔不可。到了二月八日，圓仁得到使團判官同年閏正月十三日的書札，稱「大使對見天子之日，殊重面陳，亦不蒙許。仍深憂悵者。」[87] 顯然，遣唐大使在謁見唐文宗時，反復陳請准許圓仁等人至天台山巡禮聖跡，並未能得到滿意的結果。接著，圓仁等人就離開揚州北上，並在二月廿四日抵達楚州城，請益僧、留學僧等見到遣唐大使一行，才進一步知道詳情：

83 《入唐記》，卷一，「開成三年九月廿九日」條，顧本，頁15；白本，頁49；小野本，第一卷，頁224-225；賴本，頁41。

84 《入唐記》，卷一，「開成三年十月三日～四日」條，顧本，頁15；白本，頁50-51；小野本，第一卷，頁227-228；賴本，頁42-43。

85 《入唐記》，卷一，「開成三年十二月十八日」條，顧本，頁24；白本，頁87；小野本，第一卷，頁319；賴本，頁64。

86 《入唐記》，卷一，「開成四年正月十七日」條，顧本，頁27；白本，98；小野本，第一卷，頁354；賴本，頁71-72。

87 《入唐記》，卷一，「開成四年二月八日」條，顧本，頁31；白本，頁113；小野本，第一卷，頁400；賴本，頁80-81。

大使宣云：「到京之日，即奏請益僧往台州之事；雇九箇船，且令修之事。禮賓使云：『未對見之前，諸事不得奏聞。』再三催勸上奏，但許雇船修理，不許遣台州。蒙敕報稱：『使者等歸國之日近，自揚州至台州，路程遙遠，僧到彼，求歸期，計不得逢使等解纜之日，何以可得還歸本國？仍不許向台州。但其留學僧一人許向台州。……』對見之日，復奏，敕全不許。後復重奏，遂不被許。此愧悵者。」[88]

據此，唐文宗僅准許留學僧前往台州，而請益僧圓仁等則被排除在外。當時日本使團中的留學僧是圓載。《入唐記》也記載這件事，爲整個申請案件畫下不完美的句點：

(二月二十六日)從揚州有牒，牒楚州並勾當王友眞及日本國朝貢使。索其狀稱：「留學圓載、沙彌仁好、傔從始滿，朝貢使奏請，往台州學問。奉敕宜依所請。件圓載等牒，請往楚州別朝貢使，卻迴到揚州，便往台州。奉相公判，准狀者。……州宜准狀者。」[89]

自開成三年八月一日開始向揚州都督府申請公驗，中間經過許多波折，至開成四年二月二十六日，圓仁得知申請巡禮台州之事已完全絕望止，共計8個月又20多日，幾乎是圓仁滯留揚州的絕大部份時間。

2、申請前往五臺山公驗

圓仁等人第2次向唐政府申請公驗、過所的目的地是五臺山，申請的地點是在登州文登縣青寧鄉赤山村法花院。圓仁從開成四年(839)六月七日抵達新羅法花院，至開成五年(840)二月十九日離開，共計9個多月。期間除第三節討論過圓仁在該地所面臨的巡檢及呈報「行歷」等事外，與唐代巡檢最密切的接觸，就是申請前往五臺山的公驗了。

---

88 《入唐記》，卷一，「開成四年二月二十四日」條，顧本，頁33；白本，頁120-121；小野本，第一卷，頁421-422；賴本，頁85-86。

89 《入唐記》，卷一，「開成四年二月二十六日」條，顧本，頁33-34；白本，頁122；小野本，第一卷，頁427；賴本，頁87-88。

開成四年九月廿六日，圓仁向管轄法花院的僧官呈牒，請該寺帖報州縣，給予公驗。《入唐記》收錄圓仁申請牒文，但在該件牒文之前，附錄一件掌管全國僧尼簿籍、發行度牒的祠部（屬尚書省禮部），[90] 在元和二年(807)發牒給新羅僧法清的牒文。這件牒文規定所有僧人「今欲往諸山巡禮及尋醫療疾，恐所在關戍、城門、街鋪、村坊佛堂、山林蘭若、州縣寺舍等，不練行由（唐代公文中習用語，意謂：不熟悉此事的前後狀況），請給公驗者。付庫檢，得報敕內名同者。謹檢格，僧尼有能行頭陀者，到州縣寺舍，任安置將理，不得所由恐動者。」[91] 按照這項牒文規定，僧尼和一般百姓一樣，在通過關戍等地時，必須攜帶公驗或過所，以備巡檢。圓仁爲了要到五臺山巡禮，因而向法花院呈牒，申請公驗：

> 日本國求法僧等　　　　　　　　牒　　當寺
>
> 僧圓仁、從僧惟正、惟曉　　行者丁雄萬
>
> 請寺帖報州縣給與隨緣頭陀公驗
>
> 牒：僧等……志樂巡禮，見說臺山等諸處，法教之根源……今欲往赴諸處，以遂舊情。恐在道路，不練行由。……伏望當寺准當國格例，帖報州縣，請給公驗。……不任思誠之至。具狀如前。牒件狀如前。
>
> 謹牒
>
> 開成四年九月廿六日　　　　　　日本國延曆寺求法僧〔圓仁〕[92]

圓仁等人一面在法花院參加新羅僧眾講經禮懺，一面等候消息。但過了將近4個月，過了農曆年，也參加過了多次法會之後，仍無動靜。只好在開成五年正月十九日，當他覺得「歲陰推遷，春景漸暖」時，就向法花院催促，「伏請處分」。[93] 第二天（廿日），「當院綱維更作一狀，差惟正及院家使，報當州軍

[90] 祠部之職掌，參見《唐六典》，卷四，〈尚書省・禮部・祠部郎中〉條，點校本，頁120-127；近衛家熙本，頁32下-51上。

[91] 《入唐記》，卷二，「開成四年九月十二日」條，顧本，頁70-71；白本，頁184；小野本，第二卷，頁114-115；賴本，頁147-148。

[92] 《入唐記》，卷二，「開成四年九月十二日」條，顧本，頁71；白本，頁185；小野本，第二卷，頁116；賴本，頁148-149。

[93] 《入唐記》，卷二，「開成五年正月十九日」條，顧本，頁77；白本，頁202；小野本，第二卷，頁182；賴本，頁161。

事押衙張詠宅去。求法僧（圓仁自稱）別作一狀，同送押衙。其狀如左：『……圓仁欽慕釋教，淹留唐境。今欲往赴諸方，尋訪聖跡。……謹遣弟子僧惟正，奉狀代身……』。」[94] 圓仁的催促，得到押衙張詠（《入唐記》開成五年二月十九日條又作「勾當新羅使」，他極有可能是新羅人）[95] 迅速而善意的回應：「廿一日，得押衙報稱：『明日差使報文登縣，取得帖報，專使馳報於赤山院，留心相待者。』」[96] 又過了幾天，「廿七日，晚頭，得押衙報，稱：『昨已具高意，報當縣。宰君返報來云：「以申州，候十數日間，州司有處分，方可東西（謂自由行動）者。」』」[97] 但圓仁擔心遠赴五臺山，迢迢千里，恐「空過行節，當入熱時」，因而再於二月一日修狀催促張押衙，希望他「重加催勸，早賜處分」。張詠也立即加以安慰並回報說：「更差使申懇，計不久即來。且願客無至憂屑。座主自到弊管止泊時，多少人終日區區者。」[98] 過了半個月，圓仁在二月十五日遇見張詠，張氏熱心地對他說：「西行之事，小人尋時差人上州，別取處分。三、五日留心相待。如要懇急，此即專令所由奉送至縣，邐迤向前，亦得十五日。」[99] 二月十九日，「齋後，出赤山新羅院入縣。院主僧法清相送到勾當新羅使張押衙宅。押衙相見云：『適來得縣牒，擬差人報去。和上〔和尚〕自來赴到此。誠知行李，甚有感應，深以相慶。』便見縣牒。」[100] 這件縣牒，是二月十日文登縣給勾當新羅押衙所張押衙的公驗，《入

---

[94] 《入唐記》，卷二，「開成五年正月廿日」條，顧本，頁77；白本，頁202-203；小野本，第二卷，頁183-184；賴本，頁161-162。

[95] Edwin O. Reischauer，*Ennin's Travels in T'ang China*，頁283，賴氏在討論留唐之新羅人及新羅坊等問題時，認爲張詠極有可能是新羅人。

[96] 《入唐記》，卷二，「開成五年正月廿一日」條，顧本，頁77；白本，頁204；小野本，第二卷，頁186；賴本，頁162。

[97] 《入唐記》，卷二，「開成五年正月廿七日」條，顧本，頁78；白本，頁205；小野本，第二卷，頁189-190；賴本，頁163。

[98] 《入唐記》，卷二，「開成五年二月一日」條，顧本，頁78-79；白本，頁206；小野本，第二卷，頁190-191；賴本，頁163-165。

[99] 《入唐記》，卷二，「開成五年二月十五日」條，顧本，頁79；白本，頁209；小野本，第二卷，頁200；賴本，頁166。

[100] 《入唐記》，卷二，「開成五年二月十九日」條，顧本，頁81-82；白本，頁212-213；小野本，第二卷，頁208-209；賴本，頁169-170。

唐記》加以抄錄，上面還特別註明「蹋縣印三處」，並有典史及主簿的名字。全件的內容在說明圓仁等人申請公驗，經過勾當新羅押衙所轉呈至文登縣衙，文登縣衙雖然已經「奉帖：『准狀，放去者』」，但因「未有准帖」，即尚未得到登州府衙的正式公驗，因此這件縣牒請張押衙繼續料理該事。[101]

申請前往五臺山公驗的事情，總算有了具體眉目。在圓仁看到縣牒的次日，「廿日，押衙牒付圓仁等送縣司，令出公驗。兼差所由李明才相送入縣。便辭別押衙，及共赤山院主僧法清等相別了。…向北行…夜到文登縣…」[102] 第二天（廿一日），「李明才早朝入縣。衙時過，押衙牒：『長官未判，未得公驗。』」[103]「廿二日…緣長官請假不出，未得公驗。」[104] 到了廿四日，圓仁終於如願，「早朝，得縣公驗，牒文如別。所由李明才勾當公驗畢，歸張押衙所。」[105]《入唐記》特別將這件花費將近5個月，經過重重審查才由登州都督府衙核發下來的公驗全文，登錄如下：[106]

登州都督府　　　　　　　文登縣牒

日本國客僧圓仁等肆人

僧圓仁、弟子僧惟正、惟曉、行者丁雄萬，並隨身衣缽等

牒：檢案內，得前件僧狀：「去開成四年六月，因隨本國朝貢船，到文登縣青寧鄉赤山新羅院寄住。今蒙放任東西。今欲往諸處巡禮，恐所在州縣、關津、口鋪、路次不練行由，伏乞賜公驗爲憑，請處分者。」依檢：前客僧未有准狀給公驗，請處分者。准前狀，給公驗爲憑者。謹牒

開成五年二月廿三日　　　　　　　　典　王佐　牒

主簿判尉胡君直

---

101 文登縣牒的全文，見上註。本文僅摘要敘述。

102 《入唐記》，卷二，「開成五年二月廿日」條，顧本，頁82；白本，頁213；小野本，第二卷，頁214；賴本，頁171-172。

103 《入唐記》，卷二，「開成五年二月廿一日」條，顧本，頁82-83；白本，頁214；小野本，第二卷，頁216；賴本，頁172。

104 《入唐記》，卷二，「開成五年二月廿二日」條，顧本，頁83；白本，頁214-215；小野本，第二卷，頁218；賴本，頁172-173。

105 《入唐記》，卷二，「開成五年二月廿四日」條，顧本，頁83-84；白本，頁216-217；小野本，第二卷，頁222-223；賴本，頁173。賴本未附本件公驗譯文。

106 同上。

圓仁在得到公驗的第二天（二月廿五日），就離開住了九個多月的文登縣，前往五臺山巡禮。他使用了兩個多月的時間，途經登州、青州、貝州、趙州、鎮州，於開成五年(840)四月二十八日抵達五臺。但值得注意的是，《入唐記》也記載了一些各地對圓仁所得公驗的核對、檢查情形，這是唐代巡檢實際運作過程中極其珍貴的一些史料。圓仁一行在三月五日經過登州都督府城下的蓬萊縣時，再「奉狀謝使君給糧，別狀請公驗」，《入唐記》在該條下附錄署於三月五日的謝狀和三月三日的請公驗狀。由於圓仁前此所得公驗是由登州都督府核發，因此圓仁遂「蒙使君報云：『本司檢過』」[107] 換言之，這一次的請公驗，是在路過蓬萊縣城時請求核對、勾檢原始的公驗文書而已。因爲蓬萊縣衙與登州都督府同在一城，圓仁在三月八日，又「修狀上刺史，兼催公驗。」該狀說「先有狀，惱亂使君，公驗伏請處分。」[108] 同樣也是請求登州府勘驗原始的公驗文書。到了十一日，「得州牒兩道……把牒入州，謝刺史，兼辭。」[109]

圓仁等人離開登州府境，經過萊州，《入唐記》未見勘驗公驗的事。但再向西行至青州府城時，又見勘驗記載。圓仁一行在三月廿一日，抵達青州府龍興寺宿，「寺家具錄來由報州」。[110]「廿二日，朝衙入州，見錄事、司法。次到尙書押兩蕃使（指帶尙書銜的淄青節度使兼押新羅渤海兩蕃使）衙前，擬通入州牒。緣遲來，尙書入毬場，不得參見。卻到登州知後院（即登州府駐青州的辦事處）。送登州文牒壹道。晚衙時入州，到使衙門，令劉都使通登州牒。都使出來傳語，喚入使宅。尙書傳語云：『且歸寺院，續有處分』。」[111] 由於從

107 《入唐記》，卷二，「開成五年三月五日」條，顧本，頁86-88；白本，頁224-226；小野本，第二卷，頁259-260；賴本，頁178-180。

108 《入唐記》，卷二，「開成五年三月八日」條，顧本，頁90；白本，頁232-233；小野本，第二卷，頁282-283；賴本，頁184-185。

109 《入唐記》，卷二，「開成五年三月十一日」條，顧本，頁91；白本，頁234；小野本，第二卷，頁285；賴本，頁185-186。

110 《入唐記》，卷二，「開成五年三月廿一日」條，顧本，頁94；白本，頁241；小野本，第二卷，頁308；賴本，頁193。

111 《入唐記》，卷二，「開成五年三月廿二日」條，顧本，頁94；白本，頁242；小野本，第二卷，頁313；賴本，頁193-194。

登州到青州540里內，三、四年來面臨嚴重蝗災與缺糧的問題，圓仁在三月廿五日，除了「爲請公驗，更修狀進尚書」外，也迫於「飢情難忍」，而在同日修狀進呈節度副使，請施齋糧。[112] 到了廿七日，圓仁「遣惟正入本典院（即處理本案的下層單位）探公驗事。本案報云：『已有處分，給與公驗。一頭給公驗，一頭聞奏。待後日朝衙，尚書押名、押印了，使送到。』云云。」[113] 3天後，圓仁到一位蕭處士的宅裡午餐，「便聞：節度使錄求法僧等來由，聞奏天子訖。」[114] 接著，圓仁在四月一日得到公驗，並在二日辭別一些官員，三日平明，離開青州府城。最後在四月廿八日，抵達五臺。

3、關津勘驗

圓仁在五臺山各處瞻禮，至開成五年(840)七月六日下山，共計停留約50天。然後，再用大約一個半月的時間，取道忻州、太原府、汾州、晉州、蒲州、同州等地，而於同年八月廿二日抵達長安城。在這段期間內，《入唐記》沒有記載申請公驗或州縣衙門勘驗公驗的事，但卻有3條資料，特別記載了從汾州至長安途中關津勘驗的經過。首先，是在八月四日，當圓仁一行通過汾州靈石縣，沿汾河南行20里，「到陰地關，關司勘出」。[115] 這是把守水陸關津的「門禁」，按照唐代法律規定，對於來往行人所攜帶的公文（包括符券、遞牒、總曆、過所或公驗等，見前文引《唐律疏議》），進行勘驗後，准許通過關隘。其次，圓仁等人在次日（五日），抵達長寧驛汾水關，「關司勘入」。[116]

---

[112] 《入唐記》，卷二，「開成五年三月廿五日」條，顧本，頁95-96；白本，頁244-245；小野本，第二卷，頁322-324；賴本，頁195-197。

[113] 《入唐記》，卷二，「開成五年三月廿七日」條，顧本，頁96；白本，頁246；小野本，第二卷，頁328；賴本，頁197。

[114] 《入唐記》，卷二，「開成五年三月卅日」條，顧本，頁97；白本，頁248；小野本，第二卷，頁333；賴本，頁198。

[115] 《入唐記》，卷三，「開成五年八月四日」條，顧本，頁137；白本，頁329；小野本，第三卷，頁210；賴本，頁276。

[116] 《入唐記》，卷三，「開成五年八月五日」條，顧本，頁137；白本，頁330；小野本，第三卷，頁213；賴本，頁276。

第3條資料是在蒲津關渡黃河的記載，《入唐記》說：「（八月）十三日……到河中節度府。黃河從城西邊向南流。黃河從河中府已北向南流，到河中府南便向東流。從北入〔府城〕舜西門出，側有蒲津關。到關得勘入。便渡黃河。浮船造橋，闊二百步許。黃河西流，造橋兩處……」[117] 根據小野勝年的研究，圓仁等人在陰地關、汾水關和蒲津關的勘出和勘入，所使用的公驗，應該是上述由登州府核發、再經青州府勘驗過的公驗，[118] 這件公驗在圓仁抵達長安城後曾在通狀後出示，圓仁自己就稱之爲「青州公驗」（詳下）。

4、申請歸國公驗

圓仁第3次申請公驗是在大唐首都長安，目的是歸國。圓仁一行在開成五年(840)八月廿二日，從長安外郭城東面三門的中門——春明門 [119] 進入大唐首都。[120] 此後4年又10個月，都居住於長安，約占圓仁在唐時間9年2個月的一半。直到會昌五年(845)五月十五日，爲了避開會昌法難，才離開長安。[121] 由於圓仁的身分是外國僧人，他在抵達長安的第二天，就向唐代後期（元和二年，公元807年以後）主管全國僧尼道士事務的左右街功德使，[122] 通狀請求居留，並遞交公驗。《入唐記》說：「（開成五年八月）廿三日，齋後，到左街功德巡院，見知巡押衙、監

[117] 《入唐記》，卷三，「開成五年八月十三日」條，顧本，頁139；白本，頁334；小野本，第三卷，頁236；賴本，頁280。

[118] 《入唐記》，小野本，第三卷，頁212註。

[119] 春明門的位置，參見徐松，《唐兩京城坊考》（北京：中華書局，1985），卷二，〈西京・外郭城〉條，頁33。

[120] 《入唐記》，卷三，「開成五年八月廿二日」條，顧本，頁140；白本，頁342；小野本，第三卷，頁261；賴本，頁283。

[121] 《入唐記》，卷四，「會昌五年五月十五日」條，顧本，頁185；白本，頁465；小野本，第四卷，頁143；賴本，頁365。

[122] 《舊唐書》，卷十四，〈憲宗紀（上）〉，頁420，「元和二年二月辛酉」條：「詔僧尼道士全隸左右街功德使，自是祠部、司封，不復關奏。」又見《唐會要》，卷四九，頁860，〈僧尼所隸〉。並參見塚本善隆，〈長中期以來の長安功德使〉，《東方學報》（京都）4（1933）：368-406。

察侍御史，姓趙名鍊，通狀，請寄住城中諸寺，尋師。」並錄其狀文如下：[123]

> 日本國求法僧圓仁、弟子僧惟正、惟曉、行者丁雄萬，並連青州公驗白
>
> 右圓仁等，去開成三年，隨朝貢使來，尋訪佛教。今年三月，請青州公驗，入五臺山，禮謁聖跡，遂到此間，擬學聖法。伏請寄住城中寺舍，尋師聽學。謹具如前，伏聽處分。帖件狀如前。謹牒。
>
> 開成五年八月廿三日　　日本國求法僧圓仁牒

圓仁等人隨即由知巡侍御差一名巡官，安置於資聖寺。並於次日，再由一名巡官帶領去參見當時的左街功德使仇士良。圓仁等「到使衙案頭，通狀請處分，細問來由，更作一狀」。《入唐記》也錄下該狀內容，大意是敘述圓仁在唐的經歷，其格式和前引致登州蓬萊縣的「行歷」相同。[124] 此後，圓仁即在長安諸寺尋師聽學。他目睹了長安城內的政治變動，觀察到了民眾生活的吉光片羽，更親身體驗了會昌毀佛的運動。尤其是有關「會昌毀佛」的記載，更能補充中土文獻的不足，彌足珍貴。

圓仁在長安的生活，與唐代巡檢有關的，除上述通狀居留及請驗公驗外，包括下列三事：（1）會昌法難中的條流僧尼；（2）惟曉病故之處理；（3）向唐政府申請歸國公驗。有關會昌法難之中，唐政府勘問外國僧尼藝業、條流僧尼、勒令還俗等事，宜從宗教史或政治史的角度立論，過去學界的研究，業已汗牛充棟；而且排佛運動是一特殊事件，巡檢的對象為特定群體，與一般性質的常態巡檢關係不切，本文暫不討論。茲略述其餘二事如下：

圓仁在《入唐記》卷四「會昌三年(843)七月廿五日」條說：「弟子惟曉從去年十二月一日病，至今年七月，都計八箇月病，會昌三年七月廿四日，夜二更盡身亡。」圓仁因而立即在該日作牒三通，[125] 處理此事。第一牒說明惟曉因

---

123 《入唐記》，卷三，「開成五年八月廿三日」條，顧本，頁140-141；白本，頁342-343；小野本，第三卷，頁263-264；賴本，頁283-285。

124 《入唐記》，卷三，「開成五年八月廿四日」條，顧本，頁141-142；白本，頁344-345；小野本，第三卷，頁268-269；賴本，頁285-287。

125 《入唐記》，卷四，「會昌三年七月廿五日」條，顧本，頁173-174；白本，頁428-429；小野本，第四卷，頁22-24；賴本，頁334-335。本條收錄圓仁所作三件牒文。

病故，「謹狀報，伏請處分」。第二牒則說明「惟曉房內，除緣身衣物外，更無錢物疋段斛等，如後有人糾告，稱前件亡僧房內別有錢物等，師主僧圓仁及同學僧惟正，請蒙科罪。謹具如前，伏請處分。」第三牒主旨，在於說明因無錢買地，請求資聖寺主管綱維，「賜與一墓地埋殯」。第一、二牒，是圓仁呈請資聖寺僧官，轉呈功德巡院、功德使，圓仁可能是按照當時規定，凡有僧尼死亡必須向主管僧尼簿籍的功德使呈報，至於第二牒說明惟曉的錢物情形，小野勝年推測當與「分配遺產」的習慣有關。[126]

圓仁在長安居住即將屆滿1年、排佛運動尚未全面爆發時，就開始申請歸國公驗。這是他向唐政府第3次正式申請公驗，但這一申請案，前後拖延了3年9個月左右。他在會昌元年(841)八月七日「爲歸本國，修狀進〔功德〕使」，牒文說：[127]

> 資〔聖〕寺日本國求法僧圓仁、弟子惟正、惟曉、行者丁雄萬
>
> 右圓仁等，去年八月廿三日，從五臺山來到城中。伏蒙開府仁造，今權寄住資聖寺，今擬即歸本國，不敢專擅。謹具如前，伏聽處分。牒件狀如前。謹牒。
>
> 會昌元年八月　　日　　　　　　　　日本國求法僧圓仁謹牒

這件申請案，可說石沈大海，在《入唐記》中並未看到任何處理結果。接著，從會昌二年(842)三月三日起，宰相李德裕聞奏僧尼條流，[128] 一波波的排佛行動展開，圓仁的處境越加困難。圓仁在處理惟曉的喪事後不久，即會昌三年八月十三日，「爲求歸國，投左神策軍押衙李元佐，是左軍中尉親事押衙也。信敬佛法，極有道心。本是新羅人，宅在永昌坊……到宅相見，許計會也。」[129] 但李元佐的幫忙打點，也沒有下文。從會昌四年(844)三月，武宗下敕五臺山等著

126 《入唐記》，小野本，第四卷，頁26-28註。

127 《入唐記》，卷三，「會昌元年八月七日」條，顧本，頁152；白本，頁392-393；小野本，第三卷，頁403；賴本，頁309-310。

128 《入唐記》，卷三，「會昌二年三月三日」條，顧本，頁153；白本，頁397；小野本，第三卷，頁420；賴本，頁311-312。

129 《入唐記》，卷四，「會昌三年八月十三日」條，顧本，頁174；白本，頁433；小野本，第四卷，頁31；賴本，頁335-336。

名寺院，不許置供、巡禮，諸道州縣如有送供者，一經查獲，脊杖二十。「因此四處靈境，絕人往來，無人送供。准敕勘責彼處僧人，無公驗者，並當處打殺，具姓名聞奏。……今上偏信道教，憎嫉佛法……便令焚燒經教，毀拆佛像，起出僧眾，各歸本寺……」[130] 接著，又是一連串的勒令僧尼還俗的行動，圓仁預計自己即將處於配入還俗之列，遂於會昌五年三月三日，「圓仁通狀，請情願還俗，卻歸本國。功德使收狀，未有處分，但頻有牒來安存。」[131] 不久，在會昌五年五月十三日，圓仁不得已脫下緇衣，改服俗衣。[132] 被迫還俗後的圓仁，急著在次日趕緊申請公驗，準備離開不適合他再居住的長安。《入唐記》寫下了他多年來，申請公驗的無奈和辛酸：

> （五月）十四日，早朝，入京兆府，請公驗。恐無公驗在路難爲歟。西國三藏等七人亦同在府請公驗。府司判與兩道牒，仰路次差人遞過。然從會昌元年已來，經功德使通狀請歸本國，計百有餘度。又曆屬數箇有力人用物計會，又不得去。今因僧尼還俗之難，方得歸國。一悲一喜。左神策軍押衙、銀青光祿大夫、檢校國子祭酒、殿中監察侍御史、上柱國李元佐，因求歸國事，投相識來近二年，情分最親。客中之資，有所闕者，盡能相濟。緣功德使無道心故，諮歸國事，不蒙縱許。……[133]

對圓仁來說，從會昌元年八月開始申請公驗，可能因爲排佛運動方興未艾，再加上他所埋怨的功德使沒有道心，前後共計申請了「百有餘度」，總是碰壁。即使中間有少數幾個有力人士如新羅人李元佐大力幫忙，甚至用財物來打點，仍無結果。最後在唐政府連外國僧尼也勒令還俗的強勢作爲下，他才得以在3年9個月後取得公驗。難怪他要感嘆「一悲一喜」了。

---

130 《入唐記》，卷四，「會昌四年三月」條，顧本，頁175-176；白本，頁439-440；小野本，第四卷，頁55-56；賴本，頁340-344。

131 《入唐記》，卷四，「會昌五年三月三日」條，顧本，頁183；白本，頁459；小野本，第四卷，頁119；賴本，頁359。

132 《入唐記》，卷四，「會昌五年五月十三日」條，顧本，頁185；白本，頁464；小野本，第四卷，頁137-138；賴本，頁363-364。

133 《入唐記》，卷四，「會昌五年五月十四日」條，顧本，頁185；白本，頁464-465；小野本，第四卷，頁140；賴本，頁364-365。

5、申請過海公驗

圓仁離開長安後，仍須再度向唐政府申請歸國公驗，遭遇種種挫折，其困難程度實在難以想像。他先在楚州、泗州、海州等地申請過海歸國遭拒，北上登州仍無法取得，再回到楚州，最後再北返登州府文登縣，極有可能在此終於獲得公驗，搭船返國。如果說，圓仁第3次在長安前後花費3年9個月時間、100多回的申請，是令圓仁覺得可「悲」的事；則第4次申請公驗，不是在一個地方苦等，而是前後花費大約2年時間，南北來回打轉，應當是圓仁在唐最爲可悲的經歷之一了。

會昌五年五月十五日，圓仁在前一日獲得京兆府公驗後，立即離開長安，出府到萬年縣。[134] 十六日，和唐僧19人同行，該晚宿於昭應縣。在這裡發生一件和公驗與巡檢有關的插曲，值得一提。《入唐記》說：「同行中有一僧，生年廿，是長安城裡人，父母兄弟姊妹今見在。後少年入佛法，在大薦福寺侍奉新羅僧爲師匠。因僧難，承接新羅僧名字，得住寺。官家隨其公驗遞向新羅國去。在府（即京兆府）之時，百方作計申訴，不免遞過。親情啼哭，街中相別，遂被遞到昭應縣同宿。大家五更發，其僧暗走脫而去，同行盡不覺，到懸明即知。家丁三人中兩人分路覓去，終日覓不見。想知早到城裡家中隱藏。縣司申府尋捉。」[135]

圓仁一行向東而行，經過潼關、洛陽、鄭州、汴州，再沿汴河東南而下，於同年六月廿三日渡淮到盱眙縣。圓仁「本意擬從此到楚州，覓船過海。縣家對：『遞向揚州去。』通狀申論，縣令不與道理。不免向揚州去。」[136] 圓仁於廿八日舊地重遊、抵達繁華的揚州，看到「城裡僧尼正裹頭」，更促使他急於歸國，無心多事停留。隨即再由揚州北上，經高郵、寶應兩縣，於七月三日抵楚州，準備在這裡覓船返回日本。但他在這裡遇到極大困難，即使請託有力人

---

[134] 《入唐記》，卷四，「會昌五年五月十五日」條，顧本，頁185-187；白本，頁465-466；小野本，第四卷，頁143-145；賴本，頁365-368。

[135] 《入唐記》，卷四，「會昌五年五月十六日」條，顧本，頁187；白本，頁470；小野本，第四卷，頁160-161；賴本，頁368-369。

[136] 《入唐記》，卷四，「會昌五年六月廿三日」條，顧本，頁189；白本，頁477；小野本，第四卷，頁185；賴本，頁372-373。

士百般居中斡旋、用錢物打點，還是不得要領。《入唐記》[137] 說：

> 七月三日，得到楚州。先入新羅坊，見總管當州同十將薛〔詮〕、新羅譯語劉慎言……便入山陽縣通狀，具申本意：「日本國朝貢使皆從此間上船，過海歸國。圓仁等遞到此間歸國，請從此間過海。」縣司不肯，乃云：「當州未是極海之處。既是准敕遞過，不敢停留。事須遞到登州地極之處，方可上船歸國者。」新羅譯語劉慎言自到縣，用物計會本案，即計與縣令肯。乃云：「此間是文法之處，兼在李紳相公管內。准敕：遞過之人，兩日停留，便是違敕之罪。」云云。縣司不肯與道理。薛大使、劉譯語更到州計會，又不肯。兩日之間，百計不成也，須遞過定也。山陽縣司……乃言：「和上欲得向南去，即向南遞去；欲向北去，即向北遞去。若令停泊此間覓船，即縣司力不及也。」言窮，無可申論。仍請往登州……縣家出牒，差人遞向登州去……。

圓仁在楚州碰壁後，即在七月八日上船入淮，九日抵泗州漣水縣。在這裡，他也曾努力設法取得過海公驗，「仍作狀入縣見長官，請停泊當縣新羅坊內，覓船歸國。」[138] 但同樣沒有結果。圓仁只得北上，於七月十五日到海州，入朐山縣通狀，請求暫時停泊，自行覓船返國。但該縣長官卻回覆說：「近者新羅僧亦從京兆府遞來，請於當州權泊。使君（指海州刺史）不肯，便遞過。和上請停住事，亦應難。然縣司不自由，事須經使君通狀。」[139] 圓仁不死心，在第二天入海州，見刺史，請從該州歸國。「刺史不與道理，仍判云：『准敕遞過，州司不敢停留。告知者。』」[140] 圓仁只得再從海州北上，經懷仁縣、莒縣、密州、高密縣、即墨縣、昌陽縣，而於八月十六日抵達登州。

---

137 《入唐記》，卷四，「會昌五年七月三日」條，顧本，頁189-190；白本，頁480；小野本，第四卷，頁194-195；賴本，頁374-375。

138 《入唐記》，卷四，「會昌五年七月九日」條，顧本，頁191-192；白本，頁484；小野本，第四卷，頁207-208；賴本，頁377-379。

139 《入唐記》，卷四，「會昌五年七月十五日」條，顧本，頁192；白本，頁486；小野本，第四卷，頁214；賴本，頁379-380。

140 《入唐記》，卷四，「會昌五年七月十六日」條，顧本，頁192；白本，頁487；小野本，第四卷，頁215；賴本，頁380。

圓仁先抵山東半島最北端的登州蓬萊縣城，卻遭「蓬萊縣牒送牟平縣」，只好東南行，於廿一日至牟平縣，「得縣牒，又向東南海行」，於廿四日到達文登縣，立即「入縣見縣令，請往當縣東界勾當新羅所求乞，以延唯命，自覓舟卻歸本國。長官准狀。牒送。勾當新羅所去縣東南七十里，管文登縣青寧鄉。」[141] 圓仁在6年前曾住青寧鄉赤山村法花院，長達9個多月（開成四年六月七日至五年二月十九日），在這裡，他又遇見登州軍事押衙張詠，張詠曾經大力協助他申請前往五臺山公驗（詳上）。兩人意外重逢，自然格外欣喜，圓仁便遞過縣牒，張詠也答應幫忙覓船發送歸國，並作狀報州。八月廿七日，圓仁得文登縣牒稱：「日本僧圓仁、惟正等二人，京兆府賜給長牒、轉各一道，准敕遞〔歸〕本國，節級被遞到此縣，請到勾當新羅所求乞，以延唯命。候有過往日本國船，即欲歸國者。今見在浦（即赤山浦）者。」[142] 所謂「長牒」，小野勝年認爲即是「長行牒」的簡稱，是一種給予返歸原籍者的長期旅行證明文書。[143] 所謂「轉」者，當是一種傳送或遞過之牒。本節前引《唐律疏議》謂「傳送據遞牒」，未悉「轉」是否與「遞牒」相似。10天後，圓仁得到登州府牒文，說：「其僧等且委安存。如有過往日本國船，即任意東西者。」[144]

圓仁在登州的努力，似乎使求得過海公驗，露出一點曙光，事實卻不然。這時唐帝國境內的排佛運動，正在如火如荼進行，對於還俗僧尼也毫不放鬆。例如：武宗下詔天下還俗僧尼緇服一律焚燒，巡檢之時，一經查獲，准敕處死。

---

[141] 以上在登州蓬萊縣、牟平縣和文登縣的經歷，見《入唐記》，卷四，「會昌五年八月十六日至廿四日」條，顧本，頁193-194；白本，頁489-490；小野本，第四卷，頁223-229；賴本，頁381-383。

[142] 《入唐記》，卷四，「會昌五年八月廿七日」條，顧本，頁194-195；白本，頁491-492；小野本，第四卷，頁230-231；賴本，頁383-384。

[143] 《入唐記》，小野本，第四卷，頁233註。案：小野氏引《資治通鑑》，卷四九，頁1573，「東漢安帝永初元年」條：「若欲歸本部，在所爲封長檄。」胡三省註云：「長檄，猶今長牒。欲歸者，皆給以長牒爲驗。」又案：查兩《唐書》、《唐會要》、《唐律疏議》、《通典》、《唐令拾遺》等，皆無「長牒」或「長行牒」一詞，唯屢見長行旨符、長行旨、長行敕等詞。

[144] 《入唐記》，卷四，「會昌五年九月」條，顧本，頁195；白本，頁493-494；小野本，第四卷，頁234；賴本，頁384-386。

又因爲「唐國僧尼本來貧，天下僧尼盡令還俗，乍作俗形，無衣可著，無物可喫，艱窮至甚，凍餓不徹。便入鄉村，劫奪人物，觸處甚多。州縣查獲者，皆是還俗僧。因此更條流已還俗僧，勘責更〔甚〕。」[145] 過去圓仁所停住的赤山院，這時也被拆毀，張詠因而安排圓仁住在一個寺莊中候船。過了2個月，即十一月三日，張詠到莊中來探視圓仁，並對圓仁說：「余取今月七日，上州，見新刺史端公。因此次，具申送和上往日本國事，兼請當州牒，來春即排比船也。」[146] 但圓仁在十一月十五日，卻得到一個壞消息：「近有敕：『天下邊州應有還俗僧尼，並仰所在知存亡。且不令東西。』……勾當使（張詠）爲發送求〔法〕僧等，請當州過所。端公判云：『自求船！況准敕遞過，不合停滯住給者。』本曹官人商量云：『有阻敕文。』不肯給公驗。」[147]

圓仁在登州申請過海公驗的事情，因而陷入停頓狀態。接著下來的會昌六年(846)一整年，並無任何進展，《入唐記》也只有寥寥幾條記事，其中提到排佛運動的主角——武宗已「身體爛壞而崩矣」，[148] 隱隱然之間透露著圓仁的微詞。

圓仁從武宗會昌五年(845)八月廿四日再抵登州文登縣，至宣宗大中元年(847)閏三月十二日離開登州，苦等公驗和前往日本船舶的時間約1年7個月。促使圓仁終於絕望離開的，是當時一位大唐派往新羅副使，牒請不許由登州差船送客過海的命令，使得張詠不敢抗拒。圓仁「仍從文登界過海，歸國之事不成矣。商量往明州，趁本國神御井（人名）等船歸國。」[149] 於是，失望之餘的圓仁再

145 《入唐記》，卷四，「會昌五年九月」條，顧本，頁195；白本，頁493-494；小野本，第四卷，頁234；賴本，頁384-386。

146 《入唐記》，卷四，「會昌五年十一月三日」條，顧本，頁196；白本，頁496；小野本，第四卷，頁244-245；賴本，頁387。

147 《入唐記》，卷四，「會昌五年十一月十五日」條，顧本，頁196-197；白本，頁497；小野本，第四卷，頁254；賴本，頁388-389。

148 《入唐記》，卷四，「會昌六年四月十五日」條，顧本，頁198；白本，頁500；小野本，第四卷，頁261；賴本，頁391。案：武宗因餌食丹藥而崩於是年三月廿三日，見《入唐記》，卷四，「會昌六年七月廿二日」條，又見：《舊唐書》，卷十八上，頁610，〈武宗記〉。

149 《入唐記》，卷四，「大中元年閏三月十日」條，顧本，頁199；白本，頁505；小野本，第四卷，頁278；賴本，頁394-395。

度南下，準備前往比楚州、揚州還南端的明州，尋求公驗和歸國船隻，並於同月十七日抵達密州諸城縣的一處海邊駁馬浦。然後在五月五日上船候風，幾天後沿著海岸航行，至六月五日才第三度抵達楚州。他還是尋找新羅坊的總管劉慎言幫忙。但在這裡，他才聽說明州的日本船已經開出，只好請求劉慎言，「謀請從此發送歸國」。[150]

圓仁抵楚州後4天，就得到一條從蘇州松江口要發往日本船隻的消息，大概船上的人知道有日本僧人擬搭該船返國，傳書來說準備在山東半島南端萊州界內的牢山（在今青島附近）相候。歸心似箭的圓仁，立即在第二天（六月十日），再從楚州乘船北上，於六月廿六日抵牢山。但圓仁撲了個空，該船已經前往登州赤山浦了。幸好該船留下書信說：「專在赤山相待」。圓仁只好搭船追趕，七月廿日終於在乳山長淮浦趕上，並換乘該船。廿一日，「到登州界泊船。勾當新羅使同十將張詠來船上相看。船上眾人於此糴糧。擬從此渡海。」[151]

圓仁又回到赤山浦，並從這裡搭船返國。《入唐記》對於大中元年七月廿一日至九月二日離開赤山這段長達40天時間，只有簡單的5條記事。第1條即上引糴糧的事，第2條說：「八月九日，得張大使（張詠）送路信物，數在別。」第3條說：「十五日，剃頭，再披緇服。」前文提到，圓仁在會昌五年(845)五月十三日匆匆離開長安之前被迫還俗，「便著俗衣」。因此，圓仁在唐，事實上有2年3個月的時間，沒有穿著和他身分相當的緇服，這當然是受到會昌排佛運動的影響。第4條記載說：「廿四日，祭神。」第5條則說：「九月二日，午時，從赤〔山〕浦渡海，出赤山莫琊口，向正東行一日一夜。」[152] 費盡九牛二虎之力，圓仁終於離開了大唐的土地。

---

[150] 以上圓仁從登州至楚州之行歷，見《入唐記》，卷四，「大中元年閏三月十二日至六月五日」條，顧本，頁199-200；白本，頁506-509；小野本，第四卷，頁283-290；賴本，頁395-397。

[151] 以上圓仁從楚州再回至登州之行歷，見《入唐記》，卷四，「大中元年六月九日至七月廿一日」條，顧本，頁200-202；白本，頁509-514；小野本，第四卷，頁291-303；賴本，頁397-399。

[152] 以上圓仁再回登州赤山浦之記事，見《入唐記》，卷四，「大中元年七月廿一日至九月二日」條，顧本，頁202；白本，頁514；小野本，第四卷，頁303-306；賴本，頁399-400。

圓仁這次是否如願獲得登州發給的過海公驗呢？《入唐記》並沒有任何記載，我們只能做如下推測：在赤山浦40天的期間內，過去一再熱心協助的張詠，仍然和圓仁有著聯絡，圓仁的過海公驗，極有可能透過張詠取得。另一個可能是，他既有京兆府長牒，兼已覓得船隻，又得張詠之助，再加上敕令禁止還俗僧尼任意旅行的規定或許逐漸鬆弛，因而即使沒有公驗，也得以通過當地巡檢，過海歸國。

五、結語

對於一個外國僧人來說，大唐是一個異國。在異國土地上9年2個月尋法求經的旅途中，圓仁以一個異鄉的陌生人，從他的切身感受中，敏銳地觀察到一些身處帝國律法規範的唐人所習焉而不察或不以爲異的典章、制度、風俗和生活習慣。就是這樣，《入唐記》從另一個有別於中土傳統文獻的視角，提供了寶貴的資料。

圓仁在唐的經歷，多采多姿。在他莊嚴的尋經禮聖的使命之外，他接觸的人、事、地、物，有的令他欣喜、有的令他感傷。有些事如飛鴻泥爪、過眼雲煙，有些事則刻骨銘心、難以釋懷。從踏上唐土那一天起到上船歸國，圓仁在一村又一村、一站又一站的旅途中，無可避免地經常接觸到唐代的巡檢，並因而觸動著他的悲喜情懷。

有關圓仁和唐代巡檢的關係，在4卷8萬字的日記中，論篇幅的多寡、內容的詳略、時間的長短，都占有較多、較詳和較長的記載。本文的討論，就是以圓仁的記載爲中心，從他所經歷的地方巡檢、帖報官府、申請公驗過所和關津勘驗等事，討論他遭遇唐代巡檢的經過，和一些應付巡檢的具體行動。圓仁的經歷，當然無法說明唐代巡檢的全貌。但是，反過來說，因爲資料的零散和問題牽涉的廣泛，要重建唐代巡檢體系的全貌，也殊非易事。圓仁9年多的經歷和詳贍的記錄，填補了唐代巡檢的許多空白，自然彌足珍貴。

圓仁一踏上大唐的土地，就不斷地和唐代的地方巡檢有所接觸。譬如：在揚州海陵縣，遇上負責巡檢入出境行旅及船隻的守捉、押官、鎮使等人的例行盤查。在揚州官店停宿時，則有人勘錄同行人員的隨身物，和「檢校客房」。他在揚州期間，看到「巡檢人」勘捉私賣破釜給商人的和尙，也發生同行人員「強淩唐人」和「買敕斷色」而被逮捕。他在海州宿城村，受到「督察奸非」的村老的詢問、也遭到負有「日夕邏候」和「捉生問事」之責、帶著弓箭的子巡軍人的檢查、盤問。他在登州時，也有押衙兩度親自上船，具錄船上人數，並向上級呈報。

爲了避免違反巡檢的一些規定，圓仁經常要在抵達一地時，先行帖報官府，有時僅具呈「行歷」，說明旅行當事者的姓名、從何處來、到何處去等事由；有時則須詳細說明同行人員的數目、姓名、隨身財物和旅行目的，等等。《入唐記》中這一方面最爲詳盡的資料，是記載他在登州文登縣青寧鄉赤山村的經歷。圓仁停宿該村的新羅赤山院，因爲該村的村保和該寺的綱維，沒有依照巡檢規定當日立即向縣衙呈報，因而發下縣帖責問青寧鄉，圓仁和赤山院也隨即帖報。但文登縣衙除了處分村正外，更「恐後州司，要有追勘狀」而毫不放鬆，不斷要求村、里嚴密監控圓仁等人的行蹤。這一類生動的史料，無疑地使我們對於唐代巡檢的實際運作，更增加一些瞭解。

爲了通過各個關津、港口和城鎮的巡檢，圓仁必須在出發之前，取得通行證明，即唐代的公驗或過所。圓仁在唐的歲月中，曾經花費極多的時間、極大的心力，運用各種可能的人事關係和方法，設法獲得公驗。在他前後4次的申請過程中，有的無法取得，有的稍微順利，有的風波不斷，有的迂迴曲折，但其中有一個共同的地方，就是漫漫的無奈和等待。作爲一個天台宗僧侶，圓仁熱切期盼能夠到台州巡禮，他在揚州時就提出第1次申請，經過8個月又20多天的等待，也透過日本遣唐大使向大唐皇帝奏請，卻是功敗垂成。圓仁第2次申請公驗的地點是在登州，目的是前往五臺山朝聖。他花了5個多月時間，透過新羅有力人士的幫忙，終於取得經過重重審查的登州公驗。這件公驗，後來在青州再經勘驗，它讓圓仁得以到達五臺山，然後在前往長安途中順利獲得關津的「勘出」、「勘入」，並進入大唐首都。圓仁在長安第3次申請公驗的目的是歸國，他花費3年9個月的時間，運用新羅人士的關係，甚至用財物打點，前後通狀100餘回，卻屢屢碰壁，最後因爲會昌勒令還俗之難，才在一日之間，得到京兆府公驗。這樣的結果，當然使得被迫改服俗衣的圓仁，有著「一悲一喜」的深深感觸。圓仁在離開唐境之前，又花費大約2年的時間，從楚州、泗州、海州等地第4次申請過海公驗遭到拒絕，再北上登州仍無法取得。只好再回楚州，依然無法出海。最後又北上登州，終於得以過海歸國。在這段漫長的南北奔波過程中，圓仁心力交瘁的訊息和唐代巡檢的一些規定，隱隱在《入唐記》的字裡行間中透出。

（本文於一九九七年八月三十日通過刊登）

引用書目

一、文獻史料

劉昫等，《舊唐書》，標點本，北京：中華書局，1975。

歐陽修、宋祁，《新唐書》，標點本，北京：中華書局，1975。

薛居正等，《舊五代史》，標點本，北京：中華書局，1975。

脫脫等，《宋史》，標點本，北京：中華書局，1975。

脫脫等，《金史》，標點本，北京：中華書局，1975。

王　溥，《唐會要》，標點本，上海：中華書局，1955；台北：世界書局，1982，影印本。

司馬光，《資治通鑑》，標點本，北京：中華書局，1956；台北：世界書局，1962，影印本。

杜　佑，《通典》，校點本，北京：中華書局，1988。

李林甫等，《唐六典》，點校本，北京：中華書局，1992；近衛家熙本，台北：文海出版社，1974。

長孫無忌等，《唐律疏議》，點校本，北京：中華書局，1983；台北：弘文館出版社，1986，影印本。

仁井田陞，《唐令拾遺》，東京：東方文化學院東京研究所，1933。

徐松，《唐兩京城坊考》，北京：中華書局，1985。

小野勝年，《入唐求法巡禮行記　研究》，第一卷、第二卷、第三卷，京都：法藏館，1964原刊、1989再版；第四卷，京都：法藏館，1969原刊、1989再版。

圓仁著、顧承甫、何泉達點校，《入唐求法巡禮行記》，上海：古籍出版社，1986。

圓仁著、白化文、李鼎霞、許德楠校註，《入唐求法巡禮行記校註》，石家莊：花山文藝出版社，1992。

Edwin O. Reischauer. *Ennin's Diary: The Record of a Pilgrimage to China in Search of the Law*. New York: The Ronald Press Co., 1955.

二、近人著作

卞麟錫，〈試論九世紀唐朝新羅坊的性質〉，收入中國唐代學會主編，《第二屆國際唐代學術會議論文集》，台北：文津出版社，1993，下冊，887-900。

牛致功，〈圓仁目睹的新羅人——讀《入唐求法巡禮行記》札記〉，收入鄭學檬等主編，《唐文化研究論文集》，上海：人民出版社，1994，544-555。

向　達，〈唐代俗講考〉，收入氏著《唐代長安與西域文明》，台北：明文書局，1981，294-335。

苗書梅，〈宋代巡檢初探〉，《中國史研究》3（1989）：41-54。

黃清連，〈唐代散官試論〉，《中央研究院歷史語言研究所集刊》58.1（1987）：133-208。

程喜霖，〈唐代的公驗與過所〉，《中國史研究》1（1985）：121-134。

唐長孺，《唐書兵志箋正》，北京：科學出版社，1957。

齊　濤，《魏晉隋唐鄉村社會研究》，濟南：山東人民出版社，1995。

內藤虎次郎，〈三井寺所藏の唐過所に就て〉，《桑原博士還曆記念東洋史論叢》，弘文堂書房，1931，1325-1343；本文中譯，題爲〈三井寺藏唐過所考〉，收入萬斯年編譯，《唐代文獻叢考》，開明書店，1947，26-50。

佐伯有清，《圓仁》，東京：吉川弘文館，1989、1994。

岡田正之，〈慈覺大師の入唐紀行に就いて（第一回）〉，《東洋學報》11.4（1921）：461-486。

岡田正之，〈慈覺大師の入唐紀行に就いて（第二回）〉，《東洋學報》12.2（1922）：147-186。

岡田正之，〈慈覺大師の入唐紀行に就いて（第三回）〉，《東洋學報》12.3（1922）：273-294。

岡田正之，〈慈覺大師の入唐紀行に就いて（第四回）〉，《東洋學報》13.1（1923）：1-28。

船越泰次，〈五代節度使体制下に於ける末端支配の考察——所由節級考——〉，《集刊東洋學》13（1965）：29-44。

塚本善隆，〈長中期以來の長安功德使〉，《東方學報》（京都）4（1933）：368-406。

礪波護，〈唐代の過所と公驗〉，收入氏編，《中國中世の文物》，京都：京都大學人文科學研究所，1993。

Edwin O. Reischauer. *Ennin's Travels in T'ang China*. New York: The Ronald Press, 1955.

Yüan Jen and the Policing System of the T'ang Dynasty

Huang Ch'ing-lien

Institute of History and Philology, Academia Sinica

Based upon the diary of the Japanese monk Ennin(794-864), *The Record of a Pilgrimage to China in Search of the Law* (in Chinese, *Ju-T'ang Ch'iu-fa Hsün-li Hsing-chi*; in Japanese, *Nittô guhô junrei gyôki*), this article focuses its discussion on Ennin's eyewittness experiences of the policing system during his more than 9 year stay in T'ang China.

H*sün-chien,* in T'ang China, referred to a "touring inspection or touring surveillance." It was conducted by a delegate, often a military inspector or local government official. In his 4 volume diary, containing 80 thousand Chinese characters, Ennin describes this practice in detail. He records many instances, including his encounters with military inspectorates on the sea-shore, in a mountain pass, and among the villages and towns of T'ang China. He also makes a record of the regulations and practices behind the application for official documents and issuance of passports from counties and prefectures. These first-hand records, when compared with other T'ang sources, provide us with a rare glimpse of the policing system in T'ang society.

Keywords: Yüan Jen(Ennin), Touring inspecting, T'ang Dynasty

出自第六十八册第四分(一九九七年十二月)

唐宋食療概念與行為之傳衍——以《千金·食治》為核心的觀察

陳元朋*

認爲特定「食物」有助「健康追求」與「治癒疾病」的看法，在今日的東亞文化圈内，可說是一種既普遍又風行的醫療概念與飲食行爲。然而，這種今日名之爲「食療」的知行，卻並非當代的原創，它自有其古典的淵源可尋；換句話說，「食療」一事是可以擺在歷史的脈絡中來加以察考的，而本文即爲之作。

在以唐代名醫孫思邈所撰《千金·食治》爲觀察伊始的行文裡，本文指出，《千金·食治》一方面誠然是唐代以降「食療奉行者」們的行爲準繩，但另方面，相涉的體認，其實也早存見於漢魏時人的言論，以及唐以前的若干醫學古典中。因此，考量現存史料的狀況，對於這些早期的食療認知，我們祇能說其是零散，卻不能將其在唐以前的存在視之爲矇昧。通過文本的比對，本文發現，孫思邈的「食療觀」確實是基礎於這些前人的知見；整篇《千金·食治》的內容，其實就是孫思邈「乃博群經，删裁繁重」後的成果。

「食療」概念與行爲在兩宋的傳衍內容，基本上是足以體現傳統醫學知識傳承方式的轉變，以及近世士人文化的部份特徵，而有關這課題在唐代以降的「社會史」與「文化史」研究旨趣，亦正由此展露。就社會的層面而言，「食療」這種在唐代似爲「傳播範疇有限」的認知體系，在宋代卻開始被「士人」——這個當日新興的社會階層所掌握，而北宋官方對於醫籍刊印事業的熱衷致力，則在其間扮演了媒介性的角色。這些士人是「尚醫」的一群，他們是醫學在宋代普及的主要對象，也是醫籍中「食療概念」的傳衍者。

作爲「醫療概念」的「食療知識」，其爲宋代尚醫士人所掌握，或許可以歸屬於社會性的因素；然而，由此一掌握所使然的「行爲」，卻又別有文化上的特色。從《養老奉親書》的「爲長者壽」，到《士大夫食時五觀》所隱含的對同質群體的期許，再下至《山家清供》裡那群視「食療」爲「清高」的士人們。我們不難發現，「食療行爲」在宋代的這層文化意義，其實是與時俱深的。時間愈後，「食療行爲」的施用背景愈切近於士人日常的飲食習慣。是則，「食療」確已成爲足以反映當日士人文化特質的行爲。

關鍵詞：唐 宋 食療 千金食治 孫思邈

---

* 臺灣大學歷史研究所博士班

一、引言

藉饌肴來癒疾延壽，在今日的東亞文化圈內，可說是種既普遍又風行的醫療概念與飲食行為。當代韓國人認為常吃「補身湯」與「蔘雞湯」便能滋補強身，[1] 日本人則認為「竹筒飯」與「紅豆飯」能讓人益壽延年，[2] 而各地中國人習以為常的「四季食補」，以及大陸與臺灣日漸林立的「藥膳樓」與「食補餐廳」，皆再再說明著此種將「食」納入「醫藥」與「養生」關係環節的認知，已深入這個文化圈內的各個社會，且成為其成員常所信服與奉行的概念與行為。

日、韓與東亞漢人社會對於「食」能「將養身體」、「禦病防疾」的認識，大概是傳統中國醫學知識「縱橫擴散」後的結果。當代中國傳統醫學對這概念亦有所陳述，而（表一）所列三種說法，則可以為代表：

表一：當代中醫著作所釋「食療」定義舉隅

出　典	定義內容
1.《中國大百科全書·傳統醫學分冊》[3]	根據不同的病症，選擇具有不同作用的食物，或以食物為主，並適當配伍其它藥物，經烹調加工製成各種飲食以治療疾病的醫療方法。
2.《中醫名詞術語大辭典》[4]	應用食物對於疾病進行治療或調理。又稱為「食治」。
3.《中國食療大典》[5]	利用不同的食物來影響機體的功能，使其獲得健康或治癒疾病的一種手段與措施。

（表一）臚列現代傳統中國醫學的「食療」定義，其詳簡自有不同，而細部亦有所區別。[6] 但歸納而言，這三種說法，均是由「食物」——這個充要條件，以及

---

[1]「補身湯」是韓人嗜食的湯品，是由狗肉精燉而成。「蔘雞湯」則是以人蔘與肉雞熬燉而成的湯品，亦為韓人所常食。請參見伊藤亞人，〈朝鮮的飲食文化〉，收入中山時子編，《中國飲食文化》（北京：中國社會科學出版社，1992），頁275-278。

[2] 請參見平田萬里遠，〈中國飲食文化在日本的傳播與發展〉，收入中山時子主編，《中國飲食文化》，頁240-241。

[3] 請參見「中國大百科全書中國傳統醫學篇編輯委員會」編，《中國大百科全書·傳統醫學分冊》（北京：中國大百科全書出版社，1992），頁416-417。

[4] 請參見「中國中醫研究院」、「廣州中醫學院」合編，《中醫名詞術語大辭典》，（臺北：啓業書局，1978），頁242。

[5] 請參見姚海揚編，《中國食療大典》（天津：科學技術出版社，1994），頁396。

[6] 個人以為，在（表一）所載三種說法裡，要以《中國大百科全書·傳統醫學分冊》所載

「養生延壽」與「癒疾療病」——這兩個基本目的所構築而成的。再就文字上來看，上表三書中所謂的「食物」，應是專指「單品食料」言，而其內容大抵是包括所有被人視爲「飲食對象」的東西。

當代傳統中國醫學關於特定「食物」有助「健康追求」與「治癒疾病」的看法，自有其古典的淵源。不過，或許是受到學科屬性的左右所致，現代傳統中國醫學界似乎很少措意於有關「食療」歷史面相的追索。就以《中華醫史雜誌》，這本大陸地區的重要醫學史研究期刊爲例，自八〇年代復刊以來，十餘年間談及「食療」這課題的論文，僅有孟仲法、顧燕敏兩人合著的〈我國古代食療發展史略〉一文。[7] 然而，此文既名之以「史略」，自是難免「通史」的寫作體例，但如此在內容上則不易照顧周全。綜觀全文，僅對歷代食療著作加以簡介，但並未論及各著作之間的承衍關係，因此很難從中看出「食療」概念與行爲的傳衍脈絡，頗有些述而不論的意味。

「食療」既然有「食物」這項充要構成條件存在，它當然也有其「飲食」層面的意義。換句話說，有關「食療」之「概念」與「行爲」的歷史面相，也可以放在「飲食史」的脈絡中加以求索。然而，或許是受到「飲食史」既有研究格套的影響，[8] 這些訴「食療」於「飲食史」研究範疇的文字，若非如同「醫學

的範圍最小，所謂「經烹調加工製成各種飲食」一語，似乎有特別強調「烹飪」程序的意味，而其它兩書，則僅言「食物」。

7 孟仲法、顧燕敏，〈我國古代食療發展史略〉，《中華醫史雜誌》15(1985)：1。

8 以往學界對「中國飲食史」的研究取徑，基本上可以歸納出以下三個特徵：其一是憑藉考古出土物與歷代食譜，考索先民的飲食內容與風尚；其二是將有關先民「飲食」之種種，寄託於「華夏文明演進」的大纛下；其三則完全出於現世的關懷，冀望以先民的飲食內容富益今人之物質生活。總體而言，採取前述第一類視野的學者如楊蔭深，《飲料食品》，收入《飲饌譜錄》（臺北：世界書局，1992）、張光直，"Food in Chinese Culture," *Anthropological and Historical Perspectives* (New Haven and London: Yale University Press, 1977)；逯耀東，〈《崔氏食經》的歷史與文化意義〉、莊申，〈從「八珍」的演變論中國飲食的演變〉，均收入《第一屆中國飲食文化研討會論文集》（臺北：中國飲食文化基金會，1993）；王仁湘，《飲食與中國文化》（北京：人民出版社，1994）；陳偉明，《唐宋飲食文化發展史》（臺北：學生書局，1995）等，多半較能把持歷史研究的分際，從材料出發，有一分證據說一分話，少做感性或實用層面的論述。第二類學者則不然，雖然依據的史材與前者無甚差別，但此輩卻好以死板的唯物史觀分析生人之口腹，林乃燊所著《中國飲食文化》（上海：上海人民出版社，1989）是其類。至於第三類學者的著作，則有林正秋，《中國宋代菜點概述》（北京：中國食品出版社，1989）可以爲例。

史」研究者一般，著重於「食療」之實用層面的探究，[9] 便是將「食療」當作是「中華飲食特色」來加以宣揚敘述，[10] 能夠掙脫藩籬的研究作品，直可謂爲鳳毛麟角。[11] 事實上，以這兩類研究取向寫作而成的論文著作，常常祇能讓我們知道「食療」在先民生活中的曾經存在，卻不能引領我們進一步深入這存在的內裡，特別是在「概念的特徵」與「行爲的傳衍」上，「飲食史家」們的研究尤顯貧乏。

「食療」既是「概念」與「行爲」的構成，自是無法脫離「人」而獨立存在的。因此，在我們提出「是何種思想在支持這行爲之存在？」這命題的同時，我們還可以問「是那些人在信奉與實踐這樣的思想？」當我們敘述此一思想與行爲在歷史時空中的存續事實時，我們也應該試圖探討「是那些管道在承負這樣的延續？」而更重要的是，倘若這些在不同時期「信奉」、「實踐」與「承負延續」的人們，本身即有著社會階層與文化素養上的差異時，我們似乎還可對彼輩之於「食療」所可能形成的內在質變加以探究。

拙文將擬依循上述的脈絡進行探討。基本上，我是將「食療」這課題的研究，定位在「社會史」與「文化史」的層面上。不過，這個研究取徑的設定，也並不是要藉以質疑前輩學者以「醫學史」或「飲食史」角度研究「食療」一題的可行性；而是希冀能將「食療」的「醫學」與「飲食」面相，擺在「社會」與「文化」框架下進行觀察。畢竟，無論是「醫學」，亦或是「飲食」，都是環繞人而存在的認識與習慣，它們依然還是「社會」與「文化」的產物。

鄙意以爲，面貌切近於當代「食療」認知的概念與行爲，在先民社會的出現時間似乎並不甚早，唐人的相關言行或許正是開端。當然，這並不是說我們對於當代「食療」的尋根工作，就祇能作到唐代。事實上，就現存的史料觀之，唐以前其實也有許多可以與唐代「食療」相溝通的「認識體系」與「行爲模式」存在。此中，時間譜系在先秦至兩漢間的「馬王堆古醫書」、《黃帝內

---

[9] 此類論文請參見章樂琦，〈疾病、飲食、消費者〉；黃伯超，〈國人之營養狀態、慢性疾病與平均壽命〉；黃韶顏，〈中國傳統食療之探討〉；戴東原，〈醫食運動與健康〉；劉儀初，〈論中國食醫同源的產生及其營養學價值〉。以上諸文，皆收入《第三屆中國飲食文化學術研討會論文集》（臺北：財團法人中國飲食文化基金會，1994）。

[10] 請參見林乃燊，《中國飲食文化》（上海：上海人民出版社，1989），頁47-52。

[11] 個人以爲，日人宮澤正順所著〈「醫食同源」與「藥食如一」〉一文，可説是目前有關「食療」這課題研究論文中少數能脱離既有窠臼的作品。該文收入中山時子主編，《中國飲食文化》，頁75-83。

經・素問》、《神農本草經》，魏晉時期的「本草類」與「食經類」著作，以及漢魏神仙方士與道徒們的「服食」傳統，都是可供我們溯源的對象。[12] 不過，由於這些唐以前人們的知見言行，或是殘破散佚而僅存名目，或是雜繁篡亂而各有淵源，很難在一篇短文中理其頭緒、梳其脈絡。因此，爲免冗贅舛誤，拙文之於上述先秦以迄唐代之前的諸般溯源對象，僅擬作些麤略的推測。總的來說，從其中摘出若干與唐宋食療內容旨趣暗合的知見或行徑，將是這部份行文所欲達成的目標。至於細部的分析，則得留待異日另文再論。因此，拙文的重心，還是擺在唐宋時期。

「食療」在唐宋時期的存在概況，不僅足以體現前述個人對這個課題所提出的幾個觀察面向，同時也能符合「社會史」與「文化史」的研究旨趣。舉例而言，在「以食爲治」、「以食爲養」的綱領下，「食療」在唐宋期間一方面被賦與「養老」的目的意識，二方面也逐漸形成一種特殊的「階級文化」。當然，就性質來說，這兩種附加內涵還是屬於概念性的，但是它們的深化與產生，卻與宋代的那批「尙醫士人」關聯密切，而這個階層的存在，又不祇是社會性的，同時也是文化性的。再以「傳承管道」爲例，「食療知識」在唐代的傳遞個案，頗有師徒相授的特徵，但這藩籬在宋代卻被官方編纂與刊布醫籍的行爲所跨越。此其中，宋代官方之於醫籍的「編纂刊布」，肯定是有社會性的意義存在，而這類行爲又無疑是扮演著「知識普及」的文化性角色。

唐宋時期，以「概念」與「行爲」爲主體的「食療」，有「變」，亦有「不變」。言「變」，指的是「奉行者」的身份；說「不變」，則是就「基本理論」而言的。凡此，在以下的行文中，拙文將試圖爲之剖陳，而孫思邈的《千金・食治》則是我所揀選探討的起始對象。因爲，「食療」一詞，正濫觴於這部著作。

---

[12] 拙文在完稿之前，曾以「食療不愈，然後命藥——唐宋食療概念與行爲的內在及承衍」爲題，參加「中央研究院歷史語言研究所・生命醫療史研究室」一九九六年度的第十次討論月會。在該篇文章中，個人主要是以「馬王堆古醫籍」、《神農本草經》與若干《醫心方》所引「中世食經」爲史料，企圖上溯唐代孫思邈「食療觀」的內容淵源。不過，由於該文的寫作，必須先釐清古代醫學典籍的派別與傳抄脈絡，而這些又都不是以個人目下之淺識所能處理的課題。因此，乃暫且擱下原先溯源的想法，僅就唐宋時期的「食療」略抒鄙見。又，該文當時曾蒙杜師正勝、林富士先生、賴鵬舉先生、李建民先生、祝平一先生、金仕起先生、陳君愷先生等師長學友的慷慨指教，對個人觀念的釐清頗有幫助，王師德毅、梁師庚堯與邢師義田則對拙文之部份篇章審閱再三，而本文命題的選定是啓發自逯師耀東，今幷誌於此，以致謝忱。

二、孫思邈的「食療觀」

日本學者岡西爲人，曾在所著《宋以前醫籍考》「千金食治」條下有如斯之語：

> 按：所謂「千金食治」，即是《千金方》之卷廿六，而固非單行者。然後世論食療者，多以爲圭臬。故今特著於此焉。[13]

檢證唐以後的「食療」文字，不論是官纂醫書如北宋徽宗朝之《聖濟總錄》，[14] 亦或是私家著作如明・高濂《遵生八牋》之〈飲饌服食牋〉，[15] 其概念之所本，的確與孫思邈的認識關係密切；岡西氏的觀察實可謂之中的。

今考《千金・食治》收在《備急千金要方》第二十六卷，[16] 原題作〈食治〉，是唐代名醫孫思邈有關「食療」的最主要著作。該卷下分五子篇，分別是「序論第一」、「果實第二」、「菜蔬第三」、「穀米第四」、「鳥獸第五」。其中，「果實第二」以下四篇，可說是孫氏有關「單品食料」的「本草學」記述，至於孫氏所稟持的「食療」理論，則主要載在「序論第一」篇中。

事實上，孫思邈之於「食療」的認識，並不限於《要方》一書所備載的內容。《千金翼方》（以下簡稱《翼方》），[17] 這部孫氏在《要方》撰成之後，因「猶慮或有所遺」而增著的輔翼之作，亦對「食療」有所闡述發明。所以，以下有關孫氏「食療觀」的探討，基本上也將建構在此兩書的相關內容上。

---

[13] 請參見岡西爲人，《宋以前醫籍考》（臺北：古亭書屋，1969），頁1337。

[14]《聖濟總錄》（北京：人民衛生出版社，1995），是北宋徽宗時期敕撰的巨型醫書，該書卷一百八十八爲〈食治門〉。今考該門之下首載「食治統論」，其內容全取孫思邈《千金要方》〈食治〉之內容。不過，該書尚未及發行，書板便於靖康之難時被金人攜去北方，此後終南宋之世不見該書流傳，一直到元代才重新問世。是故，拙文探討宋代官刻醫籍之於醫學知識普及當日民間的部份並未加以徵引。

[15]《遵生八牋》（北京：人民衛生出版社，1994），明萬曆年間高濂撰。該書共分八牋十九卷，其中第五牋名爲「飲饌服食」，內容除理論的陳述外，尚列有「食療方劑」若干，其中頗有得之於《千金要方》〈食治〉之內容。

[16] 本書所用《千金要方》、《千金翼方》，均收入《藥王全書》（北京：華夏出版社，1992）。此書爲現存搜羅世傳孫氏著作最完備的本子。

[17] 按《千金翼方》今有日本影刻之「元大德梅溪書院本」，此書書前首載有宋臣高保衡等所撰進表〈序文〉一篇，次載孫思邈〈序文〉一篇。由是觀之，此本應爲北宋遺本之覆刻本。今考是書所載孫氏〈序文〉內，有所謂：「……由檢押神秘，幽求今古，撰方一部，號曰：《千金》……猶恐岱山臨目，必昧秋毫之端；雷霆在耳，或遺玉石之響。所以更撰《翼方》三十卷，共成一家之學。」可見，孫思邈別撰《千金翼方》的目的，原在補足《千金要方》之不足處。

1. 食療不愈、然後命藥

孫思邈在《千金・食治》「序論第一」中嘗有如下之語：

仲景曰：「人體平和，惟須好將養，勿妄服藥。藥勢偏有所助，令人臟氣不平，易受外患。夫含氣之類，未有不資食以存生，而不知食之有成敗，百姓日用而不知，水火至近而難識。」余慨其如此，聊因筆墨之暇，撰五味損益食治篇，以啓童稚。庶勤而行之，有如影響耳。[18]

河東衛汎記曰：「扁鵲云：『人之所依者，形也；亂於和氣者，病也；理於煩毒者，藥也；濟命扶危者，醫也。』安身之本，必資於食；救疾之速，必憑於藥。不知食宜者，不足以存生也；不明藥忌者，不能以除病也。斯之二事，有靈之所要也，若忽而不學，誠可悲夫！」是故食能排邪而安臟腑，悅神爽志，以資血氣。故能用食平痾，釋情遣疾者，可謂：「良工」。餌老之奇法，極養生之術也。[19]

夫爲醫者，當須先洞曉病源，知其所犯，以食治之；食療不癒，然後命葯。葯性剛烈，猶若御兵！兵之猛暴，豈容妄發？發用乖宜，損傷處眾，葯之投疾，殃濫亦然！

上面這段文字，按照「說話者」的身份，大抵可分爲兩部份。第一部份是由「張仲景」及其弟子「河東衛汎」的言論構成。其中，衛汎的說法雖然目前並無文獻的佐證可尋，但是張仲景的說話卻可從《金匱要略》〈禽獸魚蟲並治第二十四〉裡找到近似的認知。[20] 因此，在我的理解，這部份行文，雖然尚不足以

---

[18] 張仲景此論不知何出，然孫氏既引以爲論首，亦自必有所憑，今姑誌此存疑。

[19] 按《太平御覽》（北京：中華書局，1985），卷七二二，頁3197-3200，所載〈張仲景方序〉云：「衛汎好醫術，少師仲景，有才識，撰《四逆三部厥經》，及《婦人胎藏經》，《小兒臚囪方》，皆行於世。」是則衛汎應爲張仲景之徒。

[20]《金匱要略》（臺北：知音出版社，1994）。有關此書的作者，一般咸認爲出於東漢張仲景之手，屬於張著《傷寒雜病論》一書的「雜病」之部。本書漢後久佚，直至北宋才重新發現其節略本《金匱玉函要略方》，後經宋臣編次校訂且鏤板梓行，並名之爲《金匱要略方論》。又《金匱要略》〈禽獸魚蟲並治第二十四〉載有似爲孫思邈筆下張仲景言論的文字，其云：「凡飲食滋味以養於生，食之有妨，反能爲害，自非服藥煉液，焉能不飲食乎？切見時人，不閑調攝，籍疫競起；若不因食而生，苟全其生，須知切忌者矣。所食之味，有與病相宜，有與身爲害。若得宜則益體，害則成疾，以此致危，例皆難療。」這段文字裡舉凡「飲食滋味以養於生」、「食之有妨，反能爲害」與「若得宜則益體，害則成疾」等言論，皆與孫思邈所云「仲景曰」之內容有所相通。

體現張、衛二人的「食療理論」完整內容，但卻至少足以說明孫氏「食療觀」是「別有所承」的。至於第二部份，主要是指由「夫爲醫者」以下至結尾的這段文字。個人以爲，對探討孫氏的「食療觀」而言，這段話是頗値得注意的，因爲從語法上來看，這應該是孫思邈自己的言論，而其內容則足以體現其人對「食療」一事的認識特徵。

傳統中國醫學的療疾程序，大概在先秦已然著錄於古典，《神農本草經》〈序錄〉即有如下之語：

> 凡欲治病，先察其源，先候病機。五臟未虛，六腑未竭，血脈未亂，精神未散，服藥必活。[21]

《本經》所云之「察其源」、「候病機」兩步驟，其實與孫思邈在《千金・食治》「序論第一」中所說的「先洞曉病源，知其所犯」並無二致。但自「診斷」以迄於「用藥」的過程中，孫思邈卻增加了「食治」（或說「食療」）這個步驟。他的立論基礎在於——「葯性」是「剛烈」的，倘若用之不當，便會造成人體更大的損害。因此，孫氏主張將「用藥」當作是最後的手段，在此之前倒不妨按照前賢的主張，先「用食」來「平痾」，因爲「食物」是能「排邪而安臟腑」、是能「悅神爽志」、是能「資血氣」的。

先「食」後「藥」，可說是孫思邈「食療觀」的核心原則。但他爲何會認爲「食治」有著偌大的好處？前賢如張仲景、衛汎之見，縱有啓迪之處；但在「食」、「藥」之間，孫氏自己也該有套看法吧？否則祇是依循舊說，他又何來「以啓童稚」之說呢？關於這個問題，或許可從孫氏那句「藥性剛烈，猶若御兵」語談起。

「藥性」何由「剛烈」？孫氏如此的認知與譬喻，應該與「藥物」之「多毒」有些關係。談到「毒」，古人的概念頗有別於今人印象中「食之令人殞命」的「劇毒」。根據學者的歸納，古典「本草」中所謂的「毒」，至少有以下三層意義：其一是指藥物的「偏勝」（特性）而言，其二是指藥物的副作

[21]《神農本草經》爲先秦時期的本草古典，成書時間約在公元前三至四世紀間。該書原書已佚，但部份條文仍保留在中國與日本的醫籍古典內。本書歷來多爲學者輯復的對象，而由馬繼興先生主編的《神農本草經輯注》（北京：人民衛生出版社，1995），大概是目今最完整的版本。又，拙文正文與註文部份所使用的本子，便是馬氏所「輯注」的《神農本草經》。

用，其三則有類上述今人認知中的「劇毒」。[22] 事實上，直至今日，研究者對傳統中國醫學「本草」系統中的「毒」，仍然沒有一個明確的定義，因爲前述這三種定義，往往同時出現在同一部古典「本草」中，而又沒有那一部「本草」是確切說明其毒性判定依據的。

不過，撇開「毒性」混淆的問題不談，單就使用的層面來理解，則無論是「偏勝」、「副作用」，亦或是所謂的「劇毒」，大概在實際運用時都得加以調合，免得太過而傷身，傳統醫學方劑合和所講究的「君、臣、佐、使」中的「佐」，指的便是這步工作。[23] 然而，「毒藥」須「調合」，總是多些繁難顧忌，無怪孫思邈要說出「猶若御兵」的話了。當然，相對於「毒藥」在合方時的顧忌，「藥」中之「無毒」者，在使用上或許相對地便少些麻煩。但是，這類藥物終究不多。況且是「藥」便得經過「燒煉炮炙」的處理，才能在合劑時發揮應有的效能。而如果處置未當，則又難免有「殃濫」的危險。[24] 總之，在孫氏的概念裡，「藥之投疾」總得冒著「發用乖宜」的危險，所以非不得已，他是不主張用「藥」的。

前面曾經提及，孫思邈在《千金·食治》「序論第一」之後，又別設「果實」、「菜蔬」、「穀米」、「鳥獸」四篇，收納他認爲適宜「食治」使用的品類。值得注意的是，在孫氏所收錄的211（實爲169種，此211之數乃合計各單品下附之同類品類言）種「單品食料」中，祇有18種是含有「毒性」（包括有小毒者）的，[25] 而其餘的193種則全無之。這樣的事實，若與前述從「毒性」角度理解孫氏「藥性剛猛」一語的所得合觀，或許便不難理解孫氏爲何要力倡「食治」。蓋「食」多「無毒」，以之「投疾」，可以將使用時所冒的風險減到最低的程度。

---

[22] 請參見「廣州中醫學院」編，《中藥毒理學》（臺北：啓業書局，1989），頁1-2。此外，亦可參見《中醫名詞術語大辭典》，頁242-243。又俞巖在《醫學革命論選》（臺北：藝文印書館，1976）中曾有〈毒藥辨〉一文，對古來「毒藥」之意涵多有辨析，頗有助於研究者掌握古人之意。

[23] 請參見《中醫名詞術語大辭典》，頁229。

[24] 請參見《中藥毒理學》，頁1。

[25] 此十八種是「甘蔗」、「軟棗」、「杏核仁」、「梨」、「胡瓜」、「蕺」、「葫」、「蜀椒」、「酒」、「豚肉」、「大豬四蹄」、「獺肝」、「狐陰莖」、「趙燕屎」、「腹蛇肉」、「原蠶雄蛾」、「鰻鱺魚」、「蟹殼」。

從「毒性」之有無來揣度孫氏主張「食治」的原因，即使有所得，也衹是一個側面。因爲《千金·食治》的內容，不獨談到「藥」之「猛暴」，還兼論「食」之何以「得宜」。關於此，孫思邈在前引「序論第一」的文字之後，即有所鋪陳。基本上，孫氏是將這部份的敘述，擺在「食物」之於「人體」的「生、損」關係上，而其內容則大抵以《素問》之〈陰陽應象大論篇第五〉、〈六節臟象論篇第九〉、〈藏氣法時論篇第二十二〉、〈宣明五氣論篇第二十三〉，[26] 以及《靈樞經》卷八〈五味第五十六〉與卷九〈五味第六十三〉的言論爲主。其中，孫氏在「五臟病五味對治法」中的言論，又最能體現他「用食平痾」的認知內在。其云：

> ……是以毒藥攻邪，五穀爲養，五果爲助，五畜爲益，五菜爲充。精以食氣，氣養精以榮色；形以食味，味養形以生力，此之謂也。……精順五氣以爲靈也。若食氣相惡，則傷精也；形受味以成，若食味不調，則損形也。是以聖人先用食禁以存性，後制藥以防命也。形不足者，溫之以氣。精不足者，補之以味，氣味溫補以存形精。

孫氏這段話，其實並非獨創，而是轉引自〈藏氣法時論〉的內容，其原文并唐寶應中王冰之注文如下：

> 毒藥攻邪藥，謂金、玉、土、石、草、木、菜、果、蟲、魚、鳥獸之類，皆可以怯邪養正者也。然辟邪安正，惟毒乃能，以其能然，故通謂之毒藥也，五穀爲養謂粳米、小豆、麥、大豆、黃黍也，五果爲助謂桃、李、杏、栗、棗也，五畜爲益謂牛、羊、豕、犬、雞也，五菜爲充謂葵、藿、薤、葱、韭，氣味合而服之，以補精益氣氣爲陽化，味曰陰施，氣味合和，則補精益氣矣。〈陰陽應象大論〉曰：「陽爲氣，陰爲味，味歸形，形歸氣，氣歸精，精歸化，精食氣，形食味」又曰：「形不足者，溫之以氣。精不足者，補之以味」由是則補精益氣，其義可知。

孫思邈的認知，可從生年較後的王冰之注文中掌握其淵源，[27] 而其概念之所本，不僅有出自〈藏氣法時論〉者，還有得之於〈陰陽應象大論〉的部份。其

---

[26] 拙文所採用的《素問》，是郭靄春主編的《黃帝內經素問校注》（北京：人民衛生出版社，1992）。

[27] 關於孫思邈的生卒年，歷來始終眾說紛紜，但大多數的學者皆主張隋文帝開皇元年 (581) 至唐高宗永淳元年 (682) 之說。關於此，請參見于祖望，《孫思邈評傳》（南京：南京大學出版社，1995），頁12-23。又王冰注《素問》之日，可從宋本《素問》所載〈重廣補注黃帝內經素問序〉中王冰之自述推知大概，其時約在唐代宗寶應元年 (762) 之前。

中，有關「毒藥」與「穀、果、畜、菜」的功能分析，最值得加以注意。誠如王冰所言，「藥」中之「有毒」者，其使用的對象是「邪」（意即「病邪」），而其使用的目的則在「辟邪」。從王冰對「毒藥」的定義來看，他之用「辟」字，是頗符合《素問》原文中「攻」字的用法，都含有「強力排除」的意思。然而，「攻邪」雖是「惟毒乃能」，但「養、助、益、充」則非「毒」之所長了。從上兩段引文的句型結構來看，作爲「爲養」、「爲助」、「爲益」、「爲充」四者之「受詞」的，應該不是「病邪」而是「人體」；因此，這四者基本上都帶有「食能養人」的意味。

從《素問》之「王冰注」來推測孫思邈在「五臟病五味對治法」中的言論意涵，祇是冀望藉由王冰的認識，幫助我們揣度孫氏對《素問》原文的理解內容。因爲，孫思邈雖然在《要方・序例》「大醫習業第一」中有「凡欲爲大醫，必須諳《素問》」之語，[28] 但在《千金・食治》中卻沒有對所引《素問》的內容多加解釋；況且，王冰畢竟後人，他的知見未必便能代表孫氏的看法。不過，類似王冰有關「毒藥」與「穀、果、畜、菜」的辨析，前代早有，王氏並非首創，隋・楊上善在纂注《黃帝內經太素》（以下簡稱爲《太素》）時便嘗有類似的認知，[29] 他在該書卷二〈攝生之二〉「調食」中曾有如下的言論：

> **辛散**肝酸性收，欲得散者，食辛以散之。**酸收**肺辛性散，欲得收者，食酸以收之。**甘緩**脾甘性緩，欲得緩者，食甘以緩之。**苦堅**心苦性堅，欲得堅者，食苦以堅之。**鹹濡**腎鹹性濡，欲得濡者，食鹹以濡也。**毒藥攻邪**前總言五味有攝養之功，今說毒藥攻邪之要。邪者，謂風寒暑溼外邪者也。毒藥俱有五味，故次言之，**五穀爲養**五穀五味，爲養生之主也，**五果爲助**五果五味，助穀之資，**五畜爲益**五畜五味，益穀之資，**五菜爲埤**五菜五味，埤穀之資。**氣味合而服之，以養精益氣**穀之氣味入身，養人五精，益人五氣也。

《太素》是注解《內經》的早期作品，不僅所引《內經》原文在現存古醫籍中最爲近古，[30] 而且楊上善的注文亦多有闡示，故歷來多爲醫家所重。上文之所引，顯然出自〈藏氣法時論〉，而楊氏之注文，基本上也與王冰並無二致，或許還更精簡些。楊氏明確指出「五味」的「攝養之功」，並揭櫫「五穀五味」

---

28 請參見《藥王全書》，頁19。

29 拙文所採用的本子，是蕭延平校注的《黃帝內經太素》（臺北：文光圖書公司，1981）。

30 請參見註29出處，頁1。

之爲「養生之主」，以及「五果」、「五畜」、「五菜」的「輔穀」功能。再從「穀之氣味入身，養人五精，益人五氣也」的注文觀之，楊氏應該也是主張「食能養人」這一觀點的。

從隋代的楊上善到中唐的王冰，「食能養人」——這個基於對《素問》〈藏氣法時論〉與〈陰陽應象大論〉內容理解的概念，可說是被體現的很清楚。就這個層面來看，處身於其間的孫思邈，或許也抱持著同樣的信念。當然，孫氏雖沒有在《千金・食治》「序論第一」裡對所引《素問》語多加解釋，但他的認知應該也是基於「食能養人」的。因爲，惟有如此，他纔會有「排邪而安臟腑，悅神爽志，以資血氣」的看法，也纔會在「序論第一」後以「果實」、「菜蔬」、「穀米」、「鳥獸」爲題，臚列各種「單品食料」的「性味」、「毒性」與「補養功能」。[31]

2. 孫思邈的「食療方」

誠如前段所述，孫思邈是認爲人必得「資於食」纔能「存生」，因爲「食」的作用正在於「資血氣」。他同時也指出，「食」中雖不乏「有毒」者，但畢竟不多，至少要比「藥」來得少些；這些都是「偏有所助」與「多毒」的「藥」所常常缺乏的性能。然而，孫氏在〈要方〉中所臚列的「食」要如何處理呢？以「單品」的型態服用，當然是可能的；但是，「食」不也有「五味」嗎？單吃某種特定的「品類」，有時或許也會出現「五味不調」的危險吧？因此，適當的配合應該仍是必要的。再者，果菜尚可生食，但米穀這等「粒食」，魚肉這等「生冷」，總也不能嚮應如斯吧？所以，「熟食」或許也是必要的型態。上述種種，《千金・食治》並未說明，但作爲《要方》輔翼的《翼方》，卻有端倪可尋。

《翼方》向來被視爲《要方》的增補之作，《要方》中若干言之未盡的課題，往往在《翼方》中得到進一步的說明。觀乎「食療」一事，確是如此。今考《翼方》中有關「食療」的論述，載在卷十二〈養老食療第四〉（以下簡稱〈養老食療〉）中，其內容除了重申《要方》〈食治〉中「先食後藥」的臨症次

[31] 關於孫氏的記述方式，茲以《千金・食治》「果實第二」所錄「栗子」爲例：「栗子，味鹹，溫，無毒。益氣，厚腸胃，補腎氣，令人耐飢。生食之，甚治腰腳不遂」這段記述基本上可以分作三部份。其中，自「味鹹」至「無毒」是有關「性味」與「毒性」的記載，而「益氣」至「耐飢」則爲「補養」的部份，此後則爲與「主治」有關的文字。

第外，還列有作爲範例的「食療方劑」一十四則。茲以（表二）臚列之：

表二：《翼方》・〈養老食療〉所載諸方表

方　名	品　名	製法與食法	效　用	《要方》對照欄
1.酥蜜湯	酥、生薑、薤白、白蜜、油、椒、胡麻仁、橙葉、豉、糖	煮三沸後服	療虛冷羸弱無顏色	除橙葉外，餘皆見於「果實」、「菜蔬」、「谷米」、「鳥獸」諸篇。又糖、豉本爲調味料。
2.服烏麻方	烏麻	蒸後以酒服	常服不懼寒暑	見「谷米」篇。
3.蜜餌主補虛羸瘦乏氣力方	白蜜、腊月豬脂、胡麻油、干地黄末	煎後製丸服	主補虛羸瘦乏氣力	除白蜜外，餘見「谷米」、「鳥獸」兩篇。
4.服牛乳補虛破氣方	牛乳、蓽茇	煎後服	補虛破氣	牛乳見「鳥獸」篇。另者不詳。
5.豬肚補虛羸乏氣力方	豬肚、人參、椒、干薑、葱白、粳米	微火爛燉配飯服	補虛羸瘦乏氣力	人參本藥。豬肚見「鳥獸」篇、椒、干薑、葱白、粳米見「菜蔬」、「谷米」篇。
6.服牛乳方	鐘乳、人參、甘草、乾地黃、黃耆、杜仲、蓯蓉、茯苓、麥門冬、薯蕷、石斛	右十一味爲散，再和粥與牛乳服	補虛羸瘦乏氣力	均爲藥，但牛乳見「鳥獸」篇，粥則可歸入「谷米」篇。
7.白羊骨生枸杞根方	白羊骨、枸杞根	微火煎後配酒服	頻遭重病，虛羸不可復	枸杞根不見，但枸杞葉見「菜蔬」篇，「羊骨」見「鳥獸」篇。
8.補五勞七傷虛損方	白羊頭蹄、胡椒、蓽茇、干薑、葱白	爛燉後去骨服	補五勞七傷虛損	蓽茇者不詳，餘見「菜蔬」篇，「鳥獸」篇。
9.療大虛羸困極方	羊肝、羊脊骨肉、麴末、枸杞根	以調和羹法煎之如稠糖服。又食此方前三日，須以豬油煎葱和粥食之	療大虛羸困極	羊肝、羊脊骨肉見「鳥獸」篇，枸杞根不見，枸杞葉見「菜蔬」篇。麴末不知爲何？
10.補虛勞方	羊肝肚腎心肺、胡椒、蓽茇，豉心、葱白、犛牛酥	煎、煮後飲汁食肉	補虛勞	羊五件與犛牛酥見「鳥獸」篇，葱白見「菜蔬」篇。餘或爲藥，或爲調味料。
11.羊骨方	羊骨	煮。又此汁須配飯麵進食	補虛勞	羊骨見「鳥獸」篇。

12.不食肉人油麵補大虛勞方	生胡麻油、浙粳米	製成麵後煮食之	補虛勞	胡麻、粳米均見「谷米」篇。
13.烏麻脂主百病虛勞久服耐寒暑方	烏麻油、薤白	煎	久服耐寒暑	烏麻油不見，「薤白」見「菜蔬」篇。
14.服石英乳方	牛乳、白石英	白石英與牛乳相煮	補虛勞	白石英爲藥。牛乳見「鳥獸」篇。

由（表二）之「品名」與「《要方》對照」兩欄觀之，〈養老食療〉中這十四方所用諸品，雖然有部份得歸屬於「藥」的範疇，但對《千金・食治》所收之「單品食料」的使用，則無疑佔了更大的比例。事實上，這樣的概觀不僅適用於這十四方的整體，也體現在各方的配伍之上，除了第6方使用了較多的「藥物」外，其餘諸方的組成型態，或是「藥」、「食」各半，或是「一藥多食」，泰半皆展現出「以食爲重」的製作特徵。[32]

再就「製法與食法」欄言，〈養老食療〉所載這十四方也有值得注意之處。其中，「煎」、「煮」、「燉」的方式最爲常見，共有十二方採用此法。總體而言，以這類方式製作的方子，除第三方「蜜餌」外，主要皆在取其「汁」以供人飲。不過，這些方子雖然與一般「湯劑」的外型近似，但多不強調「去滓」的步驟，[33] 且部份方子的服用方式，或是強調得「飲汁食肉」、或是要以其「作羹粥麵食」，甚至還有須「配麵飯共食」者。這種種的特徵，均顯示孫思邈的「食療方」，雖然在爲方的程序上使用一般藥方的製法；但若就「食法」而言，它們無寧是更接近於日常「饌餚」的。

事實上，《翼方》〈養老食療〉所備載的「食療方劑」，不僅在「組成」、「製法」與「食法」上有著前述的諸般特色，其在「效用」上也有著引人注目之

[32] 此處凸顯了一個認識上的問題，即何者是「藥」？何者是「食」？關於此，以往論「食療」之學者，大凡皆以「藥食同源」之説來加以鋪陳。然而，這個説法究竟源於何處，卻很少有學者明言，而如日本學者宮澤正順，亦嘗在所著〈「醫食同源」與「藥食如一」〉一文中有此感歎。不過，楊上善在《黃帝內經太素》卷二，〈調食〉中嘗有如下之語：「五穀、五畜、五果、五菜，用之充飢，則謂之食；以其療病，則謂之藥。」的説法。由是觀之，楊氏之語倒頗有類「藥食同源」説的內在意涵。鄙見以爲，楊氏那句「用之充飢則謂之食，以其療病則謂之藥」的説法，其實正可作爲今日我們分辨「藥」、「食」之別的依據。事實上，十世紀纂著《醫心方》的日本醫家丹波康賴早有此識，他在該書專談「食物」養護療疾作用的卷卅中，起始引用的便是《太素經》的這段話。

[33] 請參見《中醫名詞術語大辭典》，頁237。

處。從（表二）之「效用」欄可知，所有的方子都是爲「補養」而設的，而其所施用的對象，則多以「虛羸」、「虛勞」爲主，而如此的「方義」，又無疑更擴大了各方的使用範疇。因爲，在傳統醫學中，所謂的「虛羸」、「虛勞」，往往祇是一種「症狀」，它可以是生人某種體質上的缺陷，但也可以發生在某一種疾病的病中或病後。[34] 據此觀之，孫思邈在〈養老食療〉中「以症不以病」的設方作法，實有其先進之處。

最後，值得一提的是，《翼方》雖有輔翼《要方》之處，但《翼方》有時亦有《要方》所未言及者。以「食療」而言，孫氏在《千金・食治》中僅祇說明「食先藥後」的次第，以及各「單品食料」的性味效能，但卻未詳明這「食療觀」究竟合適那一類的人使用？但從他在《翼方》中將「養老」冠於「食療」二字之前的作法看來，孫氏顯然是將「年高者」設定爲「食療」的適用對象。關於此，我們也可從〈養老食療〉篇中的用字遣辭察覺；蓋在是篇內，孫氏總以「須深知食藥二性」、「養老之道」這類話語，勉勵「孝子」或「爲人子者」。看來，孫思邈之所以力倡「食療」之法，除了有「食療不愈，然後命藥」——這個基於「藥性剛猛」與「食能養人」概念所衍生的醫學面相外，其實還有著「爲長者壽」——這個現世的目標。

三、《千金・食治》的「本草」、「食經」淵源與唐代的食療奉行者

拙文引言部份曾經提及，唐代這個時間斷限之於「食療」概念與行爲的歷史意義，主要在於理論內容與行使方式的完整呈顯，但卻並非是這些知見行逕伊始濫觴的時期。

《千金・食治》的內容終非孫思邈一人所可獨創，在這之前，人們對於食物的養療機能，其實已有一定程度的認識。就像拙文第一節所言及的那般，在孫氏的「食療觀」裡，不獨有「毒藥害人」的認知，還有著「食能養人」的面相，而《黃帝內經》裡的言論，則正是後者的立論依據。再者，被孫思邈擺在《千金・食治》卷首以示己論之不孤的張仲景與衛汎的言論，也足以說明漢魏時期部分醫家對「食療」一事是確有認識的。

[34] 請參見《中醫名詞術語大辭典》，頁293。

然而，唐代以前人既對「用食平痾」一事有所認識；那麼，這認識的內容又是什麼？事實上，這種質問方式牽扯面太廣，要想以歸納性的理路做出總合且全面的回答，確非易事。不過，倘若我們將觀察的角度，建立在孫思邈「乃博群經，刪裁繁重」的《千金要方》編纂方式上；[35] 那麼，上述範疇過大的發問便得以縮減。因爲，透過對《千金・食治》內容的分析，我們可以提出「什麼是《千金・食治》的知識淵源？」這樣的思考脈絡，並在一定的程度上回應先前的那個縱深廣闊的發問。

孫思邈在《千金要方》卷二十六的〈食治〉篇中的行文結構清晰有序，他先談理論，再敘及其對各種「單品食物」的「本草學」認識。正如前述，此中有關理論之部的內容，主要是摘摭於《黃帝內經》各相關篇章之內容。關於此，由於前節已然述及，所以此處不擬贅論，倒是銜接在篇首論理文字之後的那幾篇「寓食物於本草」的行文內容，頗能展現該篇在古典醫經理論之外的知識淵源，値得再做進一步的推敲。

《千金・食治》在「序論第一」以下的內容，雖然大體上是屬於有關「食物」的「本草學」記述。不過，就體例上而言，孫氏所採用的著錄方式，還是與其前的本草作品有些許出入。在「名稱」、「性味」、「主治功用」之外，孫思邈又別附載了「食禁」的內容。推考這樣的載錄方式，一方面固然與各單品在實際使用時的安全性有關，但二方面也體現出漢魏以來爲數眾多的「食經類」著作，其實也是《千金・食治》的另一個知識淵源。因爲，那些關於「食物禁忌」的內容，正是唐代以前「食經」作品的主要內容特徵。

唐代措意「食療」一事者，並非祇有孫思邈一人。孫氏之後，《食療本草》的作者孟詵，增補該書的張鼎，以及《食醫心鑑》的作者昝殷，其實都是個中的顯例。値得一提的是，這些作品雖然皆以「食療」爲題，但在書寫特徵方面，卻隨著時序的推衍，而呈顯出截然不同的內容重點。職是之故，凡此諸人諸書，在拙文本節內，亦將試作剖陳，以明「食療」概念與行爲在初唐孫思邈之後的存在狀況。

[35] 此爲孫思邈自云之語，原題爲〈備急千金要方序〉，載於「日本江户醫學影宋本」之《千金要方》內，請參見《藥王全書》，頁9。

1.《千金・食治》的「本草」、「食經」淵源

運用「五味」富益人體，並排除其所可能造成的弊害，可說是《千金・食治》的最終目標。然而，想要實踐這般認識，單憑理論可是做不來的。再說得清楚些，理論之外，「食療」的信奉者，多半還得對各種單品食物的特性有所掌握，方能行之。孫思邈對此顯然是有所體悟的，於是他乃有「序論」之後的續作。

什麼是單品食物的特性？又要如何表述這樣的特性？針對這兩個質問，孫思邈的知見，基本上可以從他對傳統醫學「本草」著作體例的採行，窺見端倪。總體而言，對於各種堪充「食療」的單品食物，他的載記方式其實是一如藥物的。例如，《千金・食治》「果實第二」對於「柿子」特性的記述便如下所錄：

> 柿。味甘、寒、澀、無毒。通鼻耳氣，主腸澼不足及火瘡、金瘡，止痛。[36]

在這則條文裡，除卻起始的單品「正名」外，柿子的「特性」，實際上是由自「味甘」至「無毒」間這六字所表陳的「性味」，以及其後的「功能」內容所共同組成。事實上，前述這種「正名」⟶「性味」⟶「功能」的排列條陳順序，正是漢魏以來諸家本草的通行體例。關於此，也可從《神農本草經》的載記型態覘得，且看該書是如何記述「柴胡」一藥的：

> 柴胡。一名地薰。味苦、平。主心腹，去腸胃中結氣，飲食積聚，寒熱邪氣，推陳致新。久服，輕身、明目、益精。生川谷。[37]

「柴胡」在《神農本草經》裡列屬無毒的「上藥」，因此毒性的有無，在這條文中是不需贅錄的。[38] 不過，「味苦」與「平」的載述，講的還是「性味」。此外，自「主心腹」至「輕身、明目、益精」間的文字，則明顯是在說明該藥的「功能」。

---

[36] 請參見《藥王全書》，頁389。

[37] 請參見馬繼興主編，《神農本草經輯注》，頁61。

[38]《神農本草經》〈序錄〉將所錄藥物分爲上、中、下三品，其云：「上藥，一百二十種爲君，主養命，以應天。無毒，多服、久服不傷人。欲輕身益氣，不老延年者，本上經。中藥，一百二十種爲臣，主養性，以應人。無毒，有毒，斟酌其宜。欲遏病，補虛羸者，本中經。下藥，一百二十五種爲佐、使，主治病，以應地。多毒，不可久服。欲除寒熱邪氣，破積聚，愈疾者，本下經。」從這三段分品文觀之，《神農本草經》所收錄的藥物，不僅性味不同，其作用亦有所差別。總體而言，在該書所收三百六十五品藥物中，祇有屬於「下藥」的一百二十五種，纔是針對疾病發作後「治其已然」的藥物，且多爲「有毒」者；而「上藥」、「中藥」的作用，原則上都可以算作是「防病於未然」的藥物，且多屬「無毒」之品類。

孫思邈之所以會用「本草」的解釋體系來剖陳各單品食物的食療特性，應該不止是單純的體例襲用而已。他的選擇，其實還有更深刻的認知與淵源可尋，而楊上善在《太素》裡的這段文字，則大概可以作爲解索孫思邈認知的「楔子」：

> 五穀、五畜、五果、五菜，用之充飢，則謂之食，以其療病，則謂之藥。是以脾病宜食粳米，即其藥也；用充飢虛，即爲食也。故但是入口資身之物，例皆若是。此穀、畜、果、菜等二十物，乃是五行五性之味，藏府血氣之本也。充虛接氣，莫大於茲；奉性養生，不可斯須離也。[39]

孫思邈是否曾讀過楊上善的這段注文，今日已不得而知；不過，他們終究是生存年代相近的人，[40] 也都深諳前代醫學古典《黃帝內經》的理論內容。因此，倘若楊上善在「類注」《黃帝內經》的《太素》中有如斯的認識；那麼，強調「欲爲大醫，須諳《素問》」的孫思邈，[41] 當然也可能會有內在相似的體察。事實上，儘管孫氏的認知無法從現存的文本上獲得確切的線索，但是他在《千金·食治》裡以「本草」體例陳述單品食物「性味」、「功能」的做法，基本上實已暗合楊上善「用之充飢，則謂之食，以其療病，則謂之藥」的看法。所以，鄙意以爲，孫思邈在力倡「食療」之時，其實在骨子裡還是以「藥」的觀點來看待「食」的。[42]

「以藥觀食」、「以食爲藥」，誠然是《千金·食治》在行文上寓「單品食物」於「本草」的內在認知。但是，值得一問的是，這樣的認識既是濫觴於唐以前的古典醫學理論；那麼，何至於要到唐初纔由孫思邈來付諸文字？漢魏以來對於醫學知識有所掌握的人物，難道便全不察於此嗎？事實上，這樣的質疑

---

[39] 請參見《黃帝內經太素》，頁15-16。

[40] 按李經緯在《中醫人物辭典》（上海：上海辭書出版社，1988），頁198的考訂，楊上善的生存年代約在隋文帝開皇五年 (585) 至唐高宗咸亨元年 (670) 間。至於孫思邈的生卒年推定，請參見前註27。

[41] 此語出自《千金要方》卷一，〈序例·大醫習業第一〉。請參見《藥王全書》，頁19。

[42] 在此要補述的是，孫思邈的這種觀點，應該祇在「功能」上體現，當論及「品類」的實際時，他所指陳的「食」，還是指人們日常所吃的「食物」。換句話說，孫氏所指的「食物」，其實是一種基於當日飲饌習慣而彙整的認識，它們還是不同於「有疾方用」的「藥物」。當然，孫氏所指的「食」，在今日或許於飲饌中已然少見，且成爲人們印象中的「藥」，但這種變化是基於飲食習慣的變遷而產生的。就這個角度來看，孫思邈所舉出的「單品食料」，其實也是一種「概念性」的組合，但那是唐人的知見風尚，卻不必盡合後人的認識。

是可以用另一個發問方式來呈顯的——此即：孫思邈在《千金・食治》「序論第一」以下四篇所體現的認識，是否還有更早的淵源？

依據晚近學界之於唐以前傳統醫學著作的輯佚成果，唐代孫思邈對於「食療」的知見，倒確實是有前代「本草」的脈絡可尋。以下（表三）之內容所臚列，即是以《千金・食治》所收各單品爲項，分別與馬繼興的《神農本草經輯注》（以下簡稱馬本《本經》）、尙志鈞之《名醫別錄》（以下簡稱尙本《別錄》）核對後的結果；[43] 從其中，實不難發現這兩部唐以前醫學古典之於《千金・食治》的深刻影響。茲先將該表列陳，之後再探討其相關的內容。

表三：《千金・食治》所收單品與馬本《神農本草經》及尙本《名醫別錄》之對照表

《千金・食治》	馬本《神農本草經輯注》	尙本《名醫別錄》	備　　註
1.檳　榔	×	●	性味多「澀」，缺產地，其餘文字與《別錄》文雷同。
2.豆　蔻	×	●	性味多「澀」，缺產地，其餘文字與《別錄》文雷同。
3.蒲　桃	●	●	性味多「辛」，缺產地，其餘文字乃合《本經》與《別錄》文組成。
4.覆盆子	×	●	性味多「辛」，缺採月，其餘文字與《別錄》文雷同。
5.大　棗	●	●	性味多「辛」、「熱」、「滑」，其餘文字乃合《本經》與《別錄》文組成。

43《名醫別錄》，《隋書・經籍志》題爲「陶氏撰」，《舊唐書・經籍志》、《新唐書・藝文志》則僅載書名而不云作者，一直到宋代，才有鄭樵在《通志・藝文略》裡明載其爲「陶隱居集」。根據尚志鈞先生的考訂，《名醫別錄》的「資料」早在陶弘景以前便已存在於當日諸多「同名異書」的《本草經》裡。尚氏這個說法，大抵應是可信的。因爲，《新唐書・于志寧傳》亦云「別錄者」，乃是「名醫」們「附經爲說」的文字。此外，尚志鈞先生又進一步利用北宋《重修政和經史證類備急本草》所引「別錄文」，對照《唐本草》與《太平御覽》相同藥物的書寫體例，指出「名醫別錄」一詞在陶弘景作《神農本草經集注》之前，是泛指名醫增錄於多種《本經》之資料，但在陶氏完成集注工作之後，乃將此等資料別匯成書，「名醫別錄」至是乃成爲書名。拙文所採用之該書版本，即爲尚志鈞所輯校的《名醫別錄》（北京：人民衛生出版社，1986）。又，有關尚志鈞先生對於《名醫別錄》的成書考訂，請參見尚志鈞點校，《證類本草》（北京：華夏出版社，1993），頁72-82。

6.生　棗	×	●	「多食」之禁忌與《別錄》有異，其餘文字雷同。
7.藕　實	●	●	性味多「苦」、「平」，其餘文字乃合《本經》與《別錄》文組成。
8.雞頭實	●	●	與《本經》文雷同。
9.菱　芰	×	●	除多「黃帝」所云「食禁」內容外，其餘文字與《別錄》文雷同。
10.栗　子	×	●	除多「生食」禁忌外，其餘文字與《別錄》文雷同。
11.櫻　桃	×	●	性味多「澀」、「平」，其餘文字與《別錄》文雷同。
12.橘　柚	●	●	缺產地，其餘文字乃合《本經》與《別錄》文組成。
13.津付子	×	×	略。
14.梅　實	●	●	性味多「澀」，多多食禁忌，缺產地。其餘文字乃合《本經》與《別錄》文組成。
15.柿	×	●	與《別錄》文雷同。
16.木瓜實	×	●	性味多「鹹」、「澀」，其餘文字與《別錄》文雷同。
17.樝　實	×	●	性味多「平」、「澀」，其餘文字與《別錄》文雷同。
18.甘　蔗	×	●	性味多「澀」、改「無毒」爲「有毒」，功能多「止渴去煩，解酒毒」語，其餘文字與《別錄》文雷同。
19.軟　棗	×	×	略。
20.芋	×	●	性味多「澀」，多多食禁忌，缺產地。其餘文字乃合《本經》與《別錄》文組成。
21.烏　芋	×	●	性味多「滑」，其餘文字與《別錄》文雷同。
22.杏核仁	●	●	多「扁鵲云」之多食禁忌，缺產地。其餘文字乃合《本經》與《別錄》文組成。
23.桃核仁	●	●	性味多「辛」，多「黃帝云」之多食禁忌，缺產地。其餘文字乃合《本經》與《別錄》文組成。
24.李核仁	×	●	性味缺「甘」。其餘文字與《別錄》文雷同。又，附載「李核實」性味多「酸」、「溫」、「澀」、「無毒」，多「黃帝云」之食禁。

25.梨	×	●	性味多「酸」、「甘」、「澀」、「有毒」，功能多「除客熱氣」、「止心煩」，其餘文字與《別錄》文雷同。
26.林　檎	×	×	略。
27.奈　子	×	●	性味多「酸」、「澀」、「無毒」，功能多「耐飢」、「益心氣」，其餘文字與《別錄》文雷同。
28.安石榴	×	●	性味多「澀」，缺「酸實殼」、「東行根」之功能，其餘文字與《別錄》文雷同。
29.枇杷葉	×	●	多食法，其餘文字與《別錄》文雷同。
30.胡　桃	×	×	略。
以上皆爲「果實第二」之所載			
31.枸杞葉	×	×	《本經》、《別錄》雖有枸杞條，但均不載葉。
32.蘿　摩	×	×	略。
33.瓜　子	●	●	文字乃合《本經》、《別錄》文組成。
34.白冬瓜	×	●	與《別錄》文雷同。
35.凡　瓜	×	×	內容有「黃帝云」之食瓜禁忌。
36.越　瓜	×	×	略。
37.胡　瓜	×	×	略。
38.早青瓜	×	×	略。
39.冬葵子	●	●	缺產地，多「葉」之性味與功能，多「黃帝云」之食用禁忌，其餘文字乃合《本經》與《別錄》文組成。
40.莧菜實	●	●	性味多「澀」，功能多「治反花瘡」，缺採收時日，其餘文字乃合《本經》與《別錄》文組成。
41.小莧菜	×	×	略。
42.邪　蒿	×	×	略。
43.苦　菜	●	●	性味多「滑」，其餘文字乃合《本經》與《別錄》文組成。
44.薺　菜	×	●	性味多「澀」，功能多「殺諸毒」，其餘文字與《別錄》雷同。
45.蕪菁及蘆菔	×	●	性味多「冷」、「澀」，無「溫」，多「子」、「根」之功能載記，其餘文字與《別錄》雷同。

46.菘　菜	×	●	性味多「澀」，功能多「解消渴」，而無「解酒渴」，多產地名，其餘文字與《別錄》雷同。
47.芥　菜	×	●	功能多「大破咳逆」、「下氣」，多「子」之功能載記，多「黃帝云」之食用禁忌，其餘文字與《別錄》雷同。
48.苜　蓿	×	●	性味多「澀」，其餘文字與《別錄》雷同。
49.荏　子	×	●	多「荏油」之載記，其餘文字與《別錄》雷同。
50.蓼　實	●	●	功能多「解饑」，多「葉」之性味，多「黃帝云」、「扁鵲云」之食用禁忌，其餘文字乃合《本經》與《別錄》文組成。
51.蔥　實	●	●	「莖」之性味多「滑」，功能多「殺桂」。多「葉」之性味。「根」之性味多「平」。「汁」之性味多「滑」。多「黃帝云」之食用禁忌，其餘文字乃合《本經》與《別錄》文組成。
52.格　蔥	×	×	略。
53.薤	●	●	性味多「滑」，功能多「利產婦」、「鯁骨在咽不下者，食之則去」之載記，多「黃帝云」之食用禁忌，其餘文字乃合《本經》與《別錄》文組成。
54.韭	×	●	性味多「澀」，多「黃帝云」之食用禁忌，其餘文字與《別錄》雷同。
55.白蘘荷	×	●	性味多「澀」、「辛」、「無毒」之載記，多食法，多「根」之功能，其餘文字與《別錄》雷同。
56.菾　菜	×	●	性味多「無毒」之載記，其餘文字與《別錄》雷同。
57.紫　蘇	×	●	《別錄》名爲「蘇」，性味多「無毒」之載記，其餘文字與《別錄》雷同。
58.雞　蘇	●	●	《本經》、《別錄》皆名爲「水蘇」，性味多「澀」，缺「勞祖」、「芥苴」、「瓜苴」、「道華」之別名，其餘文字乃合《本經》與《別錄》文組成。
59.羅　勒	×	×	略。

60.蕪　荑	●	●	性味多「滑」，多其能「辟水蛭」之載記，其餘文字乃合《本經》與《別錄》文組成。
61.凡楡葉	●	●	《本經》、《別錄》所載名爲「楡皮」。此條性味多「滑」，缺採收時日，缺產地。其餘文字乃合《本經》與《別錄》文組成。
62.胡荽子	×	×	略。
63.海　藻	●	●	性味缺「苦」、多無，缺採收時日，缺產地。其餘文字乃合《本經》與《別錄》文組成。
64.昆　布	×	●	性味多「滑」，缺產地。其餘文字與《別錄》雷同。
65.茼　蒿	×	×	略。
66.白　蒿	●	●	性味多「辛」，缺產地，多「白兔食之仙」之載記。其餘文字乃合《本經》與《別錄》文組成。
67.吳　葵	×	×	略。
68.藿	×	×	略。
69.香　葇	×	●	名稱改「需」爲「葇」，其餘與《別錄》文雷同。
70.甜　瓜	×	×	略。
71.蓴	×	×	略。
72.落　葵	×	●	性味多「滑」，缺產地。其餘文字與《別錄》雷同。
73.蘩　蔞	×	●	多別名「滋草」、「雞腸草」之載記，多「扁鵲云」、「黃帝云」之食用禁忌；又附載水生另類一種，其餘文字與《別錄》文雷同。
74.蕺	×	●	多「多食令人腳痛」之載記，其餘文字與《別錄》雷同。
75.葫	×	●	多「黃帝云」之食用禁忌，缺採收時日，其餘文字與《別錄》文雷同。
76.小　蒜	×	●	《別錄》名爲「蒜」。多「葉」之性味、功能，多「黃帝云」之食用禁忌，其餘文字與《別錄》文雷同。
77.茗　葉	×	×	略。
78.蕃荷葉	×	×	略。
79.蒼耳子	×	×	略。
80.食茱萸	×	×	略。

81.蜀　椒	●	●	功能多「令人癢者痛，痛者癢」；多「失明」之多食禁忌；多「黑子有小毒」之使用禁忌，多「仲景云」之使用法；多「黃帝云」之食用禁忌；缺「久食，頭不白」，「女子字乳餘疾」之載記。其餘文字乃合《本經》與《別錄》文組成。
82.干　姜	●	●	文字乃合《本經》與《別錄》文組成。
83.生　薑	×	●	缺產地，多「黃帝云」與「胡居士云」之食用禁忌。
84.堇　葵	×	×	略。
85.芸　臺	×	●	性味多「寒」，缺「溫」。功能與《別錄》所載不同。多「胡居士云」之食用禁忌。
86.竹　筍	×	×	略。
87.野　苣	×	×	略。
88.茴香菜	×	×	略。
89.蕈　菜	×	×	略。
90.藍　菜	×	×	略。
91.扁竹葉	×	×	略。
92.蘄　菜	×	×	略。
以上皆爲「菜蔬第三」之所載			
93.薏苡仁	●	●	性味改《本經》之「微寒」爲「溫」，多「名醫云」之功能，缺採收時日，缺產地，其餘文字乃合《本經》與《別錄》文組成。
94.胡　麻	●	●	功能多「去頭面遊風」，多「葉」、「花」之功能載記，多採收時日，缺產地，其餘文字乃合《本經》與《別錄》文組成。
95.白麻子	●	●	《本經》、《別錄》皆稱「麻子」。缺採收時日，缺產地，其餘文字乃合《本經》與《別錄》文組成。
96.飴　糖	×	●	功能多「止腸鳴咽痛」、「卻卒嗽」，其餘文字與《別錄》文雷同。
97.大豆黃卷	●	●	功能多「宜腎」。附載「生大豆」之性味多「冷」。附載「熬屑」性味多「溫」、「平」。多「黃帝云」之食用禁忌。其餘文字乃合《本經》與《別錄》文組成。

98.赤小豆	●	●	性味改《別錄》之「酸」、「溫」爲「鹹」、「冷」，多「不可久食，令人枯燥」之禁忌。其餘文字與《別錄》文雷同。
99.青小豆	×	×	略。
100.大豆豉	×	●	性味多「甘」、「澀」，其餘文字與《別錄》文雷同。
101.大　麥	×	●	性味多「滑」、改「溫」爲「微寒」，其餘文字與《別錄》文雷同。
102.小　麥	×	●	功能多「令女人孕必得」，多食用禁忌，其餘文字與《別錄》文雷同。
103.青粱米	×	●	文字與《別錄》文雷同。
104.黃粱米	×	●	功能多「卻當風臥濕寒中者」，又多「竹根米」之別名載記，其餘文字與《別錄》文雷同。
105.白粱米	×	●	文字與《別錄》文雷同。
106.粟　米	×	●	文字與《別錄》文雷同。
107.陳粟米	×	●	文字與《別錄》文雷同。
108.丹黍米	×	●	文字與《別錄》文雷同。
109.白黍米	×	×	略。
110.陳廩米	×	●	性味改「溫」爲「微寒」，多「黃帝云」之食用禁忌。其餘文字與《別錄》文雷同。
111.糵　米	×	●	性味多「微溫」，其餘文字與《別錄》文雷同。
112.秫　米	×	●	文字與《別錄》文雷同。
113.酒	×	●	多「黃帝云」之食用禁忌。其餘文字與《別錄》文雷同。
114.扁　豆	×	●	文字與《別錄》文雷同。
115.稷　米	×	●	性味多「平」，功能多「補虛和胃」、「宜脾」，其餘文字與《別錄》文雷同。
116.粳　米	×	●	性味改「甘」爲「辛」，功能多「生者冷」、「燔者熱」之載記，其餘文字與《別錄》文雷同。
117.糯　米	×	×	略。
118.醋	×	●	性味多「澀」，功能多「能理諸藥，消毒」之載記，多「扁鵲云」之食用禁忌，其餘文字與《別錄》文雷同。
119.蕎　麥	×	×	略。

120.鹽	×	●	多「黃帝云」、「扁鵲云」之食用禁忌，其餘文字與《別錄》文雷同。
以上皆爲「谷米第四」之所載			
121.人乳汁	×	●	《別錄》文無性味，此補入，其餘文字與《別錄》文雷同。
122.馬乳汁	×	●	《別錄》文無性味，此補入，其餘文字與《別錄》文雷同。
123.牛乳汁	×	●	性味多「甘」，其餘文字與《別錄》文雷同。
124.驢 乳	×	×	略。
125.馬牛羊酪	×	×	略。
126.沙牛、白羊酥	×	●	《別錄》祇云「酥」，性味多「甘」，其餘文字與《別錄》文雷同。
127.牦牛酥	×	×	略。
128.醍 醐	×	×	略。
129.熊 脂（熊肉）	●	●	本條原爲「熊肉」之附載，惟《本經》、《別錄》亦僅載「脂」。又性味多「甘」，缺產地，多「黃帝云」之食用禁忌，其餘文字乃合《本經》與《別錄》文組成。
130.羖羊角(髓)	●	●	性味改「本經」之「鹹」爲「酸」。缺產地。其餘文字乃合《本經》與《別錄》文組成。
131.青羊膽汁（肺、肝、頭骨、蹄肉、肉、頭肉、生脂、肚）	×	●	膽汁，多性味載記，多「主諸瘡，生人身脈」之功能。肺，多性味載記，多「止渴，多小便，傷中止虛，補不足，去風邪」之功能。多肝、頭肉、蹄肉、頭骨、生脂、肚之性味功能。多「黃帝云」之食用禁忌，其餘文字與《別錄》文雷同。
132.沙牛髓（肝、心、肉、喉嚨）	●	●	此條《本經》與《別錄》俱載於「牛角鰓」之下。多「喉嚨」之功能，其餘文字乃合《本經》與《別錄》文組成。
133.黃犍、沙牛、黑牯牛尿	×	●	此條原載《別錄》「牛角鰓」之下。多「黃帝云」之食用禁忌，其餘文字與《別錄》文雷同。
134.馬（心、肺、肉、野馬陰莖、野馬肉）	●	●	此條《本經》與《別錄》俱載於「白馬莖」之下。多「黃帝云」之食用禁忌，多野馬莖、肉之性味功能。其餘文字與《別錄》文雷同。

135.牡狗陰莖（腦、肉）	●	●	此條《本經》與《別錄》俱作「牡狗陰莖」。性味改《本經》之「鹹」爲「酸」，多「黃帝云」之食用禁忌，其餘文字乃合《本經》與《別錄》文組成。
136.豚（卵、肉、大豬後腳懸蹄甲、四蹄、母豬蹄、大豬頭肉、腦、心、腎、肝、喙、肚、腸、脂肪、洞腸、豭豬肉、凡豬肉、豬血）	●	●	卵之功能多「除陰莖中痛」。多肉、母豬蹄、頭肉、肝、喙、腸、洞腸、血之性味功能。心之性味多「平」。肚之性味多「寒」。脂肪之性味多「平」。凡豬肉之性味多「寒」。缺膽、齒、髻膏、屎、耳中垢之載記。多「黃帝云」之食用禁忌。其餘文字乃合《本經》與《別錄》文組成。
137.鹿（頭肉、生血、莖筋、蹄肉、骨、髓、腎、肉）	●	●	《本經》、《別錄》以「鹿茸」爲名。多頭肉、生血、莖筋、蹄肉、骨之性味功能。肉之性味多「苦」。缺茸、角之載記。多「扁鵲云」與「黃帝云」之食用禁忌。其餘文字乃合《本經》與《別錄》文組成。
138.獐	×	×	略
139.麋　脂	●	●	多「黃帝云」之食用禁忌。其餘文字乃合《本經》與《別錄》文組成。
140.虎肉（頭骨、眼睛）	×	●	《別錄》此條以骨爲首。肉之性味多「酸」，頭骨功能改爲「治風邪」。多眼睛之功能。缺膏、爪、屎、牙、鼻。其餘文字與《別錄》文雷同。
141.豹　肉	×	●	性味改「平」爲「溫」。其餘文字與《別錄》文雷同。
142.狸　肉	×	●	《別錄》此條以骨爲首。多「黃帝云」之食用禁忌。其餘文字與《別錄》文雷同。
143.兔（肝、肉）	×	●	《別錄》此條以骨爲首。肉之性味多「澀」。缺頭骨、腦之載記。多「黃帝云」之食用禁忌。其餘文字與《別錄》文雷同。

144.生　鼠	×	●	《別錄》此條名「牡鼠」。缺四足、尾、肉、糞之載記。其餘文字與《別錄》文雷同。
145.獺肝(肉)	×	●	多獺肉之性味載記。其餘文字與《別錄》文雷同。
146.狐陰莖	×	●	性味多「平」。其餘文字與《別錄》文雷同。
147.丹雄雞肉	●	●	文字乃合《本經》與《別錄》文組成。
148.黃雌雞肉	×	●	性味改「鹹」為「甘」。其餘文字與《別錄》文雷同。
149.雞子黃	●	×	文字與《本經》文同。
150.卵白汁	×	●	文字與《別錄》文同。
151.白雄雞肉	×	●	文字與《別錄》文同。
152.黑雌雞肉	×	●	文字與《別錄》文同。
153.雉　肉	×	●	多「久食令人瘦」之食用禁忌。多「黃帝云」之食用禁忌。其餘文字與《別錄》文雷同。
154.雁　肪	●	●	文字乃合《本經》與《別錄》文組成。
155.鶩　肪	×	●	性味多「平」。多「黃帝云」之食用禁忌。其餘文字與《別錄》文雷同。
156.鴛鴦肉	×	×	略
157.越燕屎	×	×	略
158.石　蜜	●	●	多「青赤蜜」、「蜜蠟」、「白蠟」性味功能之載記。多「黃帝云」之食用禁忌。其餘文字與《別錄》文雷同。
159.蝮蛇肉	×	●	《別錄》此條以「蝮蛇膽」為名。多肉之性味,其餘文字與《別錄》文雷同。
160.原蠶雄蛾	×	●	性味多「鹹」、「溫」。缺「屎」之性味功能載記,其餘文字與《別錄》文雷同。
161.洟　魚	×	●	文字與《別錄》文同。
162.鰻鱺魚	×	●	性味多「溫」。其餘文字與《別錄》文雷同。
163.鱔魚肉	×	●	文字與《別錄》文同。
164.蟬　魚	×	×	略
165.烏賊魚骨	●	●	文字乃合《本經》與《別錄》文組成。
166.鯉魚肉	●	●	性味多「平」。多「黃帝云」之食用禁忌。其餘文字乃合《本經》與《別錄》文組成。

167.鯽　魚	✕	✕	略
168.鱉　肉	●	●	文字乃合《本經》與《別錄》文組成。
169.蟹　殼	●	●	性味改《本經》之「鹹」爲「酸」。多「黃」之功能載記。多「黃帝云」之食用禁忌。其餘文字乃合《本經》與《別錄》文組成。
以上皆爲「鳥獸第五」之所載			

上表共載《千金・食治》所錄單品169種，而「馬本《神農本草經輯注》」（以下簡稱《本經》）與「尙本《名醫別錄》」（以下簡稱《別錄》）欄下之「●」、「✕」標注，則分別表示各單品是否收錄於這兩部古典醫籍內（●爲有；✕爲無）。此外，「備註」欄所述文字，則是個人對照相關條文內容特徵後的記注，而拙文本段的後續討論，也將集中於這部份。

要加以說明的是，（表三）之所以會將當代學界對於《神農本草經》與《名醫別錄》的輯佚成果，[44] 拿來與《千金・食治》做對照，主要是考量到這兩部醫學古典在傳統本草學上的特殊地位。因爲，根據學界的認識，成書於公元前三至四世紀的《神農本草經》，在一定的程度上是足以反映當時部份人士對於「藥物」理解的內容。另一方面，這部古典醫籍的內容在後續的幾百年中，又成爲許多醫家增補新藥品類與注釋的底本，而這些新增的內容，在公元六世紀初爲陶弘景輯出後，乃有《名醫別錄》之書名行世。[45] 換句話說，儘管可能存在著方士與醫家在知識傳統上的區別；[46] 但是，從《神農本草經》到《名醫別錄》，多少還是可以反映出戰國至魏晉初期部份特定人士對於「藥物」的理解內在。基於上述的認知，鄙意以爲，倘若能透過對照的方式，檢視《千金・食治》裡相關載記與這兩部本草古典的類似程度；那麼，孫氏所提出的「食療」主張與實際，或許便能有較清晰的前代淵源可尋。再者，這樣的思考脈絡，又猶有側面的旁證以爲輔翼。畢竟，在孫思邈的「食療觀」裡，不獨透露出漢魏

[44] 請參見前註21與註43。

[45] 請參見前註43。

[46] 關於此，尚志鈞亦有所見。他在輯校《名醫別錄》的〈後記〉文內便指出「《名醫別錄》的藥物條文很少滲雜道家思想，這一點與《本草經》不同。《神農本草經》上品藥物幾乎每個藥物都有『久服不饑』、『延年』、『輕身』、『神仙』一類話，而《名醫別錄》藥物條中很少有這些話。」請參見該書頁324。

醫家的相類認知，也揭示了秦漢醫學古典《黃帝內經》裡存在著部份內裡相通篇章。這些認知與理論，應該還是得基礎於更實證的知識基礎上才能存在的，而上述的《神農本草經》與《名醫別錄》，或者正是其類。

總體而言，該欄的內容若以《本經》、《別錄》之載記與否來區分，則又大致可分爲四類狀況，茲將之臚列於下，並試作分析。

(1).《本經》無而《別錄》有者：

《千金・食治》裡屬於此類者共有82種，在《千金・食治》中所佔數最巨。其中，在「果實第二」篇所收30種內佔17種；在「菜蔬第三」篇所收62種中佔19種；在「穀米第四」篇所收28種裡佔20種；在「鳥獸第五」篇所收49種中則佔26種。這類單品食物，皆爲《神農本草經》所不錄，但卻可在《名醫別錄》內尋得端倪。尤有甚者，其在《千金・食治》中的載記內容，幾近乎全同於《名醫別錄》的記述。換言之，孫思邈在寫作其「食療」相關文字時，必定親閱過《別錄》中的文字，否則書中文字絕不致出現近乎「照錄」的狀況。此外，《名醫別錄》被孫思邈大量引用的事實，還不僅可以視爲驗證《千金・食治》相關內容別有前代淵源的準據，其更進一步足以作爲「食療」概念與行爲存在於漢魏時期的側面例證。就如梁代陶弘景所指出的，這些《神農本草經》原書所未載的品類，應該便是由「後漢仲景、元化等之所記」、「魏晉以來，吳普、李當之等，更復損益」所添入的。[47] 當然，陶氏之說或許未可盡信，《別錄》所載文字未必就出於上述寥寥數人之手，但其必定是漢魏以來有識者對於食物療養機能的知見。更值得注意的是，此等由《別錄》而覘出的狀況，也並非祇是孤證而已。因爲，它一方面正與孫思邈「祖述食療」的對象張仲景、衛汎在時序上契合；二方面，在這些本草認識後繼添入的時代裡，也存在著諸如《內經》中那般可資對應的理論。

(2).《別錄》無而《本經》有者：

屬於此類者，在（表三）中所佔比例最小，僅有「果實第二」篇內的「雞頭實」與「鳥獸第五」篇中的「雞子黃」兩品。不過，對於這樣的情形，也未可

[47] 凡此數語皆出自《神農本草經集注》之〈陶隱居序〉。請參見《證類本草》，頁5-6。

遽以作出此等單品在漢魏時期已逐漸爲人所棄用的推論。因爲，別名「芡實」的「雞頭」，以及日常食用的「蛋黃」，仍是這時期方劑合和上的常見品類。[48]看來，它們之所以未嘗爲「名醫」所「別錄」之，或許是由於《本經》原文所載記的性味與功能已然完善之故。

(3).《本經》與《別錄》兩者皆有者：

在《千金・食治》所收單品中，此類共佔39種。其中，有8種錄於「果實第二」篇，14種載於「菜蔬第三」篇，4種見於「穀米第四」篇，而「鳥獸第五」篇則收錄了13種。值得注意的是，孫思邈在揀選載錄這類單品性味功能時，不獨採用了《本經》中的文字，對於後世名醫增添損益的《別錄》文字亦絕少漏落，頗足以展現孫氏廣徵博引、兼容並包的《千金・食治》編纂原則。

(4).《本經》與《別錄》皆不載者：

（表三）本類共計單品46種，皆爲《本經》、《別錄》所未收。推考其原因，若非是屬於此兩部本草古典錄成年代裡（亦或其前）其它系統的藥物認知，便是梁代陶弘景集注《本經》、分析《別錄》後，方始問世的新興品類。當然，它們之中的部份，也有可能是出於孫氏本人的經驗所得。這類單品在「果實第二」篇內收錄有4種，「菜蔬第三」中有25種，「穀米第四」篇裡計有4種，「鳥獸第五」篇內則錄有9種。

總體而言，祖法《別錄》、綜合《本經》，並添入其它有關特定食物之於人體養療方面的認知，應該就是《千金・食治》「序論第一」以下四篇的產生脈絡。不過，雖然孫思邈的行文頗趨近於「纂集」與「類成」的性質，但也並非就祇是單純的「編纂」而已。就以（表三）所載錄的169種單品食物爲例，其中計有99種品類的性味記述，出現了增添《本經》或《別錄》原文的情形。值得注意的是，這些以單品「滑」、「澀」爲主體的增添文字，幾不見於今日猶存

---

48 此時「芡實」仍見使用，陶弘景便有「仙方取此合蓮實餌之，甚益人」之語，詳見陳貴庭主編，《本草綱目通釋》（北京：學苑出版社，1992），頁1556。又「雞子黃」一味，則爲葛洪《肘後方》所慣常使用的品類，請參見尚志鈞輯校，《補輯肘後方》（合肥：安徽科學技術出版社，1996），頁52, 212, 216。

的《別錄》以下的本草佚文裡。[49] 如此看來，這些認知或許正原發自孫思邈本人，可說是他對於各種單品所提出的「發明」。

《本經》、《別錄》，以及前節提到的《黃帝內經》，誠然是孫思邈「食療知識」的主要淵源。但是，《千金・食治》也並非全然是架構於「理論」與「本草」之上的，它仍有其它的「知識基礎」以爲輔翼，而漢魏以來的「食經」著作則或者正是其類。

談到唐代以前的「食經」，其實今日已俱無原書留存，有的衹是部份正史「藝文志」中的書名著錄，以及散見於各古典醫書的逸文。[50] 不過，儘管傳世的狀況不盡理想，但現存的史料內容，卻已足資勾勒這時段內此類著作的內容風貌。例如，日本學者篠田統便嘗利用上述性質的史料，而將唐以前的相關著作概分爲「烹調加工」與「食療養生」兩種類型。[51] 不過，篠田氏的分類還是有些粗略的。因爲，他所謂的「食療養生」類的「食經」，若從佚文的內容上來揣度，有許多似乎是以「食禁」（「飲食禁忌」）爲主體的著作，而這種以「防患」爲要旨的著作，若與拙文前述的「食療」定義相較，無疑是有著目的與本質上的落差。

將「食禁」與「食療」這兩種不同內容的文字，統概以「食經」來囊括的作法，其實也不是篠田氏一人所獨有的。因爲，晚近以來的醫籍目錄學家，亦大多做此設定。[52] 不過，從《千金・食治》的內容看來，孫思邈「食療認知」裡的「食經」淵源，主要還是承繼了「食禁」這一系的知識內容。從（表三）的「備註欄」裡可知，孫思邈有關「食禁」的文字，其實應該是來自於前人的著作。就以「菜蔬第三」篇的「小蒜」條爲例，孫氏的載記有如下述：

> 小蒜。味辛、溫、無毒。辛歸脾、腎。主霍亂，腹中不安，消穀，理胃氣，溫中，除邪痺毒氣。五月五日採，曝乾。……。黃帝云：食小蒜啖生魚，令人奪氣，陰核疼求死。三月勿食小蒜，傷人志性。[53]

---

[49] 例如今日猶存的「敦煌《新修本草》殘卷」裡，便全然不見此等記述內容。請參見叢春雨主編，《敦煌中醫藥全書》（北京：中醫古籍出版社，1994），頁341-362。

[50] 有關這類著作的名稱與作者，請參見《宋以前醫籍考》，頁1330-1343。又，有關此類著作之逸文討論，則有日本學者篠田統所撰〈中世食經考〉一文可資參考。詳見氏著之《中國食物史研究》（北京：中國商業出版社，1987），頁99-116。

[51] 請參見《中國食物史研究》，頁116。

[52] 例如岡西爲人便在所著《宋以前醫籍考》一書裡，列「食經」爲第十二種醫籍類別。詳請參見《宋以前醫籍考》，頁1330。

[53] 請參見《藥王全書》，頁391。

從引文中可以很明顯地看出，孫思邈並沒有以平鋪直敘的筆法寫下有關「小蒜」的食用禁忌。在源出自《名醫別錄》的有關性味及功能的載記之後，[54] 孫氏是以「某某云」的體例條陳旁人的主張，此其間「轉引」的意味是很明顯的。類似這樣的記述形式，在《千金・食治》「序論第一」以下的四篇裡，一共出現了44次，且大多限定於某一特定單品，而「說話者」則分別有「黃帝」（33次）、「扁鵲」（6次）與「胡居士」（2次）三人。

由於史料短乏之故，想要明確釐清孫思邈所引「食禁」著作的書名及作者，大抵是不可能的事。就像出現6次之多的「扁鵲云」，就很難從現有的文獻裡窺見端倪。不過，旁敲側擊的空間還是存在的。例如，《漢書・藝文志》中所載錄的《神農黃帝食禁》，以及《隋書・經籍志》裡所著錄的《黃帝雜飲食忌》，便有可能是《千金・食治》那33條以「黃帝云」起始的來源。再者，所謂的「胡居士」，應該便是《隋書・經籍志》所載那位撰著《百病方》的胡洽。因爲，在《新唐書・經籍志》內，這胡洽的別名正是「胡居士」。

2. 孫思邈之後的唐代食療奉行者——以食療專書及其記述方式爲主的討論

北宋《證類本草》〈補注本草所引書傳〉中嘗有如下的載記：

> 《食性本草》。僞唐陪戎副尉劍州醫學助教陳士良撰。以古有食醫之官，因食養以治百病，故取《神農本經》洎陶隱居、蘇恭、孟詵、陳藏器諸藥關於飲食者類之，附以己說，又載食醫諸方，及五時調養臟腑之術。[55]

《食性本草》出於五代人之手，作者的生平與該書內容，原本亦非此處剖陳之對象。不過，引文裡對於陳士良纂集《本經》以下諸書以成己著的描述，倒頗值得留心。總體而言，《本經》是先秦時期部份人士的藥物認知，陶弘景之於《本經》的整理則在南朝的梁代。這些先代「本草」文字與《千金・食治》的關係，前文已約略涉及，此處可以不論；倒是唐代蘇恭、孟詵、陳藏器三人的相關言論，比較值得注意。因爲，「食療知識」在唐初孫思邈《千金・食治》之後的存在概況，實際上是可以藉此數語而得見大概的。

---

[54] 按尚志鈞所輯《名醫別錄》，頁312之「小蒜」條原文如右：「蒜。味辛、溫、無毒。歸脾、腎。主治霍亂，腹中不安，消穀，理胃，溫中，除邪痺毒氣。五月五日採之。」其文字很明顯地與《千金・食治》所錄性味及功能之內容一致。

[55] 請參見《證類本草》，頁20。

蘇恭是初唐高宗時期參與修纂國定藥典《新修本草》的核心人物，[56] 而陳藏器則是著有《本草拾遺》的盛唐本草名家。[57] 揣度引文中宋臣所云，這兩部著作裡應該搜羅了不少有關「食療」一事的內容；否則，它們必定不會被「去古未遠」的陳士良拿來當作是「類成」已著的對象。然而，由今日這兩部著作的逸文看來，其體例仍然採用「本草」的傳統記注方式，很難切實體現「食療」一事在孫思邈之後的發展內容。因此，在以下的行文裡，將以孟詵的《食療本草》作爲主要的討論對象，並旁及上引文內宋臣所言之未及，但又確爲唐末「食療」專著的《食醫心鏡》一書。[58]

孟詵是孫思邈的弟子，他們之間的這層師徒關係，首見於《新唐書》〈方技傳〉，其云：

> 孫思邈，京兆華原人也。……及太宗即位，召詣京師。……顯慶四年，高宗召見，拜諫議大夫，又固辭不受。上元元年，辭疾請歸，特賜良馬，及鄱陽公主邑司以居焉。當時知名之士宋令文、孟詵、盧照鄰等，執師資之禮以事焉。

而孟氏的生平行事，則可由同書其人之本傳窺得梗概：

> 孟詵，汝州梁人也。舉進士。垂拱初，累遷鳳閣舍人。詵少好方術，嘗於鳳閣侍郎劉禕之家，見其敕賜金，謂禕之曰：「此藥金也。若燒火其上，當有五色氣。」試之果然。……。神龍初致仕，歸伊陽之山第，以藥餌爲事。詵年雖晚暮，志力如壯，嘗謂所親曰：「若能保身養性者，當須善言莫離口，良藥莫離手。」……詵所居官，好勾剝爲政，雖繁而理。撰《家》、《祭禮》各一卷，《喪服要》二卷，《補養方》、《必效方》各三卷。

「好方術」、「辨藥金」，口不離「保身養性」的孟詵，其爲道徒應當是無疑的。再從他曾對孫思邈「執師禮」的事實觀之，孟詵撰著《補養方》、《必效方》的知識基礎，或許還是得之於孫氏的傳授。

---

[56] 按蘇恭即蘇敬，爲初唐著名醫家。北宋大觀避諱，書作蘇恭或蘇鑒。請參見《中醫人物辭典》，頁187-188。

[57] 按《新修本草》的體例可由「敦煌《新修本草》殘卷」的內容得知，請參見前註49。又《本草拾遺》之行文方式，可由《證類本草》所保存之逸文窺之一二。

[58] 關於昝殷的生平事蹟，請參見《宋以前醫籍考》，頁1340-1341。又，拙文所使用的《食醫心鑑》爲該書之「《醫方類聚》採輯本」，今收入朱邦賢、王若水主編，《歷代中醫珍本集成》（臺北：萬人出版社，1995），册十九，「養生類二」。

北宋《證類本草》〈補注本草所引書傳〉之「《食療本草》」條下曾有如是語：

> 《食療本草》。唐同州刺史孟詵撰，張鼎又補其不足者八十九種，幷舊爲二百二十七條，皆說食藥治病之效，凡三卷。[59]

張鼎增補《食療本草》之說，概自此始。日本學者中尾萬三，亦曾在所著〈《食療本草》之考察〉文中，[60] 將這段文字與《外臺秘要》、《醫心方》、兩唐書〈孟詵傳〉，以及英人 Stein 在燉煌石室所發現的該書殘卷合併考證。[61] 中尾氏認爲，所謂的《食療本草》，應是張鼎增補孟詵「不足者八十九種」後所命之書名，而孟詵親撰者，則實爲上引《新唐書》所提及的《補養方》。

《補養方》是否真爲《食療本草》之前身？或許尙有商榷的餘地；但中尾氏之說，在史料苦短的現實下，則確爲目前學界所共同接受的看法。姑且不論氏說之真確與否，張鼎增補孟詵之「食療」著作，確是無可置疑的。事實上，這張鼎也非尋常人。根據大陸醫史學者鄭金生、張同君兩先生的考證，張鼎曾撰有《晤玄子安神養生方》一書，而《醫心方》亦引有「晤玄子張」與「晤玄子張《食經》」的佚文。從張鼎之有「晤玄子」這道號看來，若判其人之爲道徒，應當是不致有大誤的。[62]

孫思邈之於前人有關「食療」一事的理論與認識的整理，孟詵、張鼎兩人之於《食療本草》的撰補，或許都可以從他們三人的道徒身份上去尋求知識層面的共通性。因爲，對於「本草藥術」的嫻熟，原本就是魏晉以來奉道之士的特徵之一。[63] 不過，儘管著述者的身份有如斯的雷同，但是剖析《食療本草》的行文內容卻可以發現，這部著作遠比《千金・食治》更富於實用上的便利性。關於此，且不妨從它們對於同一單品食料的載記內容上看起。首先是《千金・食治》有關「鯽魚」的敘述：

---

59 關於此段引文之出處，請參見《證類本草》〈補注所引書傳〉，頁20。

60 日本學者中尾萬三所撰〈《食療本草》的考察〉一文，原發表於一九三〇年出版《上海自然科學研究所彙報》1.3。今收錄於篠田統、田中靜一合編，《中國食經叢書》（東京：書籍文物流通會株式會社，1972），頁9-10。

61 Stein所發現的《食療本草》殘卷，現藏於「英國倫敦博物館」，館藏編號爲S.76。又該殘卷內收食物26種，今收入叢雨春主編，《敦煌中醫藥全書》，頁367-380。

62 關於孟詵及張鼎與《食療本草》的關係，鄭金生、張同君在《食療本草譯注》（上海：古籍出版社，1993）一書的〈序文〉中，有頗扼要的說明。請參見該書頁1-2。

63 有關道徒對醫學知識的掌握，請參見杜正勝，〈作爲社會史的醫療史——並介紹「疾病、醫療與文化」研討小組的成果〉，《新史學》6.1(1995)，頁123-124。

> 鯽魚。味甘、平、無毒。主一切瘡。燒作灰，和醬汁敷之，日二。又去腸癰。[64]

再看《食療本草》的記載：

> 鯽魚。食之平胃氣，調中，益五臟，和純菜作羹食良。作鱠食之，斷暴下痢。和蒜食之，有少熱。和薑、醬食之，有少冷。又，夏月熱痢可食之，多益。冬月中則不治也。骨：燒爲灰，敷惡瘡上，三五次差。又，鯽魚與鯽，其狀頗同，味則有殊。鯽是節化，鯽是稷米化之，其魚肚上尚有米色。寬大者是鯽，背高肚狹小者是鯽，其功不及鯽魚。謹按：其子調中，益肝氣。凡魚生子，皆粘在草上及土中，寒冬月水過後，亦不腐壞，每月五月三伏時，雨中便化爲魚。食鯽魚不得食沙糖，令人成疳蟲。丹石熱毒發者，取茭首和鯽魚作羹，食一兩頓即差。[65]

同樣是「鯽魚」這味單品，但《千金・食治》與《食療本草》的載記，其繁簡相去何止倍徙？就文字的內容而言，孫思邈顯然是較樸素的，他祇單純的記述了「鯽魚」的性味與功能，但卻在「如何吃？」——這個實際要求上付之闕如。然而，孟詵卻不同了，他的載記遠比乃師詳備。對於「鯽魚」這味《本經》、《別錄》俱皆不載的單品，孟氏的認識一方面融合了孫思邈的看法，二方面卻又作了更細緻的分析。就以「鯽魚」對於「瘡」的療法爲例，《千金・食治》祇說是「燒作灰」，但《食療本草》卻更進一步的指陳這種療法所要利用的是「魚骨」。尤有甚者，孟氏還列出近似「食譜」的「吃法」，而上引第二則文字裡的「鯽魚純菜羹」與「鯽魚鱠」便是其類。

值得注意的是，根據學者指出，在《食療本草》的行文內容中，凡在「謹按」或「按經」之後的文字，大多便是張鼎「補其不足」的增添內容。[66] 愚意以爲，倘若學界的認知不差，那麼上述這種針對同一品類而展現出更細緻認知的表現，便不僅是孟詵一人的著述特徵而已，增補該書的張鼎也有近似的載記風格。且看前引《食療本草》文中「謹按」之後的文字內容，與孟詵一般地，張鼎也明確針對「丹石熱毒發者」這樣的症狀，提出「茭首鯽魚羹」的具體吃法。

---

[64] 請參見《藥王全書》，頁397。

[65] 請參見《食療本草譯注》，頁198。

[66] 同註62出處，頁2。

記述方式由樸素而詳盡的事實，未必便可完全歸之於撰著者認識縱深的擴大，「便於應用」其實也是一個可能的動因。就如前引《新唐書》裡的孟詵本傳所云，孟氏是一位曾對「所親」強調補養之術重要性的奉道者。換句話說，孟氏之於「食療」的體察，是有可能「別傳」的。就這個角度而言，涵括「烹調方法」的文字內容，自然要比祇記性味、功能，但卻讓倣仿者不知如何運用的傳統本草記述方式來得更實用些。

總體而言，《食療本草》並不是一部完全質屬原創的著作，它雖然不乏有關《千金・食治》未收品類的記述，但是也有很大一部份是明顯承襲了孫思邈的認知。根據筆者初步的查核，在該書所收227種品類中，約有110種在性味與功能的記述上與《千金・食治》所載雷同。看來，這或許還與孟詵之爲孫思邈弟子，張鼎之爲道徒的撰著者身份背景有些關聯。

在概念上祖法孫思邈所提出的「食療觀」，在著述體例上向實用靠攏，大概是初唐以降食療奉行者在著書立說時的共通特徵。前述的孟詵、張鼎如是，唐末撰著《食醫心鑑》的昝殷亦如是。

《食醫心鑑》是現存已知唐代「食療」著作中，成書時間最晚的一部，其時約在唐宣宗大中七年（853)。根據鄭樵《通志》〈藝文略〉與晁公武《郡齋讀書志》所載，該書作者昝殷，成都人，曾官隨軍節度，成都醫學博士。[67] 此書至北宋尚存，但南宋以降則便已亡佚，今本乃日人自朝鮮《醫方類聚》中輯錄得出，羅振玉曾手跋是書之輯本，認爲「雖不能復原本之舊，然當已得其太半」。[68]

昝殷撰著《食醫心鑑》的動機，或許會因原書〈序文〉之佚散而難明，但其人重視「食療」的認知淵源，卻仍可自輯本中揣度得之。該書「論脾胃氣弱不多下食食治諸方」條云：

> 脾胃氣弱，即不能消化五穀；穀氣若虛，則腸鳴瀉痢；溏痢既多，即諸藏竭，肥肉消瘦，百病輻湊。且宜以飲食和邪，益脾胃氣，玆藏府，養於經脈疾之甚（此句義不詳，似有脫漏字），可謂：「上醫」。故《千金方》云：「凡欲治病，且以食療；不愈，然後用藥。」

[67] 關於此，請參見《宋以前醫籍考》，頁1340-1341。

[68] 羅氏之語，請參見《歷代中醫珍本集成》（臺北：萬人出版社，1995），冊十九所收該書之末頁。

這段文字的主旨雖在闡述「飲食」之於「脾胃」的滋養功能，但其所倚循的證治方法卻屬「食療」的範疇。而從其引用《千金・食治》中，孫氏那句「食療不愈，然後命藥」名言以為收尾的行文觀之，昝氏的論述其實也是基礎於孫氏之「食療觀」的。

在理論的層次上，昝殷誠然是孫思邈的信徒，但在撰著的體例上，他的《食醫心鑑》無寧更具備著《食療本草》的「實用」特徵，甚且還猶有過之。因為，該書是以十五種症狀或疾病作為分類的綱領，而每類之首又冠以源出自《諸病源候論》之有關病因、病機的論述，[69] 而後乃列出適用的食療方名，使用品類，以及詳細的製作方法。[70] 再說得清楚些，若單就體例而言，《食療本草》雖說不同於《千金・食治》那般完全採用傳統本草典籍的行文結構，但最多也祇能說是「變體」罷了。但是，《食醫心鑑》卻全然不同，昝氏所採用的其實是能夠提供閱讀者更大便利的「據症檢方」的「方書」寫作型態。[71]

就著述者所稟持的概念而言，唐代的食療奉行者，不論是孟詵、張鼎，亦或是昝殷，大概都在理論的內在上深受孫思邈的影響。《千金・食治》之於後世食療概念與行為的深刻意義，其實在唐代便已然展現頭緒。然而，孫氏之後的唐代食療奉行者們，倒並非祇是一味地承襲前人遺意。因為，許多《千金・食治》所未嘗著錄的單品食料，皆是透過他們的察見筆錄，持續地豐富著這個養療思想的內裡。事實上，除了認知縱深的擴大外，更值得一提的，則是這些食療專書作者們在行文體例上的更革。他們捨卻傳統本草典籍載記方式的表現，一方面展現出彼輩對「實用」的強調，二方面也足以作為食療知識在唐代傳播的理解側面。當然，在當時尚無雕版書籍傳世的歷史前提下，這種傳播的範疇無疑是有限度的，但「實用」的訴求，卻又可能是促使人們不吝工時加以「傳

[69] 在此所引為對照的巢元方，《諸病源候論》，是由丁光迪主編校注的《諸病源候論校注》(北京：人民衛生出版社，1991)。根據筆者初步考察的結果，昝殷《食醫心鑑》中的「論腳氣食治方」、「論脾胃氣弱不多下食食治諸方」、「論消渴飲水過多小便無度食治諸方」、「論十種水腫諸方」、「論七種淋病諸方」、「論婦人妊娠諸病及產後食治諸方」、「論小兒諸病食治諸方」等條下之議論，皆有承襲《諸病源候論》相關篇章的傾向。

[70] 茲舉該書〈論七種淋病食治諸方〉下之「治小便澀少尿閉悶水牛肉羹方」為例，其原文如右：「治小便澀少尿閉悶水牛肉羹方。水牛肉一斤，冬瓜，葱白一握切。右以豉汁中煮作羹，任性著鹽醋空心食之。」

[71] 請參見《中醫名詞術語大辭典》，頁393。

抄」的動因。鄙見以爲，這樣的觀點也未必祇是不著邊際的推論。因爲，那部於今猶存的《敦煌食療本草殘卷》，便是出於五代時人之手。

四、兩宋的「尚醫士人」與「食療」

「食療知識」是否在唐代有普遍性的傳播？關於這個問題，就目前個人有限學力所能觸及的史料而言，大抵是很難有精準的判據。因此，像前節末了那樣基於「文本型式」所作出的「有限度」的認知，其實也祇能說是一種推測。不過，這樣的推敲，倘若放在「身份特徵」的脈絡下考量，似乎也能得到近似的印象。因爲，孫思邈、孟詵、張鼎、昝殷這四位唐代食療名家，若非屬於對「本草知識」素有掌握的道徒，便是醫家者流。鄙意以爲，如果「抄本」的流傳方式是一項時代性的背景因素；那麼，此輩就或許要較當日身具其它知識背景的人士，更方便掌握「食療」這種養療知識。

不同於唐代的矇昧狀況，「食療概念」在宋代的傳遞與普及就清晰得多。此其中，史料的狀況固然是原因之一，但宋代物質條件的相對興盛，多半還扮演著更吃重的角色。[72] 關於此，陳振孫在《直齋書錄解題》卷十三「外臺秘要」條下的言論，[73] 最值得我們加以注意：

> 大凡醫書之行於世，皆仁廟朝所校定也。按《會要》，嘉祐二年，置校正醫書局于編修院，以直集賢院掌禹錫、林億校理，張洞校勘，蘇頌等並爲校正。後又命孫奇、高保衡、孫兆同校正。每一書畢，即奏上，億等皆爲之序，下國子監板行，幷補注《本草》，修《圖經》、《千金翼方》、《金匱要略》、《傷寒論》，悉從摹印，天下皆知學古方書。嗚呼！聖朝仁民之意溥矣！

這是宋人自論本朝事，其可信自是無疑。從「大凡醫書之行於世，皆仁廟朝所校定也」到「天下皆知學古方書」，短短百餘字，雖是藏書家對現世醫籍書源豐沛的描述，但陳氏實際上正碰觸著一個醫學知識傳承上的重要關鍵——此即國

[72] 關於宋代「物質條件」與「醫學知識傳遞」間的關係，請參見拙著碩士論文《兩宋的「尚醫士人」與「儒醫」——兼論其在金元的流變》，收入《國立臺灣大學文史叢刊》（臺北：國立臺灣大學出版委員會，1995），冊一〇四，頁56-73。又，該論文由王師德毅指導。

[73] 陳振孫，《直齋書錄解題》（叢書集成初編本）。

家力量對於「封閉傳承管道」的突破。[74] 自此以降,「家傳」、「師授」不復能壟斷「醫學知識」的傳遞,「有識者」從官方刊印的典籍中一樣能有親近這門學術的機會。

然而,宋代這些有幸親近醫學的「有識者」究竟是何人呢?鄙見以為,陳振孫雖有「天下皆知學古方書」之語,但這「天下」二字的範疇,其實還是有限的。事實上,醫學在宋代經由官方力量而達成的「普及」,主要還是在於「士人」這個集團。[75] 就現存的史料觀之,這個在兩宋時期因科舉考試而產生的新興知識階層,一方面由於外在「衛生資源」的不盡理想,復又因為當日儒學「入世精神」之使然,再加上由官方主導的醫籍刊印事業提供了足堪「自學」的醫學典籍,於是乃有積極掌握醫學知識的表現。[76] 關於此,由於拙作碩士論文《兩宋的「尚醫士人」與「儒醫」——兼論其在金元的流變》已有初步的探討,故此處將不再贅述。不過,在拙文以下的討論中,我基本上還是將踏襲個人以往這個不甚成熟的認識脈絡。因為,在我看來,「食療」這種概念在兩宋時期所具有的社會與文化意涵,主要還是由那群利用官刊醫籍而親近醫學的「尚醫士人」所體現出來的。

---

[74] 所謂「封閉傳承管道」指的主要是宋代官方致力於醫籍刻印事業之前,傳統醫學知識的傳遞方式。總體而言,「父子相承」、「師徒授受」應該便是以這種封閉傳承模式的主體。事實上,宋代以前,不論是醫家,亦或是掌握醫學知識的道醫,在授術一事上都有如是的特徵,而這樣的情形,一直到唐代仍未嘗有太大的更異。關於此,祇要試觀唐代王勃受習醫術的歷程便可得知。〔清〕董浩等《全唐文》(北京:中華書局,1982),卷一八〇,〈《黃帝八十一難經》序〉云:《黃帝八十一難經》,醫經之密錄也。昔者歧伯以授黃帝,……秦越人始定立章句,歷九師以授華佗,華佗歷六師以授黃公,黃公以授曹夫子。曹夫子諱元字真道,自云京兆人也。蓋受黃公之術,……勃養于慈父之手,每承過庭之訓,曰:『人子不知醫,古人以為不孝。』因竊求良師,陰訪其道,以大唐龍朔元年歲次庚申冬至后甲子,余遇夫子于長安,撫勃曰:『無欲也。』勃再拜稽首,遂歸心焉。雖伯父兄弟,不能知也。蓋授《周易》章句,及黃帝《素問》、《難經》,乃知三才六甲之事,明堂玉匱之教。十五月而畢。將別,謂勃曰:『陰陽之道,不可妄宣也;針石之道,不可妄傳也。無猖狂以自彰,當陰沈以自深也。』勃受命伏學,五年于茲矣,有升堂睹奧之心焉。」曹元既操醫術,且又以「眞道」為字,或為道醫者流。而其人之傳王勃醫術,頗涉隱密,既不許勃家族得知,且又以自晦以戒勃,皆足證道醫「別傳」之不易。又,關於這個問題的細部論述,請參見拙著《兩宋的「尚醫士人」與「儒醫」——兼論其在金元的流變》,頁48-56。

[75] 請參見拙著《兩宋的「尚醫士人」與「儒醫」——兼論其在金元的流變》,頁73-75。

[76] 同上,頁302-304。

職是之故，本節的論述，原則上將把「食療概念」在宋代的傳遞，架構在「官刊醫籍」⟶「尙醫士人」的脈絡上。以下，擬先推考北宋官修方書中所錄「食療觀」的淵源，再論及其在當日尙醫士人中的普及案例。

1. 北宋官修方書中的孫氏「食療觀」

在前章的論述中，曾經就醫籍在唐代的版本型式加以推測，並以此作爲個人判斷「食療知識」在當日普及程度的依據。不過，受限於「抄本」型式的流傳範疇，大概在北宋英宗治平年間 (1063-1066) 以後，便應該大大減少。因爲，自是以降，古典醫籍乃有官方的「刻本」行世。這點，也可從今日《要方》、《翼方》這兩書「覆刻宋本」多於「抄本」的實況得證。[77]

就「食療不愈，然後命藥」——這個孫思邈所提倡的「食療觀」而言，《要方》與《翼方》刻本的出現，無疑是有助於這種概念的普及。然而，值得注意的是，由宋代官方所主導的醫籍出版事業，並不祇有對於前代醫學古典的「校定」而已，當日朝廷其實還兼從事醫籍的「編纂」工作。[78] 這些當代新纂醫籍的內容，或是廣納前人知見，或是增補舊籍之不足，泰半集中於「本草」或「方書」這兩種體例。[79] 其中，「方書類」的作品，由於採用的是「隨症附方」的編寫模式，因此往往也要較專論「藥性」的「本草」著作更具有實用上的價值；就這個層面而言，「方書」或許還是當日影響層面最廣的醫著類型。換句話說，宋代能廣泛傳遞孫思邈「食療觀」的醫籍，並不祇有已然鋟木的《要方》與《翼方》而已，若干官修方書亦對此有所搜羅；尤有甚者，這些「匯聚諸家驗方」的官修方書，往往還收納了更多有關食療的內容，而《太平聖惠方》就正是這樣一部著作。[80]

---

[77] 關於《千金要方》與《千金翼方》的版本狀況，請參見《宋以前醫籍考》，頁612-627, 634-638。

[78] 請參見鄭金生，〈宋代政府對醫藥發展所起的作用〉；張瑞賢，〈試論北宋政府與醫學的關係〉，均收入《中華醫史雜誌》18.4(1988)。

[79] 關於此，請參見拙著《兩宋的「尚醫士人」與「儒醫」——兼論其在金元的流變》之附表「兩宋官方醫籍編校暨刊印簡表」，頁62-67。又，有關宋代政府編纂刊行「本草類」醫籍的詳細史實，請參見岡西爲人，〈中國本草的歷史展望〉，收入《日本學者研究中國史論著選譯》（北京：中華書局，1992）。

[80] 《太平聖惠方》（臺北：新文豐出版公司，1980）。

就時間上而言,《太平聖惠方》的編纂是遠早於北宋官方大規模刊行前代醫籍的仁宗朝,其時概在北宋太宗太平興國三年 (978)。關於該書的成書經過,宋人多有記述,晁公武《郡齋讀書志》卷十五「太平聖惠方」條云:[81]

> 太宗皇帝在潛邸日,多蓄名方異術。太平興國中,内出親驗者千餘首,乃詔醫局各上家傳方書,命王懷隱、王祐、鄭彥、陳昭遇校正類編,各於篇首著其疾證,淳化初書成,……。

王應麟《玉海》卷六十三亦云:[82]

> 太宗留意醫術,自潛邸得妙方千餘首,太平興國三年,詔醫官院獻經驗方,合萬餘首,集爲《太平聖惠方》百卷,凡千六百七十門,(方)萬六千八百三十四首,幷序論總目錄,每部以隋巢元方病源候論冠其首,……,淳化三年二月癸未,賜宰相李昉,參政黄中、沆,樞臣仲舒、準。五月乙亥,頒天下,諸州置醫博士掌之。

上兩段引文最值得注意之處,是在太宗之出「所蓄妙方千餘首」與「醫局各上家傳方書」兩事之上。從中我們不難發現,《太平聖惠方》這部卷帙繁浩的方書,其實是匯聚諸家「經驗醫方」而纂成的。事實上,古人言方,每喜以「經驗」二字名,其目的祇在強調己方之可信可用,而以《太平聖惠方》收方之衆,是否真是方方皆驗,恐怕還在未定之數。不過,有一點是可以肯定的,即該書所收方子,有許多是抄錄自前代醫籍,而「食療方」便是其中之顯者。

今考《太平聖惠方》所收錄的「食療方劑」,全載在該書卷九十六、九十七内。其中,卷九十六所收者,主要是針對十四類「雜病」而設的「食療方」,共載方一百六十首,而卷九十七則多爲各專科所適用之「食療方」,但間亦有數類應歸於「雜病」者,其收方數亦爲一百六十。根據筆者初步的核對,在這三百二十首「食療方」中,約有二百首可在今存唐末昝殷的《食醫心鑑》輯本内找到「名義」、「組成」相近似的方子。此外,卷九十七中的「食治養老諸方」之下所載十一方,則全引自孫思邈在《翼方》卷十二〈養老食療第四〉中所舉方例,而其類同程度甚至可作爲校對今日《翼方》傳本的底本。[83] 個人以

---

[81] 晁公武,《郡齋讀書志》(四部叢刊三編本)。

[82] 王應麟,《玉海》(江蘇:江蘇古籍出版社,1990)。

[83] 例如,今日所傳「元大德梅溪書院本」之《千金翼方》卷十二〈養老食療第四〉,有「是故食能排邪而安臟腑,藥能恬神養性以資四氣」之語,但這與孫思邈在《千金要方》中的言論頗有出入,蓋此數句,原皆形容「食」的功能。然而,《太平聖惠方》卷九十七〈食治養老諸方〉之緒論,雖然全引《翼方》中語,但此數句之内容則全同《要方》所云。

爲，這樣的現象，倘若放在前述《太平聖惠方》成書過程的脈絡裡考量，我們或許可以說，孫思邈所提示的「食療方」，以及晚唐昝殷《食醫心鑑》所錄諸方，大概便是宋初諸臣編纂《太平聖惠方》之「食療」部份時，所主要徵引的前代醫籍。

事實上，宋初《太平聖惠方》之於唐人「食療認識」的承繼，還不僅在於「方劑」之一端，就連「概念」亦如是。關於此，祇要看看作爲《太平聖惠方》卷九十六、九十七「總綱」的〈食治論〉一文便可得知，其文云：

> 夫上古之人，飲血茹毛，純一受氣，所食無滋味之爽，藏府無煙火之毒，各遂其性，患害不生。神農始教播植五穀，鑽火變腥，以有當爲觸冒寒暑，故生疾苦，因以藥石治之，是以有食便有藥也。黄帝曰：「人之所依者，形也。亂於和氣者，病也。治於煩毒者，藥也。活命扶危者，醫也。安人之本必資於食，救疾之道乃憑於藥。故攝生者，先須洞曉病源，知其所犯，以食治之，食療不愈，然後命藥。夫食能排邪而安臟腑，清神爽志以資血氣，若能用食平痾，適情遣病者，可謂『上工』矣！」

這段文字，洋洋灑灑二百餘字，前半部述及上古先民從「無疾」到「有疾」的過程，倒還可以說是「創作」。但其後關於「用食平痾」的申論，則全是孫思邈在《千金・食治》的言論，祇是說話者變成了「黄帝」，想是宋臣刻意「崇古」的結果。

宋初官方編纂大型方書的動機，原本便帶有昭示新帝太宗「尊居億兆之上，常以百姓爲心」的政治意涵，[84] 因此孫思邈、昝殷等人之名在《太平聖惠方》中隱沒的情形，其實也並不足以爲奇。不過，孫、昝兩人名雖不傳，但他們之於「食療」的知見，卻也因爲這部大型方書的頒布刊行，而有普及民間的機會。當然，或許有人會質疑，像《太平聖惠方》這般卷帙繁浩的醫籍，果真有著「頒天下」的可能嗎？即使有之，它又是以如何的形態流佈於民間？且又有幾人力能購得？關於這些問題，以目前的史料尚不能有完整的解答，但以下幾段引文或許還能提供些許揣度的憑藉。首先是王禹偁在《小畜集》卷二十一〈謝賜聖惠方表〉文中的言論，[85] 其云：

[84] 此數語原出自宋太宗〈太平聖惠方御製序〉。

[85] 王禹偁，《小畜集》（四庫全書本）。

臣某等言。今月二十五日,進奏院遞到《太平聖惠方》幷〈目錄〉一百一冊。臣等當時望闕謝恩,仍依敕命施行訖。……。當州地居僻左,路遠京師,授敕數年,引頸以日,累使郡吏請于有司,始蒙頒宣,……

其次是蔡襄《端明集》卷二十九所載〈聖惠選方後序〉:

太宗皇帝,……購集古今名方與藥石診視之法,國醫詮次,類分百卷,號曰:「太平聖惠方」,詔頒州郡,傳於吏民。然州郡承之,大率嚴管鑰、謹曝涼而已,吏民莫得與其利焉。……余治州之明年,議錄舊所賜書以示於衆,郡人何希彭者,通方技之學,……酌其便於民用者,得方六千九十六,……因取其本,謄載於版,列牙門之左右。[86]

再者則是「宋國子監本」《脈經》之〈牒文〉:[87]

……伏睹本監先准朝旨,開雕小字《聖惠方》等共五部出賣,幷每節鎮各十部,餘州各五部,本處出賣。今有《千金翼方》、《金匱要略方》、《王氏脈經》、《補註本草》、《圖經本草》等五件醫書,日用而不可闕,本監雖見印賣,皆是大字,醫人往往無錢請買,兼外州軍,尤不可得,欲乞開作小字,重行校對出賣,及降外州軍施行。……六月二十三日,奉聖旨依。奉敕如右,……一依敕命指揮施行。紹聖三年六月□日雕。

關於《太平聖惠方》頒行與否的問題,從上引王禹偁與蔡襄兩人之文中,大致是可以得到肯定的答案,這部方書在當日應是曾下頒於民間的。至於其流佈的程度,則確有窒礙之處,蔡襄的〈後序〉便說明了該書「卷帙龐大」與「頒賜於至尊」等特性所造成的流佈上的困難。不過,從蔡襄終究有「議錄舊所賜書以示於衆」的打算,以及該書最後是以「便於民用者,謄載於版,列牙門左右」之方式問世的狀況觀之,[88] 備載於《太平聖惠方》中的「食療概念與方劑」,還是大有普及的可能。至於最後一則引文,則尤有其重要性,蓋其說明了在北宋晚期,朝廷對於若干民間不易購買的官刊大型醫籍,採取了「小字雕印」以降低成本的積極補救措施,而《太平聖惠方》則正是其中之一。

---

[86] 蔡襄,《端明集》卷二九,〈聖惠方後序〉,「四庫全書」本。然從序文內容觀之,實爲蔡氏爲何希彭《聖惠選方》所撰之跋文。

[87] 王叔和,《脈經》(四部備要本)。

[88] 北宋時期,地方官僚每每採用此法來促進醫學知識的傳佈,除了蔡襄之板刊《太平聖惠方》外,王安石、蘇軾亦分別板刊過官方編纂的《慶曆善救方》、《簡要濟衆方》,而陳堯叟則於廣南任所刊刻所集驗方於石柱,請參見《宋以前醫籍考》,頁722-723、728-729。

2. 宋代的「尙醫士人」與「食療」——以陳直《養老奉親書》爲主的討論

前段的論述，主要是以宋代官纂方書《太平聖惠方》爲題，敘述當日官修方書對唐代「食療知識」的承襲特徵，並探討其刊行管道對「食療」之普及所可能產生的影響。總體而言，在前述的討論中，拙文祇討論了「編纂」與「刊行」這兩個層面，並未觸及其「普及」的「實況」。以下，茲就此再作陳述。

鄙意以爲，若要精確地探討宋代官刊醫籍與當日醫學知識普及之間的關係，以下幾點是必須加以考量的。首先，這些醫學出版大多卷帙繁浩，而方書類則又尤然，它們之賜給，往往是以州縣爲單位，倘若缺乏如蔡襄之流的有心官僚，一般人多半是不易得見的。其次，宋代官方雖曾以「小字雕印」的辦法來解決書價高昂的問題，但從《傷寒論》這部篇幅不大的醫學古典，也被時人認爲是「冊數重大，難以買值」的事實觀之，[89] 許多原本篇幅繁多的醫籍即使有「小字本」，恐怕也不是一般人負擔得起的。再者，無論是「謄載於板」，抑或是「小字雕印」，其佈示與售賣的對象，至少也得是識字者流。就這三點所示，我們或許已不難看出前面一再使用的「普及」二字，應該還是有限制的，醫學知識在宋代的「普及」，其實是受到許多主客觀因素左右而有其特定對象的。

何樣的人能從醫籍中獲取知識？在「識字」這個基本的前提下，符合條件者或許還不少。但是若要談到能夠得見由中央頒賜至地方的大型方書，且又有能力購買醫籍的人，範疇便縮小了些，而讀書應舉的士人，則無疑是其中最主要的群體。換言之，一位宋代的士人，如果有幸通過科考，那麼他便有可能在擔任地方官的任上得見這些官刊醫籍；而即使其人是落第的一群，又或是無意於仕進，祇要他有家業可憑，不是三餐無繼「貧士」者流，那麼或許還有能力從自購的醫籍中掌握知識。

「食療知識」之爲宋代士人所承繼，正如士人們對於醫學知識的掌握一般，亦與官刊醫籍有著密不可分的關係，而宋代尙醫士人陳直及其著作《養老奉親書》，[90] 則又無疑是最佳的例證之一。以下，先將《養老奉親書》的章節編目

---

[89] 此說見於「宋國子監本」《傷寒論》（臺北：臺聯國風出版社，1974）之〈牒文〉。

[90] 關於陳直《養老奉親書》的版本。目前當以陳可冀、李春生校注，《養老奉親書》（上海：科學技術出版社，1988）爲最詳盡。不過，該本詳則詳矣，但是否最接近宋代原書，卻還有待商榷。個人以爲，此校注本所憑之「民國唐成之家寶藏本」，雖爲當代中醫研究者以珍本視之，但其內容編排卻與疑爲元代「浙江本」的「四庫全書」本全異，

與內容大較臚列於（表四），再做進一步的討論：

表四：《養老奉親書》章節編目暨內容概要簡表

目　次	內　容　概　要
〈飲食調治第一〉	以《黃帝內經・素問》之「生氣通天論第三」與《千金翼方・養老大例第三》爲本，闡述飲食對老人體健的重要性，並再次揭櫫「先食療，後命藥」的老人疾病證治原則。
〈形證脈候第二〉	以《黃帝內經・素問》之「上古天真論」爲基，闡述老人疾病的形證脈候，強調「衣食豐備」對老人長壽的重要性。其中，前者爲《素問》所未發，後者則與前代側重飲食清淡的老人醫學不同。
〈醫藥扶持第三〉	明示醫藥對老人「止是扶持」的原則，除了揭示衰老的諸般症狀外，還告誡人子奉藥於老人不可用市肆藥與猛藥。
〈性氣嗜好第四〉	內容基本上屬於老人心理學的範疇。說明老人「形體雖衰，心亦自壯」的精神狀態，並提出合適的相處辦法，發前人所未發。
〈宴處起居第五〉	說明老人的生理特點，並對其日常作息設計出一套原則與要求，所述均不見於《千金翼方》之〈養老大例〉。
〈貧富禍福第六〉	說明孝重在「心」而不在「行」。
〈戒忌保護第七〉	分別從精神、飲食、居處、氣候、行動等層面，提示戒忌保護對老人健康的重要性。
〈四時養老總序第八〉	此部份似爲以下諸門的總綱。內容主要依據《黃帝內經・素問》「四氣調神大論」，說明節氣變化與老人保健的關係，揭櫫防重於治的老人保健大綱。本門並附載四季內科雜病老人方二十四首，男女通用，皆爲溫平順氣中和之丸散方藥，非食療方也。
〈春時攝養第九〉	論述春季的氣候特性與此時期老人保養身體的要項。本門理論似由《素問》「生氣通天論第三」衍發而來，是門並附方藥八首，多頭目，肺脾病之屬，亦丸散藥方之流。
〈夏時攝養第十〉	論述夏季的氣候特性與此時期老人保養身體的要項。本門理論亦由《素問》「生氣通天論第三」衍發而來，是門並附方藥十二首，多脾胃，風寒溼痹病之屬，然亦有補腎延壽之方，亦丸散藥方之流。
〈秋時攝養第十一〉	論述秋季的氣候特性與此時期老人保養身體的要項。本門理論亦由《素問》「生氣通天論第三」衍發而來，是門並附方藥七首，多治療腹瀉，咳嗽之屬，皆丸散藥方。
〈冬時攝養第十二〉	論述冬季的氣候特性與此時期老人保養身體的要項。本門理論亦由《素問》「生氣通天論第三」衍發而來，是門並附方藥三首，均治療便秘之屬，亦丸散藥方之流。

且時代過晚，又爲一抄本。大陸學者僅憑四庫版本普遍不佳的概括印象，及此本首頁之「依宋本重雕」五字而遽下此爲善本的論斷，似嫌太過。是故拙文所用，仍爲該書之「四庫全書」本；又此本乃出自〔元〕鄒玹之《壽親養老新書》之卷一。

〈食治養老序第十三〉	本門爲下門〈食治老人諸疾方〉之總綱，亦有學者以爲當是該書之總序。本門至爲重要，除具全書總綱的意味外，亦標明下門一百六十二方之所從出。
〈食治老人諸疾方第十四〉	輯方一百六十二首，爲全書的重心所在，使用劑型則分軟食類、硬食類、飲料類、菜餚類，皆爲「食療方」之屬。
〈簡妙老人備急方第十五〉	備載老人急症藥方十八首，其中外用方四首，內服方十四首。

由（表四）所列《養老奉親書》的章節編次觀之，該書自〈飲食調治第一〉至〈戒忌保護第七〉這七門，基本上可說是陳直爲「老人養護」一事所提出的概說性文字，醫學的內容祇是有時而見，尚非重點所在。自〈四時養老總序第八〉至〈冬時攝養第十二〉這五門，則開始深入傳統中國醫學的理論脈絡，揭櫫四時節氣變換與老人保健間的關係，並旁附老人適用的保養藥方。而〈食治養老序第十三〉與〈食治老人諸疾方第十四〉兩門，則可以說是全書的重點所在，作者先是在〈食治養老序第十三〉中，對全書之首的〈飲食調治第一〉門作更進一步的回應，重申「食療先於命藥」的證治次第，再臚列一百六十二則「食療方劑」於〈食治老人諸疾方第十四〉門中。至於〈簡妙老人備急方第十五〉門的內容，則是以老人急救方爲主，列之於全書之尾，應是爲其旨在應急而並非正法，所以也具有附錄的意味。

陳直的身份，史傳無載，祇有南宋藏書家陳振孫在《直齋書錄解題》卷十三「奉親養老書」中著錄云：

> 《奉親養老書》一卷。泰州興化令陳直撰。元豐中人。

這短短十九字，大概是目前從古籍中所能得知有關《養老奉親書》作者陳直的全部記載。事實上，即便是加上晚近大陸學者發現並據以校刊該書的「唐成之家寶藏本」的「序文結銜」，[91] 也不過多知道其人的階官是「承奉郎」而已，並無助於我們對陳直的進一步瞭解。然而，陳直的生平雖然矇昧不彰，但他既曾位居縣令，且又能自撰醫書，因此斷其爲「尚醫士人」應該還是合理的。

前面曾經提及，陳直《養老奉親書》中的「食療內容」，是頗能體現宋代官刊醫籍與當日士人之於「醫學知識掌握」間的關係。關於此，從陳直在《養老奉親書》〈食治養老序第十三〉中的言論亦可得知，其云：

---

91 請參見陳可冀、李春生點校，《養老奉親書》，頁5。

……凡老人有患，宜先食治，食治未愈，然後命藥，此養老人之大法也！是以善治病者，不如善慎疾；善治藥者，不如善治食。今以《食醫心鏡》、《食療本草》、《詮食要法》、《諸家法饌》，洎《太平聖惠方》食治諸法，類成養老食治方，……爲人子者，宜留意焉！……。

這段引言的前半部，談及「先食療，後命藥」的證治次第，陳直雖未明言，但顯然是出自唐代孫思邈在《要方》與《翼方》的內容。至於有關「養老食治方」之所從出，陳直則點明是出自唐代醫籍《食醫心鏡》、《食療本草》、《詮食要法》、《諸家法饌》與宋初《太平聖惠方》等書的內容。此其中，「類成」兩字尤爲要緊，這意思是「以類相從」，其前提是要有一套整體性的看法作爲指導。而從其「食療理論」全然出自《要方》與《翼方》的事實觀之，陳直「食療觀」之與北宋官刊醫籍的關係，其實已然表露無遺；因爲，這兩部孫思邈所撰著的醫學名著，正是北宋英宗治平三年 (1065) 一系列「奉旨鏤版刊行」的前代醫籍中的兩部。[92]

從時間上來看，在神宗元豐年間 (1078-1084) 曾擔任縣令的陳直，在撰著這部專談「養老」的《養老奉親書》時，不僅在「食療理論」上頗有得之於官刊《要方》與《翼方》之處，他所提供的「養老食治方」也有同樣的特徵。關於此，雖然陳氏在〈序論〉中曾說明他的「食療方劑」是由《食醫心鏡》、《食療本草》、《詮食要法》、《諸家法饌》與《太平聖惠方》等書「類成」而來。但是，考較陳書所載「食療方」的內容，以及陳氏在編排諸方時所使用的「名目」、「順次」則可以發現，該書中言及「食療方劑」之處，無寧是更近似於《太平聖惠方》卷九十六、九十七的內容與體例。[93] 而這樣的情形，倘若再配合陳直曾於北宋神宗時期居官「興化令」的仕履，以及太宗時期官方將《太平聖惠方》一書頒賜「州縣」的事實，我們或許還可以推測陳直在《養老奉親書》中所輯錄的「食療方劑」，是直接得自於他居官時所親見的《太平聖惠方》。

陳直的《養老奉親書》，雖然不是一部「食療」專著，而其所輯錄的「食療方劑」亦多來自於前人；但是，這部作品的問世，卻標示著「食療」這種概念

[92] 關於此，請參見拙著《兩宋的「尚醫士人」與「儒醫」——兼論其在金元的流變》，頁65-66。

[93] 請參見陳可冀、李春生點校，《養老奉親書》，頁6-8。

與行爲，實有與士人認知深相結合之處。士人們是「尊生」的，他們不獨「尊」家族親長之「生」，其實亦「尊」一己之生，[94] 而從唐代以來便帶有「養老」意味的「食療」，正足以滿足他們「尊生」的需求。士人們同時也是「好尚自然」的，而寓「養療」於「日常饌餚」的「食療」之術，亦頗能切合他們對自然的追求。更重要的是，由於宋代士人對於醫學知識的追求，不僅有著現實面的考量，他們更將醫學視爲一門學術來研究，[95] 因之「食療」這概念也逐漸在士人群體中流傳開來。至是以降，對「食療」的重視與履行，則竟浸然有成爲士人生活文化之一部的態勢。

3. 從「食治」到「清供」

北宋名士黃庭堅，曾經寫過一篇名爲〈士大夫食時五觀〉的短文，[96] 其中有一段題爲「正事良藥，爲療形苦」，頗可體現黃氏的飲食態度，其云：

> 五穀五蔬以養人，魚肉以養老。形苦者，飢渴爲主病，四百四病爲客病，故須食爲醫藥，以自扶持。是故，知足者舉箸常如服藥。

黃氏的言論，雖帶有釋氏的色彩，但骨子裡要談的，還是「食爲醫藥」的觀點。黃庭堅，字魯直，生於北宋仁宗慶曆五年 (1045)，卒於徽宗崇寧四年 (1105)，工詩文，游於蘇軾門，爲「蘇門四學士」之一。方是時，《太平聖惠方》、《千金要方》、《千金翼方》、《養老奉親書》等談論「食療」概念與方劑的醫籍，皆已然行世。

黃庭堅其實並不祇是位名士而已，他還是位「尚醫士人」，他不但本身對醫學有所涉獵，也與當世名醫過從甚密，北宋名醫龐安時就是他的知交。[97] 這樣一位與醫學、醫者親近的人物，既然說出「舉箸常如服藥」的話，其背後多半還有「食療概念」爲其背景。

---

[94] 關於此，請參見拙著《兩宋的「尚醫士人」與「儒醫」——兼論其在金元的流變》，頁153-158。

[95] 兩宋士人之於醫學的尊重，主要體現在彼輩對醫學的學術定位之上。就現有的史料觀之，此時期的士人階層間，普遍存有將醫學與儒家「六藝」等量齊觀的看法。關於此，請參見拙著《兩宋的「尚醫士人」與「儒醫」——兼論其在金元的流變》，頁103-109。

[96] 拙文所使用的《士大夫食時五觀》爲唐艮之校注本，該本收入《吳氏中饋錄、本心齋蔬食譜外四種》（北京：中國商業出版社，1987），頁61-67。

[97] 龐安時爲北宋名醫，當日士人與之交好者頗多，黃庭堅與蘇軾便是其中之較著者。關於此，請參見《宋以前醫籍考》，頁399-405。

愚意以爲，黃庭堅之對「食療」有所認識，固然無須多言，但我們更應該注意的，則是黃氏「抒發食療認知」的場合。所謂「士大夫食時五觀」，其實便是黃氏爲士人們所提出的「飲食觀」，而這其中竟然出現「食療」的內容；看來，黃氏不僅對「食療概念」有所掌握，「食療行爲」多半也常出現在他的日常生活裡。

黃庭堅並不是當日「寓食療於日常生活」的唯一士人，南宋的著名士人陸游也有近似的表現。陸游之好吃，從其詩文裡便可得見，[98] 而其中亦有言及「食療」者，例如《劍南詩稿》卷三十八〈戲詠山家食品〉便是其類：

牛乳抨酥淪茗芽，蜂房分蜜漬棕花。
舊知石蒼眞尤物，晚得蓴蒿又一家。
疏索鄉鄰緣老病，團欒兒女且喧嘩。
古人不下藜羹糝，斟酌龜堂已太奢。

根據學者的考證，陸游作這首七律的時間，約在南宋寧宗慶元八年冬 (1198)，其時陸氏已是七旬老翁。且看陸氏日常飲食中的「牛乳抨酥淪茗芽」，大概便是「奶酥煮茶」之類，而按照孫思邈《要方》、《翼方》乃至於陳直《養老奉親書》對牛乳的評價，咸指出其具有「性平，補血脈，益心，長肌肉」適於老人補養等的特質。看來，陸氏行的便是「食療」之術，他的行爲倒正合於黃庭堅筆下的「舉箸常如服藥」。

陸游雖喜以饌餚之事入詩歌，且透露出些許他日常所履行的「食療行爲」，但以其人之憂國感時，借事喻時者仍佔了大宗，因此很難分辨他信奉「食療」的程度。不過，南宋士人之重「食療」者，也不祇有陸游一人而已，林洪亦是個中能手。

林洪字龍發，號可山，泉州人，生存於南宋理宗時期 (1225-1264)，以詩聞名當世，其人自稱爲北宋末年著名隱士林和靖的七世孫。[99] 林洪傳名於後世的原因，其實並不在詩歌，而是他那部專論「庖廚之事」的「食譜」——《山家清供》。[100] 林氏在這部著作中，共收錄了一百零四道他日常所食的饌餚，其中有

[98] 關於陸游之「飲食詩」，請參見孔祥賢輯注，《陸游飲食詩選注》（北京：中國商業出版社，1989）。

[99] 關於林洪之爲林和靖七世子的說法，史載未詳，僅唐圭璋在《全宋詞》（臺北：洪氏出版社，1981），頁3076中有所言及。然據《咸淳臨安志》卷六十五載，林氏終生不娶無子。如此看來，林洪之爲林和靖七世子，若非是族子，便是誇稱。

[100] 烏克譯注，《山家清供》（北京：中國商業出版社，1985）。

不少還是後世所常見，因此這部著作向來也被史家視爲研究南宋「飲食史」重要的典籍。

事實上，《山家清供》還不祇是本尋常「食譜」而已，林洪的「吃道」有時還是大有文章的，而「食療」則正是這「文章」的內在之一。以下，茲將鄙見之所及列成（表五），再做進一步的討論。

表五：林洪《山家清供》所涉「食療」內容簡表

原書饌餚名	製法撮錄[101]	食療內容	備　註
1.青精飯	採枝、葉，搗汁，浸上白好粳米，……，蒸飯。曝乾，堅而碧色，收貯，……，如用時，以滾水煮。	林氏引《本草》云青精久服能延年。	又提供《登真隱訣》中青精飯加石脂法，但云「山居供客，當用前法」。
2.黃金雞	旬雞淨洗，用麻油、鹽，水煮，入蔥、椒。候熟，擘釘，以元汁別供。	林氏引《本草》云雞小，毒補，治滿。	自言此菜當奉母。
3.地黃餺飥	取地黃大者，淨，搗汁和麵，作餺飥食之。	林氏引《海上方》云其治心痛。又引《本草》教人如何辨地黃之良者。	又提供地黃粥方一種。
4.椿根餛飩	取椿根一大兩，握搗篩，和麵捻餛飩，如皂莢子大，清水煮。	林氏云此法乃劉禹錫傳，能治下痢及腰痛。	又云「山居供客有益」。
5.百合麵	採百合根曝乾，搗、篩和麵，作湯餅。	林氏自云此法最益氣血。	又云此麵亦可蒸食。
6.括蔞粉	深掘大根，厚削至白，寸切，水淨，一日一易，五日取出，搗之以辦，貯以絹囊，濾爲玉液，候其乾矣，可爲粉食。	林氏云此爲「孫思邈法」，又云此法加乳酪食之補益。	又云取此瓜之籽加酒炒食可愈疾。
7.黃精果餅茹	深採根，九蒸九曝，搗如飴，可作果食。	林氏據《三國志・裴潛傳》云其補益。	又云黃精爲「仙人餘糧」。
8.錦帶羹	葉始生柔脆，可羹。	林氏引《本草》云其能下氣止吐。	又云此菜可與鱸魚同羹。
9.土芝丹	大者，裹以濕紙，用煮酒和糟塗其外，以糠皮火煨之，候香熟，取出安坳地內，去皮，溫食。	林氏云其溫食有補益。	又引南宋寧宗嘉定元年 (1208) 進士趙汝淦詩以證其說。

101 要加以說明的是，此處之「製法撮錄」欄，是作者節錄林氏原文而來的。

10.柳葉韭	韭菜嫩者，用姜絲、醬油、滴醋拌食。	林氏自言此餚能利小水，治淋閉。	略
11.松黃餅	取松花黃和煉熟蜜，勻作如古龍涎餅狀。	林氏自言其能狀顏益志，延年益壽。	林氏云此法乃其友大理寺評事陳介所傳。
12.酥瓊葉	宿蒸餅，薄切，塗以蜜或以油，就火上炙。鋪紙地上散火氣，甚鬆脆。	林氏自言其能止痰化食。	林氏又引南宋名士楊萬里詩以助其說。
13.紫英菊	春採苗葉略炒，煮熟下姜，益羹之。又，加枸杞葉尤妙。	林氏引《本草》云此能益氣。	林氏又以菊證小人君子之別。
14.撥霞供	酒、醬、椒料沃之。以風爐安座上，用水少半吊，候湯晌一杯後，各分以箸，令自挾入湯擺熟，啖之乃隨意各以汁供。	林氏引《本草》云此能補中益氣。	林氏云此菜首見於其師處，後又在臨安楊泳齋家宴上食此菜。又云楊為舊勳家，泳齋嗜古學。
15.酒煮菜	純以酒煮鯽魚也。	林氏云其有益。	林氏云此菜乃得之於「士友」，又云在趙與時《賓退錄》中查得其典故。
16.通神餅	姜薄切，蔥細切，以鹽湯焯。和白糖、白麵，庶不太辣。入香油少許，煠之。	林氏云其能去寒氣。	林氏云其名乃取自朱熹注《論語》語。
17.金　飯	采紫莖黃色正菊英，以甘草湯和鹽少許焯過。候飯少熟，投之同煮。	林氏云其能明目延年。	林氏引南宋孝宗淳熙十四年 (1187) 進士危巽齋語以證其說。
18.蓬　糕	白蓬嫩者，熟煮、細搗，和米粉加糖，蒸熟。	林氏云其大有補益。	林氏在此條之下嘲笑世之貴介衹知鹿茸、鐘乳有補益。
19.蘿菔麵	搗蘿菔汁搜麵作餅。	林氏引名醫王承宣語謂此法能去面毒。	林氏又云其好友葉適、葉紹翁皆好食此。
20.麥門冬煎	採根去心，搗汁和蜜，……，熬如飴為度。溫酒化，溫服。	林氏云此滋補。	略
21.玉延索餅	採根，以水浸，入礬少許，經宿，洗淨去延，焙乾，磨篩為麵。	林氏云山藥味溫、無毒、有補益。	林氏又引陸游詩以證其說。
22.自愛淘	炒蔥油，用純滴醋和糖、醬作滷，或加以豆腐及乳餅，候麵熟，過水，作茵供食。	林氏云此真一補藥也。	略
23.炙　獐	用鹽、酒、香料醃少頃，取羊脂包裹，猛火炙熟，擘去脂，食其獐。	林氏引《本草》云獐之食法。	略

24.當團參	白扁豆爛炊。	林氏云其性溫、無毒、和中下氣。	略
25.牛尾狸	狸去皮，取臟腑，用紙揩淨，以清酒洗，入椒、蔥、茴香於其內，縫密，蒸熟。去料物，壓宿，薄片切如玉。	林氏引《本草》云其主痔病。又云狐亦可，能去風補痨。	又引蘇軾、楊萬里詩以爲己證。

從上表「食療內容」欄觀之，林洪在《山家清供》中所述及的「食療」，大致有以下兩個面相：其一是以「補益」爲主，其二則具有「療疾」的作用，而這兩者正是唐代孫思邈《要方》、《翼方》以迄北宋陳直《養老奉親書》各種有關「食療」著作的共同特徵。值得注意的是，林洪雖然沒有說明他所依據的《本草》究竟是那一部？但他似乎慣從他所謂的《本草》，說明各種饌餚的「食療」功能。就這一點來看，他應該是一位對醫學有所掌握的人。

林洪究竟是不是士人？唐圭璋在《全宋詞》中雖考證其人「善詩」、「爲北宋名士林和靖後人」，但這些均不是直接的證據，蓋詩歌不必士人方能爲，而林和靖之後人也未必就是士人（況且史載林和靖並未婚娶亦無子嗣）。不過，從上表「備註欄」看來，斷林氏之爲士人應不致有誤，因爲他所交游的若非當世名士，便是在官的士大夫，而他常徵引以助己說的前人言論，也俱是著名士人。因此，就「人際關係」與「自我認知」這兩個層面看來，林氏應該是屬於士人這個階層。此外，林洪精於「本草」的事例，也可以看作是一個旁證，因爲對「本草」的嫻熟，正是當日「尙醫士人」的共同特徵。[102]

由於切合「食療」的內在意涵，林洪在《山家清供》中所記錄的「饌餚」，當然也可以「食療方劑」視之。不過，這些林氏所提供的「食療方」，似乎更著重於「單一品類」的效能，至於其他配料、食法、烹調方式會否減損其作用，則不是他措意的。愚意以爲，林氏這種對「單品」的獨鍾與強調，或許正來自於他的「本草學」知識背景，因爲那正是傳統本草學著作的記述體例。

一部由士人撰著的「食譜」爲何要以「清」名之？而具有「食療」作用的「饌餚」又與「清」何干？有關這兩個問題的解答，其實正是我們論斷「食療」成爲士人生活文化的重要依據。事實上，林洪在整部《山家清供》中所言及的「清」，是個頗爲複雜的飲食概念，這「清」字的意涵往往不止一種。首先，這

[102] 同註94出處，頁148-150。

「清」有時是指士人在飲食上刻意「尙儉」的作風，《山家清供》卷下《假煎肉》條云：

> 瓠與麩薄切，各和以料煎麩以油浸煎，瓠以肉脂煎，加葱、椒油、酒共炒。瓠與麩不惟如肉，其味亦無辨者。吳何鑄宴客，或出此。吳中貴家，而喜與山林朋友嗜此清味，賢矣！[103]

瓠瓜與麵筋皆是尋常便宜之物，不加價昂的肉類共炒，僅以葷油煎之，主要祇是在取其肉味，但在花費上則減省不少，而此則謂之「淸味」。又，所謂「吳中貴家」，其饌餚理當珍饈羅列，但引文中人既能食此，並被林氏許之爲賢，多半也不在於其能與「山林朋友」共享，而是因爲其能捨侈就儉也。

其次，所謂的「清」，有時亦在於對「原味」的追求。《山家清供》卷上《傍林鮮》條云：

> 夏初，林筍盛時，掃葉就竹邊煨熟，其味甚鮮，名曰「傍林鮮」。文與可守臨川，正與家人煨筍午飯，忽得東坡書詩云：「想見清貧饞太守，渭川千廟在胃中。」不覺噴飯滿案，想作此供也。大凡筍，貴甘鮮，不當與肉爲友。今俗庖多雜以肉，不才有小人便壞君子。「若對此君成大嚼，世間那有揚州鶴？」東坡之意微矣！[104]

竹筍甘香的原味，原不必雜夾以肉類，倘若加了肉，便像「小人」玷污了「君子」。正如蘇軾所言，筍的鮮香本味，其實是手續繁雜的「揚州雞」所難及的。

最後，有益於身體，也符合林洪對「淸」的要求。《山家清供》卷上《簷蔔煎又名端木煎》條云：

> 舊訪劉漫塘宰，留午酌，出此供，清秀極可愛。詢之，乃梔子花也。采大瓣者，以湯焯過，少乾，用乾草水稀，稀麵拖油煎之，名簷蔔煎。杜詩云：「於身色有用，與道氣相合。」今既制之，清和之風備矣！[105]

「油煎麵拖梔子花瓣」之所以能達到「淸和之風備矣！」的境界，主要在於其能切中「有用於身色」以及「與道氣相合」的杜甫詩意，而這也就是「淸」。

觀此數項，則「食療方」何以得入「淸供」之屬，確然明矣！因爲，林洪「食療饌餚」中對「單一品類」的獨鍾傾向，正合乎他對「原味」的追求。而對

---

103 請參見烏克譯注，《山家清供》，頁75。

104 請參見烏克譯注，《山家清供》，頁26。

105 請參見烏克譯注，《山家清供》，頁42。

「單一品類」的強調，又會排除調鼎時滲雜使用其它品類的機率，如此花費則必不致太高，而能切中他對「儉」的要求。更重要的是，這樣調合出來的饌餚，是具有「補養」或「療疾」作用的「食療饌餚」，它們的功能性質正是「於身色有用」。

「食療」在林洪的概念裡，其實是一種士人追求清雅生活的行爲。因爲，它花費不高，又能掌握住食物的自然原味，且與「尊生」之旨相契合。不過，這樣的旨趣，在林氏之前的「食療」著作中卻很少得見。看來，這應該是北宋以來，「食療概念」爲士人階層掌握後逐漸發展出來的文化認知。愚意以爲，此種性質的認知，也不該祇是林洪一人所具有的，因爲《山家清供》所輯錄的餚饌，也有許多是得之於林氏的「士友」。由是觀之，「食療」之與「清供」的聯繫，在當日的士人階層裡，必定有其一定程度的普遍性才是。

五、結論

「口之於味」固然是生人在感官上所追求之「大欲」；但同樣地，「延壽」觀念的存在，也可說是人們對生命所展現的一種「欲望」。在「欲念」本體「質同屬異」的前提下，先民如何融、以及爲何融此兩種「大欲」於一途？確實是饒富興味的研究課題；而其旨趣，則正如拙文〈引言〉中所說：不僅是「飲食史」與「醫療史」的，也可以是「社會史」與「文化史」的。

受限於個人學力的淺薄，拙文基本上並沒有碰觸「先民如何融？」的課題，因爲這勢必面臨爲「食療」溯源的艱鉅任務。不過，從唐代孫思邈在《千金要方》與《千金翼方》所展現的「食療觀」切入，我們至少還能略窺「先民爲何融？」的淵源堂奧。因爲，孫氏那些「食能排邪而安臟腑」、「食能悅神爽志，以資血氣」的「食療基礎理論」，正是來自於前人的遺意，而他在《千金・食治》裡首言及張仲景與衛汎語的作法，及其「單品食料」選擇標準暗合《素問》與《太素》相關章旨的事實，正適足以爲明證。

撇開孫思邈之前的「食療」概念與行爲不談，至少在《千金・食治》與〈翼方・養老食療第四〉問世之後，孫思邈的「食療觀」便成爲往後論此者的依循準繩。就這一點來看，孫氏之於「食療」的知見，倒確實是研究唐代以降「食療傳衍」的起點。

嚴格的來說，有關「食療」課題的「醫學」研究面相，大概在孫思邈之後便見縮減，再往下的發展若非增補，便是推衍，但很少有在概念上再超越孫氏的。不過，相對於此的，則是「社會」與「文化」層面探索空間的擴大。

「食療」概念與行為在兩宋的傳衍內容，基本上是足以體現傳統醫學知識傳承方式的轉變，以及近世士人文化的部份特徵，而有關這課題在唐代以降的「社會史」與「文化史」研究旨趣，亦正由此展露。就社會的層面而言，「食療」這種在唐代似為「傳播範疇有限」的認知體系，在宋代卻開始被「士人」——這個當日新興的社會階層所掌握，而北宋官方對於醫籍刊印事業的熱衷致力，則在其間扮演了媒介性的角色。透過官刊醫籍的流佈，過往以「師徒」、「世業」或「貴戚」為主的醫學知識傳承壁壘乃被突破，兩宋士人階層裡開始分化出一群「尚醫」者，他們是醫學在宋代普及的主要對象，也是醫籍中「食療概念」的傳衍者。

作為「醫療概念」的「食療知識」，其為宋代尚醫士人所掌握，或許可以歸屬於社會性的因素；然而，由此一掌握所使然的「行為」，卻又別有文化上的特色。值得注意的是，宋代「食療行為」的這層文化意義，其實是猶如「光譜」一般，是漸行漸深的；時間愈後，「食療行為」的施用背景愈切近於士人日常的飲食習慣。這點，從著述目的上亦可察覺。陳直之作《養老奉親書》，雖說是自用亦可，但其本意還在「為長者壽」，這是為人，不是為己。但黃庭堅之撰《士大夫食時五觀》，便有些許不同，他說話的對象雖然還是旁人，但已隱含期許同質群體的意識。下至林洪，則全然為我，全然在展現一己生活的清高。關於這點，也可從《山家清供》中林氏及其「士友們」行使「食療」的心態窺知端倪；因為，這群士人普遍皆有著「我這麼吃，所以我清高」的自我認知。是則，「食療」確已成為足以反映當日士人文化特質的行為。

（本文於一九九八年七月二日通過刊登）

引用書目

一、傳統文獻

丁光迪，《諸病源候論校注》，北京：人民衛生出版社，1991。
孔祥賢，《陸游飲食詩選注》，北京：中國商業出版社，1989。
王叔和，《脈經》，「四部備要」本。
王禹偁，《小畜集》，「四庫全書」本。
王應麟，《玉海》，江蘇：江蘇古籍出版社，1990。
宋太宗，《太平聖惠方》，臺北：新文豐出版公司，1980。
宋徽宗，《聖濟總錄》，北京：人民衛生出版社，1995。
李昉等，《太平御覽》，北京：中華書局，1985。
尙志鈞輯校，《名醫別錄》，北京：人民衛生出版社，1986。
尙志鈞輯校，《補輯肘後方》，合肥：安徽科學技術出版社，1996。
尙志鈞點校，《證類本草》，北京：華夏出版社，1993。
昝殷，《食醫心鑑》，《歷代中醫珍本集成》冊十九，「養生類二」，臺北：萬人出版社，1995。
唐圭璋，《全宋詞》，臺北：洪氏出版社，1981。
唐艮，《吳氏中饋錄・本心齋蔬食譜外四種》，北京：中國商業出版社，1987。
孫思邈，《千金要方》、《千金翼方》，收入《藥王全書》，北京：華夏出版社，1992。
晁公武，《郡齋讀書志》，「四部叢刊三編」本。
烏克譯注，《山家清供》，北京：中國商業出版社，1985。
馬繼興，《神農本草經輯注》，北京：人民衛生出版社，1995。
高濂，《遵生八牋》，北京：人民衛生出版社，1994。
張仲景，《金匱要略》，臺北：知音出版社，1994。
張仲景，《傷寒論》，臺北：臺聯國風出版社，1974。
郭靄春，《黃帝內經素問校注》，北京：人民衛生出版社，1992。
陳可冀、李春生校注，《養老奉親書》，上海：科學技術出版社，1988。
陳振孫，《直齋書錄解題》，「叢書集成初編」本。
陳貴庭主編，《本草綱目通釋》，北京：學苑出版社，1992。
楊上善，《黃帝內經太素》，臺北：文光圖書公司，1981。
楊蔭深，《飲料食品》，收入《飲饌譜錄》，臺北：世界書局，1992。
董浩，《全唐文》，北京：中華書局，1982。

蔡襄，《端明集》，「四庫全書」本。
鄭金生、張同君，《食療本草譯注》，上海：古籍出版社，1993。
篠田統、田中靜一編，《中國食經叢書》，東京：書籍文物流通會株式會社，1972。
叢春雨編，《敦煌中醫藥全書》，北京：中醫古籍出版社，1994。

二、近人論著

于祖望
1995 《孫思邈評傳》，南京：南京大學出版社。
中國大百科全書中國傳統醫學篇編輯委員會編
1992 《中國大百科全書·傳統醫學分冊》，北京：中國大百科全書出版社。
中國中醫研究院、廣州中醫學院合編
1978 《中醫名詞術語大辭典》，臺北：啓業書局。
中國飲食文化基金會
1993 《第一屆中國飲食文化研討會論文集》，臺北：中國飲食文化基金會。
1994 《第三屆中國飲食文化研討會論文集》，臺北：中國飲食文化基金會。
中山時子編
1992 《中國飲食文化》，北京：中國社會科學出版社。
王仁湘
1994 《飲食與中國文化》，北京：人民出版社。
李經緯
1988 《中醫人物辭典》，上海：上海辭書出版社。
杜正勝
1995 〈作爲社會史的醫療史——並介紹「疾病、醫療與文化」研討小組的成果〉，《新史學》6.1。
孟仲法、顧燕敏
1985 〈我國古代食療發展史略〉，《中華醫史雜誌》，15.1。
岡西爲人
1969 《宋以前醫籍考》，臺北：古亭書屋。
林乃燊
1989 《中國飲食文化》，上海：上海人民出版社。
林正秋
1989 《中國宋代菜點概述》，北京：中國食品出版社。
姚海揚編
1994 《中國食療大典》，天津：科學技術出版社。

俞巖

1976 《醫學革命論選》，臺北：藝文印書館。

陳偉明

1995 《唐宋飲食文化發展史》，臺北：學生書局。

陳元朋

1995 《兩宋的「尙醫士人」與「儒醫」——兼論其在金元的流變》，收入《國立臺灣大學文史叢刊》冊一〇四，臺北：國立臺灣大學出版委員會。

逯耀東

1993 〈《崔氏食經》的歷史與文化意義〉，《第一屆中國飲食文化研討會論文集》，臺北：中國飲食文化基金會。

莊申

1993 〈從「八珍」的演變論中國飲食的演變〉，《第一屆中國飲食文化研討會論文集》，臺北：中國飲食文化基金會。

張瑞賢

1988 〈試論北宋政府與醫學的關係〉，收入《中華醫史雜誌》18.4。

鄭金生

1988 〈宋代政府對醫藥發展所起的作用〉，收入《中華醫史雜誌》18.4。

廣州中醫學院編

1989 《中藥毒理學》，臺北：啓業書局。

篠田統

1987 《中國食物史研究》，北京：中國商業出版社。

Chang Kwang-chih（張光直）

1977 Food in Chinese Culture. *Anthropological and Historical Perspectives*. New Haven and London: Yale University Press, 1977.

Food and Healing in the T'ang and Sung: the *Shih-chih* Chapter in Sun Szu-miao's *Ch'ien-chin Yao-fang*

Yuan-peng Chen

Graduate Institute of History, National Taiwan University

The notion of food being able to improve health and cure illness is a common treatment concept widely practiced throughout Asia. The modern notion of *shih-liao* (food treatments) has its origins in the past and thus can be investigated from a historical perspective and understood historically. This essay focuses on such a task. By looking at the T'ang dynasty doctor Sun Szu-miao and his *Shih-chih* chapter of *Ch'ien-chin Yao-fang* to understand the style of treatments common at that time, I argue that the *Shih-chih* chapter, while definitely being used as a foundational text in medical treatment during the T'ang period, its concepts did in fact exist earlier and can be seen during the Han and Wei periods and in pre-T'ang texts such as: *Huang-ti Nei-ching, She-nung Pen-tsao Ching, and Ming-yi Pie-lu.* Today the historical materials we have for these earlier knowledge systems pertaining to food treatments are scattered. Sun Szu-miao's "food treatment concepts" can first be seen in earlier works and his *Shih-chih* chapter is the result of his editing previous works and choosing what he felt were the more important arguments. While many researched *shih-liao* before and after the T'ang, none surpassed Sun Szu-miao on the conceptual level. It is the social and cultural ramifications of *shih-liao*, however, which have yet to be determined and explored.

Shih-liao concepts and practices constituted a change in traditional medical knowledge since the T'ang period. This was particularly the case in terms of the Sung literati and the culture surrounding them. At this level of Sung society, *shih-liao* evolved from a special knowledge system during the Tang into a system that became part of the common knowledge of Sung literati. In the Northern Sung, medical texts and records were something that came under the control of the government but which later became easier to access by other social groups such as the Sung literati. The literati became the advocators of food treatments during the Sung and came to regard concepts of *shih-liao* as part of other medical treatments and thus as an element of the wider social arena. Control over these social practices therefore also had strong cultural characteristics. If we look at Ch'en Chih's book *Yang-lao Feng-ch'in Shu* and the treatments it proposes to increase ones lifespan, or Huang Ting-chieng's *Shih-tai-fu Shih-shih Wu-kuan* embodying the literati group, and *shih-liao* practices in the *Shan-chia Ch'ing-kung*, we can already see the high cultured world of Lin Hung and his literati companions. At this level, *shih-liao* represented a strong cultural phenomenon within a social spectrum which, over time, became more popular and widespread as a practice. *Shih-liao* became an everyday part of literati practices and thus constituted an important component of literati culture.

Keywords: T'ang, Sung, *Shih-liao* (food treatments), *Ch'ien-chin Shih-chih*, Sun Szu-miao

出自第六十九册第四分(一九九八年十二月)

中國六朝時期的巫覡與醫療*

林富士**

在六朝時期的中國社會中，巫者是主要的醫療者之一。其病人並不局限於某一地域、族群、性別、年齡層、社會階層、宗教團體，其所能診治的疾病也不限於特定的種類。至於其對疾病原因的解釋（包括：亡魂作祟、鬼魅作祟、鬼魂憑附、鬼擊、鬼神責罰、觸犯禁忌），以及所採用的治療方法或診察手段（包括：性療法、政治療法、厭勝法、禱解法、禳除法、探命之術），則大多承襲漢代巫術療法的傳統。

然而，在醫療市場上，巫者必須和醫者、道士、僧人競爭。在疾病觀和醫療法上，巫、醫、道、僧都各有其特色和專長，不過，他們之間也有一些共通性，而這些共通性似乎是自先秦、兩漢以來即已發展成熟的巫覡的醫療傳統。

關鍵詞：巫 醫 六朝 道教 佛教

* 本文初稿完成於一九九七年一月，丙子年歲末。首度發表於「中央研究院」歷史語言研究所「生命醫療史研究室」（1997年3月1日），蒙與會同仁惠賜意見，在此申謝。二稿完成於一九九七年六月，並於「中央研究院」歷史語言研究所主辦之「醫療與中國社會」學術討論會（臺北，1997年6月26-28日）上宣讀，蒙評論人康豹 (Paul Katz) 教授及其他與會者指正，無限感激。三稿完成於一九九七年九月，丁丑年秋分之日。投稿之後，蒙二位隱名之審查人細心校閱，並賜珍貴修改意見，特此申謝。四稿修改完成於一九九八年五月立夏之日。

** 「中央研究院」歷史語言研究所

一、引言

中國的醫學與巫覡文化之間可說有著非常密切的關係。舉例來說，在有關中國醫學起源的論述中，便有學者認爲，醫學係脫胎於巫術，而最早的醫者就是巫。[1] 雖然也有些學者不贊同「醫源於巫」的說法，但大多數的醫學史家對於上古時期巫者（或巫醫）與醫藥的關係卻也不得不有所交待。不過，一般的醫學史著作大多認爲，從春秋戰國時起，巫醫分離，專業醫者出現，醫者在醫巫鬥爭中取得了勝利，中國醫學從此擺脫巫術（鬼神信仰）的糾纏，得以獨立發展。或許是因爲這個理由，他們對於戰國之後巫者的醫療活動，以及醫學與巫術之間的關係，便幾乎絕口不提。[2]

---

[1] 詳見俞樾，《俞樓雜纂》卷四五，〈廢醫論〉，收入氏著，《春在堂全書》（清光緒二十五年刻本）（臺北：中國文獻出版社，1968年翻印），册三，頁2103-2108；劉師培，《左盦外集》卷八，〈古學出於官守論〉，收入《劉申叔先生遺書》（臺北：華世出版社，1975年翻印），頁1726-1727；陳邦賢，《中國醫學史》（上海：商務印書館，1937)，頁6-11；周策縱，《古巫醫與「六詩」考：中國浪漫文學探源》（臺北：聯經出版事業公司，1986），頁71-165；嚴一萍，〈中國醫學之起源考略（上）〉，《大陸雜誌》2.8(1951)：20-22；馬伯英，《中國醫學文化史》（上海：上海人民出版社，1994），頁138-215；鄭曼青、林品石編著，《中華醫藥學史》（臺北：臺灣商務印書館，1982），頁7-10。

[2] 詳見K. Chimin Wong（王吉民）and Lien-teh Wu（伍連德）, *History of Chinese Medicine*, second edition (Shanghai: National Quarantine Service, 1936), pp.12-14；傅維康，《中國醫學史》(上海：上海中醫學院出版社，1990），頁23-26；史蘭華等編，《中國傳統醫學史》（北京：科學出版社，1992），頁10-18, 37-38；范行準，《中國醫學史略》（北京：中醫古籍出版社，1986），頁1-20；趙璞珊，《中國古代醫學》（北京：中華書局，1983），頁1-8；Paul U. Unschuld, *Medicine in China: A History of Ideas* (California: University of California Press, 1985), pp.17-50；李經緯、李志東，《中國古代醫學史略》（石家莊：河北科學技術出版社，1990），頁14-52；俞慎初，《中國醫學簡史》（福州：福建科學技術出版社，1983），頁1-43；姒元翼，《中國醫學史》（北京：人民衛生出版社，1984），頁1-14；賈得道，《中國醫學史略》（太原：山西人民出版社，1979），頁5-17；郭成圩主編，《醫學史教程》（成都：四川科學技術出版社，1987），頁45-63；陝西中醫學院主編，《中國醫學史》（貴陽：貴州人民出版社，1988），頁1-16；北京中醫學院主編，《中國醫學史》（上海：上海科學技術出版社，1978），頁1-10；甄志亞主編，《中國醫學史》（上海：上海科學技術出版社，1984），頁1-17。王樹岐、李經緯、鄭金生，《古老的中國醫學》(臺北：緯揚文化，1990），頁21-23。

然而，若干研究卻指出，在春秋戰國之後（至少在兩漢時期），巫者仍是中國社會裡不可或缺的療病者，以鬼神信仰爲根基的巫術療法也仍盛行於各個社會階層，[3] 而中國的傳統「醫學」也一直無法完全去除巫術的成分。[4] 因此，春秋戰國以後的中國醫學史，似乎不宜將巫覡的醫療活動和其知識傳統排除在外。本文即擬以六朝時期（西元3-6世紀）的文獻爲主要根據，證明巫者在當時社會中仍扮演著醫療者的角色，分析其主要的療病方法和對於疾病的看法，並略述其與當時整體醫療文化之間的關係。

二、六朝巫覡療病事例

從秦漢以來，掌控書寫工具與記事權力的知識分子和官僚階層，對於巫者基本上都抱持著一種輕賤或敵對的態度，在他們的著述中也很少正面提到巫者的活動。[5] 因此，要證明巫者在六朝時期的中國社會仍扮演著醫療者的角色並不容易，不過，仍有一些零星的材料記載了巫者的療病活動。以下即概略按年代先後，逐一述論相關的事例，以做爲進一步析論的依據。

---

[3] 詳見林富士，《漢代的巫者》（臺北：稻鄉出版社，1988），頁63-67, 114-118；林富士，〈試論漢代的巫術醫療法及其觀念基礎〉，《史原》16(1987)：29-53；金仕起，〈古代解釋生命危機的知識基礎〉，國立臺灣大學歷史學研究所碩士論文（臺北，1994）；金仕起，〈古代醫者的角色——兼論其身分與地位〉，《新史學》6.1(1995)：1-48。

[4] 例如，席文 (Nathan Sivin) 便曾指出，咒術療法在傳統中國醫學中一直佔有特定的地位；詳見 N=セビン (N. Sivin) 著，大塚恭男譯，〈中國傳統の儀禮的醫療について〉，收入酒井忠夫編，《道教の總合的研究》（東京：國書刊行會，1977），頁97-140。其次，李建民也指出，傳統中國醫學仍將鬼神視爲祟病的主要病因之一；詳見李建民，〈祟病與「場所」：傳統醫學對祟病的一種解釋〉，《漢學研究》12.1(1994)：101-148。

[5] 詳見林富士，《漢代的巫者》，頁27-36；Fu-shih Lin, "Chinese Shamans and Shamanism in the Chiang-nan Area During the Six Dynasties Period (3rd-6th Century A.D.)," Ph.D. dissertation, Princeton University (Princeton, 1994)，第六章論「士大夫對巫覡之指責」(The Denouncement of Shamans and Shamanism by Literati Officials) 的部分。

事例 1(西元252年左右?)

第一個事例出自劉義慶(西元403-444年)的《幽明錄》,病者是吳大帝孫權(於西元222-252年在位),原文寫道:

> 孫權病,巫啓云:「有鬼著絹巾,似是故將相,呵叱初不顧,徑進入宮。」其夜,權見魯肅來,衣巾悉如其言。[6]

這段文字看起來像是一則荒誕的鬼故事,但以孫權晚年崇信巫覡、術士的情形來看,[7] 當其生病之時,令巫者旁侍、視疾,應該是情理之事。而由文中提及魯肅的鬼魂,可知這件事應該發生在魯肅(西元172-217年)死亡之後,甚至可能就是孫權(西元182-252年)病死之年(西元252年)。[8]

事例 2(約在西元258-264年之間?)

孫權之後,吳景帝孫休(於西元258-264年在位)生病時,也曾求助於巫覡,干寶(西元286?-336年)《搜神記》載云:

> 吳孫休有疾,求覡視者,得一人,欲試之。乃殺鵝而埋於苑中,架小屋,施床几,以婦人屐履服物著其上。使覡視之,告曰:「若能說此冢中鬼婦人形狀者,當加厚賞,而即信矣。」竟日無言。帝推問之急,乃曰:「實不見有鬼,但見一白頭鵝立墓上,所以不即白之。疑是鬼神變化作此相,當候其眞形而定。不復移易,不知何故,敢以實上。」[9]

---

[6] 李昉(925-996),《太平廣記》,標點本(北京:人民文學出版社,1959),卷三一七,頁2515,引《幽明錄》。

[7] 有關孫權晚年的宗教信仰,及其崇信巫覡的情形,詳見宮川尚志,〈六朝時代の巫俗〉,收入氏著,《六朝史研究・宗教篇》(京都:平樂寺書店,1964),頁336-365(頁344)。

[8] 魯肅死於東漢獻帝建安二十二年(西元217年),孫權自太元元年(西元251年)十一月「寢疾」,次年(西元252年)四月即逝世;詳見陳壽(233-297),《三國志》,點校本(北京:中華書局,1959),卷四七,〈吳主傳〉,頁1148-1149;卷五四,〈魯肅傳〉,頁1272。

[9] 干寶,《搜神記》,汪紹楹校注(北京:中華書局,1979),卷二,頁26。按:裴松之注《三國志》也引述這段文字,除孫休寫作景帝及若干文字略有出入外,內容並無差異,但卻說引自《抱朴子》;詳見陳壽,《三國志》卷六三,頁1427,注文。

這則故事主要在於說明巫覡果真具有「視鬼」的能力，但仍明白指出，孫休召喚「覡視者」（當時又叫做「見鬼者」、「見鬼人」，或只稱「覡」）[10] 是爲了診視他的病情。

事例 3（約在西元290-300年之間？）

第三個事例的主角是西晉惠帝（於西元290-306年在位）的皇后賈后（西元258？-300年）和她的女兒河東公主。《晉書》寫道：

> 后遂荒淫放恣，與太醫令程據等亂彰內外。洛南有盜尉部小吏，端麗美容止，既給廝役，忽有非常衣服，眾咸疑其竊盜，尉嫌而辯之。賈后疏親欲求盜物，往聽對辭。小吏云：「先行逢一老嫗，說家有疾病，師卜云宜得城南少年厭之，欲暫相煩，必有重報。於是隨去，上車下帷，內簏箱中，行可十餘里，過六七門限，開簏箱，忽見樓闕好屋。問此是何處，云是天上，即以香湯見浴，好衣美食將入。見一婦人，年可三十五六，短形青黑色，眉後有疵。見留數夕，共寢歡宴，臨出贈此眾物。」聽者聞其形狀，知是賈后，慚笑而去，尉亦解意。時他人入者多死，惟此小吏，以后愛之，得全而出。及河東公主有疾，師巫以爲宜施寬令，乃稱詔大赦天下。[11]

這段文字主要在說明賈后的「荒淫」，文中老嫗所說的「家有疾病，師卜云宜得城南少年厭之」可能也只是誘騙小吏的託詞，並無法證明賈后真的生病，因而聽從「師卜」之言而行「厭勝」的療病法。但賈后也有可能真有疾病，而師卜所建議的這種以「少年厭之」的法術，似乎是一種房中術（詳下文）。無論如何，文末所記載的，河東公主有病，賈后因「師巫」的建議而「稱詔大赦天下」一事應該不假。連結前後二事來看，賈后似乎延納了一些巫者在宮中，並在醫療事務上徵詢他們的意見。[12]

---

[10]「視鬼」是六朝江南地區巫者的主要技能和職事之一；詳見 Fu-shih Lin, "Chinese Shamans and Shamanism in the Chiang-nan Area During the Six Dynasties Period (3rd-6th Century A.D.)," 第五章討論「視鬼」(Seeing the Spirits) 的部分。

[11] 房玄齡 (578-648) 等著，《晉書》，點校本（北京：中華書局，1974），卷三一，〈后妃列傳〉，頁964-965。

[12]《晉書》卷三一，〈后妃列傳〉亦載：「賈后又信妖巫，謂太后必訴冤先帝，乃覆而殯之，抱諸厭劾符書藥物。」（頁956）。

事例 4（約在西元296-313年之間）

這個事例的主角是西晉末年廬江地區的術士韓友。韓友係於晉惠帝元康六年（西元296年）舉賢良，死於晉懷帝永嘉末年（西元313年左右），[13] 以擅於卜筮療病聞名。在他的傳記中保留了二則巫者療病失敗的例子，《晉書》載言：

> 韓友字景先，廬江舒人也。爲書生，受易於會稽伍振，善占卜，能圖宅相冢，亦行京費厭勝之術。龍舒長鄧林婦病。積年，垂死，醫巫皆息意。友爲筮之，使畫作野豬著臥處屏風上，一宿覺佳，於是遂差。……劉世則女病魅積年，巫爲攻禱，伐空冢故城間，得狸鼉數十，病猶不差。友筮之，命作布囊，依女發時，張囊著窗牖間，友閉戶作氣，若有所驅。斯須之間，見囊大脹如吹，因決敗之，女仍大發。友乃更作皮囊二枚，沓張之，施張如前，囊復脹滿，因急縛囊口，懸著樹二十許日，漸消，開視有二斤狐毛，女遂差。[14]

由這段文字可以知道，龍舒長鄧林的妻子病危之時，曾求救於「醫巫」，當所有醫者和巫者都束手無策後，[15] 才轉而求助於韓友。其次，舒縣（今安徽舒城）[16] 劉世則的女兒得了鬼魅之病，一開始也是求救於巫者，無效之後，才改由韓友醫療。而根據記載，韓友最後都成功的治好了這兩位女病人，證明他的醫術比巫（和醫）都高明。

事例 5（西元333年）

接下來的一位病患，也是女性，也是在巫者束手無策之後，改尋他法才得以痊癒。王琰（約西元454?-520?年）的《冥祥記》在一則宣揚佛法的故事中寫道：

> 晉張應者，歷陽人。本事俗神，鼓舞淫祀。咸和八年，移居蕪湖。妻得病。應請禱備至，財產略盡。妻，法家弟子也，謂曰：「今病日困，求鬼

---

[13] 同上，卷九五，〈藝術列傳〉，頁2477。

[14] 同上，頁2476。文中有關劉世則女病魅之事，也可見於《搜神記》卷三，頁40。

[15] 文獻中常見「醫巫」或「巫醫」一詞，其含義或指「醫者與巫者」，或指「以巫術療病之醫」，或指「行醫之巫者」。在此，或當指「醫者與巫者」而言。

[16] 本文凡有關地理位置之考訂，除特別注明外，皆根據譚其驤主編，《中國歷史地圖集》（上海：地圖出版社，1982），爲免累贅，不一一詳注。

無益，乞作佛事。」應許之。往精舍中，見竺曇鎧。曇鎧曰：「佛如愈病之藥。見藥不服，雖視無益。」應許當事佛。曇鎧與期明日往齋。應歸，夜夢見一人，長丈餘，從南來。入門曰：「汝家狼藉，乃爾不淨。」見曇鎧隨後，曰：「始欲發意，未可責之。」應先巧眠覺，便炳火作高座，及鬼子母座。曇鎧明往，應具説夢。遂受五戒。斥除神影，大設福供。妻病即間，尋都除愈。……[17]

這則故事發生於東晉成帝咸和八年（西元333年）的蕪湖（今安徽蕪湖）。文中對於張應的身分並不曾明說，但從若干蛛絲馬跡來看，他或許就是個巫者，因爲，文中說他「本事俗神，鼓舞淫祀」，當其妻得病之後，他又「請禱備至」，而他的妻子卻認爲這種療病法是在「求鬼」，無益於癒病，勸他改「作佛事」，最後，張應更因佛認爲他家「狼藉」、「不淨」而「斥除神影」，改信佛教，他的妻子也因而痊癒，而文中所用的一些詞語，如「俗神」、「鼓舞」、「淫祀」、「請禱」、「求鬼」，以及於家中設「神影」（或神像），都是六朝時期江南地區巫覡信仰的主要特質，[18] 此外，張應的故鄉歷陽（今江蘇和縣），在當時也是巫風鼎盛之地，[19] 因此，張應極有可能是個巫者，至少，他一開始用來治療他妻子的方法，應是遵循巫覡的傳統，以請禱求神（鬼）爲主。

事例 6（在西元317-420年之間）

六朝僧侶常宣揚佛法在醫治疾病上的神奇力量，有許多的醫療故事，便因此

[17] 道世（死於西元683年），《法苑珠林》（《大正新脩大藏經》，no. 2212），卷六二，頁756中-756下，引《冥祥記》。按：類似的故事內容另可見於法琳 (572-640)，《辯正論》（《大正新脩大藏經》，no. 2110），卷七，頁538上，注引荀氏《靈鬼志》。不過，二者之間文字有若干出入，主要的差別是，關於張應的宗教信仰，一説是「事俗神，鼓舞淫祀」，另一則説是「魔家」。此外，張應往精舍中所見的僧人，一説是竺曇鎧，另一則説是竺曇鏡。至於這二則故事彼此之間的關係則不易斷定。

[18] 詳見 Fu-shih Lin, "Chinese Shamans and Shamanism in the Chiang-nan Area During the Six Dynasties Period (3rd-6th Century A.D.)," 第三章討論「巫覡儀式之主要元素」(Elements of Shamanistic Rituals) 部分。

[19] 歷陽地區，大約自三國時期起，便是巫者活躍之地，當地至少有兩座由巫者掌控的祠廟，其中之一是著名的「石印三郎祠」；詳見 Fu-shih Lin, "Chinese Shamans and Shamanism in the Chiang-nan Area During the Six Dynasties Period (3rd-6th Century A.D.)," 第三章討論「祠廟」(Shrines) 的部分。

被收納在佛教典籍裡，[20] 上一則就是例證，接下來的這則荀氏《靈鬼志》中的故事也頗類似，原文寫道：

> 晉南郡議曹掾姓歐，得病經年，骨消肉盡，巫醫備至，無復方計。其子夜如得睡眠，夢見數沙門來視其父。明旦，便往詣佛圖，見諸沙門，問佛爲何神？沙門爲說事狀，便將諸道人歸，請讀經。再宿，病人自覺病如輕。晝得小眠，如舉頭見門中有數十小兒，皆五綵衣，手中有持幡仗者、刀矛者，於門走入。有兩小兒在前，徑至簾前，忽便還走，語後眾人：「小住小住！屋中總是道人。」遂不復來前。自此後，病漸漸得差。[21]

故事主旨在於宣揚僧人誦讀佛教經典的神奇法力，證明佛法足以療病（辟除病鬼）。不過，這則故事也間接指出，當時佛教尚未非常普及，故有病人之子到佛寺問僧人「佛爲何神」之情事，而故事中的病人，南郡（郡治江陵，即今湖北江陵）的歐姓人士（任職議曹掾），得病之初，其尋求治療的方式，仍是一般所謂的「巫醫備至」。這也就是說，根據《靈鬼志》的作者荀氏（大約存活於東晉末年，亦即西元五世紀上半葉時人）[22] 的記載，當時（東晉時期）佛教雖然已經有一套治病的儀式，並極力宣揚佛法的醫療能力，但一般人罹病之時，似乎仍會遵循舊法，尋求巫者和醫者的救助。

事例 7（西元376-396年）

從上述幾個事例來看，巫者在西元三、四世紀的中國社會中，似乎仍如往昔，以醫治疾病爲其主要職事之一，儘管在一些故事當中，他們都被描寫成失敗

---

[20] 有關佛教在六朝社會的醫療活動及其疾病觀念，參見 Paul Demiéville, *Buddhism and Healing*, translated by Mark Tatz (1937；Lanham, MD: University Press of America, 1985)；道端良秀，〈中國における佛教醫學〉，收入氏著，《中國佛教史全集・第三卷：中國佛教思想史の研究》（東京：書苑，1985），頁290-318；林富士，〈東漢晚期的疾疫與宗教〉，《中央研究院歷史語言研究所集刊》66.3(1995)：695-745（頁731-740）；薛惠琪，《六朝佛教志怪小說研究》（臺北：文津出版社，1995），頁75-76, 90-91, 105-108, 114-116。

[21] 道世，《法苑珠林》卷九五，頁987下，引荀氏《靈鬼志》。

[22]《靈鬼志》的作者荀氏，生平已無可考，不過，根據其故事內容可以知道，荀氏曾於東晉安帝義熙年間（西元405-418）擔任南平國郎中，應是東晉末年的人物；參見王國良，《魏晉南北朝志怪小說研究》（臺北：文史哲出版社，1984），頁332；李劍國，《唐前志怪小說史》（天津：南開大學出版社，1984），頁337-340。

的醫療者，但在當時，其實也有些巫者係以擅於療病著稱，劉義慶（西元403-444年）的《幽明錄》便載云：

> 大元年中，臨海有巫李，不知所由來，能卜相作水符，治病多愈，亦禮佛讀經。語人云：「明年天下當大疫，此境尤劇。又二紀之後，此邦之西北大郡，殭尸橫路。」時汝南周叔道罷臨海令，權停家，巫云：「周令今去不宜南行，必當暴死。」便指北山曰：「後二十日，此山應有異，則其事彰也。」後十餘日，大石夜頹落百丈，碎磕若雷，庾楷（死於西元402年）爲臨海太守，過詣周，〔設〕（殷）饌作伎至夜，庾還舫中，天曉，庾自披屏風，呼：「叔道何癡不起？」左右撫看，氣絶久矣。到明年，縣内病死者數千。[23]

這則故事的背景是東晉孝武帝太元年間（西元376-396年）的臨海郡臨海縣（今浙江臨海），文中這一位李姓的巫者係以卜相聞名，並擅於以符水治病。此外，他還成功的預知了前臨海縣令周叔道的死亡，以及疾疫的流行。事實上，根據《晉書》的記載，孝武帝太元四年（西元379年）三月，東晉境內確曾發生「大疫」，[24] 可見這則故事並不是完全憑空杜撰。不過，這名巫者是否真的也「禮佛讀經」，則有待考量。[25]

事例 8（西元403年）

巫者在六朝社會中常扮演著醫療者的角色，但是，有些人卻對其療病的能力深感懷疑，尤其是一些官吏，不僅不信，有時還會藉機殺害巫者。比如，劉義慶的《幽明錄》便載云：

---

[23] 李昉等編，《太平御覽》（臺北：新興書局，1959年翻印），卷七三五，頁4下-5上，引劉義慶 (403-444)，《幽明錄》。

[24] 詳見房玄齡等，《晉書》卷九，〈孝武帝紀〉，頁229。

[25] 這則故事的記錄者劉義慶爲南朝宋的皇室成員，也是一名虔誠的佛教徒，其志怪作品《宣驗記》便專門記錄佛法靈驗的故事，而其《幽明錄》雖然記載各式各樣的神奇怪異之事，但仍有許多故事係以宣揚佛法爲其主要旨趣。因此，這一則故事中的李姓巫者，除了巫者傳統的技能（如卜相、符水療病、預言）之外，雖然也有可能會「禮佛讀經」，但是，這也有可能是劉義慶私自添加的字句，他或許不願在其著作中過度頌揚一名巫者的神技，而暗指這名巫者亦爲佛教信徒。有關劉義慶之生平及其著作，參見李劍國，《唐前志怪小說史》，頁356-372。

【索】元在歷陽，疾病，西界一年少女子姓某，自言爲神所降，來與元相聞，許爲治護。元性剛直，以爲妖惑，收以付獄，戮之於市中。女臨死曰：「卻後十七日，當令索元知其罪。」如期，元果亡。[26]

文中所提到的索元是燉煌人，當時任征虜將軍、歷陽太守，曾於東晉安帝元興元年（西元402年）隨桓玄起兵攻向京師。不過，在元興二年（西元403年），當桓玄準備要篡奪帝位時，索元已不在人間。[27] 而文中的這一名女子，既能「爲神所降」，應該是一名女巫，[28] 她可能想藉醫療當時的歷陽（今江蘇和縣）太守索元以顯揚其神力，可惜索元卻不相信鬼神附體、女巫治病之事，並指其爲「妖惑」而將她入獄，並戮死於市中。然而，根據故事所載，這名女巫似乎真有法術，確切指出索元的死期，而且很可能是因她施術或怨魂回來復仇而亡。總之，這則故事提醒我們，當時也有些人並不願意讓巫者治病。

事例 9（西元420-422年）

當時的官吏，除了索元之外，武昌太守張春對於巫者的療病能力也抱持著懷疑的態度，劉義慶的《幽明錄》載云：

宋高祖永初（西元420-422年）中，張春爲武昌太守時，人有嫁女，未及昇車，忽便失性，出外毆擊人乘〔云〕（玄）：「已不樂嫁俗人。」巫云是邪魅，乃將女〔至〕江際，擊鼓，以術祝治療。春以爲欺惑百姓，制期須得妖魅。後有一青蛇來到巫所，即以大釘釘頭。至日中，復見大龜從江來，伏前，更以赤朱書背作符，更遣〔去〕入江。（立）至暮，有大白鼉從江中出，乍沉乍浮，向龜隨後催逼，鼉自忿死，冒來先入幔，與女辭訣。女慟哭云：失其〔姻〕（因）好。自此漸差。或問巫曰：「魅者歸於

[26] 劉義慶著，劉孝標注，余嘉錫箋疏，《世說新語箋疏》（臺北：華正書局，1984年翻印），下卷上，〈傷逝第十七〉，頁647，劉孝標注引。

[27] 詳見《世說新語箋疏》下卷上，〈傷逝第十七〉，頁647；《晉書》卷九九，〈桓玄傳〉，頁2590-2594。

[28] 自先秦以降，中國巫者的基本特質之一便是能讓鬼神附體；詳見林富士，《漢代的巫者》，頁15-26, 56-57；Fu-shih Lin, "Chinese Shamans and Shamanism in the Chiang-nan Area During the Six Dynasties Period (3rd-6th Century A.D.)," 第二章討論「巫之定義」(A Definition of the Shaman and the *Wu*) 的部分暨第五章討論「鬼神附體」(Possession) 的部分。

何物？」巫云：「蛇是傳通，龜是媒人，鼉是其對。」所獲三物，悉示春。春始知靈驗。[29]

由此可見，武昌（今湖北鄂城）太守張春一開始也認爲巫者的說法是在「欺惑百姓」，並要巫者在一定的期限之內證明其說法，否則就要加以治罪。所幸，這則故事中的巫者成功的捕獲「妖魅」，治癒爲妖魅所惑的少女，並贏得張春的信服，否則將不免和上一則故事中的女巫一樣，被人刑戮於市。此外，由這則故事，我們也比較能淸楚的知道巫者對於疾病的解釋和治療的方式（詳下）。

事例 10（西元424年）

一般文獻雖然屢屢提及巫者在社會中扮演醫療者的角色，卻很少記載其療病的方法，所幸在志怪材料中，仍有一些故事較爲詳細的描述了巫者的療病儀式，上一則故事便是個好例證，此外，王琰的《冥祥記》也記載了一名女巫施行「探命之術」的儀式過程，其文云：

> 宋齊僧欽者，江陵人也，家門奉法，年十許歲時，善相占云：「年不過三六。」父母兄弟甚爲憂懼，僧欽亦增加勤敬，齋戒精苦。至年十七，宋景平末（西元424年），得病危篤，家齋祈彌勵，亦淫祀求福，疾終不愈。時有一女巫云：「此郎福力猛盛，魔魍所不能親，自有善神護之。然病久不差，運命或將有限。世有探命之術，少事天神，頗曉其數，當爲君試效之。」於野中設酒脯之饋，燒錢經七日七夕，云：「始有感見，見諸善神方爲此郎祈禱，蒙益兩筭矣，病必得愈，無所憂也。」僧欽於是遂差，彌加精至，其後二十四年而終，如巫所言，則一筭十二年矣。[30]

王琰（約西元454?-520?年）是個極爲虔誠的佛教徒，其《冥祥記》是南朝許多宣揚佛教信仰的志怪作品中的代表作。[31] 這則故事的主題也是在於強調信奉佛教者

[29] 李昉等，《太平御覽》卷九三二，頁7上。按：此一故事又見於《法苑珠林》卷三一，頁526下引，唯文字略有出入。

[30] 道世，《法苑珠林》卷六二，頁757下引。

[31] 有關王琰的生平及其《冥祥記》之介紹，參見李劍國，《唐前志怪小說史》，頁414-419；王國良，《魏晉南北朝志怪小說研究》，頁328；Donald E. Gjertson, "The Early Chinese Buddhist Miracle Tale," *Journal of the American Oriental Society* 101.3(1981): 287-301 (pp.293-294)；莊司格一，〈冥祥記について〉，《集刊東洋學》22(1969)：41-65。

必得善神護祐，並可以延年益壽。不過，這個故事無意中也透露，當時（宋景平末年，也就是西元424年）江陵地區（今湖北江陵）的佛教徒，病危之時，除了將希望寄託於佛教的齋戒和祈禱之外，還是會兼採源遠流長的「淫祀求福」之法，也就是一般民間所用的，以祭祀解除疾厄之道。而當佛法和一般的「淫祀」都不曾見效之後，病者齊僧欽的家屬似乎轉而求助於女巫。這一名女巫於是利用所謂的「探命之術」，探知有「善神」正爲齊僧欽祈禱，並使其得以延命「兩筭」（二十四年），齊僧欽也因而痊癒。這種「探命之術」雖不曾針對疾病加以治療，卻是一種探查病癒機率的方法。至於其儀式過程，下文將再做討論。

事例 11（約在西元420-442年之間）

南朝宋時（西元420-502），佛教已深入中國民間社會，但佛教徒罹病之時，除了求助諸佛、菩薩之外，似乎也不排斥巫者的救助，上一則故事中的齊僧欽和其家人便是明顯的例子。除此之外，王琰的《冥祥記》還記載了一則女尼的家人求助於巫者的故事，其文云：

> 宋尼釋曇輝，蜀郡成都人也，本姓青陽，名白玉，年七歲，便樂坐禪。每坐，輒得境界，意未自了，亦謂是夢耳。曾與姊共寢，夜中入定，姊於屏風角得之，身如木石，亦無氣息。姊大驚怪，喚告家人，互共抱扶，至曉不覺。奔問巫覡，皆言鬼神所憑。至年十一，有外國禪師畺良耶舍者來入蜀，輝請諮所見，耶舍者以輝禪既有分，欲勸化令出家。時輝將嫁，已有定日。……刺史甄法崇，信尚正法，聞輝志業，迎與相見。……乃許離夫家，聽其入道。元嘉十九年（西元442年），臨川康王延致廣陵。[32]

這一則故事主要在說明成都（今四川成都）女尼釋曇輝出家的經過，其中值得我們注意的是，她七歲那年，曾因禪坐入定，導致「身如木石，亦無氣息」，引起其家人的驚恐。有趣的是，當時她的家人並不曾求助於醫者或其他禪師，而是「奔問巫覡」，可見碰到這種緊急事故之時，即使是佛教徒有時也會以巫者爲其優先的求助對象。

[32] 道世，《法苑珠林》卷二二，頁453上-453中。

事例 12（約在西元483-498年之間左右）

巫者在中國社會中基本上扮演著交通鬼神、替人祈福解禍的角色，但其具體的技能和職事內容，則常常因時代、地域和巫者個人背景的差異而有所變化。[33]其中，有些巫者即以醫療爲其專業，比如，南朝齊（西元479-520年）諸暨（今浙江諸暨）的一名女巫便是以此爲業，並得以致富。蕭子顯（西元489-537年）《南齊書》記載其故事云：

> 又諸暨東洿里屠氏女，父失明，母痼疾，親戚相棄，鄉里不容。女移父母遠住（紵）〔苧〕羅，晝樵采，夜紡績，以供養。父母俱卒，親營殯葬，負土成墳。忽聞空中有聲云：「汝至性可重，山神欲相驅使。汝可爲人治病，必得大富。」女謂是魅魅，弗敢從，遂得病。積時，鄰舍人有中溪蜮毒者，女試治之，自覺病便差，遂以巫道爲人治疾，無不愈。家產日益，鄉里多欲娶之，以無兄弟，誓守墳墓不肯嫁，爲山賊劫殺。縣令于琳之具言郡，太守王敬則不以聞。[34]

這是「正史」中的一則「孝義」故事，但對中國巫覡研究而言，卻有無比的重要性，因爲屠氏女成爲女巫的過程，正是研究薩滿 (shaman) 的學者所稱的「成巫」或「啓悟」(initiation) 儀式。基本上，屠氏女是個社會邊緣人，父母殘疾，家境貧困，不容於親戚、鄉里，而在父親雙亡之後，還必須獨自擔負埋葬的工作，其處境之艱困，心理壓力之大，可以想見。在此情形之下，她突然聽到了山神的召喚，要賜給她爲人療病的能力，並要她擔任其靈媒。起初，屠氏女不敢接受，卻因而得病，這也就是一般所謂的「巫病」(shamanic illness)，亦即神對其靈媒人選所做的試煉，也是成巫過程中相當重要的一個階段。一名被選中的巫者，在「巫病」的狀態中，只有讓自己成爲一名醫療者才能痊癒。而痊癒之後，自然能成爲一名合格的巫者，同時也兼具醫療疾病的能力。近代許多人類社會的靈媒

[33] 有關漢至六朝期間巫者之技能與職事，詳見林富士，《漢代的巫者》，頁55-98；Fu-shih Lin, "Chinese Shamans and Shamanism in the Chiang-nan Area During the Six Dynasties Period (3rd-6th Century A.D.)," 第五章討論「巫者之宗教角色與功能」(The Shaman's Religious Roles and Functions) 的部分。

[34] 蕭子顯 (489-537)，《南齊書》，點校本（北京：中華書局，1972），卷五五，〈孝義列傳〉，頁960。按：這個故事又見於唐代李延壽，《南史》，點校本（北京：中華書局，1973），卷七三，〈孝義列傳〉，頁1817，文字略有簡省。

(薩滿;巫覡)事實上都經過這樣的過程。[35] 就這一點來說,中國的巫覡文化和世界其他各地的「薩滿文化」(shamanism) 之間是有其共同的特質。

無論如何,屠氏女在久病不癒的情形下,試著聽從山神的指示,替其鄰人治病,也因而解除了自己的病痛。從此之後,她便成爲一名「以巫道爲人治疾,無不愈」的成功女巫,甚至因而致富,使一些原本不願和她爲伍的鄰里都想娶她爲妻,最後可能因擁有太多財富,再加上獨居山林,以致遭遇山賊殺害。在她死後,諸暨縣的縣令于琳之便將她的事蹟上奏,希望朝廷能表揚她的「孝義」,可是,當時的會稽郡太守王敬則(於西元483-498年任職)卻不肯轉呈到京師,這是頗値得玩味的,因爲王敬則(西元428?-498年)的母親也是個女巫。[36] 總之,屠氏女在生前,確以其治療疾病的能力改善了她的經濟狀況和生活處境,甚至提升了她在鄉里中的地位。

事例 13(西元498年)

南朝有許多皇帝都是巫覡的信徒,[37] 不過,其中似乎只有齊明帝蕭鸞(於西

[35] 薩滿 (Shaman) 或巫者的「啓悟」(initiation) 或「成巫」儀式以及其和「巫病」(shamanic illness) 之間關係,深受學者所重視,相關著作不少,較著名之作品有:Mircea Eliade, *Shamanism: Archaic Techniques of Ecstasy*, translated by Willard R. Trask (Princeton: Princeton University Press, 1972), pp.23-144; I. M. Lewis, *Ecstatic Religion: A Study of Shamanism and Spirit Possession*, second edition (London and New York: Routledge, 1989), pp.59-89; Joan Halifax, *Shaman: The Wounded Healer* (New York: The Crossroad Publishing Company, 1982), pp.16-21; Michael Taussig, *Shamanism, Colonialism, and the Wild Man: A Study in Terror and Healing* (Chicago and London: The University of Chicago Press, 1987), pp. 447-467。

[36] 詳見蕭子顯,《南齊書》卷二六,〈王敬則傳〉,頁479-488。有關王敬則的生平,及其對屠氏女事蹟的態度,詳見 Fu-shih Lin, "Chinese Shamans and Shamanism in the Chiang-nan Area During the Six Dynasties Period (3rd-6th Century A.D.)," 第二章,「六朝巫者的故事」(Accounts of Chinese Shamans of the Six Dynasties) 中之「故事八:王敬則之母」及「故事十二:屠氏女」。

[37] 南朝皇帝崇信巫覡者,見於文獻記載的至少有:(1) 宋「元凶」劉劭(於西元453年在位);(2) 宋孝武帝劉駿(於西元454-464年在位);(3) 宋前廢帝劉子業(於西元465年在位);(4) 宋明帝劉彧(於西元465-472年在位);(5) 齊鬱林王蕭昭業(於西元465-472年在位);(6) 齊明帝蕭鸞(於西元494-498年在位);(7) 齊東昏侯蕭寶卷(於西元499-501年在位);(8) 梁元帝蕭繹(於西元552-555年在位);詳見 Fu-shih Lin, "Chinese Shamans and Shamanism in the Chiang-nan Area During the Six Dynasties Period (3rd-6th Century A.D.)," 第五章討論「巫者的信徒及支持者」(Clients and Patrons of the Shaman) 的部分。

元494-498年在位）在生病時曾求助於巫者，《南齊書》載其事云：

〔明帝〕性猜忌多慮，故亟行誅戮。潛信道術，用計數，出行幸，先占利害，南出則唱云西行，東遊則唱云北幸。簡於出入，竟不南郊。上初有疾，無輒聽覽，秘而不傳。及寢疾甚久，勑臺省府署文簿求白魚以爲治，外始知之。身衣絳衣，服飾皆赤，以爲厭勝。巫覡云：「後湖水頭經過宮內，致帝有疾。」帝乃自至太官行水溝，左右啓：「太官若無此水則不立。」帝決意塞之，欲南引淮流。會崩，事寢。[38]

由這段記載可以知道，齊明帝的言行舉止深受巫覡道術的左右，而他在病重之時，以「白魚」爲藥、以紅色的服飾做爲「厭勝」，或想以堵塞流經宮殿和官署的後湖水以求癒病，大概都是環繞在其身旁的巫覡的意見。不過，堵住後湖水的建議，後因明帝駕崩（西元498年）而不曾進行。

事例 14（約在西元506年前後）

以上所舉的故事，其地域背景幾乎都是在中國南方（尤其是江南一帶），這似乎顯示，在西元四、五世紀的中國北方，很少有巫者從事醫療工作。[39] 無論如何，到了西元六世紀，在中國北方，我們逐漸可以看到較多和醫療活動有關的巫者，例如，李百藥（西元565-648）的《北齊書》便載云：

竇泰，字世寧，大安捍殊人也。本出清河觀津冑，祖羅，魏（西元386-534年）統萬鎮將，因居北邊。父樂，魏末破六韓拔陵爲亂，與鎮將楊鈞固守，遇害。泰貴，追贈司徒。初，泰母夢風雷暴起，若有雨狀，出庭觀之，見電光奪目，駃雨霑灑，寤而驚汗，遂有娠。期而不產，大懼。有巫

---

38 蕭子顯，《南齊書》卷六，〈明帝本紀〉，頁92。按：這段故事又見於李延壽，《南史》卷五，〈齊本紀〉，頁146，文字略有簡省。

39 西元四、五世紀之時，不見中國北方的巫者從事醫療的活動，可能是筆者對六朝史料的搜尋與閱讀尚未完備所致。但就目前所見來說，這個現象仍值得注意。因爲，這種現象或可反映出中國的巫覡文化存在著南北的差異，而這種差異可能是沿襲自先秦兩漢以來的地域特色，也有可能是時代的新發展（北方加入胡人的薩滿文化，南方有土著民族的巫祝信仰），甚至二者兼而有之。不過，這個現象也有可能純粹是因爲南方有較多的文獻保留下來所造成的，這也就是說，當時北方的巫者也是以醫治疾病爲其主要職事之一，但不曾被記錄，或是記錄其行事的文獻已不復存在，以致所有巫者治病的事例只見於南方。總之，這個問題尚待更進一步探討。

曰：「渡河湔裙，產子必易。」便向水所，忽見一人，曰：「當生貴子，可徙而南。」泰母從之。俄而生泰。及長，善騎射，有勇略。泰父兄戰歿於鎮，泰身負骸骨歸尒朱榮。以從討邢杲功，賜爵廣阿子。神武（高歡）之爲晉州（西元528年），請泰爲鎮城都督，參謀軍事。累遷侍中、京畿大都督，尋領御史中尉。泰以勳戚居臺，雖無多糾舉，而百僚畏懼。

天平三年（西元536年），神武西討，令泰自潼關入。四年（西元537年），泰至小關，爲周文帝所襲，眾盡沒，泰自殺。[40]

這是北魏大將竇泰（死於西元537年）的傳記，其中涉及他誕生的神奇過程，而值得注意的就是，當竇泰的母親懷孕足月，卻「期而不產」，大感恐懼時，是因一名巫者建議，才採取「渡河湔裙」的方法，因而順利產下竇泰。可見當時北方的婦女於生育之事，遇有危難時，會求助於巫者。

至於竇泰出生的時間和地點則不易確定。不過，其父、兄死於破六韓拔陵之亂，事在北魏孝明帝正光五年（西元524年），[41] 當時竇泰雖已成年，但似乎還很年輕，當無任何功名，後來投靠尒朱榮，立下戰功，才得以封爵，而且要到高歡在孝明帝武泰元年（西元528年）任晉州刺史時，[42] 才因高歡的提拔而得以擔任鎮城都督，參謀軍事。以此推斷，竇泰在其父兄陣亡那年，也許只有十八歲左右，而其生年則是在西元五〇六年左右，最早也不會早於西元五〇〇年。至於其出生地點，或許就是其父親戍守的邊鎮統萬（始建於西元413年），即今內蒙古和陝西交界處的白城子，北距內蒙古的烏審旗180里，南距陝西靖邊110里，東距陝西榆林240里，約在陝西省橫山縣西北百里之處。城北有黑水（又叫那林河、烏水），城南有奢延水（又叫朔方水、無定河），竇泰之母當年可能面臨要南渡

[40] 李百藥 (565-648)，《北齊書》，點校本（北京：中華書局，1972），卷十五，〈竇泰傳〉，頁193-194。又見李延壽，《北史》，點校本（北京：中華書局，1974），卷五四，〈竇泰傳〉，頁1951-1952。二者文字沒有任何差異。

[41] 詳見李延壽，《北史》卷四，〈魏本紀〉，頁150。這也就是著名的「六鎮之亂」。有關北魏之軍鎮及六鎮之亂，詳見嚴耕望，《中國地方行政制度史，乙部：魏晉南北朝地方行政制度史》，三版（臺北：中央研究院歷史語言研究所，1990），頁691-797；唐長孺、黃惠賢，〈試論魏末北鎮鎮民暴動的性質〉，《歷史研究》1964.1：97-114；康樂，《從西郊到南郊——國家祭典與北魏政治》（臺北：稻鄉出版社，1995），頁88-98；王仲犖，《魏晉南北朝史》（上海：上海人民出版社，1979），頁563-568。

[42] 詳見李百藥，《北齊書》卷一，〈神武帝紀〉，頁3-4。

或北渡的選擇，後來因有人指點才往南，所渡之河應該就是當時的奢延水。[43]

事例 15（西元513年）

巫者雖然也能提供病者醫療的方法和服務，但有些病者似乎只仰賴巫者替其診斷病因，至於治療的工作則另尋他人，南朝著名的文士沈約（西元441-513年）就是個例證。姚思廉（西元557-637年）的《梁書》載其事云：

> 初，高祖（梁武帝）有憾於張稷，及稷卒，因與〔沈〕約言之。約曰：「尚書左僕射出作邊州刺史，已往之事，何足復論。」帝以為婚家相為，大怒曰：「卿言如此，是忠臣邪！」乃輦歸內殿。約懼，不覺高祖起，猶坐如初。及還，未至床，而憑空頓於户下，因病，夢齊和帝以劍斷其舌。召巫視之，巫言如夢。乃呼道士奏赤章於天，稱禪代之事，不由己出。高祖遣上省醫徐奘視約疾，還具以狀聞。先此，約嘗侍讌，值豫州獻栗，徑寸半，帝奇之。問曰：「栗事多少？」與約各疏所憶，少帝三事。出謂人曰：「此公護前，不讓即羞死。」帝以其言不遜，欲抵其罪，徐勉固諫乃止。及聞赤章事，大怒，中使譴責者數焉，約懼遂卒。[44]

這段記載主要在說明沈約（時爲侍中）因被梁武帝（於西元502-548年在位）責罵，憂懼生病而亡的經過。其中，值得注意的是，沈約生病之後，夢見「齊和帝以劍斷其舌」，於是找來巫者「視之」（看病），但當巫者「證實」其夢境爲真（即其病乃齊和帝作祟所致）之後，他卻轉而尋求道士的幫忙，替他「奏赤章於天」，辯說齊和帝禪位於梁武帝一事（事在西元502年）不是他的主意，大有喊冤求饒之意。在這同時，梁武帝也派遣了專業的醫者徐奘前去診視沈約的病情和治療情形，而當武帝得知他請道士「奏赤章」企圖撇淸自己和禪代一事的關係之後，大爲憤怒，接連派遣中使前去譴責，沈約也因此憂懼而死。無論如何，沈約

---

[43] 有關北魏統萬城的位置，參見陝北文物調查徵集組，〈統萬城遺址調查〉，《文物參考資料》1957.10：52-55；陝西省文管會，〈統萬城城址勘測記〉，《考古》1981.3：225-232；譚其驤主編，《中國歷史地圖集》冊四，頁54-55。按：有關統萬城遺址所在位置的考證，係由隱名之審查人賜告相關論文，特此申謝。

[44] 姚思廉 (557-637)，《梁書》，點校本（北京：中華書局，1973），卷十三，〈沈約傳〉，頁242-243。按：這則故事又見於李延壽，《南史》卷五七，〈沈約傳〉，頁1413，唯文字略有出入。

之病似乎可說是由「巫、道、醫」三者共同診治。這雖然不常見於記載，但在當時的社會中，也許並不稀奇。

事例 16（西元518年）

接下來，故事的場景又回到北方。北魏末期，除了邊鎮守將之家曾尋求巫者的救助之外，都城洛陽的外戚之家似乎也曾有過類似的舉措。魏收（西元505-572年）《魏書》便載云：

> 國珍年雖篤老，而雅敬佛法，時事齋潔，自強禮拜。至於出入侍從，猶能跨馬據鞍。神龜元年四月七日，步從所建佛像，發第至閶闔門四五里。八日，又立觀像，晚乃肯坐。勞熱增甚，因遂寢疾。靈太后親侍藥膳。十二日薨，年八十。……先是巫覡言將有凶，勸令爲厭勝之法。國珍拒而不從，云吉凶有定分，唯修德以禳之。臨死與太后訣云：「母子善治天下，以萬人之心，勿視大臣面也。」殷勤至於再三。[45]

根據這段記載，北魏靈太后的父親胡國珍（西元439-518年）是個非常虔誠的佛教徒，孝明帝神龜元年（西元518年），他已經是個八十歲的老翁，且位居司徒公、侍中，但爲了禮佛，在四月七日那天，親自從其家步行到閶闔門，次日是佛誕（四月八日），他又終日站立「觀像」，到了晚上才肯坐下休息。如此勞頓，再加上年事已高，終致病倒。而値得注意的是，在他臥病之後，靈太后曾「親侍藥膳」，可見當時曾採取一般的醫藥治療。此外，根據記載所說「先是巫覡言將有凶，勸令爲厭勝之法」一語來看，當時其家人似乎也曾徵詢巫者的意見，只是胡國珍認爲「吉凶有定分，唯修德以禳之」，因此不肯採行巫者建議的「厭勝之法」以辟除病厄。

事例 17（約在西元516-520年之間）

除了婦人和老人之外，北魏的巫者還曾對一名時任相州刺史的武將奚康生（西元468-521年）的疾病進行診察。魏收《魏書》載云：

---

[45] 魏收 (505-572)，《魏書》，點校本（北京：中華書局，1974），卷八三，〈外戚列傳〉，頁1834-1835。又見於李延壽，《北史》卷八〇，〈外戚列傳〉，頁2688，唯文字略有簡省。

〔奚康生〕後除相州刺史，在州，以天旱令人鞭石虎畫像；復就西門豹祠祈雨，不獲，令吏取豹舌。未幾，二兒暴喪，身亦遇疾，巫以爲虎、豹之祟。[46]

奚康生任相州刺史是在北魏宣武帝死，孝明帝即位之後（即西元516年），但後來又「徵拜光祿勳，領右衛將軍」，再遷「河南尹」，孝明帝正光二年（西元521年）三月，他已任河南尹，[47] 因此，擔任相州刺史的期限不會早於西元五一六年，也不會晚於西元五二〇年。故而，奚康生在相州（今河北磁縣南方近漳河處）爲了乾旱不雨而鞭石虎畫像、取西門豹神像的舌頭之事，應發生於西元五一六至五二〇年之間。他本人「信向佛道，數捨其居宅以立寺塔」，可說是個虔信的佛教徒，[48] 因此，對於民間祀拜的石虎和西門豹並無敬意是可以理解的，然而，當其二子暴斃，自己又「遇疾」之時，他似乎又轉而求助於巫者，尋求解釋。不過，巫者也有可能是應其家人所請，或是聽聞此事之後，自己加以解釋。

事例 18（約在西元531-533年之間）

巫者在北朝境內的足跡，不僅及於北方的邊境之地和都城，還曾出現於東方的海島。李延壽的《北史》載云：

神武初起兵，范陽盧曹亦以勇力稱，爲尒朱氏守，據薊。神武厚禮召之，以昂相擬，曰：「宜來，與從叔爲二曹。」曹愠曰：「將田舍兒比國士。」遂率其徒自薊入海島。得長人骨，以髑髏爲馬皂；脛長丈六尺，以爲二矟。送其一於神武，諸將莫能用，唯彭樂強舉之。未幾，曹遇疾，恫聲聞於外。巫言海神爲祟，遂卒。其徒五百人皆服斬衰，葬畢潛散。[49]

神武就是高歡（西元496-547年），其起兵擊滅尒朱氏之事起於北魏節閔帝普泰元年（西元531年），終於北魏孝武帝永熙二年（西元533年）。[50] 盧曹爲尒朱兆陣營中的猛將，時任安州刺史。[51] 他不肯投降高歡，便率領其部下自薊（今北京

[46] 魏收，《魏書》卷七三，〈奚康生傳〉，頁1631-1632。又見李延壽，《北史》卷三七，〈奚康生傳〉，頁1361。唯石虎在《北史》中寫作石季龍。

[47] 詳見魏收，《魏書》卷七三，〈奚康生傳〉，頁1632-1633。

[48] 同上，頁1633。

[49] 同上，卷三一，〈高允傳〉，頁1150。

[50] 詳見李百藥，《北齊書》卷一，〈神武帝紀〉，頁6-9。

[51] 同上，卷二二，〈盧文偉傳〉，頁320。

市西南）逃入海島。後來，盧曹罹病，巫者便指出，他的病是海神作祟所引起。而被盧曹拿來做兵器的「長人骨」可能被認爲是海神的骨頭。只不知這一名巫者究竟是當地的土著，或是隨盧曹入海的薊地之巫。

事例 19（西元540年）

北朝巫者服務的對象並不限於一般的官吏之家，皇宮之內也有他們的容身之處，比如西魏文帝（於西元535-551年在位）的悼皇后（西元525-540年）於生產之時，便有巫醫在側。李延壽（西元612?-679?年）的《北史》載其事云：

> 文帝悼皇后郁久閭氏，蠕蠕主阿那瓌之長女也。容貌端嚴，夙有成智。大統初，蠕蠕屢犯北邊，文帝乃與約，通好結婚，扶風王孚受使奉迎。……四年（西元538年）正月至京師，立爲皇后，時年十四。六年（西元540年）后懷孕將產，居於瑤華殿，聞上有狗吠聲，心甚惡之。又見婦人盛飾來至后所，后謂左右：「此爲何人？」醫巫傍侍，悉無見者，時以爲文后之靈。產訖而崩，年十六，葬於少陵原。[52]

悼皇后郁久閭氏原是蠕蠕的長公主，西魏文帝基於「和親」的考量，派人迎她到京師（長安），立她爲皇后，並因此逼使其原先之皇后（文皇后乙弗氏）遜位，出家爲尼，其後，更進一步迫使文皇后自殺。[53] 後來，悼皇后在大統六年（西元540年）「懷孕將產」時，曾看見一名盛裝打扮的婦人來到其面前，然而隨侍在側的「醫巫傍侍」卻沒有人看見，不過，經由悼皇后的描述，其他人都認爲那是被迫自殺的文皇后的鬼魂返回復仇，而悼皇后果然在產後就去世。無論如何，根據這段記載，當時皇后待產之時，似有「醫巫」在旁助產。

事例 20（西元548年之前）

就上述幾個事例來看，北朝的巫者幾乎都只是進行診察病因和病情的工作，或建議辟除病厄之道，很少真正對病者進行治療的工作。而南朝的病者似乎比較常接受巫者的醫療，若干巫者治病的方法和過程也因而得以見諸記錄。比如，李延壽的《南史》便載云：

---

52 李延壽，《北史》卷十三，〈后妃列傳〉，頁507。

53 同上，頁506-507。

〔袁〕君正美風儀，善自居處，以貴公子早得時譽。爲豫章内史。性不信巫邪，有師萬世榮稱道術，爲一郡巫長。君正在郡小疾，主簿熊岳薦之。師云：「須疾者衣爲信命。」君正以所著襦與之，事竟取襦，云「神將送與北斗君」。君正使檢諸身，於衣裏獲之，以爲亂政，即刑於市而焚神，一郡無敢行巫。[54]

由這段記載可以知道，當時南朝梁的豫章郡內（郡城南昌，即今江西南昌）應有不少巫者，巫風甚盛，萬師榮則是其中最有聲望的巫者，若是當地的巫者之間曾經形成一個集團，則萬師榮應是該集團的首領（巫長）。因此，當豫章內史袁君正（死於西元549年）罹病之後，其主簿熊岳便推荐萬師榮替他治病。袁君正雖然「不信巫邪」，卻也不拒絕，不過，後來發現這名巫者竟敢吞沒他的衣服（作爲施法治病之用），便以「亂政」的罪名，刑殺巫者萬師榮於市，連萬師榮所奉祀的神（神像）也被焚除。據說，從此之後，郡內「無敢行巫」（也許是指不敢以巫爲業），不過，袁君正後來便遷任吳郡太守，並在侯景之亂初起之時（梁武帝太清二年，即西元548年），率兵赴京師勤王，於京師陷後（西元549年）才返回吳郡，然回郡之後，立刻遭受侯景部屬的攻擊而投降，隨而病死。[55]

事例 21（西元562年）

北朝歷代政府，或是基於其部落的文化傳統，往往讓巫者在其部族和國家祭典中扮演重要的角色，雖經北魏孝文帝（於西元471-499年在位）一連串的禮制改革，但巫覡的傳統仍沿而未絕，[56] 因此，北朝宮廷中往往可見巫者活動的蹤跡，在事例19中，可知西魏皇后於生產之時，有巫者旁侍在側，而北齊的宮中似乎也有巫者照護后妃。《北齊書》載云：

孝昭帝崩，太后又下詔立武成帝。大寧二年（西元562年）春，太后寢疾，衣忽自舉，用巫媪言改姓石氏。四月辛丑，崩於北宮，時年六十二。[57]

---

[54] 李延壽，《南史》卷二六，〈袁君正傳〉，頁716。

[55] 同上。有關侯景之亂的經過，詳見王仲犖，《魏晉南北朝史》，頁446-456。

[56] 參見宮川尚志，〈六朝の巫俗〉，頁350-360；康樂，《從西郊到南郊》，頁165-206。

[57] 李百藥，《北齊書》卷九，〈神武婁后傳〉，頁124。又見於李延壽，《北史》卷十四，〈后妃列傳〉，頁517。

文中這位太后就是高歡的元配，神武明皇后婁后婁昭君（西元501-562年）。北齊武成帝大寧二年（西元562年）春天，當她在京師鄴（今河北磁縣附近）的北宮罹病之時，由於有異象發生（衣忽自舉），便徵詢巫嫗的意見，以改姓爲「石氏」厭禳，不過，當年四月還是過世了。文中這名巫嫗可能平時便常駐宮中，而不是當太后生病之後才臨時從民間徵召而來。

事例 22（西元574年）

北周之制大致沿襲北魏、西魏而與北齊相類，其宮廷后妃疾病之時也有巫者參與診療，令狐德棻（西元583-666年）等人所編寫的《周書》便載云：

> 建德三年，文宣太后寢疾，醫巫雜說，各有異同。高祖御內殿，引僧垣同坐，曰：「太后患勢不輕，諸醫並云無慮。朕人子之情，可以意得。君臣之義，言在無隱。公爲何如？」對曰：「臣無聽聲視色之妙，特以經事已多，准之常人，竊以憂懼。」帝泣曰：「公既決之矣，知復何言！」尋而太后崩。[58]

這是北周武帝建德三年（西元574）發生於長安皇宮之事。當時武帝之母文宣太后（即周文帝之叱奴皇后）病重，宮廷之「醫巫」對其病情的判斷相當紛歧，武帝於是召來當時擔任遂伯中大夫的名醫姚僧垣（西元499-583年），詢問他的意見，姚僧垣斷其必死，果然，文宣太后不久之後便病逝。由此可見，當時北周后妃之疾病，也是由巫者和醫者一起負責照料。

事例 23（西元587年）

西元五八一年，楊堅平定中國北方的反亂，也正式了結北周宇文氏二十四年（西元557-581年）的政權，建國號爲隋，並逐步向統一中國的歷史大業邁進。隋於開國之初，在制度上基本上承續北朝的傳統，職官方面主要承襲北齊之制，[59]

---

[58] 令狐德棻 (583-666) 等，《周書》，點校本（北京：中華書局，1971），卷四七，〈藝術列傳〉，頁842。又見於李延壽，《北史》卷九〇，〈藝術列傳〉，頁2978，唯文字較爲簡省。

[59] 參見陳寅恪，《隋唐制度淵源略論稿》，收入氏著，《陳寅恪先生論集》（臺北：中央研究院歷史語言研究所，1971），頁1-104（頁55-66）。

其中，值得注意的是，太常寺所轄的太醫署設有「祝禁博士」，太卜署設有「男覡、女巫」之員額，並於開皇十四年（西元594年）於各地設名山大川之「祠」，由巫者掌管。[60]

後來，隋煬帝（於西元605-618年在位）更增置後宮之「女官」，「準尚書省，以六局管二十四司」，其中，尚食局之司藥便是「掌醫巫藥劑」。[61] 由此可知，巫者在隋代的官僚體制中佔有一席之地，其主要職掌，除了祭祀之外，似乎就是和醫療有關的工作，至於其具體事例，則《隋書》載有巫者薛榮宗之事云：

> 未幾，爽寢疾，上使巫者薛榮宗視之，云眾鬼爲厲。爽令左右驅逐之。居數日，有鬼物來擊榮宗，榮宗走下階而斃。其夜爽薨，時年二十五。[62]

文中之病者爲衛昭王楊爽（西元563-587年），剛於文帝開皇七年（西元587年）被徵調到京師長安任納言，不料，到任不久後便罹患重病，文帝於是派巫者薛榮宗前去診視。這名巫者斷定爲一群厲鬼作祟所致，楊爽便令其左右趕鬼。可是，數日之後，巫者薛榮宗卻反而被「鬼物」擊斃，而楊爽也隨之病死。

此外，隋煬帝也於大業二年（西元606年）派巫者診視其皇太子楊昭（西元574-606）之病，[63] 不過，這已超越六朝的時間斷限（約西元三至六世紀，或西元222-589年），故不在本文討論之列。

以上二十三個事例，有九則係出自志怪，其中，干寶（西元286？-336年）的《搜神記》有一則（事例2），劉義慶（西元403-444年）的《幽明錄》有四則（事例1、7、8、9），王琰（西元六世紀初）的《冥祥記》有三則（事例5、10、11），荀氏（西元五世紀上半葉）的《靈鬼志》有一則（事例6）。其餘十四則全都出自「正史」，其中，房玄齡（西元578-648）等人所編的《晉書》佔二則（事例3、4），蕭子顯（西元489-537年）的《南齊書》有二則（事例12、13），姚思廉（西元557-637年）的《梁書》有一則（事例15），李百藥（西元565-648年）的《北齊書》有二則（事例14、21），魏收（西元505-572年）的《魏書》有二則（事例16、17），李延壽（西元612？-679？年）的《北史》有二則（事

---

[60] 詳見魏徵（580-643）等，《隋書》，點校本（北京：中華書局，1973），卷七，〈禮儀志〉，頁140，卷二八，〈百官志〉，頁776。

[61] 同上，卷三六，〈后妃列傳〉，頁1107。

[62] 同上，卷四四，〈衛昭王爽傳〉，頁1224。

[63] 同上，卷五九，〈煬三子列傳〉，頁1436。又見李延壽，《北史》卷七一，〈隋宗室諸王列傳〉，頁2474。

例18、19),李延壽的《南史》有一則(事例20),令狐德棻(西元583-666年)等人所編的《周書》有一則(事例22),魏徵(西元580-643年)等人所編的《隋書》有一則(事例23)。

就故事的時代背景來說,西元三至四世紀有七則,西元五世紀有六則,西元六世紀有十則。至於地理背景,南方有十四則,包括建康四例(事例1、2、13、15)、廬江郡的舒縣(今安徽舒城)一例(事例4)、蕪湖(今安徽蕪湖)一例(事例5)、南郡(郡治江陵,即今湖北江陵)二例(事例6、10)、臨海(今浙江臨海)一例(事例7)、歷陽郡(今安徽和縣)一例(事例8)、武昌郡(今湖北鄂城)一例(事例9)、成都(今四川成都)一例(事例11)、諸暨(今浙江諸暨)一例(事例12)、豫章郡(郡城南昌,即今江西南昌)一例(事例20);北方有九例,包括洛陽(今河南洛陽)二例(事例3、16)、長安(今陝西西安)三例(事例19、22、23)、鄴(今河北磁縣附近)二例(事例17、21)、統萬(今陝西,內蒙古交界處的白城子)一例(事例14)、渤海灣中的海島一例(事例18)。

就三、四百年的歷史長度來說,二十三個例證在數量上是相當不足的,而材料來源也只限於志怪和正史二類,且其中若干作者(如劉義慶和王琰)都有強烈的佛教信仰,因此,藉由這些例證所建構出來的歷史圖像自然會有所偏失。不過,這些事例大致也能證明,在六朝時期,無論是在中國北方或是南方,無論是在都城或是邊地,都有巫者從事診察或治療疾病的工作。此外,這些事例也讓我們有機會知道當時尋求巫者醫治的病人(或其家屬)的社會背景,以及巫者對於疾病的解釋和其使用的醫療方法。以下便就此再做進一步的探討。

三、病者的社會背景及其對巫覡醫療法的態度

上述二十三個事例,對於病者的背景及其就醫過程的記載,雖然不如後代醫者的「醫案」或現代醫院的「病歷」那麼詳細,但是,有些仍無意間透露了病者的居住地(如前所述)、性別、年齡、婚姻狀態、社會階層、宗教信仰、疾病的名稱、診療的效驗,以及病者(或其家屬)對於巫覡療法的態度。

以性別來說,女性的病者有十一人(事例3、4、5、9、11、14、19、21、22;其中事例3和事例4都有二位)。男性的病人則有十二人(事例1、2、6、8、10、13、15、16、17、18、20、23)。

以年齡來說，明確可知的有八例：孫權七十一歲（事例1）、齊僧欽十七歲（事例10）、釋曇輝七歲（事例11）、沈約八十一歲（事例15）、胡國珍八十歲（事例16）、西魏悼皇后十六歲（事例19）、北齊太后婁昭君六十二歲（事例21）、楊爽二十五歲（事例23）。自幼至老，分別是七、十六、十七、二十五、六十二、七十一、八十、八十一歲。

以婚姻狀態來說，確知其爲已婚的男子有九人（事例1、2、6、13、15、16、17、20、23），已婚的女子有七人（事例3、4、5、14、19、21、22），未婚的男子有一人（事例10），未婚的女子有四人（事例3、4、9、11）。

以社會階層來說，有三名皇帝：吳大帝孫權（事例1）、吳景帝孫休（事例2）、南朝齊明帝蕭鸞（事例13）；有五名后妃和公主：西晉賈后（事例3）、西晉河東公主（事例3）、西魏悼皇后（事例19）、北齊太后婁昭君（事例21）、北周文宣太后（事例22）；有三名朝廷的高官顯貴：梁左光祿大夫、侍中、太子少傅沈約（事例15）、北魏侍中、司徒公胡國珍（事例16）、隋衛昭王、納言楊爽（事例23）；有四名中高級的地方政府首長：東晉歷陽太守索元（事例8）、北魏相州刺史奚康生（事例17）、北魏安州刺史盧曹（事例18）、梁豫章太守袁君正（事例20）；有三名中下級的地方官員或其配偶：西晉廬江郡龍舒縣長鄧林之妻（事例4）、東晉南郡議曹掾歐姓人士（事例6）、北魏統萬邊將之妻（事例14）；另有六名則應是一般百姓：西晉舒縣的劉世則之女（事例4）、東晉蕪湖的張應之妻（事例5）、南朝宋武昌的某家女（事例9）、南朝宋江陵的齊僧欽（事例10）、南朝宋成都的釋曇輝（事例11）、南朝齊諸暨屠氏女之鄰人（事例12）。

以宗教信仰來說，應爲巫俗之信仰者有五人：吳大帝孫權（事例1）、吳景帝孫休（事例2）、賈后（事例3）、南朝齊明帝蕭鸞（事13）、北齊太后婁昭君（事例21）；確知其爲虔誠之佛教徒者也有五人：東晉張應之妻（事例5）、南朝宋齊僧欽（事例10）、南朝宋成都釋曇輝（事例11）、北魏侍中胡國珍（事例16）、北魏相州刺史奚康生（事例17）。

以疾病的名稱或病狀來說，明白見於記載的，只有七則：一爲舒縣劉世則之女「病魅」（事例4）；二爲南郡歐姓議曹掾「得病經年，骨消肉盡」（事例6）；三爲武昌某家女「失性」，得「邪魅」之病（事例9）；四爲成都釋曇輝（本名青陽白玉），坐禪入定之後，「身如木石，亦無氣息」（事例11）；五爲女巫屠氏女之鄰人「中溪蜮毒」；六爲統萬邊將竇樂之妻懷孕「期而不產」（事例14）；七爲沈約病時，「夢齊和帝以劍斷其舌」（事例15）。其餘則大多只寫道：「病」、「疾病」、「寢疾」、「有疾」。

以治療的效驗來說，有五例顯示，巫者療病多癒或病人經由巫者的治療或診視之後便獲痊癒（事例7、9、10、12、14）；有八例顯示，巫者的治療無效，病人或因而轉求他法，甚或死亡（事例4、5、6、13、19、21、22、23）；另有七例則指出，雖經由巫者診斷出病因，但或因不曾要求或拒絕巫者的治療而死亡（事例1、8、15、16、17、18、20）。比較特殊的是，有一例爲巫者誤將佛教徒的「入定」狀態誤判爲鬼神「憑附」（事例11），另一例則是巫者爲了治療一名因厲鬼作祟而罹疾的病者而被鬼擊斃，病者也隨之死亡（事例23）。

由以上所述來看，六朝巫覡的病人似乎並不局限於某一地域、性別、年齡、社會階層、婚姻狀態和宗教信仰的人群。此外，巫者所能診治的疾病也不限於某一特定的種類，而其效驗則因人而異。

至於上述這些病人（或其家人）對於巫覡醫療（包括診視和治療）的態度，有兩點特別值得一提。首先，大多數人生病之時，通常都會求救於巫者，只有極少數人拒絕巫者的治療（事例8、16），而即使是佛教徒，罹病之時，其家人往往也會尋求巫者的診治（事例5、10、11、16、17）。其次，病者（或其家屬）同時或先後尋求巫者和醫者的救助，似乎是相當普遍的現象（事例4、5、6、10、15、16、19、22），[64] 可見巫者不是當時唯一的醫療者，必須和專業的醫者，以及宗教界的僧尼、道士和術士（如韓友）競爭（詳下文）。

四、巫覡的疾病觀與治療法

雖說上述二十三個事例對於巫者診療過程的記載大多過於簡略，但仍有一些事例提及巫者對於疾病原因的解釋，有一些則比較清楚的記載了巫者治療方法，使我們得以知道巫覡醫療的一些特性。

---

[64] 六朝時期病者兼用巫醫的情形，除了具體的事例之外，一般文獻中，巫醫連稱、並舉的現象，似乎也可做爲旁証；詳見《晉書》卷十一，〈天文志〉，頁297、卷三一，〈后妃列傳〉，頁960、卷九五，〈藝術列傳〉，頁2476, 2478、卷一〇二，〈劉聰載記〉，頁2672；《北史》卷十三，〈后妃列傳〉，頁490, 507、卷八九，〈藝術列傳〉，頁2921-2922、卷九〇，〈藝術列傳〉，頁2978、卷九八，〈蠕蠕列傳〉，頁3258；《隋書》卷十九，〈天文志〉，頁539、卷七八，〈藝術列傳〉，頁1763；《魏書》卷一〇三，〈蠕蠕列傳〉，頁2298；《南史》卷五，〈齊本紀〉，頁156；《周書》卷四七，〈藝術列傳〉，頁842。

（一）巫者對於疾病原因的解釋

以對於疾病原因的解釋來說，六朝巫者幾乎都將生病的原因歸諸於鬼神作祟，若細加區分，則可以分成六種：一爲亡魂（主要是厲鬼）爲祟；二爲鬼魅（物怪）作祟；三爲鬼神憑附；四爲鬼擊；五爲鬼神責罰；六爲觸犯禁忌。

亡魂爲祟的例子共有四則（事例1、15、19、23）。其中，孫權之病似乎是由魯肅的鬼魂所引起，不過，和一般亡魂作祟的情形不同的是，魯肅並不是無後乏嗣或橫死冤死的「厲」鬼，[65] 且和孫權之間情誼深厚，並無任何仇怨（事例1）。而沈約之病，巫者斷其爲齊和帝的亡魂作祟，則是標準的冤魂化作厲鬼，返回復仇的故事（事例15），因爲齊和帝（西元488-502年）中興二年（西元502年）被迫禪位於梁武帝一事，首謀之一便是沈約，[66] 而在禪代之後，勸梁武帝逼迫齊和帝自殺的，也是沈約，[67] 二人之間有極大的仇怨。其次，西魏悼皇后於生育之時所受到的驚嚇（聽到狗吠聲、獨自看到盛飾的婦人形像）以及產難（「產迄而崩」），似乎被歸諸於文皇后乙弗氏的亡魂作祟，而乙弗氏正是因悼皇后的逼迫而自殺，因此這也算是一種怨靈作祟（事例19）。至於隋衛昭王楊爽之病，巫者認爲是「群鬼爲厲」所致，則已明顯指出，這是厲鬼爲祟，至於這些厲鬼和楊爽之間是否有仇恨則不可知，有可能是楊爽任武將時，四處征伐殺戮所致的兵死之鬼（事例23）。

鬼魅（物怪）作祟的例子有二則，病者都是未出嫁的少女。其一爲舒縣劉世則之女，因「病魅積年」而延巫治療，發現作祟的「魅」有數十隻狸和鼉，後來又經術士韓友診治，又找出一種巫沒能劾治的魅，也就是狐，劉世則之女才告痊癒（事例4）。其二爲武昌某家女，出嫁前突然發狂（「失性」），走出戶外毆擊人、車，宣稱自己不喜歡嫁給俗人（「不樂嫁俗人」），巫者斷其爲「邪魅」作祟，後來並召來作祟的三種物魅：蛇、龜、鼉，令其不得再加糾纏，該名少女因而逐漸恢復健康（事例9）。這二個例子所提及的魅（物怪）包括了狐、狸、鼉、龜、蛇，基本上都是動物，其侵擾的對象也都是女性。[68]

---

65 有關「厲」的涵義，詳見林富士，《孤魂與鬼雄的世界》（臺北：臺北縣立文化中心，1995），頁14-17。

66 詳見蕭子顯，《梁書》卷十三，〈沈約傳〉，頁233-234。

67 詳見李延壽，《南史》卷五，〈齊本紀〉，頁160。

68 就志怪的材料來看，六朝的「魅」（物怪；精怪），除了這二則故事所提及的狐、狸、巫覡的特有技能之一是召降鬼神，使之憑附在自己身上，開口說話，成爲人神之間的媒介。[69] 但這是由巫者所主動掌控的「憑附」現象，是人神之間的一種溝通模式，而一般人被鬼神「附身」則往往是被動的、不情願的，而且，也會被其他人視爲一種疾病。[70] 在事例11之中，成都的釋曇輝在「禪坐入定」之後，因爲「身如木石，亦無氣息」，而被巫覡診斷爲「鬼神所憑」。這雖然是誤診，但也說明，當時巫者確實將被鬼神附體當作是一種疾病（病因）。

另有一例則應該是所謂的「鬼擊」。在事例23中，巫者薛榮宗前去診視楊爽的病因，斷定爲「眾鬼爲厲」所致，楊爽因而命令其左右（薛榮宗應該也在行列之內）「驅逐」厲鬼。但是，逐除厲鬼的工作似乎失敗了。幾天之後，薛榮宗便被鬼物擊斃，同一天晚上，楊爽也隨之過世。這雖然也可說是厲鬼作祟的情形，但因其作祟的方式是以「擊打」令人生病或死亡，因此，在六朝文獻中，往往別爲類，稱之爲「鬼擊」（詳下文）。

鼉、龜、蛇之外，還包括：狗（犬）、狼、鹿、猴、豬、鼠、獺、魚、雞、鶴、鵠、燕、白鷺、鴨、鵝、樹木、玉石、蟬、螻蛄、蟻、蚯蚓、蜘蛛、蚱蜢、枕、屐、掃帚、杵……等。這些「魅」往往化作人形而和異性的人類發生性關係，其侵擾的對象則有男有女。有關這項課題，筆者擬另撰〈六朝的魅〉詳加討論，初步的研究，參見李豐楙，〈六朝精怪傳說與道教法術思想〉，收入靜宜文理學院中國古典小說研究中心主編，《中國古典小說研究專集 3》（臺北：聯經出版事業公司，1981），頁1-36；顏慧琪，《六朝志怪小說異類姻緣故事研究》（臺北：文津出版社，1994），頁104-114。

[69] 詳見林富士，《漢代的巫者》，頁20-22, 57；Fu-shih Lin, "Chinese Shamans and Shamanism in the Chiang-nan Area During the Six Dynasties Period (3rd-6th Century A.D.)," 第五章，「巫者之宗教角色及其功能」(The Shaman's Religious Roles and Functions) 中「憑降鬼神」(Possession) 的部分。

[70] 一般的宗教社會學家、宗教人類學家傾向於將「鬼神附身」(spirit possession) 的現象區分爲「自主的」(voluntary) 和「非自主的」(involuntary)，或是「可控制的」(controlled) 和「不可控制的」(uncontrolled) 二大類型，後者通常被爲一種疾病；參見 Erika Bourguignon, "World Distribution and Patterns of Possession States," in Raymond Prince, ed., *Trance and Possession States* (Montreal: R. M. Bucke Memorial Society, 1968), pp.3-34; I. M. Lewis, *Ecstatic Religion: A Study of Shamanism and Spirit Possession*, pp.48-49, 57; Ruth-Inge Heinze, *Trance and Healing in Southeast Asia Today* (Bangkok, Tailand: White Lotus Co., Ltd., 1988), pp.2-3; Janice Boddy, "Spirit Possession Revisited: Beyond Instrumentality," *Annual Review of Anthropology* 23(1994): 407-434; Fu-shih Lin, "Chinese Shamans and Shamanism in the Chiang-nan Area During the Six Dynasties Period (3rd-6th Century A.D.)," 第四章，「巫與鬼神之溝通模式」(Patterns of Communication Between Shamans and Spirits) 中「憑降鬼神」(Possession) 的部分。

此外，有二個事例似乎可稱之爲「神罰」，即得罪鬼神而被責罰，因而致病或死亡。在事例17中，相州刺史奚康生是因鞭打石虎的神像（畫像），並令人割取西門豹神像的舌頭而被二神譴祟，兩個兒子因而暴斃，他自己也罹病。事例18的安州刺史盧曹則是將海神的髑髏做爲馬皂，將脛骨做成兩支長槊，因而被海神責罰，生病而死。

最後，還有一個觸犯禁忌的例子。在事例13中，巫覡便以「後湖水頭經過宮內」解釋南朝齊明帝久病不癒的原因，這是一種宅第（地理）上的禁忌。

（二）巫者的療病方法

至於巫者用來療病的方法，大致也可以分爲六種：一爲性療法；二爲政治療法；三爲厭勝法；四爲禱解法；五爲禳除法；六爲探命之術。

以性爲治療之法僅有一例。在事例3中，賈后是否真的罹疾無法確知，但文中的老嫗用以略誘小吏入宮的說詞卻值得注意。那名老嫗說其主婦有疾病，需要「城南少年厭之」，而入宮之後，所謂的「厭勝」之術在此其實就是房中之事（「共寢」）。或以爲這是賈后「宣淫」的藉口，然而，以性療病，確是巫覡（和方士）的傳統，葛洪（西元283-363年）的《抱朴子》便載道：

> 或曰：「聞房中之事，能盡其道者，可單行致神仙，並可以移災解罪，轉禍爲福，居官高遷，商賈倍利，信乎？」抱朴子曰：「此皆巫書妖妄過差之言，由於好事增加潤色，至令失實。……夫陰陽之術，高可以治小疾，次可以免虛耗而已。其理自有極，安能致神仙而卻禍致福乎？」[71]

由此可知，就葛洪的理解，當時的「巫書」特別強調房中術的各種神奇功效，而葛洪雖不盡以爲然，卻仍肯定其治療疾病的功效。因此，賈后身邊之巫覡會提出以「少年」來治病的建議，看似飾詞，但在當時，恐怕並不會令人覺得過於奇異。

「政治療法」也和賈后身邊的巫者有關。當時，賈后的女兒河東公主「有疾」，巫者的醫療建議是「宜施寬令」，賈后接受了建議，「稱詔大赦天下」（事例3）。乍看之下，這也有點突兀，但是，這和兩漢以來所流行的疾病觀念也

[71] 葛洪 (283-363) 著，王明校釋，《抱朴子內篇校釋》，增訂本（北京：中華書局，1985），卷六，〈微旨〉，頁128-129。

是相吻合的，當時人認爲，帝王（或政府）若是政治措施不當、不良，便會使吏民生病，甚至引起大規模的疾病之災，[72] 因此，賈后採用巫者的建議，以「大赦」來治療河東公主的疾病，在當時人的觀念裡應該不難理解。

「厭勝」可以說是巫覡常用的療法，但一般史籍卻很少闡明這種療法的意涵和其具體內容，像《魏書》僅載巫者於胡國珍病重之時，勸其「爲厭勝之法」，卻不曾交待其具體做法（事例16），唯南朝齊明帝病危之時，或因聽從巫者的建議，「求白魚以爲治」，「身衣絳衣，服飾皆赤，以爲厭勝」，又打算堵塞流經宮中的後湖水（事例13），凡此三事（吃白魚、穿戴紅色的服飾、塞後湖水）似乎都是「厭勝」療法的內容。因此，像巫者勸竇樂之妻「渡河湔裙」以解除難產之厄（事例14），以及北齊的太后生病之時用巫嫗之言而「改姓石氏」（事例21），應該也都是所謂的「厭勝」之術。

同樣的，「禱解」（祝禱；請禱）之法，應該也是巫者慣用的療病方法，不過，較具體的事例則只有二個。其中，事例5的記載比較簡略，只說張應「本事俗神，鼓舞淫祀」，其妻「得病」，張應於是「請禱備至，財產略盡」，至於其「請禱」的儀式則不見記載，只知其家中供奉有神像。事例20的記載雖較爲詳細，但也只提及巫者萬世榮使用了病者的衣服（襦），做爲療病儀式時送給「北斗君」的「信命」（信物、禮物），至於其詳細的儀式過程則不清楚。

至於巫者所用的「禳除」（召劾；祝除；禳解）之法，則有比較詳細的描述。事例4提及劉世則之女「病魅積年，巫爲攻禱」時，便說巫者「伐空冢故城間，得狸鼉數十」，可知是在魅（狸和鼉）藏身的空冢和故城之間進行召劾、獵取鬼魅的儀式。事例9對於巫者用來治療這種鬼魅病的禳解之法，描述更爲清楚。首先，巫者將得了「邪魅」病的少女帶到江邊，然後「擊鼓，以術祝治療」。不久之後，便有一頭青蛇來到巫者面前，巫便以大釘釘住蛇頭，到了日中時分，又有一頭大龜從江中上岸，來到巫者之前，巫者便「以赤朱書背作符」，然後令大龜回到江中。到了傍晚時分，便有一隻大白鼉從江中現身，被先前的那隻大龜催逼向前，來到巫者面前，進入巫者陳設的布幔之中，與病者辭別。從此之後，少女便逐漸痊癒。而據巫者說，蛇是「傳通」，龜是「媒人」，鼉是「其對」（少女的配偶），然則三者都是魅。這個事例也告訴我們，巫者在這項療病

[72] 詳見林富士，〈試論《太平經》的疾病觀念〉，《中央研究院歷史語言研究所集刊》62.2(1993)：225-263（頁248-250）。

儀式的過程中，曾設置了施法所需的「儀式空間」（似乎是使用布幔），[73] 使用了鼓、釘、符和祝（咒語），做爲其召喚、驅使、劾治鬼魅的法器。此外，事例7所提及的李姓巫者，能「作水符」以治病，所用的大概也是這一類的符祝、劾治之法。而事例23的巫者薛榮宗和楊爽，以「驅逐」之法來對付厲鬼，應該也算是同一類型的「禳解」之法。

除此之外，事例10中的「探命之術」，也有儀式過程的簡要描述。首先，女巫在野地裡陳設了「酒脯之饋」，然後開始「燒錢」，連續七天七夜之後，女巫才開始有所「感見」，看見諸「善神」正替病者（齊僧欽）祈禱，最後，諸神替他爭取到額外的二十四年的壽命，因此，女巫斷言病者必將無妨，不必憂心，而齊僧欽果真就此痊癒。嚴格來說，這不是一種「治療」的方法，但也可說是一種醫療的措施，其目的在於診察病人的病情（或現代醫學所謂的「預後」）。無論如何，這則事例告訴我們，這種法術的儀式空間是在野地，祭品則是酒和脯（肉乾），而巫者能「感見」鬼神世界的情景，主要的關鍵似乎在於連續七天七夜燒「錢」（可能是「紙錢」），[74] 這有助於我們了解古代巫者交通鬼神的方法，而且可以和臺灣社會中巫者（「童乩」、「尪姨」）的類似儀式相比較。[75]

---

[73] 值得一提的是，北方民族的巫者（薩滿；shaman）於進行儀式之時，往往搭建「帳篷」，像北魏時期蠕蠕的女巫便是在大澤中「施帳屋」，以進行齋潔、升天之儀式；詳見魏收，《魏書》卷一〇三，〈蠕蠕列傳〉，頁2298。此外，道士在舉行儀式（尤其是齋醮）時，也會搭建祭壇。不知南方巫者以布幔圍成的「祭祀場所」，和北方民族巫者的「帳篷」以及道士的祭壇之間有何異同。有關北方民族巫者的「帳篷」之研究，參見A. F. Anisimov, "The Shaman's Tent of the Evenks and the Origin of the Shamanistic Rite," in Henry N. Michael, ed., *Studies in Siberian Shamanism* (Toronto: University of Toronto Press, 1963), pp.84-123。有關道教的「壇」，詳見宋龍飛，〈重蓋峨峨，飛檐巘巘：醮壇彩棚的搭建與裝飾〉，收入氏著，《民俗藝術探源》（臺北：藝術家，1982），頁269-285；Kristofer Schipper, *Taoist Body*, translated by Karen C. Duval (Berkeley: University of California Press, 1993), pp. 91-99。

[74] 研究中國宗教史的學者，一般都將宗教儀式中焚燒紙錢的起源追溯至西元六世紀末，但《冥祥記》所載的這個故事所提及的「燒錢」，若是指燒紙錢而言，則這種儀式的歷史便可向前推至西元五世紀初。有關紙錢的研究，詳見 Ching-Lang Hou, *Monnaies d'offrande et la nation de trésorerie dans la religion chinoise* (Paris: Collège de France, Institut des Hautes Etudes Chinoises, 1975); Anna Seidel, "Buying One's Way to Heaven: The Celestial Treasury in Chinese Religions," *History of Religions* 17.3/4(1978): 419-431; Hill Gates, "Money for the Gods," *Modern China* 13.3(July 1987): 259-277.

[75] 臺灣巫俗有所謂的「落地府」（「關三姑」；「關落陰」；「落獄府」）和「進花

五、結論

經由上述的探討，我們似可斷言，巫者在六朝時期的中國社會中仍扮演著醫療者的角色，而且，其病人並不局限於某一地域、族群、性別、年齡層、社會階層、宗教團體，其所能診治的疾病也不限於特定的種類。至於其對疾病原因的解釋（包括：亡魂作祟、鬼魅作祟、鬼魂憑附、鬼擊、鬼神責罰、觸犯禁忌），以及所採用的治療方法或診察手段（包括：性療法、政治療法、厭勝法、禱解法、禳除法、探命之術），則大多承襲漢代巫者及巫術療法的傳統。[76] 而巫者在面對佛、道這二個新興宗教的競爭之下，能夠在六朝的社會裡佔有一席之地，似乎和其能提供醫療的服務大有關係。周朗（西元425-460年）便曾針對當時的政治、社會情境向宋孝武帝（於西元454-464年在位）提出建言，其中有關巫俗的部分，他寫道：

> 凡鬼道惑眾，妖巫破俗，觸木而言怪者不可數，寓采而稱神者非可算。其原本是亂男女，合飲食，因之而以祈祝，從之而以報請，是亂不誅，爲害未息。凡一苑始立，一神初興，淫風輒以之而甚，今脩隄以北，置園百里，峻山以右，居靈十房，糜財敗俗，其可稱限。又針藥之術，世寡復修，診脈之伎，人鮮能達，民因是益徵於鬼，遂棄於醫，重令耗惑不反，死夭復半。今太醫宜男女習教，在所應遣吏受業，如此故當愈於媚神之愚，懲艾腠理之敝矣。[77]

由此可見，周朗係將巫風之熾盛歸諸於醫藥之不發達，人民在疾病之時，只好求助於巫者，因此，他認爲，要改良社會崇信巫覡的風俗，只有強化醫學教育，使一般人能接受專業醫者的服務，不過，他的建議不僅沒有被接受，甚至還觸怒了

圍」，都是病者請童乩（或尪姨、法師）施術，前往地府查明病因，並消弭病源；參見吳瀛濤，《臺灣民俗》（臺北：眾文圖書公司，1992），頁169-170；鈴木清一郎著，馮作民譯，《臺灣舊慣習俗信仰》［《臺灣舊慣・冠婚葬祭と年中行事》（臺北：臺灣日日新報社，1934）］（臺北：眾文圖書公司，1979），頁68-69；吉元昭治，《道教と不老長壽の醫學》（東京：平河出版社，1989），頁132-139。

[76] 有關漢代巫者及巫術療法的研究，詳見林富士，《漢代的巫者》，頁63-67；林富士，〈試論漢代的巫術醫療法及其觀念基礎〉，頁29-53；林富士，〈東漢晚期的疾疫與宗教〉，頁716-724。

[77] 沈約 (441-513)，《宋書》，點校本（北京：中華書局，1974），卷八二，〈周朗傳〉，頁2100-2101。

崇信巫覡的孝武帝，因而自動去職。[78] 總之，宗教如何利用醫療以傳佈其信仰和吸引信徒，應是值得深究的課題。[79]

然而，從以上的討論，我們也發現，當時有些病者（主要是官吏）相當排斥巫覡的醫療，而一般人生病時，似乎也不是純賴巫者的救助，兼用巫醫是常見的情形，而且，在治療無效之後，或在用巫（醫）治療的同時，求助於佛教的僧人或是道教的道士，似乎也逐漸成爲一種新的就醫的行爲模式。換句話說，在六朝社會中，巫覡其實是與醫者、道士、僧人共同擔負起醫療的工作。梁武帝（於西元502-548年在位）時，郭祖琛便曾「輿櫬詣闕上封事」，說道：

> 臣見疾者詣道士則勸奏章，僧尼則令齋講，俗師則鬼禍須解，醫診則湯熨散丸，皆先自爲也。臣謂爲國之本，與療病相類，療病當去巫鬼，尋華、扁，爲國當黜佞邪，用管、晏。[80]

這段話的主旨雖然在論治國之道，但其療病的譬喻卻恰好反映出當時人尋求醫療救助時的四種選擇：道士、僧尼、俗師（巫覡）[81] 和醫者。同時，他也指出，這四種人所使用的療法各有其特色，即道士用「奏章」（上章悔過）；僧尼用「齋

[78] 周朗的建議，諸如建全「太醫」（官醫）的醫學教育，訓練更多的專業醫者，使一般民眾都能享受醫療服務等，要到宋代，在儒家學者和政府的努力下，才初步付諸實現。有關宋代儒者和政府在建立醫事體制上的成就，參見馬伯英，《中國醫學文化史》，頁444-523；Paul U. Unschuld, *Medical Ethics in Imperial China: A Study in Historical Anthropology* (Berkeley: University of California Press, 1979)；陳元朋，〈宋代的儒醫——兼評 Robert P. Hymes 有關宋元醫者地位的論點〉，《新史學》6.1(1995)：179-203；陳元朋，〈兩宋的「尚醫士人」與「儒醫」——兼論其在金元的流變〉，國立臺灣大學歷史學研究所碩士論文（臺北：國立臺灣大學，1996）。

[79] 有關宗教發展與疾病醫療之間的關聯，應是中國宗教史及醫療史上的大課題，有待全面而深入的探究，初步研究，詳見林富士，〈東漢晚期的疾疫與宗教〉，頁715-743。

[80] 李延壽，《南史》卷七〇，〈循吏列傳〉，頁1720-1721。

[81] 文中之「俗師」是否專指巫覡而言還有待商榷，不過，就文章的脈絡和上下文義來看，若說郭祖琛此處所指斥的「俗師」主要是指巫覡而言，應無大誤，因「鬼禍須解」的疾病觀念和醫療方式和本文研究所見的巫覡醫療文化的特質，恰相吻合。其次，其下文曾明言「療病當去巫鬼」，可見上文所說之「俗師」應與「巫」有關。除此之外，六朝文獻中，巫者有時又被稱爲「巫師」（《法苑珠林》卷六二，頁756上-756中，引《幽明錄》；《眞誥》〔《正統道藏》第637-640册〕，卷十一，頁9下）或「師巫」（《晉書》卷三一，〈后妃列傳〉，頁965；《南史》卷五，〈齊本紀〉，頁155；《周氏冥通記》〔《正統道藏》第152册〕，卷一，頁13上），因此，以「俗師」稱巫覡似乎並不突兀。

講」(齋戒講經);巫覡用「解除鬼禍」;醫者則用「湯熨散丸」(針灸和藥物)。道、佛、巫、醫在醫療上的特色,是否如郭祖琛所說,值得進一步探究。不過,在強調其差異性之時,似乎也不能忽略其共同性。

以巫和醫來說,就本文的事例來看,巫者對於病因的解釋大多歸於鬼神作祟所致,而在醫學典籍中,我們也可以找到類似的概念,例如,巢元方(西元550-630年)的《諸病源候總論》(完成於西元610年)中所提到的「鬼邪」、「鬼魅」、「中惡」、「卒死」、「卒忤」(「客忤」)、「鬼擊」、「卒魘」、「尸病」、「注病」(主要是「鬼注」、「邪注」和「注忤」)、「貓鬼」、婦人「與鬼交通」、婦人「妊娠鬼胎」等,都是以鬼神、物魅、精怪、妖邪之作祟做爲致病的主因。[82] 即使是因宅室的地理位置觸犯禁忌而得病的說法(事例13),在醫書中也有所記載,例如:《諸病源候總論》論「土注」便云:

> 夫五行金木水火土,六甲之辰,並有禁忌。……人有居住穿鑿,地土不擇,便利觸犯禁害。土氣與人血氣相感,便致疾病。[83]

此外,像葛洪的《肘後備急方》也記載了「中惡」、「客忤」、「鬼擊」、「魘寐不寤」、「五尸」、「尸注」、「鬼注」這類和鬼神作祟有關的疾病及其療法,[84] 而《神農本草經》中,辟除或殺除「鬼魅」、「惡鬼」、「精物」、「老物」、「殃鬼」、「溫鬼」、「鬾」(小兒鬼)、「鬼」、「鬼氣」、「鬼精」、「邪物」、「邪鬼」、「百鬼精物」的藥物更多達五十餘種。[85] 至於療法方面,醫書雖然是以藥物、針灸、食療爲主,但是,禁咒、符令、厭勝之法卻仍可見於醫學著作中。[86] 至於性的療法,丹波康賴(西元912-995年)《醫心方》(成書於西元984年)卷二十八〈房內〉引述多種唐前著作(如《玉房秘訣》、《素女經》、《玄女經》、《玉房指要》、《洞玄子》),也大多主張正確的性

[82] 詳見巢元方,《巢氏諸病源候總論》(臺北:宇宙醫藥出版社,1975),卷二,〈風病諸候下〉,頁14-16;卷二三,〈中惡病諸候〉,頁1-4;卷二三,〈尸病諸候〉,頁7-11;卷二四,〈注病諸候〉,頁1-15;卷二五,〈蠱毒病諸候〉,頁4;卷四〇,〈婦人雜病諸候〉,頁2, 12。

[83] 同上,卷二四,〈注病諸候〉,頁14。

[84] 參見李建民,〈祟病與「場所」〉,頁111。

[85] 同上,頁109-110,暨頁145-148,「附錄二:《本草經》所載治療祟病藥物表」。

[86] 例如,孫思邈,《千金翼方》(臺北:宏業書局,1991),卷二九、三〇,〈禁經〉,便很有系統的著錄六朝以來巫覡和道教的禁咒、符令療法。

愛可以療病，[87] 其中，和本文若干事例（如事例4和9）可以相印證的就是《玉房秘訣》所載的「斷鬼交」之法，其文云：

> 《玉房秘訣》云，采女云：何以有鬼交之病？彭祖曰：由於陰陽不交，情欲深重，即鬼魅假像與之交通，與之交通之道，其有自勝於人。久交則迷惑，諱而隱之，不肯告〔人〕，〔自〕以爲佳，故至獨死而莫之知也。若得此病，治之法，但令女與男交，而男勿寫（案：即瀉）精。晝夜勿息，（用）困者不過七日必愈。若身體疲勞，不能獨御者，但深按勿動，亦善也。不治之，煞（案：即殺）人不過數年也。欲驗其事實，以春秋之際，入於深山大澤間，無所云爲，但遠望極思，唯念交會陰陽，三日三夜後，則身體翕然寒熱，心煩目眩，男見女子，女見男子，但行交接之事，美勝於人，然必病人而難治。怨曠之氣，爲邪所凌，後世必當有此者。若處女貴人苦不當交、與男交以治之者，當以石流黃數兩，燒，以熏婦人陰下身體，幷服鹿角末方寸匕，即愈矣。當見鬼涕泣而去。一方：服鹿角方寸匕，日三，以差爲度。[88]

由此可知，本文所引事例中的「病魅」、「邪魅」也許就是《玉房秘訣》所說的「鬼交」病，而其療法除了用藥之外，還可以用「性交」之法。

其次，巫與道在疾病觀念和醫療方法上的近似性，在一些道教經典（如《太平經》和《抱朴子》）中便表露無遺。二者雖然也有所差異，但大致來說，道與巫都傾向以「中邪」、「惡政」、鬼神譴崇、觸犯禁忌（如「犯土」）來解釋病因，也都主張以「善政」、「房中」、祭祀禱解、符咒諸法來療病。[89] 其中，像

---

[87] 參見馬繼興，〈《醫心方》中的古醫學文獻初探〉，《日本醫史學雜誌》31.3(1985)：326-371（頁353-355）。

[88] 丹波康賴 (912-995)，《醫心方》（北京：人民衛生出版社，1995年翻印），卷二八，〈房內〉，「斷鬼交第廿五」，頁651-652。

[89] 有關道教醫學的討論，參見李豐楙，〈《道藏》所收早期道書的瘟疫觀——以《女青鬼律》及《洞淵神咒經》系爲主〉，《中央研究院中國文哲研究集刊》3(1993)：417-454；李豐楙，〈行瘟與送瘟——道教與民眾瘟疫觀的交流與分歧〉，漢學研究中心編，《民間信仰與中國文化國際研討會論文集》（臺北：漢學研究中心，1994），頁373-422；林富士，〈試論《太平經》的疾病觀念〉，頁230-244, 250；吉元昭治，《道教と不老長壽の醫學》，頁6-59，中文譯本見楊宇譯，《道教與不老長壽醫學》（成都：成都出版社，1992），頁23-55；胡孚琛，《魏晉神仙道教》（北京：人民出版社，1989），頁167-180, 266-302；鍾肇鵬，〈道教與醫藥及養生的關係〉，《世界宗教研究》1987.1：39-49；Nathan Sivin, *Chinese Alchemy: Preliminary Studies* (Cambridge, Mass.: Harvard

《赤松子章曆》(大約成書於西元五或六世紀),[90] 便載有「解咒詛章」、「消怪章」、「禳災卻禍延年拔命卻殺都章」、「卻三災章」、「疾病醫治章」、「疾病困重收滅災邪拔命保護章」、「扶衰度厄保護章」、「謝土章」、「言功安宅章」、「斷瘟毒疫章」、「斷魁泉章」、「謝五墓章」、「解五墓章」、「謝先亡章」、「保胎章」、「催生章」、「保嬰童章」、「斷亡人復連章」、「疾病謝先亡章」、「生死解殗洗蕩宅舍章」、「大醮宅章」、「開通道路章」、「拔河章」、「大塚訟章」、「久病大厄金紫代形章」、「收魘夢章」、「新亡遷連開通道路收除土殃斷絕復連章」、「新亡灑宅逐注卻殺章」,[91] 都是以符咒、獻祭、祈禳的方式來治療或預防種種能作祟而令人生病的亡魂、精怪和鬼神。此外,道士對於「鬼魅」病、「邪」病的認識,也和巫沒有太大的不同,例如,馬樞(西元522-581)《道學傳》便云:

> 宋顧歡善道術,弟子鮑雲綬門前有一株木,大十餘圍,上有精魅。歡印木,木即枯死。
>
> 白山村多邪病。村人告訴求哀。歡往村中爲講老子篡地獄。有頃,見狐狸、黿、鼉自入獄中甚眾。疾者皆愈也。

University Press, 1968); Michel Strickmann, "On the Alchemy of T'ao Hung-ching," in H. Welch and A. Seidel, eds., *Facets of Taoism: Essays in Chinese Religion* (New Haven and London: Yale University Press, 1979), pp.123-192; Michel Strickmann, *Magical Medicine: Therapeutic Ritual in East Asian Traditions*, unpublished book (1989); Judith M. Boltz, "Taoist Therapeutics in the *Shui-hu chuan*," paper presented at the annual meeting of the American Oriental Society (Boston, 1981); Judith M. Boltz, "Opening the Gates of Purgatory: A Twelfth-century Taoist Meditation Technique for the Salvation of Lost Souls," in M. Strickmann ed., *Tantric and Taoist Studies in Honour of R. A. Stein*, vol. II (Brussels: Institut belge des hautes études chinoises, 1983), pp. 487-511; Judith M. Boltz, "Taoist Rites of Exorcism," Ph.D. diss., University of California (Berkeley, 1985).

90 參見任繼愈主編,《道藏提要》(北京:中國社會科學出版社,1991),頁443-444。

91 詳見《赤松子章曆》(《正統道藏》第335-336册,《道藏通檢》no. 615),卷三,頁8下-14上、17下-19下、20下-31下;卷四,頁1上-2下、7上-18下;卷五,頁11上-16下、19上-34下;卷六,頁2下-11上、18上-21下。按:本文所引《道藏》諸書,其編號一則根據《正統道藏》(上海:商務印書館,1923-1926,影印涵芬樓本)原有之序號,另則根據Kristofer M. Schipper, ed., *Concordance du Tao-Tsang: titres des ouvrages* (《道藏通檢》) (Paris: Ecole Française d'Extrême-Orient, 1975) 的編號。

> 又有病邪者問歆。歆曰：「家有何書？」答曰：「唯有《孝經》。」歆曰：「可取〈仲尼居〉置病人枕邊，恭禮之，自差。」而後病者果愈。[92]

不過，值得注意的是，道教在醫療上，仍時時勸其信徒，不可尋求巫者（甚至醫者）的救助，並頻頻強調信奉道法、「悔過」（「首過」）和「善行」的重要性。[93]

至於巫和佛教在醫療工作上也存在著競爭的關係，有些佛教徒便拒斥巫覡的療法（事例5、16），北朝顏之推（約西元531-603年）在其「家訓」中便說：

> 吾家巫覡禱請，絶於言議；符書章醮亦無祈焉，並汝曹所見也。勿爲妖妄之費。[94]

這主要是針對延請巫覡或道士治病而言。此外，在佛經中，也有類似的訓戒，例如東漢末年安世高所譯的《佛說阿難問事佛吉凶經》便說：

> 若有疾病，了不念佛，便呼巫師，卜問祠祀，請乞邪神，天神離遠，不得善護，妖魅日進，惡鬼屯門，令之衰耗，所向不諧。[95]

然而，當時佛教對於疾病的看法和所採用的療法，雖然也有其獨特之處，[96]但仍和巫覡有一些共同點。例如，在六朝時期譯出（或寫出）的《咒齒經》、

---

92 陳國符，《道藏源流考》，增訂版（北京：中華書局，1963），「附錄七」：〈《道學傳》輯佚〉，頁469。

93 有關六朝道教之醫療文化及其與巫覡之關係，參見小林正美，《六朝道教史研究》（東京：創文社，1990），〈東晉・劉宋期の天師道〉，頁189-216；陳國符，《道藏源流考》，「附錄四」：〈南北朝天師道考長編〉，頁311-330, 360-369；Rolf A. Stein, "Religious Taoism and Popular Religion from the Second to Seventh Centuries," in H. Welch and A. Seidel, eds., *Facets of Taoism*, pp.53-81; Peter Nickerson, "Introduction" to *The Great Petition for Sepulchral Plaints*, in Stephen R. Bokenkamp, *Early Daoist Scriptures* (Berkeley: University of California Press, 1997), pp.230-260。按：六朝道教的醫療文化是一個相當重要的課題，不過，截至目前爲止，還沒有學者做過深入而完整的研究，我個人則正進行一項爲期三年，題爲「中國中古時期的道教與醫療文化之關係」的研究計畫，希望在不久的將來能陸續發表探索的結果。

94 顏之推（約531-630）著，王利器集解，《顏氏家訓集解》（北京：中華書局，1980），卷一，〈治家第五〉，頁68。

95 安世高譯，《佛說阿難問事佛吉凶經》（《大正新脩大藏經》卷14，no. 492），頁753上。

96 參見陳竺同，〈漢魏南北朝外來的醫術與藥物考証〉，《暨南學報》1.1(1936)：59-105；道端良秀，〈中國における佛教醫學〉，頁296-315；大日方大乘，《佛教醫學の研究》（東京：風間書房，1965），第三章，〈佛教醫學の特色〉，頁453-640。

《咒目經》、《藥咒經》、《咒毒經》、《咒小兒經》、《龍樹咒術》、《咒溫疫氣經》（被列入「疑經」）、《血氣神咒經》（被列入「疑經」）都是強調咒術療法的佛教醫典。[97] 其次，一些大約於西元五、六世紀時在中國本土創製的佛教「疑經」（或叫「僞經」），[98] 包括《灌頂經》、《護身命經》、《決罪福經》、《咒魅經》和《七千佛神符經》，也都認爲惡鬼、邪鬼、厲鬼、鬼魅、魍魎、精怪以及一般鬼神作祟或責罰於人，都是疾病（或死亡）的原因，而其對治之道，或用咒、或用符、或持誦佛經、佛名，大致和巫覡的禱解和禳除之法相同，只是二者所祈求的對象有所差異，[99] 而菩提流支（大約活躍於西元508-537年）所譯的《護諸童子陀羅尼經》，其主要內容也是在於以咒語對抗各種導致兒童生病或夭折的鬼怪。[100] 此外，王琰的《冥祥記》有一則故事則記載了關於毀壞、污辱佛教經像者的悲慘下場，其文云：

> 宋劉齡者，不知何許人也，居晉陵東路城邨，頗奉法，於宅中立精舍一間，時設齋集。元嘉九年三月二十七日，父暴病亡。巫祝並云：家當更有三人喪亡。鄰家有道士祭酒，姓魏名巨，常爲章符，誑化邨里，語齡曰：「君家衰禍未已，由奉胡神故也。若事大道，必蒙福祐，不改意者，將來滅門。」齡遂揭延祭酒，罷不奉法。巨云：「宜焚去經像，災乃當除耳。」遂閉精舍户，放火焚燒，炎熾移日，而所燒者，唯屋而已，經像旛幢，儼然如故，像於中夜，又放火赫然。時諸祭酒有二十許人，亦有懼畏靈驗，密委去者。巨等師徒，猶盛意不止；被髮僞步，執持刀索，云斥佛還胡國，不得留中夏，爲民害也。齡於其夕，如有人毆打之者，頓仆於

[97] 詳見陳竺同，上引文，頁69；道端良秀，上引文，292-293。

[98] 有關佛教「疑經」（「僞經」）的研究，參見牧田諦亮，《疑經研究》（京都：京都大學人文科學研究所，1976）；Robert E. Buswell, Jr., ed., *Chinese Buddhist Apocrypha* (Honolulu: University of Hawaii Press, 1990)。

[99] 詳見《灌頂經》（《大正新脩大藏經》卷21，no. 1331），卷二，頁501上；《護身命經》（《大正新脩大藏經》卷85，no. 2865），頁1325上-1325下；《決罪福經》（《大正新脩大藏經》卷85，no. 2868），卷上，頁1329上-1329下；《咒魅經》（《大正新脩大藏經》卷85，no. 2882），頁1383中-1384中；《七千佛神符經》（《大正新脩大藏經》卷85，no. 2904），頁1446上-1446下。有關這些經典的初步討論，詳見 Fu-shih Lin, "Chinese Shamans and Shamanism in the Chiang-nan Area During the Six Dynasties Period (3rd-6th Century A.D.)," 第六章討論「佛教與巫的競爭策略」(Buddhist Strategies for Competing with Shamans) 的部分。

[100] 詳見《護諸童子陀羅尼經》（《大正新脩大藏經》卷19，no. 1028A)，頁741中-742下。

> 地，家人扶起，示餘氣息，遂委攣躄不能行動，道士魏叵，其時體內發疽，日出二升，不過一月，受苦便死。自外同伴，並皆著癩。其鄰人東安太守水丘和傳於東陽無疑，時亦多有見者。[101]

這則故事主旨雖在於宣揚佛教的信仰和其神、佛的威力，但遭受神罰而致病的觀念，其實與道、巫並無差異。不過，文中提及道士魏叵之同伴受罰之後，都得「癩」病一事，值得一提，因此病（或即痲瘋病）在中國中古社會似乎頗爲流行，且被佛典指爲最重、最難醫治的「天刑」、「業罰」之病。[102]

總之，六朝時期，巫、醫、道、僧在醫療事務上有著競爭和敵對的關係，在疾病觀和醫療法上，也都各有其特色和專長，但是，他們之間也有一些共通性，而這些共通性似乎是自先秦、兩漢以來即已發展成熟的巫覡的醫療傳統。由此看來，巫覡在六朝醫療文化體系中所佔據的位置，不可輕忽。

（本文於一九九八年七月二日通過刊登）

---

[101] 《法苑珠林》卷六二，頁760下，引《冥祥記》。

[102] 參見石川力山，〈玄沙三種病人考——禪僧の社會意識について——〉，收載鎌田茂雄博士還曆記念論集刊行會編，《鎌田茂雄博士還曆記念論集·中國の佛教と文化》（東京：大藏出版株式會社，1988），頁437-456（頁440-444）。唐長孺，〈讀史釋詞〉，收入氏著，《魏晉南北朝史論拾遺》（北京：中華書局，1983），頁274-276，「群厲」。

引用書目

一、傳統文獻

干寶著，汪紹楹校注，《搜神記》，北京：中華書局，1979。

丹波康賴 (912-995)，《醫心方》，北京：人民衛生出版社，1995年翻印。

令狐德棻 (583-666) 等，《周書》，點校本，北京：中華書局，1971。

未名，《七千佛神符經》，《大正新脩大藏經》卷八五，2904號。

未名，《決罪福經》，《大正新脩大藏經》卷八五，2868號。

未名，《赤松子章曆》，《正統道藏》，上海：商務印書館，1923-1926，影印涵芬樓本，冊三三五至三三六。

未名，《咒魅經》，《大正新脩大藏經》卷八五，2882號。

未名，《護身命經》，《大正新脩大藏經》卷八五，2865號。

安世高譯，《佛說阿難問事佛吉凶經》，《大正新脩大藏經》卷十四，492號。

李百藥 (565-648)，《北齊書》，點校本，北京：中華書局，1972。

李延壽，《北史》，點校本，北京：中華書局，1974。

李延壽，《南史》，點校本，北京：中華書局，1973。

李昉 (925-996) 等編，《太平廣記》，標點本，北京：人民文學出版社，1959。

李昉等編，《太平御覽》，臺北：新興書局，1959年翻印。

沈約 (441-513)，《宋書》，點校本，北京：中華書局，1974。

帛尸梨蜜多羅（？）譯，《灌頂經》，《大正新脩大藏經》卷二一，1331號。

房玄齡 (578-648) 等著，《晉書》，點校本，北京：中華書局，1974。

法琳 (572-640)，《辯正論》，《大正新脩大藏經》卷五二，2110號。

姚思廉 (557-637)，《梁書》，點校本，北京：中華書局，1973。

孫思邈，《千金翼方》，臺北：宏業書局，1991。

巢元方，《巢氏諸病源候總論》，臺北：宇宙醫藥出版社，1975。

陳壽 (233-297)，《三國志》，點校本，北京：中華書局，1959。

陶弘景，《周氏冥通記》，《正統道藏》，上海：商務印書館，1923-1926，影印涵芬樓本，冊一五二。

陶弘景，《真誥》，《正統道藏》，上海：商務印書館，1923-1926，影印涵芬樓本，冊六三七至六四〇。

菩提流支（？）譯，《護諸童子陀羅尼經》，《大正新脩大藏經》卷一九，1028A號。

葛洪 (283-363) 著，王明校釋，《抱朴子內篇校釋》，增訂本，北京：中華書局，1985。

道世（死於西元683年），《法苑珠林》，《大正新修大藏經》卷五三，2212號。

劉義慶著，劉孝標注，余嘉錫箋疏，《世說新語箋疏》，臺北：華正書局，1984年翻印。

蕭子顯 (489-537)，《南齊書》，點校本，北京：中華書局，1972。

顏之推（約531-630）著，王利器集解，《顏氏家訓集解》，北京：中華書局，1980。

魏收 (505-572)，《魏書》，點校本，北京：中華書局，1974。

魏徵 (580-643) 等，《隋書》，點校本，北京：中華書局，1973。

二、近人著作

大日方大乘

1965 《佛教醫學の研究》，東京：風間書房。

小林正美

1990 《六朝道教史研究》，東京：創文社。

王仲犖

1979 《魏晉南北朝史》，上海：上海人民出版社。

王國良

1984 《魏晉南北朝志怪小說研究》，臺北：文史哲出版社。

王樹岐、李經緯、鄭金生

1990 《古老的中國醫學》，臺北：緯揚文化。

北京中醫學院主編

1978 《中國醫學史》，上海：上海科學技術出版社。

史蘭華等編

1992 《中國傳統醫學史》，北京：科學出版社。

石川力山

1988 〈玄沙三種病人考——禪僧の社會意識について——〉，收載鎌田茂雄博士還曆記念論集刊行會編，《鎌田茂雄博士還曆記念論集・中國の佛教と文化》，東京：大藏出版株式會社。

任繼愈主編

1991 《道藏提要》，北京：中國社會科學出版社。

吉元昭治

1989 《道教と不老長壽の醫學》，東京：平河出版社。中文譯本：楊宇譯，《道教與不老長壽醫學》，成都：成都出版社，1992。

吳瀛濤

1992 《臺灣民俗》，臺北：眾文圖書公司。

宋龍飛

1982 《民俗藝術探源》，臺北：藝術家。

李建民

1994 〈祟病與「場所」：傳統醫學對祟病的一種解釋〉，《漢學研究》12.1。

李經緯、李志東

1990 《中國古代醫學史略》，石家莊：河北科學技術出版社。

李劍國

1984 《唐前志怪小說史》，天津：南開大學出版社。

李豐楙

1981 〈六朝精怪傳說與道教法術思想〉，收入靜宜文理學院中國古典小說研究中心主編，《中國古典小說研究專集 3》，臺北：聯經出版事業公司。

1993 〈《道藏》所收早期道書的瘟疫觀——以《女青鬼律》及《洞淵神咒經》系爲主〉，《中央研究院中國文哲研究集刊》3。

1994 〈行瘟與送瘟——道教與民眾瘟疫觀的交流與分歧〉，漢學研究中心編，《民間信仰與中國文化國際研討會論文集》，臺北：漢學研究中心。

周策縱

1986 《古巫醫與「六詩」考：中國浪漫文學探源》，臺北：聯經出版事業公司。

姒元翼

1984 《中國醫學史》，北京：人民衛生出版社。

林富士

1987 〈試論漢代的巫術醫療法及其觀念基礎〉，《史原》16。

1988 《漢代的巫者》，臺北：稻鄉出版社。

1993 〈試論《太平經》的疾病觀念〉，《中央研究院歷史語言研究所集刊》62.2。

1995 《孤魂與鬼雄的世界》，臺北：臺北縣立文化中心。

1995 〈東漢晚期的疾疫與宗教〉，《中央研究院歷史語言研究所集刊》66.3。

牧田諦亮

1976 《疑經研究》，京都：京都大學人文科學研究所。

金仕起

1994 〈古代解釋生命危機的知識基礎〉，國立臺灣大學歷史學研究所碩士論文，臺北：國立臺灣大學。

1995 〈古代醫者的角色——兼論其身分與地位〉，《新史學》6.1。

俞慎初

1983 《中國醫學簡史》，福州：福建科學技術出版社。

俞樾

1968 《俞樓雜纂》，收入氏著，《春在堂全書》，臺北：中國文獻出版社，據清光緒二十五年 (1899) 刻本翻印。

胡孚琛

1989 《魏晉神仙道教》，北京：人民出版社。

范行準

1986 《中國醫學史略》，北京：中醫古籍出版社。

唐長孺

1983 〈讀史釋詞〉，收入氏著，《魏晉南北朝史論拾遺》，北京：中華書局。

唐長孺、黃惠賢

1964 〈試論魏末北鎮鎮民暴動的性質〉，《歷史研究》1964.1。

宮川尙志

1964 《六朝史研究・宗教篇》，京都：平樂寺書店。

席文 (N. Sivin) 著，大塚恭男譯

1977 〈中國傳統の儀禮的醫療について〉，收入酒井忠夫編，《道教の總合的研究》，東京：國書刊行會。

陝西中醫學院主編

1988 《中國醫學史》，貴陽：貴州人民出版社。

馬伯英

1994 《中國醫學文化史》，上海：上海人民出版社。

馬繼興

1985 〈《醫心方》中的古醫學文獻初探〉，《日本醫史學雜誌》31.3。

陝北文物調查徵集組

1957 〈統萬城遺址調查〉，《文物參考資料》1957.10。

陝西省文管會

1981 〈統萬城城址勘測記〉，《考古》1981.3。

康樂

1995 《從西郊到南郊——國家祭典與北魏政治》，臺北：稻鄉出版社。

莊司格一

1969 〈冥祥記について〉，《集刊東洋學》22。

郭成圩主編

1987 《醫學史教程》，成都：四川科學技術出版社。

陳元朋

1995 〈宋代的儒醫——兼評 Robert P. Hymes 有關宋元醫者地位的論點〉，《新史學》6.1。

1996 〈兩宋的「尙醫士人」與「儒醫」——兼論其在金元的流變〉，國立臺灣大學歷史學研究所碩士論文，臺北：國立臺灣大學。

陳邦賢

1937 《中國醫學史》,上海:商務印書館。

陳竺同

1936 〈漢魏南北朝外來的醫術與藥物考証〉,《暨南學報》1.1。

陳國符

1963 《道藏源流考》,增訂版,北京:中華書局。

陳寅恪

1971 《隋唐制度淵源略論稿》,收入氏著,《陳寅恪先生論集》,臺北:中央研究院歷史語言研究所。

傅維康

1990 《中國醫學史》,上海:上海中醫學院出版社。

賈得道

1979 《中國醫學史略》,太原:山西人民出版社。

道端良秀

1985 〈中國における佛教醫學〉,收入氏著,《中國佛教史全集・第三卷:中國佛教思想史の研究》,東京:書苑。

鈴木清一郎

1934 《臺灣舊慣・冠婚葬祭と年中行事》,臺北:臺灣日日新報社。中文譯本:馮作民譯,《臺灣舊慣習俗信仰》,臺北:眾文圖書公司,1979。

甄志亞主編

1984 《中國醫學史》,上海:上海科學技術出版社。

趙璞珊

1983 《中國古代醫學》,北京:中華書局。

劉師培

1975 《左盦外集》,收入《劉申叔先生遺書》,臺北:華世出版社,1975年翻印。

鄭曼青、林品石編著

1982 《中華醫藥學史》,臺北:臺灣商務印書館。

薛惠琪

1995 《六朝佛教志怪小說研究》,臺北:文津出版社。

鍾肇鵬

1987 〈道教與醫藥及養生的關係〉,《世界宗教研究》1987.1。

顏慧琪

1994 《六朝志怪小說異類姻緣故事研究》,臺北:文津出版社。

譚其驤主編

1982 《中國歷史地圖集》,上海:地圖出版社。

嚴一萍

1951 〈中國醫學之起源考略（上）〉，《大陸雜誌》2.8。

嚴耕望

1990 《中國地方行政制度史，乙部：魏晉南北朝地方行政制度史》，三版，臺北：中央研究院歷史語言研究所。

Anisimov, A. F.

1963 "The Shaman's Tent of the Evenks and the Origin of the Shamanistic Rite," in Henry N. Michael, ed., *Studies in Siberian Shamanism.* Toronto: University of Toronto Press.

Boddy, Janice.

1994 "Spirit Possession Revisited: Beyond Instrumentality," *Annual Review of Anthropology* 23.

Boltz, Judith M.

1981 "Taoist Therapeutics in the *Shui-hu chuan*," paper presented at the annual meeting of the American Oriental Society. Boston.

1983 "Opening the Gates of Purgatory: A Twelfth-century Taoist Meditation Technique for the Salvation of Lost Souls," in M. Strickmann ed., *Tantric and Taoist Studies in Honour of R. A. Stein*, vol. II. Brussels: Institut belge des hautes études chinoises.

1985 "Taoist Rites of Exorcism," Ph.D. diss., University of California-Berkeley.

Bourguignon, Erika.

1968 "World Distribution and Patterns of Possession States," in Raymond Prince, ed., *Trance and Possession States.* Montreal: R. M. Bucke Memorial Society.

Buswell, Jr., Robert E. ed.

1990 *Chinese Buddhist Apocrypha.* Honolulu: University of Hawaii Press.

Demiéville, Paul

Buddhism and Healing, translated by Mark Tatz, 1937; Lanham, MD: University Press of America, 1985.

Eliade, Mircea

1972 *Shamanism: Archaic Techniques of Ecstasy*, translated by Willard R. Trask. Princeton: Princeton University Press.

Gates, Hill

1987 "Money for the Gods," *Modern China* 13.3 (July 1987).

Gjertson, Donald E.

1981 "The Early Chinese Buddhist Miracle Tale," *Journal of the American Oriental Society* 101.3.

Halifax, Joan

1982 *Shaman: The Wounded Healer.* New York: The Crossroad Publishing Company.

Heinze, Ruth-Inge

1988 *Trance and Healing in Southeast Asia Today.* Bangkok, Tailand: White Lotus Co., Ltd..

Hou, Ching-Lang

1975 *Monnaies d'offrande et la nation de trésorerie dans la religion chinoise.* Paris: Collège de France, Institut des Hautes Etudes Chinoises.

Lewis, I. M.

1989 *Ecstatic Religion: A Study of Shamanism and Spirit Possession*, second edition. London and New York: Routledge.

Lin, Fu-shih

1994 "Chinese Shamans and Shamanism in the Chiang-nan Area During the Six Dynasties Period (3rd-6th Century A.D.)," Ph.D. dissertation, Princeton University.

Nickerson, Peter

1997 "Introduction" to *The Great Petition for Sepulchral Plaints*, in Stephen R. Bokenkamp, *Early Daoist Scriptures.* Berkeley: University of California Press.

Schipper, Kristofer M.

1975 *Concordance du Tao-Tsang: titres des ouvrages.* Paris: Ecole Française d'Extrême-Orient.

1993 *Taoist Body*, translated by Karen C. Duval. Berkeley: University of California Press.

Seidel, Anna

1978 "Buying One's Way to Heaven: The Celestial Treasury in Chinese Religions," *History of Religions* 17.3/4.

Sivin, Nathan

1968 *Chinese Alchemy: Preliminary Studies.* Cambridge, Mass.: Harvard University Press.

Stein, Rolf A.

1979 "Religious Taoism and Popular Religion from the Second to Seventh Centuries," in H. Welch and A. Seidel, eds., *Facets of Taoism: Essays in Chinese Religion.* New Haven and London: Yale University Press.

Strickmann, Michel

1979 "On the Alchemy of T'ao Hung-ching," in H. Welch and A. Seidel, eds., *Facets of Taoism: Essays in Chinese Religion.* New Haven and London: Yale University Press.

1989 *Magical Medicine: Therapeutic Ritual in East Asian Traditions*, unpublished book.

Taussig, Michael

1987 *Shamanism, Colonialism, and the Wild Man: A Study in Terror and Healing.* Chicago and London: The University of Chicago Press.

Unschuld, Paul U.

1979 *Medical Ethics in Imperial China: A Study in Historical Anthropology.* Berkeley: University of California Press.

1985 *Medicine in China: A History of Ideas.* Berkeley: University of California Press.

Wong, K. Chimin and Wu, Lien-teh

1936 *History of Chinese Medicine*, second edition. Shanghai: National Quarantine Service.

Shamans and Healing in China during the Six Dynasties Period (3rd-6th Century A.D.)

Fu-shih Lin

Institute of History and Philology, Academia Sinica

During the Six dynasties period (3rd-6th century A.D.), shamans (*wu* 巫) were one of the most important groups of medical practitioners in China. Their patients were by no means limited to one particular locale, group, gender, age group, social class, or religious organization, nor were diagnoses and prescriptions administered by shamans limited to one particular category. Some of their diagnosed reasons for a particular illness might include: being haunted by the soul of a deceased person, demon haunting, being possessed by a ghost, being struck by a ghost, being punished by deities, and breaking a taboo. Their methods of treatment and examination of the patient could include: sexual treatments, political treatments, treatments involving the suppression of spirits, various prayer and sacrificial treatments, and other skills pertaining to investigating ones' life span. They followed the shamanistic tradition of skills and treatments advocated during the Han dynasty (206 B.C. - 220 A.D.).

Shamans competed with other medical healers as well as Taoist and Buddhist medical practitioners. Shamans, physicians, Taoist and Buddhist monks all had their own unique approaches to conceptualizing illnesses and treatment methods; however, among all their various medical practices there were some that shared various commonalties. Furthermore, these commonalties, espoused by many shamans in a long tradition of usage, appear to come from ancient periods.

Keywords: shaman, healing, Six dynasties, Taoism, Buddhism

出自第七十册第一分(一九九九年三月)

懷念陳寅恪先生

俞大維

(一)

今天，承我的哈佛老同學李濟之先生，邀請本人向「中央研究院」歷史語言研究所各位同仁約略敍述陳寅恪先生一生研究學問的方法和經過。

本人與寅恪先生，在美國哈佛大學、德國柏林大學連續同學七年。寅恪先生的母親是本人唯一嫡親的姑母；寅恪先生的胞妹是我的內人。他的父親陳三立（散原）先生是晚清有名的詩人；他的祖父陳寶箴（右銘）先生是戊戌湖南維新時期的巡撫。右銘先生有才氣，有文名，在江西修水佐其父辦團練時，即爲曾國藩先生所器重，數次邀請加入他的幕府，並送右銘先生一付對聯，以表仰慕。上聯寅恪先生不復記憶，下聯爲：「半杯旨酒待君溫」，其推重右銘先生如此。曾文正公又有與陳寶箴太守論文書，此文收入王先謙的「續古文辭類纂」中。本人的母親是文正公的孫女，本人的伯父俞明震（恪士）先生、舅父曾廣鈞（重伯）先生（均是前清翰林），與三位先生皆是好友。本人與寅恪先生可說是兩代姻親，三代世交，七年的同學了。

(二)

現在我略談寅恪先生治學的方法和經過。寅恪先生由他唸書起，到他第一次由德、法留學回國止；在這段時間內，他除研究一般歐洲文字以外，關於國學方面，他常說：「讀書須先識字。」因是他幼年對於說文與高郵王氏父子訓詁之學，曾用過一番苦工。到了中晚年，對他早年的觀念，稍有修正。主要原因，是受了兩位大學者的影響。①瑞典漢學大家高本漢先生。高氏對古人入聲字的說法，與假借字的用法，給他極大的影響。②海寧王國維先生。王氏對寅恪先生的影響，是相得益彰的；對於殷墟文字，他受王氏的影響；對梵文及西域文字，則王氏也受他的影響。

(三)

在講寅恪先生治國學以前，我們先要了解他研究國學的重點及目的。他研究的重點是歷史。目的是在歷史中尋求歷史的教訓。他常說：「在史中求史識。」因是中國歷代興亡的原因，中國與邊疆民族的關係，歷代典章制度的嬗變，社會風俗、國計民生，與一般經濟變動的互爲因果，及中國的文化能存在這麼久遠，原因何在？這些都是他研究的題目。此外，對於所謂玄學，寅恪先生的興趣則甚爲淡薄。

(四)

我們對傳統的典籍，大致分爲經、史、子、集四部。我們先講他對經的看法。他說：無論你的愛憎好惡如何，詩經、尙書是我們先民智慧的結晶，乃人人必讀之書。關於尙書今古文之辨，他認爲古文尙書，絕非一人可杜撰，大致是根據秦火之後，所傳零星斷簡的典籍，採取有關尙書部份所編纂而成，所以我們要探索僞書的來源，研究其所用資料的可靠性，方能愼下結論；不可武斷的說，它是全部杜撰的。由此我們可以得見寅恪先生，雖是嚴謹的文學家，却不是偏狹的漢學家。

寅恪先生對於玄學，興趣極淡薄，上面已經說過。他甚惡抽象空洞的理論，本人從未聽見他提及易經中的玄學。

再講春秋，寅恪先生雖不如王荆公之譏諷春秋爲「斷爛朝報」，但他除認爲左傳爲優美的文學外，對公羊三科九旨之說很少興趣。對穀梁除范序外，我也未嘗聽他提起過。

關於爾雅，他歸於說文一類。對孝經，他認爲是一部好書，但篇幅太小，至多只抵得過禮記中的一篇而已。

他很注意三禮，對於周禮，他雖同意一般人的看法，認爲不是周公所作，然亦不可能爲一人所杜撰。而周禮中用了許多古字，要說劉歆僞撰碑文，到處埋藏，則甚爲可笑。

他說，周禮是一部記載法令典章最完備的書，不論其眞僞，則不可不硏讀。他尤其佩服孫詒讓的周禮正義一書。

關於儀禮，寅恪先生認爲「禮」與「法」爲穩定社會的因素。禮法雖隨時俗而變更，至於禮之根本，則終不可廢。他常提起「禮教」思想在唐律疏議中的地位；他說這些是人人應該重視的。

寅恪先生對於禮記的看法：他說禮記是儒家雜湊之書，但包含儒家最精闢的理論。除了解釋儀禮及雜論部分以外，其他所謂通論者，如：大學、中庸、禮運、經解、樂記、坊記等等，不但在中國；就是在世界上，也是最精采的作品。我們不但須看讀，且須要背誦。

次講四書。大學與中庸，原是禮記中的兩篇，不再重述。他說，論語的重要性在論「仁」，此書爲儒門弟子所編纂，而非孔子親撰有系統的一部哲學論文。故大哲學家黑格爾看了論語的拉丁文譯本後，誤認是一部很普通的書，尙不如 Cicero 的 De officus。至於孟子一書，寅恪先生喜歡他的文章。但孟子提到典章制度的部份，及有關歷史的議論，他認爲多不可靠。孟子云：「仲尼之徒，無道桓文之事者，是以後世無傳焉。」即其一例。

我們這一代的普通唸書的人，不過能背誦四書、詩經、左傳等書。寅恪先生則不然，他對十三經不但大部分能背誦，而且對每字必求正解。因此皇清經解及續皇清經解，成了他經常看讀的書。

(五)

「國史」乃寅恪先生一生治學研究的重心。對於史，他無書不讀，與一般人看法不同處，是他特別注重各史中的志書。如史記的天官書、貨殖列傳、漢書藝文志、晉書天文志、晉書刑法志、隋書天文志、隋書經籍志、新唐書地理志等等。關於各種會要，他也甚爲重視，尤其重視五代會要等。他也重視三通。三通序文，他都能背誦，其他雜史，他看得很多。這裏恕不一一敍述了。寅恪先生特別注重史識，前已說過，因此他很欽佩劉知幾與章實齋。他尤其推崇司馬溫公通鑑的見解，讀過他隋唐政治史述論稿者，都能看到這一點。本人認爲寅恪先生的史識，超過前人，此所謂「後來居上」者是也。

(六)

因寅恪先生不喜歡玄學,在子書方面除有關典章制度者外,他很少提及。但他很喜歡莊子的文章,也很重視荀子,認爲荀子是儒門的正統。這可能是他受了汪中的影響。他偶然也提到子書中較「僻」的幾章,例如:抱朴子的詰鮑篇,列子(可視爲一部僞書)的湯問篇等等。至於其他中國一般學者所推崇的書,如論衡之類,他似乎並不很重視。

(七)

其次講到集部,集部浩如烟海,博覽實難。但是凡集部之書,包含典章制度者,他都特別加以注意。

關於文學和詩詞。寅恪先生對文,最推崇歐陽文忠公、韓文公、王荆公、歸震川、姚姬傳、曾文正公諸大家。他推崇曾文而認爲姚文爲敍事條理有餘,而氣魄不够。本人當時亦有同感。袁子才早年評方苞文與王漁洋詩,有「一代正宗才力薄,望溪文集阮亭詩」之句。如曾文正撰羅忠節公神道碑銘有「矯矯學徒,相從征討;朝出鏖兵,暮歸講道。」如此類雄奇瑰瑋之句,實非所謂一般桐城派文章中可得常見也。

詩,寅恪先生佩服陶杜,他雖好李白及李義山詩,但不認爲是上品。如果寅恪先生重寫「詩品」,太白與義山詩,恐怕將被列爲二等了。他特別喜好平民化的詩,故最推崇白香山。所以在他論再生緣中有「論文我亦彈詞體」之句。關於詞,除幾首宋人詞外,清代詞人中,他常提到龔自珍(定庵)、朱祖謀(古微)及王國維三先生。我們可以說,詞不是他特別的嗜好。他所作的詩不多,但都很精美。他弔王國維的一首長詩,流傳海內,爲一般雅人達士所愛好,也是我們這一代最好的詩篇之一。

(八)

現在我們講寅恪先生在國學範圍以外的學問,寅恪先生在美國哈佛大學,隨Lanman 學習梵文與巴利文二年,在德國柏林大學隨 Lueders 學習梵文及巴利文近五年。回國後，在北平，他又與鋼和泰（Baron Stael Von Holstein）繼續研究梵文四五年。前後共十餘年，故他的梵文和巴利文都特精。但他的興趣是研究佛教對我國一般社會和思想的一般影響。至於印度的因明學及辨證學，他的興趣就比較淡薄了。本人還記得在抗戰勝利後他回清華，路過南京，曾在我家小住。我曾將 Stcherbatsky 所著書內關於法稱 Dharmakirti 的因明學之部及 Tucci 由藏文所譯龍樹廻諍論（梵文本現已發現）唸給他聽，他都不特別感覺興趣。

寅恪先生又常說，他研究中西一般的關係，尤其於文化的交流、佛學的傳播、及中亞的史地，他深受西洋學者的影響。例如法國的 Pelliot（伯希和）、德國的 F.W.K. Mueller、俄國的 W. Barthold，及其他國學者。然他究因國學基礎深厚，國史精熟，又知擇善而從，故其見解，每爲一般國內外學人所推重。

（九）

其他邊疆及西域文字，寅恪先生在中國學人中是首屈一指的。除梵文外，他曾學過蒙文、藏文、滿文、波斯文及土耳其文。文字是研究史學的工具；玆以元史爲例，略作說明。大家都知道我國舊有元史是倉促修成，不實不盡的地方很多，爲後來學者所詬病。因此有志重修元史的學者，先後輩出，約而論之，可分爲三個段落。

第一代，是元秘史與聖武親征錄的發現。聖武親征錄的佳本，見於說郛，只有漢文本。元秘史有漢文本與蒙文譯音本。可是這一代的元史學者，功力雖勤，都不能直接讀蒙古文。代表此時期的名家，爲：錢大昕、何秋濤、李文田、張穆、魏源等。李文田曾把「紐察・脫察安」（即是「機密的歷史」）誤認是兩位作者，即因不通蒙文的緣古。

第二代，利用歐洲譯文，補正元代史實。洪鈞所著元史譯文證補，堪稱這一時期的代表作。陸潤庠在序文中說：「證者，證史所誤；補者，補史所缺。」立論精當，耳目一新。但是洪文卿氏仍不懂西域的文字，所用的材料，仍僅是間接的翻譯，而非直接採自各家的原文。屠敬山的蒙兀兒史記與柯鳳蓀的新元史也都屬於此時期的作品。王國維先生爲我們這一代的第一流學者，其考據之精，可與乾嘉大師並美，即關於蒙古史著作亦極精確。惟王氏只通日文，故其關於元代著作，或是利用我國原有資料互校，或利用日人轉譯歐洲學者著述，未能用直接史料也。惟王氏啓後承先，厥功甚偉。第三期學者之來臨，未始不受王氏啓示的影響。

第三代，在此時期，我國學者開始研治西北及中亞文字，期可閱讀關於蒙古史的直接資料；然終因種種原因，未能寫成一部新的蒙古史。代表此時期者即爲陳寅恪先生。有關係的文字他都懂，工具完備；可惜他生於「齊州之亂何時歇，吾儕今朝皆苟活」的時候。他既無安定的生活，又無足够的時間，未能完成他的心願，留給我們一部他的新蒙古史，只倉促寫成唐代政治史述論稿及隋唐制度淵源略論稿，在他看來不過是整個國史研究的一部分而已。他平生的志願是寫成一部「中國通史」，及「中國歷史的教訓」，如上所說，在史中求史識。因他晚年環境的遭遇，與雙目失明，他的大作 (Magnum Opus) 未能完成，此不但是他個人的悲劇，（按：姚從吾先生與札奇斯欽先生共同譯註蒙古秘史亦屬此期。）蒙古史原始資料以Rashid a-din著述爲最重要，惜今尚無中文譯本，盼我國學者早日將其譯出，以供我國治元史者參考。

(十)

寅恪夫人名唐筼，是甲午年臺灣巡撫唐景崧的孫女。寅恪先生有三女，長女、次女、在金陵中學唸書時，住在我家，由她們的姑母撫養，畢業後考入清華大學。現陳夫人及三個女兒究在何處，無從探悉，即寅恪先生去世的消息，在香港曾傳過數次，前幾次均爲誤傳，此次亦尚未證實。眞是「欲祭疑君在，天涯共此時。」惟寅恪先生現已年逾八十，以久病之身，處今日之世，溘然長逝，自屬可能。惟今後「漢世之事，誰與正之乎？」本人在美時，即有寫下與寅恪先生談話的志願，並擬仿裴松之註三國志例，加以註譯。現時歷四紀，本人又已年逾七十，這點心願亦恐不能實現矣！本人與寅恪先生情屬至親，誼兼師友，緬懷此一代大儒，不禁淚泗滂沱也。

寅恪先生，生於前清庚寅年六月，本人生於丁酉年十二月，相差七歲有餘。除在美德同學七年朝夕相處外，上邊所述他一生的經過，自不免尚有遺漏，或有不實不盡之處。深盼他的友人與在清華研究院、香港大學、嶺南大學的學生有所補正。唯追述他當年治學一般的觀念，想大致不差也。　　（一九七〇年三月）

懷念陳寅恪先生

勘誤表

頁	段	行	誤	正
170	四	6	文學家	小學家
171		11	officus	officiis
173	九	9	緣古	緣故
174		10	此不但是他個人的悲劇,	此不但是他個人的悲劇，也是我們這個時代的悲劇。

陳寅恪先生著作簡目

（1931–1948 在中央研究院歷史語言研究所發表者）

專　書

1. 唐代政治史述論稿　中央研究院歷史語言研究所專刊之20　(1943)
2. 隋唐制度淵源略論稿　中央研究院歷史語言研究所專刊之22　(1944)
3. 西藏文籍目錄　中央研究院歷史語言研究所專刊甲種之一

論　文

1. 大乘義章書後　中央研究院歷史語言研究所集刊第一本　121–124　(1930)
2. 靈州甯夏榆林三城譯名考　中央研究院歷史語言研究所集刊第一本　125–130　(1930)
3. 敦煌刼餘錄序　中央研究院歷史語言研究所集刊第一本　231–232　(1930)
4. 吐蕃彝泰贊普年代考　中央研究院歷史語言研究所集刊第二本　1–5　(1930)
5. 敦煌本維摩詰經文殊師利問疾品演義跋　中央研究院歷史語言研究所集刊第二本　6–10　(1930)
6. 西遊記玄奘弟子故事之演變　中央研究院歷史語言研究所集刊第二本　157–160　(1930)
7. 幾何原本滿文譯本跋　中央研究院歷史語言研究所集刊第二本　281–282　(1931)
8. 彰所知論與蒙古源流　中央研究院歷史語言研究所集刊第二本　302–309　(1931)
9. 蒙古源流作者世系考　中央研究院歷史語言研究所集刊第二本　310–311　(1931)
10. 西夏文佛母孔雀明王經考釋序　中央研究院歷史語言研究所集刊第二本　404–405　(1932)
11. 李唐氏族之推測　中央研究院歷史語言研究所集刊第三本　39–48　(1631)
12. 南嶽大師立誓願文跋　中央研究院歷史語言研究所集刊第三本　309–312　(1932)

13. 佛母大孔雀明王經夏梵藏漢合璧校釋序　中央研究院歷史語言研究所西夏研究第一輯　(1932)

14. 天師道與濱海地域之關係　中央研究院歷史語言研究所集刊第三本　439–466　(1933)

15. 李唐氏族之推測後記　中央研究院歷史語言研究所集刊第三本　511–516　(1933)

16. 武曌與佛教　中央研究院歷史語言研究所集刊第五本　137–148　(1935)

17. 李德裕貶死年月及歸葬傳說考辨證　中央研究院歷史語言研究所集刊第五本　149–174　(1935)

18. 三論李唐氏族問題　中央研究院歷史語言研究所集刊第五本　175–178　(1935)

19. 李唐武周先世事蹟雜考　中央研究院歷史語言研究所集刊第六本　533–556　(1936)

20. 東晉南朝之吳語　中央研究院歷史語言研究所集刊第七本　1–4　(1936)

21. 府兵制前期史料試釋　中央研究院歷史語言研究所集刊第七本　275–286　(1937)

22. 劉復愚遺文中年月及其不祀祖問題　中央研究院歷史語言研究所集刊第八本　1–14　(1939)

23. 敦煌石室寫經題記彙編序　中央研究院歷史語言研究所集刊第八本　15–18　(1939)

24. 敦煌本心王投陀經及法句經跋尾　中央研究院歷史語言研究所集刊第八本　19–20　(1939)

25. 讀洛陽伽藍記書後　中央研究院歷史語言研究所集刊第八本　149–152　(1939)

26. 讀東城父老傳　中央研究院歷史語言研究所集刊第十本　183–188　(1942)

27. 讀鶯鶯傳　中央研究院歷史語言研究所集刊第十本　189–195　(1942)

28. 魏書司馬叡傳江東民族條釋證及推論　中央研究院歷史語言研究所集刊第十一本　1–25　(1943)

29. 支愍度學說考　中央研究院歷史語言研究所集刊外編第一種慶祝蔡元培先生六十五歲論文集　1–18　(1943)

30. 元微之悼亡詩及豔體詩箋證　中央研究院歷史語言研究所集刊第二十本　1–18　(1948)

出自第四十一册第一分(一九六九年三月)

陳寅恪先生民國廿五年一月廿八日攝影於北平北海

《中研院歷史語言研究所集刊》(1928—2000)目録

第1本第1分(1928年)

發刊辭 …… 蔡元培

歷史語言研究所工作之旨趣 …… 傅斯年

跋唐寫本切韻殘卷 …… 董作賓

釋「朱」 …… 商承祚

建文遜國傳説的演變 …… 胡　適

殷栔亡尤説 …… 丁　山

易卦爻辭的時代及其作者 …… 余永梁

占卜的源流 …… 容肇祖

數名古誼 …… 丁　山

周頌説——附論魯南兩地與詩書之來 …… 傅斯年

所務記載:造像徵集啓 …… 顧頡剛、傅斯年提議

本所對於語言學工作之範圍及旨趣 …… 傅斯年提議

第1本第2分(1930年)

大乘義章書後 …… 陳寅恪

靈州寧夏榆林三城譯名考 …… 陳寅恪

聲調之推斷及「聲調推斷尺」之製造與用法 …… 劉　復

慧琳一切經音義反切聲類考 …… 黄淬伯

記猓玀音(Phonetic Notes on a Lolo Dialect and Consonant L.) …… S. M. Shirokogoroff (史祿國)

戰國文籍中之篇式書體——一個短記 …… 傅斯年

敦煌劫餘録序 …… 陳寅恪

説[illegible] …… 丁　山

第1本第3分(1930年)

第1本第4分(1930年)

第2本第1分(1930年)

第2本第2分(1930年)

第2本第3分(1931年)

第2本第4分(1931年)

第 3 本第 1 分(1931 年)

第 3 本第 2 分(1931 年)

第 3 本第 3 分(1932 年)

第3本第4分(1932年)

第4本第1分(1932年)

第4本第2分(1933年)

第4本第3分(1934年)

第4本第4分(1934年)

第5本第1分(1935年)

第5本第2分(1935年)

第5本第3分(1935年)

第5本第4分(1935年)

第6本第1分(1936年)

第7本第3分(1937年)

第7本第4分(1938年)

第8本第1分(1939年)

第 8 本第 2 分(1939 年)

第 8 本第 3 分(1939 年)

第 8 本第 4 分(1939 年)

第 9 本(1947 年)

第10本(1942年至1943年出版,1948年再版)

第11本(1943年出版,1947年再版)

第 12 本(1948 年)

第 13 本(1948 年,即本所 1945 年出版之《六同别録》上册及中册之一半)

第 14 本(1948 年,即本所 1945 年出版之《六同别録》中册之一半及 1946 年出版之《六同别録》下册)

第 15 本(1948 年,即本所 1944 年至 1945 年出版之《史料與史學》第一本)

第 16 本(1947 年)

第17本(1948年)

第18本(1948年)

第19本(1948年)

第20本　上册(1948年,中研院成立第二十周年專號)

第20本　下册(1948年,稿遺存上海商務印書館未及發行,1964年在臺再版刊行)

第21本第1分(1948年,稿遺存上海商務印書館未及發行)

第22本(1950年)

第23本　上册(1951年,傅斯年先生紀念論文集)

第23本　下册(1952年,傅斯年先生紀念論文集)

第24本(1953年)

第25本(1954年)

第26本(1955年)

第27本(1956年)

第28本　上册(1956年,慶祝胡適先生六十五歲論文集)

第28本 下册(1957年,慶祝胡適先生六十五歲論文集)

第29本　上册(1957年,慶祝趙元任先生六十五歲論文集)

第29本　下册(1958年,慶祝趙元任先生六十五歲論文集)

第30本　上册(1959年,歷史語言研究所集刊三十周年紀念專號)

第30本 下册(1959年,歷史語言研究所集刊三十周年紀念專號)

第31本(1950年)

第32本(1961年)

第33本(1962年)

第34本 上册(1962年,故院長胡適先生紀念論文集)

第34本 下册(1963年,故院長胡適先生紀念論文集)

第 35 本(1964 年，故院長朱家驊先生紀念論文集)

第 36 本　上册(1965 年，紀念董作賓、董同龢兩先生論文集)

第36本 下册(1966年,紀念董作賓、董同龢兩先生論文集)

第37本 上册(1967年)

第37本 下册(1967年)

第38本(1968年)

第39本 上册(1969年,慶祝李方桂先生六十五歲論文集)

第 39 本　下册(1969 年，慶祝李方桂先生六十五歲論文集)

第40本 上册(1968年,歷史語言研究所成立四十周年紀念專號)

第40本 下册(1969年,歷史語言研究所成立四十周年紀念專號)

第41本第1分(1969年)

第 41 本第 2 分(1969 年)

第 41 本第 3 分(1969 年)

第 41 本第 4 分(1969 年)

第 42 本第 1 分(1970 年,慶祝王世杰先生八十歲論文集)

第42本第2分(1970年)

第42本第3分(1971年)

第42本第4分(1971年)

第43本第1分(1971年)

第43本第2分(1971年)

第43本第3分(1971年)

第43本第4分(1971年)

第44本第1分(1972年)

第44本第2分(1972年)

第44本第3分(1972年)

第44本第4分(1973年)

第45本第1分(1973年)

第45本第2分(1974年)

第 45 本第 3 分(1974 年)

第 45 本第 4 分(1974 年)

第 46 本第 1 分(1974 年)

第46本第2分(1975年)

第46本第3分(1975年)

第46本第4分(1975年)

第47本第1分(1975年)

第47本第2分(1976年)

第47本第3分(1976年)

第47本第4分(1976年)

第48本第1分(1977年,慶祝錢院長思亮七十壽辰論文集)

第48本第2分(1977年)

第48本第3分(1977年)

第48本第4分(1977年)

第49本第1分(1978年,慶祝中研院成立五十周年紀念論文集)

第49本第2分(1978年)

第49本第3分(1978年)

第49本第4分(1978年)

第50本第1分(1979年,慶祝歷史語言研究所成立五十周年紀念論文集)

第 50 本第 2 分(1979 年)

第 50 本第 3 分(1979 年)

第 50 本第 4 分(1979 年)

第51本第1分(1980年,紀念李濟、屈萬里兩先生論文集)

第51本第2分(1980年)

第51本第3分(1980年)

第51本第4分(1980年)

第52本第1分(1981年)

第52本第2分(1981年)

第 52 本第 3 分(1981 年)

第 52 本第 4 分(1981 年)

第 53 本第 1 分(1982 年,紀念趙元任先生論文集)

第 53 本第 2 分(1982 年)

第53本第3分(1982年)

第53本第4分(1982年)

第 54 本第 1 分(1983 年)

第 54 本第 2 分(1983 年)

第 54 本第 3 分(1983 年)

第 54 本第 4 分(1983 年)

第 55 本第 1 分(1984 年,故院長錢思亮先生紀念論文集)

第 55 本第 2 分(1984 年)

第 55 本第 3 分(1984 年)

第 55 本第 4 分(1984 年)

第 56 本第 1 分(1985 年)

第 56 本第 2 分(1985 年)

第 56 本第 3 分(1985 年)

第 56 本第 4 分(1985 年)

第58本第1分(1987年)

第58本第2分(1987年)

第58本第3分(1987年)

第58本第4分(1987年)

第59本第1分(1988年,李方桂先生紀念論文集)

第59本第2分(1988年)

第59本第3分(1988年)

第59本第4分(1988年)

第60本第1分(1989年,歷史語言研究所成立六十周年紀念專號)

第60本第2分(1989年)

第60本第3分(1989年)

第60本第4分(1989年)

第 61 本第 1 分(1990 年)

第 61 本第 2 分(1990 年)

第 61 本第 3 分(1990 年)

第 61 本第 4 分(1990 年)

第62本第1分(1993年,胡適之先生百歲誕辰紀念論文集)

第62本第2分(1993年)

第62本第3分(1993年)

第62本第4分(1993年)

第63本第1分(1993年)

第63本第2分(1993年)

第63本第3分(1993年)

第63本第4分(1993年)

第64本第1分(1993年,芮逸夫、高去尋兩先生紀念論文集)

第64本第2分(1993年)

第64本第3分(1993年)

第 64 本第 4 分(1993 年)

第 65 本第 1 分(1994 年)

第 65 本第 2 分(1994 年)

第65本第3分(1994年)

第65本第4分(1994年)

第66本第1分(1995年,傅斯年先生百歲誕辰紀念論文集)

第66本第2分(1995年)

第 66 本第 3 分(1995 年)

第 66 本第 4 分(1995 年)

第 67 本第 1 分(1996 年)

第67本第2分(1996年)

第67本第3分(1996年)

第67本第4分(1996年)

第68本第1分(1997年)

第68本第2分(1997年)

第68本第3分(1997年)

第68本第4分(1997年)

第69本第1分(1998年)

第69本第2分(1998年)

第69本第3分(1998年)

第69本第4分(1998年)

第70本第1分(1999年3月)

第70本第2分(1999年6月)

第70本第3分(1999年9月)

第70本第4分(1999年12月)

第71本第1分(2000年3月)

第71本第2分(2000年6月)

第71本第3分(2000年9月)

第71本第4分(2000年12月)

《中研院歷史語言研究所集刊論文類編》總目

語言文字編・音韻卷

語言文字編・語法卷

語言文字編·方言卷

語言文字編・文字卷

歷史編·先秦卷

歷史編・秦漢卷

历史編・魏晉隋唐五代卷

歷史編・宋遼金元卷

歷史編·明清卷

考古編

文獻考訂編

思想與文化編

民族與社會編